Curso de Direito
TRIBUTÁRIO

Completo

LEANDRO PAULSEN

Doutor em Direitos e Garantias do Contribuinte.
Desembargador do Tribunal Regional Federal da 4ª Região.

CURSO DE DIREITO TRIBUTÁRIO

COMPLETO

14ª edição
revista e atualizada
2023

Av. Paulista, 901, Edifício CYK, 4º andar
Bela Vista – São Paulo – SP – CEP 01310-100

SAC | sac.sets@saraivaeducacao.com.br

Diretoria executiva	Flávia Alves Bravin
Diretoria editorial	Ana Paula Santos Matos
Gerência de produção e projetos	Fernando Penteado
Gerência editorial	Thais Cassoli Reato Cézar
Novos projetos	Aline Darcy Flôr de Souza
	Dalila Costa de Oliveira
Edição	Jeferson Costa da Silva (coord.)
	Deborah Caetano de Freitas Viadana
Design e produção	Daniele Debora de Souza (coord.)
	Rosana Peroni Fazolari
	Camilla Felix Cianelli Chaves
	Claudirene de Moura Santos Silva
	Deborah Mattos
	Lais Soriano
	Tiago Dela Rosa
Planejamento e projetos	Cintia Aparecida dos Santos
	Daniela Maria Chaves Carvalho
	Emily Larissa Ferreira da Silva
	Kelli Priscila Pinto
Diagramação	Adriana Aguiar
Revisão	Viviane Oshima
Capa	Lais Soriano
Produção gráfica	Marli Rampim
	Sergio Luiz Pereira Lopes
Impressão e acabamento	Vox Gráfica

DADOS INTERNACIONAIS DE CATALOGAÇÃO NA PUBLICAÇÃO (CIP)
DE ACORDO COM ISBD
ELABORADO POR VAGNER RODOLFO DA SILVA – CRB-8/9410

P332c   Paulsen, Leandro
           Curso de Direito Tributário Completo / Leandro Paulsen. – 14. ed. - São Paulo: SaraivaJur, 2023.

           696 p.

           ISBN: 978-65-5362-721-5 (impresso)

           1. Direito. 2. Direito Tributário. I. Título.

                                        CDD 341.39
2022-3408   CDU 34:336.2

Índices para catálogo sistemático:

1. Direito Tributário   341.39
2. Direito Tributário   34:336.2

Data de fechamento da edição: 7-12-2022

Dúvidas? Acesse www.saraivaeducacao.com.br

Nenhuma parte desta publicação poderá ser reproduzida por qualquer meio ou forma sem a prévia autorização da Saraiva Educação. A violação dos direitos autorais é crime estabelecido na Lei n. 9.610/98 e punido pelo art. 184 do Código Penal.

| CÓD. OBRA | 15828 | CL | 607860 | CAE | 818235 |

Ofereço esta obra à Amalia.

Nota do Autor

O *Curso de direito tributário* que você tem em mãos vem recebendo excelente acolhida junto à comunidade jurídica. A cada ano, os professores de inúmeras faculdades públicas e privadas, renovando suas fontes, vêm escolhendo este livro como bibliografia básica das disciplinas de direito tributário.

Trata-se de um curso bastante completo que aborda o direito tributário na sua inteireza, acompanhando a sua evolução. São abordados os diversos temas relativos à tributação. Analiso desde as questões constitucionais e de normas gerais até os tributos em espécie, bem como o processo administrativo-fiscal, as ações judiciais referentes à tributação e os crimes tributários.

Cuido dos elementos necessários ao conhecimento dos fundamentos, do conteúdo e da aplicabilidade do direito tributário. Procuro expor os conceitos essenciais, as classificações que facilitam a compreensão da matéria, as características de cada instituto jurídico e seus efeitos práticos.

As grandes inovações legislativas são aqui consideradas para que se tenha uma visão atualizada da tributação, em consonância com o que se tem efetivamente praticado, discutido e inovado sobre a matéria.

Nas últimas edições, venho acrescentando novos capítulos para destacar certos temas como objeto de estudo, dada a sua relevância. Assim é que, na edição anterior, acrescentei um capítulo sobre a tributação da família, tema importantíssimo que vem merecendo, há muito, a atenção dos doutrinadores e dos tribunais estrangeiros e que também precisa ser desenvolvido no Brasil a bem da justiça do nosso sistema tributário.

Nesta edição de 2023, esse capítulo recebeu itens sobre a intributabilidade das pensões percebidas pelos alimentandos (ADI 5422) e sobre a dedução das pensões pelos alimentantes. E acrescentei capítulo sobre os limites à concessão de benefícios e incentivos fiscais, matéria cada vez mais trabalhada e que desafia abordagem multidisciplinar, sendo de enorme relevância os aportes de Direito Financeiro ali constantes. Também incluí item sobre o devedor contumaz, a exigir tratamento próprio.

Enfim, a obra segue evoluindo com as inovações legislativas, doutrinárias e jurisprudenciais. A revisão foi completa, de modo que a obra apresentada está atualizadíssima.

Sigo a advertência de ORTEGA, de que a clareza é a cortesia intelectual. A clareza no pensar obriga a mente a realizar um esforço destinado a alcançar a essência das coisas e ordená-las em um sistema. A clareza no dizer exige o manejo da linguagem com um cuidado especialíssimo para que se evite o vocábulo obscuro ou equívoco.

Este livro foi escrito para que sua leitura seja agradável e proveitosa!

Leandro Paulsen

Sumário

Nota do Autor VII

Capítulo I
Tributação, direito tributário e tributo

1. Origem da tributação e da sua limitação 1
2. A tributação como instrumento da sociedade 5
3. Os deveres fundamentais de pagar tributos e de colaborar com a tributação 7
4. A carga tributária, o direito à informação e os custos de conformidade 12
5. Fiscalidade e extrafiscalidade 15
6. Direito tributário 19
7. Relação com outras disciplinas jurídicas 21
8. Relação com a economia 23
9. Relação com a contabilidade 24
10. Conceito de tributo 25
11. Preços públicos e receitas patrimoniais 29

Capítulo II
Sistema Tributário Nacional e sua reforma

12. O Sistema Tributário Nacional 33

13. A Reforma tributária.. 34

Capítulo III
Espécies tributárias

14. Características e regimes jurídicos específicos...................................... 37
15. Critérios para a identificação das espécies tributárias........................... 38
16. Classificação dos tributos em cinco espécies tributárias....................... 40
17. Impostos.. 42
18. Taxas... 43
19. Contribuições de melhoria... 49
20. Empréstimos compulsórios.. 50
21. Contribuições... 51
22. Contribuições sociais... 55
23. Contribuições de intervenção no domínio econômico 56
24. Contribuições de interesse das categorias profissionais ou econômicas... 58
25. Contribuições de iluminação pública.. 59

Capítulo IV
Princípios tributários

26. Os diversos tipos de normas: princípios, regras e normas de colisão.... 61
27. A relação entre os princípios e as limitações constitucionais ao poder de tributar ... 63
28. Princípios gerais de direito tributário... 63
29. Princípio da capacidade contributiva 64
30. Princípio da capacidade colaborativa.. 68
31. Princípio da segurança jurídica em matéria tributária........................... 71
32. Princípio da igualdade tributária.. 74
33. Princípio da praticabilidade da tributação... 80
34. Princípio da neutralidade tributária 84
35. Princípio da transparência tributária... 86

Capítulo V
Competência tributária

36. Detalhamento da competência na Constituição 89
37. Competência tributária X repartição das receitas tributárias................ 91
38. Competências privativas, comuns e residuais....................................... 93

39.	Normas constitucionais concessivas de competência	94
40.	Critério da atividade estatal	95
41.	Critério da base econômica	95
42.	Critério da finalidade	98
43.	Bitributação e *bis in idem*	100

Capítulo VI
Imunidades tributárias

44.	Imunidades como normas negativas de competência	103
45.	Imunidades como garantias fundamentais	104
46.	Classificação, interpretação e aplicação das imunidades	105
47.	Imunidades genéricas a impostos	108
48.	Imunidade recíproca dos entes políticos	110
49.	Imunidade dos templos de qualquer culto	113
50.	Imunidade dos partidos, sindicatos, entidades educacionais e assistenciais	115
51.	Imunidade dos livros, jornais, periódicos e do papel para a sua impressão	118
52.	Imunidade dos fonogramas e videogramas musicais	121
53.	Imunidade das entidades beneficentes de assistência social às contribuições de seguridade social	122

Capítulo VII
Limitações ao poder de tributar que são garantias fundamentais do contribuinte

54.	Natureza das limitações constitucionais ao poder de tributar	127
55.	Limitações em prol da segurança jurídica, da justiça tributária, da liberdade e da Federação	128
56.	Legalidade tributária	128
57.	Irretroatividade tributária	136
58.	Anterioridade tributária	139
59.	Isonomia tributária	145
60.	Não confisco	145
61.	Proibição de limitações ao tráfego por meio de tributos interestaduais e intermunicipais, ressalvado o pedágio	147

Capítulo VIII
Limitações ao poder de tributar que são garantias da Federação

62.	Limitações específicas à União	149

63. Uniformidade geográfica 149
64. Vedação da tributação diferenciada da renda das obrigações das dívidas públicas e da remuneração dos servidores 151
65. Vedação de isenção heterônoma 151
66. Limitações aos Estados e Municípios para estabelecer diferença tributária em razão da procedência ou destino 152
67. Vedação da afetação do produto de impostos 153

Capítulo IX
Limitações à concessão de benefícios e incentivos fiscais

68. Os diversos instrumentos de desoneração tributária 157
69. Os benefícios e incentivos fiscais enquanto gastos tributários ou renúncia de receitas: transparência e compensação 160
70. Vedação de benefícios ou incentivos para pessoas jurídicas em débito com o sistema de Seguridade Social e outros condicionamentos materiais. 164
71. Exigência constitucional de lei específica para a concessão de benefícios e incentivos 165
72. Limites aos benefícios ou incentivos fiscais para prevenir e controlar a guerra fiscal 166
73. Outras questões federativas suscitadas pelos benefícios e incentivos fiscais 169

Capítulo X
Técnicas de tributação

74. Progressividade 171
75. Seletividade 173
76. Não cumulatividade 176
77. Tributação monofásica 180
78. Substituição tributária 181

Capítulo XI
Classificações dos tributos

79. Da utilidade das classificações 185
80. Quanto ao ente instituidor: federal, estadual ou municipal 185
81. Quanto à competência: ordinário, residual ou extraordinário 185
82. Quanto à competência: comum, privativo, exclusivo 186
83. Quanto às espécies tributárias: impostos, taxas, contribuições, contribuições de melhoria ou empréstimos compulsórios 187

84.	Quanto à finalidade: fiscal, parafiscal e extrafiscal	187
85.	Quanto à destinação do produto: afetados ou não afetados	188
86.	Quanto à origem do fato gerador: vinculados ou não vinculados	188
87.	Quanto à formação do fato gerador: instantâneo, continuado ou complexo	189
88.	Quanto à aplicação: retroativo, prospectivo ou ultrativo	189
89.	Quanto à alíquota: específico ou *ad valorem*	190
90.	Quanto à carga tributária: cumulativo ou não cumulativo	190
91.	Quanto ao aspecto quantitativo: fixo, proporcional ou progressivo	191
92.	Quanto à base de cálculo: em concreto ou presumido	191
93.	Quanto à vigência: permanente ou temporário	191
94.	Quanto ao ônus econômico: direto ou indireto	191
95.	Quanto ao contribuinte: de direito ou de fato	192
96.	Quanto à capacidade contributiva: pessoal ou real, subjetivo ou objetivo	192
97.	Quanto à base econômica: comércio exterior, patrimônio, a transmissão de bens e de direitos a eles relativos, renda, a produção ou circulação ou atividades financeiras	192
98.	Quanto ao critério de justiça que o inspira: distributivo ou comutativo	193
99.	Quanto ao obrigado: próprio ou substituição tributária	193
100.	Quanto à fase do crédito: existente, exigível ou exequível	194

Capítulo XII
Legislação tributária

101.	Normas constitucionais	195
102.	Leis complementares à Constituição	195
103.	Resoluções do Senado	199
104.	Convênios	200
105.	Tratados internacionais	202
106.	Leis ordinárias e medidas provisórias	204
107.	Atos normativos infralegais: decretos, instruções normativas, portarias, ordens de serviço	205

Capítulo XIII
Interpretação e aplicação da legislação tributária

108.	Subsistemas da legislação tributária: os deveres, princípios, direitos e garantias que os inspiram e orientam	207
109.	Vigência e aplicação da legislação tributária	211

110. Integração e interpretação da legislação tributária 212
111. Aplicação dos princípios de direito tributário, de direito público e de direito privado e das normas de colisão 215
112. Analogia e equidade 219

Capítulo XIV
Capacidade, cadastro e domicílio

113. Capacidade tributária 223
114. Cadastros de contribuintes 224
115. Domicílio tributário 225

Capítulo XV
Obrigações tributárias

116. As diversas relações jurídicas com naturezas contributiva, colaborativa ou punitiva 227
117. Obrigações principais e acessórias 228
118. Aspectos da norma tributária impositiva 232
119. Hipótese de incidência e fato gerador 233
120. Ocorrência dos fatos geradores 235
121. Classificação dos fatos geradores 236
122. Planejamento tributário e norma geral antievasão 237
123. Sujeito ativo 240
124. Sujeitos passivos das diversas relações jurídicas com o Fisco 241
125. Solidariedade 244
126. Contribuinte 245
127. Substituto tributário 246
128. Responsável tributário 247
129. Responsabilidade dos sucessores 251
130. Responsabilidade de terceiros, inclusive dos sócios-gerentes e administradores... 253
131. Responsabilidades estabelecidas pelo legislador ordinário dos diversos entes políticos 258

Capítulo XVI
Tributação do Ilícito

132. Capacidade econômica e fatos geradores envoltos em ilicitudes 261

133. Autuação de ofício ou mediante representação para fins fiscais.......... 263
134. Premissa da irrelevância da ilicitude subjacente: princípio do *non olet*............... 264
135. Efeitos tributários do perdimento do produto e do proveito do crime............... 266

Capítulo XVII
Infrações à legislação tributária

136. As penalidades pelo descumprimento das obrigações tributárias, inclusive perdimento..................... 269
137. Multas 271
138. Restrições a direitos e sanções políticas 276
139. A especial situação do devedor contumaz..................... 279
140. Responsabilidade por infrações à legislação tributária..................... 281
141. Denúncia espontânea e exclusão da responsabilidade por infrações................... 284

Capítulo XVIII
Constituição do crédito tributário

142. Natureza do crédito tributário..................... 289
143. Existência, exigibilidade e exequibilidade..................... 290
144. Constituição ou formalização do crédito tributário..................... 290
145. Declarações do contribuinte e outras confissões de débito..................... 291
146. Lançamentos de ofício, por declaração e por homologação..................... 294
147. Lançamento por arbitramento ou aferição indireta..................... 296
148. Liquidação no processo trabalhista 298

Capítulo XIX
Suspensão da exigibilidade do crédito tributário

149. Hipóteses de suspensão da exigibilidade do crédito tributário..................... 299
150. Moratória e parcelamento 300
151. Impugnação e recurso administrativos 305
152. Liminares e tutelas provisórias 307
153. Depósito do montante integral do crédito tributário..................... 309
154. Efeitos da suspensão da exigibilidade do crédito tributário..................... 310

Capítulo XX
Exclusão do crédito tributário

155. Natureza e efeitos da exclusão do crédito tributário 313
156. Isenção 313
157. Anistia 316

Capítulo XXI
Extinção do crédito tributário

158. Hipóteses de extinção do crédito tributário 319
159. Pagamento, juros e multas 320
160. Pagamento indevido e sua repetição 322
161. Compensação 328
162. Transação 332
163. Remissão do crédito tributário 335
164. Decadência do direito de lançar 335
165. Prescrição da ação para execução do crédito tributário 338

Capítulo XXII
Garantias e privilégios do crédito tributário

166. Meios de garantia e preferências do crédito tributário 347
167. Sujeição do patrimônio do devedor à satisfação do crédito 347
168. Bens absolutamente impenhoráveis por determinação legal 348
169. Arrolamento administrativo de bens 349
170. Ineficácia das alienações em fraude à dívida ativa 350
171. Indisponibilidade dos bens 351
172. Preferência do crédito tributário, inclusive na recuperação judicial e na falência . 353
173. Autonomia da execução de crédito tributário mesmo havendo concurso de credores 354

Capítulo XXIII
Administração tributária

174. Órgãos e carreiras de administração tributária 357
175. Fiscalização tributária 360
176. Fiscalização orientadora e autorregularização do contribuinte 362

177. Dívida Ativa: inscrição e título executivo (CDA) 365
178. Pedido de revisão de dívida inscrita 369
179. Cadastro (CADIN) e lista de devedores 369
180. Certidões de situação fiscal: CND e CPD-EN 371

Capítulo XXIV
Acesso à informação e preservação do sigilo

181. O acesso à informação como elemento indispensável à fiscalização tributária e a colaboração entre as administrações tributárias 375
182. O sigilo como preservação da intimidade e da privacidade, sua transferência e preservação 378
183. O sigilo bancário e a LC n. 105/2001 379
184. Sigilo fiscal 381

Capítulo XXV
Cobrança do crédito tributário

185. Cobrança amigável pela Receita 385
186. Cobrança amigável da dívida ativa pela Procuradoria da Fazenda Nacional 386
187. Oferta antecipada de garantia perante a Fazenda Nacional 386
188. Comunicação do débito aos serviços de proteção ao crédito 387
189. Averbação pré-executória nos registros de bens para torná-los indisponíveis 388
190. Protesto extrajudicial 389
191. Execução judicial 391

Capítulo XXVI
Tributação da família

192. O dever estatal de especial proteção à família 393
193. A capacidade contributiva dos arrimos de família 395
194. Sistemas de tributação da renda do agregado familiar no direito estrangeiro, com destaque para o *splitting* 397
195. Sistema brasileiro de tributação da renda familiar 399
196. A intributabilidade das pensões percebidas pelos alimentandos (ADI 5422) 400
197. A dedutibilidade das pensões pagas pelos alimentantes 402
198. A tributação da residência e do veículo da família 403

Capítulo XXVII
Impostos sobre o patrimônio

199. Imposto sobre Propriedade de Veículos Automotores (IPVA) 405
200. Imposto sobre Propriedade Predial e Territorial Urbana (IPTU) 410
201. Imposto sobre Propriedade Territorial Rural (ITR) 414

Capítulo XXVIII
Impostos sobre a transmissão de bens

202. Imposto sobre Transmissão *Inter Vivos* de Bens Imóveis e de Direitos Reais sobre Imóveis (ITBI) 423
203. Imposto sobre Transmissão *Causa Mortis* e Doação (ITCMD) 429

Capítulo XXIX
Imposto sobre a renda

204. Imposto sobre a Renda e Proventos de Qualquer Natureza (IR) 439

Capítulo XXX
Impostos sobre a atividade econômica

205. Imposto sobre Bens e Serviços (IBS) 455
206. Imposto sobre Produtos Industrializados (IPI) 456
207. Imposto sobre Operações Relativas à Circulação de Mercadorias e sobre Prestação de Serviços de Transporte Interestadual e Intermunicipal e de Comunicação (ICMS) 468
208. Imposto sobre Serviços de Qualquer Natureza (ISS) 487
209. Impostos sobre Operações de Crédito, Câmbio, Seguro ou Relativas a Títulos ou Valores Mobiliários (IOF) 495

Capítulo XXXI
Impostos sobre o comércio exterior

210. Imposto sobre Importação (II) 507
211. Imposto sobre Exportação (IE) 517

Capítulo XXXII
Contribuições sociais

212. Contribuições previdenciárias dos segurados do Regime Geral de Previdência Social 521
213. Contribuições previdenciárias do empregador, da empresa e da entidade a ela equiparada 528
214. Contribuições previdenciárias substitutivas sobre a receita 539
215. Contribuições de seguridade social sobre a receita (PIS e Cofins) 341
216. Contribuição sobre bens e serviços (CBS) 554
217. Contribuições de seguridade social do importador (PIS-Importação e Cofins-Importação) 556
218. Contribuição de Seguridade Social sobre o Lucro (CSL) 558
219. Contribuições dos servidores públicos para seus regimes próprios de previdência .. 560

Capítulo XXXIII
Contribuições de intervenção no domínio econômico

220. Contribuição de intervenção no domínio econômico destinada ao Incra 563
221. Contribuição de intervenção no domínio econômico destinada ao Sebrae 566
222. Contribuição de intervenção no domínio econômico sobre a comercialização de combustíveis 567

Capítulo XXXIV
Contribuições do interesse de categorias profissionais e econômicas

223. Contribuição aos conselhos de fiscalização profissional 571

Capítulo XXXV
Contribuição de custeio da iluminação pública

224. Contribuição de Iluminação Pública Municipal (CIP) 575

Capítulo XXXVI
Taxas de serviço e de polícia

225. Taxa de coleta de lixo domiciliar 579
226. Taxa de fiscalização, localização e funcionamento 580

Capítulo XXXVII
Regime do Simples Doméstico

227. Regime simplificado e unificado de recolhimento de tributos para o empregador doméstico 583

Capítulo XXXVIII
Regime do Simples Nacional

228. Regime Simplificado e Unificado de Recolhimento de Tributos para Microempresas e Empresas de Pequeno Porte – Simples Nacional 585

Capítulo XXXIX
Processo administrativo-fiscal

229. Legislação do processo administrativo-fiscal federal 591
230. Ação fiscal e autuação 592
231. Notificações e intimações 595
232. Fase litigiosa: impugnação, instrução e recursos 597
233. Nulidades no processo administrativo-fiscal 600
234. Processo administrativo-fiscal estadual 602
235. Processo administrativo-fiscal municipal 602

Capítulo XL
Processo judicial tributário

236. Questões comuns às ações tributárias 605
237. Ações ajuizadas pelo Fisco 605
238. Medida cautelar fiscal 606
239. Execução fiscal 608
240. Exceção de pré-executividade 615
241. Embargos à execução fiscal 616
242. Ações ajuizadas pelo contribuinte e demais obrigados 617
243. Mandado de segurança 622
244. Ação declaratória 625
245. Ação anulatória 627
246. Ação cautelar de caução 628
247. Ação consignatória 629

248. Ação de repetição de indébito tributário e de compensação 630
249. Conexão entre ações tributárias 632

Capítulo XLI
Direito penal tributário

250. Criminalização de condutas ligadas à tributação 635
251. Crimes tributários praticados por particulares 636
252. Princípio da insignificância nos crimes contra a ordem tributária 636
253. O falso como crime-meio e consunção 640
254. Constituição definitiva do crédito tributário como condição de punibilidade dos crimes materiais contra a ordem tributária (Súmula Vinculante 24) ... 641
255. Representação fiscal para fins penais 644
256. Ação penal pública 646
257. Suspensão da punibilidade pelo parcelamento 647
258. Extinção da punibilidade pelo pagamento 649
259. Continuidade delitiva nos crimes contra a ordem tributária 650
260. Descaminho 651
261. Crime de apropriação indébita tributária em geral 653
262. Apropriação indébita de imposto indireto (IPI/ICMS/ISS) 655
263. Crime de apropriação indébita de contribuições previdenciárias 659
264. Crime material contra a ordem tributária: sonegação de tributos 661
265. Crime de sonegação de contribuição previdenciária 663
266. Outros crimes contra a ordem tributária 665
267. Crime de falsificação de papéis públicos tributários 666
268. Crimes tributários praticados por funcionários públicos 667
269. Crime de excesso de exação 668
270. Crime de facilitação ao descaminho 668
271. Crime de extravio, sonegação ou inutilização de livro, processo ou documento fiscal 668
272. Crime de corrupção passiva fiscal 669
273. Crime de advocacia administrativa fiscal 670

Capítulo I

Tributação, direito tributário e tributo

1. Origem da tributação e da sua limitação

O Estado, como instituição indispensável à existência de uma sociedade organizada, depende de recursos para sua manutenção e para a realização dos seus objetivos. Isso independe da ideologia que inspire as instituições políticas, tampouco do seu estágio de desenvolvimento.

A tributação é inerente ao Estado, seja totalitário ou libertário, autoritário ou democrático. Independentemente de o Estado servir de instrumento da sociedade ou servir-se dela, a busca de recursos privados para a manutenção do Estado é uma constante na história.

ALIOMAR BALEEIRO, na sua clássica obra *Uma introdução à ciência das finanças*, destacava que, "para auferir o dinheiro necessário à despesa pública, os governos, pelo tempo afora, socorrem-se de uns poucos meios universais", quais sejam, "a) realizam extorsões sobre outros povos ou deles recebem doações voluntárias; b) recolhem as rendas produzidas pelos bens e empresas do Estado; c) exigem coativamente tributos ou penalidades; d) tomam ou forçam empréstimos; e) fabricam dinheiro metálico ou de papel. Todos os processos de financiamento do Estado se enquadram nestes cinco meios conhecidos há séculos". Ensinava, ainda, que "essas fontes de recursos oferecem méritos desiguais e assumem importância maior ou menor, conforme a época e as contingências"[1].

---

1. BALEEIRO, Aliomar. *Uma introdução à ciência das finanças*. 14. ed. rev. e atualizada por FLÁVIO BAUER NOVELLI. Rio de Janeiro: Forense, 1990, p. 115.

Os problemas relacionados à tributação, desde cedo, despertaram a necessidade de compatibilização da arrecadação com o respeito à liberdade e ao patrimônio dos contribuintes. Por envolver imposição, poder, autoridade, a tributação deu ensejo a muitos excessos e arbitrariedades ao longo da história. Muitas vezes foi sentida como simples confisco. Não raramente, a cobrança de tributos envolveu violência, constrangimentos, restrição a direitos.

Essa condição de demasiada sujeição em que se viam os contribuintes, associada à indignação com as diferenças sociais e com o destino que era dado aos recursos, despertou movimentos pela preservação da propriedade e da liberdade, de um lado, e pela participação nas decisões públicas, de outro. Vale fazermos uma breve retrospectiva histórica e relembrarmos alguns marcos relacionados à tributação, seguindo o critério cronológico.

Destaca-se a "extraordinária precocidade de Portugal e Espanha ao criar os mecanismos jurídicos de limitação do poder fiscal do rei [...] o *Fuero Juzgo*, os forais e as cortes são fontes, instrumentos e instituições iniciais de reconhecimento da liberdade, de afirmação da necessidade do consentimento das forças sociais e de limitação do poder tributário, que já aparecem consolidados no século XII"[2].

No início do século seguinte, em 1215, na Inglaterra, os barões e os religiosos impuseram a Magna Carta para conter o arbítrio do rei, estabelecendo a separação de poderes. Quanto à imposição de tributos, consentiram que fossem cobrados três tributos tradicionalmente admitidos (visando ao resgate do rei e por força da investidura do primeiro filho como cavaleiro e do matrimônio da primeira filha), mas estabeleceram que a cobrança de qualquer outro fosse previamente autorizada por um concílio, incluindo o *scutage*, montante cobrado pela não prestação do serviço militar[3,4,5].

As principais enunciações de direitos também restringiram de modo expresso o poder de tributar, condicionando-o à permissão dos contribuintes, mediante representantes. Tal constou do *Statutum de Tallagio non Concedendo*, expedido em 1296 por Eduardo I, posteriormente incorporado à *Petition of Rights*, de 1628.

A Constituição dos Estados Unidos da América, de 1787, estabeleceu o poder do Congresso – e não do Executivo – para estabelecer tributos. Senão, vejamos: "The

---

2. TORRES, Ricardo Lobo. *Tratado de direito constitucional financeiro e tributário*. v. II. Rio de Janeiro: Renovar, 2005, p. 403-404.
3. UCKMAR, Victor. *Princípios comuns de direito constitucional tributário*. 2. ed. São Paulo: Malheiros, 1999, p. 24-25.
4. O texto da Magna Carta está disponível em: <http://www.magnacartaplus.org>.
5. Conforme VANONI, havia um adágio inglês em matéria impositiva: "*La Corona pide, los Comunes conceden, los Lores permiten*". (VANONI, E. *Natura ed interpretazione delle leggi tributarie*. 1932. A citação é da edição espanhola de 1961, publicada pelo Instituto de Estudios Fiscales, Madri, p. 155.)

Constitution of the United States of America ARTICLE I [...] SECTION 8. The Congress shall have the power to lay and collect taxes, duties, imposts and excises, to pay the debts and provide for the common defense, and general welfare of the United States; but all duties, imposts and excises shall be uniform throughout the United States [...]"[6].

Na Declaração francesa dos Direitos do Homem e do Cidadão, de 1789, resta estampado que os tributos devem ser distribuídos entre os cidadãos e dimensionados conforme as suas possibilidades, tendo eles o direito de avaliar a necessidade das contribuições e com elas consentir através de seus representantes[7].

Passou-se, assim, a compatibilizar a tributação – como poder do Estado de buscar recursos no patrimônio privado – com os direitos individuais. As constituições mais recentes enunciam a competência tributária com algum detalhamento e estabelecem limitações ao poder de tributar. Quando uma Constituição diz quais os tributos que podem ser instituídos, qual o veículo legislativo necessário para tanto e demais garantias a serem observadas, sabe-se, *a contrario sensu*, que o que dali desborda é inválido.

Antes de concluirmos nossas breves referências históricas quanto às reações à tributação, vale destacar ainda que os excessos da tributação e divergências quanto à aplicação dos recursos também estiveram na raiz de revoluções e movimentos ocorridos em território brasileiro. A imposição de carga tributária demasiada, incompatível com a capacidade de pagamento dos contribuintes, e a ausência de investimentos proporcionais nos locais onde arrecadados os tributos foram causas concorrentes de movimentos pela independência e também de cunho separatista.

A própria independência brasileira tem esse ingrediente. No período imperial, o chamado "quinto dos infernos" mostrou-se insuportável. Os relatos acerca da Inconfidência Mineira revelam isso. JORGE CALDEIRA destaca que: "Desde a descoberta do ouro, o governo português alterou inúmeras vezes o sistema de cobrança de impostos nas minas. Em 1750, foi estabelecido que os mineiros pagariam a quantia fixa de cem arrobas (cerca de 1.500 quilos) anuais, encarregando-se eles mesmos de coletar o valor. Com o declínio da produção, no entanto, o valor total não vinha sendo atingido desde 1763. Nos primeiros anos em que a contribuição voluntária não atingiu o limite, o governo recorreu a derramas. Porém, como a quantia arrecadada ficava próxima do limite, o expediente não chegava propriamente a provocar

---

6. GULLOP, Floyd G. *The Constitution of the United States: an introduction*. Nova York: Mentor Books, 1984.
7. "Déclaration des droits de l'homme et du citoyen. Article treize. Pour l'entretien de la force publique, et pour les dépenses d'administration, une contribution commune est indispensable; elle doit être également répartie entre tous les citoyens, en raison de leurs facultés. Article quatorze. Tous les citoyens ont le droit de constater par eux même, ou par leurs représentants, la nécessité de la contribution publique, de la consentir librement, d'en suivre l'emploi, et d'en déterminer la quotité, l'assiette, le recouvrement et la durée".

revoltas. A chegada do governador Cunha Meneses coincidiu com uma grande queda na produção do ouro e na arrecadação do quinto. Mal e mal, conseguia-se arrecadar a metade do valor previsto. Para aumentar a arrecadação (o governador ficava com parte do excedente), Meneses recorreu a todos os expedientes possíveis. Passou a perseguir, chantagear a prender cidadãos. Renovou a cobrança de impostos antigos e já caídos em desuso, como a dos donativos para a reconstrução de Lisboa. Com isso, ganhou o ódio dos habitantes do lugar... O arbítrio por parte do governo logo teve consequências. A combinação de economia estrangulada com aumento de impostos era explosiva e incentivava ideias ousadas, sobretudo quando se meditava sobre o que haviam conseguido os norte-americanos... A crescente falta de alternativas econômicas acabou levando a elite mineira a considerar a ideia de um movimento revolucionário. Em 1788, os boatos sobre a derrama produziram o elemento que faltava para a decisão"[8].

A derrama foi a cobrança abrupta e violenta dos quintos atrasados. A Inconfidência Mineira foi contida, resultando na morte e no esquartejamento de Joaquim José da Silva Xavier, o Tiradentes, que era o mais frágil dentre os conjurados, na sua maior parte "intelectuais pertencentes à elite colonial"[9]. E o movimento acabou por não alterar "em nada a severa exploração lusitana, que, além dos impostos sobre o outro, exigia impostos sobre a entrada de mercadorias na região, sem contar a violenta carga tributária geral, e a violência dos próprios cobradores dos tributos"[10]. Mas o ideal de independência ganhou um mártir.

Após a independência, a situação se repetiu, agora não mais entre Colônia e Império, mas entre províncias e governo central. ANTÔNIO AUGUSTO FAGUNDES, analisando a Revolução Farroupilha, aponta a tributação exagerada, associada à ausência de contrapartida, como causas econômicas do movimento: "A Província de São Pedro do Rio Grande, desde antes da Independência do Brasil (7 de setembro de 1822), era vista como a 'estalagem do Império'. A Corte levava a maior parte dos impostos arrecadados aqui e não investia em nada. Deixava o mínimo, que apenas servia para pagar a manutenção das estruturas públicas. E era imposto atrás de imposto: sobre o gado em pé, sobre a légua de campo, sobre o charque, sobre o couro, sobre a erva-mate – tudo!"[11].

....
8. CALDEIRA, Jorge, et al. *Viagem pela história do Brasil*. São Paulo: Companhia das Letras, 1997, p. 111-112.
9. BALTHAZAR, Ubaldo Cesar. *História do tributo no Brasil*. Florianópolis: Fundação Boiteux, 2005, p. 60.
10. Id., ibid., p. 61.
11. FAGUNDES, Antônio Augusto. *Revolução Farroupilha: cronologia do decênio heroico*. Porto Alegre: Martins Livreiro, 2008, p. 17-18.

A revolução conduzida por Bento Gonçalves eclodiu em 20 de setembro de 1835, resultou na proclamação da República Rio-Grandense em 1836, mas acabou através do Tratado do Poncho Verde em 1845, quando o Rio Grande foi reintegrado ao Império mediante condições.

Atualmente, não temos movimentos ativos ameaçando nossa unidade política. Mas a tributação continua a ser elemento de conflito entre os entes federados, tanto em razão da concentração demasiada de recursos nas burras da União como no que se tem nomeado de Guerra Fiscal. Os Estados-Membros e também os Municípios utilizam-se da concessão de benefícios fiscais (isenções, créditos presumidos etc.) ou de alíquotas reduzidas para obterem vantagens competitivas perante os demais. Ainda que com a alegada finalidade de aumentar o desenvolvimento local através da atração de novos investimentos e da consequente geração de empregos, certo é que, muitas vezes, isso dá ensejo à simples migração de unidades produtivas de um Estado para outro ou de um Município para outro dentro de um mesmo Estado, maculando essas políticas com um caráter fratricida[12].

2. A tributação como instrumento da sociedade

O modo de ver a tributação alterou-se muito nas últimas décadas. Já não se sustentam os sentimentos de pura e simples rejeição à tributação. A figura de Robin Hood, que em algumas versões atacava os coletores de impostos para devolver o dinheiro ao povo, hoje já não faz sentido.

A tributação, em Estados democráticos e sociais, é instrumento da sociedade para a consecução dos seus próprios objetivos. Pagar tributo não é mais uma submissão ao Estado, tampouco um mal necessário. Conforme ensinou OLIVER WENDELL HOLMES JR., "Taxes are what we pay for civilized society".

MARCO AURÉLIO GRECO ressalta a importância de se evoluir de uma visão do ordenamento tributário meramente protetiva do contribuinte para outra que nele enxergue a viabilização das políticas sociais. Transitamos do puro Estado de direito, em que se opunham nitidamente Estado e indivíduo, para um novo Estado, ainda de direito, mas também social, como estampa o art. 1º da nossa Constituição da República. Isso dá lugar a uma realidade que congrega a liberdade com a participação e a solidariedade. Demonstra que a Constituição brasileira de 1967 foi uma Constituição do Estado brasileiro, enquanto a de 1988 é da sociedade brasileira. Naquela, em primeiro lugar estava a organização do poder; nesta, os direitos fundamentais têm precedência. Naquela,

---

12. Sobre a Guerra Fiscal, *vide*: MARTINS, Ives Gandra da Silva; CARVALHO, Paulo de Barros. *Guerra Fiscal: reflexões sobre a concessão de benefícios no âmbito do ICMS*. São Paulo: Noeses, 2012.

tínhamos uma Constituição do Estado brasileiro, em que primeiro se dispunha sobre a estrutura do poder, seus titulares, suas prerrogativas e sobre os bens públicos, para só então cuidar da tributação como simples suporte do Estado, aparecendo os direitos fundamentais apenas ao seu final, como um resguardo devido à sociedade civil. Na Constituição de 1988, a pessoa humana assume papel central, enunciando-se, já em seu início, direitos fundamentais e sociais, e funcionalizando-se a tributação mediante um novo modo de outorga de competência tributária em que ganha relevância a justificação da tributação em função da sua finalidade.

Aliás, resta clara a concepção da tributação como instrumento da sociedade quando são elencados os direitos fundamentais e sociais e estruturado o Estado para que mantenha instituições capazes de proclamar, promover e assegurar tais direitos. Não há mesmo como conceber a liberdade de expressão, a inviolabilidade da intimidade e da vida privada, o exercício do direito de propriedade, a garantia de igualdade, a livre iniciativa, a liberdade de manifestação do pensamento, a livre locomoção e, sobretudo, a ampla gama de direitos sociais, senão no bojo de um Estado democrático de direito, social e tributário[13]. Percebe-se que "a incidência tributária é uma circunstância conformadora do meio ambiente jurídico no qual são normalmente exercitados os direitos de liberdade e de propriedade dos indivíduos"[14]. Diga-se, ainda: não há direito sem Estado, nem Estado sem tributo[15].

....

13. "[...] the modern economy in which we earn our salaries, own our homes, bank accounts, retirement savings, and personal possessions, and in which we can use our resources to consum or invest, would be impossible without the framework provided by government supported by taxes" (MURPHY, Liam; NAGEL, Thomas. *The Myth of Ownership*. Nova York: Oxford, 2002, p. 8).
14. GODOI, Marciano Seabra de. A volta do *in dubio pro contribuinte*: avanço ou retrocesso? In: ROCHA, Valdir de Oliveira (coord.). *Grandes questões atuais do direito tributário*. São Paulo: Dialética, 2013, p. 187.
15. "La facultad del Estado de obtener los medios necesarios para su propia existencia y, por ende, para la tutela y el mantenimiento del ordenamiento jurídico, se perfila así como un elemento esencial de la misma afirmación del derecho. La actividad financiera, lejos de ser una actividad que limita los derechos y la personalidad del particular, constituye su presupuesto necesario, puesto que sin tal actividad no existiría Estado y sin Estado no existiría derecho" (VANONI, E. *Natura ed interpretatione delle leggi tributarie*, 1932. A transcrição é da edição espanhola de 1961, publicada pelos Instituto de Estúdios Fiscales, Madri, p. 183).
"No puede ser odioso lo que es necesario para la existencia misma del Estado y que tiene por finalidad única la utilidad de los ciudadanos. Como falló una vieja sentencia del Tribunal de Turín... 'las tasas libremente votadas y conformes a la necesidad del Estado representan el orden, la libertad, la justicia, la seguridad, la beneficencia, el ejército, la armada, la independencia, el honor de la patria'. Hablar de odiosidad del tributo significa, pues, desconocer el indisoluble vínculo entre existencia del Estado e imposición" (VANONI, E., op. cit., p. 182-183).

É ingenuidade, fundada na incompreensão do papel da tributação numa democracia, a assunção de posições ferrenhas a favor ou contra o Fisco. Efetivamente: "Deve-se afastar... a concepção negativa da tributação como norma de rejeição social ou de opressão de direitos (em verdade, a tributação é uma condição inafastável para a garantia e efetivação tanto dos direitos individuais como dos sociais)"[16]. A tributação é inafastável. O que temos de buscar é que se dê de modo justo, com respeito às garantias individuais e em patamar adequado ao sacrifício que a sociedade está disposta a fazer em cada momento histórico, de modo que sirva de instrumento para que se alcancem os objetivos relacionados à solidariedade sem atentar contra a segurança e a liberdade. Não é por outra razão que JOSÉ SOUTO MAIOR BORGES adverte que a "interpretação e aplicação das normas fiscais não deve ser *a priori* nem pró-Fisco nem contra Fisco"[17].

3. Os deveres fundamentais de pagar tributos e de colaborar com a tributação

Contribuir para as despesas públicas constitui obrigação de tal modo necessária no âmbito de um Estado de direito democrático, em que as receitas tributárias são a fonte primordial de custeio das atividades públicas, que se revela na Constituição enquanto dever fundamental de todos os integrantes da sociedade. Somos, efetivamente, responsáveis diretos por viabilizar a existência e o funcionamento das instituições públicas em consonância com os desígnios constitucionais[18].

---

16. CARDOSO, Alessandro Mendes. *O dever fundamental de recolher tributos no Estado democrático de direito*. Porto Alegre: Livraria do Advogado, 2014, p. 195.

17. "A expressão retórica corrente 'juiz fiscalista' é um 'ferro de madeira', uma contradição em termos e um agravo à função jurisdicional. A interpretação e aplicação das normas fiscais não devem ser *a priori* nem pró Fisco nem contra Fisco, mas em prol da lei" (BORGES, José Souto Maior. Um ensaio interdisciplinar em direito tributário: superação da dogmática. *RDDT*, n. 211/106, abr. 2013).

18. "O dever de pagar impostos é um dever fundamental. O imposto não é meramente um sacrifício, mas sim, uma contribuição necessária para que o Estado possa cumprir suas tarefas no interesse do proveitoso convívio de todos os cidadãos. O direito tributário de um Estado de direito não é direito técnico de conteúdo qualquer, mas ramo jurídico orientado por valores. O direito tributário afeta não só a relação cidadão/Estado, mas também a relação dos cidadãos uns com os outros. É direito da coletividade" (TIPKE, Klaus; YAMASHITA, Douglas. *Justiça fiscal e princípio da capacidade contributiva*. São Paulo: Malheiros, 2002, p. 13).

"Como dever fundamental, o imposto não pode ser encarado nem como um mero poder para o Estado, nem como um mero sacrifício para os cidadãos, constituindo antes o contributo indispensável a uma vida em comunidade organizada em Estado fiscal. Um tipo de Estado que tem na subsidiariedade da sua própria acção (económico-social) e no primado da autorresponsabilidade dos cidadãos pelo seu sustento o seu verdadeiro suporte" (NABAIS, José Casalta. *O dever fundamental de pagar impostos*. Coimbra: Almedina, 1998, p. 679).

O dever de contribuir não é simples consequência do que estabelece a lei ao instituir tributos, senão seu fundamento, conforme já advertia BERLIRI em sua obra *Principi di diritto tributario*[19].

A própria Declaração dos Direitos do Homem e do Cidadão de 1789 já enunciara esse dever nos termos do seu art. 13: "Para a manutenção da força pública e para as despesas da administração é indispensável uma contribuição comum que deve ser repartida entre os cidadãos de acordo com as suas possibilidades"[20]. A Declaração Interamericana dos Direitos e Deveres do Homem, aprovada na IX Conferência Internacional Americana em 1948, por sua vez, traz, em seu art. XXXVI: "Toda pessoa tem o dever de pagar os impostos estabelecidos pela lei para a manutenção dos serviços públicos". A cidadania é, efetivamente, uma via de mão dupla. Entende-se o dever fundamental de pagar tributos como a outra face ou contrapartida do caráter democrático e social do Estado que assegura aos cidadãos os direitos fundamentais.

VANONI afirmava: "La actividad financiera, lejos de ser una actividad que limita los derechos y la personalidad del particular, constituye su presupuesto necesario, puesto

---

19. "La formulación constitucional del deber de contribuir cumple una triple función jurídico-política: a) de *legitimación del tributo*, cuyo fundamento o justificación descansa no ya en la simple fuerza o poder de supremacía del Estado (frente a la impotencia del súdito), sino en el deber de solidaridad de los ciudadanos de contribuir al sostenimiento de los gastos públicos por su interes, en tanto miembros de la comunidad política, en la existencia y mantenimiento del Estado. Como ha escrito A. BERLIRI el deber del contribuyente de pagar los tributos no es la consecuencia, es una premisa, un *príus*; es el derecho, o mejor, el poder del Estado a exigirlos lo que es consecuencia, el reflejo, del deber de los ciudadanos de pagarlos. Y no a la inversa. El Estado no recauda los impuestos *quia nominor leo*, sino porque el ciudadano tiene el deber de contribuir a su mantenimiento. Fundamento *causal* del tributo, por tanto, y conexión del deber de contribuir con el gasto público y su ordenación, que se proclama en el art. 31.2 CE; b) de *límite y de garantía jurídica*, en cuanto la norma constitucional fija los límites del deber de contribuir, sin que el Estado pueda constreñir al particular a pagar más allá de tales límites o en razón o medida de criterios o cánones distintos de los fijados constitucionalmente (la capacidad económica). Y al propio tiempo, de garantía de los ciudadanos, pues aunque las normas constitucionales que imponen deberes cívicos más que garantizar la libertad y la propiedad individual las constriñen al afirmar un deber de los ciudadanos y el correlativo derecho – *rectius poder* – del Estado), sin embargo es también una norma de garantía en cuanto indirectamente limita el derecho de supremacía del Estado, que ha de configurar en cada caso, como elemento base de la imposición supuestos de hecho que sean reveladores de capacidad económica; c) de *orientación programática* de la actuación de los poderes públicos, primordialmente del legislativo, al cual se le encomienda la creación de un sistema tributário justo como cauce para la actuación del deber de contribuir proclamado constitucionalmente, y funcionalmente conexo, como hemos dicho, con el gasto público" (BEREIJO, Álvaro Rodríguez. "El deber de contribuir como deber constitucional. Su significado jurídico", *Civitas Revista Española de Derecho Financiero*, n. 125/2005).

20. NABAIS, José Cabalta. *O dever fundamental de pagar impostos*. Coimbra: Almedina, 2004, p. 45, nota 76.

que sin tal actividad no existiría Estado y sin Estado no existiría derecho"[21]. Ademais, recorda uma decisão do Tribunal de Turim em que foi dito: "las tasas libremente votadas y conformes a la necesidad del Estado representan el orden, la libertad, la justicia, la seguridad, la beneficencia, el ejército, la armada, la independencia, el honor de la patria"[22]. Na mesma linha é a lição de KLAUS TIPKE e DOUGLAS YAMASHITA: "O dever de pagar impostos é um dever fundamental. O imposto não é meramente um sacrifício, mas sim, uma contribuição necessária para que o Estado possa cumprir suas tarefas no interesse do proveitoso convívio de todos os cidadãos"[23]. Também JOSÉ CASALTA NABAIS é enfático: "Como dever fundamental, o imposto não pode ser encarado nem como um mero poder para o Estado, nem como um mero sacrifício para os cidadãos, constituindo antes o contributo indispensável a uma vida em comunidade organizada em Estado fiscal. Um tipo de Estado que tem na subsidiariedade da sua própria acção (económico-social) e no primado da autorresponsabilidade dos cidadãos pelo seu sustento o seu verdadeiro suporte"[24].

Assim é que podemos falar em dever fundamental de pagar tributos! ALESSANDRO MENDES CARDOSO destaca que "o cumprimento desse dever está diretamente vinculado à possibilidade concreta de efetivação dos direitos fundamentais assegurados aos cidadãos brasileiros. Ao invés de uma dualidade direito x dever, tem-se na verdade uma interface, em que o dever de contribuir de cada um corresponde a um direito dos demais. Trata-se de uma verdadeira responsabilidade social e não mais de simples dever em face do aparato estatal. Ao se sonegar tributos devidos, o contribuinte não está apenas descumprindo uma exigência legal exigível pelas autoridades fazendárias, mas também, e principalmente, quebrando o seu vínculo de responsabilidade com a sociedade"[25].

Mas o exercício da tributação exige ainda mais. Para viabilizar-se, necessita de ampla colaboração dos cidadãos. Suas obrigações, por isso, não se limitam a contribuir para o erário quando da prática de um fato gerador revelador de capacidade contributiva. A colaboração tem um âmbito maior, envolvendo também uma grande pluralidade de outras obrigações ou deveres que tornam possível o conhecimento quanto à ocorrência dos fatos geradores para fins de fiscalização e lançamento dos tributos e que inclusive facilitam, asseguram e garantem sua arrecadação. Ademais, alcança inclusive quem não

....
21. VANONI, E. *Natura ed interpretazione delle leggi tributarie*, 1932. A citação é da edição espanhola de 1961 publicada pelo Instituto de Estudios Fiscales, Madri, p. 183.
22. VANONI, E., op. cit., p. 182-183.
23. TIPKE, Klaus; YAMASHITA, Douglas. *Justiça fiscal e princípio da capacidade contributiva*. São Paulo: Malheiros, 2002, p. 13.
24. NABAIS, José Casalta, op. cit., p. 679.
25. CARDOSO, Alessandro Mendes. *O dever fundamental de recolher tributos no estado democrático de direito*. Porto Alegre: Livraria do Advogado, 2014, p. 147.

é chamado a suportar o pagamento de tributos porque não revela capacidade contributiva e não pratica os fatos geradores ou porque é beneficiário de isenção ou de imunidade, seja para que o Fisco possa verificar o preenchimento dos requisitos para a desoneração ou porque está próximo de contribuintes de quem tenha informações ou relativamente aos quais possa realizar retenções, dentre outras colaborações úteis que possa prestar em razão das suas atividades[26].

A colaboração com a tributação e, até mesmo, a participação ativa dos cidadãos para melhorar seu *"grado de eficacia y operatividad"* e sua *"funcionalidad"* justificam-se porque a tributação envolve não somente os interesses do erário como credor e do contribuinte como gravado, senão também o *"'interés jurídico de la colectividad' que, con base en la Constitución, se traduce en el interés de que todos contribuyan al sostenimiento de las cargas públicas conforme a su capacidad económica"*[27].

Estas obrigações, fundadas no dever de colaboração[28], em geral aparecem como prestações de fazer, suportar ou tolerar normalmente classificadas como obrigações formais ou instrumentais e, no direito positivo brasileiro, impropriamente como obrigações acessórias[29]. Por vezes, aparecem em normas expressas, noutras de modo implícito ou *a contrario sensu*, mas dependem sempre de intermediação legislativa. Tais obrigações, ademais, são impostas inclusive a quem não é contribuinte.

Num Estado que é instrumento da própria sociedade e que visa à garantia e à promoção de direitos fundamentais a todos, há um dever geral tanto de contribuir como

---

26. Afirmamos alhures: "Assim como o gozo de imunidade não dispensa do cumprimento de obrigações acessórias nem da sujeição à fiscalização tributária (art. 194, parágrafo único, do CTN), também não exime o ente imune de figurar como substituto tributário, com todas as obrigações daí decorrentes, inclusive respondendo com recursos próprios na hipótese de descumprimento do dever de retenção do tributo. Note-se que a retenção de tributos na fonte, na qualidade de responsável tributário, se efetuada adequadamente, nenhum ônus acarreta às entidades imunes, pois a operação se dá com dinheiro do contribuinte. A previsão constante deste § 1º, pois, justifica-se plenamente, constituindo válida regulação das imunidades enquanto limitações constitucionais ao poder de tributar" (PAULSEN. *Direito tributário: Constituição e código tributário à luz da doutrina e da jurisprudência*. 16. ed. Porto Alegre: Livraria do Advogado, 2014). Veja-se, ainda, precedente do STF: "A responsabilidade ou a substituição tributária não alteram as premissas centrais da tributação, cuja regra-matriz continua a incidir sobre a operação realizada pelo contribuinte. Portanto, a imunidade tributária não afeta, tão somente por si, a relação de responsabilidade tributária ou de substituição e não exonera o responsável tributário ou o substituto. Recurso extraordinário conhecido, mas ao qual se nega provimento" (STF, Segunda Turma, RE 202.987, JOAQUIM BARBOSA, jun. 2009).
27. CASADO OLLERO, Gabriel, op. cit., p. 151 e 157.
28. *Vide*, especialmente, nosso livro *Capacidade colaborativa: Princípio de direito tributário para obrigações acessórias e de terceiros*, publicado pela Livraria do Advogado em 2014.
29. Art. 113, § 2º, do CTN.

de facilitar a arrecadação e de atuar no sentido de minimizar o descumprimento das prestações tributárias próprias e alheias[30].

Alguns deveres atribuídos aos próprios contribuintes poderiam, é verdade, encontrar suporte no caráter complexo da obrigação tributária e no dever de cooperação do obrigado ao pagamento, dos quais, como em qualquer outro ramo do direito, já se poderia extrair deveres acessórios e secundários, forte na consideração da obrigação como processo e no princípio da boa-fé. Mas isso não justificaria os deveres impostos a terceiros não contribuintes.

Poder-se-ia, também, invocar o adágio de que "quem pode o mais pode o menos". Se o legislador pode impor o pagamento de tributos, também pode impor outras obrigações ou deveres que não são tão onerosos, mas que também são de suma importância para o exercício da tributação. Desse modo, contudo, os deveres de colaboração continuariam tendo como esteio o dever fundamental de pagar tributos, o que não nos parece se afeiçoar à sua real natureza.

Falamos de deveres que se podem impor em caráter originário pelo simples fato de que alguém integra determinada sociedade e tem, lado a lado – e não de modo derivado –, os deveres fundamentais de pagar tributos e de colaborar com o que mais seja necessário e esteja ao seu alcance para o sucesso da tributação. O dever de colaboração é originário e independente da existência de uma obrigação de pagamento específica, tem caráter autônomo, não se cuidando de mero desdobramento ou complemento do dever fundamental de pagar tributos. Decorre diretamente do princípio do Estado de direito democrático e social.

ALIOMAR BALEEIRO já referia a "colaboração de terceiros", explicando: "A manifestação da existência, quantidade e valor das coisas e atos sujeitos à tributação é cometida por lei, em muitos casos, a terceiros, que, sob penas ou sob a cominação de responsabilidade solidária, devem prestar informações, fiscalizar e, não raro, arrecadar o tributo"[31].

---

30. Os Estados vêm assumindo, em todo o mundo, predominantemente a condição de Estados de direito democráticos e sociais. Caracterizam-se como Estado de direito porque todos, inclusive o próprio Estado, estão submetidos ao direito. Democráticos porque os legisladores e o governo são eleitos pelo povo e atuam em seu nome e em seu benefício. Sociais porque se exige do Estado que assegure direitos fundamentais inclusive de caráter social (os direitos a prestações). Em um Estado de direito democrático e social são congregadas a liberdade, a participação e a solidariedade. O Estado proclama e garante não só direitos fundamentais de primeira geração (direitos de liberdade: civis e políticos) como promove e assegura direitos fundamentais de segunda geração (direitos a prestações: sociais e econômicos) e, inclusive, de terceira geração (direitos difusos como ao meio ambiente equilibrado e ao patrimônio cultural) e de quarta geração (informação, pluralismo).
31. BALEEIRO, Aliomar, op. cit., p. 200-201.

A figura do dever fundamental de pagar tributos é insuficiente para explicar a imposição de obrigações a não contribuintes, donde advém a importância de se ter claro o dever de colaboração com a tributação, que é de todos, contribuintes ou não. O primeiro foca na capacidade contributiva das pessoas; o segundo, na sua capacidade de colaboração. Sob a perspectiva do dever fundamental de pagar tributos, são relevantes as manifestações de riqueza; sob a perspectiva do dever fundamental de colaboração com a tributação, a possibilidade de aportar informações ou de agir de outro modo para o seu bom funcionamento.

Os deveres de colaboração têm um fundamento constitucional próprio, tal como o dever fundamental de pagar tributos, baseados ambos no Estado de direito democrático. Não apenas o dever de pagar tributos, mas também toda a ampla variedade de outras obrigações e deveres estabelecidos em favor da administração tributária para viabilizar e otimizar o exercício da tributação, encontram base e legitimação constitucional. O chamamento de todos, mesmo dos não contribuintes, ao cumprimento de obrigações com vista a viabilizar, a facilitar e a simplificar a tributação, dotando-a da praticabilidade necessária, encontra suporte no dever fundamental de colaboração com a administração tributária.

4. A carga tributária, o direito à informação e os custos de conformidade

A **carga tributária** em um país é a relação percentual entre o volume de tributos arrecadados e o total da riqueza produzida (Produto Interno Bruto – PIB).

Em 2017, o PIB brasileiro chegou a 6,6 trilhões, com valor *per capita* de R$ 31.587,00, conforme dados do IBGE[32]. Na Prestação de Contas do Presidente da República (PCPR/2017), apresentada em 2018, a carga tributária bruta indicada como tendo correspondido ao ano de 2017 foi de 32,36%[33].

O Instituto Brasileiro de Planejamento Tributário (IBPT) também realiza estudos sobre a carga tributária brasileira[34]. A carga tributária brasileira ficou em 33,90% do PIB em 2021, conforme dados do tesouro[35].

---

32. Disponível em: <https://agenciadenoticias.ibge.gov.br/agencia-noticias/2013-agencia-de-noticias/releases/20166-pib-avanca-1-0-em-2017-e-fecha-ano-em-r-6-6-trilhoes.html>. Acesso em: 16/08/2018.
33. Disponível em: <http://www.cgu.gov.br/assuntos/auditoria-e-fiscalizacao/avaliacao-da-gestao-dos-administradores/prestacao-de-contas-do-presidente-da-republica/arquivos/2017/anexo-estimativa-de-carga-tributaria.pdf>. Acesso em: 16/08/2018.
34. Estudo sobre a Carga Tributária/PIB X IDH.
35. Disponível em: < https://www.gov.br/tesouronacional/pt-br/noticias/carga-tributaria-bruta-do-governo-geral-chega-a-33-90-do-pib-em-2021#:~:text=PIB%20em%202021-,Carga%20

Entre os países com maior carga tributária estão Dinamarca (50,88%), França (45,22%), Bélgica (44,66%), Itália (43,64%) e Áustria (43%). Outros situam-se num patamar mediano, como Alemanha (36,13%), Portugal (34,44%), Espanha (33,2%), Reino Unido (32,57%) e o próprio Brasil (32,42%), conforme dados divulgados pela Receita Federal. Mas há países com carga tributária bastante baixa, entre 25 e 30%, como os Estados Unidos e o Japão, e com Índice de Desenvolvimento Humano (IDH)[36] superior a 0,9. O IDH da Alemanha é de 0,916 e o do Reino Unido é de 0,907. O IDH brasileiro, porém, não ultrapassa 0,755.

A Lei n. 14.303/2022 estimou a receita da União para o exercício financeiro de 2022 "no montante "de 4.730.024.789.081,00 (quatro trilhões, setecentos e trinta bilhões, vinte e quatro milhões, setecentos e oitenta e nove mil oitenta e um reais)". Desse valor, R$ 1.755.804.110.408,00 correspondem ao Orçamento Fiscal (referente aos poderes da União, seus fundos, órgãos da Administração Pública Federal direta e indireta, inclusive fundações instituídas e mantidas pelo poder público), R$ 1.089.355.192.539,00 ao Orçamento da Seguridade Social (abrangendo todas as entidades e órgãos a ela vinculados, da Administração Pública Federal direta e indireta, bem como os fundos e fundações instituídos e mantidos pelo poder público), e R$ 1.884.865.486.134,00 ao Refinanciamento da Dívida Pública Federal. E note-se que estamos falando apenas do orçamento da União, e não do orçamento dos Estados e dos Municípios. Outros dados interessantes constantes da lei orçamentária foram a previsão de que seriam remanejados 237 bilhões de reais do orçamento fiscal para complementar as despesas da seguridade social e a de que o orçamento de investimentos ficou em apenas 96 bilhões de reais, cerca de 2% da receita.

É interessante observar a **composição do orçamento**, o que se encontra no portal da transparência: https://www.portaldatransparencia.gov.br/receitas. Em 2022, por exemplo, dentre as receitas do orçamento fiscal e da seguridade social, as diversas espécies de tributos, incluindo as contribuições, corresponderam a aproximadamente 81%, o restante ficando por conta de receitas patrimoniais, de serviços, e de outras receitas correntes etc.

As contribuições respondem pela maior parte da arrecadação, com destaque para as contribuições de seguridade social das pessoas jurídicas sobre a remuneração de segurados e sobre a receita. Os impostos têm muita importância também, principalmente

---

tribut%C3%A1ria%20bruta%20do%20Governo%20Geral%20chega%20a,90%25%20do%20PIB%20em%202021&text=Em%202021%2C%20a%20carga%20tribut%C3%A1ria,2020%20(31%2C76%25).>

36. O Índice de Desenvolvimento Humano mede o grau de desenvolvimento econômico e de qualidade de vida da população, variando de 0 (mais baixo) a 1 (mais alto). A ONU vem calculando e divulgando anualmente o índice de cada país mediante análise de dados relacionados à riqueza, alfabetização, educação e expectativa de vida.

o Imposto de Renda, que, dentre os impostos, é o que apresenta maior arrecadação, bem acima dos demais, seguido de longe pelo IPI, pelo IOF e pelo II. As taxas são bem menos expressivas, ficando abaixo de 1% do total da arrecadação (dos quais 85% taxas de exercício do poder de polícia e 15% taxas de serviço), se considerados todos os tributos, inclusive contribuições.

Como forma de protesto contra a alta carga tributária brasileira e visando, também, à conscientização da população acerca dos tributos que suporta, a sociedade civil tem organizado o *Dia da Liberdade de Impostos* ao final de maio de cada ano, para simbolizar o momento em que, proporcionalmente, as pessoas deixam de trabalhar para o governo (através do pagamento de impostos) e passam a trabalhar para si próprias (apropriando-se da riqueza que geram). Em Porto Alegre, o ato é organizado pelo Instituto Liberdade e pelo Instituto de Estudos Empresariais, entre outras instituições. Nesse dia, vende-se gasolina por aproximadamente a metade do preço, expurgando-o dos tributos que sobre ela incidem.

O art. 150, § 5º, da Constituição determina que "os consumidores sejam esclarecidos acerca dos impostos que incidam sobre mercadorias e serviços". Informação e transparência significam conhecimento e controle por parte dos contribuintes-eleitores. Abordamos a matéria ao cuidarmos do princípio da transparência tributária, adiante.

A par da carga tributária e da consciência que dela tivermos, forte no direito à informação, importa atentarmos, também, para os **custos da tributação**. Como adverte Aldo Vicenzo Bertolucci, não se deve confundir carga tributária, baixa ou alta, com a racionalidade ou a caoticidade do sistema tributário[37] e, portanto, com os custos que implica.

Há os custos operacionais da tributação, que podem ser divididos em custos administrativos e custos de conformidade[38]. Os **custos operacionais administrativos** são os incorridos pelo poder público para o exercício da tributação, envolvendo os três poderes, porquanto implica legislar, fiscalizar e arrecadar tributos e, também, processar as execuções fiscais e demais ações relativas à tributação. Os **custos operacionais de conformidade** são os incorridos pelas pessoas para o cumprimento de obrigações tributárias principais e acessórias.

O termo *conformidade* indica colocar-se de acordo com o que lhe exige a legislação tributária, adequar-se às imposições de tal legislação para cumpri-la. Segundo ALCIDES JORGE COSTA, os custos de conformidade são "aqueles em que incorrem os contribuintes para cumprir todas as formalidades que lhes são exigidas pela legislação tributária".

---

37. BERTOLUCCI, Aldo Vicenzo. *Quanto custa pagar tributos*. São Paulo: Atlas, 2003.
38. Id., ibid., p. 21.

Esses custos envolvem assessoria contábil e jurídica, recursos materiais e humanos para a manutenção de escrita fiscal, emissão de documentos e prestação de declarações fiscais, envolvimento com processos administrativos fiscais e judiciais relacionados à questão tributária etc. Isso sem falar no custo de oportunidade correspondente ao tempo utilizado, à atenção dispensada e à capacidade aplicada pelas pessoas para se dedicarem ao cumprimento das obrigações tributárias enquanto poderiam estar investindo na geração de riquezas. E, ainda, a ansiedade e a insegurança que a sujeição à fiscalização tributária acarreta.

A convivência do contribuinte com três entes políticos dotados de competência tributária, com legislações e administrações tributárias próprias, associada ao número de tributos e à sua complexidade (detalhes, cláusulas de exceção, combinação dos regimes cumulativo, não cumulativo, monofásico, de substituição simultânea, para a frente ou para trás, e hipóteses de responsabilidades tributárias), bem como às constantes alterações que a legislação recebe, implica custos de conformidade muito elevados.

A redução de tais custos deve constituir meta permanente para as administrações tributárias, de modo que o sistema tributário como um todo seja mais eficiente. A redução do número de tributos, maior estabilidade da legislação, a redução das cláusulas de exceção e a disponibilização de informação mais acessível e clara são instrumentos para tanto.

5. Fiscalidade[39] e extrafiscalidade[40]

Na Constituição Federal brasileira, os tributos figuram como meios para a obtenção de recursos por parte dos entes políticos. Ademais, como na quase totalidade dos Estados modernos, a tributação predomina como fonte de receita, de modo que se pode falar num Estado fiscal ou num Estado tributário, assim compreendido "o Estado cujas necessidades financeiras são essencialmente cobertas por impostos"[41].

Os tributos são efetivamente a principal receita financeira do Estado, classificando-se como receita derivada (porque advinda do patrimônio privado) e compulsória (uma vez que, decorrendo de lei, independem da vontade das pessoas de contribuírem para o custeio da atividade estatal). Em geral, portanto, possuem caráter fiscal, devendo

---

39. Atualmente, Fisco e Erário são expressões sinônimas na literatura tributária. Originalmente, contudo, tinham significado diverso, conforme ensina VANONI, referindo-se à história romana: "En la época republicana, caja del Estado era el *aerarium*, administrado por el Senado. El fiscus surgió como caja privada del emperador, pero paulatinamente, al ir concentrándose el poder en la persona del soberano, el fisco vino a significar la reunión de todos los bienes del Estado en manos del emperador. Así se anuló la distinción entre caja del Estado y caja privada del emperador..." (op. cit., p. 183).
40. *Vide*: LEÃO, Martha Toribio. *Controle da extrafiscalidade*. São Paulo: Quartier Latin, 2015.
41. NABAIS, José Cabalta, op. cit., p. 191-192.

pautar-se essencialmente pelos princípios da segurança, da igualdade e da capacidade contributiva. Mas, como os tributos sempre oneram as situações ou operações sobre as quais incidem, acabam por influenciar as escolhas dos agentes econômicos, gerando efeitos extrafiscais, e por vezes são instituídos ou dimensionados justamente com esse objetivo[42]. Nesses casos, configuram um "mecanismo funcional com relação às mudanças desejadas na ordem econômica e social brasileira"[43].

Em face da presença simultânea de efeitos fiscais e extrafiscais, pode resultar difícil classificar um tributo por esse critério[44]. Costuma-se fazê-lo em atenção ao seu caráter predominante[45]. Diz-se que se trata de um tributo com finalidade extrafiscal quando os efeitos extrafiscais são não apenas uma decorrência secundária da tributação, mas deliberadamente pretendidos pelo legislador[46], que se utiliza do tributo como instrumento para dissuadir ou estimular determinadas condutas[47]. Conforme PAULO DE

---

42. Veja-se a lição do professor FÁBIO CANAZARO: "Tributo é um meio para atingir-se um fim. É dever fundamental materializado por meio de uma prestação pecuniária de caráter compulsório, instituído por lei, devido à entidade de direito público e cobrado mediante atividade plenamente vinculada, com vistas à promoção dos direitos fundamentais, seja mediante a geração de receita pública, seja mediante a orientação socioeconômica dos cidadãos. O presente conceito justifica a classificação dos tributos em dois grupos. O grupo dos tributos de natureza fiscal, em que o fim – a promoção dos direitos fundamentais – dá-se a partir da atividade de geração de receita, isso para em momento posterior fazer frente às despesas do Estado; e o grupo dos tributos de natureza extrafiscal, em que o fim – a promoção dos direitos fundamentais – dá-se a partir da orientação de condutas que estejam em sintonia com os objetivos do Estado democrático de direito" (In: CANAZARO, Fábio. *Essencialidade tributária: igualdade, capacidade contributiva e extrafiscalidade na tributação sobre o consumo*. Porto Alegre: Livraria do Advogado, 2015, p. 151).
43. LEÃO, Martha Toribio. *Controle da extrafiscalidade*. São Paulo: Quartier Latin, 2015, p. 42.
44. "Le imposte presentano due aspetti, quello fiscale e quello extrafiscale, dei quali i confini non sempre risultano agevolmente individuabili" (MARTUL-ORTEGA, Perfecto Yebra. I fini extrafiscali dell'imposta. In: AMATUCCI, Andréa. *Trattato di diritto tributario*. 1º v. Milão: Cedan, 2001, p. 686).
45. CARVALHO, Paulo de Barros. *Curso de direito tributário*. 14. ed. São Paulo: Saraiva, 2002, p. 228-229.
46. A Ley General Tributaria española, de 2003, é muito clara em seu Art. 2: "Los tributos, además de ser medios para obtener los recursos necesarios para el sostenimiento de los gastos públicos, podrán servir como instrumentos de la política económica general y atender a la realización de los principios y fines contenidos en la Constitución".
47. "A extrafiscalidade em sentido próprio engloba as normas jurídico-fiscais de tributação (impostos e agravamentos de impostos) e de não tributação (benefícios fiscais) cuja função principal não é a obtenção de receitas ou uma política de receitas, mas a prossecução de objetivos económico-sociais" (NABAIS, José Casalta. *O dever fundamental de pagar impostos*. Coimbra: Almedina, 1998, p. 695).
"[...] se ha generalizado la utilización del tributo – y, de forma especial, del impuesto – como un medio de conseguir otras finalidades: creación de empleo, fomento del desarrollo económico de una determinada zona, preservación del medio ambiente, ahorro de energía, repoblación forestal", de ahí "que quepa hoy distinguir entre impuestos fiscales – los tradicionales, aquellos

BARROS CARVALHO, "vezes sem conta a compostura da legislação de um tributo vem pontilhada de inequívocas providências no sentido de prestigiar certas situações, tidas como social, política ou economicamente valiosas, às quais o legislador dispensa tratamento mais confortável ou menos gravoso. A essa forma de manejar elementos jurídicos usados na configuração dos tributos, perseguindo objetivos alheios aos meramente arrecadatórios, dá-se o nome de 'extrafiscalidade'"[48].

Há dispositivos constitucionais que autorizam de modo inequívoco a utilização extrafiscal de tributos:

- nas exceções às anterioridades de exercício e/ou nonagesimal mínima e nas atenuações à legalidade relativamente a impostos capazes de atuar como reguladores da produção de bens (IPI), do comércio internacional (II e IE) e da demanda monetária (IOF), atribuindo-se ao Executivo prerrogativas para a ágil alteração da legislação respectiva;
- na previsão de que os impostos sobre a propriedade predial e territorial urbana (IPTU) e territorial rural (ITR) sejam utilizados de modo a induzir o cumprimento da função social da propriedade (arts. 170, III, e 182, § 4º, II);
- na previsão de benefícios fiscais de incentivo regional (art. 151, I);
- na determinação de estímulo ao cooperativismo (arts. 146, III, c, e 174, § 2º);
- na determinação de tratamento diferenciado e favorecido às microempresas e às empresas de pequeno porte (art. 146, III, d).

Ademais, poderia o legislador, por exemplo, para promover a saúde, direito de todos e dever do Estado (art. 196 da CF), isentar os hospitais da Cofins (contribuição para a seguridade social que incide sobre a receita) ou isentar a produção de remédios do IPI (Imposto sobre Produtos Industrializados). Poderia, também, para cumprir seu dever de especial proteção da família (art. 226 da CF), estabelecer política tributária que lhe fosse bastante favorável, ao menos para as mais numerosas, adotando, por exemplo, a técnica de *splitting*, ou seja, de dividir a renda familiar pelo número de integrantes da família e determinar que se tivesse o efeito de submissão de cada parcela à tabela de incidência do imposto, com faixa de isenção e de alíquotas progressivas. De outro lado, temos exemplos presentes de extrafiscalidade inibidora de comportamentos. Poderia, ainda, atribuir maior carga tributária aos alimentos de baixo valor nutricional, como já

---

cuya finalidad esencial es financiar el gasto público – e impuestos extrafiscales – aquellos cuya finalidad esencial está encaminada a la consecución de esos otros objetivos" (QUERALT, Juan Martín; SERRANO, Carmelo Lozano; LÓPES, José M. Tejerizo; OLLERO, Gabriel Casado. *Curso de derecho financiero y tributario*. 18. ed. Madri: Tecnos, 2007, p. 90).

48. MARTINS, Ives Gandra da Silva; CARVALHO, Paulo de Barros. *Guerra fiscal: reflexões sobre a concessão de benefícios no âmbito do ICMS*. São Paulo: Noeses, 2012, p. 36-37.

tributa pesadamente, com elevadas alíquotas de IPI, o cigarro e as bebidas alcoólicas, a refletir não apenas a sua não essencialidade como a contraindicação do seu consumo[49].

Conforme o STF, "Em princípio, [...] não ofende a Constituição a utilização de impostos com função extrafiscal com o objetivo de compelir ou afastar o indivíduo de certos atos ou atitudes". Será inválido se violar a vedação de confisco ou a capacidade contributiva, mas "é ônus da parte interessada apontar as peculiaridades do caso concreto, de modo a propiciar essa análise"[50].

O controle da validade da tributação extrafiscal também envolve a análise da concorrência das competências administrativa (para buscar o fim social ou econômico visado) e tributária (para instituir a espécie tributária e para gravar a riqueza alcançada pela norma tributária impositiva) do ente político e, ainda, a análise da adequação da tributação para influir no sentido pretendido, ou seja, da sua eficácia potencial para dissuadir as atividades indesejadas ou de estimular as atividades ideais[51].

Aliás, a tributação extrafiscal está sujeita a duplo controle: o das limitações constitucionais ao exercício do poder de tributar e o dos limites inerentes ao "regime jurídico próprio dos mecanismos de intervenção sobre o domínio econômico", ou seja, dos limites "que se referem aos campos materiais influenciados", o que envolve os "princípios atinentes à ordem econômica (soberania nacional, propriedade privada e função social da propriedade, livre-iniciativa e livre concorrência, defesa do consumidor, defesa do meio ambiente, redução das desigualdades regionais e sociais, busca do pleno emprego, tratamento favorecido para as empresas de pequeno porte), além de outros princípios, como a defesa da família e a proteção da saúde pública"[52].

O STF tem entendido pela "possibilidade de tratamento diferenciado quando presente política tributária de extrafiscalidade devidamente justificada"[53], não havendo que se falar, nesses casos, em inconstitucionalidade por ofensa à isonomia[54]. Há de se controlar, de qualquer modo, "se o critério de distinção entre os contribuintes é razoável

---

49. A respeito desse tema, há interessante dissertação de mestrado de autoria de RENATA ROLLA BERNAUD, sob a orientação do professor ADALBERTO DE SOUZA PASQUALOTTO, na PUC-RS.
50. STF, Segunda Turma, RE 218.287 ED-ED, 2017.
51. O *leading case* em matéria de controle da tributação extrafiscal no direito espanhol é a Sentença do Tribunal Constitucional espanhol 37-87.
52. LEÃO, Martha Toribio. *Controle da extrafiscalidade*. São Paulo: Quartier Latin, 2015, p. 201-202.
53. STF, Segunda Turma, RE 969.735 AgR, 2017.
54. STF, RE 1.134.541, 2018.

com relação à finalidade extrafiscal visada pela norma" e, ainda, se a norma é apta "para gerar os efeitos pretendidos", porquanto "não há *função indutora* sem *eficácia indutora*"[55].

O STF manifestou-se no sentido da validade de desconto do IPVA a condutores que não tenham cometido infrações de trânsito, incentivando os contribuintes a serem bons motoristas[56] e de incentivos fiscais concedidos a empresas que contratam empregados com mais de quarenta anos, a fim de estimular tal conduta por parte dos contribuintes[57].

A extrafiscalidade encontra-se particularmente presente nos incentivos fiscais. Adiante, dedicamos um item específico para analisá-los, com foco na sua qualificação como gastos tributários e nas limitações à sua concessão.

6. Direito tributário

A submissão do Estado ao direito permitiu que se colocasse a tributação no âmbito das relações jurídicas obrigacionais, tendo como partes o Estado credor e o contribuinte devedor, cada qual com suas prerrogativas. E isso não apenas sob uma perspectiva estática, mas também dinâmica, abrangendo tanto as questões materiais como as garantias formais, procedimentais e processuais.

Mas a outorga de competências, a enunciação de limitações e a compreensão de que a tributação se dá conforme o direito não implicou, por si só, a possibilidade de se falar propriamente em um direito tributário.

A arrecadação tributária, durante muito tempo, foi objeto da ciência das finanças e, no âmbito jurídico, do amplo ramo do direito administrativo. Posteriormente, as questões relacionadas à receita e à despesa do Estado passaram a ser objeto de ramo autônomo: o direito financeiro. Apenas no último século é que se passou a ter um tratamento sistemático e específico para as questões atinentes à tributação, identificando-se princípios e institutos próprios, o que originou o direito tributário, com objeto ainda mais restrito, focado na imposição e arrecadação de tributos.

MARCO AURÉLIO GRECO destaca que: "O direito tributário é, talvez, o único ramo do direito com data de nascimento definida. Embora, antes disso, existam estudos sobre tributação, especialmente no âmbito da ciência das finanças, pode-se dizer que foi com a edição da Lei Tributária Alemã de 1919 que o direito tributário começou a ganhar uma conformação jurídica mais sistematizada. Embora o tributo, em si, seja

---

55. LEÃO, Martha Toribio. *Controle da extrafiscalidade*. São Paulo: Quartier Latin, 2015, p. 204-205.
56. STF, Tribunal Pleno, ADI 1.276, 2002.
57. STF, Tribunal Pleno, ADIMC 2.301, 2000.

figura conhecida pela experiência ocidental há muitos séculos, só no século XX seu estudo ganhou uma disciplina abrangente, coordenada e com a formulação de princípios e conceitos básicos que o separam da ciência das finanças, do direito financeiro e do Administrativo"[58].

O alemão ALBERT HENSEL, considerando o advento da *Reichsabgabenordnung* (Lei Tributária do *Reich*) de 1919 e a instauração da Administração Financeira e do Tribunal Financeiro do *Reich*, publicou, em 1924, a obra que hoje é considerada por muitos como o primeiro grande clássico do direito tributário, por ter dado um tratamento sistemático à matéria capaz de destacar sua autonomia como ramo do Direito, intitulada justamente *Steuerrecht* (Direito Impositivo). Também merece destaque a obra de BLUMENSTEIN sobre o direito tributário suíço, publicada em 1926, sob o título *Schweizerischen Steuerrecht*, seguida da publicação, pelo mesmo autor, já em 1944, da obra *System des Steuerrechts*. Outro grande clássico do direito tributário é a obra escrita ainda na década de 30 pelo italiano ACHILLE DONATO GIANNINI, *Istituzioni di Diritto Tributario*. Não se deve olvidar, por certo, *El Hecho Imponible*, de Dino Jarach, obra em que, em 1943, cuidou da teoria geral do direito tributário material. Cabe destacar, contudo, que BERLIRI atribui a GRIZIOTTI a afirmação da autonomia do direito tributário[59]. De qualquer modo, BERLIRI ensina que tal decorreu de uma construção plurissecular, com impulso na própria necessidade prática de se tratar com a matéria. Assim é que refere textos como o *Tractatus de tributis et vectigalibus populi romani*, de 1619, dentre outros ainda mais antigos.

No Brasil, foi com a Emenda Constitucional 18/65 que, pela primeira vez, se teve estruturado um sistema tributário, logo em seguida surgindo o Código Tributário Nacional, de 1966, cujo projeto foi apresentado ainda no exercício da competência atribuída à União pela Constituição de 1946 para legislar sobre direito financeiro.

São obras clássicas do direito tributário brasileiro, dentre outras: *Limitações constitucionais ao poder de tributar* (1951) e *Direito tributário brasileiro* (1970)[60], de ALIOMAR BALEEIRO; *Introdução ao direito tributário* (1958) e *Fato gerador da obrigação tributária*

---

58. GRECO, Marco Aurélio. *Contribuições (uma figura sui generis)*. São Paulo: Dialética, 2000, p. 147.
59. "Col principio del 1900 si afferma invece la tendenza, che si è andata poi sempre più accentuando, a considerare il diritto tributario come una disciplina autonoma rispetto al diritto amministrativo e conseguentemente si ha una nuova fioritura di opere dedicate esclusivamente al diritto tributario, sino a che, per merito principalmente del Griziotti, si afferma esplicitamente l'autonomia scientifica di questo ramo del diritto e nella scuola di Pavia si suscita un vivace fermento di studi dedicati appunto alla trattazione sistematica del diritto tributario" (BERLIRI, Antonio. *Principi di diritto tributario*. v. l. 2. ed. Milão: Giuffrè, 1967, p. 29-30).
60. Essa obra de BALEEIRO continua sendo publicada. Está na 12ª edição, com notas de atualização de MISABEL DERZI.

(1964), de AMÍLCAR FALCÃO; *Teoria geral do direito tributário* (1963), de ALFREDO AUGUSTO BECKER; *Hipótese de incidência tributária* (1973), de GERALDO ATALIBA; e *Teoria da norma tributária* (1974), de PAULO DE BARROS CARVALHO.

7. Relação com outras disciplinas jurídicas

O direito tributário guarda íntima relação com quase todos os ramos do direito. E, como todos os outros, é parte do Sistema Jurídico. Aliás, há muito já se desmitificou a ideia de que se poderia ter qualquer ramo marcado por uma autonomia que se pudesse confundir com isolamento ou independência[61]. O direito é um só, ainda que contemple tratamento específico das diversas áreas por ele regidas.

O domínio do direito constitucional é fundamental para a compreensão do direito tributário, absolutamente condicionado constitucionalmente no que diz respeito às possibilidades de tributação e ao modo de tributar, bem como aos princípios que regem a tributação. Temas como o sigilo bancário, o direito de petição, o direito a certidões e as cláusulas pétreas repercutem frequentemente na esfera tributária. A própria consideração da obrigação de pagar tributo como dever fundamental e a projeção do Estado social e da solidariedade para o campo tributário evidenciam as relações entre o direito constitucional e o direito tributário. A legislação tributária tem de ser reconduzida ao texto constitucional para a análise da sua constitucionalidade, para a construção das interpretações e de aplicações válidas. São, pois, de elevada importância os textos de direito constitucional tributário[62].

O direito civil projeta-se com evidência para o âmbito tributário já quando da análise das normas de competência, em que se tem de considerar na sua própria

---

61. "[...] il diritto finanziario e quello tributario non costituirebbero mai un qualcosa di distaccato dagli altri rami del diritto, quasi un ordinamento giuridico a sé, poiché, data l'unitarietà del diritto, qualunque sua branca, per quanto autonoma, è necessariamente collegata con tutte le altre con le quali forma un tutto unico inscindibile. Esattamente scriverà il D'Amelio che 'l'autonomia di un ramo del diritto non può mai spezzare e neppure incrinare il concetto unitario del diritto stesso. Il vichiano di uno *universo jure* è verità fondamentale e può considerarsi una delle conquiste definitive dello spirito umano. Gli è che l'autonomia sta all'unità come i raggi alla sfera. Sicché l'autonomia non è disintegrazione, ma parte del tutto. Ne consegue che l'autonomia di una branca del diritto non può escludere né ignorare le altre branche anch'esse autonome, delle quali ha bisogno per vivere'" (BERLIRI, Antonio. *Principi di diritto tributario*. v. l. 2. ed. Milão: Giuffrè, 1967, p. 9).
62. BALEEIRO, Aliomar. *Limitações constitucionais ao poder de tributar*. 7. ed., atualizada por Misabel Abreu Machado Derzi. Rio de Janeiro: Forense, 1997; CARRAZZA, Roque Antônio. *Curso de direito constitucional tributário*. 31. ed. São Paulo: Malheiros, 2017; PAULSEN, Leandro. *Constituição e Código Tributário comentados à luz da doutrina e da jurisprudência*. 18. ed. São Paulo: Saraiva, 2017; ÁVILA, Humberto. *Sistema constitucional tributário*. 5. ed. São Paulo: Saraiva, 2012; VELLOSO, Andrei Pitten. *Constituição tributária interpretada*. São Paulo: Atlas, 2007.

dimensão os conceitos, formas e institutos de direito privado, conforme orientação expressa do próprio art. 110 do CTN. Ademais, o tributo é obrigação pecuniária, servindo-lhe de referência toda a disciplina das obrigações.

Revela-se, ainda, um direito administrativo tributário, porquanto a tributação é exercida pelo Estado, sendo o tributo cobrado mediante atividade administrativa plenamente vinculada. Toda a temática dos atos administrativos, do exercício do poder de polícia e, ainda, do processo administrativo se projeta para o direito tributário com tratamento específico.

O direito financeiro, por sua vez, guarda relação estreita com o direito tributário. E isso principalmente em razão da funcionalização da tributação, a exigir a análise da finalidade quando da instituição das contribuições e empréstimos compulsórios, bem como da efetiva destinação do seu produto, como critério de validação constitucional de tais tributos.

O direito comercial mantém relação íntima com o direito tributário, envolvendo os tipos de sociedade, a responsabilidade dos sócios, dos representantes e dos adquirentes de fundo de comércio, a apuração do lucro, a função social da empresa, o intuito negocial, os diversos contratos, a falência e a recuperação judicial.

O direito do trabalho igualmente aparece com frequência nas lides tributárias, pois da caracterização ou não de relação de emprego depende a incidência de contribuições previdenciárias sobre a folha ou a incidência de contribuições sobre o pagamento a autônomos, bem como da caracterização ou não de determinadas verbas como salariais ou indenizatórias depende a incidência de imposto de renda. Diga-se, ainda, que o inciso VIII do art. 114 da CF, acrescentado pela EC 45/2004, determina que a Justiça do Trabalho execute, de ofício, ou seja, por iniciativa própria, as contribuições previdenciárias decorrentes das sentenças que proferir, de modo que nos autos da reclamatória trabalhista são apuradas e exigidas as contribuições previdenciárias devidas pela empresa como contribuinte e como substituta tributária do empregado.

O direito internacional ganha relevo em face dos tratados e convenções internacionais em matéria tributária, estabelecendo mercados comuns (como a União Europeia e o Mercosul) ou evitando a bitributação em matéria de imposto de renda (como a Convenção Brasil Suécia para evitar a dupla tributação), e da extraterritorialidade estabelecida para alguns tributos federais[63]. Isso sem falar no acordo sobre subsídios e medidas compensatórias no âmbito da Organização Mundial do Comércio (OMC)[64].

---

63. Acerca da extraterritorialidade do Imposto sobre a Renda, *vide* o art. 43, §§ 1º e 2º, do CTN.
64. *Vide*: <www.wto.org>.

O direito processual civil também se apresenta intimamente relacionado com o direito tributário como instrumento tanto para a satisfação dos créditos do Fisco como para a proteção, defesa e ressarcimento dos contribuintes. Há o que se pode chamar de um direito processual tributário, em que inúmeras ações assumem contornos específicos, como é o caso da execução fiscal e da ação cautelar fiscal, de um lado, e do mandado de segurança, da ação anulatória, da ação declaratória, da ação de repetição de indébitos tributários, da ação de consignação em pagamento e da medida cautelar de caução, de outro.

O direito penal mantém relações estreitas com o direito tributário como decorrência da criminalização de diversas condutas vinculadas ao descumprimento de obrigações tributárias, de que é exemplo o descaminho, com a internalização de mercadorias mediante ilusão dos tributos devidos, e a apropriação indébita de valores retidos pelo substituto tributário e não recolhidos ao Fisco. Ademais, seus princípios e institutos contribuem para a compreensão e aplicação dos dispositivos da legislação tributária que impõem penalidades, como multas e perdimento de bens.

8. Relação com a economia

O problema central da economia é a alocação de recursos escassos..

Embora a tributação deva se pautar pela neutralidade, conforme item que dedicamos ao ponto adiante, o que se vê são efeitos extrafiscais marcantes, induzindo ou inibindo a atuação dos agentes econômicos. As diferenças tributárias, os benefícios fiscais, a concentração do sacrifício tributário afetam o equilíbrio dos mercados.

Ademais, em um sistema econômico, a viabilização das operações está sujeita aos chamados custos de transação. A complexidade da legislação tributária influi nesses custos, seja por força dos esforços necessários ao correto cumprimento das obrigações acessórias e principais (custos de conformidade), seja em razão dos riscos relacionados ao planejamento fiscal. Quanto mais certas as regras relativas à tributação, quanto mais farta a informação, quanto maior a segurança relativamente à observância das garantias do contribuinte e mais rápido e efetivo seu acesso à justiça, menores os custos de transação, ou seja, menor o trabalho desperdiçado no cumprimento das obrigações tributárias.

Não podemos deixar de referir, ainda, a importância da economia na análise do direito como um todo e, em particular, do direito tributário. Permite compreender os efeitos das normas jurídicas e das decisões judiciais sobre o funcionamento do mercado, emprestando ferramentas para a compreensão de como os diversos modelos de tributação influem na alocação de recursos e na geração de riquezas. Essas análises, que tiveram como patrono o britânico Ronald Coase (1910-2013), deram origem à escola denominada *Law and Economics*, da qual Richard Posner é um dos principais teóricos.

Dentre os tributaristas que vêm estudando a matéria, podemos referir PAULO CALIENDO[65] e CRISTIANO CARVALHO[66].

9. Relação com a contabilidade

A contabilidade permite que se tenha transparência quanto às operações e à situação patrimonial das pessoas jurídicas, fornecendo elementos para a análise do seu desempenho e para a gestão e planejamento das suas atividades, tenham fins lucrativos ou não. Interessa, assim, num primeiro momento, aos administradores, aos sócios e ao mercado. Mas também constitui ferramenta indispensável para a tributação, permitindo a identificação da ocorrência de fatos geradores e o dimensionamento dos tributos devidos. Inúmeros conceitos contábeis são recorrentes na legislação tributária, como regimes de competência e de caixa, lucro líquido, patrimônio líquido etc.

MAÍZA COSTA DE ALMEIDA bem esclarece essa relação:

> De acordo com o *American Institute of Certified Public Accountants* (AICPA), a finalidade da contabilidade, desde os primórdios, "é prover os usuários dos demonstrativos financeiros com informações que os ajudarão a tomar decisões". Dentre os diversos usuários dos demonstrativos financeiros está o Estado, ou ente político tributante, que se utiliza dessas informações produzidas para identificar a realização das condutas prescritas pelo direito positivo tributário e analisadas descritivamente pela ciência do direito tributário, fazendo nascer a obrigação tributária. [...] a relação entre direito tributário e contabilidade se dá exatamente na medida em que o Estado é um dos usuários (não o único) da informação produzida em relação à situação econômico-financeira de uma determinada entidade. E, na medida em que a contabilidade não está exclusivamente voltada a identificar o fato gerador prescrito na norma tributária, a legislação fiscal trata de adaptá-la, dando aos fatos econômicos registrados contabilmente os contornos exigidos para que seja identificada a hipótese de incidência tributária[67].

É importante considerar que há ajustes para fins de tributação, como no caso do Imposto sobre a Renda da Pessoa Jurídica (IRPJ) e da Contribuição Social sobre o Lucro (CSL), que não incidem propriamente sobre o lucro líquido (lucro contábil) da empresa, mas sobre o lucro real e sobre o resultado ajustado, obtidos mediante adições, exclusões e compensações determinadas pela legislação tributária.

---

65. CALIENDO, Paulo. *Direito tributário e análise econômica do direito. Uma visão crítica.* Rio de Janeiro: Elsevier, 2009.
66. CARVALHO, Cristiano. *El análisis económico del derecho tributario.* Lima: Grijley, 2011.
67. ALVES, Maíza Costa de Almeida. O IRPJ e a dedutibilidade dos gastos na oferta pública de ações: nova perspectiva diante da alteração da legislação societária, *RDDT*, n. 212/78, maio 2013.

Além disso, como o objeto da tributação é a riqueza reveladora de capacidade contributiva, sob essa perspectiva é que precisam ser consideradas as bases econômicas. Daí por que nem tudo o que contabilmente é considerado receita, por exemplo, pode sê-lo para fins de tributação. JOSÉ ANTÔNIO MINATEL destaca que "[...] há equívoco nessa tentativa generalizada de tomar o registro contábil como o elemento definidor da natureza dos eventos registrados. O conteúdo dos fatos revela a natureza pela qual espera-se sejam retratados, não o contrário"[68].

10. Conceito de tributo

A Constituição Federal, ao estabelecer as competências tributárias, as limitações ao poder de tributar e a repartição de receitas tributárias, permite que se extraia do seu próprio texto qual o conceito de tributo por ela considerado[69]. Cuida-se de prestação em dinheiro exigida compulsoriamente, pelos entes políticos ou por outras pessoas jurídicas de direito público, de pessoas físicas ou jurídicas, com ou sem promessa de devolução, forte na ocorrência de situação estabelecida por lei que revele sua capacidade contributiva ou que consubstancie atividade estatal a elas diretamente relacionada, com vista à obtenção de recursos para o financiamento geral do Estado, para o financiamento de fins específicos realizados e promovidos pelo próprio Estado ou por terceiros em prol do interesse público.

Tais características evidenciam-se quando da leitura, no texto constitucional, do capítulo "Do sistema tributário nacional".

A outorga de competência se dá para que os entes políticos obtenham receita através da instituição de impostos (arts. 145, I, 153, 154, 155 e 156), de taxas (arts. 145, II, e 150, V), de contribuições de melhoria (art. 145, III), de empréstimos compulsórios (art. 148) e de contribuições especiais (arts. 149 e 195). Em todas as normas ali existentes, verifica-se que estamos cuidando de **obrigações em dinheiro**, tanto que há diversas referências à base de cálculo e à alíquota, bem como à distribuição de receitas e reserva de percentuais do seu produto para aplicação em tais ou quais áreas.

Tributa-se porque há a necessidade de recursos para manter as atividades a cargo do poder público ou, ao menos, atividades que são do interesse público, ainda que desenvolvidas por outros entes.

---

68. MINATEL, José Antônio. *Conteúdo do conceito de receita e regime jurídico para sua tributação.* MP, 2005, p. 244.
69. GERALDO ATALIBA criticava o fato de o CTN ter conceituado tributo em seu art. 3º, porque tal dá a impressão de que poderia tê-lo feito de forma diversa, alterando sua essência, quando, em verdade, o legislador infraconstitucional não tem esse poder.

Obrigação que não seja pecuniária, como a de prestar serviço militar obrigatório, de trabalhar no tribunal do júri ou nas eleições, não constitui tributo. Mesmo aquelas obrigações relacionadas com a tributação e, inclusive, alcançadas pela denominação de obrigações tributárias, conforme a dimensão conferida ao termo pelo art. 113 do Código Tributário Nacional, mas que sejam de fazer, não fazer ou de tolerar, como as obrigações acessórias de prestar Declaração de Ajuste do Imposto de Renda, de não proceder ao transporte de mercadoria desacompanhada de nota e de admitir a presença de auditor fiscal e a análise dos livros fiscais, não se confundem com a obrigação de pagar tributo. De outro lado, porém, o fato de se estar diante de obrigação pecuniária estabelecida em lei não revela, por si só, sua natureza tributária, pois esta pressupõe que não haja nenhuma concorrência da vontade do contribuinte, ou seja, que se qualifique como receita pública compulsória.

O **caráter compulsório** do tributo, aliás, resta evidente na medida em que a Constituição coloca a lei, que a todos obriga, como fonte da obrigação tributária. De fato, o art. 150, I, da Constituição Federal exige que a instituição e a majoração dos tributos sejam estabelecidas por lei, o que revela a sua natureza compulsória de obrigação *ex lege*, marcada pela generalidade e cogência, independente da concorrência da vontade do sujeito passivo quanto à constituição da relação jurídica.

É justamente porque não decorre da vontade do contribuinte, mas apenas da lei, que a capacidade tributária passiva independe da capacidade civil da pessoa física e de estar, a pessoa jurídica, regularmente constituída, nos termos do art. 126 do CTN. Também fundada na premissa de que o tributo é obrigação decorrente da lei, e não da vontade das partes, temos a norma do art. 123 do CTN, no sentido de que as convenções particulares sobre responsabilidade tributária são inoponíveis à Fazenda Pública.

A adequada consideração do traço da compulsoriedade faz com que não se caracterizem como tributárias as receitas patrimoniais relativas ao uso ou à exploração de bens públicos em caráter privado (taxa de ocupação de terreno de marinha e compensação financeira pela exploração de recursos minerais), porquanto nestes casos não há compulsoriedade na constituição do vínculo, mas adesão a um regime remuneratório.

Vê-se também a outorga de competência tendo como referência simples manifestações de riqueza do contribuinte (critério da base econômica na distribuição das competências), serviços específicos e divisíveis prestados pelos entes políticos, exercício efetivo do poder de polícia, realização de obra que implique riqueza para os proprietários de imóveis ou, ainda, em face da necessidade de buscar meios para custear determinadas atividades vinculadas a finalidades específicas previstas no texto constitucional. As diversas espécies tributárias não guardam nenhuma relação com o cometimento de ilícitos pelos contribuintes. Daí se extrai, pois, a noção de que tributo **não constitui sanção de ato ilícito**.

Por isso, não há que se confundir o tributo em si com a receita, também derivada e compulsória, que são as multas por prática de ato ilícito, fundadas no poder de punir, e não no poder fiscal. Isso sem prejuízo de que as multas pelo descumprimento da legislação tributária, embora não constituindo tributos, sejam consideradas, por dispositivo expresso do CTN, obrigação tributária principal, ao lado do tributo, isso para que tanto o tributo como as multas tributárias sejam submetidos ao mesmo regime de constituição, discussão administrativa, inscrição em dívida ativa e execução.

O tributo não é sanção de ato ilícito e, portanto, não poderá o legislador colocar o ilícito, abstratamente, como gerador da obrigação tributária ou dimensionar o montante devido tendo como critério a ilicitude (e.g., definir alíquota maior para o IR relativamente à renda advinda do jogo do bicho)[70]. Mas costuma-se dizer que a ilicitude subjacente é irrelevante. Assim é que, adquirida renda por algum contribuinte, submete-se ao imposto de renda e, promovida a circulação de mercadorias, sujeita-se ao imposto sobre a circulação de mercadorias, sem que haja nenhuma obrigação dos órgãos de fiscalização de investigar se a origem da renda é lícita ou se a empresa detinha os direitos e registros para a comercialização dos produtos que constituem objeto do seu negócio. Analisamos a tributação do ilícito adiante, no capítulo relativo à obrigação tributária, quando tratamos da ocorrência do fato gerador.

Vê-se que a Constituição recepcionou o **conceito de tributo constante do CTN**: "Art. 3º Tributo é toda prestação pecuniária compulsória, em moeda ou cujo valor nela se possa exprimir, que não constitua sanção de ato ilícito, instituída em lei e cobrada mediante atividade administrativa plenamente vinculada".

Cabe, porém, ressaltar que o art. 3º do CTN, ao se referir à **instituição por lei**, refere-se a um requisito de validade, e não de existência do tributo. Requisito de existência do tributo é a compulsoriedade. A exigência de lei pelo art. 150, I, da CF, como já ocorria nas constituições anteriores, constitui limitação constitucional à instituição de tributos. Instituído tributo sem lei, será inconstitucional a norma infralegal instituidora e, portanto, inválida, restando sem sustentação a sua cobrança. Uma exigência pecuniária, compulsória, que não seja sanção de ilícito, cobrada pela administração com base em uma Portaria, será, sim, tributo (os requisitos de existência estão satisfeitos), ainda que inválido (o requisito de validade – observância da legalidade estrita – está violado).

---

70. Mas o dimensionamento do tributo em função do cometimento de ilícito pode apresentar-se de modo disfarçado, como nos casos de concessão de desconto de IPVA para os motoristas que não tenham cometido infração no último ano. Tal acaba implicando que, embora revelem a mesma capacidade contributiva e, portanto, tenham que ser tratados igualmente no que diz respeito ao dever de pagar tributos, dois contribuintes venham a ser notificados para pagamento de valores distintos a título de IPVA, o que nos parece violar a noção de tributo. *Vide*, do STF, a ADI 2.301 MC.

A referência feita pelo art. 3º do CTN à **cobrança mediante atividade administrativa plenamente vinculada** e a previsão do art. 119 do CTN no sentido de que apenas pessoas jurídicas de direito público podem figurar como sujeitos ativos de obrigação tributária justificam-se em face da natureza da atividade tributária, que envolve fiscalização, imposição de multas e restrição a direitos. Assim, somente mediante atividade administrativa pode ser exigido o pagamento do tributo. Pessoa jurídica de direito privado só pode figurar como destinatária do produto da arrecadação e, ainda assim, apenas quando, sem fins lucrativos, exerça atividade do interesse público.

A plena vinculação a que se refere o art. 3º tem, ainda, outra implicação. Ocorrido o fato gerador da obrigação tributária, a autoridade administrativa tem o dever de apurá-lo, de constituir o crédito tributário, através do lançamento, e de exigir o cumprimento da obrigação pelo contribuinte. Não há que se dizer, por certo, que inexistam juízos de oportunidade e de conveniência[71], o que se impõe em face de limitações quanto à capacidade de trabalho, a exigir que se estabeleçam prioridades, e à análise custo-benefício, tudo a ser disciplinado normativamente, como é o caso das leis que dispensam a inscrição e o ajuizamento de débitos de pequeno valor. Além disso, a plena vinculação significa que a autoridade está adstrita ao fiel cumprimento da legislação tributária, incluindo todos os atos regulamentares, como instruções normativas e portarias. É por isso, e.g., que o art. 141 do CTN diz que o crédito tributário regularmente constituído somente se modifica ou se extingue, ou tem sua exigibilidade suspensa ou excluída, nos casos previstos no Código, fora dos quais não podem ser dispensadas a sua efetivação e as respectivas garantias, sob pena de responsabilidade funcional.

Mas o conceito trazido pelo CTN não faz referência à condição de **receita pública** que é inerente ao tributo, receita esta que pode ser destinada ao próprio ente tributante ou a terceiros, pessoas de direito público ou mesmo de direito privado, desde que sem fins lucrativos, que exerçam atividade do interesse público, como é o caso dos

---

71. Valem as ponderações feitas por PAULO DE BARROS CARVALHO no sentido de que tal não é absoluto: "O magistério dominante inclina-se por entender que, nos confins da estância tributária, hão de existir somente atos vinculados, fundamento sobre o qual exaltam o chamado princípio da vinculabilidade da tributação. Entretanto, as coisas não se passam bem assim. O exercício da atuosidade administrativa, nesse setor, se opera também por meio de atos discricionários, que são, aliás, mais frequentes e numerosos. O que acontece é que os expedientes de maior importância, aqueles que dizem mais de perto aos fins últimos da pretensão tributária, são pautados por uma estrita vinculabilidade, caráter que, certamente, influenciou a doutrina no sentido de chegar à radical generalização. Podemos isolar um catálogo extenso de atos administrativos, no terreno da fiscalização dos tributos, que respondem, diretamente, à categoria dos discricionários, em que o agente atua sob critérios de conveniência e oportunidade, para realizar os objetivos da política administrativa planejada e executada pelo Estado. Compreendido com essa ressalva, nada haverá de extravagante em proclamarmos o vigor do princípio da vinculabilidade da tributação" (CARVALHO, Paulo de Barros. *Curso de direito tributário*. 28. ed. São Paulo: Saraiva, 2017, p. 187).

sindicatos (art. 8º, IV, da CF) e dos entes sociais autônomos (art. 240 da CF). É por essa característica que se afasta a natureza tributária da contribuição ao FGTS que, implicando depósito em conta vinculada em nome do empregado, caracteriza-se como vantagem trabalhista[72].

O conceito de tributo constante do Modelo de Código Tributário para a América Latina, embora conciso, faz referência à finalidade do tributo: "Art. 13. Tributos são prestações em dinheiro, que o Estado, no exercício de seu poder de império, exige com o objetivo de obter recursos para o cumprimento de seus fins".

Verificados tais traços, estaremos necessariamente diante de um tributo, o que atrai a incidência do regime jurídico-tributário e, com isso, implica submissão às limitações constitucionais ao poder de tributar e às normas gerais de direito tributário.

11. Preços públicos e receitas patrimoniais

Enquanto os tributos têm como fonte exclusiva a lei e se caracterizam pela compulsoriedade, os preços públicos constituem receita originária decorrente da contraprestação por um bem, utilidade ou serviço numa relação de cunho negocial em que está presente a **voluntariedade** (não há obrigatoriedade do consumo). A obrigação de prestar, em se tratando de preço público, decorre da vontade do contratante de lançar mão do bem ou serviço oferecido. Por isso, a fixação do preço público independe de lei; não sendo tributo, não está sujeito às limitações do poder de tributar.

Já em 1969, o STF proclamava a distinção entre preços públicos e taxas utilizando-se do traço da compulsoriedade como critério, conforme se vê do enunciado da **Súmula 545** do STF: "Preços de serviços públicos e taxas não se confundem, porque estas, diferentemente daqueles, são compulsórias e têm sua cobrança condicionada à prévia autorização orçamentária, em relação à lei que as instituiu". Essa noção continua válida. Veja-se precedente de 2011 do STF: "1. Taxa e preço público diferem quanto à compulsoriedade de seu pagamento. A taxa é cobrada em razão de uma obrigação legal enquanto o preço público é de pagamento facultativo por quem pretende se beneficiar de um serviço prestado"[73].

O grande desafio, porém, está em definir quais os serviços que se caracterizam como compulsórios.

---

72. No RE 522.897, o STF decidiu que o prazo para cobrança das contribuições ao FGTS é de cinco anos, próprio das ações que visam à cobrança de créditos decorrentes das relações de trabalho, estabelecido pelo art. 7º, XXIX, da CF. O entendimento anterior, de que as contribuições ao FGTS estariam sujeitas a prazo trintenário, conforme inclusive restara consolidado na Súmula 210 do STJ, restou superado.
73. STF, Plenário, RE 556.854, 2011.

Serviços relativamente aos quais se pode requerer o desligamento, como os de **fornecimento de água e esgoto e de energia elétrica**, têm sido considerados pelo STF e pelo STJ como sujeitos a **preço público**[74,75], ainda que não haja a faculdade de perfurar poços livremente, de modo que, a rigor, o consumo de água tratada seja, na prática, impositivo. Não configurando tributos, sujeitam-se ao regime jurídico comum, razão pela qual foi editada a **Súmula 412** do STJ, tornando inequívoco que "A ação de repetição de indébito de tarifas de água e esgoto sujeita-se ao prazo prescricional estabelecido no Código Civil"[76].

Quanto ao pedágio, o Tribunal Pleno do STF manifestou-se, em 2014, no sentido de que o pedágio "não tem natureza jurídica de taxa, mas sim de preço público", não se sujeitando às limitações constitucionais ao poder de tributar[77]. Resta claro que é irrelevante se há ou não "via alternativa gratuita para o usuário trafegar". Destacou, o Ministro relator, TEORI ZAVASCKI, que mais limitador do tráfego que o pedágio é a não construção ou não conservação de rodovias. Superou, assim, entendimento em sentido contrário que firmara em 1999, no sentido de que configuraria taxa de serviço[78].

É importante ter em conta que a Constituição, ao cuidar dos princípios gerais da atividade econômica, prevê a prestação de serviço público por **concessionárias ou permissionárias**, estabelecendo regime específico para tal hipótese. O art. 175 da CF, de fato, parece estabelecer cláusula de exceção nesses casos, fazendo com que as salvaguardas do contribuinte (limitações constitucionais ao poder de tributar) sejam substituídas pela exigência de licitação ("sempre através de licitação") e pela política tarifária definida em lei ("A lei disporá sobre: ... III – política tarifária;").

As **receitas patrimoniais** também não são consideradas tributárias. Não há previsão constitucional para a instituição de taxa pelo uso de bem público. Aliás, quanto a estes, em se tratando de bens de uso comum, todos têm direito à sua utilização sem exclusão dos demais usuários e independentemente de pagamento. Em se tratando de outro bem público cujo uso seja permitido/concedido a particular, em caráter exclusivo, o montante que venha a ser exigido configurará receita patrimonial, não se revestindo da compulsoriedade caracterizadora dos tributos. É o caso da compensação financeira pela exploração de recursos minerais[79], que pressupõe a decisão do particular de explorar bem

---

74. STF, Primeira Turma, AReg 201.630/DF, 2002; STF, Tribunal Pleno, RE 576.189, AReg. 201.630/DF, 2009.
75. STJ, Segunda Turma, REsp 856.378 AgRg, 2009. STJ, AgInt no AgInt no REsp 1.591.858/SP, Primeira Turma, 2016.
76. STJ, AgInt no REsp 1.589.490/RJ, Segunda Turma, 2018.
77. STF, Tribunal Pleno, ADI 800, 2014.
78. STF, Segunda Turma, RE 181.475, 1999.
79. STF, Tribunal Pleno, ADI 2.586, 2002; STF, Primeira Turma, RE 228.800, 2001.

público e pagar à União a participação que lhe cabe, e da chamada taxa de ocupação de terrenos de marinha, uma espécie de aluguel pago pelo particular por ocupar a faixa de marinha em caráter privado.

Configurando-se determinada contraprestação como preço público, segue as regras que regulamentam o respectivo setor, conforme o regime legal, mas não às limitações e institutos próprios dos tributos. Qualificando-se como taxa, cobrada compulsoriamente por força da prestação de serviço público de utilização compulsória do qual o indivíduo não possa abrir mão, sua exigência está sujeita às limitações constitucionais ao poder de tributar (art. 150 da CF: legalidade, isonomia, irretroatividade, anterioridade, vedação do confisco) e às normas gerais de direito tributário (CTN), ou seja, ao regime jurídico tributário.

Capítulo II
Sistema Tributário Nacional e sua reforma

12. O Sistema Tributário Nacional

Sistema é um conjunto completo de elementos coordenados em face de princípios e fins que lhe são comuns. "Quando se fala em 'sistema', toma-se em questão precisamente o 'modo de ser recíproco' entre as partes ou 'elementos' que compõem o todo, isto é, tem-se em consideração, mais que a existência de ligação entre os 'elementos' entre si, o próprio significado deles em relação ao 'todo'"[1].

Um sistema jurídico é "o conjunto de regras e de princípios jurídicos que se instituem e se adotam para regular todo o corpo de leis de um país"[2]. Subdivide-se em diversos sistemas específicos ou subsistemas, conforme a matéria disciplinada. Efetivamente, a complexidade do sistema jurídico faz com que o seu tratamento tenha de ser desdobrado em subsistemas, de modo que as diversas áreas sobre as quais dispõe sejam reguladas em conformidade com as suas naturezas e em conformidade com os princípios que lhe dizem respeito. A expressão Sistema Tributário Nacional "designa o complexo de preceitos jurídicos necessários ao disciplinamento do poder de tributar"[3].

---

1. CAMARGO, Ricardo Antonio Lucas. *Política econômica, ordenamento jurídico e sistema econômico*. Porto Alegre: Sergio Antonio Fabris Ed., 2019, p. 121.
2. SILVA, De Plácido e. *Vocabulário jurídico*. 28. ed. Atualizadores: Nagib Slaibi Filho e Gláucia Carvalho. Rio de Janeiro: Forense, 2009, p. 1.296.
3. SILVA, De Plácido e. *Vocabulário jurídico*. 28. ed. Atualizadores: Nagib Slaibi Filho e Gláucia Carvalho. Rio de Janeiro: Forense, 2009, p. 1.296.

Aliás, o direito tributário ganhou autonomia justamente quando, codificado, passou-se a vislumbrar o sistema em que se consubstanciava e a desenvolver abordagens completas e coerentes, estrutural e principiologicamente orientadas. *Vide*, no item acerca do direito tributário, os comentários que fizemos sobre a sua origem e as primeiras obras que o trataram com autonomia, quais sejam, a de HENSEL na Alemanha, a de BLUMENSTEIN na Suíça, a de GIANNINI na Itália.

O sistema tributário brasileiro passou a ser conformado pela EC n. 18/65 à Constituição de 1946 e pelo Código Tributário Nacional de 1966, refletindo a forma federativa de Estado. IVES GANDRA, ao analisar a evolução do sistema tributário no Brasil, bem destaca que a Federação "constitui-se no primeiro elemento escultor do sistema", seguida da "sistematização das espécies tributárias" e da "necessidade de um corpo de princípios e normas gerais"[4].

É sob o título "Sistema Tributário Nacional" que a Constituição de 1988 estrutura toda a disciplina jurídica da tributação no Brasil. Inicia definindo as competências dos diversos entes políticos e as espécies tributárias (arts. 145 e 147 a 149-A), bem como o papel da lei complementar em matéria tributária (arts. 146 e 146-A). Segue com as limitações do poder de tributar (arts. 150 a 152), passa a distribuir a competência para a instituição de impostos para a União (arts. 153 e 154), para os Estados e Distrito Federal (art. 155) e para os Municípios e Distrito Federal (art. 156) e finaliza com a repartição de receitas tributárias (arts. 157 a 162).

Já o art. 2º do CTN dispõe que o Sistema Tributário Nacional é regido pela Constituição Federal, pelas leis complementares e resoluções do Senado Federal, pelas leis federais, Constituições e leis estaduais e leis municipais. E, sob esse título, apresenta todo seu Livro Primeiro, que cuida do conceito de tributo e das espécies tributárias (arts. 3º a 5º), da competência tributária (arts. 6º a 8º), das limitações da competência tributária (arts. 9º a 11), de algumas disposições especiais (arts. 12 a 15), de cada um dos impostos que então compunham o Sistema (arts. 16 a 80), da contribuição de melhoria (art. 81 e 82) e, por fim, ainda cuidaria da distribuição de receitas tributárias (arts. 83 a 95, revogados tacitamente pela CF de 1988 e, alguns deles, expressamente, pela LC n. 143/2013).

13. A Reforma tributária

A Constituição brasileira de 1988 já surgiu com a previsão da sua revisão após cinco anos, nos termos do art. 3º do ADCT. Recém se havia redesenhado o Sistema Tributário Nacional, nos arts. 145 a 162 da Constituição e já se falava em uma reforma. Lembro que, em 1998, quase deixei de encaminhar à editora os originais do meu livro então

---

4. MARTINS, Ives Gandra da Silva. A evolução do sistema tributário no Brasil. In: MARTINS, Ives Gandra da Silva; BRITO, Edvaldo Pereira de (orgs.). *Direito tributário: princípios e normas gerais*. 2. ed. (Coleção doutrinas essenciais, v. 1). São Paulo: Editora Revista dos Tribunais, 2014, p. 216.

denominado *Direito Tributário: Constituição e Código Tributário à Luz da Doutrina e da Jurisprudência* pelo receio de que a já iminente reforma tributária o tornasse obsoleto antes da sua impressão. O livro, contudo, teve dezessete edições com tal título e a décima oitava edição pela editora Saraiva intitulado *Constituição e Código Tributário Comentados à Luz da Doutrina e da Jurisprudência* sem que tenha sido feita a reforma tributária.

Mas, finalmente, a ideia e a necessidade da reforma tributária amadureceram. A Comissão mista do Congresso Nacional, com vinte e cinco integrantes de cada Casa, ficou responsável pela unificação dos projetos de reforma tributária consubstanciados nas EECC n. 45 e 110, de 2019, oriundos da Câmara e do Senado, respectivamente.

Ambos os projetos cuidam da substituição dos diversos tributos sobre o consumo pelo Imposto sobre Bens e Serviços, o IBS, a ser instituído pela lei complementar. IVES GANDRA, em palestra pronunciada na Universidade de Coimbra em 2004, já apontava que, nas duas primeiras décadas do século XXI, deveria ocorrer nítida aproximação dos sistemas tributários de todo o mundo através do imposto sobre valor agregado, facilitando, inclusive, a integração das economias[5].

As propostas diferem em alguns pontos: o IBS substituiria o IPI, ICMS, ISS, PIS e COFINS ou, ainda, o IOF, a contribuição do salário-educação e a CIDE-combustíveis, o imposto seria federal ou estadual, teria alíquotas fixadas paralelamente pela União, pelos Estados e pelos Municípios (sem uniformidade) ou uma alíquota única padrão com transferência de frações aos entes políticos, não admitiria benefícios ou os autorizaria para certas áreas relacionados a alimentos, medicamentos, transporte, educação e saneamento. As regras de transição também variam, combinando um período de um ou dois anos de teste do novo IBS com um período de cinco a oito anos de substituição gradual dos já referidos tributos pelo IBS, e, ainda, um período de 15 a 50 anos de transferência da arrecadação para o destino. As propostas praticamente não mexem na tributação do patrimônio e da renda. Mas criam um imposto seletivo sobre cigarros, bebidas e energia, por exemplo.

O grande trunfo da reforma é a unificação dos tributos sobre consumo no IBS e a adoção da não cumulatividade plena para esse imposto, o que simplificará o sistema e lhe outorgará maior neutralidade. O IPI, o ICMS e o ISS, por exemplo, não são compensáveis uns com os outros; mas, substituídos todos pelo IBS e substituída a ideia de crédito físico pela apropriação de créditos sempre que adquiridos bens e serviços onerados por esse imposto, teremos uma compensação plena. E mais, enquanto dois dos três impostos indiretos atuais são calculados por dentro dos preços (ICMS e ISS), bem como as contribuições sobre a receita (PIS e COFINS), o IBS será por fora, o que favorecerá a transparência e a informação ao consumidor. Teremos, ainda, a eliminação da guerra fiscal, ao menos, nos termos e com a intensidade que vinha se dando entre os

---

5. MARTINS, Ives Gandra da Silva. Aproximação dos Sistemas Tributários. In: MARTINS, Ives Gandra da Silva/ BRITO, Edvaldo Pereira de (orgs.). *Direito tributário: princípios e normas gerais.* 2. ed. (Coleção doutrinas essenciais, v. 1). São Paulo: Editora Revista dos Tribunais, 2014, p. 243.

Estados com o ICMS e entre os Municípios com o ISS. A carga tributária é que, mesmo com a reforma, não deverá ser reduzida, porquanto tal não se faz viável frente à situação das finanças públicas. Ademais, com a unificação dos tributos sobre o consumo no IBS, o setor de serviços restará mais onerado do que o é atualmente, na medida em que se submeterá à alíquota padrão do IBS e não terá tantos créditos a compensar.

Diga-se, ainda, que os projetos da Câmara e do Senado não adentram as pretensões de desoneração da folha de salários e demais pagamentos a pessoa física, sujeita a pesada carga tributária. Aliás, com a reforma previdenciária realizada pela EC 103/2019, restou revogada a previsão constitucional de substituição gradual, total ou parcial, da contribuição sobre a folha por nova contribuição sobre a receita e proibida diferenciação na sua base de cálculo. Ainda assim, as contribuições substitutivas de que trata a Lei n. 12.546/2011 tiveram a sua vigência prorrogada para o final de 2023 pela Lei n. 14.288/2021. O Poder Executivo chegou a cogitar a substituição parcial da contribuição patronal sobre a folha por um novo imposto sobre pagamentos.

O Poder Executivo, aliás, em vez de apresentar de uma só vez uma proposta própria e completa de reforma tributária, optou pelo seu fracionamento. E lhe deu início oferecendo ao Congresso, em julho de 2020, um projeto de lei ordinária substituindo as contribuições PIS e COFINS por uma nova contribuição: a Contribuição sobre Bens e Serviços ou CBS. Nesse projeto de lei, fez com que a CBS passasse a incidir em cada operação, por fora, com destaque no respectivo documento fiscal. Nos moldes do IBS, mas destinada à seguridade social (é característica das contribuições a sua funcionalização, ou seja, a vinculação do seu produto a determinada finalidade), a CBS segue a técnica da não cumulatividade, tendo sido proposta com alíquota de 12%. A justificativa do governo é de que as alíquotas do PIS e da COFINS, somadas, já alcançavam 9,25% para contribuições calculadas por dentro, enquanto a CBS é calculada por fora e se reveste de uma não cumulatividade plena. A reação do setor de serviços, que poucos créditos consegue apropriar, foi bastante contundente, porquanto vislumbra enorme majoração da sua carga tributária. Mas as instituições financeiras restaram agraciadas com uma contribuição de 5,8%, sem direito a créditos. Interessante, nesse projeto, também, é a previsão de responsabilidade tributária das plataformas digitais veiculadoras do comércio eletrônico.

A proposta fatiada do governo, de um lado, firmou a posição da necessidade de uma contribuição para a seguridade social sobre bens e serviços, a CBS, ou seja, da não incorporação do PIS e da COFINS ao imposto unificado sobre o consumo de bens e serviços, o IBS. De outro lado, antecipou o modelo de não cumulatividade que também alcançará o IBS, atribuindo-lhe a feição de plenitude que se pretendia.

O governo ainda acena com projetos de submissão da distribuição de lucros e dividendos ao imposto de renda e, como já referido, com a instituição de um imposto ou uma contribuição sobre pagamentos eletrônicos para substituir a contribuição sobre a folha de salários.

A reforma tributária, porém, mais uma vez, restou adiada *sine die*.

Capítulo III

Espécies tributárias

14. Características e regimes jurídicos específicos

Ao outorgar competência para a instituição das diversas espécies tributárias, a Constituição revela suas características intrínsecas e aponta o regime jurídico específico que lhes é aplicável.

Embora todos os tributos se submetam a regras gerais comuns, há normas específicas para as taxas, para os impostos, para as contribuições de melhoria, para os empréstimos compulsórios e para as contribuições.

A importância de distinguir as diversas espécies tributárias e de conseguir identificar, num caso concreto, de que espécie se cuida, está justamente no fato de que a cada uma corresponde um regime jurídico próprio.

Nem sempre o legislador nomeia os tributos que institui de acordo com as características essenciais de que se revestem. Por vezes, chama de taxa o tributo que constitui verdadeira contribuição, ou de contribuição o que configura imposto. Equívocos de denominação podem decorrer da errônea compreensão das diversas espécies tributárias ou mesmo do intuito de burlar exigências formais (lei complementar) e materiais (vinculação a determinadas bases econômicas), estabelecidas pelo texto constitucional. Por exemplo: a União não pode criar dois impostos com mesmo fato gerador e base de cálculo, nem duas contribuições de seguridade social com o mesmo fato gerador e base de cálculo; mas não há óbice constitucional a que seja criada contribuição com fato gerador idêntico ao de imposto já existente. É indispensável saber com segurança, portanto, se uma nova exação surgida é um imposto ou uma contribuição.

Daí por que a identificação da natureza jurídica específica de determinado tributo independe da denominação que lhe seja atribuída pelo próprio legislador, devendo ser feita com atenção aos seus traços essenciais[1].

Conforme o art. 4º do CTN, tanto a denominação como as demais características formais adotadas pela lei são irrelevantes para qualificar a espécie tributária.

Havendo equívocos na denominação atribuída pelo legislador, cabe ao intérprete renomear ou requalificar o tributo e submetê-lo ao regime jurídico correspondente à espécie tributária a que realmente corresponda.

15. Critérios para a identificação das espécies tributárias

A análise das normas de competência é que possibilita identificarmos cada espécie de tributo.

Conforme ALBERTO XAVIER, a CF não procedeu "a uma classificação, mas a uma tipologia de tributos, definindo uns por características atinentes à estrutura (impostos, taxas), outros por características ligadas à função (contribuições), outros por traços referentes simultaneamente a um ou outro dos citados aspectos (contribuição de melhoria) e outros ainda por aspectos de regime jurídico alheios quer à estrutura, quer à função, como é o caso dos empréstimos compulsórios"[2].

Efetivamente, a CF atribui características distintas às diversas espécies tributárias com base em critérios que em muito desbordam da simples natureza dos possíveis fatos geradores. Daí por que é preciso ter reservas à primeira parte do art. 4º do CTN que assim dispõe: "Art. 4º A natureza jurídica específica do tributo é determinada pelo fato gerador da respectiva obrigação [...]". À luz do sistema tributário estabelecido pela CF/88, a análise do fato gerador é insuficiente para a identificação das espécies tributárias.

O art. 4º do CTN, aliás, já recebia críticas antes do advento da CF/88, sendo que GERALDO ATALIBA destacava a importância da base de cálculo na identificação da espécie tributária[3]. Isso porque o estabelecimento de uma relação jurídico-tributária depende da previsão legal tanto do fato gerador (elemento material) como dos demais aspectos da norma tributária impositiva, com ênfase para a base de cálculo (essência do aspecto quantitativo), sendo que todos eles são necessariamente convergentes e

---

1. "A nomenclatura utilizada na lei, no que se lançou mão do vocábulo adicional, não me impressiona porque não se trata, a rigor, de um adicional. O que houve foi a criação de uma contribuição nova. Aí, surge o questionamento: seria possível criar essa contribuição nova..." (excerto do voto do Min. MARCO AURÉLIO por ocasião do julgamento do RE 396.266-3, relativo à contribuição ao Sebrae, em nov. 2003).
2. XAVIER, Alberto. *Temas de direito tributário.* Rio de janeiro: Lumen Juris, 1991, p. 26.
3. ATALIBA, Geraldo. *Hipótese de incidência tributária.* São Paulo: RT, 1991.

harmônicos. Assim, não apenas o fato gerador da obrigação é importante para identificar sua natureza jurídica específica, mas também sua base de cálculo. Esta é mesmo reveladora e merece muita atenção para que o legislador não institua um imposto (que é tributo sobre a riqueza) sob o pretexto de estar instituindo uma taxa (necessariamente dimensionada com base na atividade estatal).

O art. 4º do CTN, em seu inciso II, refere ainda que seria irrelevante para determinar a espécie tributária "a destinação legal do produto da sua arrecadação". Cuida-se de norma revogada.

Por certo que já houve tempo em que os próprios impostos eram identificados pela destinação do seu produto[4] e que o CTN procurou limpar a matéria do que os tributaristas consideravam, na época, questões de direito financeiro. Assim, destacou que a espécie tributária seria definida pela análise do fato gerador: se não vinculado à atividade estatal, imposto; se vinculado a serviço ou exercício do poder de polícia, taxa; se vinculado à obra pública, contribuição de melhoria, vedada a consideração da destinação legal.

Após a CF/88, com a incorporação formal das contribuições especiais e empréstimos compulsórios ao Sistema Tributário Nacional e o entendimento já pacificado de que assumiram natureza tributária, o critério estabelecido pelo art. 4º, *caput* e inciso II, do CTN, pode-se dizer tranquilamente, está superado. Embora continue servindo de referência para a distinção entre impostos, taxas e contribuições de melhoria, não se presta à identificação das contribuições especiais e dos empréstimos compulsórios, pois estes são identificados a partir da sua finalidade. De fato, a partir do momento em que a Constituição Federal de 1988 emprestou indiscutível caráter tributário às contribuições especiais e aos empréstimos compulsórios, colocando como traços característicos dessas espécies tributárias a sua finalidade, a destinação legal do produto da arrecadação passou a ser aspecto relevante para a determinação da natureza específica do tributo.

A "destinação legal" ou "finalidade" é, assim, atualmente, critério importantíssimo para identificar determinadas espécies tributárias como as contribuições especiais e empréstimos compulsórios, pois constitui seu critério de validação constitucional. A competência para a instituição de tais tributos é atribuída em função das finalidades a serem perseguidas.

A presunção de validade das leis e a consequente necessidade de se buscar uma interpretação conforme à Constituição fazem com que se deva proceder à análise das figuras tributárias à vista dos aspectos da norma tributária impositiva, e não da **denominação e das demais características formais**. Nesse sentido, dispõe o inciso I do art. 4º do CTN. Os limites da interpretação conforme estão na própria caracterização das diversas figuras tributárias. Para a **requalificação de um tributo** como espécie diversa daquela enunciada expressamente na lei, impõe-se que reúna os seus traços típicos,

---
4. *Vide* o Decreto-Lei n. 1.804/39.

evidenciando-se a dissimulação engendrada pelo legislador. Haverá hipóteses em que restarão evidenciadas características incompatíveis com todas as espécies tributárias, impondo-se, então, a conclusão por uma tributação sem suporte constitucional.

Dar ao tributo o tratamento jurídico da espécie correspondente à sua denominação, sem analisar o seu fato gerador, pode implicar sérios equívocos. A jurisprudência traz casos em que tal aplicação viola direitos do contribuinte e outros em que prejudica o próprio erário. Vejam-se, neste ponto, os seguintes exemplos:

- um verdadeiro imposto denominado taxa: se lhe déssemos o tratamento de taxa, não estaria sujeito às imunidades constitucionais, prejudicando os entes que por ela estariam cobertos;
- um verdadeiro imposto denominado contribuição: se tolerássemos a definição de seu fato gerador e de sua base de cálculo de forma idêntica ao de outro imposto já existente, incorreríamos em infração inequívoca à expressa vedação de que dois impostos tenham fato gerador e base de cálculo idênticos;
- uma taxa denominada imposto: se a tratássemos como imposto, aceitaríamos que sua base de cálculo não tivesse relação alguma com o serviço, o que, para as taxas, é requisito de validade.

16. Classificação dos tributos em cinco espécies tributárias

São cinco as espécies tributárias estabelecidas pela Constituição: imposto, taxa, contribuição de melhoria, empréstimo compulsório e a contribuição especial.

O Min. MOREIRA ALVES, em voto condutor proferido quando do julgamento do RE 146.733-9/SP, em que se discutiu a constitucionalidade da contribuição social sobre o lucro instituída pela Lei n. 7.689/88, optou pela classificação quinquipartida, afirmando: "De efeito, a par das três modalidades de tributos (os impostos, as taxas e as contribuições de melhoria) a que se refere o art. 145 para declarar que são competentes para instituí-los a União, os Estados, o Distrito Federal e os Municípios, os arts. 148 e 149 aludem a duas outras modalidades tributárias, para cuja instituição só a União é competente: o empréstimo compulsório e as contribuições sociais, inclusive as de intervenção no domínio econômico e de interesse das categorias profissionais ou econômicas".

Note-se que descaberia referência ao empréstimo compulsório e às contribuições sociais no art. 145 da Constituição porque, salvo as expressas exceções[5], são de

---

5. Art. 149, § 1º, da CF, que outorga competência aos Estados e Municípios para a instituição de contribuição, cobrada de seus servidores, para o custeio de regime próprio de previdência, e art. 149-A da CF que concede competência aos Municípios para a instituição de contribuição de iluminação pública.

competência exclusiva da União, estando à margem da competência tributária dos Estados, Distrito Federal e Municípios. O art. 145 não classifica os tributos, apenas arrola os tributos da competência tanto da União como de Estados, DF e Municípios, deixando aos arts. 148 e 149 a referência àqueles cuja competência é mais restrita.

Pode-se afirmar com certeza, atualmente, que as contribuições e os empréstimos compulsórios constituem espécies tributárias autônomas, não configurando simples impostos com destinação ou impostos restituíveis como impropriamente se chegou a referir anteriormente à CF/88. Aliás, impostos nem admitem destinação específica (art. 167, IV, da CF), não sendo também passíveis de restituição.

Assim, é preciso ter reservas ao art. 5º do CTN, que só refere três espécies tributárias, dispondo: "Art. 5º Os tributos são impostos, taxas e contribuições de melhoria". A classificação realizada pelo CTN data de 1966, quando o entendimento acerca da natureza das diversas exações não havia amadurecido suficientemente. Basta ver, segundo o art. 4º do CTN, que a natureza jurídica específica do tributo era apurada tendo em conta tão somente o seu fato gerador, critério insuficiente para a identificação das contribuições e dos empréstimos compulsórios, definidos pela Constituição Federal de 1988 não em função do seu fato gerador, mas da sua finalidade e da promessa de restituição.

Vejamos a classificação dos tributos, com suas espécies e subespécies:

a) **impostos**
    a.1. ordinários (arts. 145, I, 153, 155 e 156)
        a.1.1. sobre a renda
        a.1.2. sobre a renda
        a.1.3. sobre a transmissão de bens
        a.1.4. sobre a produção e a circulação
        a.1.5. sobre o comércio exterior
    a.2. residuais (art. 154, I)
    a.3. extraordinários de guerra (art. 154, II)
b) **taxas**
    b.1. pelo exercício do poder de polícia (art. 145, II, primeira parte)
    b.2. pela prestação de serviços públicos específicos e divisíveis (art. 145, II, segunda parte)
c) **contribuições de melhoria (art. 145, III)**
d) **contribuições**
    d.1. sociais
        d.1.1. gerais (art. 149, primeira parte e §§ 2º, 3º e 4º)
        d.1.2. de seguridade social
            d.1.2.1. ordinárias (art. 149, primeira parte e §§ 2º a 4º, c/c art. 195, I a IV)

d.1.2.1.1. para a saúde e a assistência social

d.1.2.1.2. para a previdência social

d.1.2.1.2.1. do Regime Geral de Seguridade Social

d.1.2.1.2.1.1. das pessoas jurídicas sobre a remuneração do trabalho

d.1.2.1.2.1.2. das pessoas jurídicas sobre a receita, substitutiva da contribuição sobre a remuneração do trabalho

d.1.2.1.2.1.3. dos segurados sobre a remuneração do trabalho percebida

d.1.2.1.2.2. dos regimes próprios dos servidores públicos (arts. 40 e 149, § 1º)

d.1.2.2. extraordinárias dos servidores públicos (art. 149, § 1º, B)

d.1.2.3. residuais (art. 149, primeira parte c/c art. 195, § 4º)

d.1.2.4. provisória (arts. 74 a 90 do ADCT)[6]

d.2. de intervenção no domínio econômico (art. 149, segunda parte e §§ 2º a 4º, e art. 177, § 4º)

d.3. do interesse das categorias profissionais ou econômicas (art. 149, terceira parte)

d.4. de iluminação pública municipal e distrital (art. 149-A)

e) **empréstimos compulsórios**

e.1. extraordinários de calamidade ou guerra (art. 148, I)

e.2. de investimento (art. 148, II)

Sendo o texto constitucional **exaustivo** ao outorgar competência tributária aos entes políticos, todo e qualquer tributo tem de se enquadrar em uma dessas categorias, sob pena de invalidade.

Passemos, agora, à análise das características específicas de cada espécie tributária.

17. Impostos[7]

Os impostos são tributos que incidem necessariamente **sobre revelações de riqueza** do contribuinte. Nesse sentido, são as normas de competência dos arts. 153, 155 e 156, que indicam bases econômicas relacionadas exclusivamente aos contribuintes, como a aquisição de renda, a circulação de mercadorias, a propriedade predial e territorial

---

6. Esta subespécie diz respeito à Contribuição Provisória sobre Movimentação Financeira (CPMF), cuja última prorrogação estendeu-se até dezembro de 2007.
7. Sobre os diversos impostos do sistema tributário brasileiro, *vide* nosso livro: PAULSEN, Leandro; MELO, José Eduardo Soares de. *Impostos federais, estaduais e municipais*. 11. ed. São Paulo: Saraiva, 2018.

urbana. Os fatos geradores de impostos, portanto, serão situações relacionadas ao contribuinte, e não ao Estado, ou seja, fatos geradores não vinculados a qualquer atividade do Estado, conforme está expressamente previsto no art. 16 do CTN: "Imposto é o tributo cuja obrigação tem por fato gerador uma situação independente de qualquer atividade estatal específica, relativa ao contribuinte".

Como decorrência de o imposto ter por fato gerador uma riqueza do contribuinte, o montante devido terá de ser dimensionado, necessariamente, com referência a tais riquezas. Assim é que, tributada a propriedade, a base de cálculo é o seu valor venal; tributada a circulação de mercadorias, o valor da operação.

De outro lado, os impostos são tributos cujo **produto não pode ser previamente afetado** a determinado órgão, fundo ou despesa, nos termos do art. 167, IV, da CF, salvo as exceções expressas na própria Constituição, como a necessária aplicação de percentuais em atividades voltadas aos serviços de saúde e à educação e a possibilidade de afetação à administração tributária. RICARDO LOBO TORRES refere tal proibição como "princípio da não afetação"[8]. A destinação dos impostos será feita não por critérios estabelecidos pela lei instituidora do tributo, mas conforme determinar a lei orçamentária anual. A previsão constitucional prestigia o conceito financeiro de imposto, cunhado já no art. 1º, § 2º, do Decreto-Lei n. 2.416/40, que repetiu, no ponto, o Decreto-Lei n. 1.804/39, ambos dispondo sobre normas orçamentárias, financeiras e de contabilidade: "Art. 1º Orçamento será uno, incorporando-se obrigatoriamente à receita todos os tributos, rendas e suprimentos de fundos, e incluindo-se na despesa todas as dotações necessárias ao custeio dos serviços públicos... § 2º A designação de imposto fica reservada para os tributos destinados a atender indistintamente às necessidades de ordem geral da administração pública [...]".

18. Taxas

O interesse público impõe ao Estado que exerça o poder de polícia administrativa e que preste determinados serviços. Contudo, não há por que toda a sociedade participar do custeio de tais **atividades estatais** quando sejam específicas, divisíveis e realizadas diretamente em face de ou para determinado contribuinte que a provoca ou demanda. Daí a outorga de competência para a instituição de tributo que atribua o custeio de tais atividades específicas e divisíveis às pessoas às quais dizem respeito, conforme o custo individual do serviço que lhes foi prestado ou fiscalização a que foram submetidas, com inspiração na ideia de **justiça comutativa**[9].

---

8. TORRES, Ricardo Lobo. *Curso de direito financeiro e tributário*. 16. ed. São Paulo: Renovar, 2009, p. 119-121.
9. FERREIRA NETO, Arthur M. *Classificação constitucional de tributos pela perspectiva da justiça*. Porto Alegre: Livraria do Advogado, 2006.

O art. 145, II, da CF tem o efeito de autorizar o legislador a vincular a tais atividades do poder público o surgimento de obrigação tributária. As taxas são tributos que têm como fato gerador o **exercício regular do poder de polícia**, ou a utilização, efetiva ou potencial, de **serviço público específico e divisível**, prestado ao contribuinte ou posto à sua disposição.

Segundo o STJ, "convém classificar como Taxas do Poder de Polícia aquelas que têm origem, ensejo e justificativa no vigiar e punir, ou seja, na fiscalização, que é interesse eminentemente estatal, reservando a categoria das taxas de serviço para aquelas que se desenvolvem em função do interesse do usuário, ante a compreensão de que esse interesse é relevante para definir a atividade como serviço"[10]. Em ambos os casos, as taxas pressupõem atuação administrativa do Estado diretamente relacionada ao contribuinte e indicada pelo legislador como fato gerador da obrigação tributária.

Efetivamente, cada ente federado tem competência para cobrar taxas pelo poder de polícia que exerça ou pelos serviços que preste no desempenho da sua competência político-administrativa. Note-se que o art. 145 da CF fala da cobrança de taxas pela União, pelos Estados, pelo Distrito Federal ou pelos Municípios, no âmbito de suas respectivas atribuições. Ao analisar a taxa de fiscalização ambiental de recursos hídricos instituída pelo Estado do Amapá, por exemplo, o STF considerou que inexistia vício formal, porquanto "o Poder Público, em todos os níveis, tem o dever constitucional de garantir a saúde da população e a conservação do meio ambiente ecologicamente equilibrado – direito público subjetivo estampado no art. 225, cabeça, da Constituição Federal –, razão pela qual se inserem, no âmbito da competência comum da União, dos Estados, do Distrito Federal e dos Municípios, a proteção ao meio ambiente, o combate à poluição em qualquer de suas formas bem assim a preservação das florestas, da fauna e da flora – art. 23, incisos VI e VII", de forma que "surge possível, aos diversos entes da Federação, o desempenho de atividade administrativa traduzível em exercício regular do poder de polícia alusivo à exploração e ao aproveitamento de recursos hídricos, a ser remunerado mediante taxa, na forma e nos limites do art. 145, inciso II, da Lei Maior"[11].

Quanto à fiscalização dos serviços de radiodifusão, o STF, na ADI 4039, em 2022, reconheceu a validade da respectiva taxa, considerando que a ANATEL efetivamente exerce o poder de política, aplicando recursos do Fundo de Fiscalização das Telecomunicações – FISTEL. A relatora, no voto condutor, destacou as informações do Presidente da República no sentido de que "em relação à radiodifusão, compete à Anatel atuar na elaboração e manutenção dos planos de distribuição de canais, levando em conta, inclusive, os aspectos concernentes à evolução tecnológica" e que "age, também, na fiscalização, quanto aos aspectos técnicos das estações de radiodifusão", exercendo, assim,

---

10. STJ, Primeira Seção, REsp 1.405.244/SP, 2018.
11. STF, Tribunal Pleno, ADI 6.211, 2019.

"o poder de política quanto à fiscalização de instalação das estações de radiofreqüência..., bem como quanto à fiscalização de funcionamento das estações de uso de radiofreqüência", tudo nos termos do art. 211 da Lei n. 9.472/97 e 6º da Lei n. 5.070/66, com a redação da Lei n. 9.472/97.

No RE 776594, em 2022, foi reconhecida a repercussão geral da questão a respeito da possibilidade de os municípios instituírem taxa de fiscalização de torres e antenas de transmissão e recepção de dados e voz, tendo em vista a ocupação do solo. Trata-se do Tema 919, com mérito ainda não analisado.

Não se admite, porém, a cobrança de taxa pela prestação de serviços que a Constituição diz serem deveres do Estado e direito de todos, tais como os de saúde e de segurança, devem ser prestados gratuitamente, não podendo dar ensejo à instituição e cobrança de taxas. Daí o advento da **Súmula Vinculante 12**: "A cobrança de taxa de matrícula nas universidades públicas viola o disposto no art. 206, IV, da Constituição Federal". Seguiu a mesma linha ao julgar, com **repercussão geral**, o RE 643.247, fixando a seguinte tese: "A segurança pública, presentes a prevenção e o combate a incêndios, faz-se, no campo da atividade precípua, pela unidade da Federação, e, porque serviço essencial, tem como a viabilizá-la a arrecadação de impostos, não cabendo ao Município a criação de taxa para tal fim"[12]. Na ADI 2.424, já havia manifestado o entendimento de que os serviços relacionados à segurança pública só podem ser custeados, indistintamente, pela arrecadação dos impostos[13].

Ademais, a Constituição estampa algumas imunidades tributárias. Assegura a todos, "independentemente do pagamento de taxas", o direito de petição aos Poderes Públicos em defesa de direitos ou contra ilegalidade ou abuso de poder (art. 5º, XXXIV, *a*). Forte nesse preceito, na ADI 3.278, o STF disse da inconstitucionalidade, sem redução de texto, de taxa sobre a atividade estatal de extração e fornecimento de certidões administrativas para defesa de direitos e esclarecimento de situações de interesse pessoal"[14].

O CTN esclarece que o fato gerador da taxa de polícia é o seu efetivo exercício (art. 77) e conceitua:

> Art. 78. Considera-se poder de polícia atividade da administração pública que, limitando ou disciplinando direito, interesse ou liberdade, regula a prática de ato ou abstenção de fato, em razão de interesse público concernente à segurança, à higiene, à ordem, aos costumes, à disciplina da produção e do mercado, ao exercício de atividades econômicas dependentes de concessão ou autorização do poder público, à tranquilidade pública ou ao respeito à propriedade e aos direitos individuais ou coletivos.

---

12. STF, Tribunal Pleno, RE 643.247, 2017.
13. STF, Tribunal Pleno, ADI 2.424, 2004.
14. STF, Tribunal Pleno, ADI 3.278, 2016.

Parágrafo único. Considera-se regular o exercício do poder de polícia quando desempenhado pelo órgão competente nos limites da lei aplicável, com observância do processo legal e, tratando-se de atividade que a lei tenha como discricionária, sem abuso ou desvio de poder.

Quanto à taxa de serviços, o CTN estabelece como seu fato gerador a utilização, efetiva ou potencial, de serviço público específico e divisível, prestado ao contribuinte ou posto à sua disposição (art. 77), e dispõe sobre suas características:

> Art. 79. Os serviços públicos a que se refere o artigo 77 consideram-se:
> I – utilizados pelo contribuinte:
> a) efetivamente, quando por ele usufruídos a qualquer título;
> b) potencialmente, quando, sendo de utilização compulsória, sejam postos à sua disposição mediante atividade administrativa em efetivo funcionamento;
> II – específicos, quando possam ser destacados em unidades autônomas de intervenção, de utilidade, ou de necessidades públicas;
> III – divisíveis, quando suscetíveis de utilização, separadamente, por parte de cada um dos seus usuários.

O montante cobrado a título de taxa, diferentemente do que acontece com os impostos, só pode variar em função do custo da atividade estatal. Conforme PAULO DE BARROS CARVALHO, "em qualquer das hipóteses previstas para a instituição de taxas – prestação de serviço público ou exercício do poder de polícia – o caráter sinalagmático deste tributo haverá de mostrar-se à evidência..."[15]. O STF, aliás, já reconheceu que deve haver uma "equivalência razoável entre o custo real dos serviços e o montante a que pode ser compelido o contribuinte a pagar"[16]. Do contrário, a atividade estatal configuraria mero pretexto para a cobrança de montante aleatório, caracterizador de confisco[17]. O STF também já assentou que "conflita com a Constituição Federal instituição de taxa ausente equivalência entre o valor exigido do contribuinte e os custos

---

15. CARVALHO, Paulo de Barros. *Curso de direito tributário*. 28. ed. São Paulo: Saraiva, 2017, p. 68.
16. Voto do Ministro MOREIRA ALVES na Representação de Inconstitucionalidade 1.077/84.
17. "TAXA: CORRESPONDÊNCIA ENTRE O VALOR EXIGIDO E O CUSTO DA ATIVIDADE ESTATAL. – A taxa, enquanto contraprestação a uma atividade do Poder Público, não pode superar a relação de razoável equivalência que deve existir entre o custo real da atuação estatal referida ao contribuinte e o valor que o Estado pode exigir de cada contribuinte, considerados, para esse efeito, os elementos pertinentes às alíquotas e à base de cálculo fixadas em lei. – Se o valor da taxa, no entanto, ultrapassar o custo do serviço prestado ou posto à disposição do contribuinte, dando causa, assim, a uma situação de onerosidade excessiva, que descaracterize essa relação de equivalência entre os fatores referidos (o custo real do serviço, de um lado, e o valor exigido do contribuinte, de outro), configurar-se-á, então, quanto a essa modalidade de tributo, hipótese de ofensa à cláusula vedatória inscrita no art. 150, IV, da Constituição da República" (STF, Pleno, ADI 2.551 MC-QO, abr. 2003).

alusivos ao exercício do poder de polícia – art. 145, inciso II, da Lei Maior –, sob pena de ter-se espécie tributária de caráter arrecadatório cujo alcance extrapola a obtenção do fim que lhe fundamenta a existência, dificultando ou mesmo inviabilizando o desenvolvimento da atividade econômica"[18].

Aliás, não é por acaso que o 145, § 2º, da CF dispõe no sentido de que "as **taxas não poderão ter base de cálculo própria de impostos**"[19]. O parágrafo único do art. 77 do CTN faz referência à base de cálculo e ao fato gerador: "A taxa não pode ter base de cálculo ou fato gerador idênticos aos que correspondam a imposto nem ser calculada em função do capital das empresas". A referência a um e outro aspecto da norma tributária impositiva se justifica, porquanto devem ser harmônicos, guardando correlação direta entre si.

Sendo a taxa um tributo cobrado em razão de determinadas atividades estatais, que, aliás, configuram seu fato gerador, por certo que o montante devido tem de estar relacionado a isso, e não a uma revelação de riqueza do contribuinte ou a qualquer outro critério que não indique uma medida do custo da atividade desbordando do foco da taxa. O STF entende, por exemplo, que a Taxa de Fiscalização de Estabelecimentos do Município de São Paulo, instituída pela Lei n. 13.477/2002, não podia ter como base de cálculo o número de empregados ou o ramo de atividade exercida pelo contribuinte[20]. Mais recentemente, analisando a mesma taxa, já estabelecida com valor fixo por estabelecimento, o STF, conforme seu informativo (o acórdão ainda não fora publicado quando do fechamento desta edição), frisou que "tem reiteradamente decidido que o princípio da capacidade contributiva se aplica às taxas, e que seu valor, por força da aplicação do princípio da justiça comutativa, deve guardar razoável proporção com os custos da atuação estatal subjacente", sendo que "os princípios da capacidade contributiva e da justiça comutativa devem ser ponderados na fixação do valor das exações dessa espécie". Entendeu que a previsão legal de um valor único anual a ser pago por todos os estabelecimentos não considera o poder de polícia subjacente, que "tem forte relação com a área do estabelecimento fiscalizado", porquanto envolve o "controle, vigilância

---

18. STF, Tribunal Pleno, ADI 6.211, 2019.
19. "[...] a própria essência jurídica da taxa não permite a utilização da base de cálculo normalmente moldável a algum imposto. Dito de outro modo, a base de cálculo de uma taxa, por sua própria natureza, tem de ser consoante ao aspecto material próprio da sua hipótese de incidência (prestação de serviço público ou exercício do poder de polícia), devendo, pois, consistir numa referência ou um padrão para a aferição do custo do serviço ou do poder de polícia. [...] não só as taxas não poderão utilizar a mesma base de cálculo dos impostos já existentes, mas, também, para fixação desta base, não poderão ser levados em conta quaisquer dos chamados índices de tributação típicos dos impostos como o indivíduo, o patrimônio, a renda, a quantidade ou qualidade dos produtos ou das mercadorias" (RAMOS FILHO, Carlos Alberto de Moraes. As taxas no direito tributário brasileiro. *RTFP* 55/54, abr. 2004).
20. STF, Segunda Turma, ARE 990.914, 2017.

ou fiscalização do cumprimento da legislação municipal disciplinadora do uso e da ocupação do solo urbano, da higiene, da saúde, da segurança, dos transportes, da ordem ou da tranquilidade públicos relativamente aos estabelecimentos situados na municipalidade". Desta feita, a ausência de qualquer distinção quanto ao tamanho dos estabelecimentos levou o STF a entender pela inconstitucionalidade da taxa[21]. No caso das custas judiciais, na ADI 7063, de 2022, o STF decidiu: "As custas processuais constituem receita tributária da espécie taxa e por esta razão seus valores devem manter relação com os custos dos serviços judiciais prestados". Com essa premissa, admitiu a cobrança de custas em dobro para "causas de grande vulto econômico e alta complexidade técnica, pois nestes casos há pertinência entre o valor das custas e o custo do serviço judicial prestado", entendendo respeitado o requisito da correlação entre o valor da taxa e o custo do serviço. Mas considerou inconstitucional cobrar-se o dobro das custas de litigantes contumazes, porquanto, nesse caso, não a qualidade do usuário é que estaria dimensionando o montante das custas, o que não corresponde ao custo da atividade estatal.

JOSÉ MAURÍCIO CONTI esclarece que a vedação constante do art. 145, § 2º, da CF se justifica "na medida em que impede a criação de taxas que, na verdade, seriam impostos disfarçados, ou seja, não corresponderiam a valores cobrados em função do serviço prestado ou do exercício do poder de polícia"[22]. Mas, conforme a **Súmula Vinculante 29 do STF**: "É constitucional a adoção, no cálculo do valor de taxa, de um ou mais elementos da base de cálculo própria de determinado imposto, desde que não haja integral identidade entre uma base e outra". E há precedentes admitindo que sua graduação tenha por critério a capacidade contributiva[23].

O produto da taxa visa a custear a atividade estatal, não podendo ter destinação desvinculada de tal atividade. Sendo as taxas cobradas em razão de um serviço ou do exercício do poder de polícia, está clara a intenção do Constituinte no sentido de que isso implique o **custeio de tais atividades estatais**. As taxas, diferentemente dos impostos, são tributos com finalidade específica a determinar o destino do seu produto. Não se lhes aplica o art. 167, IV, da CF; pelo contrário, a destinação ao custeio da atividade que lhe enseja a cobrança é essencial, podendo estar explicitamente determinada na lei instituidora. Ainda que não haja a vinculação expressa do produto da arrecadação, será ela presumida. O que não se pode admitir, pois revelaria a extrapolação da norma constitucional de competência, é a determinação legal de aplicação em outra atividade ou em benefício de terceiros. Nas taxas, portanto, há dupla vinculação: o fato gerador é

---

21. STF, ARE 906.203 AgR-EDv/SP, 2018.
22. CONTI, José Maurício. *Sistema constitucional tributário interpretado pelos tribunais*. São Paulo: Oliveira Mendes, 1997, p. 28.
23. STF, Segunda Turma, RE 176.382 AReg, 2000. *Vide*, adiante, item sobre o princípio da capacidade contributiva.

vinculado à atividade estatal e também, necessariamente, o produto da arrecadação terá de ser vinculado à atividade que justifica a instituição do tributo. O STF, aliás, já decidiu que "a vinculação das taxas judiciárias e dos emolumentos a entidades privadas ou mesmo a serviços públicos diversos daqueles a que tais recursos se destinam subverte a finalidade institucional do tributo"[24]. E, na ADI 5539, em 2022, também sobre taxa decorrente do exercício do poder de polícia dos emolumentos arrecadados pelas serventias extrajudiciais, reiterou seu entendimento, afirmando que "contraria os comandos constitucionais previstos no Art. 145, I e II e no Art. 150, IV da CF/88, a destinação de parcela de emolumentos arrecadados pelas serventias extrajudiciais a fundos ou despesas genéricas, não associados às Funções Essenciais à Justiça (ADI 5539, 2022). Na oportunidade, estava-se em face de lei que destinava parcela dos emolumentos para diversos fins, dentre os quais para despesas gerais do Estado e para aplicação em programas e ações no âmbito da administração fazendária, bem como para fundos como o de segurança pública, penitenciário, de modernização e aprimoramento funcional da assembleia legislativa, dos direitos da criança e do adolescente.

Por fim, é preciso destacar que as taxas, em razão do seu fato gerador e do seu cunho sinalagmático, não se prestam ao cumprimento de funções extrafiscais[25].

19. Contribuições de melhoria

Realizada obra pública que implique particular enriquecimento de determinados contribuintes, podem estes ser chamados ao seu custeio em função de tal situação peculiar que os distingue. Efetivamente, havendo benefício direto para algumas pessoas, é razoável que o seu custeio não se dê por toda a sociedade igualmente, mas especialmente por aqueles a quem a obra aproveite.

O STF é claro no sentido de que a melhoria a que se refere o art. 145, III, da CF é necessariamente a valorização imobiliária[26].

Pressupondo tanto a atividade do Estado (realização de **obra pública**), como o enriquecimento do contribuinte (**valorização imobiliária**), as contribuições de melhoria apresentam-se como tributos com fato gerador misto.

Seu produto, por sua vez, destina-se a fazer frente ao custo da obra, como, aliás, já decorria expressamente da redação do art. 81 do CTN:

---

24. STF, Tribunal Pleno, ADI 2.040, 1999.
25. SEIXAS FILHO, Aurélio Pitanga. Análise da taxa de conservação rodoviária e o conceito de pedágio. *Suplemento Jurídico do Departamento de Estradas de Rodagem do Estado de São Paulo*, n. 144/22, 1993. Também em *Seleções Jurídicas COAD*, jul. 1991, p. 12.
26. STF, Segunda Turma, RE 114.069, 1994.

Art. 81. A contribuição de melhoria cobrada pela União, pelos Estados, pelo Distrito Federal ou pelos Municípios, no âmbito de suas respectivas atribuições, é instituída para fazer face ao custo de obras públicas de que decorra valorização imobiliária, tendo como limite total a despesa realizada e como limite individual o acréscimo de valor que da obra resultar para cada imóvel beneficiado.

Os limites individual e total decorrem da própria natureza do tributo. Além da valorização imobiliária, o proprietário do imóvel situado na zona de influência não se distingue dos demais contribuintes, não se justificando que dele se exija valor superior. Além do custo da obra, nenhuma receita se justifica.

O Decreto-Lei n. 195/67 dispõe sobre a contribuição de melhoria em nível de lei complementar, assim como o CTN. Estabelece as **obras que viabilizam a instituição de contribuição**, como abertura, alargamento, pavimentação, iluminação, arborização, esgotos pluviais e outros melhoramentos de praças e vias públicas, construção e ampliação de parques, pontes, túneis e viadutos, obras de abastecimento de água potável, esgotos, construção de aeroportos e seus acessos. Cuida, ainda, do procedimento a ser observado, impondo a publicação de edital com a delimitação da área beneficiada, orçamento e plano de rateio. Indispensável, porém, de qualquer modo, que o ente político institua, por lei, a contribuição de melhoria relativa a cada obra. Isso porque a legalidade estrita é incompatível com qualquer cláusula geral de tributação. Cada tributo depende de **lei específica** que o institua.

20. Empréstimos compulsórios

Os empréstimos compulsórios são tributos cujo critério de validação constitucional está na sua **finalidade**: gerar recursos para fazer frente a uma situação de calamidade ou guerra externa ou para investimento nacional relevante e urgente, conforme se extrai do art. 148 da CF.

O tipo de fato gerador não é especificado pelo texto constitucional, podendo ser vinculado ou não vinculado. Assim, e.g., tanto o consumo de energia elétrica ou a propriedade de aeronave ou embarcação, quanto o serviço de dedetização obrigatória que vise minorar ou erradicar a propagação de epidemia podem ser fatos geradores.

Mas o traço efetivamente peculiar e exclusivo dos empréstimos compulsórios é a **promessa de devolução**, sem a qual não se caracteriza tal espécie tributária.

Quando do pagamento do empréstimo compulsório, incide a norma que, prevendo a sua restituição, gera direito subjetivo do contribuinte a tal prestação futura. Uma nova lei não pode suprimir esse direito, sob pena de ofensa ao art. 5º, XXXVI, da Constituição Federal, que garante o direito adquirido, dizendo que a lei não o prejudicará.

Ademais, a restituição deve ser **em moeda**. Isso porque, conforme já decidiu o STF[27], "utilizando-se, para definir o instituto de direito público, do termo empréstimo [...], a Constituição vinculou o legislador à essencialidade da restituição na mesma espécie, seja por força do princípio explícito do art. 110 do CTN, ou seja porque a identidade do objeto das prestações recíprocas é indissociável da significação jurídica e vulgar do vocábulo [...]".

Cabe destacar, ainda, que a instituição de empréstimos compulsórios, diferentemente da generalidade dos tributos, depende sempre de **lei complementar** (art. 148 da CF).

21. Contribuições[28]

Há situações em que o Estado atua relativamente a determinado grupo de contribuintes. Não se trata de ações gerais, a serem custeadas por impostos, tampouco específicas e divisíveis, a serem custeadas por taxa, mas de ações voltadas a **finalidades específicas** que se referem a determinados **grupos de contribuintes**, de modo que se busca, destes, o seu custeio através de tributo que se denomina de contribuições. Não pressupondo nenhuma atividade direta, específica e divisível, as contribuições não são dimensionadas por critérios comutativos, mas por **critérios distributivos**, podendo variar conforme a capacidade contributiva de cada um.

Designa-se simplesmente por "contribuições"[29] ou por "contribuições especiais" (para diferenciar das contribuições de melhoria) tal espécie tributária de que cuida o art. 149 da Constituição. Já as **subespécies** são definidas em atenção às finalidades que autorizam a sua instituição: a) sociais, b) de intervenção no domínio econômico, c) do interesse de categorias profissionais ou econômicas e d) de iluminação pública.

Não é correto atribuir-se a esta espécie tributária a **denominação** de "contribuições parafiscais", tampouco de "contribuições sociais". Isso porque a expressão *contribuições parafiscais*, em desuso, designava as contribuições instituídas em favor de entidades que, embora desempenhassem atividade de interesse público, não compunham a Administração direta. Chamavam-se *parafiscais* porque não eram destinadas ao orçamento do ente político. Mas temos, atualmente, tanto contribuições destinadas a outras entidades como destinadas à própria Administração, sem que se possa estabelecer, entre elas, nenhuma distinção no que diz respeito à sua natureza ou ao regime

---

27. STF, Tribunal Pleno, RE 121.336, 1990.
28. Sobre a teoria e a dogmática das contribuições, inclusive com a análise das diversas contribuições em vigor, *vide* nosso livro: PAULSEN, Leandro; VELLOSO, Andrei Pitten. *Contribuições no sistema tributário brasileiro*. 4. ed. São Paulo: Saraiva, 2019.
29. DIFINI, Luiz Felipe Silveira. *Manual de direito tributário*. São Paulo: Saraiva, 2003, p. 50.

jurídico a que se submetem. Ser ou não parafiscal é uma característica acidental, que normalmente nem sequer diz respeito à finalidade da contribuição, mas ao ente que desempenha a atividade respectiva. De outro lado, também a locução "contribuições sociais" não se sustenta como designação do gênero contribuições. Isso porque as contribuições ditas sociais constituem subespécie das contribuições do art. 149, configurando-se quando se trate de contribuição voltada especificamente à atuação da União na área social. As contribuições de intervenção no domínio econômico, por exemplo, não são contribuições sociais.

O custeio dentre os integrantes do grupo a que se refere a atividade estatal é característica essencial às contribuições, denominando-se **referibilidade**. Não pressupõe benefício para o contribuinte, mas que a ele se relacione a atividade enquanto integrante de determinado grupo. O contribuinte deve fazer parte do grupo, deve ostentar posição que o identifique dentre as pessoas às quais a atividade estatal diz respeito[30]. Se qualquer

---

[30] 1. "Um segundo conceito vai definir a estrutura das contribuições. [...] para as contribuições, é a qualificação de uma finalidade a partir da qual é possível identificar quem se encontra numa situação diferenciada pelo fato de o contribuinte pertencer ou participar de um certo grupo (social, econômico, profissional). [...] Paga-se contribuição porque o contribuinte faz parte de algum grupo, de alguma classe, de alguma categoria identificada a partir de certa finalidade qualificada constitucionalmente e assim por diante. Alguém 'faz parte', alguém 'participa de' uma determinada coletividade, encontrando-se em situação diferenciada, sendo que, desta participação, pode haurir, eventualmente (não necessariamente), determinada vantagem" (GRECO, Marco Aurélio. *Contribuições: uma figura* sui generis. São Paulo: Dialética, 2000, p. 83-84); "A União não cobrará de toda a sociedade, por uma atuação sua que é motivada por um certo grupo. Então, encontra-se uma distinção importante entre um imposto e a Cide. Enquanto o imposto é voltado a cobrir despesas gerais, a Cide é voltada a cobrir despesas de uma intervenção que, por sua vez, interessará ou será provocada por um determinado grupo. Encontra-se uma palavra importantíssima no estudo da Cide: REFERIBILIDADE. Haverá um grupo que tem interesse para a intervenção do Estado, que provocou ou motivou esta, ainda que tal grupo não seja necessariamente beneficiado por ela" (SCHOUERI, Luís Eduardo. Exigências da Cide sobre *royalties* e assistência técnica ao exterior. *RET* 37/144, jun. 2004); "[...] a contribuição interventiva somente poderá ser exigida daqueles que explorarem, sob regime de direito privado, a atividade econômica objeto da regulação estatal" (COSTA, Regina Helena. *Curso de direito tributário*. 7. ed. Saraiva, 2017, p. 162); "[...] não é suficiente, para que uma Cide seja havida por válida, a necessidade da intervenção da União, no segmento econômico eleito pela norma instituidora do gravame. É preciso mais, que seja, que o tributo venha exigido de pessoa que integra este mesmo segmento. O contribuinte, como é fácil notar, há de ser sempre alguém que tenha vínculo direto com o setor da Economia que vai sofrer a atuação da União. Na medida em que ele vai causar uma especial despesa ao setor ou dele vai receber um especial benefício, é justamente este liame que justifica sua inserção no polo passivo da Cide... É certo – repisamos – que a intervenção da União no domínio econômico provoca reflexos sobre toda a sociedade, até porque esta pessoa política – como todas as demais pessoas políticas – deve direcionar seu agir ao bem comum. Entretanto, é igualmente certo que tal intervenção atinge, de modo imediato, os integrantes de um dado grupo. Pois bem, é somente deles que a Cide pode ser validamente exigida" (CARRAZZA, Roque Antonio. Contribuição de intervenção no domínio econômico... *RDDT* 170/93, nov. 2009).

pessoa pudesse ser chamada a contribuir, teríamos um simples imposto afetado a determinada finalidade, o que é vedado pelo art. 167, IV, da CF.

A referibilidade é requisito inerente às contribuições, sejam sociais, do interesse das categorias profissionais ou econômicas, de intervenção no domínio econômico ou mesmo de iluminação pública municipal[31]. Assim é que só os médicos podem ser contribuintes da contribuição ao Conselho de Medicina, só os integrantes da categoria profissional podem ser contribuintes da contribuição ao respectivo sindicato, só os munícipes alcançados pela política de iluminação pública podem ser contribuintes da contribuição de iluminação pública[32], só as empresas dedicadas a atividades rurais poderiam ser contribuintes da contribuição ao instituto que promove o cumprimento da função social da propriedade rural, e assim por diante.

Diga-se, ainda, que a referibilidade não é requisito das **contribuições sociais de seguridade social.** Isso porque o art. 195 da Constituição, ao impor o seu custeio por toda a sociedade, estabeleceu expressamente uma especial solidariedade entre toda a sociedade, forçando, assim, uma **referibilidade ampla ou global** de tal subespécie tributária que acaba por lhe retirar qualquer conteúdo. A referibilidade ampla ou global equivale, na prática, à não referibilidade. Se qualquer pessoa física ou jurídica pode ser colocada no polo passivo de obrigação de pagar contribuição à seguridade social, observada a via legislativa adequada, não se há de perquirir se integra ou não o grupo a que se destina a seguridade social. Mas mesmo esta especial solidariedade não autoriza a cobrança de quem a lei não indique como sujeito passivo. Frise-se, ainda, que o art. 195 diz respeito exclusivamente às contribuições de seguridade social, sendo absolutamente descabida a invocação da especial solidariedade por ele estabelecida como se aplicável fosse a outras espécies ou subespécies das contribuições.

É importante ter em consideração, contudo, que o STJ tem diversos precedentes no sentido de que as Cides não estariam sujeitas ao juízo de referibilidade, diferentemente

---

31. "Em se tratando de contribuições de interesse de categorias profissionais ou econômicas, é razoável entender-se que o contribuinte deve ser a pessoa, física ou jurídica, integrante da categoria profissional ou econômica. Pessoa que não integra qualquer uma dessas categorias não deve ser compelida a contribuinte no interesse das mesmas. Em se tratando de contribuições de intervenção no domínio econômico, contribuinte há de ser o agente econômico submetido à intervenção. Finalmente, em se tratando de contribuições de seguridade social, tem-se de considerar que a própria Constituição cuidou de definir, ao delinear o âmbito dessas contribuições, quem pode ser colhido pelo legislador como sujeito passivo das mesmas" (MACHADO, Hugo de Brito. *Curso de direito tributário*. 36. ed. São Paulo: Malheiros, 2015, p. 431).
32. "[...] CONTRIBUIÇÃO DE ILUMINAÇÃO PÚBLICA MUNICIPAL. ART. 149-A DA CF. REFERIBILIDADE. [...] Situando-se a sede da Autora na zona rural do Município, que não é objeto de política de iluminação pública, conforme evidenciado nos autos, não se verifica a referibilidade indispensável a que pudesse ser considerada contribuinte da contribuição em questão" (TRF4 na AC 200371030026884).

das contribuições do interesse de categorias profissionais ou econômicas, estas sim sujeitas a tal critério[33]. Assim, permite a cobrança de contribuição ao Incra mesmo das empresas urbanas[34]. O STF, por sua vez, permite a cobrança da contribuição ao Sebrae – que é um serviço social autônomo voltado às microempresas e empresas de pequeno porte – de todas as empresas, mesmo das médias e grandes[35]. Ademais, no RE 449233, afirma: "As contribuições de intervenção no domínio econômico podem ser criadas por lei ordinária e não exigem vinculação direta entre o contribuinte e a aplicação dos recursos arrecadados"[36]. E, no RE 451.915, assevera: "Inexigência [...] de vinculação direta entre o contribuinte e o benefício"[37]. Assim, a referibilidade, enquanto traço característico das contribuições, não vem encontrando efetiva afirmação na jurisprudência como instrumento de controle da validade das contribuições.

As contribuições só podem ser instituídas para atender às finalidades previstas no art. 149 e 149-A da Constituição: sociais, de intervenção no domínio econômico, do interesse das categorias profissionais ou econômicas e, ainda, de iluminação pública. A destinação legal a tais finalidades justifica a sua instituição e a destinação efetiva legitima o prosseguimento da sua cobrança, sob pena de se descaracterizar, ao longo do tempo, a respectiva figura tributária, perdendo seu suporte constitucional.

O **desvio do produto** da arrecadação que implique destinação para finalidade diversa da que justificou a instituição do tributo pode demonstrar a inexistência, em concreto, da atividade que visa custear ou sua realização em intensidade desproporcional ao custeio, implicando a invalidade, total ou parcial, originária ou superveniente, da exação.

O legislador não pode alterar a **destinação das contribuições**, sob pena de retirar-lhes o suporte constitucional que decorre justamente da adequação às finalidades previstas no art. 149 e 149-A da Constituição. O STF disse da inconstitucionalidade de lei orçamentária que implicava desvio de contribuição de intervenção no domínio econômico[38]. Apenas por Emenda Constitucional é que pode ser excepcionalmente

---

33. "A Primeira Seção, ao apreciar a exigibilidade da contribuição para o Incra, firmou orientação no sentido de que 'as contribuições especiais atípicas (de intervenção no domínio econômico) são constitucionalmente destinadas a finalidades não diretamente referidas ao sujeito passivo, o qual não necessariamente é beneficiado com a atuação estatal e nem a ela dá causa (referibilidade). Esse traço característico que as distingue das contribuições de interesse de categorias profissionais e de categorias econômicas' (EREsp 724.789/RS, rel. Min. ELIANA CALMON, Primeira Seção, DJ 28/5/2007)" (STJ, Primeira Turma, rel. Min. BENEDITO GONÇALVES, REsp 1.121.302, 2010).
34. STJ, Segunda Turma, REsp 1.584.761, 2016.
35. STF, Tribunal Pleno, EDRE 396.266, 2004.
36. STF, Primeira Turma, RE 449.233 AgR, 2011.
37. STF, Segunda Turma, RE 451.915 AgR, 2006.
38. STF, Tribunal Pleno, ADI 2.925, 2003.

desvinculado o produto da arrecadação de contribuições, pois as normas de competência que definem a vinculação não constituem cláusulas pétreas[39].

As **finalidades** que justificam a instituição das contribuições, enquanto critério de validação constitucional de tais tributos (pode-se instituir contribuições para determinadas finalidades estabelecidas pela Constituição em rol taxativo), **não podem ser confundidas com o fato gerador** da respectiva obrigação tributária, que é a situação definida em lei como necessária e suficiente ao seu surgimento. A análise da questão, aliás, fica clara quando verificamos que há várias contribuições previstas na Constituição cuja finalidade é o custeio da seguridade social (finalidade que autoriza sua instituição) e cujos fatos geradores são o pagamento de folha de salários e de remuneração a autônomos, a receita, o lucro.

Os fatos geradores e bases de cálculo das contribuições devem guardar adequação com as **bases econômicas** ou materialidades que a Constituição admite sejam tributadas. O art. 149, § 2º, III[40], permite que as contribuições sociais e interventivas recaiam sobre "o faturamento, a receita ou o valor da operação e, no caso de importação, o valor aduaneiro" (alínea *a*), ressalvando, contudo, que podem ter alíquota específica, ou seja, em valor certo por unidade, tonelada ou volume (alínea *b*). O art. 195, I a IV, por sua vez, dispõe especificamente sobre a materialidade das contribuições de seguridade social, devendo-se combiná-lo com o art. 149, § 2º, III, para verificar o que é tributável a tal título.

22. Contribuições sociais

A outorga de competência à União para a instituição de contribuições como instrumento da sua atuação na área social deve ser analisada à vista do que a própria Constituição considera como social, ou seja, dos objetivos da ordem social, o que delimitará as atividades passíveis de serem custeadas pelas contribuições sociais.

Não há, portanto, uma competência irrestrita, uma carta-branca ao legislador para a criação de tributos simplesmente justificados como destinados a uma finalidade social. A validade da contribuição dependerá da finalidade buscada, que necessariamente terá de encontrar previsão no Título atinente à Ordem Social.

Vê-se, por exemplo, dos dispositivos constitucionais atinentes à **Ordem Social**, que esta envolve ações voltadas não apenas à saúde (art. 196), à previdência (art. 201), à assistência social (art. 203), áreas que caracterizam a seguridade social, mas também à educação (art. 205), à cultura (art. 215), ao desporto (art. 217), ao meio ambiente (art. 225) etc.

As contribuições voltadas à seguridade social são chamadas de **contribuições sociais de seguridade social**. Já as voltadas a outras finalidades sociais que não a seguridade

---

39. Desvinculação parcial foi autorizada pela EC 27/2000 e prorrogada pelas EECC 42/2003 e 56/2007, através do art. 76 do ADCT.
40. O § 2º do art. 149 foi acrescentado pela EC 33/2001.

são denominadas **contribuições sociais gerais**. A CPMF, que era destinada à ação da União na área da saúde[41], constituía[42] uma contribuição de seguridade social, enquanto a contribuição "salário-educação", voltada à educação fundamental do trabalhador, constitui uma contribuição social geral[43]. Aliás, é mesmo fundamental observar que as contribuições sociais não se esgotam nas de seguridade social, tendo um espectro bem mais largo, pois podem ser instituídas para quaisquer finalidades que forem na direção dos objetivos da ordem social.

Quanto às bases econômicas passíveis de tributação, as contribuições sociais estão sujeitas ao art. 149, § 2º, III, sendo que as de seguridade social também ao art. 195, I a IV, da CF, de modo que as contribuições instituídas sobre outras bases ou estão revogadas pelas EC 33/2001, ou são inconstitucionais.

Deve-se considerar, ainda os arts. 40 e 149, §§ 1º a 1º-C, da CF, que ensejam aos entes políticos a instituição de contribuições pagas pelos servidores públicos para os seus regimes próprios de previdência.

23. Contribuições de intervenção no domínio econômico

As contribuições de intervenção no domínio econômico são conhecidas pela sigla Cide.

O domínio econômico corresponde ao âmbito de atuação dos agentes econômicos. A Constituição Federal, ao dispor sobre a **Ordem Econômica**, estabelece os princípios que devem regê-la.

Eventual **intervenção** é feita, pela União, para corrigir distorções ou para promover objetivos[44], influindo na atuação da iniciativa privada, especificamente em determinado

---

41. ADCT, art. 74, § 3º.
42. A CPMF era um tributo temporário, tendo sido extinta ao final de 2007, quando se esgotou o seu período de vigência sem nova prorrogação.
43. STF, Tribunal Pleno, ADC 3, 1999.
44. "O que é intervir sobre o domínio econômico? Intervir sobre o domínio econômico significa, num sentido negativo, corrigir distorções do mercado. Por exemplo, quando há empresas formando um monopólio, pode-se fazer uma intervenção para criar concorrência, para gerar novos agentes no mercado. É uma intervenção do Estado que almeja corrigir falhas do mercado. Por outro lado, muitas vezes a intervenção sobre o domínio econômico também ocorrerá positivamente, para concretizar objetivos da própria Constituição. No art. 170 deste diploma, nós encontramos objetivos de atuação positiva do Estado, como, por exemplo, erradicar desigualdades regionais, diminuir as desigualdades sociais, promover a microempresa, garantir a soberania nacional, assegurar o exercício da função social da propriedade. [...] Em ambos os casos, surgida a necessidade de intervenção do Estado sobre o domínio econômico, aparece a possibilidade da cobrança de uma Cide" (SCHOUERI, Luís Eduardo. Exigências da Cide sobre *royalties* e assistência técnica ao exterior. *RET 37/144*, jun. 2004).

segmento da atividade econômica. Não faz sentido a ideia de intervenção do Estado nas suas próprias atividades – intervenção em si mesmo[45, 46].

Ademais, a intervenção terá de estar voltada à alteração da situação com vista à realização dos princípios estampados nos incisos do art. 170 da Constituição Federal. Assim, serão ações aptas a justificar a instituição de contribuição de intervenção no domínio econômico aquelas voltadas a promover, e.g., o cumprimento da função social da propriedade – de que é exemplo a contribuição ao Incra[47] – (art. 170, III), a livre concorrência (art. 170, IV), a defesa do consumidor (art. 170, V), a defesa do meio ambiente (art. 170, VI), a redução das desigualdades regionais e sociais (art. 170, VII), a busca do pleno emprego (art. 170, VIII) ou o estímulo às microempresas e às empresas de pequeno porte – do que é exemplo a contribuição ao Sebrae – (art. 170, IX)[48].

Para o financiamento de ações de intervenção no domínio econômico, o art. 149 da Constituição atribui à União competência para a instituição das Cides.

Não há sustentação para o entendimento de que a contribuição de intervenção possa ser em si interventiva, ou seja, que a sua própria cobrança implique intervenção; a contribuição é estabelecida para custear ações da União no sentido da intervenção no domínio econômico.

Quanto às bases econômicas passíveis de tributação, as contribuições de intervenção no domínio econômico estão sujeitas ao art. 149, § 2º, III, de modo que as contribuições instituídas sobre outras bases ou estão revogadas pelas EC 33/2001, ou são inconstitucionais.

....

45. "[...] a intervenção há de ser feita por lei; o setor da economia visado deve estar sendo desenvolvido pela iniciativa privada para que se possa identificar um ato de intervenção do domínio econômico; as finalidades da intervenção devem perseguir aqueles princípios arrolados na Constituição [...]" (BALEEIRO, Aliomar. *Limitações constitucionais ao poder de tributar*. 7. ed., atualizada por Misabel Abreu Machado Derzi. Rio de Janeiro: Forense, 1997, p. 596).
46. "A intervenção supõe a ideia de provimento pontual, circunscrito a uma determinada área, setor, segmento da atividade econômica, que apresente características que a justifiquem. [...] Relevante é deixar claro que um dos parâmetros da instituição da contribuição é a definição de uma parcela do domínio econômico, que atuará como critério de circunscrição da sua aplicação, inclusive no que se refere aos respectivos contribuintes. Contribuição de intervenção que atinja universo que abrange todos, independente do setor em que atuem, até poderá ser contribuição, mas certamente não será mais 'de intervenção'" (GRECO, Marco Aurélio. *Contribuições de intervenção no domínio econômico e figuras afins*. São Paulo: Dialética, 2001, p. 16-17).
47. STJ, Primeira Seção, EREsp 722.808, 2006.
48. STF, Tribunal Pleno, RE 396.266, 2003.

24. Contribuições de interesse das categorias profissionais ou econômicas

As contribuições de interesse das categorias profissionais ou econômicas, também previstas no art. 149 da CF, são chamadas contribuições profissionais ou corporativas. Dentre elas situam-se as contribuições para os conselhos de fiscalização profissional[49].

A Lei n. 12.514/2011 impõe, aos profissionais que exercem profissão regulamentada e às empresas dedicadas a tais especialidades, o pagamento de anuidades aos **conselhos de fiscalização profissional**. Essas anuidades devidas, por exemplo, aos Conselhos Regionais de Engenharia e Arquitetura (Crea), aos Conselhos Regionais de Química (CRQ) e aos Conselhos Regionais de Enfermagem (Coren), configuram contribuições do interesse de categorias profissionais ou econômicas. Desse modo, enquanto modalidade de tributo, submetem-se necessariamente à legalidade, à irretroatividade e às anterioridades, bem como às demais garantias tributárias. Em capítulo próprio dedicado às contribuições de interesse das categorias profissionais ou econômicas, adiante, analisamos a Lei n. 12.514/2011 e outros diplomas específicos.

Também são consideradas contribuições do interesse de categorias econômicas as **contribuições vertidas para os novos serviços sociais autônomos que atendem a setores específicos**[50,51]. São elas, por exemplo, as destinadas ao Serviço Social do Transporte (Sest) e ao Serviço Nacional de Aprendizagem do Transporte (Senat), criados por força da Lei n. 8.706/93, bem como a destinada ao Serviço Nacional de Aprendizagem do Cooperativismo (Sescoop), criado por determinação da MP 1.715/98[52].

Outra contribuição do interesse de categorias profissionais e econômicas, mas já revogada, era a chamada contribuição sindical, disciplinada pelo art. 578 e seguintes da CLT, com amparo no art. 8º, IV, da CF. Até 2017, essa contribuição era devida tanto pelos empregados como pelos profissionais liberais e, ainda, pelas pessoas jurídicas[53].

---

49. STF, Tribunal Pleno, ADI 4.697, 2016.
50. "A natureza jurídica da contribuição ao Sebrae é diversa da devida ao Sescoop; o tributo devido ao Sebrae enquadra-se como contribuição de intervenção no domínio econômico, ao passo que o outro como contribuição no interesse de categoria profissional ou econômica" (TRF4, APELREEX 2005.71.04.003807-7, Decisão do Des. Álvaro Eduardo Junqueira, 2011).
51. SABBAG, Eduardo. *Manual de direito tributário*. 2. ed. São Paulo: Saraiva, 2010, p. 502.
52. Trata-se de desmembramentos das contribuições ao Sesc/Senac e Sesi/Senai.
53. A CLT previa que a contribuição seria devida por todos os trabalhadores empregados, ao respectivo sindicato, na importância correspondente à remuneração de um dia de trabalho, bem como pelos profissionais liberais em valor fixo correspondente a 30% do maior valor de referência vigente. Os empregadores também estavam sujeitos à contribuição sindical da sua categoria econômica. A importância era calculada mediante aplicação de tabela de alíquotas que variavam de 0,02% a 0,8% sobre o capital social da empresa, em progressividade gradual. Nos termos da redação original dos arts. 582 e 583 da CLT, a contribuição sindical dos empregados

Mas a reforma trabalhista, implantada pela Lei n. 13.467/2017, ao dar nova redação ao art. 578 e seguintes da CLT, tornou essa contribuição facultativa, condicionando-a a prévia e expressa autorização do participante da categoria econômica ou profissional. Com isso, retirou-lhe a natureza tributária. Privilegiou-se, com isso, a liberdade de associação também no sentido da preservação da vontade de não se associar e de não financiar associação de que não se participa. Em junho de 2018, na ADI 5794, o Tribunal Pleno do STF considerou constitucional a revogação da contribuição sindical.

25. Contribuições de iluminação pública

A EC 39/2002, acrescentando o art. 149-A à Constituição, outorgou competência aos Municípios para a instituição de contribuição específica para o custeio do serviço de iluminação pública. Fez bem o Constituinte derivado ao optar por outorgar competência para a instituição de contribuição, e não de taxa. Do contrário, teríamos uma taxa pela prestação de serviço não divisível. Com a opção pela espécie contribuição no art. 149-A, privilegiou-se a pureza da figura das taxas tais como aparecem tradicionalmente em nosso direito, ou seja, relacionadas tão somente a serviços específicos e divisíveis.

A competência é para instituição de contribuição para o "custeio do serviço de iluminação pública". Não se trata de fonte de recursos para investimentos, tampouco para o custeio do que não constitua serviço de iluminação pública, ou seja, daquele prestado à população em caráter geral nos logradouros públicos. Não se presta, portanto, ao custeio das despesas de energia elétrica relativas aos bens públicos de uso especial, como as dos prédios em que funcionem os órgãos administrativos do Município ou a câmara de vereadores. Tal desvio, se normativo, autoriza o reconhecimento da inconstitucionalidade da exação, ao menos parcial, devendo-se verificar em que medida desborda da autorização constitucional, reduzindo-se o tributo ao patamar adequado. Em novembro de 2013, o STF reconheceu a existência de repercussão geral do tema relativo à destinação da Cosip, suscitado no RE 666.404, em que se discute se pode ser destinada a investimento em melhorias e ampliação da rede de iluminação pública. O TJSP entendeu que "a contribuição instituída pela Lei Complementar n. 157/2002 do Município de São José do Rio Preto pode ser destinada apenas às despesas com instalação e manutenção do serviço, uma vez que o investimento em melhorias e na ampliação não estão incluídos no conceito de custeio do serviço de iluminação pública previsto no art. 149-A da Constituição Federal"[54]. Cabe-nos aguardar a decisão de mérito.

---

 era descontada na folha do mês de março, sendo recolhida em abril. Os profissionais liberais realizavam o recolhimento em fevereiro.
54. STF, RE 666.404 RG, 2013.

O *caput* do art. 149-A faz remissão ao art. 150, I e III, apenas tornando inequívoca a submissão desta contribuição, como qualquer outro tributo, às limitações constitucionais ao poder de tributar, evitando discussões sobre a sua natureza.

A contribuição para o custeio do serviço de iluminação pública deve ser instituída por lei municipal, cumprindo-se, assim, a exigência do art. 150, I, da CF. Tal lei deve necessariamente estabelecer ao menos o seu fato gerador, o contribuinte, e o modo de cálculo da contribuição (base de cálculo e alíquota), não podendo delegar ao Prefeito a fixação, por decreto ou outro ato administrativo normativo qualquer, dos critérios para o cálculo da contribuição de iluminação pública, pois isso violaria a legalidade absoluta que se exige.

Os Municípios, na instituição da contribuição para o custeio do serviço de iluminação pública, têm necessariamente de observar as garantias da irretroatividade, da anterioridade de exercício e da anterioridade nonagesimal mínima (art. 150, III, *a*, *b* e *c*, esta acrescentada pela EC n. 42/2003).

O sujeito ativo, de qualquer tributo, tem de ser necessariamente uma pessoa jurídica de direito público, o que decorre da sua própria natureza e está expressamente previsto no art. 119 do CTN. A contribuição para o custeio da iluminação pública é tributo que deve ter como credor, portanto, o próprio Município. A condição de simples arrecadador (quem recebe os valores e repassa), contudo, pode ser delegada a pessoa jurídica de direito privado, como os bancos ou, no caso da contribuição de iluminação pública, as concessionárias de energia elétrica. Adequada, assim, a previsão constante do parágrafo único do art. 149-A, no sentido de que é facultada a cobrança da contribuição a que se refere o *caput*, na fatura de consumo de energia elétrica.

A lei pode colocar como contribuintes os consumidores de energia elétrica. Conforme já decidido pelo STF no RE 573.675, "Lei que restringe os contribuintes da Cosip aos consumidores de energia elétrica do município não ofende o princípio da isonomia, ante a impossibilidade de se identificar e tributar todos os beneficiários do serviço de iluminação pública".

A CIP (ou Cosip) pode ter como base de cálculo o próprio valor da conta de energia elétrica. O § 3º do art. 155 da CF não é óbice para tanto, porquanto só veda a incidência de outro "imposto", que não o ICMS, sobre operações relativas à energia elétrica, não a incidência de contribuição.

Considere-se, ainda, que a "progressividade da alíquota, que resulta do rateio do custo da iluminação pública entre os consumidores de energia elétrica, não afronta o princípio da capacidade contributiva", nos termos do que restou decidido no já referido RE 573.675. Muitos Municípios, contudo, optaram por cobrar CIP em montante fixo, o que também é válido.

Ainda sobre tal contribuição, *vide* capítulo específico sobre as contribuições instituídas.

Capítulo IV
Princípios tributários

26. Os diversos tipos de normas: princípios, regras e normas de colisão

As normas jurídicas podem consistir em regras ou em princípios, conforme a sua estrutura normativa.

São **regras** quando estabelecem simples **normas de conduta**, determinando ou proibindo que se faça algo concreto, de modo que serão observadas ou infringidas, não havendo meio-termo. Como exemplos, temos a norma que atribui à União a competência para instituir imposto sobre a renda (art. 153, III, da CF) e a norma que proíbe os entes políticos de instituírem impostos sobre o patrimônio, renda e serviços uns dos outros (art. 150, VI, *a*, da CF). Também são regras o dispositivo legal que estabelece o vencimento dos tributos em 30 dias contados da notificação do lançamento no caso de a legislação não fixar o tempo do pagamento (art. 160 do CTN), e aquele que estabelece multa moratória para o caso de pagamento em atraso (art. 61 da Lei n. 9.430/96).

Em eventual conflito de regras, verifica-se a validade de cada qual e sua aplicação ao caso pelos critérios cronológico (lei posterior revoga lei anterior) e de especialidade (norma especial prefere à norma geral), definindo-se qual delas incidirá.

São **princípios** quando indicam **valores a serem promovidos**, de modo que impõem a identificação da conduta devida em cada **caso concreto**, conforme suas circunstâncias peculiares. Como exemplos, temos a determinação de que os impostos, sempre que possível, sejam pessoais e graduados segundo a capacidade econômica do contribuinte (art. 145, § 1º, da CF) e a vedação à instituição de tratamento desigual entre os contribuintes que se encontrem em situação equivalente (art. 150, II, da CF). Em face de um princípio, teremos de construir a regra para o caso concreto.

Ocorrendo **colisão de princípios**, trabalha-se de modo a construir uma solução que contemple os diversos valores colidentes, **ponderando-os** de modo a fazer com que prevaleça, na medida do necessário, aquele que tenha mais **peso** em face das circunstâncias específicas sob apreciação[1] e cujo afastamento seria menos aceitável perante o sistema como um todo.

As **regras**, pois, caracterizam-se como sendo **razões definitivas**, prescrições que impõem determinada conduta, enquanto os **princípios** são razões *prima facie*, **prescrições de otimização**.

Mas há ainda normas com características específicas que podem ser destacadas das demais e que costumam ser consideradas, também elas, princípios ou ser designadas **normas de colisão**. São aquelas que orientam o aplicador do direito quando da análise das normas-regra e das normas-princípio pertinentes ao caso, habilitando-o a verificar sua consistência normativa, sua validade e sua aplicabilidade. Conforme HUMBERTO ÁVILA, cuida-se de metanormas que estabelecem a **estrutura de aplicação de outras normas**. São elas a razoabilidade, a proporcionalidade e a vedação do excesso, caracterizando-se como postulados normativos aplicativos, ou simplesmente **postulados**. Situam-se num plano distinto daquele das normas cuja aplicação estruturam, sendo que as exigências decorrentes dos postulados vertem sobre outras normas, não para lhes atribuir sentido, mas para estruturar racionalmente a sua aplicação, de modo que "sempre há uma outra norma por trás da aplicação da razoabilidade, da proporcionalidade e da excessividade", de forma que "só elipticamente é que se pode afirmar que são violados os postulados", pois, "a rigor, violadas são as normas – princípio e regras – que deixaram de ser devidamente aplicadas"[2].

---

1. "El punto decisivo para la distinción entre reglas y principios es que los principios son normas que ordenan que algo sea realizado en la mayor medida posible, dentro de las posibilidades jurídicas y reales existentes. Por lo tanto, los principios son mandatos de optimización, que están caracterizados por el hecho de que pueden ser cumplidos en diferente grado y que la medida debida de sua cumplimiento no sólo depende de las posibilidades reales sino también de las jurídicas. El ámbito de las posibilidades jurídicas es determinado por los principios y reglas opuestos. En cambio, las reglas son normas que sólo pueden ser cumplidas o no. Si una regla es válida, entonces de hacerse exactamente lo que ella exige, ni más ni menos. Por lo tanto, las reglas contienen determinaciones en el ámbito de lo fáctica y jurídicamente posible. Esto significa que la diferencia entre reglas y principios es cualitativa y no de grado. Toda norma es o bien una regla o un principio" (ALEXY, Robert. *Teoría de los derechos fundamentales*. Madri: Centro de Estudios Constitucionales, 1993).
2. ÁVILA, Humberto. *Teoria dos princípios: Da definição à aplicação dos princípios jurídicos*. 15. ed. São Paulo: Malheiros, 2014, p. 163 e s.

27. A relação entre os princípios e as limitações constitucionais ao poder de tributar

Costuma-se tomar as limitações constitucionais ao poder de tributar como princípios constitucionais tributários, mas esse critério não é tecnicamente correto. O rol de limitações, constante do art. 150 da CF, traz princípios e regras, conforme a estrutura normativa de cada qual, além do que há outros princípios que podem ser extraídos do sistema.

No art. 150 há garantias que constituem inequivocamente regras, como é o caso da anterioridade tributária, norma de conduta a ser simplesmente cumprida pelo legislador tal como posta. Mas também há princípios expressos, como o da isonomia, a ser considerado e ponderado nas mais diversas situações, conforme as circunstâncias e os interesses em questão.

De outro lado, há princípios que não constam expressamente do art. 150, como o da segurança jurídica em matéria tributária, o qual tem de ser construído por dedução do princípio do Estado de direito e por indução a partir das regras de legalidade, de irretroatividade e de anterioridade, bem como, dentre outros elementos, das referências à decadência e à prescrição. Outros princípios não constam do art. 150, mas têm suporte expresso em outro dispositivo, como é o caso do princípio da capacidade contributiva, estampado no art. 145, § 1º, da Constituição Federal.

28. Princípios gerais de direito tributário[3]

A Constituição Federal não traz um rol de princípios em matéria tributária. É preciso identificá-los aqui e acolá no texto constitucional.

Podemos arrolar os seguintes princípios gerais de direito tributário: princípios da capacidade contributiva (graduação dos tributos conforme as possibilidades de cada um, sem incorrer na tributação do mínimo vital, de um lado, tampouco em confisco, de outro), da capacidade de colaboração (a instituição de deveres de colaboração ao contribuinte e a terceiros conforme esteja ao seu alcance), da isonomia (não estabelecimento de diferenças em matéria tributária sem razão suficiente embasada no critério da capacidade contributiva ou na efetiva e justificável utilização extrafiscal do tributo), da segurança jurídica (principalmente como garantia de certeza do direito, servido pelas regras da legalidade, da irretroatividade e da anterioridade) e da praticabilidade da tributação.

---

3. Sobre os princípios tributários em geral, vale consultar: TORRES, Ricardo Lobo. *Tratado de direito constitucional financeiro e tributário.* v. II: Valores e princípios constitucionais tributários. Rio de Janeiro: Renovar, 2005.

29. Princípio da capacidade contributiva

A capacidade contributiva não constitui apenas um **critério de justiça fiscal** capaz de fundamentar tratamento tributário diferenciado de modo que seja considerado como promotor e não como violador da isonomia. Configura verdadeiro **princípio a orientar toda a tributação**, inspirando o legislador e orientando os aplicadores das normas tributárias.

A maior parte da doutrina diz tratar-se de um princípio de sobredireito ou metajurídico, que deve orientar o exercício da tributação independentemente de constar expressamente da Constituição.

De qualquer modo, a previsão de graduação dos impostos segundo a capacidade econômica do contribuinte, expressa no art. 145, § 1º, da CF, constitui positivação do princípio da capacidade contributiva, suscitando inúmeros questionamentos, principalmente quanto à sua extensão.

Embora o texto constitucional positive o princípio da capacidade contributiva em dispositivo no qual são referidos apenas os impostos – que devem, sempre que possível, ser pessoais e graduados conforme a capacidade econômica do contribuinte (art. 145, § 1º, da CF) –, cuida-se de princípio fundamental de tributação **aplicável a todas as espécies tributárias, ainda que de modo distinto conforme as características de cada qual**.

Decorre desse princípio, basicamente, que o Estado deve exigir das pessoas que contribuam para as despesas públicas na medida da sua capacidade econômica, de modo que os mais ricos contribuam progressivamente mais em comparação aos menos providos de riqueza[4,5]. KLAUS TIPKE destaca que o "princípio da capacidade contributiva não pergunta o que o Estado fez para o cidadão individual, mas o que este pode fazer para o Estado. Isto se harmoniza com o princípio do Estado social"[6].

Para FÁBIO CANAZARO, a capacidade contributiva "apresenta-se como um critério de comparação, garantindo a igualdade horizontal e a igualdade vertical, em relação à graduação do ônus de alguns tributos". Nessa linha, frisa que a "igualdade horizontal é

---

4. "Capacità contributiva vuol dire capacità economica di concorrere alle pubbliche spese" (BERLIRI, Antonio. *Principi di diritto tributario*. v. I. 2. ed. Milão: Giuffrè, 1967, p. 264).
5. "Que es la capacidad contributiva? Es la potencialidad de contribuir a los gastos públicos que el legislador atribuye al sujeto particular. Significa al mismo tiempo existencia de una riqueza en posesión de una persona o en movimiento entre dos personas y graduación de la obligación tributaria según la magnitud de la capacidad contributiva que el legislador le atribuye" (JARACH, D. *El hecho imponible. Teoría general del derecho tributario sustantivo*. 2. ed. Buenos Aires: Abeledo-Perrot, 1971, p. 87).
6. TIPKE, Klaus. *Moral tributária do Estado e dos contribuintes*. Título original: *Besteuerungsmoral und Steuermoral*. Tradução de Luiz Dória Furquim. Porto Alegre: Sergio Antonio Fabris Editor, 2012, p. 20.

promovida por meio da edição de lei que estabeleça tratamento equânime para contribuintes que possuam a mesma capacidade para suportar o encargo fiscal", enquanto a "igualdade vertical é promovida por meio da edição de norma que estabeleça tratamento diverso para contribuintes com capacidades diversas"[7].

A **possibilidade de graduação do tributo conforme a capacidade contributiva** pressupõe, evidentemente, que tenha como hipótese de incidência situação efetivamente reveladora de tal capacidade, do que se depreende que o princípio encontra **aplicação plena aos tributos com fato gerador não vinculado**, quais sejam, os impostos e, normalmente, também os empréstimos compulsórios e as contribuições. Não será aplicável às taxas, tributo com fato gerador vinculado, porque estas estão fundadas em critério de justiça comutativa e não distributiva. As pessoas que individualmente se beneficiem de serviço público específico e divisível ou que exerçam atividade que exija fiscalização por parte do poder público suportarão os respectivos ônus. A própria cobrança da taxa, com vista ao ressarcimento do custo da atividade estatal, pois, já realiza o ideal de justiça fiscal. Não é adequado pretender que a taxa varie conforme a capacidade contributiva do contribuinte, uma vez que seu fato gerador é a atividade estatal, e não situação reveladora da riqueza do contribuinte, embora o STF tenha precedentes em contrário[8].

O princípio da capacidade contributiva também se projeta nas situações extremas, de pobreza ou de muita riqueza. Impõe, de um lado, que nada seja exigido de quem só tem recursos para sua própria subsistência e, de outro lado, que a elevada capacidade econômica do contribuinte não sirva de pretexto para tributação em patamares confiscatórios que, abandonando a ideia de contribuição para as despesas públicas, imponha desestímulo à geração de riquezas e tenha efeito oblíquo de expropriação.

Tais **conteúdos normativos extremos** (preservação do mínimo vital[9] e vedação de confisco) aplicam-se a **todas as espécies tributárias**, inclusive aos tributos com fato gerador vinculado, como as taxas. Ainda que as taxas, por terem fato gerador vinculado à atividade estatal, não possam ser graduadas conforme a capacidade

---

7. CANAZARO, Fábio. *Essencialidade tributária: Igualdade, capacidade contributiva e extrafiscalidade na tributação sobre o consumo*. Porto Alegre: Livraria do Advogado, 2015, p. 153.
8. STF, Segunda Turma, RE 176.382 AReg, 2000. Mas na ADI 453, Tribunal Pleno, 2006, há referência no sentido de que a variação da taxa, embora com base no patrimônio líquido do contribuinte, refletiria a quantidade de serviço público dispensado na fiscalização.
9. "Neste contexto, parece-nos que se poderá afirmar, pelo menos, o direito à não tributação do rendimento necessário ao mínimo de existência – não apenas porque se trata de uma prestação jurídica que se traduz numa prestação de facto negativa (embora envolva um custo económico), mas também porque representa, logicamente, o mínimo dos mínimos: se o Estado não é obrigado a assegurar positivamente o mínimo de existência a cada cidadão, ao menos que não lhe retire aquilo que ele adquiriu e é indispensável à sua sobrevivência com o mínimo de dignidade" (VIEIRA DE ANDRADE, J. C. *Os direitos fundamentais na Constituição portuguesa de 1976*. 2. ed. Coimbra: Almedina, p. 388).

econômica do contribuinte, devendo guardar vinculação com o custo da atividade do Estado, há outros enfoques sob os quais pode ser considerada a capacidade contributiva relativamente a tal espécie tributária. O princípio da capacidade contributiva poderá atuar, por exemplo, mesmo nos tributos com fato gerador vinculado, fundamentando eventual isenção para contribuintes que não revelem nenhuma capacidade para contribuir[10].

Aliás, há vários **modos diferentes** através dos quais se revela e se viabiliza a aplicação do princípio da capacidade contributiva, dentre os quais: a) imunidade; b) isenção; c) seletividade; c) progressividade.

Através de **imunidade**, a própria Constituição afasta a possibilidade de tributação de pessoas reconhecidamente pobres relativamente à obtenção de certidão de nascimento e de óbito[11], ou seja, impede que o legislador tenha competência para determinar a incidência de taxa de serviço nesses casos.

Através de **isenção**, podem-se dispensar do pagamento de determinado tributo pessoas que não tenham capacidade contributiva, como no caso da isenção, para desempregados, de taxa de inscrição em concurso público[12].

A **progressividade** constitui técnica de agravamento do ônus tributário conforme aumenta a base de cálculo. Não se confunde com a **seletividade**, pois esta implica tributação diferenciada conforme a qualidade do que é objeto da tributação, atribuindo-se alíquotas diferentes para produtos diferentes.

---

10. "Quanto ao princípio da capacidade contributiva, a doutrina está dividida. A disceptação decorre mais do ângulo em que se coloca o estudioso do que propriamente dos fundamentos opinativos de cada um. Ora, se se pensar em valores diferenciados ou em 'taxas progressivas', mais onerosas, em razão da capacidade contributiva do contribuinte, é evidente que não cabe a invocação do princípio (formulação positiva do princípio). O fato gerador das taxas, vimos, radica em manifestações estatais (atuações concretas do Estado) e não na capacidade do contribuinte (renda, trabalho, patrimônio etc.). Portanto, não há que se falar, por esse ângulo, em aplicação do princípio da capacidade contributiva, cujo campo predileto seriam os tributos não vinculados (impostos), assim mesmo aqueles chamados de 'diretos' ou 'de medida', em contraposição aos 'indiretos' ou 'de mercado'. Não obstante, o princípio da capacidade contributiva não se liga tão somente à técnica da progressividade, cujo objetivo é tributar mais quem mais tem, senão que fomenta institutos tributários de variegada índole. Cabe exemplificar com as isenções subjetivas em matéria de taxas. As leis, com frequência, isentam os pobres em relação a inúmeras taxas, reconhecendo, assim, a incapacidade contributiva dos mesmos. A taxa judiciária e as custas são dispensadas dos litigantes sem recursos ou presumidamente sem recursos, por serem pobres em sentido legal. O fundamento de todas as isenções, por isso legítimas, nas taxas, é justamente a incapacidade contributiva (formulação negativa do princípio)" (COÊLHO, Sacha Calmon Navarro. *Curso de direito tributário brasileiro*. 10. ed. Rio de Janeiro: Forense, 2009, p. 131).
11. CF, art. 5º, LXXVI.
12. STF, Tribunal Pleno, ADI 2.672, 2006.

A **progressividade**, implicando tributação mais pesada quando a base de cálculo for maior, pressupõe maior capacidade contributiva daquele submetido às maiores alíquotas. A progressividade pode ser simples ou gradual: simples quando haja elevação de alíquotas em face do aumento da base de cálculo; gradual quando se dê mediante aplicação de alíquotas maiores para a parte da base de cálculo que ultrapasse o limite previsto para a alíquota inferior[13]. Há quem entenda que apenas a progressividade gradual é válida[14]. Os impostos reais só podem ser progressivos mediante autorização constitucional expressa, pois a orientação do STF é no sentido de que, tendo por base uma riqueza estática, não se vocacionam a tal tipo de graduação[15].

A Constituição impõe, como **critério para a seletividade, a essencialidade do produto, mercadoria ou serviço** (art. 153, § 3º, I, para o IPI, e art. 155, § 2º, III, para o ICMS)[16], tendo como pressuposto, portanto, a presunção de que "produtos supérfluos são adquiridos por aqueles com maior capacidade contributiva"[17].

A Constituição também estabelece como critério de seletividade o tipo e a utilização do veículo automotor (art. 155, § 6º, II, para o IPVA) e a localização e o uso do imóvel (art. 156, § 1º, II, para o IPTU).

....

13. "Há duas maneiras diferentes de aplicar, para efeitos de cálculo do montante do imposto a pagar, a tabela de alíquotas progressivas [...]: a) de forma gradual (vários cálculos sucessivos, por etapas, graus ou degraus); e b) de forma simples (cálculo único). O cálculo será, pois, simples, quando se deve adotar apenas a alíquota prevista para a faixa na qual se enquadra o valor a tributar [...]. A maneira de cálculo será, pois, gradual, quando uma a uma das alíquotas previstas para o valor a tributar devem ser utilizadas, tendo-se, assim, como montante devido, o valor que resultar da soma de todos os cálculos parciais sucessivamente efetuados. [...] A forma (progressiva) gradual de cálculo é utilizada pela atual lei do IR [...], sendo que a tabela respectiva costuma ser divulgada para fins de cálculo prático, com o acréscimo de mais uma coluna, chamada de 'dedução' que é, na verdade, o valor a ser descontado do resultado da multiplicação da alíquota prevista para a faixa onde se encontra o valor a tributar, correspondendo, assim, na prática, à diferença havida nas faixas anteriores, de tributação menor. Assim, ao invés de efetuar-se vários cálculos (faixa por faixa), utiliza-se somente uma alíquota (a prevista para o valor a tributar), deduzindo-se do resultado da sua aplicação, porém, a soma dos valores tributados com alíquotas menores nas faixas anteriores, chegando-se, por outro caminho, ao mesmo resultado" (VOLKWEISS, Roque Joaquim. *Direito tributário nacional*. 3. ed. Porto Alegre: Livraria do Advogado, 2002, p. 33-34).
14. É "a progressividade aplicável tão somente para os chamados impostos pessoais, e, assim mesmo, a do tipo gradual, não havendo hoje, na Constituição Federal, como se disse, nenhuma autorização para a utilização da progressividade do tipo simples" (VOLKWEISS, Roque Joaquim. *Direito tributário nacional*. 3. ed. Porto Alegre: Livraria do Advogado, 2002, p. 35).
15. STF, Tribunal Pleno, RE 153.771, 1996.
16. Há autorização constitucional expressa para que o ITR seja progressivo (art. 153, § 4º, I) e para que o IPTU seja progressivo (art. 156, § 1º, I, e art. 182, § 4º, II).
17. Conti, José Maurício. *Sistema constitucional tributário interpretado pelos tribunais*. Oliveira Mendes e Del Rey, 1997, p. 166.

Tanto a progressividade como a seletividade (considerada na perspectiva dos seus conteúdos materiais de seleção, em que predomina a essencialidade) podem ser consideradas subprincípios da capacidade contributiva, conforme destaca o professor RICARDO LOBO TORRES[18]. Mas vale destacar que FÁBIO CANAZARO opta por dar à essencialidade autonomia adiante da capacidade contributiva, considerando a própria essencialidade como subprincípio da igualdade. Afirma: "A essencialidade tributária é princípio. É norma que orienta o intérprete na promoção da igualdade, no que tange à distribuição do ônus nos impostos sobre o consumo"[19].

O princípio da capacidade contributiva tem papel extremamente importante, ainda, na **adequada interpretação das bases econômicas** dadas à tributação e da própria norma tributária impositiva, particularmente quanto ao seu fato gerador e à sua base de cálculo.

Quando a Constituição autoriza a tributação da renda (art. 153, III) ou da receita (art. 195, b), o faz tendo em conta a renda e a receita enquanto manifestações de capacidade contributiva. Na análise de tais conceitos para a determinação daquilo que pode ou não ser alcançado pela tributação, o princípio da capacidade contributiva assume papel fundamental. Jamais se poderia, para fins tributários, considerar as indenizações por dano material como renda tributável[20] ou a contabilização das vendas inadimplidas[21] como receita tributável, uma vez que, ausente qualquer capacidade contributiva a elas atrelada, implicaria cobrar tributo quando ausente a capacidade para contribuir, com violação, portanto, do princípio da capacidade contributiva. Onde inexiste riqueza, não pode haver tributação. E a riqueza tem de ser real, não apenas aparente.

30. Princípio da capacidade colaborativa

Propomos que se infira do ordenamento jurídico tributário não apenas o princípio da capacidade contributiva, mas também o princípio da capacidade colaborativa[22]. Trata-se de desdobramento do dever de colaboração que abordamos no item 3 deste livro.

O princípio da capacidade colaborativa constitui critério para a validação constitucional das obrigações acessórias e de terceiros, provendo instrumentos para o seu

---

18. TORRES, Ricardo Lobo. *Curso de direito financeiro e tributário*. 16. ed. São Paulo: Renovar, 2009, p. 94.
19. CANAZARO, Fábio. *Essencialidade tributária: Igualdade, capacidade contributiva e extrafiscalidade na tributação sobre o consumo*. Porto Alegre: Livraria do Advogado, 2015, p. 154.
20. STF, Primeira Turma, RE 188.684, 2002.
21. TRF4, AMS 2005.71.11.002457-8.
22. Cunhamos esse princípio e o expusemos de modo sistemático e detalhado na obra: PAULSEN, Leandro. *Capacidade colaborativa: princípio de direito tributário para obrigações acessórias e de terceiros*. Porto Alegre: Livraria do Advogado, 2014.

controle. Está para a instituição de obrigações acessórias assim como o princípio da capacidade contributiva está para a instituição de tributos: confere-lhes suporte, justificativa e medida. Enquanto a capacidade contributiva é requisito para a instituição de tributos, a capacidade colaborativa o é para a instituição de obrigações de colaboração. O paralelo é pertinente e esclarecedor.

Decorre do princípio da capacidade colaborativa que o Estado exija das pessoas que colaborem com a tributação à vista da sua efetiva capacidade para agir no sentido de viabilizar, simplificar ou tornar mais efetivas a fiscalização e a arrecadação tributárias, sem que tenham, para tanto, de se desviar das suas atividades ou de suportar demasiados ônus ou restrições às suas liberdades.

Não se pode exigir colaboração de quem não tem aptidão para tanto, de quem não tem a possibilidade – seja de fato, jurídica ou econômica – de realizar o que se pretende. É preciso que o cumprimento da obrigação de colaboração seja viável. Quando se impõe a alguém a apresentação de documentos à fiscalização tributária em determinado prazo, por exemplo, é preciso que esse tempo seja suficiente para tanto. Quando se impõe a prestação de declarações, não se pode violar o sigilo profissional. Quanto se exige de uma pessoa que observe determinadas rotinas de emissão e manutenção de documentos, livros e registros, não podem ser demasiadamente onerosas a ponto de inviabilizar seu negócio.

A capacidade colaborativa decorre da especial relação que qualquer pessoa mantenha com os fatos geradores ou com os contribuintes. Essa relação deve habilitá-la, por exemplo, a emitir documentos ou prover informação útil para a fiscalização tributária (emissão de nota fiscal, manutenção de livros e registros, declarações sobre operações próprias ou alheias), a efetuar retenções e repasses que assegurem a arrecadação (atuação como agente de retenção ou substituto tributário) ou a adotar cautelas que inibam ou impeçam a sonegação (diligência na gestão fiscal da empresa, sem infrações à lei, obrigação de não transportar mercadoria sem nota ou, ainda, de não lavrar escritura sem a prévia comprovação do pagamento do imposto sobre a transmissão do bem imóvel).

Não apenas o contribuinte ostenta capacidade colaborativa que o habilita a emitir documentos e prestar declarações sobre os tributos devidos. Terceiros que não ocupam o polo ativo nem o polo passivo da relação contributiva, mas que de algum modo se relacionam com os contribuintes, testemunhando ou mesmo participando da realização dos fatos geradores, também poderão ter evidenciada sua capacidade de colaboração com a administração tributária. As pessoas que dispuserem de informações valiosas para a fiscalização tributária, por exemplo, podem ser obrigadas a prestá-las ao Fisco. É o caso das empresas administradoras de cartões de créditos relativamente às operações realizadas pelos seus clientes, que permitem o cotejo com as bases de cálculo de contribuições sobre a receita, de circulação de mercadorias e de prestação de serviços. Também é a situação dos conselhos de fiscalização profissional relativamente à lista dos profissionais habilitados que são contribuintes do imposto sobre serviços. O princípio da capacidade colaborativa tem "o mérito de apontar a necessária correspondência entre o dever instrumental instituído e a obrigação tributária com a qual se articula, no que se refere à eleição do sujeito passivo possível da relação jurídica decorrente daquele dever"[23].

O art. 128 do CTN, ao dizer da possibilidade de a lei atribuir a responsabilidade pelo crédito tributário a terceira pessoa, adverte: "vinculada ao fato gerador da respectiva obrigação". Esse requisito consubstancia justamente a exigência de capacidade de colaboração. Só quem está vinculado ao fato gerador e, portanto, dele tem conhecimento, relacionando-se com o contribuinte, é que tem condições de colaborar com a administração tributária e, eventualmente, por descumprir tais deveres, ensejando dano ao Fisco, ser colocado como garantidor do crédito tributário. A substituição tributária normalmente faz-se mediante retenção, o que pressupõe a disponibilidade, pelo substituto, dos valores de titularidade do contribuinte.

Os arts. 134 e 135 do CTN, ao disporem sobre a responsabilidade de terceiros, sempre a estabelecem em face do vínculo desses terceiros com o contribuinte, pressupondo até mesmo certa ascendência relativamente ao mesmo, de modo que tenham como colaborar para evitar o descumprimento da obrigação pelo contribuinte. São os casos dos pais relativamente aos filhos menores, dos tutores e curadores relativamente aos tutelados e curatelados, dos administradores de bens de terceiros relativamente a estes, do inventariante relativamente ao espólio, do administrador judicial relativamente à empresa sob recuperação ou falência, dos tabeliães relativamente às partes dos negócios realizados perante eles, dos sócios relativamente às sociedades de pessoas que integram. Também é o caso dos mandatários, prepostos e empregados, diretores, gerentes ou representantes relativamente às empresas em nome das quais agem ou que representam.

O art. 197 do CTN, ao dizer da prestação de informações à autoridade administrativa, refere as "informações de que disponham com relação aos bens, negócios ou atividades de terceiros". Efetivamente, deve estar ao alcance do sujeito passivo da obrigação acessória prestar a colaboração que dele se exige.

De qualquer modo, por maior que seja a capacidade colaborativa de uma pessoa, não pode ser exigida colaboração exagerada consubstanciada em obrigações múltiplas, complexas e sobrepostas. Ademais, colaboração não pode pressupor recursos materiais e humanos demasiadamente onerosos. Essas obrigações esbarrariam na vedação do excesso. Isso porque a coordenação dos interesses do Fisco com as liberdades das pessoas se impõe para a preservação dos diversos valores consagrados constitucionalmente.

....
23. TAKANO, Caio Augusto. *Deveres instrumentais dos contribuintes: fundamentos e limites*. São Paulo: Quartier Latin, 2017, p. 278.

31. Princípio da segurança jurídica em matéria tributária[24]

O preâmbulo da Constituição da República Federativa do Brasil anuncia a instituição de um Estado democrático que tem como valor supremo, dentre outros, a segurança. Segurança é a qualidade daquilo que está livre de perigo, livre de risco, protegido, acautelado, garantido, do que se pode ter certeza ou, ainda, daquilo em que se pode ter confiança, convicção. O **Estado de direito** constitui, por si só, uma referência de segurança. Esta se revela com detalhamento, ademais, em inúmeros dispositivos constitucionais, especialmente em **garantias que visam proteger**, acautelar, garantir, livrar de risco e assegurar, prover certeza e confiança, resguardando as pessoas do **arbítrio**. A garantia e a determinação de promoção da segurança revelam-se no plano deôntico ("dever ser"), implicitamente, como princípio da segurança jurídica.

O princípio da segurança jurídica constitui, ao mesmo tempo, um **subprincípio** do princípio do Estado de direito (subprincípio porque se extrai do princípio do Estado de direito e o promove) e um **sobreprincípio** relativamente a princípios decorrentes que se prestam à afirmação de normas importantes para a efetivação da segurança (sobreprincípio porque dele derivam outros valores a serem promovidos na linha de desdobramento da sua concretização)[25].

Pode-se afirmar: "O princípio da segurança jurídica demanda que o Direito seja compreensível, confiável e calculável o que só ocorre quando o indivíduo conhece e compreende o conteúdo do Direito, quando tem assegurados no presente os direitos que conquistou no passado e quando pode razoavelmente calcular as consequências que serão aplicadas no futuro relativamente aos atos que praticar no presente"[26].

A identificação dos diversos **conteúdos normativos** do princípio da segurança jurídica orienta a sua aplicação. São eles:

- certeza do direito (legalidade, irretroatividade, anterioridade);
- intangibilidade das posições jurídicas consolidadas (proteção ao direito adquirido e ao ato jurídico perfeito);

---

24. Consultem-se: PAULSEN, Leandro. *Segurança jurídica, certeza do direito e tributação*. Porto Alegre: Livraria do Advogado, 2005; ÁVILA, Humberto. *Segurança jurídica*. 4. ed. São Paulo: Malheiros, 2016; TORRES, Heleno Taveira. *Direito constitucional tributário e segurança jurídica*. 2. ed. São Paulo: RT, 2012.
25. Diversos Ministros do STF referem-se à segurança jurídica como sobreprincípio em matéria tributária, conforme se pode ver dos votos proferidos quando do julgamento do RE 566.621, relativo à aplicação retroativa da LC n. 118/2005.
26. ÁVILA, Humberto. *Constituição, liberdade e interpretação*. São Paulo: Malheiros, 2019, p. 76.

- estabilidade das situações jurídicas (decadência, prescrição extintiva e aquisitiva);
- confiança no tráfego jurídico (cláusula geral da boa-fé, teoria da aparência, princípio da confiança);
- devido processo legal (direito à ampla defesa inclusive no processo administrativo, direito de acesso ao Judiciário e garantias específicas como o mandado de segurança).

Todo o conteúdo normativo do princípio da segurança jurídica se projeta na matéria tributária.

O conteúdo de **certeza do direito** diz respeito ao conhecimento do direito vigente e aplicável aos casos, de modo que as pessoas possam orientar suas condutas conforme os efeitos jurídicos estabelecidos, buscando determinado resultado jurídico ou evitando consequência indesejada. A compreensão das garantias dos art. 150, I (legalidade estrita), 150, III, *a* (irretroatividade), *b* (anterioridade de exercício) e *c* (anterioridade nonagesimal mínima), e 195, § 6º (anterioridade nonagesimal das contribuições de seguridade social), da Constituição como realizadoras da certeza do direito no que diz respeito à instituição e à majoração de tributos permite que se perceba mais adequadamente o alcance de cada uma e o acréscimo de proteção que representam relativamente às garantias gerais da legalidade relativa (art. 5º, II, da CF), do direito adquirido, do ato jurídico perfeito e da coisa julgada (art. 5º, XXXVIII, da CF).

O conteúdo de **intangibilidade das posições jurídicas** pode ser vislumbrado, por exemplo, no que diz respeito à consideração da formalização de um parcelamento de dívida tributária como ato jurídico perfeito, a vincular o contribuinte e o ente tributante, gerando todos os efeitos previstos nas normas gerais de direito tributário, como a suspensão da exigibilidade do crédito tributário (art. 151, VI, do CTN) e o consequente direito a certidões negativas de débito (art. 206 do CTN). Já no caso das isenções onerosas, cumpridas as condições, surge para o contribuinte direito adquirido ao gozo do benefício pelo prazo previsto em lei, restando impedida a revogação ou modificação da isenção a qualquer tempo quando concedida por prazo certo e em função de determinadas condições (art. 178 do CTN). Nesses casos, inclusive, é aplicável a garantia estampada no art. 5º, XXXVI, da CF.

O conteúdo de **estabilidade das situações jurídicas** evidencia-se nos arts. 150, § 4º, 173 e 174 do CTN, que estabelecem prazos decadenciais (para a constituição de créditos tributários) e prescricionais (para a exigência compulsória dos créditos), ambos quinquenais. Também há garantia de estabilidade no art. 168 do CTN, em combinação com o art. 3º da LC n. 118/2004, que estabelece prazo quinquenal, desta feita contra o contribuinte, dentro do qual deve exercer seu direito ao ressarcimento de indébito tributário por compensação ou pleitear a repetição.

O conteúdo de **proteção à confiança** do contribuinte, por sua vez, fundamenta, por exemplo, o art. 100 do CTN, que estabelece que a observância das normas complementares das leis e dos decretos (atos normativos, decisões administrativas com eficácia normativa, práticas reiteradamente observadas pelas autoridades administrativas e convênios entre os entes políticos) exclui a imposição de penalidades e a cobrança de juros de mora e inclusive a atualização do valor monetário da base de cálculo do tributo. O art. 146 do CTN, igualmente, resguarda a confiança do contribuinte, mas quanto a mudanças nos critérios jurídicos adotados pela autoridade administrativa para fins de lançamento. Mesmo a título de proteção à boa-fé, tem-se, ainda, a proteção do contribuinte em casos de circulação de bens importados sem o pagamento dos tributos devidos. Em todos esses casos, assegura-se a confiança no tráfego jurídico.

O conteúdo de **devido processo legal** nota-se na ampla gama de instrumentos processuais colocados à disposição do contribuinte para o questionamento de créditos tributários, tanto na esfera administrativa, através, principalmente, do Decreto n. 70.235/72 (o chamado processo administrativo fiscal, que assegura direito à impugnação e recursos), como na esfera judicial, destacando-se a amplitude que se reconhece ao mandado de segurança em matéria tributária[27] e os meios específicos para a dedução de direitos em juízo, como a ação anulatória prevista no art. 40 da LEF e as ações consignatória e de repetição de indébito tributário, disciplinadas, respectivamente, nos arts. 164 e 165 do CTN. Tratando-se de acesso à jurisdição, remédios e garantias processuais, impende considerar, ainda, que têm plena aplicação, também em matéria tributária, dentre outros, os incisos XXXV, LIV, LV, LVI, LXIX e LXX do art. 5º da Constituição. Evidencia-se, assim, a segurança jurídica enquanto devido processo legal e, mais particularmente, enquanto acesso à jurisdição.

O STF reconhece a necessidade de se preservar a segurança jurídica inclusive na hipótese de alteração jurisprudencial. Considerou que o STJ entendia que o prazo para a repetição do indébito contava da data da declaração de inconstitucionalidade da exação no controle concentrado, ou da Resolução do Senado Federal, no controle difuso. E frisou que, ao alterar abruptamente sua jurisprudência para tomar como termo inicial o recolhimento indevido, gerou violação "ao princípio da segurança jurídica e aos postulados da lealdade, da boa-fé e da confiança legítima, sobre os quais se assenta o próprio Estado Democrático de Direito". Assim, não permitiu a aplicação do novel entendimento aos processos em curso[28].

---

27. *Vide*, por exemplo: MACHADO, Hugo de Brito. *Mandado de segurança em matéria tributária*. São Paulo: Dialética, 2006; ALVIM, Eduardo Arruda. *Mandado de segurança no direito tributário*. São Paulo: RT, 1998.
28. STF, ARE 951.533/ES, 2018.

32. Princípio da igualdade tributária[29]

A igualdade é valor de enorme destaque numa república, configurando princípio geral de direito e repercutindo nas diversas áreas, dentre elas a tributária. Temos a igualdade como princípio também do direito tributário, muitas vezes referido como princípio da isonomia.

Como regra, a igualdade perante a lei (1: submissão de todos à lei) e na lei (2: tratamento legal igualitário) não precisa ser justificada; a desigualdade, sim. De outro lado, a busca de justiça faz com que se deva ter preocupação não apenas com a igualdade formal, mas também com a igualdade material, o que acaba justificando e até mesmo impondo que a lei considere as diferenças para buscar tratamentos adequados a cada condição (3: tratamento legal conforme a situação de cada um para a promoção da igualdade material), o que, em matéria tributária, pode ocorrer, por exemplo, com a cobrança de tributo em percentuais distintos conforme a riqueza ostentada pelos contribuintes, em atenção à sua capacidade contributiva[30]. Cabe apontar, ainda, a necessidade de igualdade na aplicação da lei (4: aplicação efetiva a todos, no plano prático, da igualdade promovida pelas leis), de modo que se torne efetiva. São várias dimensões ou perspectivas do mesmo princípio.

Lembre-se que figurou como bandeira da própria Revolução Francesa, em 1789. Naquela oportunidade, Sieyès afirmou que a nobreza, ameaçada nos seus privilégios, acedera em também pagar impostos, como se tal configurasse algum tipo de generosidade ou piedade. Destacou, todavia, que a sociedade exigia tal submissão de todos à lei comum por uma questão de justiça[31].

Vale transcrever a lição de ROQUE CARRAZZA:

> [...] com a República, desaparecem os privilégios tributários de indivíduos, de classes ou de segmentos da sociedade. Todos devem ser alcançados pela tributação. Esta assertiva há de ser bem entendida. Significa, *não que todos* devem ser submetidos a *todas* as leis tributárias, podendo ser gravados com *todos* os tributos, *mas, sim*, que *todos* os que realizam a situação de fato a que a lei vincula o dever de pagar um dado

---

29. Sobre a isonomia tributária, vale consultar as monografias: VELLOSO, Andrei Pitten. *O princípio da isonomia tributária: Da teoria da igualdade ao controle das desigualdades impositivas*. Porto Alegre: Livraria do Advogado, 2010; ÁVILA, Humberto. *Teoria da igualdade tributária*. São Paulo: Malheiros, 2008.
30. "Do princípio fundamental da igualdade derivam dois deveres: o dever de tratamento igualitário e o dever de tratamento diverso" (CANAZARO, Fábio. *Essencialidade tributária: Igualdade, capacidade contributiva e extrafiscalidade na tributação sobre o consumo*. Porto Alegre: Livraria do Advogado, 2015, p. 152).
31. SIEYÈS, Emmanuel Joseph. *A constituinte burguesa: Qu'est-ce que le Tiers* État? Tradução de Norma Azeredo. Rio de Janeiro: Liber Juris, 1986, p. 102.

tributo estão obrigados, sem discriminação arbitrária alguma, a fazê-lo. Assim, é fácil concluirmos que o princípio republicano leva ao princípio da generalidade da tributação, pelo qual a carga tributária, longe de ser imposta sem qualquer critério, alcança a todos com *isonomia e justiça*. Por outro raio semântico, o sacrifício econômico que o contribuinte deve suportar precisa ser igual para todos os que se acham na mesma situação jurídica. [...] Em suma, o princípio republicano exige que todos os que realizam o *fato imponível tributário* venham a ser tributados com igualdade. Do exposto, é intuitiva a interferência de que o princípio republicano leva à igualdade da tributação. Os dois princípios interligam-se e completam-se. De fato, o princípio republicano exige que os contribuintes (pessoas físicas ou jurídicas) recebam tratamento isonômico. [...] O tributo, ainda que instituído por meio de lei, editada pela pessoa política competente, não pode atingir apenas um ou alguns contribuintes, deixando a salvo outros que, comprovadamente, se achem nas mesmas condições. Tais ideias valem, também, para as *isenções tributárias*: é vedado às pessoas políticas concedê-las levando em conta, arbitrariamente, a profissão, o sexo, o credo religioso, as convicções políticas etc. dos contribuintes. São os princípios republicano e da igualdade que, conjugados, proscrevem tais práticas[32].

O art. 150, II, da Constituição Federal impede que haja diferenciação tributária entre contribuintes que estejam em situação equivalente:

> Art. 150. Sem prejuízo de outras garantias asseguradas ao contribuinte, é vedado à União, aos Estados, ao Distrito Federal e aos Municípios:
> II – instituir tratamento desigual entre contribuintes que se encontrem em situação equivalente, proibida qualquer distinção em razão de ocupação profissional ou função por eles exercida, independentemente da denominação jurídica dos rendimentos, títulos ou direitos; [...].

Esse dispositivo não deixa espaço para simples privilégios em favor de tais ou quais contribuintes[33]. Mas isso deve ser considerado na sua complexidade: impõe não apenas que a diferenciação arbitrária é vedada, mas também que as diferenciações, ainda quando fundadas, devem guardar razoabilidade e proporcionalidade, justificando-se tanto a sua existência com a sua medida.

---

32. CARRAZZA, Roque Antônio. *Curso de direito constitucional tributário*. 31. ed. São Paulo: Malheiros, 2017, p. 71 e s.
33. "[...] privilegios, en el estricto sentido de la palabra, es decir, en el sentido de disposiciones excepcionales, no justificadas por un determinado fin de utilidad pública, no pueden existir en el Estado moderno, estando excluidos por disposiciones acogidas en todas las Constituciones, que proclama la igualdad de todos los miembros del Estado ante el deber tributario" (VANONI, E. *Natura ed interpretazione delle leggi tributarie*. 1932. A transcrição é da edição espanhola de 1961 publicada pelos Instituto de Estúdios Fiscales, Madri, p. 159).

Veja-se que a diferença de tratamento entre pessoas ou situações é absolutamente presente em qualquer ramo do direito, inclusive no tributário. As normas de isenção, por exemplo, identificam pessoas ou situações que de outro modo estariam normalmente sujeitas à imposição tributária e excluem, apenas quanto a elas, o respectivo crédito, desonerando-as.

O problema não está na instituição de tratamento diferenciado que, em si, nada revela quanto à validade da norma. Importam, isso sim, as **razões e os critérios** que orientam a discriminação[34].

Efetivamente, o princípio da isonomia não apenas proíbe tratamentos diferenciados sem uma justificação constitucional, como exige tratamentos diferenciados onde haja distinta capacidade contributiva ou essencialidade do produto. Justifica-se a diferenciação tributária quando, presente uma finalidade constitucionalmente amparada, o tratamento diferenciado seja estabelecido em função de **critério que com ela guarde relação e que efetivamente seja apto a levar ao fim colimado**. Conforme FÁBIO CANAZARO: "A adoção de condutas, por parte do destinatário da norma da igualdade, ocorre com base na compreensão e na consideração dos quatro elementos que compõem (ou integram) a sua estrutura: (i) os sujeitos, (ii) o critério de comparação, (iii) o fator de diferenciação, e (iv) o fim constitucionalmente protegido"[35].

ANDREI PITTEN VELLOSO ensina, ainda, que "deve haver uma relação de **adequação e proporcionalidade** entre a dessemelhança da(s) propriedade(s) levada(s) em consideração (diferença fática) e a diferenciação jurídica", pois, "mesmo que haja distinção de capacidade contributiva entre os contribuintes do Imposto de Renda e sejam estabelecidos gravames tributários diferenciados [...], é mister que a diferenciação de carga tributária seja adequada e proporcional à dessemelhança fática apurada: revelar-se-ia ilegítima, *v.g.*, uma majoração vultosa do tributo com base numa singela diversidade de capacidade contributiva"[36].

As razões que podem dar sustentação às normas de tratamento diferenciado revelam duas categorias: a) razões de capacidade contributiva; b) razões extrafiscais.

---

34. "[...] afirmar que legislar respeitando o princípio da igualdade na lei consiste em 'tratar igualmente os iguais e desigualmente os desiguais' é afirmar rigorosamente nada! O problema está em saber quais os critérios legítimos de discriminação de grupos 'iguais' para os fins legais. Assim, também a aparente unanimidade em torno à ideia de igualdade no âmbito jurídico, e mesmo relativamente àquele conceito supostamente aristotélico, não passa de mera retórica, de afirmação sem qualquer significado útil, eis que sem a identificação dos legítimos critérios segundo os quais as pessoas serão discriminadas não pode haver efetiva aplicação do princípio da isonomia" (FERRAZ, Roberto. A igualdade na lei e o Supremo Tribunal Federal. *RDDT* 116/119, maio 2005).
35. CANAZARO, Fábio. *Essencialidade tributária: Igualdade, capacidade contributiva e extrafiscalidade na tributação sobre o consumo*. Porto Alegre: Livraria do Advogado, 2015, p. 152.
36. VELLOSO, Andrei Pitten. *Constituição tributária interpretada*. São Paulo: Atlas, 2007, p. 136.

As **razões de capacidade contributiva** justificam-se internamente[37], porquanto a capacidade contributiva constitui medida de justiça fiscal com suporte expresso no art. 145, § 1º, da Constituição. Sob certa perspectiva, pode-se considerar que o tratamento diferenciado na lei, nesses casos, em vez de violar o princípio da igualdade, o promove, porquanto visa à igualdade material.

Excepcionalmente, pode-se admitir tratamento diferenciado embasado em **razões extrafiscais**, as quais **terão de encontrar amparo constitucional**.

A Constituição autoriza a utilização extrafiscal do IPTU e do ITR para induzir o cumprimento da função social da propriedade (arts. 170, III, e 182, § 4º, II, da CF), a concessão de benefícios fiscais de incentivo regional (art. 151, I, da CF), o estabelecimento de tratamento tributário voltado a estimular o cooperativismo (art. 146, III, *c*, c/c o art. 174, § 2º, da CF), a concessão de tratamento favorecido para as microempresas e empresas de pequeno porte (art. 146, III, *d*, da CF), o tratamento diferenciado em função da atividade econômica ou da utilização intensiva de mão de obra, do porte da empresa ou da condição estrutural do mercado de trabalho (art. 195, § 9º, da CF, com a redação da EC 47/2005) e o dimensionamento de certos tributos de modo mais flexível, pelo Executivo, como o II, o IE, o IPI, o IOF e a Cide-combustíveis (arts. 150, § 1º, 153, § 1º, 177, § 4º, I, *b*, da CF), o que lhe dá instrumentos para controle do comércio exterior (art. 137 da CF) e da moeda.

O STF entende válida a fixação de alíquota maior de contribuição social sobre o lucro para instituições financeiras, forte no art. 195, § 9º, da CF, porquanto "pode-se afirmar que, objetivamente consideradas, as pessoas jurídicas enquadradas no conceito de instituições financeiras ou legalmente equiparáveis a essas auferem vultoso faturamento ou receita – importante fator para a obtenção dos lucros dignos de destaque e para a manutenção da tenacidade econômico-financeira", de modo que "a atividade econômica por elas exercida é fator indicativo de sua riqueza; sobressai do critério de discrímen utilizado na espécie a maior capacidade contributiva dessas pessoas jurídicas"[38]. Também considera válidas as alíquotas maiores para as instituições financeiras relativamente às contribuições previdenciárias[39] e à COFINS[40].

Também reconhece como hígida **a isenção de taxa de inscrição em concurso público para desempregados**, o que efetivamente se sustenta, porquanto se presume que os desempregados têm sua capacidade econômica e, consequentemente, contributiva comprometida, com enormes dificuldades para proverem suas necessidades básicas, de

---

37. BERLIRI já afirmava: "[...] ai fini di giudicare se una legge rispetti il principio di uguaglianza si deve avere riguardo soltando alla capacità contributiva" (BERLIRI, Antonio. *Principi di diritto tributario*. v. l. 2. ed. Milão: Giuffrè, 1967, p. 264).
38. STF, RE 231.673 AgR, Segunda Turma, 2016.
39. STF, Plenário, RE 598.572/SP, 2016; RE 599.309/SP, 2018.
40. STF, RE 656.089/MG, 2018.

modo que a dispensa do pagamento da taxa de inscrição atende à capacidade contributiva (não cobrar de quem não a tem), além do que assegura o acesso aos cargos públicos[41]. Entendeu válida, também, isenção de taxa florestal às empresas que estivessem promovendo reflorestamento proporcional ao seu consumo de carvão vegetal[42].

Inválida deveria ter sido reconhecida, contudo, a majoração de alíquota da Cofins (contribuição sobre a receita), de 2% para 3%, associada à possibilidade de compensação de tal aumento com a CSLL (contribuição sobre o lucro) devida, pois acabou implicando aumento de tributo apenas para as empresas com prejuízo, que nada tiveram a compensar, já que, ausente o lucro, não havia o que pagar a tal título. Note-se que tal aumento de tributo, com finalidade meramente fiscal, apenas para empresas não lucrativas (portanto, com menor capacidade contributiva), não se sustentava, pois não apenas deixou de promover a tributação igualitária conforme a capacidade contributiva como a contrariou, onerando mais quem podia menos[43].

Ser filiado a cooperativa ou sindicato não é critério legítimo para favorecimento tributário. Efetivamente, na ADI 5268, em 2022, o STF analisou a isenção de IPVA para os veículos utilizados para o serviço de transporte escolar prestado por cooperativa ou sindicato ou contratado pela prefeitura municipal. E concluiu que "inexiste justificativa razoável para se conferir tratamentos diferentes a proprietários de veículos filiados a tais entidades associativas e a proprietários de veículos que não possuam vínculo com essas entidades, mas prestem serviço de transporte escolar tal como aqueles". Considerou, ainda, que "a condição imposta pela lei estadual resulta em meio indireto de constrangimento do proprietário de veículo a se filiar a cooperativa ou a sindicato para obter a isenção do imposto, o que viola a liberdade de associação e a liberdade sindical". Assim, julgou parcialmente procedente a ação para invalidar a isenção concedida aos filiados a cooperativa ou sindicato, mantendo apenas a norma que estabeleceu a isenção de IPVA na hipótese de contratação do serviço de transporte escolar por prefeitura.

Mas, tanto quanto identificar se houve ou não a violação ao princípio, cabe verificar qual a tutela judicial capaz de corrigir a situação. Isso porque, sempre que uma lei ofende o princípio da isonomia, surge um delicado questionamento: está o Judiciário limitado a varrê-la do mundo jurídico, pode estender os seus efeitos para aquelas pessoas que foram indevidamente discriminadas ou deve preservá-la temporariamente para que o Legislativo corrija o vício através de nova lei que ampare da mesma forma os que dela estavam excluídos[44]?

....

41. STF, Tribunal Pleno, ADI 2.672, 2006.
42. STF, Primeira Turma, RE 239.397, 2000.
43. No RE 336.134, contudo, o STF entendeu válida a inovação, sob o argumento de que, estando em situações diferentes as empresas lucrativas e as não lucrativas, o tratamento diferenciado se justificava: STF, Tribunal Pleno, 2002.
44. O Ministro CELSO DE MELLO, aliás, bem expôs as possíveis soluções, dentre outros, em voto que proferiu quando do julgamento do RMS 22.307-7/DF, do qual segue excerto: "[...] em tema

O argumento de que o **Judiciário** não pode atuar **como legislador positivo**[45] muitas vezes fundamentou a improcedência de ações em que o autor apontava violação à isonomia pleiteando a extensão de tratamento privilegiado concedido por lei a outrem[46]. Com isso, o Judiciário acabou por deixar de oferecer prestação jurisdicional que assegurasse tratamento isonômico, razão pela qual tem sido cada vez mais criticada tal posição, havendo quem diga que "equivale a eliminar o princípio da igualdade"[47]. Tem-se defendido, pois, mais recentemente, que "a concretização do princípio da igualdade não é da competência exclusiva do Poder Legislativo, devendo o Poder Judiciário, órgão ao qual incumbe o controle da concretização material da Constituição, declarar a inconstitucionalidade nos casos em que o Poder Legislativo utilizou-se de modo desproporcional de finalidades estatais para restringir o princípio da igualdade". O Judiciário "pode declarar a nulidade do critério de diferenciação violador do princípio da igualdade, de

---

de inconstitucionalidade por omissão parcial da lei, emerge a grave questão da exclusão de benefício, com ofensa ao princípio da isonomia. A reflexão doutrinária em torno dessa questão tem ensejado diversas abordagens teóricas do tema, com o objetivo de propiciar, a partir do desprezo estatal dispensado pelo Poder Legislativo ao postulado da isonomia, a formulação de soluções que dispensem à matéria um adequado tratamento jurídico (J. J. GOMES CANOTILHO. *Direito constitucional*. 4. ed. Coimbra: Almedina, 1987, p. 736-737 e 831; JORGE MIRANDA, *Manual de direito constitucional*. 2. ed. t. II/407. Coimbra: Almedina, 1988; MENDES, Gilmar Ferreira. *Controle de constitucionalidade: Aspectos jurídicos e políticos*. São Paulo: Saraiva, 1990, p. 69-70). A discussão das possíveis soluções jurídicas estimuladas pela questão da exclusão de benefício, com ofensa ao princípio da isonomia, permite vislumbrar três mecanismos destinados a viabilizá-las: (a) extensão dos benefícios ou vantagens às categorias ou grupos inconstitucionalmente deles excluídos; (b) supressão dos benefícios ou vantagens que foram indevidamente concedidos a terceiros; (c) reconhecimento da existência de uma situação ainda constitucional (situação constitucional imperfeita), ensejando-se ao Poder Público, em tempo razoável, a edição de lei restabelecedora do dever de integral obediência ao princípio da igualdade, sob pena de progressiva inconstitucionalização do ato estatal que, embora existente, revela-se insuficiente e incompleto (RTJ 136/439-440, rel. Min. Celso de Mello)".

45. "[...] A exigência constitucional de lei formal para a veiculação de isenções em matéria tributária atua como insuperável obstáculo à postulação da parte recorrente, eis que a extensão dos benefícios isencionais, por via jurisdicional, encontra limitação absoluta no dogma da separação de poderes. Os magistrados e tribunais – que não dispõem de função legislativa – não podem conceder, ainda que sob fundamento de isonomia, o benefício da exclusão do crédito tributário em favor daqueles a quem o legislador, com apoio em critérios impessoais, racionais e objetivos, não quis contemplar com a vantagem da isenção. Entendimento diverso, que reconhecesse aos magistrados essa anômala função jurídica, equivaleria, em última análise, a converter o Poder Judiciário em inadmissível legislador positivo, condição institucional esta que lhe recusou a própria Lei Fundamental do Estado. É de acentuar, neste ponto, que, em tema de controle de constitucionalidade de atos estatais, o Poder Judiciário só atua como legislador negativo (RTJ 146/461, rel. Min. CELSO DE MELLO) [...]" (STF, Primeira Turma, ARAG 142.348, 1994).
46. STF, Segunda Turma, RE 485.290 AgR, 2010; ARE 916.560 AgR-AgR, Primeira Turma, 2016; RE 949.278 AgR, Primeira Turma, 2016.
47. FERRAZ, Roberto. A igualdade na lei e o Supremo Tribunal Federal. *RDDT* 116/119, maio 2005.

modo a que todas as pessoas e grupos possam ser incluídos", sendo que, no caso, "a decisão continua sendo negativa, mas possui uma eficácia positiva indireta"[48].

33. Princípio da praticabilidade da tributação

A atribuição de competência tributária aos entes políticos ocorre para que possam, legitimamente, buscar recursos no patrimônio privado para fazer frente aos gastos públicos com custeio e investimentos. O exercício da tributação não é um fim em si mesmo, mas um instrumento. Só se admite a intervenção no patrimônio das pessoas porque é necessário para o financiamento das atividades que cabe ao Estado promover. É essencial, por isso, que a tributação ocorra por mecanismos que lhe permitam chegar aos seus objetivos do modo mais simples, econômico, confortável e eficiente possível.

É necessário, assim, que as leis tributárias sejam aplicáveis, de modo que a apuração dos créditos seja viável e que o Fisco disponha de mecanismos que reduzam o inadimplemento e a sonegação, bem como facilitem e assegurem a fiscalização e a cobrança.

ALFREDO AUGUSTO BECKER já dizia que "a regra jurídica somente existe (com natureza jurídica) na medida de sua praticabilidade. [...] A regra jurídica deve ser construída, não para um mundo ideal mas para agir sobre a realidade social"[49].

REGINA HELENA COSTA define: "'Praticabilidade' é a qualidade ou característica do que é praticável, factível, exequível, realizável. Tal atributo está intimamente relacionado ao direito, permeando-o em toda a sua extensão, pois este só atua no campo da possibilidade – vale dizer, somente pode operar efeitos num contexto de realidade"[50].

Como princípio jurídico, a praticabilidade aparece implicitamente[51]. MISABEL DERZI ensina:

> A praticabilidade não está expressamente em nenhum artigo da Constituição, mas está em todos, porque nada do que dissemos aqui teria sentido se as leis não fossem viáveis, exequíveis, executáveis e não fossem efetivamente concretizadas na

---

48. ÁVILA, Humberto. *Sistema constitucional tributário*. 1. e 5. ed. São Paulo: Saraiva, 2004 e 2012, p. 340-341 e p. 424.
49. BECKER, Alfredo Augusto. *Teoria geral do direito tributário*. 2. ed. São Paulo: Saraiva, 1972, p. 63-64.
50. COSTA, Regina Helena. *Praticabilidade e justiça tributária. Exequibilidade de lei tributária e direitos do contribuinte*. São Paulo: Malheiros, 2007, p. 52.
51. A legislação portuguesa, de fato, faz referência expressa ao princípio da praticabilidade, mas para fins procedimentais no Código de Procedimento e de Processo Tributário, aprovado pelo DL n. 433/99, em seu título II: "Art. 46º Os actos a adaptar no procedimento serão os adequados aos objetivos a atingir, de acordo com os princípios da proporcionalidade, eficiência, praticabilidade e simplicidade".

realidade; portanto, a praticabilidade tem uma profunda relação com a efetividade das normas constitucionais. Praticabilidade é um nome amplo, genérico, e significa apenas um nome para designar todos os meios, todas as técnicas usadas para possibilitar a execução e a aplicação das leis. Sem execução e sem aplicação, as leis não têm sentido; elas são feitas para serem obedecidas. Por isso a praticabilidade é um princípio constitucional básico, fundamental, embora implícito [...] o legislador, para tornar viável a aplicação da lei, muitas vezes cria presunções, ficções, padronizações[52].

MISABEL DERZI refere a praticabilidade como instrumento necessário à aplicação "*em massa*" da lei tributária[53]. EDUARDO ROCHA MORAES reconhece que, em face da complexidade do sistema tributário, não há como o Estado "deixar de lançar mão [...] da ideia, objetivada na praticabilidade, de [...] facilitar a execução e a fiscalização da regra-matriz de incidência [...] pois os fiscos não dispõem de recursos técnicos, administrativos ou de pessoal suficientes para, satisfatoriamente, dar a todos os fatos imponíveis a atenção individual [...]". E prossegue, destacando que a tributação individualizada "em grande parte dos casos, possibilita a fraude, a evasão e a sonegação fiscal, de forma que esse conjunto de fatores justifica a tributação massificada, refletida na praticabilidade"[54]. REGINA HELENA COSTA cita exemplos: as abstrações generalizantes – presunções, ficções, indícios, normas de simplificação, conceitos jurídicos indeterminados, cláusulas gerais, normas em branco –, a analogia, a privatização da gestão tributária e os meios alternativos de solução de conflitos tributários[55].

Estão no rol dessas medidas de praticabilidade da tributação, por exemplo, as obrigações dos substitutos tributários, especialmente quando envolvem presunções e ficções[56]. Aliás, estão nesta linha as diversas obrigações impostas às pessoas que, mesmo não integrantes da relação tributária contributiva, são chamadas a adotar medidas relacionadas à apuração, fiscalização, arrecadação e cobrança dos tributos, de modo que sejam mais simples e efetivas, ou seja, medidas que colaboram para a praticabilidade da tributação.

MISABEL DERZI distingue a praticabilidade horizontal, adotada através de medidas estabelecidas pela própria lei, e a praticabilidade vertical, em que as medidas são adotadas por atos normativos com vista a dar a aplicação possível à lei. Mas adverte: "É função

....

52. DERZI, Misabel. Princípio da praticabilidade do direito tributário: Segurança jurídica e tributação. In: *Revista de Direito Tributário*, n. 47. São Paulo: Malheiros, jan.-mar. 1989, p. 166-179.
53. Id., ibid.
54. ROCHA, Eduardo Morais da. *Teoria institucional da praticabilidade tributária*. São Paulo: Noeses, 2016, p. 419.
55. COSTA, Regina Helena. *Praticabilidade e justiça tributária. Exequibilidade de lei tributária e direitos do contribuinte*. São Paulo: Malheiros, 2007.
56. Id. Ibid.

fundamental do regulamento viabilizar a execução das leis, mas dentro dos limites da lei, jamais desprezando diferenças individuais, que para a lei são fundamentais"[57].

Efetivamente, se, de um lado, a invocação da necessidade de praticabilidade da tributação justifica certas medidas simplificadoras e generalizantes, de outro é necessário destacar que os mecanismos de praticabilidade estão sujeitos a limites. A própria REGINA HELENA COSTA adverte: "as técnicas de praticabilidade, tanto quanto possível, devem ser veiculadas por lei"[58]. E, ainda: "a instituição das normas de simplificação deve ser justificada pela idoneidade que ostentem de permitir o controle administrativo e pela necessidade de sua adoção, sem a qual esse controle não seria possível"[59].

Sobre a adoção de *pautas fiscais* (as bases estabelecidas com presunção absoluta que dispensam a definição da base em concreto), EDUARDO MORAIS DA ROCHA destaca que não podem, sob a justificativa de atribuir praticabilidade à tributação, ser irrazoáveis ou implicar violação à capacidade contributiva e à vedação do confisco[60]. Advirta-se, ainda, que não justificam extrapolação das normas de competência.

---

57. Id., ibid.
58. Id., ibid., p. 216.
59. Id., ibid., p. 219; id., ibid., p. 398-406: "É preciso empreender esforço para compatibilizar, de um lado, os benefícios propiciados pela praticabilidade e, de outro, o prejuízo que as técnicas voltadas ao seu alcance certamente acarretam à justiça individual, buscando um ponto de equilíbrio entre os dois valores. [...] podemos apontar como limites à praticabilidade tributária os seguintes: (i) a veiculação dos instrumentos de praticabilidade tributária por lei; (ii) a observância do princípio da capacidade contributiva e subsidiariedade da utilização de técnicas presuntivas; (iii) a impossibilidade da adoção de presunções absolutas ou ficções para efeito de instituição de obrigações tributárias; (iv) a transparência na adoção de técnicas presuntivas; (v) a observância do princípio da razoabilidade; (vi) o respeito à repartição constitucional de competências tributárias; (vii) a justificação das normas de simplificação; (viii) o caráter opcional e benéfico aos contribuintes dos regimes normativos de simplificação ou padronização; (ix) a limitação do recurso às cláusulas gerais, conceitos jurídicos indeterminados e de competências discricionárias pelo princípio da especificidade conceitual (ou tipicidade); (x) o equilíbrio na implementação da privatização da gestão tributária; e (xi) o respeito aos direitos e princípios fundamentais. [...] No plano hipotético, cumpre ao legislador buscar o ponto de equilíbrio entre a justiça e a praticabilidade, para que, ao invés de utilizá-la como instrumento ofensivo à ideia de justiça, esta seja realizável por meio daquela. A praticabilidade realiza a justiça viável, exequível. De nada adiantaria falar numa justiça tributária inatingível, etérea, autêntico devaneio diante de um ordenamento jurídico cuja aplicação não leva em conta os valores que a compõem. [...] Diversamente, se o embate entre justiça e praticabilidade se revelar diante de um caso concreto, estaremos diante de verdadeira colisão de princípios constitucionais, a ser resolvida pelo método da ponderação, desenvolvido por Robert Alexy. Assim, verificada a colisão de tais princípios, forçoso empreender a construção de uma regra para o caso concreto, mediante a atribuição de pesos aos diferentes interesses colidentes, de modo a dar aplicação, na maior medida possível, ao princípio mais relevante em face das circunstâncias específicas sob apreciação".
60. "A adoção, em face da praticabilidade, de pautas fiscais fictícias nas quais a presunção de valores ali constantes é absoluta, além de irrazoável, viola a capacidade econômica do contribuinte, confiscando seu patrimônio, tendo em vista que não lhe possibilita provar a real base de cálculo"

Desse modo, a invocação da praticabilidade não deve servir como uma panaceia, como um remédio que cure todos os males e que justifique quaisquer medidas adotadas em favor do Fisco. É preciso analisar se a medida adotada não viola princípios básicos de tributação, como a legalidade e a capacidade contributiva, bem como se não é irrazoável nem desproporcional.

Há quem diga que a praticabilidade sequer poderia ser considerada um princípio jurídico, constituindo, isto sim, mera técnica utilizada em favor da eficiência[61]. Não há dúvida de que a ideia de eficiência está presente na praticabilidade. E HUMBERTO ÁVILA ensina que a eficiência não cria nenhum novo poder, sendo, isto sim, o modo de realização de um poder anteriormente concedido[62].

Vale destacar, ainda, que a própria eficiência também apresenta outra face, estabelecida sob a perspectiva do contribuinte. Neste sentido, afirma REGINA HELENA COSTA: "Dentro da noção maior de eficiência, cremos ser possível deduzir, no direito pátrio, princípio apontado no direito tributário espanhol, qual seja, o da limitação de custos indiretos, segundo o qual há que se minimizar os custos indiretos derivados das exigências formais necessárias para o cumprimento das obrigações tributárias. [...] o vetor sob exame rechaça a imposição de deveres instrumentais tributários que se revelem

---

(ROCHA, Eduardo Morais da. Um exame crítico do julgado do Supremo Tribunal Federal que admitiu a construção de pautas fiscais de caráter absoluto na substituição tributária progressiva. In: *Revista Dialética de Direito Tributário*, n. 179. São Paulo: Dialética, ago. 2010, p. 36-42).

61. "Chegamos ao entendimento de que se trata de uma técnica usada em prol da eficiência e da boa administração, e não de um princípio, como entendem muitos autores. A praticidade, ainda que considerada como um princípio, seria, como afirma Misabel Derzi, um princípio técnico, razão pela qual entendemos não teria supremacia sobre os princípios decorrentes do primado da justiça. [...] em nome da praticidade são postos vários mecanismos como esquematizações, abstrações, generalizações, presunções, ficções, enumerações taxativas etc. Isto tudo sempre visando possibilitar uma execução simplificada, econômica e viável das leis. No entanto, para aplicação [...] de preceitos fundados na praticidade, é preciso previamente aferir a existência de possíveis dissonâncias dos mecanismos deste instituto em face de todos os valores desenhados na Constituição Federal..." (FERNANDES, Bruno Rocha Cesar. Praticidade no direito tributário: Princípio ou técnica? Uma análise à luz da justiça federal. *RET*, n. 56, jul.-ago. 2007, p. 106).

62. "A eficiência não estabelece algo objeto de realização. Ela prescreve, em vez disso, o modo de realização de outros objetos. [...] o dever de eficiência não cria poder, mas calibra o exercício de um poder já previamente concedido. Nem poderia ser diferente: se a CF/88 se caracteriza por atribuir poder aos entes federados por meio de regras de competência, o dever de eficiência não as poderia contradizer, criando poder que elas não criaram. [...] os entes federados não podem, em nome da eficiência, supor a existência de renda onde ela não estiver comprovada; conjecturar a existência de venda de mercadoria nos casos em que ela não for verificada, e assim sucessivamente" (ÁVILA, Humberto. Imposto sobre a Circulação de Mercadorias – ICMS. Substituição tributária... *RDDT 123/122*, dez. 2005).

demasiadamente custosos ao contribuinte, estimulando seu descumprimento e, consequentemente, comprometendo a eficiente arrecadação tributária"[63].

Assim, a adoção de medidas de praticabilidade da tributação, para que seja efetiva, com o máximo de eficiência, também deve atentar para a necessidade de que haja o mínimo de restrição aos direitos das pessoas, sejam contribuintes ou terceiros chamados a colaborar com a administração tributária. Como bem destaca ALESSANDRO MENDES CARDOSO: "O que se impõe, na verdade, é a adaptação das medidas tributárias de praticidade aos princípios constitucionais tributários. A sua validade de forma alguma pode estar vinculada simplesmente a um raciocínio utilitarista, como se a garantia da tributação fosse um valor superior aos demais"[64].

Aliás, devem ser observados apenas os princípios tributários, mas também os princípios da razoabilidade e da proporcionalidade, que indiscutivelmente têm larga aplicação à matéria tributária.

Note-se que a própria Constituição, por exemplo, ao autorizar a substituição tributária para a frente, ressalvou o direito de imediata e preferencial restituição da quantia paga caso não se realize o fato gerador presumido, nos termos do art. 150, § 7º. Com isso, a um só tempo prestigiou a praticabilidade da tributação e preservou a proporcionalidade de tal instrumento.

Já entendeu o STJ, referindo a doutrina de REGINA HELENA COSTA, que "o uso de analogia – cercado das devidas cautelas – serve à praticabilidade tributária, na medida em que, como meio de integração da legislação tributária, permite suprir as lacunas do ordenamento, que poderiam causar dificuldades tanto no exercício de direitos pelo contribuinte quanto na fiscalização e arrecadação dos tributos"[65].

34. Princípio da neutralidade tributária

A Constituição assegura o livre exercício de qualquer trabalho, ofício ou profissão atendidas as qualificações profissionais que a lei estabelecer (art. 5º, XIII) e estampa, como fundamento da ordem econômica, a livre-iniciativa, determinando, ainda, a observância do princípio da livre concorrência (art. 170, *caput* e inciso IV). Afirma reiteradamente a liberdade, colocando a atividade econômica em um espaço de mínima intervenção, só justificável pelas necessidades de promoção ou proteção de outros valores

---

63. COSTA, R. H, op. cit., p. 14.
64. CARDOSO, Alessandro Mendes. A responsabilidade do substituto tributário e os limites à praticidade. Belo Horizonte, n. 21, ano 4, maio 2006. Disponível em: <http://www.editoraforum.com.br/bid/bidConteudoShow.aspx?idConteudo=36066> Acesso em: 11 fev. 2011.
65. STJ, REsp 1.125.528/RS, Primeira Turma, 2016.

e interesses também constitucionalmente protegidos, como a saúde, o meio ambiente, a defesa do consumidor etc.

Por certo que a atividade econômica é objeto de tributação e que por ela resta onerada, mas a tributação deve se apresentar de modo não interventivo, pautando-se pela isonomia, pela capacidade contributiva, pela uniformidade geográfica, pela proibição de diferenciações em razão da procedência ou destino e pela vedação de limitação ao tráfego de bens e de pessoas, todos preceitos constitucionais. Ademais, a tributação indireta das operações com produtos industrializados e de circulação de mercadorias deve ser não cumulativa.

GOLDSCHMIDT destaca que "... a neutralidade é um princípio clássico da tributação, tão basilar que, como lembra Maurice Duverger, era considerado demasiado óbvio para ser incluído nos manuais. Aponta no sentido de que os impostos não devem exercer pressões no sentido de orientar a conduta do contribuinte em tal ou qual direção: isto é, o imposto deve ser neutro"[66]. Ensina, ainda, que o princípio da neutralidade, na sua faceta de vedação de interferência no mercado, "é também chamado por alguns autores de 'princípio antidirigista', como se lê na obra de Fritz Neumark, ... visa a evitar que, através de medidas fiscais, exerça-se influência sobre as escolhas que os empresários têm de fazer entre os diferentes processos produtivos, as distintas formas jurídicas das empresas, bem como as diferentes formas de financiamento possíveis, pois, a não ser assim, restaria afetadas indiretamente as escalas de preferência do consumidor"[67].

De tudo, extrai-se a necessidade de padrões de tributação que interfiram quanto menos possível na atividade econômica, deixando aos agentes econômicos um ambiente de liberdade para estruturar suas operações e realizar seus negócios.

CALIENDO frisa que, na aplicação do princípio da neutralidade, se deve tentar alcançar a "menor influência possível nas decisões dos agentes econômicos" e que a neutralidade somente estará assegurada "quando não forem produzidas distorções competitivas". Além disso, "a neutralidade deve respeitar os aspectos federativos da tributação sobre o consumo e com o tratamento das 'fronteiras fiscais' (*tax frontiers*)"[68]. CALIENDO, em outra obra, já afirmara que o princípio da neutralidade fiscal estabelece

---

66. GOLDSCHMIDT, Fabio Brun. *O Princípio do Não-Confisco no Direito Tributário*. São Paulo: Revista dos Tribunais, 2003, p. 231.
67. GOLDSCHMIDT, Fabio Brun. *O Princípio do Não-Confisco no Direito Tributário*. São Paulo: Revista dos Tribunais, 2003, p. 231, nota de rodapé 160.
68. CALIENDO, Paulo. *Curso de Direito Tributário*. São Paulo: Saraiva, 2017, p. 196. Sob a rubrica do princípio da neutralidade fiscal, CALIENDO trabalha diversos pontos, como a igualdade de tratamento, a vedação do confisco, a boa-fé em matéria tributária, a solidariedade, a não cumulatividade, a não limitação ao tráfego de pessoas e bens, a proibição de isenções heterônomas, a uniformidade geográfica, a vedação de tributação da dívida pública, essencialidade e a seletividade.

um valor ou fim: "A busca de um sistema tributário ótimo, ou seja, que realize as suas funções de financiamento de políticas públicas, promoção dos direitos fundamentais, evitando ao máximo interferências nas decisões econômicas". Do contrário, a tributação acaba sendo vetor de diminuição da eficiência e obstáculo ao desenvolvimento[69].

A tributação, efetivamente, não é um fim em si mesmo, mas um instrumento para o custeio das políticas públicas. Quanto menos interventiva for, quanto menos figurar como uma variável relevante para a tomada de decisões econômicas, menos distorções gerará. É neutra, portanto, a tributação que não produz efeitos indutivos ou inibitórios significativos, capazes de orientar a tomada de decisões quanto ao exercício das atividades econômicas.

Sempre que a tributação mira efeitos extrafiscais ou que, mesmo sem pretendê-los, os produz de modo significativo, compromete-se a neutralidade. Neutralidade e extrafiscalidade, portanto, são opostos. A neutralidade é um valor da tributação; a extrafiscalidade é o comprometimento da qualidade da tributação em prol de outros valores, devendo pautar-se por um criterioso juízo de proporcionalidade. CALIENDO, por isso, adverte: "A utilização da função extrafiscal do direito tributário deve ser residual, motivada e, se possível, temporária. O tributo não pode ser entendido como elemento fundamental de direção econômica, mas tão somente como meio de regulação excepcional, limitado e justificado"[70].

35. Princípio da transparência tributária

Eurico Diniz de Santi, em entrevista sobre a reforma tributária, afirmou que "a lei tributária precisa ser Simples para o contribuinte, Isonômica, Neutra, Transparente e Arrecadadora (Sinta)"[71]. A transparência "informa ao consumidor-eleitor quanto paga no consumo"[72].

A Constituição Federal, em seu art. 150, § 5º, ao dispor sobre as garantias fundamentais do contribuinte, estabelece: "A lei determinará medidas para que os consumidores sejam esclarecidos acerca dos impostos que incidam sobre mercadorias e serviços". Cumprindo tal mister, a Lei n. 12.741/2012 determina que os documentos fiscais de

---

69. CALIENDO, Paulo. *Direito tributário e análise econômica do direito: uma visão crítica*. Rio de Janeiro: Elsevier, 2009, p. 113.
70. CALIENDO, Paulo. *Direito tributário e análise econômica do direito: uma visão crítica*. Rio de Janeiro: Elsevier, 2009, p. 118.
71. Disponível em: <https://www.conjur.com.br/2018-set-09/entrevista-eurico-santi-professor--direito-tributario>. Acesso em: 1º set. 2020. *Vide*, também: <http://www.apet.org.br/simposio--de-direito-tributario-2018/23/23-1-1.pdf>.
72. *Vide*: <http://www.apet.org.br/simposio-de-direito-tributario-2018/23/23-1-1.pdf>.

venda de mercadorias e serviços ao consumidor deverão indicar "a informação do valor aproximado correspondente à totalidade dos tributos federais, estaduais e municipais, cuja incidência influi na formação dos respectivos preços de venda". Devem ser computados, quando pertinentes, o Imposto sobre Operações relativas à Circulação de Mercadorias e sobre Prestações de Serviços de Transporte Interestadual e Intermunicipal e de Comunicação (ICMS), o Imposto sobre Serviços de Qualquer Natureza (ISS), o Imposto sobre Produtos Industrializados (IPI), o Imposto sobre Operações de Crédito, Câmbio e Seguro, ou Relativas a Títulos ou Valores Mobiliários (IOF) e as contribuições sobre a receita (PIS e Cofins), bem como a contribuição de intervenção no domínio econômico incidente sobre a importação e a comercialização de petróleo e seus derivados, gás natural e seus derivados, e álcool etílico combustível (Cide-combustíveis). Quando o produto envolver insumos ou contiver componentes importados, que forem relevantes para a formação do seu preço (superior a 20%), também serão informados os valores do Imposto sobre a Importação (II) e das contribuições incidentes sobre a importação (PIS/Cofins-Importação). Quando se tratar de produto ou serviço de cujo preço o pagamento de pessoal constituir custo direto, serão divulgadas as contribuições previdenciárias dos empregados e do empregador.

Aliás, passou a ser direito básico do consumidor a informação adequada e clara não apenas sobre quantidade, características, composição, qualidade, preço e riscos que apresentem os diferentes produtos e serviços, mas também sobre os "tributos incidentes", nos termos do art. 6º, inciso III, da Lei n. 8.078/90. A Lei n. 13.111/2015 traz dispositivos específicos para o mercado de veículos automotores, obrigando os empresários a informarem ao comprador o valor dos tributos incidentes sobre a comercialização do veículo, sob pena de arcarem com o valor correspondente.

Mas a transparência extrapola o dever de informação. Importa, também, que os métodos de tributação tornem clara a carga tributária. Dentre os impostos sobre o consumo, apenas o IPI vinha incidindo por fora; ICMS e ISS incidem por dentro, o que significa que os preços têm de ser inflados para comportarem o custo do tributo calculado sobre o valor total e, portanto, sobre o próprio tributo. A sistemática de tributação por dentro oculta a verdadeira carga tributária das operações. A alíquota nominal de 30% de ICMS sobre operações com energia, incidente por dentro, em verdade corresponde a um encargo de mais de 42% por fora do preço líquido (excluído o próprio imposto). A alíquota nominal de 18% corresponde a uma alíquota efetiva de quase 22% do preço líquido. Com a reforma tributária, teremos a substituição desses impostos pelo IBS (Imposto sobre Bens e Serviços) que incidirá por fora e se revestirá de não cumulatividade plena. Isso dará ao sistema maior transparência.

Ademais, a transparência também é robustecida pelas reformas tributárias nacional e estaduais no ponto em que adotam alíquotas únicas ou que, ao menos, reduzem as faixas de alíquotas. Alíquotas padronizadas são medidas que tornam mais transparente a tributação, permitindo uma melhor percepção da carga tributária.

O mesmo ocorre quando restam eliminados ou reduzidos os benefícios fiscais. Tem-se chamado a atenção para o fato de que os benefícios fiscais constituem um subsídio por parte do Estado, equivalendo a um dispêndio público em favor de determinadas pessoas, operações, atividades. A situação assume maior clareza e enseja maior controle quando passamos a nos referir aos benefícios como gastos tributários, apontando os respectivos montantes de renúncia fiscal. A Receita Federal do Brasil, em seu sítio na internet, conceitua: "Gastos tributários são gastos indiretos do governo realizados por intermédio do sistema tributário, visando a atender objetivos econômicos e sociais e constituem-se em uma exceção ao Sistema Tributário de Referência, reduzindo a arrecadação potencial e, consequentemente, aumentando a disponibilidade econômica do contribuinte". E prossegue: "Os sistemas tributários, via de regra, não possuem outro objetivo senão o de gerar recursos para a administração. No entanto, são permeados por situações que promovem isenções, anistias, presunções creditícias, reduções de alíquotas, deduções, abatimentos e diferimentos de obrigações de natureza tributária". Então, conclui: "Caso essas desonerações configurem desvios ao Sistema Tributário de Referência, estaremos diante dos denominados Gastos Tributários".

É preciso que a tributação se revista de transparência para que possa ser mais facilmente percebida, dimensionada e controlada.

Por fim destaco que a transparência tributária, tal qual aqui retratada, não se confunde com a transparência fiscal, mais abrangente, que alcança toda a atividade financeira do Estado, envolvendo também o orçamento e a despesa. O FMI trabalha há bastante tempo para gerar boas práticas de transparência fiscal, tendo lançado um Código a respeito e um Manual de Transparência Fiscal, hoje já revisados, com quatro pilares básicos: Definição Clara de Funções e Responsabilidades, Abertura dos Processos Orçamentários, Acesso Público à Informação e Garantias de Integridade[73].

---

73. Disponível em: <https://www.imf.org/external/np/fad/trans/por/manualp.pdf>.

Capítulo V
Competência tributária

36. Detalhamento da competência na Constituição

A **competência tributária** de cada ente político é estabelecida taxativamente pela Constituição da República em seus arts. 145 a 149-A. As possibilidades de tributação são, portanto, ***numerus clausus***.

Assim é que só poderão ser instituídos tributos que possam ser reconduzidos a uma das normas concessivas de competência tributária, sob pena de inconstitucionalidade.

O exercício, por um ente político, de competência concedida constitucionalmente a outro implica invasão de competência. Cada qual deve circunscrever-se à competência que lhe foi outorgada, não podendo extrapolá-la.

As prerrogativas advindas da outorga de competências tributárias encontram-se regulamentadas pelos arts. 6º a 8º do CTN.

Como a instituição dos tributos se faz necessariamente por lei, a outorga de competência "compreende a competência legislativa plena" (art. 6º do CTN), ou seja, a possibilidade de legislar instituindo o tributo e, subsequentemente, regulamentando-o. A competência pode ser exercida a qualquer tempo, não estando condicionada por prazo decadencial. Assim, o não exercício da competência tributária não implica perda da possibilidade de fazê-lo, tampouco a transfere "a pessoa jurídica de direito público diversa daquela a que a Constituição a tenha atribuído" (art. 8º). Não há, portanto, decadência da possibilidade de instituir tributo nem transferência de competência tributária.

Não se pode confundir a parcela de poder fiscal de cada ente federado, ou seja, a sua competência tributária, com as **funções fiscais** respectivas. Nesse sentido, veja-se

BERNARDO RIBEIRO DE MORAES (*Compêndio de direito tributário*, 4. ed. Rio de Janeiro: Forense, 1995, p. 265):

> [...] a Constituição, que oferece os fins, isto é, o tributo e respectiva receita, também oferece os meios para a pessoa jurídica de direito público constitucional. Ao lado da competência tributária (poder de baixar normas jurídicas tributárias), a entidade tributante recebe funções tributárias, decorrentes do próprio dever da Administração de aplicar as leis tributárias, de executar leis, atos ou decisões administrativas, onde se acham as funções de fiscalizar e de arrecadar o tributo criado pela lei. Não podemos confundir, portanto, essas duas ordens diversas, tanto pelo fundamento como pela finalidade: o poder fiscal, ou competência tributária, advindo da soberania, que se concretiza com a decretação da norma jurídica tributária; e as funções fiscais, decorrência do dever de administração, que se concretizam com o exercício da fiscalização e da arrecadação do tributo. A competência tributária acha-se ligada ao Poder Legislativo; as funções fiscais estão ligadas ao Poder Executivo.

A competência, como parcela do poder fiscal, **é indelegável**, ou seja, não pode a União, por exemplo, delegar aos Estados a instituição do Imposto de Renda, pois cuida-se de imposto federal concedido à União, exclusivamente, no art. 153, III, da Constituição. **As funções fiscais** (regulamentar, fiscalizar, lançar) **são delegáveis**, porquanto tal implica tão somente transferência ou compartilhamento da titularidade ativa (posição de credor na relação jurídica tributária) ou apenas de atribuições administrativas (atribuições de fiscalizar e lançar)[1].

Assim é que a União, instituindo as contribuições previdenciárias, inicialmente colocou o INSS, que é autarquia federal, como credor, com todas as prerrogativas inerentes a tal posição, nos termos do art. 33 da Lei n. 8.212/91 na redação original e na dada pela Lei n. 10.256/2001, e posteriormente atribuiu a administração de tais contribuições, ainda em nome do INSS, à Secretaria da Receita Previdenciária (órgão da própria União), nos termos da Lei n. 11.098/2005, tendo finalmente revogado tais delegações e assumido, ela própria, a União, a condição de sujeito ativo, administrando tais contribuições através das Delegacias da Receita Federal do Brasil, nos termos da Lei n. 11.457/2007. Quando da instituição da taxa de controle e fiscalização ambiental pela União, por sua vez, a Lei n. 10.165/2000 colocou a autarquia federal Ibama como sujeito ativo.

Tais possibilidades, aliás, constam expressamente do art. 7º do CTN: "A competência tributária é indelegável, salvo atribuição das funções de arrecadar ou fiscalizar tributos, ou de executar leis, serviços, atos ou decisões administrativas em matéria tributária, conferida por uma pessoa jurídica de direito público a outra, nos termos

---

1. Adiante, no capítulo atinente à obrigação tributária, há item específico sobre o sujeito ativo das relações tributárias.

do § 3º do art. 18 da Constituição"². A atribuição das funções fiscais, que é revogável a qualquer tempo por ato unilateral da pessoa jurídica de direito público que a tenha conferido (§ 2º), "compreende as garantias e os privilégios processuais que competem à pessoa jurídica de direito público que a conferir" (§ 1º do art. 7º), até porque as garantias e os privilégios são instrumentos para a cobrança dos tributos. O § 3º dispõe ainda que "Não constitui delegação de competência o cometimento, a pessoas de direito privado, do encargo ou da função de arrecadar tributos". A Resolução do Senado Federal 33/2006 autoriza a cessão, para cobrança, da dívida ativa dos Municípios a instituições financeiras, através de endosso-mandato, com antecipação de receita até o valor de face dos créditos.

Vale considerar também a redação do art. 84 do CTN, constante do Capítulo sobre a Distribuição de Receitas Tributárias: "Art. 84. A lei federal pode cometer aos Estados, ao Distrito Federal ou aos Municípios o encargo de arrecadar os impostos de competência da União, cujo produto lhes seja distribuído no todo ou em parte. Parágrafo único. O disposto neste artigo aplica-se à arrecadação dos impostos de competência dos Estados, cujo produto estes venham a distribuir, no todo ou em parte, aos respectivos Municípios". Quanto ao ITR, tal prerrogativa da União ganhou *status* constitucional com o § 4º do art. 153, acrescido pela EC 42/2003, restando estabelecida a possibilidade de os Municípios celebrarem convênio com a União para fiscalizarem e cobrarem, eles próprios, o ITR, hipótese em que ficam com 100% do produto da arrecadação, e não apenas com os 50% que lhes são destinados quando o tributo é fiscalizado e cobrado pela União, nos termos da nova redação do art. 158, II, da CF.

37. Competência tributária X repartição das receitas tributárias

A Constituição trata de modo diverso a outorga de competências tributárias (arts. 145, 148 a 149-A, e 153 a 156) e a repartição das receitas tributárias (arts. 157 a 162). Isso porque nem sempre o ente político que tem a competência para instituir determinado tributo pode ter, apenas para si, o produto da respectiva arrecadação. São muitas as normas constitucionais que asseguram aos Estados e Municípios participação na arrecadação de impostos federais, bem como aos Municípios a participação também em impostos estaduais.

---

2. A referência constante do art. 7º do CTN ao "art. 18, § 3º" já não mais persiste, pois dizia respeito à Constituição de 1946, que dispunha: "Art. 18. Cada Estado se regerá pela Constituição e pelas leis que adotar, observados os princípios estabelecidos nesta Constituição [...] § 3º Mediante acordo com a União, os Estados poderão encarregar funcionários federais da execução de lei e serviços estaduais ou de atos e decisões das suas autoridades; e, reciprocamente, a União poderá, em matéria da sua competência, cometer a funcionários estaduais encargos análogos, provendo às necessárias despesas".

Os Municípios, por exemplo, além de terem a competência e ficarem com a totalidade do que arrecadam a título de Imposto sobre a Propriedade Predial e Territorial Urbana (IPTU), recebem, dos Estados, a metade da arrecadação do Imposto sobre a Propriedade de Veículos Automotores (IPVA) relativamente aos automóveis licenciados em seu território, bem como, da União, pelo menos, a metade do Imposto sobre a Propriedade Territorial Rural (ITR) relativamente aos imóveis nele situados, cabendo-lhes a totalidade quando tenham convênio para a fiscalização e lançamento do tributo. Aos Municípios também cabe, e.g., vinte e cinco por cento da arrecadação do imposto estadual sobre a circulação de mercadorias e sobre a prestação de serviços de transporte interestadual e intermunicipal e de comunicação (ICMS). É o que determina o art. 158 da CF.

São interessantes, também, as previsões dos arts. 157, I, e 158, I, da CF, no sentido de que os Estados, o DF e os Municípios são destinatários do produto da arrecadação do imposto que incide na fonte sobre a renda e proventos pagos por eles. Nesses casos, esses entes políticos procedem à retenção do imposto como qualquer substituto tributário, mas, em vez de o repassarem à União, apropriam-se legitimamente dos valores como receita própria. Essa hipótese abrange não apenas o imposto retido dos servidores públicos, mas toda e qualquer retenção que a legislação lhes imponha, ainda que relativa a imposto de renda devido por pessoas jurídicas com quem contratem.

Os dispositivos constitucionais que repartem as receitas de impostos entre os entes federados ora dispõem que lhes "pertencem" determinado percentual ou fração dos impostos da competência de outros entes, de modo que possam se apropriar dos respectivos valores quando os tenham retido ou que lhes sejam diretamente repassados pelos entes competentes (arts. 157 e 158), ora determinam à União que os entregue ao Fundo de Participação dos Estados e do Distrito Federal ou ao Fundo de Participação dos Municípios, havendo, ainda, determinações de entrega de percentuais para programas de financiamento regionais, dentre outras normas pontuais (art. 159).

É importante destacar que a previsão de que o produto de determinado imposto será repartido não afeta o exercício da competência tributária. Cabe ao ente a que a Constituição outorga competência instituir o tributo, legislar definindo os aspectos da respectiva norma tributária impositiva, inclusive o quantitativo, estabelecer hipóteses de substituição tributária, conceder isenções etc. O direito à parcela do produto da arrecadação não autoriza ao seu destinatário nenhuma ingerência sobre a instituição ou fiscalização do respectivo imposto, que prosseguem observando a legislação do ente titular da competência tributária. Nesse sentido, dispõe o CTN em seu art. 6º, parágrafo único: "Os tributos cuja receita seja distribuída, no todo ou em parte, a outras pessoas jurídicas de direito público pertencem à competência legislativa daquela a que tenham sido atribuídos". O STF enfrentou recurso de Município para que eventuais isenções concedidas pela União não prejudicassem a repartição do produto do IR. Assim decidiu: "Não se haure da autonomia financeira dos Municípios direito subjetivo de índole constitucional com aptidão para infirmar o livre exercício da competência tributária da

União, inclusive em relação aos incentivos e renúncias fiscais, desde que observados os parâmetros de controle constitucionais, legislativos e jurisprudenciais atinentes à desoneração". E mais: "A expressão 'produto da arrecadação' prevista no art. 158, I, da Constituição da República, não permite interpretação constitucional de modo a incluir na base de cálculo do FPM os benefícios e incentivos fiscais devidamente realizados pela União em relação a tributos federais, à luz do conceito técnico de arrecadação e dos estágios da receita pública"[3].

Conforme dados divulgados pela Receita Federal, que estimou em 32,66% do PIB a carga tributária de 2015, a arrecadação da União corresponderia a 68,26% da carga, a dos Estados, a 25,37%, e a dos Municípios, a 6,37%.

38. Competências privativas, comuns e residuais

A competência tributária pode ser classificada em privativa, comum ou residual.

A **competência privativa** é aquela atribuída a um ente político em particular, como a relativa a impostos sobre a renda, sobre produtos industrializados (da União), sobre circulação de mercadorias (do Estado), sobre a prestação de serviços (do Município), ou mesmo a relativa a contribuições sociais gerais, de intervenção no domínio econômico ou do interesse de categorias profissionais (da União) e a contribuições de iluminação pública (do Município)[4].

A **competência comum** é aquela atribuída aos entes políticos em geral (União, Estados e Municípios), como a de instituir taxas pela prestação de serviços específicos e divisíveis ou pelo exercício do poder de polícia, ou mesmo de instituir contribuições de melhoria pelas obras que realizarem. De qualquer modo, mesmo nesses casos, é preciso ter em conta que tais atividades dos entes políticos que ensejam a instituição de tributos são realizadas no exercício das suas específicas competências administrativas,

---

3. STF, RE 705.423, Tribunal Pleno, 2016.
4. PAULO DE BARROS CARVALHO ressalta que, a rigor, impostos privativos são apenas os da União, em razão do que dispõe o art. 154 da Constituição, relativamente à possibilidade da instituição de impostos extraordinários, pela União, compreendidos ou não em sua competência tributária. Senão vejamos: "Tenho para mim que a privatividade é insustentável, levando em conta disposição expressa da Lei das Leis que, bem ou mal, é o padrão empírico para a emissão de proposições descritivas sobre o direito posto. A União está credenciada a legislar sobre seus impostos e, na iminência ou no caso de guerra externa, sobre impostos ditos 'extraordinários', *compreendidos ou não em sua competência tributária*, consoante o que prescreve o art. 154, II. Dir-se-á que se trata de exceção, mas é o que basta para derrubar proposição afirmativa colocada em termos universais, de tal sorte que impostos privativos, no Brasil, somente os outorgados à União. A privatividade fica reduzida, assim, à faixa de competência do Poder Público Federal" (CARVALHO, Paulo de Barros. *Curso de direito tributário*. 28. ed. São Paulo: Saraiva, 2017, p. 236).

de modo que acabam as possibilidades de tributação sendo próprias e privativas de cada um deles[5]. Não é por outra razão que o art. 80 do CTN faz referência expressa a isso, dispondo: "Para efeito de instituição e cobrança de taxas, consideram-se compreendidas no âmbito das atribuições da União, dos Estados, do Distrito Federal ou dos Municípios aquelas que, segundo a Constituição Federal, as Constituições dos Estados, as Leis Orgânicas do Distrito Federal e dos Municípios e a legislação com elas compatível, competem a cada uma dessas pessoas de direito público".

A **competência residual** é aquela atribuída à União para a instituição de tributos sobre bases econômicas distintas daquelas já estabelecidas no texto constitucional. É o que ocorre com os impostos, quando o art. 154, I, da Constituição permite à União a instituição de outros impostos além daqueles que discrimina em seus arts. 153, 155 e 156, e o que ocorre com as contribuições de seguridade social, constando, do art. 195, § 4º, da Constituição, a competência da União para a instituição de outras contribuições de seguridade social além das expressamente previstas nos incisos I a IV do mesmo art. 195. A competência residual segue regime específico, estabelecido no art. 154, I, para os impostos, mas aplicável também às contribuições de seguridade social por força de remissão constante no art. 195, § 4º, da CF. Tal regime exige a via legislativa da lei complementar (não pode ser instituído por lei ordinária nem por medida provisória), não cumulatividade (não pode incidir cumulativamente a cada operação) e vedação do *bis in idem* e da bitributação (a União não pode instituir novos impostos sobre fatos geradores e bases de cálculo de impostos já previstos nos arts. 153, 155 e 156, e também não pode instituir novas contribuições de seguridade sobre fatos geradores e bases de cálculo de contribuições de seguridade social já previstas nos arts. 195, I a IV).

39. Normas constitucionais concessivas de competência

As normas de competência constam dos **arts. 145 a 149-A**, encontrando, ainda, especificações nos arts. 153 a 156, 177, § 4º, e 195 da CF.

O art. 145 cuida da competência da União, dos Estados, do Distrito Federal e dos Municípios para a instituição de impostos, taxas e contribuições de melhoria.

Quanto aos impostos, o art. 145 é complementado pelos arts. 153 a 156. O art. 153 estabelece os impostos da União, enquanto sua competência residual para instituir novos impostos diversos dos previstos na Constituição consta no art. 154, I, e sua competência para instituir imposto extraordinário de guerra é concedida pelo art. 154, II. O art. 155, por sua vez, especifica os impostos dos Estados. O art. 156 cuida dos impostos dos Municípios. Sendo arroladas pela Constituição as bases que cada ente político pode tributar a título de imposto, pode-se concluir no sentido de que se trata de competências

---

5. SILVA, José Afonso da. *Curso de direito constitucional positivo.* 6. ed. São Paulo: RT, 1990, p. 604.

privativas, ressalvada a competência da União para a instituição do imposto extraordinário de guerra, pois o art. 154, II, autoriza que este recaia sobre qualquer base.

O art. 148 estabelece a competência da União para a instituição de empréstimos compulsórios.

O art. 149 outorga competência à União para a instituição de contribuições sociais de intervenção no domínio econômico e do interesse das categorias profissionais ou econômicas. O art. 177, § 4º, traz normas específicas quanto à contribuição interventiva relativa às atividades de importação e à comercialização de petróleo e seus derivados, gás natural e seus derivados e álcool combustível. O art. 195 complementa o tratamento das contribuições sociais, estabelecendo algumas normas especiais para as de seguridade social, sem prejuízo de que lhes sejam aplicáveis as normas do art. 149 no que forem compatíveis. O § 1º do art. 149, por sua vez, dispõe sobre a competência dos Estados, do Distrito Federal e dos Municípios para a instituição de contribuições de previdência dos seus servidores. O art. 149-A, por fim, estabelece a competência dos Municípios para a instituição de contribuição de iluminação pública.

As normas de competência ora adotam como critério a atividade estatal, ora a base econômica ou materialidade a ser tributada, ora a finalidade para a qual se admite a instituição do tributo, havendo casos, ainda, em que tais critérios são combinados, resultando num duplo condicionamento para o exercício da competência tributária.

40. Critério da atividade estatal

Há tributos cuja competência é outorgada em função da atividade estatal. É o **caso das taxas e das contribuições de melhoria**.

Note-se que o art. 145, II, da CF cuida da cobrança de taxas pela União, pelos Estados, pelo Distrito Federal ou pelos Municípios, no âmbito de suas respectivas atribuições, de modo que cada ente federado tem competência para cobrar taxas pelos **serviços** que preste ou pelo **poder de polícia** que exerça no desempenho da sua competência administrativa.

As contribuições de melhoria, por sua vez, estampadas no art. 145, III, da CF, podem ser instituídas em face de **obra pública**, de modo que pressupõem a atividade estatal.

41. Critério da base econômica

A competência tributária, relativamente a determinados tributos, é conferida mediante a indicação das situações reveladoras de riqueza passíveis de serem tributadas. Cuida-se de técnica de outorga de competência que restringe a tributação a determinadas bases econômicas, taxativamente arroladas.

Este critério tem sido utilizado, desde a EC 18/65, para a outorga de competências relativamente à instituição de impostos. Na Constituição de 1988, contudo, além da instituição de **impostos**, também a instituição de **contribuições sociais de seguridade social** ordinárias passou a ter o seu objeto delimitado.

Os arts. 153, 155 e 156 estabelecem as bases econômicas sobre as quais cada ente político, de forma privativa, poderá instituir imposto, sem prejuízo, por certo, das competências residual e extraordinária da União, observados os seus requisitos próprios, nos termos do art. 154. Confere, assim, a **tributação de determinadas riquezas** à União (importação, exportação, renda, operações com produtos industrializados etc.), de outras aos Estados (circulação de mercadorias, propriedade de veículos automotores etc.) e de outras aos Municípios (prestação de serviços de qualquer natureza etc.)[6].

O art. 195, incisos I a IV, arrola as bases econômicas passíveis de serem tributadas para o custeio da seguridade social: folha de salários e demais pagamentos a pessoa física por trabalho prestado, faturamento ou receita, lucro etc.

O art. 149, em seu § 2º, III, acrescentado pela EC 33/2001, faz com que a outorga de competência para a instituição de contribuições sociais em geral e de intervenção no domínio econômico recaia sobre o faturamento, a receita bruta ou o valor da operação e,

---

6. No que tange às bases econômicas tradicionais, a Constituição concedeu à União, com exclusividade, a competência para instituir imposto sobre a renda e, ainda, sobre a propriedade territorial rural e sobre grandes fortunas, deixando a propriedade de veículos automotores aos Estados e a propriedade predial e territorial urbana aos Municípios. Quanto à atividade econômica, reservou a industrialização para ser objeto de imposto federal, deixando a circulação de mercadorias aos Estados e a prestação de serviços aos Municípios. Também manteve com a União a competência para a instituição de impostos sobre a importação e a exportação, importantes como instrumentos de controle do comércio exterior. Com isso, resta preservado o papel da União em tal área, devendo-se ressaltar que estas normas, de caráter positivo, que outorgam competência, são realçadas e complementadas por normas de cunho negativo, que vedam aos Estados e Municípios instituir tributos interestaduais ou intermunicipais (art. 150, V) e também estabelecer diferença tributária entre bens e serviços, de qualquer natureza, em razão de sua procedência ou destino (art. 152), regra esta já aplicada pelo STJ para afastar alíquota diferenciada de IPVA para veículos importados. Coube à União, ainda, a competência para instituir impostos sobre as operações de crédito, câmbio e seguro ou relativas a títulos ou valores mobiliários, que servem à finalidade extrafiscal de monitoramento da atividade econômica e da moeda. Refiro-me a impostos porque, de fato, embora seja costume utilizarmos a denominação IOF – Imposto sobre Operações Financeiras –, a bem da verdade, são diversas bases econômicas distintas, às quais correspondem diferentes fatos geradores e bases de cálculo. Em suma, não há um IOF, mas vários impostos sobre operações de crédito, de um lado, sobre operações de câmbio e, de outro, sobre operações de seguros e sobre operações com títulos ou valores mobiliários. Ficou com os Estados, além do IPVA e do ICMS, a transmissão *Causa Mortis* e doação, de quaisquer bens ou direitos, e com os Municípios, além do IPTU e do ISS, a transmissão *inter vivos*, a qualquer título, por ato oneroso, de bens imóveis, por natureza ou acessão física, e de direitos reais sobre imóveis, exceto os de garantia, bem como cessão de direitos a sua aquisição.

no caso de importação, o valor aduaneiro (alínea *a*), sem prejuízo da possibilidade de tributação por valor fixo conforme a quantidade de produto (alínea *b*). Mas o STF foi categórico ao decidir que "o § 2º, III, *a*, do art. 149, da Constituição, introduzido pela EC n. 33/2001, ao especificar que as contribuições sociais e de intervenção no domínio econômico 'poderão ter alíquotas' que incidam sobre o faturamento, a receita bruta (ou o valor da operação) ou o valor aduaneiro, não impede que o legislador adote outras bases econômicas para os referidos tributos, como a folha de salários, pois esse rol é meramente exemplificativo ou enunciativo"[7, 8].

A outorga de competência pelo critério da base econômica implica, efetivamente, uma limitação da respectiva competência ao potencial significado das situações reveladoras de capacidade contributiva ali indicadas, ou seja às possibilidades semânticas (significado das palavras) e sintáticas (significado das expressões ou frases como um todo, mediante a consideração da inter-relação e implicação mútua entre as palavras) do seu enunciado. Quando o art. 153 outorga competência para a instituição de imposto sobre a renda e proventos de qualquer natureza ou sobre a propriedade territorial rural, impõe-se que se investigue o que significam tais expressões, analisando cada um dos termos separadamente e em conjunto. Da mesma forma, quando o art. 155 trata do imposto sobre a circulação de mercadorias, o ponto de partida para a sua análise é investigarmos o que é circulação e o que são mercadorias. Essa técnica de abordagem decorre da própria necessidade de cumprimento da Constituição, respeitando-se as competências outorgadas.

O art. 110 do CTN é inequívoco no sentido de que a lei tributária não pode alterar a definição, o conteúdo e o alcance de institutos, conceitos e formas de direito privado utilizados, expressa ou implicitamente, pelas Constituições Federal ou Estaduais ou pelas Leis Orgânicas do Distrito Federal ou dos Municípios, para definir ou limitar competências tributárias. Efetivamente, "quando a Constituição emprega um termo (palavra ou expressão) dotado de um significado comum (ordinário ou técnico) sem o modificar por meio de uma definição estipulativa nem o precisar por meio de uma redefinição, termina por incorporar o significado... que apresentava... ao tempo e que foi promulgada"[9].

Mas o STF, em 2017, no RE 651.703, posicionou-se no sentido de que, na interpretação do potencial de cada norma de competência estabelecida pelo critério da base

---

7. STF, RE 630.898, 2021.
8. Tínhamos posicionamento diverso, entendendo que esse dispositivo trazia, simultaneamente, um conteúdo permissivo e um conteúdo restritivo, pois "junge o legislador tributário à eleição de uma das bases de cálculo que indica de forma taxativa" (VELLOSO, Andrei Pitten. *Constituição tributária interpretada*. São Paulo: Atlas, 2007, p. 108-109).
9. ÁVILA, Humberto. *Competências tributárias: um ensaio sobre a sua compatibilidade com as noções de tipo e conceito*. São Paulo: Malheiros, 2018, p. 67.

econômica, não se está vinculado, de modo absoluto, a conceitos estabelecidos pela legislação infraconstitucional, mesmo que anteriores à Constituição e ainda que consolidados. Quando se disponha de outros elementos no texto constitucional a indicar diferente amplitude, podem ser considerados, porquanto a interpretação é processo complexo que se faz mediante o uso de diversas técnicas e a interpretação constitucional não pode ser restringida pelo CTN. Decidiu: "A interpretação isolada do art. 110, do CTN, conduz à prevalência do método literal, dando aos conceitos de Direito Privado a primazia hermenêutica na ordem jurídica, o que resta inconcebível. Consequentemente, deve-se promover a interpretação conjugada dos arts. 109 e 110, do CTN, avultando o método sistemático quando estiverem em jogo institutos e conceitos utilizados pela Constituição".

A análise dos conceitos constantes da legislação prossegue sendo importante e a conduzir a compreensão das normas de competência, porquanto são referências que devem ser tidas em conta.

O critério da base econômica enseja, portanto, um **controle material** sobre o objeto da tributação mediante análise do fato gerador, da base de cálculo e do contribuinte em face da riqueza que pode ser tributada.

Conforme o STF, mesmo no que diz respeito às contribuições previdenciárias de servidores, "não é possível invocar o princípio da solidariedade para inovar no tocante à regra que estabelece a base econômica do tributo"[10].

Muitos tributos instituídos com extrapolação do significado possível da base econômica dada à tributação foram declarados inconstitucionais pelo STF[11], conforme se pode ver do caso da contribuição previdenciária das empresas sobre o pró-labore, quando o art. 195, I, a, na redação original, só autorizava a instituição sobre a folha de salários[12], e do caso da contribuição sobre a receita bruta, quando o art. 195, I, b, só autorizava a instituição sobre o faturamento[13].

42. Critério da finalidade

A Constituição também outorga competências pelo critério da finalidade, indicando áreas de atuação que justificam a instituição de tributos para o seu custeio. Assim se dá relativamente às contribuições e aos empréstimos compulsórios.

---

10. STF, RE 593.068, Tribunal Pleno, 2018.
11. A impossibilidade de cobrança das contribuições de seguridade que incidem na importação (PIS/Cofins-Importação) sobre base de cálculo que extrapole o valor aduaneiro (art. 149, § 2º, III, a, da CF) também está sendo afirmada pelo STF no RE 559.937.
12. STF, Tribunal Pleno, RE 166.772, 1994.
13. STF, Tribunal Pleno, RE 346.084, 2006.

MARCO AURÉLIO GRECO destaca que a finalidade é o critério de validação constitucional de tais tributos, pois é o que fundamenta e dá sustentação à sua instituição e cobrança.

Ao estabelecer competências pelo critério da finalidade, a Constituição optou pela **funcionalização** de tais tributos, admitindo-os quando venham ao encontro da promoção de políticas arroladas pelo próprio texto constitucional como relevantes para a sociedade brasileira.

Evidencia, nas espécies tributárias cuja competência é desse modo outorgada, o **caráter instrumental** do tributo: o tributo como instrumento da sociedade para a viabilização de políticas públicas.

Não se trata de arrecadação para a simples manutenção da máquina estatal em geral, mas de **arrecadação** absolutamente fundamentada e **vinculada à realização de determinadas ações de governo**.

A instituição de **contribuições** e de **empréstimos compulsórios**, portanto, é condicionada pelas finalidades que os justificam. ANDREI PITTEN VELLOSO destaca: "O legislador não pode buscar toda e qualquer finalidade através das contribuições especiais, pois no nosso sistema constitucional não há uma competência genérica para a instituição de tais tributos. O que existem são competências específicas, cujos limites devem ser rigorosamente observados pelo legislador"[14].

Isso enseja **dois tipos de controle**: um relativo à lei instituidora do tributo e outro relativo à efetiva destinação do produto conforme a lei instituidora.

Cumpre verificar, primeiramente, a exata correspondência da **finalidade invocada na norma instituidora** com aquela prevista na Constituição como autorizadora da instituição de tais tributos. Tal controle, note-se, reporta-se ao momento exato da publicação da lei, que fixa sua existência e validade, devendo ter em conta a redação do texto constitucional vigente quando do seu advento. Não havendo compatibilidade, restará evidenciado que a lei instituidora não encontra suporte na norma de competência e, pois, que não há competência para a instituição do referido tributo, reconhecendo-se, por isso, a inconstitucionalidade da lei.

Mas, como os tributos que têm na finalidade o seu critério de validação constitucional só podem ser legitimamente exigidos se a finalidade é efetiva, real, e não um mero enunciado de intenções, um pretexto para a arrecadação, sempre resta aberta, ainda, a possibilidade de análise da destinação. Cabe, pois, num segundo momento, verificar a observância, em concreto, da finalidade invocada pela lei instituidora e que a Constituição coloca como autorizadora do tributo, ou seja, conferir se os recursos arrecadados

---

14. PAULSEN, Leandro; VELLOSO, Andrei Pitten. *Contribuições no sistema tributário brasileiro*. 4. ed. São Paulo: Saraiva, 2019, p. 51.

estão efetivamente tendo **aplicação condizente com a finalidade** que fundamenta a sua cobrança. A inconstitucionalidade, aqui, será superveniente, não da lei instituidora, mas da sua aplicação em desconformidade com a finalidade enunciada. Este controle não se exaure no tempo, tampouco preclui. Impende que se analise a lei orçamentária e demais atos normativos que cuidem da destinação de recursos, o que permite abortar, na origem, eventual desvio, de modo que o tributo seja destinado à sua finalidade própria, garantindo-se a arrecadação e a aplicação adequadas. O Ministério Público pode e deve desempenhar tal controle. Verificando-se, apenas *a posteriori*, que a destinação efetiva não correspondeu à destinação legal e constitucional, restará revelada a falta de suporte válido para a cobrança, caracterizando-se, então, o pagamento indevido.

Chegou a ser suscitada a inconstitucionalidade superveniente dos arts. 1º e 2º da LC n. 110/2001, relativos às contribuições adicionais de 10% sobre o montante dos depósitos de FGTS devidas na despedida sem justa causa e de 0,5% sobre a remuneração de cada trabalhador, instituídas para fazer frente a diferenças de correção monetária das contas vinculadas, cuja finalidade já teria se exaurido. É que a sua finalidade apontava, por definição, para um caráter transitório da contribuição, ainda que não pudesse ser aprazado originalmente e que o seu exaurimento implicaria perda de eficácia da lei ou mesmo do seu suporte de constitucionalidade, de modo que não haveria mais fundamento para continuar a obrigar o contribuinte a pagá-las[15]. Mas não se conseguiu que os tribunais reconhecessem tal inconstitucionalidade. A contribuição do art. 2º nascera temporária, nos termos do seu § 2º, vigendo por exatos 60 meses. Quanto à do art. 1º, acabou extinta posteriormente, revogada que foi pelo art. 12 da Lei n. 13.932/2019.

43. Bitributação e *bis in idem*

O termo *bitributação* designa a tributação instituída por dois entes políticos sobre o mesmo fato gerador. Ocorre bitributação, por exemplo, quando tanto lei do Estado como lei do Município consideram a prestação de determinado serviço como gerador da obrigação de pagar imposto que tenham instituído (por exemplo, ICMS e ISS). A bitributação sempre envolve um conflito de competências, ao menos aparente.

A expressão *bis in idem* designa a dupla tributação estabelecida por um único ente político sobre o mesmo fato gerador.

Inexiste uma garantia constitucional genérica contra a bitributação e o *bis in idem*, de modo que não decorre automaticamente da identificação do fenômeno a conclusão pela sua inconstitucionalidade.

---
15. Voto do Des. BRUM VAZ.

Mas há várias restrições a tais figuras que se podem extrair expressa ou implicitamente da Constituição.

A Constituição vedou expressamente a bitributação e o *bis in idem* relativamente aos impostos, ao estabelecer competências tributárias privativas em favor de cada ente político e determinar que eventual exercício da competência residual pela União se desse sobre fato gerador e base de cálculo distintos dos atinentes às bases econômicas já previstas no texto constitucional (art. 154, I). Tal vedação, pois, diz respeito aos **impostos entre si**, excepcionados, apenas, por expressa autorização constitucional, os impostos extraordinários de guerra (art. 154, II). A reserva de bases econômicas em caráter privativo só **passível de ser excepcionada pelo imposto extraordinário de guerra** diz respeito, ressalto, exclusivamente à competência para a instituição de impostos.

Quando da análise do IPI, o STJ entendeu que não há *bis in idem* nem bitributação na incidência, primeiramente, na importação, por ocasião do desembaraço aduaneiro do produto industrializado e, na sequência, também internamente, quando da sua saída do estabelecimento do importador[16]. Afirmou que "a primeira tributação recai sobre o preço de compra onde embutida a margem de lucro da empresa estrangeira e a segunda tributação recai sobre o preço da venda, onde já embutida a margem de lucro da empresa brasileira importadora".

A Constituição vedou, igualmente, o *bis in idem* relativamente às contribuições de seguridade social, ao eleger bases econômicas e determinar que o exercício da competência residual se conforme à mesma sistemática da competência residual atinente aos impostos. Enquanto, para os impostos, os novos não podem repetir os já previstos constitucionalmente, para as contribuições de seguridade, as novas não podem repetir as contribuições de seguridade já previstas constitucionalmente (art. 195, I, II e III), o que se extrai da remissão feita pelo art. 195, § 4º, ao art. 154, I, conforme, aliás, restou esclarecido pelo STF, dentre outros, no RE 228.321 e no RE 146.733. A vedação de *bis in idem*, assim, dá-se para as **contribuições de seguridade social entre si**. Há, portanto, uma simetria entre o exercício da competência residual atinente à instituição de impostos e o exercício da competência residual atinente à instituição de contribuições de seguridade social. Mas a sistemática do § 4º, inclusive com a vedação do *bis in idem*, **não se aplica às contribuições que foram expressamente recepcionadas pelo texto constitucional**, como a contribuição ao PIS, recebida pelo art. 239 da CF[17], e as contribuições destinadas aos serviços sociais vinculados às entidades sindicais, estas, aliás, objeto de ressalva específica no art. 240 da CF.

Inexiste vedação a que se tenha identidade de fato gerador e base de cálculo entre impostos e contribuições, mesmo de seguridade social. Assim, o fato de uma contribuição

---

16. STJ, Corte Especial, EREsp 1.403.532-SC, 2015.
17. STF, Tribunal Pleno, ADI 1.417, 1999.

ter fato gerador ou base de cálculo idênticos aos dos impostos não revela, por si só, vício de inconstitucionalidade. Não há vedação expressa nem impedimento decorrente das características de tais espécies tributárias, pois ambas podem ter fato gerador não vinculado. Não há impedimento, assim, a que haja *bis in idem* ou mesmo bitributação por contribuição de seguridade social relativamente a impostos já instituídos ou que venham a ser instituídos[18].

Tampouco há impedimento ao *bis in idem* entre contribuições sociais de seguridade social relativamente a contribuições sociais gerais, de intervenção no domínio econômico ou do interesse das categorias profissionais ou econômicas. Assim, antes da EC n. 33/2001, que restringiu as bases imponíveis no que diz respeito às contribuições sociais e interventivas, inexistia óbice à incidência, sobre a folha de salários, das contribuições ao salário-educação, mantida pelo art. 212, § 6º, da CF, e ao Incra.

Há vedação constitucional expressa, ainda, a que as taxas tenham fato gerador próprio de impostos. O art. 145, § 2º, determina que "as **taxas não poderão ter base de cálculo própria de impostos**". A aplicação de tal dispositivo resultou na edição da **Súmula Vinculante 29** do STF: "É constitucional a adoção, no cálculo do valor de taxa, de um ou mais elementos da base de cálculo própria de determinado imposto, desde que não haja integral identidade entre uma base e outra". Cuidamos da questão quando da análise das taxas.

Por fim, no que diz respeito à sobreposição de taxas, há uma impossibilidade lógica à ocorrência da bitributação, porquanto são tributos que têm como fato gerador a própria atividade estatal, estando vinculados, pois, à competência administrativa de cada ente político. O mesmo pode-se dizer quanto às contribuições de melhoria, que pressupõem obra pública.

....
18. Apreciando a LC n. 84/96, o STF, consagrando posição que já adotara anteriormente, entendeu que a CF/88 não proíbe a coincidência da base de cálculo da contribuição com a base de cálculo de imposto já existente: STF, Tribunal Pleno, RE 228.321, 1998.

Capítulo VI
Imunidades tributárias

44. Imunidades como normas negativas de competência

As **regras constitucionais que proíbem a tributação** de determinadas pessoas, operações, objetos ou de outras demonstrações de riqueza, **negando, portanto, competência tributária**, são chamadas de imunidades tributárias. Isso porque tornam imunes à tributação as pessoas ou base econômicas nelas referidas relativamente aos tributos que a própria regra constitucional negativa de competência específica.

O texto constitucional não refere expressamente o **termo "imunidade"**. Utiliza-se de outras expressões: veda a instituição de tributo, determina a gratuidade de determinados serviços que ensejariam a cobrança de taxa, fala de isenção, de não incidência etc. Mas, em todos esses casos, em se tratando de norma constitucional, impede a tributação, estabelecendo, pois, o que se convencionou denominar de imunidades. O próprio STF já reconheceu a natureza de imunidade a essas regras constitucionais de "não incidência" e de "isenção". É o caso do RE 212.637, que cuidou do art. 155, § 2º, X, *a*, ou seja, da imunidade ao ICMS das operações que destinem mercadorias ao exterior, e da ADI 2028, que tratou do art. 195, § 7º, acerca da imunidade às contribuições de seguridade social das entidades beneficentes de assistência social. No RE 636.941, restou esclarecido que, por ter conteúdo de regra de supressão de competência tributária, a isenção do art. 195, § 7º, da CF encerra verdadeira imunidade[1].

....
1. STF, Tribunal Pleno, RE 636.941, fev. 2014.

É importante considerar que, embora haja a referência, no texto constitucional, à isenção e à não incidência, trata-se de imunidades inconfundíveis com as desonerações infraconstitucionais. Elevadas a normas constitucionais proibitivas de tributação, deixam de ser simples isenções ou não incidências, assumindo verdadeiro caráter de imunidade. Tecnicamente falando, a isenção é benefício fiscal que pressupõe a existência da competência tributária e seu exercício. Tendo sido instituído determinado tributo, surge a isenção como um modo de desonerar determinado contribuinte ou operação. A isenção tem como fonte a lei, tal qual a norma instituidora do tributo. A não incidência, por sua vez, é simples consequência do fato de determinada situação não se enquadrar na hipótese de incidência (também chamada regra matriz de incidência tributária). Por vezes, contudo, o legislador torna expressa a não incidência, modelando ou restringindo a própria norma de incidência.

Por se tratar de normas de competência, ainda que negativas, as imunidades têm foro exclusivo na Constituição, são **numerus clausus**.

45. Imunidades como garantias fundamentais

As imunidades são normas negativas de competência tributária. Tem suporte constitucional, ainda, considerá-las como limitações ao poder de tributar, sendo certo que a Constituição arrola as imunidades genéricas justamente na seção que cuida das limitações ao poder de tributar.

Também podem ser percebidas e consideradas como garantias fundamentais quando estabelecidas com o escopo de proteger direitos fundamentais como o da liberdade de crença (imunidade dos templos) ou da manifestação do pensamento (imunidade dos livros). Tais imunidades compõem o estatuto jurídico-constitucional de tais garantias fundamentais, de modo que as integram.

A importância de tomar uma imunidade como garantia fundamental está em lhe atribuir a condição de cláusula pétrea inerente aos direitos e garantias fundamentais, nos termos do art. 60, § 4º, da Constituição Federal.

Note-se que há uma enorme diferença axiológica entre a imunidade dos livros a impostos, prevista no art. 150, VI, *d*, da Constituição, e a imunidade das receitas de exportação a contribuições sociais e interventivas, prevista no art. 149, § 2º, I, da Constituição. A primeira assegura a liberdade de manifestação do pensamento, preservando a democracia, o pluralismo, o acesso à informação, de modo que configura cláusula pétrea, não podendo ser revogada nem restringida pelo poder constituinte derivado. A segunda constitui simples elevação, em nível constitucional, da política de desoneração das exportações, podendo ser revogada ou alterada pelo constituinte derivado.

46. Classificação, interpretação e aplicação das imunidades

As imunidades, **quanto aos tributos abrangidos**, ora dizem respeito aos impostos em geral ou a um único imposto, ora a outras espécies tributárias em caráter geral ou específico, o que depende da redação de cada norma constitucional proibitiva de tributação. As imunidades do art. 150, VI, da CF, por exemplo, conforme consta expressamente de seu texto, limitam-se a negar competência para a instituição de impostos. Estabelece as chamadas imunidades genéricas. Já o art. 153, § 3º, da CF, III, torna os produtos industrializados destinados ao exterior imunes ao IPI exclusivamente. O art. 149, § 2º, I, da CF, por sua vez, estabelece a imunidade das receitas de exportação às contribuições sociais e de intervenção no domínio econômico[2]. O art. 195, § 7º, da CF traz imunidade que diz respeito às contribuições de seguridade social. No art. 5º, inciso XXXIV, diferentemente, encontramos imunidade relativa a taxas. Desses casos, resta claro que não há um padrão nas normas de imunidade, podendo alcançar os mais diversos tributos e espécies tributárias, isolada ou conjuntamente.

Em face da existência ou não de remissão expressa, pela Constituição, às condições ou requisitos estabelecidos por lei, a doutrina também classifica as imunidades em **condicionadas e incondicionadas**[3]. Cabe observar, porém, que sempre teremos o condicionamento ao menos à preservação do valor que inspira a regra de imunidade. Desse modo, mesmo a imunidade das instituições religiosas – a princípio incondicionada – só se justifica em face da manifestação da religiosidade e das atividades que lhe são inerentes ou correlatas, mantido o sentido finalístico, sob pena de se desvirtuar a garantia constitucional. A invocação do caráter incondicionado de determinada imunidade não se presta, por exemplo, para estendê-la a atividades econômicas, mesmo que os recursos venham a ser aplicados na atividade-fim. Permitir que a imunidade implique desequilíbrios no mercado violaria o princípio da livre iniciativa e concorrência, que pressupõe isonomia tributária.

Podem-se classificar as imunidades, também, em **objetivas e subjetivas**. A imunidade objetiva é aquela em que se exclui da tributação determinado bem, riqueza ou operação considerado de modo objetivo, sem atenção ao seu titular. É o caso da imunidade dos livros, jornais e periódicos, que só alcança as operações com esses instrumentos de manifestação do pensamento e das ideias, não se estendendo aos autores, às editoras e às livrarias. Subjetiva, de outro lado, é a imunidade outorgada em função da pessoa do contribuinte, como a imunidade dos templos (instituições religiosas) e dos partidos políticos. Todavia, é preciso ter em conta que não se trata de uma classificação que possa ser considerada em sentido absoluto. Mas frequentemente as imunidades

....

2. STF, Tribunal Pleno, RE 474.132, 2010.
3. MARTINS, Ives Gandra da Silva. Imunidades condicionadas e incondicionadas – Inteligência do artigo 150, inciso VI e § 4º e artigo 195, § 7º, da Constituição Federal. *RDDT* n. 28, jan. 1998, p. 68; SARAIVA FILHO, Oswaldo Othon de Pontes. A imunidade das instituições religiosas. *RFDT* 27/21, maio-jun. 2007.

apresentam caráter misto ou híbrido, combinando critérios objetivos e subjetivos. No próprio caso da imunidade dos partidos políticos (a princípio subjetiva), o texto constitucional limita seu alcance ao patrimônio, renda e serviços "relacionados com as finalidades essenciais" da entidade, o mesmo ocorrendo com a imunidade dos templos.

Quanto à **interpretação das imunidades**, impende considerar o art. 110 do CTN. Ao dizer que "a lei tributária não pode alterar a definição, o conteúdo e o alcance de institutos, conceitos e formas de direito privado, utilizados, expressa ou implicitamente, pela Constituição Federal, pelas Constituições dos Estados, ou pelas Leis Orgânicas do Distrito Federal ou dos Municípios, para definir ou limitar competências tributárias", estabelece a importância de levarmos a sério o sentido técnico das normas de competência, incluindo as de imunidade. Note-se que o art. 150, VI, da CF, ao estabelecer as imunidades genéricas, as arrola como "limitações constitucionais ao poder de tributar".

Ainda em matéria de interpretação, é recorrente o dissenso entre dar às imunidades caráter ampliativo ou restritivo. O STF tem diversos precedentes do seu Tribunal Pleno apontando para uma interpretação restritiva, como quando decidiu o alcance da imunidade das receitas de exportação (art. 149, § 2º, I)[4]. Mas também tem precedentes que ampliam o alcance de regras de imunidade, como no caso da imunidade recíproca, que a CF diz abranger os entes políticos (art. 150, VI, *a*), suas autarquias e fundações públicas (art. 150, § 2º), mas que o STF estende a empresas públicas e até mesmo a sociedades de economia mista quando exerçam serviço público típico, em regime de monopólio ou em caráter gratuito, sem concorrência com a iniciativa privada[5]. Aliás, para a mesma norma de imunidade, por vezes o STF adota critérios distintos, ora ampliativo[6], ora restritivo[7]. Entendemos que não é dado ao aplicador assumir qualquer premissa que o condicione a estender ou a restringir a norma que imuniza; deve, sim, perscrutar seu efetivo alcance considerando a regra de imunidade, seu objeto, sua finalidade, enfim,

---

4. "A imunidade encerra exceção constitucional à capacidade ativa tributária, cabendo interpretar os preceitos regedores de forma estrita" (STF, Pleno, rel. Min. MARCO AURÉLIO, RE 564413, 2010); "Em se tratando de imunidade tributária a interpretação há de ser restritiva, atentando sempre para o escopo pretendido pelo legislador" (STF, Pleno, rel. Min. RICARDO LEWANDOWSKI, RE 566.259, 2010).
5. ECT: STF, Tribunal Pleno, ACO 789, 2010; STF, Segunda Turma, RE 443.648 AgR, 2010; CODESP: STF, Segunda Turma, RE 265.749 ED-ED, 2011.
6. "Extraia-se da Constituição Federal, em interpretação teleológica e integrativa, a maior concretude possível. IMUNIDADE – 'LIVROS, JORNAIS, PERIÓDICOS E O PAPEL DESTINADO A SUA IMPRESSÃO' – ART. 150, INCISO VI, ALÍNEA *D*, DA CARTA DA REPÚBLICA – INTELIGÊNCIA. A imunidade tributária relativa a livros, jornais e periódicos é ampla, total, apanhando produto, maquinário e insumos. A referência, no preceito, a papel é exemplificativa e não exaustiva" (STF, Primeira Turma, RE 202.149, 2011).
7. "O Supremo Tribunal Federal possui entendimento no sentido de que a imunidade tributária prevista no art. 150, VI, *d*, da Constituição Federal deve ser interpretada restritivamente..." (STF, Primeira Turma, RE 504.615 AgR, 2011).

todas as técnicas interpretativas ao seu alcance (**literal, sistemática, teleológica**). O STF também destacou, recentemente, que se deve fazer uma interpretação evolutiva: "A interpretação das imunidades tributárias deve se projetar no futuro e levar em conta os novos fenômenos sociais, culturais e tecnológicos". E frisou: "Com isso, evita-se o esvaziamento das normas imunizantes por mero lapso temporal, além de se propiciar a constante atualização do alcance de seus preceitos"[8].

Relativamente à aplicação das imunidades, vale considerar que as normas negativas de competência, bastantes em si, são autoaplicáveis. Mas há imunidades que exigem **regulamentação**, mormente quando seu texto remete expressamente aos requisitos e condições estabelecidos em lei. A doutrina, mesmo nestes casos, preconiza majoritariamente a autoaplicabilidade. Entretanto, o STF trilhou caminho oposto quando analisou o já revogado inciso II do § 2º do art. 153 da CF, pronunciando-se pela retenção do imposto de renda na fonte sobre os proventos dos aposentados com mais de 65 anos, cuja renda total fosse constituída exclusivamente de rendimentos do trabalho, até que surgisse a lei fixando os termos e limites da não incidência[9].

Nos casos em que a regulamentação é expressamente requerida pelo texto constitucional, discute-se o instrumento legislativo adequado. Duas referências são importantes para tanto. De um lado, há a exigência de lei complementar para a regulamentação de limitações ao poder de tributar, constante do art. 146, II, da CF; de outro, a simples referência aos requisitos de lei no art. 150, inciso VI, alínea c (imunidade a impostos dos partidos políticos, entidades sindicais dos trabalhadores, instituições de educação e de assistência social) e no art. 195, § 7º, da CF (imunidade a contribuições de seguridade social das entidades beneficentes de assistência social), sendo certo que o STF mantém posição rígida no sentido de que, quando a Constituição refere lei, se cuida de lei ordinária, pois a lei complementar é sempre requerida expressamente. Trilhando posição conciliatória, o STF decidiu, em junho de 2005, no Ag. Reg. RE 428.815-0, no sentido de que as **condições materiais** para o gozo da imunidade são **matéria reservada à lei complementar**, mas que os **requisitos formais** para a constituição e funcionamento das entidades, como a necessidade de obtenção e renovação dos certificados de entidade de fins filantrópicos, **são matéria que pode ser tratada por lei ordinária**. Na ADI 2.028/DF, tal posição já havia sido invocada, refletindo entendimento iniciado pelo Ministro Soares Muñoz em 1981.

As imunidades relativas a determinadas pessoas, operações ou bens não dispensam seu titular do dever de cumprir **obrigações tributárias acessórias**, por exemplo, de prestar declarações e emitir documentos. Isso porque têm caráter formal, instrumental, e se prestam, inclusive, para permitir ao Fisco que verifique se está efetivamente presente a situação. Também não impedem a sujeição dos entes imunes a obrigações na qualidade

---

8. STF, Tribunal Pleno, RE 330.817, 2017.
9. STF, Primeira Turma, RE 225.082, 1997.

de substitutos ou responsáveis tributários. Abordamos esses temas adiante, ao cuidarmos da imunidade genérica a impostos e das obrigações acessórias.

47. Imunidades genéricas a impostos

O art. 150, inciso VI, da CF traz um rol de imunidades a impostos ao dispor que é vedado à União, aos Estados e aos Municípios "instituir impostos sobre". Não se trata, pois, de imunidades aplicáveis a nenhuma outra espécie tributária, sendo firme a jurisprudência do STF no sentido de que não se estende, por exemplo, às contribuições[10].

As imunidades genéricas do art. 150, VI, da CF ora têm **caráter subjetivo, ora objetivo**. Isso quer dizer que por vezes é estabelecida em favor de uma pessoa e, em outros casos, em favor de um bem ou operação.

Objetiva é a imunidade da alínea *d*, que afasta a instituição de impostos sobre livros, jornais, periódicos e sobre o papel destinado à sua impressão. Alcança os tributos que poderiam gravar sua produção, distribuição e comercialização, conforme análise que fazemos no item próprio adiante.

Subjetivas são as imunidades das suas alíneas *a*, *b* e *c*, que aproveitam aos entes políticos, aos templos e aos partidos políticos e entidades educacionais sem fins lucrativos, dentre outras pessoas. Tais imunidades impedem que os entes imunizados possam ser colocados na posição de contribuintes de **quaisquer impostos**. Aplicam-se, assim, não apenas ao IR, inclusive sobre aplicações financeiras[11], ao IPTU, ao IPVA, ao ITR, ao ISS e ao ICMS, mas também ao IOF[12], ao II[13] e ao IPI[14] e a qualquer outro imposto.

Importa, para a verificação da existência ou não da imunidade, a **posição de contribuinte** de direito, nos moldes do raciocínio que inspirou a **Súmula 591** do STF[15]. O STF tem reiterado que "A imunidade tributária subjetiva aplica-se a seus beneficiários na posição de contribuinte de direito, mas não na de simples contribuinte de fato, sendo irrelevante, para a verificação da existência do beneplácito constitucional, a repercussão econômica do tributo envolvido"[16]. Efetivamente, "É pacífico o entendimento deste Supremo Tribunal Federal no sentido de que o município não pode ser beneficiário da

---

10. STF, ARE 928.575 AgR, Primeira Turma, mar. 2016. STF, RE 923.607 AgR, Segunda Turma, mar. 2016.
11. STF, ADI 1.758-4.
12. STF, ACO 468-3.
13. Câmara Superior de Recursos Fiscais 0302853.
14. Dizendo da abrangência tanto do II como do IPI: STF, RE 834.454 AgR, Primeira Turma, mar. 2015.
15. Súmula 591 do STF: A imunidade ou a isenção tributária do comprador não se estende ao produtor, contribuinte do imposto sobre produtos industrializados.
16. *Informativo* 855 do STF, RE 608.872, 2017.

imunidade recíproca nas operações em que figurar como contribuinte de fato", sendo que "O repasse do ônus financeiro, típico dos tributos indiretos, não faz com que a condição jurídica ostentada pelo ente federativo na condição de sujeito passivo da relação jurídica tributária seja deslocada para a figura do consumidor da mercadoria ou serviço"[17]. Assim, a repercussão econômica não está em questão[18]. Ora, se a Constituição diz que é vedado cobrar impostos das entidades de assistência social, é porque nega competência para tanto, não sendo dado ao intérprete perquirir quanto à repercussão econômica do tributo para o efeito de decidir se é devido ou não. Note-se que a imunidade faz com que não haja competência para a instituição do imposto. Assim, se a lei coloca o vendedor como contribuinte e, num caso concreto, temos entidade imune em tal posição, não há que se discutir acerca da cobrança do imposto, a menos que se trate de **atividade não abrangida pela imunidade**, conforme os §§ 3º e 4º da CF.

O gozo de imunidade não dispensa o contribuinte do cumprimento de obrigações acessórias nem da sujeição à fiscalização tributária (art. 194, parágrafo único, do CTN). O STF já decidiu: "A imunidade tributária não autoriza a exoneração de cumprimento das obrigações acessórias"[19].

Do mesmo modo, **não o exime dos demais deveres de colaboração** para com o Fisco, podendo figurar como **substituto** ou mesmo como **responsável tributário**[20]. A retenção de tributos na fonte, por exemplo, se efetuada adequadamente, nenhum ônus acarreta às entidades imunes, pois a operação se dá com dinheiro do contribuinte. A responsabilidade tributária, por sua vez, não se configura senão quando infringido algum dever de colaboração por parte do responsável que tenha ensejado ou facilitado a inadimplência pelo contribuinte ou dificultado sua fiscalização. Vale transcrever a lição do Ministro CELSO DE MELLO[21]:

> Seja na substituição, seja na responsabilidade tributária, não há o deslocamento da sujeição tributária passiva direta. Os substitutos e os responsáveis não são, nem passam a ser, contribuintes do tributo... Entendo que a imunidade tributária não alcança a entidade na hipótese de ser ela eleita responsável ou substituta tributária. Em ambos os casos, a entidade não é contribuinte do tributo. Não são suas operações que se sujeitam à tributação. Os fatos jurídicos tributários se referem a outras pessoas, contribuintes, como o produtor-vendedor no caso dos autos. Se estas pessoas não gozarem da imunidade, descabe estender-lhes a salvaguarda constitucional.

---

17. STF, ARE 758.886 AgR, Primeira Turma, abr. 2014.
18. STF, Primeira Turma, AI 500.139 AgR, 2011. *Vide* também: STF, Primeira Turma, AI 805.295 AgR, 2010.
19. STF, RE 627.051, Tribunal Pleno, nov. 2014.
20. STF, RE 202.987; STJ, REsp 153.664.
21. STF, RE 202.987.

O § 1º do art. 9º do CTN dispõe justamente no sentido de que a imunidade a imposto "não exclui a atribuição, por lei, às entidades nele referidas, da condição de responsáveis pelos tributos que lhes caiba reter na fonte, e não as dispensa da prática de atos, previstos em lei, assecuratórios do cumprimento de obrigações tributárias por terceiros".

A imunidade tributária recíproca, por exemplo, "não exonera o sucessor das obrigações tributárias relativas aos fatos jurídicos tributários ocorridos antes da sucessão (aplicação 'retroativa' da imunidade tributária)", de modo que a União, como sucessora da RFFSA, teve de responder por débitos de IPTU que, até então, estavam inadimplidos, nos termos do art. 130 do CTN[22].

48. Imunidade recíproca dos entes políticos

A imunidade recíproca é princípio garantidor da **Federação** e, por isso, imutável, não podendo ser ofendida sequer pelo Poder Constituinte Derivado[23]. Impede que os entes políticos cobrem **impostos** uns dos outros. Esta imunidade não diz respeito a outras espécies tributárias, como contribuições ou taxas[24]. Efetivamente, é orientação firme do STF que a imunidade tributária recíproca "tem aplicabilidade restrita a impostos, não se estendendo, em consequência, a outras espécies tributárias, a exemplo das contribuições sociais"[25].

Embora o art. 150, VI, alínea *a*, ao estabelecer a imunidade recíproca, refira-se a impostos "sobre" "patrimônio, renda ou serviços", o STF segue a orientação no sentido de que a imunidade não é restrita aos impostos sobre o patrimônio, sobre a renda ou sobre serviços, mas a todo aquele que possa comprometer o patrimônio, a renda e os serviços do ente imune, alcançando, assim, **todo e qualquer imposto**, conforme destacamos na introdução à análise das imunidades genéricas. Aplica-se, assim, tanto ao IPVA, IPTU, ITR, IR e ISS, como ao ICMS e ao IPI, ao II e ao IE, ao IOF[26] e mesmo ao ITBI ou a qualquer outro imposto presente ou futuro.

A imunidade aproveita não apenas ao **ente político**, mas também às **suas autarquias e fundações**, conforme o § 2º do art. 150. Assim, são imunes o INSS, o Incra, os conselhos de fiscalização profissional e demais pessoas jurídicas de direito público, sejam federais, estaduais ou municipais.

---

22. STF, Tribunal Pleno, jun. 2014.
23. STF, Tribunal Pleno, ADI 939, 1993.
24. "1. A imunidade tributária recíproca não engloba o conceito de taxa, porquanto o preceito constitucional (artigo 150, inciso VI, alínea 'a', da Constituição Federal) só faz alusão expressa a imposto" (STF, Primeira Turma, RE 613.287 AgR, 2011).
25. STF, Primeira Turma, RE 831.381 AgR-AgR, 2018.
26. STF, Primeira Turma, RE 213.059, 1997.

A imunidade não alcança, em regra, as empresas públicas e as sociedades de economia mista, relativamente às quais, aliás, o § 2º do art. 173 proíbe o gozo de privilégios fiscais não extensivos às empresas do setor privado. Mas o STF tem estendido a imunidade a **empresas públicas e a sociedades de economia mista quando prestadoras de serviços públicos essenciais**, especialmente quando em regime de monopólio. São exemplos a ECT, quanto a todas as suas atividades[27], a Infraero[28], a Codesp[29] e o GHC[30]. Reiterou seu entendimento, decidindo que "a imunidade tributária prevista na alínea 'a' do art. 150, VI, da Constituição Federal alcança a sociedade de economia mista prestadora de serviço público essencial, sem caráter concorrencial"[31]. No **Tema 884** de repercussão geral (RE 928.902), em 2019, o STF fixou a tese de que "Os bens e direitos que integram o patrimônio do fundo vinculado ao Programa de Arrendamento Residencial – PAR, criado pela Lei n. 10.188/2001, beneficiam-se da imunidade tributária prevista no art. 150, VI, *a*, da Constituição Federal". Entendeu que o fato de ser administrado pela CEF não o desnatura. Na ACO 3410, em 2022, o STF também decidiu: "A imunidade tributária prevista na alínea *a* do art. 150, I, da Constituição Federal, alcança empresas públicas e sociedades de economia mista prestadoras de serviços públicos essenciais e exclusivos, desde que não tenham intuito lucrativo, enquanto mantidos os requisitos". Tratava-se, no caso, de sociedade de economia mista prestadora exclusiva de serviço público essencial de abastecimento de água potável e coleta e tratamento de esgotos sanitários.

Mas, no **Tema 508** de repercussão geral (RE 600.867), em 2020, o STF entendeu que "Sociedade de economia mista, cuja participação acionária é negociada em Bolsas de Valores, e que, inequivocamente, está voltada à remuneração do capital de seus controladores ou acionistas, não está abrangida pela regra de imunidade tributária prevista no art. 150, VI, *a*, da Constituição, unicamente em razão das atividades desempenhadas". Tratava-se da Companhia de Saneamento Básico do Estado de São Paulo – SABESP. O tribunal invocou precedente anterior (RE 253.472) no sentido de

---

27. STF, ACO 811 AgR-segundo, Primeira Turma, jun. 2016.
28. STF, RE 363.412 AgR, e RE 901.412 Agr, ambos da Segunda Turma, 2007 e 2015.
29. STF, Segunda Turma, RE 265.749 ED-ED, 2011; Tribunal Pleno, AR 1.923 AgR, nov. 2016.
30. "1. A saúde é direito fundamental de todos e dever do Estado (arts. 6º e 196 da Constituição Federal). Dever que é cumprido por meio de ações e serviços que, em face de sua prestação pelo Estado mesmo, se definem como de natureza pública (art. 197 da Lei das leis). 2. A prestação de ações e serviços de saúde por sociedades de economia mista corresponde à própria atuação do Estado, desde que a empresa estatal não tenha por finalidade a obtenção de lucro. 3. As sociedades de economia mista prestadoras de ações e serviços de saúde, cujo capital social seja majoritariamente estatal, gozam da imunidade tributária prevista na alínea *a* do inciso VI do art. 150 da Constituição Federal" (STF, Tribunal Pleno, 2010).
31. STF, ARE 944.558 AgR, Primeira Turma, 2016.

que "atividades de exploração econômica, destinadas primordialmente a aumentar o patrimônio do Estado ou de particulares, devem ser submetidas à tributação, por apresentarem-se como manifestações de riqueza e deixarem a salvo a autonomia política". Considerou que quase metade da participação acionária estava dispersa entre investidores privados no mercado nacional (22,6% –Bovespa) e internacional (27,1% – NYSE), sendo que "a finalidade de abrir o capital da empresa foi justamente conseguir fontes sólidas de financiamento, advindas do mercado, o qual espera receber lucros como retorno deste investimento". Concluiu que essa peculiaridade afastava o caso concreto da jurisprudência do tribunal que legitimava o gozo da imunidade.

A imunidade se dá em função das **atividades típicas** dos entes políticos, de modo que não se aplica a eventuais atividades econômicas realizadas em regime de livre concorrência, regidas pelas normas aplicáveis a empreendimentos privados, ou em que haja contraprestação ou pagamento de preços ou tarifas pelo usuário, nem exonera o promitente-comprador da obrigação de pagar imposto relativamente ao bem imóvel, nos termos do § 3º do mesmo art. 150[32]. A realização de operações financeiras pelos entes imunes, inerentes à sua gestão, não implica nenhum desvio de finalidade, de modo que a imunidade recíproca alcança o IOF[33]. Já decidiu o STF, também, que a "imunidade tributária constante do art. 150, VI, a, da Constituição Federal alcança o imóvel pertencente à União que se encontra em posse precária de concessionária de serviço público para ser utilizado na atividade-fim à qual essa se destina"[34]. De outro lado, entendeu que "Não se beneficia da imunidade tributária recíproca prevista no artigo 150, inciso VI, alínea 'a', da Constituição Federal a sociedade de economia mista ocupante de bem público", isso em caso no qual a Petrobras figurava como arrendatária de bem da União[35].

....

32. Porém, ao cuidar da imunidade da ECT, o STF, por maioria definida por apenas um voto, entendeu que o exercício simultâneo de atividades em regime de exclusividade e em concorrência com a iniciativa privada era irrelevante, considerando ambas imunes. Há votos vencidos muito consistentes. *Vide*: STF, Tribunal Pleno, rel. p/ o Acórdão Min. Gilmar Mendes, RE 601.392, fev. 2013. Forte na posição majoritária é que o STF vem entendendo, por exemplo, que a ECT tem imunidade também "quanto à cobrança de IPVA incidente sobre os veículos de sua propriedade, independentemente de produção probatória para efeitos de distinção entre os veículos utilizados ou não nas atividades sob o regime de monopólio", conforme o Acórdão do Tribunal Pleno, rel. Min. DIAS TOFFOLI, ACO 819 AgR-ED, maio 2013. Também reconheceu a imunidade da ECT ao IPTU de modo abrangente, considerando inviável a distinção entre os imóveis indispensáveis à prestação das suas atividades essenciais e aqueles voltados a serviços concorrenciais, conforme se vê no julgamento do Tribunal Pleno, rel. Min. DIAS TOFFOLI, RE 773.992, out. 2014. *Vide* também, quanto ao ICMS sobre transporte de encomendas, o RE 627.051, julgado em nov. 2014.
33. STF, ACO 502 AgR, Tribunal Pleno, mar. 2016.
34. STF, ARE 947.142 AgR, Segunda Turma, set. 2016.
35. STF, Tribunal Pleno, RE 594.015, 2017.

No ponto, vale ainda relembrar o teor do art. 13 do CTN: "Art. 13. O disposto na alínea "a" do inciso IV do art. 9º não se aplica aos serviços públicos concedidos, cujo tratamento tributário é estabelecido pelo poder concedente, no que se refere aos tributos de sua competência, ressalvado o que dispõe o parágrafo único".

Relembre-se o entendimento pacífico no STF de que a imunidade recíproca só alcança o ente político enquanto contribuinte de direito[36], não lhe sendo aplicável quando figure como consumidor, contribuinte de fato.

49. Imunidade dos templos de qualquer culto

A imunidade a impostos que beneficia os "templos de qualquer culto" abrange as diversas formas de expressão da religiosidade. Cuida-se de "uma das formas que o Estado estabeleceu para não criar embaraços à prática religiosa foi outorgar imunidade aos templos onde se realizem os respectivos cultos"[37]. Está, portanto, a serviço da liberdade de crença e da garantia de livre exercício dos cultos religiosos, assegurada proteção aos locais de culto e às suas liturgias, conforme se colhe do art. 5º, VI, da CF.

Ademais, "os efeitos positivos da pregação não se esgotam em quem a recebe mas se transferem... a outras pessoas repercutindo no bem-estar geral". De fato, "basta pensar no que representam para a comunidade as atividades das Igrejas que se traduzem em ensino, cultura, saúde, benemerência, moralidade pública e privada, educação dos cidadãos para a prática de virtudes eminentemente sociais (justiça, caridade, abnegação no serviço ao próximo etc.)...". Note-se que "a eficácia dessas condutas... afeta, de forma positiva, toda a sociedade"[38].

Há um pressuposto essencial relacionado ao conceito de religião e que delimita o objeto dos templos de qualquer culto cuja prática é imunizada: a fé em algo imaterial que extrapola a vida física, mas que lhe dá sentido e a orienta, a transcendência. É preciso que esteja presente "a tríplice marca da religião: elevação espiritual, profissão de fé e prática de virtudes"[39]. ROQUE CARRAZZA ensina que culto tem o sentido de confissão religiosa e aponta quatro requisitos: "a) uma crença comum num Ser Supremo e Transcendente; b) alguns atos de culto, disciplinando a relação dos fiéis, que devem ser em número significativo, com o Ser Supremo e Transcendente em que creem; c) uma organização jurídica, por mínima que seja, indicando a designação da entidade, seu regime

---

36. STF, Primeira Turma, RE 864.471 AgR, 2017.
37. STF, RE 562.351, Primeira Turma, set. 2012.
38. CARRAZZA, Roque Antonio. *Imunidades tributárias dos templos e instituições religiosas*. São Paulo: Noeses, 2015, p. 69.
39. STF, RE 562.351, 2012.

de funcionamento e seus órgãos representativos (ministério sacerdotal, pastoral ou hierárquico); e, d) certa estabilidade, isto é, vontade de perdurar no tempo"[40].

Ao estar direcionada para a proteção da liberdade religiosa, a imunidade alcança os mais diversos credos, inclusive as igrejas e os movimentos religiosos em geral que não são predominantes na sociedade brasileira. Aliás, "o pluralismo impede que o Poder Judiciário adote uma definição ortodoxa de religião", de modo que "certas práticas que poderiam ser consideradas 'seitas', e não 'religiões', não escapam à imunização ao poderio tributário do Estado"[41]. Mas não restam alcançados, por contraposição ao valor tutelado pela norma, as seitas satânicas, "por contrariar a teleologia do texto constitucional e em homenagem ao preâmbulo da nossa Constituição, que diz ser a mesma promulgada sob a proteção de Deus"[42].

Tanto a Igreja Católica, como as protestantes, Luterana, Anglicana, Batista, Metodista, Adventista, e outras Igrejas evangélicas, ou, ainda, credos de origem africana, estão abrangidos. O STF entendeu, porém, que a imunidade dos templos não se aplica "à maçonaria, em cujas lojas não se professa qualquer religião"[43].

A alínea *b* não exige regulamentação. Mas o § 4º do art. 150 impõe vinculação à finalidade essencial que, no caso, é a manifestação da religiosidade. O STF entende que os imóveis utilizados como residência ou escritório de padres e pastores estão abrangidos pela imunidade[44]. Também os cemitérios pertencentes às entidades religiosas estão abrangidos pela imunidade[45]. As quermesses e almoços realizados nas igrejas, bem como a comercialização de produtos religiosos também não desbordam das finalidades essenciais, estando abrangidas pela imunidade. Caso os templos desenvolvam atividades de natureza predominantemente econômica, submetem-se, no ponto, à tributação, porquanto a igualdade de tratamento tributário entre os agentes econômicos constitui imperativo da livre concorrência, princípio da ordem econômica estampado no art. 170 da Constituição. O ônus da prova quanto ao desvio de finalidade é do Fisco:

40. CARRAZZA, Roque Antonio. *Imunidades tributárias dos templos e instituições religiosas*. São Paulo: Noeses, 2015, p. 66 e 67.
41. STF, RE 562.351, 2012.
42. SARAIVA FILHO, Oswaldo Othon de Pontes. A imunidade das instituições religiosas. *RFDT* 27/21, maio-jun. 2007.
43. STF, RE 562.351, Primeira Turma, 2012.
44. "O fato de os imóveis estarem sendo utilizados como escritório e residência de membros da entidade não afasta a imunidade prevista no art. 150, inciso VI, alínea *c*, § 4º, da Constituição Federal" (STJ, Segunda Turma, RE 221.395-8/SP, 2000).
45. "1. Os cemitérios que consubstanciam extensões de entidades de cunho religioso estão abrangidos pela garantia contemplada no artigo 150 da Constituição do Brasil. Impossibilidade da incidência de IPTU em relação a eles" (STF, Tribunal Pleno, RE 578.562/BA, 2008).

O Supremo Tribunal Federal consolidou o entendimento de que não cabe à entidade religiosa demonstrar que utiliza o bem de acordo com suas finalidades institucionais. Ao contrário, compete à Administração tributária demonstrar a eventual tredestinação do bem gravado pela imunidade. Nos termos da jurisprudência da Corte, a imunidade tributária em questão alcança não somente imóveis alugados, mas também imóveis vagos. Agravo regimental a que se nega provimento[46].

Sob o fundamento de que a imunidade dos templos seria incondicionada, encontra-se defesa da tese de que a remessa de recursos ao exterior deve ser considerada como abrangida pela imunidade a impostos, tendo em conta que a Igreja Católica Romana e a Igreja Adventista, por exemplo, "são igrejas plurinacionais, em que os seus fiéis comungam da mesma crença e ideais, independentemente da nação em que vivem, e se autoauxiliam na expansão da fé e dos princípios de caridade e benemerência [...] espalhando seus movimentos catequéticos e suas obras de benemerência e difusão da fé e de valores por todo o mundo"[47].

50. Imunidade dos partidos, sindicatos, entidades educacionais e assistenciais

A alínea c do inciso VI do art. 150 estabelece a imunidade dos partidos políticos, das entidades sindicais dos trabalhadores, das instituições de educação e das de assistência social, sem fins lucrativos.

Embora o inciso VI refira os impostos "sobre" "patrimônio, renda ou serviços", deve-se considerar a interpretação do STF no sentido de que restam abrangidos pela imunidade **todos os impostos**, conforme destacamos na introdução à análise das imunidades genéricas. No **Tema 328** de repercussão geral (RE 611.510), em 2021, o STF fixou a tese: "A imunidade assegurada pelo art. 150, VI, c, da Constituição da República aos partidos políticos, inclusive suas fundações, às entidades sindicais dos trabalhadores e às instituições de educação e de assistência social, sem fins lucrativos, que atendam aos requisitos da lei, alcança o IOF, inclusive o incidente sobre aplicações financeiras". Considerou que "Os objetivos e valores perseguidos pela imunidade em foco sustentam o afastamento da incidência do IOF, pois a tributação das operações de crédito, câmbio e seguro, ou relativas a títulos ou valores mobiliários das entidades ali referidas, terminaria por atingir seu patrimônio ou sua renda". No RE 630790, 2022, o STF ainda fixou a seguinte tese de repercussão geral: "As entidades religiosas podem se caracterizar como instituições de assistência social a fim de se beneficiarem da imunidade tributária prevista no art. 150, VI, c, da Constituição, que abrangerá não só os impostos sobre o seu

---

46. STF, ARE 800.395 AgR, Primeira Turma, julgado em out. 2014.
47. MARTINS, Ives Gandra da Silva. *Questões atuais de direito tributário*. Belo Horizonte: Del Rey, 1999, p. 241-242, e *RDDT* 28/68, jan. 1998.

patrimônio, renda e serviços, mas também os impostos sobre a importação de bens a serem utilizados na consecução de seus objetivos estatutários".

As **condições materiais** para o gozo da imunidade estão sob **reserva de lei complementar**, por força do art. 146, II, da CF. Apenas os **requisitos formais** de constituição e funcionamento dos entes imunes, como a ostentação de certificados, é que podem ser estabelecidos por **lei ordinária**.

O art. 14 do CTN regula a matéria em nível de lei complementar, impondo-se a observância das condições que estabelece: a) aplicação de todos os recursos na manutenção dos seus objetivos institucionais no País; b) manutenção de escrituração regular; e c) não distribuição de lucro.

Importa descartar que a não distribuição de lucro, a ausência de fins lucrativos, não deve ser confundida com ausência de atividade econômica ou de resultado positivo. Já decidiu o STF que "sua característica não é a ausência de atividade econômica, mas o fato de não destinarem os seus resultados positivos à distribuição de lucros"[48]. Também a doutrina esclarece esse ponto. RENÉ ÁVILA ensina: "A expressão constitucional *sem fins lucrativos* refere-se à finalidade da instituição e não ao eventual *superávit* obtido por entidade que não tenha por fim o lucro: a finalidade é relevante e o *superávit* não"[49]. Desde que os resultados positivos sejam investidos nos fins da instituição, nenhum desvio de finalidade haverá.

São beneficiários os **partidos políticos** e os **sindicatos de trabalhadores**. Os sindicatos de categorias econômicas não restam abrangidos pela imunidade.

A Constituição atribui imunidade, ainda, genericamente, às **instituições de educação**. Alcança, pois, tanto o ensino fundamental, o ensino médio, o ensino técnico e o ensino universitário, como as pré-escolas, as escolas de idiomas, de esportes e outras quaisquer voltadas à educação. Além disso, o fato de as instituições de ensino cobrarem mensalidades e obterem renda elevada não descaracteriza a imunidade. As atividades relacionadas às suas finalidades essenciais são preservadas da cobrança de impostos. Caso desenvolvam atividades voltadas a outras finalidades, que não se configurem como auxiliares ou complementares do ensino, restarão tais atividades tributadas, conforme se infere do § 4º do mesmo art. 150.

As **instituições de assistência social**, também beneficiárias da imunidade, são aquelas que desenvolvem uma das atividades descritas no art. 203 da CF. O STF, no RE 630790, 2022, tendo em conta que o art. 203 da Constituição estabelece que a assistência social será prestada a quem dela necessitar, esclareceu que se trata, portanto, de atividade "de cunho universal" e que, nesse âmbito, "entidades privadas se aliam ao Poder Público

---

48. STF, ADIMC 1.802/DF, Inf. STF 336, fev. 2004.
49. ÁVILA, René Bergmann. *Lei 9.532/97 comentada e anotada*. Porto Alegre: Síntese, 1998, nota 90, p. 97.

para atingir a maior quantidade possível de beneficiários", mas que "a universalidade esperada das instituições privadas de assistência social não é a mesma que se exige do Estado", porquanto "basta que dirijam as suas ações indistintamente à coletividade por elas alcançada, em especial às pessoas em situação de vulnerabilidade ou risco social, sem viés discriminatório". Baseado nessa premissa, o STF considerou que "diversas **organizações religiosas** oferecem assistência a um público verdadeiramente carente, que, muitas vezes, instala-se em localidades remotas, esquecidas pelo Poder Público e não alcançadas por outras entidades privadas" e, "desde que não haja discriminação entre os assistidos ou coação para que passem a aderir aos preceitos religiosos em troca de terem suas necessidades atendidas, essas instituições se enquadram no art. 203 da Constituição".

O STF firmou posição no sentido de que a imunidade não alcança, em regra, as **entidades de previdência privada**, exceto quando não houver contribuição dos beneficiários, o que lhe conferiria o indispensável caráter assistencial[50]. Foi editada, inclusive, a **Súmula 730** sobre a matéria: "A imunidade tributária conferida a instituições de assistência social sem fins lucrativos pelo art. 150, VI, c, da Constituição, somente alcança as entidades fechadas de previdência social privada se não houver contribuição dos beneficiários".

Não se exige filantropia, ou seja, não se exige que atuem exclusivamente com pessoas carentes, de modo gratuito e universal, e que dependam exclusivamente de donativos. Podem exercer atividade econômica rentável, desde que sem finalidade de lucro, ou seja, desde que revertam seus resultados para a atividade assistencial. Há impedimento à distribuição de lucros, esta sim descaracterizadora da finalidade assistencial e do caráter não lucrativo[51]. Não se deve confundir, ainda, a ausência de caráter lucrativo com a obtenção de *superávit*[52], este desejável inclusive para as entidades sem fins lucrativos, de modo que viabilize a ampliação das suas atividades assistenciais.

Essa imunidade só alcança o patrimônio, a renda e os serviços relacionados com as finalidades essenciais das entidades imunes, nos termos do § 4º do art. 150 da CF. O STF entende que não descaracteriza a finalidade a destinação de imóvel para a recreação e lazer dos funcionários[53], tampouco a manutenção de livraria em imóvel de propriedade do ente imune, "desde que as rendas auferidas sejam destinadas a suas atividades institucionais", sendo vedada a cobrança do IPTU[54]. Afirma que "A exigência

---

50. STF, Primeira Turma, REAgR 326.995 e REAgREDED 227.001.
51. STF, ADIMC 1.802/DF.
52. ÁVILA, René Bergmann. *Lei 9.532/97 comentada e anotada*. Porto Alegre: Síntese, 1998, nota 90, p. 97.
53. STF, Primeira Turma, RE 236.174, 2008.
54. STF, Primeira Turma, EDRE 345.830-2, 2002.

de vinculação do patrimônio, da renda e dos serviços com as finalidades essenciais da entidade imune, prevista no § 4º do art. 150 da Constituição da República, não se confunde com afetação direta e exclusiva a tais finalidades". E mais: "Presume-se a vinculação, tendo em vista que impedidas, as entidades arroladas no art. 150, VI, c, da Carta Política, de distribuir qualquer parcela do seu patrimônio ou de suas rendas, sob pena de suspensão ou cancelamento do direito à imunidade (art. 14, I, e § 1º, do Código Tributário Nacional)", de modo que "para o reconhecimento da imunidade, basta que não seja provado desvio de finalidade, ônus que incumbe ao sujeito ativo da obrigação tributária". Nessa linha, aliás, temos a **Súmula Vinculante 52** do STF: "Ainda quando alugado a terceiros, permanece imune ao IPTU o imóvel pertencente a qualquer das entidades referidas pelo art. 150, VI, c, da Constituição, desde que o valor dos aluguéis seja aplicado nas atividades para as quais tais entidades foram constituídas". O cinema mantido na entidade também não se sujeita ao ISS[55].

Vale destacar, ainda, o entendimento do STF no sentido de que a imunidade do art. 150, VI, alínea c, "está umbilicalmente ligada ao contribuinte de direito, não alcançando o contribuinte de fato"[56].

51. Imunidade dos livros, jornais, periódicos e do papel para a sua impressão

O art. 150, VI, d, da CF outorga imunidade aos "livros, jornais, periódicos e o papel destinado a sua impressão". O STF afirma que essa imunidade "tem por escopo evitar embaraços ao exercício da liberdade de expressão intelectual, artística, científica e de comunicação, bem como facilitar o acesso da população à cultura, à informação e à educação"[57].

A CF, "ao instituir esta benesse, não fez ressalvas quanto ao valor artístico ou didático, à relevância das informações divulgadas ou à qualidade cultural de uma publicação"[58]. Assim, alcança também apostilas[59], fascículos semanais[60] e lista telefônica[61]. Até mesmo álbuns de figurinhas restam abrangidos[62].

....
55. STF, Primeira Turma, RE 116.552-9, 2000.
56. STF, Primeira Turma, AI 695.252 AgR, 2017.
57. STF, Segunda Turma, RE 221.239, 2004.
58. STF, Segunda Turma, RE 221.239, 2004.
59. STF, Segunda Turma, RE 183.403, 2000.
60. STF, RE 225.955 AgRg.
61. STF, Primeira Turma, RE 114.790, 1992.
62. STF, Primeira Turma, RE 179.893, 2008.

Cabe destacar, ainda, que a **veiculação de anúncios e de publicidade** nos livros, jornais e periódicos não afasta a imunidade em questão[63], constituindo, inclusive, muitas vezes, instrumento para a viabilização da publicação e da sua independência. Aliás, o STF chegou a decidir no sentido de que a imunidade abrange os próprios "serviços prestados pela empresa jornalística na transmissão de anúncios e de propaganda"[64]. Quanto à pura e simples distribuição de encartes de propaganda de terceiros por jornais e periódicos, contudo, entendeu ausente a imunidade[65].

Cuida-se de **imunidade objetiva**, e não subjetiva, não se estendendo às empresas jornalísticas ou de publicidade, editoras e autores[66].

A referência ao **papel** teve por finalidade ampliar o âmbito da imunidade, de modo que envolva o que é normalmente o seu maior insumo. Não há que se entender tal referência como excludente dos livros, jornais e periódicos em **meio magnético ou eletrônico**. Impõe-se que se considerem os direitos fundamentais que a Constituição visa a proteger com a norma em questão. O STF, nessa linha, decidiu que o suporte das publicações é apenas o continente e que não é essencial ao conceito de livro, mas acidental, podendo ser tangível ou intangível, de modo que a imunidade alcança, também, os *e-books*. Há, inclusive, a **Súmula Vinculante n. 57 do STF** a respeito da matéria: "A imunidade tributária constante do art. 150, VI, *d*, da CF/88 aplica-se à importação e comercialização, no mercado interno, do livro eletrônico (*e-book*) e dos suportes exclusivamente utilizados para fixá-los, como leitores de livros eletrônicos (*e-readers*), ainda que possuam funcionalidades acessórias". Também, firmou posição no sentido de que a imunidade alcança, igualmente, os *audiobooks*[67].

A imunidade diz respeito aos livros, jornais e periódicos. Poder-se-ia entender que afastaria a competência para exigência de tributos que dissessem com sua **produção, distribuição e comercialização**, abrangendo a composição, impressão[68], distribuição e venda de tais veículos do pensamento, tocando, pois, o ISS, IPI e ICMS. O STF chegou a se manifestar no sentido de que "o livro não é apenas o produto acabado, mas o

---

63. STF, RE 199.183.
64. STF, Tribunal Pleno, RE 87.049, 1978.
65. STF, Primeira Turma, AI 368.077 Ag.Reg, 2004.
66. "[...] ART. 150, VI, *D*, DA CONSTITUIÇÃO FEDERAL... Imunidade que contempla, exclusivamente, veículos de comunicação e informação escrita, e o papel destinado a sua impressão, sendo, portanto, de natureza objetiva, razão pela qual não se estende às editoras, autores, empresas jornalísticas ou de publicidade – que permanecem sujeitas à tributação pelas receitas e pelos lucros auferidos" (STF, Primeira Turma, RE 206.774/RS, Min. Ilmar Galvão, ago. 1999); "II – A imunidade prevista no art. 150, VI, *d*, da Lei Maior não abrange as operações financeiras realizadas pela agravante" (STF, Primeira Turma, RE 504615 AgR, rel. Min. RICARDO LEWANDOWSKI, 2011).
67. STF, Tribunal Pleno, RE 330.817, 2017.
68. STF, AgRE 434.826, em discussão.

conjunto de serviços que o realiza"[69], havendo, ainda, decisão no sentido de que a imunidade alcança a distribuição[70]. De outro lado, porém, pronunciou-se no sentido de que a imunidade não aproveita a composição gráfica[71] e que "os serviços de distribuição de livros, jornais e periódicos não são abrangidos pela imunidade tributária estabelecida pelo art. 150, VI, *d*, da Constituição Federal"[72].

Quanto aos **insumos**, estão abrangidos pela imunidade o **papel e assimiláveis**: papel para impressão, papel fotográfico, papel telefoto e outros tipos de papel[73]. Eis a **Súmula 657** do STF: "A imunidade prevista no art. 150, VI, *d*, da CF abrange os filmes e papéis fotográficos necessários à publicação de jornais e periódicos". Entendeu que "a pretensão de estender a garantia constitucional da imunidade tributária, em infinito regresso, de modo a abarcar os insumos empregados na fabricação do papel, não encontra guarida na jurisprudência"[74]. Ademais, vem assentando que não estão abrangidos a tinta especial para jornal[75], máquinas e aparelhos utilizados por empresa jornalística[76]. Efetivamente, conforme o STF, "A regra imunizante constante do art. 150, VI, *d*, da Constituição Federal não pode ser interpretada de modo amplo e irrestrito" e que "Inexiste imunidade relativa a tributos incidentes sobre a importação de máquina automática grampeadeira"[77].

Considerando o avanço da tecnologia e os novos suportes para leitura de livros, o STF firmou orientação no sentido de que a imunidade "alcança os aparelhos leitores de livros eletrônicos (ou *e-readers*) confeccionados exclusivamente para esse fim, ainda que, eventualmente, estejam equipados com funcionalidades acessórias", mas que esse entendimento "não é aplicável aos aparelhos multifuncionais, como *tablets*, *smartphone* e *laptops*, os quais vão muito além de meros equipamentos utilizados para a leitura de livros digitais"[78].

---

69. STF, RE 225.955 AgRg.
70. STF, RE 453.670.
71. STF, RE 130.782.
72. STF, Segunda Turma, RE 568.454 AgR, jun. 2013.
73. "I – O Supremo Tribunal Federal possui entendimento no sentido de que a imunidade tributária prevista no art. 150, VI, *d*, da Constituição Federal deve ser interpretada restritivamente e que seu alcance, tratando-se de insumos destinados à impressão de livros, jornais e periódicos, estende-se, exclusivamente, a materiais que se mostrem assimiláveis ao papel, abrangendo, por consequência, os filmes e papéis fotográficos" (STF, Primeira Turma, RE 504.615 AgR, 2011).
74. STF, RE 848.696 AgR, Primeira Turma, 2016.
75. STF, RE 215.435.
76. STF, RE 206.127-1.
77. STF, ARE 1.100.204 AgR, Primeira Turma, 2018.
78. STF, Tribunal Pleno, RE 330.817, 2017.

52. Imunidade dos fonogramas e videogramas musicais

A EC n. 75/2013 estabeleceu nova imunidade a impostos. Diz respeito aos "fonogramas e videofonogramas musicais produzidos no Brasil contendo obras musicais ou literomusicais de autores brasileiros e/ou obras em geral interpretadas por artistas brasileiros bem como os suportes materiais ou arquivos digitais que os contenham, salvo na etapa de replicação industrial de mídias ópticas de leitura a *laser*". Prescinde de regulamentação. Trata-se de norma autoaplicável, com densidade normativa suficiente para que se compreenda o seu alcance e se possa aplicá-la diretamente.

Foi aprovada com vista a favorecer a produção musical brasileira, fazendo com que seja menos impactada pelos efeitos da concorrência predatória de produtos falsificados comercializados sem o pagamento de tributos, bem como pelo acesso facilitado e gratuito que as pessoas têm à música através da internet.

Fonograma é o "Registro exclusivamente sonoro em suporte material, como disco, fita magnética, etc." ou "gravação de uma faixa de disco" e videofonograma é o "Produto da fixação de imagem e som em suporte material" ou o "registro de imagens e sons em determinado suporte", conforme o *Novo dicionário Aurélio da língua portuguesa*, 2009, p. 920 e 2.060, e o *Dicionário Houaiss da língua portuguesa*, 2009, p. 914 e 1.943, respectivamente. Musical é o relativo à música; literomusical "Diz-se de espetáculo, ou reunião social em que se leem trechos literários, se declamam poemas, e em que há, tb., apresentações musicais", conforme o *Novo dicionário Aurélio da língua portuguesa*, 2009, p. 1.220. Desse modo, a imunidade da alínea *e* diz respeito aos CDs, DVDs e *blue-rays* de música e de *shows* musicais. Até mesmo os discos de vinil restam abrangidos.

Note-se, porém, que só alcança os fonogramas e videofonogramas musicais produzidos no Brasil, revelando-se, por isso, mais como uma proteção à indústria nacional do que à produção cultural como um todo. As mesmas mercadorias, produzidas fora do país, não estão abrangidas pela imunidade. Essa imunidade, assim, viola o GATT no ponto em que veda a discriminação dos produtos estrangeiros, assegurando-lhes, quanto aos tributos internos, tratamento equivalente ao dos produtos nacionais[79].

Quanto aos insumos, o constituinte derivado referiu-se de forma genérica aos "suportes materiais ou arquivos digitais", de modo que seu alcance é amplo, alcançando os suportes em qualquer material ou formato.

A ressalva final – "salvo na etapa de replicação industrial de mídias ópticas de leitura a *laser*" – é apontada como uma preservação à Zona Franca de Manaus[80].

---

79. CARVALHO, Lucas de Lima. *A imunidade musical*. Recebido diretamente do autor, por *e-mail*, em 28 de novembro de 2013.
80. Id., ibid.

53. Imunidade das entidades beneficentes de assistência social às contribuições de seguridade social

O art. 195, § 7º, da Constituição Federal estabelece: "São isentas de contribuição para a seguridade social as entidades beneficentes de assistência social que atendam às exigências estabelecidas em lei". Por se tratar de norma constitucional que afasta a possibilidade de tal tributação, delimitando a competência tributária, o uso da palavra "isentas" é impróprio. Não se trata de benefício fiscal, mas de **verdadeira imunidade**, conforme já reconheceu o STF na ADI 2.028. Em 2014, ao julgar o RE 636941 sob a relatoria do Ministro LUIZ FUX, o STF mais uma vez decidiu: "A isenção prevista na Constituição Federal (art. 195, § 7º) tem o conteúdo de regra de supressão de competência tributária, encerrando verdadeira imunidade".

A imunidade em questão **diz respeito às contribuições de seguridade social**, o que abrange todas aquelas instituídas no exercício da competência delimitada pelo art. 195, I a IV, da Constituição e também as instituídas no exercício da competência residual outorgada pelo § 4º do mesmo dispositivo, de modo que se aplica, e.g., às contribuições previdenciárias, PIS e COFINS (inclusive na importação) e contribuição social sobre o lucro. Mas "não abrange as contribuições destinadas a terceiros", como é o caso das contribuições ao Sesc, Senac, Sebrae, Apex e ABDI[81].

Entidades beneficentes são aquelas voltadas ao **atendimento gratuito dos necessitados**. Não é necessário que tenham caráter filantrópico, assim entendidas as que se mantêm exclusivamente por doações. Admite-se que financiem a atividade beneficente mediante outras atividades remuneradas, desde que não tenham fins lucrativos e que suas receitas sejam efetivamente aplicadas na beneficência, o que restou definido pelo STF também na ADI 2.028.

Note-se, ainda, que a ausência de fins lucrativos não pode ser confundida com a não apuração de resultado. JOSÉ ANTÔNIO GOMES DE ARAÚJO é preciso ao analisar a questão:

> [...] é difícil conceber que uma entidade sem fins lucrativos com a intenção de desenvolver com eficiência um determinado objetivo social não vise ter resultado positivo ao final do exercício. Por meio do resultado positivo, a entidade, como qualquer organização que dependa de recursos financeiros para funcionar, tem meios de se proteger dos períodos de dificuldade na obtenção de receita. O resultado positivo, da mesma maneira, também garante à organização que se adapte à dinâmica das demandas sociais que lhe são impostas, mediante o investimento de seus recursos em projetos sociais que garantam melhor resultado à população. A título de exemplo, registre-se que só com a obtenção de um resultado positivo, por exemplo, um

---

81. STF, Primeira Turma, RE 849.126 AgR, 2015.

hospital sem fins lucrativos pode se manter. Afinal, diante do alto custo dos serviços de saúde, de um lado, e dos módicos valores pagos pelo SUS, de outro, não são poucas as dificuldades encontradas ao longo do ano para tais entidades manterem sua conta no 'azul'. Portanto, a determinação constitucional para que a entidade não tenha objetivo de lucro não significa que não possa aferir resultado positivo. A observância desse comando constitucional, na realidade, está relacionada com as intenções que dão impulso às ações realizadas por seus dirigentes. Seu espírito é voltado ao altruísmo e ao desinteresse econômico pessoal? Ou, por outro lado, existem intenções econômico-financeiras e privatísticas por baixo das pretensões altruístas formalizadas no estatuto da entidade? No primeiro caso, a organização educacional e assistencial é formada por instituidores que, efetivamente, objetivam a consecução de tais ações sem fins lucrativos. Nessa hipótese, não haverá no fluxo financeiro da entidade remessa que represente vantagem descabida aos dirigentes[82].

O caráter assistencial revela-se pela natureza da atividade que constitui seu objeto social, podendo caracterizar-se como assistencial em sentido estrito ou em sentido amplo. Em sentido estrito, são as voltadas diretamente aos fins do art. 203 da CF: serviços ou benefícios que tenham por objetivos a proteção à família, à maternidade, à infância, à adolescência e à velhice, o amparo às crianças e adolescentes carentes, a promoção da integração ao mercado de trabalho, a habilitação e reabilitação de pessoas portadoras de deficiência e a promoção de sua integração à vida comunitária ou, ainda, a subsistência da pessoa portadora de deficiência e do idoso carentes. Em sentido amplo, são consideradas assistenciais também as atividades voltadas à educação e à promoção ou à recuperação da saúde[83], assim como à própria previdência. A questão é controversa. Há doutrina abalizada no sentido de que os conceitos de saúde, assistência, previdência e educação são trabalhados de modo muito claro e distinto na Constituição[84].

---

82. ARAÚJO, José Antônio Gomes de. A imunidade tributária e o caráter sem fins lucrativos das entidades de assistência social e de educação. In: GRUPENMACHER, Betina Treiger (coord.). *Tributação: democracia e liberdade*. São Paulo: Noeses, 2014, p. 908-909.
83. STF, RE 566.622/RS, 2017.
84. "[...] ainda que o conceito de assistência social, hodiernamente, seja abrangente da assistência em diversas áreas (médica, hospitalar, odontológica, psicológica, jurídica), como já assinalamos, a 'assistência educacional', a nosso ver, nele não se encontra albergada para efeito de imunidade tributária. A uma porque a Constituição distingue, perfeitamente como antes exposto, os conceitos de assistência social (art. 203) e de educação (art. 205), não cabendo, de modo algum, sustentar-se entroncamento entre ambos para o efeito mencionado, além do fato de que as instituições que se dedicarem a essas atividades, sem finalidade lucrativa, fazem jus à intributabilidade assegurada pelo art. 150, VI, c. A duas porque, quando desejou a Lei Maior imunizar as instituições de educação, o fez, deferindo-lhes a imunidade genérica estampada no art. 150, VI, c; todavia, não agiu do mesmo modo em relação à imunidade concernente às contribuições para a seguridade social, cuja eficácia restringiu às entidades beneficentes de assistência social. Justifica-se o tratamento díspar, em nossa opinião, pelo fato de a assistência social constituir

O art. 146, II, da Constituição Federal estabelece que cabe à **lei complementar** regular as limitações constitucionais ao poder de tributar. De outro lado, o próprio art. 196, § 7º, da Constituição refere que as entidades beneficentes de assistência social deverão atender às exigências estabelecidas por **lei (ordinária)**. O STF entende que "Aspectos meramente procedimentais referentes à certificação, fiscalização e controle administrativo continuam passíveis de definição em lei ordinária", mas que cabe à lei complementar "a definição do modo beneficente de atuação das entidades de assistência social contempladas pelo art. 195, § 7º, da CF, especialmente no que se refere à instituição de contrapartidas a serem observadas por elas"[85]. Em outro precedente, foi sucinto: "a regência de imunidade faz-se mediante lei complementar"[86]. Quando do julgamento dos EEDD respectivos, fixou a seguinte orientação com repercussão geral: "A lei complementar é forma exigível para a definição do modo beneficente de atuação das entidades de assistência social contempladas pelo art. 195, § 7º, da CF, especialmente no que se refere à instituição de contrapartidas a serem por elas observadas"[87].

Em dezembro de 2021, sobreveio a LC n. 187, dispondo "sobre a certificação das entidades beneficentes e regula os procedimentos referentes à imunidade de contribuições à seguridade social de que trata o § 7º do art. 195 da Constituição Federal", sendo certo, nos termos do seu art. 4º, que alcança as contribuições dos incisos I, III e IV do art. 195 e a do 239 da CF, ou sejam, a contribuição previdenciária patronal, a contribuição sobre o lucro e as contribuições sobre a receita, bem como sobre a receita do concurso de prognósticos e sobre a importação. Seu art. 2º estabelece que: "Entidade beneficente, para os fins de cumprimento desta Lei Complementar, é a pessoa jurídica de direito privado, sem fins lucrativos, que presta serviço nas áreas de assistência social, de saúde e de educação". Seu art. 3º destaca que farão jus à imunidade "as entidades beneficentes que atuem nas áreas da saúde, da educação e da assistência social, certificadas nos termos desta Lei Complementar" e "que atendam, cumulativamente" aos requisitos que estabelece. Conforme seu art. 4º, a imunidade "não se estende a outra pessoa jurídica, ainda que constituída e mantida pela entidade à qual a certificação foi concedida". E o art. 5º é categórico: "As entidades beneficentes deverão obedecer ao princípio da universalidade do atendimento, vedado dirigir suas atividades exclusivamente a seus associados ou categoria profissional". O Capítulo II dessa LC traz seções específicas sobre os requisitos relativos às entidades de saúde, de educação e de assistência social em geral. Também traz o Capítulo III, sobre o processo de certificação. Em disposição transitória, seu art. 41 extingue os créditos

....

ramo da seguridade social, o mesmo não ocorrendo com a educação" (COSTA, Regina Helena. *Curso de direito tributário.* 7. ed. São Paulo: Saraiva, 2017, p. 130).
85. STF, Tribunal Pleno, ADI 2.028, 2017.
86. STF, Tribunal Pleno, RE 566.622, 2017.
87. STF, Tribunal Pleno, RE 566.622 ED, 2019.

lançados contra instituições sem fins lucrativos fundados em dispositivos da legislação ordinária declarados incosntitucionais pelo STF nas ADI 2028 e 4480.

Até o advento da LC n. 187/2021, a Lei n. 12.101/2009 é que dispunha da matéria. Em nível de lei complementar, só havia o art. 14 do CTN, que regula a imunidade genérica a impostos e que acaba sendo aplicado por analogia, exigindo que a entidade não distribuísse nenhuma parcela de seu patrimônio ou de suas rendas, a qualquer título, que aplicasse integralmente no País os seus recursos na manutenção dos seus objetivos institucionais e que mantivesse escrituração de suas receitas e despesas em livros revestidos de formalidades capazes de assegurar sua exatidão. Como o papel da lei ordinária era limitado, o STF, na já referida ADI 4480, reconheceu a inconstitucionalidade "do art. 13, III, § 1º, I e II, § 3º, § 4º, I e II, e §§ 5º, 6º e 7º; art. 14, §§ 1º e 2º; art. 18, *caput*; art. 31; e art. 32, § 1º, da Lei 12.101/2009, com a nova redação dada pela Lei 12.868/2013".

A certificação tem eficácia declaratória, nos termos da **Súmula 612 do STJ**: "O certificado de entidade beneficente de assistência social (CEBAS), no prazo de sua validade, possui natureza declaratória para fins tributários, retroagindo seus efeitos à data em que demonstrado o cumprimento dos requisitos estabelecidos por lei complementar para a fruição da imunidade" (maio/2018).

Capítulo VII
Limitações ao poder de tributar que são garantias fundamentais do contribuinte

54. Natureza das limitações constitucionais ao poder de tributar

A Constituição Federal arrola as limitações ao poder de tributar em seus arts. 150 a 152. Algumas são gerais (art. 150), outras específicas para a União (art. 151) e outras para os Estados e Municípios (art. 152).

Há limitações que configuram verdadeiras normas negativas de competência tributária, ou seja, imunidades, como é o caso das imunidades genéricas a impostos de que cuida o art. 150, VI, da CF. Outras estabelecem cláusulas fundamentais a serem observadas quando do exercício da tributação, de modo que restem preservadas a segurança jurídica, a igualdade, a unidade da Federação e liberdades públicas que constituem garantias individuais.

As limitações que se apresentam como **garantias do contribuinte** (legalidade, isonomia, irretroatividade, anterioridade e vedação do confisco), como concretização de **outros direitos e garantias individuais** (imunidade dos livros e dos templos) ou como instrumentos para a **preservação da forma federativa de Estado** (imunidade recíproca, vedação da isenção heterônoma e de distinção tributária em razão da procedência ou origem, bem como de distinção da tributação federal em favor de determinado ente federado), constituem **cláusulas pétreas**, aplicando-se-lhes o art. 60, § 4º, da CF: "§ 4º Não será objeto de deliberação a proposta de emenda tendente a abolir: I – a forma federativa de Estado; [...] IV – os direitos e garantias individuais". Assim, são insuscetíveis de supressão ou de excepcionalização mesmo por Emenda Constitucional.

Certa feita, o Constituinte Derivado, através da EC 3/93, autorizou a instituição imediata do Imposto Provisório sobre Movimentação Financeira (IPMF), estabelecendo expressamente exceção tanto à anterioridade tributária como à imunidade recíproca dos entes políticos, o que foi considerado inconstitucional pelo STF[1].

55. Limitações em prol da segurança jurídica, da justiça tributária, da liberdade e da Federação

As limitações ao poder de tributar visam preservar valores fundamentais para o cidadão contribuinte. O papel das garantias outorgadas ao contribuinte e das imunidades tributárias normalmente diz respeito à preservação da segurança, da justiça, da liberdade e da forma federativa de Estado.

As garantias da legalidade, da irretroatividade e da anterioridade (art. 150, I, *a*, III, *a*, *b* e *c*, e 195, § 6º, da CF) promovem a segurança jurídica enquanto certeza do direito no que diz respeito à instituição e à majoração de tributos. Ter isso bem claro permite perceber adequadamente o conteúdo normativo de cada uma delas, o que é indispensável à sua aplicação em consonância com o princípio que concretizam.

As garantias da isonomia e da vedação do confisco (arts. 150, II e IV) concretizam critérios mínimos de justiça tributária.

As imunidades dos templos e dos livros, jornais e periódicos (art. 150, VI, *b* e *d*) estão a serviço da liberdade de crença e da liberdade de expressão.

A vedação à instituição de tributos interestaduais e intermunicipais (art. 150, V) assegura, de um lado, a liberdade de ir e vir, e, de outro, a unidade da Federação. Também em prol da Federação são estabelecidas a imunidade recíproca a impostos (art. 150, VI, *a*), as proibições de que os tributos federais não sejam uniformes no território nacional (art. 151, I) e de que a União conceda isenção relativa a tributos estaduais, distritais e municipais (art. 151, III), bem como a proibição de que os Estados estabeleçam diferença tributária entre bens e serviços em razão da procedência ou destino (art. 152).

56. Legalidade tributária

Impende distinguirmos a legalidade geral, de um lado, da legalidade tributária, de outro.

A **legalidade geral** está estampada no art. 5º, II, da CF, que se limita a prescrever que ninguém será obrigado a fazer ou deixar de fazer alguma coisa senão em virtude de

---

1. STF, Tribunal Pleno, ADI 939, 1993.

lei[2]. Tal nem sequer precisaria estar expresso no texto constitucional, porquanto resulta do próprio princípio do Estado de direito[3]. MANUEL AFONSO VAZ refere, inclusive, que a própria expressão "reserva da lei" já não se mostra tecnicamente significativa[4], pois, em um Estado de direito democrático, não se circunscreve a nenhuma matéria especificamente, constituindo garantia geral.

A **legalidade tributária**, por sua vez, agrega à garantia geral da legalidade um **conteúdo adicional**, qualificando-a em matéria de instituição e de majoração de tributos.

Vejamos o enunciado da legalidade tributária constante do art. 150, I, da CRFB: "Art. 150. Sem prejuízo de outras garantias asseguradas ao contribuinte, é vedado à União, aos Estados, ao Distrito Federal e aos Municípios: I – exigir ou aumentar tributo sem lei que o estabeleça".

A referência não apenas a "exigir", mas especificamente a "aumentar", torna inequívoco que inclusive o aspecto quantitativo do tributo precisa estar definido em lei, seja mediante o estabelecimento de um valor fixo, da definição de uma base de cálculo e de uma alíquota, do estabelecimento de uma tabela, ou por qualquer outra forma suficiente que proveja critérios para a apuração do montante devido. A lei é que estabelece o *quantum debeatur* e somente a lei pode aumentá-lo, redefinindo seu valor, modificando a base de cálculo, majorando a alíquota.

O STF entende que "A Legalidade Tributária é [...] verdadeiro direito fundamental dos contribuintes, que não admite flexibilização em hipóteses que não estejam constitucionalmente previstas"[5].

Violaria frontalmente a legalidade tributária uma **cláusula geral de tributação** que permitisse ao Executivo instituir tributo[6]. Caso a lei autorizasse o ente político, por exemplo, a cobrar taxas pelos serviços que prestasse ou contribuições de melhoria pelas

---

2. Art. 5º Todos são iguais perante a lei, sem distinção de qualquer natureza, garantindo-se aos brasileiros e aos estrangeiros residentes no País a inviolabilidade do direito à vida, à liberdade, à igualdade, à segurança e à propriedade, nos termos seguintes: [...] II – ninguém será obrigado a fazer ou deixar de fazer alguma coisa senão em virtude de lei.
3. HECK, Luís Afonso. *O tribunal constitucional federal e o desenvolvimento dos princípios constitucionais: Contributo para uma compreensão da jurisdição constitucional federal alemã*. Porto Alegre: Fabris, 1995, p. 200.
4. "No seu sentido dogmático tradicional, a 'reserva da lei' só tem verdadeiramente sentido em estruturas constitucionais que aceitem a existência de espaços de poder estatal livres da lei, ou seja, que, de algum modo, aceitem o dualismo ao nível da estruturação política dos órgãos estaduais" (VAZ, Manoel Afonso. *Lei e reserva da lei: A causa da lei na Constituição Portuguesa de 1976*. Porto, 1992, p. 141).
5. STF, RE 959.274 AgR, Primeira Turma, 2017.
6. "Não há, portanto, no nosso sistema, nenhuma possibilidade de existir cláusula geral do tributo, norma aberta de tributação ou qualquer outra denominação que se lhe queira dar" (GONÇALVES, J. A. Lima. *Isonomia na norma tributária*. São Paulo: Malheiros, 1993, p. 37).

obras que realizasse, estabelecendo apenas critérios gerais e deixando ao Executivo a especificação, para cada serviço ou obra, da sua hipótese de incidência, do contribuinte e do valor, restaria violada a garantia da legalidade tributária. Efetivamente, não é válida a instituição de tributo pelo Executivo por **delegação** do Legislativo, o que a Constituição não admite.

Mesmo a integração, pelo Executivo, da norma tributária estabelecida por lei, só se viabiliza nos casos em que a Constituição expressamente traz atenuações à legalidade. Para alguns poucos tributos marcadamente extrafiscais (impostos sobre a importação, a exportação, produtos industrializados e operações de crédito, câmbio, seguros, títulos e valores mobiliários), o art. 153, § 1º, da Constituição permite ao Executivo que gradue as alíquotas nas condições e limites estabelecidos em lei[7]; para as contribuições de intervenção sobre combustíveis, o art. 177, § 4º, *b*, da Constituição permite que o Executivo as reduza ou restabeleça[8]. Essas hipóteses reforçam o entendimento de que, em todos os demais casos, nem sequer atenuação seria possível, cabendo ao Executivo limitar-se ao seu papel de editar os regulamentos para a fiel execução da lei[9].

Como se vê, a legalidade tributária exige que os tributos sejam instituídos não apenas com base em lei ou por autorização legal, mas pela própria lei. E só à lei é permitido dispor sobre os aspectos da norma tributária impositiva: material, espacial e temporal, pessoal e quantitativo. Daí porque muito já se falou em reserva absoluta de lei ou legalidade estrita.

Mas a análise do atendimento ou não, por uma lei, à legalidade tributária faz-se pela verificação da **determinabilidade** da relação jurídico-tributária mediante o critério da **suficiência**. A lei deve conter as referências necessárias, em quantidade e densidade, para garantir a certeza do direito. Deve poder ser possível determinar, com suporte na própria lei, **os aspectos da norma tributária impositiva**, de modo que o contribuinte conheça os efeitos tributários dos atos que praticar ou posições jurídicas que assumir, independentemente de complementação de cunho normativo por parte do Executivo, ainda que a título de regulamentos *intra legem*.

---

7. CF: "Art. 153. Compete à União instituir impostos sobre: I – importação de produtos estrangeiros; II – exportação, para o exterior, de produtos nacionais ou nacionalizados; [...] IV – produtos industrializados; V – operações de crédito, câmbio e seguro, ou relativas a títulos ou valores mobiliários; [...] § 1º É facultado ao Poder Executivo, atendidas as condições e os limites estabelecidos em lei, alterar as alíquotas dos impostos enumerados nos incisos I, II, IV e V".
8. CF: "Art. 177 [...] § 4º A lei que instituir contribuição de intervenção no domínio econômico relativa às atividades de importação ou comercialização de petróleo e seus derivados, gás natural e seus derivados e álcool combustível deverá atender aos seguintes requisitos: I – a alíquota da contribuição poderá ser: [...] b) reduzida e restabelecida por ato do Poder Executivo, não se lhe aplicando o disposto no art. 150, III, b;" (Dispositivos com a redação da EC n. 33/2001).
9. CF: "Art. 84. Compete privativamente ao Presidente da República: [...] IV – sancionar, promulgar e fazer publicar as leis, bem como expedir decretos e regulamentos para sua fiel execução;".

Conforme o STF, que toma como fundamento a doutrina de Ricardo Lobo Torres e de Marco Aurélio Greco, precisa-se evoluir na compreensão da legalidade tributária: "Caminha-se para uma **legalidade suficiente**, sendo que sua maior ou menor abertura depende da natureza e da estrutura do tributo a que se aplica"[10]. Considerando que alguns tributos envolvem atividades estatais prestadas em benefício direto do contribuinte ou de um grupo, considera "imprescindível uma faixa de indeterminação e de complementação administrativa de seus elementos configuradores, dificilmente apreendidos pela legalidade fechada". Assim, concluiu que "Respeita o princípio da legalidade a lei que disciplina os elementos essenciais determinantes para o reconhecimento da contribuição de interesse de categoria econômica como tal e deixa um espaço de complementação para o regulamento"[11]. Relativamente à taxa, frisou que admite "especial diálogo da lei com os regulamentos na fixação do aspecto quantitativo da regra matriz de incidência". De qualquer modo, aponta que a lei autorizadora "deve ser legitimamente justificada e o diálogo com o regulamento deve-se dar em termos de subordinação, desenvolvimento e complementariedade"[12]. Nesse último procedente, é invocado julgado anterior, da relatoria do Min. Carlos Velloso, em que foram definidos critérios para o aferimento da constitucionalidade da norma regulamentar: "a) a delegação pode ser retirada daquele que a recebeu, a qualquer momento, por decisão do Congresso; b) o Congresso fixa standards ou padrões que limitam a ação do delegado; c) razoabilidade da delegação"[13]. E prossegue o STF: "A razão autorizadora da delegação dessa atribuição anexa à competência tributária está justamente na maior capacidade de a Administração Pública, por estar estreitamente ligada à atividade estatal direcionada a contribuinte, conhecer da realidade e dela extrair elementos para complementar o aspecto quantitativo da taxa, visando encontrar, com maior grau de proximidade (quando comparado com o legislador), a razoável equivalência do valor da exação com os custos que ela pretende ressarcir"[14].

Não se exige que os cinco aspectos da norma tributária impositiva (material, espacial, temporal, pessoal e quantitativo) devam constar na lei de modo expresso. Há situações em que, embora a lei não ostente formalmente todos os aspectos de modo claro e didático, é possível deduzi-los implicitamente ou à luz da respectiva norma de competência. A falta de referência ao sujeito ativo do IPTU, por exemplo, deve ser interpretada como simples ausência de delegação de tal posição a nenhum ente, mantendo-a o próprio Município. A ausência de indicação do aspecto temporal da norma em tributo com fato

....

10. STF, RE 838.284, Tribunal Pleno, 2016.
11. STF, RE 704.292, Tribunal Pleno, 2016.
12. STF, RE 838.284, Tribunal Pleno, 2016.
13. STF, RE 343.446, Tribunal Pleno, 2003.
14. STF, RE 838.284, Tribunal Pleno, 2016.

gerador instantâneo faz com que se considere ocorrido no momento mesmo em que a situação se configura no plano fático. Outro exemplo importante é o que decorre da aplicação do art. 22, I, *a*, da Lei n. 8.212/91, que não especifica claramente o fato gerador, mas que permite que seja identificado como a realização do pagamento ou creditamento cujo montante constitui sua base de cálculo.

A conclusão sobre a **completude** da norma tributária impositiva depende, portanto, não de uma análise simplesmente literal da lei, mas, isto sim, da possibilidade de determinar os seus diversos aspectos ainda que mediante análise mais cuidadosa do seu texto e da consideração do tipo de fato gerador, da competência do ente tributante e dos demais elementos de que se disponha em lei, desde que seja desnecessário recorrer a atos normativos infralegais.

O STF disse da validade de leis que, ao instituírem taxa e contribuição profissional, o fizeram mediante indicação de valores máximos, deixando a cargo do sujeito ativo a fixação do valor exato. Refiro-me à Taxa de Anotação de Responsabilidade Técnica, nos moldes em que era disciplinada pela Lei n. 6.994/82[15] e às anuidades dos Conselhos de Fiscalização Profissional nos moldes da Lei n. 12.514/2011[16].

De outro lado, o STF considerou "inconstitucional a majoração de alíquotas da Taxa de Utilização do SISCOMEX por ato normativo infralegal", afirmando que "Não obstante a lei que instituiu o tributo tenha permitido o reajuste dos valores pelo Poder Executivo, o Legislativo não fixou balizas mínimas e máximas para uma eventual delegação tributária", sendo certo que "somente lei em sentido estrito é instrumento hábil para a criação e majoração de tributos"[17]. O STF considera inconstitucional, por violação ao princípio da legalidade, a Taxa de Serviços Administrativos da Suframa, pois a Lei n. 9.960/2000 não fixou os critérios da hipótese de incidência tributária[18]. E, cuidando das anuidades dos conselhos de fiscalização profissional, disse da inconstitucionalidade do art. 2º da Lei n. 11.000/2004, que deixava de estabelecer o montante devido, tampouco definia valores máximos, e, em vez disso, deixava às respectivas Diretorias a livre fixação, por ato infralegal, da anuidade devida[19].

Não há impedimento à utilização de **tipos abertos** e de **conceitos jurídicos indeterminados**, até porque todos os conceitos são mais ou menos indeterminados, desde que tal não viole a exigência de determinabilidade quanto ao surgimento, sujeitos e conteúdo da relação jurídico-tributária, não se admitindo que a sua utilização implique delegação indevida de competência normativa ao Executivo.

....
15. STF, Tribunal Pleno, RE 838.284, 2016.
16. STF, Tribunal Pleno, ADI 4.697, 2016.
17. STF, Primeira Turma, RE 959.274 AgR, 2017.
18. STF, ARE 923.534 AgR, 2016.
19. STF, RE 704.292, 2016.

Também não é vedada a utilização de **norma tributária em branco** que exija a consideração de simples dados fáticos ou técnicos necessários à sua aplicação. Assim, entendeu o STF que a contribuição ao SAT, de 1% a 3%, conforme o grau de risco da atividade preponderante, determinado por força de estatísticas do Ministério do Trabalho (art. 22, III, e § 3º, da Lei n. 8.212/91), é válida[20]. Inadmissível é a norma tributária em branco que exija integração normativa pelo Executivo.

A **definição em abstrato** dos aspectos da norma tributária impositiva está sob reserva legal.

A **definição em concreto** diz respeito a momento posterior, de **aplicação da lei**. Cabe ao legislador, ao instituir um tributo, definir o antecedente e o consequente da norma. A lei, por definição, tem o atributo da generalidade. A previsão legal identifica, e.g., qual o aspecto quantitativo, indicando a base de cálculo e a alíquota. O montante exato da base de cálculo será verificado em concreto, por ocasião da aplicação da lei. Assim é que a base de cálculo do IR é o montante da renda ou dos proventos, sendo que, por ocasião da sua aplicação, verifica-se o que corresponde a cada contribuinte. Idêntica é a situação relativamente ao ITR, para o qual a base de cálculo prevista em lei é o valor venal do imóvel, assim considerado o valor da terra nua tributável. É claro que a lei não poderia dizer quanto custa um hectare de terra em cada ponto do país; tal já não é mais atribuição do legislador. Ao legislador cabe dizer que a base de cálculo é o valor venal e qual a alíquota; ao aplicador, apurar e calcular o tributo em concreto. Nenhum impedimento haveria, pois, relativamente ao IPTU, que a lei dissesse que a base de cálculo é o valor venal do imóvel e que, por ato infralegal, se estabelecesse a chamada planta fiscal de valores, que é a referência com o valor do metro quadrado por tipo de construção e localização. A **planta fiscal de valores** é simples subsídio para a autoridade fiscal promover o lançamento do IPTU; não está no plano da instituição do tributo, da definição abstrata dos aspectos da norma tributária impositiva, mas da sua aplicação. É matéria para atos infralegais. Aliás, GERALDO ATALIBA já destacava que a planta de valores se insere na categoria de atos administrativos que incumbem ao Executivo, para instrumentar a ação dos agentes, viabilizando a fiel execução da lei. Entretanto, os precedentes do STF são no sentido de que a planta fiscal de valores deve constar em lei, o que também é frisado na **Súmula 13** do Tasp (Tribunal de Alçada Civil de São Paulo).

O estabelecimento de **regimes tributários de apuração e recolhimento**, com a definição dos períodos de apuração do IPI e do ICMS, por exemplo, ou do seu pagamento por estimativa, também depende de lei[21].

A **publicação da lei** é requisito indispensável, pois aperfeiçoa o processo legislativo. Sem publicação, não há lei.

---

20. STF, Tribunal Pleno, RE 343.446, 2003.
21. STF, Plenário, RE 632.265/RJ, 2015.

As **medidas provisórias**, tendo força de lei, são aptas a instituição ou majoração dos tributos para os quais se faça necessária lei ordinária[22]. Ainda que, após a EC 32, haja limitações temáticas à edição de medidas provisórias (art. 62, § 1º, da CF), tal como ocorria com o antigo Decreto-Lei, tais limitações não atingem a área tributária. Dever-se-ão observar apenas as restrições impostas pelo art. 246 da CF[23] e a impossibilidade de tratar de matéria reservada à lei complementar (art. 62, § 1º, III).

A jurisprudência aponta **alguns temas que não exigem lei em sentido estrito**. Quando a lei prevê que haja **correção monetária** da base de cálculo ou mesmo do montante devido a título de determinado tributo, pode o Executivo definir o indexador e promover a atualização das tabelas indicativas para apuração da base de cálculo do IPTU, por exemplo[24]. Efetivamente, dispõe o CTN: "Art. 97 [...] § 2º Não constitui majoração de tributo [...] a atualização do valor monetário da respectiva base de cálculo". É válida, portanto, a definição, pelos conselhos de fiscalização profissional, do valor exato das anuidades que lhes são devidas, mediante simples aplicação do INPC sobre os valores estabelecidos pela Lei n. 12.514/2011, que determina expressamente tal atualização.

Assim, a atualização monetária depende de previsão legal, mas tal reserva de lei não é absoluta, na medida em que a atualização não implica instituição ou majoração de tributo, mas, pelo contrário, a manutenção do seu conteúdo econômico. Entretanto, se, a pretexto de atualizar monetariamente a base de cálculo, o poder público determinar a aplicação de índice que supera a inflação real, estará majorando indiretamente o tributo, o que não poderá ser admitido, conforme já restou, inclusive, sumulado pelo STJ: "É defeso, ao Município, atualizar o IPTU, mediante decreto, em percentual superior ao índice oficial de correção monetária" (**Súmula 160** do STJ).

O **prazo para recolhimento** do tributo não constitui elemento da hipótese de incidência. Trata-se de simples disposição sobre a operacionalização de pagamento relativo à obrigação principal estabelecida por lei, não acrescendo nenhuma obrigação ou dever. Se o legislador ordinário não tratar da matéria, definindo o prazo de vencimento a ser observado[25], o vencimento da obrigação tributária pode, sim, ser estabelecido por simples ato administrativo infralegal[26], desde que não se imponha exigência antecipada à própria ocorrência do fato gerador. Para a exigência antecipada, faz-se necessária lei ordinária. No **Tema 456** de repercussão geral (RE 598.677), em 2021, o STF cuidou da matéria, esclarecendo que "a exigência da reserva legal não se aplica à fixação, pela

---

22. STF, Primeira Turma, RE 234.463, 1999; STF, Tribunal Pleno, ADI 1.417, 1999.
23. CF: "Art. 246. É vedada a adoção de medida provisória na regulamentação de artigo da Constituição cuja redação tenha sido alterada por meio de emenda promulgada entre 1º de janeiro de 1995 até a promulgação desta emenda, inclusive" (com a redação da EC n. 32/2001).
24. STF, AG (AgRg) 230.557-SP.
25. STF, Tribunal Pleno, RE 140.669, 1998.
26. STF, Primeira Turma, RE 195.218, 2002; STF, Segunda Turma, AGRAG 178.723, 1996.

legislação tributária, de prazo para o recolhimento de tributo após a verificação da ocorrência de fato gerador, caminho tradicional para o adimplemento da obrigação surgida. Isso porque o tempo para o pagamento da exação não integra a regra matriz de incidência tributária", de modo que "antes da ocorrência de fato gerador, não há que se falar em regulamentação de prazo de pagamento, uma vez que inexiste dever de pagar". Mas, "no regime de antecipação tributária sem substituição, o que se antecipa é o critério temporal da hipótese de incidência, sendo inconstitucionais a regulação da matéria por decreto do Poder Executivo e a delegação genérica contida em lei, já que o momento da ocorrência de fato gerador é um dos aspectos da regra matriz de incidência submetido a reserva legal". E concluiu: "Relativamente à antecipação sem substituição, o texto constitucional exige somente que a antecipação do aspecto temporal se faça *ex lege* e que o momento eleito pelo legislador esteja de algum modo vinculado ao núcleo da exigência tributária", porquanto "somente nas hipóteses de antecipação do fato gerador do ICMS com substituição se exige, por força do art. 155, § 2º, XII, *b*, da Constituição, previsão em lei complementar".

Quanto às **obrigações acessórias**, a matéria é bastante delicada. É certo que o art. 150, I, da CF diz respeito tão somente à obrigação tributária principal, não alcançando as obrigações acessórias. Também não há dúvida de que o CTN leva ao entendimento de que poderiam ser instituídas pela legislação tributária em sentido amplo, incluindo os atos normativos infralegais, como decorre de interpretação combinada dos seus arts. 96, 100, 113, § 2º, e 115. Também não se pode negar que é prerrogativa do sujeito ativo da relação jurídico-tributária regulamentar as questões operacionais relativas ao tributo de que é credor.

Contudo – e apesar da doutrina em contrário a que durante longo tempo aderimos –, não há como afastar, relativamente às obrigações tributárias acessórias, a garantia geral de legalidade estampada no art. 5º, II, da CF. Devem, pois, ao menos ser instituídas em lei, sem prejuízo de que esta permita ao Executivo a especificação dos seus detalhes, já que o art. 5º, II, constitui garantia de legalidade relativa, e não de legalidade absoluta.

Efetivamente, a Constituição enuncia como garantia individual que ninguém será obrigado a fazer ou deixar de fazer senão por força de lei, mesmo que a obrigação ou dever não tenha conteúdo econômico direto. Ademais, os chamados deveres formais constituem, sim, ônus gravosos aos contribuintes, os quais têm de despender tempo e dinheiro para o seu cumprimento.

Soma-se a isso tudo a constatação de que os deveres formais como os de prestar declaração não configuram mera operacionalização do pagamento dos tributos. Lembre-se que as obrigações tributárias ditas acessórias têm autonomia relativamente às obrigações principais, tanto que devem ser cumpridas mesmo por entes imunes e por contribuintes isentos (art. 175, parágrafo único, do CTN).

Por fim, não há consistência na afirmação de que apenas a aplicação de multa pelo descumprimento da obrigação acessória é que dependeria de previsão legal específica. Se o consequente da norma punitiva depende de previsão legal, por certo que seu antecedente deve ser definido pela mesma via legislativa. Exigir lei para estabelecer que ao descumprimento de obrigação acessória corresponde determinada multa e deixar ao Executivo dispor sobre o pressuposto de fato da norma, ou seja, sobre os deveres formais cuja infração implica sanção, é um contrassenso que viola tanto o art. 5º da CF, como o art. 97, V, do CTN. Note-se que este diz que somente a lei pode estabelecer a cominação de penalidades "para as ações ou omissões contrárias a seus dispositivos, ou para outras infrações nela definidas", exigindo, pois, que o pressuposto de fato da sanção seja também disciplinado por lei.

É importante destacar, ademais, que, a par de se exigir lei para a instituição dos tributos, a Constituição estabelece, em seu art. 150, § 6º, que **a concessão de benefícios fiscais também depende de lei, e lei específica**, que regule exclusivamente a matéria ou o correspondente tributo, sem prejuízo de se exigir, para benefícios de ICMS, ainda, prévio convênio entre os Estados (art. 155, § 2º, XII, *g*). Entre os benefícios enquadram-se "Qualquer subsídio ou isenção, redução de base de cálculo, concessão de crédito presumido, anistia ou remissão". Mas o STJ considerou válido que a Lei n. 13.043/2014, instituidora do benefício fiscal estadual REINTEGRA, estabelecesse critérios para que o próprio Poder Executivo a preenchesse mediante juízos decorrentes da aferição de questões técnicas e discricionárias, definindo o percentual do benefício dentro de uma faixa e critério temporal[27].

57. Irretroatividade tributária

A Constituição Federal de 1988 não traz uma regra geral de irretroatividade. Seu art. 5º, inciso XXXVI, estabelece apenas que "a lei não prejudicará o direito adquirido, o ato jurídico perfeito e a coisa julgada".

Ainda que se possa extrair diretamente do princípio do Estado de direito a ideia de irretroatividade da lei, ela assume o contorno de impedir que lei nova alcance direitos adquiridos e atos jurídicos perfeitos, ou seja, posições jurídicas já definitivamente constituídas. Assim, não pode influir sobre direitos já consumados ou, embora não consumados, já adquiridos, pendentes apenas de exercício ou exaurimento, tampouco infirmar atos jurídicos perfeitos[28].

---
27. STJ, Primeira Turma, REsp 1.732.813/RS, 2019.
28. Sobre a irretroatividade das leis de ordem pública e respectivas discussões, *vide* item 10 *infra*.

A Constituição estabelece, porém, expressamente, a irretroatividade como garantia especial quanto à definição de crimes e ao estabelecimento de penas[29] e quanto à instituição e à majoração de tributos.

Vejamos tal limitação constitucional ao poder de tributar:

> Art. 150. Sem prejuízo de outras garantias asseguradas ao contribuinte, é vedado à União, aos Estados, ao Distrito Federal e aos Municípios:
> [...]
> III – cobrar tributos:
> a) em relação a fatos geradores ocorridos antes do início da vigência da lei que os houver instituído ou aumentado;
> [...]

A enunciação da **irretroatividade tributária** no art. 150, III, *a*, da Constituição da República Federativa do Brasil de 1988 estabelece, quanto à instituição e à majoração de tributos, uma **garantia adicional** aos contribuintes, que extrapola a proteção ao direito adquirido e ao ato jurídico perfeito.

Por dizer respeito à instituição de tributos, ou seja, à norma tributária impositiva ou regra matriz de incidência tributária, não alcança temas relativos às prerrogativas da administração tributária como o acesso a dados com quebra de sigilo bancário, aos quais é aplicável, isso sim, o art. 144, § 1º, do CTN[30].

Como instrumento para conceder ao contribuinte um maior nível de **certeza quanto ao direito aplicável** aos atos que praticar ou à situação que ostentar em determinado momento[31], a previsão constitucional de irretroatividade da lei tributária ocupa papel fundamental, com a qual são incompatíveis certas retroatividades outrora admitidas no próprio direito brasileiro[32].

A irretroatividade tributária, tal como posta no art. 150, III, *a*, da Constituição, implica a impossibilidade de que lei tributária impositiva mais onerosa seja aplicada relativamente a **situações pretéritas**. Não se pode admitir que a atos, fatos ou situações já ocorridos sejam atribuídos novos efeitos tributários, gerando obrigações não previstas quando da sua ocorrência.

Preservando o passado da atribuição de novos efeitos tributários, a irretroatividade reforça a própria garantia da legalidade, porquanto resulta na exigência de **lei prévia**.

---

29. CRFB: "Art. 5º [...] XXXIX – não há crime sem lei anterior que o defina, nem pena sem prévia cominação legal;".
30. STF, RE 601.314, Pleno, fev. 2016.
31. Caso dos tributos sobre patrimônio.
32. É o caso da retroatividade imprópria consagrada na **Súmula 584** do STF.

O que inspira a garantia da irretroatividade é o **princípio da segurança jurídica**, que nela encontra um instrumento de otimização no sentido de prover uma maior certeza do direito.

Não há no texto constitucional nenhuma **atenuação ou exceção** à irretroatividade tributária. A lei instituidora ou majoradora de tributos tem de ser necessariamente **prospectiva**, não se admitindo nenhum tipo de retroatividade, seja máxima, média ou mínima. Não há que se falar em retroatividade tampouco na sua variante conhecida por **retrospectividade** ou **retroatividade imprópria**, mas apenas em prospectividade da lei tributária impositiva mais onerosa[33].

Aliás, a Constituição não apenas se abstém de admitir qualquer exceção à irretroatividade como estabelece **garantias adicionais**, quais sejam, os interstícios mínimos entre a publicação da lei tributária impositiva mais onerosa e o início da sua incidência estampados nas anterioridades de exercício e nonagesimal mínima.

Não há que se perquirir, pois, de flexibilizações ou de fragilizações à irretroatividade, mas, sim, do seu **reforço pelas anterioridades**.

Impõe-se considerar a locução "fato gerador", constante do art. 150, I, *a*, da CRFB, no sentido tradicionalmente utilizado no direito brasileiro e consagrado no art. 114 do CTN, como a situação definida em lei como necessária e suficiente ao surgimento da obrigação tributária. "Fato gerador" está, assim, no sentido de "aspecto material da hipótese de incidência tributária". O **aspecto temporal** não tem o condão de substituir ou de se sobrepor ao aspecto material como critério para a verificação da observância das garantias constitucionais, mormente quando consubstancie ficção voltada a dar praticabilidade à tributação.

A irretroatividade assegura a certeza do direito para o contribuinte independentemente do tipo de fato gerador a que se refira a lei nova. O STF reconheceu a inconstitucionalidade da aplicação de majoração de alíquota do Imposto de Renda sobre o lucro de operações incentivadas realizadas antes do advento da lei majoradora, ainda que no mesmo ano da sua publicação[34].

---

33. É importante observar que, embora vedada no que diz respeito à instituição e à majoração de tributos, a retroatividade não é de todo estranha ao direito tributário, havendo normas que se vocacionam mesmo para retroagir, como as de remissão e anistia, além do que o art. 106 do CTN determina a aplicação retroativa da lei posterior mais benéfica relativamente à cominação de penalidades: "Art. 106. A lei aplica-se a ato ou fato pretérito: I – em qualquer caso, quando seja expressamente interpretativa, excluída a aplicação de penalidade à infração dos dispositivos interpretados; II – tratando-se de ato não definitivamente julgado: a) quando deixe de defini-lo como infração; b) quando deixe de tratá-lo como contrário a qualquer exigência de ação ou omissão, desde que não tenha sido fraudulento e não tenha implicado em falta de pagamento de tributo; c) quando lhe comine penalidade menos severa que a prevista na lei vigente ao tempo da sua prática".
34. STF, Plenário, RE 592.396/SP, dez. 2015.

A irretroatividade alcança inclusive os tributos com **fato gerador de período**, quando já ocorrido em parte, hipóteses da contribuição sobre o lucro do imposto de renda sobre o lucro real[35]. No direito português e no direito italiano, a lei geral tributária[36] e o estatuto do contribuinte[37] dispõem expressamente no sentido da aplicação da lei nova ao período que tiver início após a sua publicação.

Sempre que se for analisar, no caso concreto, a ocorrência ou não de violação à irretroatividade, impende analisar se o contribuinte tinha ou não **conhecimento da lei quando da prática do ato** considerado como gerador de obrigação tributária. Se a resposta for negativa, não terá sido atendida a garantia de irretroatividade que assegura o conhecimento prévio da lei tributária que inova majorando a carga tributária.

58. Anterioridade tributária

A garantia da anterioridade tributária não encontra muitos paralelos nos demais ramos do direito. Inexiste exigência de anterioridade das leis no direito civil, tampouco no direito penal. No direito eleitoral, podemos vislumbrar instituto parecido, forte na anterioridade prevista no art. 16 da CF, com a redação da EC 4/93, que determina que a lei que alterar o processo eleitoral não se aplica à eleição que ocorra até um ano da data de sua vigência.

Anterioridade tributária **não se confunde com anualidade**. A anualidade figurava no § 34 do art. 141 da Constituição de 1946 que dizia: "nenhum [tributo] será cobrado em cada exercício sem prévia autorização orçamentária, ressalvada, porém, a tarifa aduaneira e o imposto lançado por motivo de guerra". Impunha, portanto, que constasse do orçamento a previsão da arrecadação do tributo sob pena de não poder ser exigido. Tal norma não foi repetida nas Constituições posteriores e já não existe como garantia tributária[38].

---

35. Os arts. 105 e 144, § 2º, do CTN, no que ensejariam a aplicação da lei nova a todo o período já decorrido em parte, são incompatíveis com o art. 150, III, *a*, da CRFB de 1988, não tendo sido recepcionados.
36. Lei Geral Tributária portuguesa (Decreto-Lei n. 398, de 17-12-1999): "Artigo 12º Aplicação da lei tributária no tempo. 1 – As normas tributárias aplicam-se aos factos posteriores à sua entrada em vigor, não podendo ser criados quaisquer impostos retroactivos. 2 – Se o facto tributário for de formação sucessiva, a lei nova só se aplica ao período decorrido a partir da sua entrada em vigor".
37. Statuto del contribuente italiano (Legge 212, de 27 de julho de 2000): "Art. 3. Salvo quanto previsto dall'articolo 1, comma 2, le disposizioni tributarie non hanno effetto retroattivo. Relativamente ai tributi periodici le modifiche introdotte si applicano solo a partire dal periodo d'imposta successivo a quello in corso alla data di entrata in vigore delle disposizioni che le prevedono".
38. A anterioridade e a anualidade são bastante distintas tanto no fundamento quanto no conteúdo. A ideia de anterioridade da lei visa garantir que o contribuinte não seja surpreendido com um novo ônus tributário de uma hora para outra, sem que possa se preparar para a nova carga

A anterioridade é garantia de **conhecimento antecipado da lei tributária mais gravosa**. Não se trata apenas de prover **previsibilidade** ou **não surpresa**. HUMBERTO ÁVILA diz que, "em vez de previsibilidade, a segurança jurídica exige a realização de um estado de calculabilidade. Calculabilidade significa a capacidade de o cidadão antecipar as consequências alternativas atribuíveis pelo direito a fatos ou a atos, comissivos ou omissivos, próprios ou alheios, de modo que a consequência efetivamente aplicada no futuro situe-se dentro daquelas alternativas reduzidas e antecipadas no presente"[39].

A anterioridade apresenta-se não como princípio, mas como regras claras e inequívocas condicionantes da válida incidência das normas que instituem ou majoram tributos.

....

tributária, ou seja, concretiza um comando que tem como fundamento a segurança jurídica e como conteúdo a garantia de certeza do direito, assegurando o conhecimento prévio da lei. A anterioridade, pois, sempre se relaciona com inovação legislativa relativa à instituição ou majoração de tributo. A anuidade, por sua vez, precisa ser analisada conforme o momento histórico. Em uma fase inicial, identificava-se com a ideia de consentimento que deu suporte ao próprio surgimento da legalidade tributária, porquanto, a cada ano, em uma única lei se instituíam os tributos a serem cobrados no ano subsequente conforme as despesas previstas. A própria instituição dos tributos era temporária, anual, exigindo, pois, renovação. Assim, pouco importava que se estivesse cuidando da instituição ou majoração de um tributo novo ou da simples manutenção da sua cobrança tal como já vinha sendo feito em exercícios anteriores. Em uma segunda fase, quando, mais consolidado o sistema representativo, a instituição dos tributos já não se dava de modo temporário, mas em caráter permanente, até que a lei instituidora viesse a ser revogada, a anuidade passou a cumprir uma função limitadora da instituição de novos tributos ou majoração dos já existentes, pressupondo-se que, se não prevista no orçamento daquele ano, não poderia incidir, não estando autorizada a sua cobrança. Ficaria, assim, a incidência e arrecadação para o ano em que, já constando do orçamento aquele ingresso como receita, se justificasse a sua exigência. Em uma terceira fase, que é a atual, nem sequer se condiciona a instituição ou majoração de tributos à prévia inclusão na lei orçamentária. Isso porque se entende que, provindo do mesmo órgão legislativo, ainda que não prevista na lei orçamentária, a instituição posterior, por força de lei, pressupõe, ela própria, um juízo contemporâneo quanto à necessidade daquela receita e a autorização para a cobrança após o decurso do prazo constitucional que garante o conhecimento antecipado pelo contribuinte, a anterioridade. Não se deve perder de vista, contudo, que a tributação não se justifica por si só, como uma via de mão única, como um arrecadar por arrecadar, uma receita sem sentido. Pelo contrário, a tributação só se justifica e encontra amparo constitucional, sustentando-se a ingerência no patrimônio privado, quando se faça necessária. Nesta medida, excluindo-se o exercício inicial, quando a própria instituição ou majoração pressupõe tal juízo de necessidade e, por isso, dispensa autorização orçamentária prévia, a tributação só restará justificada e autorizada, nos exercícios seguintes, se houver na lei orçamentária, que rege a ação do Estado em cada exercício, a previsão da arrecadação e da aplicação dos respectivos recursos, o que ganha relevância e maior destaque no que diz respeito aos tributos que, por sua própria natureza, vinculam-se diretamente a uma atividade estatal (taxas, contribuições de melhoria, contribuições especiais e empréstimos compulsórios). Atualmente, pois, ainda que a anualidade não mais figure como limitação à inovação legislativa que implique instituição ou majoração de tributo, prossegue condicionando a tributação no que diz respeito ao prosseguimento da cobrança, a cada exercício.

39. ÁVILA, Humberto. *Segurança jurídica: entre a permanência, mudança e realização no direito tributário*. São Paulo: Malheiros, 2011, p. 587.

Há duas normas de anterioridade, dispostas em três dispositivos constitucionais.

A **anterioridade de exercício** está consagrada no art. 150, III, b, da CF. Garante que o contribuinte só estará sujeito, no que diz respeito à instituição e majoração de tributos, às leis publicadas até 31 de dezembro do ano anterior.

A **anterioridade nonagesimal** consta da alínea c ao art. 150, III, acrescida pela EC n. 42/2003, bem como do § 6º do art. 195 da CF. Garante ao contribuinte o interstício de 90 dias entre a publicação da lei instituidora ou majoradora do tributo e sua incidência apta a gerar obrigações tributárias.

Ambas **se aplicam a todas as espécies tributárias**: impostos, taxas, contribuições de melhoria, contribuições e empréstimos compulsórios. Assim, como regra, a anterioridade de exercício e nonagesimal se completam, uma reforçando a outra. Ressalvam-se, todavia, as **exceções** previstas nos arts. 150, § 1º, art. 155, § 4º, IV, c, 177, § 4º, e 195, § 6º, da Constituição.

Os tributos em geral continuam sujeitos à anterioridade de exercício (a lei publicada num ano só pode incidir a partir do ano seguinte), mas não haverá incidência antes de decorridos, no mínimo, 90 dias da publicação da lei instituidora ou majoradora. Prestigia-se, assim, a segurança jurídica em matéria tributária. Não ocorre mais a instituição ou majoração de tributos por lei publicada ao apagar das luzes de um ano para vigência já a partir de 1º de janeiro. Muitas vezes houve até mesmo edições extras do *Diário Oficial* em 31 de dezembro, sábado à noite, sem que sequer tivesse chegado a circular, e que no dia seguinte, alheia ao conhecimento sequer dos mais atentos, já geravam obrigações tributárias.

Com a aplicação simultânea das anterioridades de exercício e nonagesimal mínima, **só o atendimento a ambas enseja a incidência da lei**.

Assim, publicada a lei majoradora em março de um ano, poderá incidir sobre fatos ocorridos a partir de 1º de janeiro, quando já atendidas, cumulativamente, a anterioridade de exercício (publicação num ano para incidência no exercício seguinte) e a anterioridade mínima (decurso de 90 dias desde a publicação). Publicada, contudo, em 15 de dezembro de determinado ano, só poderá incidir sobre fatos ocorridos a partir de 16 de março, respeitando a anterioridade de exercício e a anterioridade nonagesimal mínima (interstício de 90 dias, incidindo, então, a partir do 91º dia).

As **exceções às regras de anterioridade são taxativas**, *numerus clausus*. Há um rol de exceções para a anterioridade de exercício e outro para a anterioridade nonagesimal mínima, os quais não se confundem.

O art. 150, § 1º, atento ao uso extrafiscal de certos tributos, diz que não se aplica a anterioridade de exercício ao empréstimo compulsório de calamidade ou guerra, aos impostos de importação e de exportação, sobre produtos industrializados e sobre operações de crédito, câmbio, seguros e operações com títulos e valores mobiliários, tampouco ao imposto extraordinário de guerra. E diz que não se aplica a anterioridade nonagesimal ao empréstimo compulsório de calamidade ou guerra, aos impostos de importação e de exportação, ao imposto de renda e sobre operações de crédito, câmbio, seguros e operações com títulos e valores mobiliários, ao imposto extraordinário de guerra e à fixação da base de cálculo do IPVA e do IPTU.

O art. 155, § 4º, IV, c, permite que as alíquotas do ICMS sobre a comercialização de combustíveis e lubrificantes sejam reduzidas e restabelecidas sem observância da anterioridade de exercício. O art. 177, § 4º, estabelece exceção idêntica para a Cide-combustíveis.

Por fim, o art. 195, § 6º, submete as contribuições de seguridade social exclusivamente à anterioridade nonagesimal, excluindo a aplicação da anterioridade de exercício. A anterioridade prevista no art. 195, § 6º, da CF tem sido chamada pela doutrina e pela jurisprudência de anterioridade nonagesimal, especial ou mitigada. Basta a observância do decurso de noventa dias, ainda que no curso de um mesmo ano, para que se possa ter a incidência válida de nova norma que institua ou majore contribuição de seguridade social.

Vejamos o rol das exceções:

	Anterioridade de exercício	Anterioridade nonagesimal
II – 153, I	exceção – 150, § 1º	exceção – 150, § 1º
IE – 153, II	exceção – 150, § 1º	exceção – 150, § 1º
IR – 153, III	–	exceção – 150, § 1º
IPI – 153, IV	exceção – 150, § 1º	–
IOF – 153, V	exceção – 150, § 1º	exceção – 150, § 1º
IPVA (bc) – 155, III	–	exceção – 150, § 1º
IPTU (bc) – 156, I	–	exceção – 150, § 1º
IEG – 154, II	exceção – 150, § 1º	exceção – 150, § 1º
ECCG – 148, I	exceção – 150, § 1º	exceção – 150, § 1º
ICMS-comb/lub (%) – 155, § 2º, XII, h	exceção – 155, § 4º, IV, c	–
Cide-comb (%) – 177, § 4º	exceção – art. 177, § 4º, I, b	–
CSS – 195, I a IV	exceção – art. 195, § 6º	–

Quanto à **abrangência da garantia**, as anterioridades alcançam tanto a **instituição** do tributo como a sua **majoração**. Assim, aplicam-se primeiramente à própria definição legal dos aspectos material, espacial, temporal, pessoal e quantitativo. Posteriormente, também aplicam-se a eventuais modificações da norma tributária impositiva que, por ampliarem sua incidência ou o montante devido, impliquem cobrar mais tributo. Isso pode ocorrer com a ampliação da base de cálculo ou das alíquotas e também quando a lei torna mais abrangente o polo passivo. Estão cobertas pela garantia mesmo alterações no antecedente da norma, que impliquem definição de novos fatos geradores, extensão do aspecto espacial ou mesmo antecipação do aspecto temporal.

O STF vinha entendendo que a **prorrogação de tributo ou de alíquota temporários**[40] não se sujeitava à observância das regras de anterioridade. Assim, a lei que se limitasse a determinar a manutenção de carga tributária que já viesse sendo suportada poderia ser publicada para vigência imediata[41]. Pensamos que tal posição é equivocada, porquanto a prorrogação de tributo ou de alíquota temporários corresponde ao estabelecimento de uma carga tributária que não existiria não fosse a prorrogação. Configura, portanto, imposição tributária que, relativamente ao período acrescido, é nova e inédita. Assim, também a lei prorrogadora teria de observar a garantia da anterioridade[42]. Em 2016, o STF decidiu que "A contribuição ao PIS só pode ser exigida, na forma estabelecida pelo art. 2º da EC 17/97, após decorridos noventa dias da data da publicação da referida emenda constitucional"[43].

Quando da **revogação ou redução de benefício fiscal, também se impõe a observância das garantias de anterioridade**. A supressão de benefícios fiscais aumenta a carga tributária a que o contribuinte está sujeito, equiparando-se, nessa perspectiva, à instituição e à majoração de tributos. Efetivamente, o STF firmou posição no sentido de que as garantias de anterioridade tributária se aplicam "ao aumento de tributo indireto decorrente da redução de benefício fiscal"[44]. Em 2014, por ocasião do julgamento do RE 564.225 AgR, o Ministro MARCO AURÉLIO já lembrara que na ADIMC 2.325, ainda em 2004, o tribunal reconhecera, por unanimidade, a necessidade de observância da anterioridade quando da redução de benefício fiscal relativo ao aproveitamento de créditos. Na oportunidade, já fora afirmado acerca do dispositivo que consagra a anterioridade de exercício: "há de emprestar-se eficácia ao que nele se contém, independentemente da forma utilizada para majorar-se certo tributo. O preceito constitucional não especifica o modo de implementar-se o aumento. Vale dizer que toda modificação legislativa que, de maneira direta ou indireta, implicar carga tributária maior há de ter eficácia no ano subsequente àquele no qual veio a ser feita". Considere-se, ainda, que o

---

40. Tributo temporário é aquele instituído para vigência até determinada data. Alíquota temporária é aquela estabelecida para vigência por determinado período, findo o qual voltaria a ser aplicada a alíquota anterior.
41. STF, RE 584.100 (*DJe* fev. 2010), RE 566.032, AI 392.574, ADI 2.666, ADI 2.031.
42. Também HUMBERTO ÁVILA pensa assim: "Ora, se a regra da anterioridade visa a evitar a surpresa, tal dissociação entre instituição e prorrogação revela-se de todo imprópria. Havendo surpresa, que a regra visa a evitar, tem-se a instituição, pouco importa se sob o nome de prorrogação" (*Segurança jurídica: Entre a permanência, mudança e realização no direito tributário*. São Paulo: Malheiros, 2011, p. 592).
43. STF, RE 848.353 RG, 2016.
44. STF, RE 1.253.469 AgR, Primeira Turma, 2020.

art. 104, III, do CTN determina expressamente a aplicação da anterioridade à extinção ou redução de isenções, norma meramente interpretativa do alcance da garantia constitucional. Desse modo, deve ser reconhecido ao contribuinte o direito ao conhecimento antecipado da norma revogadora ou redutora do benefício fiscal, aplicando-se os arts. 150, III, *b* e *c*, e 195, § 6º, da Constituição.

No que diz respeito aos **fatos geradores de período**[45], a anterioridade tributária exige conhecimento antecipado da nova lei tributária mais gravosa relativamente ao próprio início do período. Assim, a virada do exercício e/ou o decurso dos noventa dias devem estar cumpridos já no início do período considerado para fins de tributação, como imperativo de segurança jurídica. O STF revisou jurisprudência anterior em sentido contrário[46] para decidir, em 2011, que não é viável a alteração da alíquota da contribuição sobre o lucro (CSL) no curso do período, sem a observância da anterioridade de 90 dias[47]. Tal revisão deve ocorrer, também, quanto ao IR, estando em discussão nos autos do RE 183.130. Mas ainda não foi expressamente cancelada a **Súmula 584** do STF, que permitia a aplicação, a todo o ano-base, da lei de IR publicada ao longo do período, devendo-se destacar que tal súmula foi por diversas vezes aplicada mesmo após o advento da Constituição Federal de 1988[48].

A anterioridade não diz respeito a alterações de índices de **correção monetária**, desde que não impliquem aumento velado do tributo[49], cabendo a aplicação do art. 97, § 2º, do CTN.

A anterioridade também não é aplicável à determinação do **prazo de recolhimento** do tributo, de maneira que pode ser alterado e passar a valer no mesmo exercício. Aliás, veja-se a **Súmula Vinculante 50** do STF: "Norma legal que altera o prazo de recolhimento da obrigação tributária não se sujeita ao princípio da anterioridade".

Por fim, cabe uma observação quanto ao cômputo da anterioridade relativamente aos tributos instituídos ou majorados por medida provisória. O STF entende que o termo *a quo* para verificação da observância da anterioridade é a data da edição da medida provisória, inclusive considerando a primeira medida provisória da série no caso de reedições (quando as reedições eram possíveis, antes da EC 32/2001). Porém, com a EC 32/2001, que alterou o regime das **medidas provisórias**, acresceu-se o § 2º ao art.

---

45. Fatos geradores de período ou fatos geradores complexos são aqueles que pressupõem um conjunto de fatos que acontecem ao longo de um dado período e que são considerados como um todo único, casos do imposto de renda e da contribuição social sobre o lucro, em que os ingressos e as despesas de todo o ano ou do trimestre concorrem para a verificação da ocorrência do lucro real e do resultado ajustado respectivos.
46. STF, RE 204.271 e RE 197.790.
47. STF, Tribunal Pleno, RE 587.008, 2011.
48. STF, RE 194.612 e AgRgpET 2.698.
49. STF, Segunda Turma, AGRRE 176.200.

62 da CF, com a seguinte redação: "Medida provisória que implique instituição ou majoração de impostos, exceto os previstos nos arts. 153, I, II, IV, V, e 154, II, só produzirá efeitos no exercício financeiro seguinte se houver sido convertida em lei até o último dia daquele em que foi editada". Note-se que a restrição foi posta apenas para a espécie tributária *impostos*, de maneira que, para as demais espécies tributárias, continua aplicável a orientação do STF. A EC 42/2003, que estabeleceu a anterioridade mínima de 90 dias ao acrescer a alínea c ao inciso III do art. 150 da CF, não estabeleceu a conversão em lei como critério para a sua contagem. Assim, a majoração de impostos, decorrente de medida provisória, poderá incidir desde que publicada e convertida em lei antes do final do exercício, observada a anterioridade mínima de 90 dias contados estes da edição da medida provisória. Quanto aos demais tributos, ambas as regras de anterioridade são computadas tendo em vista a data de edição da medida provisória. Quando houver alteração na redação da Medida Provisória por ocasião da sua conversão em lei, independentemente de que tributo esteja sendo instituído ou majorado, a observância das regras de anterioridade terá como referência a publicação da lei[50].

59. Isonomia tributária

A isonomia tributária está positivada no art. 150, II, da CF. Constitui uma limitação ao poder de tributar vinculada à ideia de justiça tributária. Veda tratamento desigual entre os contribuintes que se encontrem em situação equivalente, proibida qualquer distinção em razão de ocupação profissional ou função por eles exercida, independentemente da denominação jurídica dos rendimentos, títulos ou direitos.

Analisamos a matéria no capítulo atinente aos princípios.

60. Não confisco[51]

Carga tributária demasiadamente elevada pode comprometer o direito de propriedade e o próprio exercício da atividade econômica. Daí a relevância do dispositivo constitucional que veda a utilização de tributo com efeito de confisco.

Costuma-se identificar o confisco com a **tributação excessivamente onerosa, insuportável, não razoável**, que absorve a própria fonte da tributação.

....

50. STF, Tribunal Pleno, RE 568.503, 2014.
51. Sobre a vedação do confisco em matéria tributária, consulte-se, principalmente: DIFINI, Luiz Felipe Silveira. *Proibição de tributos com efeito de confisco*. Porto Alegre: Livraria do Advogado, 2007. GOLDSCHMIDT, Fabio Brun. *O princípio do não confisco no direito tributário*. São Paulo: RT, 2003.

Mas é preciso atentar, primeiramente, para a estrutura da norma de vedação do confisco. LUIZ FELIPE SILVEIRA DIFINI, em profunda análise sobre a vedação ao confisco, destaca: "A norma que estabelece a proibição de utilizar tributo com efeito de confisco não é regra, pois não se aplica por subsunção, nem princípio no sentido mais restrito (mandamento *prima facie*), mas um dos princípios (em sentido lato) que regem a aplicação dos demais e é medida da ponderação destes: é **norma de colisão**". E prossegue: "norma de colisão (tal qual a proporcionalidade) que, nos casos mais afetos à sua operatividade, substitui o princípio da proporcionalidade, como norma para solução de hipóteses de colisão de princípios em sentido estrito"[52].

Em segundo lugar, é importante ter em conta, conforme esclarece o mesmo Autor, que não estará sempre em questão a **propriedade**, mas, por vezes, a **livre iniciativa** e o **livre exercício profissional**. Esclarece: "Assim como o direito de propriedade, também os princípios do livre exercício profissional e da livre iniciativa podem entrar em conflito com outros princípios, que visam a fins de sociabilidade objeto de proteção constitucional, derivados do princípio do Estado social e democrático de direito, aplicando-se, no campo da tributação, o princípio da não confiscatoriedade, como norma de colisão para a solução destes conflitos"[53].

O Supremo Tribunal Federal, em 1999, quando do julgamento da ADI 2.010, entendeu que o aumento da contribuição previdenciária do servidor público para patamares que poderiam chegar a 25%, associado à incidência do imposto sobre a renda de 27,5%, implicava confisco, razão pela qual suspendeu a majoração da contribuição. Este precedente é extremamente importante porque sinalizou que a verificação do caráter confiscatório de um novo tributo ou majoração se faz em face da **carga tributária total** a que resta submetido o contribuinte, e não em face da onerosidade de cada tributo isoladamente considerado[54].

---

52. DIFINI, Luiz Felipe Silveira. *Proibição de tributos com efeito de confisco*, op. cit., p. 263-264.
53. Id., ibid., p. 266.
54. "[...] A TRIBUTAÇÃO CONFISCATÓRIA É VEDADA PELA CONSTITUIÇÃO DA REPÚBLICA [...] A identificação do efeito confiscatório deve ser feita em função da totalidade da carga tributária, mediante verificação da capacidade de que dispõe o contribuinte – considerado o montante de sua riqueza (renda e capital) – para suportar e sofrer a incidência de todos os tributos que ele deverá pagar, dentro de determinado período, à mesma pessoa política que os houver instituído (a União Federal, no caso), condicionando-se, ainda, a aferição do grau de insuportabilidade econômico-financeira, à observância, pelo legislador, de padrões de razoabilidade destinados a neutralizar excessos de ordem fiscal eventualmente praticados pelo Poder Público. Resulta configurado o caráter confiscatório de determinado tributo, sempre que o efeito cumulativo – resultante das múltiplas incidências tributárias estabelecidas pela mesma entidade estatal – afetar, substancialmente, de maneira irrazoável, o patrimônio e/ou os rendimentos do contribuinte. – O Poder Público, especialmente em sede de tributação (as contribuições de seguridade social revestem-se de caráter tributário), não pode agir imoderadamente, pois a atividade estatal acha-se

O STF tem decidido que a vedação do efeito confiscatório **aplica-se tanto aos tributos propriamente, como às multas** pelo descumprimento da legislação tributária, invocando o art. 150, IV, da CF em ambos os casos[55]. Mas deve-se ter bem presente que os fundamentos da vedação, num e noutro caso, a rigor, são distintos. A vedação de efeito confiscatório na instituição ou majoração de tributos decorre diretamente do art. 150, IV, da Constituição; relativamente às multas, da proporcionalidade das penas e do princípio da vedação do excesso. O STF entende, de um lado, válida a multa moratória de 20%[56] e, de outro, confiscatória a multa de ofício superior a 100% do tributo devido[57].

61. Proibição de limitações ao tráfego por meio de tributos interestaduais e intermunicipais, ressalvado o pedágio

A proibição do estabelecimento de limitações ao tráfego por meio de tributos interestaduais e intermunicipais, constante do art. 150, inciso V, da CF[58], impede a instituição de **tributos de passagem** e, também tributos de importação **ou de exportação interestaduais ou intermunicipais**, ressalvada expressamente a cobrança de pedágio pelo uso de rodovia conservada pelo poder público. A par disso, também a tributação que torne mais gravosas as operações interestaduais e/ou intermunicipais teria o efeito de implicar limitação ao tráfego, enquadrando-se, portanto, na vedação constitucional.

Essa proibição não impede a cobrança, mesmo que na fronteira, do diferencial de ICMS, porquanto, nas operações interestaduais, o que ocorre é a divisão da arrecadação entre os Estados de origem e de destino, mantendo-se a carga tributária no mesmo patamar daquela inerente às operações internas. Mas o Protocolo ICMS 21/2011, por ensejar a cobrança de alíquota cheia no Estado de origem e de diferencial de alíquota

---

essencialmente condicionada pelo princípio da razoabilidade. [...]" (STF, Tribunal Pleno, ADI 2.010-2/DF, rel. Min. Celso de Mello, set. 1999, *DJ* 12-4-2002, p. 51). Tal já vinha sendo afirmado, em sede doutrinária, por Hugo de Brito Machado: "O caráter confiscatório do tributo há de ser avaliado em função do sistema, vale dizer, em face da carga tributária resultante dos tributos em conjunto" (Machado, Hugo de Brito. *Curso de direito tributário*. 36. ed. São Paulo: Malheiros, 2015, p. 41).

55. STF, Tribunal Pleno, ADI 551-1, 2002; STF, Primeira Turma, AI 482.281 AgR, 2009, STF, ARE 851.059 AgR, Primeira Turma, 2016.
56. STF, ARE 886.446 AgR, Primeira Turma, 2016.
57. STF, Primeira Turma, ARE 776.273 AgR, 2015; STF, Primeira Turma, AI 838.302 AgR, 2014; ARE 776.273 AgR, Primeira Turma, 2015; RE 863.049 AgR-ED, Primeira Turma, 2015.
58. CF: "Art. 150 [...] V – estabelecer limitações ao tráfego de pessoas ou bens, por meio de tributos interestaduais ou intermunicipais, ressalvada a cobrança de pedágio pela utilização de vias conservadas pelo Poder Público;".

no Estado de destino no caso de compras pela internet por consumidor final, foi considerado violador do art. 150, V, da CF[59].

A norma consubstancia garantia de livre circulação de pessoas e mercadorias pelo território nacional, considerado como uma unidade econômica.

O **pedágio** é referido, no art. 150, V, da CF, como exceção em norma que estabelece limitação ao poder de tributar, o que poderia levar à conclusão pela sua natureza tributária. Efetivamente, durante muito tempo, se discutiu a natureza jurídica do pedágio, tendo o STF chegado a considerá-lo como taxa de serviço por ocasião do julgamento do RE 181.475-6. Mas, em 2014, o Tribunal Pleno do STF, analisando o mérito da ADI 800, sob a relatoria do Ministro TEORI ZAVASCKI, determinou que "O pedágio cobrado pela efetiva utilização de rodovias conservadas pelo poder público, cuja cobrança está autorizada pelo inciso V, parte final, do art. 150 da Constituição de 1988, não tem natureza jurídica de taxa, mas sim de preço público, não estando a sua instituição, consequentemente, sujeita ao princípio da legalidade estrita". Nesse precedente, restou claro que desimporta o fato de haver ou não via alternativa.

Vale destacar, ainda, que a manutenção das rodovias, que é serviço público, muitas vezes é realizada mediante concessões, o que atrai a incidência direta do art. 175 da CF a exigir licitação ("sempre através de licitação"), bem como a observância de política tarifária definida em lei ("A lei disporá sobre: [...] III – política tarifária;").

---

59. STF, ADI 4.628, Tribunal Pleno, 2014.

Capítulo VIII
Limitações ao poder de tributar que são garantias da Federação

62. Limitações específicas à União

O art. 151 da CF estabelece limitações ao poder de tributar da União, quais sejam, a uniformidade geográfica, a vedação da tributação diferenciada da renda das obrigações das dívidas públicas e da remuneração dos servidores e a vedação das isenções heterônomas. Vejamos cada qual.

63. Uniformidade geográfica

Estabelece a CF:

> Art. 151. É vedado à União:
> I – instituir tributo que não seja uniforme em todo o território nacional ou que implique distinção ou preferência em relação a Estado, ao Distrito Federal ou a Município, em detrimento de outro, admitida a concessão de incentivos fiscais destinados a promover o equilíbrio do desenvolvimento socioeconômico entre as diferentes regiões do País;

Cuida-se de vedação que se apresenta como subprincípio tanto do princípio federativo[1] como do princípio da isonomia, assegurando que a tributação federal não se

---
1. No sentido de que confirma o postulado federativo: CARVALHO, Paulo de Barros. *Curso de direito tributário*. 27. ed. São Paulo: Saraiva, 2016, p. 180.

preste a privilegiar determinados entes federados em detrimento dos demais, só admitindo diferenciações que, na forma de incentivos, visem promover o **equilíbrio do desenvolvimento socioeconômico** entre as diferentes regiões. Assim, ao mesmo tempo que concretiza o princípio da isonomia, permite diferenciação com a finalidade extrafiscal de reduzir as desigualdades regionais, o que configura objetivo fundamental da República Federativa do Brasil, nos termos do art. 3º, III, da CF.

Note-se, contudo, que a discriminação autorizada restringe-se à concessão de incentivos fiscais, pressupondo uma **política de fomento**[2].

MISABEL DERZI destaca os requisitos indispensáveis para que o tratamento diferenciado seja válido: "a) tratar-se de um incentivo fiscal regional; b) em favor de região ou regiões mais pobres e menos desenvolvidas; c) o incentivo, de modo algum, pode se converter em privilégio das oligarquias das regiões pobres, mas se destina a promover o desenvolvimento socioeconômico daquela região mais atrasada"[3].

Não está autorizado o estabelecimento de **alíquotas diferenciadas** para determinados Estados[4], embora o STF venha tolerando tal sistemática[5].

O art. 40 do ADCT manteve, ainda, a "**Zona Franca de Manaus**, com suas características de área de livre comércio, de exportação e importação, e de incentivos fiscais, pelo prazo de vinte e cinco anos, a partir da promulgação da Constituição", forte no fato de que tem sido afastada a aplicação de dispositivos que mitigavam tais incentivos[6], bem como reconhecido, no envio de mercadorias à Zona Franca de Manaus, o direito à aplicação dos benefícios relativos à exportação[7]. Ademais, no RE 592.891 e no RE 596.614, em abril de 2019, o Tribunal Pleno do STF reconheceu que, excepcionalmente, os industriais que adquirem produtos da Zona Franca de Manaus podem apropriar e compensar crédito de IPI, mesmo não sendo a operação de entrada onerada pelo tributo. Isso ao julgar o Tema 322 de Repercussão Geral. Foram invocados os arts. 43, § 2º, III, da CF e 40 do ADCT. Note-se que "a venda de mercadorias a empresas situadas na Zona Franca de Manaus equivale à exportação de produto brasileiro para o estrangeiro, para efeitos fiscais, sendo, portanto, tal operação isenta da contribuição ao PIS e à COFINS", o que não resta alterado pelo fato de a Lei n. 10.996/2004 estabelecer que a receita decorrente de venda de mercadorias/insumos para a Zona Franca de Manaus passaria

---

2. Souza, Hamilton Dias de. *Comentários ao Código Tributário Nacional*, v. 1. Ives Gandra da Silva Martins (coord.). São Paulo: Saraiva, 1998, p. 8-9.
3. DERZI, Misabel. *Nota de atualização à obra de Aliomar Baleeiro, Direito tributário brasileiro*. 11. ed. Rio de Janeiro: Forense, 2000, p. 159-163.
4. TRF4, AC 1998.04.01.017397-6.
5. STF, RE 344.331.
6. STF, ADIMC 2.348/DF.
7. STJ, REsp 823.954/SC.

a ser sujeita à 'alíquota zero'", de modo que, a "teor do disposto nos arts. 3º, § 2º, II, das Leis n. 10.637/2002 e 10.833/2003", "não impede o aproveitamento dos créditos, salvo quando revendidos ou utilizados como insumo em produtos ou serviços sujeitos à alíquota 0 (zero), isentos ou não alcançados pela contribuição"[8]. Vale ter em conta, ainda, a **Súmula 640 do STJ**, publicada em 2020: O benefício fiscal que trata do Regime Especial de Reintegração de Valores Tributários para as Empresas Exportadoras (REINTEGRA) alcança as operações de venda de mercadorias de origem nacional para a Zona Franca de Manaus, para consumo, industrialização ou reexportação para o estrangeiro. A vigência temporária do art. 40 do ADCT, inicialmente fixada em 25 anos contados a partir da Constituição, foi prorrogada por 10 anos e, recentemente, por mais 50 anos[9].

64. Vedação da tributação diferenciada da renda das obrigações das dívidas públicas e da remuneração dos servidores

Dispõe o art. 151, II, da CF que é vedado à União:

> II – tributar a renda das obrigações da dívida pública dos Estados, do Distrito Federal e dos Municípios, bem como a remuneração e os proventos dos respectivos agentes públicos, em níveis superiores aos que fixar para suas obrigações e para seus agentes;

Mais uma vez, temos, aqui, a afirmação do **princípio federativo**, impedindo que a União se imponha perante os demais entes federados mediante tributação privilegiada em detrimento dos interesses dos Estados e dos Municípios. Conforme MANOEL GONÇALVES FERREIRA FILHO, não houvesse igualdade de carga tributária incidente sobre as obrigações estaduais, municipais e federais, "estas últimas seriam favorecidas, visto que, gravadas mais pesadamente as obrigações estaduais e municipais, o investidor as preteriria, preferindo naturalmente as federais"[10].

65. Vedação de isenção heterônoma

Dispõe o art. 151, III, da CF que é vedado à União "instituir isenções de tributos da competência dos Estados, do Distrito Federal ou dos Municípios". ALIOMAR BALEEIRO refere-se a esta vedação como uma limitação ao **poder de não tributar** ou isentar[11].

---

8. STJ, REsp 1.259.343/AM, Primeira Turma, 2020.
9. Vide os arts. 92 e 92-A do ADCT, acrescidos pelas EECC n. 42, de 2003, e n. 83, de 2014.
10. FERREIRA FILHO, Manoel Gonçalves. *Comentários à Constituição brasileira de 1988*. v. 3. São Paulo: Saraiva, 1994, p. 109.
11. BALEEIRO, Aliomar. *Limitações constitucionais ao poder de tributar*. 7. ed., atualizada por Misabel Abreu Machado Derzi. Rio de Janeiro: Forense, 1997, p. 2.

A vedação constante do art. 151, III, da CF dirige-se à União enquanto pessoa jurídica de direito público interno. A República Federativa do Brasil, nas suas relações externas, pode firmar **tratado internacional** em que estabeleça isenção de quaisquer tributos, sejam federais, estaduais ou municipais. Efetivamente, o "âmbito de aplicação do art. 151, CF, é o das relações das entidades federadas entre si. Não tem por objeto a União quando esta se apresenta na ordem externa"[12]. A doutrina, aliás, sempre foi dominante neste sentido[13].

Note-se que a vedação alcança isenções, no **âmbito interno**, a **quaisquer tributos** instituídos pelos Estados ou pelos Municípios, sejam impostos, taxas ou contribuições.

Lei federal não pode, portanto, sob pena de inconstitucionalidade, **conceder isenções de tributos estaduais e municipais**. Não pode sequer isentar a própria União e suas autarquias de taxas estaduais, como as custas judiciais. Aliás, acerca disso, há a **Súmula 178 do STJ**: "O INSS não goza de isenção do pagamento de custas e emolumentos, nas ações acidentárias e de benefícios propostas na Justiça Estadual". Os julgados que deram origem à **Súmula 178** do STJ, embora sem invocar o art. 151, III, da CF, ressaltaram que a Lei Federal n. 8.620/93 não poderia isentar o INSS das custas na Justiça Estadual. Contudo, quanto aos registros de nascimento e de óbito, entendeu o STF que a Lei n. 9.534/97 poderia regulamentá-los, estabelecendo a gratuidade para todos os registros de nascimento e assentos de óbito e pelas primeiras certidões desses atos e não apenas para os reconhecidamente pobres, como assegurado pelo art. 5º, LXXVI, da CF[14].

O art. 41, § 2º, do ADCT preservou os **direitos adquiridos** relativos a isenções onerosas validamente concedidas sob a Constituição de 1967[15], que só vedava as isenções a impostos, permitindo-as quanto às demais espécies tributárias.

66. Limitações aos Estados e Municípios para estabelecer diferença tributária em razão da procedência ou destino

Dispõe o art. 152 da CF:

> Art. 152. É vedado aos Estados, ao Distrito Federal e aos Municípios estabelecer diferença tributária entre bens e serviços, de qualquer natureza, em razão de sua procedência ou destino.

---

12. STF, RE 229.096, ADI 1.600. Também: ARE 831.170 AgR, Primeira Turma, 2015.
13. MACHADO, Hugo de Brito. Tratados e convenções internacionais em matéria tributária. *RDDT*, n. 93, jun. 2003; BARRAL, Welber Barral; PRAZERES, Tatiana Lacerda, Isenção de tributos estaduais por tratados internacionais. *RDDT*, n. 70, jul. 2001, p. 140-149; MARTINS, Natanael. Tratados internacionais em matéria tributária. *CDTFP* n. 12, RT, 1995, p. 201.
14. STF, ADI 5-2 e ADIMC 1.800-1.
15. STF, RE 361.829-6 e RE 165.099-1.

Tal dispositivo visa garantir que não haja barreiras tributárias entre os Estados e Municípios, que impliquem restrição à atividade econômica ou o estabelecimento de blocos com preferência relativamente às demais unidades federadas. Cuida-se, assim, de limitação aos Estados que se agrega àquela estabelecida pelo art. 151, I, da CF à União (uniformidade geográfica), de modo que, no âmbito da República Federativa do Brasil, tenha-se uma **economia unificada**, sem nenhuma barreira ou privilégio para determinados entes federados.

Assim, resta constitucionalmente assentado que "[...] a procedência e o destino são índices inidôneos para efeito de manipulação das alíquotas e da base de cálculo pelos legisladores dos Estados, dos Municípios e do Distrito Federal. E o dispositivo se refere a bens e serviços de qualquer natureza"[16].

No âmbito da Guerra Fiscal de ICMS, o STF já decidiu que "Os entes federados não podem utilizar sua competência legislativa privativa ou concorrente para retaliar outros entes federados, sob o pretexto de corrigir desequilíbrio econômico", sob pena de ofensa ao art. 152 da CF[17].

Não é possível, também, utilizar como critério para a **seletividade** ou para a **progressividade** a origem, o destino, o local de sede do vendedor, do prestador ou do consumidor.

O art. 152 da CF resguarda, ainda, o **papel da União** de controlar o comércio exterior, impedindo que os Estados estabeleçam diferença tributária para os produtos oriundos de outros países. Reconheceu-se, por exemplo, a impossibilidade de Estado cobrar IPVA com alíquota diferenciada para veículos importados[18].

67. Vedação da afetação do produto de impostos

O art. 167, IV, da CF proíbe a vinculação da receita de impostos a órgão, fundo ou despesa, ressalvadas apenas as autorizações amparadas na própria constituição. Vejamos o dispositivo, com a redação da EC 42/2003:

Art. 167. São vedados:

[...]

IV – a vinculação de receita de impostos a órgão, fundo ou despesa, ressalvadas a repartição do produto da arrecadação dos impostos a que se referem os arts. 158 e 159, a destinação de recursos para as ações e serviços públicos de saúde, para manutenção e desenvolvimento do ensino e para realização de atividades da administração

---

16. CARVALHO, Paulo de Barros. *Curso de direito tributário*. 27. ed. São Paulo: Saraiva, 2016, p. 180.
17. STF, ADI 4.705 MC-REF, Tribunal Pleno, fev. 2012.
18. STJ, Primeira Turma, RMS 13.502.

tributária, como determinado, respectivamente, pelos arts. 198, § 2º, 212 e 37, XXII, e a prestação de garantias às operações de crédito por antecipação de receita, previstas no art. 165, § 8º, bem como o disposto no § 4º deste artigo;

As únicas **vinculações possíveis** são as referentes à repartição constitucional de receitas tributárias entre os entes políticos, bem como a destinação de recursos à saúde, ao ensino, à administração tributária e à garantia da tomada de crédito por antecipação de receita, todas com detalhamento constitucional expresso.

O rol do art. 167, IV, da CF é ***numerus clausus***, não admitindo outras hipóteses de vinculação, de modo que não abrange, por exemplo, programas de assistência integral à criança e ao adolescente[19], tampouco determinação de aplicação de recursos em reservas indígenas consideradas como unidades de conservação ambiental[20], a vinculação parcial a programas de financiamento habitacional[21] ou mesmo o financiamento de subsídio de energia elétrica a consumidores de baixa renda mediante dedução do ICMS pela concessionária de energia[22].

A razão dessa vedação é resguardar a iniciativa do Poder Executivo, que, do contrário, poderia ficar absolutamente amarrado a destinações previamente estabelecidas por lei e, com isso, inviabilizado de apresentar proposta orçamentária apta à realização do **programa de governo** aprovado nas urnas. Efetivamente, somente assim será possível o planejamento e o estabelecimento de prioridades tendo como instrumento **a lei orçamentária**[23].

Entendemos que a não afetação constitui uma regra, e não um princípio. Não é um fim a ser buscado, mas uma vedação a ser observada pelo legislador, sob pena de inconstitucionalidade da lei que disponha em contrário. Ricardo Lobo Torres, porém, refere-se a tal vedação como "princípio da não afetação"[24].

A vedação diz respeito apenas a **impostos**, porque esta espécie tributária é vocacionada a angariar receitas para as despesas públicas em geral. As demais espécies tributárias têm a sua receita necessariamente afetada, mas não a qualquer órgão ou despesa, e sim ao que deu suporte a sua instituição. A contribuição de melhoria será afetada ao custeio da obra; a taxa, à manutenção do serviço ou atividade de polícia; a contribuição

---

19. STF, Tribunal Pleno, ADI 1.689, 2003.
20. STF, Tribunal Pleno, ADI 2.355 MC, 2002.
21. STF, RE 213.739-1 e AgRgAG 228.637/SP.
22. STF, Tribunal Pleno, ADI 2.848 MC, 2003.
23. DERZI, Misabel Abreu Machado, em nota de atualização na obra de BALEEIRO, Aliomar. *Direito tributário brasileiro*. 11. ed. Rio de Janeiro: Forense, 1999, p. 199.
24. TORRES, Ricardo Lobo. *Curso de direito financeiro e tributário*. 18. ed. Rio de Janeiro: Renovar, 2011, p. 119.

especial, à finalidade para a qual foi instituída; o empréstimo compulsório, também à finalidade que autorizou sua cobrança.

Por força de tal vedação, a majoração de imposto com vinculação a determinada finalidade é inconstitucional, restando indevido o pagamento pela nova alíquota. Note-se que o STF, nesses casos, tem afastado a própria obrigação tributária, e não apenas a vinculação, ou seja, entende que a majoração, por ser vinculada, é inconstitucional[25].

O STF considerou inconstitucional a concessão de desconto na tarifa de água em valor igual ao incremento de recolhimento do ICMS em relação ao exercício fiscal anterior por implicar "burla direta à vedação de vincular a arrecadação de impostos a finalidades específicas e não previstas em nível constitucional, nos termos do art. 167, IV"[26]. Também considerou inconstitucional a "Pretensão de, por vias indiretas, utilizar-se dos recursos originados do repasse do ICMS para viabilizar a concessão de incentivos a empresas", fulminando lei municipal que destinara o incremento do repasse de ICMS ao Fundo Municipal de Desenvolvimento[27].

....

25. STF, Tribunal Pleno, ADI 3.576, 2006.
26. STF, ADI 4.511, Tribunal Pleno, abr. 2016.
27. STF, ARE 665.291 AgR, Primeira Turma, fev. 2016.

Capítulo IX
Limitações à concessão de benefícios e incentivos fiscais

68. Os diversos instrumentos de desoneração tributária

No início desta obra, distinguimos a fiscalidade da extrafiscalidade. A extrafiscalidade se apresenta de diversos modos, sendo certo, porém, que "é no domínio dos chamados benefícios fiscais que a extrafiscalidade se revela em termos mais significativos e frequentes".[1] Efetivamente, "é muito mais comum em regras desonerativas, com as quais se criam exceções ao princípio da generalidade da tributação".[2]

Os chamados benefícios ou incentivos fiscais são instrumentos de desoneração tributária que eliminam ou reduzem a carga sobre determinadas pessoas ou operações ou mesmo de caráter regional.

Pode-se argumentar que "benefício fiscal" constitui um tratamento favorecido pura e simplesmente, enquanto "incentivo fiscal" pressupõe a ideia de indução do comportamento do contribuinte. Mas há quem não os distinga,[3] sendo certo que, efetivamente, costumam ser tratadas como sinônimas.

---

1. NABAIS, *O dever fundamental de pagar impostos*. Coimbra: Almedina, 1998, p. 632.
2. ROCHA, Sergio André. *Fundamentos do direito tributário brasileiro*. Belo Horizonte: Casa do Direito, 2020, p. 96.
3. MIGUEL, Luciano Garcia. A Lei Complementar n. 24/75 e os benefícios fiscais e financeiro fiscais relacionados ao ICMS. *RDDT* 216/96, set. 2013.

Muitos são os institutos tributários reunidos nessas categorias de benefícios ou incentivos fiscais submetidos ao mesmo regime de condicionamentos formais e orçamentários.

A isenção é instrumento de exclusão do crédito tributário previsto, inclusive, no Código Tributário Nacional, em seu art. 175. Através da isenção, tem-se o efeito de dispensar o contribuinte do pagamento do tributo devido. Já na isenção, porém, começam as variações, pois a isenção pode ser total ou parcial, de certa proporção do crédito.

A remissão e a anistia, que implicam perdão, dispensando do pagamento do tributo e da multa em razão do seu efeito de extinção do crédito tributário, também contam com previsão expressa conforme o art. 156 do Código Tributário Nacional.

Há institutos que tocam o próprio aspecto quantitativo da norma tributária impositiva, como a redução da base de cálculo, quando a lei estabeleça que, para determinada operação ou produto, se considere a base de cálculo pela metade, por exemplo, o que, fatalmente, reduz na mesma proporção o tributo devido. A própria redução de alíquota ou fixação de alíquota zero constituem meio de reduzir a carga tributária, sendo que, quando impliquem alíquota efetiva inferior à mínima permitida para o tributo podem se afigurar manobra ilegítima do ente tributante.

Os créditos básicos dos tributos não cumulativos, que se prestam a compensar os ônus já suportados, evitando o efeito cascata, também podem ter o efeito de benefício fiscal quando, não tendo o contribuinte o direito de apurá-los, a lei os assegure, ou quando, sendo o caso de anulação dos créditos, a lei os mantenha, hipóteses em que se dá ensejo à redução da carga tributária mediante a compensação de créditos. A antecipação da apropriação de créditos também é um instrumento.

Os chamados créditos presumidos, que originariamente deveriam compensar determinado ônus tributário em etapas anteriores da cadeia ou de outros tributos, mas que se transmudaram, passando a significar qualquer crédito que não decorre do sistema de não cumulatividade, mas que é concedido pelo legislador por ficção, constituem inequívocos benefícios fiscais, porquanto são utilizados para reduzir os tributos devidos, mediante compensação.

A devolução do imposto também se apresenta como instrumento de desoneração.

Transações com efeito de favorecimento e parcelamentos a perder de vista, sem efetivo potencial de recuperação do crédito, por exemplo, também podem configurar benefícios fiscais disfarçados.

E note-se que inclusive os incentivos financeiros são alcançados. JOSÉ SOUTO MAIOR BORGES já ensinava que, ambas as categorias, de subsídio tributário e de subsídio financeiro, poderiam "ser submetidas a um regime jurídico unificado".[4] E o STF, na ADI 2.549, considerou inconstitucional lei do Distrito Federal que, através de benefício financeiro aos contribuintes locais, procedeu à desoneração tributária relativamente ao ICMS. É que reduzir o montante a pagar ou conceder recursos para o pagamento tem o mesmo efeito. O benefício financeiro faz as vezes do tributário.

Há dispositivos constitucionais, em leis complementares, em resoluções do senado e em convênios entre os estados que limitam e que condicionam a concessão de benefícios. Tais cláusulas são estabelecidas em favor da transparência, da isonomia, da neutralidade, da livre concorrência, da impessoalidade, da moralidade, do combate à guerra fiscal e à unidade econômica na federação brasileira, conforme o caso.

As referências a tais ou quais instrumentos de desoneração, nos diversos róis legais que os consideram para impor limites formais (e.g., exigência de lei específica ou de autorização pelo CONFAZ) ou materiais (e.g., exigência de uniformidade ou vedação da redução da carga tributária aquém de determinado patamar, não discriminação em razão da origem ou da procedência) são meramente exemplificativas, havendo permanente preocupação do legislador para submeter suas diversas modalidades ao mesmo regime jurídico, não se permitindo que restem inalcançados novos institutos ou meios disfarçados de desoneração ou mesmo benefícios financeiros que tenham tal efeito. Em comum, guardam a finalidade e o efeito de configurarem favores "fiscais ou financeiros-fiscais... dos quais resulte redução ou eliminação, direta ou indireta, do respectivo ônus" (LC n. 24/75), "subvenções" (art. 150, § 6º, da CF), ou, em outras palavras, dos quais "resulte, direta ou indiretamente, a exoneração, dispensa, redução, eliminação, total ou parcial, do ônus do imposto devido na respectiva operação ou prestação" (Convênio ICMS 190/2017). Também se pode identificá-los por criarem "redução discriminada de tributos ou contribuições", implicando "tratamento diferenciado" (LRF), alterando o valor a ser recolhido (LC n. 190/2022), de modo "que resulte, direta ou indiretamente, em carga tributária menor" (LC n. 116/03).

A todo momento, podem surgir novos meios de desoneração. Referindo-se aos condicionamentos dos benefícios de ICMS, KALUME e BATISTA JÚNIOR ensinam que "A redução de alíquota, de base de cálculo, os créditos presumidos, enfim, todos os benefícios estão submetidos à mesma disciplina da isenção, em especial porque, na prática, idênticos são os efeitos financeiros dela resultantes".[5]

Os diversos modos de desoneração, portanto, equivalem-se para fins de submissão ao regime jurídico que lhes é comum.

---

4. BORGES, José Souto Maior. A lei de responsabilidade fiscal (LRF) e sua inaplicabilidade a incentivos financeiros estaduais. *RDDT* 63/96, dez. 2000.
5. KALUME, Célio Lopes; BATISTA JÚNIOR, Onofre Alves. A não cumulatividade e a necessidade de estorno de créditos de ICMS decorrentes de benefícios fiscais. *RDDT* 215/39, ago. 2013.

69. Os benefícios e incentivos fiscais enquanto gastos tributários ou renúncia de receitas: transparência e compensação

Tem-se chamado a atenção para o fato de que os benefícios fiscais, por constituírem renúncia de receita, equivalem a subvenções, implicando dispêndio público em favor de determinadas pessoas, operações, atividades. A compreensão desse ponto é fundamental.

RICARDO LOBO TORRES historiava a evolução da matéria:

"37. Os privilégios tributários, que operam na vertente da receita, estão em simetria e podem ser convertidos em privilégios financeiros, a gravar a despesa pública. A diferença entre eles é apenas jurídico formal. A verdade é que a receita e a despesa são entes de relação, existindo cada qual em função do outro, donde resulta que tanto faz diminuir se a receita, pela isenção ou dedução, como aumentar se a despesa, pela restituição ou subvenção, que a mesma consequência financeira será obtida. 38. Atento à conversibilidade dos privilégios fiscais e financeiros o intérprete pode detectar com maior segurança as concessões injustificadas. Porque a manipulação dos diversos incentivos tem sempre o objetivo político de encobrir os nomes dos beneficiários, excluindo os do orçamento, para atender a certas conveniências políticas e evitar o controle do eleitor. Observou Carl Shoup que, na prática americana, embora as subvenções sejam mais eficientes que as isenções (permitem o controle do cumprimento das condições impostas e o cálculo do gasto público), o legislador muitas vezes opta pelas isenções porque sabe que a subvenção direta, aparecendo no orçamento, não contaria com a aprovação pública; esse comportamento é ilógico, porque a entidade que não merece a subvenção não poderá obter a isenção. No Brasil, durante muitas décadas, adotou se a política da concessão indiscriminada de isenções e subsídios, instrumentos que permitia a canalização de recursos públicos para setores atrasados e improdutivos da economia, que não chegavam a ser conhecidos e nominados. 39. De modo que se tornou realmente importante desmascarar os diversos privilégios, a fim de que se identificassem os odiosos. O trabalho dos americanos Staley S. Surrey e Paul R. Mc Daniel, ao denominar de 'gasto tributário' (*tax expenditure*) o incentivo sediado na receita e equipará lo ao verdadeiro gasto representado na despesa (subvenção), contribuiu decisivamente para clarear o assunto, repercutindo sobre a doutrina, a legislação e a jurisprudência de diversos países e fazendo com que o próprio orçamento dos Estados Unidos, após 1975, passasse a conter uma análise especial intitulada *Tax Expenditures*, que inspirou o art. 165, § 6º, da CF. Os tributaristas alemães, por exemplo, se deixaram sensibilizar pelos ensinamentos de Surrey e passaram a se referir às 'subvenções tributárias' (*Steuersubventionem*) que, sendo uma *contraditio in terminis*, demonstra bem que os incentivos fiscais têm a mesma consequência financeira das verdadeiras subvenções, que operam na vertente da despesa, nada mais sendo que subvenção mascarada (*verdeckte Subventionen*), no dizer de Karehnke, subvenção indireta (*indirekte Subvention*), como prefere Jesch, ou subvenção encoberta ou invisível (*verschleierte oder unsichtbare Subventionen*), como remata Tipke, que chegou mesmo a defender a 'derrubada geral dos incentivos'."[6]

Efetivamente, temos mais clareza quanto ao significado dos benefícios fiscais quando passamos a referi-los como "gastos tributários", apontando os respectivos montantes de renúncia fiscal. A Receita Federal do Brasil, em seu sítio na internet, conceitua: "Gastos tributários são gastos indiretos do governo realizados por intermédio do sistema tributário, visando a atender objetivos econômicos e sociais e constituem-se em uma exceção ao Sistema Tributário de Referência, reduzindo a arrecadação potencial e, consequentemente, aumentando a disponibilidade econômica do contribuinte". E prossegue: "Os sistemas tributários, via de regra, não possuem outro objetivo senão o de gerar recursos para a administração. No entanto, são permeados por situações que promovem isenções, anistias, presunções creditícias, reduções de alíquotas, deduções, abatimentos e diferimentos de obrigações de natureza tributária". Então, conclui: "Caso essas desonerações configurem desvios ao Sistema Tributário de Referência, estaremos diante dos denominados Gastos Tributários".

BREYNER destaca que: "Enquanto despesas públicas devem ser anualmente analisadas e inseridas na lei orçamentária, não existe a mesma periodicidade obrigatória de análise das exonerações inseridas na lei tributária. Com isso, há o risco de que os benefícios se tornem financiamentos ou auxílios eternos ao contribuinte ou a determinadas atividades privadas"[7]. Por isso, aliás, ROCHA sentencia: "prefira-se a realização de intervenções estatais por meio de decisões de gasto, ao invés de renúncias de receitas"[8].

Tratando-se de renúncia de receitas, os gastos tributários tem impacto orçamentário, o que implica uma série de cautelas e de responsabilidades.

O art. 165, § 6º, da CF, dispõe: "O projeto de lei orçamentária será acompanhado de demonstrativo regionalizado do efeito, sobre as receitas e despesas, decorrente de isenções, anistias, remissões, subsídios e benefícios de natureza financeira, tributária e creditícia".

---

6. TORRES, Ricardo Lobo. Anulação de incentivos fiscais – efeitos no tempo. *RDDT* 121/127, out. 2005.
7. BREYNER, Frederico Menezes. *Direito tributário e a positivação dos direitos sociais*. Belo Horizonte: D'Plácido, 2019, p. 165.
8. ROCHA, Sergio André. *Fundamentos do direito tributário brasileiro*. Belo Horizonte: Casa do Direito, 2020, p. 111.

Aliás, a Lei de Responsabilidade Fiscal (LC n. 101/2000), ao estabelecer normas de finanças públicas voltadas para a responsabilidade na gestão fiscal, já em seu art. 1º, estabelece que tal responsabilidade pressupõe "a ação planejada e transparente, em que se previnem riscos e corrigem desvios capazes de afetar o equilíbrio das contas públicas, mediante o cumprimento de metas de resultados entre receitas e despesas e a obediência a limites e condições", inclusive "no que tange a renúncia de receita". No seu art. 4º, *caput* e § 2º, V, prevê que a lei de diretrizes orçamentárias disporá, dentre outros pontos, sobre o equilíbrio entre receitas e despesas, trazendo anexo de metas fiscais contendo demonstrativo da estimativa e compensação da renúncia de receita. Já o art. 5º, ao cuidar da lei orçamentária anual, diz que seu projeto será acompanhado das medidas de compensação a renúncias de receita. A Lei n. 14.436/2022, que dispõe sobre as diretrizes para a elaboração e a execução da Lei Orçamentária de 2023, em seu art. 143, estabelece que as proposições que concedam, renovem ou ampliem benefícios tributários deverão "conter cláusula de vigência de, no máximo, cinco anos", "estar acompanhadas de metas e objetivos, preferencialmente quantitativos" e "designar órgão gestor responsável pelo acompanhamento e pela avaliação do benefício".

Na seção intitulada Da Renúncia de Receita, o art. 14, § 1º, da LRF também dispõe que "compreende anistia, remissão, subsídio, crédito presumido, concessão de isenção em caráter não geral, alteração de alíquota ou modificação de base de cálculo que implique redução discriminada de tributos ou contribuições, e outros benefícios que correspondam a tratamento diferenciado". O *caput* estabelece que: "A concessão ou ampliação de incentivo ou benefício de natureza tributária da qual decorra renúncia de receita deverá estar acompanhada de estimativa do impacto orçamentário-financeiro no exercício em que deva iniciar sua vigência e nos dois seguintes". Além disso, deverá atender ao disposto na lei de diretrizes orçamentárias, exigindo-se, ainda, a demonstração de que a renúncia "foi considerada na estimativa de receita da lei orçamentária, na forma do art. 12, e de que não afetará as metas de resultados fiscais previstas no anexo próprio da lei de diretrizes orçamentárias" ou que esteja "acompanhada de medidas de compensação [...] por meio do aumento de receita, proveniente da elevação de alíquotas, ampliação da base de cálculo, majoração ou criação de tributo ou contribuição". Nessa última hipótese, o benefício "só entrará em vigor quando implementadas as medidas" compensatórias (art. 14, § 2º). Esses condicionamentos não se aplicam às alterações das alíquotas dos impostos regulatórios (II, IE, IPI e IOF), tampouco "ao cancelamento de débito cujo montante seja inferior ao dos respectivos custos de cobrança" (art. 14, § 3º).

O art. 113 do ADCT, incluído pela EC n. 95/2016, no dizer do STF, "acompanha o tratamento que já vinha sendo conferido ao tema pelo art. 14 da Lei de Responsabilidade Fiscal", estabelecendo que "A proposição legislativa que crie ou altere despesa obrigatória ou renúncia de receita deverá ser acompanhada da estimativa do seu impacto orçamentário e financeiro". Analisando a ADI 6303, em 2022, o STF, a par de considerá-lo aplicável a todos os entes federados, ressaltou que a exigência de estudo de impacto orçamentário e financeiro "visa a permitir que o legislador, como poder vocacionado para a instituição de benefícios fiscais, compreenda a extensão financeira de sua opção política". Em razão disso, declarou inconstitucional dispositivo que estabelecia isenção de IPVA em face da ausência de elaboração de estudo de impacto orçamentário e financeiro. E fixou a seguinte tese: "É inconstitucional lei estadual que concede benefício fiscal sem a prévia estimativa de impacto orçamentário e financeiro exigida pelo art. 113 do ADCT".

O art. 24-A da LC n. 87/96, acrescentado pela LC n. 190/2022, exige que os Estados divulguem "informações sobre benefícios fiscais ou financeiros e regimes especiais que possam alterar o valor a ser recolhido do imposto".

ROCHA chama atenção para um ponto relevante, qual seja, a importância de que se verifique a legitimidade da desoneração não apenas *a priori*, quando instituído o benefício fiscal, mas também *a posteriori*, conforme a lei é executada. E frisa: "se o tratamento tributário diferenciado somente se justifica sob a premissa de que do mesmo advirá a promoção de uma finalidade constitucionalmente relevante, ao se identificar que aquela medida não está realizando o objetivo visado deve-se, necessariamente, revogar ou ao menos modificar a lei que o instituiu".[9] BUFFON lembra que "em nome da geração de empregos, muitos incentivos e benefícios de ordem financeira e fiscal foram concedidos no Brasil" e que "em muitos casos, pouco tempo depois, constatou-se que se tratava de empreendimentos oportunistas e não-comprometidos com os objetivos que serviram de pretexto à concessão das benesses fiscais e financeiras"[10].

Aliás, lembre-se de que, nos termos do art. 70 da Constituição, o controle externo realizado pelo parlamento, com o auxílio do Tribunal de Contas, dá-se mediante fiscalização contábil, financeira, orçamentária e patrimonial, que envolve a análise não apenas da legalidade, mas também da legitimidade, da economicidade, da aplicação das subvenções e da renúncia de receitas.

As propostas de reforma tributária sobre a tributação do consumo, com substituição do IPI, ICMS e ISS pelo IBS, consubstanciadas nas PECs 45 e 110, são restritivas de benefícios: ou não os admitem, ou os autorizam apenas para certas áreas relacionados a alimentos, medicamentos, transporte, educação e saneamento.

---

9. ROCHA, Sergio André. *Fundamentos do direito tributário brasileiro.* Belo Horizonte: Casa do Direito, 2020, p. 107.
10. BUFFON, Marciano. *Tributação e dignidade humana.* Porto Alegre: Livraria do Advogado, 2009, p. 223.

70. Vedação de benefícios ou incentivos para pessoas jurídicas em débito com o sistema de Seguridade Social e outros condicionamentos materiais

O art. 195, § 3º, da CF proíbe que as pessoas jurídicas em débito com o sistema de seguridade social gozem de benefícios ou incentivos fiscais ou creditícios. Eis o dispositivo: "§ 3º A pessoa jurídica em débito com o sistema da seguridade social, como estabelecido em lei, não poderá contratar com o Poder Público nem dele receber benefícios ou incentivos fiscais ou creditícios".

A pessoa jurídica em débito, nesse dispositivo, deve ser compreendida como aquela em situação irregular, que possui débito em aberto e exigível. Seria desproporcional restringir o acesso aos benefícios e incentivos para as empresas que ostentem regularidade fiscal, seja mediante Certidão Negativa de Débito ou mesmo Certidão Positiva de Débitos com Efeitos de Negativa.

A referência à situação de "débito com o sistema da seguridade social", por sua vez, remete às diversas contribuições para financiamento da saúde, da previdência e da assistência sociais, disciplinadas pelo art. 195, I a IV, e 239 da CF, quais sejam, as incidentes sobre a folha de salários e demais pagamentos a pessoa física, as contribuições PIS e COFINS, inclusive sobre a importação, e a CSL.

Essa vedação ao gozo de benefícios ou incentivos fiscais ou creditícios só foi excepcionada durante a vigência do estado de calamidade púbica nacional reconhecido pelo Congresso Nacional em razão de emergência de saúde pública de importância internacional decorrente da pandemia do Coronavírus COVID-19, que tiveram lugar regimes fiscal e financeiro extraordinário. Assim dispôs a EC n. 106/2020: "Durante a vigência da calamidade pública nacional de que trata o art. 1º desta Emenda Constitucional, não se aplica o disposto no § 3º do art. 195 da Constituição Federal".

A par dessa vedação constitucional expressa, a concessão de incentivos tributários pode sujeitar-se a outros controles materiais, envolvendo, por exemplo, a isonomia tributária, a proporcionalidade da restrição a liberdades econômicas e a efetividade das normas desonerativas, tendo em conta as suas finalidades e os seus efeitos, como vem destacando a doutrina[11]. BUFFON destaca que "a concessão de benefícios e incentivos fiscais não pode ficar à mercê de interesses políticos e econômicos", devendo, isso sim, "submeter-se a mecanismos, substancialmente democráticos, de aprovação, sendo que só serão legítimos se os objetivos visados forem – de fato – constitucionalmente fundamentados"[12].

---

11. GUIMARÃES, Bruno A. François. *Limites à concessão de benefícios fiscais:* dos controles formais aos controles materiais. Rio de Janeiro: Lumen Juris, 2022.
12. BUFFON, Marciano. *Tributação e dignidade humana.* Porto Alegre: Livraria do Advogado, 2009, p. 223.

71. Exigência constitucional de lei específica para a concessão de benefícios e incentivos

A par de se exigir lei para a instituição dos tributos, a Constituição estabelece, em seu art. 150, § 6º, que também a concessão de benefícios fiscais depende de lei, e lei específica, que regule exclusivamente a matéria ou o correspondente tributo, sem prejuízo de se exigir, para benefícios de ICMS, ainda, prévio convênio entre os Estados (art. 155, § 2º, XII, *g*). Eis o dispositivo: "§ 6º Qualquer subsídio ou isenção, redução de base de cálculo, concessão de crédito presumido, anistia ou remissão, relativos a impostos, taxas ou contribuições, só poderá ser concedido mediante lei específica, federal, estadual ou municipal, que regule exclusivamente as matérias acima enumeradas ou o correspondente tributo ou contribuição, sem prejuízo do disposto no art. 155, § 2º, XII, *g*".

Poder-se-ia argumentar que, estabelecido por lei o tributo (art. 150, I, da CF), disso já decorreria, logicamente, que apenas lei poderia dispensá-lo. E é verdade. Para tanto, seria desnecessário o § 6º, que, sobreveio, porém, para requerer lei específica e, com isso, evitar "as improvisações e os oportunismos por meio dos quais, certos grupos parlamentares introduziam favores em leis estranhas ao tema tributário, aprovadas pelo silêncio ou desconhecimento da maioria"[13]. Evita-se a concessão de desonerações "de modo camuflado, dificultando o conhecimento e controle".[14] Na ADI 155, o Min. Nelson Jobim explicou que era "hábito, dentro do Parlamento, de se introduzir em qualquer tipo de lei um artigo específico concedendo anistia ou remissão, que servia inclusive no processo de negociação legislativa como instrumento de coação ou de barganha para esse efeito". Daí a importância do § 6º do art. 150, principalmente após a EC n. 3/93, que ampliou "substancialmente" o seu texto, antes restrito, antes restrito à anistia ou remissão.

Desse modo, a validade da desoneração depende de constar de lei dedicada especificamente à concessão do benefício fiscal ou, ao menos, que cuide especificamente do tributo respectivo. Veiculado o benefício fiscal em outro diploma legal, que desborde da matéria tributária, será inconstitucional.

E, lembre-se de que o rol do § 6º deve ser considerado meramente exemplificativo, aplicando-se o dispositivo aos diversos institutos tributários e mesmo aos instrumentos financeiros que tenham o efeito de desoneração total ou parcial de tributos.

---

13. Misabel Abreu Machado Derzi, em nota de atualização à obra de Aliomar Baleeiro, *Limitações constitucionais ao poder de tributar*, 7. ed., Rio de Janeiro: Forense, 1997, p. 101.
14. DOLÁCIO DE OLIVEIRA, Yonne. In: MARTINS, Ives Gandra da Silva (coord.). *Comentários ao Código Tributário Nacional*. São Paulo: Saraiva, 1998, v. 2, p. 30.

72. Limites aos benefícios ou incentivos fiscais para prevenir e controlar a guerra fiscal

A tributação vem sendo elemento de conflito entre os entes federados no que se tem nomeado de Guerra Fiscal. Os Estados-Membros e também os Municípios utilizam-se da concessão de benefícios fiscais ou financeiros (isenções, reduções de base de cálculo, créditos presumidos, alíquotas reduzidas, empréstimos a fundo perdido ou com prazos dilargados) para obterem vantagens competitivas perante os demais. Ainda que com o escopo de aumentar o desenvolvimento local através da atração de novos investimentos e da consequente geração de empregos e ganhos sociais, certo é que, muitas vezes, isso viola limites formais e materiais estabelecidos pela Constituição, pelas Leis Complementares, por Resoluções do Senado e por Convênios.

Em matéria de ISS, a Constituição prevê que tanto a alíquota máxima como a alíquota mínima deveriam ser estabelecidas por lei complementar e que a esta caberá também regular a forma e as condições como isenções, incentivos e benefícios fiscais concedidos e revogados, conforme seu art. 156, § 3º, II e III. A Lei Complementar n. 116 estabelece alíquota máxima de 5% para o ISS em seu art. 8º, II. Enquanto não era estabelecida a alíquota mínima nem disciplinadas as desonerações por lei complementar, o art. 88 do ADCT, incluído pela EC n. 37/2002, determinava que fosse de 2%, abaixo do que não se poderia chegar nem mesmo como efeito de isenções e outros benefícios. A LC n. 157/2016, ao acrescentar o art. 8º-A à LC n. 116/2003, manteve a alíquota mínima de 2% que já vinha sendo aplicada e, combatendo a guerra fiscal de benefícios que vinha reduzindo artificialmente a carga tributária para aquém do mínimo em muitos Municípios, em detrimento dos demais, foi expressa ao proibir tais práticas e estabeleceu punições para a infração aos seus dispositivos. Estabeleceu a nulidade da lei ou do ato municipal que desrespeite essas diretrizes no caso de serviço prestado a tomador ou intermediário localizado em Município diverso daquele onde localizado o prestador de serviço. Seu § 1º proíbe benefícios que tenham o efeito de reduzir a alíquota efetiva para aquém do patamar de 2%. Dispõe: "O imposto não será objeto de concessão de isenções, incentivos ou benefícios tributários ou financeiros, inclusive de redução de base de cálculo ou de crédito presumido ou outorgado, ou sob qualquer outra forma que resulte, direta ou indiretamente, em carga tributária menor que a decorrente da aplicação da alíquota mínima estabelecida no *caput*". Merece destaque a abertura: "ou sob qualquer outra forma que resulte, direta ou indiretamente, em carga tributária menor".

Em matéria de ICMS, a Constituição Federal, em seu art. 155, § 2º, XII, *g*, reserva à lei complementar "regular a forma como, mediante deliberação dos Estados e do Distrito Federal, isenções, incentivos e benefícios fiscais serão concedidos e revogados". A deliberação sobre a concessão de isenções, incentivos e benefícios fiscais de ICMS é realizada mediante convênios entre as Fazendas de tais entes políticos, firmados no âmbito do Conselho Nacional de Política Fazendária (Confaz). LUÍS EDUARDO SCHOUERI diz que estes equivalem a "tratados entre os integrantes da Federação"[15]. Esses convênios têm papel particularmente relevante no que diz respeito a benefícios que possam afetar as operações interestaduais, em que é exigida a alíquota interestadual pelo Estado de origem e a diferença de alíquota pelo Estado de destino. Conforme acórdão do STJ: "Os convênios do ICMS têm a função de uniformizar, em âmbito nacional, a concessão de isenções, incentivos e benefícios fiscais pelos Estados (art. 155, § 2º, XII, g, da CF/88). Em última análise, trata-se de instrumento que busca conferir tratamento federal uniforme em matéria de ICMS, como forma de evitar a denominada guerra fiscal"[16].

A LC n. 24/1975 que, ao cuidar das isenções de ICMS condicionadas a prévia autorização mediante Convênio CONFAZ, já dispunha, em seu art. 1º, que: "As isenções do imposto sobre operações relativas à circulação de mercadorias serão concedidas ou revogadas nos termos de convênios celebrados e ratificados pelos Estados e pelo Distrito Federal, segundo esta Lei" e que tal se aplica também à "I – à redução da base de cálculo; II – à devolução total ou parcial, direta ou indireta, condicionada ou não, do tributo, ao contribuinte, a responsável ou a terceiros; III – à concessão de créditos presumidos; IV – à quaisquer outros incentivos ou favores fiscais ou financeiro-fiscais, concedidos com base no Imposto de Circulação de Mercadorias, dos quais resulte redução ou eliminação, direta ou indireta, do respectivo ônus; V – às prorrogações e às extensões das isenções vigentes nesta data". O Convênio ICMS 190/2017, por sua vez, também arrola as diversas modalidades de benefícios fiscais: "I – isenção; II – redução da base de cálculo; III – manutenção de crédito; IV – devolução do imposto; V – crédito outorgado ou crédito presumido; VI – dedução de imposto apurado; VII – dispensa do pagamento; VIII – dilação do prazo para pagamento do imposto, inclusive o devido por substituição tributária, em prazo superior ao estabelecido no Convênio ICM 38/88, de 11 de outubro de 1988, e em outros acordos celebrados no âmbito do CONFAZ; IX – antecipação do prazo para apropriação do crédito do ICMS correspondente à entrada de mercadoria ou bem e ao uso de serviço previstos nos arts. 20 e 33 da Lei Complementar n. 87, de 13 de setembro de 1996; X – financiamento do imposto; XI – crédito para investimento; XII – remissão; XIII – anistia; XIV – moratória; XV – transação; XVI – parcelamento em prazo superior ao estabelecido no Convênio ICM 24/75, de 5 de novembro de 1975, e em outros acordos celebrados no âmbito do CONFAZ". Mais importante que o rol de institutos apontados pelo dispositivo, é o seu último inciso, que legitima a interpretação extensiva ao tornar certo que resta alcançado qualquer "XVII – outro benefício ou incentivo, sob qualquer forma,

---

15. SCHOUERI, Luís Eduardo. *Direito tributário*. 2. ed. São Paulo: Saraiva, 2012, p. 111.
16. STJ, RMS 39.554/CE, 2013.

condição ou denominação, do qual resulte, direta ou indiretamente, a exoneração, dispensa, redução, eliminação, total ou parcial, do ônus do imposto devido na respectiva operação ou prestação, mesmo que o cumprimento da obrigação vincule-se à realização de operação ou prestação posterior ou, ainda, a qualquer outro evento futuro".

Há vários acórdãos do STF dizendo da invalidade de benefícios fiscais concedidos sem prévia autorização em convênio[17]. Entende o STF que nem mesmo as Constituições Estaduais podem conceder benefícios de ICMS não autorizados por convênio, sob pena de inconstitucionalidade[18]. Tendo declarado a inconstitucionalidade de benefício concedido ao arrepio de convênio, o STF decidiu não modular os seus efeitos[19].

Porém, a LC n. 160, de 7 de agosto de 2017, "Dispõe sobre convênio que permite aos Estados e ao Distrito Federal deliberar sobre a remissão dos créditos tributários, constituídos ou não, decorrentes das isenções, dos incentivos e dos benefícios fiscais ou financeiro-fiscais instituídos em desacordo com o disposto na alínea g do inciso XII do § 2º do art. 155 da Constituição Federal e a reinstituição das respectivas isenções, incentivos e benefícios fiscais ou financeiro-fiscais". Já alterada pela LC n. 186/2021, cuida de incentivos fiscais e financeiro-fiscais em matéria de ICMS, inclusive com repercussão no IRPJ e na CSL. Ensejou deliberação a esse respeito com quórum para aprovação de 2/3 das unidades federadas, com pelo menos 1/3 das unidades de cada região do país. Sobreveio, então, o Convênio ICMS n. 190/2017, dispondo sobre a referida remissão.

No RE 851421, em 2021, o STF também firmou a tese do **Tema 817** de repercussão geral, no sentido de que: "É constitucional a lei estadual ou distrital que, com amparo em convênio do CONFAZ, conceda remissão de créditos de ICMS oriundos de benefícios fiscais anteriormente julgados inconstitucionais". Considerou que "a hipótese não se confunde com constitucionalização superveniente, uma vez que a lei distrital impugnada não convalidou as leis anteriormente julgadas inconstitucionais" e que "o Distrito Federal apenas concedeu novo benefício fiscal amparado em convênios do CONFAZ".

Também podem os Estados e o Distrito Federal, mediante convênio, autorizar alíquotas internas de ICMS inferiores às das operações interestaduais, conforme prevê o art. 155, § 2º, VI, da CF. A LC n. 186/2021, por sua vez, veio permitir a prorrogação, por até 15 (quinze) anos, das isenções, dos incentivos e dos benefícios fiscais ou

---

17. STF, ADI 2.458, ADI 1.179, ADI 930.
18. STF, ADI 429, 2014.
19. STF, ADI 3.246 ED, 2018.

financeiro-fiscais vinculados ao ICMS destinados à manutenção ou ao incremento das atividades comerciais, com alguns condicionamentos.

No **Tema 490** de repercussão geral (RE 628.075), em 2020, o STF firmou posição no sentido de que: "O estorno proporcional de crédito de ICMS efetuado pelo Estado de destino, em razão de crédito fiscal presumido concedido pelo Estado de origem sem autorização do Conselho Nacional de Política Fazendária (CONFAZ), não viola o princípio constitucional da não cumulatividade (Tema 490 da repercussão geral)".

73. Outras questões federativas suscitadas pelos benefícios e incentivos fiscais

A par da guerra fiscal, os benefícios e os incentivos têm suscitado, ainda, outras discussões importantes.

Municípios passaram a afirmar que a concessão de benefícios fiscais pela União, como isenções, quando dizem respeito a impostos cujo produto deva ser com eles compartilhado por determinação constitucional, não poderia implicar redução das transferências, ou seja, que a União teria de suportar ela própria e por completo a renúncia fiscal que realizasse. Chegaram a invocar, inclusive, o art. 151, III, da Constituição Federal, que veda à União a concessão de isenção heterônoma.

O STF analisou a questão em 2016, no RE 705.423, onde decidiu pela improcedência da pretensão dos Estados e Municípios. Entendeu que: "Não se haure da autonomia financeira dos Municípios direito subjetivo de índole constitucional com aptidão para infirmar o livre exercício da competência tributária da União, inclusive em relação aos incentivos e renúncias fiscais, desde que observados os parâmetros de controle constitucionais, legislativos e jurisprudenciais atinentes à desoneração". Também afirmou que "A expressão 'produto da arrecadação' prevista no art. 158, I, da Constituição da República, não permite interpretação constitucional de modo a incluir na base de cálculo do FPM os benefícios e incentivos fiscais devidamente realizados pela União em relação a tributos federais, à luz do conceito técnico de arrecadação e dos estágios da receita pública". Assim, fixou a tese do Tema 653 de repercussão geral: "É constitucional a concessão regular de incentivos, benefícios e isenções fiscais relativos ao Imposto de Renda e Imposto sobre Produtos Industrializados por parte da União em relação ao Fundo de Participação de Municípios e respectivas quotas devidas às Municipalidades".[20]

Os contribuintes, de outro lado, vem submetendo ao Judiciário, também, outra pretensão: a de que montante equivalente aos incentivos fiscais de ICMS sejam

---

20. STF, RE 705.423, 2016.

deduzidos da base de cálculo do Imposto de Renda da Pessoa Jurídica e da Contribuição Social sobre o Lucro, bem como do PIS e da COFINS, argumentando que, do contrário, a União estará tributando a própria renúncia de receita dos estados, que, assim, não terá o efeito extrafiscal pretendido. Essa pretensão foi batizada de "tese do pacto federativo".

A jurisprudência do STJ vem reconhecendo, ao menos em parte, a pretensão dos contribuintes. Há precedentes, como o AgInt no AREsp n. 1.958.353, de 2022, cuja ementa estampa: "A jurisprudência do Superior Tribunal de Justiça é firme no sentido de que o crédito presumido de ICMS não integra a base de cálculo do IRPJ e da CSLL, bem como do PIS e da Cofins, observado que tal crédito não caracteriza, a rigor, acréscimo de faturamento capaz de repercutir na base de cálculo da contribuição". Mais: "Verifica-se ainda que a inclusão do referido crédito, na base de cálculo dos referidos tributos, acaba por violar o pacto federativo, pois a medida impõe uma limitação na eficácia de benefícios fiscais concedidos pelos estados". E arremata: "Registra-se que a novel legislação (Lei Complementar n. 160/2017), que acrescentou os §§ 4º e 5º ao art. 30 da Lei n. 12.973/2014, estabeleceu condições para excluir os benefícios fiscais de ICMS considerados subvenção para investimento da base de cálculo da tributação incidente sobre o lucro real".

No STF, foi reconhecida a repercussão geral do **Tema 843**, assim definido: "Possibilidade de exclusão da base de cálculo do PIS e da COFINS dos valores correspondentes a créditos presumidos de ICMS decorrentes de incentivos fiscais concedidos pelos Estados e pelo Distrito Federal". Seu mérito ainda não foi julgado.

Capítulo X
Técnicas de tributação

74. Progressividade

Muitos tributos apresentam alíquota invariável, ainda que se modifique a base de cálculo, de modo que o percentual é sempre o mesmo, apurando-se o montante devido proporcionalmente à variação da base de cálculo. Nesses casos, a carga tributária é diretamente proporcional à riqueza tributada. A proporcionalidade é simples e isonômica.

Mas há tributos para os quais a Constituição determina a utilização de alíquotas progressivas, de modo que os contribuintes estejam sujeitos a percentuais diferentes conforme suas revelações de capacidade contributiva. Isso faz com que contribuintes que revelam maior riqueza suportem carga tributária progressivamente maior. Por envolver discriminações, a aplicação da progressividade exige maior cuidado e mais controle.

A progressividade é uma técnica de tributação através da qual se dimensiona o montante devido de um tributo mediante a aplicação de uma escala de alíquotas a outra escala correlata, fundada normalmente na maior ou menor revelação de capacidade contributiva. O parâmetro de referência para a variação de alíquota geralmente é a própria base de cálculo do tributo. Assim, faz-se com que bases menores suportem alíquota menor e bases maiores suportem alíquota maior, do que é exemplo o imposto sobre a renda, no qual rendas menores suportam alíquotas de 7,5%, 15%, 22,5%, conforme o patamar, e rendas maiores suportam alíquota de 27,5%. Mas a progressividade pode se dar também por outros critérios, como no caso do imposto sobre a propriedade territorial rural, em que são aplicadas alíquotas menores para imóveis com menor tamanho e maior grau de produtividade e alíquotas maiores para imóveis de maior tamanho e menor grau de produtividade, ou seja, em que as alíquotas são menores para pequenos imóveis produtivos e maiores para latifúndios improdutivos.

Através das alíquotas progressivas é possível fazer com que aqueles que revelam melhor situação econômica e, portanto, maior capacidade para contribuir para as despesas públicas, o façam em grau mais elevado que os demais, não apenas proporcionalmente a sua maior riqueza, mas suportando maior carga em termos percentuais. É, portanto, um instrumento para a efetivação do princípio da capacidade contributiva, mas deve ser utilizado com moderação para não desestimular a geração de riqueza, tampouco desbordar para o efeito confiscatório, vedado pelo art. 150, inciso IV, da Constituição.

A progressividade pode ser simples ou gradual. Na progressividade simples, verifica-se a alíquota correspondente ao seu parâmetro de variação (normalmente a base de cálculo) e procede-se ao cálculo do tributo, obtendo-se o montante devido. Na progressividade gradual, por sua vez, há várias faixas de alíquota aplicáveis para os diversos contribuintes relativamente à parcela das suas revelações de riqueza que se enquadrarem nas respectivas faixas. Assim, o contribuinte que revelar riqueza aquém do limite da primeira faixa, submeter-se-á à respectiva alíquota, e o que dela extrapolar se submeterá parcialmente à alíquota inicial e, quanto ao que desbordou do patamar de referência, à alíquota superior e assim por diante. Na progressividade gradual, portanto, as diversas alíquotas são aplicadas relativamente ao mesmo contribuinte, faixa por faixa, efeito esse que por vezes é facilitado mediante a determinação da aplicação da alíquota da maior faixa e de deduções correspondente à diferença entre tal alíquota e as inferiores quanto às respectivas faixas. Há quem entenda que somente a progressividade gradual seria autorizada[1], porquanto a progressividade simples poderia levar a injustiças. No entanto, no **Tema 833** de repercussão geral (RE 852.796), em 2021, o STF considerou constitucional a progressividade simples das contribuições previdenciárias dos empregados, inclusive o doméstico, e do trabalhador avulso.

Embora mais adequada aos tributos pessoais ou subjetivos, em que o dimensionamento da carga tributária leva em consideração circunstâncias específicas de cada contribuinte que apontam com maior exatidão qual a sua efetiva capacidade para contribuir, a progressividade vem tendo aplicação mais ampla, alcançando inclusive os tributos reais ou objetivos.

A EC n. 29/2001 autorizou expressamente a progressividade do IPTU em razão do valor do imóvel. O STF considera que as alíquotas progressivas de IPTU estabelecidas por leis municipais antes da EC 29/2001 são inconstitucionais[2], o que não impede,

---

1. VOLKWEISS, Roque Joaquim. *Direito tributário nacional*. 3. ed. Porto Alegre: Livraria do Advogado, 2002, p. 35.
2. Súmula 668 do STF e ARE 956.855 AgR, Primeira Turma, set. 2016.

porém, o prosseguimento da cobrança pela alíquota mínima nesses casos[3]; leis municipais que estabeleceram a progressividade posteriormente à EC 29/2001 são válidas. A progressividade extrafiscal do IPTU sempre foi admitida, forte no art. 182, § 4º, da CF. A Lei n. 10.257/2001, que estabelece as diretrizes gerais da política urbana, estabelece que, em caso de descumprimento das determinações de parcelamento, edificação ou utilização compulsórios do solo urbano não edificado, subutilizado ou não utilizado, "o Município procederá à aplicação do imposto sobre a propriedade predial e territorial urbana (IPTU) progressivo no tempo, mediante a majoração da alíquota pelo prazo de cinco anos consecutivos", podendo a alíquota ser dobrada a cada ano, respeitado o teto de quinze por cento, conforme se vê do seu art. 7º.

A EC n. 42/2002, por sua vez, estabeleceu a progressividade para o Imposto sobre a Propriedade Territorial Rural, o ITR (art. 153, § 4º, I, da CF).

No RE 562.045, cujo julgamento foi concluído em fevereiro de 2013, o STF admitiu a validade da progressividade do Imposto sobre Transmissão *Causa Mortis* e Doação, o ITCMD, a partir de critério que traduza o princípio da capacidade contributiva como o valor da herança ou da doação. Em outro precedente, contudo, entendeu que "O critério de grau de parentesco e respectivas presunções da proximidade afetiva, familiar, sanguínea, de dependência econômica com o *de cujus* ou com o doador, não guarda pertinência com o princípio da capacidade contributiva", de modo que a progressividade do ITCMD assim estabelecida é inconstitucional[4].

Já não se pode afirmar categoricamente, portanto, que a progressividade seria descabida nos chamados tributos reais ou mesmo que inexistiria "espaço de liberdade decisória para o Congresso Nacional, em tema de progressividade tributária, instituir alíquotas progressivas em situações não autorizadas pelo texto da Constituição"[5].

Tributos que não ensejam caráter progressivo são as taxas, porquanto o seu montante deve medir a atividade estatal e não a riqueza do contribuinte.

Na hipótese de ser reconhecida a inconstitucionalidade da progressividade de algum tributo, deverá ser exigida a alíquota mínima prevista na respectiva lei[6].

75. Seletividade

Dentre as técnicas para a tributação conforme a capacidade contributiva de cada pessoa está a previsão de alíquotas conforme a natureza ou a finalidade dos bens,

---

3. STF, Segunda Turma, ARE 956.798 AgR, 2016.
4. STF, RE 602.256 AgR, Primeira Turma, fev. 2016.
5. STF, Tribunal Pleno, ADIn 2.010-2/DF, set. 1999, *DJ* 12-4-2002.
6. STF, Plenário, RE 602.347/MG, 2015; STF, ARE 934.916 AgR, Primeira Turma, 2016.

produtos ou mercadorias. Selecionar é distinguir, separar, escolher. A seletividade implica múltiplos tratamentos tributários, conforme o objeto. Tem o lado negativo de tornar a tributação mais complexa e menos transparente, além de romper com a neutralidade.

A Constituição determina que seja utilizada a seletividade em vários dispositivos, estabelecendo, inclusive, o critério para a diferenciação de alíquotas. Em outros casos, simplesmente autoriza a seletividade.

Seu art. 153, § 3º, I, por exemplo, impõe a seletividade conforme a essencialidade do produto para o Imposto sobre Produtos Industrializados (IPI). Conforme já decidiu o STF, o princípio da seletividade "não significa haver imunidade, ainda que as operações ou bens sejam essenciais ao ser humano", devendo-se considerar "o postulado da solidariedade no custeio das atividades estatais"[7]. Em razão disso, a tabela do IPI (TIPI), aprovada pelo Decreto n. 8.950/2016, estabelece inúmeras alíquotas diferentes conforme o produto industrializado objeto de tributação. Note-se que a Constituição é categórica ao determinar a observância da técnica da seletividade na instituição do IPI. Trata-se de uma imposição, e não de uma faculdade. Em se tratando de IPI, o texto constitucional é imperativo: o IPI "será seletivo, em função da essencialidade do produto". A única *discricionariedade* permitida é onerar mais ou menos os produtos como um todo. Na relação entre as diversas alíquotas, contudo, o respeito ao critério da essencialidade é imperativo. As alíquotas deverão variar em função da essencialidade do produto, sob pena de inconstitucionalidade. Vale, todavia, a advertência de ALBERTO XAVIER quando ensina que: "O grau de essencialidade do produto (único critério de graduação permitido em matéria de IPI) não guarda qualquer relação com o respectivo preço; antes obedece a outros critérios adotados pelo legislador, tais como critérios éticos, sanitários, estéticos, humanitários ou em função de considerações de política econômica. Pode um produto de preço muito elevado (como um medicamento) ser taxado a zero pelo seu grau de essencialidade para a saúde, como pode um produto extremamente barato (como uma aguardente) ter uma tributação muito elevada por razões simétricas"[8].

Já o art. 155, § 2º, III, autoriza a seletividade do Imposto sobre a Circulação de Mercadorias e Prestação de Serviços de Transporte Interestadual e Intermunicipal e de Comunicação (ICMS) também em função da essencialidade das mercadorias e dos serviços. Assim é que os Estados deliberaram, através de convênios, que a carga tributária de ICMS sobre a cesta básica poderia ser reduzida ao patamar de 7%, bem inferior às alíquotas comuns de 17% ou 18%. De outro lado, a alíquota da energia elétrica, combustíveis e comunicações, por muito tempo, foi fixada em patamar altíssimo, de 25% e de até 30% em alguns estados. Considerando-se a essencialidade desses bens e serviços para o dia a dia da população, essas alíquotas descumpriam e se opunham ao critério

....

7. STF, Segunda Turma, RE 429.306, 2011.
8. XAVIER, Alberto. A tributação do IPI sobre cigarros. *RDDT* 118/9, jul. 2005.

da essencialidade. O Congresso Nacional resolveu a situação aprovando a LC n. 194/2022, que acrescentou o art. 18-A ao CTN. Nesse dispositivo, fez constar que "os combustíveis, o gás natural, a energia elétrica, as comunicações e o transporte coletivo são considerados bens e serviços essenciais e indispensáveis, que não podem ser tratados como supérfluos", sendo "vedada a fixação de alíquotas sobre as operações referidas no *caput* deste artigo em patamar superior ao das operações em geral, considerada a essencialidade dos bens e serviços", facultando-se, isso sim, "a aplicação de alíquotas reduzidas em relação aos bens referidos no *caput* deste artigo, como forma de beneficiar os consumidores em geral". O STF, por sua vez, no Tema n. 745 de RG, acabou por reconhecer: "Adotada, pelo legislador estadual, a técnica da seletividade em relação ao Imposto sobre Circulação de Mercadorias e Serviços – ICMS, discrepam do figurino constitucional alíquotas sobre as operações de energia elétrica e serviços de telecomunicação em patamar superior ao das operações em geral, considerada a essencialidade dos bens e serviços". A matéria também foi objeto das ADI 7117 e 7123, que reafirmaram essa orientação. Sobre os combustíveis, há as ADIs 7120 e 7118.

O art. 156, § 1º, II, da Constituição, por sua vez, permite que o Imposto sobre a Propriedade Predial e Territorial Urbana (IPTU) tenha alíquotas diferentes de acordo com a localização e o uso do imóvel. Para esse imposto, a seletividade é uma faculdade, porquanto a Constituição prevê que "poderá... ter alíquotas diferentes".

FÁBIO CANAZARO destaca que: "O legislador não é livre para identificar ou conceituar o que é e o que não é essencial como fator indicativo, visando à promoção da igualdade". E evolui demonstrando que: "Mercadorias e serviços essenciais, sob o ponto de vista jurídico, são aquelas cujos valores constitucionais denotam ser indispensáveis à promoção da liberdade, da segurança, do bem-estar, do desenvolvimento, da igualdade e da justiça – ou seja, das finalidades constitucionalmente prescritas". Desse modo, são "as mercadorias e serviços destinados à proteção e à manutenção da dignidade humana, à erradicação da pobreza e da marginalização, à educação, à saúde, à alimentação, ao trabalho, à moradia, ao lazer, à segurança, à proteção à maternidade e à infância, à assistência aos desamparados e à defesa do meio ambiente"[9].

A seletividade se presta para a concretização do princípio da capacidade contributiva ao implicar tributação mais pesada de produtos ou serviços supérfluos e, portanto, acessíveis a pessoas com maior riqueza. Certo é, em regra, que os produtos essenciais são consumidos por toda a população e que os produtos supérfluos são consumidos apenas por aqueles que, já tendo satisfeito suas necessidades essenciais, dispõem de recursos adicionais para tanto. A essencialidade do produto, portanto, realmente constitui critério para diferenciação das alíquotas que acaba implicando homenagem ao princípio da

---

9. CANAZARO, Fábio. *Essencialidade tributária*: igualdade, capacidade contributiva e extrafiscalidade na tributação sobre o consumo. Porto Alegre: Livraria do Advogado, 2015, p. 154.

capacidade contributiva. Para FÁBIO CANAZARO, a essencialidade que orienta a seletividade constitui princípio promotor da igualdade, na medida em que esta exige "tratamento equânime para contribuintes que possuam a mesma capacidade para suportar o encargo fiscal" e "tratamento diverso para contribuintes com capacidades diversas"[10].

Também para fins extrafiscais se pode fazer uso da seletividade, estimulando o consumo pela redução da carga tributária para determinados produtos e inibindo para outros mediante elevação da alíquota a eles aplicável. Conforme BOTTALLO, "A extrafiscalidade manifesta-se no IPI através do princípio da seletividade, que enseja a utilização deste imposto como instrumento de ordenação político-social, tanto favorecendo a realização de operações havidas por necessárias, úteis ou convenientes à sociedade, como dificultando a prática de outras, que não se mostrem capazes de ir ao encontro do interesse político"[11]. Será possível, assim, excepcionalmente, atribuir-se alíquotas que desbordem da simples graduação segundo a essencialidade dos produtos ou serviços. É o caso do fumo, cuja alíquota de IPI é de 365,63%, abrigando, evidentemente, um caráter extrafiscal bastante pronunciado: não só o produto é supérfluo, como de consumo desaconselhável por razões de saúde pública, razão pela qual se o tributa de forma especialmente pesada, a fim de encarecê-lo e, com isso, restringir sua circulação.

A seletividade, em regra, é estabelecida em razão da natureza do produto. Mas houve casos em que se teve em consideração a sua utilidade. Assim é que o STJ entendeu que não se justificava a tributação de cartões magnéticos para o transporte ferroviário à alíquota de 15%, não por se tratar de cartões magnéticos, mas em razão da essencialidade do transporte público de passageiros[12]. Sobre a matéria, o TRF2 decidiu: "A natureza coletiva do serviço prestado – sistema de transporte ferroviário de massa –, e que justifica a elaboração dos bilhetes magnéticos, já é capaz de demonstrar a essencialidade do produto confeccionado, cuja função é a de autorizar a utilização do referido serviço". Também assentou: "Sendo assim, a alíquota de 15% (quinze por cento) sobre o produto em tela não pode ser considerada razoável, uma vez que enfraquecido ficaria o interesse público e deveras onerado o cidadão comum, que é verdadeiro contribuinte de fato desta modalidade tributária, dissonando, com isso, de dispositivos constitucionais"[13].

76. Não cumulatividade

A não cumulatividade é uma técnica de tributação que visa impedir que incidências sucessivas nas diversas operações de uma cadeia econômica de produção ou comercialização de um produto impliquem ônus tributário muito elevado, decorrente da

---

10. Id., ibid., p. 153 e 154.
11. BOTTALLO, Eduardo Domingos. IPI – Princípios e estrutura. *Dialética*, 2009, p. 65.
12. STJ, Primeira Turma, REsp 1.087.925/PR, 11.
13. TRF2, Primeira Turma, AI 2002.02.01.001050-0, 2002.

tributação da mesma riqueza diversas vezes. Em outras palavras, a não cumulatividade consiste em fazer com que os tributos não onerem em cascata o mesmo produto. Isso ocorreria, por exemplo, se nas incidências sucessivas de IPI numa mesma cadeia de produção não houvesse nenhum mecanismo de compensação, e.g., na saída do insumo de uma indústria para outra com vista ao fabrico de produto intermediário, na posterior saída do produto intermediário desta última indústria para outra com vista ao fabrico do produto final e na saída do produto final para estabelecimento comercial que o oferecerá aos consumidores.

Quanto mais ampla for a não cumulatividade, mais neutra será a tributação. As propostas de reforma tributária, no que dizem respeito ao imposto sobre bens e serviços (IBS) e à contribuição sobre bens e serviços (CBS) seguem essa linha. Ao unificarem a tributação do consumo, ensejam a apropriação e compensação de créditos de modo pleno, abrangente, o que também dá transparência quanto à carga tributária que grava as mercadorias e serviços.

No regime atual, vale ter em conta que, nas operações internas, "[...] o tributo não cumulativo é não cumulativo em relação a si mesmo. O que se pretende evitar é a sobreposição do tributo sobre ele próprio (IPI com IPI, ICMS com ICMS etc.). O comando, portanto, é reflexivo..."[14]. Todavia, opera-se a não cumulatividade também entre os tributos devidos nas operações de importação e seus equivalentes internos: IPI-Importação com o IPI devido na subsequente operação interna; ICMS-Importação com o ICMS devido na subsequente operação interna; PIS/Cofins-Importação com débitos de PIS/Cofins relativos à receita posterior do importador.

São pressupostos para a utilização dessa técnica, portanto, que haja uma cadeia de incidências sucessivas de um mesmo tributo sobre a mesma riqueza, com efetiva cobrança do tributo em ambas as operações, cujo ônus se pretenda amenizar, ou seja, que estejamos em face de uma tributação plurifásica. Não há que se invocar a não cumulatividade, portanto, quando a incidência for única, seja em razão da ausência de cadeia ou da adoção de regime monofásico de tributação[15]. Já a adesão ao Simples Nacional, que é opcional para o contribuinte, implica regime distinto de tributação, com recolhimento unificado de tributos mediante aplicação de alíquota sobre a receita bruta da microempresa ou empresa de pequeno porte, não dando ensejo à apropriação e compensação de créditos relativamente a cada qual, o que o STF entende que não viola a não cumulatividade[16].

---

14. CORRÊA, José de Oliveira Ferraz. Não cumulatividade no Brasil – entidade autônoma ou mero resultado prático de um determinado sistema de abatimentos. Elementos para sua caracterização jurídica e especificidades do Sistema Tributário Nacional. *RDDT* 154, jul. 2008.
15. STF, RE 744.663 AgR, Primeira Turma, 2016.
16. STF, ARE 658.571 AgR, Segunda Turma, 2016.

A não cumulatividade não é argumento para dizer-se da incidência ou não de um tributo, mas para buscar-se mecanismo que neutralize a tributação ao longo da cadeia econômica, de modo que não tenha os efeitos perversos da tributação em cascata, em que incidências sucessivas sobre as mesmas bases resultem em gravame demasiado.

A não cumulatividade, no sistema brasileiro, costuma operar mediante a apropriação de créditos quando da aquisição de um produto ou mercadoria onerado pelo tributo e sua utilização para compensação com o mesmo tributo quando devido novamente na incidência sobre a operação posterior com tal objeto incorporado a outro ou simplesmente revendido. Os créditos assegurados para evitar a cumulatividade são denominados de créditos básicos, correspondendo ao tributo já cobrado sobre a operação anterior. Desse modo, toma-se o tributo cobrado para deduzi-lo quando da nova incidência. Daí por que se costuma referir que se trata de uma sistemática de "imposto sobre imposto", e não de "base sobre base". A incidência é sempre sobre o valor total. Apura-se o montante devido e desconta-se o crédito para verificar o valor a pagar. Utiliza-se um mecanismo de créditos e débitos em que, na hora de pagar o tributo, se verificam os créditos de que se disponha, para deduzi-los.

A não cumulatividade do IPI está determinada pelo art. 153, § 3º, II, da CF, que dispõe no sentido de que tal imposto "será não cumulativo, compensando-se o que for devido em cada operação com o montante cobrado nas anteriores". Na não cumulatividade, incide o tributo sobre o montante da operação, mas o contribuinte pode abater, do montante a pagar, o montante já suportado na aquisição dos insumos. A referência à compensação com o montante "cobrado" nas operações anteriores exige que se tenha, ao menos, a incidência do imposto gerado um ônus tributário. Do contrário, não há que se falar em cumulatividade. O fato de tomar-se a não cumulatividade como constituindo tributação do valor agregado vinha implicando decisões equivocadas sobre o direito a creditamento sem que tenha sido devido o tributo na operação anterior.

A Constituição determina que o IPI e que o ICMS sejam não cumulativos. Em seu art. 153, § 3º, II, prevê que o IPI "será não cumulativo, compensando-se o que for devido em cada operação com o montante cobrado nas anteriores". No art. 155, § 2º, I, diz que o ICMS "será não cumulativo, compensando-se o que for devido em cada operação relativa à circulação de mercadorias ou prestação de serviços com o montante cobrado nas anteriores pelo mesmo ou outro Estado ou pelo Distrito Federal".

A não cumulatividade do IPI e do ICMS dá-se mediante a apropriação de créditos físicos. Essa denominação de créditos "físicos" procura vincular o direito ao crédito à aquisição de produto que será incorporado a outro produto objeto de incidência posterior. Daí por que o direito ao crédito, no IPI, diz respeito aos insumos, aos produtos intermediários e ao material de embalagem, ou seja, aos produtos que de algum modo estarão incorporados ao novo produto industrializado a ser produzido. No caso do ICMS, o comerciante pode apropriar crédito quando da aquisição dos bens que serão objeto do seu comércio, ou seja, dos bens destinados à revenda, além de outras possibilidades ampliadas por liberalidade do legislador, como a relativa à entrada de mercadorias destinadas ao ativo permanente que enseja créditos fracionados[17].

Mas a aplicação da sistemática de não cumulatividade, com apropriação e utilização de créditos, só se estabelece quando a entrada e a saída sejam oneradas pelo imposto, o que se infere do art. 155, § 2º, inciso II, expresso no sentido de que a isenção e a não incidência não implicam crédito para compensação com o montante devido nas operações ou prestações seguintes, bem como que acarretarão a anulação do crédito relativo às operações anteriores. O STF vem decidindo que "nas hipóteses de aquisição de insumos desonerados, não há como vislumbrar eventual apropriação de crédito derivado de imposto não pago na operação anterior"[18].

A não cumulatividade do ICMS não pode ser restringida pelos Estados. Nesse sentido decidiu o STJ ao considerar inválida norma do Estado do RS que exigia que a compensação ocorresse com o ICMS devido pela venda de produto da mesma espécie da que originou o respectivo crédito. Considerou que não há previsão nesse sentido na Constituição, tampouco na LC 87/96, cujo art. 20, § 6º, restou violado, destacando, também, que a matéria é reservada à lei complementar[19]. Efetivamente, o art. 155, § 2º, XII, c, remete à lei complementar disciplinar o regime de compensação do ICMS.

Questão importante, ainda, diz respeito à glosa de créditos relativos à aquisição de mercadorias em operações amparadas por documentação inidônea. Vê-se da jurisprudência que "A Primeira Seção, quando do julgamento do REsp 1.148.444/MG, submetido à sistemática dos recursos repetitivos, decidiu que 'o comerciante de boa-fé que adquire mercadoria, cuja nota fiscal (emitida pela empresa vendedora) posteriormente seja declarada inidônea, pode engendrar o aproveitamento do crédito do ICMS pelo princípio da não cumulatividade, uma vez demonstrada a veracidade da compra e venda efetuada, porquanto o ato declaratório da inidoneidade somente produz efeitos a partir de sua publicação'", sendo certo que "se o adquirente de boa-fé tem o direito de creditar o imposto oriundo de nota fiscal posteriormente declarada inidônea, com maior razão não pode ser responsabilizado pelo tributo que deixou de ser oportunamente recolhido pelo vendedor infrator"[20].

Outra é a situação, porém, relativamente às operações realizadas com devedores contumazes, sujeitos a regime especial de fiscalização em que a apropriação de crédito é condicionada a que a nota fiscal esteja acompanhada do comprovante da arrecadação do tributo. Nesse caso, decidiu o STJ pela validade do condicionamento, entendendo que se justifica a vigilância diferenciada a quem reiteradamente deixa de pagar o ICMS destacado, impondo-se cautela pelo adquirente: "O creditamento pelo adquirente em relação ao ICMS destacado nas notas fiscais de compra de

---

17. LC n. 87/96, art. 20.
18. STF, RE 549.385 AgR, Primeira Turma, 2015.
19. STJ, Primeira Turma, AgInt no REsp 1.513.936/RS, 2019.
20. STJ, Primeira Turma, AREsp 1.198.146/SP, 2018.

mercadorias de contribuinte devedor contumaz, incluído no regime especial de fiscalização, pode ser condicionado à comprovação da arrecadação do imposto, não havendo que se falar em violação dos princípios da não cumulatividade, isonomia, proporcionalidade ou razoabilidade"[21].

A Constituição também prevê a não cumulatividade entre contribuições de seguridade sobre a importação e sobre a receita, nos termos do seu art. 195, § 12. Daí por que é direito do importador considerar o montante pago a título de PIS/Cofins-Importação (contribuições incidentes sobre a importação) como crédito para deduzir adiante da contribuição que deva a título de PIS/Cofins (contribuições sobre a receita) quando da obtenção de receitas decorrentes das suas operações posteriores. Ademais, a legislação ordinária estabelece que as contribuições sobre a receita sejam não cumulativas entre si, embora mantenha, simultaneamente, regime cumulativo para determinados setores e para empresas tributadas pelo lucro presumido.

77. Tributação monofásica

Os tributos que recaem sucessivamente nas diversas operações de uma cadeia econômica normalmente estão sob a égide da não cumulatividade, como é o caso do IPI e do ICMS. Mas o legislador, por vezes, concentra a incidência do tributo em uma única fase, normalmente no início ou no fim da cadeia, aplicando-lhe uma alíquota diferenciada, mais elevada, e afasta a incidência nas operações posteriores, instituindo, com isso, uma tributação monofásica, ou seja, em uma única fase da cadeia econômica. No regime monofásico, portanto, a tributação fica "limitada a uma única oportunidade, em um só ponto do processo de produção e distribuição"[22].

A tributação monofásica não objetiva reduzir a carga tributária, mas concentrá-la: "o que se objetiva com a fixação da sistemática monofásica de tributação, em geral, é simplesmente concentrar a obrigação pelo recolhimento das contribuições que seriam devidas ao longo da cadeia de circulação econômica em uma determinada etapa – via de regra, na produção ou importação da mercadoria sujeita a tal modalidade de tributação –, sem que isso represente redução da carga incidente sobre os respectivos produtos"[23].

A tributação monofásica também é utilizada nas contribuições PIS/Cofins para receitas de determinadas atividades, com concentração da incidência com alíquota bastante elevada na primeira etapa (industrial ou importador) e desoneração das etapas posteriores, com alíquota zero para distribuidores e comerciantes. Isso ocorreu, por exemplo, quando o art. 3º da Lei n. 9.990/2000 concentrou o ônus de Cofins sobre as

---

21. STJ, Segunda Turma, AREsp 1.241.527/RS, 2019.
22. SCHOUERI, Luís Eduardo. *Direito tributário*. 2. ed. São Paulo: Saraiva: 2012, p. 376-377.
23. MARQUES, Thiago de Mattos. Apuração de créditos de PIS/Cofins no regime monofásico... *RDDT* 170/129, nov. 2009.

refinarias, afastando a tributação dos comerciantes varejistas de combustíveis. E também com os produtos farmacêuticos, por força da Lei n. 10.147/2000.

No regime de tributação monofásica, não se permite a apropriação de créditos para posterior aproveitamento, na medida em que não há incidências sucessivas a justificar a invocação de normas atinentes à não cumulatividade[24].

78. Substituição tributária

A substituição tributária existe para atender a princípios de racionalização e efetividade da tributação, ora simplificando os procedimentos, ora diminuindo as possibilidades de inadimplemento. Cuida-se de instituto que dá maior **praticabilidade** à tributação[25].

O legislador pode estabelecer a substituição tributária nas hipóteses em que terceiro, em razão das suas particulares relações com o contribuinte, tenha a possibilidade de colaborar com o Fisco, verificando a ocorrência do fato gerador praticado pelo contribuinte e procedendo ao cálculo e ao **recolhimento do tributo com recursos obtidos junto ao contribuinte**, mediante exigência ou retenção. Pressupõe, assim, que o substituto efetivamente tenha "**capacidade de colaboração**", ou seja, que esteja em situação que o habilite a proceder ao pagamento sem que tenha de suportar pessoalmente o ônus tributário. Isso porque a relação contributiva se dá entre o Fisco e o contribuinte, servindo o substituto como um **facilitador do recolhimento do tributo**, forte no seu dever de colaboração. A relação que vincula o substituto ao Fisco não tem **natureza contributiva, mas colaborativa**. A obrigação de retenção e de recolhimento "caracteriza-se como uma prestação de fazer preordenada ao cumprimento da obrigação tributária"[26]. O substituto só poderá ser chamado a recolher o tributo com recursos próprios quando tenha descumprido suas obrigações de colaboração com o Fisco (retenção e recolhimento), pois tal o coloca na posição de garante pela satisfação do crédito tributário.

O substituto tributário é o **terceiro que a lei obriga a apurar o montante devido e cumprir a obrigação de pagamento do tributo "em lugar" do contribuinte**. Mas, embora o substituto seja obrigado "em lugar" do contribuinte, não há o afastamento automático da responsabilidade do próprio contribuinte, o que depende de ter suportado a retenção ou de a lei expressamente afastar a sua responsabilidade.

....

24. STF, RE 744.663 AgR, Primeira Turma, 2016; STJ, Segunda Turma, AgRg no REsp 1.218.198/RS, 2016.
25. Consulte-se: PAULSEN, Leandro. *Responsabilidade e substituição tributárias*. 2. ed. Porto Alegre: Livraria do Advogado, 2014. *Vide* também: FERREIRA NETO, Arthur M.; NICHELE, Rafael (coord.). *Curso avançado de substituição tributária: modalidades e direitos do contribuinte*. São Paulo: IOB, 2010.
26. TAKANO, Caio Augusto. *Deveres instrumentais dos contribuintes: fundamentos e limites*. São Paulo: Quartier Latin, 2017, p. 276.

Note-se que, na substituição tributária, a obrigação surge diretamente para o substituto, a quem cabe substituir o contribuinte na apuração e no cumprimento da obrigação de pagar, total ou parcialmente, o tributo devido pelo contribuinte, mas com recursos alcançados pelo próprio contribuinte ou dele retidos (arts. 150, § 7º, da CF, 45, parágrafo único, e 128 do CTN e diversas leis ordinárias).

Exemplos de substituição tributária são os casos em que as instituições financeiras, ao efetuarem o creditamento dos rendimentos de uma aplicação financeira, são obrigadas a proceder à retenção do imposto sobre a renda respectivo ou que, ao concederem crédito, são obrigadas a exigir do mutuário o montante do imposto sobre operações de crédito. Lembre-se, também, da obrigação atribuída por algumas leis municipais à própria Administração Pública, quando contratante, de reter o ISS incidente sobre a prestação de serviços e da obrigação constante de lei federal de que os tomadores de serviços prestados mediante cessão de mão de obra retenham antecipação da contribuição previdenciária.

Há quem distinga substituição tributária em sentido estrito da retenção por conta. A primeira estaria restrita aos casos de tributação exclusiva na fonte, em que o pagamento feito pelo substituto é exclusivo e definitivo, não sujeito a ajuste (imposto de renda devido sobre aplicações financeiras). A segunda diria respeito aos casos em que o montante pago pelo substituído constitui mera antecipação do tributo devido pelo contribuinte, devendo este apurá-lo posteriormente em face de tudo o que compõe a sua base de cálculo e deduzir o montante da retenção suportada, apurando a existência de saldo a pagar ou de valores a repetir, efetuando o acerto de contas (imposto de renda retido pelos empregadores sobre os pagamentos feitos aos seus empregados). Nosso ordenamento jurídico, contudo, não distingue tais figuras, considerando ambos como casos de substituição tributária.

A doutrina costuma classificar os casos de substituição tributária em substituição para frente, substituição para trás e, por vezes, em substituição simultânea. São dois os critérios adotados para proceder à classificação: 1º – a **posição do responsável na cadeia econômica**, se anterior (para frente) ou posterior (para trás) ao contribuinte; 2º – o **momento da retenção relativamente à ocorrência do fato gerador**, se anterior (para frente), simultânea (simultânea) ou posterior (para trás).

A **substituição para frente** é expressamente autorizada pelo art. 150, § 7º, da CF. Implica a antecipação do pagamento relativamente à obrigação que surgiria para o contribuinte à frente, caso em que o legislador tem de presumir a base de cálculo provável. É assegurada **imediata e preferencial restituição** da quantia paga, **caso não se realize o fato gerador presumido**, o que, aliás, deve ser entendido em todo o seu significado: caso não se realize o fato gerador presumido, **tal qual presumido**. Ocorrendo o fato, mas em dimensão distinta da presumida, com operação em valores menores, temos realidade que exige um **acerto de contas**. Prever a antecipação dos pagamentos é admissível, mas admitir que o montante presumido da operação prevaleça sobre o montante real (legítima base de cálculo) seria tolerar que se extrapolassem as normas de competência. De fato, a norma que concede competência aos Estados para tributarem a circulação de mercadoria só admite que sejam onerados na proporção da riqueza efetivamente revelada pelas respectivas operações; da mesma forma, a norma que concede competência à União para tributar a receita não admite senão o cálculo do tributo conforme a receita efetivamente ocorrida. Após longa discussão, o STF, ao julgar o RE 593.849, no final de 2016, firmou posição reconhecendo o direito dos contribuintes à restituição dos valores que, pagos em face da adoção da base de cálculo presumida inerente à substituição tributária para frente, revelem-se superiores aos efetivamente devidos, quando cotejados com a base de cálculo real por ocasião da ocorrência do fato gerador. O STJ vem alinhando seu posicionamento ao do STF e realizando juízos de retratação para adequação dos seus acórdãos dissonantes, considerando que "O STF ao apreciar o RE 593.849/MS entendeu ser devida a restituição da diferença do Imposto sobre Circulação de Mercadorias e Serviços – ICMS pago a mais no regime de substituição tributária para a frente se a base de cálculo efetiva da operação for inferior à presumida"[27].

Na ADI 2.675 e na ADI 2.777, por sua vez, o STF reconheceu a constitucionalidade das leis dos Estados de Pernambuco e de São Paulo, que, não sendo signatários do Convênio n. 13/97, já reconheciam o direito dos contribuintes a esse acerto de contas, sendo que as respectivas ementas, até maio de 2017, não tinham sido publicadas.

Na **substituição simultânea**, a retenção deve ocorrer por ocasião da ocorrência do fato gerador e o pagamento logo em seguida, no prazo que for estipulado pela legislação.

Na **substituição para trás**, há uma postergação do pagamento do tributo, transferindo-se a obrigação de reter e recolher o montante devido, que seria do vendedor, ao adquirente dos produtos ou serviços. Deve-se ter cuidado para não confundir a substituição para trás com a figura do diferimento. Na substituição para trás, continua havendo a figura do contribuinte, mas é do responsável a obrigação de recolher o tributo.

A legislação refere os casos de substituição tributária pela sigla ST. Assim, para o ICMS exigido do contribuinte pelo substituto para fins de repasse ao Fisco, utiliza-se da sigla ICMS-ST, para a Cofins objeto de substituição tributária, Cofins-ST, e assim por diante. A substituição tributária para frente é referida pela sigla STF.

---

27. STJ, REsp 687.113/RS, Primeira Turma, 2018.

Capítulo XI
Classificações dos tributos

79. Da utilidade das classificações

As classificações doutrinárias facilitam a compreensão do fenômeno tributário. Ao chamar a atenção para as diversas perspectivas de análise dos tributos e para as categorias que podem ser encontradas, as classificações ensejam o aprofundamento do estudo e o refinamento da análise.

As classificações surgem quando do estudo de cada ponto da matéria, de cada instituto relacionado à tributação, mas, neste capítulo, nós as apresentaremos condensadas, de modo a dar uma visão geral dos tributos.

80. Quanto ao ente instituidor: federal, estadual ou municipal

A Constituição outorga aos entes políticos competência para a instituição de tributos. Em nossa República Federativa do Brasil, temos três entes políticos: a União, os Estados e os Municípios. Todos têm competência tributária. Denominamos determinados tributos federais, estaduais ou municipais conforme sejam, respectivamente, a União, os Estados ou os Municípios os titulares da competência tributária e instituidores do tributo.

81. Quanto à competência: ordinário, residual ou extraordinário

A Constituição, ao outorgar competências tributárias, prevê, de modo expresso, que determinados tributos serão as fontes de arrecadação de cada ente político. Assim é que arrola os impostos que cabem à União no art. 153, os que cabem aos Estados no art. 155 e os que cabem aos Municípios no art. 156. São tributos que se denominam ordinários ou nominados. A par disso, permite que sejam criados outros ainda não especificados. É o que ocorre quando permite que a União crie novos impostos e novas contribuições de seguridade social ainda não previstas, exigindo, para tanto, a observância de certos requisitos: lei complementar, não cumulatividade e não *bis in idem* nem bitributação. Refiro-me à competência outorgada pelos arts. 154, I, e 195, § 4º, da Constituição, que se denomina residual, pois permite a tributação, em caráter permanente, de outras bases econômicas além das já antevistas. De modo extraordinário, ainda permite a criação de outros tributos em situações muito pontuais e temporárias, como de investimentos nacionais relevantes ou urgentes ou de calamidade ou guerra. Vemos isso nos arts. 148, II, e 154, II, que estabelecem a competência da União para instituir empréstimos compulsórios e impostos de guerra, que consideramos tributos extraordinários.

82. Quanto à competência: comum, privativo, exclusivo

A Constituição, por vezes, outorga competência a todos os entes políticos para instituírem determinada espécie tributária, sem distinguir entre eles. O art. 145, II, da CF, por exemplo, enseja tanto à União como aos Estados e aos Municípios que instituam taxas de serviço e de exercício do poder de polícia. Diz-se, assim, que se trata de um tributo da competência comum de todos os entes políticos.

De outro lado encontram-se dispositivos específicos que outorgam competência a determinado ente político e não aos demais, como é o caso do art. 156, I, da CF. Esse inciso atribui, em caráter ordinário, apenas aos Municípios a possibilidade de instituírem o imposto sobre a propriedade predial e territorial urbana. Denominamos essa competência privativa, porquanto só é conferida aos Municípios e só por eles pode ser exercida.

Mas, a Constituição permite, em seu art. 154, II, que, em caso de guerra, a União institua impostos extraordinários, incluídos ou não na sua competência tributária. Com isso, permite à União que, a tal título, tribute riquezas já tributadas por ela própria, pelos Estados e pelos Municípios, porquanto previstas nos art. 153 (impostos da União), 155 (impostos dos Estados) e 156 (impostos dos Municípios). Trata-se, portanto, de uma autorização constitucional para, nesses casos, proceder ao *bis in idem* e à bitributação. Daí por que certos autores ressaltam que os impostos da competência privativa dos Estados e Município não lhes são exclusivos e que só os da União é que jamais poderão ser instituídos por outros entes políticos. Surge, assim, uma nova classificação distinguindo os impostos apenas privativos dos verdadeiramente exclusivos, diferença que só se estabelece e que só é relevante quando temos em conta não apenas os tributos da competência ordinária dos diversos entes políticos, mas também os da competência extraordinária da União.

83. Quanto às espécies tributárias: impostos, taxas, contribuições, contribuições de melhoria ou empréstimos compulsórios

A Constituição, ao outorgar competência tributária, permite que sejam identificadas as cinco espécies tributárias: impostos, taxas, contribuições, contribuições de melhoria e empréstimos compulsórios. Cada qual possui as suas características, sendo os impostos tributos com fato gerador relacionado ao contribuinte e cujo produto é utilizado indistintamente para o que for necessário, conforme as leis orçamentárias. As taxas são os tributos que têm como fatos geradores atividades estatais de prestação de serviços específicos e divisíveis ou de fiscalização diretamente relacionadas aos contribuintes e que guardam caráter contraprestacional, prestando-se a fazer frente ao custo da atividade. As contribuições são tributos funcionalizados, através dos quais se viabiliza a arrecadação para alcançar determinada finalidade, colocando-se como contribuintes as pessoas que integram o grupo afetado. As contribuições de melhoria constituem tributos cobrados de quem obteve valorização imobiliária decorrente de uma obra pública de infraestrutura, prestando-se a fazer frente ao custo dessa obra e não podendo ultrapassar a valorização gerada. Os empréstimos compulsórios são tributos funcionalizados, através dos quais se viabiliza a arrecadação para alcançar determinada finalidade, mas que trazem, já quando da sua instituição, a promessa de restituição; constituem, portanto, um modo de captação de recursos que gera correspondência no passivo, um modo de obter compulsoriamente o financiamento de determinadas atividades temporárias.

84. Quanto à finalidade: fiscal, parafiscal e extrafiscal

Os tributos, como regra, constituem fonte de arrecadação para os entes políticos. Quando instituídos para fazerem frente às necessidades orçamentárias da Administração direta, são considerados tributos fiscais.

Mas há tributos instituídos para comporem a receita de outros entes, com personalidade jurídica própria, como autarquias e serviços sociais autônomos. Esses são considerados tributos parafiscais.

Nem sempre, porém, o motivo determinante da instituição ou do dimensionamento dos tributos está na arrecadação que possa gerar. Em alguns casos, é predominante a intenção de inibir ou induzir determinadas condutas por parte dos contribuintes. Se determinadas operações ficam muito caras em razão da tributação, tendem a ocorrer em menor número. De outro lado, se algumas atividades ou bens apresentam uma carga tributária menor que outras, há um estímulo à sua realização ou consumo. Com o aumento da tributação ou com a concessão de incentivos fiscais, por vezes, têm-se em vista fins de caráter econômico ou social, como o incentivo às microempresas, o incremento dos investimentos em alta tecnologia, a adoção de métodos de produção ambientalmente adequados, a produção de bens de maior eficiência energética ou a restrição do consumo de álcool e tabaco. Quando a motivação de inibição ou de indução de comportamentos predomina sobre a arrecadatória, dizemos que se trata de tributos extrafiscais.

85. Quanto à destinação do produto: afetados ou não afetados

Há tributos arrecadados para o que se fizer necessário, para atender indistintamente às necessidades orçamentárias do ente político instituidor, como os impostos. O art. 167, IV, da Constituição, aliás, proíbe a afetação do produto dos impostos a órgão, fundo ou despesa. Trata-se, portanto, de tributo cujo produto não é previamente afetado a nenhuma aplicação específica. De outro lado, há tributos que se legitimam justamente em razão da finalidade que visam atender e à qual são destinados, como as contribuições. Os arts. 149-A enseja a sua instituição como instrumento da atuação da União nas áreas social, de intervenção no domínio econômico ou do interesse de categorias profissionais ou econômicas, e de atuação dos Municípios na manutenção dos serviços de iluminação pública, de modo que essa afetação deve estar presente já quando da instituição das respectivas contribuições. Assim, são tributos afetados ou funcionalizados.

86. Quanto à origem do fato gerador: vinculados ou não vinculados

É tradicional a classificação dos fatos geradores em vinculados e não vinculados. Trata-se de critério utilizado pelo próprio CTN para distinguir os impostos (art. 16) das taxas (art. 77) e das contribuições de melhoria (art. 81).

Essa classificação é feita mediante análise da situação necessária e suficiente para o surgimento da obrigação tributária. Verifica-se se quem realiza o fato gerador é o próprio Fisco ou o contribuinte.

O fato gerador de alguns tributos é realizado pelo próprio Estado. Exemplos são as taxas de serviço e de exercício do poder de polícia. A prestação de serviço que constitui fato gerador da taxa de serviço é realizada pelo poder público. A fiscalização que gera a obrigação de pagamento da taxa de exercício de poder de polícia também é realizada pelo próprio poder público. Por isso, dizemos que se trata de um tributo com fato gerador vinculado à atividade estatal.

A hipótese de incidência da maior parte dos tributos, porém, tem como fato gerador uma situação relacionada ao próprio contribuinte e só a ele, reveladora da sua capacidade contributiva. Ao perceber rendimentos, o contribuinte tem de pagar imposto de renda. Ao ser proprietário, paga imposto sobre a propriedade predial ou territorial urbana. Ao vender mercadorias, paga imposto sobre a circulação de mercadorias. Ao receber remuneração, paga contribuição previdenciária. Em todos esses casos, as revelações de riqueza do contribuinte, as operações e atos jurídicos que pratica é que dão origem às obrigações tributárias. Daí por que dizemos que se trata de tributos com fatos geradores não vinculado à atividade estatal.

87. Quanto à formação do fato gerador: instantâneo, continuado ou complexo

Os fatos geradores dos tributos são as situações necessárias e suficientes ao surgimento das obrigações. Quando essas situações consistem em um ato ou negócio que se perfaz num dado e certo momento, em razão da sua própria dinâmica ou descrição, dizemos que estamos diante de fatos geradores instantâneos. Exemplo é o fato gerador do IPI, que ocorre com a saída do produto industrializado do estabelecimento, considerado um fato gerador instantâneo. Quando a situação que constitui o fato gerador do tributo corresponde a um *status* jurídico, estende-se indefinidamente no tempo, como é o caso da propriedade, dizemos que se trata de um fato gerador continuado. Por fim, há fatos geradores que precisam ser formados ao longo do tempo, considerando-se a combinação de diversos fatores num determinado interstício. O lucro, por exemplo, não pode ser aferido de um dado isolado como o ingresso de dinheiro em uma conta corrente, dependendo, isso sim, da consideração, em conjunto, das receitas e das despesas necessárias à produção dessa receita num determinado período de tempo. Pode-se entender que esses fatos geradores começam a se formar no início do período, mas não há como saber da sua efetiva ocorrência e aferir a dimensão da respectiva base de cálculo antes que esteja finalizado. Relativamente ao imposto de renda e à contribuição social sobre o lucro, por exemplo, só podemos saber se efetivamente ocorreram os seus fatos geradores e qual a sua dimensão após o decurso do respectivo período de apuração. Nesses casos, diz-se que estamos tratando de um fato gerador complexo.

88. Quanto à aplicação: retroativo, prospectivo ou ultrativo

As leis tributárias instituidoras de tributos devem ter efeitos prospectivos, ou seja, vigerem para a frente, respeitando, inclusive, as garantias de anterioridade de exercício e nonagesimal que postergam o início da aplicação da lei de modo a assegurar que os contribuintes tenham tempo para conhecer a lei, organizar seus negócios e se preparar para a nova carga tributária. Os tributos, portanto, são prospectivos. Quando a lei tributária estabelece sua aplicação desde momento anterior ao início da sua vigência, tem efeitos retroativos, violando a vedação constitucional da retroatividade das leis instituidoras e majoradoras de tributos. Teremos, então, uma lei retroativa que, no que tange a essa retroatividade, será inconstitucional. Podemos vislumbrar, ainda, a situação de um tributo que vigeu durante algum tempo e que foi alterado ou simplesmente revogado. A lei terá produzido efeitos válidos durante algum período e continuará sendo aplicada relativamente aos fatos geradores ocorridos durante a sua vigência. Dizemos, nessa situação, que a aplicação da lei já revogada implica sua ultratividade.

89. Quanto à alíquota: específico ou *ad valorem*

O legislador utiliza-se de diversas técnicas para orientar o cálculo dos tributos. Algumas são mais simples; outras, mais complexas.

No comércio exterior, por exemplo, é comum que o montante a pagar a título de imposto de importação seja fixado por unidade de produto ou de medida. Nesses casos, é preciso contar os produtos, medi-los ou pesá-los, porquanto o preço é estabelecido por peça (tantos reais por unidade), por tamanho (tantos reais por metro quadrado) ou por volume (tantos reais por litro ou por metro cúbico) ou mesmo por peso (tantos reais por quilo ou por tonelada). Dizemos, então, que se trata de um tributo com alíquota específica.

Na maior parte dos casos, porém, o tributo a pagar é um percentual sobre o valor de uma operação ou de um imóvel, sobre o preço de um bem, sobre o montante da renda ou da remuneração. O IPTU, em alguns Municípios, é de 0,5% sobre o valor venal do imóvel; o IR, de 15% sobre o ganho de capital; o ICMS, de 19% sobre o preço da mercadoria. Quando se aplica uma alíquota sobre uma base, normalmente medidora da capacidade contributiva revelada pelo fato gerador, dizemos que temos um tributo com alíquota *ad valorem*.

90. Quanto à carga tributária: cumulativo ou não cumulativo

Os tributos que incidem ao longo de uma cadeia econômica sobre o valor das operações, sem que considerem, quanto à sua base ou ao valor a pagar, o que já tenha sido suportado em operações anteriores, dizem-se cumulativos. Os tributos cumulativos têm efeito cascata, ou seja, acabam sendo sobrepostos e fazem com que a carga tributária vá aumentando significativamente a cada etapa da cadeia econômica, sem que se possa ter um controle sobre o seu peso final no custo para o consumidor. A CMPF, que incidia sobre movimentações financeiras, tendo como fato gerador, por exemplo, o saque em conta corrente, era um tributo cumulativo.

Já os tributos que, ao incidirem, ensejam a compensação do que foi suportado na operação anterior, de modo que só a diferença tenha de ser recolhida, são considerados tributos não cumulativos. O principal efeito da não cumulatividade é a neutralidade ao longo da cadeia econômica, de modo que o número de etapas não interfere na carga tributária final sobre cada produto.

91. Quanto ao aspecto quantitativo: fixo, proporcional ou progressivo

Os tributos fixos são aqueles em valor determinado por lei. Os proporcionais são os resultantes da aplicação de uma alíquota fixa sobre uma base variável, de modo que o valor a pagar será proporcional à base de cálculo, mantendo-se a carga tributária estável. Os progressivos são aqueles em que aumenta a alíquota conforme aumenta a base de cálculo, estabelecendo-se faixas com alíquotas distintas, crescentes. A progressividade é gradual quando em cada faixa é aplicada a alíquota correspondente. A progressividade é simples quando se aplica sobre toda a base de cálculo a maior alíquota a ela correspondente.

92. Quanto à base de cálculo: em concreto ou presumido

Os tributos que incidem sobre a base de cálculo efetivamente aferida mediante medição dos elementos quantitativos de cada fato gerador em particular consideram-se como tendo uma base de cálculo em concreto.

Já os tributos que incidem sobre valores padrão estimados empiricamente em face daquilo que normalmente acontece têm base de cálculo presumida. Nas substituições tributárias para a frente, em que são determinadas antecipações relativas a tributo cujo fato gerador ocorrerá no futuro, o uso de bases presumidas é imperativo, gerando, posteriormente, a necessidade de acertos em face das bases em concreto, do que resulta saldo a pagar ou valores a restituir.

93. Quanto à vigência: permanente ou temporário

Nos regimes democráticos, o legislador costuma legislar para o futuro, aplicando-se a lei vigente por período indefinido, enquanto não for revogada. Os tributos instituídos desse modo são tributos permanentes. Por vezes, contudo, os tributos já surgem para vigência por um certo período de tempo, como era a CPMF, cuja autorização constitucional constante do ADCT era para vigência por dois anos, findos os quais ou era prorrogada, ou cessaria.

94. Quanto ao ônus econômico: direto ou indireto

Os tributos que implicam carga tributária a ser suportada pelo contribuinte de direito, assim entendido aquele que por lei é colocado no polo passivo da relação jurídico-tributária enquanto devedor, são denominados tributos diretos. Já os tributos que incidem em determinados negócios jurídicos consubstanciados na venda de mercadorias e serviços e que compõem o valor total da operação, inclusive sendo destacados nos documentos fiscais respectivos, tendo o seu custo, desse modo, repassado ao adquirente ou consumidor, que, por isso, é considerado contribuinte de fato, são denominados tributos indiretos.

95. Quanto ao contribuinte: de direito ou de fato

O contribuinte de direito é aquele colocado por lei como obrigado em nome próprio a efetuar o pagamento do tributo em razão de praticar um fato gerador, forte no seu dever de pagar tributos e de, assim, contribuir para as despesas públicas. Já o contribuinte de fato é o adquirente ou consumidor que, ao pagar pela compra de uma mercadoria ou serviço, suporta, no valor da operação, a carga tributária relativa ao tributo incidente sobre ela.

96. Quanto à capacidade contributiva: pessoal ou real, subjetivo ou objetivo

Consideram-se tributos pessoais aqueles que são dimensionados conforme a capacidade contributiva efetiva do contribuinte mediante consideração das suas circunstâncias particulares. A Constituição, em seu art. 145, § 1º, diz que os impostos, sempre que possível, terão caráter pessoal e serão graduados conforme a capacidade econômica do contribuinte. Exemplo é o imposto de renda, que permite deduções em razão do número de dependentes e das despesas, médicas e com educação, incorridas. Tem caráter acentuadamente subjetivo, focando não apenas no fato gerador, mas na pessoa do contribuinte.

De outro lado, consideram-se tributos reais aqueles que tomam como fato gerador uma situação reveladora de capacidade econômica, mas sem levar em conta as circunstâncias relativas a cada contribuinte em particular. Nesse caso, trabalha-se com uma capacidade contributiva objetiva. Exemplo, é o imposto sobre a propriedade de veículos automotores, sempre igual independentemente de o veículo estar quitado ou ser financiado, de o contribuinte ter outros veículos ou não, de ser solteiro ou pai de família.

97. Quanto à base econômica: comércio exterior, patrimônio, a transmissão de bens e de direitos a eles relativos, renda, a produção ou circulação ou atividades financeiras

O CTN, ao cuidar das normas gerais relativas aos impostos discriminados na Constituição, classifica-os conforme a sua base econômica. Considera que são tributos sobre o comércio exterior os que gravam as operações internacionais de entrada e saída de produtos do território nacional, quais sejam, o imposto de importação e o de exportação. Refere-se aos tributos sobre o patrimônio quando cuida daqueles incidentes sobre a propriedade predial ou territorial urbana e sobre a propriedade territorial rural (o imposto sobre a propriedade de veículos automotores surgiu posteriormente). Trata então dos impostos sobre a transmissão de bens imóveis e direitos, sendo que, atualmente, podemos colocar nessa categoria o ITBI e o ITCMD. O CTN ainda cuida do imposto sobre a renda como categoria própria. Segue dispondo sobre os impostos que gravam a produção ou a circulação, entre os quais podemos incluir o imposto sobre produtos industrializados, sobre a circulação de mercadorias e sobre a prestação de serviços. Finalmente, aborda os impostos sobre as atividades financeiras, quais sejam, as diversas modalidades de IOF, sobre operações de crédito, câmbio, seguros, títulos e valores mobiliários.

98. Quanto ao critério de justiça que o inspira: distributivo ou comutativo

Os tributos cujo fato gerador é uma situação reveladora da riqueza do contribuinte e em que o montante a ser pago varia conforme a dimensão dessa riqueza, sem que haja qualquer contraprestação equivalente para o contribuinte por parte do Estado, são tributos distributivos. Isso porque se obriga o titular da riqueza a verter uma parte dela ao erário e o Estado aplicará tais recursos em políticas públicas, normalmente voltadas à população mais carente. Com isso, ocorre uma redistribuição de renda. É o caso dos impostos e também de algumas contribuições.

Já os tributos contraprestacionais, em que o montante a pagar tem correlação com a dimensão da atividade estatal prestada ao contribuinte ou ao benefício por ele obtido da atividade estatal, tem caráter comutativo. A equivalência entre a prestação tributária e a atividade que lhe é dirigida ou a vantagem obtida faz com que a relação assuma um caráter sinalagmático. Não visa à redistribuição de riqueza, mas a fazer com que o contribuinte custeie a atividade pública que lhe é diretamente destinada e nos limites disso. É o caso das taxas e das contribuições de melhoria.

99. Quanto ao obrigado: próprio ou substituição tributária

Via de regra, os tributos são pagos pela própria pessoa apontada em lei como contribuinte. São os tributos próprios desse contribuinte. O ICMS devido pelo comerciante enquanto contribuinte de direito, em nome próprio, cuja obrigação surge quando ele mesmo realiza o fato gerador circulação de mercadorias, é denominado "ICMS próprio".

Já na hipótese em que o obrigado a efetuar o pagamento não é aquele apontado em lei como contribuinte, mas um terceiro substituto tributário a quem a lei incumbe reter ou cobrar do contribuinte o montante devido e repassar o respectivo valor ao erário, temos um tributo normalmente designado pela sigla do tributo acrescida de "ST", que designa Substituição Tributária. Isso ocorre, via de regra, na substituição tributária para a frente.

Aliás, nos casos em que o instituto da substituição tributária para a frente é utilizado, como ocorre em matéria de ICMS na venda de veículo pela montadora fabricante à concessionária, teremos as duas figuras. Por dentro do preço do veículo, será destacado o ICMS próprio da montadora, que o recolhe aos cofres públicos enquanto contribuinte. Por fora do preço, será acrescida outra rubrica a título de ICMS-ST, que tem a montadora como substituta tributária, sendo que a montadora cobra tal montante da concessionária e o repassa ao Fisco como antecipação do ICMS de que é contribuinte a concessionária e cujo fato gerador ocorrerá posteriormente.

100. Quanto à fase do crédito: existente, exigível ou exequível

O fato gerador de um tributo, por força da sua subsunção à regra matriz de incidência tributária ou norma tributária impositiva, origina, a um só tempo, a obrigação tributária e o respectivo crédito, que são faces ou polos da mesma relação jurídica entre o Fisco e o contribuinte. Ocorrendo a formalização do crédito tributário, seja mediante lançamento de ofício ou declarações do próprio contribuinte (dentre outros modos possíveis de constituição do crédito tributário), o crédito torna-se exigível. Após a inscrição do crédito firme (definitivamente constituído) em dívida ativa e a extração da respectiva certidão que é título executivo extrajudicial, o crédito passa a ser dotado de exequibilidade, viabilizando a sua realização forçada via execução fiscal.

Capítulo XII
Legislação tributária

101. Normas constitucionais

O Sistema Tributário Nacional tem todo o seu desenho na Constituição Federal, pois esta discrimina de modo exaustivo a competência tributária de cada ente político e estabelece limitações ao exercício do poder de tributar, evidenciando, ainda, os princípios expressos e implícitos que regem a tributação.

A análise do texto constitucional nos permite saber tudo o que pode ser feito em matéria tributária e quais as garantias fundamentais do contribuinte cuja inobservância vicia o exercício da tributação.

102. Leis complementares à Constituição

A Constituição elenca expressamente as matérias cuja disciplina se dará em caráter complementar à Constituição através de veículo legislativo próprio que exige *quorum* qualificado: a lei complementar.

Para sabermos **se é necessária lei complementar** para dispor sobre determinada matéria, temos de analisar o texto constitucional. O conteúdo da lei complementar não é arbitrário[1]. Não se presume a necessidade de edição de lei complementar[2]. Só é necessária lei complementar quando a Constituição expressamente a requer[3].

---

1. STF, Tribunal Pleno, AR 1.264, 2002.
2. STF, ADI 2.010.
3. STF, Tribunal Pleno, ADI 2.028, 1999.

O eventual tratamento de certa matéria por lei complementar não impõe, daí para diante, a utilização de tal veículo legislativo. Se a Constituição não exige lei complementar, a lei ordinária pode validamente dispor sobre a matéria, de modo que a lei complementar que a discipline terá **nível de lei ordinária** e será, pois, revogável por lei ordinária.

A ideia de **hierarquia formal** entre lei complementar e lei ordinária, portanto, não se sustenta. A lei ordinária não pode afrontar lei complementar nas matérias a esta reservadas, porquanto não constituirá, nesse caso, veículo legislativo apto para discipliná-las.

A posição pela existência de hierarquia formal, outrora acolhida pelo STJ, jamais encontrou eco no STF[4]. Daí por que foram admitidas a revogação, pela Lei n. 9.430/96, da isenção de Cofins concedida pelo art. 6º, II, da LC 70/91[5], bem como a revogação expressa, pelo art. 9º da Lei n. 9.876/99, da LC 84/96; também a contribuição do art. 1º da LC 110/2001 restou extinta pelo art. 12 da Lei 13.932/2019. No primeiro caso, jamais fora exigida lei complementar para cuidar da matéria, ou seja, para instituir a Cofins[6]. No segundo, ao tempo da publicação da lei ordinária, já não mais se fazia necessária lei complementar para instituir contribuição sobre a remuneração de autônomo, forte na alteração do art. 195, I, da CF pela EC 20/98. O STJ reviu seu posicionamento e editou, em 2014, a sua Súmula 508: "A isenção da Cofins concedida pelo art. 6º, II, da LC n. 70/91 às sociedades civis de prestação de serviços profissionais foi revogada pelo art. 56 da Lei n. 9.430/96".

A Constituição requer lei complementar, por exemplo, em seus arts. 146, I a III, 154, I, 155, § 2º, XII, e 156, III.

O art. 146 inicia exigindo lei complementar para **dispor sobre conflitos de competência em matéria tributária** (art. 146, I) e para **regular as limitações constitucionais ao poder de tributar** (art. 146, II), o que impede que a lei ordinária imponha condições materiais para o gozo das imunidades do art. 150, VI, c, e do art. 195, § 7º[7]. Na ADI 2028, o STF assentou: "Aspectos meramente procedimentais referentes à certificação, fiscalização e controle administrativo continuam passíveis de definição em lei ordinária. A lei complementar é forma somente exigível para a definição do modo beneficente de atuação das entidades de assistência social contempladas pelo art. 195, § 7º, da CF, especialmente no que se refere à instituição de contrapartidas a serem observadas por elas". E na ADI 4480 reconheceu a inconstitucionalidade formal de diversos artigos da Lei n. 12.101/2009 que adentravam a regulação material da respectiva imunidade. Tardou até que, finalmente, a imunidade do art. 195, § 7º, da CF passasse a ser regulada adequadamente, através da LC n. 187/2021.

---

4. STF, Tribunal Pleno, RE 84.994, 1997.
5. STF, Primeira Turma, RE 419.629, 2006.
6. STF, Tribunal Pleno, ADC 1, 1993.
7. STF, ADIMC 1.802 e AgRRE 428.815.

Merece especial destaque a reserva de lei complementar para "**estabelecer normas gerais em matéria de legislação tributária**". São "'normas gerais' aquelas que, simultaneamente, estabelecem os princípios, os fundamentos, as diretrizes, os critérios básicos, conformadores das leis que completarão a regência da matéria e que possam ser aplicadas uniformemente em todo o País, indiferentemente de regiões ou localidades"[8]. Conforme o STF, "'gerais' não significa 'genéricas', mas sim 'aptas a vincular todos os entes federados e os administrados'"[9].

O art. 146, III, da CF qualifica como normas gerais "especialmente" (trata-se de rol exemplificativo) aquelas que sobre a "definição de tributos e de suas espécies", sobre o fato gerador, base de cálculo e contribuintes dos impostos discriminados na Constituição (alínea *a*), sobre "obrigação, lançamento, crédito, prescrição e decadência tributários" (alínea *b*) e sobre o "adequado tratamento tributário ao ato cooperativo praticado pelas sociedades cooperativas" (alínea *c*).

Assim é que cabe à lei complementar definir o arquétipo possível dos principais aspectos dos diversos impostos, o que é feito pelo CTN (para a maior parte dos impostos), pela LC n. 87/96 (para o ICMS) e pela LC n. 116/2003 (para o ISS). A validade da legislação ordinária instituidora de tais tributos fica condicionada, não podendo extrapolar o previsto em tais leis complementares.

O STF reconheceu a inconstitucionalidade de leis ordinárias que estabeleceram prazos decadenciais e prescricionais diversos dos previstos no CTN ou causas de suspensão ou interrupção nele não previstas[10]. Veja-se a **Súmula Vinculante 8**: "São inconstitucionais o parágrafo único do art. 5º do Decreto-Lei n. 1.569/77 e os arts. 45 e 46 da Lei n. 8.212/91, que tratam de prescrição e decadência de crédito tributário".

Quanto ao **adequado tratamento tributário do ato cooperativo**, o STF tem ressaltado que não se trata de nenhuma imunidade para as sociedades cooperativas: "O art. 146, III, *c*, da Constituição não implica imunidade ou tratamento necessariamente privilegiado às cooperativas"[11]. Além disso, depende de regulamentação por lei complementar, de maneira que, enquanto não sobrevém lei complementar dispondo sobre a matéria, segue tendo aplicação o tratamento comum previsto nas leis ordinárias instituidoras de cada tributo[12].

---

8. TRF4, Corte Especial, AIAC 1998.04.01.020236-8, 2001.
9. STF, Segunda Turma, RE 433.352 AgR, 2010.
10. Art. 5º do Decreto-Lei n. 1.569/77, STF, RE 559.882-9. Arts. 2º, § 3º, e 8º, § 2º, da Lei n. 6.830/80, STJ, REsp 708.227 e TRF4, AC 2000.04.01.071264-1.
11. STF, Segunda Turma, AC 2.209 AgR, 2010.
12. Embora a Segunda Turma do STJ, no REsp 388.921, em novembro de 1993, tenha chegado a reconhecer o caráter de lei complementar, em cumprimento a tal artigo, da isenção de Cofins estabelecida pelo art. 6º, I, da LC n. 70/91, o STF, através do seu Tribunal Pleno, nos RREE 599.362 e 598.085, em novembro de 2014, entendeu legítima a sua revogação por

O adequado tratamento tributário – interpretado em consonância com o art. 174, § 2º, da Constituição, que determina que a lei apoiará e estimulará o cooperativismo e outras formas de associativismo – é aquele que implica carga tributária inferior à das demais atividades produtivas, incentivando o cooperativismo, ou, no mínimo, carga tributária que não seja mais gravosa que a incidente sobre outras atividades. Do contrário, ao invés de estimular, estaria inviabilizando o cooperativismo. Mas não decorre do texto constitucional que deva haver tributação privilegiada para as cooperativas relativamente a todo e a cada tributo isoladamente considerado[13], e sim, haja uma política tributária para as cooperativas que implique menor carga tributária em comparação com as pessoas jurídicas em geral.

A eficácia que se pode extrair, de pronto, do citado dispositivo é a de impedir que o legislador, ao instituir ou majorar determinado tributo, inove na ordem jurídica, estabelecendo tratamento tributário que, sendo mais gravoso para os atos cooperativos relativamente aos atos praticados pelas empresas em geral, contrarie a previsão constitucional. Neste caso, ainda que inexista lei complementar estabelecendo o adequado tratamento tributário do ato cooperativo, a nova norma especialmente gravosa carecerá de fundamento de validade.

Devem-se ter bem em conta, ainda, os limites do dispositivo constitucional em questão, que não se refere genericamente às cooperativas, mas aos **atos cooperativos**. Veja-se o conceito de ato cooperativo constante da Lei n. 5.764/71, que institui o Regime Jurídico das Sociedades Cooperativas: "Art. 79. Denominam-se atos cooperativos os praticados entre as cooperativas e seus associados, entre estes e aquelas e pelas cooperativas entre si quando associadas, para a consecução dos objetivos sociais. Parágrafo único. O ato cooperativo não implica operação de mercado, nem contrato de compra e venda de produto ou mercadoria". As operações com terceiros, por sua vez, não estão alcançadas pelo art. 146, III, c, da CF e são tributadas normalmente. O STF analisou essa questão de modo muito claro e preciso no RE 599.362, decidindo que as cooperativas de trabalho, "nas suas relações com terceiros, têm faturamento, constituindo seus resultados positivos receita tributável"[14].

....

Medida Provisória, considerando que não se tratava do diploma requerido pela Constituição para dispor sobre o adequado tratamento tributário do ato cooperativo e que, portanto, teria nível de lei ordinária.

13. "ICMS. Cooperativas de consumo [...] tratamento adequado não significa necessariamente tratamento privilegiado. Recurso extraordinário não conhecido" (STF, Primeira Turma, RE-141.800/SP, rel. Min. MOREIRA ALVES, abr. 1997). Obs.: a posição do STF pode ser um referencial coerente e importante se a considerarmos no sentido de que o tratamento adequado do ato cooperativo não exige privilégio relativamente à cobrança de cada tributo considerado individualmente.
14. STF, Plenário, RE 599.362/RJ, 2016.

Por fim, relativamente à alínea *d*, que prevê **tratamento diferenciado e favorecido para as microempresas e empresas de pequeno porte,** com regimes especiais ou simplificados, restou disciplinada pela LC n. 123/2006, chamada Lei do Simples Nacional (LSN). A tributação simplificada estabelecida pela LC n. 123/2006 enseja o recolhimento mensal unificado de diversos tributos (IRPJ, IPI, CSLL, Cofins, PIS, contribuição previdenciária, ICMS e ISS), conforme o art. 13 de tal lei, com as exceções estabelecidas em seu § 1º Sobre o Simples Nacional. Dedicamos o item 163 deste Curso à análise do Simples Nacional.

103. Resoluções do Senado

As Resoluções do Senado são particularmente importantes em matéria de impostos estaduais, tendo em conta a competência que lhe é conferida pela Constituição no que toca ao estabelecimento de limites a esses tributos.

Cabe ao Senado fixar as alíquotas máximas do Imposto sobre Transmissão *Causa Mortis* e Doação, nos termos do art. 155, § 1º, IV, da Constituição. A Resolução SF n. 9/92, cumprindo esse mister, estabelece a alíquota máxima de 8%, dispondo ainda no sentido de que as alíquotas poderão ser progressivas em função do quinhão que cada herdeiro efetivamente receber. Em matéria de ICMS, o Senado estabelece as alíquotas aplicáveis às operações e prestações interestaduais e de exportação, nos termos do art. 155, § 2º, IV, da CF. Nesse sentido, a Resolução SF 22/89 institui a alíquota interestadual de 12% como regra e de 7% para as "operações e prestações realizadas nas Regiões Sul e Sudeste, destinadas às Regiões Norte, Nordeste e Centro-Oeste e ao Estado do Espírito Santo", bem como a alíquota de 13% para as operações de exportação. Já a Resolução SF 13/2012, com vista a minimizar a chamada guerra dos portos, estabelece a alíquota de 4% para as operações interestaduais com bens e mercadorias importados do exterior e para operações interestaduais com mercadorias cuja industrialização apresente conteúdo de importação superior a 40%. Na ADI 4858, o STF reconheceu a constitucionalidade dessa resolução, afirmando: "A Resolução SF n. 13, de 2012, buscou solucionar problema complexo relacionado à 'Guerra dos Portos', de repercussões não apenas tributárias, mas observou os estritos limites constitucionais da disciplina das alíquotas interestaduais do imposto". É facultado ao Senado, também, estabelecer alíquotas mínimas e máximas de ICMS nas operações internas, conforme o art. 155, § 2º, V, *a* e *b*, da Constituição.

Também cabe ao Senado, mediante resolução, fixar as alíquotas mínimas do Imposto sobre a Propriedade de Veículos Automotores, nos termos do art. 155, § 6º, I, da Constituição.

104. Convênios

Há **convênios de cooperação** entre os entes políticos, como os relacionados à permuta de informações e à assistência mútua para fiscalização. Estes assumem caráter de normas complementares das leis. Outros, todavia, são **convênios de subordinação**. Dizem respeito a matérias reservadas constitucionalmente para deliberação entre os Estados, hipótese em que, inclusive, condicionam a validade das leis estaduais, do que é exemplo a autorização de benefícios fiscais em matéria de ICMS (art. 155, § 2º, XII, g). Nesse caso, não podem ser considerados propriamente normas complementares das leis, porquanto têm, inclusive, ascendência sobre elas. MEIRA JUNIOR também destaca os múltiplos papéis dos Convênios no âmbito do ICMS, "podendo versar sobre benefícios fiscais, isenções e incentivos (fundamentado nos arts. 23, parágrafo único, e 155, § 2º, XII, g, da CF/88, LC 24/75), sobre substituição tributária (fundamentado nos arts. 150, § 7º, e 155, § 2º, XII, h, bem como no art. 9º da LC 87/96 e arts. 100, IV, e 102 do CTN), sobre questões de fiscalização e controle mútuo (arts. 23, par. único, e 37, XXII, da CF/88; arts. 100, IV, e 199 do CTN) e ainda sobre eventual uniformização de alíquotas para combustíveis e lubrificantes (art. 155, II, § 2º, XII, h, e §§ 4º e 5º da CF/88)"[15].

A deliberação sobre a concessão de isenções, incentivos e benefícios fiscais de ICMS é realizada mediante convênios entre as Fazendas de tais entes políticos, firmados no âmbito do Conselho Nacional de Política Fazendária (Confaz). LUÍS EDUARDO SCHOUERI diz que estes equivalem a "tratados entre os integrantes da Federação"[16]. Esses convênios têm papel particularmente relevante no que diz respeito a benefícios que possam afetar as operações interestaduais, em que é exigida a alíquota interestadual pelo Estado de origem e a diferença de alíquota pelo Estado de destino. Conforme acórdão do STJ: "Os convênios do ICMS têm a função de uniformizar, em âmbito nacional, a concessão de isenções, incentivos e benefícios fiscais pelos Estados (art. 155, § 2º, XII, g, da CF/88). Em última análise, trata-se de instrumento que busca conferir tratamento federal uniforme em matéria de ICMS, como forma de evitar a denominada guerra fiscal"[17].

Eventuais benefícios podem incentivar investimentos em determinado Estado em detrimento dos demais e assumem as mais diversas formas. O Convênio ICMS 190/2017 arrola esses benefícios fiscais: "I – isenção; II – redução da base de cálculo; III – manutenção de crédito; IV – devolução do imposto; V – crédito outorgado ou crédito presumido; VI – dedução de imposto apurado; VII – dispensa do pagamento; VIII – dilação do prazo para pagamento do imposto, inclusive o devido por substituição tributária, em prazo superior ao estabelecido no Convênio ICM 38/88, de 11 de outubro de 1988, e em outros acordos celebrados no âmbito do CONFAZ; IX – antecipação do prazo para

---

15. MEIRA JUNIOR, José Julberto. *Convênios no âmbito do ICMS*. Curitiba: Juruá, 2021, p. 357.
16. SCHOUERI, Luís Eduardo. *Direito tributário*. 2. ed. São Paulo: Saraiva, 2012, p. 111.
17. STJ, Segunda Turma, RMS 39.554/CE, 2013.

apropriação do crédito do ICMS correspondente à entrada de mercadoria ou bem e ao uso de serviço previstos nos arts. 20 e 33 da Lei Complementar n. 87, de 13 de setembro de 1996; X – financiamento do imposto; XI – crédito para investimento; XII – remissão; XIII – anistia; XIV – moratória; XV – transação; XVI – parcelamento em prazo superior ao estabelecido no Convênio ICM 24/75, de 5 de novembro de 1975, e em outros acordos celebrados no âmbito do CONFAZ; XVII – outro benefício ou incentivo, sob qualquer forma, condição ou denominação, do qual resulte, direta ou indiretamente, a exoneração, dispensa, redução, eliminação, total ou parcial, do ônus do imposto devido na respectiva operação ou prestação, mesmo que o cumprimento da obrigação vincule-se à realização de operação ou prestação posterior ou, ainda, a qualquer outro evento futuro".

Há vários acórdãos do STF dizendo da invalidade de benefícios fiscais concedidos sem prévia autorização em convênio[18]. Entende o STF que nem mesmo as Constituições Estaduais podem conceder benefícios de ICMS não autorizados por convênio, sob pena de inconstitucionalidade[19]. Tendo declarado a inconstitucionalidade de benefício concedido ao arrepio de convênio, o STF decidiu não modular os seus efeitos[20].

Porém, a LC n. 160, de 7 de agosto de 2017, "Dispõe sobre convênio que permite aos Estados e ao Distrito Federal deliberar sobre a remissão dos créditos tributários, constituídos ou não, decorrentes das isenções, dos incentivos e dos benefícios fiscais ou financeiro-fiscais instituídos em desacordo com o disposto na alínea *g* do inciso XII do § 2º do art. 155 da Constituição Federal e a reinstituição das respectivas isenções, incentivos e benefícios fiscais ou financeiro-fiscais". Cuidou da matéria o Convênio ICMS 190, de 15 de dezembro de 2017. Também podem os Estados e o Distrito Federal, mediante convênio, autorizar alíquotas internas de ICMS inferiores às das operações interestaduais, conforme prevê o art. 155, § 2º, VI, da CF. A LC n. 186/2021, por sua vez, veio permitir a prorrogação, por até 15 (quinze) anos, das isenções, dos incentivos e dos benefícios fiscais ou financeiro-fiscais vinculados ao ICMS destinados à manutenção ou ao incremento das atividades comerciais, com alguns condicionamentos.

No **Tema 490** de repercussão geral (RE 628.075), em 2020, o STF firmou posição no sentido de que "O estorno proporcional de crédito de ICMS efetuado pelo Estado de destino, em razão de crédito fiscal presumido concedido pelo Estado de origem sem autorização do Conselho Nacional de Política Fazendária (CONFAZ), não viola o princípio constitucional da não cumulatividade (Tema 490 da repercussão geral)".

Aos convênios é deixada, ainda, a definição das alíquotas de ICMS sobre combustíveis e lubrificantes com incidência única, nos termos do art. 155, § 4º, IV, da Constituição.

---

18. STF, ADI 2.458, ADI 1.179, ADI 930.
19. STF, Tribunal Pleno, ADI 429, 2014.
20. STF, Tribunal Pleno, ADI 3.246 ED, 2018.

105. Tratados internacionais[21]

Os tratados ou convenções internacionais[22] só produzem efeitos internamente[23] após se completar um complexo *iter* que vai da negociação dos seus termos à publicação do Decreto do Presidente. Seu ciclo envolve:

- assinatura do Tratado pelo Presidente da República;
- aprovação pelo Congresso revelada por Decreto Legislativo;
- ratificação pelo Presidente mediante depósito do respectivo instrumento;
- promulgação por Decreto do Presidente e
- publicação oficial do texto do Tratado[24].

Uma vez internalizados, passam a integrar a legislação tributária (art. 96 do CTN).

Caso venham a dispor sobre garantias fundamentais dos contribuintes, serão equivalentes às normas constitucionais, nos termos do art. 5º, §§ 2º e 3º, da CF[25].

Normalmente, contudo, cuidam de medidas de política tributária relacionadas ao comércio exterior. Nesse caso, serão aplicados como leis especiais.

Cuida da matéria o art. 98 do CTN, que estabelece: "Os tratados e as convenções internacionais revogam ou modificam a legislação tributária interna, e serão observados pela que lhes sobrevenha".

Desse dispositivo, tiramos que os tratados, mesmo quando disponham de modo distinto do que estabelecem as leis internas, deverão ser observados. Mas a referência feita pelo art. 98 à revogação da legislação tributária interna é imprópria. Quando o tratado estabeleça tratamento específico para determinados produtos, países ou blocos,

---

21. Sobre os tratados internacionais em geral, *vide*: MAZZUOLI, Valério de Oliveira. *Curso de direito internacional público*. São Paulo: RT, s.d. Sobre o direito tributário internacional, *vide*: TORRES, Heleno Taveira. *Direito tributário internacional aplicado*. São Paulo: Quartier Latin, s.d. Também: XAVIER, Alberto. *Direito tributário internacional no Brasil*. São Paulo: Forense, s.d.
22. "As palavras tratado e convenção são sinônimas. Ambas representam acordo bilateral ou multilateral de vontades para produzir um efeito jurídico. Criam direitos e obrigações. Tratado (ou convenção) internacional vem a ser o ato jurídico firmado entre dois ou mais Estados, mediante seus respectivos órgãos competentes, com o objetivo de estabelecer normas comuns de direito internacional" (RIBEIRO DE MORAES, Bernardo. *Compêndio de direito tributário*. 2º v. 3. ed. 1995, p. 26).
23. Mesmo quando fundados em tratados de integração como o Mercosul.
24. Supremo Tribunal Federal, Tribunal Pleno, CR (AgRg) 8.279-ARGENTINA, 1998.
25. CF: "Art. 5º [...] § 2º Os direitos e garantias expressos nesta Constituição não excluem outros decorrentes do regime e dos princípios por ela adotados, ou dos tratados internacionais em que a República Federativa do Brasil seja parte. § 3º Os tratados e convenções internacionais sobre direitos humanos que forem aprovados, em cada Casa do Congresso Nacional, em dois turnos, por três quintos dos votos dos respectivos membros, serão equivalentes às emendas constitucionais" (Incluído pela EC 45/2004).

a lei interna geral continua aplicável aos demais casos. Tem razão REGINA HELENA COSTA, ao afirmar que "os tratados e convenções internacionais não 'revogam' a legislação interna. [...] o que de fato ocorre é que as normas contidas em tais atos, por serem especiais, prevalecem sobre a legislação interna, afastando sua eficácia no que com esta forem conflitantes (critério da especialidade para a solução de conflitos normativos). Tal eficácia, portanto, resta preservada, para todas as demais situações não contempladas nos atos internacionais"[26]. RICARDO LOBO TORRES ainda esclarece que se trata de "suspensão da eficácia da norma tributária nacional, que readquirirá a sua aptidão para produzir efeitos se e quando o tratado for denunciado"[27]. O art. 85-A da Lei n. 8.212/91, acrescido pela Lei n. 9.876/99, dispõe no sentido de que "Os tratados, convenções e outros acordos internacionais de que Estado estrangeiro ou organismo internacional e o Brasil sejam partes, e que versem sobre matéria previdenciária, serão interpretados como lei especial".

Os tratados e convenções internacionais são firmados pela República Federativa do Brasil nas suas relações externas. Daí por que a proibição à União de que institua isenções de tributos da competência dos Estados e dos Municípios, constante do art. 151, III, da CF, não impede que seja firmado tratado internacional em que se estabeleça isenção de quaisquer tributos, sejam federais, estaduais ou municipais[28]. Aliás, o STF já afirmou: "Âmbito de aplicação do art. 151, CF, é o das relações das

....
26. COSTA, Regina Helena. *Curso de direito tributário*. 7. ed. São Paulo: Saraiva, 2017, p. 180. Assim também: AMARAL, Antonio Carlos Rodrigues do. *Comentários ao Código Tributário Nacional*. v. 2, coord. Ives Gandra da Silva Martins. São Paulo: Saraiva, 1998, p. 34.
27. TORRES, Ricardo Lobo. *Curso de direito financeiro e tributário*. 16. ed. São Paulo: Renovar, 2009, p. 49.
28. "DIREITO TRIBUTÁRIO. RECEPÇÃO PELA CONSTITUIÇÃO DA REPÚBLICA DE 1988 DO ACORDO GERAL DE TARIFAS E COMÉRCIO. ISENÇÃO DE TRIBUTO ESTADUAL PREVISTA EM TRATADO INTERNACIONAL FIRMADO PELA REPÚBLICA FEDERATIVA DO BRASIL. ARTIGO 151, INCISO III, DA CONSTITUIÇÃO DA REPÚBLICA. ARTIGO 98 DO CÓDIGO TRIBUTÁRIO NACIONAL. NÃO CARACTERIZAÇÃO DE ISENÇÃO HETERÔNOMA. RECURSO EXTRAORDINÁRIO CONHECIDO E PROVIDO. 1. A isenção de tributos estaduais prevista no Acordo Geral de Tarifas e Comércio para as mercadorias importadas dos países signatários quando o similar nacional tiver o mesmo benefício foi recepcionada pela Constituição da República de 1988. 2. O artigo 98 do Código Tributário Nacional 'possui caráter nacional, com eficácia para a União, os Estados e os Municípios' (voto do eminente Ministro Ilmar Galvão). 3. No direito internacional apenas a República Federativa do Brasil tem competência para firmar tratados (art. 52, § 2º, da Constituição da República), dela não dispondo a União, os Estados-membros ou os Municípios. O Presidente da República não subscreve tratados como Chefe de Governo, mas como Chefe de Estado, o que descaracteriza a existência de uma isenção heterônoma, vedada pelo art. 151, inc. III, da Constituição" (STF, Tribunal Pleno, rel. p/ o Acórdão Min. CÁRMEN LÚCIA, RE 229.096/RS, 2007).

entidades federadas entre si. Não tem por objeto a União quando esta se apresenta na ordem externa"[29].

Há diversos tratados e acordos internacionais em matéria de tributação. Visam estabelecer mercados comuns, desonerar operações bilaterais, evitar a bitributação etc.

Com o Tratado de Assunção, por exemplo, foi deliberada a criação de um Mercado Comum entre Argentina, Brasil, Paraguai e Uruguai. Dispõe: "Artigo 7. Em matéria de impostos, taxas e outros gravames internos, os produtos originários do território de um Estado Parte gozarão, nos outros Estados Partes, do mesmo tratamento que se aplique ao produto nacional. Artigo 8. Os Estados Partes [...]: d) Estenderão automaticamente aos demais Estados Partes qualquer vantagem, favor, franquia, imunidade ou privilégio que conceda a um produto originário de ou destinado a terceiros países não membros da Associação Latino-Americana de Integração".

Outro exemplo é o Acordo sobre Subsídios e Medidas Compensatórias que compõe o Anexo 1 do Acordo Constitutivo da Organização Mundial do Comércio (OMC) e implementa o Acordo Geral sobre Tarifas Aduaneiras e Comércio 1994 (Gatt). Dentre outras normas, proíbe subsídios vinculados ao desempenho do exportador, dentre os quais a isenção de impostos diretos ou "impostos sociais" a empresas industriais e comerciais. Refira-se, também, o *General Agreement on Trade in Services* (Acordo Geral sobre o Comércio de Serviços), que estabelece normas para a liberalização e transparência do comércio internacional de serviços, incluindo transporte aéreo, serviços financeiros, transporte marítimo e telecomunicações, dentre outros.

Há, ainda, inúmeras Convenções para evitar a bitributação da renda e evitar a evasão, em que é acordado critério uniforme para que a tributação se dê apenas em um dos países, ou seja, só no de residência ou só no de percepção da renda. Para tanto é que foi firmada a Convenção Brasil-Chile para evitar a dupla tributação, promulgada pelo Decreto n. 4.852/2003 e a Convenção Brasil-África do Sul, promulgada através do Decreto n. 5.922/2006, dentre muitas outras.

O Brasil não é membro da Organização para a Cooperação Econômica e Desenvolvimento (OCDE), mas adota, ao menos parcialmente, muitos dos seus modelos de convênio, inclusive os relativos à dupla tributação da renda[30].

106. Leis ordinárias e medidas provisórias

Exige-se lei ordinária tanto para a **instituição de tributo** (art. 151, I) como para qualquer modalidade de **exoneração da obrigação de pagar tributo** instituído por lei

---

29. STF, Tribunal Pleno, ADI 1.600, 2001.
30. *Vide*: <www.oecd.org>.

(art. 150, § 6º). Do mesmo modo, só lei ordinária poderá estabelecer **penalidades** pelo descumprimento de obrigações tributárias (arts. 5º da CF e 97, V, do CTN)[31].

Serão tratados por lei ordinária, por exemplo, o fato gerador e a base de cálculo dos tributos, assim como seus demais aspectos, os casos de substituição e de responsabilidade tributárias, as isenções e as concessões de créditos presumidos, as multas moratórias e de ofício.

Para todos estes casos, exige-se a chamada legalidade estrita ou absoluta, de modo que a lei deve dispor por completo sobre tais matérias, não deixando ao Executivo senão sua simples regulamentação.

A criação de outras obrigações ou deveres sujeita-se à garantia geral da legalidade relativa estampada no art. 5º, II, da Constituição. É o caso das obrigações acessórias, que devem ser criadas por lei, mas não necessariamente de modo exaustivo, podendo deixar ao Executivo que as especifique e detalhe.

Note-se, ademais, que a lei ordinária não tem seu âmbito material limitado. Pode dispor sobre qualquer matéria, desde que respeitado o texto constitucional e não invadidas as matérias que requerem lei complementar. Assim é que mesmo questões de ordem meramente regulamentar ou operacional, que não estejam sob reserva sequer relativa de lei, como o prazo de vencimento dos tributos, podem ser validamente disciplinadas por lei ordinária[32].

As **medidas provisórias têm força de lei ordinária** (art. 62), de modo que podem dispor sobre todas as matérias sob reserva legal. Mas, assim como as leis ordinárias, não podem dispor sobre matérias para as quais se exija lei complementar (art. 62, § 1º, III, da CF). Ademais, a "Medida provisória que implique instituição ou majoração de impostos, exceto os previstos nos arts. 153, I, II, IV e V, e 154, II, só produzirá efeitos no exercício financeiro seguinte se houver sido convertida em lei até o último dia daquele em que foi editada" (art. 62, § 2º, da CF).

107. Atos normativos infralegais: decretos, instruções normativas, portarias, ordens de serviço

Em matéria tributária, não se pode dizer que os **Decretos** se limitem à regulamentação estrita das leis nem que outros atos administrativos normativos, especialmente **Instruções Normativas** e **Portarias**, sejam tão somente normas internas da Administração.

A garantia da legalidade tributária absoluta, por exemplo, apresenta atenuação no art. 153, § 1º, da Constituição, permitindo-se que o Executivo gradue a alíquota de alguns

---

31. STF, Tribunal Pleno, ADI 1.823 MC, 1998.
32. STF, Tribunal Pleno, RE 140.669, 1998.

tributos marcadamente extrafiscais (e.g. IPI, IOF), desde que observadas as condições e os limites estabelecidos por lei. Nesses casos, os atos infralegais integram a própria norma tributária impositiva.

Poderão os atos infralegais, ainda, detalhar as obrigações acessórias criadas por lei, complementando sua normatização, porquanto sujeitas tão somente à legalidade relativa.

Por fim, há um amplo campo de pura e simples regulamentação, com farta jurisprudência no sentido de que podem ser tratados diretamente pelos atos normativos infralegais. Entende-se, por exemplo, que os atos infralegais podem dispor validamente sobre o vencimento dos tributos[33], definir o indexador que servirá à correção já determinada por lei[34] e especificar procedimentos de fiscalização tributária[35].

Quando não ofendem reserva legal absoluta ou relativa, nem contrariam o conteúdo das leis, os atos normativos infralegais têm tanta **eficácia normativa** quanto as normas superiores, vinculando a Administração e os contribuintes.

Aliás, o art. 100 do CTN considera os atos normativos expedidos pelas autoridades administrativas, as decisões normativas, as práticas reiteradamente observadas pelas autoridades administrativas e os convênios celebrados entre os entes políticos **normas complementares** das leis, dos tratados e das convenções internacionais e dos decretos.

Além do mais, o parágrafo único do art. 100 do CTN consagra a **proteção da confiança** dos contribuintes, dispondo no sentido de que a observância das normas complementares exclui a imposição de penalidades, a cobrança de juros moratórios e até mesmo a atualização monetária da base de cálculo. O art . 76 da Lei n. 4.502/64 já estabelecia que não seriam aplicadas penalidades: "II – enquanto prevalecer o entendimento – aos que tiverem agido ou pago o impôsto: a) de acôrdo com interpretação fiscal constante de decisão irrecorrível de última instância administrativa, proferida em processo fiscal, inclusive de consulta, seja ou não parte o interessado; b) de acôrdo com interpretação fiscal constante de decisão de primeira instância, proferida em processo fiscal, inclusive de consulta, em que o interessado fôr parte; c) de acôrdo com interpretação fiscal constante de circulares instruções, portarias, ordens de serviço e outros atos interpretativos baixados pelas autoridades fazendárias competentes". Conforme a **Súmula CARF n. 167**, "O art. 76, inciso II, alínea 'a' da Lei nº 4.502, de 1964, deve ser interpretado em conformidade com o art. 100, inciso II do CTN, e, inexistindo lei que atribua eficácia normativa a decisões proferidas no âmbito do processo administrativo fiscal federal, a observância destas pelo sujeito passivo não exclui a aplicação de penalidades" (2021).

---

33. STF, Primeira Turma, RE 195.218, 2002.
34. STF, RE 188.391; **Súmula 160** do STJ.
35. E.g.: Portaria SRF 6.087/2005.

Capítulo XIII
Interpretação e aplicação da legislação tributária

108. Subsistemas da legislação tributária: os deveres, princípios, direitos e garantias que os inspiram e orientam

Ter clareza quanto aos diversos subsistemas da legislação tributária ilumina a sua compreensão e dá sentido a cada dispositivo. Em poucos parágrafos, procuraremos lançar algumas noções simples, mas que, por mais evidentes que sejam, nem sempre são devidamente consideradas quando da interpretação e da aplicação do Direito Tributário. Iniciaremos com a simples referência ao objeto principal de cada um desses subsistemas, de modo que a sua visualização nos auxilie na exposição dos conteúdos das normas inerentes à tributação. Em seguida, abordaremos cada um desses subsistemas, expondo seus fundamentos, os princípios que os orientam, a natureza das relações jurídicas que lhes são inerentes, o conteúdo das respectivas obrigações e seus sujeitos.

Vejamos o rol dos subsistemas normativos que compõem o direito tributário:

- 1º Subsistema: TRIBUTOS
- 2º Subsistema: OBRIGAÇÕES DE COLABORAÇÃO
- 3º Subsistema: INFRAÇÕES TRIBUTÁRIAS
- 4º Subsistema: ADMINISTRAÇÃO TRIBUTÁRIA
- 5º Subsistema: PROCESSO TRIBUTÁRIO

O **primeiro subsistema** da legislação tributária é o que cuida do tributo.

O **pagamento de tributos** é a principal obrigação imposta pela legislação tributária. A Constituição especifica as competências e as espécies tributárias e enseja a instituição de tributos, observado um rol de limitações que visam a preservar as pessoas de gravames demasiadamente onerosos, desiguais ou que comprometam a liberdade de exercício da atividade econômica e a própria forma federativa de estado.

O conjunto de normas impositivas do pagamento de tributos surge com fundamento no **dever fundamental de pagar tributos**, sendo certo que todos os integrantes da sociedade são responsáveis por manter o estado, que é instrumento para a realização dos direitos fundamentais. Essas normas orientam-se pelo **princípio da capacidade contributiva**, de modo que se exija das pessoas sacrifícios que tenham condições de suportar, sem prejuízo do atendimento pessoal e direto, por elas próprias, dos seus direitos básicos. Observam, ainda, o **princípio da segurança jurídica, através das garantias da legalidade estrita, da irretroatividade e da anterioridade**, bem como a **isonomia** entre os contribuintes e a **vedação do confisco**, valendo referir, ainda, a **proteção às liberdades públicas** consubstanciadas em **imunidades** como a dos livros, jornais e periódicos e a dos templos. As normas impositivas estabelecem **relações jurídicas de cunho contributivo**, cujo objeto é prestar dinheiro, tendo como sujeito ativo os entes políticos ou outras pessoas jurídicas de direito público e como sujeito passivo o contribuinte.

A legislação tributária, no ponto, principia com as normas de competência e técnicas de tributação estabelecidas constitucionalmente e se estende pelos diversos níveis normativos, aumentando gradativamente seu grau de detalhamento. Veja-se, por exemplo, o caso do imposto sobre produtos industrializados. O art. 153, IV, da CF dá à União a competência para instituí-lo e o § 3º, I e II, do mesmo dispositivo impõe que esse imposto seja seletivo e não cumulativo. Sua disciplina segue com as normas gerais de direito tributário que definem o arquétipo ou modelo possível de fato gerador, base de cálculo e contribuinte, papel cumprido pelos arts. 46 a 51 do CTN. Culmina na legislação de nível ordinário instituidora do IPI, no caso, a Lei n. 4.502/64. E ultima com o Regulamento do IPI, objeto do Decreto n. 7.212/2010, e com normas complementares, como instruções normativas e portarias que cuidam de questões cada vez mais específicas de modo a bem orientarem a aplicação das normas que lhe são superiores, demonstrando todo o seu potencial normativo.

O **segundo subsistema** envolve as **obrigações de colaboração**. A imposição de obrigações de fazer é indispensável para que a tributação seja praticável. A par de instituir tributos, é necessário contar com a participação das pessoas na facilitação de informações, na simplificação da arrecadação e na redução dos riscos do inadimplemento e da sonegação. Muitas vezes são obrigações anexas ou complementares das obrigações de pagar tributos, sim, pois obrigam os próprios contribuintes, mas, em outros casos, ostentam autonomia, alcançando terceiros não contribuintes.

O fundamento das obrigações de fazer constantes da legislação tributária é o **dever de colaborar com a tributação**, que é um *minus* relativamente ao dever de pagar tributos. Temos, todos, não apenas o dever de contribuir para as despesas comuns, através do pagamento de tributos, mas também o dever de agir para dar praticabilidade à tributação, auxiliando o Fisco para o sucesso de tal mister. A instituição de obrigações de fazer (assim entendidas tanto as obrigações acessórias, de que cuida o art. 113, § 2º do CTN, como as obrigações de retenção e repasse de tributos inerentes ao instituto da substituição tributária e as obrigações cujo descumprimento gera responsabilidade de terceiros) observa o **princípio da capacidade colaborativa**. Segundo esse princípio, as pessoas podem ser chamadas a colaborar conforme o conhecimento de que disponham, a proximidade que tenham com os fatos geradores, a sua ascendência relativamente aos contribuintes, enfim, quando mantenham vínculo que lhes permita facilitar e assegurar a fiscalização e a arrecadação dos tributos. Assim é que **quaisquer pessoas, contribuintes ou não**, desde que ostentem capacidade colaborativa, podem restar obrigadas, por exemplo, a emitir documentos, a prestar informações, a efetuar retenções e a ser zelosas no cumprimento das obrigações fiscais dos seus representados.

Cuidam das obrigações acessórias não apenas os arts. 113, § 2º, e 115 do CTN, que definem essas obrigações e trazem normas gerais sobre seus fatos geradores, como também o art. 16 da Lei n. 9.779/99, que diz competir à Secretaria da Receita Federal dispor sobre obrigações acessórias relativas aos impostos e contribuições por ela administrados, e Instruções Normativas, das quais são exemplos a IN RFB 1.448/2015, que dispõe sobre o Cadastro de Pessoas Físicas (CPF), a IN RFB 1.634/2016, que dispõe sobre o Cadastro Nacional de Pessoas Jurídicas (CNPJ) e a IN RFB 1.115/2010, que dispõe sobre a Declaração de Informações sobre Atividades Imobiliárias (Dimob).

O **terceiro subsistema** cuida das **infrações à legislação tributária** e das respectivas penalidades.

Vivemos num Estado de Direito, Democrático e Social, nessa ordem. Todos estamos sujeitos à legislação legitimamente produzida e temos o compromisso de cumpri-la. Isso porque o conjunto de normas que compõem o ordenamento jurídico visa, justamente, a realizar valores constitucionalmente tutelados, tais como a liberdade, a segurança e a justiça. O descumprimento das normas jurídicas constitui infração que exige uma resposta estatal cominada e aplicada tendo em conta **princípios como a pessoalidade, a presunção da inocência, a culpabilidade e a proporcionalidade**.

A legislação tributária comporta, por isso, inúmeros dispositivos que visam a reforçar a obrigação de cumprimento das obrigações contributivas e colaborativas, cominando efeitos adversos como consequência da sua eventual não observância. Esses dispositivos atribuem, ao descumprimento de tais obrigações, o efeito jurídico punitivo consistente, em regra, na imposição de uma multa gravosa o suficiente para inibir essas infrações e reprimi-las. Estabelecem, com isso, uma **relação punitiva**, cujo objeto é a **penalidade** e que tem, como sujeito passivo, o **infrator**.

No exercício do seu **poder de polícia fiscal**, o Fisco impõe multas comuns, qualificadas e isoladas, de ofício ou automáticas, fixas ou proporcionais.

Mas as infrações à legislação tributária de maior gravidade ainda se sujeitam à incidência de normas consideradas de **cunho penal em sentido estrito**, porquanto cominam penas privativas de liberdade e multa, substituíveis, aquelas, via de regra, por penas restritivas de direitos, o que depende de a pena não ser superior a quatro anos e de outros requisitos como não ser o agente reincidente. Ou seja, tanto a legislação tributária quanto a legislação penal ocupam-se das sanções pelos descumprimentos da legislação tributária, até porque o Direito Penal é, como se costuma dizer, um direito de sobreposição.

As normas gerais de Direito Tributário estabelecem regras atinentes à responsabilidade por infrações à legislação tributária, como prescindir do dolo (art. 136), a pessoalidade das punições por infrações para as quais o dolo específico seja elementar (art. 137) e a exclusão da responsabilidade no caso de denúncia espontânea (art. 138). As penalidades são, então, cominadas por lei ordinária, de que é exemplo a Lei n. 9.430/96, que, dentre outras tantas disposições relativas à tributação, estabelece as multas de ofício (art. 44) e moratórias (art. 61) aplicadas pela Receita Federal do Brasil.

O **quarto subsistema** de normas atinentes ao Direito Tributário diz respeito à **Administração Tributária**. Regulam as carreiras tributárias, as atribuições de auditores e procuradores fiscais, bem como os atos administrativos. Têm cunho eminentemente administrativo, organizando e instrumentalizando a máquina estatal para que leve a bom termo a fiscalização, a arrecadação tributária e a cobrança dos tributos.

As normas com esse escopo revelam a origem do Direito Tributário, que já foi parte da disciplina de Direito Administrativo e que, assim como o Direito Financeiro, dele se emancipou, num processo continuado de especialização.

São inspiradas pelos **princípios da legalidade, da eficiência, da impessoalidade, da moralidade, da publicidade e da eficiência.** A Lei n. 10.522/2002, por exemplo, em seu art. 19-C, incluído pela Lei n. 13.784/2019, autoriza a Procuradoria-Geral da Fazenda Nacional a dispensar a prática de atos processuais, inclusive a desistência de recursos interpostos, "quando o benefício patrimonial almejado com o ato não atender aos critérios de racionalidade, de economicidade e de eficiência".

O art. 37 da CF não só constitucionaliza os princípios já referidos, aplicáveis à Administração Pública em geral, como reconhece às administrações tributárias precedência sobre os demais setores administrativos e recursos prioritários. O Código Tributário Nacional também se estende sobre a matéria, por exemplo, assegurando aos agentes fiscais amplo acesso aos registros contábeis, mercadorias e documentos (art. 195), enquanto a LC n. 105/2001 enseja a solicitação de informações pelo Fisco diretamente às instituições financeiras, desde que em face de procedimento de fiscalização instaurado e fundamentada a sua necessidade por decisão administrativa. A Lei n.

11.457/2007, por sua vez, dispõe sobre a unificação da administração tributária federal e a Lei n. 10.593/2002 disciplina a carreira da Auditoria da Receita Federal.

O **quinto subsistema** que compõe a legislação tributária é aquele que se consubstancia em **normas de procedimento e de processo tributário**. De caráter **instrumental**, legitimam o lançamento e a cobrança dos tributos ao resguardarem o **contraditório e a ampla defesa**. Além disso, atraem a aplicação do princípio *pas de nullité sans grief* (não há nulidade sem prejuízo).

São disciplinados por lei o processo administrativo fiscal (Decreto n. 70.235/72, com nível de lei ordinária), o protesto de certidões de dívida ativa (Lei n. 9.492/97, com a redação da Lei n. 12.767/2012) e a execução fiscal (Lei n. 6.830/80), sem prejuízo da aplicação subsidiária das normas gerais de processo administrativo e de direito processual civil.

A compreensão de que as diversas normas que integram a legislação tributária se enquadram em subsistemas próprios, com fundamentos e orientadas por princípios específicos é essencial para a sua compreensão e aplicação. Noção simples, mas essencial, como sói acontecer.

109. Vigência e aplicação da legislação tributária

A vigência da legislação tributária segue as **regras gerais** estabelecidas na LINDB, de modo que, salvo disposição em contrário, inicia 45 dias após a publicação.

Embora seja comum a **cláusula de vigência imediata**, o art. 8º da LC 95/98 determina que a lei conceda "prazo razoável para que dela se tenha amplo conhecimento, reservada a cláusula 'entra em vigor na data da sua publicação' para as leis de pequena repercussão".

Conforme o CTN, os atos administrativos, salvo disposição em contrário, entram em vigor na data da publicação (art. 103, I), e as decisões normativas, 30 dias após a publicação (art. 103, II).

Ademais, **impende que se observem as garantias constitucionais de anterioridade** de exercício (art. 150, III, *a*) e nonagesimal (arts. 150, III, *b*, e 195, § 6º), aplicáveis à instituição e à majoração dos tributos.

Quanto à aplicação da legislação tributária, chama atenção a determinação, constante do CTN, de **aplicação retroativa** de certas normas da legislação tributária. O art. 106, I, do CTN, determina que a lei se aplique a ato ou fato pretérito "quando seja **expressamente interpretativa**, excluída a aplicação de penalidade à infração dos dispositivos interpretados". Mas lei "supostamente interpretativa que, em verdade, inova no mundo jurídico, deve ser considerada como lei nova"[1]. O art. 106 também determina a

---

1. STF, Tribunal Pleno, RE 566.621, 2011.

aplicação retroativa dos dispositivos que **deixem de definir determinados atos como infração** ou como contrários à exigência de ação ou omissão[2] (art. 106, II, *a* e *b*) e daqueles que cominem **penalidade menos severa** que a prevista na lei vigente ao tempo da sua prática (art. 106, II, *c*). Este último dispositivo é aplicável enquanto não tiver sido satisfeita a multa, inclusive no curso da Execução e no âmbito dos Embargos à Execução[3]. Têm sido reduzidos percentuais de multa moratória de 30% para 20%[4] e de multa de ofício de 100% para 75%[5].

110. Integração e interpretação da legislação tributária

O art. 108 do CTN dispõe sobre a integração da legislação tributária, ou seja, sobre o que fazer no caso de ausência de disposição expressa acerca de determinada questão. Arrola **quatro métodos de integração**: a analogia, os princípios gerais de direito tributário, os princípios gerais de direito público e a equidade.

Ao fazê-lo, determina a aplicação sucessiva de tais mecanismos, de modo que a analogia teria preferência. Mas, ainda que o CTN pareça hierarquizar os modos de integração da legislação tributária, em verdade tal não se mostra adequado, tampouco pode ser considerado de modo rígido. Isso porque a integração do ordenamento[6] é **atividade complexa**, cabendo ao aplicador verificar a pertinência de cada método em face da existência ou não de dispositivo para hipótese semelhante, de estarem ou não em questão valores que desafiem a construção de solução específica para o caso com suporte nos princípios de direito tributário e de direito público e das circunstâncias peculiares que não tenham sido levadas em consideração pelo legislador.

A interpretação da legislação tributária também é complexa, descabendo pressupor que seja viável simplificar a postura do exegeta como se pudesse se orientar sempre em favor do contribuinte, por considerar a tributação como ingerência odiosa sobre o

---

2. A alínea "b" repete, com outras palavras, a alínea "a". Efetivamente, conforme HUGO DE BRITO MACHADO, "tanto faz deixar de definir um ato como infração, como deixar de tratá-lo como contrário a qualquer exigência de ação ou omissão" (*Curso de direito tributário*. 36. ed. São Paulo: Malheiros, 2015, p. 102).
3. STJ, REsp 191.530.
4. Art. 84, III, c, da Lei n. 8.981/95 em cotejo com o art. 61 da Lei n. 9.430/96.
5. Art. 4º, I, da Lei n. 8.218/91 em cotejo com o art. 44, I, da Lei n. 9.430/96.
6. "[...] todo el ordenamiento debe responder a unos mismos métodos en su elaboración, aplicación y estudio. La unidad del ordenamiento nos sirve así para afirmar que de ella se desprende un único camino en la aplicación de toda norma jurídica, rechazando las pretendidas peculiaridades jurídico-tributarias en este tema" (LAPATZA, J. J. F. *Curso de derecho financiero español*. 25. ed. Madri/Barcelona: Marcial Pons, 2006, p. 308).

patrimônio privado, em favor do Fisco, em atenção às exigências financeiras do Estado ou à suposta supremacia do interesse público[7], ou, ainda, pela literalidade da lei[8].

Não há que se falar em interpretação restritiva, em interpretação extensiva nem em interpretação declaratória ou literal[9], mas apenas em interpretação como atividade complexa.

Efetivamente, na interpretação da legislação tributária, inclusive os princípios gerais de direito privado serão relevantes, conforme referem expressamente os arts. 109 e 110 do CTN.

O art. 111 do CTN determina que se interprete literalmente a legislação tributária que disponha sobre a suspensão ou exclusão do crédito tributário, a outorga de isenção e a dispensa do cumprimento de obrigações tributárias acessórias. Tal dispositivo tem sido severamente criticado por ser, ele próprio, interpretado literalmente. O que se

---

7. "[...] aparece desprovista de toda fundamentación la pretensión de negar la aplicación a las normas impositivas de las mismas reglas de interpretación que se aplican a las leyes en general. Las normas tributarias, como todas las otras normas, deben interpretarse con el fin de atribuir al precepto jurídico el valor que le es propio, el la regulación de las relaciones de la vida social que constituyen su objeto: toda apriorística inclinación de la labor interpretativa a favor del fisco o a favor del contribuyente constituye una inadmisible limitación del proceso lógico representado por la interpretación de la ley" (VANONI, E. *Natura ed interpretazione delle leggi tributarie*. 1932. A transcrição é da edição espanhola de 1961 publicada pelos Instituto de Estúdios Fiscales, Madri, p. 217).
8. Desde o início da elaboração sistemática do direito tributário já se destacava o descabimento de tais simplificações: "Un examen menos superficial pone de manifiesto la inadmisibilidad de estas posiciones" e que "las mismas reglas dominan la interpretación de cualquier norma, y ninguna de aquéllas autoriza a pensar que para el derecho tributario deban seguirse criterios interpretativos diversos de los que presiden la interpretación de cualquier otra clase de leyes" (GIANNINI, A. D. *Instituciones de derecho tributário*. Título original: *Istituzioni di diritto tributario*. 7. ed. italiana, 1956. Tradução de F. Sainz de Bujanda, Madri: Editorial de Derecho Financiero, 1957, p. 31 e 32).
9. "Existe interpretación declarativa cuando el intérprete atribuye a la norma el valor que resulta evidente del significado literal de las palabras que el intérprete 'declara' y explica. Se habla de interpretación restrictiva cuando a la norma se atribuye un contenido más restringido del que parece tener en principio la expresión adoptada, y ello en base a la idea de que la ley *plus dixit quam voluit*. Por el contrario, cuando se considera que la fórmula del precepto legislativo no expresa plenamente la idea que la informa (*minus dixit quam voluit*) se alude a interpretación extensiva. [...] Si se tienen en cuenta los conceptos fundamentales que inspiran la labor interpretativa se observa que en realidad la norma ni se extiende ni se restringe. El intérprete investiga el verdadero valor de la norma. Se esfuerza por identificar el contenido efectivo de la voluntad estatal expresada en la norma y trata de aplicar la ley en forma que pueda realizar la función para la que fue creada, pero no tiene competencia para restringir o extender el ámbito de aplicación del precepto legal. Es pura ilusión el hablar de interpretación extensiva o restrictiva; en la realidad, la norma, como voluntad inmanente del Estado, ni se extiende ni se restringe..." (VANONI, E. *Natura ed interpretazione delle Leggi tributarie*. 1932. A transcrição é da edição espanhola de 1961 publicada pelos Instituto de Estúdios Fiscales, Madri, p. 335).

extrai como norma do art. 111 não é a vedação à utilização dos diversos instrumentos que nos levam à compreensão e à aplicação adequada de qualquer dispositivo legal, quais sejam, as interpretações histórica, teleológica, sistemática, a consideração dos princípios etc. Traz, isto sim, uma advertência no sentido de que as regras atinentes às matérias arroladas devem ser consideradas como regras de exceção, aplicáveis nos limites daquilo que foi pretendido pelo legislador, considerando-se as omissões como "silêncio eloquente", não se devendo integrá-las pelo recurso à analogia[10]. Há de se considerar, por certo, as circunstâncias do caso concreto, pois há princípios constitucionais inafastáveis na aplicação do direito, como a razoabilidade e a proporcionalidade.

Frente à isenção, para militares e policiais, de taxa de expedição de certificado de registro de arma de fogo, estabelecida pelo art. 11, § 2º, da Lei n. 10.826/2003, o STJ entendeu que, na ausência de referência legal expressa, não é possível estendê-la aos inativos, devendo alcançar "apenas a esfera jurídica dos policiais no exercício efetivo do cargo"[11].

Mas há uma perspectiva, também correta, para a invocação do art. 111 do CTN a favor dos contribuintes. Refiro-me à exigência, pela autoridade fiscal, como condição para o reconhecimento de isenção, suspensão ou exclusão do crédito tributário ou para dispensa do cumprimento de obrigações acessórias, de requisitos não previstos em lei. Ao referir-se à literalidade da legislação que disponha sobre tais matérias, resta claro que os requisitos também deverão constar expressamente da lei, não tendo o Executivo espaço para nenhuma regulamentação inovadora.

Há precedentes do STJ no sentido de que: "A interpretação das regras justributárias deve ser feita sob a inspiração dos princípios regedores da atividade estatal tributária, cujo escopo é submeter a potestade do Estado a restrições, limites, proteções e garantias do Contribuinte". E que: "Por tal motivo, não se pode, do ponto de vista jurídico-tributário, elastecer conceitos ou compreensões, para definir obrigação em contexto que não se revele prévia e tipicamente configurador de fato gerador"[12]. Tenho que a razão para isso é outra, qual seja, a legalidade, não sendo adequado pretender-se atribuir à interpretação da legislação tributária, *a priori*, um caráter restritivo nem extensivo, mas conforme a vontade do legislador e o que se possa extrair da lei[13]. Interpreta-se a legislação tributária como se interpreta o ordenamento jurídico em geral.

....
10. STJ, Primeira Turma, RE 36.366-7, 1993.
11. STJ, REsp 1.530.017/PR, Primeira Turma, 2017.
12. STJ, REsp 1.606.234/RJ, Primeira Turma, 2019.
13. LAPATZA, J. J. F. *Curso de derecho financiero español*. 25. ed. Madri/Barcelona: Marcial Pons, 2006, p. 308. "Existe interpretación declarativa, cuando el intérprete atribuye a la norma el valor que resulta evidente del significado literal de las palabras que el intérprete 'declara' y explica. Se habla de interpretación restrictiva cuando a la norma se atribuye un contenido más restringido del que parece tener en principio la expresión adoptada, y ello en base a la idea de que la ley *plus dixit quam voluit*. Por el contrario, cuando se considera que la fórmula del precepto legislativo

O CTN dispõe, ainda, em seu art. 112, que a lei tributária que define **infrações**, ou lhe comina **penalidades, interpreta-se da maneira mais favorável ao acusado, em caso de dúvida** quanto à capitulação legal do fato, à sua natureza ou circunstâncias materiais, ou à natureza ou extensão dos seus efeitos, à autoria, imputabilidade ou punibilidade, ou à natureza da penalidade aplicável ou à sua graduação. Embora cuide da interpretação da lei punitiva, refere-se, verdadeiramente, à sua aplicação aos casos concretos, conforme se vê pelo rol de hipóteses constante dos seus incisos. Aliás, não há que se falar em dúvida quanto à lei, na medida em que o seu alcance é definido pelo Judiciário através da aplicação dos diversos critérios de interpretação[14]. Dúvida pode haver quanto aos atos praticados pelo contribuinte e suas características, com repercussão no seu enquadramento legal. Daí não se aplicar a penalidade ou o agravamento no caso de dúvida, ou seja, de não ter sido apurada a infração de modo consistente pelo Fisco a ponto de ensejar convicção plena quanto à ocorrência e características da infração[15].

111. Aplicação dos princípios de direito tributário, de direito público e de direito privado e das normas de colisão

Os princípios estruturam o ordenamento jurídico, permeando cada área objeto de regulamentação. Há princípios de maior generalidade, outros específicos de determinado subsistema e alguns de ainda maior especificidade. Podem estar expressos ou implícitos, tendo, em qualquer caso, a mesma eficácia normativa, ensejando a construção de regras para os casos concretos.

---

no expresa plenamente la idea que la informa (*minus dixit quam voluit*) se alude a interpretación extensiva. [...] Si se tienen en cuenta los conceptos fundamentales que inspiran la labor interpretativa, se observa que en realidad la norma ni se extiende ni se restringe. El intérprete investiga el verdadero valor de la norma. [...] Es pura ilusión el hablar de interpretación extensiva o restrictiva..." (VANONI, E. *Natura ed interpretazione delle leggi tributarie*. 1932. A transcrição é da edição espanhola de 1961 publicada pelos Instituto de Estúdios Fiscales, Madri, p. 335-336).

14. TRF4, Primeira Seção, EIAC 2000.04.01.077095-1.
15. Aliás, o Ministro COSTA MANSO, já em 1936, quando do julgamento, pelo Supremo Tribunal Federal, do MS 333/DF, destacou: "O direito subjetivo, o direito da parte é constituído por uma relação entre a lei e o fato. A lei, porém, é sempre certa e incontestável. A ninguém é lícito ignorá-la, e com o silêncio, a obscuridade ou a indecisão dela não se exime o juiz de sentenciar ou despachar (Código Civil, art. 5º da Introdução). [...] O fato é que o peticionário deve tornar certo e incontestável, para obter o mandado de segurança. O direito será declarado e aplicado pelo juiz, que lançará mão dos processos de interpretação estabelecidos pela ciência, para esclarecer os textos obscuros ou harmonizar os contraditórios. Seria absurdo admitir se declare o juiz incapaz de resolver de plano um litígio, sob o pretexto de haver preceitos legais esparsos, complexos ou de inteligência difícil ou duvidosa. Desde, pois, que o fato seja certo e incontestável, resolverá o juiz a questão de direito, por mais intrincada e difícil que se apresente, para conceder ou denegar o mandado de segurança".

Há **princípios basilares de todo o sistema jurídico**, como o princípio da dignidade da pessoa humana e o princípio do Estado de direito, e **outros do Estado brasileiro**, como os princípios republicano e federativo. Todos condicionando o exercício da tributação.

A tributação do mínimo vital – ou seja, a cobrança de tributo de quem não revela capacidade contributiva, pois só dispõe do indispensável à sua subsistência – revelar-se-ia contrária à efetivação do **princípio da dignidade da pessoa humana**, do qual decorrem os direitos fundamentais à vida, à liberdade, à educação, à saúde, dentre outros, sendo, pois, inválida. Afirma-se, com acerto, que o "homem não pode ser privado, nem por força da tributação, do mínimo necessário à conservação de uma vida saudável"[16] e que a "necessidade de preservação do mínimo existencial é uma condição inafastável de observância do princípio da capacidade contributiva e, por decorrência, de densificação do princípio da dignidade da pessoa humana"[17]. Pondera-se, ainda, que "tributar o mínimo existencial é obstaculizar a efetivação do princípio da dignidade humana"[18] e que "se o Estado não é obrigado a assegurar positivamente o mínimo de existência a cada cidadão, ao menos que não lhe retire aquilo que ele adquiriu e é indispensável à sua sobrevivência com o mínimo de dignidade"[19]. O próprio Constituinte, aliás, já estabelece imunidades com vista a impedir que a tributação implique lesão a tal princípio, estabelecendo, por exemplo, a gratuidade da certidão de nascimento e do registro de óbito aos reconhecidamente pobres. O legislador ordinário também age no sentido da preservação do mínimo vital ao estabelecer uma faixa de rendimentos isenta do imposto de renda, o que nada mais significa senão determinar que a tributação direta se dê relativamente àqueles que têm condições de contribuir sem prejuízo da sua subsistência, ou seja, sem que tal imponha sacrifício demasiado que acabe por impedir o acesso a bens indispensáveis para uma vida digna.

Na própria noção de tributo, por sua vez, temos a ingerência direta do **princípio republicano**. Se o povo é o titular do poder e o exerce através de seus representantes, não se pode admitir tributação senão em função do interesse público, com destinação que o prestigie. ROQUE CARRAZZA faz considerações muito elucidativas a esse respeito:

> [...] se as pessoas políticas receberam a competência tributária da Constituição e se esta brotou da vontade soberana do povo, é evidente que a tributação não pode operar-se exclusiva e precipuamente em benefício do poder público ou de uma

---

16. PEZZI, Alexandra Cristina Giacomet. *Dignidade da pessoa humana: Mínimo existencial e limites à tributação no estado democrático de direito*. Curitiba: Juruá, 2008, p. 148.
17. BUFFON, Marciano. *Tributação e dignidade humana: Entre os direitos e deveres fundamentais*. Porto Alegre: Livraria do Advogado, 2009, p. 264.
18. PESSOA, Geraldo Paes. Imunidade do mínimo existencial. *RET* 47, jan.-fev. 2006.
19. ANDRADE, Vieira. *Os direitos fundamentais na Constituição portuguesa de 1976*. 2. ed. Coimbra: Almedina, p. 388.

determinada categoria de pessoas. Seria um contrassenso aceitar-se, de um lado, que o povo outorgou a competência tributária às pessoas políticas e, de outro, que elas podem exercitá-la em qualquer sentido, até mesmo em desfavor desse mesmo povo. [...] a República reconhece a todas as pessoas o direito de só serem tributadas em função do superior interesse do Estado. Os tributos só podem ser criados e exigidos por razões públicas. Em consequência, o dinheiro obtido com a tributação deve ter destinação pública[20].

Num Estado em que convivem diversos entes políticos – União, Estados-Membros e Municípios –, impende que a tributação tenha em consideração, também, o **princípio federativo**. Daí por que se tem entendido que não pode a Receita Federal do Brasil interpretar a lei de modo que pretenda cobrar contribuição sobre a receita relativamente aos créditos presumidos de ICMS concedidos pelos Estados aos contribuintes, pois, dentre outros fundamentos, implicaria restringir a eficácia do benefício fiscal concedido pelos Estados no exercício da sua competência tributária e resultaria em apropriação, pela União, de recursos relativos a tributo estadual.

Há outros princípios que dizem respeito especificamente ao direito público e, ainda, alguns relacionados particularmente à tributação. O art. 108 do CTN a eles se refere, determinando a aplicação dos **princípios gerais de direito público** e dos **princípios gerais de direito tributário**.

A tributação é prerrogativa e instrumento do Estado, de modo que os princípios gerais de direito público e, mais especificamente, de direito administrativo, lhe são diretamente aplicáveis. Na regulamentação e aplicação das leis tributárias, a Administração está, pois, sob a égide de princípios como o da **legalidade, da moralidade e da eficiência**.

Mas também o universo do direito privado é relevante para quem trabalha com o direito tributário. Quando o legislador tributário se refere a institutos, conceitos e formas de direito privado – e o faz a todo momento –, cabe ao aplicador buscar no direito privado, inclusive mediante a consideração dos **princípios gerais de direito privado**, a sua definição e alcance.

Princípios como o da autonomia da vontade e da livre iniciativa são relevantes e por vezes decisivos na interpretação e aplicação das normas tributárias para a identificação do âmbito de aplicação de determinados dispositivos como o parágrafo único do art. 116 do CTN. A autoridade administrativa poderá desconsiderar atos ou negócios jurídicos praticados com a finalidade de dissimular a ocorrência do fato gerador do tributo ou a natureza dos elementos constitutivos da obrigação tributária, mas jamais

---

20. CARRAZZA, Roque Antônio. *Curso de direito constitucional tributário*. 31. ed. São Paulo: Malheiros, 2017, p. 99-101.

impedir as pessoas jurídicas de realizarem planejamento tributário que lhes indique a manutenção de estrutura e a realização de negócios com menor custo tributário.

No capítulo atinente à competência tributária, cuidamos da importância da definição, do conteúdo e do alcance dos institutos, conceitos e forma de direito privado na verificação da dimensão das competências outorgadas pela Constituição pelo critério da base econômica.

Por fim, impõe-se que se dê a devida atenção às **normas de colisão**, assim entendidas aquelas normas que, por si sós, não implicam propriamente um fim a ser promovido (daí não ser tecnicamente correto denominá-las de princípios), mas que permitem a aplicação de outras normas, considerando a totalidade do ordenamento jurídico.

Destacam-se a razoabilidade e a proporcionalidade, ambas decorrentes do princípio do devido processo legal em sua dimensão material. Há autores que não distinguem uma da outra. A nós parecem ter, sim, cada qual, campo de aplicação específico.

A **razoabilidade** apresenta-se como imperativo de que as normas jurídicas sejam adequadas à realidade dos fatos e de que imponham condutas que se justifiquem por efetivamente promoverem o fim colimado[21].

Submeter-se à tributação da receita, em regime não cumulativo (Cofins não cumulativa), empresa cuja atividade se esgota na prestação de serviço, cujo maior custo é a mão de obra e não a aquisição de bens ou serviços de outras empresas, não passa por um juízo de razoabilidade. Isso porque a aplicação do regime não cumulativo, no caso, não é adequada à realidade da empresa, que não atua no bojo de uma cadeia econômica, sendo incapaz, portanto, de ter qualquer efeito no sentido de evitar a cumulatividade da contribuição que, de qualquer modo, inexistirá[22].

A **proporcionalidade** constitui instrumento para a solução de conflitos entre normas. Há, por vezes, direitos igualmente tutelados que se chocam, sendo necessário verificar se a norma que impõe certa conduta, privilegiando um em detrimento do outro, se sustenta constitucionalmente.

O juízo de proporcionalidade se dá mediante a utilização de três critérios: adequação, necessidade e proporcionalidade em sentido estrito. A adequação é a relação meio e fim: "um meio é adequado se promove o fim"[23]. A necessidade é a imprescindibilidade da medida para que o fim seja alcançado, forte na ausência de outros meios menos restritivos. A proporcionalidade, em sentido estrito, é o juízo de que o bem que se está promovendo seja maior do que o mal que se está causando: "um meio é proporcional,

---

21. ÁVILA, Humberto. *Teoria dos princípios: Da definição à aplicação dos princípios jurídicos.* São Paulo: Malheiros, 2003, p. 121.
22. TRF4, AC 2004.71.08.010633-8/RS.
23. ÁVILA, Humberto, op. cit., 2003, p. 102.

em sentido estrito, se as vantagens que promove superam as desvantagens que provoca"[24]. Não é admissível, para a obtenção de um bem, comprometer-se ou restringir-se desproporcionalmente outro.

Desproporcional e, portanto, inconstitucional é o art. 19 da Lei n. 11.033/2004, que exige a apresentação de certidões negativas como requisito para a expedição de alvará do valor depositado em cumprimento de precatório. Em primeiro lugar, porque não é adequado para tal acautelamento, na medida em que não implica efetivamente nenhuma garantia do crédito tributário nem autoriza sua compensação, deixando de dar uma solução ao impasse para a hipótese de o contribuinte ser devedor. Em segundo lugar, porque é desnecessário, bastando referir que a Fazenda dispõe de inúmeros instrumentos para a garantia de seus créditos, como o arrolamento administrativo, a medida cautelar fiscal e a penhora no rosto dos autos, além do que acompanhou todo o processo em que restou vencida, de modo que tem conhecimento do crédito antes mesmo da requisição ou expedição do precatório, dispondo de tempo suficiente para a adoção daquelas medidas. Por fim, é desproporcional em sentido estrito, não se justificando, de modo algum, o acautelamento de crédito tributário, muitas vezes constituído unilateralmente, em detrimento da satisfação do crédito do contribuinte já reconhecido, em caráter definitivo, por sentença transitada em julgado[25]. O dispositivo foi considerado inconstitucional pelo STF na ADI 3453, tendo assentado que: "A matéria relativa a precatórios não chama a atuação do legislador infraconstitucional, menos ainda para impor restrições que não se coadunam com o direito à efetividade da jurisdição e o respeito à coisa julgada".

Tendo o direito tributário seu objeto peculiar, de grande relevância são os princípios que traduzem, para a tributação, os valores como a liberdade, a segurança e a justiça. Em capítulo próprio, cuidamos dos grandes princípios de direito tributário: o **princípio da segurança jurídica**, o **princípio da isonomia** e o **princípio da capacidade contributiva**, especificando o conteúdo normativo de cada qual. Também abordamos o **princípio da praticabilidade da tributação**.

112. Analogia e equidade

A **analogia** constitui método de integração da legislação tributária mediante aplicação da lei a situação de fato nela não prevista, mas cuja análise revele a identidade dos elementos essenciais e a adequação da norma para também em tal situação alcançar o

---

24. Id., ibid., p. 102.
25. TRF4, Corte Especial, AIAG 2005.04.01.017909-2.

fim pretendido pelo legislador[26]. Não se pode confundi-la com a chamada **interpretação extensiva** em que não há integração da legislação tributária, pois se trabalha dentro dos lindes que a lei originariamente pretendeu estabelecer, ainda que não o tenha feito de modo taxativo e inequívoco.

A analogia, embora vá além da interpretação extensiva, também tem largo campo de aplicação no direito tributário.

É certo que, em face da legalidade absoluta que deve ser observada para a instituição e a majoração de tributos (art. 150, I, da CF), a analogia não pode ser aplicada para estender a exigência de tributo a situação não prevista expressamente na lei, conforme vedação inequívoca constante do § 1º do art. 108 do CTN.

Mas o direito tributário não se exaure nas normas impositivas, não se limita às leis instituidoras de tributos. Envolve tudo o mais que diz respeito à tributação.

A analogia, aliás, nos termos do art. 108 do CTN, é **modo preferencial de integração da legislação tributária** e assim tem sido aplicada inúmeras vezes.

Equidade, por sua vez, é palavra de vários significados, conforme a síntese elaborada por FRANCISCO DOS SANTOS AMARAL NETO:

> A equidade é um conceito multissignificativo, uma verdadeira cláusula geral [...] tem vários significados conforme sua imediata função. Tem-se, assim: a equidade interpretativa, quando o juiz, perante a dificuldade de estabelecer o sentido e o alcance de um contrato, por exemplo, decide com um justo comedimento; a equidade corretiva, que contempla o equilíbrio das prestações, reduzindo, por exemplo, o valor da cláusula penal; a equidade quantificadora, que atua na hipótese de fixação do *quantum* indenizatório; a equidade integrativa, na qual a equidade é fonte de integração, e ainda a equidade processual, ou juízo de equidade, conjunto de princípios e diretivas que o juiz utiliza de modo alternativo, quando a lei autoriza, ou permite que as partes a requeiram, como ocorre nos casos de arbitragem. Ressalte-se, de início, que a *sedes materiae* da equidade está no problema da realização integral da Justiça [...]. No conceito de justiça percebe-se, todavia, uma antinomia, uma contradição, que se manifesta entre a exigência de igualdade e de justiça individual, surgida no processo de realização do direito em um caso concreto. Sendo a norma, em princípio, de natureza geral, pode

---

26. "El procedimiento analógico consiste en la extensión de un precepto legal a supuestos no comprendidos en el mismo, pero que revisten, con las hipótesis previstas por la norma, un grado de afinidad tal que puede afirmarse que se encuentra en la misma *ratio* jurídica que inspira la norma formulada. [...] no es preciso que exista una absoluta identidad [...] es necesario que sean comunes los elementos jurídicos que se toman en consideración. En otras palabras, es preciso que la hipótesis, a la que se quiere extender la norma, presente unos caracteres jurídicos análogos a aquellos en virtud de los cuales la hipótesis expresamente regulada se convirtió en objeto de una norma jurídica" (VANONI, E. *Natura ed interpretazione delle leggi tributarie*. 1932. A transcrição é da edição espanhola de 1961 publicada pelos Instituto de Estudios Fiscales, Madri, p. 338).

constituir-se tal atributo em obstáculo a uma decisão justa se não se observarem as peculiaridades do caso posto em julgamento. A exigência de igualdade de todos perante a lei, sob o ponto de vista formal, não pode desconhecer a necessidade de uma decisão também materialmente justa, de acordo com as circunstâncias. Entra aqui o conceito de equidade como critério interpretativo, que permite adequar a norma ao caso concreto e chegar à solução justa. Diz-se, por isso, ser a equidade a justiça do caso concreto. E a decisão será equitativa quando levar em conta as especiais circunstâncias do caso decidido e a situação pessoal dos respectivos interessados[27].

No que se refere à sua função na integração e aplicação do direito tributário, a equidade diz respeito à **consideração das circunstâncias peculiares ao caso concreto, que demonstrem o descabimento da norma geral** que não as tenha considerado e cuja incidência pura e simples levaria a uma solução que não se pode entender que tenha sido pretendida pelo legislador por implicar um resultado irrazoável, desproporcional ou de qualquer outro modo ofensivo dos direitos e garantias do sujeito passivo da obrigação tributária[28].

Sua invocação configura instrumento para "suprir a falta de norma adequada ao caso singular, ou mesmo para amortecer essa norma, se nas circunstâncias específicas ou inéditas ela conduzir ao iníquo ou ao absurdo, um e outro inadmissíveis dentro do sistema geral do direito e da consciência jurídica contemporânea em nosso país ou em nosso tipo de estrutura econômica, política, social e institucional"[29].

É nesse sentido, aliás, que também o art. 172, IV, do CTN se refere às considerações de equidade.

Cabe destacar que a invocação da equidade "se aplica para corrigir um erro involuntário do legislador, que deixou de contemplar um caso novo e inédito que se apresenta ao juiz" e que "não se admite a aplicação da equidade para que o juiz se rebele contra a

---

27. AMARAL NETO, Francisco dos Santos. A equidade no Código Civil Brasileiro. *Revista do Centro de Estudos Judiciários do Conselho da Justiça Federal*, n. 25, jun. 2004, p. 16-23.
28. "A autoridade fiscal e o juiz, à falta de elementos no art. 108, I, II, e III, encontram na equidade, se lhe é concedida expressamente – condição exigida pelo art. 127 do CPC-73 – meios de suprir a falta de norma adequada ao caso singular, ou mesmo para amortecer essa norma, se nas circunstâncias específicas ou inéditas ela conduzir ao iníquo ou ao absurdo, um e outro inadmissíveis dentro do sistema geral do direito e da consciência jurídica contemporânea em nosso país ou em nosso tipo de estrutura econômica, política, social e institucional. Dará uma solução de justiça. É certo que a justiça, em relação a determinada situação, varia no tempo e no espaço. A legislação tributária, no sentido do art. 96 do CTN, é femininamente 'mobile qual piuma al vento'. Mas a justiça, já se disse, é uma ideia-força, do conceito de FOUILLÉ. Todos os povos querem que a justiça presida as relações humanas, inclusive aquelas entre o Fisco e o contribuinte" (BALEEIRO, Aliomar. *Direito tributário brasileiro*. 10. ed. Rio de Janeiro: Forense, 1991, p. 441).
29. BALEEIRO, Aliomar. *Direito tributário brasileiro*. 10. ed. Rio de Janeiro: Forense, 1991, p. 441.

regra geral determinada pela norma, mas como um complemento a ela"[30]. Ademais, nos termos do § 2º do art. 108 do CTN, "o emprego da equidade não poderá resultar na dispensa do pagamento de tributo devido".

Podemos destacar diversos exemplos de utilização da equidade para a solução de questões tributárias. Houve caso em que o legislador cominou multa percentual diária para o descumprimento de obrigação tributária, sem estabelecer limite, com o que a sua aplicação, para prazos longos, implicava ônus excessivo. Restou decidido, então, que se impunha considerar a longa mora ocorrida no caso concreto a fim de estabelecer um limite à multa, evitando-se o confisco e a sua sobreposição à função dos juros[31].

---

30. BOITEUX, Fernando Netto. A multa de ofício, a Lei n. 9.430/96 e o Conselho de Contribuintes do Ministério da Fazenda. *RDDT*, 120/60, set. 2005.
31. TRF4, AC 200404010006399.

Capítulo XIV
Capacidade, cadastro e domicílio

113. Capacidade tributária

A capacidade tributária passiva é a **possibilidade de alguém figurar como sujeito passivo de uma obrigação tributária**, seja principal ou acessória, ficando obrigado a cumpri-la e a responder por eventual inadimplemento.

A matéria é regulada, em nível de normas gerais de direito tributário, pelo art. 126 do CTN.

Conforme tal dispositivo, a capacidade tributária passiva "independe: I – da capacidade civil das pessoas naturais; II – de achar-se a pessoa natural sujeita a medidas que importem privação ou limitação do exercício de atividades civis, comerciais ou profissionais, ou da administração direta de seus bens ou negócios; III – de estar a pessoa jurídica regularmente constituída, bastando que configure uma unidade econômica e profissional".

Conclui-se, pois, que quem realiza o fato gerador está obrigado ao pagamento do tributo, **ainda que não tenha ou não esteja no gozo de capacidade civil plena** ou que esteja atuando mediante **sociedade irregular ou de fato**.

Entendeu o STJ, que "a sociedade de comerciantes empresários, ou de sociedades empresárias, mesmo que constituída em forma de condomínio (*shopping centers*), caracteriza unidade econômica, autônoma em relação aos condôminos e suas atividades, com finalidade e receita próprias, inclusive como se pode presumir da simples existência de inscrição específica no Cadastro Nacional de Pessoas Jurídicas – CNPJ". Assim, ainda que não tenha sido constituído em sua forma societária, aplica-se o "art. 126, III, do

CTN, segundo o qual a capacidade tributária passiva independe de estar a pessoa jurídica regularmente constituída, bastando que configure uma unidade econômica ou profissional"[1].

114. Cadastros de contribuintes

O art. 146, parágrafo único, inciso IV, da CF, acrescido pela EC 42/2003, autoriza o estabelecimento, por lei complementar, de **cadastro nacional único de contribuintes**.

A incorporação da antiga Secretaria da Receita Previdenciária pela Secretaria da Receita Federal, que passou a denominar-se Secretaria da Receita Federal do Brasil, por força da Lei n. 11.457/2007, constituiu importante passo para a padronização de procedimentos e unificação de cadastros.

A LC n. 123/2006, que cuida do Estatuto Nacional da Microempresa e da Empresa de Pequeno Porte, não chegou a estabelecer cadastro único, embora em seu art. 4º refira que os três âmbitos de governo deveriam considerar a unicidade do processo de registro e de legalização de empresários na elaboração das normas de sua competência. A LC n. 139/2011 dispõe no sentido de que os cadastros fiscais estaduais e municipais poderão ser simplificados ou terem sua exigência postergada para o Microempreendedor Individual, sem prejuízo da emissão de documentos fiscais de compra, venda ou prestação de serviços.

Contudo, ainda não sobreveio o pretendido cadastro nacional único. Aliás, mesmo quanto aos tributos federais, há mais de um cadastro.

As pessoas físicas possuem um número de inscrição junto à Secretaria da Receita Federal (CPF) e outro junto ao INSS (NIT).

A inscrição no **Cadastro de Pessoas Físicas** é obrigatória, dentre outros, para todas as pessoas físicas sujeitas à apresentação de declaração de rendimentos, às pessoas com rendimentos retidos pela fonte pagadora ou obrigadas ao pagamento pelo carnê-leão, aos profissionais liberais, aos titulares de conta bancária ou de aplicações e aos contribuintes individuais ou requerentes de benefícios do INSS. O CPF é regulado pela IN RFB n. 1.548/2015.

Mas, para os recolhimentos previdenciários, não basta o CPF. Impende que seja indicado o número de inscrição junto ao INSS. Os trabalhadores em geral são inscritos no Cadastro Nacional de Informação Social – CNIS – mediante atribuição de um Número de Inscrição do Trabalhador (NIT), que pode corresponder à sua inscrição no INSS, no PIS, no Pasep ou no SUS.

---

1. STJ, REsp 1.301.956-RJ, 2015.

As pessoas jurídicas e entidades equiparadas têm, como primeira das suas obrigações acessórias, condição ao próprio funcionamento regular, a inscrição no **Cadastro Nacional da Pessoa Jurídica** (CNPJ). É a IN RFB n. 1.863/2018 que disciplina o CNPJ. Haverá um mesmo CNPJ com terminação distinta para cada estabelecimento. Conforme o STJ: "A obrigação de que cada estabelecimento se inscreva com número próprio no CNPJ tem especial relevância para a atividade fiscalizatória da administração tributária, não afastando a unidade patrimonial da empresa, cabendo ressaltar que a inscrição da filial no CNPJ é derivada do CNPJ da matriz"[2]. Mas a empresa pode optar por centralizar na matriz o recolhimento dos tributos devidos por todos os seus estabelecimentos. Nesse caso, o CNPJ da matriz é considerado CNPJ-centralizador.

A suspensão, a inaptidão e a baixa no CNPJ são reguladas pelos arts. 80 a 82 da Lei n. 9.430/91, com a redação da Lei n. 14.195/2021, e em atos normativos da RFB. Conforme dispõe o art. 81, § 2º, da referida Lei, "O ato de baixa da inscrição no CPNJ não impede que, posteriormente, sejam lançados ou cobrados os débitos de natureza tributária da pessoa jurídica".

115. Domicílio tributário

O domicílio tributário é o local em que o contribuinte receberá notificações e intimações com efeito legal. É extremamente relevante, pois o art. 23, inciso II, do Decreto n. 70.235/72, por exemplo, considera realizada a intimação "por via postal, telegráfica ou por qualquer outro meio ou via, com prova de recebimento no domicílio tributário eleito pelo sujeito passivo".

Conforme o art. 127 do CTN, pode o contribuinte eleger seu domicílio, desde que não impossibilite ou dificulte a fiscalização e a arrecadação, hipótese em que a autoridade administrativa poderá recusá-lo com a devida motivação. Efetivamente, a **eleição de domicílio** tributário situado em município em que não resida o contribuinte, em que não tenha a sede das suas atividades e em que não se situe o seu patrimônio pode criar embaraço à fiscalização, justificando que o Fisco fixe o domicílio de ofício[3].

Na **falta de eleição**, o domicílio será, para a **pessoa física**, sua residência habitual ou, se incerta ou desconhecida, o centro habitual das suas atividades e, para a **pessoa jurídica de direito privado** ou firma individual, o lugar da sua sede ou o de cada estabelecimento para os atos ou fatos que derem origem à obrigação, o que se costuma referir como adoção do princípio da autonomia do estabelecimento. Para as **pessoas jurídicas de direito público**, consideram-se domiciliadas em qualquer das suas repartições. Na impossibilidade de fixação do domicílio com base em tais critérios, será

---

2. STJ, Primeira Seção, REsp 1.355.812/RS, 2013.
3. STJ, RE 437.383.

considerado domicílio o lugar da situação dos bens ou da ocorrência dos atos ou fatos geradores, tudo conforme os incisos do art. 127 do CTN.

Há, ainda, o **domicílio eletrônico**. A opção pelo Simples Nacional "implica aceitação de sistema de comunicação eletrônica", destinado a "I – cientificar o sujeito passivo de quaisquer tipos de atos administrativos, incluídos os relativos ao indeferimento de opção, à exclusão do regime e a ações fiscais; II – encaminhar notificações e intimações; e III – expedir avisos em geral", nos termos do art. 16, § 1ª-A, da LC n. 123/2006, acrescentado pela LC n. 139/2011. A questão é regulamentada pelo art. 16 da Resolução CGSN n. 140/2018. Já decidiu o Conselho Administrativo de Recursos Fiscais (Carf): "Quando o contribuinte adere à Caixa Postal, pelo Módulo e-CAC do *site* da Receita Federal, seu domicílio tributário passa a ser o endereço eletrônico"[4]. As intimações eletrônicas no âmbito do processo administrativo fiscal federal estão autorizadas expressamente desde o advento da Lei n. 11.196/2005, que alterou o art. 23, III, do Decreto n. 70.235/72. Atualmente, vige a redação atribuída a tal dispositivo pela Lei n. 12.844/2013: "Art. 23. Far-se-á a intimação: [...] III – se por meio eletrônico: *a)* 15 (quinze) dias contados da data registrada no comprovante de entrega no domicílio tributário do sujeito passivo; *b)* na data em que o sujeito passivo efetuar consulta no endereço eletrônico a ele atribuído pela administração tributária, se ocorrida antes do prazo previsto na alínea *a*; ou *c)* na data registrada no meio magnético ou equivalente utilizado pelo sujeito passivo". A IN RFB 2.022/2021 dispõe sobre a entrega de documentos e a interação eletrônica em processos digitais no âmbito da Secretaria Especial da Receita Federal do Brasil, sendo que seus arts. 15 e 16 cuidam da intimação por meio eletrônico.

No Estado do Rio Grande do Sul, a Lei Estadual n. 14.381, de 27 de dezembro de 2013, instituiu a comunicação eletrônica entre a Receita Estadual e o sujeito passivo de tributos estaduais. Seu art. 1º, inciso I, dispõe que se considera "domicílio eletrônico: local de comunicações eletrônicas entra a Receita Estadual e o sujeito passivo, disponível na rede mundial de computadores, denominado Domicílio Tributário Eletrônico – DTE". Conforme os arts. 6º e 7º da mesma Lei, "A comunicação eletrônica será considerada pessoal para todos os efeitos legais", considerando-se realizada no dia em que o credenciado acessar o DTE e efetuar a consulta ao seu endereço eletrônico ou, se não for dia útil, no primeiro dia útil subsequente. Caso a consulta não seja realizada em até dez dias, contados do envio da comunicação, "considerar-se-á como realizada ao término desse prazo".

---

4. Carf, 3ª T., 4ª C., 3ª Seção, Ac. n. 4303-002.490, 2013.

Capítulo XV
Obrigações tributárias

116. As diversas relações jurídicas com naturezas contributiva, colaborativa ou punitiva

A tributação tem como foco a arrecadação de tributos. Mas, para viabilizá-la, muitas relações jurídicas de naturezas distintas são estabelecidas, envolvendo tanto contribuintes como não contribuintes.

Os contribuintes assim se caracterizam por serem obrigados ao pagamento de tributos em nome próprio. Mas também estão sujeitos ao cumprimento de deveres formais, como prestar declarações, emitir documentos, manter escrituração fiscal etc.

Por vezes, pessoas que não são obrigadas ao pagamento de determinado tributo também são chamadas a colaborar com a administração tributária, tomando medidas que facilitem a fiscalização, minimizem a sonegação ou assegurem o pagamento. Assim é que podem essas pessoas ser obrigadas a apresentar declarações, a exigir a prova do recolhimento de tributos para a prática de determinado ato, a efetuar retenções etc. É o caso das imobiliárias, obrigadas a informar sobre as operações através delas realizadas, e das empresas administradoras de cartões de crédito e instituições financeiras, obrigadas a informar sobre o volume das movimentações realizadas por seus clientes.

Tanto os contribuintes como as demais pessoas estão sujeitos, ainda, à punição no caso de descumprimento das suas obrigações, desde que assim disponha a lei. Desse modo, podemos afirmar que também podem ser aplicadas sanções em razão da tributação, normalmente multas.

Note-se que tais relações têm natureza, fundamento e pressupostos próprios, inconfundíveis.

Pagar tributo enquanto contribuinte é **obrigação com natureza contributiva**. A lei instituidora do tributo encontra suporte não apenas na respectiva norma de competência, mas sobretudo no **dever fundamental de pagar tributos**. O critério para tanto é a revelação de **capacidade contributiva**. Relações contributivas envolvem, necessária e exclusivamente, Fisco e contribuinte.

Obrigações de caráter formal ou instrumental, como as obrigações tributárias acessórias, não impõem o pagamento de tributos. Pode-se dizer, por isso, que são **obrigações com natureza de colaboração**. Estão fundadas no **dever fundamental de colaboração** de qualquer pessoa com a administração tributária. A lei instituidora de tais obrigações será válida na medida em que as instituir atentando para a **capacidade de colaboração** de tais pessoas, observando a razoabilidade e a proporcionalidade. Envolvem o Fisco e qualquer pessoa, contribuinte ou não.

As relações de **natureza punitiva** (ou **sancionadora**) têm como pressuposto de fato o **cometimento de infrações** à legislação tributária. Essas infrações consistem no descumprimento de obrigações contributivas (pagar tributo) ou de colaboração com a administração tributária (e.g., descumprimento de obrigações acessórias). A aplicação de penalidades está fundada, mediatamente, no **dever de cumprir as leis** e, diretamente, na lei que impõe a penalidade associada à que impõe a obrigação contributiva ou de colaboração descumprida. Tem como finalidade inibir e reprimir a prática de ilícitos. E deve observar critérios como a **pessoalidade**, a **culpabilidade** e a **proporcionalidade**.

Para uma boa compreensão de tais relações jurídicas, dos diversos aspectos das obrigações respectivas e do regime jurídico a que se submetem, impõe-se ter sempre presente qual a sua natureza.

117. Obrigações principais e acessórias

Os entes políticos exercem sua competência tributária atribuindo a determinadas situações (fatos, atos, negócios) o efeito de geradoras da obrigação de pagar determinado tributo. Ademais, estabelecem deveres formais no interesse da administração tributária, como os de emitir nota fiscal, prestar declaração quanto ao montante devido e facultar o acesso dos auditores fiscais aos livros da empresa. Também estabelecem penalidades, principalmente multas, pelo descumprimento das obrigações de pagar tributos e pelo descumprimento das obrigações de cumprir os deveres formais.

Por força do art. 113 do CTN, as obrigações de **prestar dinheiro**, seja a título de **tributo** ou de **multa**, denominam-se **obrigações tributárias principais** (§ 1º), enquanto os deveres formais ou instrumentais, assim entendidas e as obrigações de **fazer, deixar de fazer ou tolerar** – denominam-se **obrigações tributárias acessórias** (§ 2º).

As **obrigações principais** (de pagar) estão sob reserva legal absoluta (art. 150, I, da CF e 97, V, do CTN), dependendo de lei que defina seus diversos aspectos. Assim é que tanto a instituição de tributo, como o estabelecimento da obrigação de terceiro de pagar tributo devido por outrem na condição de substituto ou de responsável e, ainda, a cominação de penalidades dependerão de tratamento legal exaustivo, não admitindo delegação ao Executivo.

As **obrigações acessórias** têm como conteúdo, por exemplo, a emissão de documentos fiscais, a elaboração e escrituração fiscal e a apresentação de declarações ao Fisco[1] ou a afixação de selos especiais nos produtos. Conforme o STJ, "A obrigação tributária acessória tem por escopo facilitar a fiscalização e permitir a cobrança do tributo, sem que represente a própria prestação pecuniária devida ao Ente Público"[2]. Essas obrigações podem impor, também, abstenções, por exemplo, proibindo o transportador de carregar mercadoria que não esteja acompanhada de nota fiscal. Há quem prefira referi-las como deveres instrumentais[3].

A referência à "legislação tributária" como fonte das obrigações acessórias, no art. 115 do CTN, remete à definição constante do art. 96 do CTN, que abrange os decretos e normas complementares, principalmente as instruções normativas e portarias. Isso tem sido considerado pelo STJ, conforme destacamos ao cuidarmos da garantia da legalidade tributária. Mas não se deve perder de vista a necessidade de que a própria lei crie o dever formal, ainda que deixe ao Executivo seu detalhamento. Estão sob **reserva legal relativa** (art. 5º, II, da CF), obrigando, exclusivamente, a quem a lei imponha o dever formal, independentemente de serem ou não contribuintes. Criadas por lei, podem ser detalhadas pelo Executivo.

TAKANO, porém, entende que "a lei será imprescindível para conferir a competência da Administração para fiscalizar e instituir deveres instrumentais, ao passo que o exercício dessa competência pode ser realizado por lei ou, ainda, por qualquer um dos instrumentos normativos elencados no art. 96 do Código Tributário Nacional"[4]. Esse entendimento traduz o que vem ocorrendo em nosso país. A Lei n. 9.779/99, e.g., em

---

1. "Hemos definido las prestaciones formales con aquellas que son objeto de deberes de hacer, no hacer o soportar inherentes a la gestión de los tributos. Son prestaciones instrumentales, no materiales y no pecuniarias. Y son tantas como la ley reguladora de cada tributo considere necesarias para la efectiva aplicación del mismo. Pueden catalogarse, no obstante, en algunos grandes géneros y, dentro de ellos, deslindar prestaciones especiales, concretas. Los grandes géneros son, a nuestro juicio, el deber de declarar, el de informar, el de contabilizar y conservar documentos, y el de facilitar las comprobaciones y controles administrativos" (LAGO MONTERO, José Maria. *La sujeción a los diversos deberes y obligaciones tributarios*. Madri: Marcial Pons, 1998, p. 104).
2. STJ, Primeira Seção, REsp 1.405.244/SP, 2018.
3. TAKANO, Caio Augusto. *Deveres instrumentais dos contribuintes: fundamentos e limites*. São Paulo: Quartier Latin, 2017.
4. TAKANO, Caio Augusto. *Deveres instrumentais dos contribuintes: fundamentos e limites*. São Paulo: Quartier Latin, 2017, p. 122.

seu art. 16, traz autorização genérica para que a Secretaria da Receita Federal disponha sobre as obrigações acessórias relativas a impostos e contribuições que administra[5].

Embora denominadas de acessórias, têm **autonomia** relativamente às obrigações principais. Efetivamente, tratando-se de obrigações tributárias acessórias, não vale o adágio sempre invocado no âmbito do direito civil, de que o acessório segue o principal. Mesmo **pessoas imunes ou isentas** podem ser obrigadas ao cumprimento de deveres formais. Os arts. 175, parágrafo único, e 194, parágrafo único, do CTN, aliás, são expressos a respeito da necessidade de cumprimento das obrigações acessórias e de submissão à fiscalização também por parte das empresas que eventualmente não estejam sujeitas ao pagamento de determinado tributo. O art. 9º, § 1º, do CTN, por sua vez, é expresso no sentido de que a imunidade "não exclui a atribuição, por lei, às entidades nele referidas, da condição de responsáveis pelos tributos que lhes caiba reter na fonte, e não as dispensa da prática de atos, previstos em lei, asseguratórios do cumprimento de obrigações tributárias por terceiros". Segundo o STJ, "os deveres instrumentais, previstos na legislação tributária, ostentam caráter autônomo em relação à regra matriz de incidência do tributo, uma vez que vinculam, inclusive, as pessoas físicas ou jurídicas que gozem de imunidade ou outro benefício fiscal"[6]. Também o STF afirma: "O fato de a pessoa jurídica gozar da imunidade tributária não afasta a exigibilidade de manutenção dos livros fiscais"[7].

TAKANO destaca que os deveres instrumentais tributários "não podem ser desproporcionais em relação ao interesse da arrecadação ou da fiscalização dos tributos", tampouco ter "custos de conformidade excessivos, a ponto de prejudicares substancial e injustificadamente a atividade dos administrados"[8].

A primeira de todas as obrigações acessórias é a inscrição no cadastro de contribuintes: CPF para as pessoas físicas; CNPJ para as jurídicas.

As pessoas físicas ainda têm, e.g., a obrigação de prestar a Declaração de Rendimentos do Imposto de Renda da Pessoa Física.

As pessoas jurídicas devem emitir nota fiscal eletrônica de venda de mercadorias e de prestação de serviços (NFe) e manter Escrituração Contábil Fiscal (ECF), transmitida anualmente ao Sistema Público de Escrituração Digital (Sped) até o último dia útil do mês de julho do ano seguinte ao ano-calendário, contendo informações acerca de "todas

---

5. Lei n. 9.779/99: Art. 16. Compete à Secretaria da Receita Federal dispor sobre as obrigações acessórias relativas aos impostos e contribuições por ela administrados, estabelecendo, inclusive, forma, prazo e condições para o seu cumprimento e o respectivo responsável.
6. STJ, Primeira Seção, EDcl nos EDcl no REsp 1.116.792/PB, 2012.
7. STF, Primeira Turma, RE 250.844, 2012.
8. TAKANO, Caio Augusto. *Deveres instrumentais dos contribuintes: fundamentos e limites.* São Paulo: Quartier Latin, 2017, p. 278.

as operações que influenciem a composição da base de cálculo e o valor devido do Imposto sobre a Renda da Pessoa Jurídica (IRPJ) e da Contribuição Social sobre o Lucro Líquido (CSLL)". Há, ainda, a Declaração do Imposto de Renda Retido na Fonte (DIRF), dentre muitas outras. Uma das mais importantes obrigações tributárias acessórias, na área federal, aliás, é a de apresentação mensal ou semestral de informações acerca da maior parte dos tributos federais administrados pela Secretaria da Receita Federal do Brasil através da Declaração de Débitos e Créditos Tributários Federais (DCTF)[9]. A DCTF é mensal para empresas que no ano anterior tenham tido elevada receita bruta ou cujo somatório de débitos declarados seja considerável e semestral para as demais. Constam da DCTF informações acerca dos débitos de CSLL, PIS e Cofins, bem como de outros tributos. A DCTF tem efeito de confissão de dívida. Juntamente com a DCTF, as pessoas jurídicas têm a obrigação de preencher o Demonstrativo de Apuração de Contribuições Sociais (Dacon), em que apresentam os dados relativos à apuração do PIS e da Cofins.

O Convênio ICMS 134/2016, alterado diversas vezes, inclusive pelos Convênios 50/2022 e 86/2022, dispõe sobre o fornecimento de informações por instituições e intermediadoras financeiros e de pagamento relativas às transações com cartões de débito, crédito, de loja (*private label*), transferência de recursos, transações eletrônicas do Sistema de Pagamento Instantâneo e demais instrumentos de pagamentos eletrônicos, bem como sobre o fornecimento de informações por intermediadores de serviços e de negócios referentes às transações comerciais ou de prestação de serviços intermediadas, realizadas por pessoas jurídicas ou por pessoas físicas. Vale destacar que as cooperativas de crédito são equiparadas aos bancos para os efeitos do convênio e que as informações a serem prestadas envolvem inclusive os pagamentos via PIX. As informações são prestadas mensal ou trimestralmente, conforme o caso.

Pode ocorrer, contudo, o **descumprimento das obrigações acessórias**, ensejando a aplicação de **multa**. Ou seja, a infração à obrigação acessória (deveres formais) poderá implicar o surgimento de obrigação principal (pagar multa). O art. 113, § 3º, do CTN, ao referir que a "obrigação acessória, pelo simples fato da sua inobservância, converte-se em obrigação principal relativamente à penalidade pecuniária", destaca que o descumprimento do dever formal implica infração autônoma, que independe de ter ou não havido o inadimplemento de tributo. Mas a aplicação de multa pelo descumprimento de obrigação acessória depende de **previsão legal específica**, exigida expressamente pelo art. 97, V, do CTN. O art. 57 da MP 2.158-35/2001, ainda vigente, prevê multa para o obrigado que deixar de apresentar, à RFB, declaração, demonstrativo ou escrituração digital, que os prestar extemporaneamente ou que deixar de prestar esclarecimentos quando intimado, bem como que cumprir obrigações acessórias com informações inexatas, incompletas ou omitidas.

---

9. A DCTF é regulamentada pela IN RFB n. 974/2009.

118. Aspectos da norma tributária impositiva

A lei instituidora de um tributo não apenas define a hipótese de incidência (antecedente da norma), como prescreve a obrigação decorrente (consequente da norma). A norma tributária impositiva é composta por essas duas partes. Contém uma hipótese de incidência, mas não se esgota nela, culminando com um mandamento ou prescrição.

Tanto a hipótese como a prescrição podem ser dissecadas em mais de um aspecto, conforme abaixo:

NORMA TRIBUTÁRIA IMPOSITIVA

- Antecedente ou hipótese:

    a) aspecto material (o que – fato gerador)

    b) aspecto espacial (onde – território em que a ocorrência do fato implica o surgimento da obrigação tributária)

    c) aspecto temporal (quando – momento em que se deve considerar ocorrido o fato gerador)

- Consequente ou efeito jurídico:

    d) aspecto pessoal (quem – sujeitos ativo e passivo da relação jurídica tributária)

    e) aspecto quantitativo (quanto – critérios estabelecidos para cálculo do montante devido)

A lei que veicula a norma tributária impositiva deverá conter os aspectos indispensáveis para que se possa determinar o surgimento e o conteúdo da obrigação tributária, ou seja, qual a situação geradora da obrigação tributária (**aspecto material**), onde a sua ocorrência é relevante (**aspecto espacial**) e quando se deve considerar ocorrida (**aspecto temporal**), bem como quem está obrigado ao pagamento (**aspecto pessoal**: sujeito passivo), em favor de quem (**aspecto pessoal**: sujeito ativo), e qual o montante devido (**aspecto quantitativo**). Pode-se sintetizar pelos advérbios latinos: *quid, ubi, quando, quis, quanti*.

Os "aspectos" ou "elementos" da norma tributária impositiva são todos integrantes de uma mesma norma e, assim, partes indissociáveis de um todo único, devendo guardar harmonia entre si.

A **norma impositiva incompleta**, por insuficiência de dados, não assegura ao contribuinte a certeza quanto ao surgimento ou ao conteúdo da sua suposta obrigação tributária, sendo, pois, incapaz de implicar o surgimento da obrigação tributária, já que não pode ser suplementada por regulamento em face da reserva absoluta de lei.

Isso não significa, contudo, que todos os cinco aspectos da norma tributária impositiva (material, espacial, temporal, pessoal e quantitativo) devam necessariamente constar da lei de modo expresso e didático. Em leis de boa técnica, isso se dá[10], mas não constitui requisito para que se a considere completa. Cabe ao intérprete e aplicador analisar a lei e identificar os diversos aspectos, só concluindo pela incompletude na impossibilidade de levar a efeito tal identificação por absoluta falta de dados, referências ou elementos para tanto. Vejam-se, a respeito, as considerações que fizemos sobre a matéria quando da análise do princípio da segurança jurídica e da garantia de legalidade tributária absoluta.

Vale destacar que normalmente o **aspecto espacial** é identificado com o território do ente tributante, o que se impõe inclusive para evitar invasão de competência tributária entre Estados-Membros ou entre Municípios. O STJ entende, por exemplo, que o Município competente para cobrar o ISS é aquele em cujo território foi efetivamente prestado o serviço, independentemente de onde seja a sede do estabelecimento prestador[11]. Diz-se, pois, que se segue o **princípio da territorialidade**. Mas nos tributos federais, pode haver dispositivo expresso em sentido contrário, sem vício de inconstitucionalidade. No IR, por exemplo, a extraterritorialidade está prevista no art. 43, § 2º, do CTN, embora reste amenizada por tratados internacionais que procuram evitar a bitributação.

É importante ter em consideração, ainda, que **não se confunde**, de modo algum, o **aspecto temporal** da hipótese de incidência **com o prazo de recolhimento do tributo**. O aspecto temporal é a circunstância de tempo do aspecto material ou o momento em que, por ficção legal, visando à operacionalidade (ou "praticabilidade") da tributação, é determinado que se considere ocorrido o fato gerador. O prazo de recolhimento, por sua vez, nem sequer integra a norma tributária impositiva: simplesmente explicita o momento em que deve ser cumprida a obrigação pecuniária surgida com a ocorrência do fato gerador.

Na definição do **aspecto quantitativo**, por sua vez, a lei pode simplesmente estabelecer um valor fixo, determinar a aplicação de uma alíquota sobre determinada base de cálculo ou utilizar-se do enquadramento em tabelas, mas sempre tendo em conta a dimensão do fato gerador[12].

119. Hipótese de incidência e fato gerador

A lei, ao instituir determinado tributo, estabelece a sua **hipótese de incidência**, ou seja, a previsão abstrata da situação a que atribui o efeito jurídico de gerar a obrigação de pagar.

---

10. É o caso das Lei n. 9.393/96, que institui o ITR, e da Lei n. 9.311/96, que institui a CPMF.
11. STJ, AgRgAg 763.269 e AgRgAg 747.266.
12. Não é de admitir, como destaca JARACH, "un hiato artificioso entre el hecho imponible y la unidad de medida, o base imponible" (JARACH, D. *El hecho imponible: teoría general del derecho tributario sustantivo*. 2. ed. Buenos Aires: Abeledo-Perrot, 1971, p. 113).

Rigorosamente, pode-se distinguir tal previsão abstrata (hipótese de incidência) da sua concretização no plano fático (**fato gerador**). A hipótese de incidência integra o antecedente ou pressuposto da norma tributária impositiva. O fato gerador é a própria situação que, ocorrida, atrai a incidência da norma.

Há situações, contudo, em que o próprio CTN e o legislador ordinário tratam a hipótese de incidência por fato gerador, como se pode ver no art. 19 do CTN e no art. 1º do Decreto-Lei n. 37/66. Não há nenhum inconveniente nisso, desde que se tenha bem presente a distinção entre o plano normativo e o plano fático.

A **incidência** é o fenômeno jurídico de adequação da situação de fato verificada (fato gerador) à previsão normativa (hipótese de incidência). Com a subsunção do fato à norma, o que poderia ser um simples fato da vida assume a qualidade de fato jurídico gerador de obrigação tributária.

A **não incidência** é definida por exclusão. É errado, portanto, falar-se em "hipótese de não incidência". Tecnicamente, só há hipóteses de incidência; a não incidência é mera consequência, dizendo respeito ao que se situa fora dos limites da norma.

É importante ter bem claro, ainda, que é a lei instituidora do tributo, normalmente lei ordinária, que define sua incidência, e não a norma de competência. Pode-se afirmar, com razão, que: "O constituinte não cria tributo. Ele apenas autoriza sua criação, a qual se dá por meio de uma lei. É o legislador quem, atuando dentro de sua competência, decide se o tributo será, ou não, instituído. [...] Fica clara, entretanto, a ideia de que, se o legislador não contemplou a hipótese, está ela fora do campo de incidência (está na não incidência), ainda que possa estar no campo de competência. Somente a lei cria a incidência"[13].

Os arts. 114 e 115 do CTN cuidam dos fatos geradores das obrigações principais e acessórias, embora normalmente utilizemos a expressão "fato gerador" para referir o pressuposto de fato da obrigação de pagar tributo tão somente.

Fato gerador da obrigação principal "é a situação definida em lei como necessária e suficiente à sua ocorrência", conforme a redação do art. 114 do CTN. Isso porque não se pode deixar de exigir o tributo quando o fato corresponda à hipótese de incidência, tampouco entender que seja devido relativamente à situação não abarcada por ela. Para que incida a norma, é imprescindível e basta que ocorra o que ela prevê como situação geradora da obrigação tributária; nada mais, nada menos.

Fato gerador da obrigação acessória "é qualquer situação que, na forma da legislação aplicável, impõe a prática ou a abstenção de ato que não configure obrigação principal", conforme dispõe o art. 115 do CTN.

---

13. SCHOUERI, Luís Eduardo. *Direito tributário*. 2. ed. São Paulo: Saraiva: 2012, p. 225.

120. Ocorrência dos fatos geradores

Conforme o art. 116 do CTN, **considera-se ocorrido** o fato gerador e existentes os seus efeitos, "I – tratando-se de **situação de fato**, desde o momento em que se verifiquem as circunstâncias materiais necessárias a que produza os efeitos que normalmente lhe são próprios" ou, "II – tratando-se da **situação jurídica**, desde o momento em que esteja definitivamente constituída, nos termos do direito aplicável". O art. 117 do CTN cuida, ainda, da ocorrência do fato gerador quando envolva **negócios jurídicos condicionais**. Dispõe no sentido de que se reputam perfeitos e acabados desde a prática do ato ou da celebração do negócio quando sujeitos à condição resolutória (inciso I), mas apenas quando do implemento da condição quando se trate de condição suspensiva (inciso II).

O CTN, em seu art. 118, estabelece: "A definição legal do fato gerador é interpretada abstraindo-se: I – da **validade jurídica dos atos** efetivamente praticados pelos contribuintes, responsáveis, ou terceiros, bem como da natureza do seu objeto ou dos seus efeitos; II – dos **efeitos dos fatos** efetivamente ocorridos".

Forte nesse dispositivo, tem-se entendido, por exemplo, que, prestado serviço de telefonia, incide o ICMS, ainda que o consumidor deixe de pagar a conta telefônica, porquanto "Não compete ao Estado zelar pelo cumprimento da obrigação dos consumidores; cabe, no caso, à prestadora dos serviços buscar, pela via própria, o recebimento de seus créditos"[14]. Também já decidiu o STJ que "A exigência tributária não está vinculada ao êxito dos negócios privados"[15]. Têm entendido o STF e o STJ, também, que o PIS e a Cofins – contribuições sobre a receita cobradas pelo regime de competência – são devidos ainda que posteriormente se verifique inadimplência dos adquirentes dos produtos[16]. Pensamos, todavia, que tal entendimento não poderia ser generalizado desse modo. Tratando-se de tributo sobre a receita mensal, não se verifica a capacidade contributiva que legitima e fundamenta sua cobrança quando, em vez de perceber tal receita, a empresa a tenha visto frustrada, incorrendo em prejuízo decorrente do inadimplemento.

Outra discussão que se estabelece com suporte no art. 118 do CTN diz respeito à tributação de fatos geradores de algum modo relacionados com práticas ilícitas. Trataremos desse ponto em capítulo próprio adiante.

---

14. STJ, Segunda Turma, REsp 1.189.924/MG, 2010.
15. REsp 956.842/RS, Primeira Turma, 2007.
16. STF, Tribunal Pleno, RE 586.482, 2011; STJ, Segunda Turma, AgRg no AREsp 138.672/MG, 2012.

121. Classificação dos fatos geradores

Os fatos geradores são classificados **quanto ao momento da sua ocorrência** em instantâneos, continuados ou de período, como segue:

- **fato gerador instantâneo:** é o fato isolado que ocorre num determinado momento plenamente identificável, como a saída do produto industrializado do estabelecimento industrial (art. 2º, II, da Lei n. 4.502/64: IPI);
- **fato gerador continuado:** é a situação jurídica que se perpetua no tempo, verdadeiro *status* jurídico, como a propriedade de imóvel rural (art. 1º da Lei n. 9.393/96: ITR);
- **fato gerador de período (ou complexo):** é a situação composta por diversos fatos considerados em conjunto, como os rendimentos anuais da pessoa física ou o lucro real trimestral ou anual da pessoa jurídica apurado tendo em conta suas receitas e despesas operacionais, com as adições, exclusões e compensações determinadas pela legislação (art. 1º da Lei n. 9.430/96: IRPJ). Entendemos que a denominação fato gerador "de período" é preferível à denominação fato gerador "complexo" porque esta pode levar à ideia de atos jurídicos complexos[17,18], quando, em verdade, o fato gerador de período pode não envolver atos complexos, mas um conjunto de atos simples considerados como uma unidade por questões de política tributária.

Também são classificados, conforme configurem atividade do Estado ou situação relativa ao próprio contribuinte, em vinculados e não vinculados:

- **fato gerador vinculado:** é aquele realizado pela própria Administração, como a prestação de serviço de recolhimento de lixo (taxa de lixo) ou a realização de

---

17. "Simples se consideram os atos produzidos pela declaração de vontade de um só agente, ou de dois ou mais agentes constituídos em partes reciprocamente contrapostas. Dizem-se complexos, em sentido amplo, os atos resultantes do concurso de várias vontades paralelas" (RAO, Vicente. *Ato jurídico*. 4. ed. São Paulo: RT, 1999, p. 57).
18. "A doutrina do direito público, mais notadamente direito administrativo, costuma referir-se (a) a atos complexos e (b) a atos compostos, assim considerados aqueles atos jurídicos de direito público para cuja realização se exige a prática de vários atos e deliberações que lhes são condicionantes. A diferença entre eles residiria na circunstância de que, no primeiro (a), o conjunto de atos e deliberações que o integram seriam praticados por órgãos integrantes de um mesmo Poder do Estado ou entidade administrativa autônoma, enquanto o segundo (b) se comporia de atos e deliberações praticados por órgãos de Poderes ou entidades diversos" (MELLO, Marcos Bernardes de. *Teoria do fato jurídico: plano da existência*. 13. ed. São Paulo: Saraiva, 2007, p. 159-160).

fiscalização para renovação de licença de funcionamento (taxa de renovação de alvará);

- **fato gerador não vinculado:** é aquele que não diz respeito à atividade da Administração, mas ao próprio contribuinte, como ser proprietário de imóvel rural (ITR), adquirir a disponibilidade econômica ou jurídica de renda (IR), promover a saída de mercadoria do estabelecimento (ICMS), importar produto estrangeiro (II).

Não se deve confundir o fato gerador vinculado (aspecto material da hipótese de incidência) com a vinculação do produto da arrecadação (destinação do tributo).

122. Planejamento tributário e norma geral antievasão

O planejamento tributário é o estabelecimento de estratégias para a realização de atos e negócios ou mesmo de toda uma atividade profissional ou empresarial mediante pagamento de carga tributária menos onerosa. Em geral, o planejamento tributário encontra espaço na garantia de livre exercício de atividade econômica, que contempla a possibilidade de constituição de pessoas jurídicas e realização de negócios como bem aprouver ao empreendedor. Por vezes, contudo, a manipulação das formas desborda para a sonegação, tendo por finalidade e efeito a dissimulação da prática de fatos geradores, de modo a suprimir ou reduzir tributo efetivamente devido.

Há muitas medidas de planejamento tributário, algumas bastante corriqueiras e regulares. Nesse sentido, algumas empresas optam por contratar com outras pessoas jurídicas a maior parte dos serviços de que necessitam, escapando, com isso, do ônus decorrente da contribuição previdenciária e de outros encargos que recaem sobre a remuneração de pessoas físicas (empregados ou mesmo profissionais autônomos) e que não incide sobre o pagamento de serviços a pessoas jurídicas.

Alguns contribuintes pessoas físicas constituem pessoas jurídicas com o único e exclusivo intuito de submeterem suas atividades profissionais a carga tributária inferior à suportada pelas pessoas físicas. Muitas vezes, isso é facultado e até induzido pela legislação, haja vista a Sociedade Unipessoal Limitada (art. 1.052, § 1º, do CC, incluído pela Lei n. 13.874/2019). Noutras, há a formação de sociedade para efetiva atuação conjunta de profissionais, de modo que se une a utilidade da sociedade com a conveniência da menor carga tributária. Em outros casos, todavia, há sociedades meramente de fachada, sem nenhum intuito associativo, em que um dos sócios presta pessoal e diretamente serviços personalíssimos, restando os demais meramente figurativos e sem nenhuma participação, com o que se revela uma sociedade aparente ou fictícia, o que é questionado pelo Fisco.

Está assentado na **Súmula CARF n. 179** que: "É vedada a compensação, pela pessoa jurídica sucessora, de bases de cálculo negativas de CSLL acumuladas por pessoa jurídica sucedida, mesmo antes da vigência da Medida Provisória n. 1.858-6, de 1999" (1ª Turma da CSRF, 2021), de modo que não se reconhece eficácia aos planejamentos tributários através dos quais, mediante incorporação ou fusão, se pretenda transferir bases de cálculo negativas.

Alguns empresários buscam reduzir sua carga tributária, fragmentando suas atividades, distribuindo-as entre diversas pessoas jurídicas com faturamento menor, passíveis de se enquadrarem no Simples. Quando tal ocorra de modo simulado, sem que haja efetiva autonomia de cada empresa, a manobra estará dissimulando a receita da atividade empresarial e reduzindo ilegalmente os tributos devidos, o que enseja a desconsideração das personalidades jurídicas, com a cobrança dos tributos efetivamente devidos acrescidos de juros e de multas pesadas, além do que estarão os diretores sujeitos à responsabilização criminal por sonegação e até mesmo, conforme as circunstâncias, por crime de falso em razão do potencial lesivo que extrapole a sonegação, espraiando-se por outras esferas, como as comerciais e trabalhistas.

O planejamento tributário normalmente constitui estratégia voltada ao âmbito da atividade privada. Mais recentemente, contudo, inclusive o poder público passou a adotar medidas de planejamento tributário. É o caso dos Municípios que criaram entidades sem fins lucrativos dotadas de personalidade jurídica própria para atuarem nas áreas da assistência, da saúde e da educação, atraindo, assim, a imunidade às contribuições de seguridade social de que gozam as entidades beneficentes de assistência social, nos termos do art. 195, § 7º, da CF. Note-se que o Município propriamente, enquanto ente político, goza apenas da imunidade a impostos, assegurada pelo art. 150, VI, *a*, da CF, enquanto as entidades beneficentes de assistência social gozam tanto da imunidade a impostos prevista no art. 150, VI, *c*, como da imunidade às contribuições de seguridade.

A compreensão e o enfrentamento das questões relativas aos limites do planejamento tributário não se dá no âmbito da validade dos atos de direito privado, mas no da **eficácia desses atos perante o fisco**. Impende que se analise a questão sob a **perspectiva específica do direito tributário**. É preciso que se tenha em consideração o dever fundamental de pagar tributos e os princípios próprios da tributação, o que envolve a legalidade, a capacidade contributiva e a isonomia, consideradas as pessoas enquanto contribuintes.

O parágrafo único do art. 116 do CTN não impede o planejamento tributário hígido, mas aquele que desborde para a insubmissão às normas tributárias impositivas aplicáveis à situação e aos negócios materialmente praticados. Cuida-se de norma geral antievasão!

Acerca da evolução da análise do planejamento fiscal, MARCO AURÉLIO GRECO ensina: "na primeira fase, predomina a liberdade do contribuinte de agir antes do fato gerador e mediante atos lícitos, salvo simulação; na segunda fase, ainda predomina a liberdade de agir antes do fato gerador e mediante atos lícitos, porém nela o planejamento é contaminado não apenas pela simulação, mas também pelas outras patologias do negócio jurídico, como o abuso de direito e a fraude à lei. Na terceira fase, acrescenta-se um outro ingrediente que é o princípio da capacidade contributiva que – por ser um princípio constitucional tributário – acaba por eliminar o predomínio da liberdade, para temperá-la com a solidariedade social inerente à capacidade contributiva. Ou seja, mesmo que os atos praticados pelo contribuinte sejam lícitos, não padeçam de nenhuma patologia; mesmo que estejam absolutamente corretos em todos os seus aspectos (licitude, validade), nem assim o contribuinte pode agir da maneira que bem entender, pois sua ação deverá ser vista também da perspectiva da capacidade contributiva. A capacidade contributiva assume tal relevância por ser princípio constitucional consagrado no § 1º do art. 145 da CF/88, constatação a partir da qual nasce a importante discussão quanto à sua eficácia jurídica e à identificação dos seus destinatários. Como princípio constitucional, consagra uma diretriz positiva a ser seguida, um valor – tal como os demais previstos na CF/88 – perseguido pelo ordenamento e do qual as normas e regras são instrumentos operacionais de aplicação. [...] Daí o debate sobre planejamento tributário dever, ao mesmo tempo, considerar e conjugar tanto o valor liberdade quanto o valor solidariedade social que dá suporte à capacidade contributiva [...]"[19].

O art. 149, VII, do CTN autoriza o **lançamento de ofício** "quando se comprove que o sujeito passivo, ou terceiro em benefício daquele, agiu com **dolo**, **fraude** ou **simulação**". Aqui, estamos em face da deliberada intenção do contribuinte de enganar o Fisco. A fraude normalmente envolve falsificação material ou ideológica de documentos. Na simulação, o contribuinte representa a ocorrência de situação em verdade inexistente, visando a determinado ganho fiscal consubstanciado na redução dos tributos a pagar ou na apropriação de créditos a receber.

O parágrafo único do art. 116 do CTN (acrescido pela LC n. 104/2001) dispõe no sentido de que: "A autoridade administrativa poderá **desconsiderar atos ou negócios jurídicos** praticados com a finalidade de **dissimular** a ocorrência do fato gerador do tributo ou a natureza dos elementos constitutivos da obrigação tributária, observados os procedimentos a serem estabelecidos em lei ordinária".

Dissimular é ocultar, esconder, encobrir. Resta o Fisco, assim, autorizado a desconsiderar atos ou negócios jurídicos cujo conteúdo não corresponda à sua aparência e à sua materialidade.

Note-se que o artigo exige que o ato tenha o efeito de ocultar a ocorrência do fato gerador ou a natureza dos elementos que configuram a hipótese de incidência e que o ato tenha sido praticado com tal finalidade.

---

19. GRECO, Marco Aurélio. *Planejamento tributário*. 3. ed. São Paulo: Dialética, 2011, p. 319-320.

Faz-se necessário que o Fisco, ao invocar a desconsideração do negócio jurídico, justifique suficientemente sua decisão, demonstrando os elementos que revelem a ocorrência do fato gerador.

Na ADI 2.446, julgada em 2022, o STF considerou constitucional o art. 116, parágrafo único, do CTN, afastando as alegações de violação à legalidade tributária e à separação dos poderes. Do voto condutor, colhe-se que o fato gerador a que se refere o dispositivo tem de estar previsto em lei e já estar efetivamente materializado, de modo que a desconsideração autorizada "está limitada aos atos e negócios jurídicos praticados com intenção de dissimulação ou ocultação desse fato gerador", com o que se confere "máxima efetividade não apenas ao princípio da legalidade tributária mas também ao princípio da lealdade tributária". Considerou, ainda, que permanece aplicável o art. 108 do CTN, que proíbe a analogia, e que o parágrafo único do art. 116 não cuida da interpretação da lei tributária, não abrindo espaço para a interpretação econômica. O voto ainda distingue elisão de evasão fiscal: "De se anotar que elisão fiscal difere da evasão fiscal. Enquanto na primeira há diminuição lícita dos valores tributários devidos pois o contribuinte evita relação jurídica que faria nascer obrigação tributária, na segunda, o contribuinte atua de forma a ocultar fato gerador materializado par omitir-se ao pagamento da obrigação tributária". Assim, deu por inadequada a denominação "norma antielisão", porquanto constitui, isso sim, "norma de combate à evasão fiscal". Outro ministro, que acompanhou a relatora, votou acrescentando que a norma não adentra espaço sob reserva de jurisdição, porquanto não se extrai da Constituição que a desconsideração dos atos dissimuladores da ocorrência de fatos geradores só pudesse ser realizada por juiz. E frisou que "a desconsideração a que se refere o dispositivo impugnado não se equipara à anulação de negócio jurídico simulado à qual aludem os arts. 167 e 168 do Código Civil", de modo que não opera no campo da validade, permitindo "apenas que a autoridade fiscal, no contexto da tributação, negue eficácia àqueles atos ou negócios jurídicos".

A norma do art. 116, parágrafo único, do CTN remete à observância dos procedimentos "a serem estabelecidos em lei ordinária". Mas o legislador ainda não se desincumbiu de tal mister e, na falta de procedimento especial, seguem aplicáveis as regras ordinárias do processo administrativo fiscal.

123. Sujeito ativo

O **sujeito ativo** da relação tributária é o credor da obrigação, tendo as prerrogativas de editar normas complementares necessárias à fiscalização e à cobrança, exercer a fiscalização, constituir o crédito tributário mediante lançamento, inscrevê-lo em dívida ativa e exigir o seu pagamento, se necessário, mediante o ajuizamento de execução fiscal.

O art. 119 do CTN exige que a lei coloque na condição de sujeito ativo uma **pessoa jurídica de direito público**, ou seja, o próprio ente político, uma autarquia ou uma fundação pública. Tal dispositivo está em perfeita harmonia com o art. 3º, que diz que os tributos são cobrados mediante "atividade administrativa plenamente vinculada", e com o art. 7º do CTN, que diz da possibilidade de uma pessoa jurídica de direito público conferir a outra as funções de arrecadar ou fiscalizar tributos e de executar leis, serviços, atos ou decisões administrativas em matéria tributária.

Assim, a condição de sujeito ativo da relação jurídico-tributária pode ser delegada pelo ente político titular da competência tributária[20], por lei, para outra pessoa jurídica de direito público, como uma autarquia.

Mas a posição de sujeito ativo não se confunde com a do **destinatário do produto** da arrecadação, ou seja, com a daquele a quem a lei destina os valores arrecadados. As pessoas jurídicas de direito privado, desde que exerçam função pública e sem fins lucrativos, podem ser destinatárias do produto de determinadas contribuições instituídas justamente para tal fim, mas jamais integrarão a relação jurídico-tributária. Uma pessoa jurídica de direito público haverá de fiscalizar e cobrar o tributo, repassando-o, então, ao destinatário do seu produto. É o caso das contribuições devidas ao Senac e ao Senai, que atualmente têm a União como sujeito ativo. Relativamente a esta última contribuição, entendeu o STJ que: "Embora a fiscalização e a arrecadação da contribuição adicional em questão tenham sido atribuídas diretamente à entidade privada destinatária da dita contribuição (cf. art. 10 do Decreto n. 60.466/67), ainda assim se trata de tributo instituído pela União e exigível mediante lançamento, atribuição típica de autoridade administrativa federal (art. 142 do CTN)"[21]. De outro lado, contudo, foi editada a **Súmula 396** do STJ: "A Confederação Nacional da Agricultura tem legitimidade ativa para a cobrança da contribuição sindical rural". Essa súmula pressupõe uma visão mais larga – e que nos parece equivocada – das possibilidades de delegação a que se refere o art. 7º do CTN.

124. Sujeitos passivos das diversas relações jurídicas com o Fisco

O art. 121 do CTN cuida do "**sujeito passivo**" da obrigação tributária principal". Ao fazê-lo, limita-se a dizer que sujeito passivo "é a pessoa obrigada ao pagamento de tributo ou penalidade pecuniária" e que pode ser "**contribuinte**, quando tenha relação pessoal e direta com a situação que constitua o respectivo fato gerador" ou "**responsável**, quando, sem revestir a condição de contribuinte, sua obrigação decorra de disposição expressa de lei". Cuida-se, contudo, de uma simplificação grosseira e que leva a diversos equívocos na interpretação e na aplicação das normas tributárias.

O art. 121 não esclarece, por exemplo, que **o contribuinte e o responsável não são sujeitos passivos de uma mesma relação jurídica**. O contribuinte é obrigado no bojo de uma relação contributiva, instituída por lei forte no dever fundamental de pagar

---
20. Diferentemente da competência tributária que é indelegável.
21. STJ, Primeira Seção, CC 122.713/SP, 2012.

tributos. O terceiro – designado pelo art. 121 simplesmente de responsável – é obrigado no bojo de uma relação de colaboração com a Administração, para a simplificação, a facilitação ou a garantia da arrecadação.

Tanto o contribuinte como o terceiro podem vir a ser obrigados ao pagamento do tributo, sujeitando-se à cobrança e à execução no caso de inadimplemento. Mas suas obrigações decorrem de diferentes dispositivos legais, têm diferentes hipóteses de incidência, surgem em momentos próprios. Enfim, são inconfundíveis. É absolutamente falso imaginar que, ocorrido o fato gerador do tributo, dele decorra diretamente a obrigação de qualquer outra pessoa que não o contribuinte. O terceiro só pode ser obrigado ao pagamento do tributo mediante previsão legal específica com recursos do contribuinte (na qualidade de substituto tributário) ou com recursos próprios, mas, neste caso, em decorrência do descumprimento de uma obrigação sua de colaboração para com o Fisco (na qualidade de responsável tributário). Cabe notar que o obrigado ao pagamento de penalidade terá de ser quem cometeu a infração, ou seja, o infrator.

O art. 121 ainda nos leva a uma visão demasiadamente simplificadora dos sujeitos passivos. Isso porque refere tão somente duas categorias: contribuinte e responsável. Nesta última, insere qualquer terceiro não contribuinte. A exata compreensão das relações jurídicas que vinculam terceiros ao Fisco exige um maior detalhamento. Tanto a doutrina estrangeira como a nacional cuidam de **distinguir, dentre os terceiros, o substituto tributário**, de um lado, **e o responsável tributário**, de outro, isso quando não detalham ainda mais, dando autonomia a outras categorias como aos chamados agentes de retenção.

Considera-se substituto tributário o terceiro obrigado diretamente ao pagamento do tributo em lugar do contribuinte e com recursos que possa exigir ou reter deste. Considera-se responsável tributário o terceiro obrigado subsidiariamente ao pagamento do tributo forte no inadimplemento por parte do contribuinte e do descumprimento, pelo responsável, de um dever seu de colaboração para com a Administração que tenha favorecido aquele inadimplemento.

Cuidaremos de cada classe em item próprio adiante.

Não constitui sujeito passivo o **mero pagador** que, por liberalidade, paga tributo em nome de outrem. Também não é sujeito passivo o chamado **contribuinte de fato**, a quem é diretamente transferido o ônus econômico do tributo mediante destaque expresso do valor devido na operação, mas que não está obrigado ao pagamento e não pode ser demandado pelo Fisco. Por fim, tampouco pode ser considerado sujeito passivo o **contribuinte econômico**, ou seja, aquele que suporta mediatamente o ônus da tributação.

Quanto ao **sujeito passivo de obrigação tributária acessória**, não entra em questão se a pessoa a ela obrigada é contribuinte, substituto ou responsável tributário, se goza ou não de imunidade ou de algum benefício fiscal como a isenção. Todos, contribuintes ou não, seja em que situação estiverem, podem ser obrigados por lei ao cumprimento de deveres formais, forte no dever fundamental de colaboração com a fiscalização tributária.

A condição de sujeito passivo de obrigação acessória dependerá única e exclusivamente da previsão, pela legislação tributária, de que lhe seja atribuído determinado dever formal de fazer (e.g. elaborar folha de salários indicando as contribuições previdenciárias devidas), não fazer (e.g. não transportar mercadoria sem nota fiscal) ou tolerar (e.g. facultar o acesso dos auditores fiscais à documentação fiscal da empresa) em benefício da atividade tributária.

A sujeição passiva de qualquer relação obrigacional tributária é matéria estritamente legal forte na garantia da legalidade tributária (art. 150, I, da CF) ou mesmo da legalidade geral (art. 5º, II, da CF). O art. 123 do CTN constitui simples desdobramento disso ao dispor expressamente no sentido de que "salvo disposições de lei em contrário, as **convenções particulares**, relativas à responsabilidade pelo pagamento de tributos, não podem ser opostas à Fazenda Pública, para modificar a definição legal do sujeito passivo das obrigações tributárias correspondentes".

Eventuais convenções particulares, como contratos de aluguel e acordos coletivos de trabalho, na parte em que distribuam ônus tributários para uma ou outra parte, terão efeitos entre os contratantes, mas não podem ser opostas ao Fisco, que identificará os sujeitos passivos tendo como referência exclusiva a lei ordinária.

Assim, se num contrato de aluguel ficar definido que cabe ao locatário o pagamento do IPTU, tal será irrelevante para o Fisco. Havendo inadimplemento, o Município cobrará daquele que a lei diz ser o contribuinte, normalmente o proprietário. E como o pagamento, para extinguir o crédito tributário, é sempre em nome do contribuinte, ainda que realizado por outra pessoa, certo é que, na eventualidade de ocorrer um pagamento indevido, só o proprietário poderá repeti-lo[22]. Esse entendimento, aliás, resta consolidado na **Súmula 614** do STJ: "O locatário não possui legitimidade ativa para discutir a relação jurídico-tributária de IPTU e de taxas referentes ao imóvel alugado nem para repetir indébito desses tributos"[23].

Do mesmo modo, se em acordo coletivo de trabalho ficar definido que o empregador suportará o imposto de renda sobre determinado abono salarial, isso não terá nenhuma relevância perante o Fisco, sendo incapaz de afastar as normas que determinam que contribuinte é quem percebe a renda e que o empregador deve fazer a retenção e o recolhimento do imposto devido, este em nome do empregado.

O STJ entende, ainda, que são inoponíveis, para fins fiscais, as cessões de crédito de precatório. Afirma: "em que pese a cessão de crédito de precatório, a retenção é regida por legislação aplicável ao sujeito passivo do Imposto de Renda (cedente), permanecendo hígidas a base de cálculo e a alíquota originárias (no caso, de 27,5% sobre o valor constante do precatório, por se tratar de verba salarial), haja vista que a natureza jurídica da

---

22. STJ, Primeira Turma, AgRg no AgRg no AREsp 143.631/RJ, 2012.
23. Enunciado publicado em 2018.

renda que o originou não sofre alteração, sendo incabível se opor ao Fisco as convenções e acordos particulares decorrentes da cessão de crédito, de caráter nitidamente privado, a fim de interferir na definição do sujeito passivo, da base de cálculo ou da alíquota do tributo aqui debatido, diante da vedação expressa do art. 123 do CTN". E arremata: "o negócio jurídico firmado entre o titular originário do precatório e terceiros não desnatura a relação jurídica tributária existente entre aquele e o Fisco, para fins de incidência do Imposto de Renda"[24].

125. Solidariedade

A solidariedade é um instituto jurídico que define o grau das relações entre os devedores e entre estes e o credor, indicando que cada um responde pela dívida toda, sem benefício de ordem.

O Código Civil dispõe sobre a solidariedade em seus arts. 275 a 285. O CTN torna inequívoca a ausência de benefício de ordem para os devedores solidários (art. 124, I e parágrafo único) e que, quando há solidariedade, "o pagamento efetuado por um dos obrigados aproveita aos demais", "a isenção ou remissão de crédito exonera todos os obrigados, salvo se outorgada pessoalmente a um deles, subsistindo, nesse caso, a solidariedade quanto aos demais pelo saldo" e "a interrupção da prescrição, em favor ou contra um dos obrigados, favorece ou prejudica aos demais" (art. 125, I, II e III, do CTN).

O art. 124 do CTN diz que são solidariamente obrigadas "as pessoas que tenham interesse comum na situação que constitua o fato gerador da obrigação principal" (art. 124, I) e deixa ao legislador ordinário estabelecer outros casos de solidariedade (art. 124, II).

Têm interesse comum aqueles que figuram conjuntamente como contribuintes. É o caso, por exemplo, dos coproprietários de um imóvel relativamente ao IPTU ou à taxa de recolhimento de lixo. Efetivamente, conforme o STJ, "O 'interesse comum' de que trata o preceito em destaque refere-se às pessoas que se encontram no mesmo polo do contribuinte em relação à situação jurídica ensejadora da exação, no caso, a venda da mercadoria, sendo certo que esse interesse não se confunde com a vontade oposta manifestada pelo adquirente, que não é a de vender, mas sim de comprar a coisa"[25]. Em outras palavras, não poderá "ser identificada em qualquer relação jurídica contratual, por exemplo, o que conduziria à inaceitável conclusão de universalidade da corresponsabilidade tributária"[26].

---

24. STJ, REsp 1.405.296/AL, Primeira Turma, 2017.
25. STJ, Primeira Turma, AREsp 1.198.146/SP, 2018.
26. STJ, REsp 1.273.396/DF, Primeira Turma, 2019.

O STJ já decidiu que o marido não é responsável pelo imposto de renda relativamente aos rendimentos auferidos pela esposa, ainda que tenham prestado declaração conjunta[27].

A solidariedade que venha a ser estabelecida pelo legislador ordinário pressupõe que a própria condição de devedor tenha suporte legal suficiente. O art. 124, II, do CTN não autoriza o legislador a criar, a título de solidariedade, novos casos de responsabilidade tributária sem a observância dos requisitos exigidos pelo art. 128 do CTN[28]. Conforme ensina Misabel Derzi, a solidariedade não é "forma de inclusão de um terceiro no polo passivo da obrigação tributária, apenas forma de graduar a responsabilidade daqueles sujeitos que já compõem o polo passivo"[29]. O legislador ordinário também não pode determinar a solidariedade entre devedores que, por força de dispositivo constante do próprio CTN, devam responder subsidiariamente.

126. Contribuinte

O contribuinte é aquele obrigado por lei a contribuir para as despesas públicas, vertendo recursos do seu patrimônio para o erário. O fundamento jurídico direto da sua obrigação é a lei instituidora do tributo. O fundamento jurídico mediato, que permite ao legislador a instituição dos tributos, é seu **dever fundamental de pagar tributos**. Os critérios de justiça tributária considerados são a justiça distributiva, fundada na capacidade contributiva de cada pessoa, ou a justiça comutativa, buscando de cada um o custeio da atividade estatal que lhe diz particularmente respeito, por ser divisível e específica.

Nos termos do art. 121, I, do CTN, o contribuinte guarda **relação pessoal e direta com a situação que constitua o respectivo fato gerador**. Nos tributos com fato gerador não vinculado, contribuinte é a pessoa cuja **capacidade contributiva** é objeto de tributação, ou seja, uma das pessoas que pratica o ato ou negócio jurídico ou que está na situação indicada por lei como geradora da obrigação tributária, por exemplo, o titular

---

27. STJ, REsp 1.273.396/DF, Primeira Turma, 2019.
28. STF, Tribunal Pleno, RE 562.276, 2011.
29. Veja-se o ensinamento de MISABEL ABREU MACHADO DERZI em nota de atualização à obra do Ministro ALIOMAR BALEEIRO. In: *Direito tributário brasileiro*. 11. ed. Rio de Janeiro: Forense, p. 729: "4. A solidariedade não é forma de eleição de responsável tributário. A solidariedade não é espécie de sujeição passiva por responsabilidade indireta, como querem alguns. O Código Tributário Nacional, corretamente, disciplina a matéria em seção própria, estranha ao Capítulo V, referente à responsabilidade. É que a solidariedade é simples forma de garantia, a mais ampla das fidejussórias. Quando houver mais de um obrigado no polo passivo da obrigação tributária (mais de um contribuinte, ou contribuinte e responsável, ou apenas uma pluralidade de responsáveis) o legislador terá de definir as relações entre os coobrigados. Se são eles solidariamente obrigados, ou subsidiariamente, com benefício de ordem ou não etc. A solidariedade não é, assim, forma de inclusão de um terceiro no polo passivo da obrigação tributária, apenas forma de graduar a responsabilidade daqueles sujeitos que já compõem o polo passivo".

da receita, do lucro, da propriedade, o que vende ou adquire mercadorias, o que importa produto estrangeiro. Nos tributos com fato gerador vinculado à atividade estatal, será aquele que demanda o serviço público, que sofre o exercício do poder de polícia ou que tem o seu imóvel valorizado pela obra pública.

Não se pode, senão por lei específica (art. 150, § 6º), dispensar quem quer que seja do cumprimento das suas obrigações; apenas por dispositivo expresso é que o contribuinte poderá ser excluído da obrigação de pagar. A previsão legal de que terceiro responderá pelo pagamento do tributo não exonera, por si só, o contribuinte. Inadimplido o tributo, poderá ser chamado ao seu pagamento, salvo se a atribuição da responsabilidade tiver se dado em caráter pessoal, integralmente, com sub-rogação. Não há como afastar a obrigação do contribuinte que, por definição, é devedor do tributo, sem que tal decorra diretamente da lei. Assim é que, estabelecida a obrigação da empresa de reter o imposto de renda devido pelos seus empregados, na hipótese de tal não ocorrer, poderá o Fisco exigir o tributo tanto da empresa que deixou de reter e de recolher, como do contribuinte que não sofreu a retenção e não pagou. Não poderá, por certo, exigir do contribuinte tributo que lhe tenha sido retido, ainda que não recolhido pelo empregador. Isso porque, neste caso, o contribuinte se sujeitou à retenção por determinação legal, suportando o ônus da tributação.

127. Substituto tributário

O substituto tributário é o terceiro que a lei obriga a apurar o montante devido e cumprir a obrigação de pagamento do tributo "em lugar" do contribuinte.

Esse terceiro sempre terá relação com o fato gerador e a prerrogativa de reter o montante do tributo ou de exigi-lo do contribuinte. Isso porque o substituto operacionaliza o pagamento em lugar, em nome e com o dinheiro do contribuinte. É um terceiro que o legislador intercala entre o contribuinte e o Fisco para facilitar a arrecadação e a fiscalização dos tributos.

Cabe ao substituto tomar a iniciativa de verificar o montante devido e proceder ao seu pagamento, colaborando, assim, com a tributação. O substituto atua em lugar do contribuinte no que diz respeito à realização do pagamento, mas jamais ocupa seu lugar na relação contributiva. O terceiro, por ser colocado na posição de substituto, não se torna contribuinte do montante que tem de recolher. É sujeito passivo, sim, mas da **relação própria de substituição**, e não da relação contributiva.

A opção do legislador por eleger um substituto tributário normalmente visa à **concentração de sujeitos**, ou seja, a que um único substituto possa responsabilizar-se pela retenção e recolhimento dos tributos devidos por inúmeros contribuintes que com ele se relacionam. Isso evita o inadimplemento pelos contribuintes e facilita a fiscalização que, em vez de ser direcionada a muitos contribuintes, concentra-se em número muito menor de substitutos. É o caso do empregador ao reter e recolher o imposto de renda dos seus empregados. Essa concentração também implica redução dos custos da arrecadação e restringe as possibilidades de inadimplemento e de sonegação.

No capítulo sobre os critérios de tributação, abordamos o instituto da substituição tributária e suas diversas modalidades, de modo que sugerimos que seja lido para melhor compreensão da figura do substituto.

128. Responsável tributário

A **atribuição da responsabilidade** a terceiro jamais será presumida ou implícita; decorrerá, necessariamente, de dispositivo do CTN ou da legislação ordinária que assim determine. A par da norma tributária que estabelece a obrigação do contribuinte, teremos, ainda, uma norma específica impondo a responsabilidade tributária a outra pessoa: "A responsabilidade tributária pressupõe **duas normas** autônomas: **a regra matriz de incidência tributária** e a **regra matriz de responsabilidade tributária**, cada uma com seu pressuposto de fato e seus sujeitos próprios"[30].

O CTN estabelece alguns casos de responsabilidade tributária e deixa ao legislador ordinário a possibilidade de estabelecer outras hipóteses específicas. Seu art. 128 é inequívoco no sentido de que "a lei pode atribuir de modo expresso a responsabilidade pelo crédito tributário a terceira pessoa, vinculada ao fato gerador da respectiva obrigação, excluindo a responsabilidade do contribuinte ou atribuindo-a a este em caráter supletivo do cumprimento total ou parcial da referida obrigação". Não poderá o legislador ordinário, por certo, contrariar o disposto no CTN[31]. O STF fixou a tese de que "É inconstitucional lei estadual que verse sobre a responsabilidade de terceiros por infrações de forma diversa das regras gerais estabelecidas pelo Código Tributário Nacional"[32], tendo considerado inválida lei estadual que atribuía "ao contabilista a responsabilidade solidária com o contribuinte ou com o substituto tributário quanto ao pagamento de impostos e de penalidades pecuniárias, no caso de suas ações ou omissões concorrerem para a prática de infração à legislação tributária" por dispor sobre a responsabilidade tributária de terceiros de modo diverso do já disposto nos arts. 134 e 135 do CTN.

Note-se que o art. 128 do CTN só permite ao legislador atribuir responsabilidade tributária a **terceiro vinculado ao fato gerador da respectiva obrigação**.

---

30. STF, Tribunal Pleno, RE 562.276, 2011.
31. A Lei n. 8.620/93, que dispôs sobre a responsabilidade dos sócios de sociedades por quotas de responsabilidade limitada, estabelecendo pura e simples solidariedade relativamente aos débitos junto à Seguridade Social, em sobreposição ao já disciplinado pelo art. 135 do CTN, que estabelecia requisitos mais rígidos para a responsabilização dos sócios, teve a sua inconstitucionalidade reconhecida pelo Tribunal Pleno do TRF4, AI 1999.04.01.096481-9. *Vide*, também, do STF, o RE 562.276.
32. STF, ADI 6.284, 2021.

É imprescindível, portanto, que tenha "capacidade de colaboração", ou seja, que esteja em situação tal que enseje a prática de atos que possam facilitar ou assegurar a tributação sem que sejam para si demasiadamente trabalhosos. Isso porque o responsável tributário não integra a relação contributiva. É sujeito passivo de **obrigação própria de colaboração** com o Fisco, cumprindo deveres que facilitam a fiscalização ou que impedem o inadimplemento. Só no caso de descumprimento da sua obrigação de colaboração é que assume a posição de garante, passando, então, à posição de responsável pela satisfação do crédito tributário. Exemplo é o caso do tabelião que tem a obrigação de exigir do comprador o comprovante de pagamento do ITBI, com o que impede que o negócio seja feito sem que esse tributo tenha sido devidamente recolhido[33]. Caso o tabelião cumpra as suas obrigações, exigindo a apresentação da guia de pagamento do imposto, seu patrimônio nada terá de suportar. Descumprindo, contudo, poderá ser obrigado a satisfazer o tributo inadimplido pelo contribuinte. Não tivesse ele nenhuma relação com o fato gerador ou com o contribuinte, nem sequer poderia ser colocado na posição de responsável tributário, pois não teria como interceder junto ao mesmo.

Podemos distinguir as diversas hipóteses, efeitos e objetos das relações jurídicas de responsabilidade disciplinadas pelo CTN.

- Quanto aos **pressupostos de fato** da responsabilidade, pode decorrer:

    a) da **sucessão**, seja na aquisição de imóvel, na aquisição ou remição de bens em geral, no falecimento, na fusão, transformação, incorporação ou cisão de empresa, ou na aquisição de estabelecimento comercial ou de fundo de comércio (arts. 130, 131, 132 e 133); neste caso, cuida-se de responsabilidade pelo pagamento que deveria ter sido feito no passado pelo contribuinte e não foi, restando a dívida em aberto por ocasião da sucessão, ainda que a formalização do crédito (normalmente pela lavratura de auto de infração) venha a ocorrer posteriormente (art. 129);

---

33. O art. 130 do CTN prevê que os créditos tributários relativos a impostos sobre a propriedade sub-rogam-se na pessoa do adquirente. Mas há Municípios que exigem a apresentação de quitação de dívidas de IPTU como condição para expedir a guia de ITBI e, assim, viabilizar seu pagamento e a lavratura de escritura de compra e venda do imóvel. O TJSC, analisando a questão, afastou a manutenção da exigência, ressaltando, nos termos do art. 130 do CTN, que é "desnecessária a apresentação de qualquer documento do adquirente no sentido de assumir a dívida tributária preexistente" e que o "Município possui meios próprios e legais para cobrar os débitos tributários, de modo que a exigência do pagamento do IPTU em atraso para a expedição da guia de recolhimento do ITBI referente ao mesmo imóvel fere a garantia do direito de propriedade, elencado no inciso XXII do art. 5º da CRFB" (TJSC, MAS 2010.083537-0, rel. Des. FRANCISCO OLIVEIRA NETO, set. 2011). Esse esclarecimento nos foi sugerido pelo professor EDMUNDO EICHEMBERG, da Faculdade de Direito da Fundação do Ministério Público.

b) da prática de atos de **representação** pelos pais, tutores e curadores, administradores de bens, inventariantes, síndico e comissário e os sócios de sociedades de pessoas, a que o CTN se refere como "terceiros" (art. 134);

c) do descumprimento, pelos **tabeliães e escrivães**, do dever de zelar pelo recolhimento dos tributos quanto aos atos em que atuem (art. 134);

d) da **prática de atos com excesso de poderes ou infração de lei, contrato social ou estatutos** pelos representantes já arrolados, pelos mandatários, prepostos e empregados, ou pelos diretores, gerentes ou representantes de pessoas jurídicas de direito privado (art. 135).

e) do **dolo ou fraude** na expedição de certidão negativa de débitos (art. 208).

- Quanto ao **objeto da obrigação do responsável**, a responsabilidade pode alcançar:

  a) os **créditos tributários**, expressão genérica que corresponde tanto à obrigação de pagar tributo como à de pagar penalidade (art. 135);

  b) os **tributos**, expressão que não se confunde com as multas, pois tributo não é sanção de ato ilícito (arts. 131, 132, 133, 134); há muitos precedentes, porém, entendendo que, mesmo alguns dispositivos do CTN referindo simplesmente "tributos", a responsabilidade alcançaria também as penalidades[34];

  c) **créditos tributários específicos** relativos aos impostos sobre a propriedade, o domínio útil ou a posse de bens imóveis, às taxas de serviços e às contribuições de melhoria referentes a tais bens (art. 130).

Note-se que o próprio CTN, no art. 3º, conceitua tributo, deixando inequívoco que não se confunde com sanção de ato ilícito. No art. 113, conceitua obrigação tributária principal, ressaltando que abrange tanto o tributo como a penalidade pecuniária, sendo que o crédito corresponde à obrigação, como outra face de uma mesma moeda, apenas formalizado posteriormente. Sendo os conceitos de tributo e de obrigação tributária distintos, aquele mais restrito que este, impende que, na interpretação dos dispositivos atinentes à responsabilidade, ou seja, quando da aplicação de tais conceitos pelo mesmo CTN, sejam considerados tais conceitos na sua dimensão específica, deles decorrendo as especificidades quanto à abrangência da responsabilidade em cada uma das hipóteses.

Em determinados casos, pode-se estranhar que a **responsabilidade** seja **apenas pelos tributos**, e não pela totalidade dos créditos (tributos e multas), mas deve-se compreender que o CTN busca preservar a **pessoalidade da sanção**. Assim é que, na maioria das hipóteses de responsabilidade, refere-se à responsabilidade pelos tributos tão somente, de modo que a responsabilidade pelas infrações (obrigação de pagar as penalidades) não se transfere ao sucessor ou a outro terceiro. Ademais, na seção acerca da responsabilidade por infrações,

---

34. STJ, REsp 295.222 e REsp 592.007.

referindo-se à responsabilidade em sentido amplo, como obrigação de pagar seja do contribuinte ou do responsável tributário, embora estabeleça, como regra, seu caráter objetivo, no sentido de que não se tenha de perquirir sobre a "intenção do agente ou do responsável e da efetividade, natureza e extensão dos efeitos do ato" (art. 136), arrola diversas situações (crimes ou contravenções, infrações que pressuponham dolo específico e infrações em que seja verificado dolo específico do representante contra o contribuinte representado) em que o caráter pessoal da responsabilidade resta estabelecido de modo inequívoco (art. 137), ou seja, em que é pessoal do agente, e não de qualquer outra pessoa.

Ainda no que diz respeito à abrangência da responsabilidade, é relevante considerar que a **responsabilidade por sucessão** alcança todos os tributos relativos ao período anterior à sucessão, aplicando-se "por igual aos créditos tributários definitivamente constituídos ou em curso de constituição à data dos atos nela referidos, e aos constituídos posteriormente aos mesmos atos, desde que relativos a obrigações tributárias surgidas até a referida data" (art. 129).

- Quanto aos **efeitos ou** ao **grau** da responsabilidade, podemos ter:
    a) **responsabilidade subsidiária**, quando se tenha de exigir primeiramente do contribuinte e, apenas no caso de frustração, do responsável. É o caso mais típico de responsabilidade. Na falta de dispositivo em sentido contrário, presume-se a subsidiariedade. Dentre as hipóteses de responsabilidade previstas no próprio CTN, sua redação aponta para a subsidiariedade daquelas disciplinadas nos arts. 133, II, e 134;
    b) **responsabilidade solidária**, quando tanto o contribuinte quanto o responsável respondem, sem benefício de ordem (art. 124, parágrafo único); ademais, quando há solidariedade, "o pagamento efetuado por um dos obrigados aproveita aos demais", "a isenção ou remissão de crédito exonera todos os obrigados, salvo se outorgada pessoalmente a um deles, subsistindo, nesse caso, a solidariedade quanto aos demais pelo saldo" e "a interrupção da prescrição, em favor ou contra um dos obrigados, favorece ou prejudica aos demais", tudo nos termos do art. 125, incisos I, II e III, do CTN. Só haverá solidariedade entre responsável e contribuinte quando a lei expressamente assim determine, conforme previsão do art. 124, I, do CTN;
    c) **responsabilidade pessoal**, quando é exclusiva, sendo determinada pela referência expressa ao caráter pessoal ou revelada pelo desaparecimento do contribuinte originário, pela referência à sub-rogação ou pela referência à responsabilidade integral do terceiro em contraposição à sua responsabilização ao lado do contribuinte. Utilizam-se dessas expressões as

responsabilidades dos arts. 130, 131, 132, 133, I, e 135 do CTN[35], mas a jurisprudência não confirma esse grau de responsabilidade, frequentemente considerando essas hipóteses como de responsabilidade solidária[36].

Vale destacar, quanto a essa questão, que a legislação estrangeira costuma atribuir caráter subsidiário à maioria das hipóteses de responsabilidade tributária[37].

129. Responsabilidade dos sucessores

A responsabilidade dos sucessores é disciplinada pelos arts. 129 a 133 do CTN. Inicia o art. 129 dizendo que se aplica a todos os créditos relativos a obrigações surgidas até a sucessão, ainda que constituídos posteriormente.

O art. 130 trata da responsabilidade dos **adquirentes de imóveis**, que alcança os créditos relativos a impostos que tenham como fato gerador a propriedade, o domínio útil ou a posse, bem como os relativos a taxas pela prestação de serviços referentes ao imóvel, ou ainda os relativos a contribuições de melhoria. A responsabilidade do adquirente alcança, assim, o IPTU ou o ITR, que têm como fato gerador a propriedade, mas não o ISS relativo à construção de prédio, porque este tem como fato gerador a prestação de serviços. Dentre as taxas, alcança, por exemplo, a taxa de recolhimento de lixo. Dentre as contribuições, só a de melhoria é assumida pelo adquirente, não as contribuições previdenciárias relativas ao pagamento da mão de obra para construção do imóvel.

Segundo o STJ, "a correta interpretação do art. 130 do CTN, combinada com a característica não excludente do parágrafo único, permite concluir que o objetivo do texto legal não é desresponsabilizar o alienante, mas responsabilizar o adquirente na mesma obrigação do devedor original". Frisa que se trata "de responsabilidade solidária, reforçativa e cumulativa sobre a dívida, em que o sucessor no imóvel adquirido se coloca ao lado do devedor primitivo, sem a liberação ou desoneração deste". E conclui que "a sub-rogação ali prevista tem caráter solidário, aditivo, cumulativo, reforçativo e não

---

35. O art. 41 da Lei n. 8.212/91 também estabelece caso de responsabilidade pessoal em que restam claros os seus efeitos: "Art. 41. O dirigente de órgão ou entidade da administração federal, estadual, do Distrito Federal ou municipal, responde pessoalmente pela multa aplicada por infração de dispositivos desta Lei e do seu regulamento, sendo obrigatório o respectivo desconto em folha de pagamento, mediante requisição dos órgãos competentes e a partir do primeiro pagamento que se seguir à requisição".
36. "O STJ tem entendido que os arts. 132 e 133 do CTN consagram responsabilidade tributária solidária, por sucessão, e o art. 135 ventila hipótese de responsabilidade de caráter solidário, por transferência" (STJ, AgInt no AREsp 942.940/RJ, rel. Min. HERMAN BENJAMIN, Segunda Turma, julgado em 15/08/2017, DJe 12/09/2017).
37. O § 219 da *Abgabenordnung* alemã, o art. 22º, apartado 3, da Lei Geral Tributária portuguesa e o art. 41.2 da *Ley General Tributaria* espanhola estabelecem o caráter subsidiário da responsabilidade, salvo determinação legal expressa em contrário.

excludente da responsabilidade do alienante, cabendo ao credor escolher o acervo patrimonial que melhor satisfaça o débito cobrado a partir dos vínculos distintos"[38].

Os créditos sub-rogam-se na pessoa do adquirente, "salvo quando conste do título a prova de sua quitação". Conforme o parágrafo único do mesmo artigo, no caso de arrematação em hasta pública, "a sub-rogação ocorre sobre o respectivo preço". Aliás, conforme já decidiu o STJ: "O crédito fiscal perquirido pelo Fisco deve ser abatido do pagamento, quando do leilão, por isso que, finda a arrematação, não se pode imputar ao adquirente qualquer encargo ou responsabilidade tributária"[39]. O arrematante tem direito à certidão negativa[40]. Importa destacar que não incide o art. 130 do CTN na hipótese de desapropriação, porquanto é forma originária de aquisição da propriedade que não provém de nenhum título anterior, de modo que o ente que desapropria não responde por tributos relativos ao imóvel decorrentes de fatos geradores anteriores[41].

O art. 131 estabelece a responsabilidade pessoal do **adquirente ou remitente** (quem realiza o resgate de dívida), pelos tributos relativos aos bens adquiridos ou remidos (inciso I), do **sucessor a qualquer título e do cônjuge meeiro**, pelos tributos devidos pelo *de cujus* até a data da partilha ou adjudicação, limitada ao montante do quinhão, do legado ou da meação (inciso II), e do **espólio**, pelos tributos devidos pelo *de cujus* até a data da abertura da sucessão (inciso III). O art. 192 dispõe que "Nenhuma sentença de julgamento de partilha ou adjudicação será proferida sem prova da quitação de todos os tributos relativos aos bens do espólio, ou às suas rendas".

O STJ já decidiu que a comprovação do pagamento dos tributos relativos aos bens do espólio somente condiciona a expedição do formal de partilha e dos respectivos alvarás, mas não a tramitação do arrolamento sumário, ou seja, apenas após o trânsito em julgado da sentença de homologação de partilha é que há a necessidade de comprovação pela Fazenda do pagamento de todos os tributos (não apenas dos impostos incidentes sobre os bens do espólio) para a expedição do formal de partilha"[42]. O STJ tem precedente recente destacando que o "novo Código de Processo Civil, em seu art. 659, § 2º, traz uma significativa mudança normativa no tocante ao procedimento de arrolamento sumário, ao deixar de condicionar a entrega dos formais de partilha ou da carta de adjudicação à prévia quitação dos tributos concernentes à transmissão patrimonial aos sucessores". E prossegue: "Essa inovação normativa, todavia, em nada altera a condição estabelecida no art. 192 do CTN, de modo que, no arrolamento sumário, o magistrado deve exigir a comprovação de quitação dos tributos relativos aos bens do espólio

---

38. STJ, AgInt no AREsp 942.940/RJ, Segunda Turma, 2017.
39. STJ, Primeira Turma, REsp 819.808, 2006.
40. STJ, Segunda Turma, REsp 909.254, 2008.
41. STJ, Segunda Turma, REsp 1.668.058, 2017.
42. STJ, REsp 1.150.356/SP, ago. 2010; STJ, REsp 1.246.790/SP, jun. 2011.

e às suas rendas para homologar a partilha e, na sequência, com o trânsito em julgado, expedir os títulos de transferência de domínio e encerrar o processo, independentemente do pagamento do imposto de transmissão"[43].

O inventário pode ser feito judicialmente ou por escritura pública, esta reservada aos casos em que todos sejam capazes e concordes, nos termos do art. 610 do CPC (Lei n. 13.105/2015), o que foi inaugurado pela Lei n. 11.441/2007. A avaliação e o cálculo do imposto são tratados nos arts. 630 a 638 do novo diploma processual civil.

O art. 132, por sua vez, define a responsabilidade da pessoa jurídica de direito privado que resultar de **fusão, transformação ou incorporação** de outra, ou em outra, pelos tributos devidos. A **cisão**, embora não referida expressamente, "é modalidade de mutação empresarial sujeita, para efeito de responsabilidade tributária, ao mesmo tratamento jurídico conferido às demais espécies de sucessão"[44]. Também é responsável o sócio, ou seu espólio, que continue a exploração da atividade relativa a pessoa jurídica extinta, ou seja, no caso de **sucessão empresarial de fato**.

A responsabilidade por sucessão também ocorre nos casos de **aquisição de fundo de comércio ou de estabelecimento** comercial, industrial ou profissional, conforme o art. 133. O adquirente que continuar a respectiva exploração responde "integralmente, se o alienante cessar a exploração do comércio, indústria ou atividade" (inciso I) ou "subsidiariamente com o alienante, se este prosseguir na exploração ou iniciar dentro de 6 (seis) meses, a contar da data da alienação, nova atividade no mesmo ou em outro ramo do comércio, indústria ou profissão" (inciso II). Não se dá tal responsabilidade quando a alienação ocorra em processo de falência ou em processo de recuperação judicial, desde que o adquirente não seja o próprio sócio, seus parentes, agente da empresa ou sociedade controlada, conforme os §§ 1º e 2º do art. 133.

Tenha-se em conta a Súmula 554 do STJ: "Na hipótese de sucessão empresarial, a responsabilidade da sucessora abrange não apenas os tributos devidos pela sucedida, mas também as multas moratórias ou punitivas referentes a fatos geradores ocorridos até a data da sucessão".

130. Responsabilidade de terceiros, inclusive dos sócios-gerentes e administradores

Os arts. 134 e 135 estabelecem a responsabilidade de terceiros, o que, no sistema do código, diz respeito a pessoas que não são nem os próprios contribuintes, nem seus sucessores. "Terceiros" são os **pais, os tutores e curadores, os administradores de bens**

---

43. STJ, Primeira Turma, REsp 1.704.359/DF, 2018.
44. STJ, Primeira Turma, REsp 852.972, 2010.

de terceiros, o inventariante, o síndico e o comissário, os tabeliães, escrivães e demais serventuários de ofício e os sócios de sociedades de pessoas.

Esses terceiros têm **deveres próprios** de boa administração ou de fiscalização cujo cumprimento é capaz de assegurar o pagamento dos tributos devidos por seus representados ou pelas pessoas que praticaram atos perante eles. Respondem eles "nos atos em que intervierem ou pelas omissões de que forem responsáveis", conforme os diversos incisos do art. 134.

Caso descumpram seus deveres, passam a garantir o crédito tributário com seus próprios bens. Assim, por exemplo, o tabelião e o registrador que, por ocasião da lavratura de uma escritura de compra e venda ou do seu registro, deixem de exigir as guias comprobatórias do pagamento dos tributos inerentes à operação ou certidão negativa passam a ser responsáveis pelos respectivos créditos tributários[45].

A responsabilidade dos terceiros, nas hipóteses do art. 134, tem **caráter subsidiário**, ocorrendo "nos casos de impossibilidade do cumprimento da obrigação principal pelo contribuinte"[46]. Alcança os **tributos e as multas moratórias**, conforme o parágrafo único do art. 134.

Na hipótese de os terceiros referidos no art. 134 darem ensejo ao surgimento de créditos tributários ao praticarem **atos "com excesso de poderes ou infração de lei, contrato social ou estatutos"**, sua **responsabilidade será pessoal**, ou seja, exclusiva (art. 135, I). A mesma responsabilidade é atribuída, nesses casos, aos **mandatários, prepostos e empregados** (inciso II), bem como aos "**diretores, gerentes ou representantes** de pessoas jurídicas de direito privado" (inciso III). Este último caso, aliás, é a hipótese de responsabilidade tributária mais aplicada e discutida no direito brasileiro.

A **responsabilidade de que cuida o art. 135, III, do CTN** pressupõe uma situação grave de descumprimento da lei, do contrato social ou dos estatutos em ato que nem sequer se poderia tomar como constituindo ato regular da sociedade e do qual decorra a obrigação tributária objeto da responsabilidade, daí por que é pessoal do sócio-gerente.

Tendo em conta que se trata de **responsabilidade pessoal** decorrente da prática de ilícito, impende que seja apurada, já na esfera administrativa, não apenas a ocorrência do fato gerador, mas o próprio ilícito que faz com que o débito possa ser exigido do

---

45. Vejam-se, a respeito, também os arts. 48 e 49 da Lei n. 8.212/91.
46. "10. Flagrante ausência de tecnicidade legislativa se verifica no artigo 134, do CTN, em que se indica hipótese de responsabilidade solidária 'nos casos de impossibilidade de exigência do cumprimento da obrigação principal pelo contribuinte', uma vez cediço que o instituto da solidariedade não se coaduna com o benefício de ordem ou de excussão. Em verdade, o aludido preceito normativo cuida de responsabilidade subsidiária" (STJ, Primeira Seção, EREsp 446.955, 2008).

terceiro, oportunizando-se aos responsáveis o exercício do direito de defesa. Assim, verificada a responsabilidade dos diretores nos autos do processo administrativo instaurado contra a empresa, deve ser lavrado termo apontando que foi constatada a prática de ilícitos que tem por consequência a sua responsabilização pessoal pelos tributos devidos pela empresa, dando-se aos supostos responsáveis a possibilidade de oferecerem defesa em nome próprio. Aliás, conforme afirmado pelo STF: "Os princípios do contraditório e da ampla defesa aplicam-se plenamente à constituição do crédito tributário em desfavor de qualquer espécie de sujeito passivo, irrelevante sua nomenclatura legal (contribuintes, responsáveis, substitutos, devedores solidários etc.)"[47].

A Instrução Normativa RFB n. 1.862/2018 dispõe sobre o procedimento de imputação de responsabilidade tributária no âmbito da Secretaria da Receita Federal do Brasil, exigindo que a imputação de responsabilidade seja formalizada, no lançamento de ofício, mediante apontamento da qualificação das pessoas, descrição dos fatos que caracterizam a responsabilidade tributária e o enquadramento legal do vínculo de responsabilidade. Anteriormente, o ponto era regido pela Portaria RFB n. 2.284/2010, que restou revogada pela Portaria RFB n. 2.123/2018.

A Lei n. 10.522/2002, em seu art. 20-D, incluído pela Lei n. 13.606/2018, estabelece procedimento, no âmbito da Procuradoria-Geral da Fazenda Nacional, para a apuração da responsabilidade tributária, civil e empresarial de terceiros, como sócios e administradores. Prevê, inclusive, sua notificação para depoimentos ou esclarecimentos. E determina que se aplique a tal procedimento administrativo de apuração de responsabilidade por débito inscrito em dívida ativa da União a Lei n. 9.784/99, lei geral dos processos administrativos no âmbito da Administração Pública Federal.

Somente os "**diretores, gerentes ou representantes** de pessoas jurídicas de direito privado" podem ser responsabilizados, e não todo e qualquer sócio. Faz-se necessário, pois, que o sócio tenha exercido a direção ou a gerência da sociedade, com **poder de gestão**. Efetivamente, a responsabilização exige que as pessoas indicadas tenham praticado diretamente, ou tolerado, a prática do ato abusivo e ilegal quando em posição de influir para a sua não ocorrência. Constitui prova para a configuração da responsabilidade o fato de o agente encontrar-se na direção da empresa na data do cumprimento da obrigação, devendo ter poderes de decisão quanto ao recolhimento do tributo[48].

A **mera condição de sócio é insuficiente**, pois a condução da sociedade é que é relevante. Daí por que o art. 13 da Lei n. 8.620/93, no que estabelece a solidariedade dos sócios de empresas por cotas de responsabilidade limitada, sem nenhum condicionamento, extrapola o comando do art. 135, III, do CTN, contrariando a norma geral de

---

47. STF, Segunda Turma, rel. Min. JOAQUIM BARBOSA, RE 608.426 AgR, 2011.
48. Conclusão tomada por maioria no I Encontro Nacional de Juízes Federais sobre Processo de Execução Fiscal, promovido pela AJUFE em 1999.

direito tributário e, portanto, incorrendo em invasão à reserva de lei complementar, com ofensa ao art. 146, III, *b*, da CF[49]. Efetivamente, a responsabilidade pessoal dos sócios das sociedades por quotas de responsabilidade limitada, prevista no art. 13 da Lei n. 8.620/93, só existe quando presentes as condições estabelecidas no art. 135, III, do CTN[50].

Sendo a responsabilidade, assim, do diretor, gerente ou representante, e não do simples sócio sem poderes de gestão, também não é possível responsabilizar pessoalmente o diretor ou o gerente por atos praticados em **período anterior ou posterior a sua gestão**. Assim, sócios que não tenham tido nenhuma ingerência sobre os fatos não podem ser pessoalmente responsabilizados pelos créditos tributários decorrentes.

Situação típica de incidência do art. 135, III, do CTN é, sim, a **apropriação indébita** de contribuições e de impostos, quando a empresa retém os tributos devidos, mas os seus sócios-gerentes não cumprem a obrigação de repassar os respectivos valores aos cofres públicos.

O **mero inadimplemento de obrigação tributária é insuficiente** para configurar a responsabilidade do art. 135 do CTN, na medida em que diz respeito à atuação normal da empresa, sendo inerente ao risco do negócio, à existência ou não de disponibilidade financeira no vencimento, gerando exclusivamente multa moratória a cargo da própria pessoa jurídica. Conforme o STJ, "o desvalor jurídico do inadimplemento não autoriza, por si só, a responsabilização do sócio gerente".[51] Veja-se a **Súmula 430** do STJ: "O

....

49. "5. O art. 135, III, do CTN responsabiliza apenas aqueles que estejam na direção, gerência ou representação da pessoa jurídica e tão somente quando pratiquem atos com excesso de poder ou infração à lei, contrato social ou estatutos. Desse modo, apenas o sócio com poderes de gestão ou representação da sociedade é que pode ser responsabilizado, o que resguarda a pessoalidade entre o ilícito (mal gestão ou representação) e a consequência de ter de responder pelo tributo devido pela sociedade. 6. O art. 13 da Lei n. 8.620/93 não se limitou a repetir ou detalhar a regra de responsabilidade constante do art. 135 do CTN, tampouco cuidou de uma nova hipótese específica e distinta. Ao vincular à simples condição de sócio a obrigação de responder solidariamente pelos débitos da sociedade limitada perante a Seguridade Social, tratou a mesma situação genérica regulada pelo art. 135, III, do CTN, mas de modo diverso, incorrendo em inconstitucionalidade por violação ao art. 146, III, da CF. 7. O art. 13 da Lei n. 8.620/93 também se reveste de inconstitucionalidade material, porquanto não é dado ao legislador estabelecer confusão entre os patrimônios das pessoas física e jurídica, o que, além de impor desconsideração *ex lege* e objetiva da personalidade jurídica, descaracterizando as sociedades limitadas, implica irrazoabilidade e inibe a iniciativa privada, afrontando os arts. 5º, XIII, e 170, parágrafo único, da Constituição. 8. Reconhecida a inconstitucionalidade do art. 13 da Lei n. 8.620/93 na parte em que determinou que os sócios das empresas por cotas de responsabilidade limitada responderiam solidariamente, com seus bens pessoais, pelos débitos junto à Seguridade Social" (STF, Tribunal Pleno, rel. Min. ELLEN GRACIE, RE 562.276, 2011).
50. STJ, REsp 796.613/RS.
51. STJ, Primeira Seção, REsp 1.643.94, 2022.

inadimplemento da obrigação tributária pela sociedade não gera, por si só, a responsabilidade solidária do sócio-gerente"[52].

A **falência** não constitui ato ilícito, não podendo, de modo algum, ser invocada pelo Fisco para justificar a incidência do art. 135, III, do CTN. Aliás, é justamente a falta do requerimento da autofalência que implica a chamada dissolução irregular, a qual, contudo, a rigor, também não se enquadra na previsão constante do art. 135 do CTN. Note-se que, ou a empresa encerra suas atividades após o pagamento de todos os seus débitos tributários, obtendo, assim, a certidão negativa indispensável à requisição de baixa, ou a encerra com débitos que não tem como saldar. Neste último caso, deverá requerer a autofalência. Muitas vezes, porém, simplesmente fecha as portas deixando credores. Mas, ainda assim, é certo que tal dissolução irregular (de fato, não de direito) não é fato gerador de tributo algum; da dissolução, propriamente, não decorre obrigação tributária nova.

A **dissolução irregular** tem sido considerada causa para o redirecionamento da execução contra o sócio-gerente. Neste sentido, consolidou-se a jurisprudência do STJ, conforme se vê da **Súmula 435**: "Presume-se dissolvida irregularmente a empresa que deixar de funcionar no seu domicílio fiscal, sem comunicação aos órgãos competentes, legitimando o redirecionamento da execução fiscal para o sócio-gerente". Importa ter em conta: "A certidão emitida por oficial de justiça, atestando que a empresa devedora não funciona mais no endereço constante dos seus assentamentos na junta comercial, constitui indício suficiente de dissolução irregular e autoriza o redirecionamento da execução fiscal contra os sócios-gerentes"[53]. O STJ já decidiu que **é possível "redirecionar** a execução fiscal contra o sócio-gerente que exerça a gerência por ocasião da dissolução irregular da sociedade contribuinte, independentemente do momento da ocorrência do fato gerador ou da data do vencimento do tributo"[54]. E fixou a seguinte tese sob o número 981: "O redirecionamento da execução fiscal, quando fundado na **dissolução irregular** da pessoa jurídica executada ou na presunção de sua ocorrência, pode ser autorizado contra o sócio ou o terceiro não sócio, com poderes de administração na data em que configurada ou presumida a **dissolução irregular**, ainda que não tenha exercido poderes de gerência quando ocorrido o fato gerador do tributo não adimplido, conforme art. 135, III, do CTN"[55].

Vale destacar que a o art. 9º da LC n. 123/2006, com a redação da LC n. 147/2014, estabelece que o "registro dos atos constitutivos, de suas alterações e extinções (baixas),

---

52. No mesmo sentido: STJ, Primeira Turma, AgRg no REsp 1.295.391/PA, 2013.
53. STJ, Primeira Turma, AgRg no REsp 1.339.991/BA, 2013.
54. STJ, REsp 1.520.257-SP, 2015.
55. STJ, Primeira Seção, REsp 1.643.944, 2022.

referentes a empresários e pessoas jurídicas em qualquer órgão dos 3 (três) âmbitos de governo ocorrerá independentemente da regularidade de obrigações tributárias". Mas seus §§ 4º e 5º deixam claro que a baixa não impede posterior lançamento e cobrança dos tributos e que a solicitação de baixa "importa responsabilidade solidária dos empresários, dos titulares, dos sócios e dos administradores no período da ocorrência dos respectivos fatos geradores".

131. Responsabilidades estabelecidas pelo legislador ordinário dos diversos entes políticos

O art. 128 do CTN enseja ao legislador ordinário que estabeleça outras hipóteses de responsabilidade tributária além daquelas estabelecidas diretamente pelo próprio CTN. Poderá cuidar de novos casos; jamais dispor de modo diverso sobre os casos já previstos no CTN. É o que entende o STF: "O Código Tributário Nacional estabelece algumas regras matrizes de responsabilidade tributária [...], bem como diretrizes para que o legislador de cada ente político estabeleça outras regras específicas de responsabilidade tributária relativamente aos tributos da sua competência, conforme seu art. 128. 3. O preceito do art. 124, II, no sentido de que são solidariamente obrigadas 'as pessoas expressamente designadas por lei', não autoriza o legislador a criar novos casos de responsabilidade tributária sem a observância dos requisitos exigidos pelo art. 128 do CTN, tampouco a desconsiderar as regras matrizes de responsabilidade de terceiros estabelecidas em caráter geral pelos arts. 134 e 135 do mesmo diploma"[56].

Efetivamente, a União, os Estados e os Municípios podem estabelecer hipóteses específicas de responsabilidade relativas a cada um dos tributos da sua competência, através de leis ordinárias próprias, mas não podem ampliar as cláusulas gerais de responsabilidade de terceiros, matéria disciplinada, em nível de lei complementar, pelos arts. 134 e 135 do CTN. Com esse entendimento, o STF considerou constitucional lei do Estado do Mato Grosso que atribuía responsabilidade tributária solidária por infrações a toda pessoa que concorresse ou interviesse, ativa ou passivamente, no cumprimento da obrigação tributária, especialmente a advogado, economista e correspondente fiscal"[57].

Há algumas leis ordinárias federais que estabelecem hipóteses de responsabilidade tributária frequentemente aplicadas, dentre as quais a Lei n. 8.212/91. Seu art. 30, inciso VI, estabelece a responsabilidade solidária **do proprietário, do incorporador, do dono da obra ou condômino**, com o construtor, pelo cumprimento das obrigações para com

---

56. STF, Tribunal Pleno, RE 562.276, 2011.
57. STF, ADI 4.845, Tribunal Pleno, 2020.

a Seguridade Social, ressalvado o seu direito regressivo contra o executor ou contratante da obra e admitida a retenção de importância a este devida para garantia do cumprimento dessas obrigações.

Em vez de simplesmente se referir às atividades inerentes à construção civil e de deixar ao intérprete descortinar sua amplitude, referiu-se expressamente à "construção, reforma ou acréscimo", delimitando seu âmbito de incidência. São relevantes, pois, tais definições. "Construção" implica a edificação de prédio novo, abrangendo todas as suas fases, desde as fundações até o acabamento. "Reforma" implica alteração em características do prédio, mediante modificações nas divisórias ou aberturas ou substituição de materiais com vista à melhoria na aparência ou na funcionalidade. "Acréscimo" envolve ampliação, com aumento de área. As obrigações atinentes a construções, reformas e acréscimos estão submetidas ao regime de responsabilidade solidária. Outra é a situação de serviços que possam ser enquadrados como de simples manutenção, não alcançados pela norma, como pintar novamente o imóvel que, separadamente, não constitui senão mera conservação ou manutenção.

Outro aspecto que merece relevo é que as contribuições sobre o pagamento de empregados provavelmente constituam as maiores obrigações para com a seguridade social relacionadas às obras de construção civil, mas que o dispositivo legal não restringe às mesmas a responsabilidade estabelecida, pois se refere genericamente às "obrigações para com a Seguridade Social", de modo que abrange também, por exemplo, as contribuições retidas dos empregados, bem como as contribuições sobre a remuneração de contribuintes individuais e, ainda, as retidas destes, dentre outras que digam respeito à obra.

Caberá ao proprietário, incorporador, dono da obra ou condômino, quando dos pagamentos ao construtor, exigir a comprovação do recolhimento das contribuições previdenciárias, sob pena de caracterização da sua responsabilidade solidária. Em face disso, inclusive, a lei os autoriza à retenção da respectiva importância no caso da não comprovação do recolhimento pelo construtor.

Contudo, quanto aos efeitos da solidariedade estabelecida, cabe esclarecer que não autoriza o INSS a efetuar o lançamento contra o responsável pelo simples fato de não apresentar à fiscalização, quando solicitado, as guias comprobatórias do pagamento, pelo construtor, das contribuições relativas à obra. Impõe-se que o INSS verifique se o construtor efetuou ou não os recolhimentos. De fato, não há que se confundir a causa que atrai a responsabilidade solidária do dono da obra (ausência da documentação comprobatória do pagamento pelo contribuinte) com a pendência da obrigação tributária em si. A responsabilidade solidária recai sobre obrigações que precisam ser apuradas adequadamente, junto aos empreiteiros/construtores contribuintes, de modo que se verifique a efetiva base de cálculo e a existência de pagamentos já realizados, até porque, na solidariedade, o pagamento efetuado por um dos obrigados aproveita aos demais, nos termos do art. 125, I, do CTN[58]. A análise da documentação do construtor é, assim, indispensável ao lançamento. Em existindo dívida, poderá ser exigida de um ou de outro, forte na solidariedade, sem benefício de ordem, conforme se infere do art. 124, parágrafo único, do CTN[59].

A Lei n. 8.212/91, também no seu art. 30, mas no inciso IX, estabelece a responsabilidade das **empresas do mesmo grupo econômico** pelas dívidas previdenciárias, sem qualquer condicionamento. Enfrentando esse dispositivo, o TRF4 decidiu que a "interpretação do art. 30, IX, da Lei n. 8.212/91 deve se dar em conformidade com as normas constitucionais de imposição do encargo tributário e com o CTN (art. 124, II, c/c art. 128), para admitir que esse dispositivo legal possa imputar responsabilidade solidária apenas às sociedades de um mesmo grupo que concretamente participaram da ocorrência do fato gerador e do cumprimento das respectivas obrigações tributárias, por meio de determinações concretas junto à sociedade contribuinte tomadas na qualidade de controladora das decisões, não bastando, para tanto, a atuação meramente diretiva e indicativa dos objetivos do grupo sem interferência direta na administração das sociedades integrantes"[60].

No item sobre a Execução Fiscal, trato dos casos em que não há e em que não há necessidade de incidente de desconsideração de personalidade jurídica para o redirecionamento, abordando, inclusive, a questão da inexistência, *a priori*, de responsabilidade das empresas de um mesmo grupo econômico, salvo quando houver confusão patrimonial ou outras manobras fraudulentas.

---

58. CTN: Art. 125. Salvo disposição de lei em contrário, são os seguintes os efeitos da solidariedade: I – o pagamento efetuado por um dos obrigados aproveita aos demais.
59. CTN: Art. 124. São solidariamente obrigadas: I – as pessoas que tenham interesse comum na situação que constitua o fato gerador da obrigação principal; II – as pessoas expressamente designadas por lei. Parágrafo único. A solidariedade referida neste artigo não comporta benefício de ordem.
60. TRF4, Corte Especial, AIAC 5010683-32.2018.4.04.0000, rel. RÔMULO PIZZOLATTI, set. 2018.

Capítulo XVI
Tributação do Ilícito

132. Capacidade econômica e fatos geradores envoltos em ilicitudes

A maior atenção das autoridades aos crimes do colarinho branco vem aproximando o Direito Penal do Direito Tributário.

Por longo tempo, esses ramos pouco se tocaram. Restrito aos criminosos marginalizados e aos seus crimes corriqueiros, o mundo do Direito Penal não suscitava maior interesse dos órgãos fazendários. Pouco se alcançava os crimes do colarinho branco (*white collar crimes*), expressão que se diz cunhada por Sutherland.

Mas a situação se alterou desde que a dita criminalidade econômica e os crimes do colarinho branco em geral passaram a ocupar maior espaço nos órgãos de persecução penal e a desvelar movimentações financeiras de enorme vulto, envolvendo a utilização de empresas, não só de fachada, mas de grandes conglomerados econômicos em efetiva e intensa operação, cuja dimensão, inclusive, pode ser atribuída às relações espúrias entre empresários, políticos e servidores públicos. Passou-se a revelar manifestações de capacidade contributiva e a ocorrência de fatos geradores relativos aos autores desses crimes e ao produto ou proveito da atividade criminosa.

Essa nova realidade vislumbrada na confusão entre criminalidade e exercício de atividades econômicas vem centrando o foco das autoridades sobre empresas e pessoas de alta capacidade econômica, que realizam negócios complexos e variados, no país e no exterior, propulsados pela prática de ilícitos. Passou-se a descortinar operações que encobrem e robustecem amplas redes de criminalidade, inclusive envolvendo empresas públicas, sociedades de economia mista e órgãos governamentais, seus altos funcionários e agentes políticos.

Quando as capacidades econômica e contributiva dessas pessoas físicas e jurídicas permaneciam parcialmente ocultas ou a ilicitude subjacente do seu objeto ou da sua fonte mantinha-se dissimulada, tributavam-se os fatos geradores na medida em que se evidenciavam, sem se ter sequer conhecimento da sua ligação às atividades criminosas. Isso, de certo modo, até contribuía e consolidava a lavagem do produto do crime.

O levantamento do véu, o descortinar do mundo do crime, a revelação das tramas delitivas que estavam e estão na raiz dessas atividades, contudo, lançaram luz e ensejaram que se visualizasse e identificasse inúmeros novos fatos geradores e as respectivas bases de cálculo. Tudo com absoluta consciência da teia de infrações civis, administrativas e penais em que restam envolvidos.

Note-se que não apenas os crimes contra o patrimônio (furto, roubo, estelionato, apropriação indébita, violação de direitos autorais) são praticados para o proveito econômico dos seus agentes, mas também os crimes contra a administração pública (contrabando, corrupção passiva, corrupção ativa, peculato), contra a saúde pública (tráfico de drogas e de medicamentos), contra a fé pública (moeda falsa), contra o Sistema Financeiro (operação de instituição financeira sem autorização) e contra a ordem econômica (abuso do poder econômico, formação de cartel), dentre tantos outros.

Na busca de prova de materialidade e autoria de diversos crimes, via de regra, descortinam-se riquezas auferidas (rendimentos ou lucros obtidos), movimentadas (transferências de dinheiro, pagamentos), consumidas (realização de gastos pessoais e aquisição de bens) e acumuladas (disponibilidades financeiras em contas no país e em *offshores*, patrimônio imobiliário, veículos de luxo), negócios simulados (contratação e pagamento de consultorias inexistentes a empresas de fachada) e operações realizadas (e.g., operações de câmbio na evasão de divisas).

Esses atos e fatos econômicos, além de servirem à revelação das infrações penais, frequentemente se apresentam num contexto de evasão tributária em que houve a redução ou supressão de tributos mediante a prática das mais variadas fraudes voltadas a encobrir a ocorrência dos fatos geradores.

Tenhamos em conta, com ARTHUR M. FERREIRA NETO, que "o indivíduo que cometeu ilícito e que deixou de pagar tributos sobre os proventos obtidos por meio dessa atividade não apenas violou a lei, mas desrespeitou duplamente o compromisso social"[1]. Simultaneamente, abusou da sua liberdade, violando bens jurídicos relevantes para a sociedade e, por isso, protegidos pela norma penal, e ainda deixou de cumprir

---

1. FERREIRA NETO, Arthur M. Tributação e punição como pressupostos civilizatórios. In: ADAMY, Pedro Augustin; FERREIRA NETO, Arthur M. (org.). *Tributação do ilícito*. São Paulo: Malheiros, 2018.

seu dever de repartição dos custos sociais. O restabelecimento da ordem jurídica violada exige, portanto, a atuação tanto do Direito Penal como do Direito Tributário, aquele punindo os crimes praticados e este exigindo os tributos sonegados.

É natural, portanto, que o impropriamente chamado tema da tributação do ilícito tenha voltado à tona.

133. Autuação de ofício ou mediante representação para fins fiscais

A comunicação eficaz entre as autoridades penais e fiscais é imprescindível para que os respectivos atos de ofício sejam praticados. A autoridade que verifique infrações cuja apuração extrapole as suas competências deve dar ciência a quem tenha poderes para agir. A comunicação, portanto, pode ocorrer num sentido ou noutro.

Quando a autoridade fiscal insta a autoridade policial à prática dos atos da sua competência, a legislação denomina essa comunicação Representação Fiscal para Fins Penais. Sendo inverso esse fluxo, partindo da autoridade penal em direção à autoridade fiscal, podemos denominá-la Representação Penal para Fins Fiscais. Vejamos.

Em grandes operações de combate à criminalidade, é possível que a investigação de crimes seja realizada mediante trabalho conjunto não apenas da Polícia e do Ministério Público, mas também do Bacen e da Receita Federal. Nesses casos, cada qual não apenas coopera para a apuração dos fatos como tem a oportunidade de tomar as providências da sua própria competência.

Mais comuns, porém, são as investigações criminais que ocorrem em inquéritos policiais mediante atuação da Polícia, tendo como destinatário natural o Ministério Público, sem a participação direta de outros órgãos. Quando as autoridades policiais, ao investigarem crimes envolvendo atividades e resultados econômicos dissimulados, percebem a revelação de capacidade contributiva em contexto no qual se verifica ter ocorrido sonegação de tributos e, portanto, possíveis crimes tributários, devem representar ao Fisco.

Essa obrigação é adensada e robustecida pelo fato de que só o Fisco é competente para dar certeza quanto aos fatos que constituem a materialidade dos crimes contra a ordem tributária. Isso a ponto de a jurisprudência do STF firmar-se no sentido de que não se tipifica crime material contra a ordem tributária sem a prévia constituição definitiva do crédito tributário, colocando o término do processo administrativo fiscal como condição objetiva de punibilidade. O entendimento resta consolidado na Súmula Vinculante 24.

Desse modo, as autoridades policiais, mesmo ao se depararem com o que lhes possa parecer inequívocos crimes contra a ordem tributária, não têm autonomia para lhes apurar a materialidade e encaminhar suas conclusões ao Ministério Público de modo suficiente a amparar o oferecimento de denúncia. O Ministério Público, por sua vez, tomando conhecimento de práticas de sonegação, tampouco pode oferecer denúncia sem que esteja ela instruída com os documentos fiscais comprobatórios da constituição definitiva dos respectivos créditos tributários.

Redunda claro, assim, que a comunicação da possível ocorrência de fatos geradores circunstanciados em situações de sonegação não constitui ato discricionário das autoridades policiais e ministeriais. Como caminho necessário à persecução dos crimes contra a ordem tributária, compete a essas autoridades – os Delegados de Polícia e os Promotores de Justiça ou Procuradores da República – levarem ao conhecimento do Fisco as evidências de que disponham. O órgão fazendário, então, terá a oportunidade de se desincumbir daquilo que lhe cabe nesse *iter* da persecução penal dos crimes contra a ordem tributária: a constituição definitiva do crédito tributário, que dá certeza ao resultado material pressuposto no tipo penal do art. 1º da Lei n. 8.137/90.

A Receita Federal do Brasil e as Secretarias da Fazenda dos Estados e dos Municípios têm papel essencial na linha de desdobramento das ações necessárias à responsabilização criminal dos delinquentes tributários. Nesses crimes, a atividade das autoridades fiscais competentes para o lançamento equipara-se à dos Delegados de Polícia, senão formalmente, ao menos pelo seu resultado. O processo administrativo fiscal faz as vezes de inquérito policial, na medida em que, enviado aquele ao Ministério Público, este poderá ajuizar a ação penal buscando a condenação dos autores de crimes tributários.

A atuação do Fisco é essencial, pressuposto inafastável, caminho necessário para a punibilidade dos crimes tributários. Ao tomarem conhecimento de possíveis atos configuradores de crimes materiais contra a ordem tributária, portanto, é imperativo, sob pena de violação de deveres funcionais, que as autoridades policiais e ministeriais instem o Fisco a agir.

Para essa comunicação, sugerimos a denominação Representação Penal para Fins Fiscais. Representação porque constitui uma manifestação dando conta de possíveis infrações para que sejam tomadas as medidas cabíveis no âmbito das atribuições da autoridade a quem dirigida. Penal, porque proveniente das autoridades envolvidas com a persecução penal. Para fins fiscais porque o objetivo imediato é que seja realizado o lançamento constitutivo do crédito tributário.

134. Premissa da irrelevância da ilicitude subjacente: princípio do *non olet*

Jamais um ato ilícito estará descrito na hipótese de incidência de um imposto ou contribuição, porquanto tributo não é sanção de ato ilícito, não se presta para punir. Aliás, o art. 3º do CTN dispõe que tributo é obrigação pecuniária, compulsória, prevista em lei, que não constitui sanção de ato ilícito, cobrada mediante atividade administrativa plenamente vinculada! Ilícitos civis, empresariais, administrativos e mesmo penais são, a princípio, irrelevantes.

Lembre-se que a capacidade tributária passiva independe "da capacidade civil das pessoas naturais" e de "estar a pessoa jurídica regularmente constituída, bastando que configure uma unidade econômica ou profissional", nos termos do art. 126 do CTN. Disso decorre que a regularidade formal do contribuinte não afasta os efeitos tributários dos atos praticados. Estar devidamente constituído enquanto pessoa jurídica, ter inscrição federal, estadual e municipal como contribuinte junto ao Fisco, ostentar alvará de funcionamento, emitir os documentos inerentes a cada ato ou negócio praticado e cumprir outras obrigações acessórias são mesmo circunstâncias irrelevantes para fins de tributação, porquanto não obstam a ocorrência dos fatos geradores e seus efeitos. A autoridade fiscal que flagre esse tipo de situação lavrará os autos de infração respectivos, constituindo o crédito relativo aos tributos que deixaram de ser pagos e impondo as multas respectivas, inclusive pelo descumprimento das obrigações acessórias.

Toma-se como referência o adágio *pecunia non olet*, ou seja, o princípio segundo o qual a ilicitude subjacente não retira dos fatos econômicos a revelação de capacidade contributiva tributável, de modo que não afeta nem prejudica a tributação dos fatos geradores efetivamente ocorridos ou praticados. DANIEL CARNEIRO, e.g., afirma: "[...] para fins tributários, a incidência fiscal toma em consideração apenas o aspecto econômico do fato jurídico, não se questionando sobre a licitude ou ilicitude dos aspectos direta ou indiretamente relacionados ao fato gerador da obrigação, característica esta a que se identifica como 'princípio do *non olet*', evidenciado nos arts. 3º e 118, I, do CTN. [...] longe de implicar condescendência ou incentivo à ilegalidade, representa a concretização de superiores postulados principiológicos da tributação [...]"[2]. É comum que os tribunais também assim decidam, amparados no art. 118, I, do CTN, que dispõe: "Art. 118. A definição legal do fato gerador é interpretada abstraindo-se: I – da validade jurídica dos atos efetivamente praticados pelos contribuintes, responsáveis, ou terceiros, bem como da natureza do seu objeto ou dos seus efeitos;". O STJ concluiu: "São tributáveis *ex vi* do art. 118, do Código Tributário Nacional, as operações ou atividades ilícitas ou imorais, posto a definição legal do fato gerador é interpretada com abstração da validade jurídica dos atos efetivamente praticados pelos contribuintes, responsáveis ou terceiros, bem como da natureza do seu objeto ou dos seus efeitos [...]"[3]. O STF também tem precedentes nessa toada, decidindo que "A exoneração tributária dos resultados econômicos de fato criminoso – antes de ser corolário do princípio da moralidade – constitui violação do princípio de isonomia fiscal, de manifesta inspiração ética"[4].

---

2. CARNEIRO, Daniel Zanetti Marques. *Imposto de renda e atividades ilícitas: panorama atual e perspectivas da imposição fiscal*. Revista Dialética de Direito Tributário 166/19, jul. 2009.
3. STJ, Quinta Turma, REsp 182.563/RJ, 1998.
4. STF, Primeira Turma, HC 77.530, 1998.

Isso faz todo o sentido quando se cuida de produtos ou proveitos do crime relativamente aos quais houve movimentação, disposição, consumo, transformação, enfim, quando o agente já teve a disponibilidade sobre ele e não seja possível simplesmente devolvê-lo à vítima ou lhe aplicar a pena de perdimento.

Mas há casos em que a atuação diligente das autoridades policiais e ministeriais impede que os criminosos se beneficiem do produto do crime. Nesses casos, cabem algumas considerações, que faremos no item seguinte.

Ademais, não se deve perder de vista que, se, de um lado, o *non olet* permite que se mirem as manifestações de riqueza que constituam fato gerador de tributo sem que a sua ilicitude subjacente seja óbice à tributação, de outro, isso não autoriza que se transforme o tributo, ele próprio, em sanção de ato ilícito, alcançando situações ou bases que extrapolem as regras matrizes de incidência tributária. Nesse sentido, para fins de imposto de renda, por exemplo, é preciso investigar a riqueza nova produzida pela atividade criminosa, não se podendo, simplesmente, tomar toda a receita auferida como base de cálculo do imposto de renda, que é imposto sobre o lucro e não pode desbordar disso.

Ademais, conforme SCHOUERI e GALDINO, o *non olet* deve ter uma aplicação bidirecional, de modo que o rendimento disponível tributável pelo imposto de renda seja aferido mediante dedução de todas as despesas comprometidas com a sua própria obtenção, inclusive aquelas revestidas de ilicitude, como subornos, ou da ilicitude decorrentes, como o pagamento de multas e indenizações[5]. Esse tema, por certo, ainda será objeto de muita análise nos próximos anos.

135. Efeitos tributários do perdimento do produto e do proveito do crime

O ressarcimento da vítima e o perdimento de bens constituem efeitos da condenação, visando a recompor o *status quo ante* e a impedir a fruição dos proventos do crime.

O confisco e o perdimento, para fins de devolução, dos bens que tenham sido retirados da vítima, assume carga declaratória negativa de titularidade e de disponibilidade ao autor do crime, de modo que, no seu objeto, não se pode enxergar capacidade contributiva a ser tributada.

Lembre-se que o DL n. 37/66, que cuida do imposto de importação, dispõe justamente no sentido de que o imposto não incide sobre mercadoria estrangeira "que tenha sido objeto de pena de perdimento, exceto na hipótese em que não seja localizada, tenha

---

5. SCHOUERI, Luís Eduardo; GALDINO, Guilherme. Dedutibilidade de despesas com atividades ilícitas. In: ADAMY, Pedro Augustin; FERREIRA NETO, Arthur M. (org.). *Tributação do ilícito*. São Paulo: Malheiros, 2018.

sido consumida ou revendida" (art. 1º, § 4º, III, do DL n. 37/66, com a redação da Lei n. 10.833/2003).

SCHOUERI bem ensina a respeito desse ponto:

> [...] se o ordenamento brasileiro dispõe acerca do produto do crime, determinando sua expropriação, não há espaço para a tributação. Qualquer tributo iria além da totalidade do próprio produto do crime, revelando confisco, vedado pela Constituição. Não é possível, no ordenamento jurídico brasileiro, o emprego do tributo com efeito de confisco (art. 150, IV, da Constituição Federal). Vê-se que não prosperam os argumentos daqueles que defendem, com base na igualdade, aquela tributação, já que não está correta a premissa de que, ao não se tributarem aqueles resultados, colocar-se-iam em situação privilegiada os que cometeram ilícitos; estes, como visto, perdem a totalidade dos frutos do ilícito. Assim, não obstante o posicionamento doutrinário e jurisprudencial favorável à tributabilidade do produto do ilícito, esta deve encontrar seu limite nos casos em que o próprio ordenamento exigir a expropriação daquele produto, não havendo, então, espaço para a tributação. Se, entretanto, não ocorre o perdimento (por exemplo, em virtude de prescrição penal), então este fato (a prescrição) implicará um acréscimo no patrimônio do agente. Será hipótese, agora sim, lícita, já que conforme o ordenamento e nada impede a tributação neste segundo momento[6].

Também é relevante a lição de BECHO ao dizer que "uma hipotética interpretação que levasse à conclusão de que o resultado auferido com a prática de crimes deveria ser tributado e, posteriormente, confiscado pela União, incorporando aos cofres públicos, não encontra fundamento legal"[7].

Já o confisco e eventual perdimento dos proventos do crime (produto ou proveito) ocorridos após a sua movimentação, utilização, consumo ou transformação, ou seja, após a efetiva e inequívoca ocorrência de fatos geradores que já não podem ser desconstituídos ou restituídos ao estado anterior, recaem sobre bens de que efetivamente dispôs o autor do crime. Note-se que a titularidade da riqueza foi exercida, ainda que de fato. Assim, para fins de tributação, será irrelevante a ilicitude subjacente ao proveito do crime de que efetivamente se dispôs, inclusive na hipótese de ter ocorrido perdimento subsequente.

---

6. SCHOUERI, Luís Eduardo. *Direito tributário*. 2. ed. São Paulo: Saraiva, 2012, p. 140.
7. BECHO, Ricardo Lopes. *Lições de Direito Tributário*. São Paulo: Saraiva, 2011, p. 93.

Capítulo XVII
Infrações à legislação tributária

136. As penalidades pelo descumprimento das obrigações tributárias, inclusive perdimento

Vivemos num Estado de Direito e estamos, todos, sujeitos ao cumprimento das leis, inclusive das leis tributárias. Mas são frequentes as violações a tal dever. As infrações à legislação tributária consistem no descumprimento de obrigações contributivas (pagar tributo) ou de colaboração com a administração tributária (descumprimento de obrigações acessórias, não realização de retenções e de repasses etc.).

Com vistas à inibição e à repressão dos ilícitos tributários, a lei pode estabelecer penalidades para os infratores (art. 97, V, do CTN).

A penalidade pecuniária é a mais comum, ou seja, a **pena de multa**. As multas têm como pressupostos de fato, por vezes, o simples descumprimento de obrigações acessórias; em outros casos, o inadimplemento ou atraso: a demora; ainda, violações mais graves que configuram sonegação. Trataremos das multas em item próprio adiante. Há, também, embora mais raras, penalidades de perdimento de bens e restrições a direitos.

A **pena de perdimento** é aplicada na hipótese de irregularidades graves na importação de bens. É que a realização de importação exige o cumprimento do rito próprio (obtenção da guia de importação, realização do contrato de câmbio etc.), pagamento dos respectivos impostos (IPI, II, ICMS, PIS-Importação, Cofins-Importação) e idoneidade da documentação que a subsidia no que diz respeito à origem, autenticidade e compatibilidade da declaração com os bens verdadeiramente internalizados. Eventual importação irregular enseja autuação e apreensão por parte da Inspetoria da Receita Federal, com subsequente aplicação da pena de perdimento, nos termos dos arts. 104 e 105 do Decreto-Lei n. 37/66,

23 e 27 do Decreto-Lei n. 1.455/76 e 675 e seguintes do Decreto n. 6.759/2009. Também as mercadorias internalizadas pelas fronteiras terrestres, sem declaração e pagamento dos tributos sobre o que supera a quota isenta, estão sujeitas ao perdimento. E mais: há previsão de perdimento inclusive para o veículo transportador, quando pertencente ao responsável pelo ilícito, sendo que o STJ entende válido o perdimento ainda que o valor do veículo seja desproporcional ao valor das mercadorias[1].

Mas, tenha-se em conta que: "À luz dos arts. 95 e 104 do DL n. 37/66 e do art. 668 do Decreto n. 6.759/2009, a pena de perdimento do veículo só pode ser aplicada ao proprietário do bem quando, com dolo, proceder à internalização irregular de sua própria mercadoria"[2]. Não se pode estender a pena de perdimento a terceira pessoa que, embora proprietária do veículo, não tenha participado da infração. O STJ decidiu que: "A pessoa jurídica, proprietária do veículo, que exerce a regular atividade de locação, com fim lucrativo, não pode sofrer a pena de perdimento em razão de ilícito praticado pelo condutor-locatário, salvo se tiver participação no ato ilícito para internalização de mercadoria própria, exceção que, à míngua de previsão legal, não pode ser equiparada à não investigação dos 'antecedentes' do cliente"[3].

Ademais, mera irregularidade formal, sem dolo, não autoriza a aplicação da pena. Decidiu, o STJ, no REsp 1.316.269, que o erro culposo na classificação aduaneira não legitima a imposição da pena de perdimento[4].

De outro lado, o pagamento dos tributos inerentes à operação de importação não afasta, por si só, a pena de perdimento quando haja irregularidades como, e.g., a indicação falsa da procedência do produto, na medida em que o perdimento configura sanção pelo descumprimento das normas de direito alfandegário em geral[5].

A situação de inadimplência também implica, muitas vezes, restrições a direitos. Quando justificáveis, são válidas; quando irrazoáveis ou desproporcionais, acabam por se apresentar como mecanismos ilegítimos de retaliação aos contribuintes faltosos, sendo denominadas sanções políticas. Esses pontos são objeto de item próprio adiante.

Quando as infrações à legislação tributária são consideradas pelo legislador como crimes, com a **cominação de penas privativas de liberdade**, passamos do direito tributário para o direito penal tributário. Teremos, então, crimes de descaminho, de apropriação indébita e de sonegação, dentre outros, conforme será abordado em capítulo próprio adiante.

....
1. STJ, Primeira Turma, REsp 1.498.870-PR, 2015.
2. STJ, Primeira Turma, REsp 1.817.179/RS, 2019.
3. STJ, Primeira Turma, REsp 1.817.179/RS, 2019.
4. STJ, Primeira Turma, REsp 1.316.269, 2017.
5. STJ, Segunda Turma, REsp 1.385.366, 2016.

137. Multas

As multas são as penalidades pecuniárias impostas pelo descumprimento da legislação tributária. Todas as multas constituem respostas a um ilícito tributário, revestindo-se, portanto, de caráter sancionatório, punitivo. Considerando que as sanções pecuniárias "não são dimensionadas na exata proporção do dano causado" e que "não substituem a obrigação principal, pelo contrário, são sempre exigidas junto com o tributo", PADILHA afirma que "as multas tributárias não cumprem a função de reparar/indenizar o dano, configurando verdadeira sanção repressiva, com a finalidade primordial de punir, reprimir e repreender o ilícito tributário". E conclui: "independentemente da denominação – multa de ofício, multa de mora, multa punitiva, multa isolada, multa agravada, multa qualificada –, a 'multa tributária' apresenta-se como medida repressiva (ou punitiva)"[6].

Configurando obrigação tributária principal, ao lado dos tributos, nos termos do art. 113, § 1º, do CTN, as multas também são objeto de lançamento e, até mesmo, de cobrança executiva, muitas vezes em conjunto com os tributos a que dizem respeito.

Há diversas classificações possíveis para as multas tributárias. A mais tradicional, inclusive adotada pela legislação, é a que destaca três classes de multa: moratórias, de ofício e isoladas. Vejamos:

- Classificação tradicional das multas:

    a) moratória;

    b) de ofício;

    c) isolada.

As multas moratórias constituem penalidades aplicadas em razão do simples atraso no pagamento de tributo, como a do art. 61 da Lei n. 9.430/96. As multas de ofício são aplicadas pela própria autoridade através de auto de infração quando verifique que o contribuinte deixou de pagar tributo, mediante omissão ou fraude, como as do art. 44, I e § 1º, da Lei n. 9.430/96. As multas isoladas, por sua vez, são aplicadas pelo descumprimento de obrigações acessórias ou por outras infrações que independem de ser ou não devido determinado tributo, como a do art. 12 da Lei n. 8.212/91.

Essa classificação, porém, não se reveste de rigor suficiente, porquanto utiliza critérios variados e coloca, lado a lado, gênero e espécie. Por isso, sugerimos outras classificações que entendemos possam melhor contribuir para a compreensão das multas:

- Quanto ao procedimento:

    a) automática;

    b) de ofício.

---

6. PADILHA, Maria Ângela Lopes. *As sanções no direito tributário*. São Paulo: Noeses, 2015, p. 266.

- Quanto à infração cometida:
    a) não pagamento no prazo;
    b) não pagamento mediante omissão culposa;
    c) não pagamento mediante fraude ou sonegação;
    d) descumprimento de obrigações acessórias.
- Quanto à autonomia:
    a) dependente;
    b) isolada.
- Quanto ao valor:
    a) fixa;
    b) proporcional.
- Quanto ao comportamento posterior do agente:
    a) aumentada;
    b) reduzida.

Quanto ao procedimento, as multas são devidas automaticamente ou dependem de lançamento de ofício. As multas automáticas são as consideradas devidas independentemente de lançamento, como ocorre com as moratórias. Quando o contribuinte, fora do prazo, vai preencher guia para pagamento de tributo, deve fazer incidir os juros e a multa por iniciativa própria, em cumprimento à legislação. O próprio sistema informatizado que auxilia o preenchimento de guias já acrescenta tal. Caso o contribuinte que declarou determinado débito se mantenha inadimplente, sua inscrição em dívida ativa é feita também com a multa moratória, sem a necessidade de procedimento para aplicação de tal multa e sem notificação para defesa. As multas de ofício, por sua vez, são aquelas constituídas por lançamento em que a autoridade, verificando infração, aplica a multa, notificando o contribuinte para se defender ou pagar. Normalmente, são aplicadas de ofício as multas mais graves, em casos de omissão ou fraude, ou mesmo as multas isoladas por descumprimento de obrigação acessória.

Quanto à infração cometida, temos multas pelo atraso no pagamento, pela falta de antecipação de tributo sujeito a ajuste, pelo inadimplemento mediante omissão, pelo inadimplemento mediante fraude e por descumprimento de obrigação acessória, dentre outras. Por certo que esse rol não é exaustivo, refletindo as infrações previstas na maior parte das legislações tributárias dos diversos entes políticos.

Quanto à gravidade da infração, as multas são comuns ou qualificadas. As multas tributárias costumam ser escalonadas em percentuais graduados conforme a gravidade da infração. As decorrentes de infrações que dispensam o dolo específico são as comuns; as decorrentes de infrações que merecem maior reprovabilidade, normalmente em razão do dolo que constitui elemento do seu pressuposto de fato, e que, portanto, são aplicadas em percentual superior, são denominadas multas qualificadas.

Quanto à autonomia, as multas podem ser dependentes ou isoladas. Há infrações que pressupõem o não pagamento de tributo (atraso, omissão ou sonegação), e outras que independem de qualquer obrigação principal, tendo como pressuposto o descumprimento de obrigações acessórias. No primeiro caso, o lançamento e/ou a cobrança da multa costuma ser realizada juntamente com o respectivo tributo; no caso das isoladas, é lançada e cobrada apenas a multa.

Quanto ao valor, as multas são fixas ou proporcionais. Fixas são as estabelecidas em montante invariável; proporcionais, as que variam mediante a aplicação de uma alíquota sobre determinado referencial, normalmente o montante do tributo devido ou da informação omitida.

Quanto ao comportamento posterior do agente, as multas podem ser aumentadas ou reduzidas. Isso porque, por vezes, a legislação estabelece causas de aumento da multa na hipótese de o contribuinte deixar de prestar esclarecimentos ou outros elementos solicitados pela fiscalização tributária e que seriam relevantes para a verificação da infração. Noutras, reduz a multa para o contribuinte que, notificado, abre mão de impugnar ou de recorrer e procede voluntariamente ao pagamento ou ao parcelamento do débito.

No âmbito dos tributos administrados pela SRFB, incluindo as contribuições de seguridade social, substitutivas e devidas a terceiros[7], a **multa moratória** é de 0,33% por dia de atraso até o limite de 20% (art. 61 da Lei n. 9.430/96)[8]. Esse percentual da multa moratória, de 20%, é chancelado pelo STF, que não o considera confiscatório[9]. É inaplicável o limite de 2% estabelecido pelo Código de Defesa do Consumidor, porquanto, além de haver lei específica para a matéria tributária, não se pode de modo algum qualificar o contribuinte de consumidor[10].

Para a hipótese de **falta de antecipação de tributos sujeitos a ajuste**, será aplicada multa de ofício de 50% (art. 44, II, da Lei n. 9.430/96)[11]. Trata-se de multa isolada, aplicável

---

7. Conforme o art. 35 da Lei n. 8.212/91, com a redação da Lei n. 11.941/2009.
8. Lei n. 9.430/96: "Art. 61. Os débitos para com a União, decorrentes de tributos e contribuições administrados pela Secretaria da Receita Federal, cujos fatos geradores ocorrerem a partir de 1º de janeiro de 1997, não pagos nos prazos previstos na legislação específica, serão acrescidos de multa de mora, calculada à taxa de trinta e três centésimos por cento, por dia de atraso. § 1º A multa de que trata este artigo será calculada a partir do primeiro dia subsequente ao do vencimento do prazo previsto para o pagamento do tributo ou da contribuição até o dia em que ocorrer o seu pagamento. § 2º O percentual de multa a ser aplicado fica limitado a vinte por cento".
9. STF, Primeira Turma, ARE 886.446 AgR, 2016.
10. TRF4, Primeira Turma, AC 1998.04.01.068825-3/RS, 2004.
11. Lei n. 9.430/96, com a redação da Lei n. 11.488/2007 e da Lei n. 12.249/2010: "Art. 44. Nos casos de lançamento de ofício, serão aplicadas as seguintes multas: I – de 75% (setenta e cinco por cento) sobre a totalidade ou diferença de imposto ou contribuição nos casos de falta de pagamento ou recolhimento, de falta de declaração e nos de declaração inexata; II – de 50% (cinquenta por cento), exigida isoladamente, sobre o valor do pagamento mensal: a) na forma do art. 8º da Lei n. 7.713, de 22 de dezembro de 1988, que deixar de ser efetuado, ainda que não tenha sido apurado imposto a

apenas quando não haja tributo a ser exigido. Restando o contribuinte devedor após o ajuste, o Fisco procederá ao lançamento de ofício aplicando a multa do inciso I, mais elevada, conforme se verá em seguida. Importante é considerar que, nessa hipótese, a multa de 50% fica **absorvida pela multa superior** aplicada, não havendo que se falar em cumulação de multas.

Para os casos de **omissão do contribuinte**, a multa de ofício é de 75% (art. 44, I, da Lei n. 9.430/96), percentual este que dobra para 150% nos **casos de fraude, sonegação ou conluio** (art. 44, § 1º, da Lei n. 9.430/96). Por definição legal, "é toda ação ou omissão dolosa tendente a impedir ou retardar, total ou parcialmente, a ocorrência do fato gerador da obrigação tributária principal, ou a excluir ou modificar as suas características essenciais, de modo a reduzir o montante do imposto devido, ou a evitar ou diferir o seu pagamento" (art. 72 da Lei n. 4.502/64). **Sonegação**, também definida por lei, é "toda ação ou omissão dolosa tendente a impedir ou retardar, total ou parcialmente, o conhecimento por parte da autoridade fazendária: I – da ocorrência do fato gerador da obrigação tributária principal, sua natureza ou circunstâncias materiais; II – das condições pessoais de contribuinte, suscetíveis de afetar a obrigação tributária principal ou o crédito tributário correspondente" (art. 71 da Lei n. 4.502/64). Conluio, por sua vez, "é o ajuste doloso entre duas ou mais pessoas naturais ou jurídicas", visando à fraude ou à sonegação (art. 73 da Lei n. 4.502/64).

A **falta de colaboração** do contribuinte, quando chamado a esclarecer e a apresentar documentos relacionados à possível infração cometida, é caso de aumento de metade das penas de multa que são de 75% ou de 150% (art. 44, § 2º, da Lei n. 9.430/96), podendo elevá-las, portanto, a 112,5% e a 225% respectivamente[12]. Esses aumentos são bastante discutíveis, tendo em conta o direito a não autoincriminação.

No **Tema 872** de repercussão geral (RE 606.010), em 2020, o STF entendeu: "Revela-se constitucional a sanção prevista no artigo 7º, inciso II, da Lei n. 10.426/2002, ante a ausência de ofensa aos princípios da proporcionalidade e da vedação de tributo com efeito confiscatório". O dispositivo prevê multa em valor mensal de 2% ao mês

---

pagar na declaração de ajuste, no caso de pessoa física; b) na forma do art. 2º desta Lei, que deixar de ser efetuado, ainda que tenha sido apurado prejuízo fiscal ou base de cálculo negativa para a contribuição social sobre o lucro líquido, no ano-calendário correspondente, no caso de pessoa jurídica [...] § 5º Aplica-se também, no caso de que seja comprovadamente constatado dolo ou má-fé do contribuinte, a multa de que trata o inciso I do *caput* sobre: I – a parcela do imposto a restituir informado pelo contribuinte pessoa física, na Declaração de Ajuste Anual, que deixar de ser restituída por infração à legislação tributária; e II – (vetado)".

12. Art. 44, § 2º, da Lei n. 9.430/96, com a redação da Lei n. 11.488/2007: "Art. 44 [...] § 2º Os percentuais de multa a que se referem o inciso I do *caput* e o § 1º deste artigo serão aumentados de metade, nos casos de não atendimento pelo sujeito passivo, no prazo marcado, de intimação para: I – prestar esclarecimentos; II – apresentar os arquivos ou sistemas de que tratam os arts. 11 a 13 da Lei n. 8.218, de 29 de agosto de 1991; III – apresentar a documentação técnica de que trata o art. 38 desta Lei".

calendário ou fração, até o limite de 20%, em razão da não apresentação ou atraso na apresentação de DCTF, Declaração Simplificada da Pessoa Jurídica ou Dirf, ainda que integralmente pago.

Mas também há previsão de redução das multas para a hipótese de o contribuinte efetuar o pagamento ou requerer parcelamento de pronto ou após a rejeição da sua impugnação por decisão de primeira instância do processo administrativo. Essa redução varia de 50% a 20% do valor da multa. Será de 50% do valor da multa no caso de pagamento ou compensação efetuados em 30 dias da notificação, de 40% do valor da multa no caso de o contribuinte, nesse prazo, requerer o parcelamento do débito, de 30% do valor da multa no caso de o pagamento ou a compensação serem efetuados em 30 dias da notificação da decisão administrativa de primeira instância e de 20% do valor da multa se, nesse último prazo, for requerido parcelamento (art. 6º da Lei n. 8.218/91, com a redação da Lei n. 11.941/2009).

Vale referir, ainda, que é cominada multa isolada de 50%, ainda, para o caso de **declaração de compensação não homologada** (art. 74, § 17 da Lei n. 9.430/96). Mas essa multa foi considerada inconstitucional pelo TRF, tendo em conta a afronta ao direito de petição[13].

Ademais, a previsão legal de que se aplicaria multa de 75% no caso de deduções e compensações indevidas informadas na Declaração de Ajuste Anual da pessoa física foi revogada. Atualmente, por força da Lei n. 12.249/2010, que deu nova redação ao § 5º do art. 44 da Lei n. 9.430/96, apenas quando comprovado dolo ou má-fé do contribuinte é que essa multa poderá ser aplicada no caso de a parcela do imposto a restituir informado pelo contribuinte pessoa física deixar de ser restituída por infração à legislação tributária[14].

Multas excessivamente elevadas, desproporcionais à infração cometida, não são admitidas[15]. O STF permite, inclusive, a invocação da vedação de confisco nesses casos. Assim é que considera descabida a multa superior a 100% do tributo devido[16]. Vale frisar,

---

13. TRF4, Corte Especial, TRF4, ARGINC 5007416-62.2012.404.0000, 2012.
14. Art. 44, § 5º, da Lei n. 9.430/96, com a redação da Lei n. 12.249/2010: "Art. 44 [...] § 5º Aplica-se também, no caso de que seja comprovadamente constatado dolo ou má-fé do contribuinte, a multa de que trata o inciso I do *caput* sobre: I – a parcela do imposto a restituir informado pelo contribuinte pessoa física, na Declaração de Ajuste Anual, que deixar de ser restituída por infração à legislação tributária; e II – (vetado)".
15. HARET, Florence. Multas tributárias de ofício, isolada, qualificada e agravada: considerações sobre cumulação de multas e sobre o entendimento jurisprudencial dos princípios da proporcionalidade e do não confisco aplicados às multas tributárias. *RET* n. 113, jan.-fev. 2017, p. 09.
16. "MULTA CONFISCATÓRIA. REDUÇÃO [...] 1. É admissível a redução da multa tributária para mantê-la abaixo do valor do tributo, à luz do princípio do não confisco" (STF, Primeira Turma, ARE 776.273 AgR, rel. Min. EDSON FACHIN, set. 2015); "CARÁTER CONFISCATÓRIO DA MULTA FISCAL [...] O valor da obrigação principal deve funcionar como limitador da norma sancionatória, de modo que a abusividade se revela nas multas arbitradas acima do montante de 100%" (STF, Primeira Turma, AI 838.302 AgR, rel. Min. ROBERTO BARROSO, fev. 2014);

ainda, que o STJ entende aplicável às multas tributárias, enquanto sanções, "a lógica do princípio penal da consunção, em que a infração mais grave abrange aquela menor que lhe é preparatória ou subjacente"[17]. O próprio CARF pratica a consunção, conforme se vê da **Súmula CARF n. 105**: "A multa isolada por falta de recolhimento de estimativas, lançada com fundamento no art. 44 § 1º, inciso IV da Lei n. 9.430, de 1996, não pode ser exigida ao mesmo tempo da multa de ofício por falta de pagamento de IRPJ e CSLL apurado no ajuste anual, devendo subsistir a multa de ofício" (1ª T., CSRF, 2014).

138. Restrições a direitos e sanções políticas

O STF possui jurisprudência consolidada no sentido de que "o Estado não pode valer-se de meios indiretos de coerção, convertendo-os em instrumentos de acertamento da relação tributária, para, em função deles – e mediante interdição ou grave restrição ao exercício da atividade empresarial, econômica ou profissional – constranger o contribuinte a adimplir obrigações fiscais eventualmente em atraso"[18]. Considera que "Discrepa, a mais não poder, da Carta Federal a sanção política objetivando a cobrança de tributos"[19], assim considerada a "medida coercitiva do recolhimento do crédito tributário que restrinja direitos fundamentais dos contribuintes devedores de forma desproporcional e irrazoável"[20].

Efetivamente, são inadmissíveis restrições que impeçam ou inviabilizem o gozo do direito ao livre exercício de atividade econômica ou profissional em razão da pura e simples existência de débitos do contribuinte.

A jurisprudência do STF[21] está consolidada nos seguintes enunciados:

- **Súmula 70 do STF:** É inadmissível a interdição de estabelecimento como meio coercitivo para cobrança de tributo.

- **Súmula 323 do STF:** É inadmissível a apreensão de mercadorias como meio coercitivo para pagamento de tributos.

"MULTA FISCAL. PERCENTUAL SUPERIOR A 100%. CARÁTER CONFISCATÓRIO [...] I – Esta Corte firmou entendimento no sentido de que são confiscatórias as multas fixadas em 100% ou mais do valor do tributo devido" (STF, Segunda Turma, RE 748.257 AgR, 2013).

17. STJ, REsp 1.496.354-PR, 2015.
18. STF, Segunda Turma, ARE 915.424 AgR, 2015.
19. STF, Tribunal Pleno, RE 565.048, 2014.
20. STF, Tribunal Pleno, ADI 5.135, 2016.
21. Interessante apanhado sobre o tema encontra-se em: OLIVEIRA, Laís Fernanda Cruz de. A livre iniciativa e as sanções políticas em matéria tributária na visão atual do Supremo Tribunal Federal. *RET* n. 128/55-90, jul.-ago. 2019.

- **Súmula 547 do STF:** Não é lícito à autoridade proibir que o contribuinte em débito adquira estampilhas, despache mercadorias nas alfândegas e exerça suas atividades profissionais.

Assim, constituem sanções políticas medidas como a interdição de estabelecimento, não autorização da emissão de documentos fiscais e cassação da habilitação profissional. Ainda "Consubstancia sanção política visando o recolhimento de tributo condicionar a expedição de notas fiscais à fiança ou às garantias real ou fidejussória por parte do contribuinte"[22].

O STJ entende que "a inscrição da empresa no rol de contribuintes considerados inaptos pelo Fisco sergipano configura sanção política", porquanto "dificulta o exercício de sua atividade", na medida em que atrai regra própria de responsabilização tributária do transportador, procedimento diferenciado para recolhimento do imposto e aumento da carga tributária ao considerar maior percentual de margem de valor agregado[23].

As sanções políticas são proscritas e, se forem adotadas, mesmo que mediante lei, serão inválidas por inconstitucionais. Mas nem todas as restrições a direitos constituem sanções políticas. A condição de contribuinte inadimplente, por vezes, implica restrições que não se mostram desproporcionais nem abusivas.

A Lei n. 11.195/2021 incluiu o parágrafo único no art. 4º da Lei n. 12.514/2011, que dispõe sobre as contribuições devidas aos conselhos profissionais para deixar expresso que o inadimplemento ou o atraso no pagamento das anuidades "não ensejará a suspensão do registro ou o impedimento de exercício da profissão". Com isso, varreu sanção política que comprometia, desproporcionalmente, o exercício do direito ao trabalho.

Não há que se considerar uma restrição desproporcional ao exercício de direitos, e.g., a exigência de demonstração do pagamento de tributo inerente a determinada operação. É descabido invocar, no ponto, a Súmula 323 do STF, porquanto não se confunde a apreensão de mercadorias com a sua retenção até que demonstrada a regularidade fiscal da operação. Assim é que não há impedimento à exigência da prova do pagamento dos tributos incidentes na importação como condição ao desembaraço e à liberação dos produtos. Esse entendimento também é aplicado pelo STJ relativamente aos direitos *antidumping*[24]: "A quitação dos direitos *antidumping* é requisito para

---

22. STF, Tribunal Pleno, RE 565.048, 2014.
23. STJ, Primeira Turma, RMS 53.989/SE, 2018.
24. O *dumping* é uma prática predatória no comércio internacional, consistente na comercialização de determinado produto abaixo do seu preço de custo por determinado período para a eliminação da concorrência e a dominação dos mercados. Os direitos *antidumping* são valores adicionais cobrados quando da importação para compensar essa prática danosa, equilibrando os preços.

perfectibilização do processo de importação. A retenção de mercadorias e a exigência do recolhimento de tributos e multa ou prestação de garantia integram a operação aduaneira. Inaplicabilidade da Súmula 323 do Supremo Tribunal Federal"[25].

O Conselho Federal da OAB ajuizou a ADI 2998, argumentando que os arts. 124, VIII, 128 e 131, § 2º, do Código de Trânsito Brasileiro (Lei n. 9.503/1997), ao condicionarem o licenciamento dos veículos automotores ao adimplemento do IPVA, atentariam contra a Constituição, até porque o art. 130 da mesma Lei veda a condução de veículo que não esteja devidamente licenciado. Destaco que não apenas o direito de propriedade entra em questão, mas também contra o direito de ir e vir. O art. 128 assim dispõe: "Não será expedido novo Certificado de Registro de Veículo enquanto houver débitos fiscais e de multas de trânsito e ambientais, vinculadas ao veículo, independentemente da responsabilidade pelas infrações cometidas". Mas o STF considerou constitucional esse dispositivo, julgando, no ponto, improcedente a ADI.

O STF já decidiu que não constitui sanção política, ainda, o protesto extrajudicial de CDAs. Frisou que não implica restrição efetiva a direitos fundamentais dos contribuintes, pois, inexistindo afronta ao devido processo legal. Isso porque "o fato de a execução fiscal ser o instrumento típico para a cobrança judicial da Dívida Ativa não exclui mecanismos extrajudiciais, como o protesto de CDA". Além disso, "o protesto não impede o devedor de acessar o Poder Judiciário para discutir a validade do crédito". E, de outro lado, "a publicidade que é conferida ao débito tributário pelo protesto não representa embaraço a livre-iniciativa e à liberdade profissional, pois não compromete diretamente a organização e a condução das atividades societárias (diferentemente das hipóteses de interdição de estabelecimento, apreensão de mercadorias etc.)". Ademais, "Eventual restrição à linha de crédito comercial da empresa seria, quando muito, uma decorrência indireta do instrumento, que, porém, não pode ser imputada ao Fisco, mas aos próprios atores do mercado creditício". Entendeu, ainda, que a "medida é adequada, pois confere maior publicidade ao descumprimento das obrigações tributárias e serve como importante mecanismo extrajudicial de cobrança, que estimula a adimplência, incrementa a arrecadação e promove a justiça fiscal"; "é necessária, pois permite alcançar os fins pretendidos de modo menos gravoso para o contribuinte (já que não envolve penhora, custas, honorários etc.) e mais eficiente para a arrecadação tributária em relação ao executivo fiscal (que apresenta alto custo, reduzido índice de recuperação dos créditos públicos e contribui para o congestionamento do Poder Judiciário)"; e "é proporcional em sentido estrito, uma vez que os eventuais custos do protesto de CDA (limitações creditícias) são compensados largamente pelos seus benefícios, a saber: (i) a maior

---

25. STJ, Primeira Turma, REsp 1.728.921/SC, 2018.

eficiência e economicidade na recuperação dos créditos tributários, (ii) a garantia da livre concorrência, evitando-se que agentes possam extrair vantagens competitivas indevidas da sonegação de tributos, e (iii) o alívio da sobrecarga de processos do Judiciário, em prol da razoável duração do processo"[26].

Do mesmo modo, não há impedimento a que se condicione o julgamento de partilha ou adjudicação à prova da quitação dos tributos relativos aos bens do espólio, o que aliás constitui norma geral estabelecida pelo art. 193 do CTN. Não constitui sanção política, ainda, exigir o pagamento prévio de taxa para a obtenção de passaporte.

Há, ainda, restrições de caráter geral, que não aparecem propriamente como penalidades, mas que impedem o exercício de certas prerrogativas por contribuintes em situação irregular. A participação em licitações, por exemplo, é condicionada à regularidade fiscal do interessado, o que se justifica porquanto o poder público não está obrigado a contratar com quem não vem cumprindo suas obrigações fiscais, constituindo a restrição, também, um incentivo aos contribuintes que se mantêm em dia. Da mesma maneira, válida é a legislação que condiciona à regularidade fiscal o acesso a linhas de financiamento públicas. Além disso, em novembro de 2013, o STF decidiu pela constitucionalidade da admissão ao Simples Nacional apenas das empresas que ostentem regularidade fiscal. É o que se vê do RE 627.543, em que restou afirmada a constitucionalidade do art. 17, V, da LC n. 123/2006.

139. A especial situação do devedor contumaz

O exercício da tributação, conforme desenhada pelo Sistema Tributário Nacional, precisa ser efetivo e primar pela generalidade e pela igualdade também na aplicação das leis, sendo do interesse de todos que não haja tolerância com os inadimplentes contumazes e com os sonegadores, conforme já destacamos em nosso Tratado de Direito Penal Tributário.[27]

Efetivamente, merece atenção a figura do devedor contumaz, "assim designado o sujeito passivo que descumpre, sistemática e injustificadamente, suas obrigações tributárias", evidenciando-se pela "inadimplência sistemática, injustificada e substancial", presente a adoção de "padrão comportamental alicerçado no não pagamento de tributos", o que tem efeitos extrafiscais também relevantes, pois afeta a livre concorrência. CARNEIRO ainda destaca que o art. 146-A da CF abre espaço para que a lei complementar se ocupe dessa figura, de modo a estabelecer diretrizes para que se dê tratamento proporcional à questão, evitando e corrigindo tais situações, com vista à busca da

---

26. STF, Tribunal Pleno, ADI 5.135, 2016.
27. PAULSEN, Leandro. *Tratado de Direito Penal Tributário*. São Paulo: Saraiva, 2022.

conformidade do devedor contumaz, inclusive mediante o uso de meios alternativos para solução de conflitos, o que envolve transações com compromisso de manutenção de regularidade e negócios jurídicos processuais.[28]

Há muitos critérios adotados pelas legislações dos entes federados para a qualificação de inadimplentes como devedores contumazes, costumando pressupor certo período de inadimplência. A Lei RS n. 13.711/2011 considera contumazes os contribuintes que incorram em inadimplência por oito meses no período de um ano ou que tenham créditos tributários de alto valor inscritos em dívida ativa e os submete a Regime Especial de Fiscalização.[29]

É válida a sujeição de devedores contumazes a regimes especiais de fiscalização, desde que com medidas proporcionais. O STJ já decidiu que: "O creditamento pelo adquirente em relação ao ICMS destacado nas notas fiscais de compra de mercadorias de contribuinte devedor contumaz, incluído no regime especial de fiscalização, pode ser condicionado à comprovação da arrecadação do imposto, não havendo que se falar em violação dos princípios da não cumulatividade, isonomia, proporcionalidade ou razoabilidade"[30]. Analisando outro caso em que o contribuinte entendia que só caberia ao Fisco cobrar seu crédito mediante execução fiscal e não estabelecer Regime Especial de Fiscalização, o STJ entendeu que a disciplina do Regime Especial de Fiscalização "consiste em medida preventiva, destinada a acompanhar o quotidiano da empresa que possua histórico de inadimplência contumaz, para evitar que novas ocorrências de fatos geradores sejam sucedidas por novos atos omissivos no que se refere ao dever de pagar os respectivos tributos" e reiterou que "a jurisprudência do STJ considera legítima a

---

28. CARNEIRO, Júlia Silva Araújo. *O devedor contumaz no Direito Tributário*. Belo Horizonte: Fórum, 2021, p. 212-214ss.
29. Lei RS n. 13.711/2011: "Art. 2º O contribuinte será considerado como devedor contumaz e ficará submetido a Regime Especial de Fiscalização, conforme disposto em regulamento, quando qualquer de seus estabelecimentos situados no Estado, sistematicamente, deixar de recolher o ICMS devido nos prazos previstos no Regulamento do Imposto sobre Operações Relativas à Circulação de Mercadorias e sobre Prestações de Serviços de Transporte Interestadual e Intermunicipal e de Comunicação – RICMS. § 1º Para efeitos deste artigo, considera-se como devedor contumaz o contribuinte que: I – deixar de recolher o ICMS declarado em Guia de Informação e Apuração do ICMS – GIA –, sucessiva ou alternadamente, de débitos referentes a 8 (oito) meses de apuração do imposto, considerados os últimos 12 (doze) meses; ou II – tiver créditos tributários inscritos como Dívida Ativa que ultrapassem limite de valor definido em instruções baixadas pela Receita Estadual. § 2º Não serão considerados devedores contumazes, para os termos a que se refere o '*caput*' do art. 2º, as pessoas físicas ou jurídicas, titulares originários de créditos oriundos de precatórios inadimplidos pelo Estado e suas autarquias, até o limite do respectivo débito tributário constante de Dívida Ativa. § 3º Não serão computados para os efeitos deste artigo os débitos cuja exigibilidade esteja suspensa nos termos do Código Tributário Nacional".
30.

submissão de empresas ao Regime Especial de Fiscalização, excetuando-se apenas a hipótese em que este possua medidas que comprovadamente impliquem indevida restrição à atividade empresarial". No caso concreto, tratava-se de empresa com "vasto histórico de omissões de pagamento do imposto apurado (22 débitos inscritos em dívida ativa)"[31]. O STF considera que a análise da legitimidade dos regimes especiais de fiscalização depende do exame da legislação infraconstitucional e do acervo fático-probatório, descabidos em sede de recurso extraordinário, razão pela qual não adentra o mérito dessas questões[32].

Justifica-se, excepcionalmente, a cassação ou não renovação de registros especiais de contribuinte inadimplente contumaz, conforme reconheceu o STF na AC 1.657-6 relativamente a uma indústria de cigarros que foi impedida de funcionar por deixar de pagar, reiteradamente, o IPI. Isso porque a inadimplência contumaz implica não apenas prejuízos ao Fisco como também desequilíbrios na concorrência, mormente em setores mais sensíveis em que a tributação assume patamares muito onerosos. Os tributos constituem custos importantes da atividade produtiva, sendo impositivo que os empresários cumpram suas obrigações, sob pena de se criarem vantagens competitivas artificiais. Na oportunidade, o Ministro JOAQUIM BARBOSA ponderou que "para ser reputada inconstitucional, a restrição ao exercício de atividade econômica deveria ser desproporcional".

A Lei n. 13.988/2020, que dispõe sobre a transação na esfera federal, em seu art. 5º, veda a transação que "envolva devedor contumaz".

140. Responsabilidade por infrações à legislação tributária

A responsabilidade por infrações à legislação tributária é disciplinada pelos arts. 136 a 138 do CTN.

Na sua primeira parte, o art. 136 estabelece que a responsabilidade por infrações independe da intenção do agente ou do responsável. Com isso, dispensa o dolo como elemento dos tipos que definem as infrações tributárias. A regra geral em matéria de infrações tributárias, assim, é que a culpa é suficiente para a responsabilização do agente. A necessidade do dolo é que deve ser expressamente exigida, quando assim entender o legislador. Trata-se de regra inversa à que se tem no direito penal, porquanto o art. 18 do Código Penal dispõe: "Salvo os casos expressos em lei, ninguém pode ser punido por fato previsto como crime, senão quando o pratica dolosamente".

....
31. STJ, RMS n. 57.784, 2019.
32. STF, ARE 1.139.556 AgR, 2019, e ARE 1.122.822, 2018.

Nessa mesma linha, RUY BARBOSA NOGUEIRA ensina: "[...] o que o art. 136, em combinação com o item III do art. 112, deixa claro é que, para a matéria da autoria, imputabilidade ou punibilidade, somente é exigida a intenção ou dolo para os casos das infrações fiscais mais graves e para as quais o texto da lei tenha exigido esse requisito. Para as demais, isto é, não dolosas, é necessário e suficiente um dos três graus de culpa. De tudo isso decorre o princípio fundamental e universal, segundo o qual, se não houver dolo nem culpa, não existe infração da legislação tributária"[33]. LUCIANO AMARO também pondera: "[...] o dispositivo não diz que a responsabilidade por infrações independa da culpa. Ele diz que independe da 'intenção'. Ora, intenção, aqui, significa vontade: eu quero lesar o Fisco. Eu quero ludibriar a arrecadação do tributo. Isto é vontade. Isto é intenção. [...] O Código não está aqui dizendo que todos podem ser punidos independentemente de culpa"[34]. E reforça, alhures: "Se ficar evidenciado que o indivíduo não quis descumprir a lei, e o eventual descumprimento se deveu a razões que escaparam a seu controle, a infração ficará descaracterizada, não cabendo, pois, falar-se em responsabilidade"[35]. Mas há quem vislumbre no art. 136 uma opção pela responsabilidade objetiva[36], entendendo que, ao termo *intenção* corresponderia "todo e qualquer aspecto da vontade, abarcando, além do dolo, também a culpa [...] e exigindo apenas o nexo de causalidade entre a conduta e o resultado, sem qualquer valoração subjetiva"[37].

O STJ, em matéria de ICMS interestadual, entendeu que não se pode responsabilizar a empresa vendedora quando tenha adotado as cautelas de praxe para a regularidade da operação e que só a sua participação em ato infracional para burlar a fiscalização, concorrendo para a tredestinação da mercadoria, é que ensejaria "ser responsabilizada pelo pagamento dos tributos que deixaram de ser oportunamente recolhidos". E concluiu que, afastando-se "a caracterização de conduta culposa, não pode ser objetivamente responsabilizada pelo pagamento do diferencial de alíquota de ICMS em razão de a

---

33. NOGUEIRA, Ruy Barbosa. *Curso de direito tributário*. 14. ed. São Paulo: Saraiva: 1995, p. 106-107.
34. AMARO, Luciano da Silva. Infrações tributárias. *RDT*, n. 67, São Paulo: Malheiros, p. 32-33.
35. AMARO, Luciano. *Direito tributário brasileiro*. 19. ed. São Paulo: Saraiva, 2013, p. 471.
36. "Ao aderir à teoria da objetividade da infração fiscal, o CTN passa a desconsiderar o elemento subjetivo do injusto, isto é, a existência ou não de culpa ou dolo" (MELLO, Elizabete Rosa de. *Direito fundamental a uma tributação justa*. São Paulo: Atlas, 2013, p. 93); "O ilícito puramente fiscal é, em princípio, objetivo. Deve sê-lo. Não faz sentido indagar se o contribuinte deixou de emitir uma fatura fiscal por dolo ou culpa (negligência, imperícia ou imprudência). De qualquer modo a lei foi lesada. De resto, se se pudesse alegar que o contribuinte deixou de agir por desconhecer a lei, por estar obnubilado ou por ter-se dela esquecido, destruído estaria todo o sistema de proteção jurídica da Fazenda" (COÊLHO, Sacha Calmon Navarro. *Teoria e prática das multas tributárias*. Rio de Janeiro: Forense, 2001, p. 55-56).
37. PADILHA, Maria Ângela Lopes. *As sanções no direito tributário*. São Paulo: Noeses, 2015, p. 79.

mercadoria não ter chegado ao destino declarado na nota fiscal, não sendo dela exigível a fiscalização de seu itinerário"[38].

Em matéria de infrações à legislação tributária não se requer, como regra, que o agente tenha a intenção de praticar a infração, bastando que aja com culpa. E a culpa é presumida, porquanto cabe aos contribuintes agir com diligência no cumprimento das suas obrigações fiscais. Essa presunção relativa pode ser afastada pelo contribuinte que demonstre que agiu diligentemente. Aliás, o próprio Código afasta expressamente a imposição de penalidades, por exemplo, quando o contribuinte tenha incorrido em ilegalidade induzido por normas complementares, como regulamentos e instruções normativas (art. 100, parágrafo único, do CTN). Em recente precedente, o STJ decidiu: "tendo o contribuinte sido induzido a erro, ante o não lançamento correto pela fonte pagadora do tributo devido, fica descaracterizada sua intenção de omitir certos valores da declaração do imposto de renda, afastando-se a imposição de juros e multa ao sujeito passivo da obrigação tributária"[39]. Em outro precedente lavrado no mesmo sentido, destacou que, em tais casos, a responsabilidade deve recair sobre a fonte pagadora e não sobre o contribuinte induzido em erro[40]. Há precedente, também, dando relevância à boa-fé do contribuinte e concluindo: "I – Presume-se a boa-fé do contribuinte quando este reiteradamente recolhe o ISS sobre sua atividade, baseado na interpretação dada ao Decreto-Lei n. 406/68 pelo Município, passando a se caracterizar como costume, complementar à referida legislação. II – A falta de pagamento do ICMS, pelo fato de se presumir ser contribuinte do ISS, não impõe a condenação em multa, devendo-se incidir os juros e a correção monetária a partir do momento em que a empresa foi notificada do tributo estadual"[41].

Ademais, em 2010, conforme já referido no item anterior, a Lei n. 12.249/2010 alterou o § 5º do art. 44 da Lei n. 9.430/96, revogando a cominação de multa incondicionada para o caso de deduções e compensações indevidas informadas na Declaração de Ajuste Anual da pessoa física, reservando-a, isso sim, para as hipóteses em que comprovado dolo ou má-fé.

Na sua segunda parte, o art. 136 estabelece que a responsabilidade por infrações independe da efetividade, natureza e extensão dos efeitos do ato. Isso significa que, praticado o ato que a legislação indica como implicando infração a que comina multa,

---

38. EREsp 1.657.359/SP, Primeira Seção, 2018.
39. STJ, Segunda Turma, AgRg no REsp 1.384.020/SP, 2013.
40. "É indevida a imposição de multa ao contribuinte quando, induzido a erro pela fonte pagadora, inclui em sua declaração de ajuste os rendimentos como isentos e não tributáveis. Situação em que a responsabilidade pelo recolhimento da penalidade (multa) e juros de mora deve ser atribuída à fonte pagadora" (STF, Segunda Turma, REsp 1.218.222/RS, 2014).
41. STJ, Primeira Turma, REsp 215.655/PR, 2003.

não se perquirem outros aspectos atinentes à situação. ELIZABETE ROSA DE MELLO destaca: "O sucesso do agente em concluir o ato ilícito e os seus efeitos, nos termos do referido artigo, também são desprezados. É bastante que o ato do agente acarrete risco para o Erário para que aquele seja penalizado com as sanções legais"[42]. Aliás, FÁBIO FANUCCHI, há muito, já ensinava: "Isso significa que a violação da lei tributária pode até não determinar prejuízo para a Fazenda e, ainda assim, ser possível se afirmar a responsabilidade pela infração"[43].

De qualquer modo, vale destacar que as normas que estabelecem penalidades podem ter como pressuposto de fato uma infração material ou formal. Para a configuração das infrações materiais, a lei exige dano efetivo, como no caso da "falta de pagamento ou recolhimento" (art. 44, I, da Lei n. 9.430/96), só verificada quando ocorrido o inadimplemento que implica prejuízo concreto à Fazenda Pública. Para a configuração das infrações formais, basta o comportamento puro e simples, sendo o dano meramente potencial, cuja verificação é desnecessária para a configuração da infração, como no caso da "falta da apresentação da declaração de rendimentos ou a sua apresentação fora de prazo" (art. 88 da Lei n. 8.981/95), em que ocorrerá a infração ainda que a declaração a ser apresentada não apontasse a existência de débito. Quando a lei que impõe a penalidade não se refere aos efeitos, será desimportante perquiri-los.

O art. 137 do CTN, por sua vez, estabelece o **caráter pessoal da responsabilidade pelas infrações** que configuram também crimes ou contravenções, definidas por dolo específico ou **que envolvam dolo específico** dos representantes contra os representados (art. 137, incisos I, II e III). Conforme expusemos ao cuidarmos da responsabilidade tributária, em casos como esses até mesmo o tributo fica a cargo exclusivo do agente, marcando a diferença entre as hipóteses e a abrangência das responsabilidades dos arts. 134 e 135 do CTN, embora haja séria divergência doutrinária a respeito.

141. Denúncia espontânea e exclusão da responsabilidade por infrações

A **denúncia espontânea** é um instituto jurídico tributário que tem por objetivo estimular o contribuinte infrator a tomar a iniciativa de se colocar em situação de regularidade, pagando os tributos que omitira, com juros, mas sem multa. Incentiva,

---

42. MELLO, Elizabete Rosa de. *Direito fundamental a uma tributação justa*. São Paulo: Atlas, 2013, p. 93.
43. FANUCCHI, Fábio. *Curso de direito tributário*. v. I. São Paulo: Resenha Tributária, 1971, p. 131.

portanto, o "arrependimento fiscal": "o agente desiste do proveito pecuniário que a infração poderia trazer" e cumpre sua obrigação[44].

Restringe-se a créditos cuja existência seja desconhecida pelo Fisco e que nem sequer estejam sendo objeto de fiscalização, de modo que, não fosse a iniciativa do contribuinte, talvez jamais viessem a ser satisfeitos. Na medida em que a responsabilidade por infrações resta afastada apenas com o cumprimento da obrigação e que o contribuinte infrator, não o fazendo, resta sempre ameaçado de ser autuado com pesadas multas, preserva-se a higidez do sistema, não se podendo ver na denúncia espontânea nenhum estímulo à inadimplência, pelo contrário.

Dispõe o CTN: "Art. 138. A responsabilidade é excluída pela denúncia espontânea da infração, acompanhada, se for o caso, do pagamento do tributo devido e dos juros de mora, ou do depósito da importância arbitrada pela autoridade administrativa, quando o montante do tributo dependa de apuração".

O parágrafo único do art. 138 do CTN deixa claro que, juridicamente, para os fins do art. 138, é considerado espontâneo o pagamento realizado pelo contribuinte antes de sofrer fiscalização tendente à constituição do crédito tributário. O art. 196 do CTN, positivando o princípio documental, exige que a autoridade fiscal lavre termo de início do procedimento. Esse termo é o marco a partir do qual já não se pode falar em denúncia espontânea. Aliás, o § 2º do art. 7º do PAF dispõe no sentido de que o ato de início da fiscalização afasta a espontaneidade por 60 dias.

Mas há casos em que não há que se falar em início de fiscalização, pois o próprio lançamento resta desnecessário em face da formalização do crédito tributário por outro meio: a **declaração de dívida pelo contribuinte**. Com a declaração, já se tem crédito tributário formalizado e do conhecimento do Fisco, estando este habilitado para a sua inscrição em dívida ativa e cobrança, de modo que o pagamento após a declaração não tem caráter espontâneo. Neste sentido, a **Súmula 360** do STJ estabelece: "O benefício da denúncia espontânea não se aplica aos tributos sujeitos a lançamento por homologação regularmente declarados, mas pagos a destempo".

Conforme entendimento do STJ, o instituto da denúncia aplica-se somente a infrações que tenham implicado o **não pagamento de tributo** devido. Diz respeito, assim, à **obrigação principal**, sendo inaplicável às infrações relativas ao descumprimento de **obrigações acessórias**[45]. Entendemos de modo diverso. Para nós, a denúncia espontânea

---

44. MELLO, Elizabete Rosa de, op. cit., p. 108.
45. "Multa moratória. Art. 138 do CTN. Entrega em atraso da declaração de rendimentos. 1. A denúncia espontânea não tem o condão de afastar a multa decorrente do atraso na entrega da declaração de rendimentos, uma vez que os efeitos do artigo 138 do CTN não se estendem às obrigações acessórias autônomas" (STJ, Segunda Turma, rel. Min. CASTRO MEIRA, AgRg no AREsp 11.340/SC, 2011).

alcança, sim, as obrigações acessórias. Isso porque o descumprimento destas também constitui infração à legislação tributária e não há razão alguma que possa embasar satisfatoriamente a não aplicação do art. 138 do CTN às obrigações acessórias. Pelo contrário, a expressão "se for o caso", constante de tal artigo, cumpre justamente esse papel integrador das obrigações acessórias, deixando claro que nem sempre o cumprimento da obrigação tributária implicará pagamento de tributo, pois há os simples deveres formais de fazer, não fazer ou tolerar, que caracterizam obrigações acessórias.

Não basta a simples informação sobre a infração. É **requisito** indispensável à incidência do art. 138 que o contribuinte se coloque em situação regular, cumprindo suas obrigações. Para que ocorra a denúncia espontânea, com o efeito de anistia das penalidades, exige-se o **pagamento do tributo e dos juros** moratórios. Considera-se que a **correção monetária** integra o valor do tributo devido. O pagamento dos **juros** moratórios, por sua vez, está previsto no próprio *caput* do art. 138 como requisito para a exclusão da responsabilidade pelas infrações. A legislação federal estabelece a obrigação de pagar os tributos atrasados acrescidos da Selic, índice que abrange tanto correção como juros.

Exige-se o pagamento, não sendo suficiente que o contribuinte, ao discutir judicialmente o crédito, realize o depósito do tributo, suspensivo da sua exigibilidade (art. 151, II, do CTN)[46].

Não há exigência de forma especial. Como os pagamentos de tributos são efetuados através de guias em que constam, expressamente, o código da receita (qual o tributo pago), a competência, o valor principal e de juros, o simples recolhimento a destempo, desde que verificada a espontaneidade, implica a incidência do art. 138 do CTN, não se fazendo necessária comunicação especial ao Fisco.

O **pedido de parcelamento**, normalmente acompanhado do pagamento da 1ª parcela, não é considerado suficiente para ensejar a incidência do art. 138 do CTN, que pressupõe o pagamento integral do tributo e dos juros devidos. A **Súmula 208** do extinto TFR já dispunha: "A simples confissão da dívida, acompanhada do seu pedido de parcelamento, não configura denúncia espontânea".

A denúncia espontânea exclui a responsabilidade tanto pela multa moratória como pela multa de ofício. Efetivamente, o STJ firmou posição, em sede de recurso repetitivo, no sentido de que "a sanção premial contida no instituto da denúncia espontânea exclui as penalidades pecuniárias, ou seja, as multas de caráter eminentemente punitivo, nas quais se incluem as multas moratórias, decorrentes da impontualidade do contribuinte"[47].

---

46. STJ, Primeira Seção, EREsp 1.131.090/RJ, 2015.
47. STJ, Primeira Seção, REsp 1.149.022/SP, 2010.

A Receita Federal e a Procuradoria da Fazenda acabaram por acolher essa orientação, conforme se vê da Nota Técnica Cosit n. 1/2012[48] e do Ato Declaratório PGFN n. 4/2011[49].

---

48. Nota Técnica Cosit n. 1/2012: "a) não cabe a cobrança da multa de mora nas hipóteses em que ficar configurada a denúncia espontânea; [...] e) uma vez identificadas as situações caracterizadoras de denúncia espontânea, devem os delegados e inspetores da Receita Federal do Brasil rever de ofício a cobrança da multa de ofício; f) em que pese a multa de mora tenha incidência automática, fato que dispensa lançamento para a sua exigibilidade, caso haja créditos constituídos com exigência da multa de mora ou de ofício, em situações que configurem denúncia espontânea, a autoridade julgadora, nas Delegacias da Receita Federal do Brasil de Julgamento, subtrairá a aplicação da penalidade. MARIA DAS GRAÇAS PATROCÍNIO OLIVEIRA... ANDREA BROSE ADOLFO... ADRIANA GOMES RÊGO... CLÁUDIA LÚCIA PIMENTEL MARIA DA SILVA Auditora-Fiscal da RFB – Coordenadora-Geral da Cosit Substituta".

49. Ato Declaratório PGFN n. 4/2011: "[...] fica autorizada a dispensa de apresentação de contestação, de interposição de recursos e a desistência dos já interpostos [...] 'com relação às ações e decisões judiciais que fixem o entendimento no sentido da exclusão da multa moratória quando da configuração da denúncia espontânea, ao entendimento de que inexiste diferença entre multa moratória e multa punitiva, nos moldes do art. 138 do Código Tributário Nacional' [...] ADRIANA QUEIROZ DE CARVALHO Procuradora-Geral da Fazenda Nacional".

Capítulo XVIII
Constituição do crédito tributário

142. Natureza do crédito tributário

A relação obrigacional tributária, de pagar tributo ou penalidade, tem duas faces: obrigação e crédito.

Não se pode falar de uma obrigação de prestar dinheiro, senão vinculando um devedor a um credor. Quem deve pagar, deve pagar a alguém e, portanto, se há obrigação, há também o respectivo crédito.

Obrigação e crédito, portanto, sob o ponto de vista da fenomenologia de tal relação, surgem concomitantemente. São as duas faces de uma mesma moeda.

Mas não se pode tirar efeitos absolutos desta correspondência, pois o CTN, em seu **art. 142**, dá à expressão "crédito tributário" sentido muito específico, pressupondo **certeza e liquidez** decorrentes da formalização do crédito tributário mediante a verificação de que o fato gerador ocorreu, a identificação do sujeito passivo e a apuração do montante devido.

Nessa acepção, pode-se dizer que, enquanto a obrigação tributária surge com o fato gerador (art. 113, § 1º), o crédito tributário só se considera constituído com a produção do ato que formaliza a sua existência e lhe dá exigibilidade.

Aliás, a referência à constituição do crédito tributário pelo lançamento, no art. 142 do CTN, embora imprópria, pois o crédito surge juntamente com a obrigação, quando da ocorrência do fato gerador, bem revela a intenção do legislador de que não se possa opor o crédito tributário ao contribuinte, sem que esteja representado documentalmente, com a certeza e a liquidez daí decorrentes.

143. Existência, exigibilidade e exequibilidade

Com a **incidência da norma tributária** impositiva sobre o fato gerador, surge a relação jurídico-tributária. Tem ela natureza obrigacional, caráter bilateral e, por objeto, pagar tributo. Passam a existir, assim, **o débito e o crédito** tributários.

Apenas quando é formalizada a existência e liquidez do crédito tributário, documentando-o, porém, é que o CTN considera constituído o crédito tributário. Isso pode acontecer mediante lançamento por parte da autoridade fiscal, nos termos do art. 142 e seguintes do CTN, ou através de declaração produzida pelo próprio sujeito passivo, conforme a Súmula 426 do STJ. A partir de então, o Fisco pode opor ao contribuinte a existência do crédito e dele exigir seu cumprimento, notificando-o para pagar. Diz-se, por isso, que **o crédito ganha exigibilidade**.

Na hipótese de inadimplemento por parte do contribuinte, o Fisco pode encaminhar o seu crédito devidamente formalizado e, portanto, exigível, para inscrição em dívida ativa. Realizada a inscrição, extrai-se a respectiva Certidão de Dívida Ativa, que é título executivo extrajudicial, dotado, portanto, de **exequibilidade**. Efetivamente, munida da CDA, a Fazenda pode ajuizar ação de execução fiscal.

144. Constituição ou formalização do crédito tributário

A constituição ou formalização do crédito tributário, ou seja, a **representação documental** de que o crédito existe em determinado montante perante certo contribuinte ciente da sua obrigação, pode se dar de várias maneiras, não estando de modo algum restrita ao lançamento por parte da autoridade.

É feita pelo contribuinte, cumprindo suas obrigações acessórias de apurar e declarar os tributos devidos (e.g., declaração de rendimentos, DCTF, GFIP), **ou pelo Fisco** através da lavratura de auto de lançamento, auto de infração ou notificação fiscal de lançamento de débito (o nome é irrelevante, importa é que se cuide de ato da autoridade através do qual tenha sido verificado que o fato gerador e a infração ocorreram, calculado o tributo e a penalidade e notificado o contribuinte para pagar). Até mesmo por ato judicial, nas ações trabalhistas, é formalizado o crédito relativo a contribuições previdenciárias.

O CTN não regula a constituição ou formalização do crédito através de declaração ou de confissão do contribuinte, tampouco aquela realizada nas ações trabalhistas.

Trata, apenas e exclusivamente, da constituição do crédito tributário através de ato da autoridade em seu art. 142, ou seja, por lançamento.

Isso poderia levar ao entendimento equivocado de que, dispondo o CTN sobre as normas gerais de direito tributário em nível de lei complementar e disciplinando apenas o lançamento de ofício, fosse esta a única modalidade de formalização do crédito tributário, de modo que as outras seriam inválidas, irregulares, sem sustentação.

Em verdade, o lançamento de ofício, relativamente aos tributos para os quais a lei prevê a obrigação do contribuinte de apurar e pagar, assume caráter tão somente supletivo. **Age o Fisco quando o contribuinte não o faz, ou não o faz satisfatoriamente**, deixando não apenas de efetuar o pagamento do montante devido como de depositá-lo ou de declará-lo ao Fisco. Quando o contribuinte, embora não efetuando o pagamento, reconhece formalmente o débito, através de declarações (obrigações acessórias), confissões (e.g., para a obtenção de parcelamentos) ou mesmo da realização de depósito suspensivo da exigibilidade, resta dispensado o lançamento, pois tudo o que o ato de lançamento por parte da autoridade apuraria já resta formalizado e reconhecido pelo contribuinte.

Ou seja, embora o CTN diga da constituição do crédito tributário pelo lançamento realizado de ofício pela autoridade, há situações em que tal lançamento não se faz necessário, porque já foi definida a certeza e liquidez do crédito tributário em documento produzido pelo próprio contribuinte.

Cabe reforçar que o ato do contribuinte não deve ser denominado "lançamento". Lançamento, por força do art. 142 do CTN, é ato privativo da autoridade. O ato do contribuinte, isto sim, faz as vezes do lançamento, dispensando-o, na medida em que já documenta a existência e liquidez do crédito tributário e revela a inequívoca ciência quanto à obrigação respectiva.

145. Declarações do contribuinte e outras confissões de débito

A quase totalidade dos tributos é sujeita a lançamento por homologação, ou seja, a lei determina que o contribuinte apure e pague o tributo por ele devido, restando à administração tributária a fiscalização da atividade do contribuinte. Poderá com ela concordar, homologando-a expressa ou tacitamente, ou dela discordar, lançando de ofício eventual diferença, ainda devida.

Quando o contribuinte preenche guia Darf e efetua o **pagamento do tributo**, ou quando preenche **guia de depósito** administrativo ou judicial, buscando a suspensão da exigibilidade do tributo, está a formalizar a existência, certeza e liquidez do crédito, indicando o tributo, a competência e o valor. Nesses casos, é desnecessário que haja lançamento de ofício quanto ao valor pago ou depositado, não se falando, pois, em decadência relativamente a tais valores[1].

Normalmente, atreladas à obrigação do contribuinte de apurar e pagar os tributos, estão **obrigações acessórias de declarar ao Fisco o montante apurado**, o valor dos pagamentos feitos e as compensações realizadas.

Tais declarações, resultantes de apuração, pelo próprio contribuinte, do montante por ele devido, implicam reconhecimento do débito, com inequívoca ciência da respectiva obrigação de pagar. São elas: a Declaração de Débitos e Créditos Tributários Federais (DCTF), a Guia de Recolhimento do FGTS e de Informações à Previdência Social (GFIP), a Guia de Apuração e Informação do ICMS (GIA), a Declaração de Ajuste do IR ou qualquer outro documento em que conste o reconhecimento do débito.

Assim, formalizada pelo próprio contribuinte a existência da sua obrigação e do correspondente crédito do Fisco, resta suprida a necessidade de a autoridade verificar a ocorrência do fato gerador, indicar o sujeito passivo, calcular o montante devido e notificar o contribuinte para efetuar o pagamento. Toda essa atividade torna-se despicienda. **O lançamento de ofício resta desnecessário**[2].

Declarado o débito, portanto, resta formalizada a existência e a liquidez do correspondente crédito.

O Decreto-Lei n. 2.124/84 dispõe justamente no sentido de que **o documento do contribuinte** que, em cumprimento a obrigação acessória, comunica a existência de crédito tributário **constitui confissão de dívida** e instrumento hábil e suficiente para a exigência do referido crédito, **ensejando**, no caso de inadimplemento, **a inscrição direta em Dívida Ativa**, com juros e multa moratória, para efeito de cobrança executiva[3].

Aliás, declarado o débito pelo contribuinte, nem sequer é permitido ao Fisco proceder ao lançamento de ofício[4]. Este, quando efetuado, ocorre com aplicação de multa de ofício em percentual superior à de mora, por pressupor omissão do contribuinte em dar ao Fisco o conhecimento quanto à ocorrência ou dimensão do fato gerador e do correspondente crédito tributário. Declarado o débito, a inadimplência só dá ensejo à **cobrança do tributo com multa moratória e juros**.

....

1. STJ, EDcl no REsp 736.918/RS, EREsp 767.328-RS, REsp 804.415/RS.
2. STJ, REsp 542.975/SC.
3. STJ, Segunda Turma, AgRg no REsp 1.398.316/PE, 2013.
4. MACHADO, Schubert de Farias. Lançamento por homologação e decadência. *RDDT*, n. 131, ago. 2006.

Os §§ 6º a 11 do art. 74 da Lei n. 9.430/96, com a redação da Lei n. 10.833/2003, que cuida da **Declaração de Compensação**, documento através do qual o contribuinte aponta um crédito do contribuinte contra o Fisco e um débito perante ele, procedendo à compensação entre ambos, dispõem no sentido de que constitui confissão de dívida[5], de modo que, não homologada a compensação, o crédito tributário é diretamente inscrito em dívida ativa.

O art. 12 da Lei n. 10.522/2002, com a redação da Lei n. 11.941/2009, por sua vez, é expresso no sentido de que se considera o pedido de parcelamento como confissão de dívida e instrumento hábil e suficiente para a exigência do crédito.

A jurisprudência é pacífica no sentido de que as declarações pelas quais o contribuinte reconhece a existência de débitos tributários cumprem o papel de formalização da existência do respectivo crédito[6], com todos os efeitos daí decorrentes. Veja-se a **Súmula 436** do STJ: "A entrega de declaração pelo contribuinte reconhecendo débito fiscal constitui o crédito tributário, dispensada qualquer outra providência por parte do Fisco". Esse entendimento vem sendo aplicado reiteradamente: "A declaração do contribuinte elide a necessidade da constituição formal do crédito, podendo ser realizada a inscrição em dívida ativa independente de procedimento administrativo"[7]. O STF está alinhado a essa posição: "Em se tratando de débito declarado pelo próprio contribuinte, não se faz necessária sua homologação formal, motivo por que o crédito tributário se torna imediatamente exigível, independentemente de qualquer procedimento administrativo ou de notificação do sujeito"[8].

Declarado o débito e vencido, o contribuinte não mais ostenta situação de regularidade, não tendo direito à **certidão negativa de débito**. Declarado o débito, pode o Fisco inscrever o crédito em dívida ativa com suporte direto na declaração, independentemente de lançamento[9]. Não há que se falar, no caso, na necessidade de notificação ou de oportunidade de defesa, porquanto a formalização se deu pelo próprio contribuinte[10]. Declarado o débito e verificado o inadimplemento, inicia-se de pronto o **prazo prescricional** para a cobrança do valor respectivo[11].

A **retificação** da declaração é viável, desde que anterior à cobrança, por analogia ao art. 147 do CTN. Posteriormente, a retificação dependerá da demonstração de que

---

5. Parecer PGFN/CDA/CAT 1499/2005. *RFDT* n. 19, jan.-fev. 2006.
6. STJ, REsp 542.975.
7. STJ, Segunda Turma, REsp 1.195.286, 2013.
8. STF, Primeira Turma, AI 838.302 AgR, fev. 2014.
9. STF, AgRegAg 144.609; STJ, AgREsp 433.971; STJ, REsp 223.849.
10. STJ, REsp 236.054.
11. STJ, EDREsp 720.612.

a declaração tenha se dado por erro ou sob coação, tal como se exige para a anulação de qualquer ato jurídico.

A declaração em cumprimento de obrigação acessória ou a confissão para fins de parcelamento não impedem a **discussão em juízo** acerca da existência do crédito, fundada, por exemplo, em inconstitucionalidade, não incidência ou isenção.

As eventuais **cláusulas de irretroatividade, irretratabilidade ou renúncia a direito** constantes de parcelamentos tributários não podem obstar o acesso ao Judiciário, sob pena de inconstitucionalidade.

146. Lançamentos de ofício, por declaração e por homologação

O lançamento é, como diz o art. 142 do CTN, ato privativo da autoridade fiscal. Isso porque é o modo de formalização do crédito tributário que é feito independentemente do reconhecimento do débito pelo contribuinte e mesmo contrariamente ao entendimento deste.

O CTN, repercutindo tal exclusividade, refere que o lançamento pode se dar de três modos: mediante declaração, por homologação ou de ofício.

No **lançamento por declaração**, o contribuinte fornece ao Fisco elementos para que apure o crédito tributário e o notifique para pagar o tributo devido. Note-se que não se cuida de declaração em que o contribuinte reconheça o débito, pois, se fosse o caso, dispensaria lançamento pelo Fisco. A declaração diz respeito a fatos necessários à apuração, pelo Fisco, do crédito tributário. O contribuinte, nesses casos, cumpre seu dever de informar, mas espera a notificação quanto ao montante a ser pago.

No **lançamento por homologação**, é o contribuinte quem apura e paga o tributo, cabendo ao Fisco simplesmente chancelar tal apuração quando a entenda correta, mediante homologação expressa ou tácita. Nenhum ato do Fisco, portanto, se faz necessário para que o crédito tributário reste consolidado como sendo aquele reconhecido e pago pelo contribuinte. Por isso, aliás, boa parte da doutrina considera o lançamento por homologação como um autolançamento pelo contribuinte.

O simples decurso do prazo de cinco anos contados da ocorrência do fato gerador tem efeito homologatório, impedindo, *a contrario sensu*, que o Fisco proceda a lançamento de ofício de eventual diferença ainda devida e não paga nem declarada. O prazo, portanto, não é propriamente para a homologação, pois esta ocorrerá de qualquer modo, ainda que tacitamente. O prazo é, sim, para que o Fisco proceda ao lançamento de ofício de eventual diferença.

O **lançamento de ofício**, por sua vez, é aquele realizado direta e exclusivamente pelo Fisco quando a lei assim o determine ou quando o tributo seja submetido por lei a uma das modalidades anteriores (mediante declaração ou por homologação), mas o contribuinte não tenha realizado os atos que lhe cabiam, ou seja, não tenha prestado as informações ou apurado e pago o tributo devido. Neste caso, o lançamento de ofício terá caráter supletivo, será a única forma de o Fisco obter a formalização do seu crédito tributário.

O lançamento segue o **princípio documental**. Sua forma dependerá do regime de lançamento do tributo e das circunstâncias nas quais é apurado. Certo é que estará documentado e que seu instrumento terá de conter os elementos indispensáveis à identificação inequívoca da obrigação surgida. Os atos de lançamento costumam ser designados por Auto de Lançamento, quando relacionados a tributos sujeitos a lançamento de ofício, ou por Auto de Infração (AI), quando relacionados a tributos sujeitos a lançamento por homologação em que o contribuinte descumpriu suas obrigações. Há o Auto de Infração de Obrigação Principal (AIOP), designando o lançamento de tributo e multa, e o Auto de Infração de Obrigação Acessória (AIOA), designando o lançamento de multa isolada por descumprimento de obrigação acessória tão somente.

Do documento que formaliza o lançamento deve constar referência clara a todos os **elementos**, fazendo-se necessária, ainda, a indicação inequívoca e precisa da norma tributária impositiva incidente, sendo o lançamento o ato através do qual a autoridade identifica a ocorrência do fato gerador, determina a matéria tributável, calcula o montante devido, identifica o sujeito passivo e, em sendo o caso, aplica a penalidade cabível[12], nos termos da redação do art. 142 do CTN. O art. 10 do Decreto n. 70.235/72 (Lei do Processo Administrativo Fiscal) especifica o conteúdo do auto de infração: qualificação do autuado, local, data e hora da lavratura, descrição do fato, disposição legal infringida e a penalidade aplicável, determinação da exigência e a intimação para cumpri-la ou impugná-la no prazo de trinta dias, assinatura do autuante e a indicação de seu cargo ou função e o número de matrícula.

Muitas vezes, o documento de lançamento (Auto de Lançamento, Auto de Infração etc.) não é detalhado, mas se faz acompanhar de um relatório fiscal de lançamento que o integra, contendo todos os dados necessários à perfeita compreensão das causas de fato e de direito, do período e da dimensão da obrigação imputada ao contribuinte, sendo que inexistirá vício de forma.

A **notificação** ao sujeito passivo é condição para que o lançamento tenha eficácia[13]. Trata-se de providência que aperfeiçoa o lançamento, demarcando, pois, a constituição do crédito que, assim, passa a ser exigível do contribuinte – que é instado a pagar e, se não o fizer nem apresentar impugnação, poderá sujeitar-se à execução compulsória através de Execução Fiscal – e oponível a ele – que não mais terá direito a certidão negativa de débitos em sentido estrito. A notificação está para o lançamento

---

12. O art. 142 do CTN fala em "propor a aplicação da penalidade cabível". Mas tal dispositivo não teve regulamentação adequada em termos procedimentais. A proposição da penalidade deveria ensejar oitiva prévia do infrator para, somente então, ensejar a aplicação da penalidade pela autoridade. O que se tem, contudo, é a aplicação da penalidade no ato de lançamento do tributo.
13. STJ, REsp 738.205; REsp 594.395.

como a publicação está para a lei, sendo que para esta o Ministro Ilmar Galvão, no RE 222.241/CE, ressalta que "Com a publicação fixa-se a existência da lei e identifica-se a sua vigência [...]".

A notificação, conforme previsão do art. 23 do Decreto n. 70.235/72 (Lei do Processo Administrativo Fiscal), pode ser efetuada pessoalmente, por via postal ou por meio eletrônico, indistintamente[14].

A notificação postal considera-se realizada mediante a prova do recebimento no domicílio do contribuinte (AR), ainda que a assinatura não seja do próprio sujeito passivo[15]. Tratando-se de IPTU, contudo, foi editada a **Súmula 397**: "O contribuinte do IPTU é notificado do lançamento pelo envio do carnê ao seu endereço".

Quando resultarem improfícuos os meios anteriores, caberá a notificação por edital. O § 1º do art. 23 do Decreto n. 70.235/72 também admite a notificação por edital quando o sujeito passivo tiver sua inscrição declarada inapta perante o cadastro fiscal.

Para que seja válida, é imprescindível que a notificação indique o prazo para defesa, ou seja, o prazo de que dispõe o contribuinte para apresentar impugnação ao lançamento[16].

147. Lançamento por arbitramento ou aferição indireta

O lançamento deve ser realizado mediante a verificação concreta da ocorrência do fato gerador e do cálculo do tributo considerando sua base de cálculo própria. Contudo, nem sempre isso é possível. Há casos em que a autoridade, embora verificando que o fato gerador ocorreu, não dispõe de elementos suficientes para a apuração da base de cálculo com exatidão em face da ausência ou inidoneidade da documentação respectiva, tendo de recorrer ao arbitramento ou aferição indireta. Denomina-se lançamento por arbitramento, pois, o realizado mediante **apuração da base de cálculo mediante elementos indiciários ou presunções legais**.

O art. 148 do CTN autoriza essa prática, dispondo: "Art. 148. Quando o cálculo do tributo tenha por base, ou tome em consideração, o valor ou o preço de bens, direitos, serviços ou atos jurídicos, a autoridade lançadora, mediante processo regular, arbitrará aquele valor ou preço, sempre que sejam omissos ou não mereçam fé as declarações ou os esclarecimentos prestados, ou os documentos expedidos pelo sujeito passivo ou pelo terceiro legalmente obrigado, ressalvada, em caso de contestação, avaliação contraditória, administrativa ou judicial".

---

14. STJ, REsp 380.368.
15. STJ, REsp 754.210.
16. STJ, Primeira Turma, AgRg no REsp 1.327.177, 2013.

Note-se que o lançamento por arbitramento ou aferição indireta é **excepcional e subsidiário**. Só se justifica quando da **impossibilidade de apuração da base de cálculo real**. Já decidiu o STJ: "O art. 148 do CTN deve ser invocado para a determinação da base de cálculo do tributo quando certa a ocorrência do fato imponível, o valor ou preço de bens, direitos, serviços ou atos jurídicos registrados pelo contribuinte não mereçam fé, ficando a Fazenda Pública, nesse caso, autorizada a proceder ao arbitramento mediante processo administrativo-fiscal regular, assegurados o contraditório e a ampla defesa"[17].

Vale frisar, por fim, que o lançamento por arbitramento não constitui sanção[18], mas **método substitutivo** para apuração do montante devido, não podendo basear-se

---

17. STJ, RMS 26.964.
18. "A aferição indireta ou arbitramento da base imponível do tributo é instrumento de tributação indiciária, ou seja, que torna possível ao Fisco a determinação e quantificação do fato tributário com base em indícios de sua ocorrência e dimensão, através da avaliação qualitativa e quantitativa de elementos extracontábeis. Não tem a aferição indireta ou arbitramento natureza de sanção ou penalidade, apesar de ensejar, muitas vezes, situação tributária mais gravosa para o contribuinte. Em realidade, esse maior gravame eventual é mero aspecto acidental de sua conformação, que, por visar salvaguardar o crédito tributário, impõe critérios de quantificação bastante estritos do fato tributário com base em opção de seu máximo dimensionamento. Em relação às irregularidades na escrituração contábil, a aferição indireta ou arbitramento, com a desclassificação ou desconsideração da contabilidade do contribuinte, só se legitima quando essa se mostra absolutamente imprestável para a finalidade a que direcionada sob o ponto de vista fiscal (comprovação confiável dos eventos tributáveis ocorridos). Essa limitação de sua utilização decorre exatamente de sua natureza não sancionatória, pois a aplicação de penalidade em relação ao descumprimento da obrigação tributária acessória de manutenção regular da escrita contábil deve ser efetivada através de multa adequada à natureza da infração e não pela desclassificação ou desconsideração daquela. O seu uso limita-se, enquanto medida extrema, à hipótese de imprestabilidade da escrita contábil e, consequentemente, impossibilidade de sua aceitação como base de avaliação do fato tributário, o que ocorre nos casos em que a contabilidade é mera ficção documental, a qual não apresenta resultados reais ou impossibilita o seu restabelecimento a partir dos eventos registrados, sendo constituída de documentação inidônea e de lançamentos dissimuladores das corretas mutações financeiras do contribuinte. As irregularidades formais ou materiais perfeitamente identificáveis e passíveis de serem sanadas, corrigidas ou retificadas com a adição ou exclusão de elementos quantitativos ao dimensionamento do fato tributário e sem a necessidade de que a escrita contábil seja refeita afastam a possibilidade de desclassificação dessa e aferição indireta ou arbitramento da base imponível. Se o Fisco pode, sem fazer uso da desclassificação ou desconsideração da escrituração contábil e, consequentemente, aferição indireta ou arbitramento, dimensionar o seu crédito tributário com base nos elementos contábeis existentes, cuja confiabilidade não restou infirmada por decisão motivada, e na correção das consequências quantitativas das irregularidades praticadas pelo contribuinte, deve ele, por evidente, seguir essa última forma de atuação, que não traz qualquer prejuízo à sua função arrecadatória e que, além disso, melhor se coaduna com a submissão de sua atividade ao princípio da legalidade" (excerto de sentença do Juiz EMILIANO ZAPATA DE MIRANDA LEITÃO nos autos dos Embargos à Execução Fiscal 2001.72.01.001723-8, em tramitação na 1ª Vara Federal de Joinville, em dez. 2002).

em elementos destoantes da realidade, ficando, sempre, sujeito à impugnação por parte do contribuinte.

148. Liquidação no processo trabalhista

A Justiça do Trabalho, nos termos do art. 114, § 3º, da CF, tem competência para executar, de ofício, as contribuições devidas pela empresa sobre os valores a que for condenada a pagar ao trabalhador, decorrentes das sentenças que proferir. A matéria é regulada pela Lei n. 10.035/2000, que acresceu ao art. 879 da CLT o § 1º-A no sentido de que a "liquidação abrangerá, também, o cálculo das contribuições previdenciárias devidas".

Com isso, criou-se nova modalidade de formalização do crédito relativo a tais contribuições previdenciárias. Conforme o STJ, "A sentença da Justiça do Trabalho, ao condenar o empregador a uma obrigação de natureza trabalhista, tem por consequência, o reconhecimento da existência do fato gerador da obrigação tributária, consubstanciando o título executivo judicial que fundamenta o crédito previdenciário da Fazenda Pública"[19].

O STJ também chancelou o indeferimento de certidão negativa ainda que inexista lançamento ou declaração do contribuinte, desde que os débitos estejam formalizados nos autos de reclamatória trabalhista[20].

---

19. STJ, Terceira Turma, REsp 1.591.141, 2017.
20. STJ, REsp 852.968.

Capítulo XIX
Suspensão da exigibilidade do crédito tributário

149. Hipóteses de suspensão da exigibilidade do crédito tributário

O art. 151 do CTN regula a suspensão da exigibilidade do crédito tributário. Arrola hipóteses em que o Fisco fica impedido de exigir a sua satisfação e, mesmo, de tomar qualquer medida com vista a constranger o contribuinte ao pagamento:

> Art. 151. Suspendem a exigibilidade do crédito tributário:
> I – moratória;
> II – o depósito do seu montante integral;
> III – as reclamações e os recursos, nos termos das leis reguladoras do processo tributário administrativo;
> IV – a concessão de medida liminar em mandado de segurança;
> V – a concessão de medida liminar ou de tutela antecipada, em outras espécies de ação judicial;
> VI – o parcelamento.

Se relermos com atenção essas hipóteses suspensivas estabelecidas pelo art. 151, veremos que podem ser assim sintetizadas: a) **foi dado prazo para pagamento** do tributo ou penalidade, seja por força de moratória ou de parcelamento concedido ao contribuinte (incisos I e VI); b) **há incerteza quanto à existência do crédito,** colocado em dúvida por impugnação, manifestação de inconformidade ou recurso ainda não definitivamente julgados na esfera administrativa, ou suspenso por decisão judicial que tenha reconhecido a relevância ou verossimilhança dos argumentos do sujeito passivo em ação por este ajuizada (incisos III, IV e V); ou c) **o crédito está garantido** por depósito em dinheiro (inciso II).

Tenha-se sempre em conta que o art. 151 do CTN "é taxativo ao elencar as hipóteses de suspensão da exigibilidade do crédito, não contemplando o oferecimento de seguro garantia ou fiança bancária em seu rol". Apenas para os créditos de natureza não tributária é que se poderá reconhecer efeito suspensivo a tais modalidades de garantia "sob a ótica alinhada do § 2º do art. 835 do Código Fux c/c o inciso II do art. 9º da Lei n. 6.830/80, alterado pela Lei n. 13.043/2014"[1].

O oferecimento de bens móveis e imóveis em garantia do crédito, não estando arrolado nas hipóteses do art. 151 do CTN, não é admitido como suspensivo da sua exigibilidade. A caução através de ação cautelar, e.g., não é caso de suspensão da exigibilidade, mas de garantia antecipada equiparada à penhora. Tanto não suspende a exigibilidade que não impede, mas, isso sim, requer e prepara a execução. Assim, sequer poderia estar arrolado no art. 151 como causa de suspensão da exigibilidade do crédito tributário. De qualquer modo, a caução, como antecipação de penhora, enseja ao sujeito passivo que obtenha certidão positiva de débitos com efeitos de negativa, tendo efeito semelhante, para tal fim, ao da pura e simples suspensão da exigibilidade do crédito tributário. No capítulo relativo à Cobrança do crédito tributário, trazemos item sobre a regulamentação administrativa da oferta antecipada de garantia perante a Fazenda Nacional.

150. Moratória e parcelamento

Moratória (art. 151, I) é prorrogação do prazo de vencimento do tributo. O **parcelamento** é espécie de moratória através da qual se permite o pagamento do débito tributário em diversas prestações, de modo que, a cada mês, só seja exigível uma parcela, e não o todo.

Há quem distinga parcelamento, de um lado, de moratória, de outro, entendendo que aquele pressupõe dívida vencida, abrangendo multa e juros, e que esta se dá antes do vencimento. O entendimento predominante, contudo, é no sentido de que a moratória é prorrogação do prazo para pagamento, com ou sem parcelamento.

O parcelamento constitui causa suspensiva da exigibilidade do crédito tributário (art. 151, V, do CTN) disciplinada, especialmente, pelo art. 155-A do CTN, aplicando-se, subsidiariamente, as disposições comuns relativas à moratória, conforme expressamente determina o § 2º do mesmo artigo.

---

1. STJ, Primeira Turma, REsp 1.381.254/PR, 2019.

O art. 155-A dispõe no sentido de que o "parcelamento será concedido na forma e condição estabelecidas em **lei específica**", o que nos leva à conclusão de que, de um lado, o contribuinte não tem direito a pleitear parcelamento em forma e com características diversas daquelas previstas em lei e, de outro, que o Fisco não pode exigir senão o cumprimento das condições nela previstas, de modo que não podem ser estabelecidos requisitos adicionais por atos normativos. Conforme o STJ, "A concessão do parcelamento deve estrita observância ao princípio da legalidade, não havendo autorização para que atos infralegais, como portarias, tratem de requisitos não previstos na lei de regência do benefício"[2]. Também decidiu aquela corte superior que "O parcelamento é instituto de interpretação literal, a impedir que o Fisco se exceda nas exigências a serem feitas aos contribuintes e, de outro lado, que estes não logrem êxito em deduzir pretensão não albergada pelos termos legais que abrem a possibilidade do acordo. Interpretação dos arts. 111, I, e 151, VI, do CTN"[3].

Ao referir-se à "lei específica", o art. 155-A reforça que não tem cabimento a pretensão de conjugação dos dispositivos de diversas leis para a obtenção de parcelamento mais benéfico ou mediante requisitos menos rígidos. Tal **combinação de regimes** alteraria os benefícios concedidos, implicando a criação de uma nova espécie de parcelamento não autorizada pelo legislador.

Ademais, é descabida a delegação à autoridade fiscal para que decida discricionariamente sobre a concessão do benefício. O STJ decidiu que "A concessão do parcelamento deve estrita observância ao princípio da legalidade, não havendo autorização para que atos infralegais, como portarias, tratem de requisitos não previstos na lei de regência do benefício". Com isso, chancelou acórdão do TRF4 no sentido da ilegalidade da Portaria Conjunta PGFN/RFB n. 15/2009 que estabelecera limites financeiros não previstos no art. 14-C da Lei n. 10.522/2002, incluído pela Lei n. 11.941/2009, sendo que: "Os arts. 11 e 13 da Lei n. 10.522/2002 delegam ao Ministro da Fazenda a atribuição para estabelecer limites e condições para o parcelamento exclusivamente quanto ao valor da prestação mínima e à apresentação de garantias, não havendo autorização para a regulamentação de limite financeiro máximo do crédito tributário para sua inclusão no parcelamento"[4].

A Lei n. 10.522/2002, com suas atualizações, veda a concessão de parcelamento para tributos retidos e não recolhidos (art. 14), ou seja, não permite que valores objeto de apropriação indébita sejam parcelados, salvo em parcelamentos simplificados (art. 14-C).

....

2. STJ, Primeira Turma, REsp 1.739.641/RS, 2018.
3. STJ, Primeira Turma, REsp 1.382.317/PR, 2017.
4. STJ, Primeira Turma, REsp 1.739.641/RS, 2018.

Quanto aos tributos em geral, essa mesma Lei n. 10.522/2002 traz **parcelamento comum**, em até sessenta parcelas, sem prazo para adesão e, portanto, sempre disponível para os contribuintes em débito (art. 10). Admite, inclusive, o reparcelamento de débitos constantes de parcelamento em andamento ou rescindido (art. 14-A).

A sociedade empresária em recuperação judicial pode parcelar seus débitos para com a Fazenda Nacional em até 120 prestações mensais, sendo que se admite, inclusive, que seja utilizado prejuízo fiscal e base de cálculo negativa da contribuição social sobre o lucro e outros créditos próprios relativos aos tributos administrados pela Secretaria Especial da Receita Federal do Brasil para liquidar até 30% da dívida consolidada no parcelamento, parcelando-se o restante em até 84 parcelas (art. 10-A, incluído pela Lei n. 13.043/2014, com a redação da Lei n. 14.112/2020).

Para débitos elevados, o parcelamento pode ser condicionado à apresentação de garantia, nos termos do art. 11, § 1º, da Lei n. 10.522/2002.

Solicitado o parcelamento e paga a primeira parcela, resta suspensa a exigibilidade do crédito tributário, devendo o contribuinte manter os pagamentos em dia. Cada parcela subsequente é acrescida de juros equivalentes à Selic (art. 13). Considera-se o parcelamento automaticamente deferido quando decorridos noventa dias do pedido sem que a Fazenda tenha se pronunciado (art. 12, § 1º, II).

Considera-se o pedido de parcelamento deferido confissão de dívida e instrumento hábil e suficiente para a exigência do crédito, podendo a exatidão dos valores parcelados ser objeto de verificação, nos termos do art. 12 da mesma Lei n. 10.522/2002, com a redação da Lei n. 11.941/2009. Ocorrido o inadimplemento de três parcelas, considera-se rescindido o parcelamento e o montante confessado poderá, deduzidas as parcelas pagas, ser inscrito em dívida ativa e executado (art. 14-B).

O STJ afetou ao regime dos recursos repetitivos a questão atinente à "Legalidade do estabelecimento, por atos infralegais, de limite máximo para a concessão do parcelamento simplificado, instituído pela Lei n. 10.522/2002", pendendo de análise o seu mérito[5]. Mas já conta com precedente no sentido de que "Os arts. 11 e 13 da Lei n. 10.522/2002 delegam ao Ministro da Fazenda a atribuição para estabelecer limites e condições para o parcelamento exclusivamente quanto ao valor da prestação mínima e à apresentação de garantias, não havendo autorização para a regulamentação de limite financeiro máximo do crédito tributário para sua inclusão no parcelamento"[6].

Há diversas leis que concederam **parcelamentos especiais**, com prazo para adesão, oferecendo descontos de multas e juros, prazos maiores e modalidades distintas de cálculo das prestações. Assim é que sobrevieram o **Refis** (Lei n. 9.964/2000), o **Paes** (Lei

---

5. STJ, Primeira Seção, ProAfR no REsp 1.728.239, 2018.
6. STJ, Primeira Turma, REsp 1.739.641, 2018.

n. 10.684/2003), o **Paex** (MP 303/2006) e o **Parcelamento da Crise** (Lei n. 11.941/2009), este último com reaberturas de prazo em 2013 e 2014, por força das Leis n. 12.865/2013, 12.996/2014 e 13.043/2014.

Em 2017, através da MP 766, foi instituído novo parcelamento, denominado **Programa de Regularização Tributária (PRT)**. Ensejou o parcelamento de dívida vencidas até 30 de novembro de 2016, de pessoas físicas ou jurídicas, inclusive com utilização de créditos, prejuízo fiscal e base de cálculo negativa de contribuição sobre o lucro. Permitiu o pagamento em até 120 meses, de modo escalonado, começando com parcelas de 0,5% da dívida. Permite acumular esse parcelamento com parcelamentos anteriores, ou fazer a migração de outro para o atual. A adesão ao parcelamento implica confissão de dívida irrevogável e irretratável. Enquanto não consolidada a dívida, o contribuinte deve calcular o montante do débito objeto do parcelamento e recolher o valor à vista e o valor mensal proporcional ao número de parcelas pretendidas. Para o parcelamento de débitos em discussão administrativa ou judicial, exige-se a desistência das impugnações e recursos administrativos e das ações judiciais, com renúncia a direito, sendo que eventuais depósitos devem ser transformados em pagamento definitivo ou convertidos em renda. Ainda em 2017, com a MP n. 783, convertida na Lei n. 13.496/2016, sobreveio o Programa Especial de Regularização Tributária (Pert), alcançando débitos vencidos até 30 de abril de 2017.

A LC n. 162/2018 instituiu o **Programa Especial de Regularização Tributária das Microempresas e Empresas de Pequeno Porte optantes pelo Simples Nacional (PERT-SN)**. Estabeleceu-o em caráter exclusivo, com desistência compulsória e definitiva de eventual parcelamento anterior. Previu o pagamento de 5% da dívida em até cinco parcelas mensais sucessivas e o restante em parcela única com desconto de 90% dos juros, de 70% das multas e de 100% dos encargos legais e honorários advocatícios, ou dividido em até 145 parcelas com redução de 80% dos juros, 50% das multas e 100% dos encargos legais e honorários advocatícios. Estabeleceu o valor mínimo das prestações em R$ 300,00, exceto no caso dos Microempreendedores Individuais (MEIs), cujo valor mínimo foi definido pelo Comitê Gestor do Simples Nacional (CGSN). As parcelas são atualizadas pela Selic. Foi dado o prazo de 90 dias para a adesão, mas a LC n. 168/2019 reabriu o prazo por 30 dias para que as empresas excluídas do Simples Nacional em janeiro de 2018 pudessem aderir e retornar ao regime retroativamente a tal data.

A Lei Complementar n. 193/2022, por sua vez, instituiu **Programa de Reescalonamento do Pagamento de Débitos no Âmbito do Simples Nacional (Relp)**, com prazo para adesão e aceitação de cláusulas como confissão irrevogável e irretratável dos débitos, dever de "pagar regularmente as parcelas dos débitos consolidados no Relp e os débitos que venham a vencer a partir da data de adesão ao Relp, inscritos ou não em dívida ativa", e a vedação, por 188 meses, "da inclusão dos débitos vencidos ou que vierem a vencer nesse prazo em quaisquer outras modalidades de parcelamento, incluindo redução dos valores do principal, das multas, dos juros e dos encargos legais".

Embora no parcelamento comum não seja admitida a inclusão de débitos relativos a tributos retidos na fonte, objeto de apropriação indébita (quando a empresa retém do contribuinte, mas não recolhe aos cofres públicos), nos termos do art. 14 da Lei n. 10.666/2003, alguns dos parcelamentos especiais permitiram tal prática, como ocorreu no Refis e no Parcelamento da Crise, forte no art. 1º, § 2º, III, da Lei n. 11.941/2009. O PRT de 2017 não previu a possibilidade de parcelamento de tributos retidos na fonte.

No que tange aos juros, no parcelamento incidem sobre o montante devido a título de tributo e de multa. Se há redução ou anistia em determinado parcelamento especial, os respectivos juros também restarão afastados, porquanto constituem verba acessória (no sentido civil)[7].

A confissão não impede a **discussão do débito em juízo**, questionando a validade da lei instituidora do tributo ou cominadora da penalidade ou sua aplicabilidade ao caso. Isso porque a obrigação tributária decorre da lei, e não da vontade das partes.

As **cláusulas legais de irrevogabilidade e de irretratabilidade** devem ser lidas em favor do contribuinte, no sentido de que não pode o Fisco, salvo na hipótese de ausência de requisito exigido por lei ou de descumprimento das prestações assumidas, desconstituir unilateralmente o parcelamento. Quanto à exigência ou efeito de renúncia a direito, por sua vez, constitui constrangimento inconstitucional, porquanto procura obstar acesso ao Judiciário no que diz respeito à relação jurídica, que tem como fonte exclusiva a lei, e não a vontade das partes. Até mesmo nas relações privadas é do interesse público o seu equilíbrio, a ausência de abusividade, tanto que há inúmeras normas de ordem pública que condicionam a validade dos contratos. Em matéria tributária, em que o Fisco pratica atos revestidos de autoexecutoriedade, constitui o seu próprio crédito e produz o título executivo, com mais razão ainda se faz necessário atentar para a necessidade de resguardo do equilíbrio nas relações, reconhecendo, também nesta seara, a invalidade dos eventuais abusos, como as cláusulas que exigem do contribuinte que abra mão do direito constitucional de acesso ao Judiciário.

A **desistência de ações e a renúncia a direito** não podem ser consideradas, de ofício, pelo Judiciário, como meros efeitos legais da adesão a parcelamento que as exija. Dependem de manifestação da parte nos autos mediante procurador com poderes especiais.

O STF entendeu válida a restrição de ingresso em parcelamento dos contribuintes que questionaram o tributo em juízo com depósito judicial dos débitos tributários, entendendo que a situação deles se equipara à dos que efetuaram o pagamento, e não à daqueles que quedaram inadimplentes[8].

....
7. STJ, Primeira Turma, REsp 1.573.873, 2019.
8. STF, RE 640.905, 2016.

O parcelamento, salva disposição em contrário, não implica exclusão de **juros e de multas** (art. 155-A, § 1º). Mas, não raramente, o legislador concede parcelamentos com prazo mais dilatado ou até sem prazo fixo, vinculando o valor da prestação à receita bruta da empresa, anistiando total ou parcialmente as multas e excluindo total ou parcialmente os juros, a fim de viabilizar a regularização fiscal das empresas e aumentar a arrecadação.

Quanto à exclusão dos parcelamentos especiais, vale ter em conta que o **Tema 668** de repercussão geral (RE 669.196), em 2020, analisando a questão da exclusão de empresas do REFIS, fixou a tese de que "É inconstitucional o art. 1º da Resolução CG/REFIS n. 20/2001, no que suprimiu a notificação da pessoa jurídica optante do REFIS, prévia ao ato de exclusão". Considerou que "a intervenção estatal na esfera de interesses do contribuinte deve se dar mediante um devido processo administrativo, o que pressupõe a oferta de oportunidade para a apresentação de eventuais alegações em contrário previamente à exclusão". Afirmou, ainda, que "A exclusão do REFIS restringe direitos patrimoniais do contribuinte, devendo-lhe ser dada a oportunidade para exercer sua defesa contra o ato que os restringe ou mesmo os extirpa" e que "É obrigatória a notificação prévia do contribuinte antes da apreciação da representação, para que ele possa se manifestar sobre as irregularidades apontadas na representação".

A contar de 2020, com a edição da Lei n. 13.988, parcelamentos de débitos inscritos em dívida ativa passaram a se viabilizar não mais por força de leis específicas autorizadoras do pagamento, mas no bojo de transações extraordinárias, por adesão à proposta da Procuradoria-Geral da Fazenda Nacional, através de acesso ao portal REGULARIZE (www.regularize.pgfn.gov.br). Exemplo é o parcelamento extraordinário oferecido nos termos da Portaria n. 14.404/2020, que estabeleceu "as condições para transação excepcional na cobrança da dívida ativa da União, em função dos efeitos da pandemia causada pelo coronavírus (COVID-19) na perspectiva de recebimento de créditos inscritos".

151. Impugnação e recurso administrativos

Também suspendem a exigibilidade do crédito tributário as **impugnações** e os **recursos administrativos**, mas apenas quando tempestivos. A "apresentação de defesa administrativa intempestiva não enseja a suspensão da exigibilidade do crédito tributário, tampouco a suspensão do prazo prescricional"[9].

Estando a exigência fiscal pendente de revisão em qualquer das instâncias administrativas, forte em impugnação ou recurso do contribuinte oportunamente apresentado, o crédito fica com a sua exigibilidade suspensa por força do art. 151, III, do CTN.

---

9. STJ, Segunda Turma, AgRg nos EDcl no REsp 1.313.765, 2012.

Cuida-se de um efeito automático da defesa tempestiva apresentada no âmbito do processo administrativo-fiscal contra exigência de tributo por parte da Administração, exigência esta que pode decorrer de **lançamento** constitutivo de crédito tributário ou da **não homologação de compensação** que deixe em aberto o crédito que o contribuinte pretendia extinguir. Cabe destacar que o exercício do direito do contribuinte de se defender na esfera administrativa mediante impugnações e recursos independe do oferecimento de garantias. O STF consolidou, na sua **Súmula Vinculante 21**, entendimento no sentido de que: "É inconstitucional a exigência de depósito ou arrolamento prévios de dinheiro ou bens para admissibilidade de recurso administrativo". Também o STJ editou a **Súmula 373**: "É ilegítima a exigência de depósito prévio para admissibilidade de recurso administrativo".

Quanto às defesas relacionadas à glosa feita pelo Fisco às compensações realizadas pelo contribuinte, cabe uma distinção. O § 11 do art. 74 da Lei n. 9.430/96, acrescido pela Lei n. 10.833/2003, é claro no sentido de que a não homologação da compensação dos tributos federais a que se aplica enseja **manifestação de inconformidade** pelo contribuinte com o efeito suspensivo do art. 151, III, do CTN. Mas tal não ocorre relativamente às compensações que sejam consideradas não declaradas, conforme o § 12 do mesmo artigo, acrescido pela Lei n. 11.051/2004. Neste último caso, trata-se de compensações expressamente proibidas por lei (por exemplo: com títulos públicos e com créditos de terceiros), não se permitindo que o contribuinte obtenha o efeito suspensivo mediante simples manejo formal de compensação que, de antemão, seja sabidamente descabida.

No regime do art. 66 da Lei n. 8.383/91, aplicável às contribuições previdenciárias e a terceiros, a suspensão da exigibilidade se dá por aplicação direta do art. 151, III, do CTN, pois a lei ordinária não disciplina o modo pelo qual poderá o contribuinte defender-se, tampouco seus efeitos.

No caso de determinação e exigência de créditos tributários da União cujo sujeito passivo seja órgão ou entidade de direito público da administração pública federal, a submissão do litígio à **composição extrajudicial pela Advocacia-Geral da União** é considerada reclamação, para fins do inciso III do art. 151, suspendendo a respectiva exigibilidade, nos termos do art. 14-A do Decreto n. 70.235/72, acrescido pela Lei n. 13.140/2015.

Mas **nem toda defesa administrativa** implica suspensão da exigibilidade de crédito tributário. As **consultas**, no âmbito da SRF, são reguladas pelos arts. 48 a 50 da Lei n. 9.430/96, mas não podem ser enquadradas entre "as reclamações e os recursos", pois não têm natureza ofensiva. Veja-se o Decreto n. 70.235/72: "Art. 49. A consulta não suspende o prazo para recolhimento de tributo, retido na fonte ou autolançado antes ou depois de sua apresentação, nem o prazo para apresentação de declaração de rendimentos". Também não suspende a exigibilidade do crédito tributário a **reclamação administrativa contra ato de exclusão de programa de parcelamento**[10].

O **prazo para que o Fisco se manifeste em processos administrativos** relativos a pedidos de ressarcimento e para que decida acerca de impugnações ou recursos interpostos pelo contribuinte é de 360 dias, conforme a Lei n. 11.457, de 16 de março de 2007: "Art. 24. É obrigatório que seja proferida decisão administrativa no prazo máximo de 360 (trezentos e sessenta) dias a contar do protocolo de petições, defesas ou recursos administrativos do contribuinte". Até o advento da Lei n. 11.457/2007, não havia prazo específico para o Fisco se manifestar. Aplicava-se, então, por analogia, a Lei n. 9.784/99, que cuida do processo administrativo em geral, cujo art. 49 prevê que: "Concluída a instrução de processo administrativo, a Administração tem o prazo de até trinta dias para decidir, salvo prorrogação por igual período expressamente motivada". Pode-se, ainda hoje, discutir sobre a aplicabilidade do novo prazo, pois o art. 24 da Lei n. 11.457 está inserido em capítulo que cuida da Procuradoria da Fazenda Nacional. Contudo, ainda que se considere tal aspecto, de qualquer maneira é regra preferencial para aplicação por analogia, pois mais afeiçoada à hipótese. No **Tema Repetitivo 1003** (REsp 1.767.945), em 2020, o STJ fixou a tese de que "O termo inicial da correção monetária de ressarcimento de crédito escritural excedente de tributo sujeito ao regime não cumulativo ocorre somente após escoado o prazo de 360 dias para a análise do pedido administrativo pelo Fisco (art. 24 da Lei n. 11.457/2007)".

152. Liminares e tutelas provisórias

A existência de **ação judicial** não tem, por si só, efeito suspensivo da exigibilidade do crédito tributário. Ademais, o ajuizamento de ação judicial discutindo a matéria objeto do processo administrativo "importa em renúncia ao poder de recorrer na esfera administrativa e desistência do recurso acaso interposto"[11]. Assim, com o ajuizamento, já não mais se poderá falar em impugnação ou recurso administrativo suspensivo da exigibilidade e não se terá nenhum efeito automático nesse sentido.

Somente as **decisões liminares** (em mandado de segurança) e **tutelas provisórias de urgência ou de evidência** (Lei n. 13.105/2015) que impeçam a exigência do tributo é que terão efeito suspensivo da exigibilidade (art. 151, IV e V, do CTN).

Em quaisquer ações, é possível a obtenção de medida suspensiva da exigibilidade de tributo que se mostre indevido. Nenhum óbice há à tutela imediata em matéria tributária para fins de obstar a exigibilidade de crédito tributário. Para tanto, basta que o Juiz verifique a presença dos seus requisitos. No mandado de segurança, terá como

---

10. STJ, REsp 1.372.368-PR, 2015.
11. Art. 38, parágrafo único, da Lei n. 6.830/80.

referência para a análise dos pedidos de liminar o art. 7º, inc. III, da Lei n. 12.016/2009; nas ações em geral, a tutela de urgência é regida pelo art. 300 do CPC e a tutela de evidência pelo seu art. 311.

Os requisitos são muito semelhantes em todas essas ações. Exige-se forte fundamento de direito ou probabilidade do direito, de um lado, e o risco de ineficácia da medida ou de dano ou de risco ao resultado útil do processo, de outro. Isso sem falar na necessidade de elementos consistentes quanto aos fatos alegados.

O requisito de risco, perigo ou irreversibilidade é equivalente para ambas as partes, consistindo em perder ou não obter a disponibilidade dos recursos correspondentes ao tributo discutido, de modo que acaba tendo menor importância. Convencendo-se, o Juiz, da existência de relevante fundamento de direito, deve conceder a medida liminar. Não havendo relevante fundamento, a indefere.

Conforme a nova Lei do Mandado de Segurança (Lei n. 12.016/2009), o Juiz, ao despachar a inicial, ordenará "que se suspenda o ato que deu motivo ao pedido, quando houver fundamento relevante e do ato impugnado puder resultar a ineficácia da medida, caso seja finalmente deferida" (art. 7º, III). Embora o dispositivo ainda refira que é facultado ao Juiz exigir caução, fiança ou depósito, não se costuma impor tais contracautelas em matéria tributária. Isso porque a suspensão da exigibilidade de um tributo é sempre reversível.

A Lei n. 12.016/2009 deixa claro que: "Os efeitos da medida liminar, salvo se revogada ou cassada, persistirão até a prolação da sentença" (art. 7º, § 3º). O STJ, no EAREsp 407.940, decidiu que a revogação da liminar implica a retomada do prazo prescricional, desde que inexistente recurso com efeito suspensivo ou outra causa suspensiva da exigibilidade do crédito tributário[12].

Deve-se atentar, ainda, para a proibição de concessão de liminar "que tenha por objeto a compensação de créditos tributários, a entrega de mercadorias e bens provenientes do exterior" (art. 7º, § 2º). A proibição quanto à compensação põe em lei orientação já consolidada na **Súmula 212** do STJ: "A compensação de créditos tributários não pode ser deferida em ação cautelar ou por medida liminar cautelar ou antecipatória". Tais proibições se estendem à tutela antecipada (art. 7º, § 5º) e, por certo, também à medida cautelar (*ubi eadem ratio ibi idem jus*).

Indeferida a liminar, medida cautelar ou antecipação de tutela, restará ao contribuinte, ainda, a possibilidade de efetuar o depósito do montante do tributo para obter a suspensão da exigibilidade do crédito (art. 151, II, do CTN).

---

12. STJ, Primeira Seção, EAREsp 407.940, 2017.

153. Depósito do montante integral do crédito tributário

Em face da garantia de que nenhuma lesão ou ameaça de lesão será excluída da apreciação do Judiciário, não pode o legislador condicionar o exercício do **direito de ação** ao depósito do tributo discutido. Este entendimento é pacífico e foi construído a partir da censura feita ao art. 38 da LEF[13]. O depósito constitui, sim, imperativo do **interesse do próprio contribuinte** quanto à suspensão da exigibilidade do crédito tributário. Através do depósito, obtém, automaticamente, **proteção** contra o indeferimento de certidão de regularidade fiscal, inscrição no Cadin e ajuizamento de Execução Fiscal, não dependendo, para tanto, da concessão de liminar.

Constitui **direito subjetivo** seu optar por efetuar o depósito do montante integral que lhe está sendo exigido e, assim, obter a suspensão da exigibilidade do tributo enquanto o discute administrativa ou judicialmente. Como regra, prescinde de autorização judicial, podendo ser efetuado nos autos da ação em que discutido o tributo[14]. Nos casos de substituição tributária, em que o substituto tributário tem a obrigação de reter e recolher o tributo supostamente devido (e.g., IRRF), terá o contribuinte de obter decisão judicial que determine ao substituto tributário que coloque à disposição do Juízo o montante do tributo em vez de recolher aos cofres públicos. Isso porque, no caso de substituição tributária, há toda uma sistemática de tributação que não está sob livre disposição do contribuinte. Nesses casos, inexiste direito subjetivo ao depósito, podendo ele ser determinado pelo Juiz, entretanto, a pedido da parte, mediante verificação da existência de forte fundamento de direito a amparar a tese do contribuinte quanto a ser indevido o tributo.

O direito ao depósito independe da modalidade de lançamento a que esteja sujeito o tributo, aplicando-se, também, aos que devem ser recolhidos no regime de lançamento por homologação.

Para que tenha o efeito de suspensão da exigibilidade do crédito tributário, o depósito tem de ser em dinheiro e corresponder àquilo que o Fisco exige do contribuinte, ou seja, tem de ser suficiente para garantir o crédito tributário, acautelando os interesses da Fazenda Pública. Neste sentido, dispõe a **Súmula 112** do STJ: "O depósito somente suspende a exigibilidade do crédito tributário se for **integral e em dinheiro**". O entendimento ainda predominante é no sentido da insuficiência do depósito mensal das prestações atinentes a **parcelamento** obtido pelo contribuinte. A **integralidade** do depósito verifica-se na data da sua realização. Efetuado, restam afastados os **efeitos da mora** relativamente ao montante depositado, de modo que não poderão ser cobrados

---

13. **Súmula 247** do extinto TFR: "Não constitui pressuposto da ação anulatória do débito fiscal o depósito de que cuida o art. 38 da Lei n. 6.830, de 1980".
14. STJ, AgRg no AREsp 646.123, Primeira Turma, 2016.

juros e multa sobre o montante depositado tempestivamente. De qualquer modo, os depósitos, no âmbito federal, recebem atualização pela Selic.

Os depósitos judiciais relativos à discussão de tributos perante a Justiça Federal devem ser feitos na **Caixa Econômica Federal**, e não em outra instituição financeira (art. 1º da Lei n. 9.703/98).

Efetuado o depósito, fica ele cumprindo **função de garantia** do pagamento do tributo, com destino vinculado à decisão final, após o seu **trânsito em julgado**. Note-se que, com o depósito, o próprio contribuinte formaliza a existência do crédito e, já tendo o contribuinte apurado o montante devido e o afetado ao resultado da demanda mediante o depósito, não há que se exigir lançamento, salvo para a constituição de eventual diferença por montante superior ao que foi depositado. Não haverá que se falar em **decadência**, pois, quanto ao montante depositado.

O depósito é feito, por iniciativa do contribuinte, mediante simples preenchimento e pagamento de **guia própria**, diretamente na CEF, indicando o número do processo e que está sendo discutido o tributo. Independe, até mesmo, de requerimento ao Juiz.

154. Efeitos da suspensão da exigibilidade do crédito tributário

A suspensão da exigibilidade do crédito tributário, por quaisquer das hipóteses do art. 151 do CTN, impede que o Fisco cobre o respectivo montante do contribuinte e que o considere como simples inadimplente.

Algumas causas suspensivas podem ocorrer **antes mesmo da formalização do crédito tributário**. Exemplo é a liminar em mandado de segurança preventivo ajuizado pelo contribuinte, que determina ao Fisco que se abstenha de exigir determinado tributo cujo vencimento está por ocorrer e que, portanto, ainda não foi sequer objeto de lançamento ou de declaração do contribuinte. Em casos como esse, o que ocorre, a rigor, não é a suspensão da exigibilidade do crédito, pois ainda não há crédito exigível. O efeito será de **obstar a exigibilidade do crédito que venha a ser constituído**. Aliás, é importante saber que a ocorrência das hipóteses previstas no art. 151 **não impede o lançamento nem interfere no prazo decadencial** que continua a correr normalmente. Mas, se e quando ocorrer o lançamento, a constituição do crédito tributário será desprovida de exigibilidade enquanto perdurar a causa suspensiva.

Mais comum é que as hipóteses do art. 151 do CTN ocorram **após a constituição do crédito tributário** e em face, portanto, de crédito exigível. Daí falar-se no seu efeito suspensivo da exigibilidade. Aliás, algumas das causas suspensivas só podem ocorrer nesse momento, como é o caso das impugnações e recursos administrativos que constituem instrumentos de defesa contra um lançamento. Por certo que, tendo ocorrido o lançamento ou tendo sido apresentada declaração com o reconhecimento do débito, o crédito tributário estará formalmente constituído e sua existência não poderá ser desconsiderada. Mas, sobrevindo causa suspensiva da exigibilidade, o Fisco já não poderá considerar que o contribuinte esteja em situação irregular.

A suspensão da exigibilidade **impede o Fisco de realizar a cobrança do crédito**, seja administrativa ou judicial. Assim, já não poderá enviar ao contribuinte **avisos de cobrança, tampouco poderá ajuizar execução fiscal**[15]. Note-se que esta pressupõe título certo, líquido e exigível[16]. Somente a Certidão de Dívida Ativa (CDA) relativa a crédito exigível é que habilita o credor ao ajuizamento de execução fiscal e, se já ajuizada, a prosseguir com a execução. Se a causa suspensiva ocorre antes do ajuizamento da execução, deve ela ser extinta porque não havia título exigível a ampará-la. Mas "a suspensão da exigibilidade do crédito tributário, perfectibilizada após a propositura da execução fiscal, ostenta o condão somente de obstar o curso do feito executivo, e não de extingui-lo", de modo que a execução ficará suspensa[17]. Em contrapartida, **o prazo prescricional fica igualmente suspenso**, porquanto é o prazo de que dispõe o Fisco para a cobrança, só correndo quando lhe é permitido agir no sentido de buscar a satisfação do seu crédito.

Assim como não pode cobrar o crédito tributário com exigibilidade suspensa, também não pode o Fisco, nessas circunstâncias, inscrever o contribuinte no Cadin (Cadastro Informativo dos Créditos não Quitados de Órgãos e Entidades Federais). Ademais, o art. 7º, II, da Lei n. 10.522/2002 estabelece: "Será suspenso o registro no Cadin quando o devedor comprove que [...] esteja suspensa a exigibilidade do crédito objeto do registro". Ou seja, a suspensão da exigibilidade **impede a inscrição no Cadin** ou, quando ocorra relativamente a crédito já inscrito, **suspende o registro**.

Outro efeito importantíssimo da suspensão da exigibilidade do crédito tributário é ensejar ao contribuinte a obtenção de **certidão positiva de débitos com efeitos de negativa** (art. 206 do CTN). O crédito tributário, embora constituído, não pode ser oposto ao contribuinte para restringir seus direitos e prerrogativas quando esteja desprovido de exigibilidade. Daí atribuir-se à certidão positiva, nesses casos, efeitos de negativa.

Suspensa a exigibilidade, também não pode o Fisco proceder à **compensação de ofício** do crédito tributário com eventuais valores que o contribuinte tenha direito a repetir. A compensação pressupõe créditos e débitos recíprocos revestidos de certeza, liquidez e exigibilidade e só pode ser realizada, em matéria tributária, com autorização legal específica. Essa é a razão pela qual, no **Tema 874** de repercussão geral (RE 917.285), o STF considerou inválida a autorização de compensação de ofício de débitos parcelados

---

15. STJ, AgRg no AREsp 740.652, Primeira Turma, 2016.
16. "É vedado o ajuizamento de execução fiscal em face do contribuinte antes do julgamento definitivo do competente recurso administrativo" (STJ, Primeira Turma, AgRg no AREsp 170.309/RJ, 2012).
17. STJ, Segunda Turma, EDcl no REsp 1.153.771/SP, 2012.

sem garantia, constante do art. 73, parágrafo único, da Lei n. 9.430/96, incluído pela Lei n. 12.844/2013, por violar o art. 146, III, b, da CF, porquanto o CTN atribui o efeito de suspensão da exigibilidade ao parcelamento, garantido ou não, sendo que a exigibilidade do crédito é condição para a compensação.

Capítulo XX
Exclusão do crédito tributário

155. Natureza e efeitos da exclusão do crédito tributário

O art. 175 do CTN trata das causas de exclusão do crédito tributário: a isenção e a anistia. Tanto uma como outra dependem de lei específica, o que decorre direta e expressamente do art. 150, § 6º, da Constituição Federal.

Como o CTN artificialmente aparta o surgimento da obrigação tributária (art. 114) da constituição do crédito tributário (art. 142), estabelecendo momentos distintos para cada qual, pode-se concluir que a exclusão do crédito se dá pressupondo o prévio surgimento da obrigação respectiva.

A isenção e a anistia, ao excluírem o crédito, **dispensam o contribuinte de apurar e de cumprir a obrigação tributária principal**. De outro lado, **impedem o Fisco de constituir o crédito pelo lançamento e de exigi-lo**, seja administrativa ou judicialmente.

Mas a exclusão do crédito **não dispensa o sujeito passivo de cumprir as obrigações tributárias acessórias** (art. 175, parágrafo único, do CTN). Mesmo as pessoas isentas continuam sujeitas aos deveres de colaboração com a administração e à fiscalização tributária.

156. Isenção

A isenção não se confunde com a imunidade, tampouco com a não incidência ou com a alíquota zero.

A **imunidade** está no plano constitucional. Trata-se de norma que proíbe a própria instituição de tributo relativamente às situações ou pessoas imunizadas. A imunidade é norma negativa de competência tributária. Sendo imunes a impostos os livros, o legislador não pode determinar que incida ICMS sobre a operação de circulação de livros, sob pena de inconstitucionalidade da lei que assim determinar ou da aplicação que assim se fizer de eventual dispositivo genérico.

A **alíquota zero** corresponde ao estabelecimento de alíquota nula, resultando em tributo sem nenhuma expressão econômica. Zero ponto percentual sobre qualquer base resultará sempre em zero. Desse modo, embora instituído o tributo e ocorrido o fato gerador, o valor apurado será zero, e nada será devido.

A **não incidência** está no plano da aplicação da norma tributária impositiva. Só pode ser identificada pela interpretação, *a contrario sensu*, da abrangência ditada pela própria norma tributária impositiva[1]. Revela-se na pura e simples ausência de incidência. Fala-se de não incidência relativamente a todas as situações não previstas na regra matriz de incidência tributária como geradoras de obrigação tributária.

A **isenção**, de outro lado, pressupõe a incidência da norma tributária impositiva. Não incidisse, não surgiria nenhuma obrigação, não havendo a necessidade de lei para a exclusão do crédito. A norma de isenção sobrevém justamente porque tem o legislador a intenção de afastar os efeitos da incidência da norma impositiva que, de outro modo, implicaria a obrigação de pagamento do tributo. O afastamento da carga tributária, no caso da isenção, se faz por razões estranhas à normal estrutura que o ordenamento legal imprime ao tributo[2], seja em atenção à capacidade contributiva[3], seja por razões de cunho extrafiscal[4]. Note-se que o efeito da isenção é determinado pelo art. 175 do CTN ao elencá-la como hipótese de exclusão do crédito tributário, de modo que soam irrelevantes as especulações doutrinárias quanto à natureza do instituto[5], pois não podem prevalecer sobre dispositivo válido constante das normas gerais de direito tributário.

---

1. STF, ADI 286.
2. "El concepto técnico de exención se produce tan sólo en los casos en que la ley declara no sujeto al impuesto a un determinado objeto por razones extrañas a la normal estructura que el ordenamiento legal imprime al tributo" (GIANNINI, Achille Donato. *Instituciones de derecho tributario*. Madri: Editorial de Derecho Financiero, 1957. Traducción y estudio preliminar por FERNANDO SÁINZ DE BUJANDA. 7. ed. ital. *Istituzioni di diritto tributario*, 1956).
3. A isenção de imposto de renda até determinada faixa de rendimentos ou a isenção de taxa de serviço para os reconhecidamente pobres.
4. Uma isenção para determinado setor com a intenção de estimular seu rápido desenvolvimento.
5. Para RUBENS GOMES DE SOUSA, favor legal consubstanciado na dispensa do pagamento do tributo. Para ALFREDO AUGUSTO BECKER e JOSÉ SOUTO MAIOR BORGES, hipótese de não incidência da norma tributária. Para PAULO DE BARROS CARVALHO, o preceito de isenção subtrai parcela do campo de abrangência do critério antecedente ou do consequente da norma tributária, paralisando a atuação da regra-matriz de incidência para certos e determinados casos.

O efeito de exclusão do crédito tributário, na sistemática do CTN, faz com que tenhamos o surgimento da obrigação, mas que reste, o sujeito passivo, dispensado da sua apuração e cumprimento.

Em suma, a imunidade é norma negativa de competência constante do texto constitucional, enquanto a não incidência decorre da simples ausência de subsunção, a isenção emana do ente tributante que, tendo instituído um tributo no exercício da sua competência, decide abrir mão de exigi-lo de determinada pessoa ou em determinada situação e a alíquota zero implica obrigação sem expressão econômica.

A isenção depende de **lei específica** que defina seus requisitos, condições e abrangência (arts. 150, § 6º, da CF, e 176 do CTN). Para os tributos sob reserva de lei complementar, também a concessão de isenção terá de ser feita através de tal instrumento legislativo, pois a isenção implica renúncia fiscal, precisando ser veiculada com o mesmo *quorum* exigido para a instituição da norma impositiva.

O legislador pode delimitar a **abrangência** da isenção, circunscrevendo-a a determinado tributo em particular. Também pode isentar determinadas pessoas ou operações dos tributos de competência do respectivo ente político. Neste caso de isenção genérica, contudo, de qualquer modo não se aplicará às taxas e contribuições de melhoria, que têm caráter contraprestacional, e aos tributos instituídos posteriormente à sua concessão (art. 177 do CTN). As isenções de taxas e contribuições de melhoria têm de ser específicas e inequívocas.

Quanto aos **requisitos e condições**, vale distingui-los, porquanto se prestam para a **classificação das isenções em simples ou onerosas**. O estabelecimento de requisitos remete à caracterização do objeto ou do sujeito alcançado pela norma em face de uma situação preexistente ou atual, que lhe é inerente, exigida como mero critério de enquadramento na sua hipótese de incidência. Já a fixação de condições induz à conformação da situação ou da conduta futura do sujeito ao que é pretendido pelo legislador e que deve ser cumprido para que os efeitos jurídicos prometidos sejam aplicados. Nesse sentido, é a lição que se colhe em voto do saudoso Ministro do STF OSCAR CORREA:

> Quando a lei prevê, então, que haja necessidade de cumprimento de uma condição, subordina a existência deste ato a que determinado efeito incerto e futuro se realize. A isto se denomina condição, também no Direito Tributário. No caso, não se trata de condição. Trata-se de requisito para que a formulação do pedido: isto é, não será, preliminarmente, aceito o pedido, se não se preencherem certos requisitos essenciais. E são esses, precisamente, os que estão previstos. Trata-se, pois, não de condição mas de requisito para a formulação do pedido, para o requerimento da isenção[6].

---

6. STF, Primeira Turma, RE 109.183, voto do Min. OSCAR CORREA, 1986.

A isenção **simples** constitui benefício fiscal[7] passível de **revogação a qualquer tempo** (art. 178), **observadas as garantias de anterioridade** de exercício e nonagesimal, forte no art. 104, III, do CTN, e no entendimento do STF (RE 564.225 AgR), conforme abordamos no item dedicado ao estudo da anterioridade tributária.

Tratando-se, porém, de **isenção onerosa** concedida por prazo certo, ou seja, de isenção temporária em contrapartida a determinadas ações do contribuinte – como a realização de investimentos –, não poderá ser negada a aqueles que tenham cumprido as condições para gozo do benefício[8]. A **garantia do direito adquirido**, nesse caso, mesmo em face de lei que revogue o benefício, é prevista tanto no art. 178 do CTN quanto na **Súmula 544** do STF, que enuncia: "Isenções tributárias concedidas, sob condição onerosa, não podem ser livremente suprimidas". Sendo revogada a lei de isenção, de qualquer modo prosseguirá tendo ultratividade para aqueles que tenham direito adquirido.

157. Anistia

A anistia se dá quando o legislador exclui o crédito tributário decorrente de infrações à legislação tributária (art. 180 do CTN), dispensando o pagamento da multa. Não se confunde com a remissão, ou seja, com a extinção do crédito que alcança o próprio tributo devido (art. 172 do CTN).

A anistia, assim como as demais modalidades de desoneração, só poderá ser concedida mediante lei específica, federal, estadual ou municipal, que a regule com exclusividade ou que cuide do respectivo tributo, nos termos do art. 150, § 6º, da CF. Essa exigência visa evitar anistias enxertadas em textos legais sobre outros assuntos, muitas vezes mediante emendas parlamentares ou em dispositivos finais e mediante remissão a outras leis, que acabem sendo aprovadas por arrasto, sem discussão adequada pelo Congresso. São específicas, cumprindo a exigência do art. 150, § 6º, da CF, as leis que combinam a adesão a parcelamentos especiais com anistia total ou parcial das multas.

A anistia visa perdoar determinadas infrações. Aplica-se, por isso, apenas às infrações já cometidas. Fosse aplicável ao futuro estaria, em verdade, suspendendo ou revogando a lei instituidora da penalidade. As leis que deixam de definir determinada conduta como infração tributária, deixando, portanto, de cominar-lhe penalidade, são aplicadas retroativamente por determinação do art. 106, II, *a*, do CTN, que consagra a retroatividade da lei mais benigna. Assim, acabam tendo o efeito de uma anistia.

FERREIRA NETO ensina que a lei concessiva de perdão deve ser "interpretada como um ato público de restauração da ordem por meio de uma 'cura' dos erros

---

7. STF, ADIMC 2.325.
8. STJ, REsp 487.735.

cometidos no passado, assumindo assim uma função quase catártica". E prossegue dizendo que perdoar por ilícitos cometidos por cidadãos brasileiros no passado parte "de um juízo político promovido, conjuntamente, pelo Executivo e pelo Legislativo, não cabendo aos operadores do direito avaliar propriamente a sua conveniência ou oportunidade, mas tão somente sua conformidade constitucional no que se refere à sua extensão, aos seus requisitos e ao seu modo de implementação". Ainda: "Rancor e desprezo representam atitudes internas que podem inviabilizar o próprio ato de perdoar, na medida em que o rancor indica certa sensação de mágoa, a qual não permite esquecer o passado, jamais viabilizando o reparo social que a anistia visa a implementar, e o desprezo revela falha ou ausência de reconhecimento do indivíduo, o qual é tido como indigno de ser perdoado"[9]. Mas é instituto de rara aplicação no direito tributário.

O legislador tem a faculdade de delimitar a extensão da anistia concedida, de modo que restem abrangidas apenas determinadas infrações, além do que é válido o estabelecimento de condições, como o pagamento do tributo. Efetivamente, o legislador pode estabelecer anistia sob condição do pagamento do tributo em determinado prazo, como medida para incentivar o ajuste de contas e para incrementar a arrecadação em determinado período. Aliás, aproximadamente a cada três anos têm surgido leis que permitem ao contribuinte reconhecer e parcelar seus débitos, com anistia total ou parcial de multas, desde que o faça no prazo por elas estabelecido. Assim foram o Refis, o Paes, o Paex e o Parcelamento da Crise. A reiteração dessas anistias, todavia, tem o efeito perverso de favorecer os infratores em detrimento daqueles que se sacrificam para o cumprimento correto e tempestivo das suas obrigações. Acaba criando uma cultura de impunidade. Deveriam, tais anistias, ser verdadeiramente excepcionais.

Não pode ser concedida anistia relativamente a atos qualificados em lei como crimes ou contravenções ou de qualquer modo praticados com dolo, fraude ou simulação, pois tal é vedado pelos incisos do art. 180 do CTN.

Quando da instituição do programa de regularização de ativos mantidos no exterior, a Lei n. 13.254/2016 oportunizou o pagamento de imposto de renda de 15% e de multa com a contrapartida da remissão de outros créditos relativos ao próprio imposto de renda e a outros tributos que pudessem vir a ser lançados, bem como a anistia de multas e também penal.

---

9. FERREIRA NETO, Arthur M.; PAULSEN, Leandro. *A lei de "repatriação": regularização cambial e tributária de ativos mantidos no exterior e não declarados às autoridades brasileiras*. São Paulo: Quartier Latin, 2016, p. 21-22.

Capítulo XXI
Extinção do crédito tributário

158. Hipóteses de extinção do crédito tributário

O art. 156 do CTN estabelece os modos de extinção do crédito tributário. Tendo em conta o fundamento das diversas hipóteses, vê-se que o crédito se extingue quando for:

- **satisfeito** mediante pagamento, pagamento seguido de homologação no caso dos tributos sujeitos a lançamento por homologação, compensação, conversão em renda de valores depositados ou consignados ou dação em pagamento de bens imóveis na forma e condições estabelecidas por lei (incisos I, II, VI, VII, VIII e XI), ainda que mediante transação (inciso III);
- **desconstituído** por decisão administrativa ou judicial (incisos IX e X);
- **perdoado** (inciso IV: remissão);
- **precluso** o direito do Fisco de lançar ou de cobrar o crédito judicialmente (inciso V: decadência e prescrição).

Algumas causas de extinção do crédito são bem mais frequentes do que outras. O ordinário é que os créditos sejam satisfeitos pelo pagamento ou por compensação, quando autorizada por lei. A decadência e a prescrição também são bastante frequentes. Dessas causas nos ocuparemos mais detidamente nos itens adiante.

Dentre as causas de **extinção do crédito tributário, a remissão é bastante rara. Poucas são as leis que a estabelecem. Recentemente, porém, a Lei n. 13.254/2016,** que é conhecida como Lei da Repatriação, permitiu a regularização de ativos mantidos no exterior mediante pagamento de imposto de renda e de multa que, somados, implicavam 30% do montante devido, sendo que a contrapartida foi a remissão de outros créditos relativos ao próprio imposto de renda e a outros tributos que pudessem vir a ser lançados, bem como a anistia de multas e também penal.

159. Pagamento, juros e multas

O pagamento é o modo ordinário de satisfação e consequente extinção do crédito tributário. Deve ser feito no **prazo** estabelecido pela legislação tributária, aplicando-se, na falta de disposição específica, o prazo supletivo de trinta dias previsto pelo art. 160 do CTN, contados da notificação do lançamento ou, no caso dos tributos sujeitos a lançamento por homologação, da ocorrência do fato gerador.

Nos termos do art. 161 do CTN, o débito não pago no vencimento é acrescido de juros, sem prejuízo da aplicação da penalidade cabível (multa). Assim, decorrida a data de vencimento, incidem os juros. Incidem, inclusive, sobre o valor das multas. Nesse sentido, a **Súmula CARF n. 108**: "Incidem juros moratórios, calculados à taxa referencial do Sistema Especial de Liquidação e Custódia – SELIC, sobre o valor correspondente à multa de ofício" (Pleno, 2018, vinculante, conforme Portaria ME n. 129/2019).

O afastamento só ocorrerá caso a lei assim o estabeleça. Em matéria de parcelamento, por exemplo, o STJ entendeu que "a regular incidência dos juros moratórios sobre o crédito tributário originalmente inadimplido deve ocorrer até a efetiva consolidação da dívida, pois é esse o momento em que será definida a base de cálculo da parcela a ser descontada do montante dos juros, nos termos do § 3º do art. 1º da Lei n. 11.941/2009", sendo certo que "à mingua de previsão legal específica na lei do parcelamento, não se pode mesmo determinar a exclusão dos juros de mora calculados no período entre a adesão e a consolidação da dívida, sob pena de criar mais um benefício ao devedor, não estabelecido pelo legislador" e isso ainda que o contribuinte "não tenha contribuído para a demora entre o requerimento e a consolidação"[1].

Na cobrança dos tributos federais, aplica-se a Selic, índice que abrange **juros e correção monetária**. Tal se dá por força do art. 61, § 3º, da Lei n. 9.430/96 e do art. 35 da Lei n. 8.212/91, com a redação da Lei n. 11.941/2009. Na hipótese de inexistência de lei que estabelecesse taxa de juros moratórios, aplicar-se-ia, supletivamente, o disposto no § 1º do art. 161 do CTN: 1% ao mês.

Quanto às penalidades, há **multas moratórias** pelo simples pagamento intempestivo realizado pelo contribuinte ou pela falta de pagamento tempestivo de tributo por ele já declarado, e **multas de ofício**, aplicadas pela fiscalização quando esta apura tributos

---

1. STJ, Primeira Turma, REsp 1.523.555, 2019.

não pagos nem declarados pelo contribuinte e no caso de descumprimento de obrigações acessórias, hipótese em que também são denominadas **multas isoladas**.

Para os tributos federais, a multa moratória é de 0,33% ao dia, até o limite de 20%, nos termos dos arts. 61 da Lei n. 9.430/96 e 35 da Lei n. 8.212/91, com a redação da Lei n. 11.941/2009. A multa de ofício é de 75%, salvo para os casos de falta de antecipação de tributos sujeitos a ajuste, quando fica em 50%, e de infração grave caracterizada por sonegação, fraude ou conluio, quando chega a 150%, tudo nos termos do art. 44, I e II e § 1º, da Lei n. 9.430/96, com a redação da Lei n. 11.488/2007, e do art. 35-A da Lei n. 8.212/91, com a redação da Lei n. 11.941/2009. Analisamos detidamente as penalidades em matéria tributária, especialmente as multas, no capítulo sobre o ilícito tributário, cuja leitura recomendamos.

É importante ter sempre presente que, em matéria de penalidades, sobrevindo **lei mais benéfica**, aplica-se retroativamente, nos termos do art. 106, II, c, do CTN.

O pagamento dos tributos federais é feito na rede bancária através de **guia Darf** (Documento de Arrecadação de Receitas Federais). O sujeito passivo preenche a guia indicando o código do tributo que pretende quitar. A **imputação do pagamento**, pois, normalmente dá-se dessa forma, mediante **indicação do contribuinte**. Entendimento no sentido de que não coubesse, ao contribuinte, definir a imputação de seus pagamentos poderia levar a situações absurdas. Deixando o contribuinte, por hipótese, de proceder a algum pagamento em determinado momento, relativamente a uma competência e tributo específicos, poderia o Fisco alterar a imputação de todos os pagamentos posteriormente realizados pelo contribuinte, dezenas, centenas ou milhares, de modo que cada qual satisfizesse primeiramente o tributo da competência anterior em aberto. Com isso, todos os pagamentos realizados a partir do inadimplemento seriam considerados parciais, o que ensejaria a cobrança de multa moratória e juros. Na hipótese de pagamento que não identifique especificamente determinado tributo, como os relacionados a parcelamento de dívida consolidada abrangendo diversos tributos e competências, aí sim, terá aplicação o art. 163 do CTN, que diz da **imputação de pagamento pelo Fisco** primeiro aos débitos por obrigação própria, nos tributos contraprestacionais como contribuições de melhoria e taxas, nos débitos mais antigos e nos débitos maiores.

Existe a possibilidade de **consignação em pagamento** do crédito tributário pelo sujeito passivo, mas em casos muito restritos. Isso porque a consignação em pagamento não se confunde com o depósito do montante integral vinculado a determinada ação e sujeito à solução final da demanda. Quando o sujeito passivo pretenda discutir a existência ou dimensão de obrigação tributária principal, tem a faculdade de depositar o montante integral pretendido pelo Fisco, suspendendo, assim, a sua exigibilidade. A consignação, diferentemente, só tem lugar quando o sujeito passivo não pretenda discutir a obrigação, mas quitá-la simplesmente. Daí constar do art. 164, § 1º, do CTN que "a consignação só pode versar sobre crédito que o consignante se propõe a pagar". Terá lugar a consignação nos casos previstos nos incisos I a III do art. 164, ou seja, de recusa de recebimento ou sua subordinação ao pagamento de outro tributo ou penalidade ou ao cumprimento de obrigação acessória ou de exigência administrativa sem fundamento legal e de cobrança, por mais de uma pessoa jurídica de direito público, de tributo idêntico sobre um mesmo fato gerador. Muitos contribuintes ingressaram com ações desse tipo para efetuar o pagamento do ITR por se sentirem pressionados a só fazê-lo em conjunto com a contribuições sindicais à CNA e à Contag, que constavam destacadas na mesma guia Darf enviada pelo Fisco para pagamento do primeiro. Seria cabível, ainda, na hipótese de dois Municípios exigirem ISS sobre a mesma prestação de serviço, um entendendo que é de sua competência em razão do local da sede do estabelecimento prestador do serviço e outro entendendo que é de sua competência em razão do local em que prestado efetivamente o serviço, podendo o contribuinte, então, consignar o valor maior e chamando ambos os pretensos sujeitos ativos para discutirem a titularidade.

160. Pagamento indevido e sua repetição

Efetuado pagamento indevido, surge o direito ao ressarcimento. Isso porque, em matéria tributária, ninguém age por liberalidade, mas estritamente por força de lei, sendo que o pagamento indevido implica enriquecimento sem causa do suposto credor em detrimento do suposto devedor.

Há dois modos possíveis de ressarcimento: a **restituição do montante indevido**, de que tratam os arts. 165 a 169 do CTN, e o aproveitamento do crédito para a **compensação** com tributos efetivamente devidos, de que tratam os arts. 170 e 170-A do CTN. Os pedidos de restituição são fundamentados diretamente no art. 165 do CTN, associando-se a ele apenas a demonstração de que o pagamento foi indevido, o que exige análise da legislação relativa ao tributo objeto de restituição. Não há nenhuma necessidade de lei ordinária autorizadora, diferentemente do que ocorre para fins de compensação do indébito. O art. 165 do CTN é autoaplicável; o art. 170, não. Enquanto, na restituição, o valor pago indevidamente é simplesmente devolvido, na compensação, temos a extinção de crédito tributário relativo a outro tributo, razão pela qual a trataremos em item próprio.

Vejamos a repetição de indébito tributário.

O art. 165 do CTN diz que o **sujeito passivo** da obrigação tributária tem **direito à restituição**. Mas é preciso combiná-lo com o art. 166 para analisar, de modo completo, a questão da legitimidade ativa para a repetição.

Via de regra, é o próprio contribuinte de direito (aquele que a lei indica como contribuinte) que paga e suporta o ônus do tributo, legitimando-se, portanto, para a repetição de eventual indébito tributário. Mas a referência que o art. 165 faz a "sujeito passivo" abrange o contribuinte de direito e os terceiros que tenham sido obrigados ao pagamento do tributo, substituto tributário e responsável tributário, conforme se extrai do art. 121 do CTN. Dentre esses potenciais legitimados, será efetivamente legitimado no caso concreto quem deles tenha suportado o ônus da incidência indevida, ou seja, aquele que, sendo contribuinte de direito, substituto ou responsável em sentido estrito, arcou com o ônus do tributo. Assim é que pode buscar a repetição do indébito o contribuinte que tenha suportado a retenção do imposto retido e recolhido pelo substituto tributário. Também se legitima, em outro caso, o substituto que pagou tributo com recursos próprios sem ter procedido à retenção. Igualmente, legitima-se o responsável que, na inadimplência pelo contribuinte, teve de satisfazer o crédito tributário. Quando há pluralidade de sujeitos passivos, portanto, faz-se necessário analisar caso a caso.

Pessoas que tenham se obrigado contratualmente a efetuar o pagamento de tributo em nome do contribuinte não integram a relação jurídico-tributária, nos termos do art. 123 do CTN, e não têm legitimidade para repetir eventual indébito, porquanto não são sujeitos passivos do tributo. Veja-se a **Súmula 614** do STJ: "O locatário não possui legitimidade ativa para discutir a relação jurídico-tributária de IPTU e de taxas referentes ao imóvel alugado nem para repetir indébito desses tributos"[2].

Tratando-se de tributos indiretos, assim considerados aqueles relativamente aos quais o próprio legislador estabelece que sejam destacados no documento fiscal de venda e que componham o valor total da operação, como é o caso do IPI[3], do ICMS[4] e, via de regra, também do ISS[5], aplica-se o art. 166 do CTN. Nesses casos, teremos duas figuras a considerar, a do contribuinte de direito e a do contribuinte de fato.

Contribuinte de direito é a pessoa que, por realizar o fato gerador, é obrigada por lei ao pagamento do tributo. Contribuinte de fato é outra pessoa que, não estando obrigada a efetuar o pagamento do tributo perante o Fisco, suporta indiretamente o ônus da tributação na medida em que a ela é repassada a carga tributária.

Segundo o art. 166 do CTN, legitimado é o contribuinte de direito que tenha suportado o ônus econômico do tributo ou que esteja autorizado, pelo contribuinte de fato, a repetir o indébito. Isso porque o art. 166 do CTN visa evitar o enriquecimento sem causa do contribuinte de direito que, tendo transferido o ônus ao contribuinte de fato (consumidor), recebesse o montante de volta.

Conforme entendimento do STJ, via de regra, a legitimidade é apenas do contribuinte de direito[6]. E pressupõe que o contribuinte de direito tenha suportado o ônus

---

2. Enunciado publicado em 2018.
3. STJ, Segunda Turma, REsp 1.587.156/MS, 2016.
4. STJ, Segunda Turma, AgRgREsp 1.421.880/PR, 2015.
5. STJ, Segunda Turma, AgIntAREsp 925.202/RN, 2016.
6. STJ, Primeira Turma, AgRg no REsp 1.233.729/SC, 2013; STJ, Primeira Seção, REsp 903.394/AL, mar. 2010.

ou esteja autorizado pelo contribuinte de fato a pleitear a restituição. Quando ocorre, por exemplo, inadimplemento por parte do adquirente da mercadoria ou serviço, o ônus da tributação de IPI, ICMS ou ISS incidentes na operação acaba sendo suportado pelo contribuinte de direito. O STJ, no REsp 1.642.250, entendeu, ainda, que a ECT se legitima para pleitear a restituição de ISS indevido tendo em conta que não foi considerado na composição das tarifas postais e, portanto, foi suportado pela empresa pública[7].

A exigência de autorização pelo contribuinte de fato não legitima o próprio contribuinte de fato a buscar a restituição[8], a menos que se trate de consumidor de serviços públicos concedidos[9]. Quanto a estes últimos, assim justifica aquele tribunal:

> 3. Em se tratando de concessionária de serviço público, a legislação especial prevê expressamente o repasse do ônus tributário (art. 9º, § 3º, da Lei n. 8.987/95). Ademais, no serviço essencial prestado em regime de monopólio (há possibilidade de concorrência apenas em favor de grandes consumidores de energia elétrica), qualquer exação fiscal tende a ser automaticamente repassada ao consumidor. 4. Diferentemente das fábricas de bebidas (objeto do repetitivo), as concessionárias de energia elétrica são protegidas contra o ônus tributário por disposição de lei, que permite a revisão tarifária em caso de instituição ou aumento de imposto (exceto o incidente sobre a renda). 5. A lei federal impõe inquestionavelmente ao consumidor o ônus tributário, tornando-se nebulosa a aplicação da alcunha de 'contribuinte de fato'. Isso porque a assunção do ônus do imposto não se dá pelo simples repasse de custos, típico de qualquer relação empresarial, mas decorre de manifesta determinação legal. O consumidor é atado à exigência tributária por força de lei (art. 9º, § 3º, da Lei n. 8.987/95). 6. A rigor, a situação de consumidor aproxima-se muito, se é que não coincide, com a de substituído tributário. De fato, a concessionária, tendo reconhecido legalmente o direito de repassar o ônus de impostos ao consumidor em relação a produto essencial, e não sendo inibida por pressão concorrencial, age como substituto tributário, sem qualquer interesse em resistir à exigência ilegítima do Fisco. 7. Inadmitir a legitimidade ativa processual em favor do único interessado em impugnar a inválida cobrança de um tributo é o mesmo que denegar acesso ao Judiciário em face de violação ao direito[10].

Em suma, o art. 166 do CTN é inequívoco ao cuidar do caso dos tributos cuja sistemática legal de apuração e recolhimento implique a **transferência do ônus tributário a terceiro**, contribuinte de fato. Considera **legitimado o contribuinte de direito que tiver suportado o ônus ou que esteja autorizado pelo contribuinte de fato** a receber

---

7. STJ, Segunda Turma, REsp 1.642.250, 2017.
8. STJ, Segunda Turma, AgRg no AgRg no REsp 1228837, 2013.
9. STJ, Primeira Turma, AgRg no AREsp 102.887, 2013.
10. STJ, Primeira Seção, REsp 1.299.303, 2012.

a restituição. O STJ entende que a transferência do ônus tributário deve decorrer da própria lei[11], de modo que o âmbito de aplicação do art. 166 do CTN não se estende além do contribuinte de fato, sendo "irrelevante a repercussão econômica que se tenha seguido a partir daí"[12], que a ninguém mais habilita, tampouco de ninguém mais exige autorização. O STJ entende que o contribuinte de fato, mesmo na hipótese do art. 166 do CTN, "não detém legitimidade ativa *ad causam* para pleitear a restituição do indébito"[13]. Afirma que a exigência de autorização deste não o transforma em titular do direito, porque não integra a relação jurídico-tributária. Reconhece a legitimidade do contribuinte de fato quando consumidor de serviços prestados por concessionárias, seja porque, no caso, "a legislação especial prevê expressamente o repasse do ônus tributário" como porque "no serviço essencial prestado em regime de monopólio [...], qualquer exação fiscal tende a ser automaticamente repassada ao consumidor"[14].

Aquele que paga tributo em nome de outrem não tem legitimidade para pleitear a sua repetição. Isso porque não há relação jurídica que o vincule ao sujeito ativo da relação tributária. O pagamento, por si só, seja efetuado por liberalidade ou em cumprimento a compromisso assumido, não legitima o simples pagador. Assim, o filho que, por gentileza, toma a iniciativa de pagar o IPVA do veículo do seu pai não tem, pessoalmente, direito à repetição de eventual indébito. O locatário que paga o IPTU em nome do locador e o vendedor de imóvel que efetua o pagamento do ITBI em nome do adquirente também não se legitimam à repetição, cabendo referir, nesses casos, ainda, que os contratos não são oponíveis ao Fisco, conforme o art. 123 do CTN.

A repetição deve ser demandada, como regra, perante o sujeito ativo da relação jurídico-tributária, que fiscalizou e arrecadou o tributo. Abordamos essa questão no capítulo dedicado ao processo judicial tributário, item introdutório às ações ajuizadas pelo contribuinte.

A **restituição pode ser buscada administrativamente** em caso de simples erro na apuração do tributo devido. Tratando-se, por exemplo, de imposto de renda, o contribuinte retificará a Declaração de Rendimentos e formulará Pedido Eletrônico de Restituição (PER), encaminhando-o pela internet através de programas que se encontram no portal da Receita Federal do Brasil. A restituição será processada automaticamente e ocorrerá alguns meses depois, mediante crédito na conta-corrente do contribuinte.

Há casos, contudo, em que a verificação do indébito depende do reconhecimento da ilegalidade da interpretação do Fisco sobre a lei tributária impositiva ou mesmo da declaração da inconstitucionalidade da lei. Em tais situações, é sabido que a

---

11. STJ, REsp 436.894.
12. TRF4, AMS 2004.72.03.000550-4, excerto do voto condutor.
13. STJ, Primeira Seção, REsp 903.394, 2010.
14. STJ, Primeira Seção, REsp 1.278.688, 2012.

Administração não reconhecerá o vício, de modo que não tem o contribuinte sequer de formular nenhum pedido administrativo. Ingressará diretamente em juízo através de **ação de repetição de indébito tributário**, dizendo do pagamento e demonstrando a ilegalidade ou inconstitucionalidade da exigência mediante análise da legislação específica que esteja em discussão, pedindo, então, com amparo no art. 165 do CTN, a sua restituição, o que culmina, no caso de procedência, com a expedição de requisição de pagamento de pequeno valor ou de precatório.

O **prazo para a repetição do indébito é de cinco anos, contados do pagamento indevido**, o que se extrai da combinação do art. 168 do CTN com o art. 3º da LC n. 118/2005. Tal prazo, considerado decadencial, **é aplicável** para pedidos de restituição tanto na esfera administrativa quanto na judicial, bem como **para o exercício do direito à compensação**. Não interfere no prazo a declaração de inconstitucionalidade pelo STF nem a edição de Resolução pelo Senado Federal quanto ao tributo a ser repetido.

Desse modo, desde 9 de junho de 2005 – quando, decorrido o período de vacância, passou a ser aplicada a LC n. 118/2005 –, as ações relativas a repetição ou compensação de indébitos só alcançam indébitos relativos a fatos geradores ocorridos nos últimos cinco anos.

Anteriormente ao advento da LC n. 118/2005, era pacífico o entendimento do STJ no sentido de que, para os tributos sujeitos a lançamento por homologação, o prazo era de dez anos[15]. Daí por que a LC n. 118/2005 não foi considerada meramente interpretativa, o que justificaria sua aplicação retroativa, nos termos do art. 106, I, do CTN. Entendeu o STF que deveria ser considerada como lei nova redutora do prazo para repetição ou compensação, de modo que sua aplicação retroativa violaria a segurança jurídica[16]. Mas, em

....

15. O prazo de cinco anos contados da extinção do crédito, estampado no art. 168, I, do CTN, vinha sendo aplicado tendo como marco inicial a extinção definitiva do crédito pela homologação tácita, o que só ocorria após cinco anos a contar do fato gerador, tendo em conta o art. 150, § 4º, c/c o art. 156, VII. Com isso, tínhamos 10 anos de prazo (5 + 5 = 10).
16. "DIREITO TRIBUTÁRIO – LEI INTERPRETATIVA – APLICAÇÃO RETROATIVA DA LEI COMPLEMENTAR N. 118/2005 – DESCABIMENTO – VIOLAÇÃO À SEGURANÇA JURÍDICA – NECESSIDADE DE OBSERVÂNCIA DA *VACACIO LEGIS* – APLICAÇÃO DO PRAZO REDUZIDO PARA REPETIÇÃO OU COMPENSAÇÃO DE INDÉBITOS AOS PROCESSOS AJUIZADOS A PARTIR DE 9 DE JUNHO DE 2005. Quando do advento da LC n. 118/2005, estava consolidada a orientação da Primeira Seção do STJ no sentido de que, para os tributos sujeitos a lançamento por homologação, o prazo para repetição ou compensação de indébito era de 10 anos contados do seu fato gerador, tendo em conta a aplicação combinada dos arts. 150, § 4º, 156, VII, e 168, I, do CTN. A LC n. 118/2005, embora tenha se autoproclamado interpretativa, implicou inovação normativa, tendo reduzido o prazo de 10 anos contados do fato gerador para 5 anos contados do pagamento indevido. Lei supostamente interpretativa que, em verdade, inova no mundo jurídico deve ser considerada como lei nova. Inocorrência de violação à autonomia e independência dos Poderes, porquanto a lei expressamente interpretativa também se submete, como qualquer outra, ao controle judicial quanto à sua natureza, validade e aplicação. A aplicação retroativa de novo e reduzido prazo para a repetição ou

vez de seguir o entendimento do STJ quanto à aplicação da regra de transição do art. 2.028 do CC, o STF inclinou-se por resguardar apenas o período de *vacatio legis* da LC n. 118/2005, aceitando sua aplicação plena a todas as ações ajuizadas a partir de então. Assim, ressalvou a **aplicação do prazo de dez anos apenas para as ações ajuizadas até 8 de junho de 2005**. Esse entendimento foi reafirmado em 2018, quando do julgamento do ARE 951.533/ES. O STJ adequou-se ao entendimento do STF[17].

Entendíamos que, no caso de o pedido de restituição ser veiculado administrativamente antes do decurso do prazo decadencial, mas acabar indeferido, ou de a compensação ser efetuada pelo contribuinte, mas restar expressamente não homologada, teria ele **o prazo prescricional de dois anos contados do indeferimento administrativo** para buscar judicialmente a anulação da decisão e a condenação à repetição, nos termos do art. 169 do CTN. Mas o STJ consolidou entendimento diverso, editando a Súmula 625, no seguinte sentido: "O pedido administrativo de compensação ou de restituição não interrompe o prazo prescricional para a ação de repetição de indébito tributário de que trata o art. 168 do CTN nem o da execução de título judicial contra a Fazenda Pública"[18].

Acolhido o pedido de restituição, administrativa ou judicialmente, implicará devolução do montante pago indevidamente acrescido de juros. E, se alguma multa tiver sido paga pelo contribuinte tendo por base o tributo indevido, também a multa será devolvida, tudo nos termos do art. 167.

O STF entende que a repetição de indébito tributário deve se dar com os mesmos índices aplicáveis aos débitos tributários, tendo considerado inconstitucional a aplicação dos índices da poupança estabelecidos pelo art. 1º-F da Lei n. 9.494/97, com a redação

....

compensação de indébito tributário estipulado por lei nova, fulminando, de imediato, pretensões deduzidas tempestivamente à luz do prazo então aplicável, bem como a aplicação imediata às pretensões pendentes de ajuizamento quando da publicação da lei, sem resguardo de nenhuma regra de transição, implicam ofensa ao princípio da segurança jurídica em seus conteúdos de proteção da confiança e de garantia do acesso à Justiça. Afastando-se as aplicações inconstitucionais e resguardando-se, no mais, a eficácia da norma, permite-se a aplicação do prazo reduzido relativamente às ações ajuizadas após a *vacatio legis*, conforme entendimento consolidado por esta Corte no enunciado 445 da Súmula do Tribunal. O prazo de *vacatio legis* de 120 dias permitiu aos contribuintes não apenas que tomassem ciência do novo prazo, mas também que ajuizassem as ações necessárias à tutela dos seus direitos. Inaplicabilidade do art. 2.028 do Código Civil, pois, não havendo lacuna na LC n. 118/2008, que pretendeu a aplicação do novo prazo na maior extensão possível, descabida sua aplicação por analogia. Além disso, não se trata de lei geral, tampouco impede iniciativa legislativa em contrário. Reconhecida a inconstitucionalidade do art. 4º, segunda parte, da LC n. 118/2005, considerando-se válida a aplicação do novo prazo de 5 anos tão somente às ações ajuizadas após o decurso da *vacatio legis* de 120 dias, ou seja, a partir de 9 de junho de 2005. Aplicação do art. 543-B, § 3º, do CPC aos recursos sobrestados. Recurso extraordinário desprovido" (STF, Tribunal Pleno, rel. Min. ELLEN GRACIE, RE 566.621, 2011).

17. STJ, Primeira Seção, EDcl no REsp 1.269.570, 2012.
18. Publicada em 2018.

dada pela Lei n. 11.960/2009[19]. Na mesma linha é a posição do STJ, consolidada na sua Súmula 523: "A taxa de juros de mora incidente na repetição de indébito de tributos estaduais deve corresponder à utilizada para cobrança do tributo pago em atraso, sendo legítima a incidência da taxa Selic, em ambas as hipóteses, quando prevista na legislação local, vedada sua cumulação com quaisquer outros índices".

Na esfera federal, incide a Selic por força do art. 39, § 4º, da Lei n. 9.250/95, sendo que o termo inicial para o cálculo "é o mês subsequente ao do pagamento indevido ou a maior que o devido", conforme o art. 73 da Lei n. 9.532/97. Nos âmbitos estadual e municipal, vale o que dispuserem as respectivas leis. Na ausência de lei específica, aplica-se o percentual supletivo de 1% decorrente da combinação do art. 167, parágrafo único, com o art. 161, § 1º, do CTN.

161. Compensação

O art. 170 do CTN estabelece que a lei poderá autorizar compensações entre créditos tributários da Fazenda Pública e créditos do sujeito passivo contra ela. Não há direito à compensação decorrente diretamente do Código Tributário Nacional, pois depende da intermediação de **lei específica autorizadora**[20]. A compensação pressupõe, sempre, créditos e débitos recíprocos, exigindo, portanto, que as mesmas pessoas sejam credoras e devedoras umas das outras[21].

A lei autorizadora a que refere o art. 170 do CTN será federal, estadual ou municipal, cada qual podendo autorizar a compensação com os tributos do respectivo ente político. É importante desde já destacar que o legislador pode estabelecer **condições e limites** para a compensação. Ademais, tratando-se de um instrumento para a extinção de créditos tributários relativos aos tributos efetivamente devidos, **aplica-se a lei vigente por ocasião do exercício da compensação** pelo titular do direito ao

---

19. STF, Tribunal Pleno, RE 870.947, 2017.
20. Apenas na hipótese em que a restituição de indébito tributário não é efetiva, em face do não pagamento de precatórios, é que se pode pretender a compensação independentemente de autorização legal, com fundamento direto no texto constitucional, pois, não efetuado o pagamento, tem o Judiciário de encontrar outro modo de dar cumprimento às suas decisões, satisfazendo o direito do credor. A garantia de acesso à Justiça tem de ser efetiva, mesmo contra o Estado, sob pena de ruptura dos pilares do Estado de direito. O art. 78 do ADCT atribui aos créditos de precatórios parcelados cujo pagamento esteja atrasado efeito liberatório para a quitação de tributos, autorizando, com isso, sua invocação para fins de compensação. Nos demais casos, contudo, ainda não há posição consolidada nos tribunais. A simples referência à possibilidade de cessão dos precatórios a terceiros no § 13 do art. 100 da CF, acrescido pela EC n. 62/2009, não constitui autorização para sua utilização em compensações tributárias pelos cessionários.
21. STJ, Segunda Turma, AgRgREsp 1.295.822, 2012.

ressarcimento. No âmbito federal, há leis autorizando compensação pelo Fisco (de ofício) e pelo contribuinte.

Havendo pedido administrativo de restituição de indébito ou de recebimento de outros créditos em dinheiro, deve a Receita Federal do Brasil verificar se o requerente também está com débito em aberto e, em caso positivo, proceder à compensação. É a chamada **compensação de ofício pelo Fisco**. Remanescendo saldo a favor do requerente, é restituído em dinheiro. Essa modalidade de compensação já era prevista na redação original do Decreto-Lei 2.287/86 que, com a redação da Lei n. 11.196/2005, tem a seguinte redação:

> Art. 7º A Receita Federal do Brasil, antes de proceder à restituição ou ao ressarcimento de tributos, deverá verificar se o contribuinte é devedor à Fazenda Nacional.
>
> § 1º Existindo débito em nome do contribuinte, o valor da restituição ou ressarcimento será compensado, total ou parcialmente, com o valor do débito.
>
> § 2º Existindo, nos termos da Lei n. 5.172, de 25 de outubro de 1966, débito em nome do contribuinte, em relação às contribuições sociais previstas nas alíneas *a*, *b* e *c* do parágrafo único do art. 11 da Lei n. 8.212, de 24 de julho de 1991, ou às contribuições instituídas a título de substituição e em relação à Dívida Ativa do Instituto Nacional do Seguro Social – INSS, o valor da restituição ou ressarcimento será compensado, total ou parcialmente, com o valor do débito.
>
> § 3º Ato conjunto dos Ministérios da Fazenda e da Previdência Social estabelecerá as normas e procedimentos necessários à aplicação do disposto neste artigo.

A compensação de ofício é autorizada, também, sobretudo, pelo art. 73 da Lei n. 9.430/96 que, com a redação da Lei n. 12.844/2013[22], assim dispõe:

> Art. 73. A restituição e o ressarcimento de tributos administrados pela Secretaria da Receita Federal do Brasil ou a restituição de pagamentos efetuados mediante Darf e GPS cuja receita não seja administrada pela Secretaria da Receita Federal do Brasil será efetuada depois de verificada a ausência de débitos em nome do sujeito passivo credor perante a Fazenda Nacional. Parágrafo único. Existindo débitos, não parcelados ou parcelados sem garantia, inclusive inscritos em Dívida Ativa da União, os créditos serão utilizados para quitação desses débitos, observado o seguinte: I – o valor bruto da restituição ou do ressarcimento será debitado à conta do tributo a que se referir; II – a parcela utilizada para a quitação de débitos do contribuinte ou responsável será creditada à conta do respectivo tributo.

---

22. Também cuidam da matéria os arts. 7º do Decreto-Lei n. 2.287/86 e 89, § 8º, da Lei n. 8.212/91.

Há entendimento jurisprudencial no sentido de que não estão sujeitos à compensação de ofício os créditos tributários com exigibilidade suspensa[23]. No **Tema 874** de repercussão geral (RE 917.285), em 2020, o STF entendeu que a previsão de compensação de ofício de débitos parcelados sem garantia, constante do art. 73, parágrafo único, da Lei n. 9.430/96, incluído pela Lei n. 12.844/2013, afronta o art. 146, III, *b*, da CF, porquanto o CTN atribui o efeito de suspensão da exigibilidade ao parcelamento, garantido ou não, sendo que a exigibilidade do crédito é condição para a compensação.

Existe, ainda, a possibilidade de ser efetuada **compensação pelo contribuinte no regime de lançamento por homologação**. Ou seja, o titular do direito ao ressarcimento tem uma alternativa à repetição de indébito. Pode optar por utilizar-se de seu crédito para quitar débitos junto ao Fisco. A vantagem de tal opção está no fato de a compensação depender apenas do contribuinte, que a realiza em vez de efetuar o pagamento de tributos que deve.

Sempre que o crédito invocado pelo contribuinte tiver como fundamento a inconstitucionalidade de lei instituidora do tributo ou a ilegalidade de atos normativos com suporte nos quais tenha sido exigido, a compensação dependerá de prévio reconhecimento, pelo Judiciário, da inexistência da obrigação. Ademais, a compensação **só poderá ocorrer após o trânsito em julgado da decisão judicial**, quando se terá certeza quanto à existência do crédito, nos termos do art. 170-A do CTN. Não é imprescindível que haja pedido expresso de compensação e dispositivo sentencial nesse sentido, mas que reste declarada a inexistência da obrigação de modo que se possam considerar os pagamentos realizados como efetivamente indevidos e, portanto, passíveis de ressarcimento, o que enseja a incidência dos dispositivos legais autorizadores da compensação.

A compensação efetuada pelo contribuinte **extingue o crédito tributário, sob condição resolutória**, ou seja, produz efeitos imediatos, sujeitando-se, contudo, à fiscalização pela Administração, que pode rejeitá-la.

Quanto aos tributos federais, as autorizações para que o contribuinte realize a compensação no regime de lançamento por homologação constam dos arts. 74 da Lei n. 9.430/96 e 66 da Lei n. 8.383/91.

Assim dispõe o *caput* do art. 74 da Lei n. 9.430/96, com a redação da Lei n. 10.637/2012: "O sujeito passivo que apurar crédito, inclusive os judiciais com trânsito em julgado, relativo a tributo ou contribuição administrado pela Secretaria da Receita Federal, passível de restituição ou de ressarcimento, poderá utilizá-lo na compensação de débitos próprios relativos a quaisquer tributos e contribuições administrados por aquele Órgão".

Note-se que a **Lei n. 9.430/96** permite ao contribuinte aproveitar o seu crédito para satisfazer débitos relativos aos tributos administrados pela Receita Federal do Brasil,

---
23. STJ, Primeira Seção, REsp 1.213.082, 2011.

incluindo as contribuições previdenciárias apuradas pelo eSocial. As contribuições abrangidas pelo regime unificado do Simples Doméstico não podem ser compensadas, nos termos do art. 26-A da Lei n. 11.457/2007, acrescentado pela Lei n. 13.670/2018.

Interpretando o requisito de tratar-se de tributo "administrado pela Secretaria da Receita Federal", o STJ ensina que "Administrar tributos não se restringe apenas à arrecadação dos recursos, mas, também, à fiscalização e à cobrança", mas não abrange a questão da destinação do produto da arrecadação. Em razão disso, admitiu a possibilidade de se compensar o crédito proveniente do Adicional de Indenização do Trabalhador Portuário Avulso – AITP, administrado pela Secretaria da Receita Federal, com outros tributos diversos também administrados pela Secretaria da Receita Federal[24].

A compensação do art. 74 da Lei n. 9.430/96 é efetuada mediante a apresentação, pelo titular do crédito, de documento eletrônico denominado **Declaração de Compensação** (DCOMP), do qual constam informações relativas aos créditos utilizados e aos respectivos débitos compensados. Terá o Fisco o prazo de cinco anos contados da declaração para homologá-la (o que ocorrerá tacitamente) ou para não homologá-la, negando efeitos à compensação e dando o débito do contribuinte por aberto. Neste caso de **não homologação**, terá o contribuinte direito à apresentação de impugnação e de recurso, ambos com efeito suspensivo da exigibilidade do crédito tributário, nos termos do Decreto n. 70.235/72 e do art. 151, III, do CTN, tal qual previsto expressamente nos §§ 9º a 11 do art. 74 da Lei n. 9.430/96, com a redação da Lei n. 10.833/2003. Não sendo provida a impugnação ou o recurso, o montante do débito apontado pelo contribuinte na declaração de compensação será considerado como confissão de dívida e instrumento hábil e suficiente para a exigência dos débitos indevidamente compensados, podendo ser encaminhada a declaração para inscrição em dívida ativa a fim de viabilizar a posterior extração de certidão de dívida ativa e ajuizamento de execução fiscal. Mas há compensações expressamente vedadas por lei (§§ 3º e 12 do art. 74 da Lei n. 9.430/96) que, efetuadas pelo contribuinte, a despeito da vedação legal inequívoca, serão simplesmente **consideradas não declaradas**, sem direito a impugnação e a recurso com efeito suspensivo. No rol do § 3º estão, por exemplo, as proibições de compensação de débito que já tenha sido objeto de compensação não homologada, do valor objeto de pedido de restituição ou de ressarcimento já indeferido ou informado em declaração de compensação cuja confirmação de liquidez e certeza esteja sob procedimento fiscal e dos débitos relativos ao recolhimento mensal por estimativa do IRPJ e da CSL, nos termos da redação dada a diversos dos incisos desse dispositivo pela Lei n. 13.670/2018. No rol do § 12 encontramos, por sua vez, as vedações de compensações em que o crédito seja de terceiros e aquelas em que o crédito seja decorrente de decisão judicial não transitada em julgado.

---

24. STJ, Primeira Turma, REsp 1.738.282, 2018.

Segundo a **Lei n. 8.383/91**, aplicável às contribuições previdenciárias e a terceiros (incidentes sobre a folha de salários, destinadas a outros entes, como o Sesi e o Incra), bem como a tributos não administrados originariamente pela Receita Federal do Brasil, pode o contribuinte efetuar a compensação dos valores pagos indevidamente com os **tributos da mesma espécie e destinação** devidos relativamente a período subsequente.

A restituição ou compensação de indébitos é feita com atualização pela Selic, nos termos do § 4º do art. 39 da Lei n. 9.250/95 e do § 3º do art. 89 da Lei n. 8.212/91, com a redação da Lei n. 11.941/2009.

162. Transação

A transação é a prevenção ou terminação de um litígio mediante concessões mútuas, nos termos do art. 840 do Código Civil. É da sua essência, portanto, que ambas as partes cedam em alguma medida e que, com isso, se coloque fim a um conflito de interesses.

Embora o art. 841 do Código Civil estabeleça que só se permitiria a transação quanto aos direitos patrimoniais de caráter privado, o CTN, que é norma geral de Direito Tributário com nível de lei complementar, prevê a transação como modo de extinção do crédito tributário.

Dispõe o CTN: "Art. 171. A lei pode facultar, nas condições que estabeleça, aos sujeitos ativo e passivo da obrigação tributária celebrar transação que, mediante concessões mútuas, importe em terminação de litígio e consequente extinção de crédito tributário". E complementa: "Parágrafo único. A lei indicará a autoridade competente para autorizar a transação em cada caso".

A transação, portanto, é possível em matéria tributária, mas depende de lei de cada um dos entes políticos, relativamente aos seus próprios créditos tributários, que, estabelecendo as condições a serem observadas, a autorize.

Conforme já destacamos alhures[25], a transação situa-se no contexto da extinção e da cobrança do crédito tributário, mas convencionado parcelamento pode ter efeito suspensivo da exigibilidade. A indisponibilidade do interesse público não é óbice ao uso do instituto da transação. É questão de praticabilidade e de eficiência buscar a realização dos créditos tanto quanto possível, ainda que sejam necessárias concessões, especialmente quanto aos créditos de difícil realização. A transação tributária é um instrumento para a extinção do crédito tributário, tendo caráter formal, enquanto seu conteúdo

---

25. PAULSEN, Leandro. Transação tributária. In: CALCINI, Fábio Pallaretti; HENARES NETO, Halley; CAMPOS, Rogério (orgs.). *Comentários sobre a transação tributária à luz da Lei 13.988/20 e outras alternativas de extinção do passivo tributário*. São Paulo: Thomson Reuters Brasil, 2021, p. 301-318.

corresponde às demais causas extintivas, veiculando remissão, anistia, compensação, anulação de parte do crédito e o compromisso de pagamento ou de dação em pagamento. A transação é compatível com o parcelamento, podendo contemplar o compromisso de o devedor quitar o débito remanescente de modo parcelado. Muitos dos conhecidos parcelamentos especiais consubstanciaram transações por adesão, com concessões estabelecidas por lei. A transação pode não produzir, por si só, efeito de extinção do crédito tributário, mas contemplar o compromisso de que o créditos sejam satisfeitos e, assim, extintos por ato posterior do contribuinte. O legislador manifesta a vontade de admitir a transação, autorizando-a, e a autoridade a implementa numa perspectiva de subordinação, desenvolvimento e complementaridade. A lei traz os critérios gerais e a autoridade, no espaço de discricionariedade que a lei lhe concede, ajusta com o sujeito passivo as cláusulas específicas, atenta à sua situação individual, não havendo impedimento, porém, a que sejam oferecidas transações por adesão.

A Lei n. 13.140/2015, ao incluir o art. 14-A na Lei do Processo Administrativo Fiscal (Decreto n. 70.235/72), passou a permitir a submissão do litígio à composição extrajudicial pela Advocacia-Geral da União quando se tratar de créditos tributários da União cujo sujeito passivo seja órgão ou entidade de direito público da administração pública federal. Essa submissão terá o efeito de reclamação para fins de suspensão da exigibilidade do crédito tributário, nos termos do art. 151, III, do CTN, conforme determinação expressa do referido art. 14-A, o que não encontra paralelo, veremos, nas transações em geral, reguladas pela Lei n. 13.988/2020.

A Lei n. 13.988/2020 dispõe sobre a transação para a resolução de litígio da União com seus devedores em geral, relativo à cobrança de créditos da Fazenda Pública, inclusive tributários. Restringiu à terminação de um litígio administrativo ou judicial e extinção do crédito tributário. Já em seu início, a lei torna inequívoco que a transação está sujeita a juízo de oportunidade e conveniência, mas que tem de ser motivado e realizado em atenção ao interese público. E a disciplina segue, elencando que a aplicação da lei deve se dar com observância dos princípios da isonomia, da capacidade contributiva, da transparência, da moralidade, da razoável duração dos processos e da eficiência e, resguardadas as informações protegidas por sigilo, o princípio da publicidade. Há previsão de divulgação dos termos de transação celebrados. Prevê, como modalidades de transação, a realizada por adesão a edital (realizada sempre eletronicamente) ou por proposta individual (com termo próprio assinado pela autoridade). Para transações de alto valor, exige-se autorização ministerial (art. 8º).

Conforme a Lei n. 13.988/2020, a transação importa confissão de dívida e desistência de eventuais defesas administrativas bem como exige pedido de extinção das ações judiciais.

Ainda no regime da Lei n. 13.988/2020, a transação não pode abranger créditos do SIMPLES enquanto lei complementar não autorizar, tampouco envolver devedor contumaz, conforme definido em lei específica (art. 5º, III). Inicialmente, cabia apenas à Procuradoria-Geral da Fazenda Nacional a transação quanto aos créditos tributários da União, mas passou-se a admitir que a própria Secretaria Especial da Receita Federal do Brasil atuasse. É que, no texto original da lei, a transação individual limitava-se aos créditos inscritos em dívida ativa, mas, com alteração da Lei n. 14.375/2022, passou a abarcar créditos em contencioso administrativo fiscal. Também as regras quanto às concessões por parte do fisco foram alteradas. Inicialmente, a transação não podia implicar redução do montante principal do tributo, devendo versar sobre concessão de descontos em multas, juros e encargos legais relativos a créditos de difícil recuperação, com o oferecimento de prazos de até 84 meses (admitindo-se até 145 meses para pessoa natural, microempresa ou empresa de pequeno porte, instituição de ensino, cooperativas, santas casas de misericórdia e organizações da sociedade civil) e formas de pagamento especiais, oferecimento, substituição ou alienação de garantias ou constrições. Com a redação da Lei n. 14.375/2022 ao § 2º do art. 11 da Lei n. 13.988/2020, passou-se a admitir prazo de até 120 meses.

A lei ainda traz capítulos especificando o regime jurídico da transação por adesão no contencioso tributário de relevante e disseminada controvérsia jurídica (Capítulo III) e da transação por adesão no contencioso tributário de pequeno valor, com regras próprias, podendo abranger créditos em discussão na via administrativa, implicar descontos de até 50% do total do crédito e concessão de prazo de até 60 meses (Capítulo IV).

Os procedimentos, formas e critérios são disciplinados por atos normativos da RFB e da PGFN. A Portaria RFB n. 208/2022 regulamenta a transação de créditos tributários sob administração da Secretaria Especial da Receita Federal do Brasil. A Portaria PGFN n. 6.757/2022 regulamenta a transação na cobrança da dívida ativa da União e do FGTS, tendo sido alterada pela Portaria PGFN n. 6.941/2022. A Portaria PGFN n. 14.402/2020 estabeleceu as condições para transação excepcional na cobrança da dívida ativa da União em função dos efeitos da pandemia causada pela COVID-19 na perspectiva de recebimento de créditos inscritos, tendo recebido diversas alterações, inclusive as da Portaria PGFN n. 5885/2022.

Quanto aos possíveis efeitos da transação quanto ao crédito tributário e à punibilidade dos crimes tributários, vale destacar que a Lei n. 13.988/2020 é inequívoca no sentido de que a proposta de transação não suspende a exigibilidade dos créditos e também não implica novação dos créditos. Também prevê que a transação, quando envolva moratória ou parcelamento, tem efeito de suspensão da exigibilidade do crédito tributário, mas que só terá efeito de extinção dos créditos quanto integralmente cumpridos os compromissos assumidos. Efetivamente, a sua previsão como modo de extinção do crédito tributário, no art. 156, III, do CTN, sujeita-se à condição suspensiva do cumprimento integral das condições. Desse modo, os reflexos da transação na esfera penal não decorrerão automaticamente da formalização da transação propriamente, mas do seu conteúdo e do seu cumprimento. Acordado o parcelamento do débito com descontos, assim que tiver início o seu cumprimento e enquanto perdurar, implicará a suspensão da punibilidade tal como se dá por força dos parcelamentos em geral, com fundamento no art. 83, § 2º, da Lei n. 9.430/96, com a redação da Lei n. 12.382/2011. Adiante, com o cumprimento integral das cláusulas acordadas, teremos a extinção dos créditos tributários respectivos sendo que a satisfação do tributo nos termos acordados implicará a extinção da punibilidade por aplicação analógica do dispositivo legal que diz que esse é o efeito do pagamento, ou seja, do art. 9º, § 2º, da Lei n. 10.684/2003.

163. Remissão do crédito tributário

A remissão de crédito tributário depende de lei específica que a tenha como objeto normativo exclusivo ou que a estabeleça ao cuidar do tributo a que se refere, nos termos do art. 150, § 6º, da CF.

Não se trata de medida comum, até porque implica renúncia de receita e, como tal, deve estar acompanhada de estimativa do impacto orçamentário-financeiro, dentre outros cuidados, nos termos do art. 14 da LC n. 101/2000, a Lei de Responsabilidade Fiscal.

Conforme o art. 172 do CTN, a lei pode autorizar a autoridade administrativa a conceder, por despacho fundamentado, remissão total ou parcial do crédito tributário, atendendo à situação econômica do sujeito passivo, ao erro ou ignorância escusáveis do sujeito passivo, quanto a matéria de fato, à diminuta importância do crédito tributário, a considerações de equidade, em relação às características pessoais ou materiais do caso ou, ainda, a condições peculiares a determinada região do território da entidade tributante. Seu parágrafo único ainda remete ao art. 155, que se refere a revogação de ofício "sempre que se apure que o beneficiado não satisfazia ou deixou de satisfazer as condições ou não cumprira ou deixou de cumprir os requisitos para a concessão do favor, cobrando-se o crédito acrescido de juros de mora".

A LC n. 160/2017 dispõe sobre convênio que permite aos Estados e ao Distrito Federal deliberar sobre a remissão dos créditos tributários, constituídos ou não, decorrentes das isenções, dos incentivos e dos benefícios fiscais ou financeiro-fiscais concedidos no âmbito da guerra fiscal, em desacordo com o disposto na alínea *g* do inciso XII do § 2º do art. 155 da Constituição Federal. Ensejou deliberação a esse respeito com quórum para aprovação de 2/3 das unidades federadas, com pelo menos 1/3 das unidades de cada região do país. Sobreveio, então, o Convênio ICMS n. 190/2017, dispondo sobre a referida remissão.

164. Decadência do direito de lançar

Há dois dispositivos do CTN que cuidam da decadência do direito do Fisco de constituir o crédito tributário: o art. 150, § 4º, e o art. 173. Ambos estabelecem prazo de cinco anos, variando apenas o *termo a quo*[26]. A apresentação de declaração pelo contribuinte, contudo, estabelece uma exceção a tais regras relativamente aos valores declarados como devidos.

O art. 150, § 4º, é uma regra específica para os casos **de tributos sujeitos a lançamento por homologação**, em que o contribuinte tem a obrigação de, ele próprio, verificar que o fato gerador ocorreu, calcular o montante devido e efetuar o pagamento, sujeitando-se a fiscalização posterior. **Efetuado o pagamento tempestivo, o Fisco tem cinco anos, contados da ocorrência do fato gerador**, para verificar a exatidão do pagamento e, na hipótese de o contribuinte ter calculado e pago montante inferior ao devido, promover o **lançamento de ofício da diferença ainda devida**.

O art. 173, em seu inciso I, traz uma regra geral de decadência para as demais modalidades de lançamento, de ofício ou por declaração: prazo de **cinco anos contados do primeiro dia do exercício seguinte** àquele em que o lançamento poderia ter sido efetuado.

Tratando-se de típico **lançamento por declaração**, disciplinado pelo art. 147 do CTN, em que o contribuinte presta informações e o Fisco procede à apuração e notificação para pagamento, viabiliza-se o lançamento assim que recebidas as informações, contando-se os cinco anos do primeiro dia do exercício seguinte.

O **lançamento de ofício quanto a tributo sujeito originariamente a tal modalidade** de lançamento (art. 149, I, do CTN) viabiliza-se desde a ocorrência do fato gerador, de modo que o prazo de cinco anos contará do primeiro dia do exercício ao do fato gerador.

No **lançamento de ofício supletivo**, em caso de tributo sujeito a lançamento por declaração em que o contribuinte deixa de prestar as informações a que está obrigado ou, tendo-as prestado, deixe de atender a pedido de esclarecimento formulado pela autoridade ou não o atenda satisfatoriamente ou, ainda, se comprove falsidade, erro ou omissão relativamente à declaração, omissão, insuficiência, falsidade ou erro do contribuinte (art. 149, II, III e IV), o prazo para efetuá-lo será de cinco anos contados do primeiro dia do exercício seguinte ao da não apresentação das informações. No **Tema Repetitivo 1048** (REsp 1.841.798), em 2021, o STJ analisou o prazo decadencial para lançamento de ofício supletivo do ITCD, ordinariamente sujeito a lançamento por declaração, fixando a seguinte tese: "O Imposto de Transmissão *Causa Mortis* e Doação – ITCDM, referente a doação não oportunamente declarada pelo contribuinte ao fisco estadual, a contagem do prazo decadencial tem início no primeiro dia do exercício seguinte àquele em que o lançamento poderia ter sido efetuado, observado o fato gerador,

---

26. O art. 45 da Lei n. 8.212/91, que estabelecia prazo de 10 anos para as contribuições de seguridade social, foi declarado inconstitucional pelo STF, posição consolidada na **Súmula Vinculante 8**, de junho de 2008. RE 559.882-9.

em conformidade com os arts. 144 e 173, I, ambos do CTN". A pretensão do Fisco era a de que o prazo fosse contado da data em que tivesse tido conhecimento da ocorrência do fato gerador, mas não tinha sustentação no CTN e não restou acolhida.

Nos tributos sujeitos a lançamento por homologação em que o contribuinte deixa de efetuar o pagamento do tributo (art. 149, V), é a falta do pagamento que abre ensejo ao lançamento de ofício supletivo, razão por que o prazo de cinco anos conta do primeiro dia do exercício seguinte ao do vencimento *in albis*. No Imposto de Renda Pessoa Física, os pagamentos mensais são antecipações; derradeiro, é o vencimento derradeiro do ajuste, razão pela qual já se decidiu que "o prazo de decadência do art. 173, I, do CTN, inicia-se em 1º de janeiro do ano seguinte àquele em que o contribuinte tem o dever de entregar sua Declaração de Ajuste Anual"[27].

Lembre-se que, não ocorrendo o pagamento tempestivo, não há o que homologar, tendo o Fisco de partir para o lançamento de ofício. Importa ter em conta a **Súmula 555 do STJ**: "Quando não houver declaração do débito, o prazo decadencial quinquenal para o Fisco constituir o crédito tributário conta-se exclusivamente na forma do art. 173, I, do CTN, nos casos em que a legislação atribui ao sujeito passivo o dever de antecipar o pagamento sem prévio exame da autoridade administrativa". Isso porque, não tendo o contribuinte efetuado o pagamento e não tendo se declarado devedor, não restará ao Fisco senão a possibilidade de proceder ao lançamento de ofício.

No caso das multas dependentes, lançadas juntamente com o montante do tributo devido, entendemos que segue o prazo para lançamento do tributo.

O lançamento de ofício de multa isolada (art. 149, VI), por sua vez, viabiliza-se a partir do cometimento da infração, contando-se o prazo do primeiro dia do exercício seguinte. Nos termos da **Súmula CARF n. 174**, "Lançamento de multa por descumprimento de obrigação acessória submete-se ao prazo decadencial previsto no art. 173, inciso I, do CTN" (1ª Turma da CSRF, 2021).

A revisão do lançamento, por sua vez (art. 149, parágrafo único), em quaisquer das suas hipóteses (art. 149, VII, VIII e IX), deve ser iniciada enquanto não decaído o direito de lançar, conforme os prazos já referidos.

Lembre-se de que a decadência é o prazo de que dispõe o Fisco para realizar o lançamento, o que só se aperfeiçoa com a notificação do sujeito passivo. A Súmula 622 do STJ, na sua primeira parte, bem retrata esse entendimento consolidado: "A notificação do auto de infração faz cessar a contagem da decadência para a constituição do crédito tributário; exaurida a instância administrativa com o decurso do prazo para a impugnação ou com a notificação de seu julgamento definitivo e esgotado o prazo concedido

---

27. TRF4, APELREEX 0015772-39.2014.4.04.9999, Segunda Turma, 2015.

pela Administração para o pagamento voluntário, inicia-se o prazo prescricional para a cobrança judicial"[28].

Quando o próprio contribuinte formaliza a existência do crédito tributário ao cumprir obrigação acessória de declaração, ao confessar a dívida ou mesmo ao depositar o montante do crédito tributário, **torna-se desnecessário o lançamento** de ofício quanto a tais montantes. Assim, **não se fala mais em decadência**, salvo no que diz respeito a eventuais diferenças não formalizadas em tais atos. A formalização do crédito tributário pelo contribuinte após o decurso do prazo de decadência do Fisco é inócua, pois a decadência extingue o próprio crédito tributário, nos termos do art. 156, V, do CTN.

Quando, efetuado o lançamento, restar posteriormente anulado em razão de algum **vício formal** (por exemplo, ausência de requisitos essenciais no auto de infração, elencados no art. 10 do Decreto n. 70.235/72, ou violação ao direito de defesa no processo administrativo-fiscal), terá o Fisco a **reabertura do prazo decadencial** para proceder a novo lançamento do mesmo crédito[29]. É o que dispõe o art. 173, II, do CTN ao dizer da contagem do prazo de cinco anos "da data em que se tornar definitiva a decisão que houver anulado, por vício formal, lançamento anteriormente efetuado". É relevante, pois, que reste claro, das decisões administrativas e judiciais anulatórias de lançamento, se o fazem por vício formal ou por vício material. A anulação por vício material não reabre nenhum prazo, de modo que, muitas vezes, já decorrido prazo decadencial, não mais poderá ser lançado o crédito.

165. Prescrição da ação para execução do crédito tributário

A prescrição é matéria de normas gerais de direito tributário sob **reserva de lei complementar** desde a CF/67, atualmente por força do art. 146, III, *b*, da CF/88. Desse modo, não pode o legislador ordinário dispor sobre a matéria, estabelecendo prazos, hipóteses de suspensão e de interrupção da prescrição, sob pena de inconstitucionalidade. Válido é o regime estabelecido pelo Código Tributário Nacional, recepcionado como lei complementar.

O **art. 174 do CTN** disciplina a prescrição para a cobrança do crédito tributário, que é feita pelo Fisco através de Execução Fiscal.

O prazo é de **cinco anos** para todos os tributos, contados da constituição definitiva do crédito tributário. Enquanto tributos, as contribuições também se submetem ao prazo prescricional quinquenal estabelecido pelo art. 174 do CTN, sendo

---

28. Enunciado publicado em 2018.
29. Sobre a polêmica a respeito do que se deve entender por vício formal, *vide*: FERREIRA, Fayad. *O vício formal no lançamento tributário: fixação do prazo decadencial a partir de decisão anulatória definitiva*. São Paulo: Livre Expressão, 2010.

inconstitucional o art. 46 da Lei n. 8.212/91 que estabeleceu prazo decenal, por invasão de matéria reservada à lei complementar (art. 146, III, *b*, da CF). Eis o teor da **Súmula Vinculante 8** do STF: "São inconstitucionais o parágrafo único do artigo 5º do Decreto--Lei n. 1.569/77 e os artigos 45 e 46 da Lei n. 8.212/91, que tratam de prescrição e decadência de crédito tributário".

Considera-se constituição do crédito quaisquer dos modos pelos quais se dá a sua formalização.

A referência à **constituição "definitiva"** não tem nenhuma repercussão relativamente à formalização do crédito por declaração ou confissão do contribuinte. Isso porque, provindo do próprio contribuinte o reconhecimento do débito, não há abertura de prazo para impugnação. O Fisco pode encaminhar prontamente o crédito nela representado para cobrança, sem prejuízo do lançamento de eventuais diferenças. Assim, quanto aos valores declarados ou confessados, considera-se definitivamente formalizado o crédito tributário no momento mesmo da apresentação da declaração, sendo que "o prazo prescricional tem início a partir da data em que tenha sido realizada a entrega da declaração do tributo e escoado o prazo para pagamento espontâneo"[30]. Efetivamente, o prazo conta-se "do dia seguinte ao vencimento da exação ou da entrega da declaração pelo contribuinte, o que for posterior", porquanto, "Só a partir desse momento, o crédito torna-se constituído e exigível pela Fazenda pública"[31].

No que diz respeito à formalização do crédito tributário pelo lançamento, considerar-se-á definitivo quando do esgotamento dos prazos para impugnação ou recurso, ou quando da intimação da decisão irrecorrível[32]. Assim, considerar-se-á definitivamente constituído o crédito tributário **ao final do processo administrativo-fiscal**. Cabe termos em conta, porém, relativamente à parte do crédito tributário não impugnada ou recorrida, que a constituição definitiva do crédito se dá no momento da apresentação da impugnação ou interposição do recurso que sejam parciais e, portanto, não alcancem a totalidade do débito. Quando à parte não impugnada ou recorrida, quedará como parcela incontroversa, dando ensejo à preclusão lógica. O parágrafo único do art. 42 do Decreto n. 70.235/72 (Lei do Processo Administrativo-Fiscal) é inequívoco no sentido de que serão "definitivas as decisões de primeira instância na parte que não for objeto de recurso voluntário ou não estiver sujeita a recurso de ofício". O § 1º do seu art. 21, por sua vez, prevê a cobrança imediata: "No caso de impugnação parcial, não cumprida

---

30. STJ, REsp 1.155.127.
31. STJ, Primeira Turma, AgRg no AREsp 302.363, 2013.
32. Decreto n. 70.235/72: "Art. 42. São definitivas as decisões: I – de primeira instância esgotado o prazo para recurso voluntário sem que este tenha sido interposto; II – de segunda instância de que não caiba recurso ou, se cabível, quando decorrido o prazo sem sua interposição; III – de instância especial. Parágrafo único. Serão também definitivas as decisões de primeira instância na parte que não for objeto de recurso voluntário ou não estiver sujeita a recurso de ofício".

a exigência relativa à parte não litigiosa do crédito, o órgão preparador, antes da remessa dos autos a julgamento, providenciará a formação de autos apartados para a imediata cobrança da parte não contestada".

O STJ já decidiu que "A contagem da prescrição para a cobrança do IPTU tem como marco inicial o dia seguinte ao estipulado pela lei local para o vencimento da exação", porquanto, antes disso, o crédito não é exigível. Nessa linha, cassou acórdão que contara a prescrição da data da notificação do lançamento[33].

Também consolidou entendimento sobre a matéria na **Súmula 622** do STJ: "A notificação do auto de infração faz cessar a contagem da decadência para a constituição do crédito tributário; exaurida a instância administrativa com o decurso do prazo para a impugnação ou com a notificação de seu julgamento definitivo e esgotado o prazo concedido pela Administração para o pagamento voluntário, inicia-se o prazo prescricional para a cobrança judicial"[34].

Quanto às contribuições apuradas em **liquidação trabalhista**, restará definitiva a formalização dos respectivos créditos tributários quando restar preclusa, para o contribuinte e para o Fisco, a decisão que homologar os respectivos valores.

O prazo prescricional está sujeito a causas de suspensão e de prescrição. Iniciando-se o prazo com a constituição definitiva do crédito, a cobrança amigável não impede o curso da prescrição[35].

A suspensão do prazo prescricional ocorre por força da própria suspensão da exigibilidade do crédito tributário, nas hipóteses do art. 151 do CTN: moratória, depósito do montante integral, impugnação e recurso administrativo, liminar em mandado de segurança, liminar ou antecipação de tutela em outras ações, parcelamento. Isso porque, suspensa a exigibilidade, resta afastado um dos requisitos para a execução, que pressupõe título certo, líquido e exigível. Não há outras causas suspensivas da exigibilidade que não estas decorrentes diretamente do CTN, sendo inconstitucionais as leis ordinárias que estabeleceram hipóteses diversas, pois invadiram a reserva de lei complementar constante do art. 146, III, *b*, da CF[36].

A execução promovida quando vigente uma das causas suspensivas da exigibilidade deve ser extinta por falta de pressuposto. Mas a suspensão da exigibilidade superveniente ao ajuizamento da execução fiscal implica a suspensão do processo.

....

33. STF, Primeira Turma, AgInt no AREsp 976.764, 2017.
34. Enunciado publicado em 2018.
35. STJ, Segunda Turma, REsp 1.399.591, 2013.
36. *Vide*, abaixo, o item relativo às leis complementares. Art. 5º do Decreto-Lei n. 1.569/77, STF, RE 559.882-9. Arts. 2º, § 3º, e 8º, § 2º, da Lei n. 6.830/80, STJ, REsp 708.227 e TRF4, AC 2000.04.01.071264-1.

Suspensa a exigibilidade por **medida liminar ou antecipação de tutela** (art. 151, IV e V, do CTN), obtidas pelo contribuinte contra a exigência do tributo, não corre o prazo prescricional. Contar-se-á o prazo anterior, até a concessão da medida, prosseguindo-se a contagem após a sua cassação. Note-se que sentença favorável ao contribuinte não tem, por si só e automaticamente, eficácia suspensiva da exigibilidade do crédito tributário. A rigor, portanto, o contribuinte necessita obter alguma tutela de urgência ou de evidência para impedir a cobrança. Enquanto não sobrevém tal tutela, o Fisco pode, desde que definitivamente constituído o crédito tributário e expedida a certidão de dívida ativa como título executivo, promover a execução no prazo quinquenal do art. 174 do CTN. O acórdão favorável ao contribuinte, esse sim, tem eficácia imediata e impede a cobrança, sendo certo que os recursos aos tribunais superiores não ostentam efeito suspensivo. Conforme o STJ, sendo desconstituído pelas vias processuais acórdão favorável ao contribuinte que constituía "entrave judicial à promoção da pretensão executória por parte da Fazenda Pública", é do trânsito em julgado dessa decisão que passa a correr o prazo prescricional[37]. Deve-se observar, porém, que, se o prazo já iniciara e ficara apenas suspenso durante a eficácia da tutela jurisdicional obtida temporariamente pelo contribuinte, o prazo prescricional para a execução fiscal será retomado pelo tempo faltante.

Obtido **parcelamento**, por sua vez, também restará suspenso o prazo prescricional como decorrência da incidência do art. 151, VI, do CTN. Deve-se atentar, porém, para o fato de que o parcelamento pressupõe reconhecimento do débito pelo devedor, o que configura causa interruptiva do prazo prescricional (art. 174, parágrafo único, IV, do CTN). Assim, haverá a interrupção do prazo pela confissão, seguida do parcelamento como causa suspensiva da exigibilidade. O prazo interrompido e suspenso só recomeçará, por inteiro, na hipótese de inadimplemento. Dispõe a **Súmula 248** do extinto TFR: "O prazo da prescrição interrompido pela confissão e parcelamento da dívida fiscal recomeça a fluir no dia em que o devedor deixa de cumprir o acordo celebrado". O STJ tem reafirmado tal orientação, entendendo que a prescrição também se interrompe "pela confissão e pedido de parcelamento, recomeçando a fluir no dia em que o devedor deixa de cumprir o acordo"[38].

Ademais, "o parcelamento de ofício da dívida tributária não configura causa interruptiva da contagem da prescrição, uma vez que o contribuinte não anuiu". É o que decidiu o STJ em sede de recurso repetitivo relativo ao IPTU. Entendeu que "a liberalidade do Fisco em conceder ao contribuinte a opção de pagamento à vista (cota única) ou parcelado (10 cotas), independente de sua anuência prévia, não configura as hipóteses de suspensão da exigibilidade do crédito tributário previstas no art. 151,

---

37. STJ, Primeira Turma, AREsp 1.280.342, 2019.
38. STJ, Segunda Turma, AgRg nos EDcl no AREsp 91.345, 2012.

I e VI do CTN (moratória ou parcelamento), tampouco causa de interrupção da prescrição, a qual exige o reconhecimento da dívida por parte do contribuinte (art. 174, parág. único, IV do CTN)"[39].

A **inscrição em dívida ativa**, ato interno da Administração, não tem nenhuma influência sobre o prazo prescricional. A suspensão de 180 dias por força da inscrição, determinada pelo art. 2º, § 3º, da LEF, invade matéria reservada à lei complementar, sendo, portanto, inaplicável à execução de crédito tributário[40].

Decorrido o prazo quinquenal, já descontados os períodos de suspensão, sem que se tenha causa interruptiva, tem-se por consumada a prescrição.

A **interrupção do prazo prescricional** dá-se nas hipóteses do art. 174, parágrafo único, do CTN: I – pelo despacho do juiz que ordenar a citação em execução fiscal; II – pelo protesto judicial; III – por qualquer ato judicial que constitua em mora o devedor; e IV – por qualquer ato inequívoco ainda que extrajudicial, que importe em reconhecimento do débito pelo devedor.

A rigor, nos termos do art. 174, parágrafo único, I, não bastaria ao Fisco ajuizar a Execução Fiscal no prazo quinquenal para que ter interrompida a prescrição: teria de obter o **"despacho do juiz que ordena a citação"**, este sim causa interruptiva do prazo (art. 174, parágrafo único, I, com a redação da LC n. 118/2005). Mas o STJ consolidou posição no sentido de que a interrupção da prescrição retroage à data da propositura, forte no § 1º do art. 219 do CPC/73, considerado aplicável também à matéria tributária[41]. O art. 802, parágrafo único, do CPC (Lei n. 13.105/2015) também é expresso no sentido de que a interrupção da prescrição, na execução, retroagirá à data de propositura da ação. Esse entendimento vem sendo reafirmado[42].

O despacho do Juiz que ordena a citação da empresa interrompe a prescrição também relativamente aos eventuais **sócios-gerentes** contra os quais, por força do cometimento de infrações como sonegação ou apropriação indébita, venha a ser redirecionada a execução com base no art. 135, III, do CTN. Os atos do Fisco, enquanto Exequente, diligenciando na execução contra a empresa, não impedem a retomada do prazo prescricional contra os sócios-gerentes. Determinada a citação da empresa, portanto, terá o Fisco o prazo de cinco anos para obter o despacho que ordene a citação do sócio-gerente em nome próprio[43]. Mas há outros detalhes a considerar. No **Tema Repetitivo 444** (REsp 1.201.993), em 2019, o STJ resolveu diversas controvérsias sobre a prescrição relacionadas ao redirecionamento da execução aos responsáveis tributários,

---

39. STJ, Primeira Seção, REsp 1.658.517, 2018.
40. STJ, Segunda Turma, REsp 1.326.094, 2012.
41.
42.
43.

afirmando: "Para fins dos arts. 1.036 e seguintes do CPC/2015, fica assim resolvida a controvérsia repetitiva: (i) o prazo de redirecionamento da Execução Fiscal, fixado em cinco anos, contado da diligência de citação da pessoa jurídica, é aplicável quando o referido ato ilícito, previsto no art. 135, III, do CTN, for precedente a esse ato processual; (ii) a citação positiva do sujeito passivo devedor original da obrigação tributária, por si só, não provoca o início do prazo prescricional quando o ato de dissolução irregular for a ela subsequente, uma vez que, em tal circunstância, inexistirá, na aludida data (da citação), pretensão contra os sócios-gerentes (conforme decidido no REsp 1.101.728/SP, no rito do art. 543-C do CPC/1973, o mero inadimplemento da exação não configura ilícito atribuível aos sujeitos de direito descritos no art. 135 do CTN). O termo inicial do prazo prescricional para a cobrança do crédito dos sócios-gerentes infratores, nesse contexto, é a data da prática de ato inequívoco indicador do intuito de inviabilizar a satisfação do crédito tributário já em curso de cobrança executiva promovida contra a empresa contribuinte, a ser demonstrado pelo Fisco, nos termos do art. 593 do CPC/1973 (art. 792 do novo CPC – fraude à execução), combinado com o art. 185 do CTN (presunção de fraude contra a Fazenda Pública); e (iii) em qualquer hipótese, a decretação da prescrição para o redirecionamento impõe seja demonstrada a inércia da Fazenda Pública, no lustro que se seguiu à citação da empresa originalmente devedora (REsp 1.222.444/RS) ou ao ato inequívoco mencionado no item anterior (respectivamente, nos casos de dissolução irregular precedente ou superveniente à citação da empresa), cabendo às instâncias ordinárias o exame dos fatos e provas atinentes à demonstração da prática de atos concretos na direção da cobrança do crédito tributário no decurso do prazo prescricional".

Antes mesmo da Execução Fiscal, pode ser interrompido o prazo prescricional. O art. 174, parágrafo único, inciso II, do CTN estabelece, como causa interruptiva, o **protesto judicial** promovido pelo Fisco, o que se dá nos termos do art. 726 do CPC (Lei n. 13.105/2015). Mas não é comum tal protesto. O protesto de CDA em cartório, esse sim corriqueiro, não tem efeito interruptivo do prazo prescricional, pois não está previsto no parágrafo único do art. 174.

O inciso III do parágrafo único do art. 174 do CTN refere-se a "qualquer ato judicial que constitua em mora o devedor" como causa interruptiva da prescrição. Antes da LC n. 118/2005, quando apenas a efetiva citação pessoal é que interrompia o prazo e não o despacho que a determinasse, tinha grande relevância essa hipótese do inciso III. É que, frustrada a citação pessoal, podia o Fisco obter o efeito interruptivo mediante citação por edital, constituindo o devedor em mora por essa forma.

Já o inciso IV do mesmo parágrafo estabelece, como causa interruptiva, "**qualquer ato inequívoco que importe em reconhecimento do débito pelo devedor**", no que se enquadram as declarações ou confissões de débito pelo contribuinte, inclusive para fins de parcelamento, e o oferecimento de caução em garantia. Tenhamos presente a **Súmula**

653 do STJ: "O pedido de parcelamento fiscal, ainda que indeferido, interrompe o prazo prescricional, pois caracteriza confissão extrajudicial do débito" (2021).

Cabe ao Magistrado o **reconhecimento** *ex officio* da prescrição, com a consequente extinção da Execução Fiscal. O Fisco tem de promover a execução no prazo. Caso o faça fora do quinquênio contado da constituição definitiva do crédito, deve justificar, já na inicial da execução fiscal, a ocorrência de causa suspensiva ou interruptiva do prazo prescricional que aponte para a não ocorrência da prescrição. Isso porque a análise e o reconhecimento da prescrição pelo Juiz não estão condicionados à prévia oitiva da Fazenda, salvo no caso de reconhecimento, posteriormente, da prescrição intercorrente, conforme nota adiante. Aliás, a prescrição extingue não apenas o direito de ação, mas o próprio crédito tributário por força do disposto no art. 156, V, do CTN, de modo que se torna insubsistente o próprio crédito objeto da execução. A **Súmula 409** cuida da matéria: "Em execução fiscal, a prescrição ocorrida antes da propositura da ação pode ser decretada de ofício (art. 219, § 5º, do CPC)". O CPC (Lei n. 13.105/2015) refere-se ao reconhecimento, de ofício, da prescrição em seu art. 487, II.

Pode ser alegada a prescrição, assim, através de simples **exceção de pré-executividade**, ou seja, de petição nos autos da Execução apresentada pelo devedor, apontando impedimento ao prosseguimento da execução, acompanhada dos documentos necessários à sua análise.

Também há dispositivo expresso de lei autorizando o Juiz a reconhecer, de ofício, a prescrição intercorrente: o art. 40, § 4º, da Lei n. 6.830/80 (LEF), com a redação da Lei n. 11.051/2004.

A **prescrição intercorrente** é a que ocorre **no curso da Execução Fiscal** quando, interrompido o prazo prescricional pelo despacho do Juiz que determina a citação, verificar-se a inércia do Fisco exequente[44], dando ensejo ao reinício do prazo quinquenal. O art. 40 da LEF estabelece que, não encontrado o devedor ou bens, haverá a suspensão do processo por um ano. Tal prazo é para que o Fisco exequente realize diligências administrativas para localizar o devedor e os bens, conforme o caso. Durante tal suspensão, presume-se que o exequente esteja diligente, de modo que o reinício do prazo prescricional só ocorre após o decurso do ano de suspensão, caso o Fisco permaneça inerte. Assim, nos autos, transcorrerão seis anos, desde a suspensão, para que se possa considerar ocorrida prescrição intercorrente. Nesse sentido, foi editada a **Súmula 314** do STJ: "Em execução fiscal, não localizados bens penhoráveis, suspende-se o processo por um ano, findo o qual inicia-se o prazo da prescrição quinquenal intercorrente". Mas

---

44. A inércia é requisito para o reinício do prazo prescricional: STJ, Segunda Turma, REsp 1.222.444, 2012.

o TRF4 decidiu pela inconstitucionalidade parcial do art. 40, *caput* e § 4º, da LEF, por entender que a interpretação que leva ao prazo de seis anos viola a reserva de lei complementar para cuidar de prescrição. Sua Corte Especial entende que não caberia ao legislador ordinário estabelecer hipótese de suspensão da prescrição, tampouco levar ao aumento do prazo quinquenal. Daí por que conta o prazo de cinco anos já a partir do despacho que determina a suspensão da execução e não do decurso de um ano[45].

Em regime de recursos repetitivos, o STJ faz diversos esclarecimentos sobre o art. 40 da LEF. Inicia apontando que "O espírito do art. 40, da Lei n. 6.830/80 é o de que nenhuma execução fiscal já ajuizada poderá permanecer eternamente nos escaninhos do Poder Judiciário ou da Procuradoria Fazendária encarregada da execução das respectivas dívidas fiscais". E segue: "Não havendo a citação de qualquer devedor por qualquer meio válido e/ou não sendo encontrados bens sobre os quais possa recair a penhora (o que permitiria o fim da inércia processual), inicia-se automaticamente o procedimento previsto no art. 40 da Lei n. 6.830/80, e respectivo prazo, ao fim do qual restará prescrito o crédito fiscal". Destaca, ainda, que "Nem o Juiz e nem a Procuradoria da Fazenda Pública são os senhores do termo inicial do prazo de 1 (um) ano de suspensão previsto no *caput,* do art. 40, da LEF, somente a lei o é", de modo que "Não cabe ao Juiz ou à Procuradoria a escolha do melhor momento para o seu início". Assim, "No primeiro momento em que constatada a não localização do devedor e/ou ausência de bens pelo oficial de justiça e intimada a Fazenda Pública, inicia-se automaticamente o prazo de suspensão, na forma do art. 40, *caput,* da LEF". Esclarece, ainda, que é indiferente "o fato de existir petição da Fazenda Pública requerendo a suspensão do feito por 30, 60, 90 ou 120 dias a fim de realizar diligências, sem pedir a suspensão do feito pelo art. 40, da LEF", porquanto "Esses pedidos não encontram amparo fora do art. 40 da LEF que limita a suspensão a 1 (um) ano". Também considera indiferente "o fato de que o Juiz, ao intimar a Fazenda Pública, não tenha expressamente feito menção à suspensão do art. 40, da LEF". Isso porque "O que importa para a aplicação da lei é que a Fazenda Pública tenha tomado ciência da inexistência de bens penhoráveis no endereço fornecido e/ou da não localização do devedor", e "Isso é o suficiente para inaugurar o prazo, *ex lege*". Mas também firmou que "Os requerimentos feitos pelo exequente, dentro da soma do prazo máximo de 1 (um) ano de suspensão mais o prazo de prescrição aplicável (de acordo com a natureza do crédito exequendo) deverão ser processados, ainda que para além da soma desses dois prazos, pois, citados (ainda que por edital) os devedores e penhorados os bens, a qualquer tempo – mesmo depois de escoados os referidos prazos –, considera-se interrompida a prescrição intercorrente, retroativamente, na data do protocolo da petição que requereu a providência frutífera". Por fim, arrematou: "A Fazenda Pública, em sua primeira oportunidade de falar nos autos (art. 245 do CPC/73,

---

45. TRF4, Corte Especial, Arginc 0004671-46.2003.404.7200, 2010.

correspondente ao art. 278 do CPC/2015), ao alegar nulidade pela falta de qualquer intimação dentro do procedimento do art. 40 da LEF, deverá demonstrar o prejuízo que sofreu (exceto a falta da intimação que constitui o termo inicial – 4.1., onde o prejuízo é presumido), por exemplo, deverá demonstrar a ocorrência de qualquer causa interruptiva ou suspensiva da prescrição"[46].

Já em sede de embargos declaratórios, o STJ tornou inequívoco que "a 'não localização do devedor' e a 'não localização dos bens' poderão ser constatadas por quaisquer dos meios válidos admitidos pela lei processual (v.g. art. 8º, da LEF), e não apenas por oficial de justiça"[47].

Durante o arquivamento administrativo da execução fiscal e enquanto não ocorrida a prescrição intercorrente, pode o Fisco, a qualquer momento, requerer o seu levantamento para o prosseguimento da execução, com o que restará novamente interrompido o prazo prescricional. Mas o STJ tem entendido que os "requerimentos para realização de diligências que se mostraram infrutíferas em localizar o devedor ou seus bens não têm o condão de suspender ou interromper o prazo de prescrição intercorrente"[48].

Ocorrendo prescrição intercorrente, deve o Magistrado dar vista ao Fisco Exequente, para que demonstre a existência de eventual causa suspensiva ou interruptiva do prazo (e.g., adesão a parcelamento). Não havendo tal demonstração, a prescrição é reconhecida, extinguindo-se a Execução. Eventual ausência de intimação do Exequente só implicará nulidade da sentença quando demonstrada, em apelação, a ocorrência de efetivo prejuízo, ou seja, quando o Exequente demonstrar que havia causa suspensiva ou interruptiva que não havia sido considerada pela ausência da intimação para demonstrá-la. Do contrário, a sentença deve ser mantida.

---

46. STJ, Primeira Seção, REsp 1.340.553, 2018.
47. STJ, Primeira Seção, EDcl no REsp 1.340.553, 2019.
48. STJ, Segunda Turma, AgRg no REsp 1.208.833, 2012; STJ, Primeira Turma, AgRg no AREsp 383.507, 2013.

Capítulo XXII
Garantias e privilégios do crédito tributário

166. Meios de garantia e preferências do crédito tributário

O CTN cuida das garantias e dos privilégios do crédito tributário, os quais ora têm cunho material, ora processual. O CTN aí enquadra, dentre outras, as chamadas preferências do crédito tributário relativamente a outros créditos.

O art. 183 deixa claro que a matéria é tratada no CTN, mas não em caráter exaustivo, admitindo expressamente que o legislador estabeleça outras garantias e privilégios em atenção à natureza ou às características do tributo a que se refiram.

167. Sujeição do patrimônio do devedor à satisfação do crédito

Estão sujeitos à satisfação do crédito tributário **todos os bens e as rendas** do sujeito passivo, inclusive os gravados por ônus real ou cláusula de inalienabilidade ou impenhorabilidade, excetuados apenas os que a lei declare absolutamente impenhoráveis (arts. 184 do CTN e 30 da Lei n. 6.830/80 – LEF). A **inalienabilidade e a impenhorabilidade** estabelecidas, a qualquer tempo, por ato de vontade são inoponíveis ao Fisco.

Quando o débito tenha sido contraído em proveito da família, implica responsabilidade solidária do cônjuge fundada no interesse comum (art. 124, I, do CTN). Não aproveitando à família, resguarda-se a **meação**. Mas esta não impede a penhora e o leilão do bem, tampouco restringe a constrição à quota-parte do devedor. Conforme o art. 843 do CPC (Lei n. 13.105/2015): "Tratando-se de penhora de bem indivisível, o equivalente à quota-parte do coproprietário ou do cônjuge alheio à execução recairá sobre o produto da alienação do bem".

168. Bens absolutamente impenhoráveis por determinação legal

Apenas os bens absolutamente impenhoráveis, assim considerados aqueles cuja impenhorabilidade decorra direta e exclusivamente da lei, independentemente de qualquer ato de vontade, é que não respondem pelo crédito tributário. É o que decorre, *a contrario sensu*, do art. 184 do CTN e do art. 30 da LEF.

O conceito de **bens absolutamente impenhoráveis**, na execução fiscal, é, portanto, mais estreito do que aquele constante do art. 833 do CPC, que estabelece serem impenhoráveis também os bens "declarados, por ato voluntário, não sujeitos à execução". A referência a ato voluntário, constante do art. 833, I, do CPC, é inaplicável à execução fiscal. Os demais incisos e leis específicas são aplicáveis.

Eis a redação dos arts. 833 e 834 do CPC (Lei n. 13.105/2015):

> Art. 833. São impenhoráveis:
> I - os bens inalienáveis e os declarados, por ato voluntário, não sujeitos à execução;
> II - os móveis, os pertences e as utilidades domésticas que guarnecem a residência do executado, salvo os de elevado valor ou os que ultrapassem as necessidades comuns correspondentes a um médio padrão de vida;
> III - os vestuários, bem como os pertences de uso pessoal do executado, salvo se de elevado valor;
> IV - os vencimentos, os subsídios, os soldos, os salários, as remunerações, os proventos de aposentadoria, as pensões, os pecúlios e os montepios, bem como as quantias recebidas por liberalidade de terceiro e destinadas ao sustento do devedor e de sua família, os ganhos de trabalhador autônomo e os honorários de profissional liberal, ressalvado o § 2º;
> V - os livros, as máquinas, as ferramentas, os utensílios, os instrumentos ou outros bens móveis necessários ou úteis ao exercício da profissão do executado;
> VI - o seguro de vida;
> VII - os materiais necessários para obras em andamento, salvo se essas forem penhoradas;
> VIII - a pequena propriedade rural, assim definida em lei, desde que trabalhada pela família;
> IX - os recursos públicos recebidos por instituições privadas para aplicação compulsória em educação, saúde ou assistência social;
> X - a quantia depositada em caderneta de poupança, até o limite de 40 (quarenta) salários-mínimos;
> XI - os recursos públicos do fundo partidário recebidos por partido político, nos termos da lei;

XII – os créditos oriundos de alienação de unidades imobiliárias, sob regime de incorporação imobiliária, vinculados à execução da obra.

§ 1º A impenhorabilidade não é oponível à execução de dívida relativa ao próprio bem, inclusive àquela contraída para sua aquisição.

§ 2º O disposto nos incisos IV e X do *caput* não se aplica à hipótese de penhora para pagamento de prestação alimentícia, independentemente de sua origem, bem como às importâncias excedentes a 50 (cinquenta) salários-mínimos mensais, devendo a constrição observar o disposto no art. 528, § 8º, e no art. 529, § 3º.

§ 3º Incluem-se na impenhorabilidade prevista no inciso V do *caput* os equipamentos, os implementos e as máquinas agrícolas pertencentes a pessoa física ou a empresa individual produtora rural, exceto quando tais bens tenham sido objeto de financiamento e estejam vinculados em garantia a negócio jurídico ou quando respondam por dívida de natureza alimentar, trabalhista ou previdenciária.

Art. 834. Podem ser penhorados, à falta de outros bens, os frutos e os rendimentos dos bens inalienáveis.

De ampla aplicação é, ainda, o art. 1º da Lei n. 8.009/90, que cuida do "**bem de família**", estabelecendo que o imóvel residencial próprio do casal, ou da entidade familiar, é impenhorável e não responderá por nenhum tipo de dívida civil, comercial, fiscal, previdenciária ou de outra natureza, sendo que a impenhorabilidade compreende não apenas o imóvel, mas também os móveis que guarnecem a casa, excetuadas as obras de arte e os adornos suntuosos. Tal impenhorabilidade é oponível à execução de créditos tributários, mas não à execução daqueles relativos ao imposto predial ou territorial, taxas e contribuições devidas em função do imóvel familiar, nos termos do art. 3º, inciso IV, da própria Lei n. 8.009/90. A interpretação dessas exceções não deve ser extensiva.

Tem-se admitido a **renúncia à impenhorabilidade**, inclusive tácita, quando os bens objeto de constrição tenham sido livremente ofertados pelo executado em garantia da execução ou tenha ele deixado de alegar a impenhorabilidade na primeira oportunidade em que teve para se manifestar, à exceção do bem de família[1]. A proteção legal é **irrenunciável quanto ao bem de família**, porque não se restringe ao devedor, de modo que "este não poderá, por ato processual individual e isolado, renunciar à proteção, outorgada por lei em norma de ordem pública, a toda a entidade familiar"[2].

169. Arrolamento administrativo de bens

O art. 64 da Lei n. 9.532/97 determina à autoridade fiscal que proceda ao arrolamento de bens e direitos do sujeito passivo (preferencialmente bens imóveis) sempre

---

1. STJ, Quarta Turma, AgRgEdclREsp 787.707, 2006.
2. STJ, Segunda Seção, REsp 526.460, 2003.

que houver **dívida vultosa**, sendo os créditos tributários de sua responsabilidade de valor superior a trinta por cento de seu patrimônio conhecido e superior a R$ 2.000.000,00 (dois milhões de reais), conforme o § 7º do mesmo artigo, com o limite definido pelo Decreto n. 7.573/2011[3]. O STJ admite a validade do arrolamento mesmo antes da constituição definitiva do crédito tributário[4].

Justificam o arrolamento **créditos devidamente formalizados** (constituídos), por declaração do contribuinte ou por lançamento de ofício, este com a devida notificação do contribuinte, "pois somente com a constituição é que se podem identificar o sujeito passivo e o *quantum* da obrigação tributária [...]"[5].

O arrolamento, ou seja, a redução a termo da indicação de bens do sujeito passivo capazes de garantir o crédito tributário, **não tem o efeito legal de implicar indisponibilidade**[6], mas é levado a registro, de modo que inibe eventuais interessados, além do que o proprietário, ao aliená-los ou onerá-los, deve comunicar o fato à unidade do órgão fazendário, sob pena de requerimento e deferimento de medida cautelar fiscal (art. 64, § 4º, da Lei n. 9.532/97 e art. 2º, inciso VII, da Lei n. 8.397/92).

O art. 64, § 3º, da Lei n. 9.532/97 determina que, a partir da notificação do ato de arrolamento, o proprietário dos bens, ao transferi-los, aliená-los ou onerá-los, deve comunicar o fato à unidade do órgão fazendário que jurisdiciona o domicílio tributário do sujeito passivo. O STJ, no REsp 1.217.129, decidiu que a alienação de bens objeto de arrolamento fiscal independe de prévia notificação ao órgão fazendário, de modo que, existindo efetiva comunicação, ainda que posterior, não há elementos para o deferimento de medida cautelar fiscal[7].

170. Ineficácia das alienações em fraude à dívida ativa

O art. 185 do CTN dispõe no sentido de que se presume fraudulenta a alienação ou oneração de bens ou rendas por sujeito passivo inscrito em dívida ativa. Estabelece, assim, um marco depois do qual eventuais **alienações que comprometam a satisfação do crédito tributário**, ainda que realizadas a título oneroso, serão consideradas pelo Juiz da Execução como ineficazes perante o Fisco. Efetivamente, a **ineficácia do negócio** só poderá ser afastada se demonstrado, pelo executado, que reservou bens suficientes para fazer frente aos seus débitos inscritos em dívida ativa.

---

3. Esse decreto foi editado com suporte no § 10 do art. 64 da Lei n. 9.532/97, acrescentado pela Lei n. 11.941/2009, que autoriza o Executivo a aumentar ou restabelecer o limite.
4. STJ, Segunda Turma, AgRg nos EDcl no REsp 1.190.872/RJ, 2012.
5. STJ, Primeira Turma, REsp 770.863, 2007.
6. STJ, Primeira Turma, REsp 689.472, 2006.
7. STJ, Primeira Turma, REsp 1.217.129, 2016.

Note-se que o art. 185 estabelece uma **presunção em favor do Fisco**, não o impedindo, de outro lado, de buscar a ineficácia de negócios anteriores à própria inscrição em dívida ativa quando possa demonstrar seu caráter fraudulento e a ausência de boa-fé também por parte do adquirente. Neste caso, contudo, não bastará alegar na execução fiscal; terá de fazê-lo através da ação própria (pauliana ou revocatória). Poderá o Fisco, ainda, valer-se da Medida Cautelar Fiscal, a fim de obstar negócios que venham a comprometer patrimônio do devedor, ameaçando a garantia de satisfação dos créditos tributários, nos termos da Lei n. 8.397/92.

A distinção entre a **fraude à execução** e a **fraude contra credores** é útil na diferenciação de tais situações, devendo-se apenas atentar para o fato de que, em matéria tributária, a inscrição em dívida ativa é o marco após o qual os negócios que comprometam a satisfação do crédito tributário serão considerados fraudulentos e inoponíveis ao fisco. Efetivamente, basta que o débito esteja inscrito em dívida ativa, mesmo que ainda não protestada a CDA (art. 1º, parágrafo único, da Lei n. 9.492/97, com redação da Lei n. 12.767/2012) nem ajuizada execução fiscal (Lei n. 6.830/80).

O STJ firmou posição no sentido de que, na fraude à dívida ativa, **a presunção é absoluta**: "a simples alienação ou oneração de bens ou rendas, ou seu começo, pelo sujeito passivo por quantia inscrita em dívida ativa, sem a reserva de meios para quitação do débito, gera presunção absoluta de fraude à execução", sendo "irrelevante eventual boa-fé da parte compradora do bem imóvel"[8]. Ainda: "Destaque-se que a presunção ora referida é considerada *jure et de jure*, ou seja, absoluta"[9].

171. Indisponibilidade dos bens

O devedor citado em execução fiscal tem o dever de apresentar o seu patrimônio para a satisfação do crédito tributário. Aliás, é **dever do executado indicar onde se encontram os bens sujeitos à execução**, exibir a prova de propriedade e se abster de qualquer atitude que dificulte ou embarace a realização da penhora.

Caso o devedor tributário, citado, não pagar nem apresentar bens à penhora e não forem encontrados bens penhoráveis, o juiz determinará, por força do estabelecido no art. 185-A do CTN, a **indisponibilidade de seus bens e direitos**, comunicando a decisão, preferencialmente por meio eletrônico, para os órgãos de registros de transferência de bens, especialmente ao registro público de imóveis e às autoridades supervisoras do mercado bancário e de capitais.

Note-se que tal decretação de indisponibilidade depende da presença de três **requisitos**: a citação, a não apresentação de bens à penhora e a frustração das diligências

---

8. STJ, AgInt no REsp 1.895.302, 2021.
9. STJ, AgInt no REsp 1.909.266, 2021.

para encontrar bens penhoráveis. Cabe ao Fisco, portanto, enquanto exequente, demonstrar a prévia realização de diligências (tentativa de bloqueio de ativos financeiros, verificação de bens junto ao registro de imóveis e ao departamento de trânsito) e a frustração daquelas realizadas pelo oficial de justiça no domicílio do executado. Ao julgar o Tema 714, o STJ decidiu nesse sentido. A Súmula 560 do STJ, por sua vez, ratifica esse entendimento: "A decretação da indisponibilidade de bens e direitos, na forma do art. 185-A do CTN, pressupõe o exaurimento das diligências na busca por bens penhoráveis, o qual fica caracterizado quando infrutíferos o pedido de constrição sobre ativos financeiros e a expedição de ofícios aos registros públicos do domicílio do executado, ao Denatran ou Detran".

A Central Nacional de Indisponibilidade de Bens (CNIB) é o sistema que reúne as ordens judiciais e administrativas sobre indisponibilidade de bens. Criado pelo Provimento CNJ n. 39/2014, dá "eficácia e efetividade às decisões" de indisponibilidade mediante comunicação a todos os Tabeliães de Notas e Oficiais de Registro de Imóveis do território nacional. O sistema é capaz de rastrear os bens móveis e imóveis do devedor para impedir a dilapidação do patrimônio.[10]

A Lei n. 14.382/2022 dispõe sobre o Sistema Eletrônico dos Registros Públicos (SERP), que viabiliza o registro público eletrônico dos atos e negócios jurídicos, com interconexão das serventias dos registros públicos, interoperabilidade das bases de dados, recepção e envio de documentos e títulos em formato eletrônico, inclusive de forma centralizada, para distribuição posterior às serventias dos registros púbicos competentes, bem como consulta às indisponibilidades de bens decretadas pelo Poder Judiciário ou por entes públicos, às restrições e aos gravames de origem legal, convencional ou processual incidente sobre bens móveis e imóveis registrados ou averbados nos registros públicos e aos atos em que a pessoa pesquisada conste como devedora de título protestado e não pago, garantidora real, cedente convencional de crédito ou titular de direito sobre bem objeto de constrição processual ou administrativa, dentre outras funcionalidades.

É importante ter em conta a posição do STJ no sentido de que a "indisponibilidade universal de bens e de direitos, nos termos do art. 185-A do CTN, não se confunde com a penhora de dinheiro aplicado em instituições financeiras, por meio do sistema BacenJud". Entende que "a penhora de dinheiro por meio do BacenJud tem por objeto bem certo e individualizado (recursos financeiros aplicados em instituições bancárias)" e que "é medida prioritária" que visa "resgatar a efetividade na tutela jurisdicional executiva". A penhora de dinheiro em depósito ou em aplicação financeira é disciplinada pelo art. 854 do CPC (Lei n. 13.105/2015). E decreta: "como o dinheiro é o bem sobre o qual preferencialmente deve recair a constrição judicial, é desnecessária a prévia comprovação de esgotamento

---

10. <https://www.indisponibilidade.org.br/institucional>

das diligências (note-se, para localização de bens classificados em ordem inferior)"[11]. O TRF4 segue a mesma linha: "Não sendo nomeados bens à penhora pelo executado, ou havendo nomeação insatisfatória, é de ser imediatamente deferida a utilização do BacenJud", porquanto "O sistema BacenJud é o meio para viabilizar a penhora de numerário"[12].

172. Preferência do crédito tributário, inclusive na recuperação judicial e na falência

O **crédito tributário tem preferência** relativamente a créditos de outra natureza, independentemente do tempo da sua constituição, **ressalvados apenas** os **créditos trabalhistas** e os relativos a **acidente de trabalho**, conforme disposição inequívoca do art. 186 do CTN. Isso significa que, não tendo o devedor patrimônio suficiente para fazer frente a todas as suas dívidas, serão primeiramente satisfeitos os créditos trabalhistas e de acidente do trabalho e, logo em seguida, os créditos tributários, ficando todos os demais em posição inferior.

Na falência, contudo, estarão à frente do crédito tributário também **os créditos extraconcursais**, assim considerados aqueles relativos à própria administração da massa, como a remuneração do administrador judicial e de seus auxiliares e os créditos decorrentes de serviços prestados à massa (**Súmula 219** do STJ). O STJ tem se pronunciado no sentido de que "Os encargos da massa, tais como custas e despesas processuais geradas no curso do processo de falência e remuneração do síndico, devem ser pagos com preferência sobre os créditos tributários"[13]. **Os créditos com garantia real**, no limite do bem gravado, também preferem ao crédito tributário, tendo essa preferência sido estabelecida pela LC n. 118/2005, que acrescentou o parágrafo único ao art. 186 do CTN. Tais normas constam, igualmente, da Lei de Falências (Lei n. 11.101/2005), em seus arts. 83 e 84. Mas os **créditos trabalhistas, na falência**, só têm preferência até **150 salários mínimos por credor**, forte no art. 186, parágrafo único, II, do CTN, combinado com o art. 83, I, da Lei n. 11.101/2005.

Importa distinguir, na falência, os créditos relativos a tributos devidos, de um lado, dos créditos relativos a **multa** por descumprimento de obrigação tributária, de outro. Isso porque a multa tributária prefere apenas aos créditos subordinados, ou seja, aos dos sócios e dos administradores sem vínculo empregatício, nos termos do art. 186, parágrafo único, III, do CTN e do art. 83, VIII, da Lei n. 11.101/2005.

....
11. STJ, Primeira Seção, AgRg no Ag 1.429.330, 2012.
12. TRF4, Segunda Turma, AG 0000543-34.2012.404.0000, maio 2012.
13. STJ, Corte Especial, EREsp 1162964, 2018. Nesse precedente, comparam-se os regimes da LC n. 118/2005 e da Lei n. 11.101/2005 com o da redação original do CTN e do DL n. 7.661/45.

Ademais, contra a massa falida não são exigíveis **juros vencidos após a decretação da falência**, salvo para cobrança, em último lugar, se houver bens disponíveis após a satisfação de todos os demais débitos, por força do art. 124 da Lei n. 11.101/2005. Mas o fato de serem indevidas ou inexigíveis tais rubricas não significa que devam ser excluídas da CDA.

173. Autonomia da execução de crédito tributário mesmo havendo concurso de credores

Além de o crédito tributário gozar de preferência, também não se sujeita a concurso de credores, nos termos do art. 187 do CTN. A **Súmula 44** do extinto TFR já dispunha no sentido de que "ajuizada a execução fiscal anteriormente à falência, com penhora realizada antes desta, não ficam os bens penhorados sujeitos à arrecadação no juízo falimentar; proposta a execução contra a massa falida, a penhora far-se-á no rosto dos autos do processo da quebra".

Assim, a cobrança do crédito tributário mantém a sua autonomia. Isso significa que a execução fiscal ajuizada não é afetada pela **superveniência de falência, recuperação judicial, inventário ou arrolamento**. Prossegue a execução em seu curso, na Vara em que ajuizada, não se fazendo necessário sequer que o Fisco habilite seu crédito no juízo universal.

O único cuidado que se impõe ao juízo da execução fiscal é verificar se há créditos que prefiram ao tributário a serem satisfeitos. Tal pode ser feito, por exemplo, mediante consulta ao Juízo da falência. Recebida a informação, pode-se enviar o numerário correspondente, ficando o saldo para a satisfação da dívida ativa. O STJ, contudo, tem proferido acórdãos no sentido de que o produto obtido na execução fiscal deve ser enviado, integralmente, ao Juízo da falência, sendo que este, conforme a classificação dos créditos, procederá à satisfação daqueles preferenciais e, havendo saldo, devolverá o montante necessário à satisfação da dívida ativa[14].

Ademais, nada impede que a Fazenda habilite seus créditos na falência, via de regra, à luz das respectivas CDAs. Em 2021, o STJ resolveu o Tema Repetitivo 1092 (REsp 1.872.759), firmando a tese de que: "É possível a Fazenda Pública habilitar em processo de falência crédito objeto de execução fiscal em curso, mesmo antes da vigência da Lei n. 14.112/2020, e desde que não haja pedido de constrição no juízo executivo".

Em outro caso, o STJ já reconhecera entendeu que a Fazenda pode habilitar, em processo falimentar, crédito previdenciário decorrente de verba trabalhista a que a massa

---

14. STJ, Corte Especial, REsp 188.148, 2001.

falida fora condenada, independentemente de ter sido inscrito em dívida ativa, porquanto, nesse caso, o crédito é formalizado pela própria Justiça do Trabalho[15].

O parágrafo único do art. 187 do CTN diz que: "O concurso de preferência somente se verifica entre pessoas jurídicas de direito público, na seguinte ordem: I – União; II – Estados, Distrito Federal e Territórios, conjuntamente e *pro rata*; III – Municípios, conjuntamente e *pro rata*". Os créditos de autarquias assumem a preferência do respectivo ente político, conforme entendimento consolidado pelo STJ na **Súmula 497**: "Os créditos das autarquias federais preferem aos créditos da Fazenda estadual desde que coexistam penhoras sobre o mesmo bem", editada em agosto de 2012.

---

15. STJ, Terceira Turma, REsp 1.591.141, 2017.

Capítulo XXIII
Administração tributária

174. Órgãos e carreiras de administração tributária

O sujeito ativo da relação jurídico-tributária tem as prerrogativas de fiscalizar, lançar e cobrar o respectivo tributo. No âmbito federal, a maior parte dos tributos federais (os impostos em geral, as contribuições de seguridade social, inclusive as previdenciárias e a terceiros etc.) tem como sujeito ativo a própria União, que os administra através da Secretaria da Receita Federal do Brasil (SRFB), forte na unificação da administração tributária federal estabelecida pela Lei n. 11.457/2007. Aliás, no portal da RFB encontram-se todas as informações oficiais sobre os tributos que fiscaliza: <www.receita.fazenda.gov.br>.

Nos âmbitos estadual, distrital e municipal, a administração dos tributos dá-se através das respectivas Secretarias da Fazenda.

O art. 37 da CF, em seus incisos XVIII e XXII, reconhece as administrações tributárias da União, dos Estados, do Distrito Federal e dos Municípios como "atividades essenciais ao funcionamento do Estado, exercidas por servidores de carreiras específicas", com "precedência sobre os demais setores administrativos", estabelecendo que contarão com "recursos prioritários para a realização de suas atividades e atuarão de forma integrada, inclusive com o compartilhamento de cadastros e de informações fiscais, na forma da lei ou convênio".

A Lei de Responsabilidade Fiscal (LC n. 101/2000), art. 11, prevê que constituem "requisitos essenciais da responsabilidade na gestão fiscal a instituição, previsão e efetiva arrecadação de todos os tributos da competência constitucional do ente da Federação". A opção política de instituir ou não determinado tributo da competência do ente político, portanto, depende de haver condições para isso. Se o ente político estiver com superávit, arrecadando mais do que necessita para dar conta dos seus compromissos, poderá reduzir a carga tributária e até mesmo extinguir tributos. Do contrário, ficando no vermelho ao final de cada exercício e tendo de se valer de operações de crédito para financiamento das suas despesas correntes, terá de exercer toda a sua competência tributária, o que não autorizará, em nenhuma hipótese, patamares confiscatórios. Aplicar a legislação tributária e exigir de modo eficiente os tributos é uma obrigação sempre, sendo certo que constitui não apenas requisito de responsabilidade fiscal, mas também de igualdade. A isonomia, diga-se, não se restringe à igualdade formal, na lei, estendendo-se, isso sim, à igualdade na aplicação da lei e, portanto, na efetividade da tributação.

A Lei n. 10.593/2002, com suas alterações, dispõe sobre a carreira Auditoria da Receita Federal – ARF, estabelecendo que o ingresso é feito mediante concurso público de provas ou de provas e títulos, "exigindo-se curso superior em nível de graduação concluído". A carreira é composta pelos cargos de nível superior de auditor-fiscal da Receita Federal do Brasil e de analista-tributário da Receita Federal do Brasil. Cabe aos auditores-fiscais, em caráter privativo, "a) constituir, mediante lançamento, o crédito tributário e de contribuições; b) elaborar e proferir decisões ou delas participar em processo administrativo-fiscal, bem como em processos de consulta, restituição ou compensação de tributos e contribuições e de reconhecimento de benefícios fiscais; c) executar procedimentos de fiscalização, praticando os atos definidos na legislação específica, inclusive os relacionados com o controle aduaneiro, apreensão de mercadorias, livros, documentos, materiais, equipamentos e assemelhados; d) examinar a contabilidade de sociedades empresariais, empresários, órgãos, entidades, fundos e demais contribuintes, não se lhes aplicando as restrições previstas nos arts. 1.190 a 1.192 do Código Civil e observado o disposto no art. 1.193 do mesmo diploma legal; e) proceder à orientação do sujeito passivo no tocante à interpretação da legislação tributária; e f) supervisionar as demais atividades de orientação ao contribuinte". Ao analista-tributário, por sua vez, compete "exercer atividades de natureza técnica, acessórias ou preparatórias ao exercício das atribuições privativas dos auditores-fiscais da Receita Federal do Brasil" e "atuar no exame de matérias e processos administrativos", ressalvadas as competências dos Auditores. O Decreto n. 6.641/2008 regulamenta a carreira.

A Lei n. 13.266/98, que institui a carreira do Fisco da Secretaria da Fazenda do Estado de Goiás, cria a carreira de auditor-fiscal da Receita Estadual e atribui ao "auditor-fiscal da Receita Estadual" a função de "executar tarefas de arrecadação de tributos estaduais" e "constituir o crédito tributário". Destaca ainda que "é vedada a atribuição ao funcionário do Fisco de encargo, função, tarefa ou serviço diversos dos de seu cargo". Em seu art. 7º, dispõe que: "A administração fazendária e seus funcionários fiscais, nos limites de suas áreas de competência e circunscrição, têm precedência sobre os demais setores da Administração Pública, especialmente quanto a exame de livro, documento, programa, arquivo magnético e outros objetos de interesse fiscal, quando convergirem ou conflitarem ações ou processos administrativos conjuntos, concomitantes ou concorrentes entre órgãos ou agentes do poder público", sendo que tal precedência "inclui, também, a prestação de informação pela autoridade competente, acerca de fatos ou desdobramentos resultantes de investigações realizadas pelo poder público que envolvam assunto de natureza ou interesse tributários". Seu art. 8º ainda dispõe que "É nulo qualquer lançamento de crédito tributário praticado por pessoa não ocupante de cargo integrante do Quadro de Pessoal do Fisco".

É importante que os Estados e também os milhares de Municípios organizem suas carreiras de administração tributária criando cargos de nível superior para o exercício das funções típicas de fiscalização, lançamento e julgamento tributários. Ademais, parece-nos que não basta exigir nível superior, devendo-se delimitar os cursos que habilitem ao exercício profissional da função de auditor-fiscal ou de fiscal, vinculados à área do direito, da economia, da contabilidade, da administração, do comércio exterior e da engenharia. Isso porque tais cursos trabalham conhecimentos e habilidades importantes para a compreensão e aplicação da legislação tributária.

Quando da regulamentação de convênio entre a União e os Municípios para a fiscalização, lançamento e cobrança do Imposto sobre a Propriedade Territorial Rural (ITR), a IN SRF n. 643/2006, em seu art. 24, estabeleceu como condição para a celebração que o Município possuísse "quadro de carreira de servidores ocupantes de cargos de nível superior com atribuição de lançamento de créditos tributários". Atualmente, a IN RFB n. 1.640/2016 exige apenas que o Município possua servidor aprovado em concurso público para cargo com atribuição de lançamento de créditos tributários.

Têm entendido os tribunais que a habilitação para o exercício do cargo de auditor-fiscal decorre da aprovação em concurso público mediante o cumprimento dos requisitos estabelecidos por lei para o provimento do cargo, não sendo necessária a comprovação de outros requisitos, como o da condição de contador e registro nos Conselhos Regional de Contabilidade[1].

Embora a administração tributária esteja inserida, em âmbito federal, na Secretaria da Receita Federal, e, nos âmbitos estadual e municipal, nas respectivas Secretarias da Fazenda ou da Receita, é preciso ter em conta que, por vezes, não haverá uma chefia direta dessa atividade pelo secretário, mas por outra autoridade que, dirigindo órgão específico de fiscalização, lhe será subordinada administrativamente, mas não tecnicamente. No âmbito federal, chefiam a fiscalização tributária os delegados e inspetores da Receita Federal, de modo que eventuais mandados de segurança são dirigidos contra tais autoridades e não contra os superintendentes tampouco contra o secretário-geral da Receita Federal. Estes últimos desenvolvem atividades de administração e planejamento, elaborando e implantando políticas

---

1. STJ, Segunda Turma, AgRgREsp 10.906, 2012.

fiscais. O STJ entende que é descabida a invocação da teoria da encampação quando possa alterar a competência jurisdicional[2].

175. Fiscalização tributária

Compete aos **auditores-fiscais** da Receita Federal do Brasil realizar a fiscalização e proceder ao lançamento de créditos correspondentes aos tributos administrados pela Secretaria da Receita Federal do Brasil. Nos âmbitos estadual, distrital e municipal competem aos respectivos fiscais as atribuições de fiscalização e lançamento.

As autoridades fiscais têm o "**direito de examinar mercadorias, livros, arquivos, documentos, papéis e efeitos comerciais ou fiscais dos comerciantes, industriais ou produtores**", devendo ser exibidos quando solicitado, nos termos do art. 195 do CTN. Tal artigo estampa, assim, a obrigação inequívoca de qualquer pessoa jurídica de dar à fiscalização tributária amplo acesso aos seus registros contábeis, bem como às mercadorias e aos documentos respectivos. De fato, a obrigação do contribuinte de exibir os livros fiscais abrange também a obrigação de apresentar todos os documentos que lhes dão sustentação. Entendimento diverso jogaria no vazio a norma, retirando-lhe toda a utilidade, o que contraria os princípios de hermenêutica. Mas a prerrogativa do Fisco não alcança todo e qualquer documento. A correspondência do contribuinte, por exemplo, está protegida constitucionalmente por sigilo, nos termos do art. 5º, XII, da CF.

Vale destacar que **a atuação do Fisco é toda documentada**. O art. 196 do CTN dispõe no sentido de que: "A autoridade administrativa que proceder ou presidir a quaisquer diligências de fiscalização lavrará os termos necessários para que se documente o início do procedimento, na forma da legislação aplicável, que fixará prazo máximo para a conclusão daquelas". Esta exigência de formalização dos diversos atos recebe detalhamento no art. 7º, inciso I, do Decreto n. 70.235/72 (Lei do Processo Administrativo-fiscal).

A **fiscalização** depende de autorização específica constante de um **Termo de Distribuição do Procedimento Fiscal – TDPF**, que deve ser cumprido em 120 dias, podendo tal prazo ser prorrogado.

Ostentando o TDPF-Fiscalização, o auditor dará início à chamada **ação fiscal**, notificando o sujeito passivo a apresentar a documentação cuja análise seja necessária.

O art. 195 do CTN estampa a obrigação inequívoca de qualquer pessoa jurídica de dar à fiscalização tributária **amplo acesso** aos seus registros contábeis, bem como às mercadorias e aos documentos respectivos. Conforme a **Súmula 439** do STF, "estão sujeitos à fiscalização tributária ou previdenciária quaisquer livros comerciais, limitado

---

2. STJ, Segunda Turma, RMS 45.902, 2016.

o exame aos pontos objeto da investigação". A obrigação do contribuinte de **exibir os livros fiscais** abrange também a obrigação de apresentar todos os documentos que lhes dão sustentação. O parágrafo único do art. 195 determina que o contribuinte preserve os livros de escrituração comercial e fiscal e os comprovantes dos lançamentos neles efetuados até que ocorra a prescrição dos créditos tributários decorrentes das operações a que se refiram. Dentre estes livros, estão o Livro Diário, em que é escriturada a posição diária de cada uma das contas contábeis, com seus respectivos saldos, e o Livro Razão, utilizado para resumir ou totalizar, por conta ou subconta, os lançamentos efetuados no Livro Diário[3].

O acesso, pelo Fisco, às informações mantidas sob sigilo por tabeliães, instituições financeiras etc. é objeto do art. 197 do CTN, sendo o sigilo bancário regulado de modo especial pela LC n. 105/2001. Já a preservação do sigilo, pelo Fisco, acerca dos dados relativos à situação econômica dos contribuintes, que se costuma designar por sigilo fiscal, é objeto do art. 198 do CTN. Esses temas serão tratados em capítulo próprio, adiante, dedicado exclusivamente à questão do sigilo.

O art. 199 do CTN determina o **auxílio mútuo entre as administrações tributárias** dos diversos entes políticos e até mesmo a colaboração com Estados estrangeiros no interesse da arrecadação e da fiscalização de tributos, o que abordamos com maior detalhamento no capítulo dedicado ao acesso à informação.

Caso seja necessária a **apreensão dos documentos** para análise, o auditor lavrará o respectivo termo de apreensão.

Havendo descumprimento do dever de exibição dos livros e documentos por parte da pessoa sujeita à fiscalização, o Fisco pode aplicar multa por descumprimento de obrigação acessória[4] e buscar medida judicial que lhe assegure acesso a eles. Embora o art. 200 do CTN autorize a requisição do auxílio de força pública pelas próprias autoridades administrativas quando, vítimas de embaraço no exercício de suas funções, for necessário à efetivação de medida de fiscalização, o STF tem entendido que, não obstante a prerrogativa do Fisco de solicitar e analisar documentos, os fiscais só podem ingressar em escritório de empresa quando autorizados pelo proprietário, gerente ou preposto. Em caso de recusa, o **auxílio de força policial** não pode ser requisitado diretamente pelos fiscais, mas pleiteado em Juízo pelo sujeito ativo, dependente que é de autorização judicial, forte na garantia de inviolabilidade do domicílio, oponível também ao Fisco[5].

....

3. MARTINS, Iágaro Jung. *Obrigações acessórias: livros e declarações*. Porto Alegre: TRF – 4ª Região, 2006 (Currículo Permanente. Caderno de Direito Tributário: módulo 1).
4. *Vide* arts. 32 e 95 da Lei n. 8.212/91.
5. STF, Primeira Turma, AgRRE 331.303, 2004; STF, Tribunal Pleno, HC 79.512, 1999.

A determinação de apresentação da documentação prescinde da invocação de qualquer suspeita de irregularidade. A verificação da documentação pode ser feita até mesmo para simples conferência de valores pagos pelo contribuinte relativamente a tributos sujeitos a lançamentos por homologação. Efetivamente, jamais pode o contribuinte se furtar à fiscalização. Poderá, sim, opor-se a eventuais abusos dos agentes fiscais ou aos efeitos de eventual lançamento que entenda ilegal.

Feita a fiscalização e constatada infração à legislação tributária, é lavrado **auto de infração**, constituindo o crédito relativo ao tributo e à multa aplicada. O sujeito passivo será notificado, então, para defender-se na esfera administrativa, sendo que apenas quando julgada sua impugnação e eventual recurso é que se terá a constituição definitiva do crédito tributário.

176. Fiscalização orientadora e autorregularização do contribuinte

A ideia de colaboração entre Fisco e contribuintes vem ganhando espaço no Direito Tributário[6]. A excessiva polarização entre os atores da cena tributária e um ambiente demasiadamente litigioso não contribui para a justiça e para a eficiência na arrecadação dos tributos.

Cabe ao Fisco simplificar procedimentos, fornecer informação clara e confiável e se aproximar dos contribuintes não como uma ameaça, mas de modo colaborativo, orientando para o correto cumprimento das obrigações acessórias e principais pelos respectivos sujeitos passivos.

Aliás, a adoção de práticas orientadoras e a construção de uma relação de maior parceria entre Fisco e contribuintes vem dando excelentes resultados, sendo que diversos entes federados obtiveram acréscimos de arrecadação, fomentando a autorregularização dos contribuintes[7].

Conforme MANGIERI, "Critério da 'Dupla-Visita' ou 'Fiscalização Orientadora' é o procedimento pelo qual se dá uma chance ao contribuinte de regularizar suas pendências tributárias constatadas pela fiscalização numa primeira visita, sem a aplicação das chamadas multas sancionatórias"[8].

A LC n. 155/2016, alterando a LC n. 123/2006 (Lei do Simples Nacional), cuidou da notificação prévia para a autorregularização, estando regulamentada pela Resolução

---

6. *Vide*: PORTO, Éderson Garin. *A colaboração no direito tributário: por um novo perfil de relação obrigacional tributária.* Porto Alegre: Livraria do Advogado, 2016.
7. MANGIERI, Francisco Ramos. *Administração tributária municipal: eficiência e inteligência fiscal.* Ed. Livraria do Advogado: Porto Alegre, 2015.
8. MANGIERI, Francisco Ramos. *Manual do fiscal tributário municipal.* Bauru: Ed. Tributo Municipal, 2020 (no prelo).

CGSN n. 140/2018. Previu, no âmbito do Simples Nacional, que, sem prejuízo da ação fiscal individual, ou seja, da fiscalização dos contribuintes voltada à realização do lançamento de ofício, seja utilizado procedimento de **notificação prévia** com o fim de **incentivar a autorregularização** pelos contribuintes.

Essa notificação prévia, nos termos do art. 34, § 3º, da LC n. 123/2006, com a redação da LC n. 155/2016, não configura, tecnicamente, início de fiscalização, de modo que não afasta a situação de espontaneidade do contribuinte para os fins do art. 138 do CTN, que cuida da denúncia espontânea, ensejando a autorregularização com exclusão das penalidades.

Assim, em atuação orientadora, pode o Fisco identificar irregularidades e notificar os sujeitos passivos para as sanarem no prazo de até noventa dias, poupando-os da aplicação de pesadas multas de ofício.

Não se trata de qualquer procedimento litigioso, não tem caráter impositivo e não enseja apresentação de defesa pelo contribuinte. Cuida-se de fase preliminar, em que o Fisco antevê irregularidades e procura, justamente, evitar a necessidade de autuação, discussão administrativa, inscrição em dívida, protesto e execução. O sucesso dessa iniciativa depende da adesão voluntária do sujeito passivo à provocação para autorregularização.

Cabe ao contribuinte, nesses casos, aproveitar a oportunidade para se colocar em situação regular, corrigindo suas práticas e recolhendo os tributos em atraso com os acréscimos moratórios.

Caso o contribuinte, embora advertido, não regularize sua situação, o Fisco dará início à ação fiscal, lavrando o respectivo Termo de Início de Ação Fiscal ou ato equivalente, solicitando os documentos e informações pertinentes e, na sequência, se for o caso, lavrando o auto de infração, do qual constará a constituição do crédito tributário abrangendo o tributo propriamente, os juros e a multa de ofício.

O Município de Bauru instituiu o Código da Cidadania Fiscal, através da Lei n. 6.778/2016. No capítulo em que cuida dos deveres da Administração Tributária Municipal, consta o de "aplicar a fiscalização orientadora em toda e qualquer ação fiscal..., consistindo tal sistemática em conceder ao contribuinte a possibilidade de corrigir obrigação tributária sem a aplicação de penalidades, salvo a regular incidência de correção monetária, multa e juros de mora aplicáveis à mera inadimplência" (art. 9º, II).

A Secretaria da Fazenda do Estado do RS tem lançado sucessivos programas de autorregularização[9]. E esclarece aos contribuintes:

---

9. Quanto aos programas de autorregularização, agradeço a pesquisa e o material que me foi encaminhado pela minha filha Ana Vitória Hillesheim Paulsen.

A autorregularização consiste no saneamento, pelo contribuinte, das irregularidades decorrentes das divergências ou inconsistências identificadas pelo Fisco no exercício regular de sua atividade.

Trata-se de uma oportunidade para que os contribuintes regularizem suas situações sem o início da ação fiscal, propiciando a correção de eventuais erros e omissões de modo voluntário. Como consequência, além da retificação da declaração ou pagamento dos valores devidos, espera-se o aumento da percepção de risco, a conscientização dos contribuintes e o incremento da arrecadação espontânea[10].

Em fevereiro de 2019, lançou um Programa de Autorregularização voltado ao setor de medicamentos, com o objetivo de sanar divergências de ICMS-ST (ICMS Substituição Tributária) "identificadas em Notas Fiscais Eletrônicas de produtos farmacêuticos destinados a varejistas do Rio Grande do Sul (RS) provenientes de estabelecimentos localizados em estados signatários do Convênio ICMS n. 76/94". Estimou a dívida dos contribuintes em dez milhões e destacou que o programa se dirigia a 45 contribuintes "estabelecidos nos estados da Bahia, Espírito Santo, Paraíba, Piauí, Paraná, Santa Catarina e Tocantins, responsáveis por destinar ao RS produtos farmacêuticos sujeitos à substituição tributária, sem destaque ou com destaque menor do que o imposto devido", sendo que "As operações identificadas foram realizadas no período de 1º de janeiro de 2015 a 31 de outubro de 2018". Oportunizou aos contribuintes que regularizassem suas pendências até o dia 12 de abril de 2019, efetuando o recolhimento da dívida. Caso não ocorresse a regularização, a Receita Estadual iniciaria operação de fiscalização, "podendo resultar em multa de 120% do valor devido e recair inclusive sobre os destinatários das mercadorias estabelecidos no RS, na condição de responsáveis solidários pelo pagamento do imposto". As comunicações com as orientações relativas ao Programa foram encaminhadas via Correios aos contribuintes identificados[11].

Já em maio de 2019, lançou um novo Programa de Autorregularização voltado a cerca de 70 contribuintes que utilizaram alíquotas indevidas em operações internas sujeitas à tributação do ICMS. Estimou o tributo não recolhido em R$ 1,15 milhão. Destacou que "As divergências foram constatadas a partir da análise das informações prestadas nas Notas Fiscais Eletrônicas (NF-e), nas Guias Mensais de Informação e Apuração do ICMS (GIA) e nas Escriturações Fiscais Digitais (EFD) dos contribuintes" e que "Os trabalhos realizados indicaram irregularidades no ICMS destacado em operações ocorridas entre 2016 e 2018, com utilização de alíquota 17% nas operações internas, o que está em desconformidade com a legislação. De acordo com a Lei

---

10. Disponível em: <https://fazenda.rs.gov.br/conteudo/9775/receita-estadual-inicia-programa-de-autorregularizacao-para-recuperar-r%24-10-milhoes-no-setor-de-medicamentos>.
11. Disponível em: <https://fazenda.rs.gov.br/conteudo/9775/receita-estadual-inicia-programa-de-autorregularizacao-para-recuperar-r%24-10-milhoes-no-setor-de-medicamentos>.

n. 14.743/2015, a alíquota correta para esse tipo de operação é de 18%". Assim, ensejou que os contribuintes precedessem à regularização das pendências até 10 de junho de 2019, mediante o recolhimento do valor devido. Persistindo as divergências após esse prazo, abriria procedimento de ação fiscal para fins de autuação, inclusive com imposição de multa. Nesse caso, disponibilizou as instruções para a autorregularização "nas caixas postais eletrônicas dos contribuintes e enviadas pelos Correios", bem como "na área restrita do e-CAC, na aba "Autorregularização", local em que também seria possível solicitar atendimento. Disponibilizou, igualmente, equipe de autorregularização da Delegacia da Receita Estadual de Canoas para sanar eventuais dúvidas mediante telefone e e-mail[12].

A Receita do Estado do Rio de Janeiro, por sua vez, editou a Resolução Sefaz n. 265/2018, regulamentando a expedição de aviso amigável antes do início de procedimento fiscal. Esclarecendo que o "Aviso Amigável" é o instrumento que oportuniza ao sujeito passivo do tributo a autorregularização de débitos tributários ainda em espontaneidade, antes de iniciado qualquer procedimento fiscal que vise ao cumprimento de obrigação tributária ou à aplicação de penalidade respectiva", tem "por objeto a disponibilização prévia ao sujeito passivo e ao contabilista responsável... dos débitos tributários não declarados e/ou obrigações acessórias pendentes de cumprimento, constatados a partir de indícios de irregularidade apontados, previamente, pelo cruzamento de informações constantes da base de dados dos sistemas corporativos da Secretaria do Estado da Fazenda...". E fixa o prazo de 40 dias para atendimento, com a entrega ou retificações das declarações fiscais devidas e o recolhimento integral do valor do débito ou pedido de parcelamento.

Cuida-se de iniciativa elogiável do Fisco que implica, a um só tempo, maior eficiência da administração tributária e respeito ao contribuinte.

177. Dívida Ativa: inscrição e título executivo (CDA)

O crédito tributário definitivamente constituído, mas que permanece em aberto, em face da ausência de pagamento pelo contribuinte, é inscrito em dívida ativa. A matéria é regulada pelos arts. 201 a 204 do CTN, art. 3º, § 2º, da LEF (Lei n. 6.830/80) e 39 da Lei n. 4.320/64.

A constituição do crédito tributário poderá ter sido realizada mediante lançamento pela autoridade, não mais sujeito a recurso, ou por simples declaração ou confissão prestada pelo próprio contribuinte. Ambos são modos de formalização da existência e liquidez do crédito tributário, conforme destacamos no item específico sobre a matéria. Ademais,

---

12. Disponível em: <https://estado.rs.gov.br/novo-programa-de-autorregularizacao-tem-foco-no-uso-de-aliquota-indevida-do-icms>.

o art. 5º, §§ 1º e 2º, do Decreto-Lei n. 2.124/84 é expresso no sentido de que "o documento que formalizar o cumprimento de obrigação acessória, comunicando a existência de crédito tributário, constituirá confissão de dívida e instrumento hábil e suficiente para a exigência do referido crédito", sendo que, "não pago no prazo estabelecido pela legislação, o crédito, corrigido monetariamente e acrescido da multa de 20% e dos juros de mora devidos, poderá ser imediatamente inscrito em Dívida Ativa para efeito de cobrança executiva", o mesmo dispondo o art. 74 da Lei n. 9.430/96, quanto ao montante devido, objeto de declaração de compensação quando a compensação não seja homologada ou venha a ser considerada não declarada. Ademais, a jurisprudência é uníssona neste sentido[13]. Por sua vez, o art. 12 da Lei n. 10.522/2002, com a redação da Lei n. 11.941/2009, dispõe no sentido de que: "O pedido de parcelamento deferido constitui confissão de dívida e instrumento hábil e suficiente para a exigência do crédito tributário".

Tem sido admitida a inscrição em dívida do valor declarado, sem prejuízo do lançamento e inscrição de eventual diferença ainda devida. Portanto, poderemos ter mais de uma inscrição em dívida ativa relativamente ao mesmo tributo e competência, a primeira do valor declarado e a segunda da diferença apurada em auto de infração.

A inscrição em dívida ativa é feita, no âmbito federal, pelos procuradores da Fazenda Nacional, mediante controle da legalidade da constituição do crédito, nos termos do art. 2º, §§ 3º e 4º, da LEF, do art. 12, I, da LC n. 73/93 e da Lei n. 11.457/2007. Não havendo nenhuma irregularidade, efetuam a inscrição em dívida ativa. Quando identificam vícios formais, ilegalidades ou imprecisões, devolvem o processo administrativo à Receita Federal do Brasil para revisão. A Portaria PGFN n. 33/2018 disciplina os procedimentos para o encaminhamento de débitos para fins de inscrição em dívida ativa da União e a Portaria MF n. 75/2012 dispõe sobre a inscrição de débitos na Dívida Ativa da União.

O **Termo de Inscrição em Dívida Ativa** é o documento que formaliza a inclusão da dívida do contribuinte no cadastro de Dívida Ativa. Seus **requisitos** constam nos arts. 202 do CTN e 2º, § 5º, da LEF. Indicará o **nome e domicílio dos devedores, a quantia devida e a maneira de calcular os juros, a origem, a natureza e o fundamento legal do crédito, a data da inscrição e o número do processo administrativo de que se originar**. Da inscrição em dívida ativa extrai-se a respectiva **Certidão de Dívida Ativa (CDA)**, que deverá conter os mesmos dados e que valerá como título executivo, nos termos do art. 202, parágrafo único, do CTN, art. 2º, § 5º, LEF, e art. 784, inciso IX, do CPC (Lei n. 13.105/2015). Os requisitos, tanto do Termo de Inscrição em Dívida como da Certidão de Dívida Ativa, têm por fim evidenciar a certeza e liquidez do crédito neles representados e ensejar ao contribuinte o exercício efetivo do seu direito de defesa quando do ajuizamento da execução fiscal.

---

13. STJ, Primeira Turma, REsp 436.747, 2002; STJ, Primeira Turma, AgREsp 443.971, 2002.

Embora o art. 203 do CTN diga da nulidade da inscrição e da execução dela decorrente quando da omissão de quaisquer dos requisitos previstos no art. 202, tem prevalecido o entendimento de que o **reconhecimento de nulidade depende da demonstração de prejuízo à defesa**. Eventual vício que não comprometa a presunção de certeza e liquidez e que não implique prejuízo à defesa, como no caso em que o débito já restou sobejamente discutido na esfera administrativa, não justifica o reconhecimento de nulidade, considerando-se, então, como simples irregularidade[14]. A referência, na CDA, a dispositivos revogados, embora revele má técnica, não autoriza o reconhecimento automático de nulidade quando também estejam referidos os dispositivos vigentes por ocasião dos fatos geradores e o crédito já tenha sido parcelado ou discutido administrativamente, de modo que se possa constatar que é de pleno conhecimento da embargante, não implicando prejuízo à defesa. Diferentemente, quando não haja nos autos elementos no sentido de ser do conhecimento do contribuinte a fundamentação específica aplicável, verificando-se, assim, prejuízo à defesa pela dificuldade de identificação da legislação pertinente, deve ser reconhecida a nulidade.

Não constando da inscrição e, posteriormente, da respectiva certidão o **nome dos responsáveis tributários**, o fundamento legal da sua responsabilidade e o processo administrativo em que apurada, não poderá a futura execução ser automaticamente redirecionada contra eles. A Fazenda terá de instaurar procedimento administrativo para apuração de responsabilidade por débito inscrito em dívida ativa da União, nos termos do art. 20-D, III, da Lei n. 10.522/2002, incluído pela Lei n. 13.606/2018, oportunizando a defesa do responsável tributário, para só então, após o julgamento de eventuais impugnação e recurso, proceder à inscrição do seu nome em dívida e extrair título apto a ensejar execução contra ele. Os tribunais vinham admitindo até mesmo que Exequente demonstrasse, por simples petição nos autos da execução fiscal, os fundamentos de fato e de direito para o redirecionamento[15]. O STJ entende que, constando o nome do sócio da CDA, há presunção em favor do título, invertendo o ônus probatório: "O fato de constar da CDA o nome do sujeito passivo gera a presunção de que houve regular processo ou procedimento administrativo de apuração de sua responsabilidade na forma do art. 135, do CTN, a afastar o entendimento de que está ali por mero inadimplemento, que é o caso do acórdão eleito como paradigma"[16].

A dívida regularmente inscrita goza da **presunção de certeza e liquidez** e tem o efeito de prova pré-constituída. Tal presunção, porém, é relativa e pode ser ilidida por

---

14. STJ, Primeira Turma, AgRgAg 485.548, 2003.
15. STJ, Primeira Turma, REsp 729.192, 2006; STJ, Segunda Turma, REsp 36.543, 1996.
16. STJ, Primeira Seção, AgRg nos EAREsp 41.860, 2012.

prova inequívoca a cargo do sujeito passivo nos termos do art. 204 do CTN. Caberá, portanto, ao devedor apontar e comprovar os vícios formais ou materiais da inscrição ou, ainda, da declaração ou do lançamento que lhe deram origem.

Efetuada a inscrição em dívida ativa, deve-se **notificar o devedor para, em até cinco dias, efetuar o pagamento**. Decorrido o prazo *in albis*, a Fazenda Pública pode comunicar aos órgãos de proteção ao crédito e realizar averbação da CDA nos órgãos de registro de bens e de direitos. É o que restou estabelecido pela Lei n. 13.606/2018 ao acrescentar o art. 20-B à Lei n. 10.522/2002.

A inscrição não tem nenhuma implicação no curso do **prazo prescricional** relativamente aos créditos de natureza tributária. O art. 2º, § 3º, da LEF, que diz da suspensão do prazo prescricional por 180 dias, contados da inscrição do débito em dívida ativa, só é aplicável à dívida ativa não tributária. Quanto aos créditos tributários, sujeitam-se às normas gerais de direito tributário, as quais, nos termos do art. 146, III, *b*, da CF, abrangem a prescrição. Como o art. 174 do CTN, ao cuidar da matéria, em nível de lei complementar, não prevê a suspensão do prazo pela inscrição em dívida, tal não se dá[17]. A cobrança amigável feita pela Procuradoria da Fazenda Nacional, por Aviso de Cobrança, também não tem efeitos sobre a prescrição.

A inscrição e a cobrança de **débitos de pequeno valor** revelam-se, por vezes, desinteressantes e antieconômicas para a Fazenda Pública. Como os recursos financeiros e de pessoal são escassos, melhor atende aos princípios da economicidade e da eficiência concentrá-los na inscrição e cobrança de dívidas mais elevadas. Daí a existência de previsões legais estabelecendo limites mínimos para inscrição e execução e determinando o arquivamento das execuções de pequeno valor já existentes até que surjam outros débitos ou que seus acréscimos justifiquem sua retomada. Aliás, há normas determinando que sequer sejam lançados valores diminutos.

Com a inscrição em dívida ativa da União, suas autarquias e fundações, passa a ser devido o encargo legal de que trata o DL n. 1.025/69, de 10% antes de ajuizada a execução fiscal e de 20% após o ajuizamento. Tal encargo é inconstitucional, conforme já decidiu o STF relativamente à lei semelhante, do Estado de São Paulo (RE 84.994, dez. 1971). Mas o STJ tem se manifestado pela aplicação do encargo, forte em antiga Súmula do extinto TFR e em precedentes do próprio STJ que não enfocaram a questão constitucional. Embora a 1ª Turma do TRF4, em dezembro de 2006, tenha suscitado incidente de arguição de inconstitucionalidade de tal verba (AC 2004.70.08.001295-0), a Corte Especial daquele Tribunal, em setembro de 2009, entendeu constitucional o encargo (ARGINCAC 2004.70.08.001295-0).

---

17. STJ, Segunda Turma, REsp 708.227, 2005; STJ, Primeira Turma, AgRgREsp 189.150, 2003.

O STJ entende que o "encargo do DL n. 1.025/69, embora nominado de honorários de sucumbência, não tem a mesma natureza jurídica dos honorários do advogado tratados no CPC/2015, razão pela qual esse diploma não revogou aquele, em estrita observância ao princípio da especialidade", de modo que prossegue aplicável[18]. E mais: "Nos termos do art. 1º do DL n. 1.025/69, o encargo de 20% inserido nas cobranças promovidas pela União, pago pelo executado, é crédito não tributário destinado à recomposição das despesas necessárias à arrecadação, à modernização e ao custeio de diversas outras (despesas) pertinentes à atuação judicial da Fazenda Nacional". Não se trata de crédito alimentar e não pode ser equiparado aos trabalhistas. O que se conclui, isso sim, é que "O encargo do DL n. 1.025/69 tem as mesmas preferências do crédito tributário devendo, por isso, ser classificado, na falência, na ordem estabelecida pelo art. 83, III, da Lei n. 11.101/2005"[19].

178. Pedido de revisão de dívida inscrita

A inscrição em dívida ativa acaba por implicar constrangimentos e restrições ao devedor. Com a inscrição, resta viabilizada a inclusão do sujeito passivo em cadastro de devedores da dívida ativa, torna-se possível a emissão de título executivo para fins de protesto e execução fiscal e eventuais atos de alienação patrimonial pelo devedor atraem a presunção de fraude à dívida ativa, dentre outras consequências.

Desse modo, qualquer irregularidade na inscrição é algo grave, que deve ser remediado de pronto. A Portaria PGFN n. 33/2018, pelos seus arts. 15 a 20, criou um procedimento para tanto: o Pedido de Revisão de Dívida Inscrita (PRDI).

Ao devedor é autorizado apresentar à Procuradoria-Geral da Fazenda Nacional Pedido de Revisão de Dívida Inscrita (PRDI) quando puder alegar causas de extinção ou suspensão do crédito, como pagamento, parcelamento, suspensão da exigibilidade por decisão judicial, compensação, retificação da declaração em que fundada a inscrição etc. Também pode invocar tratar-se de hipótese em que a inscrição não deveria ter ocorrido nos termos dos próprios regramentos da PGFN por dizer respeito, e.g., a crédito relativo a tributo já reconhecido como inconstitucional pelo STF em controle concentrado.

179. Cadastro (CADIN) e lista de devedores

A União mantém Cadastro Informativo dos Créditos não Quitados de Órgãos e Entidades Federais – Cadin. Disciplinado pela Lei n. 10.522/2002, contém dados das pessoas

---

18. STJ, Primeira Turma, REsp 1.798.727, 2019.
19. STJ, Primeira Seção, REsp 1.521.999/SP, 2018.

físicas e jurídicas responsáveis por créditos inadimplidos de órgãos e entidades da Administração Pública Federal ou com importantes restrições cadastrais, quais sejam, tenham sua inscrição no CPF cancelada ou sua inscrição no CNPJ declarada inapta (art. 2º). Cabe à Procuradoria-Geral da Fazenda Nacional centralizar as informações e geri-las, sendo da sua atribuição, ainda, expedir orientações de natureza normativa quanto ao disciplinamento das inclusões e exclusões no sistema (o art. 3º com a redação da Lei n. 14.195/2021).

A inscrição no Cadin é realizada "75 (setenta e cinco) dias após a comunicação ao devedor da existência do débito passível de inscrição naquele Cadastro, fornecendo-se todas as informações pertinentes ao débito" (art. 2º, § 2º). Vê-se que é oportunizada ao devedor a regularização da sua situação antes que ele seja inscrito no cadastro de inadimplentes. Caso o devedor, já inscrito no Cadin, venha a regularizar sua situação, o órgão ou entidade responsável pelo registro procederá à respectiva baixa no prazo de cinco dias úteis (art. 2º, § 5º).

A Lei n. 10.522/2002 torna a consulta ao Cadin obrigatória pelos órgãos e entidades da Administração Pública Federal para a "realização de operações de crédito que envolvam a utilização de recursos públicos; II – concessão de incentivos fiscais e financeiros" e para a "celebração de convênios, acordos, ajustes ou contratos que envolvam desembolso, a qualquer título, de recursos públicos, e respectivos aditamentos" (art. 6º).

Já decidiu o STF que a existência do Cadin e a obrigatoriedade da sua consulta no âmbito da administração federal são válidas[20].

O registro no Cadin é suspenso quando ocorre a suspensão da exigibilidade do crédito tributário e também quando, discutido em juízo, esteja assegurado por garantia idônea e suficiente. O simples ajuizamento de ação para a discussão do débito não afasta a inscrição[21], salvo quando ajuizada por ente político[22].

Lembre-se, ademais, que a PGFN, independentemente de protesto, divulga lista de devedores inscritos em dívida ativa em seu sítio na internet, seguindo as Portarias PGFN n. 721/2012 e 430/2014.

Ademais, o contribuinte que, notificado da inscrição em dívida ativa, não paga o débito em cinco dias tem sua inscrição comunicada às empresas que mantêm bancos de dados e cadastros de inadimplentes, com a Serasa e o SPC, o que é abordado em capítulo atinente à cobrança do crédito tributário.

---

20. STF, ADI 1.454, 2007.
21. STJ, Segunda Turma, AgRg no REsp 1.191.583, 2013.
22. STF, AC 1.620-7 MC, Tribunal Pleno, 2008.

180. Certidões de situação fiscal: CND e CPD-EN[23]

A exigência e a expedição de certidões de regularidade fiscal são reguladas pelos arts. 205 a 208 do CTN.

Decorre do art. 205 que apenas a **lei poderá exigir a apresentação de certidão negativa**, de modo que eventuais atos normativos que inovem, condicionando a prática de atos à ostentação de certidão para casos em que a lei não a requer expressamente, serão inválidos. Mas nem mesmo a lei poderá exigir a apresentação de CND sem **observância da razoabilidade e da proporcionalidade**. Não poderá comprometer desproporcionalmente direito do contribuinte[24]. O exercício de direitos constitucionais como o direito ao trabalho e ao livre exercício da atividade econômica, por exemplo, não pode, como regra, ser condicionado à ostentação de regularidade fiscal. Ademais, deve-se atentar para a **pessoalidade da situação fiscal**, de modo que não se condicione a certificação da regularidade fiscal de uma pessoa à verificação da regularidade de outra. O STJ censura o condicionamento da expedição de certidão para a pessoa física ao pagamento de dívida da empresa de que é sócio[25].

As certidões devem ser expedidas no **prazo de até dez dias**, conforme o parágrafo único do art. 205 do CTN.

Certificar significa dar ao conhecimento **informações constantes de arquivos, livros ou sistemas** de determinada repartição. Não se compadece, pois, com especulações, com presunções. Exige o dado, o ato, devidamente anotado ou registrado.

Não basta eventual **presunção do Fisco** de que o contribuinte não tenha cumprido suas obrigações tributárias. Não é suficiente, e.g., que deixe de constar do sistema de controle da arrecadação ingressos a título de determinada contribuição mensal. É preciso que o Fisco possa apontar a existência de débito, o que depende de **prévia formalização do crédito tributário** por declaração do contribuinte ou por lançamento da autoridade devidamente notificado ao contribuinte (art. 142). Efetivamente, embora o crédito surja simultaneamente à obrigação, apenas quando é documentada a sua existência é que o Fisco pode opor o crédito ao contribuinte, considerando-o devedor. No entanto, o § 10 do art. 32 da Lei n. 8.212/91, com a redação da Lei n. 11.941/2009, dispõe no sentido de que o descumprimento das obrigações de declarar os dados relacionados a fatos

---

23. Para maior detalhamento deste ponto, *vide* nossa obra *Manual das certidões negativas de débito*. Porto Alegre: Livraria do Advogado, 2009.
24. STF, Tribunal Pleno, ADI 173, 2008; STF, Tribunal Pleno, RE 413.782, 2005; **Súmula STF 70**: "É inadmissível a interdição de estabelecimento como meio coercitivo para cobrança de tributo"; **Súmula STF 323**: "É inadmissível a apreensão de mercadorias como meio coercitivo para pagamento de tributos"; **Súmula STF 547**: "Não é lícito à autoridade proibir que o contribuinte em débito adquira estampilhas, despache mercadorias nas alfândegas e exerça suas atividades profissionais".
25. STJ, Primeira Turma, REsp 721.569, 2005; STJ, Segunda Turma, REsp 439.198, 2003.

geradores, base de cálculo e valores de contribuições previdenciárias impede a expedição de certidão de prova de regularidade fiscal perante a Fazenda Nacional. O STJ tem dado aplicação a dispositivos como este, embora sem fazer juízo quanto à sua constitucionalidade[26].

A Certidão Negativa deve ser expedida quando efetivamente não conste dos registros do Fisco nenhum crédito tributário formalizado em seu favor. Havendo **lançamento** (auto de infração, notificação fiscal de lançamento de débito etc.) ou **declaração do contribuinte** (DCTF, Declaração de Rendimentos etc.), não terá o contribuinte direito à Certidão Negativa. O STJ, aliás, já assentou tal entendimento na **Súmula 446**: "Declarado e não pago o débito tributário pelo contribuinte, é legítima a recusa de expedição de certidão negativa ou positiva com efeito de negativa". O mesmo acontece nas **divergências entre a declaração do contribuinte e a respectiva guia de pagamento**, quando o montante pago é inferior ao declarado. Valores declarados como devidos e impagos, ou pagos apenas parcialmente, ensejam a certificação da existência do débito quanto ao saldo.

Havendo crédito tributário devidamente documentado, somente **Certidão Positiva** poderá ser expedida, cabendo, apenas, verificar se o contribuinte tem ou não direito à **Certidão Positiva com Efeitos de Negativa**.

O art. 206 do CTN estabelece que "tem os mesmos efeitos previstos no artigo anterior a certidão de que conste a existência de créditos não vencidos, em curso de cobrança executiva em que tenha sido efetivada a penhora, ou cuja exigibilidade esteja suspensa".

Os sistemas do Fisco podem, pois, acusar três situações distintas:

1ª SITUAÇÃO: inexistência de formalização de crédito, dando ensejo à expedição de **Certidão Negativa de Débitos (CND)**;
2ª SITUAÇÃO: existência de crédito formalizado exigível e não garantido por penhora, dando ensejo à expedição de **Certidão Positiva de Débitos (CPD)**;
3ª SITUAÇÃO: existência de crédito formalizado não vencido, com a exigibilidade suspensa ou garantido por penhora, dando ensejo à expedição **de Certidão Positiva de Débitos com Efeitos de Negativa (CPD-EN)**.

O fato de estar **o crédito tributário *sub judice*** não dá ao contribuinte o direito à Certidão Positiva com Efeitos de Negativa, porque o ajuizamento de ação não tem, por si só, nenhum efeito suspensivo da sua exigibilidade.

---
26. STJ, Primeira Seção, REsp 1.042.585, 2010.

Apenas nas hipóteses do art. 151 do CTN é que se poderá considerar suspensa a exigibilidade, ou seja, nos casos de moratória ou parcelamento, depósito do montante integral, impugnação ou recurso administrativo, liminar ou antecipação de tutela.

Mas a realização de **penhora suficiente** em ação de Execução Fiscal também enseja a obtenção de certidão com efeitos de negativa. Antes do ajuizamento da Execução, o devedor pode procurar a Procuradoria-Geral da Fazenda Nacional e realizar Oferta Antecipada de Garantia em Execução Fiscal, apontando bens ou direitos sujeitos a registro público, passíveis de penhora, para a garantia de créditos inscritos em dívida ativa da União. Esse procedimento é regulado pelos arts. 8º a 14 da Portaria PGFN n. 33/2018. Também são aceitas apólices de seguro-garantia e cartas de fiança bancária. Nos termos do art. 13 dessa portaria, "A aceitação da oferta antecipada de garantia em execução fiscal não suspende a exigibilidade dos créditos inscritos em dívida ativa, mas viabiliza a emissão da certidão de regularidade fiscal, desde que em valor suficiente para garantia integral dos débitos garantidos, acrescidos de juros, multas e demais encargos exigidos ao tempo da propositura da ação de execução fiscal". E seu art. 14 pontua: "Aceita a oferta antecipada de garantia, o Procurador da Fazenda Nacional promoverá o ajuizamento da execução fiscal correspondente, no prazo máximo de 30 (trinta) dias contados da data da aceitação, indicando à penhora o bem ou direito ofertado pelo devedor". Quando não existia esse procedimento administrativo, costumava-se obter em Juízo esse efeito da antecipação de penhora através de **Ação Cautelar de Caução**.

A comprovação da **regularidade relativa a créditos tributários federais e à dívida ativa da União** é obtida pela internet, sempre que verificada a regularidade do contribuinte quanto aos tributos administrados pela Secretaria da Receita Federal do Brasil e à dívida ativa administrada pela Procuradoria-Geral da Fazenda Nacional, abrangendo contribuições previdenciárias. É considerada regular, para esse fim, a situação de quem não tem pendências relativas a débitos, a dados cadastrais e à apresentação de declarações. Havendo pendências, o contribuinte pode pesquisar sua situação fiscal no Portal e-CAC. Não conseguindo resolvê-las, deverá comparecer à unidade da RFB do seu domicílio.

A Portaria MF n. 358/2014 dispõe sobre a prova de regularidade fiscal perante a Fazenda Nacional, assim como a Portaria Conjunta RFB/PGFN n. 1.751/2014.

Há, ainda, certidões específicas. O Decreto n. 14.560/2004 do Município de Porto Alegre, com a redação do Decreto n. 20.588/2020, dispõe sobre o requerimento e a emissão de certidões relativas aos tributos administrados pela Secretaria Municipal da Fazenda. Trata das certidões, dentre as quais a Certidão de Débitos Tributários do Imóvel, que especificam se o imóvel objeto do pedido possui débitos relativos ao Imposto Predial e Territorial Urbano (IPTU) e à Taxa de Coleta de Lixo (TCL). Esse tipo de certidão é importante para prevenir responsabilidades na aquisição de imóveis, de que cuida o art. 130 do CTN.

Capítulo XXIV
Acesso à informação e preservação do sigilo

181. O acesso à informação como elemento indispensável à fiscalização tributária e a colaboração entre as administrações tributárias

A justiça tributária depende da aplicação efetiva da lei sempre que ocorram os fatos geradores. Essa aplicação pode se dar pelos próprios sujeitos passivos, quando cumprem espontaneamente suas obrigações. Mas, frequentemente, depende da ação fiscalizadora das autoridades, o que pressupõe acesso à informação.

Seja como ponto de partida ou como instrumento para o aprofundamento da apuração de ilícitos tributários, é a informação o elemento responsável por viabilizar e assegurar o sucesso do exercício do poder de polícia fiscal.

Muitas das obrigações tributárias acessórias instituídas no interesse da arrecadação e da fiscalização dos tributos, nos termos do art. 113, § 2º, e do art. 115 do CTN, têm como objeto, justamente, o registro ou a declaração de dados, de modo que o Fisco possa contar com elementos para a verificação do cumprimento das obrigações principais e, eventualmente, identificar infrações cometidas e quantificar seus créditos. Ademais, o art. 195 do CTN estabelece que o Fisco tem ampla prerrogativa de examinar "mercadorias, livros, arquivos, documentos, papéis e efeitos comerciais ou fiscais, dos comerciantes industriais ou produtores", determinando, ainda, que os obrigados devem conservar os livros obrigatórios de escrituração comercial e fiscal e os comprovantes dos lançamentos neles efetuados "até que ocorra a prescrição dos créditos tributários decorrentes das operações a que se refiram".

Lembre-se, ainda, que se tem obrigado diversos setores a adotarem práticas de *compliance*, inclusive com comunicação de atividades não usuais e suspeitas à Unidade de Inteligência Financeira (UIF), antigo Conselho de Controle de Atividades Financeiras (COAF). Esse órgão tem como missão produzir inteligência financeira capaz de apontar indícios do cometimento de crimes de lavagem de dinheiro e de qualquer outro ilícito, provendo informação para a sua investigação/fiscalização. No **Tema 990** de repercussão geral (RE 1.055.941), em 2019, o STF fixou a tese de que "É constitucional o compartilhamento dos relatórios de inteligência financeira da UIF e da íntegra do procedimento fiscalizatório da Receita Federal do Brasil – em que se define o lançamento do tributo – com os órgãos de persecução penal para fins criminais sem prévia autorização judicial, devendo ser resguardado o sigilo das informações em procedimentos formalmente instaurados e sujeitos a posterior controle jurisdicional", bem como que "O compartilhamento pela UIF e pela RFB referido no item anterior deve ser feito unicamente por meio de comunicações formais, com garantia de sigilo, certificação do destinatário e estabelecimento de instrumentos efetivos de apuração e correção de eventuais desvios".

Dada a relevância do acesso à informação para a atividade de fiscalização tributária, o CTN, em seu art. 199, prevê que as Fazendas Públicas da União, dos Estados e dos Municípios prestar-se-ão assistência mútua, inclusive com permuta de informações, nos termos de lei ou convênio.

A Constituição Federal, ao cuidar da Administração Pública, estabelece que as administrações tributárias da União, dos Estados, do Distrito Federal e dos Municípios "atuarão de forma integrada, inclusive com o compartilhamento de cadastros e de informações fiscais, na forma da lei ou convênio" (art. 37, II, da CF). O art. 199 do CTN também prevê a assistência mútua para a fiscalização dos tributos, inclusive com permuta de informações. Na Apelação Criminal n. 0000629-66.2008.4.04.7106, o TRF4 decidiu que "O compartilhamento de informações entre a Receita Federal e Receita Estadual não torna ilícita a prova obtida por este meio durante o processo administrativo fiscal, pois tal medida é autorizada pelo art. 37, inc. XXII, da Constituição Federal, e pelo art. 199 do Código Tributário Nacional"[1].

Frise-se que o art. 199 do CTN autoriza o compartilhamento de informações também com Estados estrangeiros, conforme venha a ser estabelecido em tratado. Aliás, quanto ao compartilhamento internacional, em trabalho em coautoria com ARTHUR FERREIRA NETO, destacamos o cenário de transição de um sistema marcado pela "intensa e irrestrita proteção ao sigilo de dados fiscais dos particulares", que deu ensejo ao estabelecimento dos paraísos fiscais voltados à evasão, para um sistema de cooperação internacional "na troca de informações, visando a fechar gradualmente as alternativas

---

1. TRF4, Oitava Turma, ACR 0000629-66.2008.4.04.7106, 2018.

que alguns particulares possuem para resguardar o seu patrimônio da efetiva tributação por meio da remessa a determinados locais estruturados precipuamente para garantir vantagens fiscais injustificadas e injustas"[2]. Na oportunidade, apontamos a importância da lei federal estadunidense conhecida por *Foreign Account Tax Compliance Act* – FATCA, do Projeto da OCDE *Base Erosion and Profit Shifting* – BEPS e do *Multilateral Agreement Mutual Administrative Assistance in Tax Matters*, este firmado por 103 países.

A Convenção Multilateral sobre Assistência Mútua Administrativa em Matéria Tributária[3] inaugurou um novo paradigma internacional de tributação, na medida em que aumentou a transparência mediante incremento no compartilhamento de informações. Foi internalizada em nosso ordenamento pelo Decreto n. 8.842/2016. Prevê que as partes "trocarão quaisquer informações previsivelmente relevantes". Regula a troca de informações a pedido de uma das partes e também a troca automática relativamente a determinadas categorias de casos, conforme estabeleçam de comum acordo. Até mesmo o fornecimento espontâneo de informações é previsto, por exemplo, para o caso em que uma parte puder presumir que possa haver uma perda de receita tributária de outro. Por fim, também restam previstas fiscalizações simultâneas em que duas partes fiscalizam, cada uma em seu território, a situação tributária de uma ou mais pessoas, que se revista de interesse comum ou relacionado, com vista à troca de informações relevantes assim obtidas.

Julgando apelação em ação anulatória de débito fiscal, o TRF4 afirmou a validade da utilização, pela Receita, de provas obtidas por meio de cooperação internacional fundada no Acordo de Assistência Judiciária em Matéria Penal entre Brasil e Estados Unidos (MLAT), inclusive destacando que a aplicação da cláusula de especialidade dependeria de pronunciamento expresso do Estado requerido e que, na sua ausência, nada impedia o uso dos dados para fins fiscais. Assim e considerando que o contribuinte realizara "operações de remessa de divisas por intermédio de doleiros e intermediadas por empresas *off shore*, não declaradas ao Fisco e sem conhecimento das autoridades financeiras", considerou "caracterizada a sonegação e a fraude" e justificada, inclusive, a "imposição da multa de ofício qualificada, agravada pelo não atendimento às intimações para prestar esclarecimentos, no patamar de 225%, nos termos do artigo 44, I, §§ 1º e 2º da Lei n. 9.430/96, mantida pela Lei n. 11.488/2007"[4].

---

2. FERREIRA NETO, Artur M.; PAULSEN, Leandro. *A lei de repatriação: regularização cambial e tributária de ativos mantidos no exterior e não declarados às autoridades brasileiras*. São Paulo: Quartier Latin, 2016, p. 14.
3. O acordo conta atualmente com 103 países e jurisdições signatários, dos quais 80 países já o ratificaram. A relação dos referidos países e jurisdições pode ser consultada pelo *link*: <http://www.oecd.org/ctp/exchange-of-tax-information/Status_of_convention.pdf>.
4. TRF4, Segunda Turma, APELREEX 0015772-39.2014.4.04.9999, 2015.

Com o compartilhamento, as informações são aproveitadas para os diversos fins a que possam ser úteis, evita-se retrabalho, ganha-se agilidade e assegura-se eficácia às ações.

182. O sigilo como preservação da intimidade e da privacidade, sua transferência e preservação

Se, de um lado, é certo que o acesso a dados capazes de proverem informação sobre a prática de infrações à legislação tributária é essencial ao trabalho do Fisco, de outro, é preciso ter em conta que determinados dados podem revelar a intimidade e a privacidade das pessoas, sendo, por isso, protegidos. A Constituição, no inciso X, ressalta que são invioláveis a intimidade, a vida privada, a honra e a imagem das pessoas, e, no seu inciso XII, estabelece que é inviolável o sigilo da correspondência e das comunicações telegráficas, de dados e das comunicações telefônicas, salvo, no último caso, por ordem judicial, sendo certo que esse sigilo está a serviço da privacidade e da intimidade.

Conforme GONET BRANCO[5], "há consenso em que o direito à privacidade tem por característica básica a pretensão de estar separado dos grupos, mantendo-se o indivíduo livre da observação de outras pessoas". Esse autor ressalta, forte em doutrina norte-americana, que WILLIAM PROSSER teria sustentado quatro meios básicos de afrontar a privacidade: "a) intromissão na reclusão ou na solidão do indivíduo, 2) exposição pública de fatos privados, 3) exposição do indivíduo a uma falsa percepção do público (*false light*), que ocorre quando a pessoa é retratada de modo inexato ou censurável, 4) apropriação do nome e da imagem da pessoa, sobretudo para fins comerciais". Estreitando o sentido, aponta que o direito à privacidade "conduz à pretensão do indivíduo de não ser foco da observação por terceiros, de não ter os seus assuntos, informações pessoais e características particulares expostas a terceiros ou ao público em geral".

A intimidade, por si, constitui um espaço ainda mais exclusivo, relacionado ao ser humano no âmbito da sua individualidade, seja física, emocional ou intelectual, alcançando o que diz respeito ao seu corpo, à sua sexualidade, aos seus relacionamentos e aos seus pensamentos.

Desde já, é preciso destacar que dados consolidados sobre volume de movimentações financeiras ou sobre eventuais operações que, pelas suas características (alto valor em desproporção ao perfil do correntista, numerosas operações semelhantes, especialmente se em dinheiro etc.), por exemplo, não expõem significativamente a privacidade e a intimidade do titular, são elementos indiciários importantes do cometimento de ilícito. É válida, portanto, a legislação que estabelece a sua comunicação automática ao poder público e o seu compartilhamento entre órgãos, desde que mantido o sigilo, de

---

5. MENDES, Gilmar Ferreira; COELHO, Inocêncio Mártires; BRANCO, Paulo Gustavo Gonet. *Curso de direito constitucional*. 5. ed. São Paulo: Saraiva, p. 471-472.

modo a lhes preservar da publicização. Assim, é hígida a comunicação de operações suspeitas, por instituições financeiras, à Unidade de Inteligência Financeira (UIF), antigo Conselho de Controle de Atividades Financeiras (COAF) e seu compartilhamento com a Receita, com a Polícia e com o Ministério Público para que sejam tomadas medidas de fiscalização e de investigação a partir de tais dados.

A intimidade pode vir a ser tocada e, portanto, exige maior consideração quando capaz de expor a pessoa de modo mais abrangente ou profundo, abrindo detalhes quanto às suas relações, aos seus costumes, às suas preferências e à sua situação econômica, financeira, de saúde física e emocional.

Relativamente a dados cobertos por sigilo, o acesso, pelo Fisco, depende da justificação da sua necessidade para o aprofundamento de uma fiscalização já iniciada e que dependa das informações que os dados possam prover para o seu aprofundamento. No caso do sigilo bancário, o próprio legislador, através da LC n. 105/2001, realizou o juízo de ponderação, estabelecendo os requisitos necessários para o acesso, e facultou ao Fisco solicitá-lo diretamente. Relativamente a outros dados sigilosos, caberá ao Judiciário proceder a tal ponderação, caso a caso.

Ademais, quando acessados os dados, a autoridade fiscal pode utilizá-los para as verificações próprias às suas funções, devendo, contudo, manter a sua condição de dados sigilosos. Efetivamente, o sigilo não é propriamente quebrado, porquanto não se dá publicidade às informações. Faculta-se o acesso aos dados para viabilizar a fiscalização, mas mediante compromisso de preservação do sigilo. Fala-se, por isso, de transferência do dever de sigilo.

183. O sigilo bancário e a LC n. 105/2001

O art. 197 do CTN estabelece, para tabeliães, instituições financeiras, administradoras de bens, corretores, leiloeiros e despachantes, inventariantes, síndicos, comissários e liquidatários, dentre outros que a lei designe em razão de seu cargo, ofício, função, ministério, atividade ou profissão, a obrigatoriedade de prestarem **informações sobre bens, negócios ou atividades de terceiros**. Preserva, contudo, em seu parágrafo único, as informações quanto aos fatos sobre os quais o informante esteja legalmente obrigado a observar segredo profissional, de modo que, nesses casos, o segredo prevalece sobre os deveres genéricos de informação tributária[6], só cedendo em face de autorizações legais ou judiciais específicas.

A matéria atinente à obrigação das instituições financeiras é regulada, com maior detalhamento, pela LC n. 105/2001, que determina a informação à administração tributária das operações financeiras efetuadas pelos usuários de seus serviços, com

---
6. VELLOSO, Andrei Pitten. *Constituição tributária interpretada*. São Paulo: Atlas, 2007, p. 48.

identificação dos titulares e dos montantes globais movimentados mensalmente e, mediante requisição no bojo de procedimento fiscal devidamente instaurado, que seja facultado o exame de documentos, livros e registros atinentes às respectivas movimentações.

Note-se que o **sigilo bancário** não constitui um valor em si. Tem cunho instrumental e não ostenta, de modo algum, caráter absoluto[7]. Na quase totalidade dos países ocidentais existe a possibilidade de acesso às movimentações bancárias sempre que isso seja importante para a apuração de crimes e fraudes tributárias em geral. No Brasil não é diferente. A possibilidade de quebra depende da análise do caso concreto, considerando-se as suas circunstâncias específicas e o princípio da proporcionalidade[8]. Além disso, deve-se considerar que nem sequer ocorre propriamente uma quebra de sigilo, mas, isto sim, uma **transferência de sigilo**. Isso porque as informações sob sigilo bancário são repassadas ao Fisco, que tem a obrigação de mantê-las sob **sigilo fiscal**.

A **LC n. 105/2001 enseja às autoridades fiscais**, desde que haja procedimento de fiscalização instaurado e a necessidade do acesso seja presente e esteja motivada, que **solicitem diretamente às instituições financeiras o acesso às movimentações dos seus clientes para fins tributários**. No RE 601.314, o Tribunal Pleno do STF fixou a seguinte tese com repercussão geral: "O art. 6º da Lei Complementar n. 105/2001 não ofende o direito ao sigilo bancário, pois realiza a igualdade em relação aos cidadãos por meio do princípio da capacidade contributiva, bem como estabelece requisitos objetivos e o **translado do dever de sigilo da esfera bancária para a fiscal**"[9]. Na ADI 2.859, por sua vez, o STF afirmou: "Os artigos 5º e 6º da Lei Complementar n. 105/2001 e seus decretos regulamentares... consagram, de modo expresso, a **permanência do sigilo** das informações bancárias obtidas com espeque em seus comandos, não havendo neles autorização para a exposição ou circulação daqueles dados". E prossegue: "Trata-se de uma transferência de dados sigilosos de um determinado portador, que tem o dever de sigilo, para outro, que mantém a obrigação de sigilo, permanecendo resguardadas a intimidade e a vida privada do correntista, exatamente como determina o art. 145, § 1º, da Constituição Federal". Destaca ainda: "é preciso que se adotem mecanismos efetivos de combate à sonegação fiscal, sendo o instrumento fiscalizatório instituído nos arts. 5º e 6º da Lei Complementar n. 105/2001 de extrema significância nessa tarefa. 6. O Brasil se comprometeu, perante o G20 e o Fórum Global sobre Transparência e Intercâmbio de Informações para Fins Tributários (*Global Forum on Transparency and Exchange of Information for Tax Purposes*), a cumprir os **padrões internacionais de transparência e de troca de informações bancárias, estabelecidos com o fito de evitar o descumprimento de normas tributárias, assim como combater práticas criminosas**. Não deve o Estado brasileiro prescindir do acesso automático aos dados bancários dos contribuintes por

---

7. STF, Tribunal Pleno, MS 23.452, 1999; STJ, Sexta Turma, HC 24.577, 2003.
8. AMS 2003.70.00.012284-4.
9. STF, Tribunal Pleno, RE 601.314, 2016.

sua administração tributária, sob pena de descumprimento de seus compromissos internacionais"[10].

São válidos não apenas **a requisição e o acesso** às informações bancárias pelo Fisco e seu uso para fins de constituição do crédito tributário, mas também **o compartilhamento desses dados**, enquanto integrantes do processo administrativo fiscal, com a Procuradoria da Fazenda para fins de cobrança e com o Ministério Público para fins penais. Efetivamente, o STJ já reconheceu que "é possível a utilização de dados obtidos pela Secretaria da Receita Federal, em regular procedimento administrativo fiscal, para fins de instrução processual penal". Frisou que "não há falar em ilicitude das provas que embasam a denúncia... porquanto, assim como **o sigilo é transferido,** sem autorização judicial, da instituição financeira ao Fisco e deste à Advocacia-Geral da União, para cobrança do crédito tributário, também o é ao Ministério Público, sempre que, no curso de ação fiscal de que resulte lavratura de auto de infração de exigência de crédito de tributos e contribuições, se constate fato que configure, em tese, crime contra a ordem tributária (Precedentes do STF)"[11].

No âmbito do STF, por sua vez, em decisão monocrática, foi afirmado: "[...] sendo legítimos os meios de obtenção da prova material e sua utilização no processo administrativo fiscal, mostra-se lícita sua utilização para fins da persecução criminal. Sobretudo, quando se observa que a omissão da informação revelou a efetiva supressão de tributos, demonstrando a materialidade exigida para configuração do crime previsto no art. 1º, inciso I, da Lei n. 8.137/90, não existindo qualquer abuso por parte da Administração Fiscal em encaminhar as informações ao *Parquet*"[12].

Ponto importante que restou resolvido pelo STF no **Tema 990** de repercussão geral (RE 1.055.941), em 2019, diz respeito aos relatórios da Unidade de Inteligência Financeira (UIF), antigo COAF, com os órgãos de persecução penal para fins criminais sem prévia autorização judicial. O STF admitiu o compartilhamento, a ser feito "por meio de comunicações formais, com garantia de sigilo, certificação do destinatário e estabelecimento de instrumentos efetivos de apuração e correção de eventuais desvios".

184. Sigilo fiscal

O sigilo fiscal é objeto do art. 198 do CTN, alterado pela LC n. 104/2001 e pela LC 187/2021. Esse dispositivo é expresso no sentido de vedar a divulgação, por parte da Fazenda Pública ou de seus servidores, de informação obtida em razão do ofício sobre a situação econômica ou financeira do sujeito passivo ou de terceiros e sobre a natureza e o estado de seus negócios. Esse dispositivo prestigia e protege, portanto, a privacidade

---

10. STF, Tribunal Pleno, ADI 2.859, 2016.
11. STJ, Sexta Turma, HC 422.473/SP, 2018.
12. STF, APRE 953.058, decisão monocrática do Min. GILMAR MENDES, maio 2016.

dos sujeitos passivos de obrigações tributárias, resguardando-os da revelação pública da sua situação econômica ou financeira, da natureza e do estado dos seus negócios.

Conforme os §§ 1º a 3º do art. 198, o sigilo fiscal não prejudica a assistência mútua entre as Fazendas da União, dos Estados e dos Municípios, tampouco a permuta de informações com Estados estrangeiros, ou seja, a cooperação internacional. E também não obsta o fornecimento de informação mediante "requisição de autoridade judiciária no interesse da justiça", tampouco em resposta às "solicitações de autoridade administrativa no interesse da Administração Pública, desde que seja comprovada a instauração regular de processo administrativo, no órgão ou na entidade respectiva, com o objetivo de investigar o sujeito passivo a que se refere a informação, por prática de infração administrativa". Igualmente, não é vedada a divulgação de informações relativas a "representações fiscais para fins penais", "inscrições na Dívida Ativa da Fazenda Pública", "parcelamento ou moratória", bem como "incentivo, renúncia, benefício ou imunidade de natureza tributária cujo beneficiário seja pessoa jurídica".

Destaco que o art. 198 do CTN, com a redação da LC n. 104/2001, ao chancelar e disciplinar o intercâmbio de informação sigilosa, no âmbito da Administração Pública, determina que será "realizado mediante processo regularmente instaurado, e a entrega será feita pessoalmente à autoridade solicitante, mediante recibo, que formalize a transferência e assegure a preservação do sigilo". No **Tema 990** de repercussão geral (RE 1.055.941), em 2019, lembre-se, o STF, ao admitir o compartilhamento dos relatórios de inteligência financeira da UIF e da íntegra do procedimento fiscalizatório da Receita Federal do Brasil com os órgãos de persecução penal para fins criminais sem prévia autorização judicial, reforçou que deve "ser resguardado o sigilo das informações em procedimentos formalmente instaurados e sujeitos a posterior controle jurisdicional", devendo ser feito o compartilhamento "unicamente por meio de comunicações formais, com garantia de sigilo, certificação do destinatário e estabelecimento de instrumentos efetivos de apuração e correção de eventuais desvios".

A Convenção Multilateral sobre Assistência Mútua Administrativa em Matéria Tributária, internalizada pelo Decreto n. 8.842/2016, ocupa-se da matéria. Em seu art. 22, estabelece que quaisquer informações obtidas por uma Parte "serão consideradas sigilosas e protegidas do mesmo modo que as informações obtidas com base na legislação interna e na medida necessária para garantir o nível necessário de proteção de dados de caráter pessoal". Também estabelece que "as referidas informações só poderão ser comunicadas às pessoas ou autoridades (incluindo tribunais e órgãos de administração ou supervisão) encarregadas do lançamento, arrecadação, ou cobrança dos tributos dessa Parte, ou dos procedimentos de execução ou persecução, ou das decisões de recursos relativos a esses tributos, ou da supervisão das atividades precedentes", sendo que "apenas as pessoas ou autoridades referidas acima poderão utilizar essas informações e exclusivamente para os fins acima mencionados", mas que as informações poderão ser utilizadas para outros fins quando autorizado.

A determinação de manutenção do sigilo fiscal do art. 198 do CTN é reforçada pelo art. 116 da Lei n. 8.212/91, aos estabelecer o dever dos servidores federais de atender com presteza ao público em geral, prestando as informações requeridas, ressalvadas as protegidas por sigilo, bem como de guardar sigilo sobre assunto da repartição. A violação desses deveres sujeita o servidor a processo administrativo disciplinar.

Ademais, embora a violação de sigilo não esteja descrita em tipo específico de crime contra a ordem tributária, está no Código Penal. No capítulo dos crimes contra a liberdade individual, ao cuidar dos crimes contra a inviolabilidade dos segredos, o Código tipifica o crime de **violação do segredo profissional. Seu art. 154 prevê, como conduta criminosa,** "Revelar alguém, sem justa causa, segredo, de que tem ciência em razão de função, ministério, ofício ou profissão, e cuja revelação possa produzir dano a outrem", cominando pena de "detenção, de três meses a um ano, ou multa". Cuida-se de crime de ação pública condicionada a representação.

Capítulo XXV
Cobrança do crédito tributário

185. Cobrança amigável pela Receita

O lançamento do crédito tributário aperfeiçoa-se com a notificação do contribuinte. Essa notificação insta o sujeito passivo a recolher o montante apontado pelo Fisco como devido ou a impugnar o lançamento, no prazo de trinta dias, nos termos dos arts. 11, II, e 15 da Lei do Processo Administrativo Fiscal (Decreto n. 70.235/72). Temos, neste momento, portanto, o primeiro ato administrativo de cobrança do crédito tributário. Decorrido o prazo sem o cumprimento da obrigação, o processo administrativo ainda permanecerá por trinta dias na Receita para fins de cobrança amigável, conforme o art. 21 do Decreto n. 70.235/72.

Caso o contribuinte ofereça impugnação, o crédito restará com sua exigibilidade suspensa enquanto pender decisão sobre a defesa e eventual recurso que seja interposto, o que é estabelecido pelo art. 151, III, do CTN. Exaurido o processo administrativo fiscal mediante decisão final contrária ao sujeito passivo, o que se dá quando não seja interposto recurso ou, julgado, já não caiba mais qualquer recurso, a obrigação deverá ser cumprida no prazo de cobrança amigável, de trinta dias, nos termos do art. 43 do Decreto n. 70.235/72, que remete ao art. 21 do mesmo diploma.

No prazo de cobrança amigável ou mesmo depois, nada obsta que a Receita envie ao sujeito passivo (normalmente o contribuinte) novo aviso de cobrança. Mas será um ato facultativo do Fisco, uma tentativa a mais de obter a satisfação do crédito tributário sem que tenha de adotar medidas que possam causar constrangimentos ao sujeito passivo ou mesmo constrição dos seus bens. Note-se que, quanto aos créditos constituídos mediante declaração do próprio contribuinte, de que cuida a Súmula 426 do STJ, a Receita também poderá adotar medidas de cobrança amigável, enviando avisos de cobrança antes de proceder a encaminhamentos mais gravosos.

Conforme o art. 2º da Portaria ME n. 447/2018, que estabelece os prazos para cobrança administrativa no âmbito da Secretaria da Receita Federal do Brasil e para encaminhamento de créditos para fins de inscrição em dívida ativa da União pela PFGN, "Dentro de 90 (noventa) dias da data em que se tornarem exigíveis, os débitos de natureza tributária ou não tributária devem ser encaminhados pela RFB à Procuradoria-Geral da Fazenda Nacional (PGFN), para fins de controle de legalidade e inscrição em Dívida Ativa da União, nos termos do art. 39, § 1º, da Lei n. 4.320, de 17 de março de 1946, e do art. 22 do Decreto-Lei n. 147, de 3 de fevereiro de 1967".

186. Cobrança amigável da dívida ativa pela Procuradoria da Fazenda Nacional

Cabe à Procuradoria inscrever em dívida ativa os créditos firmes, definitivos na esfera administrativa.

Com o advento da Lei n. 13.606/2018, uma vez inscrito o crédito tributário em dívida ativa, a Procuradoria da Fazenda passou a ter a obrigação de notificar o devedor para, em até cinco dias, efetuar o pagamento do valor atualizado, nos termos do art. 20-B da Lei n. 10.522/2002. Cuida-se de uma nova e derradeira cobrança amigável antes de se proceder às restrições a direitos, protesto extrajudicial e execução judicial.

A Procuradoria-Geral da Fazenda Nacional pode, sem compartilhar sigilo fiscal, contratar "serviços de terceiros para auxiliar sua atividade de cobrança", conforme autorização constante do art. 19-F da Lei n. 10.522/2002, incluído pela Lei n. 14.195/2021. Esses serviços dizem respeito a contato com os devedores, administração de bens oferecidos em garantia administrativa ou judicial ou penhorados em execuções fiscais, depósito, guarda, transporte, conservação e alienação desses bens.

Note-se que a cobrança amigável sempre pressupõe a exigibilidade do crédito tributário. Caso o sujeito passivo obtenha a suspensão da exigibilidade do crédito tributário, nos termos do art. 151 do CTN, mediante, por exemplo, decisão judicial ou parcelamento, o Fisco deverá suspender também os atos de cobrança, porquanto, nessas circunstâncias, seriam descabidos e abusivos. Suspensa a exigibilidade, também não serão admitidos o protesto extrajudicial e a execução fiscal.

187. Oferta antecipada de garantia perante a Fazenda Nacional

A PGFN regulamentou a oferta antecipada de garantia com vista à Execução Fiscal. A matéria é objeto do Capítulo III da Portaria PGFN n. 33/2018.

Trata-se de procedimento administrativo que enseja ao interessado com débito inscrito em dívida ativa da União oferecer bens e direitos passíveis de penhora, tais como seguro-garantia ou carta de fiança bancária, bens imóveis e outros bens e direitos sujeitos a registro público. Admite-se o oferecimento, inclusive, de bens e direitos de terceiros, desde que expressamente o autorizem.

A oferta deve ser apresentada acompanhada dos documentos referentes aos bens e direitos, nos termos do art. 10 da Portaria PGFN n. 33/2018. A unidade da PGFN responsável pelo ajuizamento da execução tem o prazo de trinta dias para analisá-la, podendo recusar a oferta quando os bens ou direitos forem inúteis ou inservíveis, de difícil alienação ou sem valor comercial, não estiverem sujeitos à expropriação judicial ou forem objeto de constrição em processo movido por credor mais privilegiado.

A aceitação da garantia pela Fazenda não implica suspensão da exigibilidade do crédito tributário. Pelo contrário, assegura a satisfação do crédito que será objeto de execução fiscal a ser ajuizada no prazo máximo de trinta dias contados da aceitação, com a indicação à penhora do bem ou direito ofertado pelo devedor.

Mas a aceitação afasta, nos limites dos bens e direitos ofertados, o encaminhamento da CDA para protesto e a comunicação da inscrição aos órgãos de proteção ao crédito, bem como a averbação nos órgãos de registro de bens e direitos.

É importante destacar, ainda, que a aceitação da garantia tem o efeito jurídico de ensejar a emissão de certidão de regularidade fiscal: a certidão positiva de débitos com efeitos de negativa de que trata o art. 206 do CTN.

Esse procedimento administrativo de oferta antecipada de garantia afasta o interesse processual dos devedores para as ações cautelares de caução antecipatórias de penhora, que até então eram ajuizadas em grande número, justamente para a obtenção de certidões de regularidade.

188. Comunicação do débito aos serviços de proteção ao crédito

Quando o devedor de crédito inscrito em dívida ativa, uma vez notificado administrativamente pela Procuradoria da Fazenda Nacional para efetuar o pagamento, deixa escoar seu prazo de cinco dias, dá ensejo à comunicação da inscrição aos órgãos que "operam bancos de dados e cadastros relativos a consumidores e aos serviços de proteção ao crédito e congêneres". Isso nos termos do art. 20-B da Lei n. 10.522, com a redação da Lei n. 13.606/2018.

Não se está, aqui, cuidando do Cadin, que é o Cadastro Informativo dos Créditos não Quitados de Órgãos e Entidades Federais, também regulado pela Lei n. 10.522/2002, mas em seu art. 2º. A inclusão no Cadin faz-se setenta e cinco dias após a comunicação ao devedor da existência do débito passível de inscrição no Cadastro. Cuidamos do ponto no item relativo a cadastro e lista de devedores do capítulo atinente à Administração Tributária.

Cuida o art. 20-B, isso sim, da comunicação da inscrição em dívida ativa a serviços como o Serasa e o SPC. A Serasa teve a sua criação ligada à Federação Brasileira das Associações de Bancos (Febraban), mas se trata, atualmente, de uma empresa privada que mantém "um banco de dados com apontamentos sobre dívidas vencidas e não pagas, cheques sem fundos, protestos de títulos e outros registros públicos e oficiais"[1] com vista a subsidiar decisões de crédito (e.g., para fins de concessão de empréstimos ou vendas a prazo). O SPC (Serviço Proteção ao Crédito)[2], por sua vez, é uma empresa ligada à Câmara de Dirigentes Lojistas (CDL) e também mantém um banco de dados de inadimplentes para fins de orientação do mercado.

189. Averbação pré-executória nos registros de bens para torná-los indisponíveis

Um dos efeitos de o devedor não efetuar o pagamento dos créditos inscritos em dívida ativa quando notificado para tanto, nos termos do art. 20-B da Lei n. 10.522/2002, com a redação da Lei n. 13.606/2018, é a autorização legal concedida à Fazenda Pública para "averbar, inclusive por meio eletrônico, a certidão de dívida ativa nos órgãos de registro de bens e direitos sujeitos a arresto ou penhora, tornando-os indisponíveis". A PGFN regula a matéria no Capítulo V da Portaria n. 33/2018, denominando-a "averbação pré-executória".

Conforme a Portaria n. 33, "A averbação pré-executória é o ato pelo qual se anota nos órgãos de registros de bens e direitos sujeitos a arresto ou penhora, para o conhecimento de terceiros, a existência de débito inscrito em dívida ativa da União, visando prevenir a fraude à execução de que tratam os artigos 185 da Lei n. 5.172, de 25 de outubro de 1996 (Código Tributário Nacional) e 792 da Lei n. 13.105, de 16 de março de 2015". Estão sujeitos à averbação, quanto à pessoa física, os bens e direitos "integrantes do seu patrimônio, sujeitos a registro público", e, quanto à pessoa jurídica, "os de sua propriedade, integrantes do ativo não circulante, sujeitos a registro público".

É previsto na portaria o encaminhamento das informações necessárias à averbação pré-executória aos "cartórios de registro de imóveis, relativamente aos bens imóveis", "órgãos ou entidades nos quais, por força de lei, os bens móveis ou direitos sejam registrados ou controlados" e aos "cartórios de títulos e documentos e registros especiais do domicílio tributário do devedor ou corresponsável, relativamente aos demais bens e direitos". Deve ser realizada a averbação pelos respectivos órgãos no prazo máximo de dez dias do recebimento das informações.

---

1. Conforme <https://www.serasaconsumidor.com.br/ensina/seu-nome-limpo/como-serasa-funciona/>.
2. Conforme <https://servicos.spc.org.br/spc/controleacesso/autenticacao/entry.action>.

A averbação da CDA nos registros imobiliários viabiliza-se através da Central Nacional de Indisponibilidade de Bens (CNIB). Criada pelo Conselho Nacional de Justiça (CNJ), essa central é regulada pelo Provimento n. 39/2014 da Corregedoria Nacional de Justiça e permite o rastreamento dos imóveis de propriedade do devedor em qualquer parte do território nacional. A par disso, unifica os registros das indisponibilidades de bens, sejam as decretadas por magistrados, sejam as determinadas por autoridades administrativas.

Quanto aos automóveis, ainda não se dispõe de uma central nacional que congregue todos os departamentos de trânsito dos diversos Estados, de modo que a averbação tem de ser determinada a cada qual.

A Portaria PGFN n. 33/2018 regula, ainda, a impugnação à averbação, estabelecendo que o devedor seja notificado da realização da averbação, podendo oferecer impugnação em dez dias, invocando, por exemplo, a impenhorabilidade dos bens e direitos, excesso de averbação relativamente ao valor das dívidas, mudança de titularidade do bem ou direito em momento anterior à inscrição ou, ainda, que, a despeito de a alienação ou oneração ter ocorrido em momento posterior à inscrição, ter reservado patrimônio suficiente para garantir a dívida, atendendo ao art. 185, parágrafo único, do CTN. Também pode o devedor indicar à averbação outros bens e direitos, livres e desimpedidos, observada a ordem de preferência do art. 11 da LEF.

Lembre-se de que o CTN, em seu art. 185, dispõe que se presume "fraudulenta a alienação ou oneração de bens ou rendas, ou seu começo, por sujeito passivo em débito para com a Fazenda Pública, por crédito tributário regularmente inscrito como dívida ativa". A averbação tem o efeito de evidenciar que o proprietário do bem tem débitos inscritos em dívida ativa, evitando que terceiros, inadvertidamente, adquiram tais bens em fraude à dívida ativa. A respeito da fraude à dívida ativa, escrevemos no capítulo relativo às garantias do crédito tributário.

Embora a averbação pré-executória tenha efeitos semelhantes aos que se poderia obter com a Medida Cautelar Fiscal, esta última não resta esvaziada, porquanto se pode se fazer necessária para a indisponibilização de bens antes mesmo da inscrição dos créditos em dívida ativa, quando se demonstrem manobras de dissipação patrimonial. Analisamos essa ação no capítulo atinente ao Processo Judicial Tributário.

190. Protesto extrajudicial

O protesto extrajudicial é o ato formal e solene, lavrado por Tabelião de Protesto de Títulos, pelo qual resta documentada a inadimplência daquele que figura como devedor em um título ou documento de dívida. O tabelião recebe o título apresentado pelo credor, verifica sua higidez formal, intima o devedor a pagar a dívida acrescida dos emolumentos diretamente no tabelionato no prazo de até três dias úteis, lavra e registra o protesto por falta de pagamento e fornece certidão às entidades de proteção ao crédito, o que causa restrições ao devedor.

Ao dispor sobre o protesto de títulos e outros documentos de dívida, a Lei n. 12.767/2012 incluiu, expressamente, no parágrafo único do art. 1º da Lei n. 9.492/97[3], entre os títulos sujeitos a protesto, as certidões de dívida ativa (CDAs) da União, dos Estados, do Distrito Federal, dos Municípios e das respectivas autarquias e fundações públicas.

No âmbito federal, a matéria é disciplinada, em nível infralegal, pela Portaria PGFN n. 429/2014. Só podem ser encaminhadas CDAs cujos créditos sejam exigíveis e que não estejam em processo de concessão de parcelamento. A Portaria PGFN n. 396, atinente ao Regime Diferenciado de Cobrança de créditos, ainda afasta o protesto quanto aos créditos integralmente garantidos (art. 10). O encaminhamento aos Tabelionatos é eletrônico. Do encaminhamento até o protesto, o pagamento deve ocorrer exclusivamente junto ao cartório, não se admitindo, nesse período, o parcelamento ou reparcelamento do débito. Após o protesto, volta a ser possível efetuar o pagamento diretamente na rede bancária mediante emissão do documento de arrecadação. Efetuado o pagamento integral ou obtida a suspensão da exigibilidade, o protesto é retirado, desde que pagos as custas e os emolumentos cartorários.

O protesto de CDA é facultativo, porquanto ela já se reveste, por si só, da presunção de certeza e de liquidez e habilita a Fazenda a promover a execução. Não se faz necessário o protesto da CDA para provar a inadimplência. Constitui, assim, apenas um mecanismo alternativo de cobrança, mais econômico e eficiente se comparado com a execução fiscal[4]. Há relatos de Municípios que chegaram a obter índices de resultados positivos na recuperação de créditos através do protesto extrajudicial de aproximadamente 40%, com celeridade e eficiência[5].

O STF, ao julgar a ADI 5.135, firmou a tese de que "O protesto das Certidões de Dívida Ativa constitui mecanismo constitucional e legítimo, por não restringir de forma desproporcional quaisquer direitos fundamentais garantidos aos contribuintes e, assim, não constituir sanção política"[6]. O STJ também entende que o protesto extrajudicial de

---

3. O STJ afetou à sistemática dos recursos repetitivos a decisão acerca da seguinte questão controvertida: "legalidade do protesto da CDA, no regime da Lei n. 9.492/97" (STJ, Primeira Seção, ProAfR no REsp 1.684.690/SP, 2018).
4. BATISTA JÚNIOR, Onofre Alves. O protesto de CDA como mecanismo alternativo de cobrança de créditos tributários de pequena monta no estado de Minas Gerais. *RDDT*, 211/137, abr. 2013. *Vide* também: SANTOS, Daniela Marcellino dos. A legalidade do protesto extrajudicial de créditos tributários. *RDDT*, 225/18, jun. 2014.
5. MANGIERI, Francisco Ramos. *Inteligência fiscal municipal*. Bauru: MM & Cia. Cursos e Editora, 2017, p. 117.
6. STF, ADI 5.135, 2016.

CDA é válido. Em precedente paradigmático, destacou que a "inscrição em dívida ativa, de onde se origina a posterior extração da Certidão que poderá ser levada a protesto, decorre ou do exaurimento da instância administrativa (onde foi possível impugnar o lançamento e interpor recursos administrativos) ou de documento de confissão de dívida, apresentado pelo próprio devedor (e.g., DCTF, GIA, Termo de Confissão para adesão ao parcelamento etc.)", de modo que o "sujeito passivo, portanto, não pode alegar que houve 'surpresa' ou 'abuso de poder' na extração da CDA, uma vez que esta pressupõe sua participação na apuração do débito", sendo certo que "o preenchimento e entrega da DCTF ou GIA (documentos de confissão de dívida) corresponde integralmente ao ato do emitente de cheque, nota promissória ou letra de câmbio". E arrematou: "A possibilidade do protesto da CDA não implica ofensa aos princípios do contraditório e do devido processo legal, pois subsiste, para todo e qualquer efeito, o controle jurisdicional, mediante provocação da parte interessada, em relação à higidez do título levado a protesto"[7].

Ademais, trata-se de medida menos gravosa para o devedor que a Execução Fiscal, porquanto não implica qualquer ingerência sobre o seu patrimônio. Eventual constrangimento decorre da própria condição de devedor, e não propriamente do protesto. O fato de implicar a publicidade da dívida em nada se distingue do que ocorre com outros débitos privados, sendo medida que não desborda da proporcionalidade[8]. Mas há quem entenda que o protesto extrajudicial seria uma sanção política. Isso porque infligiria constrangimento ao devedor e resultaria em restrições ao seu crédito sem que, contudo, seja necessário para a respectiva cobrança[9].

191. Execução judicial

A certidão de dívida ativa (CDA), constituindo título executivo extrajudicial, nos termos do art. 202, parágrafo único, do CTN, art. 2º, § 5º, da LEF e art. 784, IX, do CPC, habilita a Fazenda a promover a execução judicial do crédito.

O Ministro da Fazenda pode dispensar a constituição de créditos tributários, a inscrição ou ajuizamento, bem como determinar o cancelamento de débito de qualquer natureza "observados os critérios de custos de administração e cobrança", nos termos do art. 68 da Lei n. 7.799/89. A par disso, o art. 20 da Lei n. 10.522/2002, com a redação da Lei n. 13.874/2019, determina que serão arquivadas, sem baixa na distribuição, por meio de requerimento do Procurador da Fazenda Nacional, as "execuções fiscais de

---

7. STJ, REsp 1.126.515/PR, 2013.
8. BRANDÃO, Mario Alberto. Protesto da Certidão de Dívida Ativa (CDA): opção ágil e legal. Apud: GODOI, Marilei Fortuna. In: MELO FILHO, João Aurino de et al. *Execução fiscal aplicada*. 4. ed. Salvador: JusPodivm, 2015, p. 92.
9. *Vide*, e.g.: ASSIS, Lucas Calafiori Catharino de. Do desvio de finalidade do protesto de certidão de dívida ativa. *RDDT*, 229/77, out. 2014.

débitos inscritos em dívida ativa da União pela Procuradoria-Geral da Fazenda Nacional ou por ela cobrados, de valor consolidado igual ou inferior àquele estabelecido em ato do Procurador-Geral da Fazenda Nacional". Originariamente, o valor era de R$ 10.000,00 (dez mil reais); posteriormente, Portaria MF n. 075/2012 estabeleceu que o Procurador da Fazenda Nacional faria o requerimento tendo como referência o valor de R$ 20.000,00 (vinte mil reais); atualmente, a Portaria PGFN n. 396/2016, com a redação dada pela Portaria PGFN n. 520/2019, prevê a possibilidade de que seja requerida a suspensão, nos termos do art. 40 da LEF, das execuções de valor consolidado igual ou inferior a R$ 1.000.000,00 (um milhão de reais) ou cujos débitos sejam considerados irrecuperáveis ou de baixa perspectiva de recuperação, desde que não constem dos autos informações de bens e direitos úteis à satisfação, total ou parcial, do crédito executado. E definiu como "garantia inútil aquela de difícil alienação, sem valor comercial ou irrisória".

O STJ entende que essas normas restritivas do ajuizamento de execução fiscal aplicam-se apenas à dívida ativa da União, não podendo ser estendidas aos Conselhos de Fiscalização Profissional[10].

A Lei n. 12.514/2011, que cuida das contribuições profissionais devidas a tais Conselhos, traz regra própria, estabelecendo, em seu art. 7º, que os Conselhos não executarão judicialmente dívidas referentes a anuidades inferiores a quatro vezes o valor cobrado anualmente da pessoa física ou jurídica. A matéria está consolidada na Súmula 583 do STJ: "O arquivamento provisório previsto no art. 20 da Lei n. 10.522/2002, dirigido aos débitos inscritos como dívida ativa da União pela Procuradoria-Geral da Fazenda Nacional ou por ela cobrados, não se aplica às execuções fiscais movidas pelos conselhos de fiscalização profissional ou pelas autarquias federais".

Quanto à dívida ativa dos Estados e Municípios, podem estabelecer suas regras a respeito dos limites justificadores da inscrição e da execução judicial, sendo certo que cada ente político deve dispor a respeito dos seus próprios créditos, não podendo, o Judiciário, deixar de receber as execuções ou negar-lhes processamento mediante invocação de legislação de ente distinto daquele que se apresente como credor.

A execução fiscal constitui instrumento para a obtenção forçada da satisfação do crédito. Ajuizada a ação pelo credor tributário, implica citação para pagamento, penhora e expropriação mediante leilão judicial, se necessário.

A execução da dívida ativa segue o rito especial estabelecido pela Lei n. 6.830/80, a chamada Lei de Execução Fiscal. Essa Lei é abordada em item específico adiante, no capítulo atinente ao processo judicial, onde também são analisadas a ação cautelar fiscal e os mecanismos de defesa do contribuinte, como as exceções de pré-executividade, os embargos à execução e a ação anulatória fiscal.

---

10. STJ, Primeira Seção, REsp 1.363.163/SP, 2013.

Capítulo XXVI
Tributação da família[1]

192. O dever estatal de especial proteção à família

A família é o primeiro dos grupamentos sociais. Desde priscas eras, até os dias atuais, constitui-se numa comunidade que provê as necessidades materiais, psicológicas e afetivas dos seus integrantes, valorizando, desenvolvendo e celebrando a dignidade da pessoa humana, valor que se eleva ao plano deôntico como princípio estruturante de todo o ordenamento jurídico. Família e dignidade humana operam quase que como causa e consequência. O núcleo familiar gera, nutre, educa, acultura, dá ensejo a que seus membros se constituam e que desenvolvam suas personalidades, tornando-se pessoas saudáveis física e psicologicamente, produtivas, conscientes e inseridas socialmente, capazes de exercerem suas liberdades privada e pública.

É, sobretudo, da família o dever de "assegurar à criança, ao adolescente e ao jovem, com absoluta prioridade, o direito à vida, à saúde, à alimentação, à educação, ao lazer, à profissionalização, à cultura, à dignidade, ao respeito, à liberdade e à convivência

---

1. A literatura tributária brasileira apresenta poucos textos acerca da tributação da família. Por isso, enumero alguns deles como referência: PEDREIRA, José Luiz Bulhões. Imposto de Renda. Rio de Janeiro: APEC Editora, 1969, 1-14/1-22. VELLOSO, Andrei Pitten. A tributação da família no Brasil à luz dos princípios constitucionais. *Revista Fórum de Direito Tributário* – RFDT, ano 8, n. 46, jul.-ago., Belo Horizonte, 2010. DERZI, Misabel Abreu Machado. A proteção da família na tributação da renda e nos direitos de aposentadoria: uma análise do novo enfoque ligado à capacidade contributiva, à igualdade entre os cônjuges e ao direito à intimidade no Direito Comparado. *Revista Brasileira de Direito Humanos*, n. 7, out.-dez., 2013. PAULSEN, Amalia da Silveira Gewehr. *Tributação da família no imposto de renda*. São Paulo: Noeses, 2022.

familiar e comunitária, além de colocá-los a salvo de toda forma de negligência, discriminação, exploração, violência, crueldade e opressão", conforme se vê no art. 227 da Constituição. Estado e sociedade agem subsidiária e supletivamente.

A Constituição reconhece o papel basilar da família e impõe ao Estado que lhe atribua especial proteção. Eis o enunciado do art. 226, expresso e inequívoco a respeito: "A família, base da sociedade, tem especial proteção do Estado".

No texto constitucional, é referida a família tradicional, sendo estimulado o casamento, reconhecida a união estável entre homem e mulher e nomeada entidade familiar também a comunidade formada por qualquer dos pais e seus descendentes. Não se pode vislumbrar na Constituição, porém, nenhuma norma preconceituosa e intolerante. Já no seu preâmbulo, é assentado que a Assembleia Nacional Constituinte instituiu um Estado Democrático "destinado a assegurar o exercício dos direitos sociais e individuais, a liberdade, a segurança, o bem-estar, o desenvolvimento, a igualdade e a justiça como valores supremos de uma sociedade fraterna, pluralista e sem preconceitos". Esse traço é reafirmado já no art. 3º da Constituição, que elenca dentre os objetivos fundamentais da República Federativa do Brasil "promover o bem de todos, sem preconceitos de origem, raça, sexo, cor, idade e quaisquer outras formas de discriminação". Daí por que a Constituição, ainda que de modo implícito, abraça a realidade da família em toda a sua pluralidade e versatilidade.

A par da família tradicional formada por casais heterossexuais que, na constância de um casamento, naturalmente, dão origem a uma prole, há diversos outros arranjos constituindo comunidades de cunho familiar caracterizadas pela comunhão de vidas baseadas no afeto, no comprometimento mútuo, na opção por destinos em comum, envolvendo, muitas vezes, prole natural ou decorrente de fertilização artificial a partir de óvulos e espermatozoides próprios ou alheios ou mesmo prole adotiva. Há casais que não formalizam sua união, outros que tampouco desejam fazê-lo, há casais homossexuais, casais em que seus integrantes são bissexuais, travestis, transsexuais, pessoas que têm filhos sozinhas, sem a participação direta de um cônjuge ou companheiro, famílias desconstituídas, reconstituídas e tantas outras modalidades. Como bem destaca AMALIA PAULSEN, importa "o que há de essencial no seu papel social e não suas características acidentais", "se a família é monoparental, heteroparental, homoafetiva ou mosaica, e.g., de qualquer modo mantém a essência do papel constitucional que lhe atribui identidade: constituir um ambiente de proteção e desenvolvimento de cada um de seus membros, com destaque para os menores, o que afeta sua capacidade contributiva e atrai a especial proteção do estado", "o que importa é focarmos no que há de comum entre todos esses arranjos familiares e não acentuar as suas diferenças"[2].

---
2. PAULSEN, Amalia da Silveira Gewehr. *Tributação da família no imposto de renda*. São Paulo: Noeses, 2022.

Forte nesse papel constitutivo do ser humano como ser social civilizado é que cabe ao estado valorizar, proteger e promover a família, o que se dá mediante políticas públicas, inclusive de cunho tributário.

Nosso Código Tributário Nacional, lamentavelmente, não cuidara da matéria, não trouxera diretrizes a respeito, não indicara aos legisladores ordinários o caminho da proteção tributária que seria devida à família, lacuna esta que é sentida na falta de desenvolvimento do tema no Brasil. Os portugueses, de outro lado, deram destaque ao ponto, estampando, já no art. 6º, 3, da sua Lei Geral Tributária, que *"A tributação respeita a família e reconhece a solidariedade e os encargos familiares, devendo orientar-se no sentido de que o conjunto dos rendimentos do agregado familiar não esteja sujeito a impostos superiores aos que resultariam da tributação autónoma das pessoas que o constituem"*. Pode-se afirmar, todavia, que a Constituição brasileira de 1988 enseja ainda mais, pois, ao estampar o dever de especial proteção da família, justifica benefícios e incentivos fiscais, abrindo espaço para que a extrafiscalidade opere para favorecer a família.

Com isso, tratamentos tributários mais favoráveis à família, como menor carga de imposto sobre a renda daquele que ostenta encargos familiares, sobre o imóvel que seja a residência da família e sobre o automóvel que constitua o meio de deslocamento da família serão considerados legítimos, não implicando violação à isonomia. Segundo AMALIA PAULSEN, "considerando-se que a tributação visa, justamente, a instrumentalizar o estado para a promoção dos direitos fundamentais, resta autorizada, até como política extrafiscal, a redução da carga tributária das famílias para que possam promover, elas próprias, diretamente e em primeira mão, os direitos fundamentais dos seus membros"[3].

193. A capacidade contributiva dos arrimos de família

A capacidade contributiva, como já se afirmou, é o principal princípio de justiça tributária. O dimensionamento dos tributos a serem pagos conforme a disponibilidade de riqueza de cada contribuinte se impõe para que a tributação seja suportável e a carga tributária bem distribuída.

O art. 145, § 1º, da Constituição da República Federativa do Brasil estabelece: "Sempre que possível, os impostos terão caráter pessoal e serão graduados segundo a capacidade econômica do contribuinte, facultado à administração tributária, especialmente para conferir efetividade a esses objetivos, identificar, respeitados os direitos individuais e nos termos da lei, o patrimônio, os rendimentos e as atividades econômicas do contribuinte".

---

3. PAULSEN, Amalia da Silveira Gewehr. *Tributação da família no imposto de renda*. São Paulo: Noeses, 2022.

Todos os impostos podem ser, de algum modo, subjetivados, assumindo caráter pessoal. A identificação do patrimônio, rendimentos e atividades econômicas do contribuinte tem caráter instrumental, visando dimensionar a riqueza tributável de cada qual. Mas olhar para cada contribuinte também pressupõe perceber e considerar suas necessidades e suas obrigações legais que implicam despesas não eletivas, ou seja, as causas capazes de reduzir a sua capacidade contributiva.

Os tributaristas são useiros e vezeiros em afirmar que à mesma capacidade econômica podem corresponder distintas capacidades contributivas. É o que vislumbramos, por exemplo, quando comparamos dois contribuintes com os mesmos rendimentos tributáveis, mas em situações marcadas por circunstâncias próprias: um vivendo sozinho, sem dependentes; outro, arrimo de uma família de cinco integrantes. O arrimo de família tem deveres que o sobrecarregam, porquanto precisa prover ao menos o mínimo existencial e, sendo possível, o médio existencial dos diversos integrantes do núcleo familiar, seus dependentes. Volume significativo dos seus recursos fica comprometido com o atendimento desses deveres.

Vale, aqui, reforçar que os deveres referentes à sociedade conjugal são exercidos igualmente pelo homem e pela mulher (art. 226, § 5º, da CF) e que é "dever da família, da sociedade e do Estado assegurar à criança, ao adolescente e ao jovem, com absoluta prioridade, o direito à vida, à saúde, à alimentação, à educação, ao lazer, à profissionalização, à cultura, à dignidade, ao respeito, à liberdade e à convivência familiar e comunitária, além de colocá-los a salvo de toda forma de negligência, discriminação, exploração, violência, crueldade e opressão". Ademais, os pais "têm o dever de assistir, criar e educar os filhos menores, e os filhos maiores têm o dever de ajudar e amparar os pais na velhice, carência ou enfermidade" (art. 229). Lembre-se, por fim, que a "família, a sociedade e o Estado têm o dever de amparar as pessoas idosas, assegurando sua participação na comunidade, defendendo sua dignidade e bem-estar e garantindo-lhes o direito à vida".

Aliás, estando a cargo do titular ou dos titulares da renda prover o mínimo existencial de todos os membros da família, cabe reconhecer-se esse patamar de imunidade ao imposto de renda tantas vezes quantos forem os membros, baseado no próprio elenco de direitos fundamentais, a impedir que a tributação recaia sobre os rendimentos indispensáveis para tanto. Não faria sentido, ademais, exigir tributos de arrimos com baixos rendimentos e, simultaneamente, ter os membros da família como destinatários de benefícios assistenciais prestados pelo governo.

Importa considerarmos, ainda, que a noção de mínimo existencial vem se alterando. Segundo FULGINITI, não é apenas a sobrevivência que está em jogo, fazendo-se necessário ter em conta "outros princípios constitucionais materiais, como é o caso do princípio da dignidade da pessoa humana" para que se dê "unidade de sentido, de valor e de concordância prática ao sistema de direitos fundamentais"[4], o que acaba por nos levar

---

4. FULGINITI, Bruno Capelli. *Deduções no imposto de renda. Fundamento normativo e controle jurisdicional*. São Paulo: Editora Quartier Latin do Brasil, 2017, p. 63-69

à ideia de médio existencial, também endossada por MISABEL[5]. DIOGO LEITE DE CAMPOS e MÔNICA HORTA NEVES LEITE DE CAMPOS, por sua vez, observam que "com o aprofundamento do Estado de Direito Social, a isenção do mínimo de existência tende a tornar-se uma isenção do médio de existência"[6].

Em um núcleo familiar, temos tantos mínimos e médios existenciais quantos são as pessoas que dele fazem parte, todos a imporem imunidade sobre o patamar de rendimentos necessário para atendê-los e a exigirem tributação.

Certo é, portanto, que na tributação dos arrimos de família, a legislação tem de estender sua consideração além da pessoa do titular da renda para considerar todo o núcleo familiar, com suas necessidades e direitos fundamentais, a serem providos pelos rendimentos dos integrantes da família.

Assim, o caráter pessoal da tributação da renda tem, necessariamente, de ter atenção específica para as circunstâncias familiares de cada contribuinte. Considerando-se o ambiente de solidariedade que caracteriza a comunidade familiar, importa ter em conta não apenas a renda individual de cada um dos integrantes economicamente ativos, mas a renda agregada dos diversos integrantes, ou seja, a renda familiar como um todo. BULHÕES PEDREIRA já destacava que "a unidade do contribuinte nem sempre coincide com sua individualidade pessoal" e que, "ao contrário, um dos princípios defendidos pelos formuladores da teoria do imposto" era "a definição da família como unidade contribuinte básica". Falava, assim, no "princípio da unidade familiar", fundado na "proposição de que a capacidade contributiva de uma família não é igual à soma da capacidade contributiva dos seus membros considerados individualmente"[7]. Cabe-nos termos em conta a totalidade dos rendimentos e dos encargos familiares para termos a percepção das efetivas capacidades contributivas de cada um dos seus integrantes, com vista à sua tributação individual, ou do grupo familiar considerado como unidade, se pretendida a tributação conjunta.

194. Sistemas de tributação da renda do agregado familiar no direito estrangeiro, com destaque para o *splitting*

A tributação da renda familiar vem sendo estudada e é objeto de atenção do legislador, da doutrina e dos tribunais, há muito tempo, nos países europeus. Diversos sistemas já foram instituídos e vêm sendo aperfeiçoados ao longo das últimas décadas.

---

5. DERZI, Misabel Abreu Machado. *Família e tributação – a vedação constitucional de se utilizar tributo com efeito de confisco*. Revista da Faculdade de Direito da UFMG. n. 32. 1989.
6. CAMPOS, Diogo Leite de; CAMPOS, Mônica Horta Neves Leite de. *Direito tributário*. 2. ed. Belo Horizonte: Del Rey, 2001, p. 133-134.
7. PEDREIRA, José Luiz Bulhões. *Imposto de Renda*. Rio de Janeiro: APEC Editora, 1969, 1-14 e 1-15.

Conforme AMALIA PAULSEN, "o direito comparado aporta elementos relevantes para enfrentamento do tema, revelando a experimentação e a evolução de diversos sistemas de tributação da família, objeto de especial atenção na Europa, onde há muito se reconhece que a capacidade contributiva é reduzida pelos encargos familiares"[8].

Podem-se classificar os sistemas conforme a tributação seja em separado ou conjunta, bem como em função do grau de consideração dos encargos familiares, via deduções ou pelo sistema de *splitting*.

Quando a tributação é em separado, ainda assim é possível que se considere os encargos familiares permitindo deduções relativas aos dependentes. Mas a tributação conjunta é que considera a renda familiar como um todo e que melhor dimensiona a capacidade contributiva daí advinda.

Conforme o Tribunal Constitucional alemão, a tributação conjunta não pode ser obrigatória, porquanto tal violaria o direito à privacidade. Cabe aos cônjuges escolher se preferem a tributação conjunta, que pressupõe abrir a sua vida econômica e financeira ao outro, ou a tributação em separado, que preserva o sigilo de cada qual. Deve, sempre, constar como uma opção para os integrantes da família. Na tributação em separado, cada titular de rendimentos os declara separadamente. A legislação, em regra, autoriza que os filhos dependentes sejam indicados na declaração do pai ou da mãe, ou de quem, tendo a sua guarda, lhes faça as vezes, cabendo, então, as deduções inerentes.

Na tributação conjunta, somam-se os rendimentos para fins de tributação. Na Alemanha, a tributação conjunta por acumulação simples obrigatória foi considerada inconstitucional pelo Tribunal Constitucional, porque "intensificava a progressividade, prejudicando as pessoas casadas em face das solteiras quando ambos os cônjuges auferiam rendas, sujeitando-se a um imposto maior"[9]. Mas a tributação conjunta também pode se dar mediante aplicação da técnica de *splitting*, que implica reunir as rendas e logo redistribuí-las, o que implica tributação mais atenta à real capacidade contributiva do grupo familiar. Dois são os sistemas de *splitting*: o conjugal e o familiar.

No *splitting* conjugal, reúnem-se os rendimentos do casal e se divide a soma em duas partes iguais. Adotado nos Estados Unidos da América desde 1930, implica equalização da capacidade contributiva da família pela "'transferência de capacidade contributiva entre os cônjuges', em face da 'comunidade cooperativa e de consumo do matrimônio médio ou padrão'". Também é adotado na Alemanha[10]. E pode contemplar normas que ensejem deduções em relação aos filhos, dependentes do casal.

---

8. PAULSEN, Amalia da Silveira Gewehr. *Tributação da família no imposto de renda*. São Paulo: Noeses, 2022.
9. PAULSEN, Amalia da Silveira Gewehr. *Tributação da família no imposto de renda*. São Paulo: Noeses, 2022.
10. PAULSEN, Amalia da Silveira Gewehr. *Tributação da família no imposto de renda*. São Paulo: Noeses, 2022.

Outra modalidade é o *splitting* familiar, em que os rendimentos dos cônjuges são somados para, logo em seguida, dividir-se a renda total pelo número de integrantes da família, obtendo-se o denominado "quociente familiar", que evidencia, quando a legislação reconheça que cada integrante conte como uma parte, a renda *per capita* daquela família, para que se tenha o efeito de uma tributação individual para cada integrante, com respeito à progressividade gradual, com o que o mínimo vital de cada qual é preservado da tributação. O *splitting* familiar foi instituído na França em 1945 e guarda uma peculiaridade: na divisão da renda familiar para a obtenção do quociente que balizará a tributação, cada cônjuge é considerado uma parte, mas os dois primeiros filhos são considerados, cada qual, meia parte, sendo que, a partir do terceiro, conta-se cada qual como uma parte inteira. AMALIA PAULSEN ensina que, "dessa forma, um casal com um filho terá suas rendas divididas por dois e meio; um casal com dois filhos, por três; outro casal com três filhos, por quatro". Esse sistema é aplicado, inclusive, quanto às uniões estáveis registradas, com pacto civil de solidariedade.

195. Sistema brasileiro de tributação da renda familiar

Na legislação brasileira, a tributação dos cônjuges pode se dar em separado ou em conjunto. Trata-se de uma opção. Os cônjuges podem fazer cada qual fazer a sua declaração, ou fazerem uma única declaração com ambos os rendimentos.

As declarações em separado desconsideram a comunhão de vidas, que não reflete na tributação. Havendo filhos dependentes, não poderão ser apontados em duplicidade, devendo aparecer na declaração de um dos cônjuges tão somente, que se beneficiará com dedução de valor fixo por dependente e que poderá deduzir, também, as despesas com educação e com saúde, nos termos da lei.

Na declaração de ajuste em conjunto, a tabela do imposto de renda aplica-se sobre a soma dos rendimentos do casal, de modo que se sujeitará a uma única tabela, ou seja, ao enquadramento, uma única vez, em cada uma das faixas de isenção e de alíquotas de 7,5%, 15%, 22,5% e 27,5%. Esse sistema, como regra, torna a tributação mais onerosa, pois, em vez de se aplicar a tabela a cada renda, aplica-se a uma única vez tendo como referência a totalidade dos rendimentos. Desse modo, deixa-se de ter duas faixas de isenção, mas ter uma única; deixa-se de ter duas faixas de alíquota de 7,5% para ter uma única; e assim por diante. Só será vantajosa essa modalidade quando estiver associada à circunstância de os rendimentos de um dos cônjuges ser muito baixo e as suas despesas dedutíveis muito altas, de modo que a declaração em conjunto viabilize a dedução de tais despesas, e.g., com saúde, reduzindo a base de cálculo global, o que alcançará favoravelmente o cônjuge que percebe maiores rendimentos. Na declaração conjunta, constarão, também, a referência aos filhos dependentes, tal como já referidos que poderia fazer um dos pais caso declarasse em separado.

Há, ainda, um terceiro regime que acaba por ter o efeito de *splitting*. Diz respeito às famílias desconstituídas, em que um dos cônjuges paga pensão ao outro e aos filhos. O alimentante declarará separadamente e deduzirá integralmente, da base de cálculo, as pensões pagas por força de acordo em cartório ou homologado em juízo ou de decisão judicial. Os beneficiários das pensões, por sua vez, declararão seus rendimentos em separado, cada qual. Com isso, teremos o chamado *splitting* real, em que, na prática, há uma divisão dos rendimentos familiares entre os membros, submetendo-se a quota parte de cada qual a sua própria tabela, o que assegura tantas faixas de isenção e de alíquotas progressivas quantos forem os integrantes da família.

O dever de especial proteção da família e o princípio da capacidade contributiva constituem princípios e, portanto, embora devam ser necessariamente observados pelo legislador, podem ser concretizados em maior ou menor grau. O legislador brasileiro não optou pelo *splitting* nem conjugal, nem familiar. Limitar-se a autorizar deduções por dependentes e deduções de despesas de educação e de saúde a eles referentes, o que, todavia, não é, *a priori*, inconstitucional. O grande problema é que essas deduções são diminutas, não resguardando o mínimo existencial de cada qual e, portanto, a dignidade da pessoa humana. Enquanto, em 2019, na Alemanha, a dedução anual por dependente foi de 7.620 euros, bastante próxima do limite de isenção de 9.740 euros, por sua vez, no Brasil, a dedução anual por dependente foi de apenas R$ 2.275,08, muito abaixo do limite de isenção de R$ 28.559,70. Esse limite de isenção, lembre-se, é o que procura preservar o mínimo vital do contribuinte. A dedução por dependente tão inferior ao limite de isenção evidencia que não está contemplado o necessário para manter livre de tributação o necessário para a assegurar a subsistência do dependente. A dedução das despesas com educação, por sua vez, está limitada a R$ 3.561,50, o que também é bastante modesto.

O legislador brasileiro, por respeito ao princípio da capacidade contributiva e em cumprimento ao dever de especial proteção da família, deve elevar substancialmente as deduções por dependentes ou, melhor que isso, adotar o sistema opcional de *splitting* familiar, com o qual resguardará o mínimo existencial de todos os integrantes do núcleo familiar. Enquanto tal não ocorre, evidenciam-se inconstitucionalidades na tributação da renda familiar, porquanto compromete a dignidade da pessoa humana.

196. A intributabilidade das pensões percebidas pelos alimentandos (ADI 5422)

Na ADI 5.422, em 2022, o STF decidiu que: "Alimentos ou pensão alimentícia oriundos do direito de família não se configuram como renda nem proventos de qualquer natureza do credor dos alimentos, mas montante retirado dos acréscimos patrimoniais recebidos pelo alimentante para ser dado ao alimentado". Sob a perspectiva de gênero, foi considerado que "após a dissolução do vínculo conjugal, a guarda dos filhos menores é concedida à mãe", sendo que a "incidência do imposto de renda sobre pensão alimentícia acaba por afrontar a igualdade de gênero, visto que penaliza ainda mais as mulheres", que, além de "criar, assistir e educar os filhos, elas ainda devem arcar com ônus tributários dos valores recebidos a título de alimentos, os quais foram fixados justamente para atender às necessidades básicas da criança ou do adolescente". Houve, ainda, voto ressaltando que "os valores recebidos a título de pensão alimentícia decorrente das obrigações familiares de seu provedor não podem integrar a renda tributável do alimentando, sob pena de violar-se a garantia ao mínimo existencial". Com isso, o STF afastou a possibilidade de incidência do imposto de renda sobre as pensões alimentícias pagas, e.g., aos filhos, ex-cônjuges, ex-companheiros, pais etc.

Podemos encontrar alguma razoabilidade nessa posição sob a perspectiva de que "a pensão não constitui propriamente renda do alimentante, porquanto não é produto do seu trabalho nem do seu capital, tampouco acréscimo patrimonial que tenha, por qualquer outro modo, por ele sido gerado, ainda que a outro título, mas, isso sim, mera transferência de rendimentos do alimentante". Desse modo, "Não se enquadraria, assim, no conceito de renda ou proventos de qualquer natureza e, por isso, não poderia ser tributável", sendo que "Mais se assemelharia à transferência que ocorre numa doação (sujeita apenas ao ITCMD estadual), porém sem a voluntariedade que a caracteriza"[11].

De outro lado, porém, se é certo que a pensão não é renda em sentido estrito, faz as vezes da renda, a ela sendo plenamente equiparável sob a perspectiva da capacidade contributiva. Constitui ingresso mensal provido pelo alimentante, voltado à satisfação das necessidades ordinárias do alimentando. Conforme TIPKE, a pensão implica transferência de capacidade contributiva do alimentante para o alimentando.

A visualização da pensão sob a perspectiva de gênero ou da hipossuficiência do alimentando pode ser adequada ao Direito de Família, mas absolutamente impertinente, inadequada e injusta sob a perspectiva do Direito Tributário. Não se deve confundir o direito ou não à pensão, com a posição do titular de renda perante o Fisco, que depende da sua capacidade econômica, sendo constitucionalmente vedado diferenciar-se os contribuintes em razão da "denominação jurídica dos rendimentos, títulos ou direitos" (art. 150, II, da CF). Para fins de tributação, importa a capacidade contributiva, e esta é igual para quem recebe pensão de 5.000 reais e para quem recebe salário de 5.000 reais. Em ambos os casos, diga-se, pode-se estar tratando de mulheres. Uma, vivendo da pensão do seu ex-marido e cuidando dos filhos, à qual a legislação já reconhecia o direito de realizar a declaração da pensão do filho em separado, com aplicação de tabela própria, beneficiando-se de isenção até a respectiva faixa. Outra, vivendo do seu próprio salário,

---

11. PAULSEN, Amalia. *Tributação da família no Imposto de Renda*. São Paulo: Noeses, 2022, p. 211.

sendo que, a par de trabalhar sua jornada, ainda sustenta cuida e sustenta seus filhos e que só tinha direito a pequena dedução por dependente e à dedução das suas despesas com saúde e de educação, sujeita a limite bem módico. Não tributar a pensão, mas tributar o salário, não parece medida de justiça.

O voto que destacou a proteção ao mínimo existencial, por sua vez, também parece não ter avaliado adequadamente a questão. É que não apenas quem percebe pensão tem a necessidade de atender seu mínimo vital, mas todas as pessoas. Não é por outra razão que a tabela do imposto sobre a renda estabelece uma faixa de isenção e que inicia a progressividade gradual com alíquota branda de 7,5% para ir aumentando a alíquota conforme se verifique incremento da capacidade contributiva, passando pelas faixas de 15% e 22,5%, até chegar na alíquota máxima de 27,5%. A legislação já contempla a possibilidade de tributação do alimentando em separado, de modo que sempre foi possível ao cônjuge que detém a guarda e é responsável pelo filho fazer a declaração dele em separado, para que se beneficie da faixa de isenção e da progressividade gradual, com o que já era preservado seu mínimo vital.

Por todas essas razões, nos pareceram mais corretos os votos vencidos "que sustentavam que as pensões alimentícias decorrentes do direito de família deveriam ser somadas aos valores de seu responsável legal aplicando-se a tabela progressiva do imposto de renda para cada dependente, ressalvando a possibilidade de o alimentando realizar isoladamente a declaração de imposto de renda" e que, portanto, preconizaram a aplicação da técnica de *splitting*, que submete à tributação, mas preserva o mínimo vital e a progressividade gradual para cada pessoa.

De qualquer modo, temos a decisão do STF nesta ADI 5422 desonerando as pensões do imposto de renda.

197. A dedutibilidade das pensões pagas pelos alimentantes

A intributabilidade das pensões percebidas pelos alimentandos, definida pelo STF na ADI 5422, não se confunde e não tem efeitos automáticos sobre a dedutibilidade das pensões pelos alimentantes, enquanto contribuintes.

A Lei n. 9.250/95, nos seus arts. 4º, II, e 8º, III, *f*, assegura aos contribuintes, no caso, aos alimentantes, a dedução das "importâncias pagas a título de pensão alimentícia em face das normas do Direito de Família, quando em cumprimento de decisão judicial, inclusive a prestação de alimentos provisionais, de acordo homologado judicialmente, ou de escritura pública".

As pensões alimentícias devidas pelos companheiros uns aos outros, ou pelos pais relativamente aos seus filhos, são estabelecidas em face das normas de Direito de Família, em contraste com outras espécies de pensão, como as previdenciárias ou indenizatórias.

A obrigação de pagar pensão tem como título decisão judicial ou escritura pública, sendo de tal modo cogente que o eventual inadimplemento sujeita o alimentante até mesmo à prisão civil por dívida, admitida constitucionalmente, além do que, à sua cobrança, é inoponível a impenhorabilidade dos vencimentos e salários.

A Lei n. 9.250/95 não condiciona a dedução da pensão à idade do alimentando, mesmo no que diz respeito aos filhos, de modo que negar tal direito com fundamento exclusivo na idade do alimentando, objetivamente considerada, é impor restrição não prevista em lei. Embora a idade, a conclusão de curso superior e o exercício de atividade remunerada pelos filhos sejam relevantes sob a perspectiva do binômio possibilidade-necessidade que orienta o estabelecimento e a cessação das pensões, esses fatos não desconstituem, *per si*, a pensão nem lhes retira a sua natureza jurídica e a cogência que lhe é própria. A obrigação de prestar alimentos é *rebus sic stantibus*, mas, conforme a Súmula 358 do STJ: "O cancelamento de pensão alimentícia de filho que atingiu a maioridade está sujeito à decisão judicial, mediante contraditório, ainda que nos próprios autos".

O ato do Fisco de glosa da dedução do pagamento de pensões pelo alimentante só se justifica se a pensão tiver sido estabelecida mediante fraude ou simulação, ou se, hígida na origem, restarem alteradas as circunstâncias, evidenciando-se a desnecessidade da pensão pelo alimentante e a ausência do seu direito ao prosseguimento dos pagamentos, de tal modo que se possa considerar transmudada a natureza jurídica da prestação que, de efetiva pensão, tenha passado a dissimular prestações realizadas por liberalidade. Para que a glosa da dedução seja legítima e sustente o lançamento de diferenças consideradas devidas a título de imposto de renda pelo alimentante, forte na incidência sobre o valor alcançado aos seus filhos, impende que haja lançamento de ofício, com base no art. 149, V ou VII, do CTN, com fundamentação apropriada e resguardo do contraditório e da ampla defesa ao contribuinte.

198. A tributação da residência e do veículo da família

A tributação do patrimônio, no Brasil, recai exclusivamente sobre a propriedade predial e territorial urbana, a propriedade territorial rural e a propriedade de veículo automotor. Para a maioria das pessoas, porém, tais bens estão longe de evidenciar capacidade contributiva.

Todas as pessoas precisam morar e se deslocar, de modo que, dispondo de alguma capacidade econômica, adquirem uma residência, normalmente mediante financiamentos de longo prazo (25 ou 30 anos), e uma motocicleta ou um automóvel. Esses bens, diga-se, quando usados pela própria família, não produzem renda, limitando-se a dar segurança habitacional aos proprietários. Para o pagamento de imposto sobre a propriedade da residência, os contribuintes se valem dos rendimentos auferidos de outras fontes.

A moradia constitui direito fundamental social, conforme estampado no art. 6º da Constituição. A Constituição ainda a refere em outras passagens, como no seu art. 7º, que coloca como direito social do trabalhador o salário mínimo, que deveria ser "capaz de atender a suas necessidades vitais básicas e às de sua família com moradia, alimentação, educação, saúde, lazer, vestuário, higiene, transporte e previdência social". O art. 23, IX, por sua vez, traz a competência administrativa da União de "promover programas de construção de moradias e a melhoria das condições habitacionais e de saneamento básico". E o legislador ordinário não se furta à valorização e à preservação da residência ao estabelecer, na Lei n. 8.009/90, a impenhorabilidade do bem de família, dispondo: "O imóvel residencial próprio do casal, ou da entidade familiar, é impenhorável e não responderá por qualquer tipo de dívida civil, comercial, fiscal, previdenciária ou de outra natureza, contraída pelos cônjuges ou pelos pais ou filhos que sejam seus proprietários e nele residam, salvo nas hipóteses previstas nesta lei". Resta clara, portanto, a essencialidade do imóvel residencial, cuja tributação, se praticada, jamais poderia ocorrer com precedência ou em dimensão superior a de qualquer outro item patrimonial.

O que se verifica, porém, é que se cobra imposto sobre a propriedade de imóvel urbano e de veículo automotor, mas se deixa de lado, sem nenhuma tributação, outros ativos bastante mais representativos de capacidade contributiva como investimentos financeiros e participações societárias.

Nosso modelo de tributação patrimonial é escandalosamente regressivo, fazendo pouco caso dos princípios da capacidade contributiva e da isonomia, em detrimento dos menos favorecidos. A classe média paga tributos sobre a quase totalidade do seu patrimônio, que não desborda do imóvel residencial e do automóvel da família, enquanto pessoas de maior capacidade econômica têm nesses bens apenas parcela diminuta das suas riquezas, consubstanciadas sobretudo em outros ativos não tributados. A justiça fiscal resta prejudicada.

Para evoluir-se no tratamento da matéria, seria necessário dar isonomia à tributação do patrimônio, fazendo com que seja orientado pela generalidade, pela universalidade e pela isonomia, de modo que alcance a todos, que incida sobre a totalidade dos patrimônios, independentemente da denominação ou características dos bens que os compõem, e que guarde isonomia. Lembre-se que a generalidade e a universalidade asseguram menor carga tributária para cada qual.

Capítulo XXVII
Impostos sobre o patrimônio[1]

199. Imposto sobre Propriedade de Veículos Automotores (IPVA)

A CF outorga competência aos Estados para instituir imposto sobre a propriedade de veículos automotores. **Propriedade** é o direito real por excelência, o mais amplo, que envolve as prerrogativas de usar e dispor[2]. Já o conceito de **veículos automotores** compreende as coisas movidas a motor de propulsão, que circulam por seus próprios meios e que servem normalmente para o transporte viário de pessoas ou coisas, conforme o anexo I do Código Brasileiro de Trânsito. Entende o STF que **não abrange embarcações e aeronaves**[3].

---

1. As características do tributo que conhecemos como "imposto" são tratadas no Capítulo II deste livro. Lá, distinguimos o imposto das demais espécies tributárias e identificamos seu regime jurídico. Agora, trataremos de cada um dos impostos do sistema tributário brasileiro para que possamos compreender qual a abrangência possível de cada um, o que delimita seus fatos geradores, bases de cálculo e contribuintes e como foram efetivamente instituídos. Partimos das normas constitucionais de competência para as normas que constam das leis complementares até chegar às leis ordinárias que os instituíram, sejam estas federais, estaduais ou municipais. Abordagem ainda mais detalhada de cada imposto, fazemos em nosso livro *Impostos federais, estaduais e municipais*, escrito em coautoria com José Eduardo Soares de Melo e publicado pela Editora Saraiva.
2. GLADSTON MAMEDE, em sua obra *IPVA: imposto sobre a propriedade de veículos automotores*. São Paulo: RT, 2002, entende que poderia incidir também sobre a posse, nos moldes do alargamento que o CTN, em seu art. 32, faz para o IPTU.
3. "IPVA – Imposto sobre Propriedade de Veículos Automotores (CF, art. 155, III; CF 69, art. 23, III e § 13, cf. EC n. 27/85): campo de incidência que não inclui embarcações e aeronaves" (STF, Tribunal Pleno, RE 134.509, maio 2002); "2. Não incide Imposto de Propriedade de Veículos Automotores (IPVA) sobre embarcações (Art. 155, III, CF/88 e Art. 23, III e § 13, CF/67 conforme EC 01/69 e EC

Trata-se de um **imposto real**, que considera isoladamente a riqueza correspondente à propriedade do veículo, sem nenhuma subjetivação. Não se presta, por isso, para qualquer modalidade de progressividade, seja gradual, seja simples. O que o STF admite é que o legislador conceda descontos para o "bom condutor", ou seja, para o proprietário de automóvel que não apresente infrações de trânsito, entendendo que a finalidade extrafiscal de estimular a observância das leis de trânsito justifica a distinção de tratamento, não caracterizando violação à isonomia[4].

Submete-se o IPVA, por certo, às **limitações** constitucionais ao poder de tributar previstas no art. 150 do CTN e aplicáveis aos tributos em geral, como a legalidade, a isonomia, a irretroatividade, as anterioridades, a vedação do confisco e as imunidades genéricas a impostos. Mas o § 1º do art. 150 da CF excepciona o IPVA da necessidade de observância da anterioridade nonagesimal no que diz respeito "à fixação da base de cálculo". Desse modo, as tabelas utilizadas para a definição do valor dos veículos conforme sua marca, modelo, ano de fabricação etc. podem ser alteradas ao final de um ano para aplicação ao fato gerador que se considere ocorrido já no início do ano subsequente, ainda que não decorridos noventa dias.

Apesar da reserva de que trata o art. 146, III, *a*, da CF, não há lei complementar dispondo sobre o fato gerador, base de cálculo e contribuintes do IPVA. O CTN não cuidou da matéria porque, à época, inexistia competência para tributar a propriedade de veículos automotores, só surgida em 1985, com a EC 27 à Constituição de 1967. Mas, na ausência de lei complementar, o STF entende que os Estados estão autorizados a exercer a **competência legislativa plena**, forte no art. 24, § 3º, da CF[5]. E afirma: "Embora o IPVA esteja previsto em nosso ordenamento jurídico desde a Emenda n. 27/1985 à Constituição de 1967, ainda não foi editada a lei complementar estabelecendo suas normas gerais,

---

27/85)" (STF, Tribunal Pleno, RE 379.572/RJ, rel. Min. Gilmar Mendes, abr. 2007). A doutrina também se manifesta nesse sentido: "Do ponto de vista gramatical, não resta dúvida de que as categorias dos aviões e das embarcações aquáticas são abrangidas pelo conceito manifestado pela expressão 'veículos automotores', eis que certamente são meios de transporte autopropulsados. Ocorre que nem sempre o significado semântico indica a melhor interpretação da norma. [...] a simples correspondência de vocábulos não basta para configuração da competência impositiva constitucionalmente estabelecida em favor dos Estados quanto à propriedade de veículos automotores. Faz-se necessário o exame histórico e teleológico da norma [...] já surge desde logo a necessidade de averiguar-se qual o sentido comum da expressão 'veículos automotores' para identificar se alcança embarcações e aeronaves. O que se verifica é que, na linguagem comum, as embarcações são referidas como barcos ou navios, e as aeronaves são chamadas aviões. Já os automóveis são frequentemente chamados de veículos e a expressão automotor tem clara ligação com a usualmente utilizada automóvel. Não parece ser da linguagem usual pretender referir embarcações e aeronaves como 'veículos automotores', que parecem compreender apenas carros, caminhões e ônibus" (FERRAZ, Roberto. Aspectos controvertidos do IPVA. *RDDT*, 113/107, fev. 2005).

4. STF, Tribunal Pleno, ADIMC 2.301, 2000.
5. STF, REAgRg 206.500-5; Ag(AgRg) 167.777; RE 236.931.

conforme determina o art. 146, III, da CF/88. Assim, os Estados poderão editar as leis necessárias à aplicação do tributo, conforme estabelecido pelo art. 24, § 3º, da Carta, bem como pelo art. 34, § 3º, do Ato das Disposições Constitucionais Transitórias – ADCT"[6].

Aplicam-se ao IPVA, por certo, as normas gerais de direito tributário estabelecidas no CTN, como a do art. 131, I, que diz da responsabilidade pessoal do adquirente pelos tributos relativos aos bens adquiridos. O Código de Trânsito Brasileiro, que é lei ordinária federal, não pode criar normas de responsabilidade tributária quanto a tributos estaduais, cabendo ter em conta que não é esse o sentido do seu art. 134, que diz da responsabilidade por multas de trânsito. Veja-se a **Súmula 585** do STJ: "A responsabilidade solidária do ex-proprietário, prevista no art. 134 do Código de Trânsito Brasileiro – CTB, não abrange o IPVA incidente sobre o veículo automotor, no que se refere ao período posterior à sua alienação".

Na ausência de lei complementar para prevenir conflitos de competência em matéria de IPVA, há uma guerra fiscal também quanto a esse imposto. Alguns Estados oferecem alíquotas menores para atrair o registro para o seu veículo e a cobrança do imposto, embora os veículos sejam utilizados por estabelecimentos domiciliados em outro Estado. Isso acontece bastante com locadoras de veículos que, tendo estabelecimentos em diversos Estados, optam por registrar os veículos e pagar o imposto naquele em que a alíquota do IPVA é menor, logo passando a oferecê-los para locação nos outros estabelecimentos. No **Tema 708** de repercussão geral (RE 1.016.605), em 2020, o STF fixou a tese de que "A Constituição autoriza a cobrança do Imposto sobre a Propriedade de Veículos Automotores (IPVA) somente pelo Estado em que o contribuinte mantém sua sede ou domicílio tributário". Lê-se da ementa: "O Estado de Minas Gerais, no qual a empresa tem sua sede, defende a tributação com base na Lei Estadual n. 14.937/2003, cujo art. 1º, parágrafo único, dispõe que 'o IPVA incide também sobre a propriedade de veículo automotor dispensado de registro, matrícula ou licenciamento no órgão próprio, desde que seu proprietário seja domiciliado no Estado'... 4. A presente lide retrata uma das hipóteses de 'guerra fiscal' entre entes federativos, configurando-se a conhecida situação em que um Estado busca aumentar sua receita por meio da oferta de uma vantagem econômica para o contribuinte domiciliado ou sediado em outro. 5. A imposição do IPVA supõe que o veículo automotor circule no Estado em que licenciado. Não por acaso, o inc. III do art. 158 da Constituição de 1988 atribui cinquenta por cento do produto da arrecadação do imposto do Estado sobre a propriedade de veículos automotores aos Municípios em que licenciados os automóveis. 6. Portanto, o art. 1º, parágrafo único, da Lei Mineira n. 14.937/2003 encontra-se em sintonia com a Constituição, sendo válida a cobrança do IPVA pelo Estado de Minas Gerais relativamente aos veículos cujos proprietários se encontram nele sediados".

....
6.   STF, RE 1.016.605, 2020.

No **Estado do Rio Grande do Sul**, o IPVA foi instituído pela **Lei n. 8.115/85**.

O imposto é anual e "tem como fato gerador a propriedade de veículo automotor" (art. 2º). Mas, além de respeitar as imunidades constitucionais, há isenção para os Corpos Diplomáticos, para proprietários de máquinas agrícolas, tratores e veículos elétricos, para proprietários de veículos fabricados há mais de vinte anos, para deficientes físicos em relação a veículo adaptado, táxis, lotação e ônibus de transporte coletivo ou escolar, dentre outros (art. 4º). Esse artigo ainda dispensa o pagamento do imposto quando ocorre a "perda total do veículo por furto, roubo, sinistro ou outro motivo que descaracterize o seu domínio útil ou a sua posse", desonerando do pagamento "na proporção do número de meses em que o titular do veículo não exerceu seus direitos de propriedade e posse e enquanto estes não forem restaurados, nos casos de furto ou roubo".

Conforme o art. 5º, são contribuintes os proprietários de veículos sujeitos a licenciamento ou registro e, no caso de alienação fiduciária, o devedor fiduciário. O adquirente de veículo é responsável pelos débitos de IPVA que estejam em aberto.

A base de cálculo é o valor médio de mercado dos veículos (art. 8º): para os veículos novos, assim é considerado o valor constante do documento fiscal; para os usados, o divulgado pelo Executivo antes do início do ano-calendário em que será devido o tributo monetariamente atualizado.

A alíquota é de 3% para automóveis e caminhonetes, 1% para caminhões, ônibus e micro-ônibus e também para veículos de locação, dentre outras definições constantes do art. 9º. Quando o veículo é novo, o imposto é "reduzido proporcionalmente ao número de meses decorridos do ano-calendário, anteriores ao mês de aquisição" (art. 10). Seu pagamento anual é requisito para a renovação da licença para trafegar (art. 11).

Metade do produto da arrecadação é repartida com os Municípios em que licenciados os veículos, por determinação constitucional. O art. 12 da lei gaúcha estabelecia, ainda, que a outra metade seria destinada ao Departamento Autônomo de Estradas de Rodagem, que aplicaria 70% (setenta por cento) em investimentos e 30% (trinta por cento) em custeio, o que foi declarado inconstitucional pelo STF na Representação 1.342-1, em dezembro de 1986, tendo em conta que o art. 167, IV, da CF veda a afetação dos impostos a órgão, fundo ou despesa.

É obrigação do contribuinte "conservar, no veículo, o documento comprobatório de quitação do imposto ou de sua desoneração, para fins de apresentação à autoridade competente, quando solicitado" (art. 13, V).

No **Estado de São Paulo**, cuida da matéria a **Lei n. 13.296/2008**, que "Estabelece o tratamento tributário do Imposto sobre a Propriedade de Veículos Automotores – IPVA".

Define como seu **fato gerador** "a propriedade de veículo automotor" e considera-o ocorrido no dia 1º de janeiro de cada ano para os veículos usados e na data da sua primeira aquisição pelo consumidor para os veículos novos, tudo nos termos dos arts. 2º e 3º, sendo que este estabelece ainda outras regras quanto ao aspecto temporal para casos específicos com alterações pela Lei n. 17.302/2020.

Contribuinte é "o proprietário do veículo", sendo que, no caso de pessoa jurídica, considera-se contribuinte "cada um dos seus estabelecimentos", nos termos do art. 5º.

É importante considerar que o adquirente de veículo é **responsável** pelo IPVA relativo a exercícios anteriores e que o proprietário que aliena veículo e não fornece os dados necessários à alteração do Cadastro de Contribuintes do IPVA no prazo de trinta dias é responsável pelo IPVA "em relação aos fatos geradores ocorridos entre o momento da alienação e o do conhecimento desta pela autoridade responsável", dentre outras hipóteses de responsabilidade tratadas no art. 6º da lei paulista. A responsabilidade "é solidária e não comporta benefício de ordem".

A **base de cálculo** do imposto é o valor de mercado do veículo usado, conforme tabela divulgada pelo Poder Executivo, considerados a marca, o modelo, a espécie e o ano de fabricação, independentemente do estado de conservação, ou o valor constante no documento fiscal de aquisição do veículo, quando novo, forte no art. 7º. Há regras específicas para veículos antigos.

As **alíquotas** são de 1,5% para os veículos de carga, tipo caminhão, de 2% para ônibus e micro-ônibus, caminhonetes cabine simples, motocicletas, ciclomotores, motonetas, triciclos e quadriciclos, máquinas de terraplenagem, empilhadeiras, guindastes, locomotivas, tratores e similares, e 4% para os demais veículos, tudo conforme o art. 9º da lei paulista, com a redação da Lei n. 17.473/2021. Há redução de 50% relativamente aos veículos de locadoras.

Na aquisição de automóveis novos, o imposto é calculado de forma proporcional ao número de meses restantes do ano civil, nos termos do art. 11. Fica dispensado o pagamento do imposto a partir da ocorrência de furto ou roubo, quando ocorrido no Estado de São Paulo, casos em que "o imposto pago será restituído proporcionalmente ao período, incluído o mês da ocorrência em que ficar comprovada a privação da propriedade do veículo".

Há **isenção** para "máquinas utilizadas essencialmente para fins agrícolas, veículo ferroviário, ônibus ou micro-ônibus empregados exclusivamente no transporte público de passageiros, urbano ou metropolitano, devidamente autorizados pelos órgãos competentes, máquina de terraplanagem, empilhadeira, guindaste e demais máquinas utilizadas na construção civil ou por estabelecimentos industriais ou comerciais, para monte e desmonte de cargas, e veículo com mais de 20 anos de fabricação, dentre outras hipóteses, conforme o art. 13, com a redação da Lei n. 17.473/2021, que revogou a isenção para veículo conduzido por pessoa com deficiência física e do veículo de propriedade de pessoa com deficiência física, visual, mental severa ou profunda ou autista.

Os arts. 17 e 18 da Lei n. 13.296/2008, com a redação da Lei n. 17.293, estabelecem que "o contribuinte ou o responsável efetuará anualmente o pagamento do imposto, na forma estabelecida pelo Poder Executivo" e que, verificado o inadimplemento total ou parcial no prazo legal, "a autoridade procederá à cobrança do imposto ou da diferença apurada".

200. Imposto sobre Propriedade Predial e Territorial Urbana (IPTU)

O art. 156, I, da CF outorga aos Municípios competência para instituir imposto sobre "propriedade predial e territorial urbana". Para compreendermos a amplitude da base econômica dada à tributação, importa considerar o que significa.

Propriedade é o direito real mais amplo, envolvendo as faculdades de usar, de gozar e de dispor.

Prédio é toda porção de terra ou de solo, constituída em propriedade de alguém, haja nele, ou não, construções[7]. A combinação com "territorial", no entanto, leva ao entendimento de que o constituinte quis ressaltar a possibilidade de tributação da riqueza revelada não apenas pela propriedade da terra (territorial) como desta com as construções nela edificadas (predial)[8].

A **zona urbana**, por sua vez, parece constar na Constituição em oposição à área rural, pelo critério da localização. A zona urbana é definida por lei municipal, devendo observar os critérios constantes dos §§ 1º e 2º do art. 32 do CTN. O § 1º exige, pelo menos, a existência de dois melhoramentos de infraestrutura urbana, dentre os seguintes: "meio-fio ou calçamento, com canalização de águas pluviais", "abastecimento de água", "sistema de esgotos sanitários", "rede de iluminação pública, com ou sem posteamento para distribuição domiciliar", ou "escola primária ou posto de saúde a uma distância máxima de 3 (três) quilômetros do imóvel considerado". O § 2º permite que sejam consideradas urbanas "áreas urbanizáveis, ou de expansão urbana, constantes de loteamentos aprovados pelos órgãos competentes, destinados à habitação, à indústria ou a comércio". Conforme a Súmula 626 do STJ, "A incidência do IPTU sobre imóvel situado em área considerada pela lei local como urbanizável ou de expansão urbana não está condicionada à existência dos melhoramentos elencados no art. 32, § 1º, do CTN"[9].

---

7. SILVA, De Plácido e. *Vocabulário jurídico*. 28. ed. Rio de Janeiro: Forense, 2009, p. 1.072.
8. Distingue-se o IPTU do ITR, nesse ponto, porquanto o ITR só pode incidir sobre a propriedade territorial rural, de modo que a sua base de cálculo é estabelecida a partir do preço da terra nua, sem benfeitorias, enquanto o IPTU tem como base de cálculo o valor venal do imóvel como um todo (terreno, casa, apartamento, sala comercial etc.).
9. Publicada em 2018.

Tenha-se em conta que tanto o STF como o STJ têm aplicado o art. 14 do Decreto-lei n. 57/66, segundo o qual o IPTU "não abrange o imóvel que, comprovadamente, seja utilizado em exploração extrativa vegetal, agrícola, pecuária ou agroindustrial, incidindo assim, sobre o mesmo, o ITR"[10]. Assim, combinam-se os critérios da localização e da destinação.

O IPTU é considerado um **imposto real**, porquanto considera a propriedade de um imóvel isoladamente, e não riquezas que dimensionem a possibilidade atual de o contribuinte pagar tributo. Mesmo assim, a Constituição expressamente autoriza sua **progressividade** tanto por razões meramente arrecadatórias ou fiscais como para fins extrafiscais. O art. 156, § 1º, com a redação que lhe deu a EC 29/2001, autoriza a progressividade do IPTU em razão do valor do imóvel, bem como a sua **seletividade**, de modo que tenha alíquotas diferentes de acordo com a localização e o uso. Já o art. 182, que cuida da política de desenvolvimento urbano, faculta ao Município exigir do proprietário de terreno urbano que promova seu adequado aproveitamento, sob pena de parcelamento ou edificação compulsórios, IPTU progressivo no tempo e desapropriação. A Lei n. 10257/2001, ao estabelecer as diretrizes da política urbana, estabelece, em seu art. 7º, que, descumprida pelo proprietário determinação de parcelamento, edificação ou utilização, o Município procederá à aplicação do IPTU progressivo no tempo mediante majoração da alíquota pelo prazo de cinco anos consecutivos, podendo dobrá-la a cada ano, respeitada a alíquota máxima de quinze por cento.

O CTN define o fato gerador, base de cálculo e contribuintes do IPTU, estabelecendo o arquétipo possível desses aspectos da norma tributária impositiva, a ser observado pelas leis municipais quando da efetiva instituição do imposto.

O art. 32 do CTN estabelece que o IPTU "tem como **fato gerador** a propriedade, o domínio útil ou a posse de bem imóvel por natureza ou por acessão física, como definido na lei civil, localizado na zona urbana do Município". Extrapola, assim, a base econômica "propriedade" ao estender o imposto também ao domínio útil ou à posse.

O art. 33 do CTN define como **base de cálculo** o "valor venal do imóvel", ou seja, seu valor no mercado imobiliário. Tal valor não é verificado imóvel a imóvel e sim presumido conforme tabelas chamadas "planta fiscal de valores", que definem o valor do metro quadrado conforme a localização, a natureza e o nível da construção. Essas tabelas, normalmente constantes de anexos às leis instituidoras do IPTU, podem ser atualizadas mediante decreto, mas não em percentual superior ao índice oficial de correção monetária, conforme se vê da **Súmula 160** do STJ[11], pois tal implicaria verdadeiro aumento do imposto sem lei. O parágrafo único do art. 33 proíbe que a lei considere, no valor

---
10. STF, RE 140.773; STJ, REsp 1.112.646 e AgRgREsp 679.173.
11. **Súmula 160** do STJ: "É defeso, ao Município, atualizar o IPTU, mediante decreto, em percentual superior ao índice oficial de correção monetária".

venal, o valor dos bens móveis eventualmente mantidos no imóvel para efeito de utilização, exploração, aformoseamento ou comodidade.

Contribuinte do imposto, nos termos do art. 34 do CTN, é "o proprietário do imóvel, o titular do seu domínio útil, ou o seu possuidor a qualquer título", dispositivo este que, embora esteja em consonância com a definição que o Código faz do fato gerador em seu art. 32, pode merecer censura constitucional por desbordar do titular da propriedade. O STJ já decidiu que só o possuidor que tenha *animus domini* é que pode ser chamado a pagar o IPTU, jamais o locatário ou o comodatário[12] ou mesmo o arrendatário[13]. Estes, normalmente, obrigam-se perante o proprietário, mas jamais poderão ser obrigados ao pagamento diretamente pelo Município. Tenha-se em conta, ainda, o entendimento consolidado na **Súmula 614** do STJ: "O locatário não possui legitimidade ativa para discutir a relação jurídico-tributária de IPTU e de taxas referentes ao imóvel alugado nem para repetir indébito desses tributos"[14].

No **Município de Porto Alegre**, IPTU é instituído pela **LC n. 07/73** e regulamentado pelo Decreto n. 16.500/2009. Todos os prédios e terrenos têm de estar inscritos na Secretaria Municipal da Fazenda. O IPTU tem como **fato gerador** a propriedade, a titularidade de domínio útil ou a posse a qualquer título de **prédio ou terreno**, abrangendo também o imóvel que, "embora localizado na zona rural, face sua utilização ou área, seja considerado urbano para efeitos tributários". Mas não alcança "o imóvel que, comprovadamente, seja utilizado para exploração extrativa vegetal, agrícola, pecuária ou agroindustrial e que esteja localizado na 3ª Divisão Fiscal". A lei prevê que se considera "prédio a construção ocupada ou concluída, assim entendida aquela com carta de habitação", sendo que a incidência "independe do cumprimento de quaisquer outras exigências legais, regulamentares ou administrativas, relativas ao imóvel, sem prejuízo das cominações cabíveis". A LC 07/73, com a redação da LC n. 731/2014, ainda é expressa no sentido de que o fato gerador do IPTU "ocorre no dia 1º de janeiro de cada ano"[15].

Sua **base de cálculo** é o valor venal conforme a Planta Genérica de Valores (PGV) estabelecida pela LC n. 859/2019, sendo que, anualmente, é publicado decreto estabelecendo os preços do metro quadrado de terrenos e de construções (para o exercício de 2020, foi estabelecido pelo Decreto n. 20.426, de 18 de dezembro de 2019). O valor venal resulta da avaliação do terreno (preço do metro quadrado referente a cada face do quarteirão, a área do terreno e suas características peculiares) e da avaliação da construção (o preço do metro quadrado de cada tipo, a idade e a área).

....

12. STJ, REsp 325.489.
13. STJ, AgRgAg 1.009.182.
14. Enunciado publicado em 2018.
15. Tudo nos termos do art. 3º da LC n. 07/73, com suas atualizações.

As **alíquotas** do IPTU de Porto Alegre, para imóveis residenciais, seguem tabela de progressividade gradual com diversas faixas, de 0,00% a 0,85%, sendo que, para um imóvel com valor venal de R$ 700.000,00, por exemplo, a alíquota é de 0,62%; para os imóveis não residenciais, as alíquotas são de 0,00% para imóveis de valor venal de até R$ 66.662,15 e de 0,80% para imóveis de valor superior. Quanto aos terrenos, as alíquotas são de 0,00% a 3,00%, dependendo do valor e da localização.

No **Município de São Paulo**, a instituição do IPTU deu-se pela **Lei n. 6.989/66**, que dispõe sobre o sistema tributário do Município, ainda em vigor. A regulamentação dá-se pelo Decreto n. 52.703/2011, que consolida a legislação tributária municipal. Todos os imóveis, construídos ou não, situados na zona urbana do Município são inscritos no Cadastro Imobiliário Fiscal, com base no qual é lançado o IPTU. A lei municipal, para fins de disciplina jurídica, distingue o imposto predial do imposto territorial.

Quanto ao **imposto predial**, considera-se ocorrido o fato gerador no dia 1º de janeiro de cada ano, sendo que o lançamento "é anual e feito um para cada prédio". O imóvel de valor venal igual ou inferior a R$ 73.850,00 é isento[16], exceto as unidades autônomas de condomínio tributadas como garagens e os estacionamentos comerciais. Há, ainda, isenções para agremiações desportivas, conventos e seminários, templos etc. A alíquota é de 1% para os imóveis residenciais, mas com desconto ou acréscimos conforme o valor venal, o que resulta em percentuais que vão de 0,8% a 1,6%[17]. Para imóveis com outra destinação, a alíquota é de 1,5%, também com desconto ou acréscimos que acabam resultando em alíquotas efetivas que vão de 1,2% a 2%[18]. Há desconto de 50% para imóveis restaurados em localizações específicas e outros imóveis de caráter histórico ou de excepcional valor artístico, cultural ou paisagístico, nos termos do art. 1º da Lei n. 10.598/88.

Quanto ao **imposto territorial**, incide sobre a propriedade, o domínio útil ou a posse de bem imóvel não construído ou que tenha obra paralisada ou em andamento, edificações condenadas ou em ruínas ou mesmo construções de natureza temporária e, ainda, de imóvel em que a área construída seja proporcionalmente diminuta ou inadequada à sua situação, dimensões, destino ou utilidade. Considera-se ocorrido o fato gerador em 1º de janeiro de cada ano, sendo feito anualmente o lançamento. O imposto é de 1,5% sobre o valor venal, com descontos e acréscimos conforme o valor venal que implicam **alíquotas efetivas** de 1,2% a 2%. Há descontos de até 50% para imóveis com

....
16. Art. 17 do Decreto n. 52.703/2011.
17. Conforme o art. 7º-A da Lei n. 6.989/66, com a redação da Lei n. 13.475/2002 e da Lei n. 15.044/2009, e art. 8º do Decreto n. 52.703/2011.
18. Conforme o art. 8º da Lei n. 6.989, de 29-12-1966, com a redação da Lei n. 13.250/2001, e o art. 8º-A da Lei n. 6.989/66, com a redação da Lei n. 13.475/2002 e da Lei n. 15.044/2009 e art. 9º do Decreto n. 52.703/2011.

vegetação declarada de preservação permanente. Também recebem desconto de 50% os imóveis localizados em área de proteção de mananciais.

Tanto o imposto predial como o imposto territorial paulistanos são apurados mediante apuração do valor venal com base em **Planta Genérica de Valores**. Os valores unitários de metro quadrado de construção e de terreno são determinados em função de critérios como os preços correntes das transações e das ofertas à venda no mercado imobiliário e características da região, não se considerando o valor dos bens móveis mantidos no imóvel, tampouco as restrições ao direito de propriedade. Há normas bastante detalhadas para a definição do **valor venal** conforme diversas características do imóvel. Consideram-se a área predominante, o padrão de construção, bem como a idade dos prédios. O valor venal de imóvel construído é apurado pela soma do valor do terreno com o valor da construção, nos termos do art. 17 da Lei n. 10.235/86.

A Lei n. 16.768/2017 do Município de São Paulo atualizou os valores unitários de metro quadrado de construção e de terreno previstos na Lei n. 10.235/1986 e o Decreto n. 60.036/2020 estabeleceu os valores para o exercício de 2021.

201. Imposto sobre Propriedade Territorial Rural (ITR)

O art. 153, III, da CRFB outorga competência à União para a instituição de imposto sobre "propriedade territorial rural"[19].

A **propriedade** é o mais amplo dos direitos reais, envolvendo a faculdade de usar, gozar e dispor da coisa e o direito de reavê-la do poder de quem quer que injustamente a possua ou detenha. É como aparece retratada no art. 1.228 do Código Civil (Lei n. 10.406/2002)[20] e que já constava do art. 524 do Código Civil de 1916. É esta revelação de riqueza que foi apontada pela Constituição como capaz de ensejar a sujeição do seu titular a um imposto de competência da União com fundamento no seu art. 153, VI. Assim, não obstante toda a prática em sentido contrário e mesmo a letra do art. 29 do CTN, o legislador só poderia indicar como contribuinte o proprietário, e não o titular de outros direitos reais menos densos e que não revelam riqueza na condição de proprietário, ainda que seus titulares exerçam prerrogativas típicas do proprietário. Nesses casos, sempre serão prerrogativas parciais ou temporárias como no direito de superfície, nas servidões, no usufruto, no uso e no direito do promitente comprador, previstos no art. 1.225, II a VII, do Código Civil (Lei n. 10.406/2002).

---

19. "Art. 153. Compete à União instituir impostos sobre: [...] VI – propriedade territorial rural;".
20. Código Civil (Lei n. 10.406/2002): "Art. 1.228. O proprietário tem a faculdade de usar, gozar e dispor da coisa, e o direito de reavê-la do poder de quem quer que injustamente a possua ou detenha".

O adjetivo **territorial** indica que a competência é para a tributação da grandeza dimensionada pela propriedade da terra nua, diferentemente do que se tem no art. 156, I, em que a CRFB, ao definir a base econômica de competência dos Municípios, refere-se à propriedade "predial e territorial" urbana. A Lei n. 9.393/96, aliás, estabelece a incidência do ITR sobre a propriedade de imóvel por natureza, apontando, como base de cálculo, o valor da terra nua tributável (VTNt).

A palavra **rural**, por sua vez, é adjetivo que designa o que é próprio do campo, em oposição ao que é próprio da "cidade". Imóvel rural é o que se situa no campo, ou seja, na zona rural[21]. Se, de um lado, é certo dizer que o imóvel rural normalmente é destinado às atividades agropastoris, de outro é preciso deixar claro que o **critério para a distinção de imóveis rurais de imóveis urbanos é o da localização**, e não o da destinação, sendo relevante para tanto a análise do plano diretor de cada Município. Deve-se, ainda, contrastar o plano diretor com o art. 32, § 1º, do CTN que, ao estabelecer os requisitos mínimos de infraestrutura urbana para a consideração do que seja zona urbana (e, *a contrario sensu*, o que seja zona rural), previne conflitos de competência e dá elementos objetivos para que se resolvam os conflitos que porventura surgirem. Mas o STJ tem aplicado o art. 15 do Decreto-Lei n. 57/66 que, estabelecendo exceção ao art. 29 do CTN, **submete ao ITR também o imóvel situado na cidade, mas que esteja sendo destinado a atividade rural**, conforme se vê, adiante, quando cuidamos do fato gerador desse imposto.

O texto constitucional, no § 4º do art. 153, com a redação da EC n. 42/2003, também estabelece critérios a serem observados por ocasião da instituição do ITR. Refere, em primeiro lugar, que "**será progressivo** e terá suas alíquotas fixadas de forma a **desestimular a manutenção de propriedades improdutivas**" (inciso I do § 4º do art. 153). Isso enseja tanto o estabelecimento de alíquota maior à medida que aumenta a base de cálculo (progressividade), como a utilização extrafiscal do ITR, de modo que seja mais onerado o proprietário que não dê destinação econômica ao seu imóvel rural, produza apenas em parte do mesmo ou com baixo rendimento. O STF entende válida a progressividade estabelecida pela Lei n. 9.393/96, "que leva em conta, de maneira conjugada, o grau de utilização (GU) e a área do imóvel"[22].

---

21. "[...] a Constituição Federal traz, de forma implícita, a definição de imóveis rurais e urbanos, utilizando-se, para tanto, do critério da localização. De fato, da leitura dos capítulos Da Política Urbana e Da Política Agrícola e Fundiária e da Reforma Agrária, ambos do título da Ordem Econômica e Financeira, é o que se tira. A Constituição vinculou a expressão propriedade urbana à cidade, prevendo que deve atender às exigências fundamentais de ordenação da cidade expressas no plano diretor aprovado pela Câmara Municipal. Quando a Constituição se refere a imóvel rural, por sua vez, o faz em contraposição a imóvel urbano" (PAULSEN, Leandro. *Desapropriação e reforma agrária*. Porto Alegre: Livraria do Advogado, 1997, p. 95).
22. STF, Segunda Turma, RE 1.038.357 AgR, 2018. No mesmo sentido: STF, Segunda Turma, RE 1.200.455 AgR, 2019.

Ademais, o art. 153, § 4º, da CF dispõe que "**não incidirá sobre pequenas glebas rurais**, definidas em lei, quando as explore o proprietário que não possua outro imóvel" (inciso II do § 4º do art. 153). Trata-se de verdadeira **imunidade**. A definição do que se deve considerar por "pequenas glebas rurais" no art. 2º da Lei n. 9.393/96, varia conforme a região de: "I – 100 ha, se localizado em município compreendido na Amazônia Ocidental ou no Pantanal mato-grossense e sul-mato-grossense; II – 50 ha, se localizado em município compreendido no Polígono das Secas ou na Amazônia Oriental; III – 30 ha, se localizado em qualquer outro município". A referência a proprietário que não possua outro imóvel consubstancia o denominado requisito da **unititularidade**. Com a redação da EC 42/2003, já não há a exigência de que o proprietário explore o imóvel só ou com sua família. Basta que a única propriedade recaia sobre pequena gleba rural para que esteja amparada pela imunidade tributária relativamente ao ITR.

Prevê, ainda, o art. 153, § 4º, da CF que "**será fiscalizado e cobrado pelos Municípios que assim optarem**, na forma da lei, desde que não implique redução do imposto ou qualquer outra forma de renúncia fiscal" (inciso I do § 4º do art. 153).

Trata-se de inovação trazida pela EC 42/2003 que **não chega a alterar a competência da União para a instituição do ITR**. Mas autoriza o legislador federal a delegar ao Município, mediante opção deste, a condição de sujeito ativo da obrigação tributária, titular dos poderes de fiscalizar, lançar e exigir o pagamento. Nesse sentido, sobreveio a Lei n. 11.250/2005, autorizando a formalização de **convênios entre a União e os Municípios**[23]. Nos termos da IN SRF n. 1.640/2016, a Receita Federal se reserva competência supletiva para fiscalização, lançamento e cobrança do imposto, restando expresso, ainda, que o convênio entre União e Município não abrange a competência da RFB para lançamento de multa por atraso na entrega da Declaração do Imposto sobre a Propriedade Territorial Rural e o contencioso administrativo decorrente do exercício das atribuições delegadas. O Decreto n. 6.433/2008 cuida do termo de opção. A repartição da receita tributária do ITR entre a União e os Municípios (50% para a União e 50% para o Município em que situado o imóvel) fica alterada na hipótese de opção do Município pela fiscalização e cobrança de que trata este inciso, cabendo, então, ao Município, a totalidade do produto da arrecadação do ITR referente aos imóveis rurais nele situados (100%), nos termos do que dispõe o art. 158, II, da CRFB, com a redação que lhe foi atribuída pela EC n. 42/2003. Em julho de 2014, a Confederação Nacional dos Municípios editou a Nota Técnica n. 16/2014 com orientações acerca da adesão para fins de assunção da fiscalização e do lançamento do ITR.

---

23. Em 2014, foi publicada a MP n. 656/2014 impondo alterações na Lei n. 11.250/2005, mas os respectivos artigos não foram convertidos em lei, sendo que a Lei n. 13.097/2015 não os contemplou.

O ITR possui **fato gerador continuado**, que não se consubstancia num ato ou negócio, mas numa situação jurídica, verdadeiro *status* jurídico. O CTN dispõe: "Art. 29. O imposto, de competência da União, sobre a propriedade territorial rural tem como fato gerador a propriedade, o domínio útil ou a posse de imóvel por natureza, como definido na lei civil, localizado fora da zona urbana do Município". Note-se que o art. 29, ao ensejar a tributação não apenas da propriedade, mas também do domínio útil e da posse, desborda da base econômica dada à tributação, que é, nos termos do art. 153, VI, da CRFB, tão somente a "propriedade territorial rural"[24]. A Lei n. 9.393/96 instituiu o ITR em toda a amplitude preconizada pelo CTN, incorrendo no mesmo vício: "Art. 1º O Imposto sobre a Propriedade Territorial Rural – ITR, de apuração anual, tem como fato gerador a propriedade, o domínio útil ou a posse de imóvel por natureza, localizado fora da zona urbana do município, em 1º de janeiro de cada ano. § 1º [...]".

Quando o proprietário não consegue gozar das prerrogativas inerentes à propriedade por força de situações externas, tampouco consegue dispor do bem, tem-se entendido que ele não revela capacidade contributiva própria de proprietário, não ocorrendo o fato gerador do ITR. É o caso de imóveis rurais invadidos por "sem terras" quando o proprietário, embora indo a juízo para retomar a sua posse, nela não é reintegrado. O TRF4 entendeu que "Se o proprietário não detém o direito de usar, gozar e dispor do imóvel, em decorrência de sua invasão, e o direito de reavê-lo não é assegurado pelo Estado, a propriedade se mantém na mera formalidade e não configura fato gerador do ITR"[25]. Também decidiu que, tendo, o contribuinte, sido "privado do uso e gozo da propriedade [...], por ter sido o imóvel sujeito à expropriação indireta com a demarcação da terra indígena [...], incabível a exigência do Imposto Territorial Rural"[26]. Aliás, em outro caso envolvendo terra indígena, o TRF4 frisou que "O ato administrativo demarcatório de reserva indígena não possui natureza constitutiva, mas declaratória, pois reconhece uma situação preexistente com base no direito originário dos índios sobre as terras que tradicionalmente ocupam, o qual prepondera sobre os títulos de propriedade ou de legitimação de posse em favor de não índios, considerados nulos e extintos pelo art. 231 da Constituição Federal". Desse modo, decidiu no sentido de que não seria exigível o imposto mesmo em relação a fatos geradores ocorridos antes da demarcação da reserva[27]. Outro caso análogo é o que foi abordado na Súmula 45 do CARF: "não incide sobre áreas alagadas para fins de constituição de reservatório de usinas hidrelétricas". Também assim decidiu o TRF4: "Se o proprietário não detém o direito de usar, gozar e dispor do imóvel, em decorrência de seu alagamento pelo fechamento das

---

24. Parte da doutrina não vislumbra nenhuma inconstitucionalidade. *Vide*, e.g.: MACHADO, Hugo de Brito. *Comentários ao Código Tributário Nacional*. v. I. São Paulo: Atlas, 2003, p. 349.
25. TRF4, Primeira Turma, AC 5004054-57.2015.4.04.7207, 2018.
26. TRF4, Primeira Turma, 5010145-68.2016.4.04.7001, 2017.
27. TRF4, Primeira Turma, AREO 5002806-06.2013.4.04.7117, 2017.

comportas da Usina de Itaipu, e o direito de reavê-lo não é assegurado pelo Estado, a propriedade se mantém na mera formalidade e não configura fato gerador do ITR"[28].

O art. 1º da Lei n. 9.393/96 segue o critério da localização na definição de imóvel rural, repetindo a redação do art. 29 do CTN. O § 2º do art. 1º da Lei n. 9.393/96 define: "considera-se imóvel rural a área contínua, formada de uma ou mais parcelas de terras, localizada na zona rural do município"[29]. Mas o **critério da localização tem sido temperado com a exceção constante do art. 15 do Decreto-Lei n. 57/66**, que sujeitou ao ITR o imóvel que, mesmo situado na zona urbana do Município, "seja utilizado em exploração, extrativa vegetal, agrícola, pecuária ou agroindustrial"[30]. O STF já aplicou este Decreto-Lei n. 57/66[31], e o STJ também o tem aplicado[32]. Por certo que a aplicação desse dispositivo exige muito cuidado. O art. 15 do DL n. 57/66 volta-se para aquelas áreas periféricas da cidade que, não obstante passem a ser consideradas urbanas, continuem, durante algum tempo, a abrigar imóveis com área suficiente para a prática de atividades rurais economicamente viáveis. Diferentemente, terrenos encravados no centro das cidades ou em bairros consolidados, com pequena área de alto valor, não se prestam à exploração extrativa vegetal, agrícola, pecuária ou agroindustrial, porque seria

---

28. TRF4, Segunda Turma, APELREEX 5002484-58.2014.4.04.7017, 2016.
29. A continuidade tem sentido econômico, de utilidade ou aproveitamento. Assim, ainda que várias sejam as matrículas, os imóveis contínuos de um mesmo proprietário, titular de domínio útil ou possuidor serão considerados como um único imóvel rural para fins de tributação a título de ITR, o que poderá repercutir na alíquota aplicável, pois a lei estabelece alíquotas diferenciadas conforme o tamanho do imóvel. *Vide*: ANCELES, Pedro Einstein dos Santos. *Manual de tributos da atividade rural*. São Paulo: Atlas, 2001, p. 377.
30. Decreto-Lei n. 57/66: "Art. 15. O disposto no art. 32 da Lei n. 5.172, de 25 de outubro de 1966, não abrange o imóvel de que, comprovadamente, seja utilizado em exploração extrativa vegetal, agrícola, pecuária ou agroindustrial, incidindo assim, sobre o mesmo, o ITR e demais tributos com o mesmo cobrados".
31. "[...] IMPOSTO PREDIAL E TERRITORIAL URBANO (I.P.T.U.). IMPOSTO TERRITORIAL RURAL (I.T.R.). TAXA DE CONSERVAÇÃO DE VIAS. RECURSO EXTRAORDINÁRIO. 1. R.E. não conhecido, pela letra 'a' do art. 102, III, da C.F., mantida a declaração de inconstitucionalidade da Lei Municipal de Sorocaba, de n. 2.200, de 03/06/1983, que acrescentou o § 4º ao art. 27 da Lei n. 1.444, de 13/12/1966. 2. R.E. conhecido, pela letra 'b', mas improvido, mantida a declaração de inconstitucionalidade do art. 12 da Lei federal n. 5.868, de 12/12/1972, no ponto em que revogou o art. 15 do Decreto-Lei n. 57, de 18/11/1966. 3. Tribunal Pleno. Votação unânime" (STF, Tribunal Pleno, RE 140.773/SP, 1998).
32. "IPTU. ITR. INCIDÊNCIA. CRITÉRIO DA LOCALIZAÇÃO DO IMÓVEL INSUFICIENTE. NECESSIDADE DE SE OBSERVAR, TAMBÉM, A DESTINAÇÃO DO IMÓVEL [...] 1. O critério da localização do imóvel não é suficiente para que se decida sobre a incidência do IPTU ou ITR, sendo necessário observar-se, também, a destinação econômica, conforme já decidiu a Egrégia Segunda Turma, com base em posicionamento do STF sobre a vigência do Decreto-Lei n.57/66. 2. [...] 3. Necessidade de comprovação perante as instâncias ordinárias de que o imóvel é destinado à atividade rural. Do contrário, deve incidir sobre ele o IPTU [...]" (STJ, Primeira Turma, AgRg no Ag 993.224/SP, 2008).

desproporcional em face das destinações alternativas inerentes à condição de imóvel urbano, como o seu aluguel ou edificação. Realizar uma exploração rural que não se justifique economicamente e pleitear, com isso, a não submissão ao IPTU – especialmente quando aplicável a progressividade extrafiscal que visa a induzir o proprietário a dar ao imóvel urbano a sua função social – constitui manobra evasiva que viola o ordenamento jurídico. É preciso analisar caso a caso.

Considera-se ocorrido o fato gerador do ITR "em **1º de janeiro** de cada ano", conforme o art. 1º da Lei n. 9.393/96. Nesta data, portanto, é que incide a legislação vigente acerca do ITR, gerando a obrigação tributária respectiva.

O aspecto espacial da hipótese de incidência do ITR é o **território nacional**, pois se trata de imposto da competência da União, e não há norma alguma em sentido contrário.

Contribuinte "é o proprietário de imóvel rural, o titular de seu domínio útil ou o seu possuidor a qualquer título", nos termos do art. 4º da Lei n. 9.393/96.

O usufrutuário não é proprietário, não é titular do domínio útil (foreiro que tem até mesmo direito de disposição, sendo reservado ao senhorio direto o direito de reintegrar a propriedade) e não é possuidor (é possuidor direto, mas não possuidor no sentido considerado necessário nesse contexto do ITR que seria o possuidor com *animus domini*, o que exerce a posse à revelia do proprietário pretendendo que o tempo a consolide como propriedade através da usucapião). Então, contribuinte, mesmo no usufruto, continua sendo o proprietário. Porém, não há que se olvidar o Código Civil que dispõe: "Art. 1.403. Incumbem ao usufrutuário: II – as prestações e os tributos devidos pela posse ou rendimento da coisa usufruída". Poderíamos, quem sabe, dizer que isso regula a relação privada entre o dono e o usufrutuário e que, portanto, só teria o efeito de ensejar que aquele, tendo suportado o ITR enquanto contribuinte, viesse a buscar junto ao usufrutuário que o ressarcisse. Ou seja, que teríamos, no CC, uma cláusula semelhante àquela que se encontra nos contratos de aluguel, mas por via legal. Entretanto, forte no princípio da unidade do sistema jurídico, tenho que a disposição do art. 1.403, II, do CC integra a legislação e, ao atribuir de modo inequívoco a responsabilidade do usufrutuário pelos tributos devidos pela posse estabelece a responsabilidade tributária nesse ponto, ensejando ao Fisco que também o possa considerar devedor, inscrevê-lo em dívida ativa, fazer o protesto em cartório e dele exigir o pagamento através de execução fiscal.

O art. 30 do CTN definiu como **base de cálculo** do imposto o valor fundiário[33]. O valor fundiário é o valor da extensão de terra, ou seja, o valor da terra nua, sem considerar-se na avaliação o que a ela se agrega, como o valor das construções, instalações, benfeitorias, culturas, pastagens e florestas plantadas. Mas, ao instituir o tributo, o art. 11 da Lei n. 9.393/96 determina que o cálculo se dê sobre o "**Valor da Terra Nua**

---

33. CTN: "Art. 30. A base de cálculo do imposto é o valor fundiário".

tributável – VTNt", que define como sendo o valor da terra nua, excluídas as áreas de preservação permanente, de reserva legal, de interesse ecológico e as comprovadamente imprestáveis para qualquer exploração agrícola, pecuária, granjeira, aquícola ou florestal. Obtém-se o VTNt pela multiplicação do VTN pelo quociente entre a área tributável e a área total. A Lei n. 9.393/96 detalha tais conceitos[34].

---

34. Lei n. 9.393/96: "Art. 10 [...] § 1º Para os efeitos de apuração do ITR, considerar-se-á: I – VTN, o valor do imóvel, excluídos os valores relativos a: a) construções, instalações e benfeitorias; b) culturas permanentes e temporárias; c) pastagens cultivadas e melhoradas; d) florestas plantadas; II – área tributável, a área total do imóvel, menos as áreas: a) de preservação permanente e de reserva legal, previstas na Lei n. 12.651, de 25 de maio de 2012 (Redação dada pela Lei n. 12.844, de 2013); b) de interesse ecológico para a proteção dos ecossistemas, assim declaradas mediante ato do órgão competente, federal ou estadual, e que ampliem as restrições de uso previstas na alínea anterior; c) comprovadamente imprestáveis para qualquer exploração agrícola, pecuária, granjeira, aquícola ou florestal, declaradas de interesse ecológico mediante ato do órgão competente, federal ou estadual (*Vide* Medida Provisória 2.166-67, de 24 de agosto de 2001); d) sob regime de servidão ambiental (Redação dada pela Lei n. 12.651, de 2012); e) cobertas por florestas nativas, primárias ou secundárias em estágio médio ou avançado de regeneração (Incluído pela Lei n. 11.428, de 2006); f) alagadas para fins de constituição de reservatório de usinas hidrelétricas autorizada pelo poder público (Incluída pela Lei n. 11.727, de 2008); III – VTNt, o valor da terra nua tributável, obtido pela multiplicação do VTN pelo quociente entre a área tributável e a área total; IV – área aproveitável, a que for passível de exploração agrícola, pecuária, granjeira, aquícola ou florestal, excluídas as áreas: a) ocupadas por benfeitorias úteis e necessárias; b) de que tratam as alíneas do inciso II deste parágrafo (Redação dada pela Lei n. 11.428, de 2006); V – área efetivamente utilizada, a porção do imóvel que no ano anterior tenha: a) sido plantada com produtos vegetais; b) servido de pastagem, nativa ou plantada, observados índices de lotação por zona de pecuária; c) sido objeto de exploração extrativa, observados os índices de rendimento por produto e a legislação ambiental; d) servido para exploração de atividades granjeira e aquícola; e) sido o objeto de implantação de projeto técnico, nos termos do art. 7º da Lei n. 8.629, de 25 de fevereiro de 1993; VI – Grau de Utilização – GU, a relação percentual entre a área efetivamente utilizada e a área aproveitável. § 2º As informações que permitam determinar o GU deverão constar do DIAT. § 3º Os índices a que se referem as alíneas *b* e *c* do inciso V do § 1º serão fixados, ouvido o Conselho Nacional de Política Agrícola, pela Secretaria da Receita Federal, que dispensará da sua aplicação os imóveis com área inferior a: a) 1.000 ha, se localizados em municípios compreendidos na Amazônia Ocidental ou no Pantanal mato-grossense e sul-mato-grossense; b) 500 ha, se localizados em municípios compreendidos no Polígono das Secas ou na Amazônia Oriental; c) 200 ha, se localizados em qualquer outro município. § 4º Para os fins do inciso V do § 1º, o contribuinte poderá valer-se dos dados sobre a área utilizada e respectiva produção, fornecidos pelo arrendatário ou parceiro, quando o imóvel, ou parte dele, estiver sendo explorado em regime de arrendamento ou parceria. § 5º Na hipótese de que trata a alínea "c" do inciso V do § 1º, será considerada a área total objeto de plano de manejo sustentado, desde que aprovado pelo órgão competente, e cujo cronograma esteja sendo cumprido pelo contribuinte. § 6º Será considerada como efetivamente utilizada a área dos imóveis rurais que, no ano anterior, estejam: I – comprovadamente situados em área de ocorrência de calamidade pública decretada pelo Poder Público, de que resulte frustração de safras ou destruição de pastagens; II – oficialmente destinados à execução de atividades de pesquisa e experimentação que objetivem o avanço tecnológico da agricultura".

As **alíquotas** do ITR, por sua vez, são estabelecidas na tabela de alíquotas anexa à Lei n. 9.393/96, variando conforme o tamanho do imóvel, em hectares, e o grau de utilização – GU. O grau de utilização é obtido pela relação percentual entre a área efetivamente utilizada e a área aproveitável. As alíquotas vão de 0,03%, para os menores imóveis com elevado grau de utilização, até 20%, para os grandes imóveis improdutivos. Eis a tabela:

TABELA DE ALÍQUOTAS

Área total do imóvel	GRAU DE UTILIZAÇÃO – GU (EM %)				
(Em hectares)	Maior que 80	Maior que 65 até 80	Maior que 50 até 65	Maior que 30 até 50	Até 30
Até 50	0,03	0,20	0,40	0,70	1,00
Maior que 50 até 200	0,07	0,40	0,80	1,40	2,00
Maior que 200 até 500	0,10	0,60	1,30	2,30	3,30
Maior que 500 até 1.000	0,15	0,85	1,90	3,30	4,70
Maior que 1.000 até 5.000	0,30	1,60	3,40	6,00	8,60
Acima de 5.000	0,45	3,00	6,40	12,00	20,00

No regime da Lei n. 9.393/96, o ITR apresenta-se como **tributo sujeito a lançamento por homologação**: "Art. 10. A apuração e o pagamento do ITR serão efetuados pelo contribuinte, independentemente de prévio procedimento da administração tributária, nos prazos e condições estabelecidos pela Secretaria da Receita Federal, sujeitando-se a homologação posterior". Apenas quando não apurado pelo contribuinte ou apurado de modo incorreto é que será lançado de ofício, nos termos do art. 14 da Lei n. 9.393/96[35], utilizando-se, então, de informações sobre o preço das terras nos termos da Portaria n. 447/2002, que aprovou o Sistema de Preços de Terras – SIPT[36]. A IN SRF n. 438/2004 dispõe, ainda, sobre a prova de regularidade fiscal de imóvel

---

35. Lei n. 9.393/96: "Dos Procedimentos de Ofício Art. 14. No caso de falta de entrega do DIAC ou do DIAT, bem como de subavaliação ou prestação de informações inexatas, incorretas ou fraudulentas, a Secretaria da Receita Federal procederá à determinação e ao lançamento de ofício do imposto, considerando informações sobre preços de terras, constantes de sistema a ser por ela instituído, e os dados de área total, área tributável e grau de utilização do imóvel, apurados em procedimentos de fiscalização. § 1º As informações sobre preços de terra observarão os critérios estabelecidos no art. 12, § 1º, inciso II da Lei n. 8.629, de 25 de fevereiro de 1993, e considerarão levantamentos realizados pelas Secretarias de Agricultura das Unidades Federadas ou dos Municípios. § 2º As multas cobradas em virtude do disposto neste artigo serão aquelas aplicáveis aos demais tributos federais".

36. Portaria SRF n. 447/2002: "Art. 1º Fica aprovado o Sistema de Preços de Terras (SIPT) em atendimento ao disposto no art. 14 da Lei n. 9.393, de 1996, que tem como objetivo fornecer informações relativas a valores de terras para o cálculo e lançamento do Imposto Territorial Rural (ITR)".

rural, disciplinando o requerimento e a expedição de Certidão Negativa de Débitos de Imóvel Rural.

O art. 3º-A da Lei n. 9.393/96, acrescido pela Lei n. 13.043/2014, isenta do ITR: "Os imóveis rurais oficialmente reconhecidos como áreas ocupadas por remanescentes de comunidades de quilombos que estejam sob a ocupação direta e sejam explorados, individual ou coletivamente, pelos membros destas comunidades", bem como, em seus §§ 1º e 2º, concede remissão e anistia quanto a esse imposto e respectivas multas, inclusive quanto ao descumprimento de obrigação acessória.

Capítulo XXVIII

Impostos sobre a transmissão de bens

202. Imposto sobre Transmissão *Inter Vivos* de Bens Imóveis e de Direitos Reais sobre Imóveis (ITBI)

O art. 156, II, da Constituição outorga aos Municípios competência para instituir imposto sobre "transmissão *inter vivos*, a qualquer título, por ato oneroso, de bens imóveis, por natureza ou acessão física, e de direitos reais sobre imóveis, exceto os de garantia, bem como cessão de direitos a sua aquisição". É o chamado ITBI. A competência é sempre do Município da situação do bem, nos termos do art. 156, § 2º, da CF.

A **transmissão** de bens imóveis e de direitos reais a eles relativos dá-se mediante registro do respectivo título (como a escritura de compra e venda) no Cartório de Registro de Imóveis. O art. 1.227 do Código Civil dispõe que "Os direitos reais sobre imóveis constituídos, ou transmitidos por atos entre vivos, só se adquirem com o registro". O art. 1.245, que cuida especificamente da aquisição da propriedade, dispõe: "Transfere-se entre vivos a propriedade mediante o registro do título translativo no Registro de Imóveis". E o STF, no Tema 1024 RG, de 2021, reafirmou sua jurisprudência, afirmando a seguinte tese: "O fato gerador do imposto sobre transmissão inter vivos de bens imóveis (ITBI) somente ocorre com a efetiva transferência da propriedade imobiliária, que se dá mediante o registro"[1]. O STJ também já decidira que "a pretensão de cobrar o ITBI antes do registro

---

1. STF, ARE 1.294.969 RG, 2021. Os embargos declaratórios foram desprovidos.

imobiliário contraria o Ordenamento Jurídico"[2]. Nós, sem negar o acerto da afirmação de que a transferência da propriedade e, portanto, o fato gerador do ITBI só ocorrem com o registro da escritura pública na matrícula do imóvel, entendíamos que o legislador poderia determinar que o pagamento fosse feito antecipadamente, já por ocasião da lavratura da escritura, como medida de praticabilidade tributária para evitar o inadimplemento. Isso porque toda escritura deve ser levada a registro, de modo que se poderia presumir a iminência do fato gerador, a justificar a antecipação.

A transmissão *inter vivos* é a transferência do direito de uma pessoa a outra por força de um negócio jurídico. Não se confunde com a aquisição originária da propriedade[3], que não se sujeita à incidência deste imposto porque não implica transmissão[4].

Os **direitos reais** estão arrolados no art. 1.225 do Código Civil: propriedade, superfície, servidões, usufruto, uso, habitação, direito do promitente-comprador do imóvel, penhor, hipoteca, anticrese, concessão de uso especial para fins de moradia e concessão de direito real de uso. A **Súmula 326** do STF dispõe: "É legítima a incidência do Imposto de Transmissão *Inter vivos* sobre a transferência do domínio útil".

Há **imunidade** para a transmissão na realização de capital[5] de pessoa jurídica e também nas transmissões decorrentes de fusão, incorporação, cisão ou extinção de pessoa jurídica, exceto quando a atividade preponderante do adquirente for a compra e venda desses bens e direitos, locação de bens imóveis ou arrendamento mercantil, nos termos do art. 156, § 2º, I, da CF. No **Tema 796** de repercussão geral (RE 796.376), em 2020, o STF fixou a tese de que "A imunidade em relação ao ITBI, prevista no inciso I do § 2º do art. 156 da Constituição Federal, não alcança o valor dos bens que exceder o limite do capital social a ser integralizado". Isso porque a imunidade está limitada ao "pagamento, em bens ou direitos, que o sócio faz para integralização do capital social subscrito".

---

2. STJ, REsp 253.364, 2001.
3. São modos de aquisição originária da propriedade, não sujeitos ao ITBI, por exemplo, a usucapião, a acessão, a aluvião e a avulsão. *Vide* CC, arts. 1.238 a 1.259.
4. "[...] se o usucapião é forma originária de aquisição da propriedade, não encerrando transmissão, inadmissível falar-se em incidência do imposto de transmissão previsto no art. 35 do CTN, agora de competência dos municípios, por força do disposto no inciso II do art. 156 da Constituição Federal de 1988" (SALLES, José Carlos de Moraes. *Usucapião de bens imóveis e móveis*. 2. ed. São Paulo: RT, 1992, p. 186-188).
5. Para DE PLÁCIDO E SILVA, "Realização do capital é o pagamento do capital, seja em dinheiro ou em outros bens, conforme se tenha estipulado em cláusula contratual, pelos sócios da sociedade", em *Vocabulário jurídico*, 28. ed. Rio de Janeiro: Forense, 2009, p. 1.149.

O STF entende que o ITBI é um **imposto de natureza real**[6] **e que, por isso, não se presta à progressividade**[7], ou seja, não pode ter alíquotas progressivamente maiores conforme o aumento da base de cálculo. Porém, não se pode ter certeza de que esse entendimento vá perdurar. Lembre-se que, relativamente ao Imposto sobre a Transmissão *Causa Mortis* e Doações (ITCMD), a posição do STF também era no sentido de que teria natureza real e que, por isso, seria descabida sua progressividade, mas, em 2013, acabou por superar esse entendimento e admiti-la[8].

O CTN dispõe que o fato gerador é a "transmissão", a qualquer título, da propriedade e do domínio útil (art. 35, I) ou "de direitos reais sobre imóveis, exceto os direitos reais de garantia" (35, II). Conforme a **Súmula 111** do STF: "É legítima a incidência do Imposto de Transmissão *Inter vivos* sobre a restituição, ao antigo proprietário, de imóvel que deixou de servir à finalidade da sua desapropriação".

A **base de cálculo** "é o valor venal dos bens ou direitos transmitidos" (art. 36). Quando da transmissão da propriedade, considera-se o seu **valor venal**, ainda que haja gravames temporários[9]. De outro lado, dispõe a **Súmula 108** do STF: "É legítima a incidência do Imposto de Transmissão *Inter vivos* sobre o valor do imóvel ao tempo da alienação, e não da promessa, na conformidade da legislação local". A **Súmula 110** do STF, por sua vez, dispõe: "O Imposto de Transmissão *Inter vivos* não incide sobre a

---

6. Quando se classificam os impostos em reais e pessoais, não se está considerando se dizem respeito a direito real ou pessoal. Apesar da terminologia, o critério de distinção está em saber se o imposto grava uma riqueza considerada em si, ou se leva em conta as circunstâncias pessoais do seu titular.
7. STF, RE 259.339: "ITBI: progressividade: L. 11.154/91, do Município de São Paulo: inconstitucionalidade. A inconstitucionalidade, reconhecida pelo STF (RE 234.105), do sistema de alíquotas progressivas do ITBI do Município de São Paulo (L. 11.154/91, art. 10, II), atinge esse sistema como um todo, devendo o imposto ser calculado, não pela menor das alíquotas progressivas, mas na forma da legislação anterior, cuja eficácia, em relação às partes, se restabelece com o trânsito em julgado da decisão proferida neste feito".
8. STF, Tribunal Pleno, RE 562.045, 2013.
9. Neste sentido, a doutrina de CÉLIO ARMANDO JANCZESKI no artigo "Base de cálculo dos impostos de transmissão: aspectos controversos", *RTFP*, 55/96, abr. 2004. Mas o TJRS considerou inconstitucional a lei que não autoriza a dedução dos ônus reais: "INCIDENTE DE INCONSTITUCIONALIDADE. LEI TRIBUTÁRIA. BASE DE CÁLCULO DO IMPOSTO DE TRANSMISSÃO. SUBTRAÇÃO DOS ÔNUS REAIS. IMPOSSIBILIDADE. 1. É inconstitucional o art. 12, § 3º, da Lei n. 8.821/89-RS, que não exclui da base de cálculo do imposto de transmissão 'os valores de quaisquer dívidas que onerem o bem, título ou crédito transmitido', porque, ignorando a capacidade econômica contributiva objetiva, que 'somente se inicia após a dedução dos gastos à aquisição, produção, exploração e manutenção da renda e do patrimônio' (MISABEL DERZI), a teor do art. 145, § 1º, da CF/88, acaba redundando em confisco (art. 150, IV). 2. Incidente de inconstitucionalidade acolhido. Votos vencidos" (TJRS, Órgão Especial, Inc. 70005713862, 2003).

construção, ou parte dela, realizada pelo adquirente, mas sobre o que tiver sido construído ao tempo da alienação do terreno".

A aferição da base de cálculo é feita caso a caso, podendo o Fisco acatar o valor pelo qual está sendo realizada a compra e venda noticiada pelo contribuinte ou, se inferior ao valor de mercado, lançar o tributo por montante superior que efetivamente corresponda ao valor venal. Não equivale à base de cálculo do IPTU, baseada nas Plantas Genéricas de Valores – PGVs. Aliás, o STJ, analisando o Tema Repetitivo 1113 (REsp 1.937.821), em 2022, firmou a seguinte tese: "a) a base de cálculo do ITBI é o valor do imóvel transmitido em condições normais de mercado, não estando vinculada à base de cálculo do IPTU, que nem sequer pode ser utilizada como piso de tributação; b) o valor da transação declarado pelo contribuinte goza da presunção de que é condizente com o valor de mercado, que somente pode ser afastada pelo fisco mediante a regular instauração de processo administrativo próprio (art. 148 do CTN); c) o Município não pode arbitrar previamente a base de cálculo do ITBI com respaldo em valor de referência por ele estabelecido unilateralmente".

As **alíquotas** são fixadas pela legislação municipal, não prevendo mais a Constituição a fixação de limite por Resolução do Senado, o que só está previsto para o ITCMD, mas não para o ITBI.

Contribuinte pode ser qualquer das partes na operação tributada, nos termos do art. 42 do CTN.

No **Município de Porto Alegre**, o ITBI foi instituído pela **LC n. 197/89**. Tem como **fato gerador** a transmissão *inter vivos*, a qualquer título, por ato oneroso, da propriedade ou do domínio útil de bens imóveis por natureza ou acessão física, a transmissão de direitos reais sobre imóveis, exceto os de garantia, e a cessão de direitos relativos a tais transmissões. Considera-se ocorrido o fato gerador (aspecto temporal) por ocasião da lavratura da escritura pública ou da formalização do título hábil a operar a transmissão, ou ainda, se inocorrentes os casos anteriores, na data do registro do ato no ofício competente. Dispõe a lei, ainda, que: "Na dissolução da sociedade conjugal, excesso de meação, para fins do imposto, é o valor em bens imóveis, incluído no quinhão de um dos cônjuges, que ultrapasse 50% do total partilhável"; "Na cessão de direitos hereditários formalizada no curso do inventário, para fins de cálculo do imposto, a base de cálculo será o valor dos bens imóveis que ultrapassar o respectivo quinhão" e que "No total partilhável e no quinhão, mencionados nos parágrafos anteriores, serão considerados apenas os bens imóveis".

Contribuintes são o adquirente, na compra e venda, cada um dos **permutantes** em relação ao imóvel ou ao direito adquirido por permuta, e o **cedente** nas cessões de direitos, mas o transmitente e o cessionário respondem solidariamente.

Incide sobre o **valor venal do imóvel**, atribuído pelo agente fiscal, correspondendo ao valor de mercado do imóvel. O agente fiscal estima o valor venal do imóvel em até cinco dias úteis "contados a partir da apresentação do requerimento no órgão competente". Esse requerimento pode ser feito por meio de qualquer tabelionato. O art. 14 da lei ainda estabelece que: "Não serão deduzidos da base de cálculo do imposto os valores de quaisquer dívidas ou gravames, ainda que judiciais, que onerem o bem, nem os valores das dívidas do espólio". **Alíquota de 3%.** A alíquota é reduzida para 0,5% quanto aos valores objeto de financiamento imobiliário e provenientes de recursos do FGTS do adquirente, sujeita a limite o valor sujeito à alíquota reduzida.

Deve ser pago antes mesmo da lavratura da escritura pública de compra e venda, só se admitindo parcelamento antes da ocorrência do fato gerador, em até doze parcelas. Aliás, o art. 26 da LC n. 197/89 estabelece que: "Não poderão ser lavrados, transcritos, registrados ou averbados, pelos Tabeliães, Escrivães e Oficiais de Registro de Imóveis, os atos e termos de sua competência, sem prova do pagamento do imposto devido, ou do reconhecimento de sua exoneração", sendo que "Os tabeliães ou Escrivães farão constar, nos atos e termos que lavrarem, a estimativa fiscal, o valor do imposto, a data do seu pagamento e o número atribuído à guia pela Secretaria Municipal da Fazenda ou, se for o caso, a identificação do documento comprobatório da exoneração tributária". Ademais, os tabeliães e oficiais de registro de imóveis são obrigados a apresentar à Secretaria Municipal da Fazenda, mensalmente, a relação dos imóveis que, no mês anterior, tenham sido objeto de transmissão ou cessão, mediante apresentação da **Declaração de Operações Imobiliárias do Município (DOIM)**, sob pena de multa. Mas o valor é restituído "quando não se formalizar o ato ou negócio jurídico que tenha dado causa ao pagamento".

É **isenta a primeira aquisição** de terreno destinado à construção de casa própria de baixo valor, bem como de casa própria por meio de programa governamental de habitação destinado a famílias de baixa renda (art. 8º).

A lei instituidora do ITBI no **Município de São Paulo é a Lei Municipal n. 11.154/91**, que foi alterada diversas vezes, inclusive pela Lei n. 17.719/2021. O Decreto n. 59.579/2020 aprovou a Consolidação das Leis Tributárias do Município (Regulamento).

O art. 151 do Decreto n. 59.579/2020 indica que o ITBI tem como **fato gerador** "a transmissão *inter vivos*, a qualquer título, por ato oneroso: a) de bens imóveis, por natureza ou acessão física; b) de direitos reais sobre bens imóveis, exceto os de garantia e as servidões;" e "a cessão, por ato oneroso, de direitos relativos à aquisição de bens imóveis"[10]. Compreende, nos termos do art. 152, a compra e venda; a dação em pagamento; a permuta; o mandato em causa própria ou com poderes equivalentes para a transmissão de bem imóvel e respectivo substabelecimento, ressalvado o disposto no art. 117, inciso I; a arrematação, a adjudicação e a remição; o valor dos imóveis que, na divisão de patrimônio comum ou na partilha, forem atribuídos a um dos cônjuges separados ou divorciados, ao

---

10. Art. 1º da Lei n. 11.154, de 30 de dezembro de 1991.

cônjuge supérstite ou a qualquer herdeiro, acima da respectiva meação ou quinhão, considerando, em conjunto, apenas os bens imóveis constantes do patrimônio comum ou *monte-mor*, o uso, o usufruto e a enfiteuse; a cessão de direitos do arrematante ou adjudicatário, depois de assinado o auto de arrematação ou adjudicação; a cessão de direitos decorrente de compromisso de compra e venda; a cessão de direitos à sucessão; a cessão de benfeitorias e construções em terreno compromissado à venda ou alheio; a instituição e a extinção do direito de superfície; e todos os demais atos onerosos translativos de imóveis, por natureza ou acessão física, e de direitos reais sobre imóveis[11].

Considera **contribuintes** aqueles que transmitem o direito, nos termos do seu art. 120: os adquirentes dos bens ou direitos transmitidos; os cedentes, nas cessões de direitos decorrentes de compromissos de compra e venda; os transmitentes, nas transmissões exclusivamente de direitos à aquisição de bens imóveis, quando o adquirente tiver como atividade preponderante a compra e venda desses bens ou direitos, a sua locação ou arrendamento mercantil; os superficiários e os cedentes, nas instituições e nas cessões do direito de superfície[12].

A **base de cálculo**, nos termos do art. 157 do Decreto 59.579/2020, "é o valor venal dos bens ou direitos transmitidos, assim considerado o valor pelo qual o bem ou direito seria negociado à vista, em condições normais de mercado"[13]. Desse modo, poderá não corresponder exatamente ao valor da operação, ou seja, ao valor constante do negócio jurídico realizado. Os §§ 1º e 2º são claros no sentido de que "Não serão abatidas do valor venal quaisquer dívidas que onerem o imóvel transmitido", mas que "Nas cessões de direitos à aquisição, o valor ainda não pago pelo cedente será deduzido da base de cálculo".

O Município de São Paulo divulga os valores venais atualizados dos imóveis inscritos no Cadastro Imobiliário Fiscal, facultando ao contribuinte, caso não concorde, requerer fundamentadamente a avaliação especial do imóvel (arts. 158 e 159 do Regulamento). O valor da base de cálculo é reduzido, "na instituição de usufruto e uso, para 1/3 (um terço)", "na transmissão de nua propriedade, para 2/3", "na instituição de enfiteuse e de transmissão dos direitos do enfiteuta, para 80%", "na transmissão de domínio direto, para 20%".

A **alíquota** normal é de 3%. Mas fica em 0,5% nas transmissões "compreendidas no Sistema Financeiro de Habitação – SFH, no Programa de Arrendamento Residencial

---

11. Art. 2º da Lei n. 11.154, de 30 de dezembro de 1991, com a redação da Lei n. 13.402, de 5 de agosto de 2002, e da Lei n. 14.125, de 29 de dezembro de 2005.
12. Art. 6º da Lei n. 11.154, de 30 de dezembro de 1991, com a redação da Lei n. 13.402, de 5 de agosto de 2002, e da Lei n. 14.125, de 29 de dezembro de 2005.
13. Art. 7º da Lei n. 11.154, de 30 de dezembro de 1991, com a redação da Lei n. 14.256, de 29 de dezembro de 2006.

– PAR e de Habitação de Interesse Social – HIS" até o limite de R$ 65.000,00, conforme o art. 161 do Regulamento; nas superiores, a faixa até o limite é tributada à razão de 0,5%, e a faixa acima do limite, à razão de 3% (art. 10 da Lei n. 11.154, de 30/12/1991, com a redação da Lei n. 16.098/2014).

A legislação determina o **pagamento antecipado** quando o ato ou contrato seja realizado por instrumento público, ficando os notários, oficiais de Registro de Imóveis, ou seus prepostos, obrigados a verificar a exatidão e a suprir as eventuais omissões dos elementos de identificação do contribuinte e do imóvel transacionado no documento de arrecadação, nos atos em que intervierem. Quando o negócio for realizado por instrumento particular, o imposto deverá ser pago nos dez dias posteriores. Já na arrematação, adjudicação ou remição, o imposto será pago dentro de 15 dias desses atos, antes da assinatura da respectiva carta e mesmo que essa não seja extraída. Nas transmissões realizadas por termo judicial, em virtude de sentença judicial, o imposto será pago dentro de 10 (dez) dias, contados do trânsito em julgado da sentença ou da data da homologação de seu cálculo, o que primeiro ocorrer. Tudo nos termos dos arts. 163 a 170 do Regulamento, que cuidam da arrecadação.

Quanto à determinação de pagamento antecipado, há grande controvérsia sobre a sua validade ou não. Entendemos que é medida proporcional, que atende à praticabilidade da tributação, evitando que o Fisco tenha de dispender enormes recursos na fiscalização, autuação e cobrança do ITBI, porquanto assegura que os próprios contribuintes tenham a necessidade de efetuar o pagamento para poderem ultimar seus negócios imobiliários. Mas há entendimento no sentido de que, ocorrendo a transmissão da propriedade imobiliária apenas com o registro da escritura na matrícula do imóvel, a cobrança antecipada seria inadmissível, sob pena de violação à norma de competência, só se viabilizando em casos de substituição tributária para frente[14].

Não sendo pago no vencimento, será acrescido de correção monetária, multa moratória de 0,33% até o limite de 20% e juros de 1% ao mês. Quando o débito é apurado pela fiscalização, a multa é de 50%. Comprovada omissão ou falsidade, a multa é de 100% sobre o total do débito.

203. Imposto sobre Transmissão *Causa Mortis* e Doação (ITCMD)

É dos Estados a competência para instituir impostos sobre "transmissão *causa mortis* e doação, de quaisquer bens ou direitos", nos termos do art. 155, I, da CF, com a redação da EC 3/93. Transmissão é transferência jurídica, implicando a sucessão na

---

14. MANGIERI, Francisco Ramos.; MELO, Omar Augusto Leite. ITBI. 2. ed. São Paulo: EDIPRO, 2015, p. 148. Obs.: os autores dissentem a respeito. MANGIERE entende viável a antecipação; MELO, não.

titularidade do bem ou direito. Será *causa mortis* quando ocorra por força do falecimento real ou presumido do titular. A **Súmula 331** do STF já dispunha: "É legítima a incidência do Imposto de Transmissão *Causa Mortis* no inventário por morte presumida". Aberta a sucessão, "a herança transmite-se, desde logo, aos herdeiros legítimos e testamentários", conforme o art. 1.784 do CC. A doação também implica transferência de titularidade de bem ou direito, mas decorrente ato jurídico *inter vivos* a título gratuito. O art. 538 do Código Civil refere-se à doação como o contrato em que uma pessoa, "por liberalidade", transfere bens ou vantagens do seu patrimônio para outra. Note-se que em nenhum dos casos – transmissão *Causa Mortis* ou doação – há qualquer contraprestação. Quanto aos bens imóveis, a transferência ocorre através do registro imobiliário; quanto aos móveis, pela tradição (art. 1.267 do CC).

A **ausência de onerosidade** é o traço comum entre tais transmissões. Ao referir-se a **quaisquer bens ou direitos**, o dispositivo constitucional dá enorme abrangência a tal base econômica, alcançando inclusive a transmissão de imóveis[15].

No RE 562.045, o STF decidiu pela possibilidade de **progressividade** no ITCMD, com votos considerando que o caráter dinâmico do fato gerador a autoriza[16]. É que não incide sobre a propriedade, mas sobre a transmissão a título gratuito, podendo-se vislumbrar, nessa medida, capacidade contributiva de quem recebe. Mas, no RE 602.256 AgR, o STF considerou inválida a progressividade pelo critério do parentesco, da proximidade afetiva ou da dependência econômica.

O art. 155, § 1º, I e II, da CF define o **Estado competente** quando se tratar de imóveis (Estado da situação do bem) ou de móveis, títulos e créditos (Estado onde se processar o inventário ou arrolamento, ou tiver domicílio o doador).

Conforme o inciso III, cabe à lei complementar definir a competência nos casos de o doador ter domicílio ou residência no exterior ou de o *de cujus* possuir bens, ser residente ou domiciliado ou ter o seu inventário processado no exterior. Isso aponta, inequivocamente, para a competência dos Estados para a instituição do ITCMD também quando presentes esses elementos de estraneidade (de conexão com outro país). No **Tema 825** de repercussão geral (RE 851.108), em 2021, o STF fixou a tese de que "É

---

15. É incompatível com a CF/88 e, por isso, resta superada e inaplicável, a **Súmula 328** do STF ("É legítima a incidência do Imposto de Transmissão *Inter vivos* sobre a doação do imóvel"), editada à luz do ordenamento anterior, quando era da competência dos Estados a instituição de um imposto sobre a transmissão, a qualquer título de bens imóveis e de direitos a eles relativos, o qual, por força do previsto no art. 35 do CTN e da orientação jurisprudencial, alcançava a transmissão onerosa ou gratuita, "*inter vivos*" ou "*causa mortis*".
16. "Recurso Extraordinário. Constitucional. Tributário. Lei Estadual: progressividade de alíquota de imposto sobre transmissão *causa mortis* e doação de bens e direitos. Constitucionalidade. Art. 145, § 1º, da Constituição da República. Princípio da igualdade material tributária. Observância da capacidade contributiva. Recurso Extraordinário Provido" (STF, Tribunal Pleno, RE 562.045, 2013).

vedado aos estados e ao Distrito Federal instituir o ITCMD nas hipóteses referidas no art. 155, § 1º, III, da Constituição Federal sem a edição da lei complementar exigida pelo referido dispositivo constitucional" e modulou os efeitos da decisão "atribuindo a eles eficácia *ex nunc*, a contar da publicação do acórdão em questão, ressalvando as ações judiciais pendentes de conclusão até o mesmo momento, nas quais se discute: (1) a qual estado o contribuinte deve efetuar o pagamento do ITCMD, considerando a ocorrência de bitributação; e (2) a validade da cobrança desse imposto, não tendo sido pago anteriormente". É importante destacar que, neste precedente, o STF reconhece que "a combinação do art. 24, I, § 3º, da CF, com o art. 34, § 3º, do ADCT dá amparo constitucional à legislação supletiva dos estados na edição de lei complementar que discipline o ITCMD, até que sobrevenham as normas gerais da União a que se refere o art. 146, III, *a*, da Constituição Federal" e que, "de igual modo, no uso da competência privativa, poderão os estados e o Distrito Federal, por meio de lei ordinária, instituir o ITCMD no âmbito local, dando ensejo à cobrança válida do tributo, nas hipóteses do § 1º, incisos I e II, do art. 155". Mas também considera que, "nas hipóteses em que há um elemento relevante de conexão com o exterior, a Constituição exige lei complementar para se estabelecerem os elementos de conexão e fixar a qual unidade federada caberá o imposto". Assim, decidiu que "o art. 4º da Lei paulista n. 10.705/2000 deve ser entendido, em particular, como de eficácia contida, pois ele depende de lei complementar para operar seus efeitos", sendo que, "antes da edição da referida lei complementar, descabe a exigência do ITCMD a que se refere aquele artigo, visto que os estados não dispõem de competência legislativa em matéria tributária para suprir a ausência de lei complementar nacional exigida pelo art. 155, § 1º, inciso III, CF", porquanto "a lei complementar referida não tem o sentido único de norma geral ou diretriz, mas de diploma necessário à fixação nacional da exata competência dos estados".

As Leis n. 13.254/2016, ao instituir, e n. 13.428/2017 ao reabrir o programa de Regularização Cambial e Tributária, ensejando a declaração dos ativos mantidos no exterior, não distinguiram aqueles oriundos de acréscimo patrimonial daqueles outros que se originaram em transferências patrimoniais por força de doação ou herança. Mas não se pode entender que, nos casos de doação ou herança, seja válida a exigência, por parte da União, de imposto de renda, na medida em que se trata de materialidade sujeita à tributação pelos Estados-Membros[17].

Considera-se ocorrido o fato gerador e incide a **lei vigente à época do óbito**. Este o posicionamento do STJ: "2. Pelo princípio da saisine, a lei considera que no momento da morte o autor da herança transmite seu patrimônio, de forma íntegra, a seus herdeiros. Esse princípio confere à sentença de partilha no inventário caráter meramente

---

17. GEWEHR, Amalia da Silveira. *O imposto estadual sobre heranças e doações e a impossibilidade de se tributar as transferências patrimoniais enquanto acréscimo patrimonial com suporte na Lei de Repatriação*. UFRGS, PPG/Direito, 2017.

declaratório, haja vista que a transmissão dos bens aos herdeiros e legatários ocorre no momento do óbito do autor da herança. 3. Forçoso concluir que as regras a serem observadas no cálculo do ITCD serão aquelas em vigor ao tempo do óbito do *de cujus*. 4. Incidência da **Súmula 112/STF**"[18]. Mantém-se, assim, a orientação da antiga **Súmula 112** do STF: "O Imposto de Transmissão *Causa Mortis* é devido pela alíquota vigente ao tempo da abertura da sucessão". Mas, conforme a **Súmula 114** do STF, "O Imposto de Transmissão *Causa Mortis* não é exigível antes da homologação do cálculo".

Vale destacar: "Não se aplica Imposto sobre Transmissão *Causa Mortis* e Doação – ITCD nos bens pertencentes à **viúva meeira**, pois ela não é herdeira, incidindo o imposto somente sobre a meação partilhável"[19].

Outro ponto a ter em conta é que o **adiantamento de legítima** configura fato gerador do imposto sobre doação e não do imposto sobre transmissão *causa mortis*[20]. Se a base de cálculo seria a mesma, a alíquota pode ser diversa em alguns Estados da Federação.

Importa ter em consideração as Súmulas do STF no sentido de que "O Imposto de Transmissão *Causa Mortis* é calculado sobre o valor dos bens na data da avaliação" (**Súmula 113**) e que "Sobre os honorários do advogado contratado pelo inventariante, com a homologação do juiz, não incide o Imposto de Transmissão *Causa Mortis*" (**Súmula 115**).

A **alíquota** máxima possível é de 8%, limite este estabelecido pela Resolução n. 9/92 do Senado Federal, forte no que prevê o art. 155, § 1º, IV, da CF. Não podem os Estados estabelecer que a alíquota do seu imposto seja equivalente à alíquota máxima, porque a instituição do tributo exige a definição da alíquota pelo ente competente[21].

Nos termos do art. 192 do CTN, "nenhuma sentença de julgamento de partilha ou adjudicação será proferida sem prova da quitação de todos os tributos relativos aos bens do espólio, ou às suas rendas", o que envolve também o pagamento do ITCMD. O CPC de 1973, em seu art. 1.031, exigia a prova de quitação de todos os tributos relativos aos bens do espólio e às suas rendas como condição para a homologação da partilha (*caput*), bem como o pagamento do imposto de transmissão para a ultimação do processo, com a expedição e a entrega dos formais de partilha (§ 2º). Mas o CPC de 2015, no dizer do STJ, "em seu art. 659, § 2º, traz uma significativa mudança normativa no tocante ao procedimento de arrolamento sumário, ao deixar de condicionar a entrega dos formais de partilha ou da carta de adjudicação à prévia quitação dos tributos concernentes à transmissão patrimonial aos sucessores"[22]. Desse modo, se é certo que, por força do art.

....
18. STJ, REsp 1.142.872/RS, out. 2009.
19. STJ, AgRg no REsp 821.904/DF, set. 2009.
20. STJ, REsp 1.143.625/MS, nov. 2009.
21. STF, RE 213.266.
22. STJ, Primeira Turma, REsp 1.704.359/DF, 2018.

192 do CTN, norma de cunho material, os impostos relativos aos bens transmitidos devem estar quitados, a conclusão do processo não ficará condicionada ao pagamento do ITCMD. No dizer do relator, Min. GURGEL DE FARIA, "o novo CPC apenas desvinculou o encerramento do processo de arrolamento sumário à quitação dos tributos gerados com a transmissão propriamente dita, permitindo que, com o trânsito em julgado da sentença homologatória da partilha, sejam expedidos desde logo os respetivos formais ou a carta de adjudicação".

Com clareza solar, há, ainda, o seguinte precedente: "A homologação da partilha no procedimento do arrolamento sumário não pressupõe o atendimento das obrigações tributárias principais e tampouco acessórias relativas ao imposto sobre transmissão *causa mortis*". E mais: "Consoante o novo Código de Processo Civil, os artigos 659, § 2º, cumulado com o 662, § 2º, com foco na celeridade processual, permitem que a partilha amigável seja homologada anteriormente ao recolhimento do imposto de transmissão *causa mortis*, e somente após a expedição do formal de partilha ou da carta de adjudicação é que a Fazenda Pública será intimada para providenciar o lançamento administrativo do imposto, supostamente devido"[23].

A plêiade de dispositivos de direito civil, processual civil e registral que diz respeito às sucessões acaba por tornar complexa a análise da matéria, principalmente no que diz respeito ao modo de lançamento do tributo e ao seu prazo decadencial.

O STF, analisando a Lei n. 10.705/2000, do Estado de São Paulo, entendeu que é válida, por cuidar de normas procedimentais que não contrastam com as normas processuais federais. A previsão, em seu art. 28, de que "Compete à Procuradoria-Geral do Estado intervir e ser ouvida nos inventários, arrolamentos e outros feitos processados neste Estado, no interesse da arrecadação do imposto de que trata esta lei". Conforme informativo do STF (o acórdão ainda não fora publicado em agosto de 2018 quando do fechamento desta edição), foi considerado que "Pela legislação federal, a Fazenda Pública não fica adstrita ao valor declarado no processo dos bens do espólio" e que "Será sempre notificada e irá instaurar procedimento administrativo para verificar se aqueles valores estão corretos ou não" e que "A lei estadual dispõe que será instaurado o respectivo procedimento administrativo – como estabelece o CPC – se a Fazenda não concordar com o montante declarado ou atribuído a bem ou direito do espólio". Se a PGE concordar com o valor, "encerra-se '*ab initio*' qualquer procedimento administrativo"[24].

O STJ, por sua vez, analisou a legislação do Estado do Rio de Janeiro: "No Estado do Rio de Janeiro, a Lei n. 1.427/89 estabelece que, quando o inventário se processar sob a forma de rito sumário o imposto de transmissão será objeto de declaração do contribuinte nos 180 (cento e oitenta) dias subsequentes à ciência da homologação da

---

23. STJ, Segunda Turma, REsp 1.751.332/DF, 2018.
24. STF, ADI 4.409/SP, 2018.

partilha ou da adjudicação", sendo que "Não havendo tal declaração no prazo legal, nasce para o Fisco o direito de proceder ao lançamento de ofício (art. 149, II, do CTN), o que deverá ocorrer no prazo quinquenal do art. 173, I, do CTN [...]"[25].

Ou seja, trata-se de tributo sujeito a lançamento por declaração. Não sendo cumprida pelo contribuinte sua obrigação, surge para o Fisco a possibilidade de proceder ao lançamento de ofício no prazo de cinco anos contados do primeiro dia do exercício seguinte. E a doutrina segue procurando esclarecer a situação. Pela pertinência, transcrevo as críticas de CARLOS VICTOR MUZZI FILHO a respeito da matéria:

> Examino, aqui, a tributação, incidente sobre a transmissão *causa mortis* [...], concentrando o exame na forma de lançamento adotada (ou adotável) [...] ainda há muita confusão teórica sobre estes aspectos do imposto sobre heranças, confusão que é aumentada pela existência de normas processuais que disciplinam o 'cálculo do imposto' nos processos de inventário e partilha (art. 1.102 e art. 1.103, ambos do Código de Processo Civil, CPC) e que são objeto de antigas súmulas do Supremo Tribunal Federal (por exemplo, Súmulas n. 113, 114 e 115, entre outras). Ademais, alterações na legislação processual permitiram 'o inventário e a partilha por escritura pública' (art. 982 do CPC, na redação da Lei n. 11.441, de 2007), chamado *inventário extrajudicial*, o que suscita ainda mais dúvidas a respeito do lançamento do ITCMD. [...] Não se deve confundir a competência estadual para definir a forma de lançamento do ITCMD *causa mortis*, que decorre da competência para instituir o imposto, e a disciplina do processo de inventário (ou de arrolamento) de bens. As normas processuais devem se limitar a disciplinar o procedimento judicial, por meio do qual se formaliza a partilha dos bens entre os herdeiros. [...] as questões tributárias se mostram acessórias ao processo de inventário e partilha [...] A persistência na adoção do lançamento jurisdicional [...] não mais se justifica. Com efeito, na medida em que se constata a tendência à retirada do inventário e da partilha do âmbito judicial, é de se questionar sobre a eficiência do lançamento jurisdicional [...] há uma tradição em nosso direito processual, que, de modo incomum, instituiu a possibilidade de lançamento jurisdicional, mas esta tradição não se sobrepõe à competência tributária outorgada pela Constituição Federal aos Estados, competência que, de resto, é instrumento para a viabilização da própria autonomia política destes Estados. Nada impede, pois, que o legislador estadual, exercendo sua competência legislativa plena, preveja que o lançamento do ITCMD *causa mortis* ocorra independentemente do processo de inventário e partilha de bens, não sendo vinculantes para os Estados as regras processuais que cuidam do lançamento jurisdicional do imposto sobre heranças. [...] registre-se como exemplos de legislações que adotam o lançamento nos moldes preconizados pelo CPC, dentre outros, as dos Estados de São Paulo (art. 17 da Lei Estadual n. 10.705, de 2000), do Rio de Janeiro (arts. 8º e 13 da Lei Estadual n. 1.427, de 1989), do Rio Grande do Sul (art. 16 da Lei n. 8.821/89) e do Paraná (art. 10 da Lei n. 8.927, de 1988). Por outro lado, preveem lançamentos realizados

---

25. STJ, Primeira Turma, REsp 752.808/RJ, 2007.

exclusivamente pela autoridade fiscal, por exemplo, os Estados do Ceará (arts. 12 e 13 da Lei Estadual n. 13.417, de 2003), de Minas Gerais (art. 17 da Lei Estadual n. 14.941, de 2003) e ainda o Distrito Federal (Lei distrital n. 3.804, de 2006). Em todos estes casos, isto é, seja sob a forma jurisdicional, seja sob a forma administrativa, o lançamento do ITCMD *causa mortis*, normalmente, assume a modalidade de lançamento por declaração, prevista no art. 149 do CTN, visto que ao sujeito passivo se impõe a obrigação de fornecer informações sobre a situação de fato (morte do autor da herança, patrimônio do autor da herança, herdeiro etc.), impondo-se à autoridade (judicial ou administrativa) o cálculo do tributo devido[26].

No **Tema Repetitivo 1048** (REsp 1.841.798), em 2021, o STJ, considerando irrelevante a data em que o fisco teve conhecimento da ocorrência do fato gerador, fixou a tese de que "O Imposto de Transmissão *Causa Mortis* e Doação – ITCMD, referente a doação não oportunamente declarada pelo contribuinte ao fisco estadual, a contagem do prazo decadencial tem início no primeiro dia do exercício seguinte àquele em que o lançamento poderia ter sido efetuado, observado o fato gerador, em conformidade com os arts. 144 e 173, I, ambos do CTN".

No **Estado do Rio Grande do Sul**, o imposto foi instituído pela **Lei n. 8.821/89**, sob a sigla **ITCD**. Seu art. 2º define como fato gerador a "transmissão *causa mortis* e a doação, a qualquer título, de: I – propriedade ou domínio útil de bens imóveis e de direitos a eles relativos", assim como, nos termos da Lei 14.741/15 , a de "II – bens móveis, títulos, créditos, ações, quotas e valores, de qualquer natureza, bem como dos direitos a eles relativos". E esclarece, no § 1º desse artigo, que se considera doação "qualquer ato ou fato em que o doador, por liberalidade, transmite bens, vantagens ou direitos de seu patrimônio, ao donatário que os aceita, expressa, tácita ou presumidamente, incluindo-se as doações efetuadas com encargos ou ônus". Em seu § 5º, acrescido pela Lei n. 14.136/2012, ainda dispõe: "considera-se doação a transmissão de bem ou direito em favor de pessoa sem capacidade financeira, inclusive quando se tratar de pessoa civilmente incapaz ou relativamente incapaz".

Conforme o art. 4º da Lei n. 8.821/89, ocorre o fato gerador, na transmissão *causa mortis*, "na data da abertura da sucessão legítima ou testamentária" e, na transmissão por doação, como regra, "na data da formalização do ato ou negócio jurídico", conforme a redação da Lei n. 14.741/2007, sendo que especifica algumas hipóteses.

Não incide "na renúncia à herança ou legado, desde que feita sem ressalvas, em benefício do monte e não tenha o renunciante praticado qualquer ato que demonstre aceitação", conforme seu art. 6º, II. O art. 7º, por sua vez, recebeu muitas alterações de redação e estabelece diversas isenções, dentre as quais para as transmissões de imóvel

---

26. MUZZI FILHO, Carlos Victor. Imposto sobre transmissões *causa mortis*: Lançamento e decadência. *RDDT*, n. 212/29, maio 2013.

de pequeno valor quando o recebedor "seja ascendente, descendente ou cônjuge, ou a ele equiparado, do transmitente, não seja proprietário de outro imóvel e não receba mais do que um imóvel, por ocasião da transmissão", bem como para a "decorrente da extinção de usufruto, de uso, de habitação e de servidão, quando o nu-proprietário tenha sido o instituidor" e, ainda, para a transmissão de "imóvel rural, desde que o recebedor seja ascendente, descendente ou cônjuge, ou a ele equiparado, do transmitente, e, simultaneamente, não seja proprietário de outro imóvel, não receba mais do que um imóvel de até 25 (vinte e cinco) hectares de terras por ocasião da transmissão e cujo valor não ultrapasse o equivalente a 6.131 (seis mil cento e trinta e uma) UPF-RS". Também isenta a transmissão *causa mortis* "por sucessão legítima, cuja soma dos valores venais da totalidade dos bens imóveis situados neste Estado, bens móveis, títulos e créditos, bem como os direitos a eles relativos, compreendidos em cada quinhão, avaliados nos termos do artigo 12, não ultrapasse a 10.509 (dez mil quinhentas e nove) UPF-RS", dentre outras hipóteses, todas arroladas no art. 7º da lei gaúcha.

O art. 8º coloca como contribuinte, nas doações, o doador, quando domiciliado ou residente no país, e o donatário, quando o doador não tenha aqui domicílio nem residência, mas o art. 10 cuida de estabelecer responsabilidade solidária do donatário e do doador quando não contribuintes. Nas transmissões *causa mortis*, contribuinte é o beneficiário ou recebedor do bem ou direito transmitido.

A base de cálculo "é o valor venal dos bens, títulos, créditos, ações, quotas e valores, de qualquer natureza, bem como dos direitos a eles relativos, transmitidos, apurado mediante avaliação procedida pela Fazenda Pública Estadual ou avaliação judicial, expresso em moeda corrente nacional e o seu equivalente em quantidade de UPF-RS, obedecidos os critérios fixados em regulamento" (art. 12, com a redação dada pela Lei n.14.741/2015), sendo que o contribuinte "deverá fornecer à Fazenda Pública Estadual os elementos necessários para apuração da base de cálculo do imposto" (§ 5º, também com a redação da Lei n. 14.741/2015). Não concordando com a avaliação, o contribuinte tem vinte dias para requerer avaliação contraditória, podendo, desde já, juntar laudo assinado por técnico habilitado, conforme o art. 14 da lei gaúcha. As despesas de reavaliação correm por conta do contribuinte, sendo expresso nesse sentido o art. 15.

As alíquotas são de 0% a 6% para a transmissão *causa mortis* e de 3% a 4% para a transmissão por doação, conforme os arts. 18 e 19, com a redação da Lei n. 14.741/2015.

Consta, ainda, que, no inventário pela forma de arrolamento sumário, a parte "deverá solicitar ao órgão competente da Fazenda Pública Estadual a avaliação de todos os bens do espólio, antes do ajuizamento, fornecendo todos os elementos necessários para apuração da base de cálculo e do imposto devido" (art. 22, com a redação da Lei n. 10.800/96).

No **Estado de São Paulo**, o imposto, designado pela sigla **ITCMD**, é disciplinado na **Lei n. 10.705/2000**, com suas alterações, inclusive as da Lei n. 16.050/2015, e regulamentado pelo Decreto n. 46.655/2002.

Fato gerador é a transmissão de qualquer bem ou direito havido por sucessão legítima ou testamentária, inclusive a sucessão provisória, ou por doação (art. 2º). O § 1º esclarece que "ocorrem tantos fatos geradores distintos quantos forem os herdeiros, legatários ou donatários". O art. 3º esclarece que também se sujeita ao imposto a transmissão de "qualquer título ou direito representativo do patrimônio ou capital de sociedade e companhia, tais como ação, quota, quinhão, participação civil ou comercial, nacional ou estrangeira, bem como, direito societário, debênture, dividendo e crédito de qualquer natureza". Assim, também, a transmissão de "dinheiro, haver monetário em moeda nacional ou estrangeira e título que o represente, depósito bancário e crédito em conta corrente, depósito em caderneta de poupança e a prazo fixo, quota ou participação em fundo mútuo de ações, de renda fixa, de curto prazo, e qualquer outra aplicação financeira e de risco, seja qual for o prazo e a forma de garantia". E, ainda, a transmissão de "bem incorpóreo em geral, inclusive título de crédito que o represente, qualquer direito ou ação que tenha de ser exercido e direitos autorais".

Contribuintes, conforme a lei paulista, são o herdeiro ou o legatário, o fiduciário, o donatário ou o cessionário de herança ou de bem ou direito a título não oneroso, conforme seu art. 7º.

Base de cálculo é o valor venal do bem ou direito transmitido, assim considerado "o valor de mercado do bem ou direito na data da abertura da sucessão ou da realização do ato ou contrato de doação". Na transmissão *causa mortis*, o valor do bem ou direito "é o atribuído na avaliação judicial e homologado pelo Juiz", tudo conforme os arts. 9º e 10 da lei paulista. Nos termos dos parágrafos do art. 9º, quando a transmissão disser respeito ao domínio útil, a base de cálculo corresponderá a 1/3 do valor do bem; a domínio direto, 2/3; a usufruto por ato não oneroso, a 1/3; a transmissão não onerosa da nua-propriedade, 2/3. Importa destacar, forte no art. 12, que: "No cálculo do imposto, não serão abatidas quaisquer **dívidas** que onerem o bem transmitido, nem as do espólio". Vale considerar, ainda, conforme o art. 13, que, no caso de imóvel, a base de cálculo não será inferior ao valor considerado para fins de IPTU e de ITR. No caso de móvel ou direito, "base de cálculo é o valor corrente de mercado do bem, título, crédito ou direito, na data da transmissão ou do ato translativo" ou, supletivamente, o valor declarado pelo interessado, ressalvada a revisão pela autoridade, nos termos do art. 14. O art. 15 dispõe: "O valor da base de cálculo é considerado na data da abertura da sucessão, do contrato de doação ou da avaliação". A lei paulista estabelece **alíquota** linear de 4%, conforme o art. 16, com a redação da Lei n. 10.992/2001[27].

O **recolhimento** deve ser feito até 30 dias após a decisão homologatória do cálculo ou do despacho que determinar o pagamento, na transmissão *causa mortis*, até o máximo

---

27. Na redação original da Lei n. 10.705/2000, era progressiva de 2,5 a 4%.

de 180 dias da abertura da sucessão, quando começa a correr juros. Na doação, o imposto deve ser "recolhido antes da celebração do ato ou contrato correspondente", sendo que, "Na partilha de bem ou divisão de patrimônio comum, quando devido, o imposto será pago no prazo de 15 (quinze) dias do trânsito em julgado da sentença ou antes da lavratura da escritura pública". É admitido parcelamento em até doze meses tanto no caso de transmissão *causa mortis* como no de doação. O atraso dá ensejo a juros conforme a taxa Selic e a multa de 0,33% ao dia, esta até o máximo de 20%.

Capítulo XXIX
Imposto sobre a renda

204. Imposto sobre a Renda e Proventos de Qualquer Natureza (IR)[1]

A competência para a instituição do Imposto sobre a Renda e Proventos de Qualquer Natureza (IR) consta do art. 153, III, da CRFB, além do que, no § 2º do mesmo artigo, a CF estabelece os critérios a serem observados na sua instituição: generalidade, universalidade e progressividade. Os arts. 43 a 45 do CTN estabelecem as normas gerais atinentes ao imposto sobre a renda e proventos, definindo os arquétipos para o fato gerador, base de cálculo e contribuintes. O Imposto sobre a Renda da Pessoa Física (IRPF) tem suporte, no âmbito da legislação ordinária, nas Leis n. 7.713/88 e n. 9.250/95, entre outras, sendo que a IN RFB n. 1.500/2014 "dispõe sobre normas gerais de tributação relativas ao Imposto sobre a Renda das Pessoas Físicas". O Imposto sobre a Renda da Pessoa Jurídica (IRPJ), por sua vez, tem suporte nas Leis n. 8.981/95 e n. 9.430/96, entre outras. A IN RFB n. 1.700/2017 detalha o seu regime. O Decreto n. 9.580, de 22 de novembro de 2018, regulamenta a fiscalização, arrecadação e administração tanto do IRPF como do IRPJ e é designado RIR/2018.

O art. 153, III, da CRFB outorga **competência à União** para a instituição de imposto sobre "renda e proventos de qualquer natureza".

A extensão dos termos **"renda"** e **"proventos de qualquer natureza"** dá o contorno do que pode ser tributado e do que não pode ser tributado a tal título. Na instituição

---

1. Sobre o IR, *vide*: OLIVEIRA, Ricardo Mariz de. *Fundamentos do imposto de renda (2020)*. 2 ed. São Paulo: IBDT, 2020.

do imposto, o legislador ordinário não pode extrapolar a amplitude de tais conceitos, sob pena de inconstitucionalidade.

A **renda** é o acréscimo patrimonial produto do capital ou do trabalho. **Proventos** são os acréscimos patrimoniais decorrentes de uma atividade que já cessou. "**Acréscimo patrimonial**", portanto, é o elemento comum e nuclear dos conceitos de renda e de proventos, ressaltado pelo próprio art. 43 do CTN na definição do fato gerador de tal imposto.

ROQUE ANTONIO CARRAZZA esclarece: "renda é disponibilidade de riqueza nova, havida em dois momentos distintos. [...] é o acréscimo patrimonial experimentado pelo contribuinte, ao longo de um determinado período de tempo. Ou, ainda, é o resultado positivo de uma subtração que tem, por minuendo, os rendimentos brutos auferidos pelo contribuinte, entre dois marcos temporais, e, por subtraendo, o total das deduções e abatimentos, que a Constituição e as leis que com ela se afinam permitem fazer. [...] tanto a renda quanto os proventos de qualquer natureza pressupõem ações que revelem mais-valias, isto é, incrementos na capacidade contributiva. Só diante de realidades econômicas novas, que se incorporam ao patrimônio da pessoa [...], é que podemos juridicamente falar em renda ou proventos de qualquer natureza"[2].

Não se pode admitir, a título de tributação da renda ou de proventos de qualquer natureza, a tributação do próprio capital ou mesmo do faturamento, sob pena de extrapolação da base econômica, que pressupõe necessariamente o acréscimo patrimonial num determinado período de tempo.

Ademais, descontos ou dispensas de pagamento de despesas não podem ser considerados como acréscimos patrimoniais. Nesse sentido, "a dispensa do adimplemento das taxas condominiais concedida ao Síndico pelo labor exercido não pode ser considerada pró-labore, rendimento e tampouco acréscimo patrimonial, razão pela qual não se sujeita à incidência do Imposto de Renda de Pessoa Física, sob pena, inclusive, de violar o princípio da capacidade contributiva"[3].

Está bastante sedimentada, ainda, a jurisprudência no sentido de que as **indenizações não ensejam a incidência de imposto de renda**. Isso porque não implicam acréscimo patrimonial, apenas reparam uma perda, constituindo mera recomposição do patrimônio, conforme o STF, RE 188.684-6/SP.

Por constituírem indenização, é que não incide imposto de renda sobre a conversão em dinheiro de férias vencidas e não gozadas[4], sobre o pagamento de férias proporcionais

....

2. CARRAZZA, Roque Antonio. A natureza meramente interpretativa do art. 129 da Lei n. 11.196/2005, o imposto de renda, a contribuição previdenciária e as sociedades de serviços profissionais. *RDDT*, 154, jul. 2008, p. 109.
3. STJ, Primeira Turma, REsp 1.606.234/RJ, 2019.
4. **Súmula 125** do STJ: "O pagamento de férias não gozadas por necessidade do serviço não está sujeito à incidência do Imposto de Renda".

não gozadas e sobre o respectivo acréscimo de 1/3[5] e sobre as licenças-prêmio não gozadas[6]. Consideram-se indenizatórios os pagamentos a título de auxílio-creche[7] e as ajudas de custo pela utilização de veículo próprio[8].

No **Tema 808** de repercussão geral (RE 855.091), o STF, em 2021, fixou a tese de que "Não incide imposto de renda sobre os juros de mora devidos pelo atraso no pagamento de remuneração por exercício de emprego, cargo ou função". Considerou que "os juros de mora devidos em razão do atraso no pagamento de remuneração por exercício de emprego, cargo ou função visam, precipuamente, a recompor efetivas perdas (danos emergentes)", porquanto "esse atraso faz com que o credor busque meios alternativos ou mesmo heterodoxos, que atraem juros, multas e outros passivos ou outras despesas ou mesmo preços mais elevados, para atender a suas necessidades básicas e às de sua família". Os juros pagos na desapropriação também não se sujeitam ao imposto, igualmente em razão do seu caráter indenizatório[9].

Há inúmeras verbas às quais se pretendeu atribuir caráter indenizatório para afastar a incidência do imposto de renda, mas que foram consideradas remuneratórias pelos tribunais. Assim é que incide o imposto, inclusive, sobre as horas extras, férias gozadas, terço de férias gozadas, 13º salário e gratificação semestral[10]. Os valores recebidos pelos atletas profissionais a título de direito de arena, disciplinado pelos art. 42 da Lei n. 9.615/98 (Lei Pelé) e pelo seu art. 42-A, acrescentado pela Lei n. 14.205/2021, também se sujeitam à incidência do imposto, porquanto não têm caráter reparador de qualquer dano ou lesão, constituindo, isso sim, "autêntico rendimento extra, corolário da compulsoriedade da transferência, para o atleta, de parte do montante arrecadado na competição, denotando nítido conteúdo de acréscimo patrimonial"[11].

O STJ firmou posição no sentido de que não incide imposto de renda sobre a indenização pecuniária por dano moral e o fez em sede de acórdão sujeito ao regime dos recursos repetitivos[12]. Havia consistente doutrina em sentido contrário[13], destacando

---

5. STJ, Primeira Turma, AgRg no REsp 1.057.542.
6. **Súmula 136** do STJ: "O pagamento de licença-prêmio não gozada por necessidade do serviço não está sujeito ao imposto de renda".
7. STJ, REsp 625.506/RS.
8. STJ, REsp 789.706/RS.
9. STJ, ROMS 11.392/RJ.
10. STJ, Segunda Turma, AgRg no REsp 1.305.039/PR, 2013; STJ, Segunda Turma, AgRg no AREsp 408.040/MS, 2013.
11. STJ, Primeira Turma, REsp 1.679.649/SP, 2018.
12. STJ, RE 1.152.764/CE.
13. PHILIPPSEN, Eduardo Gomes. A incidência do imposto de renda sobre indenizações. *Revista da AJUFERGS*, n. 2. Porto Alegre: 2006, p. 137. MACHADO, Hugo de Brito. *Temas de direito tributário*. São Paulo: RT, 1994, p. 197-99.

que não se deveria confundir o patrimônio moral (irrelevante para fins de tributação) com o patrimônio econômico (reveladora de capacidade contributiva). Tal doutrina, contudo, restou superada pelo entendimento do STJ consolidado no enunciado da sua **Súmula 498**: "Não incide imposto de renda sobre a indenização por danos morais", editada em agosto de 2012.

De qualquer modo, é preciso ter em conta que nem tudo o que se costuma denominar de indenização, mesmo material, efetivamente corresponde a simples recomposição de perdas. Não é o nome atribuído à verba que definirá a incidência ou não do imposto. Verbas que constituam acréscimo patrimonial, ainda que pagas sob a rubrica de "indenização", serão tributadas[14]. Assim, e.g., as supostas indenizações pagas por liberalidade do empregador quando da rescisão do contrato de trabalho[15]. O STJ também tem precedentes no sentido de que a complementação de aposentadoria recebida por ocasião da aposentadoria incentivada, para assegurar paridade com o salário da ativa, se sujeita ao IR[16].

Em sede de recurso repetitivo, o STJ definiu que "é indevida a cobrança de imposto de renda sobre o valor da complementação de aposentadoria e o do resgate de contribuições correspondentes a recolhimentos para entidade de previdência privada ocorridos no período de 1º/01/1989 a 31/12.1995"[17].

Embora sujeito à **anterioridade de exercício** estabelecida pelo art. 150, III, *b*, da CF, o Imposto de Renda foi excepcionado da necessidade de observância da anterioridade nonagesimal mínima de que cuida a alínea *c* do mesmo inciso, conforme se vê do § 1º do art. 150, de modo que a majoração ocorrida ao final de determinado ano poderá produzir efeitos relativamente ao período a se iniciar em 1º de janeiro seguinte independentemente de haver ou não o interstício de noventa dias entre a publicação da lei e a virada do exercício.

A **generalidade** é critério a ser observado na instituição do Imposto de Renda. Conforme DIFINI: "Generalidade significa que o tributo deve abranger todos os contribuintes que pratiquem o ato ou estejam em igual relação com o fato descrito na hipótese de incidência"[18].

Outro critério a ser observado é a **universalidade**, segundo o qual o imposto de renda deve abranger quaisquer rendas e proventos auferidos pelo contribuinte. É este, também, o entendimento de DIFINI: "[...] universalidade significa incidir o tributo sobre

---

14. STJ, Primeira Seção, EREsp 976.082.
15. STJ, Primeira Seção, AgRg nos EREsp 923.775.
16. STJ, ARARREsp 674.296.
17. STJ, Primeira Turma, AgRg no Ag 1290731/DF, abr. 2012.
18. DIFINI, Luiz Felipe Silveira. *Manual de direito tributário*. São Paulo: Saraiva, 2003, p. 77.

todos os fatos descritos na hipótese de incidência (no caso do imposto de renda, incidir indistintamente sobre diversas espécies de rendimentos)".

Em face do critério constitucional da universalidade, ter-se-ia de considerar a totalidade das rendas do contribuinte como uma unidade, sem estabelecer distinções entre tipos de rendas para efeito de tributação diferenciada.

A **progressividade**, por sua vez, é critério que exige variação positiva da alíquota à medida que há aumento da base de cálculo. De fato, ocorre progressividade quando há diversas alíquotas graduadas progressivamente em função do aumento da base de cálculo: quanto maior a base, maior a alíquota. Como imposto de natureza pessoal, o IR deve necessariamente ser graduado segundo a capacidade econômica do contribuinte também por força de determinação expressa constante do art. 145, § 1º, da CRFB. A progressividade, aliás, serve de instrumento para a tributação da renda conforme a capacidade contributiva.

Tais critérios, da generalidade, da universalidade e da progressividade, se aplicados adequadamente, fariam com que todos pagassem imposto de renda sobre a totalidade dos rendimentos auferidos com carga progressiva conforme a capacidade contributiva de cada qual. Porém, o legislador segmenta o imposto de renda, criando tributações distintas para determinadas classes de rendimentos, como, por exemplo, a tributação exclusiva na fonte dos rendimentos de aplicações financeiras (de 15% a 22,5%, variando conforme o tempo de aplicação, sendo que os rendimentos de caderneta de poupança são isentos) e a tributação isolada dos ganhos de capital (15%), sujeitas, cada qual, como se vê, a alíquotas distintas daquelas aplicáveis aos rendimentos em geral, como os provenientes do trabalho (tabela progressiva, até 27,5%). Ademais, o legislador exclui da base de cálculo do imposto de renda, por exemplo, os lucros e dividendos recebidos por sócios, acionistas ou titulares de empresa individual, com o que não são gravados pelo imposto de renda, mas essa questão é objeto do Projeto de Lei n. 2.337/2021, de autoria do Governo, que pretender retomar a sua tributação com alíquota de 15%.

O que os critérios de tributação constitucionalmente estabelecidos impedem "é a exclusão apriorística de determinada categoria de pessoas ou rendimentos do rol dos sujeitos passivos ou dos fatos tributáveis"[19]. Não resta impedida a concessão de isenções objetivas ou subjetivas fundadas na ausência de capacidade contributiva ou em finalidades extrafiscais. Assim, por exemplo, há doenças graves que implicam isenção do imposto de renda da pessoa física relativamente aos proventos de aposentadoria, reforma e pensão, como neoplasia maligna, cardiopatia grave e síndrome da imunodeficiência adquirida, na forma do art. 6º, XIV e XXI, da Lei n. 7.713/88[20]. As exceções, porém, exigem interpretação restritiva (art. 111 do CTN), não podendo ser

---

19. Id., ibid.
20. STJ, Segunda Turma, REsp 1.286.094, 2011; REsp 1.252.825 AgRg, 2011; REsp 1.706.816/RJ, dez. 2017.

estendidas por analogia. No **Tema Repetitivo 1037** (REsp 1.814.919), em 2020, o STJ fixou a seguinte tese: "Não se aplica a isenção do imposto de renda prevista no inciso XIV do artigo 6º da Lei n. 7.713/1988 (seja na redação da Lei n. 11.052/2004 ou nas versões anteriores) aos rendimentos de portador de moléstia grave que se encontre no exercício de atividade laboral".

O CTN dispõe sobre o aspecto material (**fato gerador**) do imposto, dizendo que é **a aquisição da disponibilidade econômica ou jurídica de renda ou de proventos de qualquer natureza**: "Art. 43. O imposto, de competência da União, sobre a renda e proventos de qualquer natureza tem como fato gerador a aquisição da disponibilidade econômica ou jurídica: I – de renda, assim entendido o produto do capital, do trabalho ou da combinação de ambos; II – de proventos de qualquer natureza, assim entendidos os acréscimos patrimoniais não compreendidos no inciso anterior. § 1º A incidência do imposto independe da denominação da receita ou do rendimento, da localização, condição jurídica ou nacionalidade da fonte, da origem e da forma de percepção. (*Parágrafo incluído pela LC n. 104, de 10/01/2001*) § 2º Na hipótese de receita ou de rendimento oriundos do exterior, a lei estabelecerá as condições e o momento em que se dará sua disponibilidade, para fins de incidência do imposto referido neste artigo. (*Parágrafo incluído pela LC n. 104, de 10/01/2001*)".

Aquisição é o ato de adquirir, ou seja, de obter, conseguir, passar a ter. **Disponibilidade** é a qualidade ou estado do que é disponível, do que se pode usar livremente, é a "qualidade dos valores e títulos integrantes do ativo dum comerciante, que podem ser prontamente convertidos em numerário"[21].

Sendo fato gerador do imposto a "aquisição da disponibilidade econômica ou jurídica de renda ou proventos de qualquer natureza", não alcança a "mera expectativa de ganho futuro ou em potencial"[22, 23]. Tampouco configura aquisição da disponibilidade econômica ou jurídica de renda ou proventos a simples posse de numerário alheio. A disponibilidade jurídica resta caracterizada para o locador de imóvel, e.g., já quando há o recebimento, pela imobiliária, do aluguel pago pelo locatário, ainda que a imobiliária não tenha prestado contas ao locador[24]. OSCAR VALENTE CARDOSO bem conceitua as disponibilidades **econômica e jurídica**: "A disponibilidade econômica ocorre com o recebimento da renda, a sua incorporação ao patrimônio, a possibilidade de utilizar, gozar ou dispor dela. Por sua vez, a disponibilidade jurídica dá-se com a aquisição de

---

21. FERREIRA, Aurélio. *Dicionário*..., p. 598.
22. STJ, REsp 320.455.
23. STF, RE 193.380-1.
24. IN SRF n. 25/96, art. 16, § 2º "Quando o aluguel for recebido por meio de imobiliárias, procurador ou por qualquer outra pessoa designada pelo locador, será considerada como data de recebimento aquela em que o locatário efetuou o pagamento, independentemente de quando o mesmo for repassado para o beneficiário".

um direito não sujeito a condição suspensiva, ou seja, o acréscimo ao patrimônio ainda não está economicamente disponível, mas já existe um título para o seu recebimento, como, por exemplo, os direitos de crédito (cheque, nota promissória etc.)"[25].

Os §§ 1º e 2º do art. 43 referem-se a "receita" ou rendimento. *Receita*, contudo, é palavra com sentido bem mais largo que o de *renda* ou *proventos*, enfim, que o de acréscimo patrimonial, pois receita é qualquer quantia recebida. De fato, receita vem do latim *recepta*, significando "coisas recebidas"[26]. Assim, não considera as saídas, as despesas. De qualquer modo, não se pode perder de vista que a definição do fato gerador está condicionada pela base econômica dada à tributação pelo art. 153, III, da CF, que refere "rendas ou proventos de qualquer natureza", e não "receitas". Não se pode, portanto, dar ao dispositivo infraconstitucional sentido que desborde da norma de competência, sob pena de inconstitucionalidade. Nunca é demais lembrar que o legislador infraconstitucional não pode alterar os conceitos utilizados pelas normas constitucionais que outorgam competências[27].

O imposto de renda é imposto com **fato gerador complexo ou de período** (quando são considerados diversos fatos ao longo de um período de tempo – os ingressos e as despesas – para vê-los como uma unidade), o que exige a definição legal do momento em que se deva considerar como ocorrido o fato gerador, ou seja, a definição legal do aspecto temporal da hipótese de incidência tributária. Por certo que, dependendo da consideração de todo o conjunto de receitas e despesas ocorridos no período de apuração (anual ou trimestral), não tem o legislador grande liberdade para estabelecer ficções nesta matéria, considerando ocorrido o fato gerador no último dia do período. Admite-se, contudo, que seja estabelecida a obrigação de o contribuinte antecipar parcelas à medida que vai percebendo a renda, do que são exemplo os pagamentos mensais devidos pelas pessoas físicas[28].

O imposto sobre a renda e proventos de qualquer natureza caracteriza-se pela **extraterritorialidade**, ou seja, por alcançar fatos geradores ocorridos não apenas no território nacional como fora dele, nos termos dos §§ 1º e 2º do art. 43 do CTN, do § 4º do art. 3º da Lei n. 7.713/88 e do art. 25 da Lei n. 9.249/95. Trata-se de imposto da União, e não há vedação constitucional alguma a que o legislador estabeleça tal tributação. Pelo contrário, há quem defenda que o critério da universalidade, previsto no art. 153, § 2º, I, da CRFB, a impõe. A tributação em bases universais contrapõe-se ao critério puro e

---

25. CARDOSO, Oscar Valente. A controversa incidência do imposto de renda sobre juros de mora decorrentes de condenação judicial. *RDDT*, 153, jun. 2008, p. 55.
26. FERREIRA, *Aurélio*... p. 1.460.
27. Art. 110 do CTN.
28. STJ, AgRg no REsp 281.088/RJ.

simples da territorialidade. Mas a União firmou inúmeros **tratados internacionais para evitar a bitributação**, definindo em que país será tributada a renda.

Sujeito ativo do imposto sobre a renda é a própria **União**, cabendo a administração do imposto à Secretaria da Receita Federal.

Quanto aos **contribuintes**, dispõe o CTN: "Art. 45. Contribuinte do imposto é o **titular da disponibilidade** a que se refere o artigo 43, sem prejuízo de atribuir a lei essa condição ao possuidor, a qualquer título, dos bens produtores de renda ou dos proventos tributáveis. Parágrafo único. A lei pode atribuir à fonte pagadora da renda ou dos proventos tributáveis a condição de responsável pelo imposto cuja retenção e recolhimento lhe caibam".

Quanto à **base de cálculo**, dispõe o art. 44 do CTN: "Art. 44. A base de cálculo do imposto é o montante, real, arbitrado ou presumido, da renda ou dos proventos tributáveis".

No **Imposto de Renda Pessoa Física (IRPF), considera-se ocorrido o fato gerador em 31 de dezembro do ano-calendário**, embora haja a determinação de **antecipações anuais**, sujeitas a posterior **ajuste**.

São contribuintes do IRPF as pessoas físicas residentes ou domiciliadas no Brasil, nos termos do art. 1º da Lei n. 7.713/88.

As pessoas físicas que percebem rendimentos de outras pessoas físicas devem providenciar o pagamento mensal do imposto de renda através do denominado carnê-leão. Por si próprias, apuram o montante devido e realizam o recolhimento mensal respectivo, procedendo, posteriormente, ao ajuste anual até o final do mês de abril do exercício subsequente.

No caso de **percepção de rendimentos pagos por pessoas jurídicas**, a sistemática é diversa, pois teremos, então, a **retenção na fonte** do imposto devido, nos termos do art. 7º da Lei n. 7.713/88. O imposto retido nessa sistemática ao longo do ano (ano-calendário) será deduzido do montante a pagar por ocasião do ajuste anual, realizado até o final de abril do ano subsequente (o ano do exercício), verificando, então, o contribuinte, se ainda resta algo a recolher ou se tem direito à restituição. É importante destacar que a omissão da fonte pagadora em efetuar a retenção não exclui a responsabilidade do contribuinte pelo pagamento do imposto, o qual fica obrigado a declarar o valor recebido em sua declaração de ajuste anual[29].

Até 30 de abril do ano subsequente ao ano-base, as pessoas físicas apuram o imposto sobre a renda e proventos efetivamente devido, compensam com os **adiantamentos mensais** (carnê-leão ou retenção) e apuram, então, o **saldo a restituir** (em caso de pagamento antecipado a maior) **ou a pagar** (em caso de pagamento antecipado a menor), neste caso efetuando o recolhimento à vista ou parceladamente. Tal apuração é objeto da Declaração do Imposto de Renda da Pessoa Física (**declaração de ajuste**). A declaração

---

29. STJ, REsp 704.845/PR.

pode ser feita em conjunto pelos cônjuges. No caso de ser incluído um dependente, ademais, também os seus eventuais rendimentos têm de ser apontados. A declaração conjunta, porém, não implica responsabilidade solidária, respondendo, cada contribuinte, pelos rendimentos que tenha auferido[30].

O art. 3º da Lei n. 7.713/88 estabelece, como base de cálculo para o imposto de renda da **pessoa física**, o seu *rendimento bruto*. Integram a base os diversos ganhos da pessoa física como honorários, aluguéis e salário, incluindo o terço constitucional de férias[31]. Também integra a base de cálculo o abono de permanência pago aos servidores públicos que permanecem na ativa mesmo já reunindo os requisitos para a aposentadoria,[32] orientação a ser aplicada sem modulação temporal[33].

Em setembro de 2017, houve a consolidação de outra discussão a respeito da incidência do imposto de renda. O STJ editou a **Súmula 590** do STJ: "Constitui acréscimo patrimonial a atrair a incidência do imposto de renda, em caso de liquidação de entidade de previdência privada, a quantia que couber a cada participante, por rateio do patrimônio, superior ao valor das respectivas contribuições à entidade em liquidação, devidamente atualizadas e corrigidas".

A lei autoriza o contribuinte que percebe rendimentos de trabalho não assalariado que registre em livro caixa as despesas incorridas para a obtenção das suas receitas, como o montante despendido com aluguel, material de escritório, salário de secretário etc., porquanto os valores que simplesmente compensarem essas despesas não configurarão acréscimo patrimonial.

A par disso, a lei também autoriza a dedução, da base de cálculo do imposto de renda, de alguns gastos pessoais e com dependentes, realizados pelo contribuinte pessoa física. Refiro-me a pagamentos de serviços de saúde e educação, consagrados nos arts. 196 e 205 da CRFB como direitos de todos e deveres do Estado. As despesas médicas podem ser deduzidas por completo. Resta consolidado na Súmula CARF nº 180 que "Para fins de comprovação de despesas médicas, a apresentação de recibos não exclui a possibilidade de exigência de elementos comprobatórios adicionais" (2ª Turma da CSRF, 2021). Já a dedução de despesas com educação sujeita-se a limite individual por dependente bastante modesto. Vale ressaltar que inexiste indexação automática dos limites de dedução e que a jurisprudência é no sentido de que o Judiciário não pode substituir o legislador quanto a isso[34].

....

30. STJ, Primeira Turma, REsp 1.273.396/DF, 2019.
31. STJ, Primeira Seção, REsp 1.459.779-MA, 2015.
32. STJ, Primeira Seção, REsp 1.192.556/PE, set. 2010.
33. STJ, Primeira Seção, EREsp 1.548.456/BA, 2019.
34. STF, Tribunal Pleno, RE 388.312, ago. 2011.

A lei também estabelece *montante a ser deduzido* do próprio imposto devido, conforme o patamar dos rendimentos auferidos, de modo que a faixa isenta assim o seja para todos os contribuintes, e que a faixa sujeita a cada alíquota assim o seja para todos os contribuintes, ou seja, de modo que faça com que se tenha a chamada progressividade gradual, por faixas, e não a progressividade simples.

A partir de abril do ano-calendário de 2015, é a seguinte a tabela mensal de alíquotas do IRPF, conforme o art. 1º da Lei n. 11.482/2007, com a redação da Lei n. 13.149/2015.

A partir de abril do ano-calendário de 2015:

TABELA PROGRESSIVA MENSAL

Base de cálculo (R$)	Alíquota (%)	Parcela a deduzir do IR (R$)
Até R$ 1.903,98	–	–
De R$ 1.903,99 a R$ 2.826,65	7,5	142,80
De R$ 2.826,66 a R$ 3.751,05	15	354,80
De R$ 3.751,06 a R$ 4.664,68	22,5	636,13
Acima de R$ 4.664,68	27,5	869,36

A tabela para o ajuste anual corresponde à soma das tabelas mensais vigentes no respectivo ano-calendário[35]. A atualização da tabela, de um ano para outro, de modo que contemple a perda de poder aquisitivo da moeda em função da inflação, não é automática. Depende de lei que o estabeleça. O STF entende que a ausência de correção ou a correção abaixo dos índices inflacionários "não afronta os princípios da proibição do confisco ou da capacidade contributiva, bem como que não cabe ao Poder Judiciário autorizar a correção monetária da tabela progressiva do Imposto de Renda"[36].

Além das deduções constantes da própria tabela, que visam resguardar o caráter gradual da progressividade do imposto, também pode ser deduzida do imposto apurado "a contribuição patronal paga à Previdência Social pelo empregador doméstico incidente sobre o valor da remuneração do empregado", estando a dedução limitada "a) a um empregado doméstico por declaração, inclusive no caso da declaração em conjunto; b) ao valor recolhido no ano-calendário a que se referir a declaração;", aplicando-se "somente ao modelo completo de Declaração de Ajuste Anual;" e não podendo exceder "a) ao valor da contribuição patronal calculada sobre um salário mínimo mensal; b) ao valor do imposto apurado", ficando condicionado "à comprovação da regularidade do empregador doméstico junto ao regime geral de previdência social quando se tratar de

---

35. Cfr. parágrafo único do art. 1º da Lei n. 11.482/2007.
36. STF, ARE 966.484 AgR, Primeira Turma, ago. 2016.

contribuinte individual". Isso nos termos do art. 12, VII, da Lei n. 9.250/95, com a redação da Lei n. 13.097/2015[37].

Há **rendas tributadas em separado**, como o ganho de capital, e **rendas tributadas exclusivamente na fonte**, como as decorrentes de aplicações financeiras e aquelas relativas a rendimentos recebidos acumuladamente[38]. Nesses casos, o montante tributado não se comunica com os demais rendimentos para efeito de ajuste, ou seja, ficam tais rendimentos à margem do ajuste, sendo apenas informada, na declaração, em campos específicos, a sua percepção e o imposto oportunamente pago ou suportado.

O **ganho de capital** decorrente da compra e venda de imóveis é tributado à alíquota de 15%. Nos termos da Lei n. 11.196/2005, contudo, são isentas a alienação de imóveis de até R$ 35.000,00, e a alienação de imóvel residencial para aquisição de outro dentro de 180 dias, sendo, portanto, esta última isenção, condicional. Dispõe o art. 39, § 2º, da Lei n. 11.196/2005 que "A aplicação parcial do produto da venda implicará tributação do ganho proporcionalmente ao valor da parcela não aplicada". O STJ decidiu que o regime "alcança as hipóteses nas quais o produto da venda de imóvel por pessoa física seja destinado, total ou parcialmente, à quitação ou amortização de financiamento de outro imóvel residencial que o alienante já possui", considerando ilegal o art. 2º, § 11, inciso I, da Instrução Normativa SRF n. 599/2005[39].

A mesma Lei estabeleceu a possibilidade de correção do preço de aquisição do bem para cotejo com o preço de venda, de modo que se apure o ganho efetivo, e não o simples ganho inflacionário.

Os **rendimentos de capital** (renda fixa e renda variável) são tributados pelo imposto sobre a renda por alíquotas que variam de 15% a 22,5%, conforme o prazo da aplicação: até 180 dias, 22,5%; de 181 a 360 dias, 20%; de 361 a 720 dias, 17,5%; acima de 720 dias,

---

37. Com a redação das Leis ns. 11.324/2006 e 12.469/2011.
38. A Lei n. 12.350/2010 acrescentou o art. 12-A à Lei n. 7.713/88 determinando que, quando do pagamento acumulado de rendimentos do trabalho ou de aposentadorias e pensões, a tributação seja exclusiva na fonte, no mês do recebimento do crédito, em separado dos demais rendimentos recebidos no mês, e que será calculado sobre o montante dos rendimentos pagos, mediante a utilização de tabela progressiva resultante da multiplicação da quantidade de meses a que se refiram os rendimentos pelos valores constantes da tabela progressiva mensal correspondente ao mês do recebimento ou crédito. Até o ano calendário de 2009, a tributação dos rendimentos recebidos acumuladamente era conjunta com os demais rendimentos, submetendo-se os valores totais à retenção pela tabela do mês, com ajuste posterior. Mas já havia entendimento jurisprudencial dominante no sentido de que deveriam ser aplicadas as alíquotas vigentes à época em que eram devidos os referidos rendimentos (STJ, REsp 704.845). Em outubro de 2014, o Tribunal Pleno do STF decidiu o mérito da questão, com repercussão geral, no sentido de que "A percepção cumulativa de valores há de ser considerada, para efeito de fixação de alíquotas, presentes, individualmente, os exercícios envolvidos", tendo sido relator para o acórdão o Min. MARCO AURÉLIO.
39. STJ, REsp 1668268/SP, Primeira Turma, 2018.

15%[40]. As rendas advindas de prêmios e sorteios em dinheiro são tributadas à alíquota de 30%.

No IRPJ, tem-se período de apuração trimestral, podendo a pessoa jurídica que pagar com base no lucro real fazer **opção pelo período anual**, com **antecipações** mensais por estimativa[41]. No imposto trimestral, considera-se ocorrido o fato gerador ao final de cada trimestre civil; no anual, em 31 de dezembro do ano-calendário. É entendimento firmado na **Súmula CARF n. 178** que: "A inexistência de tributo apurado ao final do ano-calendário não impede a aplicação de multa isolada por falta de recolhimento de estimativa na forma autorizada desde a redação original do art. 44 da Lei n. 9.430, de 1996" (1ª Turma da CSRF, 2021).

São contribuintes do IRPJ as pessoas jurídicas e empresas individuais, nos termos do art. 158 do RIR/2018.

Até o exercício de 2014, as pessoas jurídicas, salvo as optantes pelo Simples Nacional, órgãos públicos, autarquias e fundações, prestavam a Declaração de Informações Econômico-Fiscais da Pessoa Jurídica (DIPJ), a última relativa ao ano-calendário de 2013. Com a criação da Escrituração Contábil Fiscal (ECF), porém, restaram extintas tanto a DIPJ como o Livro de Apuração do Lucro Real (LALUR) a contar do ano-calendário de 2014. A ECF deve ser transmitida anualmente "ao Sistema Público de Escrituração Digital (Sped) até o último dia útil do mês de julho do ano seguinte ao ano-calendário a que se refira", contendo informações acerca de "todas as operações que influenciem a composição da base de cálculo e o valor devido do Imposto sobre a Renda da Pessoa Jurídica (IRPJ) e da Contribuição Social sobre o Lucro Líquido (CSLL)".

A **pessoa jurídica**, por sua vez, submete-se, ordinariamente, ao imposto de renda calculado com base no lucro real ou com base no lucro presumido, podendo, ainda, vir a ser tributada com base no lucro arbitrado.

A tributação pelo **lucro real** pressupõe maiores rigores formais para a apuração efetiva do lucro da pessoa jurídica, mediante consideração das suas receitas e das deduções cabíveis. Apura-se efetivamente o lucro ocorrido, calculando-se sobre ele o montante devido a título de IRPJ. Não há que se confundir o lucro líquido – que é o lucro contábil – com o lucro real. O que difere é que as deduções e compensações admissíveis para a apuração do lucro líquido não correspondem exatamente àquelas admitidas para fins de apuração da base de cálculo do IRPJ, ou seja, do lucro real. Assim, obtido o lucro líquido, fazem-se as adequações necessárias (adições, exclusões e compensações) para a apuração do lucro real.

---

40. Art. 1º da Lei n. 11.033/2004. Há normas especiais nos parágrafos de tal artigo.
41. Arts. 1º, 2º, 5º e 6º da Lei n. 9.430/96; art. 220 do RIR/99.

Como o imposto tem por base o lucro real, tudo o que influi no resultado da empresa deve ser considerado. Por isso, o STJ, analisando situação de empresa beneficiada por crédito presumido de IPI, decidiu que "todo benefício fiscal, relativo a qualquer tributo, ao diminuir a carga tributária, acaba, indiretamente, majorando o lucro da empresa e, consequentemente, impactando na base de cálculo do imposto de renda, sobretudo à consideração de que, nessas situações, referido imposto está incidindo sobre o lucro da empresa, que é, direta ou indiretamente, influenciado por todas as receitas, créditos, benefícios, despesas etc."[42].

O valor devido a título de CSL (contribuição de seguridade social sobre o lucro) não pode ser deduzido da base de cálculo do IRPJ, não havendo, quanto a isso, nenhum vício[43].

A compensação de prejuízos entre períodos de apuração, ou seja, do prejuízo de um trimestre ou ano, com o lucro do período subsequente, depende de previsão legal que a autorize expressamente. O arts. 42 da Lei n. 8.981/95 e 15 da Lei n. 9.065 autorizaram a compensação de prejuízos para fins de determinação da base de cálculo do IRPJ e da CSL (contribuição de seguridade que também incide sobre o lucro) até o limite de trinta por cento das suas bases de cálculo, ou seja, do lucro real e do lucro líquido, respectivamente. E não há um direito constitucional à compensação plena dos prejuízos. Essa questão foi objeto do Tema 117 de Repercussão Geral, tendo o seu mérito julgado pelo Tribunal Pleno do STF no RE 591.340, em junho de 2019, que fixou a seguinte tese: "É constitucional a limitação do direito de compensação de prejuízos fiscais do IRPJ e da base de cálculo negativa da CSLL". Da ementa do acórdão, restou claro que "a técnica fiscal de compensação gradual de prejuízos, prevista em nosso ordenamento nos arts. 42 e 58 da Lei n. 8.981/95 e 15 e 16 da Lei n. 9.065/95, relativamente ao Imposto de Renda de Pessoa Jurídica e à Contribuição Social sobre o Lucro Líquido, não ofende nenhum princípio constitucional regente do Sistema Tributário Nacional".

Há diversas outras discussões ainda, acerca da base de cálculo do IRPJ e da CSL, sobretudo no que diz respeito ao pretendido direito dos contribuintes de excluírem determinadas receitas quando da apuração do lucro.

Um dos temas é o da exclusão dos valores recebidos a título de juros SELIC na repetição de indébitos tributários, objeto do **Tema 962** de repercussão geral (RE 1.063.187), em que o relator propôs a tese de que "É inconstitucional a incidência do IRPJ e da CSLL sobre os valores atinentes à taxa Selic recebidos em razão de repetição de indébito tributário" e que já conta com maioria em favor do contribuinte, pendente de conclusão quando do fechamento desta edição.

....
42. STJ, Primeira Seção, EREsp 1.210.941/RS, 2019.
43. STF, Primeira Turma, ARE 749.235 AgR, out. 2015.

Outro tema é o da exclusão dos créditos presumidos de ICMS e dos demais incentivos e benefícios fiscais de ICMS, como isenções, reduções de base de cálculo, diferimentos etc. Os contribuintes invocam o pacto federativo, argumentando que a renúncia fiscal estadual não poderia ser considerada receita tributável. Quanto aos créditos presumidos, o STJ, em sede de recurso repetitivo (REsp 1.517.492/PR), reconheceu o direito aos contribuintes. Quanto aos demais benefícios, não há posicionamento daquele tribunal, sendo que o TRF4 tem negado o direito, ressaltando que "a conclusão do Superior Tribunal de Justiça sobre os créditos presumidos de ICMS não pode ser generalizada de forma a abarcar todos os benefícios fiscais de ICMS"[44]. Não vislumbramos fundamento constitucional para o reconhecimento da pretensão, porquanto os incentivos fiscais atingem seu objetivo com a simples redução da carga tributária de ICMS; sua extensão, automática, ao IRPJ e à CSL, independentemente de previsão legal, implicaria, isso sim, afronta à competência tributária da União, de modo que o acolhimento da pretensão é que violaria o pacto federativo. Inexiste o direito constitucional de converter a expressão econômica dos incentivos fiscais de ICMS em lucro não tributável. A contar da vigência da LC n. 160/2017, aí sim, os benefícios fiscais de ICMS, tanto os créditos presumidos como os demais benefícios, passaram a ser submetidos ao regime jurídico das subvenções para investimento estabelecido pelo art. 30 da Lei n. 12.973/2014, com seus requisitos e condições, não sendo computado na determinação do lucro real, desde que utilizados para "I – absorção de prejuízos, desde que anteriormente já tenham sido totalmente absorvidas as demais Reservas de Lucros, com exceção da Reserva Legal; ou II – aumento do capital social". Válida a LC n. 160/2017, impõe-se a sua aplicação. Se inconstitucional, seu afastamento dependeria do reconhecimento da inconstitucionalidade em incidente de arguição de inconstitucionalidade perante o órgão especial do tribunal, sob pena de violação ao art. 97 da CF, em consonância com a Súmula Vinculante n. 10 do STF, o que não foi feito pelo STJ, tampouco pelos demais tribunais. O STF ainda não apreciou a questão.

A **alíquota** padrão é de 15% sobre o lucro real. Há, ainda, um *adicional* de 10% sobre o montante do lucro real que superar, no mês, R$ 20.000,00, conforme o art. 2º, §§ 1º e 2º, da Lei n. 9.430/96. Desse modo, acaba ficando em 25% para grande parte das pessoas jurídicas.

Quando do fechamento desta edição, tramitava, no Congresso, o Projeto de Lei n. 2.337/2021, de autoria do Governo, que reduz a alíquota padrão do imposto de renda de 15% para 8%, mantido o adicional de 10% e que volta a submeter as pessoas físicas ao imposto de renda sobre a distribuição de lucros e dividendos, bem como sobre o recebimento de juros sobre o capital próprio.

....
44. TRF4, AC/REO 5081810-70.2018.4.04.7100, 2021.

Já a tributação pelos lucros presumidos e arbitrados envolve a utilização de bases substitutivas.

Empresas com receita total no ano-calendário anterior de até R$ 78.000.000,00 (setenta e oito milhões de reais) podem optar por ser tributadas pelo **lucro presumido**, nos termos do art. 13 da Lei n. 9.718/98, com a redação da Lei n. 12.814/2013. Em vez de apurarem o lucro real, apuram lucro presumido mediante aplicação de um percentual sobre a receita bruta auferida, seguindo o art. 15 da Lei n. 9.249/95, com a redação da Lei n. 12.973/2014. Esse percentual é de 8% como regra geral, mas de 32% para as prestadoras de serviços, contando, ainda, com algumas outras exceções.

Sobre tal base de cálculo presumida (é presumida porque, em verdade, o lucro pode ter sido maior ou menor que tal percentual da receita), é aplicada a alíquota do imposto sobre a renda e recolhido. Como o lucro é presumido, a pessoa jurídica fica dispensada da apuração do lucro real e das formalidades que lhe são inerentes.

O STJ submeteu à sistemática dos recursos repetitivos a questão sobe a "possibilidade de inclusão de valores de ICMS nas bases de cálculo do Imposto sobre a Renda de Pessoa Jurídica – IRPJ e da Contribuição Social sobre o Lucro Líquido – CSLL, quando apurados pela sistemática do lucro presumido". Terá seu mérito julgado no REsp 1.772.634/RS e no REsp 1.772.470/RS[45].

O IRPJ é apurado sobre o **lucro arbitrado** em caráter excepcional, quando a pessoa jurídica tributada com base no lucro real não cumprir corretamente as respectivas obrigações acessórias (manter escrituração na forma das leis comerciais e fiscais, elaborar e apresentar as demonstrações exigidas...), houver fraude ou vícios comprometedores da idoneidade da apuração realizada, tiver ocorrido opção indevida pelo lucro presumido, enfim, quando não for possível apurar adequadamente o imposto com base no lucro real ou presumido. Não seria o descumprimento das obrigações acessórias ou mesmo o ardil do contribuinte que o dispensariam do ônus tributário. Como fazer, e.g., quando não há forma de se apurar sequer a receita da pessoa jurídica, por ausência ou vícios graves na sua contabilidade? Para contornar tais situações, a legislação autoriza o cálculo do imposto sobre o lucro arbitrado. O art. 51 da Lei n. 8.981/95 estabelece critérios para o arbitramento do lucro.

É oportuno cuidar, aqui, da **omissão de receitas**. Dispõe, a Lei n. 9.430/96, em seu art. 40, que "a falta de escrituração de pagamentos efetuados pela pessoa jurídica, assim como a manutenção, no passivo, de obrigações cuja exigibilidade não seja comprovada, caracterizam, também, omissão de receita" e, em seu art. 41, que "a omissão de receita poderá, também, ser determinada a partir de levantamento por espécie das quantidades de matérias-primas e produtos intermediários utilizados no processo produtivo da pessoa jurídica", apurando-se "a diferença, positiva ou negativa, entre a soma das

---

45. STJ, Primeira Turma, ProAfR no REsp 1.767.631/SC, 2019.

quantidades de produtos em estoque no início do período com a quantidade de produtos fabricados com as matérias-primas e produtos intermediários utilizados e a soma das quantidades de produtos cuja venda houver sido registrada na escrituração contábil da empresa com as quantidades em estoque, no final do período de apuração, constantes do livro de Inventário" e considerando-se "receita omitida, nesse caso, o valor resultante da multiplicação das diferenças de quantidades de produtos ou de matérias-primas e produtos intermediários pelos respectivos preços médios de venda ou de compra, conforme o caso, em cada período de apuração abrangido pelo levantamento".

Também é bastante aplicado o art. 42 da Lei n. 9.430/96 que, cuidando dos depósitos bancários, estabelece: "caracterizam-se também omissão de receita ou de rendimento os valores creditados em conta de depósito ou de investimento mantida junto a instituição financeira, em relação aos quais o titular, pessoa física ou jurídica, regularmente intimado, não comprove, mediante documentação hábil e idônea, a origem dos recursos utilizados nessas operações". No **Tema 842** de repercussão geral (RE 855.649), em 2021, o STF fixou a tese de que "O artigo 42 da Lei n. 9.430/96 é constitucional". Considerou que "o artigo 42 da Lei n. 9.430/96 não ampliou o fato gerador do tributo; ao contrário, trouxe apenas a possibilidade de se impor a exação quando o contribuinte, embora intimado, não conseguir comprovar a origem de seus rendimentos". Ressaltou que, do contrário, "para se furtar da obrigação de pagar o tributo e impedir que o Fisco procedesse ao lançamento tributário, bastaria que o contribuinte fizesse mera alegação de que os depósitos efetuados em sua conta corrente pertencem a terceiros, sem se desincumbir do ônus de comprovar a veracidade de sua declaração", o que "impediria a tributação de rendas auferidas, cuja origem não foi comprovada, na contramão de todo o sistema tributário nacional, em violação, ainda, aos princípios da igualdade e da isonomia". E mais: "a omissão de receita resulta na dificuldade de o Fisco auferir a origem dos depósitos efetuados na conta corrente do contribuinte, bem como o valor exato das receitas/rendimentos tributáveis, o que também justifica atribuir o ônus da prova ao correntista omisso".

Capítulo XXX

Impostos sobre a atividade econômica

205. Imposto sobre Bens e Serviços (IBS)

O Imposto sobre Bens e Serviços é a grande novidade da reforma tributária. De competência da União ou dos Estados, conforme as propostas da Câmara (PEC n. 45/2019) e do Senado (PEC n. 110/2019), respectivamente, certo é que ele reúne em um único imposto o que até agora eram três: o Imposto sobre Produtos Industrializados (IPI), o Imposto sobre a Circulação de Mercadorias e Serviços (ICMS) e o Imposto sobre Serviços de Qualquer Natureza (ISS) e que a sua receita pertencerá tanto à União, como aos Estados e aos Municípios, cada qual com a sua quota-parte.

Não se trata, porém, da simples reunião dos impostos atuais em um único imposto. Vai muito além disso. De um lado, implicará a tributação de um espectro maior de atividades econômicas e o aumento da tributação para diversos setores, como o de prestação de serviços, na medida em que a alíquota do IBS será muito superior à do ISS. Também os benefícios fiscais serão vedados ou restringidos, com o que a renúncia fiscal restará reduzida. De outro lado, porém, o IBS incidirá por fora do preço, assegurando informação fidedigna, além do que lhe será aplicada a técnica da não cumulatividade com grande amplitude, porquanto restará estendido o espectro de operações geradoras de crédito, que alcança todos os negócios com destaque do imposto. Conforme vem destacando o Núcleo de Estudos Fiscais da FGV de SP, sob a coordenação dos Professores Eurico Diniz de Santi e Isaías Coelho, a reforma tributária, especialmente em face do IBS, promete tornar a tributação mais simples, mais isonômica, mais neutra, mais transparente e mais arrecadadora.

O IBS avança para alcançar de modo inequívoco as diversas atividades econômicas. Embora a sigla dê destaque às palavras bens e serviços, não se trata, aqui, apenas dos bens materiais, tampouco apenas dos serviços enquanto um fazer. Incorpora muito do que se vem discutindo em matéria de tributação nas últimas décadas. Incidirá sobre os negócios jurídicos onerosos realizados no desenvolvimento da atividade econômica não apenas da produção de produtos industrializados, no comércio de mercadorias e na prestação de serviços considerados de modo estrito, mas também, de oferecimento de quaisquer utilidades, inclusive imateriais ou intangíveis, incluindo-se a cessão e o licenciamento de direitos e a locação de bens. A incidência ocorrerá nas operações internas e também nas importações.

Mas a implementação do IBS não implica substituição automática e imediata dos impostos já existentes. Pelo contrário, a transição é bastante longa e com diversas fases. Haverá um período de 5 a 8 anos de coexistência do IBS com o IPI, o ICMS e o ISS, sendo todos eles arrecadados. Com o passar do tempo, irá sendo ampliada a participação do IBS e reduzida a dos demais impostos até a completa substituição. Na sequência, poderemos ter décadas para a paulatina mudança da distribuição da arrecadação da origem para o destino, de modo que sejam melhor contemplados os entes federados onde consumidos os bens e serviços.

206. Imposto sobre Produtos Industrializados (IPI)

O art. 153, IV, da CRFB outorga **competência à União** para a instituição de imposto sobre "produtos industrializados", o IPI. Combinando-se tal dispositivo com o § 2º, I, do mesmo artigo, depreende-se que pode ser tributada a **"operação" com "produtos industrializados"**.

Operação, na linguagem do direito, é negócio jurídico[1]. Segundo ROBERTO QUIROGA MOSQUERA, o termo *operações* "pressupõe uma visão dinâmica das relações sociais e não uma posição estática", pois "realizar operações pressupõe a existência de alguém em relação oposta"[2].

Já **produto** é qualquer bem produzido pela natureza ou pelo homem. O conceito de produto diferencia-se, assim, do conceito de mercadoria, que é o bem destinado ao comércio; aquele, o produto, é tanto o bem destinado ao comércio como ao consumo ou a qualquer outra utilização.

---

1. BARRETO, Aires Fernandino. Natureza jurídica do imposto criado pela medida provisória 160/90. *Repertório IOB de Jurisprudência*, 2ª quinzena de maio de 1990, n. 10, p. 152.
2. MOSQUERA, Roberto Quiroga. *Tributação no mercado financeiro e de capitais*. São Paulo: Dialética, 1999, p. 106.

A palavra **industrializado** designa o que se industrializou, ou seja, o que foi objeto de indústria. O parágrafo único do art. 46 dispõe no sentido de que se considera industrializado o produto "que tenha sido submetido a qualquer operação que lhe modifique a natureza ou a finalidade, ou o aperfeiçoe para o consumo". O art. 3º, parágrafo único, da Lei n. 4.502/64, refere que se considera industrialização "qualquer operação de que resulte alteração da natureza, funcionamento, utilização, acabamento ou apresentação do produto"[3]. O Regulamento do IPI (Decreto n. 7.212/2010) considera industrialização "qualquer operação que modifique a natureza, o funcionamento, o acabamento, a apresentação ou a finalidade do produto, ou o aperfeiçoe para consumo" (art. 4º), ainda que "incompleta, parcial ou intermediária" (art. 3º), e exemplifica com a transformação, o beneficiamento, a montagem, o acondicionamento ou reacondicionamento e a renovação ou recondicionamento[4]. Vê-se que cada diploma legislativo parece alargar mais o conceito de industrialização. O elastecimento que decorre do regulamento parece, inclusive, desbordar do sentido possível dos termos constantes do art. 46, parágrafo único, do CTN, particularmente no que diz respeito ao acondicionamento ou reacondicionamento[5].

Desse modo, o imposto em questão pode ser instituído relativamente a **negócio jurídico que tenha por objeto bem ou mercadoria submetidos por um dos contratantes a processo de industrialização**. Pressupõe, portanto, a industrialização e a saída do

---

3. Mas estabelece ressalvas, não considerando industrialização: "I – conserto de máquinas, aparelhos e objetos pertencentes a terceiros; II – acondicionamento destinado apenas ao transporte do produto; III – o preparo de medicamentos oficinais ou magistrais, manipulados em farmácias, para venda no varejo, diretamente a consumidor, assim como a montagem de óculos, mediante receita médica; IV – a mistura de tintas entre si, ou com concentrados de pigmentos, sob encomenda do consumidor usuário, realizada em estabelecimento varejista, efetuada por máquina automática ou manual, desde que fabricante e varejista não sejam empresas interdependentes, controladoras, controladas ou coligadas;".

4. RIPI: "Art. 4º Caracteriza industrialização qualquer operação que modifique a natureza, o funcionamento, o acabamento, a apresentação ou a finalidade do produto, ou o aperfeiçoe para consumo, tal como: I – a que, exercida sobre matérias-primas ou produtos intermediários, importe na obtenção de espécie nova (transformação); II – a que importe em modificar, aperfeiçoar ou, de qualquer forma, alterar o funcionamento, a utilização, o acabamento ou a aparência do produto (beneficiamento); III – a que consista na reunião de produtos, peças ou partes e de que resulte um novo produto ou unidade autônoma, ainda que sob a mesma classificação fiscal (montagem); IV – a que importe em alterar a apresentação do produto, pela colocação da embalagem, ainda que em substituição da original, salvo quando a embalagem colocada se destine apenas ao transporte da mercadoria (acondicionamento ou reacondicionamento); ou V – a que, exercida sobre produto usado ou parte remanescente de produto deteriorado ou inutilizado, renove ou restaure o produto para utilização (renovação ou recondicionamento). Parágrafo único. São irrelevantes, para caracterizar a operação como industrialização, o processo utilizado para obtenção do produto e a localização e condições das instalações ou equipamentos empregados".

5. MACHADO, Hugo de Brito. *Comentários ao Código Tributário Nacional*. v. 1. São Paulo: Atlas, 2003, p. 468-470.

produto do estabelecimento industrial. O STJ acata essa orientação: "O aspecto material do IPI alberga dois momentos distintos e necessários: a) industrialização, que consiste na operação que modifique a natureza, o funcionamento, o acabamento, a apresentação ou a finalidade do produto, ou o aperfeiçoe para o consumo, nos termos do art. 4º do Decreto n. 7.212/2010 (Regulamento do IPI); b) transferência de propriedade ou posse do produto industrializado, que deve ser onerosa"[6].

Assim, o IPI incide nas operações de que participa o industrial que industrializou o produto, mas não, e.g., na venda por comerciante ao consumidor porque, embora possa se tratar de produto industrializado (como qualidade do produto), não se trata de operação com produto que tenha sido industrializado pelo comerciante (que apenas o adquiriu para revenda)[7]. A compreensão de que a base econômica do IPI são as "operações com produtos industrializados" também evita **confusão entre os âmbitos de tributação do IPI e do ISS**[8]. JOSÉ EDUARDO SOARES DE MELO afirma que, no IPI, a obrigação tributária decorre da realização de "operações" no sentido jurídico (ato de transmissão de propriedade ou posse), relativo a um bem anteriormente elaborado (esforço humano que consistiu numa transformação ou criação de uma nova utilidade). A obrigação consiste num "dar o produto industrializado", pelo próprio realizador da operação jurídica. Embora este, anteriormente, tenha produzido um bem, consistente em seu trabalho pessoal, sua obrigação principal consiste na entrega desse bem, no oferecimento de algo corpóreo, materializado[9].

A CRFB, através do § 1º do art. 153, **atenua a legalidade tributária** estrita relativamente ao Imposto sobre Produtos Industrializados, dentre outros impostos, ao facultar ao Poder Executivo a alteração das alíquotas, atendidas as condições e os limites estabelecidos em lei, conforme se vê adiante no tratamento do aspecto quantitativo[10].

---

6. STJ, Primeira Turma, REsp 1.402.138/RS, 2020.
7. LIMA, Rogério. A inconstitucionalidade do IPI na importação. *RDDT*, n. 77, p. 121 e 125-126.
8. STJ, Primeira Turma, REsp 436.330/PR, ago. 2002; STJ, Primeira Turma, REsp 416.939/RS, ago. 2002; STJ, Segunda Turma, REsp 395.633-RS, nov. 2002.
9. MELO, José Eduardo Soares. *Importação e exportação no direito tributário: impostos, taxas e contribuições*. 4. ed. São Paulo: Aduaneiras, 2018, p. 183.
10. O Decreto-Lei n. 1.199/71 é que, dispondo, dentre outras normas, sobre a tabela do IPI, estabelece as condições e os limites para as alterações de alíquotas pelo Executivo, em seu art. 4º, que dispõe: "Art. 4º O Poder Executivo, em relação ao Imposto sobre Produtos Industrializados, quando se torne necessário atingir os objetivos da política econômica governamental, mantida a seletividade em função da essencialidade do produto, ou, ainda, para corrigir distorções, fica autorizado: I – a reduzir alíquotas até 0 (zero); II – a majorar alíquotas, acrescentando até 30 (trinta) unidades ao percentual de incidência fixado na lei; III – a alterar a base de cálculo em relação a determinados produtos, podendo, para esse fim, fixar-lhes valor tributável mínimo". Obs.: O inciso III não foi recepcionado pela CF, que não mais permite que o Executivo disponha sobre a base de cálculo dos impostos, mas tão somente que altere as alíquotas.

O § 1º do art. 150 da CRFB estabelece exceção à anterioridade de exercício relativamente ao IPI, mas não à **anterioridade nonagesimal**, restando, pois, submetida a esta a instituição e a majoração do imposto.

Já o § 3º do art. 153 estabelece que o IPI será seletivo e não cumulativo, imuniza os produtos destinados ao exterior e determina a redução do seu impacto sobre a aquisição de bens de capital.

O critério da **seletividade** constitui uma imposição constitucional, e não uma faculdade do legislador, nos termos do inciso I do § 3º do art. 153 da CF. As alíquotas deverão variar em função da essencialidade do produto, sob pena de inconstitucionalidade. Ser seletivo implica ter alíquotas diferenciadas dependendo do produto (individualmente considerado) ou do tipo de produto (se alimentício, de higiene, têxtil etc.), sendo que o critério para tal seletividade é dado pelo próprio constituinte: o grau de essencialidade do produto. A seletividade não se confunde com a progressividade, em que se tem simples agravamento do ônus tributário conforme aumenta a base de cálculo. Tampouco impõe a desoneração completa de produtos essenciais. O STF decidiu que "A observância à seletividade e a atribuição de alíquota zero a produtos essenciais são fenômenos que não se confundem", pois "o princípio da seletividade não implica imunidade ou completa desoneração de determinado bem, ainda que seja essencial"[11].

No Tema 501, o STF firmou posição, ainda, no sentido de que "os produtos destinados ao acondicionamento de bens essenciais não devem necessariamente ter as mesmas alíquotas desses últimos, sob pena de se desconsiderarem as características técnicas que os distinguem e as políticas fiscais que os Poderes Legislativo e Executivo pretendem implementar". Tratava-se, no caso, de garrafões, garrafas e tampas plásticas utilizadas para acondicionar água. O tribunal fixou a seguinte tese, "É constitucional a fixação de alíquotas de IPI superiores a zero sobre garrafões, garrafas e tampas plásticas, ainda que utilizados para o acondicionamento de produtos essenciais". Cabe observar que a indústria de produtos alimentícios credita-se na entrada do material de embalagem, de modo que pode compensar o IPI suportado e que, na hipótese de não utilizar a totalidade dos créditos, obter, inclusive, o ressarcimento do IPI, de modo que, efetivamente, a alíquota correspondente ao material de embalagem não impacta a carga de IPI sobre o produto final.

O inciso II do § 3º do art. 153 da CF impõe a **não cumulatividade** e define como ocorrerá, determinando que o IPI seja "não cumulativo, compensando-se o que for devido em cada operação com o montante cobrado nas anteriores". Cuida-se de norma de eficácia plena, autoaplicável[12]. A não cumulatividade constitui uma técnica de tributação que visa **impedir** que as incidências sucessivas nas diversas operações da cadeia

---

11. STF, RE 606.314, 2021.
12. Excerto de voto do Ministro CEZAR PELUSO no RE 475.551/PR, em outubro de 2008, conforme *Informativo* do STF n. 522.

econômica de um produto impliquem um ônus tributário muito elevado, decorrente da **múltipla tributação da mesma base econômica**, ora como insumo, ora como produto intermediário ou material de embalagem integrando o produto final. Em outras palavras, consiste em fazer com que o IPI não onere, em cascata, a produção. Isso ocorreria caso o IPI pudesse ser cobrado, sem nenhuma compensação, nas diversas saídas de produtos industrializados ocorridas numa cadeia de industrializações.

A operacionalização da não cumulatividade dá-se mediante o **sistema de creditamentos**. Quando da aquisição de insumo tributado pelo IPI, o industrial se credita do respectivo montante, deduzindo-o posteriormente do que vier a dever quando da saída dos seus próprios produtos industrializados. **O creditamento independe do efetivo pagamento do montante devido na operação anterior.** O industrial adquirente credita-se do valor de IPI simplesmente destacado na Nota[13]. Ademais, a utilização dos créditos **não está vinculada à saída da mercadoria em que incorporado o insumo**. Não se estabelece relação entre a entrada do insumo e a saída especificamente do produto final que o incorporou no processo de industrialização. Tal identidade é irrelevante. Trabalha-se, sim, por períodos em que se faz o creditamento do IPI relativo a todos os insumos, produtos intermediários e embalagens entrados no estabelecimento, procedendo-se à compensação com o IPI devido pela saída de produtos finais no mesmo período. O art. 49 do CTN dispõe: "Art. 49. O imposto é não cumulativo, dispondo a lei de forma que o montante devido resulte da diferença a maior, em determinado período, entre o imposto referente aos produtos saídos do estabelecimento e o pago relativamente aos produtos nele entrados. Parágrafo único. O saldo verificado, em determinado período, em favor do contribuinte, transfere-se para o período ou períodos seguintes".

Os insumos ensejadores de creditamento são as matérias-primas e os produtos intermediários que integrem o novo produto ou sejam consumidos no processo de industrialização, bem como as embalagens, nos termos do art. 25 da Lei n. 4.502/64. Portanto, nem toda a entrada que diz respeito ao funcionamento da indústria enseja o creditamento. A aquisição de energia elétrica[14], combustíveis e lubrificantes também não autoriza creditamento[15], porque "não podem ser considerados insumos ou produtos intermediários para fins de creditamento do IPI"[16]. Por sua vez, "os brindes (produtos perfeitos e acabados em processo industrial próprio) incluídos em pacotes de outros

---

13. CARVALHO, Paulo de Barros. Isenções tributárias do IPI em face do princípio da não cumulatividade. *RDDT*, n. 33, jun. 1998.
14. "2. Direito Tributário. 3. Imposto sobre Produtos Industrializados (IPI). Energia elétrica. Princípio da não cumulatividade. Inexistência de direito a creditamento" (STF, Segunda Turma, RE 488.492 AgR, 2015).
15. STJ, Primeira Turma, AgRg no REsp 1.000.848/SC, 2010; Primeira Turma, REsp 1.129.345, 2010.
16. STJ, Primeira Turma, AgRg no REsp 1.205.255/DF, 2017.

produtos industrializados não os compõem nem se confundem com material de embalagem e, por isso, não geram direito ao creditamento de IPI"[17]. Também não há como a indústria pretender se creditar na entrada de outros bens como materiais de limpeza, materiais de expediente, uniformes, capacetes, botas, luvas, cintos de segurança e demais equipamentos individuais obrigatórios, combustíveis relativos ao transporte de matéria-prima adquirida e de mercadorias vendidas, pneus e outras peças de veículos próprios, peças de máquinas e equipamentos desgastados nas operações, óleos lubrificantes das máquinas e equipamentos. As aquisições de bens do ativo permanente, com mais razão, não têm sido consideradas como autorizadoras de creditamento. Eis a **Súmula 495**: "A aquisição de bens integrantes do ativo permanente da empresa não gera direito a creditamento de IPI".

Também não há direito a creditamento quando da **entrada de produto não onerado pelo IPI, seja por força de isenção, de alíquota zero, de imunidade ou de simples não incidência**. Isso porque o creditamento pressupõe efetiva cobrança. Orientação nesse sentido foi consolidada pelo STF quando do julgamento do RE 566.819, em setembro de 2010, que rechaçou definitivamente a pretensão de que a não cumulatividade pudesse assegurar a tributação pelo valor agregado. Há, contudo, uma exceção. No RE 592.891 e no RE 596.614, em abril de 2019, o Tribunal Pleno do STF julgou o Tema 322 de Repercussão Geral, em que, embora tenha reafirmado que, como regra geral, não existe direito de crédito na entrada de produto isento, outro é o tratamento dos produtos provenientes da Zona Franca de Manaus, em que se asseguram a apropriação e a compensação de crédito de IPI, forte nos arts. 43, § 2º, III, da CF e 40 do ADCT.

Outro é o caso em que, sendo a matéria-prima tributada, o **produto final é isento, sujeito à alíquota zero, não tributado ou imune**. Entende o STF que a essência da não cumulatividade está na compensação do que for devido em cada operação com o montante cobrado nas operações anteriores, de modo que não se aperfeiçoa quando não houver produto onerado na saída. Daí por que, a princípio, se não ocorre incidência na saída do produto final, os créditos apropriados na entrada devem ser estornados. Apenas se a Lei expressamente estabelecer é que a indústria poderá manter os créditos apropriados na entrada dos insumos e utilizá-los para outro fim mesmo que seus produtos tenham a saída desonerada, o que ocorre por força do art. 11 da Lei n. 9.779/99, que permite a utilização dos saldos credores mantidos para fins de compensação com outros tributos mediante remissão aos arts. 73 e 74 da Lei n. 9.430/96[18]. O STJ entende que tal direito, decorrente que é da lei, merece **interpretação restritiva**, alcançando apenas o caso das saídas isentas e tributadas à alíquota zero, **mas não as saídas imunes**[19] **ou não tributadas**[20].

....

17. STJ, Primeira Turma, REsp 1.682.920/SP, 2019.
18. STF, Pleno, RE 475.551, nov. 2009.
19. STJ, AgInt no REsp 1.572.317/PR, Segunda Turma, 2017.
20. STJ, Primeira Turma, AgRg no REsp 1.213.196/RS, 2013.

A Lei Complementar n. 123/2006, que instituiu o Simples Nacional, veda a apropriação de crédito na aquisição de insumos "por" **empresa optante pelo Simples** e "de" empresa optante: "SEÇÃO VI – Dos Créditos Art. 23. As microempresas e as empresas de pequeno porte optantes pelo Simples Nacional não farão jus à apropriação nem transferirão créditos relativos a impostos ou contribuições abrangidos pelo Simples Nacional".

Outra discussão recorrente diz respeito à **correção monetária do crédito** de IPI. O STF entende que a não cumulatividade não assegura a correção monetária do crédito básico, que tem natureza escritural, dependendo a correção, assim, de lei que a autorizasse[21]. É preciso ter em conta, contudo, que tal se restringe ao crédito oportunamente escriturado e utilizado na compensação com débitos de IPI na sistemática própria da não cumulatividade. A **Súmula 411** do STJ consolida o entendimento de que: "É devida a correção monetária ao creditamento do IPI quando há oposição ao seu aproveitamento decorrente de resistência ilegítima do Fisco". Quando é formulado pedido de ressarcimento, em dinheiro, dos créditos de IPI e esse pedido tarda a ser atendido pelo Fisco, o cômputo da correção deve ocorrer a partir do descumprimento do prazo de 360 dias do art. 24 da Lei n. 11.457/2004. Veja-se: "O marco inicial da **correção monetária** só pode ser o término do prazo conferido à Administração Tributária para o exame dos requerimentos de **ressarcimento**, qual seja, 360 dias após o protocolo dos pedidos"[22].

O § 3º do art. 153 da CRFB estabelece, ainda, em seu inciso III, **a imunidade dos produtos industrializados destinados ao exterior**: "III – não incidirá sobre produtos industrializados destinados ao exterior". Com isso, quando houver a saída de mercadorias do estabelecimento industrial ou equiparado tendo como destino outro País, a operação se dará sem exigência de IPI. A imunidade em questão é autoaplicável, bastante em si, dispensando qualquer regulamentação. Aliás, seus termos são claros e não admitem moderação.

Cabe-nos, agora, tratar da instituição do IPI, analisando os aspectos da norma tributária impositiva.

O **sujeito ativo** do IPI é a própria União, pois se cuida de imposto federal e nenhuma outra pessoa jurídica de direito público é indicada por lei para tal posição.

Há **três fatos geradores em potencial** para o IPI, definidos no art. 46 do CTN: "I – o seu desembaraço aduaneiro, quando de procedência estrangeira; II – a sua saída dos estabelecimentos a que se refere o parágrafo único do art. 51; III – a sua arrematação, quando apreendido ou abandonado e levado a leilão". Mas só foi instituído IPI quanto aos dois primeiros; na arrematação, não.

....
21. STF, AgRegRE 351.754/RS.
22. STF, Primeira Turma, AgInt no REsp 1.348.672/SC, 2017.

O IPI incide **na importação,** tendo por **fato gerador o desembaraço aduaneiro** do produto, nos termos do art. 46, I, do CTN e do art. 2º, I, da Lei n. 4.502/64, sendo denominado, então, **IPI-Importação.**

A CF, diferentemente do que fez relativamente ao ICMS (art. 155, § 2º, IX, *a*), nada dispôs sobre a incidência do IPI na importação. O CTN determina a incidência em seu art. 46, inciso I, do CTN, ao dispor que **o IPI tem como fato gerador também o desembaraço aduaneiro do produto industrializado**, quando de procedência estrangeira. Tal dispositivo continua sendo aplicado.

Não fosse cobrado IPI na importação de produtos industrializados, teríamos a chamada **discriminação inversa**, ou seja, tratamento tributário mais gravoso ao produto nacional que ao estrangeiro. Na importação, incidem os tributos que gravam a produção internamente (IPI, ICMS, PIS e Cofins) e, ainda, o imposto de importação (II), de caráter predominantemente extrafiscal.

O IPI-Importação incide tanto na importação por pessoa jurídica, seja ou não industrial, como por pessoa física. Após longa controvérsia, o STF firmou posição nesse sentido: "IMPOSTO SOBRE PRODUTOS INDUSTRIALIZADOS – IMPORTAÇÃO DE BENS PARA USO PRÓPRIO – CONSUMIDOR FINAL. Incide, na importação de bens para uso próprio, o Imposto sobre Produtos Industrializados, sendo neutro o fato de tratar-se de consumidor final"[23]. O STJ, por sua vez, passou a seguir o mesmo entendimento[24], revendo, inclusive, o enunciado do **Tema Repetitivo 695** (REsp 1.396.488) que, em 2019, passou a estampar a seguinte tese: "Incide IPI sobre veículo importado para uso próprio, haja vista que tal cobrança não viola o princípio da não cumulatividade nem configura bitributação". E com acerto. Note-se que, quando o importador não for contribuinte do IPI nas operações internas, nem sequer haverá cumulação de incidências a ser evitada. A incidência será única na entrada do produto, qualificando-se o IPI-Importação, no caso, como tributo direto e figurando o importador como contribuinte de direito e de fato, sem que haja nenhuma inconstitucionalidade nisso.

O STJ entende que é irrelevante se o produto importado foi adquirido por compra e venda ou é objeto de arrendamento[25].

Na importação, contribuinte do IPI é o importador ou equiparado, nos termos do art. 51, I, do CTN e do art. 35, I, *b*, da Lei n. 4.502/64.

A **base de cálculo do IPI na importação** é o preço normal (valor aduaneiro), acrescido do imposto sobre a importação, das taxas exigidas para entrada do produto no país

....

23. STF, Plenário, RE 723.651, 2016.
24. STJ, Primeira Turma, AgInt no REsp 1.387.178/PR, 2017.
25. STJ, Segunda Turma, AgRg no AREsp 90.395, 2012.

e dos encargos cambiais, conforme dispõe o art. 47 do CTN. O art. 14, I, *b*, da Lei n. 4.502/64 refere-se ao "**valor que servir de base, ou que serviria se o produto tributado fosse para o cálculo dos tributos aduaneiros, acrescido de valor deste e dos ágios e sobretaxas cambiais pagos pelo importador**".

O **fato gerador nas operações internas** é **a saída do produto industrializado dos estabelecimentos dos contribuintes**, ou seja, a saída do estabelecimento industrial ou equiparado ou do estabelecimento de comerciante que forneça produto industrializado à indústria. Isso porque o art. 51, parágrafo único, indica como **contribuintes** para as operações internas o industrial ou quem a lei a ele equiparar (II) e o comerciante de produtos sujeitos ao imposto, que os forneça aos contribuintes definidos no inciso anterior (III). Note-se que este último não é um industrial, mas um comerciante intermediário entre industriais. Resta colocado como contribuinte do IPI apenas para preservar a cadeia de incidências do IPI e, com isso, o sistema de creditamentos e a não cumulatividade do imposto.

O STJ entende que incide o IPI, internamente, quando da saída de produto industrializado do estabelecimento industrial e, também, por equiparação, quando da saída do estabelecimento importador, compensando-se o que já tenha sido pago por ocasião do desembaraço aduaneiro. Com isso, "os produtos importados estão sujeitos a uma nova incidência do IPI quando de sua saída do estabelecimento importador na operação de revenda, mesmo que não tenham sofrido industrialização no Brasil"[26]. Destaca-se que essa interpretação não implica, *bis in idem*, dupla tributação ou bitributação[27]. No Tema 906 de repercussão geral (RE 946.648), em 2020, o STF fixou a tese de que "É constitucional a incidência do Imposto sobre Produtos Industrializados – IPI no desembaraço aduaneiro de bem industrializado e na saída do estabelecimento importador para comercialização no mercado interno".

---

26. STJ, Corte Especial, EREsp 1.403.532, 2015. Também: STJ, Primeira Turma, AgInt no REsp 1.405.431, 2017.
27. "3. Interpretação que não ocasiona a ocorrência de *bis in idem*, dupla tributação ou bitributação, porque a lei elenca dois fatos geradores distintos, o desembaraço aduaneiro proveniente da operação de compra de produto industrializado do exterior e a saída do produto industrializado do estabelecimento importador equiparado a estabelecimento produtor, isto é, a primeira tributação recai sobre o preço de compra onde embutida a margem de lucro da empresa estrangeira, e a segunda tributação recai sobre o preço da venda, onde já embutida a margem de lucro da empresa brasileira importadora. Além disso, não onera a cadeia além do razoável, pois o importador na primeira operação apenas acumula a condição de contribuinte de fato e de direito em razão da territorialidade, já que o estabelecimento industrial produtor estrangeiro não pode ser eleito pela lei nacional brasileira como contribuinte de direito do IPI (os limites da soberania tributária o impedem), sendo que a empresa importadora nacional brasileira acumula o crédito do imposto pago no desembaraço aduaneiro para ser utilizado como abatimento do imposto a ser pago na saída do produto como contribuinte de direito (não cumulatividade), mantendo-se a tributação apenas sobre o valor agregado."

A Lei n. 4.502/64 dispõe: "Art. 2º Constitui fato gerador do imposto: II – quanto aos de produção nacional, a saída do respectivo estabelecimento produtor".

Vale ressaltar que se impõe a saída por força de uma **"operação" com produto industrializado**, ou seja, por força de um **negócio jurídico**. As saídas sem tal pressuposto não dão ensejo, a rigor, à incidência do IPI, como é o caso da mera transferência física entre estabelecimentos da mesma empresa, ou da saída para uma exposição em uma feira e posterior retorno[28]. Veja-se precedente do STJ: "A saída do estabelecimento a que refere o art. 46, II, do CTN, que caracteriza o aspecto temporal da hipótese de incidência, pressupõe, logicamente, a mudança de titularidade do produto industrializado". E segue: "Havendo mero deslocamento para outro estabelecimento ou para outra localidade, permanecendo o produto sob o domínio do contribuinte, não haverá incidência do IPI"[29].

É preciso ter em conta, ainda, que a saída do produto do estabelecimento industrial constitui fato gerador do IPI na perspectiva de que tal situação é reveladora de capacidade contributiva. Por isso é que o STJ ressalta: "a operação passível de incidência da exação é aquela decorrente da saída do produto industrializado do estabelecimento do fabricante e que se aperfeiçoa com a transferência da propriedade do bem, porquanto somente quando há a efetiva entrega do produto ao adquirente a operação é dotada de relevância econômica capaz de ser oferecida à tributação". E destaca: "Na hipótese em que ocorre o roubo/furto da mercadoria após a sua saída do estabelecimento do fabricante, a operação mercantil não se concretiza, inexistindo proveito econômico para o fabricante", de modo que "não se configura o evento ensejador de incidência do IPI, não gerando, por conseguinte, a obrigação tributária respectiva"[30].

Havendo negócio jurídico, **não importa a finalidade do produto**, ou seja, se é destinado ao comércio, à incorporação ao ativo fixo do adquirente ou a qualquer outra finalidade, conforme o § 2º do art. 2º da Lei n. 4.502/64.

A **base de cálculo**, nas operações internas, é "**o valor da operação de que decorrer a saída da mercadoria**", conforme o art. 47, II, *a*, do CTN. Assim, a **utilização de pautas**

---

28. "IPI [...] SAÍDA PARA EXPOSIÇÃO E PARA TESTES. SUSPENSÃO. 1 [...] 3. As notas fiscais de saída de veículos dirigida a feira de exposição são beneficiadas com a suspensão do imposto. As notas fiscais foram emitidas em nome da própria empresa em face da impossibilidade de emissão da nota em favor do local expositor (Parque Anhembi – SP). 4. Também são beneficiadas com a suspensão do IPI as saídas de veículos destinadas a testes (Código 6.99) [...]" (TRF4, Primeira Turma, AC 2000.04.01.126037-3).
29. STJ, Primeira Turma, REsp 1.402.138/RS, 2020.
30. STJ, Primeira Seção, EREsp 734.403/RS, 2018.

fiscais com bases prefixadas[31] **não encontra amparo**, só se prestando validamente a subsidiar lançamento na hipótese de haver desconformidade entre o preço constante da documentação e o preço efetivamente praticado[32].

O STJ entende que, na venda a prazo, "em que o vendedor recebe o preço em parcelas, o IPI incide sobre a soma de todas essas, ainda que o valor seja maior do que o cobrado em operações de venda à vista, pois esse total corresponde ao valor da operação". Mas a "venda a prazo" não se confunde com a "venda financiada", em que "o comprador obtém recursos de instituição financeira para pagar a aquisição da mercadoria e o IPI incide apenas sobre o valor efetivamente pago ao vendedor da mercadoria, não englobando os juros pagos ao financiador, sobre o qual incidirá apenas o IOF"[33].

A Lei n. 7.798/89, ao acrescer o § 2º ao art. 14 da Lei n. 4.502/64, determina que não podem ser deduzidos do valor da operação os **descontos**, diferenças ou abatimentos, concedidos a qualquer título, "ainda que incondicionalmente", mas tal dispositivo tem sido considerado incompatível com o CTN, pois "valor da operação" é o que resulta do ajuste consensual entre vendedor e comprador, inclusive como resultado de descontos incondicionais[34]. Também tem merecido censura a inovação trazida pela Lei n. 7.798/89 que, ao acrescer o § 3º ao art. 14 da Lei n. 4.502/64, determinou que o **frete** realizado por empresa coligada ou interligada integre a base de cálculo do IPI[35].

---

31. ILMAR GALVÃO **distingue o IPI fixo, de um lado, da pauta fiscal, de outro**: "IPI fixo e 'pauta' são conceitos que não se confundem. O IPI fixo, tal como instituído pelos Decretos 3.070/99 e 4.544/2002, resulta da aplicação da alíquota – flexibilizada pelo Poder Executivo, no exercício da competência prevista no art. 153, § 1º, 817 CÓDIGO TRIBUTÁRIO NACIONAL Art. 47, II, *a* da Constituição – sobre o preço normal da operação de venda do cigarro. A tributação por 'pauta' consiste na prefixação arbitrária do valor que servirá de base para o cálculo do tributo devido, sendo, por isso, rejeitada pelo Poder Judiciário" (GALVÃO, Ilmar. Regime de tributação de cigarros pelo IPI. *RDDT*, 155, ago. 2008, p. 117).
32. TRF4, Corte especial, IAIAC 2003.71.12.002280-6/RS, jul. 2007; STJ, Primeira Turma, REsp 24.861/CE, dez. 1993.
33. STJ, REsp 1.586.158, 2016.
34. STJ, REsp 725.983, 2005; STJ, REsp 510.551, 2007.
35. "IMPOSTO SOBRE PRODUTOS INDUSTRIALIZADOS. DESCONTOS INCONDICIONAIS/ BONIFICAÇÃO. INCLUSÃO NA BASE DE CÁLCULO. IMPOSSIBILIDADE. OFENSA AO ART. 47 DO CTN [...] 3. A alteração do art. 14 da Lei n. 4.502/64 pelo art. 15 da Lei n. 7.798/89 para fazer incluir, na base de cálculo do IPI, o valor do frete realizado por empresa coligada, não pode subsistir, tendo em vista os ditames do art. 47 do CTN, o qual define como base de cálculo o valor da operação de que decorre a saída da mercadoria, devendo-se entender como 'valor da operação' o contrato de compra e venda, no qual se estabelece o preço fixado pelas partes. 4. [...]" (STJ, Primeira Turma, AgRg no Ag 703.431/SP, 2006).

As **alíquotas do IPI estão estabelecidas na chamada TIPI** – Tabela de Incidência do Imposto sobre Produtos Industrializados –, aprovada pelo Decreto n. 11.158/2022. Na TIPI, são identificados os produtos tendo por base a Nomenclatura Comum do Mercosul (NCM) e atribuídas as respectivas alíquotas, sendo que o critério para a variação tem de ser a essencialidade do produto. Nessa tabela, por vezes figuram produtos não industrializados, por isso considerados não tributados (NT), e há também muitos produtos industrializados tributados à alíquota zero (0%), além daqueles tributados normalmente com alíquotas próprias (e.g., 3,25%, 5,2%, 6,5%, 9,75%, 15%, 20%) Para verificar na TIPI a alíquota aplicável a cada produto, faz-se o enquadramento pelos critérios da especificidade e da essencialidade.

O IPI é imposto sujeito a **lançamento por homologação**, cabendo ao contribuinte a responsabilidade pela verificação da sua ocorrência, cálculo e recolhimento, independentemente de qualquer ato do Fisco. Este só agirá quando o pagamento não for realizado ou for insuficiente, ensejando o lançamento de ofício, conforme dispõe a Lei n. 4.502/64: "Art. 21. A autoridade administrativa efetuará de ofício o lançamento mediante a instauração do processo fiscal, quando o contribuinte não o fizer na época própria ou fizer em desacordo com as normas desta lei".

O **período de apuração** do IPI, para a maioria dos produtos, é mensal[36].

O IPI incidente sobre as operações internas é tributo abrangido pelo Simples Nacional, nos termos do art. 13, II, da LC n. 123/2006, de modo que, sendo optante, a empresa não recolherá separadamente o IPI. O IPI-Importação, por sua vez, não está abrangido pelo Simples Nacional, conforme expressamente dispõe o art. 13, § 1º, XII, da Lei Complementar n. 123/2006. Mas a microempresa e a empresa de pequeno porte podem optar pelo Regime de Tributação Unificada – RTU – para fins de importação, do Paraguai, de determinadas mercadorias relacionadas pelo Poder Executivo, nos termos da Lei n. 11.898/2009 e do Decreto 6.956/2009. O rol de mercadorias abrangidas consta do rol anexo a esse decreto, com a redação do Decreto n. 9.525/2018. No âmbito do RTU, os impostos e contribuições incidentes na operação sujeitam-se a alíquota única, graduada pelo Executivo, atualmente definida em 25% pelo art. 11 do Decreto n. 6.956/2009, dos quais 7,87% correspondem ao IPI.

---

36. Lei n. 8.850/94 com a redação da Lei n. 11.774/2008: "Art. 1º O período de apuração do Imposto sobre Produtos Industrializados – IPI, incidente na saída dos produtos dos estabelecimentos industriais ou equiparados a industrial, passa a ser mensal. § 1º (Revogado pela Lei n. 11.933/2009). § 2º O disposto neste artigo não se aplica ao IPI incidente no desembaraço aduaneiro dos produtos importados". Entre 1º de janeiro e 30 de setembro de 2004, foi quinzenal. Anteriormente, era decendial. Veja-se o art. 1º da Lei n. 8.850/94 com a redação das Leis n. 10.833/2003 e 11.033/2004.

207. Imposto sobre Operações Relativas à Circulação de Mercadorias e sobre Prestação de Serviços de Transporte Interestadual e Intermunicipal e de Comunicação (ICMS)

O ICMS é um dos impostos mais complexos do sistema tributário brasileiro. Sua **legislação é extensa**, começando pelo art. 155, inciso II e seus longos §§ 2º a 5º, passando por Resoluções do Senado que estabelecem alíquotas máximas e mínimas para determinadas situações, seguindo com a intermediação de lei complementar que uniformiza diversos pontos do seu regime jurídico (art. 155, § 2º, XII, da CF, LC n. 87/96) e envolvendo também convênios entre os estados (Convênios Confaz) que especificam os benefícios fiscais que podem ser concedidos[37]. Isso sem falar nas leis instituidoras do tributo em cada Estado, nos regulamentos e na plêiade de outros atos normativos infralegais que detalham sua aplicação concreta. Importa compreendermos as linhas gerais de todo esse microssistema.

Cabe-nos ter em conta, em primeiro lugar, que temos diversas bases econômicas sob o mesmo título e, por vezes, com fundamento constitucional próprio:

- operações de circulação de mercadorias;
- operações mistas de circulação de mercadorias e prestações de serviços não compreendidos na competência tributária dos Municípios;
- prestações de serviços de transporte interestadual e intermunicipal;
- prestações de serviços de comunicação;
- importação de bens e mercadorias;
- importação de serviços.

No art. 155, II, a Constituição prevê a **competência dos Estados** para instituir imposto "sobre operações relativas à circulação de mercadorias e sobre prestações de serviços de transporte interestadual e intermunicipal e de comunicações, ainda que as operações e as prestações se iniciem no exterior". De pronto, podemos perceber que a norma de competência apresenta materialidades de natureza distinta, permitindo a cobrança de impostos sobre operações relativas a circulação de mercadorias, de um lado, e sobre a prestação de determinados serviços, de outro. É dizer, o ICMS, no que diz

---

37. Conforme o art. 155, § 2º, inc. XII, letra g, da CF, a concessão de isenções, incentivos e benefícios deve observar deliberação dos Estados, de modo a se evitar a guerra fiscal, o que se faz através de convênios entre as Secretarias da Fazenda, os chamados convênios Confaz. Veja-se acórdão sobre a matéria: "Não pode o Estado-Membro conceder isenção, incentivo ou benefício fiscal, relativos ao Imposto sobre Circulação de Mercadorias e Serviços – ICMS, de modo unilateral, mediante decreto ou outro ato normativo, sem prévia celebração de convênio intergovernamental no âmbito do Confaz" (STF, Tribunal Pleno, ADI 2.345, 2011).

respeito ao "S" da sua sigla, é um imposto sobre a prestação de serviços também, embora só incida relativamente àqueles expressamente apontados: "transporte interestadual e intermunicipal e de comunicações".

Operações são negócios jurídicos; **circulação** é transferência de titularidade[38], e não apenas movimentação física; **mercadorias** são bens objeto de comércio.

Por isso, o STF já reconheceu que: "O simples deslocamento de coisas de um estabelecimento para outro, sem transferência de propriedade, não gera direito à cobrança de ICM. O emprego da expressão 'operações', bem como a designação do imposto, no que consagrado o vocábulo 'mercadoria', são conducentes à premissa de que deve haver o envolvimento de ato mercantil e esse não ocorre quando o produtor simplesmente movimenta frangos, de um estabelecimento a outro, para simples pesagem"[39]. Ainda conforme o STF: "A não incidência do imposto deriva da inexistência de operação ou negócio mercantil havendo, tão somente, deslocamento de mercadoria de um estabelecimento para outro, ambos do mesmo dono, não traduzindo, desta forma, fato gerador capaz de desencadear a cobrança do imposto"[40]. Em outro acórdão, a questão está igualmente clara: "O ICMS não incide no simples deslocamento da mercadoria entre estabelecimentos de uma mesma empresa"[41]. Veja-se, ainda, a **Súmula 573** do STF: "Não constitui fato gerador do Imposto de Circulação de Mercadorias a saída física de máquinas, utensílios e implementos a título de comodato". Também o STJ consolidou posição nesse sentido através da sua **Súmula 166**: "Não constitui fato gerador do ICMS o simples deslocamento de mercadoria de um para outro estabelecimento do mesmo contribuinte". Há precedente em sede de recurso repetitivo, tornando fora de dúvida que: "O deslocamento de bens ou mercadorias entre estabelecimentos de uma mesma empresa, por si, não se subsome à hipótese de incidência do ICMS, porquanto para a ocorrência do fato imponível é imprescindível a circulação jurídica da mercadoria com a transferência da propriedade", "A circulação de mercadorias versada no dispositivo constitucional refere-se à circulação jurídica, que pressupõe efetivo ato de mercancia, para o qual concorrem a finalidade de obtenção de lucro e a transferência de titularidade"[42]. Vale destacar, ainda, que não importa, no caso, que o deslocamento físico seja interno ou interestadual; de qualquer modo,

---

38. GERALDO ATALIBA já dizia: "Circular significa para o direito mudar de titular. Se um bem ou uma mercadoria mudam de titular, circula para efeitos jurídicos. Convenciona-se designar por titularidade de uma mercadoria, a circunstância de alguém deter poderes jurídicos de disposição sobre a mesma, sendo ou não seu proprietário (disponibilidade jurídica)" (Núcleo de definição constitucional do ICM. *RDT*, 25/111).
39. STF, Segunda Turma, AgRAI 131.941/SP.
40. STF, Segunda Turma, RE 267599 AgR-ED, 2010.
41. STF, Segunda Turma, AI 769897 AgR, 2011.
42. STJ, Primeira Seção, REsp 1.125.133, 2010.

tratando-se de deslocamento de mercadoria entre estabelecimentos de uma mesma empresa, não é devido o imposto[43].

Também não incide o ICMS nas operações internas relativas a *leasing* ou "arrendamento mercantil", o que resta expresso na própria Lei Complementar n. 87/96, que dispõe sobre o ICMS: "Art. 3º O imposto não incide sobre: VIII – operações de arrendamento mercantil, não compreendida a venda do bem arrendado ao arrendatário".

As transferências patrimoniais decorrentes de integralização de capital ou de cisão, incorporação, fusão ou transformação de empresas não configuram operação de circulação de mercadorias. Conforme já decidiu o STJ: "Transformação, incorporação, fusão e cisão constituem várias facetas de um só instituto: a transformação de sociedades", "são fenômenos de natureza civil, envolvendo apenas as sociedades objeto da metamorfose e os respectivos donos de cotas ou ações"; essa transformação "não é fato gerador de ICMS"[44].

Importa considerar, ainda, que mercadorias não são quaisquer produtos ou bens, mas apenas aqueles que constituem objeto de uma atividade econômica habitual e com finalidade lucrativa consistente na venda de produtos, não se confundindo com a alienação eventual de um bem por pessoa física ou mesmo por pessoa jurídica cuja atividade econômica seja de outra natureza. Daí por que "a venda de bens do ativo fixo da empresa não se enquadra na hipótese de incidência [...] por esses bens não se enquadrarem no conceito de mercadoria e essas operações não serem realizadas com habitualidade, não há circulação de mercadorias"[45]. Pela mesma razão, o STF entendeu que não pode incidir ICMS na alienação de bens salvados de sinistro, ou seja, daqueles bens dos quais as seguradoras se desfazem para diminuir seu prejuízo porque provêm de sinistros (acidentes, desastres) que implicaram perda total e que geraram pagamento ao segurado[46]. Veja-se o enunciado da Súmula Vinculante 32: "O ICMS não incide sobre alienação de salvados de sinistros pelas seguradoras". No Tema 1012 de repercussão geral, porém, em 2020, o STF decidiu que "É constitucional a incidência do ICMS sobre a operação de venda, realizada por locadora de veículos, de automóvel com menos de 12 (doze) meses de aquisição da montadora".

Há acesa discussão acerca da possibilidade de se considerar mercadoria apenas **os bens corpóreos ou também os incorpóreos**[47]. O STF, defrontado com a questão no que

---

43. PAULSEN, Leandro; MELO, José Eduardo Soares de. *Impostos federais, estaduais e municipais*. 11. ed. São Paulo: Saraiva, 2018, p. 248.
44. STJ, Primeira Turma, REsp 242.721, 2001.
45. STF, RE 203.904.
46. STF, ADI 1.648, fev. 2011. Note-se que o STJ já havia inclusive cancelado sua **Súmula 152**, que dispunha em sentido contrário.
47. GABRIEL PINOS STURTS entende que "O requisito de ser corpóreo é plenamente dispensável", de modo que deveriam ser consideradas mercadorias, por exemplo, "filmes, músicas e *softwares*

diz respeito aos *softwares*, inicialmente posicionou-se pela negativa: "Não tendo por objeto uma mercadoria, mas um bem incorpóreo, sobre as operações de licenciamento ou cessão do direito de uso de programas de computador matéria exclusiva da lide, efetivamente não podem os Estados instituir ICMS: dessa impossibilidade, entretanto, não resulta que, de logo, se esteja também a subtrair do campo constitucional de incidência do ICMS a circulação de cópias ou exemplares dos programas de computador produzidos em série e comercializados no varejo como a do chamado *software* de prateleira (*off the shelf*), os quais, materializando o *corpus mechanicum* da criação intelectual do programa, constituem mercadorias postas no comércio"[48]. Todavia, mais recentemente, em maio de 2010, ao julgar a ADI 1.945 MC, o STF manteve lei estadual do Estado do Mato Grosso que determinava a incidência do ICMS mesmo sobre operações "realizadas por transferência eletrônica de dados". Entendeu-se que o avanço da tecnologia repercute na interpretação do texto constitucional, e que o *download* de *softwares* ou de músicas equivale à sua compra em CD. Mas o mérito ainda não foi julgado.

O § 3º do art. 155 traz para o âmbito do ICMS as operações relativas a **energia elétrica** que, portanto, também se sujeitam ao imposto, conforme podemos verificar nas "contas de luz". Quanto à base de cálculo, em 2017, o STJ firmou posição no sentido de que "O ICMS incide sobre todo o processo de fornecimento de energia elétrica", porquanto "A peculiar realidade física do fornecimento de energia elétrica revela que a geração, a transmissão e a distribuição formam o conjunto dos elementos essenciais que compõem o aspecto material do fato gerador, integrando o preço total da operação mercantil, não podendo qualquer um deles ser decotado da sua base de cálculo, sendo certo que a etapa de transmissão/distribuição não cuida de atividade meio, mas sim de atividade inerente ao próprio fornecimento de energia elétrica, sendo dele indissociável"[49]. De outro lado, na Súmula 391, o STJ afirmara que "O ICMS incide sobre o valor da tarifa de energia elétrica correspondente à demanda de potência efetivamente utilizada", e não sobre eventual reserva de potência, ou seja, sobre a potência que, por contrato, deve estar disponível na rede para suportar o consumo nos períodos de maior demanda, quando estejam operando no limite da sua capacidade produtiva, mas que acabe não sendo efetivamente utilizada. A questão está sob repercussão geral, no RE 593824 (Tema n. 176). O STJ afetou ao regime dos recursos repetitivos para que venha a ser decidida

---

    digitalizados, circuláveis através de *download*" (Tributação do comércio eletrônico: Análise da incidência do ICMS. *RET* 34/5, fev. 2004). Mas JOSÉ EDUARDO SOARES DE MELO pensa de modo diverso, afirmando que o "bem 'digital' não consubstancia as características de âmbito legal e constitucional (art. 155, II e § 3º), de mercadoria, além do que o respectivo *software* representa um produto intelectual, objeto de cessão de direitos, de distinta natureza jurídica, o que tornaria imprescindível alteração normativa"(*ICMS: Teoria e prática*. 11. ed. São Paulo: Dialética, 2009, p. 17-19).

48. STF, RE 176.626.
49. STJ, Primeira Turma, REsp 1.163.020,2017.

a seguinte questão controvertida: "inclusão da Tarifa de Uso do Sistema de Transmissão de Energia Elétrica (TUST) e da Tarifa de Uso do Sistema de Distribuição de Energia Elétrica (TUSD) na base de cálculo do ICMS"[50]. Tema correlato é o relativo às operações do Mercado de Curto Prazo da Câmara de Comercialização de Energia Elétrica – CCEE. O STJ decidiu que "envolvem as sobras e os déficits de energia elétrica contratada bilateralmente entre os consumidores livres e os agentes de produção e/ou comercialização" e que "não decorrem propriamente de contratos de compra e venda de energia elétrica, mas sim de cessões de direitos entre consumidores, intermediadas pela CCEE, para a utilização de energia elétrica adquirida no mercado livre cujo valor total já sofreu a tributação do imposto estadual", de modo que não incide o ICMS nessas operações[51].

Sobre o fornecimento de água não incide o ICMS. Nesse sentido, é a Súmula 130 do Tribunal de Justiça do Rio de Janeiro: "O fornecimento de água limpa e potável é serviço essencial, sendo ilegal a cobrança do ICMS por parte das empresas concessionárias". Também o STF entende "não ser a água canalizada mercadoria sujeita à tributação pelo ICMS, por tratar-se de serviço público"[52]. Em 2010, tal entendimento foi reafirmado: "não incide o ICMS sobre o fornecimento de água canalizada, uma vez que se trata de serviço público essencial e não de mercadoria"[53]. A repercussão geral da matéria foi reconhecida no RE 607.056/RJ e aguarda julgamento do mérito.

A **prestação de serviços de transporte interestadual e intermunicipal** é a segunda base econômica do ICMS. São tributáveis os diversos serviços de transporte: de passageiros, de valores, de bens ou de mercadorias.

Mas a base econômica não é o transporte em si; é, isto sim, o "serviço" de transporte. Desse modo, exige-se a contratação onerosa de tal fazer para ensejar a incidência do imposto. O transporte realizado por uma empresa em veículo próprio para levar bens ou mercadorias de um a outro dos seus estabelecimentos ou mesmo para entregar mercadorias aos clientes que as tenham adquirido não se sujeita à incidência do imposto. No caso, trata-se de um serviço prestado a si mesma, um atuar da empresa a que não corresponde nenhuma operação jurídica enquanto negócio oneroso. Não há fato gerador e não haveria, de qualquer modo, base de cálculo. Ademais, conforme adverte ROQUE CARRAZZA, "a eventual existência de várias inscrições estaduais não tem o condão de desvirtuar a regra-matriz constitucional do ICMS em exame. Simples controles administrativos não podem atropelar direitos dos contribuintes, dando 'autonomia fiscal' a estabelecimentos de uma mesma empresa"[54].

....

50. STJ, ProAfR nos EREsp 1.163.020, Primeira Seção, 2017. *Vide* também: REsp 1.699.851 e REsp 1.692.023.
51. STJ, Primeira Turma, REsp 1.615.790, 2018.
52. STF, Tribunal Pleno, ADI 2.224, 2001.
53. STF, Primeira Turma, RE 552.948 AgR, 2010.
54. CARRAZZA, Roque Antonio. *ICMS*. 16. ed. São Paulo: Malheiros, 2012, p. 216.

O transporte restrito ao território de um único Município se sujeita ao ISS, constando do item 16 da lista anexa à Lei Complementar n. 116/2003: "Serviço de transporte de natureza municipal".

Não pode incidir ICMS sobre o serviço de transporte internacional, não abrangido pela base econômica[55], "ainda que tenha que ocorrer o transbordo para veículos de outro contribuinte" para a transposição da fronteira[56]. Conforme ROQUE CARRAZZA, "se a Constituição expressamente permite a tributação por via de ICMS quando o serviço transmunicipal começa no exterior e termina no Brasil, *a contrario sensu* a veda quando o mesmo serviço começa no Brasil e termina no exterior"[57]. O STJ destaca que "não incide ICMS sobre operações e prestações que destinem ao exterior mercadorias" e que "está acobertado pela isenção tributária o transporte interestadual dessas mercadorias", forte no aspecto teleológico da exoneração, de "tornar o produto brasileiro mais competitivo no mercado internacional"[58]. Aliás, anteriormente, já firmara posição no sentido de que, "se o transporte pago pelo exportador integra o preço do bem exportado, tributar o transporte no território nacional equivale a tributar a própria operação de exportação, o que contraria o espírito da LC 87/96 e da própria Constituição Federal"[59]. Em 2021, tal posição restou consolidada na **Súmula 649 do STJ**: Não incide ICMS sobre o serviço de transporte interestadual de mercadorias destinadas ao exterior.

No transporte multimodal, em que são utilizadas mais de uma modalidade de transporte sob a responsabilidade de um único operador e mediante emissão de apenas um documento de transporte para todo o trajeto, teremos a incidência do ICMS sobre o valor total sempre que a origem e o destino se encontrem em Estado ou município distintos. Já no transporte intermodal, quando se utilizam diversas modalidades de transporte mediante contratos específicos com cada transportador, mediante documentos próprios, eventual modalidade que não transponha sequer a fronteira de um município não se sujeitará ao ICMS. Também no transporte por uma única modalidade, rodoviária, por exemplo, que envolva o transbordo de um caminhão para outro, a incidência ou não de ICMS dependerá de se tratar de um único contrato e preço para levar da origem ou destino ou de se tratar de vários contratos distintos, hipóteses em que os estritamente municipais não ensejarão a incidência do ICMS, mas do ISS.

....

55. "Os Estados não detêm o poder de instituir ICMS sobre o transporte internacional" (STJ, Primeira Turma, REsp 241.674, 2000).
56. PAULSEN, Leandro; MELO, José Eduardo Soares de. *Impostos federais, estaduais e municipais*. 11. ed. São Paulo: Saraiva, 2018, p. 251; CARRAZZA, Roque Antonio. *ICMS*. 16. ed. São Paulo: Malheiros, 2012, p. 217.
57. CARRAZZA, op. cit., p. 217.
58. STJ, Segunda Turma, AgRg no AREsp 249.937, 2012.
59. STJ, Primeira Seção, EREsp 710.260/RO, 2008.

Não se deve confundir a incidência do ICMS sobre serviço de transporte com a consideração do custo do transporte na composição da base de cálculo do ICMS incidente sobre a circulação de mercadorias ou mesmo sobre a importação. Nos termos do art. 13, § 1º, inciso II, da LC 87/96, o valor correspondente ao frete integra a base de cálculo do ICMS "caso o transporte seja efetuado pelo próprio remetente ou por sua conta e ordem e seja cobrado em separado". Ademais, o frete integra o valor aduaneiro das mercadorias, razão pela qual também compõe a base de cálculo do imposto na sua incidência sobre a importação.

O ICMS não incide sobre o "transporte" de energia pelas linhas de transmissão. Conforme vinha decidindo o STJ, "O ICMS sobre energia elétrica tem como fato gerador a circulação da mercadoria, e não do serviço de transporte de transmissão e distribuição de energia elétrica", de modo que não incide sobre a tarifa de uso dos sistemas de distribuições (TUSD)[60]. A LC n. 87/96, com o inciso X incluído no seu art. 3º pela LC n. 194/2022, passou a ser expressa no sentido de que não incide o ICMS "serviços de transmissão e distribuição e encargos setoriais vinculados às operações com energia elétrica". JOSÉ EDUARDO SOARES DE MELO entende que seria viável a incidência sobre o "transporte" de gás via canalização: "Em razão da análise dos contornos dos negócios jurídicos atinentes à 'distribuição' do gás, executada pelas concessionárias e remunerados por tarifa, é possível entender que as atividades se enquadram à figura do 'transporte de bens', mediante a movimentação de quantidade de gás canalizado dos pontos de recepção aos pontos de entrega a usuários livres"[61].

Também não pode ser cobrado no transporte aéreo de passageiros e no transporte aéreo internacional de cargas. É o que decidiu o STF nas ADIs 1089 e 1600.

O ICMS tem como base econômica, estabelecida pela Constituição, a **prestação de serviços de comunicação**. JOSÉ EDUARDO SOARES DE MELO adverte que "na comunicação torna-se necessária a participação de elementos específicos (emissor, mensagem, canal e receptor), podendo ocorrer (ou não) a compreensão pelo destinatário [...]. Apesar de ter sido asseverado que 'comunicação é diálogo entre pessoas, de modo a colocá-las uma perante a outra, embora se encontrem distanciadas no tempo (usos horários) e no espaço (lugares)', de modo perspicaz ponderou-se que a relação comunicativa se dá independentemente do emissor e o receptor manterem diálogo, porque, se esta situação ocorrer, estar-se-á diante de uma nova relação. A materialidade (fato gerador) do imposto não ocorre pelo simples ato que torna possível a comunicação (disponibilização de informações), sendo necessária a prestação de serviços de comunicação, em que os sujeitos desta relação negocial (prestador e tomador – devidamente

---

60. STJ, Primeira Turma, AgRg no REsp 1278024, 2013.
61. PAULSEN, Leandro; MELO, José Eduardo Soares de. *Impostos federais, estaduais e municipais*. 11. ed. São Paulo: Saraiva, 2018, p. 253.

determinados) tenham uma efetiva participação"⁶². HUMBERTO ÁVILA, por sua vez, distingue a comunicação, de um lado, da radiodifusão e da propaganda, de outro:

> [...] o que diferencia a "comunicação" da "radiodifusão" é, precisamente, a qualidade do receptor e a relação entre ele e o emissor. 2.1.4.7. De fato, "difundir" tem o sentido de propagar uma mensagem, enviando-a a um sem-número de pessoas, independente de elas serem determinadas ou pagarem pela sua recepção. O termo "propaganda", também usado pela CF/88, denota o mesmo sentido: difusão de ideias para público indeterminado. O que interessa, pois, para a ocorrência de difusão é a ação da propagação pelo emissor, e não a interação entre o emissor e um determinado receptor. Não por acaso, a veiculação de propaganda, até o ano de 2003, estava incluída na lista de serviços tributáveis pelos Municípios: sendo uma ação custeada por quem tem interesse em difundir ideias, a veiculação de propaganda encaixa-se no conceito de esforço humano prestado em benefício de outrem, para o qual é irrelevante a interação entre anunciante e o público-alvo. 2.1.4.8. Ora, se a CF/88 usa, a par do termo "comunicação", também o vocábulo "difusão", e esse tem o conceito de propagação de mensagens a um público indeterminado, então a locução "comunicação" quer significar a interação entre emissor e receptor determinado a respeito de uma mensagem. Isso significa que o conceito de comunicação, para efeito de instituição do ICMS-C, é o que envolve um receptor determinado e uma remuneração diretamente relacionada à interação entre ele e o emissor⁶³.

A Constituição considera a radiodifusão comunicação, mas concede imunidade às "prestações de serviço de comunicação nas modalidades de radiodifusão sonora e de sons e imagens de recepção livre e gratuita" (art. 155, § 2º, X, *d*).

Já decidiu o STJ que incide o ICMS sobre a tarifa de **assinatura básica mensal de telefonia**: "Incide ICMS sobre a cobrança de assinatura básica residencial, que se constitui em verdadeira remuneração do serviço de telefonia, já que sua previsão legal é de estabelecer valor mínimo que justifique a viabilidade econômica do serviço com a contrapartida de franquia de utilização"⁶⁴. Considerou também que incide na **transmissão de sinais de TV a cabo**⁶⁵ **e via satélite**⁶⁶. Há quem entenda que não incide o ICMS-Comunicação sobre o *streaming*, considerando que as respectivas empresas "detêm apenas o conteúdo que disponibilizam aos seus assinantes, mas o canal comunicacional por meio do qual esses

---

62. MELO, José Eduardo Soares de. *ICMS: Teoria e prática*. 11. ed. São Paulo: Dialética, 2009, p. 138-140.
63. ÁVILA, Humberto. Veiculação de material publicitário em páginas na internet. Exame da competência para instituição do imposto sobre serviços de comunicação. Ausência de prestação de serviço de comunicação. *RDDT*, 173/153, 2010.
64. STJ, Segunda Turma, REsp 1.022.257/RS, 2008.
65. STJ, Segunda Turma, AgRg no REsp 1.064.596, 2008.
66. STJ, Segunda Turma, REsp 677.108, 2008.

assinantes podem acessá-lo (i.e., internet) é de propriedade das empresas de telecomunicações, responsáveis pela internet de banda larga"[67]. A **Súmula 334** do STJ, por sua vez, dispõe: "O ICMS não incide no serviço **dos provedores de acesso à internet**".

Eventual inadimplência do consumidor é irrelevante para fins de incidência do ICMS-Comunicação, não impedindo o surgimento da obrigação, tampouco dando direito à restituição do montante pago pela empresa de telecomunicação[68].

Importa considerar que a base econômica é o serviço de comunicação propriamente, e não as atividades-meio realizadas e cobradas com autonomia, assim considerados os serviços preparatórios, acessórios ou auxiliares que configurarão serviços comuns, não sujeitos ao ICMS. O STJ, por isso, já decidiu que não incide ICMS na instalação de linha telefônica[69], na adesão, habilitação e instalação de ponto relativo a serviços de TV[70] e na produção de programas de TV[71]. Há inclusive a **Súmula 350** do STJ: "O ICMS não incide sobre o serviço de habilitação de telefone celular". O STF, na mesma linha, entende que a incidência se dá tão somente sobre serviços de comunicação propriamente ditos, não sendo viável a extensão do tributo "aos serviços preparatórios e suplementares"[72].

A Constituição dispõe que o ICMS será "não cumulativo" e que "poderá ser seletivo, em função da essencialidade das mercadorias e dos serviços", nos termos do art. 155, § 2º, I e III, da CF. A **não cumulatividade**, portanto, é obrigatória; já a **seletividade** é facultativa, mas, uma vez adotada, tem de implicar alíquotas diferenciadas conforme o critério da essencialidade da operação tributada. A LC n. 194/2022 acrescentou o art. 18-A ao CTN, deixando expresso que, para os efeitos do ICMS, "os combustíveis, o gás natural, a energia elétrica, as comunicações e o transporte coletivo são considerados bens e serviços essenciais e indispensáveis, que não podem ser tratados como supérfluos", sendo que "é vedada a fixação de alíquotas sobre as operações referidas no *caput* deste artigo em patamar superior ao das operações em geral, considerada a essencialidade dos bens e serviços", facultando-se, isso sim, "a aplicação de alíquotas reduzidas em relação aos bens referidos no *caput* deste artigo, como forma de beneficiar os consumidores em geral". Também o art. 32-A da LC n. 87/96 passou a dispor nesse sentido.

A não cumulatividade é mecanismo que evita a tributação em cascata, ou seja, impede que a tributação de operações sucessivas, com a incidência repetida do mesmo tributo, acabe por gravar diversas vezes a mesma riqueza. Para evitar isso, a Constituição

---

67. RISTOW, Rafael Pinheiro Lucas; FARIA, Ligia Ferreira de. *Streaming* e a Incidência (ou Não) do ICMS: Caso "TV por Assinatura X *Streaming*". *RET* 113, jan.-fev. 2017, p. 111.
68. STJ, Primeira Turma, REsp 1.308.698, 2016.
69. STJ, AgRgREsp 1.054.543-RJ, 2008.
70. STJ, Segunda Turma, AgRg no Ag 1.108.510/RJ, 2009.
71. STJ, Segunda Turma, AgRg no REsp 788.583, 2009. Também: STJ, Primeira Turma, AgRg nos EDcl no RMS 31.147/RR, 2014.
72. STF, ARE 904.294 AgR, Primeira Turma, 2015. Também o ARE 851.103 AgR, Primeira Turma, 2015.

optou pela não cumulatividade baseada num sistema de creditamentos. Quando um contribuinte adquire mercadorias para revenda, credita-se do ICMS que onerou a compra, sendo que poderá deduzir tais valores do ICMS que terá de pagar nas operações posteriores em que ele próprio promover a venda de mercadorias. O art. 155, § 2º, inciso I, é inequívoco ao especificar que o ICMS será não cumulativo "compensando-se o que for devido em cada operação relativa à circulação de mercadorias ou prestação de serviços com o montante cobrado nas anteriores pelo mesmo ou outro Estado ou pelo Distrito Federal". A matéria é disciplinada pelos arts. 19, 20 e 33 da Lei Complementar n. 87/96.

Conforme o STJ: "Os insumos que geram direito ao creditamento são aqueles que, extrapolando a condição de mera facilidade, se incorporam ao produto final, de forma a modificar a maneira como esse se apresenta e configurar parte essencial do processo produtivo". Com essa premissa, considerou que "as sacolas plásticas, postas à disposição do clientes para o transporte dos produtos, não são insumos essenciais à comercialização de produtos pelos supermercados", assim como "as bandejas não são indispensáveis ao isolamento do produto perecível, mas mera comodidade entregue ao consumidor, não se constituindo em insumo essencial à atividade da recorrida", diferentemente dos "filmes e sacos plásticos, utilizados exclusivamente com o propósito de comercialização de produtos de natureza perecível, [...] insumos essenciais à atividade desenvolvida pelo supermercado, cuja aquisição autoriza o creditamento do ICMS"[73].

A entrada de energia elétrica no estabelecimento somente dará direito a crédito quando for objeto de operação de saída de energia elétrica, quando for consumida no processo de industrialização ou quando seu consumo resultar em operação de saída ou prestação para o exterior, na proporção destas sobre as saídas ou prestações totais, conforme se vê do art. 33 da LC n. 87/96, com a redação da LC n. 102/2020.

Há muito se pretende que deem direito a crédito as mercadorias destinadas ao uso ou consumo do estabelecimento, o que, na redação originária da LC n. 87/96, estava previsto para viger a contar de 1998. Mas houve sucessivas prorrogações desse direito, sendo que a última apraza para o longínquo 2033 a possibilidade de as empresas apropriarem tal crédito, conforme redação dada pela LC n. 171/2019 ao art. 33, I, da LC n. 87/96. Acerca da matéria, decidiu o STF no **Tema 346** de repercussão geral (RE 601.967), em 2020, fixando as seguintes teses: "(i) Não viola o princípio da não cumulatividade (art. 155, § 2º, incisos I e XII, alínea *c*, da CF/1988) lei complementar que prorroga a compensação de créditos de ICMS relativos a bens adquiridos para uso e consumo no próprio estabelecimento do contribuinte; (ii) Conforme o artigo 150, III, *c*, da CF/1988, o princípio da anterioridade nonagesimal aplica-se somente para leis que instituem ou majoram tributos, não incidindo relativamente às normas que prorrogam a data de início da compensação de crédito tributário".

---

73. STJ, Primeira Turma, REsp 1.830.894/RS, 2020.

Quando a aquisição de mercadoria não sofre a incidência de ICMS ou é isenta, não gera crédito (art. 155, § 2º, II, *a*); quando a saída da mercadoria na operação posterior realizada pelo adquirente é que não é tributada ou é isenta, o crédito anteriormente apropriado é anulado (art. 155, § 2º, II, *a*). Isso porque, nesses casos de a entrada ou a saída não sofrerem o ônus do ICMS, haverá uma única cobrança. Apenas os créditos das empresas exportadoras, apropriados na entrada de mercadorias, é que são mantidos, ainda que a operação de venda para o exterior seja imune, mas isso em razão de norma constitucional expressa que visa desonerar as exportações, compensando o exportador pelo ônus de ICMS que suportou internamente, nos termos do art. 155, § 2º, X, *a*, que diz que não incidirá "sobre operações que destinem mercadorias para o exterior, nem sobre serviços prestados a destinatários no exterior, assegurada a manutenção e o aproveitamento do montante do imposto cobrado nas operações e prestações anteriores".

Importa ter em conta que a não cumulatividade abrange todos os núcleos de incidência do ICMS, não se restringindo às operações relativas à circulação de mercadorias. Sob esse argumento e considerando que a energia elétrica é importante insumo dos serviços de telecomunicação, o STJ reconheceu que "O ICMS incidente sobre a energia elétrica consumida pelas empresas de telefonia, que promovem processo industrial por equiparação, pode ser creditado para abatimento do imposto devido quando da prestação dos serviços"[74].

As operações de circulação de mercadorias podem ocorrer no âmbito interno de cada Estado ou entre diferentes Estados, sendo as últimas chamadas operações interestaduais.

Para as **operações internas** (que não ultrapassam a fronteira de nenhum Estado-Membro, tendo origem e destino dentro do território de um único Estado), cada Estado define a alíquota do seu ICMS, observada a alíquota mínima estabelecida em Resolução do Senado Federal (art. 155, § 2º, V, *a*), não podendo, ainda, ser inferior às alíquotas previstas para as operações interestaduais.

No caso dessas **operações interestaduais**, aplica-se a alíquota interestadual, definida por Resolução do Senado, nos termos do art. 155, § 2º, IV e VII, da Constituição Federal, com a redação da EC n. 87/2015. O Estado de origem, portanto, recebe a alíquota interestadual. Ao Estado do destinatário, caberá a diferença de alíquota entre a interestadual (menor) e a sua alíquota interna (maior). O recolhimento dessa diferença de alíquota, conhecida como DIFAL, ficará sob a responsabilidade do destinatário, quando este for contribuinte do imposto, e sob a responsabilidade do remetente, quando o destinatário não for contribuinte do imposto, nos termos do inciso VIII, também com a redação da EC n. 87/2015. A cobrança do ICMS nas operações e prestações interestaduais destinadas a consumidor final não contribuinte do imposto somente passou a ser

---
74. STJ, Primeira Seção, REsp 842.270/RS, 2012.

disciplinada quando das alterações promovidas pela LC n. 190/2022 na LC n. 87/1996. Por força das alterações produzidas na LC n. 87/1996 pela LC n. 190/2022, passou a constar que é contribuinte do ICMS "nas operações ou prestações que destinem mercadorias, bens e serviços a consumidor final domiciliado ou estabelecido em outro Estado, em relação à diferença entre a alíquota interna do Estado de destino e a alíquota interestadual", ora "o destinatário da mercadoria, bem ou serviço, na hipótese de contribuinte do imposto", ora "o remetente da mercadoria ou bem ou o prestador de serviço, na hipótese de o destinatário não ser contribuinte do imposto" (art. 4º, V, alíneas *a* e *b*). O local da operação, "tratando-se de operações ou prestações interestaduais destinadas a consumidor final, em relação à diferença entre a alíquota interna do Estado de destino e a alíquota interestadual", é "o do estabelecimento do destinatário, quando o destinatário ou o tomador for contribuinte do imposto" (art. 11, V), ou "o do estabelecimento do remetente ou onde tiver início a prestação, quando o destinatário ou tomador não for contribuinte do imposto (art. 11, V, *b*), sendo que, nessa última hipótese, quando o destino final da mercadoria, bem ou serviço ocorrer em Estado diferente daquele em que estiver domiciliado ou estabelecido o adquirente ou o tomador, o imposto correspondente à diferença entre a alíquota interna e a interestadual será devido ao Estado no qual efetivamente ocorrer a entrada física da mercadoria ou bem ou o fim da prestação do serviço" (art. 11, § 7º). Considera-se ocorrido o fato gerador no momento "da entrada no território do Estado de bem ou mercadoria oriundos de outro Estado adquiridos por contribuinte do imposto e destinados ao seu uso ou consumo ou à integração ao seu ativo imobilizado" (art. 12, XV), hipótese em que a base de cálculo do imposto é "o valor da operação ou prestação no Estado de origem, para o cálculo do imposto devido a esse Estado" e "o valor da operação ou prestação no Estado de destino, para o cálculo do imposto devido a esse Estado" (art. 13, IX), e no momento "da saída, de estabelecimento de contribuinte, de bem ou mercadoria destinados a consumidor final não contribuinte do imposto domiciliado ou estabelecido em outro Estado" (art. 12, XVI), hipótese em que a base de cálculo do imposto é "o valor da operação ou o preço do serviço, para o cálculo do imposto devido ao Estado de origem e ao de destino" (art. 13, X). Em ambas as hipóteses, também integra a base de cálculo do imposto "o montante do próprio imposto, constituindo o respectivo destaque mera indicação para fins de controle" e o valor correspondente a "seguros, juros e demais importâncias pagas, recebidas ou debitadas, bem como descontos concedidos sob condição" e ao "frete, caso o transporte seja efetuado pelo próprio remetente ou por sua conta e ordem e seja cobrado em separado" (art. 13, § 1º). E completa: "O imposto a pagar ao Estado de destino será o valor correspondente à diferença entre a alíquota interna do Estado de destino e a interestadual" (art. 13, § 3º). Vale destacar, ainda, o novo art. 24-A, determinando que: "Os Estados e o Distrito Federal divulgarão, em portal próprio, as informações necessárias ao cumprimento das obrigações tributárias, principais e acessórias, nas operações e prestações interestaduais".

Tratando-se de mercadoria destinada a consumidor final, por força do novo art. 99 do ADCT, a diferença só caberá integralmente ao Estado de destino a partir de 2019. Para o período de 2015 a 2018, foi estabelecida escala para o partilhamento da diferença de alíquota entre os Estados de destino e de origem na seguinte proporção: 20% e 80% em 2015, 40% e 60% em 2016, 60% e 40% em 2017, 80% e 20% em 2018. Cuida da questão o Convênio ICMS n. 93/2015. Há quem entenda que o Convênio não poderia ter determinado às empresas optantes pelo Simples o recolhimento da diferença de alíquotas[75].

A Resolução do Senado 22/89 estabeleceu a alíquota das operações e prestações interestaduais em 12% (doze por cento). Mas, para as operações e prestações realizadas a partir das regiões Sul e Sudeste, destinadas às regiões Norte, Nordeste e Centro-Oeste e ao Estado do Espírito Santo, previu alíquota de 7%. Nas operações interestaduais realizadas com mercadorias importadas, a alíquota é de 4%, nos termos do que dispõe a Resolução do Senado 13/2012 e Convênio ICMS 123/2012.

O ICMS interestadual, com sua divisão de arrecadação entre os Estados de origem e destinatário, dá ensejo à chamada guerra fiscal, consistente na política de atrativos fiscais levada a efeito por alguns Estados. Em regra, implicam desonerações na origem. A validade das leis estaduais concessivas de benefícios fiscais depende da prévia autorização por deliberação dos estados através dos Convênios CONFAZ. Cuidamos da matéria no item 72 deste Curso, ao tratarmos do Convênio como espécie de diploma que compõe a legislação tributária, sendo que, ali, trazemos à consideração o art. 155, 2º, XII, *g*, da CF, a LC n. 160/17 e a jurisprudência do STF.

Desde a Emenda Constitucional n. 42/2003, as operações que destinem mercadorias para o exterior e os serviços prestados a destinatários no exterior são imunes ao ICMS (art. 155, § 2º, X, *a*, da CF). Ademais, como já referido, os exportadores podem se ressarcir do ICMS suportado internamente quando da aquisição dos produtos posteriormente exportados mediante manutenção e aproveitamento dos respectivos créditos. A desoneração de ICMS na exportação, portanto, é ampla.

O ICMS **também incide na importação**: é o chamado **ICMS-Importação**. A norma de competência para tanto é especial, constando do art. 155, § 2º, IX, *a*, da Constituição, que dispõe: "incidirá também: a) sobre a entrada de bem ou mercadoria importados do exterior por pessoa física ou jurídica, ainda que não seja contribuinte habitual do imposto, qualquer que seja a sua finalidade, assim como sobre o serviço prestado no exterior, cabendo o imposto ao Estado onde estiver situado o domicílio ou o estabelecimento do

---

75. NEVES, Ângela Vieira das. Aspecto Constitucional do Novo Diferencial de Alíquotas aos Optantes do Simples Nacional. *RET* 109, maio-jun. 2016, p. 30; TRÓCCOLI JÚNIOR, Henrique. O Microssistema Tributário das Micro e Pequenas Empresas e os Reflexos da Emenda Constitucional n. 87, de 2015. *RET* 109, p. 24.

destinatário da mercadoria, bem ou serviço;". Essa redação foi atribuída a tal dispositivo pela Emenda Constitucional n. 33/2001, tendo o STF reconhecido a sua validade ao considerar que "a incidência do ICMS sobre operação de importação de bem não viola, em princípio, a regra da vedação à cumulatividade (art. 155, § 2º, I, da Constituição), pois se não houver acumulação da carga tributária, nada haveria a ser compensado"[76]. Segundo o STF, ainda, "a exoneração das operações de importação pode desequilibrar as relações pertinentes às operações internas com o mesmo tipo de bem, de modo a afetar os princípios da isonomia e da livre concorrência"[77].

A respeito do seu fato gerador, o STF publicou a Súmula Vinculante 48: "Na entrada de mercadoria importada do exterior, é legítima a cobrança do ICMS por ocasião do desembaraço aduaneiro". As inspetorias da Receita Federal só autorizam a liberação dos produtos importados mediante a demonstração do pagamento dos tributos inerentes à importação, dentre os quais o ICMS-Importação.

Já se discutiu se o ICMS-Importação incidiria na importação por pessoa física ou por sociedades não contribuintes habituais do imposto que importassem bem para a incorporação ao seu ativo fixo ou para consumo próprio. O STJ entendia que sim. Nesse sentido, em abril de 1996, foi editada a Súmula 155 do STJ: "O ICMS incide na importação de aeronave, por pessoa física, para uso próprio". Em outubro de 1997, foi publicada a Súmula 198 do STJ: "Na importação de veículo por pessoa física, destinado a uso próprio, incide o ICMS". Logo em seguida, porém, o Tribunal Pleno do STF, ao julgar o RE 203.075/DF, analisou a matéria sob o enfoque constitucional e firmou posição dizendo da não incidência do ICMS, consolidando sua orientação na Súmula 660 do STF: "Não incide ICMS na importação de bens por pessoa física ou jurídica que não seja contribuinte do imposto". Com a nova redação do art. 155, § 2º, IX, *a*, atribuída pela Emenda Constitucional n. 33/2001, a situação é outra, não se justificando mais o anterior entendimento do STF. Pela redação atual, resta claro que incidirá na importação "por pessoa física ou jurídica", "ainda que não seja contribuinte habitual do imposto" e "qualquer que seja a sua finalidade". O STF já decidiu que não incide o Imposto sobre Circulação de Mercadorias e Serviços – ICMS na importação de bens mediante contrato de arrendamento mercantil quando, não exercida opção de compra, o bem é suscetível de devolução ao arrendador, porquanto inexiste circulação econômica da mercadoria importada[78].

De qualquer modo, a "entrada de bem ou mercadoria importados do exterior" deve ser compreendida no contexto de uma efetiva operação de importação. Esta exige não apenas o ingresso físico, mas a entrada para a incorporação do produto à economia

---

76. STF, RE 439.796, 2014.
77. STF, RE 474.267, 2014.
78. STF, RE 226.899, 2014.

nacional, seja para uso, consumo, industrialização ou revenda, por exemplo. Mas o ingresso físico sabidamente temporário, como no caso de mercadorias trazidas para exposição em feiras durante prazo certo para posterior retorno à origem, não implica fato gerador sequer do Imposto de Importação, também não o sendo do ICMS-Importação. Esses ingressos temporários, sem o intuito de integração do produto à economia nacional, ocorrem sob o regime de admissão temporária. Outra entrada física que não implica importação é a que ocorre para simples trânsito de bem ou mercadoria pelo território nacional, com destino a outro país, como no caso da aquisição de mercadorias da Alemanha por empresa uruguaia, com ingresso no território brasileiro pelo porto de Rio Grande e finalização do transporte por caminhões mediante rota predefinida. Nessa situação, temos o que se denomina de trânsito aduaneiro. Como a mercadoria simplesmente transita pelo território brasileiro, não se incorporando à economia nacional, não ocorre propriamente importação, de modo que não incidem o Imposto de Importação e o ICMS-Importação.

No Tema 520 de repercussão geral (ARE 665.134), 2020, o STF fixou a tese de que "O sujeito ativo da obrigação tributária de ICMS incidente sobre mercadoria importada é o Estado-membro no qual está domiciliado ou estabelecido o destinatário legal da operação que deu causa à circulação da mercadoria, com a transferência de domínio". Considerou que "em relação ao significante 'destinatário final', para efeitos tributários, a disponibilidade jurídica precede a econômica, isto é, o sujeito passivo do fato gerador é o destinatário legal da operação da qual resulta a transferência de propriedade da mercadoria. Nesse sentido, a forma não prevalece sobre o conteúdo, sendo o sujeito tributário quem dá causa à ocorrência da circulação de mercadoria, caracterizada pela transferência do domínio. Ademais, não ocorre a prevalência de eventuais pactos particulares entre as partes envolvidas na importação, quando da definição dos polos da relação tributária em relação". E esclareceu: "Pela tese fixada, são os destinatários legais das operações, em cada hipótese de importação, as seguintes pessoas jurídicas: a) na importação por conta própria, a destinatária econômica coincide com a jurídica, uma vez que a importadora utiliza a mercadoria em sua cadeia produtiva; b) na importação por conta e ordem de terceiro, a destinatária jurídica é quem dá causa efetiva à operação de importação, ou seja, a parte contratante de prestação de serviço consistente na realização de despacho aduaneiro de mercadoria, em nome próprio, por parte da importadora contratada; c) na importação por conta própria, sob encomenda, a destinatária jurídica é a sociedade empresária importadora (*trading company*), pois é quem incorre no fato gerador do ICMS com o fito de posterior revenda, ainda que mediante acerto prévio, após o processo de internalização". O tribunal, diga-se, utilizou a "técnica de declaração de inconstitucionalidade parcial, sem redução de texto, ao art. 11, I, *d*, da Lei Complementar federal n. 87/96, para fins de afastar o entendimento de que o local da operação ou da prestação, para os efeitos da cobrança do imposto e definição do estabelecimento responsável pelo tributo, é apenas e necessariamente o da entrada física de importado, tendo em conta a juridicidade de circulação ficta de mercadoria emanada de uma operação documental ou simbólica, desde que haja efetivo negócio jurídico".

Outro ponto importante relativo ao ICMS diz respeito aos possíveis conflitos de competência com os Municípios, aos quais cabe instituir o ISS. Refiro-me às chamadas **operações mistas**, que envolvem tanto a circulação de mercadorias como a prestação de serviços.

Não são operações mistas aquelas cujo objeto seja um fazer para dar, em que o fazer constitui apenas meio para a produção e colocação do bem à disposição do comprador, incidindo sempre o ICMS[79]. Quando, mesmo farmácias de manipulação, produzem medicamentos não mediante encomenda, mas, antecipadamente, para oferta ao público consumidor em prateleira, de modo que já disponham dos medicamentos prontos para venda, não há operação mista e, sim, simples venda de produto. O STF, no Tema 379 de repercussão geral (RE 605.552), em 2020, decidiu que "Incide ICMS sobre as operações de venda de medicamentos por elas ofertados aos consumidores em prateleira".

As operações verdadeiramente mistas apresentam **duplo objeto negocial**: um dar e um fazer, ambos com certa autonomia. Eram conceituadas pelo art. 71, § 2º, do CTN como aquelas em que havia prestação de serviços "acompanhados do fornecimento de mercadorias", sendo que estabelecia critério para tributação proporcional. O conceito ainda é válido, mas aquele artigo foi revogado porque hoje o que temos é uma sistemática diversa de tributação, em que incide o ICMS ou o ISS sobre o todo, um ou outro.

O art. 155, § 2º, IX, *b*, da Constituição trata especificamente das operações mistas, estabelecendo que o ICMS incidirá sobre o valor total da operação, quando mercadorias forem fornecidas com serviços não compreendidos na competência tributária dos Municípios. Associando-se tal regra com a do art. 156, III, que diz que os Municípios têm competência para instituir impostos sobre serviços de qualquer natureza, definidos em lei complementar, chegamos à conclusão de que as operações mistas em que o serviço envolvido não está arrolado no anexo da Lei Complementar n. 116/2003 se sujeita ao ICMS, mas, quando estiver arrolado, sujeita-se ao ISS. Desse modo, aliás, é que a questão se encontra disciplinada na Lei Complementar n. 87/96, que dispõe sobre o ICMS, e na Lei Complementar n. 116/2003, que dispõe sobre o ISS. O art. 2º, IV, da Lei Complementar n. 87/96 determina que o ICMS incida sobre o fornecimento de mercadorias com prestação de serviços não compreendidos na competência tributária dos Municípios. O art. 1º, *caput*

---

[79]. "Ainda que a lógica do sistema seja relativamente clara e de fácil compreensão, a aplicação dos critérios referidos só levará a uma solução em conformidade com a Constituição quando sejam bem distinguidas as operações mistas daquelas em que a prestação de serviços seja apenas uma das etapas do processo produtivo, sem predominância ou equivalência que justifique atrair a incidência do ISS em detrimento da incidência dos demais impostos passíveis de incidir na espécie" (Excerto do voto da Min. ELLEN GRACIE na ADI 4.389).

e § 2º, da Lei Complementar n. 116/2003 estabelece que o ISS tem como fato gerador a prestação de serviços constantes da sua lista anexa e que os serviços nela mencionados não ficam sujeitos ao ICMS, ainda que sua prestação envolva fornecimento de mercadorias. A jurisprudência, tanto a do STF[80] como a do STJ[81], consagra esse regime. O STF reafirmou que "A Corte tradicionalmente resolve as ambiguidades entre o ISS e o ICMS com base em critério objetivo: incide apenas o primeiro se o serviço está definido por lei complementar como tributável por tal imposto, ainda que sua prestação envolva a utilização ou o fornecimento de bens, ressalvadas as exceções previstas na lei; ou incide apenas o segundo se a operação de circulação de mercadorias envolver serviço não definido por aquela lei complementar"[82]. A casuística é numerosa. No **Tema 379** de repercussão geral (RE 605.552), em 2020, o STF fixou a tese de que "Incide ISS sobre as operações de venda de medicamentos preparados por farmácias de manipulação sob encomenda", tendo fundamentado: "incide o ISS (subitem 4.07 da Lista anexa à LC n. 116/06) sobre as operações realizadas por farmácias de manipulação envolvendo o preparo e o fornecimento de medicamentos encomendados para posterior entrega aos fregueses, em caráter pessoal, para consumo". A **Súmula 163** do STJ diz que: "O fornecimento de mercadorias com a simultânea prestação de serviços em bares, restaurantes e estabelecimentos similares constitui fato gerador do ICMS a incidir sobre o valor total da operação". A **Súmula 167** do STJ estabelece: "O fornecimento de concreto, por empreitada, para construção civil, preparado no trajeto até a obra em betoneiras acopladas a caminhões, é prestação de serviço, sujeitando-se apenas à incidência do ISS".

Efetivamente, no regime da Constituição de 1988, o ICMS e o ISS são excludentes um do outro". Importa observar, entretanto, que a lista de serviços anexa à Lei Complementar n. 116/2003 faz algumas ressalvas. No seu item 14.01, ao submeter ao ISS os serviços de "Lubrificação, limpeza, lustração, revisão, carga e recarga, conserto, restauração, blindagem, manutenção e conservação de máquinas, veículos, aparelhos, equipamentos, motores, elevadores ou de qualquer objeto", abre um parêntese: "(exceto peças e partes

---

80. STF, ADI 4.413 MC e ADI 4.389.
81. "DELIMITAÇÃO DA COMPETÊNCIA TRIBUTÁRIA ENTRE ESTADOS E MUNICÍPIOS. ICMS E ISSQN. CRITÉRIOS [...] 1. Segundo decorre do sistema normativo específico (art. 155, II, § 2º, IX, *b*, e 156, III da CF, art. 2º, IV, da LC n. 87/96 e art. 1º, § 2º, da LC n. 116/2003), a delimitação dos campos de competência tributária entre Estados e Municípios, relativamente à incidência de ICMS e de ISSQN, está submetida aos seguintes critérios: (a) sobre operações de circulação de mercadoria e sobre serviços de transporte interestadual e internacional e de comunicações incide ICMS; (b) sobre operações de prestação de serviços compreendidos na lista de que trata a LC n. 116/2003 (que sucedeu ao DL n. 406/68), incide ISSQN; e (c) sobre operações mistas, assim entendidas as que agregam mercadorias e serviços, incide o ISSQN sempre que o serviço agregado estiver compreendido na lista de que trata a LC n. 116/2003 e incide ICMS sempre que o serviço agregado não estiver previsto na referida lista" (STJ, Primeira Seção, REsp 1092206, 2009).
82. STF, RE 605.552, 2020.

empregadas, que ficam sujeitas ao ICMS)". Isso também ocorre com outros poucos itens, como o 7.02, relativo aos serviços de construção civil realizados mediante empreitada ou subempreitada, sendo ressalvada a incidência do ICMS sobre o fornecimento de mercadorias produzidas fora do local da prestação dos serviços. Nesses casos expressamente excepcionados na lista anexa à Lei Complementar n. 116/2003, portanto, serão especificados os valores do serviço e das mercadorias fornecidas, porquanto incidirá o ISS sobre aquele, e o ICMS sobre esse. JOSÉ EDUARDO SOARES DE MELO também destaca: "Na prestação de serviços de qualquer natureza sujeita à incidência do ISS (LC n. 116 de 31/07/2003), excepcionalmente, incidirá o ICMS se a respectiva lista de serviços fizer ressalva específica relativamente aos materiais empregados na atividade"[83].

A incidência de ICMS sobre **combustíveis derivados de petróleo** segue regime todo especial baseado na premissa de que "o imposto caberá ao Estado onde ocorrer o consumo" (art. 155, § 4º, I). Para viabilizar isso, a Constituição imuniza as operações interestaduais, ou seja, as "operações que destinem a outros Estados petróleo, inclusive lubrificantes, combustíveis líquidos e gasosos dele derivados, e energia elétrica" (art. 155, § 2º, X, *b*). Estabelece, ainda, que "§ 5º As regras necessárias à aplicação do disposto no § 4º, inclusive as relativas à apuração e à destinação do imposto, serão estabelecidas mediante deliberação dos Estados e do Distrito Federal, nos termos do § 2º, XII, *g*" (art. 155, § 5º, da CF, incluído pela EC n. 33/2001). Trata da matéria o Convênio Confaz n. 110/2007, que procura concentrar a tributação nas refinarias, como contribuintes e como substitutas tributárias. É estabelecida uma câmara de compensação para viabilizar os recolhimentos e a destinação constitucional. Os detalhes desse regime estão sendo analisados pelo STF na ADI 4171. Mas o art. 155, § 2º, XII, *h*, da CF, incluído pela EC n. 33/2001, disse caber à Lei Complementar "definir os combustíveis e lubrificantes sobre os quais o imposto incidirá uma única vez, qualquer que seja a sua finalidade", disciplina essa que sobreveio com a edição da LC n. 192/2022, abrangendo gasolina e etanol anidro combustível, diesel e biodiesel e gás liquefeito de petróleo, inclusive o derivado do gás natural.

No ICMS sobre circulação de mercadorias, o **fato gerador** considera-se ocorrido no momento "da saída de mercadoria de estabelecimento de contribuinte", nos termos do art. 12 da Lei Complementar n. 87/96.

Quanto à **base de cálculo** do ICMS, é o **valor da operação**, conforme do art. 13 da Lei Complementar n. 87/96. Note-se que o ICMS é calculado por dentro do preço da mercadoria, o que resta expresso no art. 155, § 2º, XII, *i*, da CF. Na composição do valor final da nota, não ocorre a soma do preço da mercadoria ao do ICMS; o preço da mercadoria é o valor da operação, sendo que o destaque de ICMS se faz por dentro desse preço apenas para fins de visualização e operacionalização do sistema de créditos e de

---

83. PAULSEN, Leandro; MELO, José Eduardo Soares de. *Impostos federais, estaduais e municipais.* 11. ed. São Paulo: Saraiva, 2018, p. 244.

pagamento do imposto. Se o preço da mercadoria for de R$ 100,00 e o ICMS for de 18%, corresponderá a R$ 18,00. O adquirente pagará tão somente o preço de R$ 100,00, sendo que o vendedor terá de retirar desse preço o montante necessário ao pagamento do imposto que fará, em nome próprio (o vendedor é o contribuinte de direito), no percentual sobre ele incidente. A matéria restou pacificada no STF, com efeito de repercussão geral, no RE 582.461[84].

Eventuais descontos incondicionais concedidos pelo vendedor reduzem o preço da mercadoria e, portanto, o valor da operação, de maneira que a base de cálculo do ICMS também fica reduzida. É a orientação consolidada na Súmula 457 do STJ: "Os descontos incondicionais nas operações mercantis não se incluem na base de cálculo do ICMS".

Considera-se valor da operação, para fins de incidência do ICMS, o preço pelo qual for vendida a mercadoria, seja à vista ou a prazo. Conforme a Súmula 395 do STJ, "O ICMS incide sobre o valor da venda a prazo constante da nota fiscal". Quando o financiamento não é feito pelo vendedor, mas por empresa de cartão de crédito ou por financeira, o valor pago a título de juros desborda do valor da operação, não havendo razão para considerá-lo ou acrescê-lo à base de cálculo do ICMS. A Súmula 237 do STJ é no sentido de que: "Nas operações com cartão de crédito, os encargos relativos ao financiamento não são considerados no cálculo do ICMS". A operação de crédito sujeita-se, então, ao IOF (art. 153, V, da CF) de competência da União.

Os demais fatos geradores e bases de cálculo também são definidos nos arts. 2º, 12 e 13 da Lei Complementar n. 87/96. No serviço de transporte de passageiros, será o valor da passagem; no de carga, o valor do frete. ROQUE CARRAZZA entende que as empresas transportadoras teriam o direito de excluir o valor do pedágio da base de cálculo do ICMS[85]. Não temos a mesma convicção, porquanto o pedágio constitui custo do transportador para cumprir o objeto contratual a que se obriga.

Quanto às alíquotas, as interestaduais são estabelecidas por Resolução do Senado, ficando, como já referido, em 7% ou 12% conforme a origem e o destino, e em 4% quando a operação diz respeito a produtos importados.

As alíquotas internas são fixadas pelos Estados, normalmente no patamar de 17% ou de 18% para a circulação de mercadorias, à exceção de alguns produtos para os quais se estabelece alíquota menor em razão da sua essencialidade.

A alíquota incidente sobre energia elétrica e comunicações normalmente é de 25%. O Tribunal de Justiça do Rio de Janeiro chegou a suspender a exigibilidade do ICMS sobre energia elétrica e sobre comunicações no que excedesse a alíquota de 18% por entender que a alíquota de 25%, no caso, viola o critério da seletividade, afrontando o art. 155, § 2º,

---

84. STF, Tribunal Pleno, rel. Min. GILMAR MENDES, RE 582.461, 2011. Vide também: STF, Segunda Turma, ARE 897.254 AgR, rel. Min. DIAS TOFFOLI, julgado out. 2015.
85. CARRAZZA, Roque Antonio. *ICMS*. 16. ed. São Paulo: Malheiros, 2012, p. 221.

III, da CF. Mas o Presidente do Supremo Tribunal Federal cassou a eficácia de tais acórdãos na Suspensão de Segurança n. 4178, em outubro de 2011. Entendemos que, por serem produtos essenciais, a energia, as comunicações e os combustíveis não poderiam ser tributados, a título de ICMS, em percentual superior à alíquota comum. Isso efetivamente ofende o princípio da essencialidade[86]. O STF voltará a enfrentar a questão no RE 714.139, no qual, em 2014, foi reconhecida a repercussão geral da matéria[87].

208. Imposto sobre Serviços de Qualquer Natureza (ISS)[88]

O art. 156, III, da CF outorga aos Municípios competência para instituir imposto sobre "serviços de qualquer natureza, não compreendidos no artigo 155, II, definidos em lei complementar", o chamado ISS.

O **conceito de serviços de qualquer natureza** é fundamental para definirmos o que pode ser tributado a título de ISS. No RE 651.703, o STF decidiu que extrapola o conceito civilista de prestação de serviços, atrelado às obrigações de fazer. É mais amplo, alcançando o "oferecimento de uma utilidade para outrem, a partir de um conjunto de atividades materiais ou imateriais, prestadas com habitualidade e intuito de lucro, podendo estar conjugada ou não com a entrega de bens ao tomador". Assim, o legislador complementar pode submeter ao ISS diversas atividades econômicas que, de outro modo, ficariam sem tributação, incluindo-as na lista dos serviços tributáveis anexa à LC n. 116/2003.

Há serviços, contudo, **excluídos da possibilidade de tributação a título de ISS**. Note-se que o próprio art. 156, III, afasta aqueles serviços cuja tributação compete aos Estados a título de ICMS: os **serviços de transporte interestadual e intermunicipal e de comunicação**. Além disso, o art. 150, VI, *a*, e §§ 2º e 3º, da CF atribui imunidade aos **serviços públicos típicos** prestados pelos entes políticos, autarquias ou fundações públicas vinculadas a suas finalidades essenciais ou delas decorrentes, não regidos pelas normas aplicáveis a empreendimentos privados e sem contraprestação ou pagamento de preços ou tarifas. O STF entende que a imunidade também alcança empresas públicas e sociedades de economia mista quando atuem como *longa manus* do ente político, prestando serviço em regime de monopólio, sem disputa de mercado com empresas privadas[89]. Ademais, não incide ISS na **exportação de serviços**, na prestação de serviços

---

86. A respeito, *vide* os itens deste livro dedicados ao princípio da capacidade contributiva e à seletividade como critério constitucional de tributação.
87. STF, Plenário Virtual, RE 714.139 RG, rel. Min. MARCO AURÉLIO, jun. 2014.
88. Sobre o ISS, *vide* nosso livro: PAULSEN, Leandro; MELO, Omar Augusto Leite. *ISS: Constituição Federal e LC 116 comentadas*. 2. ed. São Paulo: Saraiva, 2022.
89. É o caso da ECT, empresa pública que presta os serviços de correio, e da Codesp, sociedade de economia mista que presta serviços de administração portuária. Assim, também, a empresa

em **relação de emprego**, dos trabalhadores avulsos, diretores e membros de conselho consultivo ou de conselho fiscal de sociedades e fundações, bem como dos sócios-gerentes e dos gerentes-delegados e, por fim, sobre o **valor intermediado no mercado de títulos e valores mobiliários**, sobre o **valor dos depósitos bancários e sobre o principal, juros e acréscimos moratórios relativos a operações de crédito** realizadas por instituições financeiras, nos termos do art. 2º, I, da Lei Complementar n. 116/2003.

O ISS exige, ainda, a **intermediação de lei complementar**, porquanto o art. 156, III, da Constituição comete a tal veículo legislativo o papel de definir, dentre os serviços de qualquer natureza, aqueles que poderão ensejar a instituição do imposto por parte dos Municípios. A Lei Complementar n. 116/2003 traz, em anexo, a **lista de serviços tributáveis** arrolados em 40 itens, cada qual com seus subitens. Dentre os serviços arrolados, estão, por exemplo, os serviços de informática, de medicina e assistência veterinária, de estética e atividades físicas, de engenharia, arquitetura e construção civil, de manutenção e limpeza, de educação e ensino, de hospedagem, turismo e viagens, de estacionamento, de vigilância, bancários e financeiros, serviços de apoio administrativo, jurídico e contábil, serviços funerários etc. Essa lista vem sendo, pouco a pouco, ampliada pela atribuição de nova redação aos seus subitens ou pelo acréscimo de subitens inéditos. A LC n. 157/2016 assim o fez, acrescentando o subitem 6.06, que submete ao ISS a aplicação de tatuagens, *piercings* e congêneres. Também a LC n. 175/2020, que fez constar, dentre os serviços relacionados ao setor financeiro, a "Administração de fundos quaisquer, de consórcio, de cartão de crédito ou débito e congêneres, de carteira de clientes, de cheques pré-datados e congêneres" (item 15.01) e o "Arrendamento mercantil

....

pública Infraero: "A Infraero, que é empresa pública, executa, como atividade-fim, em regime de monopólio, serviços de infraestrutura aeroportuária constitucionalmente outorgados à União Federal, qualificando-se, em razão de sua específica destinação institucional, como entidade delegatária dos serviços públicos a que se refere o art. 21, inciso XII, alínea *c*, da Lei Fundamental, o que exclui essa empresa governamental, em matéria de impostos, por efeito da imunidade tributária recíproca (CF, art. 150, VI, *a*), do poder de tributar dos entes políticos em geral. Consequente inexigibilidade, por parte do Município tributante, do ISS referente às atividades executadas pela Infraero na prestação dos serviços públicos de infraestrutura aeroportuária e daquelas necessárias à realização dessa atividade-fim. O ALTO SIGNIFICADO POLÍTICO-JURÍDICO DA IMUNIDADE TRIBUTÁRIA RECÍPROCA, QUE REPRESENTA VERDADEIRA GARANTIA INSTITUCIONAL DE PRESERVAÇÃO DO SISTEMA FEDERATIVO. DOUTRINA. PRECEDENTES DO STF. INAPLICABILIDADE, À INFRAERO, DA REGRA INSCRITA NO ART. 150, § 3º, DA CONSTITUIÇÃO. – A submissão ao regime jurídico das empresas do setor privado, inclusive quanto aos direitos e obrigações tributárias, somente se justifica, como consectário natural do postulado da livre concorrência (CF, art. 170, IV), se e quando as empresas governamentais explorarem atividade econômica em sentido estrito, não se aplicando, por isso mesmo, a disciplina prevista no art. 173, § 1º, da Constituição, às empresas públicas (caso da Infraero), às sociedades de economia mista e às suas subsidiárias que se qualifiquem como delegatárias de serviços públicos" (STF, Segunda Turma, rel. Min. CELSO DE MELLO, RE 363412 AgR, ago. 2007).

(*leasing*) de quaisquer bens, inclusive cessão de direitos e obrigações, substituição de garantia, alteração, cancelamento e registro de contrato, e demais serviços relacionados ao arrendamento mercantil (*leasing*)" (15.09). Já a LC n. 183/2021 incluiu o subitem 11.05, inserindo: "Serviços relacionados ao monitoramento e rastreamento a distância, em qualquer via ou local, de veículos, cargas, pessoas e semoventes em circulação ou movimento, realizados por meio de telefonia móvel, transmissão de satélites, rádio ou qualquer outro meio, inclusive pelas empresas de Tecnologia da Informação Veicular, independentemente de o prestador de serviços ser proprietário ou não da infraestrutura de telecomunicações que utiliza".

PAULO DE BARROS CARVALHO ensina: "A expressão 'definidos em lei complementar' não autoriza que seja conceituado como serviço aquilo que efetivamente não o é. Indigitada prática subverte a hierarquia do sistema positivo brasileiro, pois o constituinte traçou o quadro dentro do qual os Municípios podem mover-se [...]"[90]. Os tribunais também seguem essa linha. No item 3 da lista de serviços consta "Serviços prestados mediante locação, cessão de direito de uso e congêneres", o que, no entanto, não é admitido pelo STF na medida em que a locação não consubstancia verdadeira prestação de serviços. Vejamos a **Súmula Vinculante 31**: "É inconstitucional a incidência do Imposto sobre Serviços de Qualquer Natureza – ISS sobre operações de locação de bens móveis". Quando houver locação com prestação de serviços, sem que esteja especificado o valor correspondente a cada qual, importará determinar o que é predominante na operação, se a locação ou a prestação de serviços[91]. Entendeu o STJ que, dentre as três modalidades de arrendamento mercantil, o *leasing* operacional caracteriza-se como locação, não se sujeitando ao ISS, mas que o *leasing* financeiro e o *lease-back* sujeitam-se ao imposto[92]. A jurisprudência do STJ considera, ainda, que o complexo contrato de franquia não pode ser considerado prestação de serviços, não ensejando a incidência do ISS[93].

A lista de serviços da Lei Complementar n. 116/2003 é taxativa, de maneira que só podem ser tributados os serviços nela arrolados[94]. Admitem, todavia, **interpretação extensiva**. O STJ fala em "leitura extensiva de cada item"[95], a fim de "enquadrar serviços correlatos àqueles previstos expressamente"[96]. JOSÉ EDUARDO SOARES DE MELO

---

90. CARVALHO, Paulo de Barros. Não incidência do ISS sobre atividades de franquia (*Franchising*). *RET*, 56/65, jul.-ago. 2007.
91. STF, Primeira Turma, ARE 745279 AgR, rel. Min. DIAS TOFFOLI, maio 2014.
92. STF, RE 547.245 e RE 592.905.
93. STJ, RE REsp 221.577; REsp 222.246.
94. STF, RE 156.568.
95. STJ, REsp 445.137.
96. STJ:, AgRgAg 1.082.014.

adverte que os Municípios, muitas vezes, "fazem tábula rasa da jurisprudência" quanto à taxatividade, "inserindo um item adicional, intitulado 'fornecimento de trabalho, qualificado ou não, não especificado nos itens anteriores'"[97], o que não encontra suporte constitucional.

No RE 651.703 ED, em março de 2019, o STF esclareceu que as operadoras de planos de saúde realizam prestação de serviços sujeita ao ISS, mas que isso não se aplica ao seguro-saúde, hipótese não abrangida pelo Tema 581 de Repercussão Geral.

Os serviços arrolados na lista da Lei Complementar n. 116/2003 e que constem também da lei municipal instituidora do serviço dão ensejo à cobrança do ISS, **ainda que o serviço não seja a atividade preponderante do prestador**[98].

Incidirá o ISS, também, quando a prestação de serviços se dê mediante fornecimento de mercadorias, ou seja, que haja um duplo objeto negocial, caracterizando uma **operação mista**. O art. 1º, *caput* e § 2º, da Lei Complementar n. 116/2003 estabelece que o ISS tem como fato gerador a prestação de serviços constantes da sua lista anexa e que os serviços nela mencionados não ficam sujeitos ao ICMS, ainda que sua prestação envolva fornecimento de mercadorias. Esse dispositivo é compatível com o art. 155, § 2º, IX, *b*, da Constituição, que trata especificamente das operações mistas, estabelecendo que o ICMS incidirá sobre o valor total da operação, quando mercadorias forem fornecidas com serviços não compreendidos na competência tributária dos Municípios. O STJ bem sintetiza a questão: "sobre operações mistas, assim entendidas as que agregam mercadorias e serviços, incide o ISSQN sempre que o serviço agregado estiver compreendido na lista de que trata a LC n. 116/2003 e incide ICMS sempre que o serviço agregado não estiver previsto na referida lista"[99].

O ICMS e o ISS, como regra, são mesmo excludentes um do outro: "ou a situação enseja a instituição de ICMS ou de ISS" (voto da Ministra Ellen Gracie na ADI 4.389). Veja-se a **Súmula 274** do STJ: "O ISS incide sobre o valor dos serviços de assistência médica, incluindo-se neles as refeições, os medicamentos e as diárias hospitalares". Também a **Súmula 167** do STJ: "O fornecimento de concreto, por empreitada, para construção civil, preparado no trajeto até a obra em betoneiras acopladas a caminhões,

---

97. MELO, José Eduardo Soares de. *ISS – Aspectos teóricos e práticos*. 5. ed. São Paulo: Dialética, 2008, p. 60.
98. O art. 1º da Lei Complementar n. 116/2003 estabelece: "Art. 1º O Imposto Sobre Serviços de Qualquer Natureza, de competência dos Municípios e do Distrito Federal, tem como fato gerador *a prestação de serviços constantes da lista anexa*, ainda que esses não se constituam como atividade preponderante do prestador. § 1º O imposto incide também sobre o serviço proveniente do exterior do País ou cuja prestação se tenha iniciado no exterior do País [...]".
99. STJ, Primeira Seção, rel. Min. TEORI ALBINO ZAVASCKI, REsp 1.092.206/SP, mar. 2009. Também: STJ, Segunda Turma, AgRg no AREsp 731.694/MG, rel. Min. MAURO CAMPBELL MARQUES, set. 2015.

é prestação de serviço, sujeitando-se apenas à incidência do ISS". Outro entendimento, consolidado na **Súmula 163** do STJ, é no sentido de que: "O fornecimento de mercadorias com a simultânea prestação de serviços em bares, restaurantes e estabelecimentos similares constitui fato gerador do ICMS a incidir sobre o valor total da operação". O STF, na ADI 6034, em 2022, também decidiu: "É constitucional o subitem 17.25 da lista anexa à LC n. 116/03, incluído pela LC n. 157/16, no que propicia a incidência do ISS, afastando a do ICMS, sobre a prestação de serviço de inserção de textos, desenhos e outros materiais de propaganda e publicidade em qualquer meio (exceto em livros, jornais, periódicos e nas modalidades de serviços de radiodifusão sonora e de sons e imagens de recepção livre e gratuita)".

Importa observar, entretanto, que a lista de serviços anexa à Lei Complementar n. 116/2003 faz algumas ressalvas. No seu item 14.01, ao submeter ao ISS os serviços de "Lubrificação, limpeza, lustração, revisão, carga e recarga, conserto, restauração, blindagem, manutenção e conservação de máquinas, veículos, aparelhos, equipamentos, motores, elevadores ou de qualquer objeto", abre um parêntese: "(exceto peças e partes empregadas, que ficam sujeitas ao ICMS)". Isso também ocorre com outros poucos itens, como o 7.02, relativo aos serviços de construção civil realizados mediante empreitada ou subempreitada, sendo ressalvada a incidência do ICMS sobre o fornecimento de mercadorias produzidas fora do local da prestação dos serviços. Nesses casos expressamente excepcionados na lista anexa à Lei Complementar n. 116/2003, portanto, serão especificados os valores do serviço e das mercadorias fornecidas, porquanto incidirá o ISS sobre aquele e o ICMS sobre essas.

O art. 1º da Lei Complementar n. 116/2003 dispõe sobre o **fato gerador** do ISS:

> Art. 1º O Imposto sobre Serviços de Qualquer Natureza, de competência dos Municípios e do Distrito Federal, tem como fato gerador a prestação de serviços constantes da lista anexa, ainda que esses não se constituam como atividade preponderante do prestador. § 1º O imposto incide também sobre o serviço proveniente do exterior do País ou cuja prestação se tenha iniciado no exterior do País. § 2º [...] § 3º O imposto de que trata esta Lei Complementar incide ainda sobre os serviços prestados mediante a utilização de bens e serviços públicos explorados economicamente mediante autorização, permissão ou concessão, com o pagamento de tarifa, preço ou pedágio pelo usuário final do serviço.

A questão relacionada ao local onde se considera prestado o serviço e o imposto devido constituem matéria infraconstitucional[100], passível de disciplina por lei

---

100. O STF negou repercussão geral ao questionamento acerca da competência do Município do local da prestação do serviço ou do estabelecimento do prestador, considerando-o matéria infraconstitucional, conforme se vê do RE 790.283.

complementar, de modo a evitar conflitos de competência. E é objeto do art. 3º da Lei Complementar n. 116/2003, que dispõe no sentido de que o serviço se considera prestado e o imposto devido no local do estabelecimento do prestador, como regra gera. O STJ, forte na LC n. 116/2003, reconhece que "existindo unidade econômica ou profissional do estabelecimento prestador no Município onde o serviço é perfectibilizado, ou seja, onde ocorrido o fato gerador tributário, ali deverá ser recolhido o tributo"[101]. Mas há muitas exceções elencadas nos incisos I a XXV do art. 3º, que estabelece, e.g., que o imposto é devido no local da execução da obra no caso dos servidos de construção civil descritos no subitem 7.02 e 7.19 da lista, no local do estabelecimento do domicílio do tomador dos serviços de planos de saúde descritos nos subitens 4.22, 4.23 e 5.09, no local do domicílio do tomador dos serviços no caso dos serviços prestados pelas administradoras de cartão de crédito ou débito descritos no subitem 15.01, e assim por diante. A LC n. 175 acrescentou parágrafos ao art. 3º da LC n. 116/2003 para tornar fora de dúvida que, no caso dos planos de saúde, deve ser considerado tomador a pessoa física beneficiária vinculada à operadora por meio de convênio ou contrato de plano de saúde individual, familiar, coletivo empresarial ou coletivo por adesão, e que, no caso dos serviços de administração de cartão de crédito ou débito prestados diretamente aos portadores de cartões de crédito ou débito, o primeiro titular do cartão.

Contribuinte "é o prestador do serviço", dispõe o art. 5º da Lei Complementar n. 116/2003.

A **base de cálculo** "é o preço do serviço", conforme redação expressa do art. 7º da Lei Complementar n. 116/2003. Mas em alguns serviços relacionados a obras de construção civil, relacionados nos itens 7.02 e 7.05 da lista de serviços, a lei complementar prevê que não se inclui na base de cálculo o valor dos materiais fornecidos pelo prestador dos serviços.

O STJ entende que não é possível incluir no valor dos serviços "importâncias que não serão revertidas para o prestador, mas simplesmente repassadas a terceiros"[102]. Abordando questão relativa aos **valores repassados** pelos planos de saúde, entendeu que cobrar da seguradora pelo valor total e depois também de cada prestador de serviço implicaria dupla tributação, "fazendo-se necessária a exclusão dos valores que foram repassados pela empresa de seguro-saúde aos terceiros, garantindo-lhe que a base de cálculo do ISS abranja apenas a parte que ficou como receita para a recorrente", sendo que: "A quantia referente aos terceiros será incluída no cálculo do ISS devido por eles

---

101. STJ, Primeira Seção, rel. Min. NAPOLEÃO NUNES MAIA FILHO, REsp 1.060.210/SC, nov. 2012, DJ mar. 2013.
102. STJ, REsp 621.067.

(os profissionais, laboratórios e hospitais)"[103]. Quanto à prestação de serviços por empresa de trabalho temporário, distingue duas situações, conforme se vê da Súmula 524: "No tocante à base de cálculo, o ISSQN incide apenas sobre a taxa de agenciamento quando o serviço prestado por sociedade empresária de trabalho temporário for de intermediação, devendo, entretanto, englobar também os valores dos salários e encargos sociais dos trabalhadores por ela contratados nas hipóteses de fornecimento de mão de obra". No **Tema 700** de repercussão geral (RE 634.764), em 2020, analisando a incidência do ISS sobre a exploração de atividade de apostas, o STF decidiu que "independentemente do percentual fixado, entendo que a prestação de serviços é remunerada pelo valor retirado pelo respectivo prestador de serviço, no caso concreto, o Jockey Club. Assim, o ISS pode incidir sobre um percentual do valor da aposta, o qual corresponde ao valor retido pela entidade".

As sociedades profissionais e os profissionais autônomos recolhem ISS por **valor fixo**, na forma do art. 9º, §§ 1º e 3º, do Decreto-Lei n. 406/68, recepcionado pela Constituição de 1988[104] e ressalvado pela Lei Complementar n. 116, que, em seu art. 10, numerou especificamente os dispositivos do Decreto-Lei n. 406/68, que revogou, sendo que só restaram revogados os parágrafos do art. 9º do Decreto-Lei n. 406/68 acrescidos pela Lei Complementar n. 100/99. As sociedades de profissionais que exercem profissão regulamentada continuam, portanto, constituindo exceção à base de cálculo ordinária do ISSQN (preço do serviço). A apuração do *quantum debeatur* da exação deve tomar como base o número de profissionais inscritos, consoante o § 3º do art. 9º do Decreto-Lei n. 406/68, com a redação da LC 56/1987. No **Tema 918** de repercussão geral (RE 940.769), em 2019, o STF reafirmou que as sociedades profissionais estão submetidas ao regime de tributação fixa ou *per capita* anual na forma estabelecida pelo Decreto-Lei n. 406/68 e que o legislador municipal não pode criar impedimentos a tal regime de modo a submetê-las à tributação *ad valorem*[105]. Assim, fixou a tese de que "É inconstitucional lei municipal que estabelece impeditivos à submissão de sociedades profissionais de advogados ao regime de tributação fixa em bases anuais na forma estabelecida por lei nacional". Considerou que "a jurisprudência do STF se firmou no sentido da recepção do Decreto-Lei n. 406/68 pela ordem constitucional vigente com *status* de lei complementar nacional, assim como pela compatibilidade material da prevalência do cálculo do imposto por meio de alíquotas fixas, com base na natureza do serviço, não compreendendo a importância paga a título de remuneração do próprio labor". Desse modo, não é dado aos Municípios desconsiderar o sistema de tributação por valor fixo, tampouco condicionar a aplicação de tal regime ao cumprimento de requisitos não previstos em lei complementar.

....
103. STJ, REsp 1.002.704.
104. **Súmula 663** do STF: "Os §§ 1º e 3º do art. 9º do DL n. 406/68 foram recebidos pela Constituição".
105. STF, Tribunal Pleno, RE 940.769, 2019.

A Lei Complementar n. 116 estabelece alíquota máxima de 5% para o ISS em seu art. 8º, II. A Constituição prevê que tanto a alíquota máxima como a alíquota mínima deveriam ser estabelecidas por lei complementar e que a esta caberá também regular a forma e as condições como isenções, incentivos e benefícios fiscais concedidos e revogados, conforme seu art. 156, § 3º, II e III. Enquanto não era estabelecida a alíquota mínima nem disciplinadas as desonerações por lei complementar, o art. 88 do ADCT, incluído pela EC n. 37/2002, determinava que fosse de 2%, abaixo do que não se poderia chegar nem mesmo como efeito de isenções e outros benefícios.

A LC n. 157/2016, ao acrescentar o art. 8º-A à LC n. 116/2003, manteve a alíquota mínima de 2% que já vinha sendo aplicada e, combatendo a guerra fiscal de benefícios que vinha reduzindo artificialmente a carga tributária para aquém do mínimo em muitos Municípios, em detrimento dos demais, foi expressa ao proibir tais práticas e estabeleceu punições para a infração aos seus dispositivos. Estabeleceu a nulidade da lei ou do ato municipal que desrespeite essas diretrizes no caso de serviço prestado a tomador ou intermediário localizado em Município diverso daquele onde localizado o prestador de serviço.

No **Município de São Paulo**, é a **Lei n. 13.701/2003** que disciplina o ISS. O STF apreciou o Tema 1020 de repercussão geral (RE 1.167.509), sobre a constitucionalidade da lei paulistana que determinava a retenção do ISS pelo tomador de serviço em razão da ausência de cadastro do prestador não estabelecido no território do Município e decidiu que "É incompatível com a Constituição Federal disposição normativa a prever a obrigatoriedade de cadastro, em órgão da Administração municipal, de prestadores de serviços não estabelecidos no território do Município, impondo-se ao tomador o recolhimento do Imposto Sobre Serviços – ISS quando descumprida a obrigação". Entendeu que, se não há competência para instituição do tributo, não pode criar obrigação acessória. Dizia respeito a serviços de informática.

No **Município de Porto Alegre**, o ISSQN é instituído pela **Lei Complementar n. 7/73**. São **contribuintes os prestadores de serviços** cujos estabelecimentos estejam localizados no município e os prestadores de outras localidades que nele prestem serviços.

O ISS, em regra, tem por **base de cálculo o preço do serviço**, com alíquotas variáveis de **2% a 5%**, dependendo do serviço. Mas os profissionais liberais e técnicos e as sociedades profissionais pagam **ISS fixo**, em valores mensais ou anuais.

A Lei Complementar n. 306/93 estabeleceu hipóteses de **substituição tributária**, obrigando inúmeros tomadores de serviço ao recolhimento do ISS incidente sobre a prestação de serviços por eles contratados, com especial destaque para os serviços tomados por entidades da administração pública e os provenientes do exterior ou de prestadores não estabelecidos no município. O Imposto deverá ser **recolhido até o dia 10 do mês seguinte** ao da competência. O montante do imposto será **retido pelo tomador**, mas, ainda que não o seja, deve por ele ser recolhido. Conforme o § 2º do art. 1º: "O prestador do serviço responde solidariamente com o substituto tributário sempre que não ocorrer a retenção do imposto devido, ressalvados os casos previstos na legislação". Essa lei prevê, ainda, que "não ocorrerá responsabilidade tributária quando o prestador do serviço for profissional autônomo, sociedade de profissionais, ou gozar de isenção ou imunidade tributária", o que se explica pelo fato de que os primeiros estão sujeitos ao ISS fixo e não *ad valorem* e os últimos não devem ISS, de modo que eventual retenção seria indevida.

209. Impostos sobre Operações de Crédito, Câmbio, Seguro ou Relativas a Títulos ou Valores Mobiliários (IOF)

O art. 153, V, da CRFB outorga **competência à União** para a instituição de imposto sobre "operações de crédito, câmbio e seguro, ou relativas a títulos ou valores mobiliários"[106]. Vê-se, de pronto, que não se trata de uma única base econômica outorgada à tributação, mas de quatro bases econômicas:

- operações de crédito;
- operações de câmbio;
- operações de seguro;
- operações relativas a títulos ou valores mobiliários.

A CRFB não prevê a base econômica "operações financeiras". De qualquer modo, é usual, inclusive na legislação tributária, o uso da locução "Imposto sobre Operações Financeiras – IOF" para designar o conjunto de tais impostos previstos no art. 153, V, da CRFB.

Vejamos cada uma dessas bases econômicas, começando, contudo, pela análise do termo "operações", comum a todas elas.

Operação é negócio jurídico. AIRES FERNANDINO BARRETO ensina: "O termo *operações*, à luz de um ponto de vista estritamente jurídico, significa atos regulados pelo direito capazes de produzir efeitos jurídicos, ou seja, negócios jurídicos"[107]. ROBERTO QUIROGA MOSQUERA esclarece que: "O termo *operações* pressupõe uma visão dinâmica das relações sociais e não uma posição estática"[108]. Assim, pode-se afirmar com AIRES FERNANDINO BARRETO que os impostos mencionados não oneram os títulos ou valores mobiliários, o câmbio, o seguro etc.; incidem, sim, sobre os negócios jurídicos que têm esses bens ou valores por objeto, ou ainda, sobre operações a eles relativas[109].

---

106. "Art. 153. Compete à União instituir impostos sobre: [...] V – operações de crédito, câmbio e seguro, ou relativas a títulos ou valores mobiliários;"
107. BARRETO, Aires Fernandino. *Natureza jurídica do imposto criado pela medida provisória 160/90*. Repertório IOB de Jurisprudência, 2ª quinzena de maio de 1990, n. 10, p. 152.
108. MOSQUERA, Roberto Quiroga. *Tributação no mercado financeiro e de capitais*. São Paulo: Dialética, 1999, p. 106.
109. BARRETO, op. cit., p. 152.

Vejamos a dimensão específica do Imposto sobre Operações de Crédito – IOCrédito. Tem este como base econômica negócios jurídicos de **crédito**, que "é a troca de um bem presente por um bem futuro, ou seja, é o ato por intermédio do qual se realiza uma **prestação presente em troca de uma promessa de prestação futura**. Logo, o crédito pressupõe a existência de um aspecto temporal, entre a realização da prestação presente e a prestação futura"[110]. Relevante, ainda, é a observação de que está "sempre presente no conceito de operação de crédito a ideia de troca de bens presentes por bens futuros, daí por que se diz que o crédito tem dois elementos essenciais, a saber, a confiança e o tempo (Luiz Emigdio da Rosa Júnior)"[111]. Portanto, não será possível a instituição de IOF-Crédito sobre aquilo que não configure um negócio consubstanciado na entrega de moeda mediante obrigação à prestação futura. Daí por que o STF editou a **Súmula 664**: "É inconstitucional o inciso V do art. 1º da Lei n. 8.033/90, que instituiu a incidência do imposto nas operações de crédito, câmbio e seguros – IOF sobre **saques efetuados em caderneta de poupança**"[112].

MISABEL ABREU MACHADO DERZI e SACHA CALMON NAVARRO COELHO ressaltam, também, com razão, a inocorrência de operação de crédito na concessão de **fiança onerosa**, de modo que não admite a incidência de IOF-Crédito[113].

Mas a CF **não exige que se trate de operação com instituição financeira**. Conforme o STF, "nada há na Constituição Federal, ou no próprio Código Tributário Nacional, que restrinja a incidência do IOF sobre as operações de crédito realizadas por instituições

....

110. MOSQUERA, op. cit., p. 107.
111. MACHADO, Hugo de Brito. *Comentários ao Código Tributário Nacional*. v. I. São Paulo: Atlas, 2003, p. 592.
112. "TRIBUTÁRIO. IOF SOBRE SAQUES EM CONTA DE POUPANÇA. LEI N. 8.033, DE 12/04/1990, ART. 1º, INCISO V. INCOMPATIBILIDADE COM O ART. 153, V, DA CONSTITUIÇÃO FEDERAL. O saque em conta de poupança, por não conter promessa de prestação futura e, ainda, porque não se reveste de propriedade circulatória, tampouco configurando título destinado a assegurar disponibilidade de valores mobiliários, não pode ser tido por compreendido no conceito de operação de crédito ou de operação relativa a títulos ou valores mobiliários, não se prestando, por isso, para ser definido como hipótese de incidência do IOF, prevista no art. 153, V, da Carta Magna. Recurso conhecido e improvido; com declaração de inconstitucionalidade do dispositivo legal sob enfoque" (STF, Tribunal Pleno, rel. Min. ILMAR GLAVÃO, RE 232.467-5, 29/09/1999).
113. "A fiança onerosa não é nem prestação de serviços, nem tampouco operação de crédito. É uma obrigação, acessória, de garantia, nada tendo a ver com as obrigações de fazer (*facere*), dentre as quais se incluem as prestações de serviços, podendo ser civil ou comercial a depender da natureza do pacto principal, ao qual adere. [...] Por outro lado, a fiança é negócio totalmente diverso das operações de crédito. O fiador não põe crédito nas mãos ou à disposição do credor ou do devedor, partícipes da obrigação principal. [...] Logo, não há falar em operação de crédito na fiança, para os fins da incidência do IOF" (DERZI, Misabel Abreu Machado; COELHO, Sacha Calmon Navarro. A fiança: O Imposto sobre Prestação de Serviços de Qualquer Natureza, o Imposto sobre Operações de Crédito e as Contribuições Sociais. *Revista Dialética de Direito Tributário*, n. 41, 1999, p. 116).

financeiras"[114]. Analisando questão de *factoring*, pontuou que "as empresas de *factoring* são distintas das instituições financeiras, não integrando o Sistema Financeiro Nacional" e que "não há atividade bancária no *factoring* nem vinculação entre o contrato de *factoring* e as atividades desenvolvidas pelas instituições financeiras", mas que "o fato de as empresas de *factoring* não necessitarem ser instituições financeiras não é razão suficiente para inquinar de inconstitucional" a norma do art. 58 da Lei n. 9.532/97, que prevê a incidência do IOF sobre as suas operações[115]. Com isso, restaram superados os entendimentos doutrinários em contrário[116].

O Imposto sobre Operações de Câmbio, por sua vez, tem como base econômica negócios jurídicos de **câmbio**, ou seja, "os negócios jurídicos consistentes na entrega de uma determinada moeda a alguém em contrapartida de outra moeda recebida"[117].

O Imposto sobre Operações de Seguro tem por base econômica as operações de **seguro**, sendo certo que, "Pelo contrato de seguro, o segurador se obriga, mediante o pagamento do prêmio, a garantir interesse legítimo do segurado, relativo à pessoa ou a coisa, contra riscos predeterminados", nos termos do art. 757 do Código Civil. ROBERTO QUIROGA MOSQUERA refere que, nesses contratos, "alguém se obriga para com outrem, mediante remuneração de um prêmio, a indenizar prejuízos resultantes de riscos futuros, estes devidamente especificados quando da realização dos respectivos negócios jurídicos", com eles não se confundindo as operações de previdência privada e de capitalização[118].

A CF estabelece, ainda, como base econômica sujeita à tributação a título de imposto pela União, as **operações relativas a títulos e valores mobiliários**. Tanto os documentos representativos de direitos como os direitos registrados de modo escritural, mas que sejam, todos, passíveis de negociação, restam alcançados, como os títulos de crédito e as ações. É constitucional o "inciso I do art. 1º da Lei n. 8.033/90, que trata da incidência do IOF sobre transmissão ou resgate de títulos mobiliários, públicos e privados, inclusive de aplicações de curto prazo, tais como letras de câmbio, depósitos a prazo com ou sem emissão de certificado, letras imobiliárias, debêntures

....

114. STF, Tribunal Pleno, ADI 1.763, Rel. Min. DIAS TOFFOLI, 2020.
115. STF, Tribunal Pleno, ADI 1.763, Rel. Min. DIAS TOFFOLI, 2020.
116. MARTINS, Ives Gandra da Silva; SOUZA, Fátima Fernandes Rodrigues de. A inconstitucionalidade da incidência de IOF sobre as operações de *factoring*. *Revista Dialética de Direito Tributário*, n. 31, 1998, p. 35. *Vide*, ainda, sobre a matéria: CORDEIRO NETO, Guilherme. IOF e operações de mútuo. *RDDT*, n. 88, jan. 1993, p. 20; SOUZA, Renato A. Gomes; SANT'ANNA, Flávia M.; FAVERET, Eunyce Porchat Secco. Do IOF em operações de abertura de crédito entre pessoas jurídicas não financeiras. *RDDT*, n. 77, fev. 2002, p. 114.
117. MOSQUERA, op. cit., p. 110.
118. MOSQUERA, op. cit., p. 111.

e cédulas hipotecárias"[119]. Também resta assentado que "a tributação de um negócio jurídico que tenha por objeto ações e respectivas bonificações insere-se na competência tributária atribuída à União no âmbito do Sistema Tributário Nacional, para fins de instituir imposto sobre operações relativas a títulos ou valores mobiliários"[120]. O Tribunal Pleno do STF ainda decidiu, em regime de repercussão geral, que "a incidência de IOF sobre o negócio jurídico de transmissão de títulos e valores mobiliários, tais como ações de companhias abertas e respectivas bonificações, encontra respaldo no art. 153, V, da Constituição Federal"[121]. Efetivamente, as ações são valores mobiliários, de modo que as respectivas operações estão no âmbito da base econômica do IOF.

A CF traz, no § 5º do art. 153, regra específica atinente ao **ouro enquanto ativo financeiro ou instrumento cambial**[122], dizendo que se sujeita exclusivamente ao IOF, "devido na operação de origem"[123]. Exige que, em face de operações com ouro, identifiquemos a sua finalidade, verificando se é comercializado como simples mercadoria (metal destinado à confecção de joias, relógios etc.), hipótese em que se submeterá à incidência de ICMS, ou se é objeto de negócios como instrumento cambial ou como ativo financeiro (investimentos em ouro), hipótese em que não incidirá o ICMS, mas apenas o IOF e tão somente na operação de origem, pois o § 5º acabou por estabelecer imunidade para as operações posteriores à primeira. Considera-se como operação de origem do ouro como ativo financeiro ou instrumento cambial a correspondente à sua aquisição por instituição autorizada ou o seu desembaraço aduaneiro, quando proveniente do exterior, conforme

---

119. STF, Segunda Turma, RE 287.628/PR – AgR, rel. Min. AYRES BRITTO, mar. 2012; STF, Segunda Turma, AI 690.411 AgR, rel. Min. DIAS TOFFOLI, maio 2017.
120. STF, RE 583.712, rel. Min. EDSON FACHIN, Tribunal Pleno, fev. 2016.
121. STF, RE 583712, rel. Min. EDSON FACHIN, Tribunal Pleno, fev. 2016.
122. *Vide* o art. 1º da Lei n. 7.766/89.
123. "Até a Constituição Federal de 1988, o ouro era tributado pelo Imposto Único sobre Minerais. No regime atual tem tratamento peculiar. Quando utilizado como metal nobre, o ouro está sujeito ao Imposto sobre Operações Relativas à Circulação de Mercadorias e Prestação de Serviços. Se, todavia, for empregado como ativo financeiro, passa ao âmbito do Imposto sobre Operações de Crédito, Câmbio e Seguro ou Relativas a Títulos e Valores Mobiliários. A destinação do ouro o identifica como mercadoria ou como ativo financeiro. A entrada do ouro no mercado financeiro e sua permanência nele lhe assegura esse regime vantajoso: o de ser tributado uma só vez (monofasicamente) e de modo exclusivo (unicamente) pelo Imposto sobre Operações de Crédito, Câmbio e Seguro ou Relativas a Títulos e Valores Mobiliários. Tudo nos termos do art. 153, § 5º, do texto constitucional [...]" (Excerto do voto do então Juiz ARI PARGENDLER quando do julgamento, pelo Tribunal Pleno do TRF4, da Arguição de Inconstitucionalidade na REO 92.04.09.625-0/RS, *RTRF* n. 13, p. 93-99).

já decidiu o STF[124] quando julgou inconstitucionais os incisos II e III do art. 1º da Lei n. 8.033/90[125], que estenderam a incidência às operações subsequentes.

A CF **atenua a legalidade tributária** relativamente a tais impostos ao facultar ao Poder Executivo a alteração das alíquotas, atendidas as condições e os limites estabelecidos em lei, nos termos do § 1º do art. 153. A alteração pode ser feita por meio de portaria ministerial[126]. Mas o art. 65 do CTN é incompatível com o texto constitucional ao prever a possibilidade de o Executivo alterar também a base de cálculo do IOF[127, 128].

A par disso, a instituição ou majoração de tais impostos **não estão submetidas à observância das anterioridades de exercício e nonagesimal** mínima previstas no art. 150, inciso III, *b* e *c*, da CF, pois o § 1º do art. 150 expressamente os excepciona.

Os impostos instituídos com suporte na regra de competência do art. 153, inciso V, da CF são bastante complexos. São muitas as leis que cuidam da matéria, sendo que **cada um desses impostos apresenta muitos fatos geradores e bases de cálculo**. Para melhor compreendê-los, melhor é irmos direto ao Decreto n. 6.306/2007 (Regulamento do IOF), que reproduz de modo unificado toda essa legislação, bem retratando as incidências dos diversos impostos.

O **Imposto sobre Operações de Crédito** tem como **fato gerador a entrega ou colocação do montante à disposição do tomador**. Na hipótese de o crédito restar representado por um título, não haverá incidência cumulativa do Imposto sobre Operações de Crédito e do Imposto sobre Operações com Títulos ou Valores Mobiliários, mas apenas do primeiro. É o que dispõe o art. 63, I e parágrafo único, do CTN.

O Decreto-Lei n. 1.783/80 instituiu o imposto determinando sua incidência sobre operações de empréstimo sob **qualquer modalidade, inclusive abertura de crédito e**

---

124. STF: Tribunal Pleno, unânime, RE 190.363-5/RS, rel. Min. CARLOS VELLOSO, maio 1998; Segunda Turma, unânime, AgRegRE 214.571/SP, rel. Min. MARCO AURÉLIO, mar. 1999. Veja-se a ementa deste último: "IOF – OURO – LEI N. 8.033/90. Conflitam com a Constituição Federal os incisos II e III do artigo 1º da Lei n. 8.033/90. Precedentes: Recursos Extraordinários 225.272-8/SP e 190.363-5/RS, relatados pelo Ministro Carlos Velloso, perante o Pleno, com arestos veiculados no *Diário da Justiça* de 27 de novembro e 12 de junho, ambos de 1998, respectivamente".
125. Lei n. 8.033/90: "Art. 1º São instituídas as seguintes incidências do imposto sobre operações de crédito, câmbio e seguro, ou relativas a títulos ou valores mobiliários: [...] II – transmissão de ouro definido pela legislação como ativo financeiro; III – transmissão ou resgate do título representativo de ouro;".
126. STF, Segunda Turma, AgRegRE 788.064/SP, rel. Min. GILMAR MENDES, set. 2017 (*vide* o voto do relator); STJ, Segunda Turma, REsp 1.123.249/RJ, rel. Min. ELIANA CALMON, nov. 2009.
127. CTN: "Art. 65. O Poder Executivo pode, nas condições e nos limites estabelecidos em lei, alterar as alíquotas ou as bases de cálculo do imposto, a fim de ajustá-los aos objetivos da política monetária".
128. CRFB. Misabel Abreu Machado Derzi, em nota de atualização à obra de BALEEIRO, Aliomar. *Limitações constitucionais ao poder de tributar*. 7. ed. Rio de Janeiro: Forense, 1997, p. 71.

desconto de títulos. A Lei n. 9.532/97 estabeleceu a incidência sobre operações de *factoring*[129]. Esta incidência trouxe a discussão acerca da possibilidade ou não da instituição do Imposto sobre Operações de Crédito não realizadas por instituição financeira. Quando da análise da base econômica, referimos que o STF firmou posição admitindo a incidência. Cabe notar, realmente, que nem a CF, ao enunciar a competência, nem o CTN, ao traçar os arquétipos do fato gerador, base de cálculo e contribuintes, circunscreveram tal imposto às instituições financeiras; pelo contrário, ensejam a instituição sobre qualquer operação de crédito. A Lei n. 9.779/99, por sua vez, forte no pressuposto já estabelecido, torna inequívoca a **incidência também nas operações realizadas sem a participação de instituições financeiras**: "Art. 13. As operações de crédito correspondentes a mútuo de recursos financeiros entre pessoas jurídicas ou entre pessoa jurídica e pessoa física sujeitam-se à incidência do IOF segundo as mesmas normas aplicáveis às operações de financiamento e empréstimos praticadas pelas instituições financeiras". O STF assentou que "a noção de operação de crédito descreve um tipo" e que "quando se fala que as operações de crédito devem envolver vários elementos (tempo, confiança, interesse e risco), a exclusão de um deles pode não descaracterizar por inteiro a qualidade creditícia de tais operações quando a presença dos demais elementos for suficiente para que se reconheça a elas essa qualidade". Seguiu, destacando que "no caso do *conventional factoring*, há, inegavelmente, uma antecipação de recursos financeiros, pois, ordinariamente, o empresário aguarda o vencimento dos créditos decorrentes da venda de mercadorias a seus clientes"; "cedendo tais créditos ao *factor*, o empresário recebe no presente aquilo que ele somente perceberia no futuro, descontado, evidentemente, o fator de compra, que é a própria remuneração do *factor*". Entendeu, portanto, constitucional a incidência do IOF-Crédito na espécie. Quanto ao *maturity factoring*, também reconheceu a constitucionalidade, mas enquanto operação com títulos e valores mobiliários[130].

O legislador não estabelece nenhuma ficção no que diz respeito ao **aspecto temporal** da hipótese de incidência do Imposto sobre Operações de Crédito. Assim, considerar-se-á ocorrido o fato gerador no **momento em que**, nos termos do art. 63, I, do CTN, **ocorre a efetivação das operações de crédito** "pela entrega total ou parcial do

---

129. Lei n. 9.532/97: "Art. 58. A pessoa física ou jurídica que alienar, à empresa que exercer as atividades relacionadas na alínea *d* do inciso III do § 1º do art. 15 da Lei n. 9.249, de 1995 (*factoring*), direitos creditórios resultantes de vendas a prazo, sujeita-se à incidência do imposto sobre operações de crédito, câmbio e seguro ou relativas a títulos e valores mobiliários – IOF às mesmas alíquotas aplicáveis às operações de financiamento e empréstimo praticadas pelas instituições financeiras. § 1º O responsável pela cobrança e recolhimento do IOF de que trata este artigo é a empresa de *factoring* adquirente do direito creditório. § 2º O imposto cobrado na hipótese deste artigo deverá ser recolhido até o terceiro dia útil da semana subsequente à da ocorrência do fato gerador".
130. STF, Tribunal Pleno, ADI 1.763, Rel. Min. DIAS TOFFOLI, 2020.

montante ou do valor que constitua o objeto da obrigação, ou sua colocação à disposição do interessado". O art. 3º do Decreto n. 6.306/2007 (Regulamento do IOF) detalha:

> Art. 3º O fato gerador do IOF é a entrega do montante ou do valor que constitua o objeto da obrigação, ou sua colocação à disposição do interessado (Lei n. 5.172/66, art. 63, inciso I). § 1º Entende-se ocorrido o fato gerador e devido o IOF sobre operação de crédito: I – na data da efetiva entrega, total ou parcial, do valor que constitua o objeto da obrigação ou sua colocação à disposição do interessado; II – no momento da liberação de cada uma das parcelas, nas hipóteses de crédito sujeito, contratualmente, a liberação parcelada; III – na data do adiantamento a depositante, assim considerado o saldo a descoberto em conta de depósito; IV – na data do registro efetuado em conta devedora por crédito liquidado no exterior; V – na data em que se verificar excesso de limite, assim entendido o saldo a descoberto ocorrido em operação de empréstimo ou financiamento, inclusive sob a forma de abertura de crédito; VI – na data da novação, composição, consolidação, confissão de dívida e dos negócios assemelhados, observado o disposto nos §§ 7º e 10 do art. 7º; VII – na data do lançamento contábil, em relação às operações e às transferências internas que não tenham classificação específica, mas que, pela sua natureza, se enquadrem como operações de crédito.

Relativamente à sujeição passiva, o CTN permite que seja colocada como contribuinte qualquer das partes na operação tributada, conforme seu art. 66. O legislador ordinário, portanto, poderia colocar tanto aquele que empresta como o que toma o empréstimo como contribuinte do imposto. A Lei n. 8.894/94, em seu art. 3º, I, dispôs no sentido de que **são contribuintes os tomadores de crédito**. Relativamente às operações de *factoring*, o art. 58 da Lei n. 9.532/97 elenca como contribuinte a pessoa física ou jurídica que alienar os direitos creditórios, conforme se vê do seu art. 58.

Temos de analisar, ainda, os substitutos tributários, porquanto a substituição é marca sempre presente neste imposto. Figura como **substituto**, invariavelmente, **aquele que concede o crédito**: as instituições financeiras, as empresas de *factoring* e as demais pessoas jurídicas que concederem crédito.

Conforme o art. 64, I, do CTN, a **base de cálculo é "o montante da obrigação, compreendendo o principal e os juros"**. Nos contratos de abertura de crédito, quando "não ficar definido o valor do principal a ser utilizado pelo mutuário", "a base de cálculo é o somatório dos saldos devedores diários apurados no último dia de cada mês, inclusive na prorrogação ou renovação".

A alíquota máxima prevista na Lei n. 8.894/94 é de 1,5% ao dia, mas trata-se de patamar absolutamente gravoso e excessivo, sendo que o Executivo é que define as alíquotas para cada tipo de operação, forte na autorização do art. 153, § 1º, da CF, sempre em percentuais muito inferiores. Conforme o art. 7º do Decreto 6.306/2007, com a redação do Decreto n. 8.392/2015, a alíquota reduzida definida pelo Executivo é de

0,0041% para o mutuário pessoa jurídica e de 0,0082% ao dia para o mutuário pessoa física. Vê-se o uso extrafiscal deste imposto justamente na flutuação das alíquotas, para cima e para baixo, conforme a conjuntura econômica. As diversas redações do referido art. 7º o demonstram. Por força da pandemia do Coronavírus COVID-19, as alíquotas chegaram a ser reduzidas temporariamente a zero, nos termos dos Decretos n. 10.551/2020 e 10.572/2020.

A alíquota é reduzida a zero em diversas operações de crédito, como naquela realizada entre cooperativa de crédito e seus associados. Há, ainda, várias operações de crédito isentas, como a realizada para fins habitacionais, inclusive infraestrutura e saneamento básico, nos termos do Decreto-Lei n. 2.407/88[131], e a realizada para aquisição de automóveis de passageiros nacionais com até 127 HP, por taxistas e pessoas portadoras de deficiência física, nos termos da Lei n. 8.383/91[132]. O art. 9º do Decreto n. 6.306/2007

---

131. Decreto-Lei n. 2.407/88: Art. 1º Ficam isentas do Imposto sobre Operações de Crédito, Câmbio e Seguro, e sobre Operações relativas a Títulos e Valores Mobiliários (IOF) as operações de Crédito de fins habitacionais, inclusive as destinadas a infraestrutura e saneamento básico relativos a programas ou projetos que tenham a mesma finalidade.

132. Lei n. 8.383/91: Art. 72. Ficam isentas do IOF as operações de financiamento para a aquisição de automóveis de passageiros de fabricação nacional de até 127 HP de potência bruta (SAE), quando adquiridos por: I – motoristas profissionais que, na data da publicação desta lei, exerçam comprovadamente em veículo de sua propriedade a atividade de condutor autônomo de passageiros, na condição de titular de autorização, permissão ou concessão do poder concedente e que destinem o automóvel à utilização na categoria de aluguel (táxi); II – motoristas profissionais autônomos titulares de autorização, permissão ou concessão para exploração do serviço de transporte individual de passageiros (táxi), impedidos de continuar exercendo essa atividade em virtude de destruição completa, furto ou roubo do veículo, desde que destinem o veículo adquirido à utilização na categoria de aluguel (táxi); III – cooperativas de trabalho que sejam permissionárias ou concessionárias de transporte público de passageiros, na categoria de aluguel (táxi), desde que tais veículos se destinem à utilização nessa atividade; IV – pessoas portadoras de deficiência física, atestada pelo Departamento de Trânsito do Estado onde residirem em caráter permanente, cujo laudo de perícia médica especifique; a) o tipo de defeito físico e a total incapacidade do requerente para dirigir automóveis convencionais; b) a habilitação do requerente para dirigir veículo com adaptações especiais, descritas no referido laudo; V – trabalhador desempregado ou subempregado, titular de financiamento do denominado Projeto Balcão de Ferramentas, destinado à aquisição de maquinário, equipamentos e ferramentas que possibilitem a aquisição de bens e a prestação de serviços à comunidade. § 1º O benefício previsto neste artigo: a) poderá ser utilizado uma única vez; b) será reconhecido pelo Departamento da Receita Federal mediante prévia verificação de que o adquirente possui os requisitos. § 2º Na hipótese do inciso V, o reconhecimento ficará adstrito aos tomadores residentes na área de atuação do Projeto, os quais serão indicados pelos Governos Estaduais, mediante convênio celebrado com a Caixa Econômica Federal. § 3º A alienação do veículo antes de três anos contados da data de sua aquisição, a pessoas que não satisfaçam as condições e os requisitos, acarretará o pagamento, pelo alienante, da importância correspondente à diferença da alíquota aplicável à operação e a de que trata este artigo, calculada sobre o valor do financiamento, sem prejuízo da incidência dos demais encargos previstos na legislação tributária.

(Regulamento do IOF) traz listagem completa dos casos de isenção. Em face das diversas modalidades de operações sujeitas ao Imposto sobre Operações de Crédito, o Decreto n. 6.306/2007 especifica o momento da retenção ou exigência do imposto pelo substituto e o prazo para recolhimento ao Tesouro.

O **Imposto sobre Operações de Câmbio** tem por **fato gerador** "a sua efetivação **pela entrega de moeda nacional ou estrangeira**, ou de documento que a represente, ou sua colocação à disposição do interessado em montante equivalente à moeda estrangeira ou nacional entregue ou posta à disposição por este", nos termos do art. 63, II, do CTN. A Lei n. 8.894/94 limita-se a dizer da incidência sobre operações de câmbio, interpretando-se-o conforme o inciso II do art. 63 do CTN. O aspecto espacial do IOCâmbio segue a territorialidade. Têm-se, portanto, como juridicamente relevantes as operações de câmbio ocorridas no território nacional. Na ausência de ficção legal quanto ao momento em que se deva considerar ocorrido o fato gerador, o aspecto temporal corresponde ao momento da exata ocorrência do fato gerador, ou seja, ao da entrega da moeda. O fato gerador considera-se ocorrido, pois, com a realização da operação de câmbio, efetivada pela sua liquidação, conforme o art. 11 do Decreto n. 6.306/2007 (Regulamento do IOF): "Art. 1. O fato gerador do IOF é a entrega de moeda [...] Parágrafo único. Ocorre o fato gerador e torna-se devido o IOF no ato da liquidação da operação de câmbio".

O CTN, art. 66, deixa ao legislador ordinário a liberdade de colocar na posição de **contribuinte** qualquer das partes da operação de câmbio. A Lei n. 8.894/94, ao instituir o imposto, identifica como contribuinte, nas operações referentes a transferências financeiras para o exterior, o comprador de moeda estrangeira e, nas operações referentes a transferências financeiras do exterior para cá, o vendedor da moeda estrangeira, conforme seu art. 6º. E seu parágrafo único estabelece a **substituição**: "As instituições autorizadas a operar em câmbio são responsáveis pela retenção e recolhimento do imposto".

A **base de cálculo** do imposto sobre operações de câmbio equivale ao **montante da operação de câmbio, em moeda nacional**. É o que dispõe o art. 64, inciso II, do CTN. O art. 5º da Lei n. 8.894/94 refere-se a tal valor como sendo o de liquidação da operação cambial. A alíquota praticada é bastante inferior ao limite legal de 25% estabelecido pelo art. 5º da Lei n. 8.894/94, tendo sido fixada em 0,38%, nos termos do art. 15-B do Decreto n. 6.306/2007 (Regulamento do IOF), com a redação do Decreto n. 8.325/2014. Mas esse dispositivo ainda traz inúmeras exceções. Para as operações de câmbio relativas ao ingresso no País de receitas de exportação de bens e serviços, a alíquota é zero. O câmbio em operação com cartões de crédito internacional, por sua vez, sujeita-se à alíquota de 6,38%. À mesma alíquota de 6,38% sujeitam-se as operações de câmbio que consistem na aquisição de moeda estrangeira, saques em moeda estrangeira no exterior, compras nos cheques de viagem e carregamento de cartões pré-pagos, unificando-se a carga tributária relacionada aos gastos no exterior.

O Imposto sobre as Operações de Câmbio é exigido pelo substituto tributário na data da liquidação da operação de câmbio, cabendo-lhe efetuar o recolhimento ao Tesouro Nacional até o terceiro dia útil da semana subsequente, conforme se vê do art. 17 do Decreto n. 6.306/2007.

O **Imposto sobre Operações de Seguro** tem o seu **fato gerador** delimitado pelo art. 63, III, do CTN: "a sua efetivação pela emissão da apólice ou do documento equivalente, ou recebimento do prêmio, na forma da lei aplicável;". O Decreto-Lei n. 1.783/80, ao instituir o imposto, opta pelo recebimento do prêmio como situação necessária e suficiente ao surgimento da obrigação tributária, conforme seu art. 1º, II. O Decreto n. 6.306/2007, art. 18, § 1º, esclarece o alcance da expressão "operações de seguro" e destaca a ocorrência do fato gerador com **o recebimento "total ou parcial" do prêmio**. Considera-se ocorrido o fato gerador "e torna-se devido o IOF no ato do recebimento total ou parcial do prêmio", conforme o § 2º do art. 18 referido.

Embora o art. 66 do CTN enseje a colocação, como contribuinte, de qualquer das partes da operação tributada, o Decreto-Lei n. 1.783/80, ao dispor sobre as diversas incidências, define como **contribuintes os segurados**, o que resta refletido no art. 19 do Decreto n. 6.306/2007: "Art. 19. Contribuintes do IOF são as pessoas físicas ou jurídicas seguradas (Decreto-Lei n. 1.783/80, art. 2º)". O segurador ou as instituições financeiras a quem este encarregar da cobrança do prêmio são colocados na posição de substitutos tributários, nos termos do art. 3º do Decreto-Lei n. 1.783/80, com a redação do Decreto-Lei n. 2.471/88, até porque o imposto é "cobrado na data do recebimento total ou parcial do prêmio", devendo ser recolhido ao Tesouro Nacional "até o terceiro dia útil subsequente ao decêndio da cobrança ou do registro contábil do imposto", conforme o art. 24 do Decreto n. 6.306/2007.

A **base de cálculo é o montante do prêmio**, nos termos do art. 63, III, do CTN, sendo que o art. 1º do Decreto-Lei n. 1.783/80 determina o cálculo "sobre o valor dos prêmios pagos", seja quanto aos seguros de vida e congêneres e de acidentes pessoais e do trabalho, seja quanto aos seguros de bens, valores, coisas e outros não especificados.

A **alíquota** máxima é de 25%, nos termos do art. 15 da Lei n. 9.718/98, mas o Executivo, no uso da faculdade prevista no art. 153, § 1º, da CF, fixa a alíquota em 7% para as operações de seguro em geral e estabelece diversas alíquotas para casos específicos, como de 2,38% para os seguros privados de assistência à saúde e de 0% a alíquota para casos especiais como resseguro, seguro obrigatório vinculado a financiamento habitacional, seguro de crédito à exportação etc. Para os seguros de vida, de acidentes pessoais e do trabalho, a alíquota é de 0%, tudo conforme o art. 22 do Decreto n. 6.306/2007, com a redação do Decreto n. 6.339/2008.

Por fim, cabe especificar os aspectos do **imposto sobre operações com títulos e valores mobiliários**.

O **fato gerador** "é a aquisição, cessão, resgate, repactuação ou pagamento para liquidação de títulos e valores mobiliários", sendo que se aplica a qualquer operação, independentemente da qualidade ou da forma jurídica de constituição do beneficiário da operação ou do seu titular, estando abrangidos, entre outros, fundos de investimentos e carteiras de títulos e valores mobiliários, fundos ou programas, ainda que sem personalidade jurídica, e entidades de previdência privada, tudo nos termos do art. 25 do Decreto n. 6.306/2007, que tem como suporte o disposto nos arts. 63, IV do CTN e 2º, III, da Lei n. 8.894/94. Ainda dispõe no sentido de que o fato gerador ocorre e torna-se devido "no ato da realização das operações". Entende o STF que se insere no âmbito de tal competência instituir imposto sobre "negócio jurídico que tenha por objeto ações e respectivas bonificações", de modo que é válido o art. 1º, IV, da Lei n. 8.033/90 que determinou a incidência sobre a transmissão de ações de companhias abertas[133]. Analisando o art. 58 da Lei n. 9.532/97, disse da sua constitucionalidade mesmo na hipótese do *maturity factoring*, justamente porque "as alienações de direito creditório podem ser enquadradas no art. 153, inciso V, da Constituição Federal, na parte referente a "operações relativas a títulos ou valores mobiliários"[134].

Deixando, o CTN, em seu art. 66, ampla liberdade para o legislador definir o contribuinte do imposto[135], estabelece a Lei n. 8.894/94 que serão **contribuintes** do imposto os adquirentes de títulos e valores mobiliários e os titulares de aplicações financeiras na hipótese de "aquisição, resgate, cessão ou repactuação" e que são contribuintes as instituições financeiras e demais autorizadas a funcionar na hipótese de "pagamento para a liquidação das operações referidas na alínea anterior, quando inferior a noventa e cinco por cento do valor inicial da operação, expressos, respectivamente, em quantidade de Unidade Fiscal de Referência (Ufir) diária". As instituições autorizadas a operar na compra e venda de títulos e valores mobiliários são colocadas na posição de substitutos tributários, nos termos do Decreto-Lei n. 1.783/80 em seu art. 3º, inciso IV. Também são substitutos, "responsável pela retenção e pelo recolhimento dos impostos e das contribuições, decorrentes de aplicações em fundos de investimento, a pessoa jurídica que intermediar recursos, junto a clientes, para efetuar as referidas aplicações em fundos administrados por outra pessoa jurídica", conforme o art. 28 da MP 2.158-35/2001, tornada permanente por força da Emenda Constitucional n. 32/2001.

A **base de cálculo**, na emissão, é o valor nominal mais o ágio, se houver; na transmissão, o preço ou o valor nominal ou o valor da cotação em bolsa; no pagamento ou resgate, o preço, conforme o art. 64, IV, do CTN. Forte no arquétipo estabelecido pelo CTN, dispõe a Lei n. 8.894/94:

> [...] será cobrado [...] sobre o valor das operações de crédito e relativos a títulos e valores mobiliários [...] Art. 2º Considera-se valor da operação: [...] II – nas operações

---

133. STF, Plenário, RE 583.712, rel. Min. EDSON FACHIN, fev. 2016.
134. STF, Tribunal Pleno, ADI 1.763, Rel. Min. DIAS TOFFOLI, 2020.
135. CTN: Art. 66. Contribuinte do imposto é qualquer das partes na operação tributada, como dispuser a lei.

relativas a títulos e valores mobiliários: a) valor de aquisição, resgate, cessão ou repactuação; b) o valor do pagamento para a liquidação das operações referidas na alínea anterior, quando inferior a noventa e cinco por cento do valor inicial da operação, expressos, respectivamente, em quantidade de Unidade Fiscal de Referência (Ufir) diária. § 1º Serão acrescidos ao valor do resgate ou cessão de títulos e valores mobiliários os rendimentos periódicos recebidos pelo aplicador ou cedente durante o período da operação, atualizados pela variação acumulada da Ufir diária no período. § 2º O disposto no inciso II, alínea *a*, aplica-se, inclusive, às operações de financiamento realizadas em bolsas de valores, de mercadorias, de futuros e assemelhadas.

Cabe destacar que a **alíquota** de 1,5% ao dia foi estabelecida pela Lei n. 8.894/94 como limite, pois, nos termos do art. 153, § 1º, pode o Executivo alterar as alíquotas do imposto, observados o limite e as condições estabelecidas por lei. O parágrafo único do art. 1º da Lei n. 8.894/94 dispõe que o Executivo "poderá alterar as alíquotas do imposto tendo em vista os objetivos das políticas monetária e fiscal". Os arts. 29 a 33 do Decreto n. 6.306/2007 é que dispõem sobre as alíquotas, que vão de 1,5% ao dia a 0%, conforme o tipo de operação.

A incidência sobre operação com o **ouro** ativo financeiro ou instrumento cambial é disciplinada pela Lei n. 7.766/89, arts. 4º a 12, refletida nos arts. 36 a 40 do Decreto n. 6.306/2007, ficando a alíquota em 1% sobre o preço de aquisição do ouro, observados os limites de variação da cotação vigente.

Capítulo XXXI

Impostos sobre o comércio exterior[1]

210. Imposto sobre Importação (II)

O art. 153, I, da CF outorga **competência à União** para instituir imposto sobre "importação de produtos estrangeiros". Os arts. 19 a 22 do CTN estabelecem o âmbito possível de seu fato gerador, base de cálculo e contribuintes. A instituição do Imposto sobre Importação consta do Decreto-Lei n. 37/66, editado com força de lei e ainda em vigor. É regulamentado pelo Decreto n. 6.759/2009 (Regulamento Aduaneiro).

Importação é o ato de trazer para o território nacional ou, como diz AURÉLIO, "fazer vir de outro país [...]"[2]. Mas, em seu sentido jurídico, não basta o simples ingresso físico. É imprescindível a entrada no território nacional para incorporação do bem à economia interna, seja para fins industriais, comerciais ou mesmo de consumo. Daí por que a simples entrada do automóvel de um turista no território nacional, de um quadro para exposição temporária num museu ou de uma máquina para exposição em feira, destinados a retornar ao país de origem, não configura importação, mas "**admissão**

---

1. Analisando os diversos tributos que oneram o comércio exterior (IPI-Importação, ICMS-Importação, PIS/Cofins-Importação, Cide-Combustíveis-Importação, II, AFRMM, Taxa Mercante, Taxa Siscomex e IE), *vide*: MEIRA, Liziane Angelotti. *Tributos sobre o comércio exterior*. São Paulo: Saraiva, 2012.
2. FERREIRA, Aurélio Buarque de Holanda. *Novo dicionário da língua portuguesa*. 2. ed., revista e aumentada. 17. reimpressão. Rio de Janeiro: Nova Fronteira, 1986, p. 923.

temporária"[3]. Também não configura importação a entrada de produto para simples passagem pelo território nacional com destino a outro país, instituto jurídico denominado **"trânsito aduaneiro"**[4]. A admissão temporária e o trânsito aduaneiro, por não configurarem importação em sentido técnico, não estão sujeitos a este imposto.

Produto é termo amplo que abrange tanto mercadorias (que têm finalidade comercial) como outros bens (destinados ao uso ou consumo pelo importador)[5].

Estrangeiro, por sua vez, designa o produto que tem origem em outro país, nele tendo sido produzido pela natureza ou pela ação humana. Não se confunde com o produto nacional que eventualmente retorne ao país, que não pode ser tributado a título de II, sob pena de inconstitucionalidade[6].

Em suma, a CF concede à União a possibilidade de instituir imposto sobre a entrada no território nacional, para incorporação à economia interna, de bem destinado ou não ao comércio, produzido, pela natureza ou pela ação humana, fora do território nacional.

O **fato gerador** (aspecto material da norma de incidência) é delimitado pelo art. 19 do CTN: "Art. 19. O imposto, de competência da União, sobre a importação de produtos estrangeiros tem como fato gerador a entrada destes no território nacional". O art. 1º do Decreto-Lei n. 37/66, que institui o Imposto de Importação, por sua vez, dispõe: "Art. 1º O Imposto sobre a Importação incide sobre mercadoria estrangeira e tem como

---

3. Na admissão temporária, um bem ingressa com prazo determinado para retorno à origem. Vem cumprir uma finalidade específica, sem intenção de incorporação definitiva à economia nacional, como é o caso dos bens trazidos para demonstração em feiras e dos automóveis de turistas que ingressam no território nacional apenas para o período de férias.
4. No regime de trânsito aduaneiro, admite-se que a mercadoria ingresse no território nacional de passagem, apenas com vista ao seu transporte para outro país. É o que ocorre quando mercadoria seja importada através de um porto brasileiro, por uma empresa de outro país que faça fronteira com o Brasil, quando terá de transitar do porto até a fronteira para seguir ao seu destino. Nesse caso, não há importação e não será devido o tributo, salvo se ocorrer desvio de rota ou sumiço da mercadoria. Vale destacar acórdão do STJ que afasta a responsabilidade do transportador no caso de roubo da mercadoria: "TRIBUTÁRIO. IMPOSTOS DE IMPORTAÇÃO. TRANSPORTE DE CARGA. ROUBO. FORÇA MAIOR. SITUAÇÃO PREVISÍVEL, PORÉM INEVITÁVEL. AUSÊNCIA DE COMPROVAÇÃO DO DESCUIDO POR PARTE DO TRANSPORTADOR. CAUSA DE EXCLUSÃO DA RESPONSABILIDADE. 1. O roubo, na linha do que vem professando a jurisprudência desta Corte, é motivo de força maior a ensejar a exclusão da responsabilidade do transportador que não contribuiu para o evento danoso, cuja situação é também prevista pela legislação aduaneira. 2. Assim, a responsabilidade, mesmo que tributária, deve ser afastada no caso em que demonstrada a configuração da força maior dosada com a inexistência de ato culposo por parte do transportador ou seu preposto. 3. Embargos de divergência conhecidos e providos" (STJ, Corte Especial, EREsp 1172027/RJ, rel. Min. MARIA THEREZA DE ASSIS MOURA, dez. 2013).
5. AMÉRICO MASSET LACOMBE, no seu *Imposto de Importação*, em 1979, à luz da Emenda Constitucional n. 1/69, já diferenciava os termos "produto" e "mercadoria".
6. STF, Tribunal Pleno, rel. Min. OCTAVIO GALLOTTI, RE 104.306, 1986.

fato gerador sua **entrada no Território Nacional**. (*Caput* com redação dada pelo Decreto-Lei n. 2.472, de 01/09/88) § 1º [...]". O § 1º deste artigo, com a redação determinada pelo Decreto-Lei n. 2.472/88, ao estender a incidência sobre a mercadoria nacional ou nacionalizada que retorne ao país é inconstitucional[7]. O § 2º, por sua vez, considera presumida a entrada da mercadoria que conste da documentação como importada, mas que não seja localizada por ocasião do despacho aduaneiro, de modo que terá de ser pago o imposto acrescido, ainda, de multa de 50% sobre o imposto devido, nos termos do art. 106, II, *d*, do Decreto-Lei n. 37/66. As perdas normais de manuseio e transporte de mercadoria a granel, por sua vez, configuram situação distinta, tolerada pelo legislador quando não superior a 1%, conforme o art. 66 da Lei n. 10.833/2003 e o art. 72, § 3º, do Regulamento Aduaneiro (Decreto n. 6.759/2009).

Quando o produto é submetido à pena de perdimento, inviabiliza-se a sua incorporação à economia nacional, de modo que a importação não chega a ser concluída, não configurando fato gerador do Imposto de Importação. Descabida, nestes casos, a cobrança do Imposto de Importação que, já tendo sido recolhido ou depositado, deve ser restituído ou liberado. O art. 1º, § 4º, III, do Decreto-Lei n. 37/66, com a redação da Lei n. 10.833/2003, determina que "o imposto não incide sobre mercadoria estrangeira [...] que tenha sido objeto de pena de perdimento, exceto na hipótese em que não seja localizada, tenha sido consumida ou revendida"[8].

O art. 1º do Decreto-Lei n. 37/66, em seu § 4º, ainda deixa claro que não incide o Imposto de Importação sobre mercadoria estrangeira "destruída sob controle aduaneiro, sem ônus para a Fazenda Nacional, antes de desembaraçada" e "em trânsito aduaneiro de passagem, acidentalmente destruída", tudo nos termos dos seus incisos I e II, com a redação que lhes foi dada pelas Leis n. 10.833/2003 e 12.350/2010.

A entrada de nova mercadoria em substituição à mercadoria devolvida em razão de defeito (que já se sujeitara, na operação original, ao pagamento do imposto) não configura fato gerador do Imposto de Importação[9].

Considera-se ocorrido o fato gerador, como regra, na **data do registro da declaração de importação** (aspecto temporal), realizado eletronicamente através do Sistema Integrado de Comércio Exterior (Siscomex)[10]. A declaração é exigida para instrumentalizar o controle aduaneiro e viabilizar o desembaraço do produto importado. Incide, pois, a legislação vigente por ocasião do Registro da declaração de importação, já que este

---

7. STF, Tribunal Pleno, rel. Min. OCTAVIO GALLOTTI, RE 104.306, 1986.
8. STJ, Segunda Turma, rel. Min. CASTRO MEIRA, REsp 984.607/PR, 2008.
9. STJ, Segunda Turma, rel. Min. MAURO CAMPBELL MARQUES, REsp 953.655/SP, 2010.
10. O Siscomex é o Sistema Integrado de Comércio Exterior. Através do Siscomex, criado pelo Decreto n. 660/92, foi informatizado todo o processamento administrativo das importações e exportações, fazendo-se, através dele, o registro, acompanhamento e controle de todas as etapas das operações de comércio exterior.

imposto não se submete às anterioridades de exercício e nonagesimal mínima (exceção que consta do art. 150, § 1º, da CF). É irrelevante, portanto, a data da expedição da licença de importação[11], assim como a data da assinatura do Termo de Responsabilidade nos casos de trânsito aduaneiro em que, ingressada a mercadoria com suspensão, acabe sendo devida por não restar comprovada a chegada ao destino[12].

Outro é o aspecto temporal para o caso de entrada presumida no território nacional, de que nos dá conta o § 2º do art. 1º do Decreto-Lei n. 37/88. Para essa situação, o elemento temporal é estabelecido no parágrafo único do art. 23 mesmo diploma, com a redação da Lei n. 12.350/2010: "A mercadoria ficará sujeita aos tributos vigorantes na data em que a autoridade aduaneira efetuar o correspondente lançamento de ofício no caso de: I – falta, na hipótese a que se refere o § 2º do art. 1º; e II – introdução no País sem o registro de declaração de importação, a que se refere o inciso III do § 4º do art. 1º".

O **sujeito ativo** do Imposto sobre a Importação é a própria **União**, titular das prerrogativas atinentes à regulamentação, fiscalização, lançamento e cobrança.

Contribuinte é "o importador, assim considerada qualquer pessoa[13] que promova a entrada de mercadoria estrangeira no Território Nacional", nos termos do art. 22, I, do CTN c/c o art. 31, I, do Decreto-Lei n. 37/66[14]. No caso de remessa postal internacional, contribuinte é o destinatário, conforme o art. 31, II, do Decreto-Lei n. 37/66. O transportador[15] é **responsável tributário**, conforme o art. 32, I, do Decreto-Lei n. 37/66, inclusive no caso de falta da mercadoria. Cuidando-se de mercadoria a granel, se a quebra estiver dentro do limite de 1%, não poderá ser considerada como reveladora da violação de nenhum dever de colaboração do transportador, mas como inerente à sua operação, de modo que não acarretará a sua responsabilidade[16].

---

11. STJ, Primeira Turma, rel. Min. MILTON LUIZ PEREIRA, REsp 174.444/SP, 2001.
12. STJ, Segunda Turma, rel. Min. MAURO CAMPBELL MARQUES, AgRg no REsp 742.847/RJ, 2010.
13. Pessoa física ou jurídica.
14. "[...] o importador é o contribuinte em qualquer hipótese, não só quando a importação seja regular. Imagine uma introdução clandestina de mercadoria (não tem DI e muito menos desembaraço) em que a fiscalização comprova a entrada em território nacional, mas não consegue alcançar a mercadoria para aplicação da pena de perdimento. Nesses casos aplica-se uma multa equivalente ao valor da mercadoria, em substituição à pena de perdimento [...]. Mas cobram-se também os tributos [...]" (Comentário de ARNALDO DIEFENTHAELER DORNELLES, auditor-fiscal da Receita Federal do Brasil).
15. O agente marítimo não é indicado como responsável tributário pelo Decreto-Lei n. 37/66, não se equiparando ao transportador, conforme já assentado na **Súmula 192** do extinto TFR e reafirmado pelo STJ (REsp 361.324/RS).
16. STJ, Segunda Turma, EDcl nos EDcl no AgRg no Ag 857.563/SP, rel. Min. HUMBERTO MARTINS, out. 2008; STJ, Primeira Turma, REsp 171.472/SP, rel. Min. MILTON LUIZ PEREIRA, abr. 2001.

A **base de cálculo** do imposto é disciplinada pelos arts. 20, II, do CTN[17], e 2º, II, do Decreto-Lei n. 37/66, com a redação determinada pelo Decreto-Lei n. 2.472/88. Quando a legislação estabelece como devido um determinado montante por unidade de medida do produto (quantidade, peso ou volume), basta verificar a medida e multiplicar pela quantia indicada. A hipótese mais comum, porém, é a da instituição do Imposto sobre a Importação mediante a imposição de alíquota *ad valorem*, ou seja, mediante a previsão de um percentual a incidir sobre o **valor aduaneiro**. Aqui, cabe destacar que, embora normalmente a base de cálculo venha a ser o valor da transação, forte no Princípio da Primazia do Valor de Transação que inspira o Acordo de Valoração Aduaneira, é possível que se tenha de aferi-la por outros meios, valendo-se do arbitramento como modo de evitar a sonegação.

A referência, no art. 20, II, do CTN, ao preço para entrega no porto ou lugar de entrada do produto no País indica uma base de cálculo que extrapola o preço do produto para alcançar os custos de transporte e de seguro, remetendo ao chamado **preço CIF** (*Cost, Insurance And Freight*). Essa sigla representa cláusula comercial que obriga o vendedor tanto pela contratação e pagamento do frete como do seguro marítimo por danos durante o transporte.

A adoção do preço CIF resta desdobrada na legislação aduaneira, conforme se vê do Decreto n. 2.498/98, o que resta autorizado pelo art. 8º do Acordo de Valoração Aduaneira. O Regulamento Aduaneiro (Decreto n. 6.759/2009) dispõe:

> Art. 77. Integram o valor aduaneiro, independentemente do método de valoração utilizado [...]: I – o custo de transporte da mercadoria importada até o porto ou o aeroporto alfandegado de descarga ou o ponto de fronteira alfandegado onde devam ser cumpridas as formalidades de entrada no território aduaneiro; II – os gastos relativos à carga, à descarga e ao manuseio, associados ao transporte da mercadoria importada, até a chegada aos locais referidos no inciso I; e III – o custo do seguro da mercadoria durante as operações referidas nos incisos I e II.

Toda mercadoria submetida a despacho de importação está sujeita ao controle do correspondente valor aduaneiro, que é a base de cálculo do Imposto sobre a Importação. Este valor aduaneiro (a referência de preço para cada mercadoria para fins de incidência do Imposto sobre a Importação) é estabelecido observando-se o inciso VII, n. 2, do Gatt, nos termos do Decreto n. 92.930/86, que promulgou o Acordo sobre a Implementação do Código de Valoração Aduaneira do Gatt, e da IN SRF n. 327/2003. Aliás, o art. 2º do Decreto-Lei n. 37/66, com a redação determinada pelo Decreto-Lei n. 2.472/88, refere

---

17. CTN: "Art. 20. A base de cálculo do imposto é: I – quando a alíquota seja específica, a unidade de medida adotada pela lei tributária; II – quando a alíquota seja *ad valorem*, o preço normal que o produto, ou seu similar, alcançaria, ao tempo da importação, em uma venda em condições de livre concorrência, para entrega no porto ou lugar de entrada do produto no País;".

expressamente a cláusula VII do Gatt: "Art. 2º A base de cálculo do imposto é: [...] II – quando a alíquota for *ad valorem*, o valor aduaneiro apurado segundo as normas do art. 7º do Acordo Geral sobre Tarifas Aduaneiras e Comércio – Gatt". Segundo o art. 76 do Regulamento Aduaneiro (Decreto n. 6.759/2009), o controle do valor aduaneiro "consiste na verificação da conformidade do valor aduaneiro declarado pelo importador com as regras estabelecidas no Acordo de Valoração Aduaneira".

Em suma, a definição do valor aduaneiro é realizada mediante sistemática estabelecida em acordo internacional, correspondendo ao valor do produto no mercado internacional. Assim, nem sempre a base de cálculo do Imposto de Importação será exatamente o valor pelo qual o produto foi importado. Quando o valor da operação estiver abaixo do valor normal, poderá não servir de base de cálculo.

Quanto aos gastos relativos à carga, à descarga e ao manuseio das mercadorias, após a chegada no porto alfandegário, já houve muita controvérsia até quando, no **Tema Repetitivo 1014** (REsp 1.799.306), em 2020, o STJ fixou a seguinte tese: "Os serviços de capatazia estão incluídos na composição do valor aduaneiro e integram a base de cálculo do imposto de importação". Considerou que "O acordo Geral Sobre Tarifas e Comércio (GATT 1994), no art. VII, estabelece normas para determinação do 'valor para fins alfandegários', ou seja, 'valor aduaneiro' na nomenclatura do nosso sistema normativo e sobre o qual incide o imposto de importação. Para implementação do referido artigo e, de resto, dos objetivos do acordo GATT 1994, os respectivos membros estabeleceram acordo sobre a implementação do acima referido artigo VII, regulado pelo Decreto n. 2.498/1998, que no art. 17 prevê a inclusão no valor aduaneiro dos gastos relativos a carga, descarga e manuseio, associados ao transporte das mercadorias importadas até o porto ou local de importação. Essa disposição é reproduzida no parágrafo 2º do art. 8º do AVA (Acordo de Valoração Aduaneira)". E que: "Os serviços de carga, descarga e manuseio, associados ao transporte das mercadorias importadas até o porto ou local de importação, representam a atividade de capatazia, conforme a previsão da Lei n. 12.815/2013, que, em seu art. 40, definiu essa atividade como de movimentação de mercadorias nas instalações dentro do porto, compreendendo o recebimento, conferência, transporte interno, abertura de volumes para a conferência aduaneira, manipulação, arrumação e entrega, em como o carregamento e descarga de embarcações, quando efetuados por aparelho portuário".

As **alíquotas** do Imposto sobre a Importação, por sua vez, sempre foram estabelecidas de forma seletiva, conforme os interesses comerciais brasileiros. Bens de capital, de informática e outros que possam contribuir para o aumento da produção da indústria nacional são taxados de forma leve ou até com alíquota zero, assim como equipamentos médicos, enquanto itens de consumo sofisticados podem ser taxados com alíquotas elevadas, na medida em que seu ingresso no País, com a correspondente saída de dólares, é menos interessante para os interesses nacionais, com o que se inibe que pesem negativamente nas metas de superávit da balança comercial. Assim, têm-se tabelas extensas com detalhada identificação e codificação dos diversos produtos e atribuição, a cada um deles, de alíquota própria. A **alíquota** a ser aplicada é definida pela chamada **Tarifa Externa Comum** (TEC) do Mercosul ou na sua **Lista de Exceções**[18]. Ao Executivo é dado alterar as alíquotas do II, forte na autorização constante do art. 153, § 1º, da CF e em conformidade com o art. 3º da Lei n. 3.244/57 e com o DL n. 2.162/84.

Há interessante precedente do STJ no sentido da validade do uso extrafiscal do II e da inexistência de direito dos agentes econômicos à manutenção de determinada política econômico-tributária. Vejamos: "2. Não se verifica o dever do Estado de indenizar eventuais prejuízos financeiros do setor privado decorrentes da alteração de política econômico-tributária, no caso de o ente público não ter se comprometido, formal e previamente, por meio de determinado planejamento específico. 3. Com finalidade extrafiscal, a Portaria MF n. 492, de 14 de setembro de 1994, ao diminuir para 20% a alíquota do imposto de importação para os produtos nela relacionados, fê-lo em conformidade com o art. 3º da Lei n. 3.244/57 e com o DL n. 2.162/84, razão pela qual não há falar em quebra do princípio da confiança. 4. O impacto econômico-financeiro sobre a produção e a comercialização de mercadorias pelas sociedades empresárias causado pela alteração da alíquota de tributos decorre do risco da atividade próprio da álea econômica de cada ramo produtivo. 5. Inexistência de direito subjetivo da recorrente, quanto à manutenção da alíquota do imposto de importação (*status quo ante*), apto a ensejar o dever de indenizar"[19].

Alguns produtos são beneficiados pela redução do Imposto de Importação na condição de "ex-tarifário", assim considerados quando demonstrado que o produto não possui similar nacional e que é importante para a inovação tecnológica das empresas brasileiras. Conforme o art. 118 do Regulamento, a redução do imposto só beneficiará mercadoria sem similar nacional e transportada em navio de bandeira brasileira. Há precedente no sentido de que o deferimento do regime ex-tarifário deve aproveitar o contribuinte quando a solicitação dos benefícios seja prévia à "data de protocolo da declaração de importação"[20]. E mais do que isso: o STJ reconhece que "A concessão do 'ex-tarifário' equivale a uma espécie de isenção parcial" e que "Em consequência, sobressai o caráter declaratório do pronunciamento da Administração". Desse modo, "se o produto importado não contava com similar nacional desde a época do requerimento do

---

18. Por força do Tratado de Assunção, que criou o Mercosul, passou-se a rumar para uma política comercial comum dos países do bloco relativamente a terceiros Estados ou agrupamentos de Estados, o que envolveu a adoção de uma Nomenclatura Comum do Mercosul (NCM), para padronização da identificação dos produtos, e da denominada Tarifa Externa Comum (TEC). Entre os países integrantes do Mercosul, as importações estão desoneradas, provando-se a procedência dos bens mediante Certificado de Origem do Mercosul.
19. STJ, Primeira Turma, REsp 1.492.832/DF, rel. Min. GURGEL DE FARIA, julgado em set. 2018.
20. STJ, Segunda Turma, REsp 1.664.778/PR, rel. Min. OG FERNANDES, jun. 2017.

contribuinte, que cumpriu os requisitos legais para a concessão do benefício fiscal, conforme preconiza o art. 179, *caput*, do CTN, deve lhe ser assegurada a redução do imposto de importação, mormente quando a internação do produto estrangeiro ocorre antes da superveniência do ato formal de reconhecimento por demora decorrente de questões meramente burocráticas"[21]. Cabe ressaltar, forte na autorização constante do art. 153, § 1º, da CRFB, e do art. 21 do CTN, que o Poder Executivo, observadas as condições e os limites estabelecidos em lei, pode alterar as alíquotas do Imposto sobre a Importação, "a fim de ajustá-lo aos objetivos da política cambial e do comércio exterior".

O **recolhimento** do Imposto sobre a Importação, através do Siscomex, constitui ato contínuo ao registro da declaração de importação, ocorrendo eletronicamente, *on-line*, mediante débito na conta do importador. Isso porque o Regulamento Aduaneiro (Decreto n. 6.759/2009), em seu art. 107, determina que o imposto será pago na data do registro da declaração de importação. Aliás, o pagamento do Imposto sobre a Importação – assim como dos demais tributos incidentes na importação (IPI-Importação, ICMS-Importação, PIS/Cofins-Importação, AFRMM e, se for o caso, Cide-combustíveis etc.) e ainda de outros encargos (e.g., direitos *antidumping*, direitos compensatórios e medidas de salvaguarda) – é **condição para o desembaraço** aduaneiro do produto, sem que, com isso, haja nenhuma ofensa à **Súmula 323** do STF.

De fato, sendo tais tributos devidos por força da própria operação de importação, a exigência do seu pagamento para a liberação do produto não é descabida nem configura meio impróprio para a satisfação do crédito tributário. Não se cuida, portanto, de constrangimento passível de ser encarado como "sanção política"[22].

Havendo, porém, divergência na classificação tarifária, o STJ vem entendendo que a mercadoria não deve ser retida, tampouco ter a sua liberação condicionada à prestação de garantia, sendo o caso de lavratura de auto de infração[23].

Há, ainda, regimes de tributação diferenciados.

Os bens objeto de remessa postal ou de encomenda aérea internacional sujeitam-se, quando de valor até US$ 3.000,00, ao **Regime de Tributação Simplificada** – RTS –, instituído pelo Decreto-Lei n. 1.804/80 e regulamentado pela Portaria MF n. 156/99. Aplica-se ao destinatário pessoa física ou jurídica. No caso de tratar-se de medicamentos importados por pessoa física para uso próprio, o limite sobe para US$ 10.000,00, e é desonerado, sujeitando-se à alíquota de 0%, forte na IN RFB n. 1.625/2016.

---

21. STJ, Primeira Turma, REsp 1.174.811/SP, rel. Min. ARNALDO ESTEVES LIMA, fev. 2014.
22. STF, AGRAG 186.759, nov. 1997; STJ, REsp 500.286, REsp 68.247 e REsp 180.131.
23. STJ: Primeira Turma, AgRg no REsp 1.227.611/RS, rel. Min. ARNALDO ESTEVES LIMA, mar. 2013; Segunda Turma, AgRg no REsp 1.263.028/PR, rel. Min. HERMAN BENJAMIN, jun. 2012.

Toma-se como base de cálculo o valor aduaneiro da totalidade dos bens que integrem a remessa ou encomenda, assim considerado o valor de aquisição, representado pela fatura comercial. Caso o custo de transporte e respectivo seguro não estiverem incluídos no preço de aquisição, não tendo sido suportados pelo remetente, serão acrescidos ao preço de aquisição para definição do valor aduaneiro. Se não houver fatura ou não se mostrar idônea, a autoridade arbitrará o valor aduaneiro tendo por base o preço de bens idênticos ou similares.

O Regime de Tributação Simplificada implica a cobrança exclusiva do Imposto de Importação, pela alíquota de 60%, independentemente da classificação tarifária dos bens, à exceção dos medicamentos destinados a pessoa física, sujeitos à alíquota de zero por cento. Remessas ou encomendas de até US$ 50,00 (cinquenta dólares), que tenham como remetente e como destinatário pessoas físicas, são isentas do Imposto de Importação, nos termos do art. 1º, § 2º, da Portaria MF n. 156/99.

No RTS, embora a alíquota do II seja elevada (60%), há isenção quanto aos demais tributos federais normalmente incidentes nas importações, quais sejam, o IPI-Importação e o PIS/Cofins-Importação. É cobrado ICMS-Importação. O Imposto de Importação e o ICMS-Importação são pagos perante a própria agência de correio, como condição para a retirada dos bens.

Bens sujeitos a restrições de quantidade, valor ou tipo, que estejam fora dos limites de aplicação do RTS, serão liberados mediante o regime comum de importação. Bebidas alcoólicas, fumo e produtos de tabacaria, e.g., não se submetem a tal regime.

Já os bens que o viajante porta no mesmo meio de transporte em que viaja, que não tenham finalidade comercial ou industrial, são designados bagagem acompanhada[24] e se submetem ao **Regime de Tributação Especial para Bagagens**. Há isenção para roupas e outros objetos de uso ou consumo pessoal, bem como para livros e periódicos. Também há isenção para outros bens importados por via aérea ou marítima no valor global de até U$ 500,00 ou por via terrestre no valor global de até U$ 300,00 (limite terrestre esse que será de apenas US$ 150,00 a partir de julho de 2015) e que não ultrapassem a quantidade de 12 litros de bebidas alcoólicas, 10 maços de cigarros e 25 charutos, dentre outros limites. Essas cotas de isenção são concedidas uma única vez por mês a cada viajante, mesmo que tenham sido utilizadas apenas em parte na primeira entrada.

Também estão isentas as aquisições em lojas francas de aeroportos e de portos de chegada no Brasil até US$ 500.00. Nas lojas francas de fronteira, que estão em processo

---

24. Note-se, todavia, que certos bens, mesmo quando portados pelo viajante, não são considerados bagagens, como veículos automotores em geral, motocicletas, bicicletas com motor, embarcações e aeronaves etc., nos termos do art. 2º, § 3º, da IN RFB n. 1.059/2010.

de implantação, a isenção ficará limitada a US$ 300,00 a cada intervalo de um mês, nos termos da Portaria MF n. 307/2014.

O valor do bem deve ser comprovado pelo viajante mediante apresentação da fatura comercial, sendo que, na sua ausência ou no caso de se mostrar inidônea, será arbitrado pela autoridade aduaneira.

Para a bagagem acompanhada que ultrapassar as cotas de isenção, bem como para as roupas e objetos de uso pessoal **novos** integrantes de bagagem desacompanhada, que chegarem ao País dentro do prazo de três meses anteriores ou até seis meses posteriores à chegada do viajante e que forem provenientes dos países de sua estada ou procedência, aplica-se o Regime de Tributação Especial para Bagagens, que implica pagamento do imposto de importação de 50% do valor excedente da cota, exclusivamente, não sendo cobrados outros tributos.

O viajante que trouxer bagagem acompanhada sujeita à tributação deve se informar em Declaração Eletrônica de Bens de Viajante (e-DBV), disponível no endereço eletrônico da Receita Federal (www.receita.fazenda.gov.br) e também acessível através de terminais de autoatendimento.

A matéria é regulada pelos arts. 87, 101, 102, 155 a 168, 689, 702 e 713 do Regulamento Aduaneiro (Decreto n. 6.759/2009), pela Portaria MF n. 440/2010 e pelas Instruções Normativas n. 1.059/2010 e 1.385/2013.

Há, ainda, outro regime específico para a importação por microempresa optante pelo Simples Nacional, por via terrestre, de mercadorias procedentes do Paraguai, denominado **Regime de Tributação Unificada** – RTU. Nesse caso, aplica-se a alíquota única de 25% sobre o preço de aquisição das mercadorias importadas, correspondendo 7,88% ao II, 7,87% ao IPI, 7,60% à Cofins-Importação e 1,65% ao PIS-Pasep-Importação, tudo nos termos da Lei n. 11.898/2009 e do Decreto n. 6.956/2009.

Cabe destacar, por fim, que a política de incentivo às exportação influi no próprio imposto sobre a importação. O *drawback* é um regime aduaneiro que exclui a carga tributária das importações quando digam respeito a produtos a serem utilizados na industrialização de outros produtos para exportação. O *drawback* envolve, portanto, "importações vinculadas à exportação"[25]. A doutrina ensina que "Sua finalidade é propiciar a redução dos custos tributários na industrialização de produtos que serão exportados, de forma a possibilitar ao empresário brasileiro competir, no mercado internacional, em igualdade de condições com seus concorrentes de outros países", sendo que

---

25. Parecer de Osíris de Azevedo Lopes Filho sobre a identidade e a distinção básicas entre as modalidades *drawback* previstas no art. 78 do DL n. 37/66 e na Portaria n. 36/82 do Ministro da Fazenda, sob o título Execução do Regime Aduaneiro Especial, em *RET* 13/141-151, maio--jun. 2000.

"representa atualmente um dos mais importantes incentivos às exportações brasileiras de produtos manufaturados"[26].

Regulado pelo art. 78 do Decreto-Lei n. 37/66, o instituto do *drawback* opera nas modalidades de restituição, suspensão ou isenção dos tributos sobre a importação. Conforme o STJ, "O regime especial *Drawback* na modalidade suspensão é, de fato, verdadeira causa de exclusão do Crédito Tributário, uma vez que é espécie de isenção tributária condicional. Em um primeiro momento o regime especial é concedido a título precário e, só após a ocorrência da condição – com a exportação dos produtos finais elaborados a partir dos insumos importados – se torna definitiva a isenção, impedindo o lançamento e, dessa forma, deixando de constituir o Crédito Tributário. Não havendo exigibilidade para o pagamento do tributo, pela força da exclusão do Crédito Tributário, não há inadimplemento do contribuinte e, por conseguinte, afastada a mora". Entendeu que, deixando de proceder à exportação no prazo estabelecido, o contribuinte tem o prazo de trinta dias para efetuar o pagamento do tributo, sem multa nem juros: "no regime especial *Drawback*-suspensão, o termo inicial para fins de multa e juros moratórios será o trigésimo primeiro dia do inadimplemento do compromisso de exportar, ou seja, quando escoado o prazo da suspensão – antes disso o Contribuinte não está em mora, em razão do seu prazo de graça –, visto que, somente, a partir daí, ocorre a mora do Contribuinte em razão do descumprimento da norma tributária a qual determina o pagamento do tributo no regime especial até trinta dias da imposição de exportar"[27]. A **Súmula 100** do CARF, por sua vez, cuida da fiscalização desse regime: "O Auditor-Fiscal da Receita Federal do Brasil tem competência para fiscalizar o cumprimento dos requisitos do regime de *drawback* na modalidade suspensão, aí compreendidos o lançamento do crédito tributário, sua exclusão em razão do reconhecimento de benefício, e a verificação, a qualquer tempo, da regular observação, pela importadora, das condições fixadas na legislação pertinente"[28].

211. Imposto sobre Exportação (IE)

O art. 153, II, da CRFB outorga **competência à União** para a instituição de imposto sobre "exportação, para o exterior, de produtos nacionais ou nacionalizados". Os arts. 23 a 28 do CTN estabelecem as normas gerais atinentes ao Imposto sobre a Exportação, definindo o arquétipo para o fato gerador, base de cálculo e contribuintes. O diploma

---

26. COÊLHO, Sacha Calmon Navarro; MOREIRA, André Mendes; GAIA, Patrícia Dantas. *Drawback*-suspensão: a dispensável vinculação física entre os insumos importados com o benefício e os produtos finais posteriormente exportados. RDDT 221/139, fev. 2014.
27. STJ, Primeira Turma, REsp 1.310.141/PR, rel. Min. NAPOLEÃO NUNES MAIA FILHO, fev. 2019.
28. Aprovada pela 3ª Turma da CSRF em dez. 2013.

básico do Imposto sobre a Exportação é o Decreto-Lei n. 1.578/77, que instituiu o imposto, dispondo sobre todos os elementos da sua hipótese de incidência.

Exportação é o envio de produto para fora do território nacional.

O termo **produtos** abrange tanto a mercadoria (com destinação comercial) como outros bens (para consumo, incorporação ao ativo fixo etc.), além do que abrange tanto os produtos da ação humana (produtos manufaturados, industrializados etc.) como os da própria natureza (produtos primários).

Nacionais são os produtos produzidos no território nacional, enquanto **nacionalizados** são os produtos que tenham sido produzidos fora, mas importados para o território nacional para uso industrial, comercial ou consumo. O Imposto sobre a Exportação pode recair tanto sobre a saída de produtos nacionais como de produtos nacionalizados, mas não sobre a saída de produto estrangeiro que tenha entrado no país apenas para participação em uma feira ou para simples trânsito pelo território nacional, pois, nestes casos, nem chegou a ser "nacionalizado".

O art. 23 do CTN estabelece o possível **fato gerador** do Imposto sobre a Exportação: "Art. 23. O imposto, de competência da União, sobre a exportação, para o estrangeiro, de produtos nacionais ou nacionalizados tem como fato gerador a **saída destes do território nacional**". O Decreto-Lei n. 1.578/77, que institui o Imposto sobre a Exportação, repete o CTN, dispondo em seu art. 1º, com as alterações das Leis n. 9.019/95 e 9.716/98: "Art. 1º O Imposto sobre a Exportação, para o estrangeiro, de produto nacional ou nacionalizado tem como fato gerador a saída deste do território nacional".

Considera-se ocorrido o fato gerador no **momento do "registro da exportação"** junto ao Sistema Integrado de Comércio Exterior (Siscomex), pois tal momento é o equivalente atual da expedição da antiga guia de exportação, conforme previsão no art. 1º, § 1º, do Decreto-Lei n. 1.578/77 e do art. 213 do Decreto n. 6.759/2009.

O STF tem ressaltado que o "registro da exportação" não pode ser confundido com o "registro da venda", realizado anteriormente à exportação, este irrelevante para a incidência do imposto, conforme o RE 223.796. Mas o STJ tem precedentes recentes no sentido de que importa o registro de vendas (REsp 964.151/PR e AgRg no AgRg no REsp 365.882).

O aspecto espacial, no Imposto sobre a Exportação, é inerente à descrição do próprio aspecto material: saída do produto nacional ou nacionalizado do "território nacional", assim considerado o território geográfico, excluídas, pois, do conceito de território pátrio, as representações diplomáticas no exterior, as aeronaves e as embarcações brasileiras.

O **sujeito ativo** do Imposto sobre a Importação é a própria União, titular das prerrogativas atinentes à regulamentação, fiscalização, lançamento e cobrança.

O **contribuinte** é previsto pelo CTN: "Art. 27. Contribuinte do imposto é o **exportador ou quem a lei a ele equiparar**". O Decreto-Lei n. 1.578/77, em seu art. 5º, ao instituir o Imposto sobre a Exportação, define como contribuinte o exportador, assim considerada qualquer pessoa que promova a saída do produto do território nacional.

Nos termos do art. 24 do CTN, o imposto de exportação pode ser um valor fixo por unidade de medida (unidade, tonelada, metro cúbico etc.), o que se chama de **alíquota específica**, ou variar conforme o valor normal do produto, sendo estabelecido um percentual a incidir sobre a base de cálculo, o que se chama de **alíquota ad valorem**.

A **base de cálculo** do imposto de exportação é estabelecida pelo art. 2º do Decreto-Lei n. 1.578/77, que institui o tributo, com a redação da MP 2.158-35/2001, tornada permanente por força da Emenda Constitucional n. 32/2001: "Art. 2º A base de cálculo do imposto é o preço normal que o produto, ou seu similar, alcançaria, ao tempo da exportação, em uma venda em condições de livre concorrência no mercado internacional, observadas as normas expedidas pelo Poder Executivo, mediante ato do Conselho Monetário Nacional. (Redação determinada pela Medida Provisória 2.158-35, de 24-8-2001.) § 1º **O preço à vista do produto, FOB ou posto na fronteira**, é indicativo do preço normal". A base de cálculo do Imposto sobre a Exportação, portanto, é o preço FOB da mercadoria. FOB é um Incoterm (*International Commercial Term*)[29], designando a cláusula-padrão no comércio internacional em que as obrigações do vendedor se encerram quando a mercadoria transpõe a amurada do navio no porto de embarque, ficando, daí em diante, por conta e sob a responsabilidade do comprador, não obrigando o vendedor pela contratação e pagamento de frete e de seguro, de modo que indica o preço da mercadoria sem tais custos. Por isso, FOB (*Free On Board*).

As **alíquotas** do Imposto sobre a Exportação são estabelecidas por resoluções da Câmara do Comércio Exterior (Camex). Isso porque o art. 3º do Decreto-Lei n. 1.578/77, com a redação determinada pela Lei n. 9.716/98, estabelece as condições e os limites para que o Executivo altere as alíquotas, forte na autorização constante do art. 153, § 1º, da CRFB e do art. 26 do CTN, "para atender aos objetivos da política cambial e do comércio exterior".

---

29. Incoterms são os termos que designam, em inglês, de forma sumária, cláusulas usuais no comércio internacional atinentes a direitos e obrigações do vendedor e do comprador quanto a fretes, seguros e outros encargos próprios do comércio internacional. A ICC (*International Chamber of Commerce*), desde 1936, regulamenta os Incoterms, sendo que a padronização do seu uso facilita e confere segurança às contratações. Periodicamente, a ICC publica Brochura com a atualização dos Incoterms. Mas não constitui a única fonte. Os Estados Unidos possuem regulamentação própria sobre Incoterms.

Capítulo XXXII
Contribuições sociais[1]

212. Contribuições previdenciárias dos segurados do Regime Geral de Previdência Social

O art. 195 da Constituição, em seu inciso II, com a redação da Emenda Constitucional n. 20/98, permite à União instituir contribuição **do trabalhador e dos demais segurados** da previdência social, ou seja, de todas as pessoas filiadas ao Regime Geral de Previdência Social, titulares potenciais dos benefícios garantidos pelo sistema. Trata-se de um reflexo do caráter contributivo da previdência social, previsto no art. 201 da Constituição. A contribuição dos segurados é inerente ao sistema.

Assim, por exemplo, empregados e autônomos têm de contribuir para a previdência social. Contribuem, inclusive, os servidores públicos, quando ocupantes, exclusivamente, de cargos em comissão declarados em lei de livre nomeação e exoneração, bem como de outro cargo temporário ou de emprego público, vinculados que são, obrigatoriamente, ao regime geral de previdência social, nos termos do art. 40, § 13, da CF. Da mesma maneira, quem exerce mandato eletivo. O STF firmou a seguinte tese: "Incide contribuição previdenciária sobre os rendimentos pagos aos exercentes de mandato eletivo,

---

1. No Capítulo II deste livro, relativo às espécies tributárias, analisamos as características e o regime jurídico das contribuições, em contraste com os demais tributos. Lá, abordamos as diversas finalidades que autorizam a instituição de contribuições. Concentramo-nos, a seguir, em cada uma das principais contribuições instituídas pelo legislador. Abordagem detalhada das diversas contribuições existentes no nosso sistema tributário, fazemos em nosso livro *Contribuições no Sistema Tributário*, escrito em coautoria com ANDREI PITTEN VELLOSO e publicado pela Editora Saraiva.

decorrentes da prestação de serviços à União, a estados e ao Distrito Federal ou a municípios, após o advento da Lei n. 10.887/2004, desde que não vinculados a regime próprio de previdência"[2]. São excluídos do regime geral os **servidores públicos** e os militares, que contribuem para regimes próprios de previdência, conforme o art. 13 da Lei n. 8.212/91.

A pessoa física que tenha **mais de uma atividade econômica** recolherá como contribuinte obrigatório relativamente a cada uma delas, observado, porém, na soma das diversas atividades, o teto mensal correspondente ao maior salário de contribuição, nos termos do art. 12, § 2º, da Lei n. 8.212/91.

O servidor público que, mesmo vinculado a regime próprio de previdência, também desenvolver atividade que o caracterize como segurado obrigatório do regime geral de previdência contribuirá para ambos.

É importante ter em conta, ainda, que o próprio inciso II do art. 195 estabelece **imunidade** à contribuição previdenciária do Regime Geral de Previdência Social das **aposentadorias e pensões** ao dispor: "não incidindo contribuição sobre aposentadoria e pensão concedidas pelo regime geral de previdência". Tal não significa que aposentados e pensionistas, subjetivamente considerados, sejam imunes, isso porque, no caso de permanecerem em atividade ou voltarem a exercer atividade vinculada ao RGPS, contribuirão relativamente a elas. Tal se justifica e se viabiliza constitucionalmente em razão da universalidade e da solidariedade que inspiram o custeio da seguridade social[3]. Em resumo, os benefícios de aposentadoria e pensão são imunes, mas não outros salários e remunerações que o aposentado ou pensionista perceba. Com suporte na garantia da isonomia, o STF entendeu que também as aposentadorias e pensões concedidas aos servidores públicos em seus regimes próprios de previdência são imunes até o limite do benefício máximo do regime geral de previdência social, podendo-lhes ser cobrada contribuição quanto ao que sobejar.

Conforme o art. 12 da Lei n. 8.212/91, são **segurados obrigatórios**:

- **na qualidade de empregado**, os empregados propriamente e o servidor público ocupante de cargo em comissão, conforme o art. 12, inciso I, dessa Lei. Vale lembrar que a própria Emenda Constitucional n. 20/98 determinou a vinculação obrigatória de quem ocupa cargo em comissão ao regime geral de previdência social ao acrescentar o § 13 ao art. 40 da CF;
- como **empregado doméstico**, a Lei n. 8.212/91 qualifica aquele que presta serviço de natureza contínua a pessoa ou família, no âmbito residencial desta, em atividades sem fins lucrativos;

---

2. STF, Tribunal Pleno, rel. Min. DIAS TOFFOLI, RE 626.837, 2017.
3. STF, Primeira Turma, rel. Min. RICARDO LEWANDOWSKI, AI 668.531 AgR, jun. 2009.

- como **contribuinte individual**, são qualificados o autônomo e o sócio-gerente, o diretor de cooperativa ou associação, o síndico ou administrador eleito para exercer atividade de direção condominial, desde que recebam remuneração, conforme a alínea *f*;
- como **trabalhador avulso**, consta quem presta, a diversas empresas, sem vínculo empregatício, serviços de natureza urbana ou rural definidos no regulamento.
- como **segurado especial**, "a pessoa física residente no imóvel rural ou em aglomerado urbano ou rural próximo a ele que, individualmente ou em regime de economia familiar, ainda que com o auxílio eventual de terceiros a título de mútua colaboração", seja produtor, explorando atividade agropecuária em área de até quatro módulos fiscais ou atuando como seringueiro ou extrativista vegetal, ou seja pescador artesanal.

Mas há, ainda, os **segurados facultativos**, porquanto o art. 14 da Lei n. 8.212/91 permite que qualquer pessoa maior de 14 anos se filie ao Regime Geral em caráter facultativo, mediante contribuição, como, por exemplo, estudantes e donas de casa. Ou seja, não é obrigado a recolher, mas pode fazê-lo para já ir contando o tempo de contribuição necessário a uma futura aposentadoria.

Ao definir como os diversos segurados contribuirão para a seguridade, a Lei n. 8.212/91 os reuniu em **três diferentes contribuições**:

- a dos segurados empregados, inclusive do doméstico, e do segurado trabalhador avulso (art. 20);
- a dos segurados contribuintes individual e facultativo (art. 21);
- a do segurado especial (art. 25).

O art. 20 da Lei n. 8.212/91, com a redação das Leis n. 8.620/93 e n. 9.032/95, estabelece a **contribuição dos segurados empregados, inclusive do doméstico, e do segurado trabalhador avulso**, estabelecendo que "é calculada mediante a aplicação da correspondente *alíquota sobre o seu salário de contribuição mensal*, de forma não cumulativa". Sua **base de cálculo**, portanto, é o **salário de contribuição mensal** do trabalhador, assim entendida, para o empregado doméstico, a **remuneração registrada** na Carteira de Trabalho e Previdência Social (art. 28, II) e, para os demais empregados e para o trabalhador avulso, a **remuneração mensal** que percebem (art. 28 I), observados os limites mínimo e máximo. Lembre-se que o art. 201 da CF estabelece que o regime geral de previdência social terá caráter contributivo e seu § 11, incluído pela EC 20/98, que "Os ganhos habituais do empregado, a qualquer título, serão incorporados ao salário para efeito de contribuição previdenciária e consequente repercussão em benefícios, nos casos e na forma da lei".

O STJ entende que incide contribuição previdenciária por ocasião do pagamento da "quebra de caixa". Considera que essa verba "se amolda ao conceito de remuneração para fins de incidência da contribuição previdenciária patronal, pois se revela pagamento habitual e, embora não pareça, destina-se a retribuir o trabalho em razão da prestação do serviço ao empregador". Frisa: "O fato de a quantia ora em análise servir para 'compensar' eventuais diferenças de caixas a serem descontadas da remuneração do empregado não lhe confere a natureza de verba indenizatória apta a impedir a exação tributária, pois não se presta a recompor, sob o aspecto material, um patrimônio que foi objeto de lesão, diminuindo-lhe o seu valor, notadamente em decorrência de um ato ilícito, conforme se depreende da leitura combinada dos arts. 186 e 927 do Código Civil"[4].

O § 7º do art. 28 da Lei n. 8.212/91 dispõe no sentido de que o décimo terceiro salário integra o salário de contribuição, sendo certo, ainda, que, desde o advento da Lei n. 8.620/93 (art. 7º), é feito cálculo em separado da contribuição previdenciária sobre o décimo terceiro, conforme assentado na jurisprudência do STJ[5]. Assim, o décimo terceiro salário, em verdade, não integra propriamente o salário de contribuição (não é somado ao salário do mês de dezembro), constituindo, isto sim, isoladamente, outro salário de contribuição para fins de cálculo de contribuição específica sobre o décimo terceiro. O § 8º, por sua vez, aponta as diárias excedentes a cinquenta por cento da remuneração mensal como integrantes do salário de contribuição pelo seu valor total. Mas deve-se entender esta regra como enunciadora da presunção de que, em tal hipótese, as diárias estejam, em verdade, cumprindo função remuneratória, e não simplesmente indenizatória por despesas necessárias por ocasião dos deslocamentos. Havendo comprovação de que a natureza é efetivamente indenizatória, não poderão as diárias ser incluídas na base de cálculo. No § 9º do art. 28, aliás, há inúmeras verbas indenizatórias expressamente referidas como não integrantes do salário de contribuição; assim, dentre outras verbas, as ajudas de custo, a parcela *in natura* recebida de acordo com os programas de alimentação do trabalhador, as importâncias recebidas a título de férias indenizadas e respectivo adicional constitucional, a parcela recebida a título de vale-transporte, as próprias diárias para viagens, desde que não excedam a 50% (cinquenta por cento) da remuneração mensal, a bolsa recebida por estagiário, a participação nos lucros ou resultados da empresa. Os valores recebidos em decorrência da cessão de direitos autorais também estão excluídos, nos termos da alínea V do § 9º.

Dispõe o § 2º do art. 28 que o salário-maternidade será considerado salário de contribuição: "§ 2º O salário-maternidade é considerado salário de contribuição". O STJ

---

4. STJ, EREsp 1.467.095/PR, rel. Min. MAURO CAMPBELL MARQUES, rel. p/ Acórdão Min. OG FERNANDES, Primeira Seção, julgado em 10/05/2017, DJe 06/09/2017.
5. STJ, Segunda Turma, rel. Min. ELIANA CALMON, REsp 868.242/RN, maio 2008; STJ, Primeira Seção, rel. Min. TEORI ALBINO ZAVASCKI, EREsp 442.781/PR, nov. 2007.

chancela tal incidência por entender que tem natureza salarial[6]. Note-se que nenhum outro benefício previdenciário servirá de base de cálculo de contribuição previdenciária, nem mesmo a aposentadoria ou a pensão, estes inclusive imunes por força do próprio art. 195, II, da CF, conforme já exposto.

Os §§ 3º e 4º do art. 28 da Lei n. 8.212/91 estabelecem o limite mínimo do salário de contribuição como sendo o salário-mínimo ou piso da categoria, ou, ainda, o mínimo garantido por lei ao menor aprendiz. O limite máximo, por sua vez, foi estabelecido no § 5º com previsão de reajustamento periódico, que deve ser simultâneo e equivalente ao reajuste dos benefícios. O salário de contribuição pode variar entre os valores mínimo e máximo. Nos termos da Portaria do Secretário Especial da Previdência e Trabalho do Ministério da Econômica (SEPRT) 477/2021, a partir de janeiro de 2021, o salário de contribuição não podia ser inferior a R$ 1.100,00 nem superior a R$ 6.433,57.

O art. 20 da Lei n. 8.212/91 estabelece que "a contribuição do empregado, inclusive o doméstico, e a do trabalhador avulso é calculada mediante a aplicação da correspondente alíquota sobre o seu salário de contribuição mensal, de forma não cumulativa" de acordo com tabela progressiva de alíquotas que, nos termos do art. 28 da EC n. 103/2019, variam de 7,5% a 14%[7], conforme os patamares de salário de contribuição. A Portaria SEPRT 477/2021, estabeleceu a seguinte tabela:

Tabela para Empregado, Empregado Doméstico e Trabalhador Avulso a partir de 1º de janeiro de 2021

SALÁRIO DE CONTRIBUIÇÃO (R$)	ALÍQUOTA
Até R$ 1.100,00	7,5%
De R$ 1.100,01 a R$ 2.203,48	9%
De R$ 2.203,49 até R$ 3.305,22	12%
De R$ 3.305,23 até R$ 6.433,57	14%

No **Tema 833** de repercussão geral (RE 852.796), em 2021, o STF fixou a seguinte Tese: "É constitucional a expressão 'de forma não cumulativa' constante do *caput* do art. 20 da Lei n. 8.212/91". Com isso, admitiu a progressividade simples das contribuições previdenciárias do empregado, inclusive o doméstico, e do trabalhador avulso.

---

6. STJ, Segunda Turma, rel. Min. ELIANA CALMON, REsp 853.730/SC, jun. 2008.
7. Até 2019, as alíquotas eram de 8%, 9% e 11%. E houve um período em que, com vista à compensação da incidência da CPMF no saque em conta-corrente, a Lei n. 9.311/96, através do seu art. 17, previu redução de alíquota relativamente aos salários e remunerações até três salários mínimos. Em face de tal norma, as alíquotas de 8% e 9% ficaram reduzidas para 7,65% e 8,65%. Com a extinção da CPMF, contudo, as alíquotas retomaram seu patamar original.

A Lei n. 8.212/91 obriga o empregador doméstico e a empresa que remunerem seus empregados e trabalhadores avulsos à retenção e ao recolhimento das contribuições por eles devidas, conforme art. 30, I, *a* e *b*, II e V. O vencimento está aprazado para o dia 20 do mês seguinte ao de competência. A contribuição sobre o salário de dezembro e sobre o décimo terceiro salário deve ser paga antecipadamente, até o dia 20 de dezembro, conforme o art. 216, § 1º, do Regulamento (Decreto n. 3.048/99).

Os arts. 21 e 28 da Lei n. 8.212/91, com a redação da Lei n. 9.876/99, disciplinam a **contribuição dos segurados contribuintes individuais e dos segurados facultativos**, observados, em ambos os casos, o valor mínimo e máximo admitidos para o salário de contribuição.

O contribuinte individual não tem alternativa: pagará sobre a sua remuneração, observados os limites. O segurado facultativo optará pelo valor que, dentro dos limites, melhor lhe convir, sendo certo que os benefícios serão calculados considerando o valor das contribuições. A alíquota será, normalmente, de 20% sobre o salário de contribuição, conforme o art. 21 da Lei n. 8.212/91.

Cabe frisar, porém, que, embora a alíquota seja de 20% a cargo do contribuinte individual, há a possibilidade de dedução de até 9%, acarretando, na prática, um encargo de 11% quando preste serviços a pessoas jurídicas que também contribuam sobre a remuneração daquele. É que a lei estabelece a possibilidade de dedução de 45% da contribuição da empresa incidente sobre a remuneração que tenha pago ou creditado ao contribuinte individual, limitada a dedução a 9% do salário de contribuição, o que, na prática, faz com que o valor a ser retido alcance 11% do salário de contribuição. São os §§ 4º e 5º do art. 30 da Lei n. 8.212/91 que cuidam da matéria.

Os contribuintes individual e facultativo podem optar, ainda, por um plano simplificado de previdência (PSP), com alíquotas menores mas sem aposentadoria por tempo de contribuição, nos termos do art. 21 da Lei n. 8.212/91, com a redação da Lei n. 12.470/2011: "§ 2º No caso de opção pela exclusão do direito ao benefício de aposentadoria por tempo de contribuição, a alíquota de contribuição incidente sobre o limite mínimo mensal do salário de contribuição será de: I – 11% (onze por cento), no caso do segurado contribuinte individual, ressalvado o disposto no inciso II, que trabalhe por conta própria, sem relação de trabalho com empresa ou equiparado e do segurado facultativo, observado o disposto na alínea b do inciso II deste parágrafo; II – 5% (cinco por cento): a) no caso do microempreendedor individual, de que trata o art. 18-A da Lei Complementar n. 123, de 14 de dezembro de 2006; e b) do segurado facultativo sem renda própria que se dedique exclusivamente ao trabalho doméstico no âmbito de sua residência, desde que pertencente a família de baixa renda". Tal opção pode ser reconsiderada pelo segurado mediante recolhimento da diferença acrescida de juros.

A apuração e o recolhimento da contribuição pelos segurados facultativos cabem a eles próprios, conforme o art. 30, inciso II, da Lei n. 8.212/91, com a redação da Lei n. 9.876/99.

Relativamente aos contribuintes individuais, a situação é mais complexa. Isso porque podem prestar serviços a pessoas físicas, que não estão obrigadas a nenhuma retenção, ou a pessoas jurídicas que, ao contratar autônomos e a remunerar outros contribuintes individuais, estão obrigadas à retenção e ao recolhimento, nos termos do art. 4º da Lei n. 10.666/2003.

Como os contribuintes individuais prestam serviços, normalmente, para diversas pessoas, físicas e jurídicas, submetem-se às retenções pelas pessoas jurídicas e têm de complementar os valores devidos relativamente à parcela da remuneração que não tenha sofrido retenção. Além disso, deverão atentar para que não seja extrapolado o limite máximo do salário de contribuição em face da sobreposição de retenções. Os contribuintes individuais (autônomo ou outro) têm de ficar atentos, devendo noticiar às empresas a que prestem serviços as retenções que já tenham sofrido naquele mês por outras empresas, de modo que não seja extrapolado o limite do salário de contribuição. A empresa que recebe do autônomo declarações de retenção prestadas por outras empresas sabe que não poderá proceder à retenção senão sobre o valor que falte para alcançar o teto do salário de contribuição. De outro lado, caso as contribuições retidas tenham, em seu conjunto, considerado salário de contribuição inferior ao mínimo, terá o contribuinte que complementar o pagamento, nos termos do art. 5º da mesma Lei n. 10.666/2003.

A empresa que efetua a retenção relativamente aos valores pagos a contribuinte individual tem prazo até o dia 20 do mês seguinte ao da competência para efetuar o recolhimento, nos termos do art. 4º da Lei n. 10.666/2003.

Já o próprio contribuinte individual e o segurado facultativo têm prazo até o dia quinze do mês seguinte ao da competência para o recolhimento da contribuição, nos termos do art. 30, II, da Lei n. 8.212/91.

A **contribuição do segurado especial** tem suas peculiaridades. A Lei n. 8.212/91, com a redação das Leis n. 8.540/92 e da Lei n. 9.528/97, ao instituí-la através do art. 25, estabelece que é de "2% da receita bruta proveniente da comercialização da sua produção" e de "0,1% da receita bruta proveniente da comercialização da sua produção para financiamento das prestações por acidente do trabalho", sendo que: "integram a produção, para os efeitos deste artigo, os produtos de origem animal ou vegetal, em estado natural ou submetidos a processos de beneficiamento ou industrialização rudimentar, assim compreendidos, entre outros, os processos de lavagem, limpeza, descaroçamento, pilagem, descascamento, lenhamento, pasteurização, resfriamento, secagem, fermentação, embalagem, cristalização, fundição, carvoejamento, cozimento, destilação, moagem, torrefação, bem como os subprodutos e os resíduos obtidos através desses processos". Essa contribuição do segurado especial sobre a receita bruta da comercialização da sua produção é válida porque encontra suporte específico no § 8º do art. 195 da Constituição Federal. Nessa linha, no **Tema 723** de repercussão geral (RE 761.263), em 2020, o STF afirmou a tese de que "É constitucional, formal e materialmente, a contribuição social do segurado especial prevista no art. 25 da Lei n. 8.212/1991". Isso porque "A base de cálculo compilada no artigo 25, I e II, da Lei n. 8.212/1991, editado para regulamentar o § 8º do artigo 195 da CF, fixando a alíquota de 3% (três por cento) da receita bruta proveniente da comercialização da produção do produtor rural sem empregados, por observar a base de cálculo que foi definida pelo próprio texto constitucional, é plenamente constitucional em relação ao segurado especial".

Deve-se considerar, ainda, que o art. 30, IV, da Lei n. 8.212/91, com a redação da Lei n. 9.528/97, determina que a empresa adquirente, consumidora ou consignatária ou a cooperativa ficam sub-rogadas nas obrigações do segurado especial, independentemente de as operações de venda ou consignação terem sido realizadas diretamente com o produtor ou com intermediário pessoa física.

213. Contribuições previdenciárias do empregador, da empresa e da entidade a ela equiparada

O art. 195, I, *a*, da CF, com a redação da Emenda Constitucional n. 20/98, é expresso quanto à possibilidade de instituição de contribuições para a seguridade social dos empregadores, das empresas e, inclusive, de entidades que venham a ser equiparadas a empresas, sobre "a folha de salários e demais rendimentos do trabalho pagos ou creditados, a qualquer título, à pessoa física que lhe preste serviço, mesmo sem vínculo empregatício".

Conforme o art. 2º da CLT: "Considera-se **empregador** a empresa, individual ou coletiva, que, assumindo os riscos da atividade econômica, admite, assalaria e dirige a prestação pessoal de serviço. § 1º Equiparam-se ao empregador, para os efeitos exclusivos da relação de emprego, os profissionais liberais, as instituições de beneficência, as associações recreativas ou outras instituições sem fins lucrativos, que admitirem trabalhadores como empregados". O art. 15 da Lei n. 8.212/91, com a redação da Lei n. 9.876/99, conceitua **empresa** e arrola as pessoas que devem ser consideradas a ela equiparadas para efeito de recolhimento de contribuições de seguridade:

> Art. 15. Considera-se: I – empresa – a firma individual ou sociedade que assume o risco de atividade econômica urbana ou rural, com fins lucrativos ou não, bem como os órgãos e entidades da administração pública direta, indireta e fundacional; II – empregador doméstico – a pessoa ou família que admite a seu serviço, sem finalidade lucrativa, empregado doméstico. Parágrafo único. **Equipara-se a empresa**, para os efeitos desta Lei, o contribuinte individual em relação a segurado que

lhe presta serviço, bem como a cooperativa, a associação ou entidade de qualquer natureza ou finalidade, a missão diplomática e a repartição consular de carreira estrangeiras.

A expressão "**folha de salários**" pressupõe "salário", ou seja, remuneração paga a empregado, como contraprestação pelo trabalho que desenvolve em caráter não eventual e sob a dependência do empregador[8]. A remuneração deve ser entendida com a dimensão de "ganhos habituais do empregado, a qualquer título", pois o § 11 do art. 201 da CF (redação da Emenda Constitucional n. 20/98) é inequívoco ao afirmar que tais ganhos "serão incorporados ao salário para efeito de contribuição previdenciária e consequente repercussão em benefícios, nos casos e na forma da lei".

Podem ser tributados, também, os "**demais rendimentos do trabalho** pagos ou creditados, a qualquer título, à pessoa física que lhe preste serviço, mesmo sem vínculo empregatício". Assim, também as remunerações a sócios-diretores (pró-labore), autônomos, avulsos e, inclusive, a remuneração prestada aos agentes políticos (e.g., prefeitos e vereadores) podem ser tributadas como contribuição ordinária ou nominada de custeio da seguridade social, ou seja, como contribuição já prevista no art. 195, I, *a*, da CF, capaz de instituição mediante simples lei ordinária.

Cabe ter em conta, de outro lado, **o que não pode ser tributado a tal título**. A referência, na norma de competência, a "rendimentos do trabalho" afasta a possibilidade de o legislador fazer incidir a contribuição sobre verbas indenizatórias. Assim, os valores pagos a título de auxílio-creche, de auxílio-transporte e as ajudas de custo em geral, desde que compensem despesa real, não podem integrar a base de cálculo da contribuição previdenciária. Ademais, a base econômica consubstancia-se na remuneração "paga ou creditada". Pagamento é o valor prestado ao trabalhador seja em espécie, seja mediante depósito em conta corrente, ou mesmo *in natura*, como utilidades. Creditamento é o lançamento contábil a crédito do trabalhador. Não se pode confundir a remuneração paga ou creditada com a que eventualmente seja devida mas que não foi sequer formalizada em favor do trabalhador.

Considere-se, ainda, que tal competência só diz respeito aos **pagamentos a "pessoa física"** diretamente. Não estão abrangidos pela norma valores pagos a empresas contratadas para a prestação de serviços ou mesmo a cooperativas de trabalho, pois a relação, nestes casos, dá-se com pessoa jurídica. Aliás, não há maiores dificuldades em se identificar se o pagamento ou creditamento foi a pessoa física ou não; basta ver quem foi, nominalmente, o seu beneficiário, além do que, se o pagamento é feito mediante Recibo de Pagamento a Autônomo (RPA), é pagamento a pessoa física; se o pagamento é feito mediante Nota Fiscal de Prestação de Serviços, é pagamento a pessoa jurídica. A Lei

---

8. *Vide* CLT, arts. 2º e 3º.

n. 9.876/99, contudo, instituiu contribuição, a cargo das empresas tomadoras de serviços de cooperativas de trabalho, de 15% sobre o valor da Nota Fiscal de Prestação de Serviços. Tratando de pagamento à pessoa jurídica, os pagamentos a cooperativas de trabalho não encontram enquadramento na norma de competência do art. 195, I, *a*, da Constituição, de modo que a Lei n. 9.876/99, ao acrescer o inciso IV ao art. 22 da Lei n. 8.212/91, incorreu em flagrante inconstitucionalidade, o que restou reconhecido pelo STF em 2014 no RE 595.838[9].

Desde o advento da Lei n. 11.457/2007, a **União é sujeito ativo** das contribuições de seguridade social sobre a folha, e não mais o INSS como ocorria anteriormente. A União administra tais contribuições através da Secretaria da Receita Federal do Brasil (art. 2º). Os respectivos créditos são inscritos em dívida ativa da União (art. 16). Mas a destinação continua sendo o pagamento de benefícios do Regime Geral de Previdência Social, conforme o art. 2º, § 1º, da mesma Lei.

Lançadas contribuições previdenciárias, sua cobrança se faz como qualquer outro tributo federal, sujeitando-se ao protesto e à execução fiscal perante a Justiça Federal. Mas, quando digam respeito a pagamento de salários decorrentes de condenações pela Justiça do Trabalho, sua apuração e cobrança ocorrerão na própria execução trabalhista. Nesse sentido, a Súmula Vinculante 53 do STF: "A competência da Justiça do Trabalho prevista no art. 114, VIII, da Constituição Federal alcança a execução de ofício das contribuições previdenciárias relativas ao objeto da condenação constante das sentenças que proferir e acordos por ela homologados".

Estudaremos, neste item, quatro contribuições distintas:

- a contribuição do empregador doméstico;
- a contribuição do empregador rural pessoa física;
- a contribuição das empresas e equiparados sobre a remuneração dos empregados e avulsos;
- a contribuição das empresas e equiparados sobre a remuneração de contribuintes individuais (autônomos, sócios-gerentes etc.).

---

9. STF, Tribunal Pleno, rel. Min. DIAS TOFFOLI, RE 595.838, abr. 2014, donde se extrai: "Os pagamentos efetuados por terceiros às cooperativas de trabalho, em face de serviços prestados por seus cooperados, não se confundem com os valores efetivamente pagos ou creditados aos cooperados [...]. O art. 22, IV da Lei n. 8.212/91, com a redação da Lei n. 9.876/99, ao instituir contribuição previdenciária incidente sobre o valor bruto da nota fiscal ou fatura, extrapolou a norma do art. 195, inciso I, a, da Constituição, descaracterizando a contribuição hipoteticamente incidente sobre os rendimentos do trabalho dos cooperados, tributando o faturamento da cooperativa, com evidente *bis in idem*. Representa, assim, nova fonte de custeio, a qual somente poderia ser instituída por lei complementar, com base no art. 195, § 4º – com a remissão feita ao art. 154, I, da Constituição".

Nos termos do art. 15, II, da Lei n. 8.212/91, considera-se "empregador doméstico – a pessoa ou família que admite a seu serviço, sem finalidade lucrativa, empregado doméstico". A **contribuição do empregador doméstico** é instituída pelo art. 24 da Lei n. 8.212/91, com a redação da Lei n. 13.202/2015: 8% do salário de contribuição do empregado doméstico a seu serviço, mais 0,8% para o financiamento do seguro contra acidente do trabalho. Assim, o empregador doméstico pagará, como contribuinte, 8,8% sobre o salário de contribuição do empregado doméstico, ou seja, sobre "a remuneração registrada na Carteira de Trabalho e Previdência Social" (art. 28, II, da Lei n. 8.212/91). Mas, além disso, é importante relembrar que o empregador doméstico também é obrigado à retenção e ao recolhimento da contribuição previdenciária que tem como contribuinte o próprio empregado doméstico, e que é de 7,5 a 14%, conforme a faixa de remuneração, conforme vimos quando tratamos da contribuição dos empregados. Os recolhimentos de ambas as contribuições (do empregador como contribuinte e do empregado mediante retenção) são feitos de modo simplificado, em guia única (GPS), com os dados do empregado.

Note-se que a contribuição incide sobre o salário de contribuição do empregado doméstico, de modo que também é calculada sobre o décimo terceiro salário, tendo em vista o § 7º do art. 28 da Lei n. 8.212/91, com a redação da Lei n. 8.870/94. É devida quando do pagamento da última parcela, conforme previsto no Regulamento (Decreto n. 3.048/99, com a redação do Decreto n. 4.729/2003).

O prazo para pagamento vai até o dia 20 do mês subsequente ao mês de competência, ou seja, ao mês relativamente a cujo salário foi calculada a contribuição, conforme a determinação constante do inciso V do art. 30 da Lei n. 8.212/91, com a redação da Lei n. 14.438/2022. As contribuições sobre o salário de dezembro e sobre o décimo terceiro salário, contudo, devem ser pagas antecipadamente, até o dia 20 de dezembro, conforme o art. 7º da Lei n. 8.620/93 e o art. 216, § 1º, do Regulamento.

Ao **empregador rural pessoa física**, é facultado que contribua sobre a folha de salários, na forma do art. 22, como os empregadores pessoas jurídicas, ou que o faça sobre a receita bruta proveniente da produção da sua circulação, conforme o art. 25 da Lei n. 8.212/91. A manifestação da opção dá-se em janeiro de cada ano, com o recolhimento da primeira contribuição. Sobre a receita bruta, a contribuição é de 1,2% (um inteiro e dois décimos por cento) da receita bruta proveniente da comercialização da sua produção e de 0,1% da receita bruta proveniente da comercialização da sua produção para financiamento das prestações por acidente do trabalho. Integram a produção "os produtos de origem animal ou vegetal, em estado natural ou submetidos a processos de beneficiamento ou industrialização rudimentar, assim compreendidos, entre outros, os processos de lavagem, limpeza, descaroçamento, pilagem, descascamento, lenhamento, pasteurização, resfriamento, secagem, fermentação, embalagem, cristalização, fundição, carvoejamento, cozimento, destilação, moagem e torrefação, bem como os subprodutos e os resíduos obtidos por meio desses processos", nos termos do seu § 3º, com a redação da Lei n. 13.986/2020. Também integram a receita bruta, conforme seu § 10, por exemplo, a proveniente da comercialização da produção obtida em razão de contrato de parceria ou meação de parte do imóvel rural, a da comercialização de artigos de artesanato de que trata o inciso VII do § 10 do art. 12 desta Lei, a de serviços prestados, de equipamentos utilizados e de produtos comercializados no imóvel rural, desde que em atividades turística e de entretenimento desenvolvidas no próprio imóvel, inclusive hospedagem, alimentação, recepção, recreação e atividades pedagógicas, bem como taxa de visitação e serviços especiais, a do valor de mercado da produção rural dada em pagamento ou que tiver sido trocada por outra, qualquer que seja o motivo ou finalidade. De outro lado, conforme seu § 12, "Não integra a base de cálculo da contribuição de que trata o *caput* deste artigo a produção rural destinada ao plantio ou reflorestamento, nem o produto animal destinado à reprodução ou criação pecuária ou granjeira e à utilização como cobaia para fins de pesquisas científicas, quando vendido pelo próprio produtor e por quem a utilize diretamente com essas finalidades e, no caso de produto vegetal, por pessoa ou entidade registrada no Ministério da Agricultura, Pecuária e Abastecimento que se dedique ao comércio de sementes e mudas no País".

A **contribuição da empresa sobre o total da remuneração dos segurados empregados e trabalhadores avulsos que lhes prestem serviços**, por sua vez, é de 20%, nos termos do art. 22, I, da Lei n. 8.212/91, com a redação da Lei n. 9.876/99.

Sendo **base de cálculo** o "total das remunerações", não se limita pelo salário de contribuição do empregado ou do avulso. De outro lado, embora o dispositivo se refira à remuneração "paga, devida ou creditada", a base econômica que pode ser objeto de tributação restringe-se à remuneração "paga ou creditada", conforme já referido. Assim, não tem suporte válido o lançamento e a cobrança de contribuição sobre remuneração tida pelos auditores-fiscais como devida[10], mas que não tenha sido paga ou creditada, pois é inconstitucional a expressão "devida" constante do art. 22, I, da Lei n. 8.212/91 na redação da Lei n. 9.876/99.

Ademais, ao apurar-se o "total das remunerações", é preciso ter em conta que o art. 195, I, *a*, da Constituição cuida de "rendimentos do trabalho" e que o próprio art. 22, I, da Lei n. 8.212/91 circunscreve àquelas "destinadas a retribuir o trabalho". Verbas que não constituam, propriamente, rendimentos do trabalhador destinados a retribuir o trabalho não compõem a base de cálculo da contribuição.

---

10. Na hipótese de o auditor-fiscal entender que determinados pagamentos a autônomo encobriam efetiva relação de emprego, poderá efetuar o lançamento das contribuições não recolhidas a este título, mas tomando como base de cálculo apenas os valores efetivamente pagos ou creditados, e não os que, considerando o vínculo empregatício, eram devidos, mas não foram pagos nem creditados, como o décimo terceiro.

Sobre as férias gozadas, forte em sua natureza remuneratória e salarial, incide a contribuição, conforme vem decidindo o STJ[11]. No julgamento do Tema 985 de repercussão geral (RE 1.072.485), em 2020, o STF decidiu que "É legítima a incidência de contribuição social, a cargo do empregador, sobre os valores pagos ao empregado a título de terço constitucional de férias gozadas". Tem natureza remuneratória, compondo a base de cálculo da contribuição patronal, a Hora Repouso Alimentação (HRA)[12]. No Tema 72 de repercussão geral (RE 576.967), em 2020, o STF fixou a tese de que "É inconstitucional a incidência de contribuição previdenciária a cargo do empregador sobre o salário-maternidade". Considerou que o "salário-maternidade é prestação previdenciária paga pela Previdência Social à segurada durante os cento e vinte dias em que permanece afastada do trabalho em decorrência da licença-maternidade", configurando "verdadeiro benefício previdenciário", de modo que, "por não se tratar de contraprestação pelo trabalho ou de retribuição em razão do contrato de trabalho, o salário-maternidade não se amolda ao conceito de folha de salários e demais rendimentos do trabalho pagos ou creditados, a qualquer título à pessoa física que lhe preste serviço, mesmo sem vínculo empregatício". E concluiu: "Como consequência, não pode compor a base de cálculo da contribuição previdenciária a cargo do empregador, não encontrando fundamento no art. 195, I, *a*, da Constituição". Considerou, ainda, que "as normas impugnadas, ao imporem tributação que incide somente quando a trabalhadora é mulher e mãe cria obstáculo geral à contratação de mulheres, por questões exclusivamente biológicas, uma vez que torna a maternidade um ônus", sendo que "tal discriminação não encontra amparo na Constituição, que, ao contrário, estabelece isonomia entre homens e mulheres, bem como a proteção à maternidade, à família e à inclusão da mulher no mercado de trabalho".

O STF, na ADI 1.659 MC, ainda sob a égide da redação original do art. 195, I, da CF e do então § 4º do seu art. 201 (hoje § 11) suspendeu a eficácia da MP 1.523-14, que procurou dar ao § 2º do art. 22 da Lei n. 8.212/91 redação no sentido de que integrariam a remuneração os abonos de qualquer espécie ou natureza, bem como as parcelas denominadas indenizatórias pagas ou creditadas a qualquer título, inclusive em razão da rescisão do contrato de trabalho. À época, o Ministro Moreira Alves considerou que havia abonos que não se inseriam no conceito de salário e que eram eventuais, como o de férias, bem como que as verdadeiras indenizações não integram o salário e as faltas, por sua vez, não constituem indenização. Tal redação acabou sendo expressamente rejeitada quando da conversão da MP na Lei n. 9.528/97.

O art. 22, § 2º, na redação que persiste vigente, determina: "§ 2º Não integram a remuneração as parcelas de que trata o § 9º do art. 28". O referido § 9º do art. 28, com

---

11. STJ, Primeira Seção, AgRgEDivREsp 1.441.572, rel. Min. MAURO CAMPBELL MARQUES, nov. 2014.
12. STJ, Primeira Seção, EREsp 1.619.117/BA, Rel. Min. HERMAN BENJAMIN, 2020.

a redação das Leis n. 9.528/97, 9.711/98, 12.513/2011 e 12.761/2012, aponta, dentre outras verbas, os benefícios da previdência social, nos termos e limites legais, salvo o salário-maternidade, a parcela *in natura* recebida de acordo com os programas de alimentação aprovados pelo Ministério do Trabalho e da Previdência Social, várias importâncias pagas a título indenizatório (férias indenizadas, incentivo à demissão), abono de férias, ganhos eventuais e os abonos expressamente desvinculados do salário, o valor das contribuições efetivamente pago pela pessoa jurídica relativo a programa de previdência complementar, aberto ou fechado, desde que disponível à totalidade de seus empregados e dirigentes, a parcela recebida a título de vale-transporte, valor de plano educacional ou bolsa de estudo para o empregado e seus dependentes observados certos requisitos e os valores recebidos em decorrência da cessão de direitos autorais.

O STJ firmou posição no sentido de que não incide contribuição previdenciária sobre o montante pago pela empresa ao empregado nos primeiros dias de afastamento por motivo de doença, antes da percepção do benefício do auxílio-doença[13]. Conforme o art. 1º da MP 664, de 30 de dezembro de 2014, que alterou os §§ 1º e 2º do art. 43 da Lei n. 8.213/91, o benefício do auxílio-doença passou a ser pago apenas a partir do trigésimo primeiro dia de afastamento (e não mais a partir do décimo sexto), percebendo o empregado, até então, o seu salário a cargo da empresa.

A alimentação fornecida *in natura* no estabelecimento da empresa também não integra a base de cálculo, ainda que não haja vinculação ao Programa de Alimentação do Trabalhador[14]. O questionamento acerca da incidência sobre o décimo terceiro salário (gratificação natalina), por sua vez, resultou na **Súmula 688** do STF: "É legítima a incidência da contribuição previdenciária sobre o 13º salário"[15]. De outro lado, integram a base de cálculo os valores pagos a título de distribuição de lucro ou participação em resultado que não tenham observado a periodicidade mínima estabelecida pelo art. 3º, § 2º, da Lei

---

13. "3. É pacífico o entendimento desta Corte de que não incide Contribuição Previdenciária sobre a verba paga pelo empregador ao empregado durante os primeiros quinze dias de afastamento por motivo de doença, porquanto não constitui salário" (STJ, Segunda Turma, AgRgREsp 1.100.424/PR, HERMAN BENJAMIN, mar. 2010); "2. É dominante no STJ o entendimento segundo o qual não é devida a contribuição previdenciária sobre a remuneração paga pelo empregador ao empregado, durante os primeiros dias do auxílio-doença, à consideração de que tal verba, por não consubstanciar contraprestação a trabalho, não tem natureza salarial. Precedentes: REsp 720.817/SC, Segunda Turma, Min. Franciulli Netto, *DJ* de 05/09/2005" (STJ, Primeira Turma, REsp 836.531/SC, Min. Teori Albino Zavascki, ago. 2006).
14. "PROGRAMA DE ALIMENTAÇÃO DO TRABALHADOR – SALÁRIO *IN NATURA* – DESNECESSIDADE DE INSCRIÇÃO NO PROGRAMA DE ALIMENTAÇÃO DO TRABALHADOR – PAT – NÃO INCIDÊNCIA DA CONTRIBUIÇÃO PREVIDENCIÁRIA. 1. Quando o pagamento é efetuado *in natura*, ou seja, o próprio empregador fornece a alimentação aos seus empregados, com o objetivo de proporcionar o aumento da produtividade e eficiência funcionais, não sofre a incidência da contribuição previdenciária, sendo irrelevante se a empresa está ou não inscrita no Programa de Alimentação ao Trabalhador – PAT. 2. Recurso especial não provido" (STJ, Segunda Turma, rel. Min. ELIANA CALMON, REsp 1.051.294/PR, fev. 2009).
15. A **Súmula 688** foi aprovada em 24 de setembro de 2003.

n. 10.101/2000, com a redação da Lei n. 12.832/2013[16]. Tenha-se em conta, também, a Súmula 310 do STJ: "O auxílio-creche não integra o salário de contribuição".

Nos termos da Súmula CARF n. 182, "O seguro de vida em grupo contratado pelo empregador em favor do grupo de empregados, sem que haja a individualização do montante que beneficia a cada um deles, não se inclui no conceito de remuneração, não estando sujeito à incidência de contribuições previdenciárias, ainda que o benefício não esteja previsto em acordo ou convenção coletiva de trabalho" (2ª Turma da CSRF, 2021).

Cabe às empresas apurar e recolher a contribuição, a seu cargo, sobre as remunerações dos empregados e avulsos até o dia 20 do mês seguinte ao de competência. Considera-se **mês de competência** o mês trabalhado, aquele a que se refere a remuneração[17]. As contribuições sobre o salário de dezembro e sobre o décimo terceiro salário devem ser pagas, antecipadamente, até o dia 20 de dezembro, conforme o art. 7º da Lei n. 8.620/93 e o art. 216, § 1º, do Regulamento.

Além de suportarem com recursos próprios, enquanto contribuintes, esta contribuição e as adiante abordadas, as empresas são obrigadas, enquanto substitutas

---

16. Lei n. 10.101/2000: "Art. 3º A participação de que trata o art. 2º não substitui ou complementa a remuneração devida a qualquer empregado, nem constitui base de incidência de qualquer encargo trabalhista, não se lhe aplicando o princípio da habitualidade. § 2º É vedado o pagamento de qualquer antecipação ou distribuição de valores a título de participação nos lucros ou resultados da empresa em mais de 2 (duas) vezes no mesmo ano civil e em periodicidade inferior a 1 (um) trimestre civil (Redação dada pela Lei n. 12.832, de 2013)".

17. Tal conceito foi objeto de discussão ainda à luz de redação anterior, dada pela Lei n. 9.876, de 26 de novembro de 1999, quando o vencimento ocorria no dia 2 do mês seguinte ao de competência. Surgiram dúvidas quanto ao mês a ser considerado como de competência, se seria o mês trabalhado ou o mês em que ocorresse o pagamento do empregado. Mas o STJ firmou posição no sentido de que mês de competência é o trabalhado, de maneira que o dia 2 do mês seguinte ao de competência era o dia 2 do mês imediatamente subsequente ao trabalhado, ainda que o salário propriamente pudesse ser pago, posteriormente, até o 5º dia útil: "CONTRIBUIÇÃO PREVIDENCIÁRIA SOBRE O PAGAMENTO DE SALÁRIOS. FATO GERADOR. DATA DO RECOLHIMENTO. 1. O fato gerador da contribuição previdenciária do empregado não é o efetivo pagamento da remuneração, mas a relação laboral existente entre o empregador e o obreiro. 2. O alargamento do prazo conferido ao empregador pelo art. 459 da CLT para pagar a folha de salários até o dia cinco (05) do mês subsequente ao laborado não influi na data do recolhimento da contribuição previdenciária, porquanto ambas as leis versam relações jurídicas distintas; a saber: a relação tributária e a relação trabalhista. 3. As normas de natureza trabalhista e previdenciária revelam nítida compatibilidade, devendo o recolhimento da contribuição previdenciária ser efetuado a cada mês, após vencida a atividade laboral do período, independentemente da data do pagamento do salário do empregado. 4. Em sede tributária, os eventuais favores fiscais devem estar expressos na norma de instituição da exação, em nome do princípio da legalidade. 5. Raciocínio inverso conduziria a uma liberação tributária não prevista em lei, toda vez que o empregador não adimplisse com as suas obrigações trabalhistas, o que se revela desarrazoado à luz da lógica jurídica. 6. Recurso desprovido" (STJ, Primeira Turma, un., rel. Min. LUIZ FUX, REsp 219.667/RS, fev. 2003).

tributárias, a reter de seus empregados e a recolher as contribuições por eles devidas, o que detalhamos no item específico relativo às contribuições dos segurados.

Mas algumas empresas sujeitam-se elas próprias, enquanto contribuintes, à retenção das contribuições por outras empresas colocadas na posição de **substitutas tributárias**. É o caso das prestadoras de serviços mediante cessão de mão de obra. Por força do art. 31 da Lei n. 8.212/91, cabe à empresa tomadora dos serviços reter 11% do valor bruto da Nota Fiscal por conta das contribuições previdenciárias devida pela empresa prestadora dos serviços, o que já foi reconhecido como constitucional pelo STF. Essa retenção não descaracteriza a contribuição sobre a folha, porquanto a lei assegura a compensação ou restituição de eventuais recolhimentos feitos a maior em face do efetivamente devido, considerada a base de cálculo real e a alíquota respectiva[18]. Efetivamente, a empresa prestadora apurará a contribuição devida no mês, conforme a base de cálculo que lhe é própria (total da remuneração dos empregados e avulsos) e deduzirá a retenção sofrida, recolhendo o saldo devedor ou solicitando a restituição daquilo pago a maior. A substituição tributária cumpre, assim, o fim de diminuir as possibilidades de inadimplemento, facilitar a fiscalização e ampliar as garantias de recebimento do crédito. Note-se, porém, que só tem aplicação quando se tratar de cessão de mão de obra ou atividade legalmente equiparada. O § 3º conceitua a cessão de mão de obra como sendo a "colocação à disposição do contratante, em suas dependências ou nas de terceiros, de segurados que realizem serviços contínuos". Em tais contratos, o objeto é um determinado número de horas diárias de trabalhadores à disposição do contratante, relacionados, por exemplo, às atividades de vigilância ou de limpeza. O § 4º é exemplificativo, além do que estabelece equiparação da empreitada de mão de obra aos contratos de cessão de mão de obra, mas não abre espaço para que, por atos infralegais, sejam considerados como de cessão de mão de obra serviços que não reúnam as características inerentes a este tipo de contratação, hipótese em que se terá ilegalidade.

O art. 30, inciso VI, da Lei n. 8.212/91, por sua vez, estabelece hipótese de **responsabilidade tributária** do dono da obra relativamente às contribuições devidas pelo construtor e deste relativamente às contribuições devidas por subempreiteira, assegurando, contudo, a possibilidade de retenção e o direito a ressarcimento. Deve-se destacar, neste particular, que a lei, em vez de simplesmente se referir às atividades inerentes à construção civil e de deixar ao intérprete descortinar sua amplitude, referiu-se expressamente à "construção, reforma ou acréscimo", delimitando seu âmbito de incidência. Caberá ao proprietário, incorporador, dono da obra ou condômino, quando dos pagamentos ao construtor, exigir a comprovação do recolhimento das contribuições previdenciárias, sob pena de caracterização da sua responsabilidade solidária. Em face disso, inclusive, a lei os autoriza à retenção da respectiva importância no caso da não comprovação do recolhimento pelo construtor.

---

18. STF, RE 603.191, 2011.

O § 1º do art. 22 da Lei n. 8.212/91, com a redação da Lei n. 9.876/99, instituiu, ainda, uma contribuição adicional de 2,5% a ser suportada pelas instituições financeiras. Cuida-se de um adicional à contribuição sobre a remuneração dos empregados e avulsos (art. 22, I) e dos segurados individuais, como autônomos e diretores não empregados (art. 22, II). O STF entende que o adicional exigido das instituições financeiras encontra suporte no princípio da capacidade contributiva e também no § 9º do art. 195 da CF, acrescentado pela Emenda Constitucional n. 47/2005, que autoriza que as contribuições tenham alíquotas ou bases de cálculo diferenciadas em razão da atividade econômica, da utilização intensiva de mão de obra, do porte da empresa ou da condição estrutural do mercado de trabalho[19]. Entendeu, em outro julgado, inclusive que "É constitucional a contribuição adicional de 2,5% (dois e meio por cento) sobre a folha de salários instituída para as instituições financeiras e assemelhadas pelo art. 3º, § 2º, da Lei n. 7.787/89, ainda que considerado o período anterior à Emenda Constitucional (EC) 20/98"[20].

Além da contribuição de 20% sobre os pagamentos aos segurados empregados e avulsos (22,5% no caso das instituições financeiras porque sujeitas ao adicional de 2,5% do § 1º do art. 22 da Lei n. 8.212/91, com a redação da Lei n. 9.876/99)[21], as empresas têm a obrigação de pagar, também, um **adicional denominado SAT** (Seguro de Acidente do Trabalho) ou RAT (Risco Ambiental do Trabalho) para financiamento da aposentadoria especial e de benefícios decorrentes de incapacidade decorrente de riscos ambientais do trabalho. Tal exação não constitui propriamente uma contribuição autônoma, havendo quem diga que tampouco seria preciso considerá-la um adicional à contribuição de 20%, mas a *parte variável da contribuição das empresas* sobre a remuneração dos empregados e avulsos[22]. A Lei n. 8.212/91[23], no art. 22, inciso II, com a redação da Lei n. 9.732/98, estabelece as *alíquotas de 1%, 2% ou 3%* a título de SAT conforme o *grau de risco da atividade preponderante da empresa* seja considerado leve,

---

19. STF, Plenário, RE 598.572/SP, 2016.
20. STF, RE 599.309/SP, 2018.
21. "INSTITUIÇÃO FINANCEIRA. CONTRIBUIÇÃO PREVIDENCIÁRIA SOBRE A FOLHA DE SALÁRIOS. ADICIONAL. § 1º DO ART. 22 DA LEI N. 8.212/91. A sobrecarga imposta aos bancos comerciais e às entidades financeiras, no tocante à contribuição previdenciária sobre a folha de salários, não fere, à primeira vista, o princípio da isonomia tributária, ante a expressa previsão constitucional (Emenda de Revisão 1/94 e Emenda Constitucional 20/98, que inscriu o § 9º no art. 195 do Texto permanente). Liminar a que se nega referendo. Processo extinto" (STF, Tribunal Pleno, ACMC 1.109, maio 2007).
22. Excerto do voto condutor proferido pelo Desembargador Federal WELLINGTON MENDES DE ALMEIDA quando do julgamento, pela 1ª Seção do TRF4, dos EIAC 1999.71.00.022739-0, em 5 de setembro de 2001.
23. A contribuição denominada SAT surgiu com o art. 15 da Lei n. 6.367/76, que previa um acréscimo na contribuição sobre a folha de salários, no montante de 0,4 a 2,5% dependendo do grau de risco. A Lei n. 7.787/89, em seu art. 3º, inciso II, também cuidou da matéria, fixando alíquota única de 2%. Em seguida, passou-se ao regime atual, estabelecido pela Lei n. 8.212/91.

médio ou grave. O STF já se manifestou pela *constitucionalidade da contribuição ao SAT*, não vislumbrando violação à garantia da legalidade tributária[24].

Regulamentando o dispositivo legal, três decretos sucederam-se na definição do modo pelo qual se deveria identificar a *atividade preponderante* com vista ao cálculo da contribuição ao SAT. O Decreto n. 612/92 estabelecia o critério do maior número de empregados por estabelecimento. O Decreto n. 2.173/97, por sua vez, previu, como critério para a identificação da atividade preponderante, o maior número de segurados da empresa como um todo, no que foi seguido pelo Decreto n. 3.048/99, art. 202. O STJ, no REsp 464.749/SC, realizou o controle de legalidade preconizado pelo STF, dizendo da *necessidade de verificação da atividade preponderante por estabelecimento*, e não por empresa[25]. Atualmente, com a redação do Decreto n. 10.410/2020, o art. 202, parágrafos 3º e 3º-A, do Decreto n. 3.048/99 estabelece: "Considera-se preponderante a atividade que ocupa, em cada estabelecimento da empresa, o maior número de segurados empregados e de trabalhadores avulsos" e "Considera-se estabelecimento da empresa a dependência, matriz ou filial, que tenha número de Cadastro Nacional da Pessoa Jurídica – CNPJ próprio e a obra de construção civil executada sob sua responsabilidade".

Os §§ 6º e 7º do art. 57 da Lei n. 8.213/91, com a redação dada pela Lei n. 9.032/94, ao cuidar da aposentadoria especial, impõem, ainda, um *acréscimo, na alíquota do SAT, de 12, 9 ou 6 pontos percentuais* especificamente sobre a remuneração do segurado que exerça atividade que permita a concessão de *aposentadoria especial* após quinze, vinte ou vinte e cinco anos de contribuição. Nesses casos, portanto, a alíquota do adicional ao SAT poderá chegar a 15% (3% + 12%).

A Lei n. 10.666/2003 prevê que poderá haver redução de até 50% ou aumento de até 100% em razão do desempenho da empresa relativamente aos níveis de frequência, gravidade e custo dos acidentes de trabalho verificados. O desempenho da empresa em relação à sua respectiva atividade é aferido pelo Fator Acidentário de Prevenção – FAP –, conforme regulamentado pelo art. 202-A do Decreto n. 3.048/99. A adequação

---

24. STF, Tribunal Pleno, RE 343.446/SC, 2003.
25. "PREVIDENCIÁRIO. SEGURO ACIDENTE DO TRABALHO. SAT. CONTRIBUIÇÃO. LEI N. 8.212/91. BASE DE CÁLCULO. 1. Na base de cálculo da contribuição para o SAT, deve prevalecer a empresa por unidade isolada, identificada por seu CGC. 2. A Lei n. 8.212/91, art. 22, II, não autoriza seja adotada como base de cálculo a remuneração dos empregados da empresa como um todo. 3. O Decreto 2.173/97 afastou-se da lei para estabelecer além do previsto. 4. Recurso especial provido (STJ, Segunda Turma, unânime, REsp 499.299/SC, rel. Min. ELIANA CALMON, jun. 2003)". Eis excerto do voto condutor: "Assim sendo, não se pode chancelar o Decreto 2.173/97 que, como os demais, veio a tentar categorizar as empresas por unidade total e não por estabelecimento isolado e identificado por CGC próprio, afastando-se do objetivo preconizado pelo art. 22 da Lei n. 8.212/91. No caso dos autos, a empresa alega separar em estabelecimentos distintos as atividades industriais, comerciais, granjas, depósitos e administração (escritórios)". *Vide*, também, no mesmo sentido, o REsp 464.749/SC, da Primeira Turma do STJ, julgado à unanimidade em agosto de 2003.

ou não dessa sistemática à garantia de legalidade estrita é matéria controversa. O STF reconheceu sua repercussão geral no RE 684.261 RG, relator o Ministro Luiz Fux, em junho de 2012. Em dezembro de 2014, o feito foi levado a julgamento pelo órgão Pleno do Tribunal, tendo sido suscitada questão de ordem pelo não conhecimento. Mas a votação não foi concluída, tendo sido adiada.

Em síntese, a contribuição ao SAT constitui a parte variável da contribuição da empresa sobre a remuneração de empregados e avulsos, sendo de 1%, 2% ou 3% conforme o grau de risco da atividade preponderante na empresa, individualizada pelo seu CNPJ, em relação à sua atividade econômica, sujeitando-se, ainda, a acréscimo de 6, 9 ou 12 pontos percentuais relativamente à remuneração dos empregados e avulsos sujeitos à aposentadoria especial e admitindo, também, redução de até 50% ou aumento de até 100% em razão do desempenho da empresa relativamente aos níveis de frequência, gravidade e custo dos acidentes de trabalho verificados, aferido pelo Fator Acidentário de Prevenção – FAP.

Há, ainda, outra **contribuição devida pela empresa e equiparados, incidente sobre a remuneração paga a contribuintes individuais**, como os autônomos e sócios-gerentes.

É instituída pelo art. 22, III, da Lei n. 8.212/91, com a redação da Lei n. 9.876/99, que dispõe no sentido de que é de "vinte por cento sobre o total das remunerações pagas ou creditadas a qualquer título, no decorrer do mês, aos segurados contribuintes individuais que lhe prestem serviços". É devida pelas empresas enquanto contribuintes, sem prejuízo da retenção da contribuição devida pelos próprios contribuintes individuais que lhes prestam serviços, devendo a empresa recolhê-las até o dia 20 do mês seguinte ao da competência, por determinação do art. 4º da Lei n. 10.666/2003. O vencimento da contribuição sobre a remuneração de contribuintes individuais, pois, coincide com o da contribuição sobre a remuneração de empregados e avulsos, nos termos do art. 30, I, b, da Lei n. 8.212/91, com a redação da Lei n. 11.933/2009.

214. Contribuições previdenciárias substitutivas sobre a receita

Há diversas contribuições previdenciárias, sociais gerais e de intervenção no domínio econômico, incidindo simultaneamente sobre a folha de salários dos empregados e sobre pagamentos a avulsos, além da contribuição sobre pagamentos a contribuintes individuais. Assim, a carga tributária sobre a folha de salários não se restringe às contribuições previdenciárias de 20% e à parcela variável de 1% a 3% (SAT), que pode ser reduzida a 0,5% ou ampliada até 6% (conforme o FAP). Envolve, ainda, dentre outras, as contribuições a terceiros (2,5% [e.g.: Sesi/Senai], 0,3% [Sebrae], 2,5% [salário-educação] e 0,2% [Incra]). Temos, assim, aproximadamente, 28% a ser recolhido pela empresa como contribuinte, sendo que, em alguns casos, pode inclusive extrapolar esse patamar. Isso sem falarmos nos encargos de natureza trabalhista, como as provisões para o décimo terceiro salário e para o pagamento das férias e do seu adicional, a contribuição ao FGTS, as despesas com transporte, com alimentação, plano de saúde etc. Somando-se os encargos tributários e trabalhistas, poderemos ter em torno de sessenta por cento, ou até mais, de custo adicional para o empresário sobre a folha de salários. Note-se, ainda, que o próprio empregado sofre também o desconto de contribuição previdenciária e de imposto de renda, o que reduz os seus rendimentos líquidos em aproximadamente 30% (contribuição previdenciária de 7,5% a 14% e imposto de renda conforme a tabela mensal, com progressividade gradual compreendendo faixa isenta e faixas com alíquotas progressivas de 7,5% a 27,5%). Desse modo, cria-se um abismo entre o valor despendido pelo empregador a título de salários, com seus encargos trabalhistas e tributários, de um lado, e o valor líquido que chega às mãos do empregado. Muitas vezes, o custo do empregado para a empresa é o dobro dos rendimentos líquidos do empregado.

Em razão da elevada carga tributária incidente sobre a folha de salários, que encarece e, por isso, inibe a contratação de empregados, o art. 195, § 13, da Constituição previa a "substituição gradual, total ou parcial", da contribuição sobre a folha por uma nova contribuição sobre a receita ou faturamento. Esse dispositivo, contudo, restou revogado pela Reforma da Previdência realizada através da EC n. 103, de 2019, de maneira que não mais existe essa diretriz constitucional, sendo que as contribuições substitutivas a que nos referiremos na sequência entraram em processo de extinção, já sendo previsto o término da sua vigência.

As **contribuições substitutivas** estão disciplinadas nos arts. 7º a 9º da Lei n. 12.546/2011, que estabeleceram a substituição das contribuições sobre a folha por nova contribuição sobre a receita bruta para diversos setores. Tal substituição alcançou, dentre outras, empresas como as que prestam serviços de tecnologia da informação (TI), de tecnologia da informação e comunicação (TIC) e de serviços de *call center*, bem como empresas do setor hoteleiro, entre outras. A MP n. 774/2017 procurou restringir a substituição, mas restou revogada pela MP n. 794/2017. Aliás, vinha ocorrendo a extensão de tal regime a um número cada vez maior de setores, como são os casos dos setores de navegação, de transporte rodoviário e ferroviário de cargas, jornalístico e de radiodifusão sonora de sons e imagens.

Não obstante o Tema 69 relativo à COFINS, o STF entende que a exclusão do ICMS da base de cálculo receita não se aplica às contribuições substitutivas da Lei n. 12.546/2011. Considerou que o regime substitutivo é opcional e que deveria ser cumprido tal como previsto em lei, sob pena de ampliação demasiada do benefício e prejuízo às fontes de custeio da previdência. É o Tema 1048 em que restou fixada a seguinte tese de repercussão geral: "É constitucional a inclusão do Imposto Sobre Circulação de Mercadorias e Serviços – ICMS na base de cálculo da Contribuição Previdenciária sobre a Receita Bruta – CPRB"[26].

---

26. STF, Tribunal Pleno, RE 1.187.264, 2021.

O Tema 1135 de repercussão geral (RE 1.285.845), por sua vez, versa sobre a inclusão do ISS na base de cálculo da Contribuição Previdenciária sobre a Receita Bruta (CPRB), mas, em setembro de 2021, ainda não fora julgado no mérito.

Vale ter em conta que a contribuição substitutiva sobre a receita não é idêntica para todos os setores abrangidos pela substituição. A alíquota é de 2,5%, mas varia para diversas atividades, para as quais é de 3%, de 2,5%, de 2% ou de 1%, conforme se vê dos arts. 7º-A e 8º-A da Lei n. 12.546/2011. Ademais, como há empresas que têm por objeto tanto atividades sujeitas às contribuições substitutivas como a outras atividades, o art. 9º da Lei n. 12.546/2011 estabelece critérios para que paguem pelas duas modalidades, ocorrendo a substituição quanto à parcela da receita bruta das atividades referidas nos arts. 7º e 8º.

Mas a Lei n. 13.670/2018 alterou o art. 7º da Lei n. 12.546/2011 para estabelecer como marco final desse regime substitutivo a data de 31 de dezembro de 2020, o que restou prorrogado para 31 de dezembro de 2023 pela Lei n. 14.288/2021, restrita a poucos setores. Está em curso movimento para estender esse regime por mais alguns anos.

Recaímos na costumeira violação à isonomia, em que alguns setores, com maior capacidade de pressão, são beneficiados, enquanto a maioria dos empregadores prossegue sobrecarregado com o elevado peso das contribuições sobre a folha.

215. Contribuições de seguridade social sobre a receita (PIS e Cofins)

O art. 195 da CF, na sua redação original, outorgava competência à União para instituir contribuição dos empregadores sobre o "faturamento". Atualmente, com a redação da EC 20/98, seu inciso I, alínea *b*, enseja a instituição de contribuição dos empregadores, empresas ou equiparados sobre "a receita ou faturamento".

Entende o STF que **faturamento** corresponde ao produto das atividades que integram o objeto social da empresa, ou seja, as atividades que lhe são próprias e típicas, como as receitas da venda de mercadorias, da prestação de serviços, da atividade seguradora, da atividade bancária, da atividade de locação de bens móveis[27] e imóveis[28] etc. Daí por que considera que, sob a égide da redação original, não poderiam ser alcançadas pelas contribuições sobre o faturamento (PIS e Cofins) as receitas dissociadas do objeto da empresa, como a obtida com a alienação eventual de um bem do ativo fixo por empresa não dedicada a venda desse tipo de bem ou a obtida com aplicação financeira

---

27. STJ, REsp 929.521.
28. STF, RE 371.258 AgR.

realizada por empresa que não tem como objeto tal atividade[29]. Ao tentar abranger na contribuição sobre o faturamento todas as receitas da empresa, o § 1º do art. 3º da Lei n. 9.718/98 incorreu em inconstitucionalidade[30].

O entendimento de que a contribuição não poderia incidir sobre receitas eventuais, bem como o de que toda e qualquer empresa teria "faturamento", desimportando qual o seu objeto social, restaram incorporados pela Lei n. 12.973/2014, que, a par de alterar a Lei n. 9.718/98, também alterou o art. 12 do Decreto-Lei n. 1.598/77, determinando a incidência da Cofins tanto sobre "o produto da venda de bens nas operações de conta própria", sobre "o preço da prestação de serviços em geral" e sobre "o resultado auferido nas operações de conta alheia", como, expressamente, também sobre "as receitas da atividade ou objeto principal da pessoa jurídica não compreendidas nos incisos I a III". Isso num momento em que o legislador até poderia ter ampliado a incidência para alcançar qualquer tipo de receita, porquanto já à luz da Emenda Constitucional n. 20/98 que ampliou a competência tributária, alterando a redação do art. 195, I, da CF.

Com a ampliação da base econômica para permitir a tributação não só do faturamento, mas também da "**receita**", que tem conceito mais amplo, passaram a ser tributáveis tanto as receitas oriundas do objeto social da empresa (faturamento) como as receitas não operacionais, complementares, acessórias ou eventuais. Ou seja, desde a Emenda Constitucional n. 20/98, quaisquer receitas do contribuinte, desde que reveladoras de capacidade contributiva, podem ser colocadas, por lei, como integrantes da base de cálculo da Cofins.

O STJ já decidiu que "os contratos firmados pelas pessoas jurídicas contribuintes não podem retirar da base de cálculo das contribuições ao PIS/PASEP e Cofins parcela de seu faturamento ou receita a pretexto de haver retenção desses valores pela outra parte contratante antes do seu ingresso no caixa da empresa contribuinte". Assim, e.g., as empresas de transporte de passageiros têm de considerar o valor integral das passagens integrantes da base de cálculo, não podendo dele extrair o montante retido pelas rodoviárias a título de remuneração pela venda das passagens[31].

Assim, embora faturamento e receita bruta sejam grandezas distintas, a Emenda Constitucional n. 20/98 ampliou a base econômica para permitir a instituição de seguridade social sobre a "receita ou faturamento", de modo que a diferenciação de tais conceitos é desnecessária no que diz respeito às leis supervenientes, que regem o PIS e a Cofins, tanto no regime não cumulativo (e.g., Lei n. 10.833/2003) como no regime cumulativo (e.g. Lei n. 12.973/2014 ao alterar a Lei n. 9.718/98).

---

29. STF, RE 527.602.
30. STF, RE 346.084.
31. STJ, Segunda Turma, rel. Min. MAURO CAMPBELL MARQUES, REsp 1.441.457, 2017.

Os contribuintes obtiveram êxito na sua pretensão de excluir, da base de cálculo da Cofins, o ICMS destacado nas notas fiscais de venda de mercadorias, sob o argumento de que o ICMS destacado não configuraria faturamento ou receita sua. Embora o ICMS seja calculado por dentro do preço da mercadoria, conforme se vê de nota ao art. 155, II, da CF, e contribuinte de direito do ICMS seja o comerciante, o STF, após longo debate, orientou-se no sentido de que o ICMS embutido no preço das mercadorias deve ser excluído da receita para fins de cálculo das contribuições sobre a receita, superando, com isso, as Súmulas 69 e 94 do STJ, que eram em sentido contrário. O entendimento pela exclusão começou a ser construído no RE 240.785 e restou consolidado no RE 574.706, este julgado em março de 2017. Cuida-se do Tema 69 de repercussão geral. O STJ tem adequado seu entendimento ao posicionamento do STF favorável aos contribuintes e feito juízo de retratação: "Considerando que o Supremo Tribunal Federal adotou entendimento diverso da jurisprudência firmada por esta Corte Superior nas Súmulas 68 e 94/STJ e em seu anterior repetitivo (REsp 1.144.469/PR, rel. p/ Acórdão Min. Mauro Campbell Marques, *DJe* 02/12/2016), de rigor que o juízo de retratação seja feito pelo próprio Superior Tribunal de Justiça"[32].

O STJ, em sede de recurso representativo de controvérsia, decidiu que o ISS também incide por dentro do preço e que tem como contribuinte o prestador de serviço e não o tomador, de modo que a consideração do valor do ISS na base de cálculo do PIS e da Cofins não desnatura a definição de faturamento ou receita, inexistindo direito à sua dedução[33].

O STF apreciou o Tema 1024 (RE 1.049.811), em 2022, e definiu que "É constitucional a inclusão dos valores retidos pelas administradoras de cartões na base de cálculo das contribuições ao PIS e da COFINS devidas por empresa que recebe pagamentos por meio de cartões de crédito e débito". Para tanto, considerou que a retenção realizada pela administradora de cartão de crédito a título de remuneração pelos seus serviços constitui destino de parte da receita da contribuinte, não a modificando.

Não é dado ao legislador tributar ingressos relativos a valores recebidos em nome de terceiros. Aliás, a Lei n. 9.718/98, em seu art. 3º, § 2º, inciso III[34], chegou a determinar a exclusão, da base de cálculo da Cofins e do PIS, dos valores que, computados como receita, tivessem sido transferidos para outra pessoa jurídica. Ocorre que o dispositivo remetia a normas regulamentares que jamais foram editadas, restando, posteriormente,

---

32. STJ, REsp 1.100.739/DF, Primeira Turma, julgado em 27/02/2018, *DJe* 08/03/2018.
33. STJ, REsp 1.330.737/SP, Primeira Seção, jun. 2015.
34. Lei n. 9.718/98: Art. 3º O faturamento a que se refere o artigo anterior corresponde à receita bruta da pessoa jurídica... § 2º Para fins de determinação da base de cálculo das contribuições a que se refere o art. 2º, excluem-se da receita bruta: [...] III – os valores que, computados como receita, tenham sido transferidos para outra pessoa jurídica, observadas normas regulamentadoras expedidas pelo Poder Executivo.

revogado. IVES GANDRA DA SILVA MARTINS e FÁTIMA FERNANDES RODRIGUES DE SOUZA manifestaram-se no sentido de que o referido inciso III constituía simples explicitação dos parâmetros constitucionais para a incidência das contribuições[35]. Com a Lei n. 12.937/2014, resta claro que, relativamente às operações em conta alheia, só incide sobre o resultado e não sobre toda a receita recebida em favor de terceira empresa.

Mas, se, de um lado, só se pode instituir contribuição sobre a receita do contribuinte, e não sobre a receita de terceiros, de outro, não há direito constitucional dos contribuintes de deduzirem da base de cálculo despesas que tenham para com fornecedores de bens e serviços, ou seja, não há direito à tributação sobre o "lucro bruto", conforme pretenderam muitos contribuintes[36]. Do contrário, poderíamos chegar à conclusão de que toda e qualquer empresa simplesmente intermedeia a aquisição de bens e serviços, bastando para isso que especifique no contrato os seus custos, de modo que passassem a ser considerados meros repasses[37].

As contribuições PIS e Cofins não podem incidir sobre **receitas advindas da exportação de mercadorias e serviços**, como decorrência da **imunidade** constitucional estampada no art. 149, § 2º, I, da CF por força da EC n. 33/2001, e repercutida no art. 6º da Lei n. 10.833/2003. Trata-se de mais um desdobramento da política tributária de não oneração das exportações.

O STF, considerando que o art. 149, § 2º, I, da CF não determina que a imunidade se aplique "apenas nas exportações diretas, em que o produtor ou o fabricante nacional

---

35. MARTINS, Ives Gandra da Silva; SOUZA, Fátima Fernandes Rodrigues de. Exclusão das receitas de terceiros da base de cálculo das contribuições ao PIS e Cofins devidas pelo contribuinte. Direito que decorre da norma de competência relativa a cada uma dessas contribuições e do princípio da capacidade contributiva. Inconstitucionalidade da MP 2.037 que pretendeu obstá-lo mediante a revogação do Inciso III do § 2º do art. 3º da Lei n. 9.718/98. *Revista Dialética de Direito Tributário*, n. 70, jul. 2001, p. 150-163.
36. "PIS/Cofins. FATO GERADOR. CONCESSIONÁRIA DE VEÍCULOS. TRANSFERÊNCIA DE RECEITAS. FATURAMENTO. LUCRO BRUTO. INCIDÊNCIA. 1. A receita bruta da autora não é o *quantum* derivado da diferença entre o valor do automóvel vendido aos consumidores e o valor repassado para a montadora-fabricante a título do pagamento do respectivo veículo. 2. As montadoras vendem veículos novos para as concessionárias em perfeita operação de compra e venda mercantil, não operando ela como mera intermediante. Na revenda dos veículos e serviços a terceiros, o produto alcançado integra seu faturamento. 3. Não se pode inferir que a só distinção entre 'conta alheia' e 'nome próprio' é capaz de excluir, da receita bruta das concessionárias de automóveis, parte do faturamento da impetrante, por ser apurado em nome destas mas dirigir-se à conta alheia (da concedente). 4. Em que pese o art. 3º, § 2º, III, Lei n. 9.718/98, determinar que as receitas transferidas de uma pessoa jurídica para outra seriam abatidas do lucro bruto para, então, ter-se a base de cálculo do PIS e da Cofins, a norma não gozava de autoaplicabilidade, e foi revogada pela MP 1991-18/2000" (TRF4, Primeira Turma, AC 2000.71.00.039618-0/RS, ago. 2003).
37. STJ, Primeira Seção, REsp 847.641/RS, 2009.

vende o seu produto, sem intermediação, para o comprador situado no exterior" e que "a imunidade visa a desonerar transações comerciais de venda de mercadorias para o exterior, de modo a tornar mais competitivos os produtos nacionais", concluiu que "deve abarcar as exportações indiretas, em que aquisições domésticas de mercadorias são realizadas por sociedades comerciais com a finalidade específica de destiná-las à exportação, cenário em que se qualificam como operações-meio, integrando, em sua essência, a própria exportação"[38]. É o tema Tema 674 de repercussão geral (RE 759.244), em que restou fixada a seguinte tese: "A norma imunizante contida no inciso I do § 2º do art.149 da Constituição da República alcança as receitas decorrentes de operações indiretas de exportação caracterizadas por haver participação de sociedade exportadora intermediária". Considerou que "o melhor discernimento acerca do alcance da imunidade tributária nas exportações indiretas se realiza a partir da compreensão da natureza objetiva da imunidade, que está a indicar que imune não é o contribuinte, 'mas sim o bem quando exportado', portanto, irrelevante se promovida exportação direta ou indireta".

No Tema 207 de repercussão geral (RE 598.468), em 2020, o STF também fixou a tese de que "As imunidades previstas nos artigos 149, § 2º, I, e 153, § 3º, III, da Constituição Federal são aplicáveis às receitas das empresas optantes pelo Simples Nacional". Consta do voto condutor que "Para fins de operacionalizar o cumprimento desse julgamento, bastará haver a segregação da soma dos três percentis correspondentes aos três tributos imunizados (PIS, Cofins e IPI), a depender das faixas de tributação e do anexo que estiver inserido da Lei Complementar n. 123/2006 apenas sobre as receitas advindas da exportação de mercadorias ou serviços". Considerou que "O sistema integrado de pagamento de impostos e contribuições das microempresas e empresas de pequeno porte (SIMPLES) atende à exigência de simplificação da cobrança de tributos, o que não implica atribuir à União capacidade para dispor sobre as situações jurídicas imunizadas, pois, embora tenha o legislador o dever de simplificar a cobrança, não detém competência para dispor sobre as imunidades". Também afirmou que "A opção por um regime simplificado de cobrança não pode dar ensejo ao exercício de uma competência de que os entes políticos jamais dispuseram".

O STF ainda reconheceu a "inconstitucionalidade da incidência da contribuição ao PIS e da COFINS sobre receita decorrente da variação cambial positiva obtida nas operações de exportação de produtos"[39].

Mas a imunidade pressupõe efetiva exportação, com a saída de bens do território nacional, não alcançando, por exemplo, as "as operações de compra e venda realizadas no exterior por sociedade empresária brasileira". Nessa linha decidiu o STJ: "Na operação

---

38. STF, ADI 4.735 e RE 759.244, 2020.
39. STF, Pleno, RE 627.815, 2013.

triangular, denominada *back to back*, o bem é adquirido no estrangeiro para, lá, ser vendido; via de regra, o negócio se dá por conta e ordem do comprador brasileiro", não havendo a caracterização de operação de exportação e, portanto, de receita de exportação a ser protegida pela imunidade[40].

A Constituição de 1988 recepcionou as duas contribuições que havia sobre o faturamento. O PIS/Pasep, instituído pela Lei Complementar n. 07/70, para que continuasse vigendo em caráter permanente, conforme o art. 239; e o Finsocial, instituído pelo Decreto-Lei n. 1.940/82, para que prosseguisse vigendo, temporariamente, até que fosse instituída nova contribuição sobre o faturamento com suporte no art. 195, I, sobre os termos do art. 56 do ADCT. Como ambas têm suporte constitucional, não há que se opor o óbice do *bis in idem*.

O PIS/Pasep (PIS como contribuição das empresas destinada a programa voltado aos trabalhadores empregados; Pasep como contribuição dos entes políticos destinada a programa voltado aos servidores públicos) continua vigendo, embora com suporte em legislação nova. O Finsocial foi substituído pela Cofins. A partir desse momento, tratando das contribuições das empresas e equiparados sobre a receita, passaremos a referir apenas PIS e Cofins.

Existem dois regimes jurídicos principais para cada uma dessas contribuições: o comum ou cumulativo e o não cumulativo. Mas há, ainda, sistemáticas específicas de tributação relacionadas ao PIS e à Cofins decorrentes da utilização, pelo legislador, das técnicas da substituição tributária para a frente e do regime monofásico[41].

Em todos os regimes, a **União é o sujeito ativo** (credor) de tais contribuições, arrecadando-as através da Receita Federal do Brasil.

No **regime comum**, as contribuições PIS e Cofins são disciplinadas basicamente pela Lei n. 9.718/98, surgida antes do advento da Emenda Constitucional n. 20/98, mas, atualmente, com as alterações da Lei n. 12.937/2014. Submetem-se ao regime comum

---

40. STJ, 1ª Turma, REsp 165.134, 2019. *Vide* também: AgInt no REsp 1.599.549, 2020.
41. "[...] a fixação da modalidade monofásica de apuração e cobrança da contribuição para o PIS e da Cofins ocorreu, na maioria dos casos, antes mesmo da criação da sistemática não cumulativa advinda com as MPs 66/2002 e 135/2003. É possível se inferir desse fato que o regime monofásico foi instituído para substituir a incidência cumulativa das contribuições ao longo de toda a cadeia de produção/importação e distribuição/comercialização daqueles produtos que então foram eleitos para se submeter concentração da tributação em determinada etapa do ciclo econômico. Vale dizer: o que se objetiva com a fixação da sistemática monofásica de tributação, em geral, é simplesmente concentrar a obrigação pelo recolhimento das contribuições que seriam devidas ao longo da cadeia de circulação econômica em uma determinada etapa – via de regra, na produção ou importação da mercadoria sujeita a tal modalidade de tributação –, sem que isso represente redução da carga incidente sobre os respectivos produtos" (MARQUES, Thiago de Mattos. Apuração de créditos de PIS/Cofins no regime monofásico... *RDDT* 170/129, nov. 2009).

CONTRIBUIÇÕES SOCIAIS

as pessoas jurídicas tributadas no imposto de renda com base no lucro presumido e as imunes a impostos. Incidem sobre o **faturamento** das empresas[42], porquanto, à época, a tentativa de tributar toda a receita afrontou o do art. 195, I, da CF[43], e não sobreveio, depois da Emenda Constitucional n. 20/98, nenhum dispositivo legal que tenha alargado a base de cálculo. No regime comum, o **PIS incide à alíquota de 0,65%**, conforme previsão constante do art. 1º da MP 2.158-35/2001[44]. A **Cofins cumulativa incide à alíquota de 3%**, conforme o art. 8º da Lei n. 9.718/98, que teve a sua constitucionalidade reconhecida pelo STF[45]. Conforme seu informativo, o STF decidiu que "É constitucional a majoração diferenciada de alíquotas em relação às contribuições sociais incidentes sobre o faturamento ou a receita de instituições financeiras ou de entidades a elas legalmente equiparáveis". Assim, ao apreciar o Tema 515 da repercussão geral, considerou válida "a majoração de 3% para 4% da alíquota da Contribuição para o Financiamento da Seguridade Social (COFINS) com base no art. 18(1) da Lei n. 10.684/2003", forte no art. 195, § 9º, da CF, considerando que este autoriza "a adoção de alíquotas ou de bases de cálculo diferenciadas em razão, entre outros critérios, da atividade econômica desenvolvida pelo contribuinte"[46].

Tratando-se de regime comum ou cumulativo, tais contribuições incidem sobre o faturamento de cada empresa, sem que haja nenhuma dedução mediante apuração e compensação de créditos, tampouco ajuste posterior. Paga-se exatamente o resultado da aplicação da alíquota sobre a base de cálculo, sendo definitivo o montante decorrente

---

42. Mas há entidades relativamente às quais a contribuição ao PIS é calculada com base de cálculo e alíquota diversas, ou seja, **com base na folha de salários, à alíquota de 1%**, como os templos de qualquer culto, os partidos políticos, as instituições de educação e de assistência social, instituições de caráter filantrópico, recreativo, cultural, científico e as associações, sindicatos, federações e confederações, serviços sociais autônomos criados ou autorizados por lei, conselhos de fiscalização de profissões regulamentadas, fundações de direito privado e fundações públicas instituídas ou mantidas pelo Poder Público, condomínios de proprietários de imóveis residenciais ou comerciais e Organização das Cooperativas Brasileiras – OCB e as Organizações Estaduais de Cooperativas, tudo nos termos do art. 13 da MP n. 2.158-35/2001.
43. O STF reconheceu a inconstitucionalidade do § 1º do art. 3º da Lei n. 9.718/98 no RE 346.084, prosseguindo-se a aplicar, quanto à Cofins, o art. 2º da Lei Complementar n. 70/91 que previa a incidência "sobre o *faturamento mensal*, assim considerado a *receita bruta das vendas de mercadorias, de mercadorias e serviços e de serviço de qualquer natureza*" e, quanto ao PIS, o art. 3º da Lei n. 9.715/98, que previa a incidência sobre a *receita bruta* "proveniente da venda de bens nas operações de conta própria, do preço dos serviços prestados e do resultado auferido nas operações de conta alheia".
44. Anteriormente, a Lei n. 9.715/98 já dispunha: Art. 8º A contribuição será calculada mediante a aplicação, conforme o caso, das seguintes alíquotas: I – zero vírgula sessenta e cinco por cento sobre o faturamento; II – um por cento sobre a folha de salários; III – [...]
45. STF, Tribunal Pleno, RE 336.134, 2002.
46. STF, RE 656.089/MG, 2018.

dessa operação. O fato gerador dessas contribuições ocorre mensalmente com a percepção do faturamento.

No **regime não cumulativo**, o PIS e a Cofins são disciplinados pelas Leis n. 10.637/2002 e n. 10.833/2003, respectivamente. O STF, ao julgar o RE 570.122, considerou que não houve vício formal no advento da Lei n. 10.833/2003, e que também não ocorreu violação à isonomia, à capacidade contributiva e à vedação do confisco[47]. No Tema 179 de repercussão geral (RE 587.108), em 2020, o STF também fixou a tese de que "Em relação às contribuições ao PIS/COFINS, não viola o princípio da não cumulatividade a impossibilidade de creditamento de despesas ocorridas no sistema cumulativo, pois os créditos são presumidos e o direito ao desconto somente surge com as despesas incorridas em momento posterior ao início da vigência do regime não cumulativo".

O legislador submete ao regime não cumulativo as empresas maiores, com receita total anual superior a setenta e oito milhões de reais, nos termos do art. 13 da Lei n. 9.718/98, com a redação da Lei n. 12.814/2013. Há empresas atuantes em um mesmo setor econômico submetidas a regimes diferentes, dependendo do seu porte. Isso porque o critério básico utilizado pelo art. 3º da Lei n. 10.637/2002 e pelo art. 3º da Lei n. 10.833/2003 para o enquadramento das pessoas jurídicas no regime não cumulativo não é o da atividade econômica, mas, isso sim, estarem ou não sujeitas ao imposto de renda pelo lucro real. O STF entende que "a manutenção das pessoas jurídicas que apuram o IRPJ com base no lucro presumido ou arbitrado na sistemática cumulativa (Lei n. 9.718/98) e a inclusão automática daquelas obrigadas a apurar o IRPJ com base no lucro real no regime da não cumulatividade, por si sós, não afrontam a isonomia ou mesmo a capacidade contributiva"[48].

Os arts. 8º da Lei n. 10.637/2002 e 10 da Lei n. 10.833/2003 mantêm no regime cumulativo do PIS e da Cofins, disciplinado pelas Leis n. 9.715/98 e n. 9.718/98, as pessoas jurídicas tributadas pelo imposto de renda com base no lucro presumido e as receitas de determinados setores que arrola, as decorrentes de serviços prestados por hospital, pronto-socorro e clínica médica, as receitas decorrentes de prestação de serviços de educação infantil, ensinos fundamental e médio e educação superior, as receitas decorrentes de prestação de serviço de transporte coletivo de passageiros, efetuado por empresas regulares de linhas aéreas domésticas etc. Muitas alterações legislativas sucederam-se com a criação de mais e mais exceções ao regime não cumulativo. O STF, analisando o tema, entendeu que não poderia determinar "que todo o setor de prestação de serviço deva, necessariamente, ficar submetido ao regime cumulativo", mas reconheceu que "as Leis n. 10.637/2002 e 10.833/2004, inicialmente constitucionais, estão

---

47. STF, Tribunal Pleno, RE 570.122, 2017.
48. STF, RE 607.642, 2020.

em "processo de inconstitucionalização", decorrente, em linhas gerais, da ausência de coerência e de critérios racionais e razoáveis das alterações legislativas que se sucederam no tocante à escolha das atividades e das receitas atinentes ao setor de prestação de serviços que se submeteriam ao regime cumulativo da Lei n. 9.718/98 (em contraposição àquelas que se manteriam na não cumulatividade)"[49].

Embora a Constituição não especifique o regime não cumulativo das contribuições sobre a receita, a instituição de um sistema de não cumulatividade deve guardar atenção a parâmetros mínimos de caráter conceitual. Do contrário, a não cumulatividade violaria a razoabilidade, acobertando simples aumento de alíquotas, além do que o conteúdo da atual previsão constitucional ficaria ao alvedrio do legislador ordinário, o que subverteria a hierarquia das normas. O STF já reconheceu: "Com a edição da Emenda Constitucional n. 42/2003, a não cumulatividade das contribuições incidentes sobre o faturamento ou a receita não pôde mais ser interpretada exclusivamente pelas prescrições das leis ordinárias. É de se extrair um conteúdo semântico mínimo da expressão 'não cumulatividade', o qual deve pautar o legislador ordinário". E mais: "diante de contribuições cuja materialidade é a receita ou o faturamento, a não cumulatividade dessas contribuições deve ser vista como técnica voltada a afastar o 'efeito cascata' na atividade econômica, considerada a receita ou o faturamento auferidos pelo conjunto de contribuintes tributados sequencialmente ao longo do fluxo negocial dos bens ou dos serviços"[50].

Efetivamente, para que se possa falar em não cumulatividade, temos de pressupor mais de uma incidência. Apenas quando tivermos múltiplas incidências é que se justifica a técnica destinada a evitar que elas se sobreponham pura e simplesmente, onerando em cascata as atividades econômicas. A apuração de créditos é imperativa, portanto, relativamente a despesas que, configurando receitas de outras empresas, tenham implicado pagamento de PIS e de Cofins anteriormente. E só podem apurar créditos aqueles que estão sujeitos ao pagamento das contribuições PIS e Cofins não cumulativas. A par disso, tratando-se de tributo direto que incide sobre a totalidade das receitas auferidas pela empresa, configurem ou não faturamento, ou seja, digam ou não respeito à atividade que constitui seu objeto social, impõe-se que se permita a apuração de créditos relativamente a todas as despesas realizadas junto a pessoas jurídicas sujeitas à contribuição, necessárias à obtenção da receita.

A coerência do sistema de não cumulatividade das contribuições sobre a receita (art. 195, parágrafo 12, da Constituição) exige que se tenha em conta o universo de receitas e o universo de despesas necessárias para obtê-las, considerados à luz da finalidade de se evitar a sobreposição das contribuições devidas sobre a receita com aquelas

....
49. STF, RE 607.642, 2020.
50. STF, RE 607642, 2020.

suportadas indiretamente nas despesas, que são receitas de outras pessoas jurídicas também sujeitas às contribuições em questão.

O crédito, em matéria de PIS e COFINS, não é meramente físico, não pressupõe, como no IPI, a integração de matéria-prima, produto intermediário ou material de embalagem ao produto final ou seu uso ou exaurimento no processo produtivo. Alcança, isso sim, as diversas despesas incorridas para o desenvolvimento da atividade econômica da empresa, extrapolando o produto ou o serviço em si.

A não cumulatividade do PIS e da COFINS é operacionalizada através da possibilidade de **apropriação e desconto de créditos**. O crédito não aproveitado em determinado mês poderá sê-lo nos meses subsequentes. A apropriação de créditos, nos termos das Leis n. 10.637/2002 e n. 10.833/2003, dá-se mediante a aplicação da alíquota de 1,65% e 7,6% sobre o valor de bens adquiridos para revenda, bens e serviços utilizados como insumo na prestação de serviços e na produção ou fabricação de bens ou produtos destinados à venda, energia elétrica consumida no estabelecimento, aluguéis de prédios, máquinas e equipamentos, despesas financeiras, máquinas, equipamentos e outros bens incorporados ao ativo imobilizado, edificações e benfeitorias nos imóveis utilizados nas atividades da empresa, bens recebidos em devolução, armazenagem de mercadoria e frete na operação de venda, vale-transporte, vale-refeição ou vale-alimentação, fardamento ou uniforme fornecidos aos empregados por pessoa jurídica que explore as atividades de prestação de serviços de limpeza, conservação e manutenção (art. 3º). No Tema 304 de repercussão geral (RE 607.109), em 2021, o STF fixou a tese de que: "São inconstitucionais os arts. 47 e 48 da Lei n. 11.196/2005, que vedam a apuração de créditos de PIS/COFINS na aquisição de insumos recicláveis".

O STJ entendeu que o rol do art. 3º de cada uma dessas leis, embora não deva ser considerado meramente exemplificativo, contém uma cláusula de abertura em seu inciso II, ao permitir o cálculo de créditos sobre os insumos, assim considerados sob a perspectiva da atividade da empresa. Ao analisar o Tema 779, na sistemática de recursos repetitivos, assentou que "O conceito de insumo deve ser aferido à luz dos critérios de essencialidade ou relevância, ou seja, considerando-se a imprescindibilidade ou a importância de determinado item – bem ou serviço – para o desenvolvimento da atividade econômica desempenhada pelo Contribuinte". Afirmou, ainda, que violam a lei os atos normativos que comprometam a eficácia do sistema de não cumulatividade: "é ilegal a disciplina de creditamento prevista nas Instruções Normativas da SRF ns. 247/2002 e 404/2004, porquanto compromete a eficácia do sistema de não cumulatividade da contribuição ao PIS e da COFINS, tal como definido nas Leis ns. 10.637/2002 e 10.833/2003". Inclusive, determinou que o tribunal de origem "aprecie, em cotejo com o objeto social da empresa, a possibilidade de dedução dos créditos relativos a custo e despesas com: água, combustíveis e lubrificantes, materiais e exames laboratoriais, materiais de limpeza e equipamentos de proteção individual – EPI"[51].

Note-se que o STJ, ao definir insumo para os fins de cálculo de créditos das contribuições PIS e COFINS, foca naquilo que é essencial ou relevante "para o desenvolvimento da atividade econômica" do contribuinte. Há coerência e precisão nesse entendimento, porquanto é a atividade econômica do contribuinte que gera a sua receita.

Insumo essencial é aquele sem o qual a atividade econômica não ocorreria. Mas não se limita a isso a noção de insumo no âmbito da tributação da receita. Também os insumos relevantes ensejam a tomada de crédito; e relevante é o que importa, o que contribui para que a empresa possa operar, realizar o seu objeto social e, com isso, gerar receita. Em outras palavras, insumos essenciais ou relevantes para a atividade da empresa são aqueles bens ou serviços, assim entendidas também as utilidades, sem os quais a atividade econômica ou não poderia ocorrer em absoluto (essenciais) ou não se daria do modo como ocorre, na dimensão, qualidade, agilidade, valor agregado ou visibilidade consideradas, pelo empresário, como próprias do seu modelo de negócio (relevantes).

Admitindo, o STJ, a tomada de créditos relativos às despesas essenciais ou relevantes, disso decorre que apenas as despesas irrelevantes, ou seja, aquelas que se desviem do objeto social da empresa é que não gerarão crédito.

As despesas com insumos inerentes à realização da atividade econômica, quando já oneradas pelas contribuições PIS e COFINS suportadas pelos fornecedores, devem ensejar a apropriação de créditos compensáveis com as contribuições devidas sobre a receita, sob pena de cumulatividade.

O STJ também decidiu, por exemplo, que geram direito a crédito as "despesas e custos inerentes à aquisição de combustíveis, lubrificantes e peças de reposição utilizados em veículos próprios dos quais faz uso a empresa para entregar as mercadorias que comercializa"[52]. Assim, também, os "materiais de limpeza/desinfecção e os serviços de dedetização usados no âmbito produtivo de contribuinte fabricante de gêneros alimentícios"[53].

Há vedação legal expressa, no parágrafo 2º, à apuração de créditos relativamente aos gastos com "mão de obra paga a pessoa física" e com "aquisição de bens ou serviços não sujeitos ao pagamento da contribuição, inclusive no caso de isenção, esse último quando revendidos ou utilizados como insumo em produtos ou serviços sujeitos à alíquota 0 (zero), isentos ou não alcançados pela contribuição. A razão dessas vedações é clara: o PIS e a COFINS não oneram tais despesas, não havendo cumulação a evitar

---

51. STJ, Primeira Seção, REsp 1.221.170/PR, 2018.
52. STJ, REsp 1.235.979/RS, 2014.
53. STJ, REsp 1.246.317-MG, 2015.

relativamente aos seus valores. Efetivamente, pessoas físicas não estão mesmo sujeitas ao PIS e à COFINS quanto aos seus rendimentos, de modo que não há que se assegurar crédito para compensar ônus inexistente de despesas a tal título. Já decidiu o STF que "a não cumulatividade do PIS/COFINS, por si só, é incapaz de autorizar, a favor do contribuinte, crédito que decorra de gasto com mão de obra paga a pessoa física" e "isso porque o valor recebido pela pessoa física em razão de sua mão de obra não é onerado com PIS/COFINS"[54]. No parágrafo 3º, restringe o direito ao crédito "aos bens e serviços adquiridos de pessoa jurídica domiciliada no País" (I), "aos custos e despesas incorridos, pagos ou creditados a pessoa jurídica domiciliada no País" (II) e "aos bens e serviços adquiridos e aos custos e despesas incorridos a partir do mês em que se iniciar a aplicação do disposto nesta Lei" (III). No Tema 707 de repercussão geral (RE 698.531), em 2020, o STF considerou "constitucional o artigo 3º, § 3º, incisos I e II, da Lei n. 10.637/2003, no que veda o creditamento da contribuição para o Programa de Integração Social, no regime não cumulativo, em relação a operações com pessoas jurídicas domiciliadas no exterior".

A matéria relativa ao conceito de insumo no contexto da não cumulatividade do PIS e da COFINS, ressalto, é bastante controvertida tanto no Conselho Administrativo de Recursos Fiscais como nos tribunais.

A pessoa jurídica que apure créditos excedentes aos seus débitos poderá pleitear o ressarcimento em dinheiro perante o Fisco. No **Tema Repetitivo 1003** (REsp 1.767.945), em 2020, o STJ fixou a tese de que "O termo inicial da correção monetária de ressarcimento de crédito escritural excedente de tributo sujeito ao regime não cumulativo ocorre somente após escoado o prazo de 360 dias para a análise do pedido administrativo pelo Fisco (art. 24 da Lei n. 11.457/2007)". Considerou que "A atualização monetária, nos pedidos de ressarcimento, não poderá ter por termo inicial data anterior ao término do prazo de 360 dias, lapso legalmente concedido ao Fisco para a apreciação e análise da postulação administrativa do contribuinte. Efetivamente, não se configuraria adequado admitir que a Fazenda, já no dia seguinte à apresentação do pleito, ou seja, sem o mais mínimo traço de mora, devesse arcar com a incidência da correção monetária, sob o argumento de estar opondo "resistência ilegítima" (a que alude a Súmula 411/STJ). Ora, nenhuma oposição ilegítima se poderá identificar na conduta do Fisco em servir-se, na integralidade, do interregno de 360 dias para apreciar a pretensão ressarcitória do contribuinte".

A tributação pelo sistema monofásico não impede o aproveitamento de créditos, que não se restringe às empresas vinculadas a determinado regime de incentivo. O STJ entende que "o benefício fiscal consistente em permitir a manutenção de créditos de PIS e Cofins, ainda que as vendas e revendas realizadas pela empresa não tenham sido

---

54. STF, RE 607.642, 2020.

oneradas pela incidência dessas contribuições no sistema monofásico, é extensível às pessoas jurídicas não vinculadas ao Reporto"[55].

A Lei n. 10.637/2002 estabelece como **fato gerador do PIS não cumulativo** o faturamento mensal, mas compreendido como o total das receitas auferidas, sua base de cálculo. Não integram a base de cálculo, dentre outras receitas, as decorrentes de saídas isentas da contribuição ou sujeitas à alíquota zero e as relativas a vendas canceladas e aos descontos incondicionais concedidos, nos termos do § 3º.

O art. 2º da Lei n. 10.637/2002 estabelece a **alíquota de 1,65%** como regra. Já o **contribuinte** está definido no art. 4º como sendo a pessoa jurídica que aufere as receitas.

Resta claro da legislação, a par disso, que, diferentemente do que ocorre na não cumulatividade do IPI e do ICMS, no caso do PIS/Pasep e da COFINS, não há creditamento de valores destacados nas operações anteriores, mas **apuração de créditos** calculados em relação a despesas com bens e serviços utilizados na sua atividade econômica. O art. 3º da Lei n. 10.637/2002 autoriza o desconto de créditos calculados em relação a bens adquiridos para revenda, bens e serviços utilizados como insumo, inclusive combustíveis e lubrificantes, aluguéis pagos a pessoa jurídica, despesas financeiras, máquinas e equipamentos adquiridos, energia elétrica e energia térmica etc. O crédito apropriado não aproveitado em determinado mês pode ser aproveitado nos meses subsequentes, comunicando-se, pois, os períodos. Não há previsão de correção monetária de tais créditos. Também é viável o desconto de crédito apurado em relação às importações tributadas a título de PIS/Pasep-Importação, de que cuida a Lei n. 10.865/2004.

Assim, tem-se a previsão legal do fato gerador (o faturamento mensal), da base de cálculo (total das receitas auferidas compreendendo a receita bruta da venda de bens e serviços nas operações em conta própria ou alheia e todas as demais receitas auferidas pela pessoa jurídica), da alíquota (1,65%), do contribuinte (pessoa jurídica que auferir as receitas), do sistema de apuração de créditos para descontos.

A Lei n. 10.833/2003 dispõe sobre a cobrança da **Cofins não cumulativa**. Incide sobre "o total das receitas auferidas no mês pela pessoa jurídica, independentemente de sua denominação ou classificação contábil", conforme se vê do seu art. 1º, com a redação da Lei n. 12.973/2014. **Contribuinte** é "a pessoa jurídica que auferir as receitas". A **alíquota** da Cofins não cumulativa é, em regra, de **7,6%**[56], forte no art. 2º da Lei n. 10.833/2003.

A Lei n. 10.833/2003 ainda autoriza o Executivo a reduzir e a restabelecer a alíquota relativa à receita da venda de produtos químicos e farmacêuticos e destinados ao uso em laboratório que refere, sem que haja, contudo, previsão constitucional para tanto.

---

55. STJ, Primeira Turma, REsp 1.861.190-RS, 2020.
56. Mas há inúmeras outras alíquotas para receitas específicas nos parágrafos do art. 2º.

Conforme a Lei n. 10.833/2003, a **base de cálculo da Cofins não cumulativa** é o total das receitas auferidas pela pessoa jurídica, abrangendo as receitas com a venda de bens e serviços nas operações em conta própria ou alheia e todas as demais receitas auferidas. A locução "todas as demais receitas auferidas pela pessoa jurídica" dá enorme amplitude à base de cálculo da Cofins não cumulativa, em consonância com a competência atribuída pelo art. 195, I, *b*, da CF após a Emenda Constitucional n. 20/98, que alargou a base tributável de faturamento para "receita ou faturamento". A Lei n. 10.833/2003, no § 3º do art. 1º, exclui certas receitas da base de cálculo da Cofins não cumulativa: as receitas decorrentes da venda de ativo permanente (inciso II), receitas que venham a ser desoneradas por lei, em face da isenção, não incidência ou alíquota zero (inciso I) ou mesmo do estabelecimento de tributação monofásica (inciso IV), receitas já tributadas no regime de substituição tributária para a frente (inciso III) e receitas, a rigor, inocorrentes (inciso V, *a* e *b*) ou que se caracterizam como mera recuperação e custos tributários (inciso VI).

O art. 27, § 2º, da Lei n. 10.865/2004 autorizou o Executivo a reduzir e restabelecer as alíquotas da COFINS sobre as receitas financeiras das pessoas jurídicas sujeitas ao regime não cumulativo até os percentuais especificados no seu art. 8º. O Decreto 5.164/94 reduziu a alíquota a zero, tendo sido mantido pelo Decreto 5.442/2005. Mas o Decreto 8.426/2015 restabeleceu a alíquota no patamar de 4% a contar de 01/07/2015. O STJ decidiu que "considerada legal a permissão dada ao administrador para reduzir tributos, também deve ser admitido o seu restabelecimento, pois não se pode compartimentar o próprio dispositivo legal para fins de manter a tributação com base em redução indevida"[57].

216. Contribuição sobre bens e serviços (CBS)

Ao ensejo das discussões sobre a reforma tributária, o Poder Executivo da União apresentou ao Congresso o Projeto de Lei n. 3.887/2020, instituindo a Contribuição Social sobre Operações com Bens e Serviços – CBS. Mas não foi adiante, não tendo sido aprovada essa lei, ao menos, até o fechamento desta edição. De qualquer modo, dada a sua relevância no contexto da possível reforma tributária que se avizinha, vamos comentar essa proposta. Efetivamente, poderá introduzir diversas alterações bastante significativas na tributação brasileira, servindo de projeto-piloto para testar o futuro IBS, objeto de projetos de emenda constitucional, mas que terá de ser instituído por legislação infraconstitucional.

---

57. STJ, Primeira Turma, REsp 1.586.950, 2017.

A CBS seria destinada ao financiamento da seguridade social, nos termos do art. 125 do projeto, combinado com os art. 195 e 239 da Constituição. Tratar-se-ia, genuinamente, de uma contribuição, não de um imposto. Sua finalidade voltada à seguridade social, constitucionalmente amparada, assim o evidencia.

Incidiria nas operações no mercado interno e nas operações de importação, nos moldes das contribuições substituídas, quais sejam, tanto as contribuições PIS e COFINS como as contribuições PIS-Importação e COFINS-Importação.

O art. 1º do Projeto diz que a CBS incidiria sobre operações com bens e serviços. Seu art. 2º, porém, define como seu fato gerador o auferimento da receita bruta em cada operação, bem como sobre acréscimos de multas e encargos. É expressa a não incidência sobre receitas de exportação, o que reflete a imunidade do art. 149, § 2º, I, da CF, assim como é reiterada, pelo art. 20 do Projeto, a imunidade das entidades beneficentes de assistência social, nos termos do art. 195, § 7º, da CF. A lei ainda isenta da CBS, conforme seu art. 21, os templos, partidos políticos, sindicatos, federações e confederações, bem como condomínios edilícios residenciais. Há outras isenções nos arts. 22 e 23.

Contribuintes seriam as pessoas jurídicas de direito privado e as que lhes são equiparadas, conforme o art. 3º. Restaria estabelecida a responsabilidade tributária das plataformas digitais relativamente à CBS incidente sobre as operações realizadas por seu intermédio que deixem de ser registradas mediante emissão de documento fiscal eletrônico, forte no art. 6º.

As duas grandes novidades estão na base de cálculo e no sistema de não cumulatividade, nos termos dos arts. 7º, 9º e seguintes do projeto.

A base de cálculo seria o valor da receita bruta auferida em cada operação, não a integrando o valor do ICMS e do ISS destacados no documento fiscal, os descontos incondicionais e a própria CBS. Ou seja, seria um tributo calculado por fora, que não integraria sua própria base de cálculo. A alíquota padrão da CBS seria de 12%, estampada no art. 8º, enquanto instituições financeiras pagariam 5,8%, conforme os arts. 42 a 44.

A não cumulatividade dar-se-ia pela apropriação de créditos correspondentes ao valor da CBS destacado nos documentos fiscais relativos às aquisições de bens e serviços, descontando-se esses créditos dos valores devidos a título de CBS no mesmo período. Eventual excedente de créditos poderia ser utilizado nos períodos subsequentes. Remanescendo saldo de créditos ao término do trimestre calendário, poderia ser utilizado para compensação com débitos próprios relativos aos tributos administrados pela Secretaria Especial da Receita Federal do Brasil ou solicitado o ressarcimento. Assim dispõem os arts. 9º a 14 do projeto. O direito à apropriação e utilização dos créditos extinguir-se-ia em cinco anos, conforme seu o art. 15. Seria expressamente vedada a transferência de créditos da CBS, conforme o art. 16.

Tratar-se-ia, assim, de contribuição mais neutra e transparente que as atuais.

217. Contribuições de seguridade social do importador (PIS-Importação e Cofins-Importação)

O art. 195, IV, da CF, advindo com a Emenda Constitucional n. n. 42/2003, ensejou a instituição de contribuição para o custeio da seguridade social a cargo do importador. Tal se deu através da Lei n. 10.865/2004, que instituiu as contribuições denominadas PIS/Pasep-Importação e Cofins-Importação. A instituição de ambas deu-se simultaneamente, inferindo-se do tratamento unitário que lhes é atribuído – revelado no fato de que os aspectos das respectivas hipóteses de incidência são os mesmos, com ressalva da alíquota diferenciada – que, na prática, configuram simples percentuais apartados de uma única contribuição sobre a importação.

A Lei n. 10.865/2004, em seu art. 20, submete as novas contribuições expressamente ao processo administrativo-fiscal do Decreto n. 70.235/75, que rege os tributos administrados pela Secretaria da Receita Federal, bem como, quanto às questões materiais, em caráter supletivo, à legislação do imposto de renda, do imposto de importação e das contribuições PIS/Pasep e Cofins. De fato, em face de incidir sobre a importação de bens e serviços, envolve institutos próprios dos impostos sobre o comércio exterior, assim como mantém relação íntima com as contribuições incidentes sobre a receita internamente (PIS/Pasep e Cofins) por ensejar creditamentos para fins de dedução no pagamento destas últimas.

Os fatos geradores são "a entrada de bens estrangeiros no território nacional" e "o pagamento, o crédito, a entrega, o emprego ou a remessa de valores a residentes ou domiciliados no exterior como contraprestação por serviço prestado". Consideram-se ocorridos os fatos geradores "na data do registro da declaração de importação de bens submetidos a despacho para consumo" e "na data do pagamento, do crédito, da entrega, do emprego ou da remessa de valores" no caso de importação de serviços.

O PIS/Pasep-Importação e a Cofins-Importação têm como sujeito ativo a própria União. O art. 20 da Lei n. 10.865/2004 expressamente prevê a administração do tributo pela Secretaria da Receita Federal, que é órgão da Administração Direta da União.

Contribuinte é a pessoa física ou jurídica que promova a entrada dos bens no território nacional, relativamente à importação de bens, e a pessoa física ou jurídica aqui domiciliada contratante dos serviços ou, supletivamente, beneficiária do serviço, relativamente à importação de serviços.

A base de cálculo de tais contribuições, na importação de bens, foi originariamente estabelecida pelo art. 7º, I, da Lei n. 10.865/2004 como sendo o valor aduaneiro acrescido do ICMS-Importação e do valor das próprias contribuições PIS/Pasep-Importação e Cofins-Importação. Ocorre que o art. 149, § 2º, III, *a*, da CF estabelecia que a incidência da contribuição social sobre a importação teria por base de cálculo o "valor aduaneiro" tão somente. Desse modo, o STF reconheceu a inconstitucionalidade do referido inciso I no que extrapolava o valor aduaneiro, reconhecendo que esse dispositivo acabou por "desconsiderar a imposição constitucional de que as contribuições sociais sobre a importação que tenham alíquota *ad valorem* sejam calculadas com base no valor aduaneiro, extrapolando a norma do art. 149, § 2º, III, *a*, da Constituição Federal"[58]. Posteriormente, a Lei n. 12.865/2013 deu nova redação ao art. 7º, inciso I, para que passasse a constar como base de cálculo tão somente "o valor aduaneiro".

Para a importação de serviços, o art. 7º, inciso II, da Lei n. 10.865/2004 estabelece como base de cálculo "o valor pago, creditado, entregue, empregado ou remetido para o exterior, antes da retenção do imposto de renda, acrescido do Imposto sobre Serviços de Qualquer Natureza – ISS e do valor das próprias contribuições".

As alíquotas do PIS-Importação e da Cofins-Importação, que antes equivaliam às do PIS e da Cofins internas (1,65% e 7,6%), foram elevadas para 2,1% 3 9,65%, respectivamente, pela MP 668/2015, convertida pela Lei n. 13.137/2015, que deu nova redação ao art. 8º da Lei n. 10.865/2004.

Mas a lei estabelece percentuais de PIS/Pasep-Importação e de Cofins-Importação diferenciados para alguns itens como produtos farmacêuticos (2,76% e 13,03%), produtos de perfumaria e higiene pessoal (3,52% e 16,48%), papel imune para a impressão de periódicos (0,8% e 3,2%) etc. Além disso, reduz a zero a alíquota de alguns produtos, como a do papel destinado à impressão de jornais, dentre outros. A lista de produtos sujeitos à alíquota zero, constante do § 12 do art. 8º da Lei n. 10.865/2004, tem sido seguidamente alterada e ampliada.

Traz, também, no § 11 do art. 8º, autorização ao Executivo para reduzir alíquotas a zero e restabelecê-las relativamente a alguns produtos, como alguns químicos e farmacêuticos e outros destinados ao uso em hospitais, clínicas e consultórios médicos e odontológicos, campanhas de saúde e laboratórios de anatomia patológica, citológica ou de análises clínicas. Esta delegação ao Executivo para integrar a norma tributária impositiva, mexendo em seu aspecto quantitativo, contudo, não encontra suporte constitucional.

As contribuições Cofins-Importação e PIS/Pasep-Importação são pagas, relativamente à importação de bens, na data do registro da Declaração de Importação, aliás como ocorre com o próprio Imposto sobre a Importação. Ou seja, é considerado ocorrido o fato gerador com o registro da Declaração de Importação e, incontinente, é feito o pagamento das novas contribuições e do imposto sobre a importação eletronicamente, através do Siscomex. Já quanto à importação de serviços, o pagamento das contribuições é feito por ocasião do pagamento, crédito, entrega, emprego ou remessa da contraprestação (do preço do serviço), ou seja, simultaneamente à consideração da ocorrência do fato gerador.

---

58. STF, Tribunal Pleno, RE 559.937, 2013.

218. Contribuição de Seguridade Social sobre o Lucro (CSL)

A União tem competência para instituir contribuição das empresas sobre o lucro com vista ao custeio da seguridade social, nos termos do art. 195, I, c, da CF. **Lucro** é o acréscimo patrimonial decorrente do exercício da atividade da empresa ou entidade equiparada.

A Lei n. 7.689/88 institui a Contribuição Social sobre o Lucro das pessoas jurídicas, detalhada na IN n. 1.700/2017, que dispõe sobre a apuração e o pagamento da Contribuição Social sobre o Lucro Líquido, consolidando a legislação sobre a matéria.

Sujeito ativo (credor) é a própria União, sendo arrecadada através da Secretaria da Receita Federal do Brasil. **Contribuintes** são as pessoas jurídicas domiciliadas no país e equiparadas. A Lei n. 14.057/2020 deu nova redação ao art. 4º da Lei n. 7.689/88 para excepcionar os templos de qualquer culto que, assim, não são contribuintes da CSL. A Lei n. 10.865/2004, por seu art. 39, **isenta** da CSL as sociedades cooperativas, relativamente aos atos cooperativos, salvo as de consumo.

A contribuição pode ser **anual ou trimestral**, como o imposto sobre a renda das pessoas jurídicas, sendo paga, também, nos mesmos prazos.

A **base de cálculo** da contribuição é o resultado do trimestre ou do exercício, antes da provisão para o imposto de renda (art. 2º da Lei n. 7.689/88), com os ajustes determinados pela legislação. Daí falar-se em "resultado ajustado". Não há que se confundir o resultado ajustado, tributado a título de contribuição sobre o lucro líquido, com o lucro real, tributado pelo Imposto de Renda. O que difere é justamente que as deduções e compensações admissíveis para a apuração de um não correspondem exatamente àquelas admitidas para fins de apuração da base de cálculo do outro.

As empresas que, no IRPJ, optem pela tributação conforme o lucro presumido são tributadas a título de CSL conforme o resultado também presumido. Efetivamente, a CSL terá sua base de cálculo determinada conforme o *resultado presumido* quando a empresa tenha optado por apurar o Imposto de Renda pelo lucro presumido, o que envolve a adoção de base substitutiva tendo como referência percentual da receita bruta. Cuida-se de medida de simplificação da apuração e do recolhimento de tais tributos. Podem optar pelo lucro presumido empresas com receita bruta total, no ano-calendário anterior, até R$ 78.000.000,00 (setenta e oito milhões de reais) e cujas atividades não estejam obrigatoriamente sujeitas à apuração do lucro real, nos termos do art. 13 da Lei n. 9.718/98, com a redação da Lei n. 12.814/2013. Isso equivale a uma receita bruta mensal de R$ 6.500.000,00. Em vez de apurarem o lucro real e o resultado ajustado, apuram o lucro presumido, seguindo o art. 15 da Lei n. 9.249/95. A base de cálculo diz-se presumida porque, em verdade, o lucro pode ter sido maior, ou menor, que o percentual da receita apontado por lei. Sobre o lucro presumido, aplica-se a alíquota do imposto, chegando-se ao montante devido. Como o lucro é presumido, a pessoa jurídica fica dispensada da apuração do lucro real e das formalidades que lhe são inerentes.

A **compensação de base de cálculo negativa** (prejuízo apurado no ano anterior) é questão legal. Não há que se falar em comunicação automática de exercícios. Esta, quando admitida, constitui medida de política tributária estabelecida por lei, visando minimizar os efeitos da carga tributária. O STF, inclusive, tem posição firmada no sentido da constitucionalidade de leis que limitaram a compensação de prejuízos passados[59]. Inexiste, assim, direito constitucional à dedução de prejuízos de períodos anteriores, considerada tal autorização, quando existente, como uma liberalidade do legislador, como verdadeiro benefício fiscal.

O STJ reconheceu o direito das empresas de não pagarem CSL sobre o chamado lucro inflacionário, que não corresponda a acréscimo patrimonial propriamente, mas a mera atualização monetária das demonstrações financeiras[60].

Não se tem autorizado a exclusão, da base de cálculo, dos juros pagos na devolução de depósitos judiciais, tampouco na repetição de indébitos, forte do precedente do STJ no REsp 1.138.695[61]. Considerando, porém, que esses juros consistem na Selic, a qual abrange também a própria correção monetária, bem como que a indisponibilidade dos recursos principais ao longo do tempo pode ter gerado custos financeiros ao titular do direito, esse entendimento adotado pelo STJ pode levar à tributação do próprio capital ou de montantes que, em verdade, estejam apenas compensando perdas efetivas e que, portanto, não deveriam ser vistos como lucro.

Ainda quanto à apuração do lucro presumido, vale destacar, quanto ao enquadramento das prestadoras de serviços hospitalares no lucro presumido calculado pela alíquota de 8% e não na de 32%, que o STJ firmou posição no sentido de que "serviços hospitalares" se vinculam às atividades desenvolvidas pelos hospitais, mas não necessariamente prestados no interior do estabelecimento hospitalar e mediante internação,

---

59. "1. Tributário. Imposto de Renda e Contribuição Social sobre o Lucro. Compensação de prejuízos. Constitucionalidade dos arts. 42 e 58 da Lei n. 8.981/95. Recurso extraordinário não provido. Precedentes. É constitucional a limitação de 30% para compensação dos prejuízos apurados nos exercícios anteriores, conforme disposto nos arts. 42 e 58 da Lei n. 8.981/95" (STF, Segunda Turma, rel. Min. CEZAR PELUSO, RE 229412 AgR, 2009); "TRIBUTÁRIO. IMPOSTO DE RENDA E CONTRIBUIÇÃO SOCIAL. MEDIDA PROVISÓRIA 812, DE 31.12.94, CONVERTIDA NA LEI N. 8.981/95. ARTIGOS 42 E 58, QUE REDUZIRAM A 30% A PARCELA DOS PREJUÍZOS SOCIAIS APURADOS EM EXERCÍCIOS ANTERIORES, A SER DEDUZIDA DO LUCRO REAL, PARA APURAÇÃO DOS TRIBUTOS EM REFERÊNCIA. ALEGAÇÃO DE OFENSA AOS PRINCÍPIOS DO DIREITO ADQUIRIDO E DA ANTERIORIDADE E AOS ARTS. 148 E 150, IV, DA CF... Ausência, em nosso sistema jurídico, de direito adquirido a regime jurídico, notadamente ao regime dos tributos, que se acham sujeitos à lei vigente à data do respectivo fato gerador. Recurso não conhecido" (STF, Primeira Turma, RE 247.633, 2000).
60. STJ, Segunda Turma, REsp 899.335/PB, 2008; STJ, Primeira Seção, AgRg nos EREsp 436.302, 2007.
61. STJ, Segunda Turma, AgRgREsp 1.466.618, 2014.

exigindo, porém, custos diferenciados do simples atendimento médico[62]. A partir da vigência da Lei n. 11.727/2008, esse enquadramento passou a se restringir às prestadoras organizadas sob a forma de sociedades empresárias e ao atendimento das normas da ANVISA[63]. A par dos serviços hospitalares, também se enquadram no lucro presumido de 8% alguns serviços específicos de saúde como os de "auxílio diagnóstico e terapia, patologia clínica, imagenologia, anatomia patológica e citopatologia, medicina nuclear e análises e patologias clínicas". Serviços odontológicos são estão previstos em lei, enquadrando-se, assim, na alíquota de 32%, que é a regra geral na prestação de serviços.

Vista a base de cálculo da CSL, cabe-nos cuidar da sua alíquota, ensejando o cálculo do tributo.

A alíquota da CSL é de 9%, nos termos do art. 3º da Lei n. 7.689/88, com a redação que lhe foi atribuída pela Lei n. 11.727/2008. Para instituições financeiras, a alíquota é de 15%, mas chegou a ser de 20% em 2021, durante a pandemia da Covid, forte na Lei n. 14.183/2021.

A CSL apurada trimestralmente é paga em quota única no último dia do mês subsequente ao do encerramento do período de apuração, podendo o contribuinte optar pelo parcelamento em até três quotas, procedendo-se à sua atualização pela Selic. Na CSL anual, há pagamentos mensais por estimativa até o último dia útil do mês subsequente àquele a que se referir o ajuste anual, com pagamento de eventual saldo até o último dia do mês de março do ano subsequente.

219. Contribuições dos servidores públicos para seus regimes próprios de previdência

Os servidores públicos efetivos da União, ativos ou aposentados, e seus pensionistas, assim como os dos Estados e Municípios que mantenham regime próprio de previdência, suportam a retenção de contribuição previdenciária sobre as suas remunerações ou proventos.

Efetivamente, os regimes próprios de previdência dos servidores titulares de cargos efetivos[64] têm caráter, necessariamente, contributivo, mediante contribuição do respectivo ente federativo, de servidores ativos, de aposentados e de pensionistas, observados critérios que preservem o equilíbrio financeiro e atuarial, nos termos do art. 40 da

---

62. STJ, REsp 951.251, 2009; AgRgREsp 520.545, ago. 2014.
63. STJ, Segunda Turma, AgRgREsp 1.475.062, 2014.
64. Ao agente público ocupante, exclusivamente, de cargo em comissão declarado em lei de livre nomeação e exoneração, ou de outro cargo temporário, inclusive mandato eletivo, ou de emprego público, aplica-se o Regime Geral de Previdência Social, nos termos do § 13 do art. 40 da Constituição, com a redação da EC n. 103/2019.

Constituição, com as atualizações impostas pela EC n. 103/2019. A aposentadoria dá-se, ordinariamente, por tempo efetivo de contribuição. Aplicam-se, aos regimes próprios, no que couber, os requisitos e critérios fixados para o Regime Geral de Previdência, mas as leis federal, estaduais e municipais instituem regime de previdência complementar. O servidor que completa o tempo de contribuição para aposentadoria, mas permanece na ativa, recebe um abono de permanência equivalente ao valor da sua contribuição previdenciária, nos termos do § 19 do art. 40. Sobre o abono, porém, incide imposto de renda, conforme entendimento consolidado do STJ.

O art. 149, § 1º, da CF, com a redação da EC n. 103/2019, dispõe que: "A União, os Estados, o Distrito Federal e os Municípios instituirão, por meio de lei, contribuições para custeio de regime próprio de previdência social, cobradas dos servidores ativos, dos aposentados e dos pensionistas, que poderão ter alíquotas progressivas de acordo com o valor da base de contribuição ou dos proventos de aposentadoria e de pensões".

A EC n. 103/2019 ainda acrescentou, ao art. 149 da CF, o § 1º-A, o § 1º-B e o § 1º-C autorizando aumento das contribuições previdenciárias para equalizar déficit atuarial. Nesse sentido, sucessivamente, resta permitido fazer incidir a contribuição dos aposentados e pensionistas já sobre o valor dos proventos que superem o salário mínimo (normalmente só incidem sobre o que desborda do limite dos benefícios do regime geral, por isonomia aos aposentados do regime geral, que são imunes, nos termos do § 18 do art. 40 da CF) e instituir contribuição extraordinária dos servidores, aposentados e pensionistas para vigência por período determinado. Na prática, essa contribuição extraordinária configurará um aumento temporário de contribuição. Considerando-se que as contribuições dos servidores, ordinariamente, já alcançam patamares superiores a vinte por cento, o acréscimo de contribuição extraordinária levará a patamares escorchantes.

O STF, apreciando o mérito do Tema 163 de repercussão geral, fixou a seguinte tese: "Não incide contribuição previdenciária sobre verba não incorporável aos proventos de aposentadoria do servidor público, tais como 'terço de férias', 'serviços extraordinários', 'adicional noturno' e 'adicional de insalubridade"[65]. Esse entendimento não guarda equivalência como o quanto decidido por aquela Corte para os segurados do regime geral de previdência, sujeitos a outras regras.

No Tema 317 de repercussão geral (RE 630.137), em 2021, analisando o § 21, do art. 40, da Constituição (EC n. 47/2005), que "previa a não incidência de contribuição previdenciária sobre a parcela dos proventos de aposentadoria e pensão que não superasse o dobro do limite máximo do regime geral de previdência social, quando o beneficiário, na forma da lei, fosse portador de doença incapacitante", o STF fixou a tese de que "O art. 40, § 21, da Constituição Federal, enquanto esteve em vigor, era norma de eficácia limitada e seus efeitos estavam condicionados à edição de lei complementar

---

65. STF, Tribunal Pleno, RE 593.068, 2018.

federal ou lei regulamentar específica dos entes federados no âmbito dos respectivos regimes próprios de previdência social". Desse modo, ausente a lei complementar, negou o direito, modulando os efeitos para impedir a cobrança das contribuições que não tenham sido retidas, ao amparo de decisão judicial, até a publicação da ata de julgamento.

Capítulo XXXIII
Contribuições de intervenção no domínio econômico

220. Contribuição de intervenção no domínio econômico destinada ao Incra

As empresas e equiparados são obrigados ao pagamento de contribuição **sobre a folha de salários de 0,2% destinada ao Incra** (Instituto Nacional de Colonização e Reforma Agrária). Essa contribuição tem suporte no art. 15, II, da LC n. 11/71 em combinação com art. 3º do Decreto-Lei n. 1.146/70 e com os demais diplomas a que remetem, ainda mais antigos.

Durante muito tempo, o entendimento predominante foi no sentido de que se tratava de contribuição de seguridade e que, por isso, teria sido tacitamente extinta quando da unificação das previdências urbana e rural. Mas em 2006 surgiu a tese de que: "As contribuições para o Incra são verdadeiras contribuições de intervenção no domínio econômico que têm por escopo a arrecadação de recursos para a atuação direta do Estado na estrutura fundiária, por meio, precipuamente, da desapropriação para fins de reforma agrária, implantando o programa nacional de reforma agrária, sempre tendo como objetivo último a efetiva observância da função social da propriedade"[1]. O STJ acatou tal entendimento, passando a reconhecer o seu caráter de contribuição de

---

1. CAMARGOS, Luciano Dias Bicalho. *Da natureza jurídica das contribuições para o Instituto Nacional de Colonização e Reforma Agrária – Incra*. São Paulo: MP, 2006, p. 366.

intervenção no domínio econômico e a entender que permanece vigente[2]. Voltada às finalidades previstas no art. 170, III e VII, da CF/88, seu caráter interventivo está realmente presente[3]. O STF posicionou-se também nesse sentido: "A contribuição ao INCRA tem contornos próprios de contribuição de intervenção no domínio econômico (CIDE). Trata-se de tributo especialmente destinado a concretizar objetivos de atuação positiva do Estado consistentes na promoção da reforma agrária e da colonização, com vistas a assegurar o exercício da função social da propriedade e a diminuir as desigualdades regionais e sociais (arts. 170, III e VII; e 184 da CF/88)"[4].

Discutiu-se se tal contribuição **poderia mesmo ser exigida de todas as empresas, inclusive as urbanas**, que não têm nenhuma relação direta com as questões relacionadas à função social da propriedade rural. Argumentava-se que, relativamente às empresas urbanas, não haveria a necessária referibilidade entre a finalidade financiada e os contribuintes. Assim, ROQUE CARRAZZA: "[...] a empresa que desenvolve atividades urbanas não pode ser alvo da contribuição para o Incra. Reiteramos que as Cides somente são exigíveis de pessoa diretamente ligada à atividade que se pretende regular, não bastando, para tanto, um mero envolvimento difuso"[5]. Nesse sentido, aliás, decidiu a Segunda Turma do TRF4 em acórdão por nós conduzido: "2. A amplitude do polo passivo depende da verificação da referibilidade, traço inerente às contribuições. A intervenção para fiscalizar e fazer com que os imóveis rurais cumpram sua função social só diz respeito ao mundo rural. É incabível a cobrança da contribuição de empresa urbana, pois não mantém nenhum nexo com a atividade interventiva do Incra"[6]. O entendimento que prevaleceu no âmbito do STJ, contudo, foi diverso: "2. A Primeira Seção firmou posicionamento de ser legítimo o recolhimento da Contribuição Social para o Funrural e o Incra pelas empresas vinculadas à previdência urbana. 3. Orientação reafirmada no julgamento do REsp 977.058-RS, sob o rito dos recursos repetitivos"[7]. O STJ, assim, absteve-se de fazer um juízo de referibilidade ao argumento de que, em se tratando de Cide, tal não seria um requisito para a sujeição passiva. Finalmente, o STF firmou

---

2. STJ, Primeira Seção, REsp 977.058, 2008.
3. CF: "TÍTULO VII Da Ordem Econômica e Financeira CAPÍTULO I DOS PRINCÍPIOS GERAIS DA ATIVIDADE ECONÔMICA Art. 170. A ordem econômica, fundada na valorização do trabalho humano e na livre iniciativa, tem por fim assegurar a todos existência digna, conforme os ditames da justiça social, observados os seguintes princípios: [...] III – função social da propriedade; [...] VII – redução das desigualdades regionais e sociais;".
4. STF, RE 630.898, 2021.
5. CARRAZZA, Roque Antonio. Contribuição de intervenção no domínio econômico... *RDDT*, 170/93, nov. 2009.
6. TRF4, Segunda Turma, 2005.71.08.005412, 2007.
7. STJ, Segunda Turma, AgRgAg 1.313.116, 2010.

orientação no sentido de que "Não descaracteriza a exação o fato de o sujeito passivo não se beneficiar diretamente da arrecadação, pois a Corte considera que a inexistência de referibilidade direta não desnatura as CIDE, estando sua instituição "jungida aos princípios gerais da atividade econômica"[8].

Também se discutiu a compatibilidade da contribuição ao Incra com a superveniente **Emenda Constitucional n. 33/2001**. É que essa emenda passou a definir as bases econômicas (revelações de riqueza) sobre as quais poderiam incidir as contribuições interventivas: faturamento, receita bruta ou valor da operação (art. 149, § 2º, III, *a*, da CF). Quanto a tal ponto, a Segunda Turma do TRF4, em acórdão por nós conduzido, entendeu que a contribuição ao Incra, por incidir sobre a folha de salários, não teria sido recepcionada pela Emenda Constitucional n. 33/2001, restando, assim, tacitamente revogada por tal emenda. Externamos essa posição, também, em sede doutrinária, em coautoria com ANDREI PITTEN VELLOSO[9]. Posteriormente, ROQUE CARRAZZA igualmente expressou tal entendimento: "As leis que tratam da Contribuição ao Incra foram revogadas pela Emenda Constitucional 33/2001, uma vez que o faturamento, a receita bruta e o valor da operação ou, no caso de importação, o valor aduaneiro, não se confundem com a folha de salários (base de cálculo da Contribuição para o Incra) [...] a contribuição para o Incra somente seria válida caso se ajustasse, em tudo e por tudo, ao regime jurídico próprio desta figura, inscrito no art. 149, *caput* e em seus §§ 2º e 3º, da Constituição Federal [...] tal, porém, não se dá, porque a legislação que instituiu a contribuição para o Incra (cuja base de cálculo é a folha de salários) passou, com a edição da EC 33/2001, a padecer de inconstitucionalidade superveniente, tendo sido, assim, revogada por este ato normativo"[10]. O STJ manifestou-se no sentido de que a questão é constitucional e que deveria ser resolvida pelo STF em sede de recurso extraordinário. O STF, então, no Tema 495 de repercussão geral (RE 630.898), em 2021, orientou-se pelo entendimento de que "O § 2º, III, *a*, do art. 149, da Constituição, introduzido pela EC n. 33/2001, ao especificar que as contribuições sociais e de intervenção no domínio econômico 'poderão ter alíquotas' que incidam sobre o faturamento, a receita bruta (ou o valor da operação) ou o valor aduaneiro, não impede que o legislador adote outras bases econômicas para os referidos tributos, como a folha de salários, pois esse rol é meramente exemplificativo ou enunciativo" e firmou a seguinte tese: "É constitucional a contribuição de intervenção no domínio econômico destinada ao INCRA devida pelas empresas urbanas e rurais, inclusive após o advento da EC n. 33/2001".

....

8. STF, RE 630.898, 2021.
9. PAULSEN, Leandro; VELLOSO, Andrei Pitten. Controle das Cides e das contribuições sociais pela base econômica – art. 149, § 2º, da CF com a redação da EC 33/2001. *RDDT*, 2008.
10. CARRAZZA, Roque Antonio. Contribuição de intervenção no domínio econômico... *RDDT*, 170/93, nov. 2009.

221. Contribuição de intervenção no domínio econômico destinada ao Sebrae

A contribuição ao Sebrae (Serviço Brasileiro de Apoio às Micro e Pequenas Empresas) foi instituída pelo art. 1º da Lei n. 8.154/90 como um **adicional** às contribuições ao Sesc e Senac (do comércio), Sesi e Senai (da indústria). A parcela destinada ao Sebrae é de 0,3% **sobre a folha de salários**.

Alguns setores específicos que recolhiam contribuições ao Sesc, Senac, Sesi e Senai passaram a recolher a serviços sociais autônomos mais específicos, criados posteriormente: o Secoop (do cooperativismo), o Sest (do transporte), o Senat (de aprendizagem do transporte) e o Senar (de aprendizagem rural). Como as leis criadoras desses novos serviços sociais não fizeram referência ao adicional ao Sebrae, surgiu a dúvida quanto a ser ou não devido o adicional também no que diz respeito a essas **novas contribuições**. Entenderam, tanto o STJ[11] como o STF[12], que o que ocorreu foi simplesmente a alteração do destinatário das contribuições, em nada modificando a sistemática de recolhimento da contribuição ao Sebrae que, assim, é devido como adicional tanto às antigas contribuições como a essas novas decorrentes do desdobramento dos serviços sociais.

A natureza de contribuição de intervenção no domínio econômico restou afirmada pelo STF quando do julgamento do RE 396.266-3: "A contribuição do Sebrae – Lei n. 8.029/90, art. 8º, § 3º, redação das Leis n. 8.154/90 e 10.668/2003 – é contribuição de intervenção no domínio econômico, não obstante a lei a ela se referir como adicional às alíquotas das contribuições sociais gerais relativas às entidades de que trata o art. 1º do DL n. 2.318/86, Sesi, Senai, Sesc, Senac. Não se inclui, portanto, a contribuição do Sebrae, no rol do art. 240, CF". Afirmou o ministro-relator CARLOS VELLOSO no voto condutor que "se o Sebrae tem por finalidade 'planejar, coordenar e orientar programas técnicos, projetos e atividades de apoio às micro e pequenas empresas, em conformidade com as políticas nacionais de desenvolvimento, particularmente as relativas às áreas industrial, comercial e tecnológica' (Lei n. 8.029/90, art. 9º, incluído pela Lei n. 8.154/90), a contribuição instituída para a realização desse desiderato está conforme aos princípios gerais da atividade econômica consagrados na Constituição. [...] não possui o Sebrae qualquer finalidade de fiscalização ou regulação das atividades das micro e pequenas empresas, mas de incentivo à sua criação e desenvolvimento, em conformidade com o disposto no art. 179 da Constituição Federal, acreditando em seu potencial de influenciar positivamente as áreas industrial, comercial e tecnológica, estas também de interesse das empresas que contribuem ao Sesc/Senac, Sesi/Senai. Conclui-se, portanto, que a contribuição para o Sebrae é daquelas de intervenção na atividade econômica". Entende o STF que se trata de tributo

---

11. STJ, Primeira Turma, REsp 824.268, 2006.
12. STF, Primeira Turma, AI 596.552 AgR, 2007.

constitucional, matéria, aliás, cuja repercussão geral foi reconhecida no AI 762202 RG para fins de aplicação uniforme do que decidido pelo STF.

Como o Sebrae atua junto às micro e pequenas empresas, discutiu-se se as médias e grandes também poderiam ser obrigadas ao pagamento, já que não estavam no grupo alcançado por sua atividade. Surgiram decisões no sentido de que "A exação, apesar de constitucional, não é exigível das empresas de médio e grande porte, porquanto estas não são beneficiárias das atividades desenvolvidas pelo Sebrae"[13]. Mas o STF firmou orientação em sentido oposto, indicando que, nas contribuições interventivas, é desnecessário que "o contribuinte seja virtualmente beneficiado"[14]. Destacou que a contribuição ao Sebrae **pode ser cobrada também das médias e grandes empresas** porquanto a atividade de tal ente social autônomo, embora direcionada às microempresas e às empresas de pequeno porte, afeta todo o comércio e toda a indústria, guardando, portanto, relação também com as médias e grandes.

Note-se que, assim como a contribuição ao Incra, a contribuição ao Sebrae é contribuição interventiva que tem por base de cálculo a folha de salários. Desse modo, é pertinente a discussão sobre a sua compatibilidade com a Emenda Constitucional n. 33/2001 que delimitou as bases econômicas sobre as quais poderiam incidir as contribuições interventivas: faturamento, receita bruta ou valor da operação (art. 149, § 2º, III, *a*, da CF). Entendemos que a contribuição ao Sebrae foi tacitamente revogada, tendo em conta sua não recepção pela Emenda Constitucional n. 33/2001[15]. As reformas constitucionais, aliás, têm sido no sentido de desonerar a folha de salários, do que é exemplo também a Emenda Constitucional n. 42/2003, a qual, incluindo o § 13 ao art. 195 da CF, previu inclusive a possibilidade de substituição da própria contribuição previdenciária sobre a folha pela incidente sobre a receita ou o faturamento. Essa questão da recepção ou não pela Emenda Constitucional n. 33/2001 já teve a sua repercussão geral reconhecida pelo STF no RE 603624 RG, cujo mérito está para ser decidido.

222. Contribuição de intervenção no domínio econômico sobre a comercialização de combustíveis

O art. 177, § 4º, da Constituição, acrescentado pela Emenda Constitucional n. 33/2001, estabelece suporte constitucional específico para a instituição de "contribuição de intervenção no domínio econômico relativa às atividades de importação ou

---

13. TRF4, Primeira Turma, AC 2000.72.05.003646, 2001.
14. STF, Primeira Turma, AI 604712 AgR, 2009. Assim, também: STF, Primeira Turma, RE 401.823 AgR, 2004.
15. PAULSEN, Leandro; VELLOSO, Andrei Pitten. Controle das Cides e das contribuições sociais pela base econômica – art. 149, § 2º, da CF com a redação da EC 33/2001. *RDDT*, 2008.

comercialização de petróleo e seus derivados, gás natural e seus derivados e álcool combustível". A intervenção dar-se-á mediante destinação dos recursos "ao pagamento de subsídios a preços ou transporte de álcool combustível, gás natural e seus derivados e derivados de petróleo", "ao financiamento de projetos ambientais relacionados com a indústria do petróleo e do gás" e "ao financiamento de programas de infraestrutura de transportes", conforme prevê o inciso II do § 4º. A Lei n. 14.237/2021 extrapola as finalidades constitucionais, estabelecendo sua destinação também para o "financiamento do auxílio destinado a mitigar o efeito do preço do gás liquefeito de petróleo sobre o orçamento das famílias de baixa renda", conforme a nova redação do art. 1º, § 1º, IV, da Lei n. 10.336/2001.

Estabelece o inciso I do § 4º que tal contribuição pode ter alíquota diferenciada por produto ou uso e que a alíquota pode ser "reduzida e restabelecida por ato do Poder Executivo", atenuando, assim, a legalidade. Também dispensa a observância da anterioridade de exercício. Ocorre que tanto a **legalidade** quanto a **anterioridade** constituem garantias fundamentais do cidadão contribuinte com nível de cláusula pétrea. Desse modo, nem mesmo por emenda constitucional a sua observância poderia ser dispensada. Por isso, entendemos que a Emenda Constitucional n. 33/2001, no ponto, é inconstitucional, tal como já decidiu o STF na ADI 939 relativamente à Emenda Constitucional n. 03/2003, que, ao autorizar a instituição do IPMF, estabelecera invalidamente exceção à anterioridade de exercício. Já a Emenda Constitucional n. 42/2001, que criou a garantia da anterioridade nonagesimal do art. 150, III, c, da CF, não colocou tal contribuição dentre as suas exceções e é plenamente aplicável.

A Cide-Combustível foi instituída pela Lei n. 10.336/2001. Dispõe seu art. 1º que incide "sobre a importação e a comercialização de petróleo e seus derivados, gás natural e seus derivados, e álcool etílico combustível". Seus **fatos geradores** são **as operações de importação e de comercialização** no mercado interno de gasolinas e suas correntes, diesel e suas correntes, querosene de aviação e outros querosenes, óleos combustíveis (*fuel-oil*), gás liquefeito de petróleo, inclusive o derivado de gás natural e de nafta e álcool etílico combustível realizadas por seus produtores, formuladores ou importadores, que são os contribuintes, tudo nos termos dos arts. 2º e 3º da referida lei. O art. 3º, § 2º, prevê que a contribuição "não incidirá sobre as receitas de exportação, para o exterior, dos produtos relacionados no *caput* deste artigo", o que está em consonância com o art. 149, § 2º, I, da CF, tendo em conta a imunidade criada pela Emenda Constitucional n. 33/2001.

As **alíquotas** são específicas: R$ 860,00 por m³ de gasolina, R$ 390,00 por m³ de diesel, R$ 92,10 por m³ de querosene de aviação e de outros querosenes, R$ 40,90 por *t* de óleos combustíveis com alto teor de enxofre, R$ 40,90 por *t* de óleos combustíveis com baixo teor de enxofre, R$ 250,00 por *t* de gás liquefeito de petróleo, inclusive o derivado de gás natural e da nafta e R$ 37,20 por m³ de álcool etílico. É autorizada compensação do que tenha sido pago na importação ou na aquisição de outro contribuinte com o devido na comercialização no mercado interno (art. 7º).

No caso de comercialização, no mercado interno, a Cide devida **será apurada mensalmente e será paga** até o último dia útil da primeira quinzena do mês subsequente ao de ocorrência do fato gerador e, na hipótese de importação, o pagamento da Cide deve ser efetuado na data do registro da Declaração de Importação, nos exatos termos do art. 6º da Lei n. 10.336/2001.

O art. 10 estabelece **isenção** da Cide para produtos "vendidos a empresa comercial exportadora, conforme definida pela ANP, com o fim específico de exportação para o exterior".

A **administração** e a **fiscalização** da Cide compete à Secretaria da Receita Federal, nos termos do art. 13.

Capítulo XXXIV
Contribuições do interesse de categorias profissionais e econômicas

223. Contribuição aos conselhos de fiscalização profissional

Os conselhos de fiscalização profissional são autarquias que fiscalizam o exercício das profissões regulamentadas. Sua conversão em pessoas jurídicas de direito privado foi declarada inconstitucional pelo STF, considerando-se que o exercício do poder de política é inerente ao Estado, só podendo ser desempenhado por pessoa jurídica de direito público[1].

As **contribuições devidas pelos profissionais aos respectivos conselhos** têm natureza tributária, constituindo contribuições do interesse das categorias profissionais, com amparo no art. 149 da CF, devendo observância às limitações ao poder de tributar, como a legalidade, a irretroatividade e as anterioridades[2]. Conforme decisões reiteradas de nossos tribunais: "Os Conselhos Profissionais não têm poder para fixar suas anuidades, devendo esta fixação obedecer os critérios estabelecidos em lei"[3].

Os profissionais **não podem ser obrigados a se inscreverem em mais de um Conselho**. Assim é que: "O engenheiro químico que não exerce a atividade básica relacionada à engenharia não está obrigado a se inscrever junto ao Conselho Regional de Engenharia,

---

1. STF, Tribunal Pleno, ADI 1.717, 2002.
2. STJ, Segunda Turma, REsp 928.272, 2009.
3. TRF4, Primeira Turma, , AC 2000.70.00.015264, 2002.

Arquitetura e Agronomia quando suas atividades se enquadrarem exclusivamente na área química, desde que já possua registro no Conselho Regional de Química"[4].

É exigida inscrição nos Conselhos tanto dos profissionais pessoas físicas, como das empresas pessoas jurídicas. Mas a inscrição das pessoas jurídicas só pode ser exigida pelo Conselho a que diga respeito à **atividade básica da empresa** ou em relação à qual preste serviços a terceiros, nos termos do art. 1º da Lei n. 6.839/80. Efetivamente, a inscrição da pessoa jurídica só é devida quando ela é constituída com a finalidade de explorar a profissão[5]. Contudo, a ausência de obrigação das empresas de se inscreverem nos Conselhos, senão em função da sua atividade básica, não as desobriga de contratarem profissionais inscritos para o exercício das funções privativas de cada profissão.

A **Lei n. 12.514/2011** institui a **anuidade** devida aos conselhos de fiscalização profissional. É aplicável sempre que inexista lei específica ou que a lei específica estabeleça a cobrança em moeda ou unidade de medida não mais existente ou, em vez de estabelecer os valores, delegue a fixação para o próprio conselho, nos termos do art. 3º.

Com o advento da Lei n. 12.514/2011, restou tacitamente revogada a Lei n. 6.994/82, que fixava apenas valores-limites para as anuidades em MVR (Medida Valor de Referência)[6]. Também foi tacitamente revogada a Lei n. 11.000/2004, que autorizava os Conselhos a fixarem as contribuições, incorrendo em flagrante inconstitucionalidade por violação à legalidade absoluta assegurada pelo art. 150, I, da CF, que impede a delegação de competência normativa ao Executivo, o que acabou sendo reconhecido pelo STF em 2016[7][8][9].

Entendemos que também restou revogado o art. 46 da Lei n. 8.906/94[10], que prevê a fixação da contribuição devida à OAB por ela própria. Mas o STJ tem atribuído

---

4. STJ, Segunda Turma, REsp 949.388, 2007.
5. STJ, Primeira Turma, REsp 172.898, 1998; STJ, Segunda Turma, RE 163.014, 1999.
6. A Lei n. 6.994/82 estabelecia valores que, mesmo atualizados, mostravam-se bastante defasados. Por isso, os Conselhos acabaram incorrendo em ilegalidade e fixando as anuidades em valores superiores, sem fundamento legal. Os tribunais cassavam tais atos normativos e aplicavam sistematicamente o limite para o valor das anuidades de 2 (dois) MVR (Maior Valor de Referência), nos termos da Lei n. 6.994/82. Como o MVR era uma medida de valor, pressupondo indexação, sua extinção pela Lei n. 8.177/91 não impedia que seu valor, convertido em moeda corrente, fosse atualizado. Para tanto, convertia-se seu valor em moeda corrente por ocasião da sua extinção, forte no art. 21 da Lei n. 8.178/91 e, em seguida, passava-se a atualizá-lo pela Ufir. Com a extinção da Ufir, utilizava-se outro indexador, como o INPC.
7. TRF4, Corte Especial, INAMS 2006.72.00.001284-9.
8. CTN: "Art. 97. Somente a lei pode estabelecer: I – a instituição de tributos, ou a sua extinção; II – a majoração de tributos, ou sua redução; [...]; IV – a fixação de alíquota do tributo e da sua base de cálculo [...]".
9. STF, RE 704.292, rel. Min. Dias Toffoli, 2016.
10. Lei n. 8.906/94: "Art. 46. Compete à OAB fixar e cobrar, de seus inscritos, contribuições, preços de serviços e multas. Parágrafo único. Constitui título executivo extrajudicial a certidão passada pela diretoria do Conselho competente, relativa a crédito previsto neste artigo".

tratamento especial à OAB. A Primeira Seção firmou posição no sentido de que a OAB é uma autarquia *sui generis* e que as anuidades a ela devidas não têm natureza tributária[11]. Desse modo, mesmo sendo inaplicável a Lei n. 6.994/82 a OAB, a anuidade poderia ser cobrada com suporte simplesmente em Resolução do Conselho Federal da OAB ou em outro ato normativo interno. Tal posição do STJ resta nitidamente equivocada, pois não considera os requisitos para a caracterização de determinada exigência pecuniária como tributo nem dá a devida aplicação às limitações constitucionais ao poder de tributar. Se a OAB é uma autarquia de tal ou qual tipo, ainda que *sui generis*, pouco importa. A própria União, que é ente político, não pode instituir tributo sem observar a legalidade estrita, não pode fazer pouco caso da irretroatividade, da anterioridade etc. A OAB, por certo, que não é ente político, que não tem competência tributária, não pode instituir contribuição, tampouco definir seu valor. Pode figurar como sujeito ativo, credora da contribuição, mas nos exatos termos de lei que, completa e com a densidade normativa necessária, institua o tributo quanto aos seus diversos aspectos, sem oportunidade para delegações normativas. Tivemos a oportunidade de conduzir julgado no sentido de que não há como excepcionar o regime jurídico tributário: "as anuidades dos conselhos de fiscalização profissional, enquanto tributos, enquadram-se na espécie contribuições do interesse das categorias profissionais, com suporte no art. 149 do CTN. Considerando que todos os tributos sujeitam-se à garantia da legalidade, estampada no art. 150, I, da CF, a cobrança das anuidades sem que tenham sido instituídas por lei viola o texto constitucional. Resolução da OAB não é instrumento apto a criar tal tipo de obrigação. Suscitado incidente de arguir de inconstitucionalidade do art. 46 da Lei n. 8.906/94 (Estatuto da OAB)"[12].

A Lei n. 10.795/2003, que institui as anuidades do Creci, resta preservada, pois é lei especial.

Conforme a Lei n. 12.514/2011, **fato gerador das anuidades é "a existência de inscrição no conselho**, ainda que por tempo limitado, ao longo do exercício", nos termos do seu art. 5º. Com a inscrição nos conselhos, surge para os profissionais ou empresas a obrigação de pagar a respectiva anuidade, renovando-se anualmente tal obrigação enquanto permanecerem inscritos. Deixando de exercer determinada atividade profissional ou econômica, têm de requerer o cancelamento da inscrição, sob pena de terem de continuar pagando as anuidades.

Antes do advento da Lei n. 12.514/2011 era diferente. Entendia-se que, embora a inscrição dos profissionais e empresas estabelecesse uma presunção de que estivessem desenvolvendo a atividade profissional ou econômica regulamentada e fiscalizada pelo

....
11. STJ, Segunda Turma, REsp 755.595, 2008; STJ, Primeira Seção, EREsp 463.258, 2003; STJ, Primeira Seção, rel. Min. CASTRO MEIRA, EREsp 503.252, 2004.
12. TRF4, Segunda Turma, AMS 2006.72.00.000596, 2007.

respectivo conselho, não era a inscrição, em si, mas o exercício da atividade o fato gerador das anuidades[13]. A inscrição gerava presunção em favor do conselho, mas, demonstrado o não exercício da atividade profissional ou econômica, era indevida a anuidade. Desse modo, ainda que inscrito, poderia demonstrar que não exercia aquela atividade ou que exercia atividade incompatível, que nenhuma receita obtivera com aquela atividade ou que se aposentara e não mais a exercera.

Com a Lei n. 12.514/2011, muito mais cuidado com a inscrição precisam ter. Importante é a regra do seu art. 9º, no sentido de que a "existência de valores em atraso não obsta o cancelamento ou a suspensão do registro a pedido".

O **montante devido** é de até R$ 500,00 para profissionais de nível superior, e de até R$ 250,00 para profissionais de nível técnico. Relativamente às empresas, a anuidade varia de R$ 500,00 a R$ 4.000,00 em função do capital social, tudo conforme dispõe o art. 6º. Está previsto reajuste pelo INPC, cabendo aos conselhos proceder à atualização anual e divulgar o valor exato da anuidade devida. Note-se, porém, que o STF, em 2016, ao julgar o RE 704.292, analisando o art. 2º da Lei n. 11.000/2004, que anteriormente cuidava das anuidades aos conselhos profissionais, considerou inconstitucional que o legislador tenha se limitado a deixar às diretorias dos conselhos a fixação, por ato infralegal, do *quantum* efetivamente devido[14].

Por força da Lei n. 14.195/2021, os Conselhos "não executarão judicialmente" dívidas com valor total inferior a 5 vezes do limite da anuidade de nível superior, ou seja, 5 X R$ 500,00, sem prejuízo das medidas administrativas de cobrança, como a notificação extrajudicial e a inclusão em cadastros de inadimplentes, além do protesto da CDAs, conforme se vê da nova redação do art. 8º da Lei n. 12.514/2011.

---

13. TRF4, Primeira Turma, AC 2003.70.00.009546-4, 2004; STJ, Segunda Turma, REsp 1101398/RS, 2009; TRF4, Primeira Turma, AC 2001.72.04.002064, 2004; GAMBA, Luísa Hickel. Natureza jurídica das receitas dos conselhos de fiscalização profissional. In: FREITAS, Vladimir Passos de. *Conselhos de fiscalização profissional*. São Paulo: RT, 2000, p. 126.
14. STF, RE 704.292, 2016.

Capítulo XXXV
Contribuição de custeio da iluminação pública

224. Contribuição de Iluminação Pública Municipal (CIP)

O art. 149-A da Constituição autoriza os Municípios a instituírem contribuição para o custeio do serviço de iluminação pública, mediante lei municipal que observe a legalidade estrita, a irretroatividade e as anterioridades de exercício e nonagesimal[1], o que, conforme já decidiu o STF, por certo não dispensa a **observância das demais garantias**, como a isonomia, tampouco o respeito ao princípio da capacidade contributiva[2].

Entende o STF que a **cobrança apenas dos consumidores de energia elétrica** não viola a isonomia. Também entende que a progressividade da alíquota não afronta a capacidade contributiva[3].

---

1. A contribuição de iluminação pública, diferentemente, submete-se à anterioridade de exercício, prevista no art. 150, III, b, da CF, e, se instituída ou majorada após a Emenda Constitucional n. 42/2003, também à anterioridade mínima do art. 150, III, c, da CF.
2. "Não obstante o art. 149-A da Carta Magna faça menção apenas aos incs. I e III do art. 150, penso que o legislador infraconstitucional, ao instituir a contribuição sob exame, considerada a natureza tributária da exação, está jungido aos princípios gerais que regem o gênero, notadamente ao da isonomia (art. 150, II) e ao da capacidade contributiva (art. 145, § 1º)" (Excerto do voto condutor do Min. RICARDO LEWANDOWSKI, quando do julgamento, pelo STF, do RE 573675, mar. 2009).
3. "CONTRIBUIÇÃO PARA O CUSTEIO DO SERVIÇO DE ILUMINAÇÃO PÚBLICA – COSIP. ART. 149-A DA CONSTITUIÇÃO FEDERAL. LEI COMPLEMENTAR N. 7/2002, DO MUNICÍPIO DE SÃO JOSÉ, SANTA CATARINA. COBRANÇA REALIZADA NA FATURA DE

O próprio art. 149-A da CF, em seu parágrafo único, autoriza a **cobrança da contribuição na fatura de consumo de energia elétrica**. O fato de ter base de cálculo idêntica à do ICMS sobre energia elétrica não viola o § 3º do art. 155 da CF que só veda a incidência de outro "imposto" sobre a mesma base, e não de uma contribuição. O Ministério Público Federal ingressou com Ação Civil Pública para obrigar concessionária a fazer com que, das faturas de energia elétrica, constasse **código de barras específico**

> ENERGIA ELÉTRICA. UNIVERSO DE CONTRIBUINTES QUE NÃO COINCIDE COM O DE BENEFICIÁRIOS DO SERVIÇO. BASE DE CÁLCULO QUE LEVA EM CONSIDERAÇÃO O CUSTO DA ILUMINAÇÃO PÚBLICA E O CONSUMO DE ENERGIA. PROGRESSIVIDADE DA ALÍQUOTA QUE EXPRESSA O RATEIO DAS DESPESAS INCORRIDAS PELO MUNICÍPIO. OFENSA AOS PRINCÍPIOS DA ISONOMIA E DA CAPACIDADE CONTRIBUTIVA. INOCORRÊNCIA. EXAÇÃO QUE RESPEITA OS PRINCÍPIOS DA RAZOABILIDADE E PROPORCIONALIDADE. RECURSO EXTRAORDINÁRIO IMPROVIDO. I – Lei que restringe os contribuintes da COSIP aos consumidores de energia elétrica do município não ofende o princípio da isonomia, ante a impossibilidade de se identificar e tributar todos os beneficiários do serviço de iluminação pública. II – A progressividade da alíquota, que resulta do rateio do custo da iluminação pública entre os consumidores de energia elétrica, não afronta o princípio da capacidade contributiva. III – Tributo de caráter *sui generis*, que não se confunde com um imposto, porque sua receita se destina a finalidade específica, nem com uma taxa, por não exigir a contraprestação individualizada de um serviço ao contribuinte. IV – Exação que, ademais, se amolda aos princípios da razoabilidade e da proporcionalidade. V – Recurso extraordinário conhecido e improvido" (STF, Pleno, rel. Min. RICARDO LEWANDOWSKI, RE 573675, mar. 2009) Veja-se excerto do voto condutor: "[...] respeitados os demais princípios tributários e os critérios de razoabilidade e proporcionalidade, nada há de inconstitucional em identificarem-se os sujeitos passivos da obrigação em função de seu consumo de energia elétrica. Esta foi, aliás, a intenção do constituinte derivado ao criar o novo tributo, conforme se pode verificar a partir da leitura do seguinte trecho do relatório apresentado pelo Deputado Custódio Mattos à PEC n. 559/2002: 'A proposta, para viabilizar e facilitar a efetiva implementação da contribuição, deixa explícita a faculdade legal de cobrança na própria fatura de consumo de energia elétrica dos contribuintes, que, fica implícito, seriam as pessoas físicas e jurídicas consumidoras de energia elétrica'. Com efeito, sendo a iluminação pública um serviço *uti universi*, ou seja, de caráter geral e indivisível, prestado a todos os cidadãos, indistintamente, não se afigura possível, sob o aspecto material, incluir todos os seus beneficiários no polo passivo da obrigação tributária [...]. De qualquer modo, cumpre notar que os principais beneficiários do serviço serão sempre aqueles que residem ou exercem as suas atividades no âmbito do município ou do Distrito Federal, isto é, pessoas físicas ou jurídicas, públicas ou privadas, identificáveis por meio das respectivas faturas de energia elétrica. [...] O Município [...], ao empregar o consumo mensal de energia elétrica de cada imóvel, como parâmetro para ratear entre os contribuintes o gasto com a prestação do serviço de iluminação pública, buscou realizar, na prática, a almejada justiça fiscal, que consiste, precisamente, na materialização, no plano da realidade fática, dos princípios da isonomia tributária e da capacidade contributiva, porquanto é lícito supor que quem tem um consumo maior tem condições de pagar mais. Por fim, cumpre repelir o último argumento do recorrente, segundo o qual a base de cálculo da COSIP se confunde com a do ICMS. Tal hipótese, *permissa venia*, não ocorre no caso, porque a contribuição em tela não incide propriamente sobre o consumo de energia elétrica, mas corresponde ao rateio do custo do serviço municipal de iluminação pública entre contribuintes selecionados segundos critérios objetivos, pelo legislador local, com amparo na faculdade que lhe conferiu a EC 39/2002".

para o preço da energia e para a **contribuição de iluminação pública**, de modo que não fosse condicionado o pagamento da conta ao da contribuição e vice-versa (STJ, Primeira Turma, rel. Min. Luiz Fux, REsp 1.010.130, 2010), pretensão essa que encontra suporte no art. 164 do CTN.

No **Município de São Paulo**, tal contribuição foi instituída pela **Lei Municipal n. 13.479/2002**, que, alterada pelas Leis Municipais n. 14.256/2006, n. 14.125/2005 e n. 17.719/2021, restou regulamentada pelo Decreto n. 56.751/2015.

O parágrafo único do seu art. 1º fez constar que o **serviço de iluminação pública** a que se destina a contribuição "compreende a iluminação de vias, logradouros e demais bens públicos, e a instalação, manutenção, melhoramento e expansão da rede de iluminação pública, além de outras atividades a estas correlatas". Foi criado um fundo especial vinculado exclusivamente ao custeio do serviço de iluminação pública, destinatário da arrecadação da contribuição (art. 8º). O Executivo encaminha ao executivo, anualmente, os programas de gastos e investimentos e balancete do fundo (art. 8º).

Contribuinte "é todo aquele que possua ligação de energia elétrica regular ao sistema de fornecimento de energia" (art. 3º).

A contribuição tem **valores fixos** e distintos para os consumidores residenciais, de um lado, e para os consumidores não residenciais, de outro, variando, ainda, conforme o consumo mensal, de modo que o menor valor, para consumidor residencial com consumo de até 50 KWh, é de R$ 1,00, e o maior valor, para consumidor não residencial com consumo mensal superior a 30.001 KWh, é de R$ 1.139,26, conforme a tabela anexa à Lei n. 13.479/2002.

A Lei 13.479/2002 isenta os contribuintes sujeitos à tarifa social de baixa renda (art. 5º). A Lei n. 14.125/2005, por sua vez, concedeu **isenção** aos contribuintes "residentes ou instalados em vias ou logradouros que não possuam iluminação pública" (art. 3º).

O art. 2º da Lei n. 13.479/2002 deixa claro que cabe "à Secretaria de Finanças e Desenvolvimento Econômico da Prefeitura do Município de São Paulo proceder ao lançamento e à fiscalização do pagamento da Contribuição".

A concessionária de energia elétrica é **responsável pela cobrança e recolhimento** da Contribuição, devendo transferir o montante arrecadado para a conta do Tesouro Municipal. Conforme o art. 4º da Lei n. 13.479/2002, com a redação da Lei n. 17.719/2021, o valor da contribuição "será incluído no montante total da fatura mensal de energia elétrica emitida pela concessionária desse serviço", devendo manter cadastro atualizado dos contribuintes que deixarem de efetuar o recolhimento da Contribuição, conforme o art. 7º da mesma lei. O montante arrecadado é destinado a fundo "vinculado exclusivamente ao custeio do serviço de iluminação pública", nos termos do art. 8º.

Capítulo XXXVI
Taxas de serviço e de polícia[1]

225. Taxa de coleta de lixo domiciliar

O art. 145, II, da Constituição outorga aos diversos entes políticos competência para a instituição de taxas em razão da prestação de serviços públicos específicos e divisíveis. Com suporte em tal dispositivo é que são aprovadas e publicadas leis instituidoras de taxas federais, estaduais e municipais, conforme a competência administrativa de cada ente federado.

O recolhimento de lixo é um serviço público prestado pelos Municípios que se reveste da especificidade e divisibilidade autorizadora da instituição de taxa. Isso porque se passa em cada rua para recolher o lixo de cada imóvel. O STF editou a **Súmula Vinculante 19**: "A taxa cobrada exclusivamente em razão dos serviços públicos de coleta, remoção e tratamento ou destinação de lixo ou resíduos provenientes de imóveis não viola o art. 145, II, da CF".

No **Município do Rio de Janeiro**, a **Lei n. 2.687/98** institui a Taxa de Coleta Domiciliar do Lixo, tendo sido alterada pelas Leis n. 6.250/17 e n. 6.615/2019. Seu art. 1º estabelece que essa taxa "tem como **fato gerador** a utilização efetiva ou potencial do serviço público, prestado ou posto à disposição, de coleta domiciliar de lixo ordinário,

---

1. As taxas, enquanto espécies tributárias, foram tratadas no Capítulo II deste livro, em que discorremos sobre suas características e sobre seu regime jurídico, distinguindo-as dos demais tributos. Neste capítulo, abordamos uma taxa instituída em razão da prestação de serviço público e outra em razão do exercício do poder de polícia.

a qual reúne o conjunto das atividades de recolhimento do lixo relativo ao imóvel, do transporte do lixo e de sua descarga".

Contribuinte "é o proprietário ou o titular do domínio útil ou o possuidor, a qualquer título, de unidade imobiliária edificada que seja alcançada pelo serviço". Os "moradores em favelas" são **isentos**. Também são isentos osos contribuintes proprietários de imóveis de baixo valor que, em 2018, correspondia a R$ 55.000,00 e é atualizado anualmente, e os templos religiosos, dentre outras isenções (art. 5º).

A taxa **é devida anualmente**, sendo calculada com base em critérios que refletem o custo do serviço conforme o bairro em que se localiza o imóvel e sua destinação (art. 3º).

No **Município de Porto Alegre**, a Lei Complementar n. 113/84 institui a Taxa de Coleta de Lixo (TCL). Essa lei foi alterada diversas vezes, inclusive pela LC 633/2009. Em seu art. 2º, estabelece, como **fato gerador**, "a utilização, efetiva ou potencial, dos serviços de coleta, remoção, transporte e destinação final de lixo, domiciliar ou não, prestado ao contribuinte ou posto à sua disposição".

Conforme seu art. 3º, **contribuinte** é "o proprietário, o titular do domínio útil ou possuidor a qualquer título, de imóvel beneficiado pelo respectivo serviço". Consideram-se beneficiados "quaisquer imóveis edificados ou não, inscritos no Cadastro Imobiliário do Município de modo individualizado, tais como, terrenos ou lotes de terrenos, prédios ou edificações de qualquer tipo, que constituam unidade autônoma residencial, comercial, industrial, de prestação de serviço ou de qualquer natureza e destinação".

O valor da taxa varia "em função da destinação de uso, localização e da área do imóvel beneficiado", nos termos do art. 4º. O § 2º do art. 3º **isenta** os imóveis situados nas vilas populares quando seus ocupantes comprovem a sua condição de baixa renda.

O art. 5º prevê o **lançamento conjunto com o IPTU, anualmente**.

226. Taxa de fiscalização, localização e funcionamento

Os entes políticos também podem instituir taxas em razão do exercício do poder de polícia (art. 145, II, parte inicial, da CF), ou seja, daquelas atividades administrativas de fiscalização relativas ao cumprimento de normas que dizem respeito à segurança, à higiene, à ordem, aos costumes, à disciplina da produção e do mercado, ao exercício de atividades econômicas dependentes de concessão ou autorização do poder público, à tranquilidade pública ou ao respeito à propriedade e aos direitos individuais ou coletivos (art. 78 do CTN).

As taxas municipais que se costumam designar por taxas de localização variam muito conforme a legislação de cada Município. Não se pode generalizar o tratamento da matéria. É preciso analisar cada lei específica, atentando para o fato gerador por ela estabelecido.

O STF tem reconhecido a constitucionalidade de tais taxas[2], mas é preciso verificar, também, por ocasião da sua aplicação, se efetivamente é realizada a atividade de fiscalização que constitui o seu fato gerador. Sem fiscalização, não é possível a cobrança da taxa[3]. Veja-se o precedente em sede de repercussão geral:

> 1. Repercussão geral reconhecida. 2. Alegação de inconstitucionalidade da taxa de renovação de localização e de funcionamento do Município de Porto Velho. 3. Suposta violação ao artigo 145, inciso II, da Constituição, ao fundamento de não existir comprovação do efetivo exercício do poder de polícia. 4. O texto constitucional diferencia as taxas decorrentes do exercício do poder de polícia daquelas de utilização de serviços específicos e divisíveis, facultando apenas a estas a prestação potencial do serviço público. 5. A regularidade do exercício do poder de polícia é imprescindível para a cobrança da taxa de localização e fiscalização. 6. À luz da jurisprudência deste Supremo Tribunal Federal, a existência do órgão administrativo não é condição para o reconhecimento da constitucionalidade da cobrança da taxa de localização e fiscalização, mas constitui um dos elementos admitidos para se inferir o efetivo exercício do poder de polícia, exigido constitucionalmente. Precedentes. 7. O Tribunal de Justiça de Rondônia assentou que o Município de Porto Velho, que criou a taxa objeto do litígio, é dotado de aparato fiscal necessário ao exercício do poder de polícia. 8. Configurada a existência de instrumentos necessários e do efetivo exercício do poder de polícia. 9. É constitucional taxa de renovação de funcionamento e localização municipal, desde que efetivo o exercício do poder de polícia, demonstrado pela existência de órgão e estrutura competentes para o respectivo exercício, tal como verificado na espécie quanto ao Município de Porto Velho/RO[4].

A **Lei n. 5.641/89**, do **Município de Belo Horizonte**, que dispõe sobre os tributos cobrados por aquele ente federado, institui a Taxa de Fiscalização, de Localização e Funcionamento em seus arts. 18 a 21 e Tabela I anexa à lei.

Seu art. 18 dispõe no sentido de que essa taxa, "fundada no poder de polícia do Município, concernente ao ordenamento das atividades urbanas e à proteção do meio ambiente, tem como **fato gerador** a fiscalização por ele exercida sobre a localização de estabelecimentos comerciais, industriais e de prestação de serviços, bem como sobre o seu funcionamento em observância à legislação do uso e ocupação do solo urbano e às posturas municipais relativas à segurança, à ordem e à tranquilidade públicas e ao meio ambiente".

---

2. STF, Primeira Turma, RE 276.564, 2000; foi cancelada a **Súmula 157** do STJ que dizia ser ilegítima a cobrança de taxa na renovação de licença para localização de estabelecimento comercial ou industrial.
3. TRF4, AMS 2000.04.01.071251-3/SC.
4. STF, Tribunal Pleno, RE 588.322, 2010.

Contribuinte é "a pessoa física ou jurídica titular dos estabelecimentos".

É devida por estabelecimento, **anualmente**, sempre no seu valor integral, "vedado o seu fracionamento em função da data de abertura do estabelecimento, transferência de local ou qualquer alteração contratual ou estatutária". O **valor da taxa** é estabelecido em tabela, conforme a metragem quadrada do estabelecimento. Questionado tal critério em recurso extraordinário, entendeu o STF que "o fato de, na fixação da taxa de fiscalização e funcionamento, levar-se em conta elemento próprio ao cálculo de imposto – a metragem do imóvel –, não a revela conflitante com a Constituição Federal"[5].

A Lei n. 7.154/2018 do **Município de Bauru**, por sua vez, institui as Taxas de Fiscalização de Estabelecimentos, dentre as quais, a Taxa de Localização e de Funcionamento (TLF) (arts. 14 a 17). É fundada no poder de polícia concernente ao ordenamento das atividades urbanas e tem como fato gerador a fiscalização "sobre a localização de estabelecimentos comerciais, industriais e de prestação de serviços, bem como sobre o seu funcionamento em observância à legislação de uso e ocupação do solo urbano, segurança, ordem e tranquilidade pública e às posturas municipais" (art. 14). Considera-se ocorrido o fato gerador na data de início de funcionamento do estabelecimento e em 1º de janeiro de cada exercício subsequente (art. 15). Contribuinte é a pessoa física ou jurídica que explore estabelecimento situado no Município (art. 16). A base de cálculo é o custo estimado do exercício do poder de política em relação à área ocupada do estabelecimento, em função das despesas necessárias.

---
5. STF, Segunda Turma, RE 213.552, 2000.

Capítulo XXXVII
Regime do Simples Doméstico

227. Regime simplificado e unificado de recolhimento de tributos para o empregador doméstico

Em 2015, houve uma substancial alteração no regime jurídico dos trabalhadores domésticos. Por força da edição da Lei Complementar n. 150/2015, passaram a ter os mesmos direitos dos trabalhadores em geral, incluindo a limitação da carga horária diária e semanal, o depósito do FGTS e a indenização compensatória no caso de demissão sem justa causa.

Com vista a viabilizar o cumprimento das múltiplas obrigações dos empregadores, de caráter tributário e trabalhista, a referida Lei Complementar n. 150/2015 criou o chamado Simples Doméstico. Trata-se de regime unificado de pagamento de tributos e demais encargos do empregador. A Portaria Interministerial MF/MPS/TEM n. 822/2015 também cuida da matéria, disciplinando o regime do Simples Nacional em dez artigos.

A LC n. 150/2015 assegura o recolhimento mensal unificado tanto de encargos trabalhistas (depósito do FGTS e o depósito compensatório da indenização por despedida sem justa causa), como dos tributos, quais sejam, a contribuição previdenciária a cargo do segurado empregado doméstico, a contribuição patronal previdenciária, disciplinadas pelos arts. 20 e 24 da Lei n. 8.212/91, e, ainda, o imposto sobre a renda retido na fonte, de que trata o art. 7º da Lei n. 7.713/1988. Os pagamentos são feitos através do Documento de Arrecadação do eSocial (DAE) (www.gov.br/pt-br/servicos/emitir-dae-para-pagamento-do-empregador-domestico).

A operacionalização do Simples Doméstico dá-se através do sistema eSocial (www.gov.br/esocial).

Capítulo XXXVIII
Regime do Simples Nacional

228. Regime Simplificado e Unificado de Recolhimento de Tributos para Microempresas e Empresas de Pequeno Porte – Simples Nacional

A Lei Complementar n. 123/2006 estabelece o regime de tributação denominado Simples Nacional, através do qual as microempresas (ME) e as empresas de pequeno porte (EPP) podem substituir a apuração e o recolhimento dos diversos tributos por elas devidos pelo pagamento de um único valor mensal em percentual sobre a receita bruta. O Microempreendedor Individual (MEI) é modalidade de microempresa que pode "optar pelo recolhimento dos impostos e contribuições abrangidos pelo Simples Nacional em valores fixos mensais, independentemente da receita bruta por ele auferida no mês", conforme os arts. 18-A a 18-F da LC n. 123/2006, que foram acrescentados e alterados por leis complementares posteriores: LC n. 147/2014, LC n. 155/16 e LC n. 188/2021.

O Simples Nacional implica recolhimento, mediante documento único, não apenas de impostos e contribuições federais – IRPJ, IPI, CSLL, Cofins, PIS/Pasep, contribuição previdenciária da empresa –, mas também do ICMS e do ISS. Os demais tributos e algumas hipóteses de substituição tributária não são abrangidos: IOF, II, IE, ITR, imposto de renda de aplicações financeiras, imposto de renda relativo aos ganhos de capital auferidos na alienação de bens do ativo permanente, contribuição previdenciária do trabalhador e ICMS nas operações ou prestações sujeitas ao regime de substituição tributária, dentre outros. O rol de tributos incluídos e dos excluídos consta do art. 13 da Lei Complementar n. 123/2006.

A empresa que adere ao Simples Nacional não pode cumular esse regime com as prerrogativas próprias da tributação em separado de cada tributo, como a apropriação de créditos de ICMS ou suspensões de IPI. Conforme o STJ, o Simples Nacional constitui sistemática de arrecadação que "já institui forma de benefício fiscal que determina pagamento único e que, consequentemente, exclui qualquer outra vantagem estabelecida às demais empresas"[1].

Cuida-se de **regime opcional** para o contribuinte, mas que vincula, obrigatoriamente, os Estados e os Municípios. O recolhimento é feito por documento único instituído pelo Comitê Gestor, sendo os valores repassados, por este, a cada um dos entes políticos conforme a parcela que lhes cabe, nos termos dos arts. 21, I, e 22 da Lei Complementar n. 123/2006.

O enquadramento das pessoas jurídicas como **microempresas** e **como empresas de pequeno porte** depende da sua receita bruta anual.

A Lei Complementar n. 123/2006, em seu art. 3º, considera microempresa a pessoa jurídica que aufira no ano-calendário receita bruta de até R$ 360.000,00 (trezentos e sessenta mil reais). Por sua vez, considera empresa de pequeno porte a pessoa jurídica que aufira, no ano-calendário, receita bruta superior a R$ 360.000,00 até R$ 4.800.000,00 (quatro milhões e oitocentos mil reais). Mas, para "efeito de recolhimento do ICMS e do ISS no Simples Nacional", o limite máximo é de R$ 3.600.000,00 (três milhões e seiscentos mil reais), conforme o novo art. 13-A da LC n. 123/2006, acrescido pela LC n. 155/2016. Com isso, a elevação do limite, de R$ 3.600.000,00 para R$ 4.800.000,00 não alcançou o imposto estadual nem o municipal, o que gera uma cisão no sistema. No referido intervalo de receita bruta, a manutenção no Simples não é plena; só tem efeitos quanto aos tributos federais. Ademais, nos termos do art. 19 da LC n. 123/2006, com a redação da LC n. 155/2016, os Estados cuja participação no Produto Interno Bruto brasileiro seja de até 1% "poderão optar pela aplicação de um sublimite para efeito de recolhimento do ICMS na forma do Simples Nacional nos respectivos territórios, para empresas com receita bruta anual de até R$ 1.800.000,00 (um milhão e oitocentos mil reais)".

Para os efeitos do Simples Nacional, considera-se **microempreendedor individual** o empresário individual ou o empreendedor que exerça as atividades de industrialização, comercialização e prestação de serviços no âmbito rural, com receita bruta de até R$ 81.000,00 (oitenta e um mil reais).

Cabe notar que, embora refira tais valores como receita bruta, conceitua esta como o produto da venda de bens e serviços nas operações de conta própria, o preço dos serviços prestados e o resultado nas operações de conta alheia, restringindo-a, pois, à noção de faturamento. Por força da Lei Complementar n. 147/2014, para fins de enquadramento como microempresa ou empresa de pequeno porte consideram-se

---

[1]. STJ, REsp 1.497.591-PE, 2014.

separadamente as receitas auferidas no mercado interno e as de exportação. São consideradas em separado, devendo, cada qual, manter-se dentro dos limites de receita bruta anual. Na prática, portanto, a empresa pode ter receitas internas até o limite e receitas de exportação até o limite, nos termos do § 14 do art. 3º da Lei Complementar n. 123/2006, com a redação da Lei Complementar n. 147/2014. Para a determinação da alíquota a ser paga, também são consideradas separadamente as receitas internas e as de exportação.

Cabe destacar que nem todas as empresas com receita bruta inferior ao limite estão autorizadas a optar pelo regime unificado. O art. 17 da Lei Complementar n. 123/2006 traz um rol de **vedações ao ingresso** no Simples Nacional, dentre as quais se encontram as empresas que tenham sócio domiciliado no exterior, que prestem serviços de comunicação, decorrentes do exercício de atividade intelectual, de natureza técnica, científica, desportiva, artística ou cultural, que realizem cessão ou locação de mão de obra etc.

A opção pelo Simples Nacional implica aceitação de sistema de comunicação eletrônica para fins de recebimento de intimações e notificações, inclusive quanto a indeferimento de opção, exclusão do regime e ações fiscais, nos termos do art. 16, § 1º-A, da Lei Complementar n. 123/2006, acrescido pela Lei Complementar n. 139/2011.

O Simples Nacional não constitui propriamente um benefício fiscal que possa ser concedido ou suprimido conforme a conveniência dos entes políticos. É, isto sim, uma **sistemática de tributação simplificada, mais adequada à estrutura das microempresas e das empresas de pequeno porte**. Tem caráter permanente e unificado, por isso sua disciplina por lei complementar.

Mas o legislador pode estabelecer condições para a adesão. O art. 17, V, da Lei Complementar n. 123, por exemplo, condiciona o ingresso e a manutenção no sistema à inexistência de **débitos tributários** das empresas, dispositivo que foi considerado constitucional pelo STF quando do julgamento do RE 627.543 (Tema 363 de repercussão geral): "[...] a exigência de regularidade fiscal para o ingresso ou a manutenção do contribuinte no Simples Nacional – prevista no art. 17, inc. V da LC n. 123/2006 – não afronta os princípios da isonomia, porquanto constitui condição imposta a todos os contribuintes, conferindo tratamento diverso e razoável àqueles que se encontram em situações desiguais relativamente às suas obrigações perante as fazendas públicas dos referidos entes políticos, não havendo, outrossim, que se falar em ofensa aos princípios da livre iniciativa e da livre concorrência, uma vez que a exigência de requisitos mínimos para fins de participação no Simples Nacional não se confunde com limitação à atividade comercial do contribuinte". O STJ também já havia decidido que, "se o contribuinte não preenche os requisitos previstos na norma, mostra-se legítimo o ato do Fisco que impede a fruição do benefício referente ao regime especial de tributação", inclusive quando o requisito diz respeito "à quitação fiscal"[2].

As **alíquotas** do Simples Nacional são estabelecidas mediante a combinação de dois critérios estampados nas tabelas anexas à Lei Complementar n. 123/2006, com a redação da Lei Complementar n. 139/2011: o tipo de atividade (comércio, indústria, serviços e locação de bens móveis, serviços) e a receita bruta. Variam de 4% (menor alíquota do comércio) a 22,90% (maior alíquota de serviços de administração e locação de imóveis de terceiros).

Os débitos do Simples Nacional podem ser parcelados em até sessenta meses, com atualização pela Selic, forte na autorização inaugurada pela Lei Complementar n. 139/2011. Antes, não existia tal possibilidade, pois as leis federais, estaduais ou municipais não podiam ser aplicadas por analogia, tendo em conta que o sistema unificado de pagamento de tributos envolve as três esferas e está sob reserva de lei complementar[3]. O parcelamento e o reparcelamento são tratados pelo art. 21 da Lei Complementar n. 123, com destaque para os §§ 16 e 18, com a redação da Lei Complementar n. 155/2016. Foram instituídos programas especiais de parcelamento de débitos do Simples Nacional. A LC n. 162/2018 instituiu o Programa Especial de Regularização Tributária das Microempresas e Empresas de Pequeno Porte optantes pelo Simples Nacional (PERT-SN), com prazo de adesão prorrogado pela LC n. 168/2019. A LC n. 168/2019, inclusive, autorizou o retorno ao Simples Nacional, até 30 dias da sua publicação, decorridos em julho de 2019, das empresas dele excluídas em janeiro de 2018 que aderissem ao Programa Especial de Regularização Tributária das Microempresas e Empresas de Pequeno Porte optantes pelo Simples Nacional (PertSN), instituído pela Lei Complementar n. 162, de 6 de abril de 2018. Esse retorno se deu com efeitos retroativos a 1º de janeiro de 2018. A Lei Complementar n. 193/2022, por sua vez, instituiu Programa de Reescalonamento do Pagamento de Débitos no Âmbito do Simples Nacional (Relp), conforme abordamos no item dedicado aos parcelamentos. Tratamos da matéria no capítulo relativo à suspensão da exigibilidade do crédito tributário, item relativo à moratória e ao parcelamento.

---

2. STJ, Primeira Turma, RMS 27.376, 2009.
3. "Esta Corte já se pronunciou no sentido da legalidade da Portaria Conjunta PGFN/RFB n. 06/2009, a qual vedou a inclusão das empresas optantes pelo Simples Nacional no parcelamento previsto na Lei n. 11.941/2009, por entender que apenas Lei Complementar pode criar parcelamento de débitos que englobam tributos de outros entes da federação, nos termos do art. 146 da Constituição Federal. Assim, em não havendo a referida lei, não há como autorizar a inclusão dos optantes pelo Simples Nacional no referido parcelamento" (STJ, Segunda Turma, REsp 1.267.033, 2011).

As empresas podem optar pela sua **exclusão** do Simples Nacional ou dele serem excluídas de ofício em casos como o de exercício de atividade incompatível, extrapolação dos limites de receita, embaraço à fiscalização ou falta de escrituração do livro-caixa.

O art. 33 da Lei Complementar n. 123/2006 atribui a **competência para fiscalizar** o cumprimento das obrigações principais e acessórias relativas ao Simples Nacional à Secretaria da Receita Federal do Brasil, às Secretarias de Fazenda ou de Finanças dos Estados ou do Distrito Federal e, tratando-se de prestação de serviços incluídos na competência tributária municipal, também às Secretarias de Fazenda dos respectivos Municípios. Cada qual pode fiscalizar e lançar. É muito importante esse **compartilhamento da fiscalização** e que os entes políticos, autorizados pelo art. 34, § 1º, com a redação da LC n. 155/2016, prestem-se **assistência mútua** e realizem **permuta de informações** para fins de planejamento e de execução de procedimentos fiscais. Isso valoriza, sobretudo, as administrações tributárias municipais, que são bastante beneficiadas pelo Simples Nacional e que têm a sua atuação acrescida em importância por essa prerrogativa.

A Lei Complementar n. 155/2016, ao acrescentar o § 3º ao art. 34 da LC n. 123/2006, inovou positivamente ao ensejar que as administrações tributárias utilizem procedimento de **notificação prévia visando à autorregularização das empresas**, não constituindo início de procedimento fiscal. Com isso, é possível realizar procedimentos orientadores, ensejando a correção de equívocos e o pagamento de diferenças devidas antes de se dar início a uma ação fiscal individual contra as empresas. Isso aproxima a fiscalização tributária dos empreendedores e melhora o relacionamento entre ambos.

Capítulo XXXIX
Processo administrativo-fiscal

229. Legislação do processo administrativo-fiscal federal

O processo administrativo-fiscal não é regulado por norma geral de direito tributário. O CTN limita-se a determinar que os atos sejam documentados e que seja fixado prazo para exercício da fiscalização, não se ocupando, propriamente, do procedimento.

Cada ente político estabelece o processo administrativo-fiscal relativo aos tributos que administra.

O **Decreto n. 70.235/72** (Lei do Processo Administrativo-Fiscal – PAF), editado sob a égide de Atos Institucionais que delegavam ao Executivo tal competência e recepcionado como lei ordinária pela Constituição de 1988, dispõe sobre o **processo administrativo de determinação e exigência dos créditos tributários da União**[1], com julgamento pelas Delegacias da Receita Federal em primeira instância e pelo Conselho Administrativo de Recursos Fiscais em segunda instância e em instância especial.

A Lei n. 13.988/2020 definiu contencioso administrativo fiscal de pequeno valor como aquele em que a controvérsia não supere 60 (sessenta) salários mínimos, submetendo-o a julgamento em segunda instância não mais pelo CARF, mas por órgão colegiado da DRJ, as Câmaras Recursais. A Portaria ME n. 340/2022 regulamenta o contencioso

---

1. Para comentários sobre cada um dos artigos do Decreto n. 70.235/72 (PAF), *vide* nosso livro, escrito com René Bergmann Ávila e Ingrid Sliwka. *Direito processual tributário: Processo administrativo fiscal e execução fiscal à luz da doutrina e da jurisprudência*. 7. ed. Porto Alegre: Livraria do Advogado, 2012.

administrativo de pequeno valor, inclusive quanto ao seu rito especial, objeto dos arts. 47 a 51, aplicando-se apenas subsidiariamente o Decreto n. 70.235/72.

Os arts. 48 a 50 da **Lei n. 9.430/96** dispõem sobre os **processos administrativos de consulta**, que são solucionados em instância única.

O **Decreto n. 7.574/2011, com a redação do Decreto 8.853/2016,** regulamenta o processo de determinação e de exigência de créditos tributários da União, o processo de consulta relativo à interpretação da legislação tributária e aduaneira, à classificação fiscal de mercadorias, à classificação de serviços, intangíveis e de outras operações que produzam variações no patrimônio e de outros processos que especifica, sobre matérias administradas pela Secretaria da Receita Federal do Brasil.

Através da **Lei n. 9.784/99**, foram definidas regras para os processos administrativos conduzidos no âmbito da Administração Pública Federal em caráter geral, de **aplicação apenas subsidiária** a outros procedimentos específicos que já existiam, como o administrativo-fiscal, conforme se tira do seu art. 69[2]. Havendo dispositivo específico e válido no Decreto n. 70.235/72, prevalece sobre a Lei n. 9.784/99. No caso de lacuna, contudo, a Lei n. 9.784/99 deve ser aplicada. Assim, aplica-se, por exemplo, seu art. 2º, que enuncia os princípios a serem observados pela Administração Pública: legalidade, finalidade, motivação, razoabilidade, proporcionalidade, moralidade, ampla defesa, contraditório, segurança jurídica, interesse público e eficiência. Também aplicam-se os critérios a serem observados nos processos administrativos, tais como a adequação entre meios e fins, a indicação dos pressupostos de fato e de direito que determinarem a decisão, a observância das formalidades essenciais à garantia dos direitos dos administrados e a adoção de formas simples, suficientes para propiciar adequado grau de certeza, segurança e respeito aos direitos dos administrados.

O processo administrativo-fiscal abrange todo o procedimento de fiscalização e de autuação (a ação fiscal) e o processamento da impugnação e dos recursos (a fase litigiosa).

230. Ação fiscal e autuação

O art. 196 do CTN dispõe no sentido de que: "A autoridade administrativa que proceder ou presidir a quaisquer diligências de fiscalização **lavrará os termos necessários** para que se documente o início do procedimento, na forma da legislação aplicável, que fixará prazo máximo para a conclusão daquelas". O Decreto n. 70.235/72, por sua vez,

---

2. Lei n. 9.784/99: "Art. 1º Esta Lei estabelece normas básicas sobre o processo administrativo no âmbito da Administração Federal direta e indireta, visando, em especial, à proteção dos direitos dos administrados e ao melhor cumprimento dos fins da Administração. [...] Art. 69. Os processos administrativos específicos continuarão a reger-se por lei própria, aplicando-se-lhes apenas subsidiariamente os preceitos desta Lei".

determina: "Art. 7º O procedimento fiscal tem início com: I – o primeiro ato de ofício, escrito, praticado por servidor competente, cientificado o sujeito passivo da obrigação tributária ou seu preposto; II – a apreensão de mercadorias, documentos ou livros; III – o começo de despacho aduaneiro de mercadoria importada".

Esta exigência de formalização dos diversos atos, que é regulamentada por atos normativos infralegais, demonstra que o procedimento fiscal é informado pelo "**princípio documental**"[3]. Efetivamente, a ação fiscal, assim entendido o procedimento de fiscalização tendente a verificar se o contribuinte cumpriu suas obrigações e a lançar eventuais valores devidos, é toda documentada. Desde a ordem para que seja realizada a fiscalização, passando pela sua abertura, diligências, encerramento, conclusão e eventual complementação, tudo é formalizado. Para tanto, há mandados, termos e autos próprios. O processo administrativo-fiscal é autuado tal qual um processo judicial, recebendo numeração específica.

Os procedimentos de fiscalização constituem "ações que tenham por objeto verificar o cumprimento das obrigações tributárias relativas aos tributos administrados pela RFB e a aplicação da legislação do comércio exterior, e que possam resultar em redução de prejuízo fiscal ou base de cálculo negativa da Contribuição Social sobre o Lucro Líquido (CSLL) e em constituição de crédito tributário, este último inclusive quando decorrente de glosa de crédito em análise de restituição, ressarcimento, reembolso ou compensação, apreensão de mercadorias, representações fiscais, aplicação de sanções administrativas ou exigências de direitos comerciais", conforme o art. 3º, I, da Portaria n. RFB 6.478/2017. São instaurados mediante expedição prévia de **Termo de Distribuição do Procedimento Fiscal – TDPF**[4], documento esse que constitui ordem do Delegado da Receita para que um auditor-fiscal realize determinada fiscalização. O TDPF, ao mesmo tempo que autoriza a ação do auditor-fiscal, delimita o objeto da fiscalização, definindo a abrangência do trabalho a ser realizado. O **prazo para o cumprimento** do TDPF-F (Fiscalização) é de 120 dias, prorrogáveis. A existência de TDPF é requisito para que a fiscalização ocorra de modo válido; sua ausência implica nulidade do procedimento. A matéria é regulada pelo Decreto n. 3.724/2001. A Portaria RFB n. 6.478/2017 também cuida da matéria ao dispor sobre o planejamento das atividades fiscais e estabelecer normas para a execução de procedimentos fiscais. Mas há algumas poucas exceções à exigência de prévio TDPF, relacionadas ao despacho aduaneiro, à revisão aduaneira, à vigilância e repressão do contrabando e do descaminho em operação ostensiva e ao tratamento automático das declarações, as chamadas malhas finas.

---

3. AMARO, Luciano. *Direito tributário brasileiro*. 19. ed. São Paulo: Saraiva, 2013, p. 510.
4. Anteriormente, a ordem para a fiscalização denominava-se Mandado de Procedimento Fiscal – MPF.

A ação fiscal poderá abranger apenas os tributos e períodos de apuração constantes no TDPF, sendo que a sua ampliação depende de registro no próprio Termo. Essa limitação está intimamente ligada à finalidade de controle administrativo. O contribuinte tem o direito de não **fornecer informações e documentos** que não sejam pertinentes ao tributo ou a período abrangidos pelo TDPF, com a cautela de, em resposta a eventual intimação neste sentido, destacar, em resposta, que o fundamento da recusa é justamente inexistência de prévio TDPF com a abrangência pretendida.

Embora o TDPF, anteriormente denominado Mandado de Procedimento Fiscal (MPF), autorize, regule e condicione a fiscalização, há entendimento assentado na **Súmula CARF n. 171** no sentido de que: "Irregularidade na emissão, alteração ou prorrogação do MPF não acarreta a nulidade do lançamento" (2021).

O início do procedimento fiscal exclui a espontaneidade do sujeito passivo quanto aos fatos já ocorridos, mas o estado de espontaneidade pode ser retomado diante da inércia da autoridade por sessenta dias, nos termos do art. 7º, §§ 1º e 2º, do Decreto n. 70.235/72.

A não apresentação, pelo contribuinte, dos elementos solicitados implica **descumprimento de obrigação tributária acessória**, podendo configurar, por si só, infração autônoma sujeita a **multa**[5]. **Além disso, a falta de elementos para a análise da real atividade econômica desenvolvida pelo contribuinte dá ensejo ao arbitramento** dos tributos devidos[6]. A autoridade realiza o arbitramento estimando qual tenha sido a base de cálculo a partir de algum dado conhecido da contabilidade ou da atividade da empresa, o que muitas vezes também é chamado de **aferição indireta**. Embora não tenha caráter punitivo, o arbitramento costuma ser bastante gravoso.

Concluído o procedimento de fiscalização e verificada a ocorrência de infrações decorrentes do descumprimento de obrigações principais e/ou acessórias, é lavrado **Auto de Infração** (AI), documento que formaliza a constituição do crédito, apontando o tributo devido e/ou aplicando a multa. O Auto de Infração, portanto, consubstancia lançamento de ofício do crédito tributário.

O **Auto de Infração** tem de satisfazer **requisitos mínimos** estabelecidos no art. 10 do PAF, devendo apontar: qualificação do autuado, descrição dos fatos, fundamentação legal da exigência do tributo e da multa, montante devido, notificação para pagamento ou impugnação, identificação do autuante, local, data e assinatura. Como se vê, não se trata de nada que não seja absolutamente necessário para a compreensão do lançamento e verificação da sua regularidade, ensejando o exercício do direito de defesa.

---

5. Art. 32-A da Lei n. 8.212/91, com a redação da Lei n. 11.941/2009.
6. Art. 148 do CTN.

É importante considerar que o AI normalmente é acompanhado de documentos que detalham o trabalho realizado e a exigência fiscal. O primeiro deles é o **Relatório Fiscal** que indica o modo como foram apurados os créditos, as razões de direito e de fato que lhe dão sustentação. O segundo é o **Discriminativo de Débito**, com o detalhamento dos valores devidos, por competência, a partir de seus valores originários. A verificação acerca do cumprimento dos requisitos já referidos, estampados no art. 10 do PAF, faz-se à vista de todo este conjunto documental, ou seja, do AI com os seus anexos.

Conforme já ressaltado, a **notificação ao contribuinte** conclui o procedimento de lançamento, estando, para o lançamento, como a publicação está para a lei; sem ela, não se tem lançamento concluído, mas um procedimento inacabado e ineficaz[7]. A notificação, portanto, é essencial para que se tenha por efetivamente lançado o tributo e, assim, exercido pelo Fisco o direito de constituir o crédito tributário, afastando o decurso do prazo decadencial[8]. Embora o Decreto n. 70.235/72 cuide da notificação em artigo específico (art. 11), exigindo os mesmos requisitos do Auto de Infração, normalmente ela se dá mediante a simples ciência do contribuinte aposta no próprio Auto de Infração, não constituindo documento autônomo.

Caso o auditor-fiscal verifique a ocorrência de **outras infrações** para cuja autuação não seja competente, por ser da competência territorial de outra Delegacia ou de natureza criminal, **representará ao Delegado** da Receita Federal do Brasil para que este dê ciência às autoridades competentes.

231. Notificações e intimações

As notificações e intimações para apresentação de documentos, ciência de decisões, pagamento, oferecimento de impugnação ou recurso e para o que mais se fizer necessário no processo administrativo-fiscal, são regidas pelo art. 23 do Decreto n. 70.235/72, com

---

7. "AUSÊNCIA DE NOTIFICAÇÃO. VIOLAÇÃO À AMPLA DEFESA E CONTRADITÓRIO. VÍCIO NO PRÓPRIO LANÇAMENTO [...] 1. A ampla defesa e o contraditório, corolários do devido processo legal, postulados com sede constitucional, são de observância obrigatória tanto no que pertine aos 'acusados em geral' quanto aos 'litigantes', seja em processo judicial, seja em procedimento administrativo. 2. Insere-se nas garantias da ampla defesa e do contraditório a notificação do contribuinte do ato de lançamento que a ele respeita. A sua ausência implica a nulidade do lançamento e da execução fiscal nele fundada. 3. A notificação do lançamento do crédito tributário constitui condição de eficácia do ato administrativo tributário, mercê de figurar como pressuposto de procedibilidade de sua exigibilidade [...]" (STJ, Primeira Turma, REsp 1.073.494, 2010).

8. **Súmula 153** do extinto TFR: "Constituído, no quinquênio, através de auto de infração ou notificação de lançamento, o crédito tributário, não há falar em decadência, fluindo, a partir daí, em princípio, o prazo prescricional, que, todavia, fica em suspenso, até que sejam decididos os recursos administrativos". Do STJ, *vide* REsp 445.137 e REsp 83.984; do STF, RE 95.365.

as atualizações das Leis n. 9.532/97, n. 11.196/2005, n. 11.457/2007, n. 11.941/2009 e n. 12.844/2013.

Podem ser feitas, alternativamente:

- de **modo pessoal**, pelo próprio autor do procedimento ou por agente do órgão preparador, provada com assinatura do sujeito passivo, seu mandatário ou preposto;
- por **via postal**, com prova de recebimento no domicílio pessoal do sujeito passivo;
- por **meio eletrônico**, considerando-se efetivadas em 15 dias contados da data registrada no comprovante de entrega ou na data em que o sujeito passivo efetuar consulta no endereço eletrônico a ele atribuído pela administração tributária, se anterior, ou, ainda, na "data registrada no meio magnético ou equivalente utilizado pelo sujeito passivo".

Note-se que a intimação ou notificação não ocorrerá necessariamente na pessoa do representante legal da pessoa jurídica, podendo dar-se na pessoa de preposto ou, se postal ou eletrônica, pelo recebimento no domicílio do contribuinte. Resta consolidado, na **Súmula CARF n. 110**, o entendimento de que: "No processo administrativo fiscal, é incabível a intimação dirigida ao endereço de advogado do sujeito passivo".

O STJ entende que o dever do ente tributante de realizar a devida notificação se dá para fins de "garantia do devido processo administrativo, primando pela prática de atos que assegurem o respeito ao contraditório e à ampla defesa". Desse modo, "a regra deve ser a intimação pessoal, forma mais adequada e segura de dar conhecimento do ato, sem o risco da presunção de conhecimento da intimação por edital", reservando-se a intimação por edital para quando "restar frustrada a intimação pessoal"[9].

A notificação ou intimação poderá ser feita **por edital**, portanto, apenas **excepcionalmente**, conforme o § 1º do mesmo art. 23, que, com a redação das Leis n. 11.196/2005 e n. 11.941/2009, dispõe: "Quando resultar improfícuo um dos meios previstos no *caput* deste artigo ou quando o sujeito passivo tiver sua inscrição declarada inapta perante o cadastro fiscal, a intimação poderá ser feita por edital publicado: I – no endereço da administração tributária na internet; II – em dependência, franqueada ao público, do órgão encarregado da intimação; ou III – uma única vez, em órgão da imprensa oficial local". Conforme a **Súmula CARF n. 173**, "A intimação por edital realizada a partir da vigência da Lei n. 11.196, de 2005, é válida quando houver demonstração de que foi improfícua a intimação por qualquer um dos meios ordinários (pessoal, postal ou eletrônico) ou quando, após a vigência da Medida Provisória n. 449, de 2008, convertida na Lei n. 11.941, de 2009, o sujeito passivo tiver sua inscrição declarada inapta perante o cadastro fiscal" (2021).

---

9. STJ, REsp 1.561.153-RS, 2015.

232. Fase litigiosa: impugnação, instrução e recursos

A ação fiscal tem uma fase inquisitória, em que a autoridade busca a verdade material, colhendo as provas e as analisando, até que, lavrado Auto de Infração, finalmente notifica-se o sujeito passivo para exercer o seu direito ao contraditório e à ampla defesa. Nos termos da **Súmula CARF n. 162**, "O direito ao contraditório e à ampla defesa somente se instaura com a apresentação de impugnação ao lançamento" (2021).

O contribuinte tem o prazo de trinta dias, contados da notificação do Auto de Infração, para apresentar impugnação por escrito, instruída com a prova documental das suas alegações, nos termos do art. 15 do Decreto n. 70.235/72.

Conforme a **Súmula CARF n. 172**, "A pessoa indicada no lançamento na qualidade de contribuinte não possui legitimidade para questionar a responsabilidade imputada a terceiros pelo crédito tributário lançado" (2021). Caberá ao próprio terceiro, notificado no auto de infração que lhe tenha imputado a responsabilidade, nos termos da Instrução Normativa RFB n. 1.862/2018, defender-se, impugnando tanto o crédito tributário como o vínculo de responsabilidade.

As impugnações são dirigidas às **Delegacias da Receita Federal do Brasil de Julgamentos** – DRJs.

Não apresentada impugnação tempestivamente, preclui o direito do contribuinte de se opor administrativamente contra a exigência tributária. Com isso, considera-se o crédito tributário definitivamente constituído. Passa a correr, então, o prazo prescricional quinquenal, nos termos do art. 174 do CTN. Nesse prazo, o Fisco deve proceder à cobrança do crédito, seja amigavelmente através de Aviso de Cobrança, seja judicialmente mediante inscrição em dívida ativa e subsequente ajuizamento de execução judicial pelo rito da Lei n. 6.830/80.

Quando for oferecida **impugnação parcial**, a parte não impugnada poderá ser de pronto exigida. O art. 21, § 1º, do Decreto n. 70.235/72 determina que, antes da remessa dos autos para julgamento, sejam formados autos apartados para imediata cobrança da parte não impugnada. Nos termos do art. 17 do Decreto n. 70.235/72, com a redação da Lei n. 9.532/97, considera-se não impugnada a matéria que não tenha sido expressamente contestada pelo impugnante. Assim, quanto às rubricas não impugnadas, não há suspensão da exigibilidade do crédito, nada impedindo a sua cobrança, tampouco o curso do prazo prescricional relativamente a tal valor.

Apresentada **impugnação tempestiva**, parcial ou total, considera-se instaurada a **fase litigiosa** do processo administrativo-fiscal[10], suspendendo-se a exigibilidade

---

10. Art. 14. A impugnação da exigência instaura a fase litigiosa do procedimento.

do crédito tributário, conforme estabelecido pelo art. 151, III, do CTN[11]. O mesmo ocorre com a manifestação de inconformidade nas compensações, nos termos do art. 74, § 18, da Lei n. 9.430/96. Impugnação apresentada fora do prazo, contudo, não tem efeito suspensivo.

No caso de determinação e exigência de créditos tributários da União cujo sujeito passivo seja órgão ou entidade de direito público da administração pública federal, a submissão do litígio à composição extrajudicial pela Advocacia-Geral da União é considerada reclamação, para fins de suspensão da exigibilidade do crédito tributário, conforme dispõe o art. 14-A do Decreto n. 70.235/72, incluído pela Lei n. 13.140/2015.

A impugnação deve indicar a autoridade julgadora, qualificar o contribuinte impugnante, apresentar as razões de fato e de direito que fundamentam a insurgência, especificar a sua extensão e apontar as diligências e prova pericial pretendidas, com a devida justificação, formulação de quesitos e indicação de assistente técnico[12]. O art. 16 do Decreto n. 70.235/72 é que arrola os **requisitos da impugnação**. Com a impugnação, necessariamente, devem ser anexadas a documentação comprobatória da regularidade da representação do contribuinte (estatutos, atas de eleição da diretoria e, se for o caso, procuração ao advogado) e a prova documental (elementos contábeis, guias de pagamento etc.).

A **instrução probatória** no processo administrativo é muito semelhante à do processo civil.

A **prova documental** deve ser apresentada já com a impugnação[13], sob pena de preclusão, salvas as hipóteses de força maior, fato ou direito superveniente, ou, ainda, contraposição a fatos ou razões posteriormente trazidas aos autos. Porém, tendo em conta que o processo administrativo se rege pelo **princípio da verdade material**, cabe ao Fisco reconhecer eventual nulidade ou excesso, inclusive para evitar que tal se dê mediante ação

---

11. Art. 151. Suspendem a exigibilidade do crédito tributário: [...] III – as reclamações e os recursos, nos termos das leis reguladoras do processo tributário administrativo.
12. Art. 16. [...] IV – as diligências, ou perícias que o impugnante pretenda sejam efetuadas, expostos os motivos que as justifiquem, com a formulação dos quesitos referentes aos exames desejados, assim como, no caso de perícia, o nome, o endereço e a qualificação profissional do seu perito. (Redação dada ao inciso pela Lei n. 8.748, de 9/12/1993, DOU 10/12/1993.)
13. Art. 16 [...] § 4º A prova documental será apresentada na impugnação, precluindo o direito de o impugnante fazê-lo em outro momento processual, a menos que: a) fique demonstrada a impossibilidade de sua apresentação oportuna, por motivo de força maior; b) refira-se a fato ou a direito superveniente; c) destine-se a contrapor fatos ou razões posteriormente trazidas aos autos. (Parágrafo e alíneas acrescentados pela Lei n. 9.532, de 10/12/1997.) § 5º A juntada de documentos após a impugnação deverá ser requerida à autoridade julgadora, mediante petição em que se demonstre, com fundamentos, a ocorrência de uma das condições previstas nas alíneas do parágrafo anterior. § 6º Caso já tenha sido proferida a decisão, os documentos apresentados permanecerão nos autos para, se for interposto recurso, serem apreciados pela autoridade julgadora de segunda instância (§§ 5º e 6º acrescentados pela Lei n. 9.532, de 10/12/1997.)

judicial com encargos sucumbenciais. Ademais, pode ser determinada, inclusive de ofício, a realização de provas para a elucidação dos fatos. Tenha-se em conta, ainda, que os documentos que dizem respeito ao cumprimento de obrigações são do conhecimento de ambas as partes. Tudo isso justifica que a autoridade leve em consideração documentação acostada posteriormente à impugnação. Não é por outra razão que o art. 3º, III, da Lei n. 9.784/99, que cuida do processo administrativo em geral, autoriza expressamente a consideração da documentação acostada até o momento do julgamento.

O pedido de **prova pericial** é apreciado pela autoridade julgadora, que pode indeferi-la se impertinente, prescindível ou impraticável, sem que tal implique violação à ampla defesa. Nos termos da **Súmula CARF n. 163**, "O indeferimento fundamentado de requerimento de diligência ou perícia não configura cerceamento do direito de defesa, sendo facultado ao órgão julgador indeferir aquelas que considerar prescindíveis ou impraticáveis" (2021). A menos que a prova seja pertinente e decisiva para a solução da questão, não há que se falar em cerceamento de defesa, pois este diz respeito à prova útil. Pode a autoridade, também, determinar de ofício a realização de diligências ou de perícias, cabendo-lhe, neste caso, oportunizar ao contribuinte a formulação de quesitos e a indicação de assistente técnico.

Encerrada a instrução, a impugnação[14] é julgada por uma das Turmas da **Delegacia da Receita de Julgamentos (DRJs)**. O funcionamento das DRJs é objeto da Portaria ME 340/2020. Note-se que, no processo administrativo-fiscal relativo aos créditos da União, **o julgamento é sempre colegiado**, desde a primeira instância.

Os **recursos**, por sua vez, são julgados por Câmaras Recursais das próprias DRJs, quando se trate de contencioso administrativo de pequeno valor (até sessenta salários mínimos), conforme a Lei n. 13.988/2020, ou julgados pelas Turmas de julgamento do **Conselho Administrativo de Recursos Fiscais (CARF)**, quanto ao contencioso mais elevado. No âmbito do CARF, há, ainda, recursos especiais destinados à uniformização da jurisprudência, sujeitos à competência da sua Câmara Superior de Recursos Fiscais.

O CARF, criado pela Lei n. 11.941/2009 em substituição aos anteriores Conselhos de Contribuintes, tem seu Regimento Interno aprovado pela Portaria MF 343/2015, com suas diversas alterações, inclusive as decorrentes da Portaria ME 3.125/2022.

No âmbito do CARF, o empate no julgamento do processo administrativo de determinação e exigência do crédito tributário resolve-se favoravelmente ao contribuinte, não mais se aplicando o voto de qualidade. Trata-se de inovação decorrente da Lei n. 13.988/2020, que incluiu, nesse sentido, o art. 19-E na Lei n. 10.522/2002.

---

14. Ou "manifestação de inconformidade", em matéria de compensações (art. 74, § 11, da Lei n. 9.430/96).

Tanto o **prazo** para impugnação como para a interposição de recurso é de 30 dias, nos termos dos arts. 15 e 33 do Decreto n. 70.235/72. O prazo para o recurso especial, contudo, é de 15 dias, estabelecido pelo art. 37, § 2º, do mesmo diploma.

O **condicionamento do recurso** ao arrolamento de bens equivalente a 30% da exigência fiscal definida na decisão, estabelecido pelo art. 33, § 2º, do Decreto n. 70.235/72, com a redação da Lei n. 10.522/2002, foi declarado inconstitucional pelo STF. Assim, não pode ser exigida nenhuma garantia para o recebimento de recurso. Eis a **Súmula Vinculante 21** do STF: "É inconstitucional a exigência de depósito ou arrolamento prévios de dinheiro ou bens para admissibilidade de recurso administrativo". A **Súmula 373** do STJ já dispunha: "É ilegítima a exigência de depósito prévio para admissibilidade de recurso administrativo".

Decorrido o prazo de intimação das decisões da Delegacia de Julgamentos ou decididos os recursos pelo Carf por decisão não mais sujeita a recurso (art. 42 do Decreto n. 70.235/72), resta **concluído o processo administrativo e definitivamente constituído o crédito tributário**.

Há fundamento para entendermos que a conclusão do processo administrativo-fiscal deve se dar no prazo máximo de cinco anos contados da data em que tenha sido iniciada a fiscalização, ou seja, da data da lavratura do Termo de Início de Ação Fiscal de que tenha resultado o lançamento, sob pena de perempção (prescrição intercorrente no processo administrativo), forte no parágrafo único do art. 173 do CTN[15]. A jurisprudência, contudo, é no sentido de que **não corre prazo durante o processo administrativo-fiscal**, servindo, o parágrafo único do art. 173, apenas para antecipar o início do prazo decadencial quando a fiscalização se inicie antes do termo previsto no inciso I do *caput*. Embora, no âmbito do processo administrativo sancionador federal, a Lei n. 9.873/1999 já estabeleça a prescrição intercorrente – "Incide a prescrição no procedimento administrativo paralisado por mais de três anos, pendente de julgamento ou despacho, cujos autos serão arquivados de ofício ou mediante requerimento da parte interessada..." (art. 1º, § 1º) –, tal não se aplica ao processo administrativo fiscal.

233. Nulidades no processo administrativo-fiscal

O reconhecimento da nulidade do processo administrativo-fiscal não deve ocorrer em função de simples irregularidades formais que não sejam capazes, por si sós, de comprometer a sua lisura, sua finalidade e sua legitimidade. O art. 59 do Decreto n. 70.235/72 só autoriza o reconhecimento de nulidade quando verificada:

---

15. GRECO, Marco Aurélio. *Princípios tributários no direito brasileiro e comparado: Estudos jurídicos em homenagem a Gilberto de Ulhôa Canto*. Rio de Janeiro: Forense, 1988, p. 502 s.

- **incompetência** do servidor que praticou o ato, lavrou termo ou proferiu o despacho ou decisão[16]; ou
- violação ao direito de defesa do contribuinte em face de qualquer outra causa, como vício na motivação dos atos (ausência ou equívoco na fundamentação legal do auto de infração), indeferimento de prova pertinente e necessária ao esclarecimento dos fatos, falta de apreciação de argumento de defesa do contribuinte[17][18].

Não há **requisitos de forma** que impliquem nulidade de modo automático e objetivo. A nulidade não decorre propriamente do descumprimento de requisito formal, mas dos seus efeitos comprometedores do direito de defesa assegurado constitucionalmente ao contribuinte já por força do art. 5º, LV, da CF. Isso porque as formalidades se justificam como garantidoras da defesa do contribuinte; não são um fim em si mesmas, mas instrumentos para assegurar o exercício da ampla defesa.

Alegada eventual irregularidade, cabe à autoridade administrativa ou judicial verificar se implicou efetivo prejuízo à defesa do contribuinte[19]. Regem-se as nulidades do processo administrativo, portanto, pelo **princípio da instrumentalidade das formas**.

Ademais, não se declara nenhuma nulidade quando se pode decidir o processo administrativo ou judicial, quanto à questão material, a favor do sujeito passivo[20].

A **declaração de nulidade**, portanto, **é excepcional**, só tendo lugar quando o processo não tenha tido aptidão para atingir os seus fins sem ofensa aos direitos do contribuinte.

---

16. "É nula, por força do disposto no inciso I do art. 59, do Decreto n. 70.235/72, a decisão proferida por Delegado da Receita Federal de Julgamento que agrava o crédito tributário, por faltar-lhe competência para lançar imposto ou contribuições, atribuição da esfera das Delegacias e Inspetorias da Receita Federal" (1º CC, 7ª C, Ac. 107-03.821).
17. "[...] a falta de apreciação de argumentos expendidos na peça impugnatória acarreta nulidade da decisão proferida em primeira instância. Preliminar acolhida. Decisão anulada" (1º CC – Ac. 104-17.515 – 4ª C. DOU 28/11/2000, p. 9).
18. Decreto n. 70.235/72: Art. 59. São nulos: I – os atos e termos lavrados por pessoa incompetente; II – os despachos e decisões proferidos por autoridade incompetente ou com preterição do direito de defesa.
19. Decreto n. 70.235/72: "Art. 60. As irregularidades, incorreções e omissões diferentes das referidas no artigo anterior não importarão em nulidade e serão sanadas quando resultarem em prejuízo para o sujeito passivo, salvo se este lhes houver dado causa, ou quando não influírem na solução do litígio".
20. Decreto n. 70.235/72: Art. 59 [...] "§ 3º Quando puder decidir no mérito a favor do sujeito passivo a quem aproveitaria a declaração de nulidade, a autoridade julgadora não a pronunciará nem mandará repetir o ato ou suprir-lhe a falta" (Parágrafo acrescentado pela Lei n. 8.748, de 9/12/1993).

Os **efeitos** da declaração de nulidade ficam restritos ao próprio ato viciado e aos posteriores que dele dependam ou que dele tenham decorrido[21], nos termos, aliás, do que se faz no âmbito do processo civil (arts. 281 e 282 do CPC – Lei n. 13.105/2015).

Cabe destacar que a anulação do lançamento por vício formal **reabre o prazo decadencial** (art. 173, II, do CTN).

234. Processo administrativo-fiscal estadual

Os Estados disciplinam, por leis próprias, o processo administrativo-fiscal aplicável aos tributos de sua competência.

No Estado do Rio Grande do Sul, o procedimento tributário administrativo é disciplinado pela Lei RS n. 6.537/73, tendo recebido inúmeras alterações, inclusive as decorrentes da Lei RS n. 15.576/2020. O julgamento em primeira instância compete ao Subsecretário da Receita Estadual. Já o órgão colegiado de segunda instância administrativa foi criado pela Lei RS n. 973/1950 sob a denominação de Conselho Estadual de Contribuintes, tendo sua denominação alterada para **Tribunal Administrativo de Recursos Fiscais** (Tarf), pela Lei RS n. 3.694/1959.

No Estado de São Paulo, a Lei SP n. 13.457/2009 dispõe sobre o processo administrativo tributário decorrente de lançamento de ofício para solução de litígios relativos aos tributos estaduais e respectivas penalidades. Em primeira instância, o julgamento é da competência das Delegacias Tributárias de Julgamento. Em segunda instância, tratando-se de débito até 20.000 Unidades Fiscais do Estado de São Paulo, o recurso é decidido pelo Delegado Tributário de Julgamento; acima desse valor, a competência é do **Tribunal de Impostos e Taxas (TIT)**, tudo nos termos dos arts. 40 e 46 da referida lei. O interessado que possuir certificado digital pode habilitar-se no ePAT, o processo administrativo tributário eletrônico, objeto da Portaria CAT 198/2010.

235. Processo administrativo-fiscal municipal

Os Municípios estabelecem seu próprio processo administrativo-fiscal mediante leis municipais.

No **Município de Porto Alegre**, o processo administrativo-fiscal é regido pela **Lei Complementar n. 7/73**.

....
21. Decreto n. 70.235/72: Art. 59 [...] "§ 1º A nulidade de qualquer ato só prejudica os posteriores que dele diretamente dependam ou sejam consequência. § 2º Na declaração de nulidade, a autoridade dirá os atos alcançados, e determinará as providências necessárias ao prosseguimento ou solução do processo".

Os recursos são julgados pelo **Tribunal Administrativo de Recursos Tributários** do Município de Porto Alegre – **TART** –, criado pela Lei Complementar n. 534/2005 do Município de Porto Alegre, regulamentada pelo Decreto n. 15.110/2006. Esse tribunal municipal também tem composição paritária, contando com representantes da Fazenda e dos contribuintes, indicados estes por entidades da sociedade.

A Lei Complementar n. 7/73 cuida da matéria em seu Título VI: "Da notificação, consulta, reclamação e recurso". As **reclamações** devem ser apresentadas em 30 dias contados da notificação do lançamento (art. 62, II), e os **recursos voluntários** ao TART também no prazo de trinta dias contados da notificação da decisão denegatória da reclamação. As decisões do Tart são designadas como "**resoluções**". O § 2º prevê expressamente o efeito suspensivo das reclamações e recursos.

No **Município de São Paulo**, o processo administrativo fiscal é disciplinado pela Lei n. 14.107/2005, com suas alterações, inclusive as da Lei n. 17.557/2021. Em primeira instância, resolve-se no âmbito da Subsecretaria da Receita Municipal, órgão que também resolverá os recursos de baixo valor. Em segunda instância, ultrapassada a alçada, os recursos são submetidos ao **Conselho Municipal de Tributos (CMT)**. A disciplina da interposição de recursos por meio do aplicativo Solução de Atendimento Virtual – SAV – consta da Instrução Normativa SF n. 1/2018, devendo-se atentar, também, para a IN SF/SUREM n. 10/2019.

Capítulo XL
Processo judicial tributário

236. Questões comuns às ações tributárias

O art. 19 da Lei n. 10.522/2002, com a redação da Lei n. 13.874/2019, dispensa a Procuradoria-Geral da Fazenda Nacional de contestar, oferecer contrarrazões e interpor recurso, bem como autoriza a desistir dos recursos interpostos, quando a ação verse sobre matérias pacificadas nos termos em que especifica, como aquelas que contem com súmula ou parecer da AGU no mesmo sentido, que sejam objeto de súmula vinculante do STF ou que já tenham sido decididas pelo STF em controle concentrado de constitucionalidade. Nos casos em que o Procurador da Fazenda Nacional reconhecer a procedência do pedido ou manifestar desinteresse em recorrer, também não haverá reexame necessário (art. 19, § 2º).

O art. 19-C da mesma lei, incluído pela Lei n. 13.874/2019, por sua vez, dispõe que a Procuradoria-Geral da Fazenda Nacional poderá dispensar a prática de atos processuais e autorizar a desistência de recursos interpostos, bem como autorizar a realização de acordos em fase de cumprimento de sentença, observados critérios de racionalidade, economicidade e eficiência, inclusive mediante o estabelecimento de parâmetros de valor para tal dispensa.

237. Ações ajuizadas pelo Fisco

O art. 5º, XXXV, da Constituição de 1988 assegura a todos amplo acesso ao Judiciário. Não apenas a lesão a direito, mas a própria ameaça de lesão já revela interesse processual e é digna de tutela.

O **Fisco**, no Brasil, não depende do Judiciário para constituir seus créditos. Cabe-lhe realizar, por iniciativa própria, a apuração dos tributos devidos e eventualmente impagos, mediante lançamento, notificando os contribuintes a efetuar o respectivo pagamento ou a se defenderem. Também compete ao Fisco a imposição de multas pelo descumprimento da legislação tributária. Para tanto, não depende de nenhuma ação judicial de conhecimento que imponha aos obrigados a condenação de pagarem. Ademais, a legislação permite que constitua inclusive o título executivo para buscar a satisfação compulsória dos seus créditos. Todavia, ao Fisco – assim entendido o sujeito ativo da obrigação tributária (credor) – não é dado proceder à execução administrativa. Ou seja, não tem a prerrogativa de efetuar, por ato próprio, a constrição do patrimônio do devedor, não podendo realizar diretamente o bloqueio ou a indisponibilidade de bens, tampouco atos expropriatórios.

Há rito especial estabelecido por lei para a **execução judicial dos créditos tributários**, denominada execução fiscal.

Pode o Fisco, ainda, buscar em Juízo o **acautelamento da execução** através de medida cautelar fiscal. E o protesto judicial, por sua vez, pode lhe ser útil para a interrupção do prazo prescricional (art. 174, parágrafo único, II, do CTN).

Cabe destacar que, embora haja leis e dispositivos processuais de caráter especial a serem aplicados no processo judicial tributário, como é o caso da Lei n. 6.830/80 (Lei de Execuções Fiscais) e da Lei n. 8.397/92 (Lei da Medida Cautelar Fiscal), aplica-se, em geral e subsidiariamente, o Código de Processo Civil e demais leis processuais.

238. Medida cautelar fiscal

A **Lei n. 8.397/92** cuida da chamada Medida Cautelar Fiscal.

Com fundamento nesta lei, a União, os Estados, o Distrito Federal e os Municípios, bem como suas autarquias, como sujeitos ativos de obrigações tributárias, podem buscar acautelar os seus créditos **quando o devedor pratique atos que dificultem ou impeçam a sua satisfação**. São casos como o do devedor que se ausenta visando elidir o adimplemento da obrigação, que põe ou tenta pôr seus bens em nome de terceiros, que possui débitos superiores a 30% do seu patrimônio conhecido ou que tem sua inscrição no cadastro de contribuintes declarada inapta pela Fazenda, dentre outros (art. 2º). O acautelamento visa tornar indisponível patrimônio suficiente para garantir a satisfação do crédito tributário.

Esta ação cautelar, via de regra, pressupõe **créditos tributários já constituídos** (arts. 1º e 3º), ou seja, declarados pelo contribuinte ou lançados pelo Fisco. Há apenas duas hipóteses, decorrentes das alterações impostas pela Lei n. 9.532/97[1], em que, excepcionalmente, o legislador admite o seu uso antes mesmo da constituição do crédito (parágrafo único do art. 1º): a do contribuinte que põe seus bens em nome de terceiros e a daquele que aliena bens ou direitos sem proceder à comunicação devida ao órgão da Fazenda Pública (caso dos bens objeto de arrolamento administrativo).

Deve o Fisco demonstrar a **necessidade da medida**, pois a "Medida Cautelar Fiscal não é meio útil para atender aos caprichos do Fisco, exacerbando as suas atribuições de cobrar o tributo devido, ao ultrapassar os limites do devido processo legal"[2].

O crédito e as situações referidas devem ser provados documentalmente pelo Requerente (art. 3º).

A **indisponibilidade** recairá sobre os bens do ativo permanente da pessoa jurídica (art. 4º, § 1º), salvo em situações excepcionais[3], sendo levada a registro perante o registro de imóveis e outras repartições competentes (art. 4º, § 3º). Observe-se, porém, que "sendo o caso de atos fraudulentos, a indisponibilidade de bens decorrente da medida cautelar fiscal não encontra limite no ativo permanente a que se refere o § 1º do art. 4º da Lei n. 8.397/92"[4]. A indisponibilidade poderá ser estendida ao acionista controlador e àquelas pessoas que tenham poderes de gestão, "desde que demonstrado que as obrigações tributárias resultaram de atos praticados com excesso de poderes ou infração de lei, contrato social ou estatutos (responsabilidade pessoal), nos termos do artigo 135, do CTN"[5].

O Requerido pode pleitear a substituição da indisponibilidade determinada pelo Juízo pelo oferecimento de garantia, ouvida a Fazenda Pública (art. 10).

A medida cautelar fiscal concedida conserva sua **eficácia** mesmo que seja suspensa a exigibilidade do crédito tributário. Mas, quando preparatória, perde sua eficácia se a execução não for ajuizada até, no máximo, sessenta dias após o lançamento tornar-se irrecorrível na esfera administrativa. Daí por que o art. 46 do Decreto n. 7.574/2011 determina que seja ajuizada a execução no prazo de sessenta dias, "contados da data em que a exigência se tornar irrecorrível na esfera administrativa".

A ação cautelar fiscal também pode ser ajuizada no curso do processo de execução. Em qualquer caso (preparatória ou incidental), o **juízo competente** para a ação cautelar fiscal é o mesmo da execução fiscal (art. 5º). Cabe destacar, nos termos do art. 781 do CPC (Lei n. 13.105/2015), que, na execução fiscal, o Fisco pode escolher qualquer dos domicílios

---

1. STJ, Primeira Turma, REsp 466.723, 2006.
2. STJ, Primeira Turma, REsp 690.740, 2005.
3. STJ, Segunda Turma, REsp 365.546, 2006.
4. STJ, Primeira Turma, REsp 1.656.172/MG, 2019.
5. STJ, REsp 722.998.

do réu ou, ainda, ajuizar a ação "no foro do lugar em que se praticou o ato ou em que ocorreu o fato que deu origem ao título, mesmo que nele não mais resida o executado". O Fisco não está adstrito à autonomia dos estabelecimentos, possuindo, isto sim, "discricionariedade para ajuizar a execução em qualquer dos domicílios tributários do devedor"[6].

Cabe destacar que, desde o advento da Lei n. 13.606/2018, o Fisco está autorizado a promover, administrativamente, a indisponibilidade de bens do devedor sempre que tenha ele deixado de atender à notificação para efetuar o pagamento de crédito tributário já inscrito em dívida ativa. Isso porque o novo art. 20-B da Lei n. 10.522/2002, acrescido pela referida lei de 2018, determina a notificação para pagamento em cinco dias, passados os quais a Fazenda Pública poderá tanto comunicar a inscrição em dívida ativa aos serviços de proteção ao crédito que mantêm cadastros de inadimplentes como averbar a certidão de dívida ativa nos órgãos de registros de bens e direitos, tornando-os indisponíveis. Portanto, tratando-se de crédito inscrito em dívida ativa, é possível que o Fisco obtenha, por si próprio, o seu acautelamento. Mas a ação cautelar fiscal, mesmo nessa situação, permanece servindo ao fim de alcançar outros bens e direitos que, não sujeitos a registro, possam ser encontrados e vir a cumprir o fim de assegurar e de satisfazer o crédito tributário.

239. Execução fiscal

A ação de execução fiscal é a via processual adequada para o sujeito ativo da relação tributária, munido da Certidão de Dívida Ativa (CDA) como título executivo extrajudicial, obter do sujeito passivo (contribuinte, substituto ou responsável tributário), a **satisfação compulsória do seu crédito**[7].

A **CDA** deve revestir-se de certeza, liquidez e exigibilidade. Quando suspensa a exigibilidade por alguma das causas previstas no art. 151 do CTN, já não mais poderá ser ajuizada execução fiscal ou, se ajuizada, deverá ser suspensa, carente que estará, o título, de um dos requisitos que dele se exige.

A execução fiscal é regrada pela **Lei n. 6.830/80**, denominada Lei de Execução Fiscal (LEF), aplicando-se, ainda, subsidiariamente, o CPC, especialmente os dispositivos que regulam o processo de execução.

As execuções fiscais movidas pela União ou por autarquias federais são ajuizadas na Subseção da Justiça Federal cuja competência abrange a área territorial do domicílio do executado. Conforme o art. 46, § 5º, do CPC (Lei n. 13.105/2015), "A execução fiscal será proposta no foro de domicílio do réu, no de sua residência ou no do lugar onde for encontrado". A Lei n. 13.043, de novembro de 2014, revogou a competência delegada da Justiça Estadual para os executivos fiscais da União e de suas autarquias ajuizados contra

---

6. STJ, Segunda Turma, REsp 1.128.139, 2009.
7. A execução fiscal também se presta para a cobrança da dívida ativa não tributária.

devedores domiciliados em comarcas onde não houvesse Vara Federal, prevista no ora revogado inciso I do art. 15 da Lei n. 5.010/66. A competência delegada para as execuções que já estavam sendo processadas na Justiça Estadual restou prorrogada, lá devendo permanecer os feitos até sua extinção, o que se infere do art. 75 da Lei n. 13.043/2014. Em 2022, o STJ, no IAC n. 15, oriundo dos CCs 188.314 e 188.373, determinou que "fica obstada a redistribuição de processos pela Justiça Estadual (no exercício da jurisdição federal delegada) para a Justiça Federal, sem prejuízo do prosseguimento das respectivas execuções fiscais". A competência da Justiça Federal, porém, é constitucional, estabelecida no art. 109 da CF, e seu § 3º não mais prevê a possibilidade de delegação de competência à Justiça Estadual, senão em matéria previdenciária. A determinação legal de que as execuções fiscais que tramitavam na Justiça Estadual não sejam redistribuídas é inconstitucional.

Analisando o Tema Repetivivo n. 1054 (REsp 1.858.965), em 2021, o STJ firmou a seguinte tese: "A teor do art. 39 da Lei n. 6.830/80, a fazenda pública exequente, no âmbito das execuções fiscais, está dispensada de promover o adiantamento de custas relativas ao ato citatório, devendo recolher o respectivo valor somente ao final da demanda, acaso resulte vencida".

A Lei n. 10.522/2002 autoriza a Procuradoria-Geral da Fazenda Nacional a condicionar o ajuizamento de execuções fiscais à verificação de indícios de bens, direitos ou atividade econômica dos devedores, úteis à satisfação, ao menos parcial, dos débitos a serem executados (art. 20-C, incluído pela Lei n. 13.606/2018). Conforme a Portaria PGFN n. 396/2016, com a redação da Portaria PGFN n. 520/2019, podem ser até suspensas execuções já ajuizadas, com valor consolidado de até um milhão de reais, em que não constem informações de bens e direitos úteis à satisfação, total ou parcial, do crédito executado. Nesses casos, será realizado apenas o protesto.

Por vezes, há inúmeras execuções fiscais ajuizadas contra um mesmo sujeito passivo. Nestes casos, importa ter em conta a **Súmula 515** do STJ, editada em agosto de 2014: "A reunião de execuções fiscais contra o mesmo devedor constitui faculdade do Juiz".

Deve ser ajuizada a execução – e obtido o despacho ordenando a citação (art. 174, parágrafo único, I, do CTN) – no **prazo de cinco anos** contados da constituição definitiva do crédito, nos termos do art. 174 do CTN, ou seja, da conclusão do processo administrativo. Quando formalizado o crédito por declaração do contribuinte, o prazo conta da declaração[8]. O STJ entende que a demora da máquina judiciária em praticar os atos processuais não pode prejudicar o credor que tenha ajuizado a execução tempestivamente, razão pela qual aplica sua **Súmula 106** também à execução fiscal[9]: "Proposta a ação no

---

8. STJ, EDREsp 720.612.
9. STJ, Primeira Seção, REsp 1.102.431, 2009.

prazo fixado para o seu exercício, a demora na citação, por motivos inerentes ao mecanismo da Justiça, não justifica o acolhimento da arguição de prescrição ou decadência".

Conforme a Súmula 558 do STJ, "Em ações de execução fiscal, a petição inicial não pode ser indeferida sob o argumento da falta de indicação do CPF e/ou RG ou CNPJ da parte executada". A Súmula 559 do STJ, por sua vez, dispõe: "Em ações de execução fiscal, é desnecessária a instrução da petição inicial com o demonstrativo de cálculo do débito, por tratar-se de requisito não previsto no art. 6º da Lei n. 6.830/80".

Cita-se o executado para, no prazo de cinco dias, pagar a dívida ou garantir a execução. A citação é regulada pelo art. 8º da LEF. A modalidade preferencial é a citação pelo correio, com aviso de recebimento, mas também pode ser feita por Oficial de Justiça. Nos termos da **Súmula 414** do STJ, "A citação por edital na execução fiscal é cabível quando frustradas as demais modalidades".

A garantia do juízo é feita mediante depósito em dinheiro, fiança bancária ou seguro garantia, nomeação de bens próprios à penhora ou indicação à penhora de bens oferecidos por terceiros, desde que aceitos pela Fazenda Pública, tudo nos termos do art. 9º da LEF.

O executado tem o **dever de colaborar com a execução**, sendo que a não indicação de onde estão os bens sujeitos à penhora é considerada atentatória à dignidade da justiça, ensejando a aplicação de multa, conforme o art. 774 do CPC (Lei n. 13.105/2015), também aplicável à execução fiscal.

Ademais, caso o executado, uma vez citado, não pague nem indique bens à penhora ou sejam estes insuficientes para a satisfação do crédito, procede-se ao bloqueio de ativos financeiros ou mesmo à decretação da indisponibilidade dos bens em geral.

Efetivamente, considerando-se que, citado para pagar ou para nomear bens à penhora, o devedor tem o dever de indicar os seus bens respeitando a preferência legal, é legítimo que, na ausência de indicação de dinheiro penhorável e de outros bens, ou não concordando o Fisco justificadamente com a penhora de outro bem não preferencial, possa o juízo da execução, mediante requerimento do exequente, utilizar-se do BacenJud para identificar e penhorar dinheiro[10]. Desnecessário, portanto, o esgotamento de diligências[11].

O **dinheiro** ocupa o todo da lista de bens preferenciais para fins de penhora, nos termos do art. 11 da Lei n. 6.830/80. Aliás, também na execução disciplinada pelo CPC, o dinheiro é preferencial, conforme o art. 835, I, do Código. O bloqueio de ativos financeiros os afeta à satisfação do crédito em execução, impedindo o executado de se furtar ao cumprimento das suas obrigações e à tutela jurisdicional a que tem direito o credor.

---

10. STJ, AgRg no REsp 1.296.737, 2013.
11. STJ, EDcl no AgRg no REsp 1.052.098, 2013.

A penhora de dinheiro, ainda que mediante utilização do BacenJud, não está sujeita à disciplina do art. 185-A do CTN, mas à do art. 854 do CPC (Lei n. 13.105/2015): "Art. 854. Para possibilitar a penhora de dinheiro em depósito ou em aplicação financeira, o juiz, a requerimento do exequente, sem dar ciência prévia do ato ao executado, determinará às instituições financeiras, por meio de sistema eletrônico gerido pela autoridade supervisora do sistema financeiro nacional, que torne indisponíveis ativos financeiros existentes em nome do executado, limitando-se a indisponibilidade ao valor indicado na execução".

O bloqueio é limitado ao **valor da execução**. Ademais, é fundamental que haja cuidado no sentido de que não recaia sobre **depósitos impenhoráveis**, como valores correspondentes a salários, vencimentos e proventos e depósitos de até 40 salários mínimos em caderneta de poupança. Ocorrendo o bloqueio de bens impenhoráveis, tal deve ser comunicado pelo devedor para fins de pronto levantamento da indisponibilidade, o que resta regulado pelos parágrafos do art. 854 do CPC.

A determinação de bloqueio de ativos financeiros não implica violação ao **sigilo bancário**, pois nem sequer enseja o conhecimento de detalhes acerca da movimentação financeira do executado, como a origem e a destinação de recursos.

Caso o executado não pague nem indique bens à penhora ou sejam estes insuficientes para a satisfação do crédito, e não se consiga bloquear ativos financeiros suficientes, nem encontrar imóveis ou veículos penhoráveis, tampouco identificar bens mediante oficial de justiça, procede-se à decretação da **indisponibilidade dos seus bens**, forte no que determina o art. 185-A do CTN, utilizando-se a Central Nacional de Indisponibilidade de Bens (CNIB), de que tratamos no item próprio dedicado à indisponibilidade de bens. A medida, porque extremamente gravosa, mostra-se desproporcional em face de dívidas de pequeno valor, de modo que, nessas hipóteses, se tem negado a decretação da indisponibilidade[12].

O **Tema 987 de recurso repetitivo**, no STJ, versava sobre a "*Possibilidade da prática de atos constritivos, em face de empresa em recuperação judicial, em sede de execução fiscal*", tendo, inclusive, sido determinada a "*suspensão do processamento de todos os feitos pendentes, individuais ou coletivos, que versem sobre a questão*"[13]. Mas a Lei n. 14.112/2020 dispôs expressamente sobre o tema. Como regra geral, fez constar do art. 6º da Lei n. 11.101/2005 que a decretação da falência ou o deferimento do processamento da recuperação judicial implica a "suspensão das execuções ajuizadas contra o devedor relativas a créditos ou obrigações... sujeitos à recuperação judicial ou à falência", mas tornou inequívoco, no § 7º-B desse mesmo artigo, que tal "não se aplica às execuções fiscais, admitida, todavia, a competência do juízo da recuperação judicial para determinar a

---

12. TRF4, AG 5045041-18.2021.4.04.0000, 2022.
13. STJ, ProAfR no REsp 1.712.484, 2018.

substituição dos atos de constrição que recaiam sobre bens de capital essenciais à manutenção da atividade empresarial até o encerramento da recuperação judicial, a qual será implementada mediante a cooperação jurisdicional, na forma do art. 69 da Lei n. 13.105, de 16 de março de 2015 (Código de Processo Civil), observado o disposto no art. 805 do referido Código". Desse modo, nos termos da lei, a recuperação judicial não implica suspensão das execuções fiscais, que podem seguir, inclusive, com atos constritivos, ressalvado ao juízo da recuperação, para preservar a manutenção da atividade empresarial até o encerramento da recuperação judicial, a prerrogativa de providenciar a substituição de penhoras, mediante cooperação judicial. Com isso, restou cancelada a afetação do Tema 987 ao regime dos recursos repetitivos.

Aos embargos somente é atribuído **efeito suspensivo** quando esteja garantido o juízo e haja forte fundamento nas razões do embargante (*vide* adiante o item específico sobre os embargos à execução). Não sendo atribuído efeito suspensivo aos embargos ou sendo estes rejeitados liminarmente ou julgados improcedentes, a execução prossegue, realizando-se leilão dos bens.

Na execução fiscal, mesmo a venda de bens imóveis faz-se por leilão, não se utilizando a denominação "praça".

A Portaria PGFN 3050/2022 regulamentou o programa Comprei, voltado a monetizar os bens penhorados ou ofertados em garantia através de "um modelo de negócio simples, íntegro e transparente", mediante alienação por iniciativa particular e celebração de negócio jurídico processual ou transação, com aumento do índice de efetividade das ações que envolvam a recuperação de créditos públicos.

O **crédito tributário é preferencial**, salvo diante dos créditos trabalhistas e dos de acidente do trabalho e, na falência, também dos cobertos por garantia real. Na falência, os créditos relativos a multas fiscais só têm preferência sobre os créditos subordinados, ou seja, dos próprios sócios. A execução fiscal não se sujeita a **concurso de credores**, prosseguindo independentemente da existência de um juízo universal.

Execuções de débitos inscritos em dívida ativa com valor inferior ao estabelecido em ato do Procurador-Geral da Fazenda Nacional serão arquivadas sem baixa na distribuição e reativadas quando ultrapassem esse limite, conforme o art. 10 da Lei n. 10.522/2002.

Na hipótese de não serem encontrados o devedor ou bens sobre os quais possa recair a penhora, a execução é **suspensa** pelo juiz, por um ano, nos termos do art. 40 da Lei n. 6.830/80 (LEF), para que o credor possa realizar diligências administrativas e obter informações que permitam o prosseguimento do feito. De tal suspensão deverá ser intimada a Fazenda Pública. Decorrido o prazo sem que nada seja requerido que permita o prosseguimento, o juiz procede ao chamado **arquivamento administrativo** dos autos, ou seja, ao arquivamento na própria Vara, sem baixa na distribuição. Cuida-se de uma espécie de sobrestamento qualificado. A execução pode retomar seu curso a qualquer tempo a pedido da Fazenda exequente. Mas, se o feito ficar parado por mais de cinco anos, o juiz deverá intimar a Fazenda para que diga se ocorreu alguma causa de suspensão ou interrupção do prazo, como o parcelamento do débito. Em caso negativo, decretará a prescrição intercorrente, extinguindo a execução. A respeito da matéria, o STJ editou a **Súmula 314**: "Em execução fiscal, não localizados bens penhoráveis, suspende-se o processo por um ano, findo o qual inicia-se o prazo da prescrição quinquenal intercorrente".

Cabe destacar que: "A filial representa uma universalidade de fato que integra o patrimônio da sociedade empresária e não uma pessoa distinta desta, de sorte que a discriminação do patrimônio da empresa, mediante a criação de filiais, não afasta a unidade patrimonial da pessoa jurídica". Efetivamente, como decidido pelo STJ, "Apesar do princípio da autonomia dos estabelecimentos, filial e matriz respondem com o seu patrimônio pelo débito tributário da sociedade empresária, ainda que relativo a tributo decorrente de fato gerador imputável apenas a uma delas"[14].

O **redirecionamento da execução fiscal** demanda cuidados. Cada pessoa é sujeito de direitos e obrigações próprios, não sendo possível estender responsabilidades sem que estejam presentes razões jurídicas e pressupostos de fato para tanto, e sem que sejam observados os procedimentos administrativos ou judiciais apropriados. Qualquer execução contra alguém pressupõe, a princípio, título executivo que o aponte como devedor, com presunção de certeza e liquidez. Constando como devedor no título executivo, pode ser citado.

Redirecionamentos a terceiros, realizados mediante simples peticionamento pela Fazenda nos autos da execução, embora corriqueiros na Justiça brasileira, tendem à violação do devido processo legal.

O STJ entende que, "na hipótese em que a sociedade empresária devedora não for localizada em seu domicílio fiscal, a parte exequente, por presunção de sua extinção irregular, pode pedir o redirecionamento do processo executivo para o sócio, conforme entendimento jurisprudencial enunciado pela Súmula 435 do STJ"[15].

Nas demais possibilidades de infração à lei que podem gerar a responsabilidade dos gestores, nos termos do art. 135, III, do CTN, o redirecionamento aos gestores depende de prévio procedimento administrativo de imputação de responsabilidade tributária, nos moldes da IN RFB n. 1.862/2018. Respeitado o contraditório e a ampla defesa, é preciso que se apure administrativamente o pressuposto de fato da responsabilidade, caracterizador da infração à lei exigida pelo art. 135, III, do CTN. Concluído o procedimento administrativo de imputação de responsabilidade, haverá fundamento para a inscrição do nome do gestor em dívida ativa e extração de nova CDA em que

---

14. STJ, AgInt nos EDcl no AREsp n. 1.612.356, 2021.
15. STJ, AgInt no REsp 1.909.732, 2021.

figure como devedor. Vale destacar que a responsabilização dos gestores, baseada no art. 135 do CTN, não exige desconsideração da personalidade jurídica

Também no âmbito dos estados e dos municípios, é importante que sejam criados esses procedimentos administrativos de imputação de responsabilidade aos terceiros gestores que tenham cometido infração e que, por isso, sejam responsáveis pelos débitos das pessoas jurídicas, para que se viabilize a produção regular de título executivo extrajudicial contra os mesmos, de modo que sejam sujeitos passivos da execução.

O redirecionamento para outras pessoas físicas ou jurídicas não constante da CDA como devedoras, por sua vez, depende do indispensável Incidente de Desconsideração de Personalidade Jurídica (IDPJ) dos arts. 133 a 137 do CPC para que, em juízo, respeitado o contraditório e a ampla defesa, reste demonstrado o abuso da personalidade jurídica, com desvio de finalidade ou confusão patrimonial, nos termos do art. 50 do Código Civil.

Tratando-se da responsabilidade tributária em face de empresas do mesmo grupo econômico,[16] importa destacar, ainda, que "o só fato de integrar grupo econômico não torna uma pessoa jurídica responsável pelos tributos inadimplidos pelas outras". Efetivamente, não se pode produzir confusões entre pessoas jurídicas distintas, cada qual titular dos seus próprios direitos e obrigações. E mais: "O redirecionamento de execução fiscal a pessoa jurídica que integra o mesmo grupo econômico da sociedade empresária originalmente executada, mas que não foi identificada no ato de lançamento (nome na CDA) ou que não se enquadra nas hipóteses dos arts. 134 e 135 do CTN, depende da comprovação do abuso de personalidade, caracterizado pelo desvio de finalidade ou confusão patrimonial, tal como consta do art. 50 do Código Civil, daí por que, nesse caso, é necessária a instauração do incidente de desconsideração da personalidade da pessoa jurídica devedora"[17]. Porém, tampouco esse ponto é pacífico. Há precedente no sentido da "incompatibilidade entre o regime geral do Código de Processo Civil e a Lei de Execuções, que diversamente da Lei geral, não comporta a apresentação de defesa sem prévia garantia do juízo, nem a automática suspensão do processo, conforme a previsão do art. 134, § 3º, do CPC/2015"[18], mas, *data venia*, equivocado. A instauração e conclusão do incidente é que legitima a citação daquela pessoa física não gestora e de pessoa jurídica contra a qual não há título executivo.

---

16. Sobre a suposta responsabilidade tributária dos grupos econômicos, *vide*: MEDEIROS, Rafael de Souza. *Responsabilidade tributária de grupo econômico*. Porto Alegre: Livraria do Advogado, 2019. *Vide* também: BENITES, Norton Luis. *Responsabilidade tributária de grupos econômicos*. São Paulo: Almedina, 2020.
17. STJ, Primeira Turma, REsp 1.775.269/PR, 2019.
18. STJ, REsp 1.786.311/PR, 2019, e AgIntREsp 1.907.747, 2021.

Na **sucessão empresarial**, o redirecionamento assume outros contornos. No **Tema Repetitivo 1049** (REsp 1.848.993), em 2020, o STJ fixou a seguinte tese: "A execução fiscal pode ser redirecionada em desfavor da empresa sucessora para cobrança de crédito tributário relativo a fato gerador ocorrido posteriormente à incorporação empresarial e ainda lançado em nome da sucedida, sem a necessidade de modificação da Certidão de Dívida Ativa, quando verificado que esse negócio jurídico não foi informado oportunamente ao fisco". Considerou que "a sucessora assume todo o passivo tributário da empresa sucedida, respondendo em nome próprio pela quitação dos créditos validamente constituídos contra a então contribuinte (arts. 1.116 do Código Civil e 132 do CTN)", sendo que, "cuidando de imposição legal de automática responsabilidade, que não está relacionada com o surgimento da obrigação, mas com o seu inadimplemento, a empresa sucessora poderá ser acionada independentemente de qualquer outra diligência por parte da Fazenda credora, não havendo necessidade de substituição ou emenda da CDA para que ocorra o imediato redirecionamento da execução fiscal".

A alçada para fins de apelação em Execução Fiscal, do art. 34 da Lei n. 6.830/80, que sujeita sentenças inferiores a 50 ORTNs somente a embargos infringentes e a embargos declaratórios a serem decididos pelo próprio juízo monocrático, foi considerada compatível com a Constituição quando do julgamento, pelo STF, do Tema 408 de Repercussão Geral[19]. O STJ segue essa linha, entendendo que "das decisões judiciais proferidas no âmbito do art. 34 da Lei n. 6.830/80, são oponíveis somente embargos de declaração e embargos infringentes, entendimento excepcionado pelo eventual cabimento de recurso extraordinário, a teor do que dispõe a Súmula 640/STF ('É cabível recurso extraordinário contra decisão proferida por juiz de primeiro grau nas causas de alçada, ou por turma recursal de Juizado Especial Cível ou Criminal')". Também não admite mandado de segurança contra a decisão proferida no contexto do art. 34 da Lei n. 6.830/80[20].

240. Exceção de pré-executividade

O executado pode defender-se, na execução fiscal, através de exceção de pré-executividade ou de embargos do devedor.

A exceção de pré-executividade constitui **simples petição** apresentada nos autos da execução fiscal apontando a ausência de alguma das condições da ação (como a ilegitimidade passiva), de pressuposto processual ou mesmo de causas suspensivas da exigibilidade ou extintivas do crédito que não demandem dilação probatória. Neste

---

19. STF, ARE 637.975-RG/MG.
20. STJ, Primeira Seção, IAC no RMS 54.712/SP, 2019.

sentido, é a **Súmula 393** do STJ: "A exceção de pré-executividade é admissível na execução fiscal relativamente às **matérias conhecíveis de ofício** que **não demandem dilação probatória**".

Tal via é adequada, portanto, para o apontamento de vício ou impedimento demonstrável de pronto. A **decadência e a prescrição**, por exemplo, podem ser alegadas por simples petição, desde que presentes elementos que permitam verificar seus termos iniciais e finais. Mesmo o **pagamento** que tenha sido efetuado e que possa ser comprovado mediante guia devidamente autenticada pode ser informado mediante exceção de pré-executividade.

No **Tema Repetitivo 961** (REsp 1.358.837), em 2021, o STJ fixou a tese de que "observado o princípio da causalidade, é cabível a fixação de honorários advocatícios, em exceção de pré-executividade, quando o sócio é excluído do polo passivo da execução fiscal, que não é extinta".

Entretanto, diante dos limites desta via, jamais deve o executado deixar escoar o prazo para opor embargos. É aconselhável que requeira a suspensão da execução e do prazo para embargos até que decidida a exceção ou que renove seus argumentos nos embargos.

A exceção, de outro lado, **não tem prazo para ser oposta**. Mesmo preclusos os embargos, poderá o executado, através da exceção de pré-executividade, suscitar matérias passíveis de serem conhecidas de ofício pelo Juiz.

241. Embargos à execução fiscal

Os **embargos à execução fiscal** podem ser opostos pelo devedor citado na execução (embargos do devedor) ou por terceiro prejudicado pela execução (embargos de terceiro).

Os **embargos do devedor** dependem de **prévia garantia**, pois o § 1º do art. 16 da Lei n. 6.830/80, que continua em vigor, dispõe: "Não são admissíveis embargos do executado antes de garantida a execução"[21]. O STJ entende que se faz necessária a garantia do juízo para o oferecimento de embargos à execução fiscal, porquanto a Lei n. 9.430/80 assim o exige enquanto lei especial, mas que "deve ser afastada a exigência da garantia do juízo para a oposição de embargos à execução fiscal, caso comprovado inequivocamente que o devedor não possui patrimônio para garantia do crédito exequendo", em homenagem à garantia de acesso à Justiça. Não obstante, o simples fato de o executado litigar sob assistência judiciária gratuita foi considerado insuficiente para a dispensa da garantia[22].

---

21. As inovações do CPC que permitem o oferecimento de embargos à execução independentemente de prévia garantia não se aplicam à execução fiscal, tendo em conta que o art. 16, § 1º, da LEF é norma especial.
22. STJ, Primeira Turma, REsp 1.487.772/SE, 2019.

O prazo para oposição dos embargos é de 30 dias, contados da intimação da penhora (art. 16, III, da LEF), e não da juntada do mandado de citação, de modo que o termo inicial do prazo é diferente daquele que normalmente se costuma considerar no regime do CPC[23]. Quando o juiz dispensar a exigência de garantia, em razão, por exemplo, da demonstração da inexistência de bens penhoráveis, o prazo para oferecer embargos à execução deverá ter início na data da intimação da decisão[24].

Na execução inicialmente ajuizada contra uma pessoa jurídica e, posteriormente, redirecionada, o sócio citado em nome próprio defender-se-á também através de embargos do devedor (**Súmula 184** do extinto TRF).

Do ajuizamento dos embargos não decorre, automaticamente, a **suspensão da execução**. A partir do advento da Lei n. 11.382/2006, que acrescentou o art. 739-A ao CPC/73, aplicável subsidiariamente à execução fiscal, a atribuição de efeito suspensivo aos embargos depende não apenas da garantia da execução, mas também da verificação da relevância dos seus fundamentos e de que o prosseguimento da execução possa causar risco de dano de difícil ou incerta reparação. O mesmo se dá por força do art. 919 do CPC (Lei n. 13.105/2015).

Nos embargos, pode ser deduzida toda **matéria de defesa**, viabilizando-se discussões sobre o lançamento, sobre o processo administrativo, sobre a inscrição em dívida ativa e a respectiva certidão, sobre o procedimento da execução e sobre o próprio mérito do tributo exequendo.

Aquela pessoa que não for citada como executado e, mesmo assim, restar afetada pela Execução, mediante "constrição ou ameaça de constrição sobre bens que possua ou sobre os quais tenha direito incompatível como o ato constritivo", pode defender-se através de **embargos de terceiro**, consoante o disposto no art. 674 do CPC (Lei n. 13.105/2015)[25].

Aplica-se, em matéria de embargos, o **princípio da fungibilidade**, de modo que os embargos de terceiros apresentados equivocadamente pelo executado devem ser recebidos como embargos do devedor se tiver sido garantida a execução e forem tempestivos[26].

242. Ações ajuizadas pelo contribuinte e demais obrigados

A tributação perfaz-se mediante atos de fiscalização, lançamento e cobrança de tributos e penalidades pelo descumprimento da legislação tributária. Conforme a definição constante do próprio art. 3º do CTN, o tributo é cobrado mediante atividade administrativa

....

23. STJ, Primeira Turma, AgRgAg 553.490, 2004.
24. STJ, REsp 1.440.639-PE, 2015.
25. STJ, Terceira Turma, REsp 651.126, 2006.
26. STJ, Segunda Turma, REsp 827.295, 2006.

plenamente vinculada. Dessa atividade do Fisco podem sobrevir prejuízos ao contribuinte em face da cobrança de valores indevidos ou mesmo a imposição de penalidades descabidas. Forte no direito fundamental de acesso ao Judiciário – estampado no art. 5º, XXXV, da Constituição de 1988 –, o contribuinte pode ajuizar ações para sua proteção contra cobranças indevidas ou mesmo para a repetição de valores já pagos indevidamente.

Importa ter em conta que todos os atos administrativos estão sujeitos ao controle jurisdicional[27].

O **contribuinte** pode ir a Juízo **preventivamente**, para evitar a exigência de tributo tido por indevido, ou **posteriormente**, buscando a anulação de eventual lançamento. Mas a discussão judicial do crédito tributário, por si só, não é causa impeditiva nem suspensiva da sua exigibilidade[28], o que depende da concessão de liminar ou antecipação de tutela (art. 151, IV e V) ou de depósito do montante integral (art. 151, II, do CTN).

Não se exige do contribuinte, em qualquer caso, **o exaurimento da esfera administrativa** como condição para o ingresso em Juízo[29].

As ações do contribuinte também não podem jamais ser condicionadas a **depósito prévio do valor do débito**. O art. 38 da Lei n. 6.830/80 estabeleceu tal condição para a ação anulatória e foi declarado inconstitucional[30]. O art. 19 da Lei n. 8.870/94 o fez relativamente às ações que tivessem por objeto a discussão de contribuições previdenciárias e padece do mesmo vício. O STF consolidou seu entendimento sobre a matéria na **Súmula Vinculante 28**: "É inconstitucional a exigência de depósito prévio como requisito de admissibilidade de ação judicial na qual se pretenda discutir a exigibilidade de crédito tributário".

....

27. É o que se costuma designar, impropriamente, por "sindicabilidade judicial". Digo impropriamente porque a expressão "sindicabilidade" não existe na língua portuguesa. Trata-se de uma adaptação do verbo italiano "sindacare", que significa revisar, criticar. A chamada sindicabilidade judicial, assim, é utilizada para fazer referência ao que é passível de controle ou revisão judicial.
28. "EXECUÇÃO FISCAL. PENDÊNCIA DE AÇÃO JUDICIAL. NÃO SUSPENSÃO DO PROCESSO DE EXECUÇÃO. INEXISTÊNCIA DAS HIPÓTESES DESCRITAS NO ART. 151 DO CTN [...] 1. A simples pendência de ação judicial, em que se discute a legalidade da exclusão do contribuinte do Refis, não impede, por si só, o andamento da execução fiscal, ainda mais quando não houver qualquer provimento judicial no sentido da suspensão da exigibilidade do crédito tributário ou qualquer depósito do montante integral" (STJ, Segunda Turma, REsp 1.261.465, 2011).
29. O exaurimento da esfera administrativa ocorre quando, exercido o direito de defesa no processo administrativo-fiscal, através da impugnação e dos recursos cabíveis, não haja mais a possibilidade de revisão administrativa do ato atacado. Em muitos países, como na Espanha, o exercício da defesa administrativa e seu exaurimento são condições para que o contribuinte possa recorrer à Justiça contra a exigência do Fisco.
30. **Súmula 247** do extinto TFR: "Não constitui pressuposto da ação anulatória do débito fiscal o depósito de que cuida o art. 38 da Lei n. 6.830, de 1980". *Vide* também: STF, RE 104.264 e RE 103.400-9.

O sujeito passivo pode, isso sim, no seu próprio interesse, exercer a faculdade de realizar o depósito suspensivo da exigibilidade de que trata o art. 151, II, do CTN, a qualquer momento, seja no curso da discussão administrativa, antes ou durante a discussão judicial. Cuidando de ações cautelares preparatórias ajuizadas para a suspensão da exigibilidade de créditos tributários mediante depósito e obtenção de Certidão Positiva de Débitos com Efeitos de Negativa (CPD-EM), o STJ entendeu que, tratando-se de ações relativas a autuações fiscais distintas, não havia vínculo de conexão a justificar sua distribuição por dependência da primeira livremente distribuída e a reunião dos processos[31].

O ajuizamento de ação judicial, porém, "importa em **renúncia ao poder de recorrer na esfera administrativa e desistência do recurso acaso interposto**", conforme dispõe expressamente o parágrafo único do art. 38 da Lei de Execução Fiscal (Lei n. 6.830/80). Isso porque o ato administrativo pode ser controlado pelo Judiciário e apenas a decisão deste é que se torna definitiva, com o trânsito em julgado, prevalecendo sobre eventual decisão administrativa que tenha sido tomada ou pudesse vir a ser tomada. Entretanto, o efeito de renúncia pressupõe identidade de objeto nas discussões administrativa e judicial. Caso a ação anulatória fira, e.g., a questão da constitucionalidade da norma tributária impositiva e o recurso administrativo se restrinja a discussões quanto à apuração do valor devido, em razão de questões de fato, não haverá a identidade que tornaria sem sentido a concomitância das duas esferas.

Para a discussão judicial das relações jurídico-tributárias, podem ser utilizados os **mais diversos instrumentos processuais**, como a ação declaratória e a anulatória, tendo larga aplicação, ainda, o mandado de segurança.

Todos os sujeitos passivos obrigados ao pagamento têm **legitimidade ativa** para discutir a obrigação tributária, ajuizando, por exemplo, ação declaratória ou mandado de segurança. Quanto à ação de repetição de indébito ou de compensação, a análise da legitimidade depende da verificação do regime jurídico do tributo, se é ou não daqueles para os quais a lei determina a transferência do ônus econômico. Em caso positivo, incide o art. 166, que, interpretado em combinação com o art. 165, estabelece a legitimidade de quem tenha suportado o ônus econômico, seja o próprio contribuinte, o substituto, o responsável ou mesmo o chamado contribuinte de fato. Analisamos a matéria com detalhamento no item em que tratamos do pagamento indevido e do direito à repetição do indébito.

O simples pagador que quita o tributo em nome de outrem, ainda que por ter se obrigado contratualmente a tanto, não ostenta legitimidade. Eis a **Súmula 614 do STJ**: "O locatário não possui legitimidade ativa para discutir a relação jurídico-tributária de IPTU e de taxas referentes ao imóvel alugado nem para repetir indébito desses tributos" (maio/2018).

---

31. STJ, Primeira Turma, AREsp 832.354/SP, 2019.

Quanto à **legitimidade passiva** para essas ações, é lógico que figure como demandado o sujeito ativo da relação jurídico-tributária, ou seja, o credor do tributo. Assim, a ação declaratória de inexistência de obrigação tributária deve ser ajuizada contra o sujeito ativo, a quem cabe fiscalizar e exigir o pagamento do tributo. O mandado de segurança, por sua vez, deve ser impetrado contra ato da autoridade que, em nome da pessoa jurídica de direito público credora, exige o pagamento do tributo e que tem a prerrogativa de autuar o impetrante. Mesmo a ação de repetição de indébito deve, como regra, ser direcionada contra o sujeito ativo, buscando, este, posteriormente, o ressarcimento contra o destinatário do produto ao qual tenha repassado os valores, se for o caso. O destinatário do produto da arrecadação não deveria integrar a lide, porque não integra a relação jurídico-tributária.

Nesse sentido, aliás, firmou-se a jurisprudência do STJ. Sua Primeira Seção definiu que a relação de direito material é que define os polos da ação, sendo certo que o réu deve ser o sujeito ativo da relação jurídico-tributária, que arrecada o tributo, independentemente de haver posterior repartição da receita com outros entes. Desse modo, a pessoa jurídica que figura apenas como destinatária da arrecadação não tem legitimidade passiva para as ações sobre a existência das obrigações e mesmo em que pleiteada a repetição de indébito. Assim é que afirmou a ilegitimidade processual dos serviços sociais autônomos SEBRAE, APEX e ABDI tendo em conta que as contribuições que lhes são destinadas tem como sujeito ativo, isso sim, a União, que as fiscaliza e cobra, a ela cabendo o polo passivo das respectivas ações. Vejamos: "Hipótese em que não se verifica a legitimidade dos serviços sociais autônomos para constarem no polo passivo de ações judiciais em que .se discutem a relação jurídico-tributária e a repetição de indébito, porquanto aqueles (os serviços sociais) são meros destinatários de subvenção econômica... Embargos de divergência providos para declarar a ilegitimidade passiva *ad causam* do Sebrae e da Apex e, por decorrência do efeito expansivo, da ABDI"[32].

Efetivamente, fosse relevante a destinação do produto da arrecadação, em toda e qualquer ação atinente ao IPVA, teriam de ser sujeitos passivos não apenas o Estado credor, mas também o Município destinatário constitucional de 50% da sua arrecadação. Igualmente, em toda e qualquer ação sobre imposto sobre produtos industrializados, teriam de estar no polo passivo a União, Estados e Municípios, porquanto a Constituição reparte entre eles o produto da arrecadação. Não é assim, contudo, que se procede, porquanto a destinação é, a princípio, irrelevante para a discussão do tributo.

Deve-se, contudo, tomar como exceção a hipótese do imposto de renda retido na fonte pelos Estados e Municípios, que os arts. 157 e 158 da Constituição dizem pertencer a esses próprios entes políticos. Nesse caso, os próprios Estados e Município procedem

---

32. STJ, Primeira Seção, EREsp 1.619.954/SC, 2019.

à retenção e ficam com o produto da arrecadação. No Tema 364 de repercussão geral (RE 607.886), em 2021, o STF reconheceu que "É dos Estados e Distrito Federal a titularidade do que arrecadado, considerado Imposto de Renda, incidente na fonte, sobre rendimentos pagos, a qualquer título, por si, autarquias e fundações que instituírem e mantiverem – artigo 157, inciso I, da Constituição Federal". O STJ acabou por editar a **Súmula 447**, com o seguinte teor: "Os Estados e o Distrito Federal são partes legítimas na ação de restituição de imposto de renda retido na fonte proposta por seus servidores". Em acórdão sobre a matéria, assim decidiu: "É da competência da Justiça estadual processar e conhecer demanda contra a retenção do imposto de renda, no pagamento de vencimento de servidor público estadual ou municipal, haja vista que, a teor do art. 157, I, da CF, tal tributo é arrecadado e se incorpora ao patrimônio dos estados ou dos municípios". E prosseguiu: "A jurisprudência também é assente no sentido de que os municípios e os estados têm legitimidade passiva para figurar nas ações propostas por servidores públicos municipais e estaduais a fim de reconhecer o direito à isenção ou à repetição do indébito de imposto de renda retido na fonte"[33].

As ações com pretensões relacionadas à tributação regem-se pela legislação processual civil. As ações declaratórias de inexistência de obrigação tributária e anulatórias de créditos tributários, por exemplo, constituem simples ações ordinárias que seguem a disciplina comum do CPC. O mandado de segurança contra atos de autoridade fiscal, por sua vez, segue a Lei do Mandado de Segurança. Pressupostos processuais, condições da ação, requisitos da inicial, decisões interlocutórias e sentenças, recursos, coisa julgada, em geral seguem as normas comuns estabelecidas no CPC. Assim é que, das decisões interlocutórias, cabe agravo de instrumento; das sentenças, apelação; e assim por diante. As lides tributárias também estão sujeitas às leis dos juizados especiais nos limites da sua competência.

O art. 19 da Lei n. 10.522/2002, com as alterações impostas pela Lei n. 3.874/2019, autoriza a Procuradoria-Geral da Fazenda Nacional a não contestar nem interpor recurso e a desistir de recurso interposto em ações que versem sobre "as matérias de que trata o art. 18", "tema que seja objeto de parecer, vigente e aprovado, pelo Procurador-Geral da Fazenda Nacional, que conclua no mesmo sentido do pleito do particular", "tema sobre o qual exista súmula ou parecer do Advogado-Geral da União que conclua no mesmo sentido do pleito do particular", "tema fundado em dispositivo legal que tenha sido declarado inconstitucional pelo Supremo Tribunal Federal em sede de controle difuso e tenha tido sua execução suspensa por resolução do Senado Federal, ou tema sobre o qual exista enunciado de súmula vinculante ou que tenha sido definido pelo Supremo Tribunal Federal em sentido desfavorável à Fazenda Nacional em sede de controle concentrado de constitucionalidade", "tema decidido pelo Supremo Tribunal

---

33. STJ, Segunda Turma, AgRg no REsp 1.480.438/SP, 2014.

Federal, em matéria constitucional, ou pelo Superior Tribunal de Justiça, pelo Tribunal Superior do Trabalho, pelo Tribunal Superior Eleitoral ou pela Turma Nacional de Uniformização de Jurisprudência, no âmbito de suas competências, quando: a) for definido em sede de repercussão geral ou recurso repetitivo; ou b) não houver viabilidade de reversão da tese firmada em sentido desfavorável à Fazenda Nacional, conforme critérios definidos em ato do Procurador-Geral da Fazenda Nacional" e "tema que seja objeto de súmula da administração tributária federal de que trata o art. 18-A". A mesma autorização é dada relativamente às ações sobre matérias julgadas de modo desfavorável à Fazenda Nacional pelo STJ no regime de recursos repetitivos, com exceção daquelas que ainda possam ser objeto de apreciação pelo Supremo Tribunal Federal, e sobre matérias julgadas pelo STF no regime da repercussão geral. Admite inclusive que o Procurador da Fazenda Nacional reconheça a procedência do pedido quando citado para contestar, mesmo em embargos à execução fiscal e exceções de pré-executividade, dispondo que, nesses casos, não haverá condenação em honorários. Também autoriza o Procurador a manifestar seu desinteresse em recorrer quando intimado da decisão judicial. Relevante, ainda, é o duplo grau de jurisdição obrigatório (reexame necessário) nesses casos. No *site* da Procuradoria-Geral da Fazenda Nacional (www.pgfn.fazenda.gov.br), o item relativo à legislação apresenta as listas de dispensa de contestação e de recurso, bem como planilha dos atos declaratórios respectivos.

243. Mandado de segurança

O mandado de segurança tem **ampla aplicação** em matéria tributária. É utilizado sempre que o contribuinte se sente ameaçado por uma imposição tributária indevida e não se faça necessária dilação probatória. Também é muito utilizado, e.g., para a solução de problemas relacionados a certidões negativas de débitos quando o contribuinte se sinta lesado pela omissão do Fisco, que deixe escoar o prazo de 10 dias para a expedição de certidão sem disponibilizá-la, ou quando o Fisco se nega a expedir Certidão Negativa de Débitos ou Certidão Positiva com Efeitos de Negativa.

Sua grande vantagem é o **rito célere** (pequeno prazo para o oferecimento de informações, vista ao Ministério Público e imediata conclusão para sentença) e a não condenação em ônus sucumbenciais.

Há diversas hipóteses bem frequentes de utilização do mandado de segurança em matéria tributária:

- o preventivo, que, antes mesmo da formalização do crédito tributário, **ataca a obrigação tributária prevenindo o contribuinte** contra exigência do Fisco que tenha por base a inconstitucionalidade da lei que o agente fiscal está obrigado a cumprir, a ilegalidade de decreto e de outros atos normativos infralegais que igualmente o vinculam[34], praxe reiterada do Fisco que ofenda os direitos do contribuinte ou, ainda, resposta a consulta em sentido que o contribuinte entende ilegal[35], não estando tal modalidade preventiva sujeita ao prazo decadencial do mandado de segurança;

- o que é impetrado **contra lançamento** já realizado, sujeitando-se ao prazo decadencial de 120 dias contados da ciência do ato impugnado;
- o que **visa à compensação**, admitido pela **Súmula 213** do STJ e com a tutela liminar vedada pela **Súmula 212** do STJ, que, de um lado, busca o reconhecimento de indébito tributário e do direito ao seu ressarcimento, sujeitando-se quanto a isso ao prazo decadencial do art. 168 do CTN, e, de outro lado, busca tutela preventiva quanto à possibilidade de satisfação de tal direito mediante compensação com tributos devidos.
- o que se insurge contra a negativa de expedição de certidão de regularidade fiscal;
- o que **aponta omissão da autoridade** fiscal quanto à sua obrigação de analisar pedido, impugnação ou recurso do contribuinte.

Restou decidido pelo STJ, em sede de recurso repetitivo, que "Não é cabível mandado de segurança contra decisão proferida em execução fiscal no contexto do art. 34 da Lei n. 6.830/80, ou seja, das sentenças abaixo da alçada que não admitem apelação, mas apenas embargos infringentes e embargos declaratórios para o próprio juízo monocrático"[36].

O rito especial do mandado de segurança, contudo, **não se presta** para discussões que exijam **dilação probatória**, nos termos da Lei n. 12.016/2009.

O STJ submeteu à sistemática dos recursos repetitivos a controvérsia acerca da delimitação do alcance da tese firmada no Tema repetitivo n. 118/STJ, segundo o qual seria "necessária a efetiva comprovação do recolhimento feito a maior ou indevidamente para fins de declaração do direito à compensação tributária em sede de Mandado de Segurança".

Ao julgar o mérito, firmou que tal exigência de comprovação prévia diz respeito apenas aos mandados de segurança voltados a "obter juízo específico sobre as parcelas a serem compensadas, com efetiva investigação da liquidez e certeza dos créditos, ou, ainda, na hipótese em que os efeitos da sentença supõem a efetiva homologação da compensação a ser realizada, o crédito do contribuinte depende de quantificação, de modo que a inexistência de comprovação cabal dos valores indevidamente recolhidos

---

34. STJ, Segunda Turma, REsp 91.538, 1998.
35. STJ, Primeira Turma, REsp 615.335, 2004.
36. STJ, Primeira Seção, IAC no RMS 53.720/SP, 2019.

representa a ausência de prova pré-constituída indispensável à propositura da ação". De outro lado, restou assentado que não se aplica aos mandados de segurança preventivos que discutem a compensabilidade: "tratando-se de Mandado de Segurança impetrado com vistas a declarar o direito à compensação tributária, em virtude do reconhecimento da ilegalidade ou inconstitucionalidade da exigência da exação, independentemente da apuração dos respectivos valores, é suficiente, para esse efeito, a comprovação de que o impetrante ocupa a posição de credor tributário, visto que os comprovantes de recolhimento indevido serão exigidos posteriormente, na esfera administrativa, quando o procedimento de compensação for submetido à verificação pelo Fisco"[37].

Viabiliza-se o **mandado de segurança coletivo** em matéria tributária, mas quanto a exigências tributárias que digam respeito, especificamente, à categoria profissional ou econômica em defesa da qual é ajuizado.

A **autoridade coatora**, nos tributos administrados pela Secretaria da Receita Federal do Brasil, será, normalmente, o Delegado da Receita Federal do Brasil ou, no que diz respeito ao comércio exterior e às atividades de administração de mercadorias estrangeiras apreendidas, o Inspetor da Alfândega ou o Inspetor da Receita Federal do Brasil. Tratando-se de débito já inscrito em dívida ativa pela PFN, a autoridade será o Procurador Regional respectivo. De qualquer modo, considerando a estrutura complexa dos órgãos administrativos[38], "o STJ pacificou o entendimento de que, se a autoridade apontada como coatora, nas suas informações, não se limita a arguir a sua ilegitimidade passiva, defendendo o ato impugnado, aplica-se a Teoria da Encampação e a autoridade indicada passa a ter legitimidade para a causa, não havendo que se falar em violação do art. 267, inciso VI, do Código de Processo Civil"[39].

O mandado de segurança relativo às discussões do Simples Nacional deve ser impetrado, via de regra, contra o Delegado da Receita Federal, forte no que dispõe o art. 41 da Lei Complementar n. 123/2003. Mas, tratando-se de impedimento de ingresso ou de permanência em razão de débito estadual, por exemplo, legitimada será a autoridade estadual, conforme a exceção prevista no § 5º do mesmo art. 41 e nos termos do que já decidiu o STJ no REsp 1319118/RS, rel. Ministro BENEDITO GONÇALVES, Primeira Turma, junho de 2014.

A sentença, no mandado de segurança preventivo, além da **eficácia** mandamental, tem marcante eficácia declaratória, também abrangida pela coisa julgada.

---

37. STJ, Primeira Seção, REsp 1.715.256/SP, 2019. O STJ esclareceu a orientação já firmada, como Tema 118 de recurso repetitivo, quando do julgamento do REsp 1.111.164/BA.
38. STJ, Primeira Turma, REsp 625.363, 2004.
39. STJ, Segunda Turma, AgRgAg 538.820, 2004.

O STF reafirmou, na sistemática da repercussão geral no RE n. 669.367, de relatoria do Ministro Luiz Fux, seu entendimento no sentido de que o impetrante pode desistir livremente do mandado de segurança, a qualquer tempo. Conforme o Tribunal: "É lícito ao impetrante desistir da ação de mandado de segurança, independentemente de aquiescência da autoridade apontada como coatora ou da entidade estatal interessada ou, ainda, quando for o caso, dos litisconsortes passivos necessários, mesmo que já prestadas as informações ou produzido o parecer do Ministério Público"[40]. E mais: "é possível desistir-se do mandado de segurança após a sentença de mérito, ainda que seja favorável ao impetrante, sem anuência do impetrado"[41]. Se houver depósito vinculado ao mandado de segurança, contudo, a extinção do processo sem julgamento de mérito implicará sua conversão em pagamento definitivo, conforme orientação do STJ[42].

244. Ação declaratória

A ação declaratória é utilizada em matéria tributária quando o contribuinte pretende **ver reconhecido e declarado** em juízo que a prática de determinados atos **não gera obrigação tributária ou que a obrigação é inferior** àquela que seria devida segundo a interpretação do Fisco. O mandado de segurança também se presta para isso, mas só na ação declaratória é que se pode ter dilação probatória.

O contribuinte poderá utilizar-se da ação declaratória sempre que esteja **ao menos na iminência da prática dos fatos geradores do tributo atacado**. Não é viável utilizar a ação declaratória com simples finalidade de consulta, sem que haja uma situação concreta que aponte para a existência de efeito concreto da decisão para as partes. Normalmente, o contribuinte discute tributos a que está sujeito por força da sua atividade.

A utilidade da tutela declaratória evidencia-se pelo fato de que as empresas normalmente realizam **reiterada e continuadamente os mesmos negócios**. Havendo declaração de que não há obrigação tributária a eles associadas, a empresa contribuinte não será autuada relativamente aos fatos já ocorridos, tampouco quanto aos futuros. É que a declaração define a norma concreta aplicável ao caso, de modo que as partes passam a ter de se portar conforme o decidido.

Indica-se a ação declaratória pura para os **casos em que ainda não houve lançamento** contra o contribuinte relativamente ao tributo discutido. É que, nesses casos, a proteção do contribuinte estará completa com a simples declaração da inexistência da obrigação. Diferentemente, quando houver lançamento contra o contribuinte, o

---

40. STF, Segunda Turma, RE 521.359 ED-AgR, 2013.
41. STF, Primeira Turma, RE 550.258 AgR, 2013.
42. STJ, Primeira Seção, EREsp 548.224/CE, 2007.

contribuinte terá de acrescer pedido de anulação do ato administrativo de lançamento, de modo que desconstitua o crédito. O interesse na cumulação de pedidos está no fato de que a declaração de inexistência de obrigação terá eficácia inclusive quanto a fatos geradores futuros, enquanto a anulação diz respeito a um determinado lançamento que já tenha ocorrido e que se pretenda desconstituir.

Contudo, ajuizada ação declaratória, a ocorrência posterior de lançamento do crédito tributário não a prejudica. Não terá a ação declaratória, é verdade, a eficácia desconstitutiva automática, por si só, de pleno direito. Contudo, se procedente, a eficácia declaratória da sentença obrigará o Fisco a anular o lançamento.

Poderá o contribuinte, mesmo na ação declaratória, pleitear **antecipação de tutela**, de modo que, na eventualidade de o Fisco lançar o crédito tributário relativamente aos fatos geradores que já tenham ocorrido ou que venham a ocorrer, a exigibilidade do crédito tributário já esteja suspensa (art. 151, V, do CTN). Com isso, o contribuinte terá direito à obtenção de certidão de regularidade fiscal (art. 206 do CTN) e estará a salvo da cobrança em dívida ativa e da execução fiscal, pois estas pressupõem a exigibilidade do crédito.

A ação declaratória também é utilizada para buscar a declaração de que o contribuinte efetuou pagamentos indevidos e de que tem **direito à compensação** do indébito segundo determinado critério.

O pedido declaratório do direito de compensar pode ser **cumulado com pedido condenatório de repetição do indébito** tributário. Mas a jurisprudência tem aceitado que o contribuinte opte pela compensação ou pela repetição ao final da ação, ainda que a sentença seja meramente declaratória[43].

Nas ações declaratórias, o autor deve atribuir como **valor da causa** o proveito econômico que possa vislumbrar com a tutela pretendida. Ao menos aproximadamente, deve aferir quando deixará de pagar relativamente aos fatos passados e quando deixará de pagar pelo período de um ano, utilizando-se do critério do art. 292 do CPC (Lei n. 13.105/2015).

---

43. "SENTENÇA DECLARATÓRIA DO DIREITO À COMPENSAÇÃO DE INDÉBITO TRIBUTÁRIO. POSSIBILIDADE DE REPETIÇÃO POR VIA DE PRECATÓRIO OU REQUISIÇÃO DE PEQUENO VALOR. FACULDADE DO CREDOR. RECURSO ESPECIAL REPRESENTATIVO DE CONTROVÉRSIA. ART. 543-C, DO CPC. 1. 'A sentença declaratória que, para fins de compensação tributária, certifica o direito de crédito do contribuinte que recolheu indevidamente o tributo, contém juízo de certeza e de definição exaustiva a respeito de todos os elementos da relação jurídica questionada e, como tal, é título executivo para a ação visando à satisfação, em dinheiro, do valor devido' (REsp 614.577/SC, Ministro TEORI ALBINO ZAVASCKI). 2. A opção entre a compensação e o recebimento do crédito por precatório ou requisição de pequeno valor cabe ao contribuinte credor pelo indébito tributário, haja vista que constituem, todas as modalidades, formas de execução do julgado colocadas à disposição da parte quando procedente a ação que teve a eficácia de declarar o indébito. [...] Acórdão submetido ao regime do art. 543-C do CPC e da Resolução STJ n. 08/2008" (STJ, Primeira Seção, REsp 1.114.404, 2010).

Haverá condenação nos **ônus de sucumbência** contra o vencido, fixando-se os honorários sobre o valor da causa. O cumprimento de sentença ou a execução contra a Fazenda Pública limitar-se-á a tais ônus.

A eficácia declaratória de eventual sentença de procedência, a princípio, não enseja **execução** que não a dos ônus sucumbenciais. Mas, caso o autor venha a noticiar que a fazenda vencida não está se portando conforme a declaração, poderá o juiz reiterar a necessidade de cumprimento, sob pena de medidas punitivas. Isso porque, ainda que a eficácia principal seja declaratória, sempre haverá alguma carga mandamental.

245. Ação anulatória

Quando o contribuinte é notificado para pagar determinado tributo contra ele lançado, tem a possibilidade de defender-se administrativamente, com efeito suspensivo da exigibilidade do respectivo crédito (art. 151, III, do CTN).

Pode ocorrer, contudo, que não obtenha sucesso no processo administrativo. Ou, ainda, que prefira ir de pronto a juízo, hipótese em que estará abrindo mão da esfera administrativa. O contribuinte não deve olvidar que **o ajuizamento de ação anulatória implica renúncia à esfera administrativa**, de maneira que, se houver alguma impugnação ou recurso administrativo pendentes de julgamento, serão considerados prejudicados pela autoridade julgadora. É o que dispõe o art. 38, parágrafo único, da LEF: "A propositura, pelo contribuinte, da ação prevista neste artigo, importa em renúncia ao poder de recorrer na esfera administrativa e desistência do recurso acaso interposto".

A ação anulatória é utilizada quando o sujeito passivo tenha como escopo anular lançamento já realizado pelo Fisco, **desconstituindo o Auto de Infração** ou ato administrativo equivalente.

O **prazo prescricional para o ajuizamento da ação anulatória é de cinco anos**, aplicando-se o art. 1º do Decreto n. 20.910/32, contatos da notificação do lançamento[44] ou da decisão final do processo administrativo.

Embora o art. 38 da LEF estabeleça que a ação anulatória é precedida de **depósito** preparatório do valor do débito, o STF há muito reconheceu a inconstitucionalidade de tal dispositivo[45]. O ajuizamento da ação anulatória não está sujeito a nenhuma condição. O depósito pode ser realizado pelo contribuinte caso deseje suspender a exigibilidade do crédito tributário (art. 151, II, do CTN), mas não é condição de procedibilidade da ação.

A prestação jurisdicional pretendida **tem eficácia predominantemente desconstitutiva**. Os fundamentos podem ser os mais variados, desde a inconstitucionalidade

....
44. STJ, Segunda Turma, REsp 1.598.967, 2016.
45. STF, Segunda Turma, RE 105.552, 1985; STF, Primeira Turma, RE 103.400, 1984.

formal e material da lei instituidora do tributo, passando pela sua não aplicação ou melhor aplicação ao caso concreto, até vícios no procedimento de lançamento, no próprio ato de lançamento, ou, ainda, no processo administrativo-fiscal.

O **valor da causa**, na ação anulatória pura, será o valor consolidado da dívida que o contribuinte pretende anular. A condenação em honorários incidirá sobre tal valor.

Pode-se **cumular pedidos declaratório e anulatório**, a fim de obter, de uma única vez, tanto o reconhecimento de que inexiste a obrigação de pagar tributo em tais ou quais situações que podem vir a se repetir, como a anulação do lançamento indevidamente efetuado.

A ação anulatória ainda **pode fazer as vezes dos embargos** quando já exista ou sobrevenha execução fiscal devidamente garantida por penhora[46]. Assim, garantido o juízo, pode ser requerida a suspensão da execução até que seja julgada a ação anulatória, o que será deferido se houver fundamentos relevantes. A reunião da ação de execução fiscal com a ação anulatória, convertida ou não em embargos, faz-se no juízo da execução. Isso considerando a competência funcional deste e a garantia de acesso efetivo do credor à prestação jurisdicional, que, de outro modo, ficaria comprometida pela dificuldade da prática dos atos constritivos longe do domicílio do devedor.

246. Ação cautelar de caução

Não se admite o oferecimento de caução como alternativa ao depósito com vista à suspensão da exigibilidade do crédito tributário (art. 151, II, do CTN) nos próprios autos da ação em que discutida a obrigação tributária. Mas, para **obter certidão positiva de débitos com efeitos de negativa**, nos termos do art. 206 do CTN, o sujeito passivo da obrigação tributária pode se antecipar à própria execução fiscal e oferecer bens em garantia visando à futura penhora.

No âmbito da Fazenda Nacional, já se encontra regulamentado, pela Portaria PGFN n. 33/2018, a oferta antecipada de garantia perante a Fazenda Nacional. Cuidamos desse ponto no capítulo atinente à cobrança do crédito tributário.

Nas demais esferas, não havendo procedimento correspondente, admite-se o oferecimento de bens em garantia através de ação cautelar como uma espécie de **antecipação da penhora** relativa a execução fiscal pendente de ajuizamento pelo Fisco. Efetivamente, é pacífico o entendimento do STJ de que "é viável, em sede cautelar em executivo fiscal, a caução de bem imóvel para efeito de suspensão da exigibilidade do crédito tributário com vistas à obtenção de certidão com efeito de negativa"[47]. O STJ admite que seja oferecido

....
46. STJ, Primeira Turma, REsp 787.408, 2006; STJ, Primeira Turma, REsp 754.586, 2006.
47. STJ, Primeira Turma, AgRg no AREsp 394.779/ES, 2015.

em caução, inclusive, crédito de precatório, mas destaca que a Fazenda pode se opor[48] e que deve ser submetido à avaliação[49].

Ademais, não há perda da **eficácia da medida** no caso de não ser formulado pedido principal em trinta dias. Cabe ao credor dar início à execução fiscal e a demora corre contra os seus interesses.

Como o oferecimento de caução em verdadeira antecipação de penhora não tem efeito suspensivo da exigibilidade do crédito, o Fisco pode e deve **promover a execução fiscal**, quando, então, a caução será convertida em penhora.

O oferecimento da caução implica reconhecimento do débito pelo contribuinte, interrompendo a **prescrição** (art. 174, parágrafo único, inciso IV, do CTN). O prazo para o ajuizamento da execução, interrompido pelo ajuizamento da ação de caução, recomeça por inteiro o seu curso, sendo que, não ajuizada a execução em cinco anos, restará prescrito o crédito tributário. Nesta hipótese, restará a ação cautelar sem nenhuma utilidade, pois garantidora de crédito tributário já extinto e que não mais poderá ser cobrado, de modo que deverá ser levantado o gravame.

A tutela cautelar de caução não impede o contribuinte de questionar judicialmente o crédito tributário através de ação anulatória ou mediante o oferecimento oportuno de embargos à execução.

247. Ação consignatória

A ação consignatória tem **pouca utilidade** em matéria tributária, pois não se presta para a discussão da dívida tributária, restringindo-se às hipóteses arroladas no art. 164 do CTN como ensejadoras da consignação em pagamento.

Não se presta para que o contribuinte ofereça apenas o que entende devido. Tal não afastaria a mora quanto à totalidade do tributo. Lembre-se que só o depósito integral do montante devido, assim entendido aquele exigido pelo Fisco, tem o efeito de suspender a exigibilidade do crédito tributário (art. 151, II, do CTN), de modo que a consignação de valor inferior não produz tal efeito.

A consignação só pode versar sobre o **crédito tributário que o consignante se propõe a pagar** (art. 164, § 1º, do CTN). É cabível, apenas, nas hipóteses arroladas pelos incisos I a III do art. 164.

Viabiliza-se, assim, nos casos de:

- recusa de recebimento ou sua subordinação ao pagamento de outro tributo ou penalidade, ou ao cumprimento de obrigação acessória (art. 164, I);

---

48. STJ, Segunda Turma, AgRg no AREsp 710.804/DF, 2015.
49. STJ, Primeira Turma, AgRg no AREsp 339.963/RS, 2016.

- subordinação do recebimento ao cumprimento de exigências administrativas sem fundamento legal (art. 164, II); ou
- da exigência, por mais de uma pessoa jurídica de direito público, de tributo idêntico sobre um mesmo fato gerador (art. 164, III).

Exemplo de utilização desse instrumento processual é a consignação do valor devido a título de ISS, quando tanto o Município da sede do estabelecimento prestador como aquele em que efetivamente prestado o serviço se considerem competentes para exigir o seu pagamento[50].

248. Ação de repetição de indébito tributário e de compensação

Efetuado pagamento indevido, o sujeito passivo tem direito à sua **repetição, forte no art. 165 do CTN**. Trata-se de fundamento legal suficiente. O mesmo não se pode dizer da **compensação, que depende de previsão em lei ordinária específica**.

A repetição viabiliza-se **na própria esfera administrativa**, quando o indébito decorra de simples erro de apuração e pagamento. Nesses casos, ainda, poderá proceder diretamente à compensação no regime de lançamento por homologação quando abrangido o tributo federal pelos arts. 66 da Lei n. 8.383/91 e 74 da Lei n. 9.430/96.

Normalmente, contudo, a apuração do indébito depende do reconhecimento de que a lei instituidora do tributo é inconstitucional ou que os atos administrativos que a regulamentam são ilegais. Nesses casos, não pode o contribuinte apurar por conta própria, unilateralmente, o seu crédito. **Terá de ir a juízo** pleitear o reconhecimento do indébito e a condenação da fazenda a restituí-lo. Mesmo a compensação dependerá de tal reconhecimento.

Ação de repetição de indébito tributário é o nome que se atribui à ação em que o contribuinte **busca a condenação da fazenda pública a repetir o tributo pago indevidamente**. O contribuinte busca o reconhecimento de que realizou pagamentos indevidos e a condenação do sujeito ativo da relação tributária à repetição de tal montante em dinheiro.

Deve restar **demonstrado de pronto ao menos que o autor é parte legítima para repetir**, conforme abordamos no item 150, relativo ao pagamento indevido e sua repetição. A rigor, a **prova documental dos pagamentos indevidos** também deveria acompanhar a inicial. Mas se tem entendido, por razões de economia processual, que só é indispensável a efetiva prova dos pagamentos indevidos por ocasião da execução do julgado, na hipótese de procedência da ação.

---

50. STJ, Primeira Turma, AgRg no AREsp 466.825/MG, dez. 2015.

No item introdutório das ações ajuizadas pelos contribuintes, cuidamos dos legitimados para o polo passivo das ações tributárias, inclusive quanto aos pedidos de repetição de indébito tributário.

O **valor da causa** deve corresponder ao montante que se pretende repetir. A **verba honorária**, por sua vez, é fixada sobre o valor da condenação, observado o art. 85, §§ 1º a 5º, do CPC (Lei n. 13.105/2015).

O **prazo** para pleitear, administrativa ou judicialmente, a repetição de indébito ou sua compensação é de cinco anos contados do pagamento indevido, o que se infere do **art. 168 do CTN** interpretado em conformidade com a Lei Complementar n. 118/2005. Mas, quando o contribuinte optar pela restituição administrativa e esta lhe for indeferida, contará, ainda, com o prazo prescricional de dois anos para o ajuizamento de ação que, anulando a decisão administrativa, condene o Fisco à restituição, conforme previsto no **art. 169 do CTN**.

A repetição de indébito **não comporta antecipação de tutela**. Sua execução ocorrerá, sempre, à vista da sentença transitada em julgado, expedindo-se, conforme o valor, requisição de pagamento de pequeno valor ou precatório, forte no art. 100 da Constituição. A compensação também não comporta concessão por liminar (**Súmula 212** do STJ), dependendo, o seu exercício, do trânsito em julgado da ação, nos termos do art. 170-A do CTN, acrescido pela Lei Complementar n. 104/2001.

Podem-se **cumular pedido**s de repetição de indébito e de declaração do direito à compensação, de modo que o contribuinte possa optar por um ou outro modo de ressarcimento por ocasião da execução.

Poderá o contribuinte, ainda, buscar apenas o reconhecimento do direito a compensação em ação declaratória ou mesmo através de mandado de segurança, conforme a **Súmula 213** do STJ.

A sentença condenatória da fazenda à repetição do indébito dá ensejo a cumprimento de sentença, nos termos do **art. 534 do CPC** (Lei n. 13.105/2015). Não se exige prévia liquidação, porquanto normalmente depende apenas de cálculo aritmético, aplicando-se o art. 509, § 2º, do CPC. Isso porque normalmente é possível simplesmente apresentar a documentação e a planilha de cálculos que aponta o montante do indébito.

Caso, intimada, a Fazenda não apresentar impugnação, ou forem rejeitadas as suas arguições, proceder-se-á à expedição de **requisição de pequeno valor (RPV) ou de precatório**, nos termos do art. 535, § 3º, do CPC. Tal regime se impõe, inclusive, por força do art. 100 da Constituição, não sendo dado aos juízes determinarem que as autoridades realizem repetições administrativas, porquanto a satisfação de condenações contra a fazenda pública deve se dar na ordem cronológica dos precatórios.

O TRF da 4ª Região, julgando a Arguição de Inconstitucionalidade 003665-24.2010.4040.0000/SC, relator o Desembargador Federal OTÁVIO ROBERTO PAMPLONA, decidiu pela inconstitucionalidade dos §§ 9º e 10 do art. 100 da CF, introduzidos pela

Emenda Constitucional n. 62/2009, que determinavam aos juízes que intimassem a fazenda para que dissesse se tinha algum crédito contra o contribuinte, para fins de compensação, antes da expedição da requisição de pagamento. Entendeu o tribunal que tal determinação ofende, a um só tempo, a independência dos poderes, a garantia da coisa julgada, a segurança jurídica, o devido processo legal, a razoabilidade e a proporcionalidade. Desse modo, não há obstáculo à pronta expedição da RPV ou do precatório.

249. Conexão entre ações tributárias

A conexão entre duas ações ocorre quando têm, em comum, o pedido ou a causa de pedir, conforme o art. 55 do CPC (Lei n. 13.105/2015). Deve-se atentar, ainda, para a chamada conexão instrumental, quando a reunião de feitos for necessária para uma prestação jurisdicional adequada, facilitando a instrução e evitando decisões conflitantes ou contraditórias, o que resta atualmente previsto no § 3º do mesmo dispositivo[51].

A conexão autoriza a **modificação da competência** territorial de uma das ações para que, reunidas em um único Juízo, sejam processadas e julgadas sem contradição. E, a rigor, não é apenas a competência territorial que pode se alterar, mas também a funcional. Assim é que, entre juízos situados na mesma comarca ou subseção judiciária, a conexão poderá fazer migrar o processo de uma vara para outra, para que tenham processamento conjunto.

Sempre se entendeu que há conexão **entre a ação anulatória e os embargos à execução** relativos ao mesmo crédito tributário. Isso porque a execução é feita com suporte em certidão de dívida ativa que indica, como origem do crédito, o lançamento. Tanto na ação anulatória como nos embargos à execução que ataquem o lançamento, podemos ter identidade de objeto e de causa de pedir. Aliás, entre uma ação e outra, normalmente há relação de continência, pois os embargos abrangem e extrapolam a pretensão anulatória.

Mais recentemente, o STJ firmou jurisprudência ainda mais ampla. Passou a reconhecer a possibilidade de reunião da **ação anulatória com a execução fiscal**, mesmo não embargada. Isso quando o crédito que se pretende desconstituir na ação anulatória é justamente aquele objeto da execução fiscal. É que a concessão de antecipação de tutela na anulatória tem efeito suspensivo da execução e a sua procedência prejudica a execução, extinguindo-a em face da inexistência do crédito exequendo. Assim, reúne-se a ação anulatória com a execução fiscal em nome da segurança jurídica, da economia processual e em razão de o objeto mediato das ações ser o mesmo (a dívida em cobrança e sua exigibilidade)[52]. O § 2º do art. 55 do CPC/2015 estabelece expressamente que a

---

51. ASSIS, Araken de. *Manual do processo de execução*. 6. ed. São Paulo: RT, 2000, p. 818.
52. STJ, Primeira Turma, REsp 787.408, 2006; STJ, Primeira Seção, CC 103.229, 2010.

conexão se aplica "à execução de título extrajudicial e à ação de conhecimento relativa ao mesmo ato jurídico". Havendo execução fiscal e sendo ajuizada ação anulatória, serão reunidas as ações no juízo da execução. Mas, **se a ação anulatória tiver sido ajuizada anteriormente e o respectivo juízo não for o juízo competente para a execução fiscal, não se poderá reunir as ações**, tendo em conta a competência absoluta do juízo da execução[53].

Se uma das ações de conhecimento (anulatória ou embargos à execução) já tiver sentença, a solução será a suspensão do outro feito, nos termos do art. 313, V, *a*, do CPC (Lei n. 13.105/2015), aguardando-se o julgamento definitivo da questão prejudicial.

A união de **ações cautelares**, por sua vez, depende do vínculo entre potenciais respectivas ações principais. É o que ensina o STJ: "O vínculo de conexão a justificar a reunião de medidas cautelares preparatórias está vinculado com a identidade de objeto e/ou de causa de pedir existente entre ações principais a serem propostas". Se as ações principais não se tocam, não há razão para reunir as cautelares, ainda que entre as mesmas partes: "Hipótese em que as medidas cautelares manejadas com o objetivo de suspender a exigibilidade do crédito tributário mediante depósito judicial não guardam entre si vínculo jurídico apto a configurar a hipótese de conexão e a distribuição por dependência, visto que tais medidas são preparatórias de ações antiexacionais (anulatórias) independentes, voltadas contra autuações fiscais distintas e respaldadas em fundamentos legais também diferentes"[54].

---

53. STJ, Segunda Turma, REsp 1.587.337/SP, 2016.
54. STJ, Primeira Turma, AREsp 832.354/SP, fev. 2019.

Capítulo XLI
Direito penal tributário

250. Criminalização de condutas ligadas à tributação

Infrações à legislação tributária implicam, via de regra, sanções administrativas. São aplicadas multas moratórias, devidas em razão da simples extrapolação do prazo de vencimento do tributo[1], ou multas de ofício, impostas pela administração tributária quando verifica a ocorrência de alguma irregularidade maior[2]. Há também as chamadas multas isoladas, aplicadas em face do descumprimento de obrigações acessórias de fazer, não fazer ou tolerar. Ainda no âmbito administrativo, há outras penas menos comuns como o cancelamento de registro especial do contribuinte produtor de cigarros que seja inadimplente sistemático e contumaz[3] e o perdimento de bens descaminhados[4]. É o chamado direito tributário penal, de que cuidamos no item 81 desta obra.

Por vezes, contudo, o legislador criminaliza determinadas condutas que apresentam especial caráter ofensivo, exigindo inibição e repressão mais intensas. Assim é que passam a configurar crime, dando ensejo inclusive à aplicação de penas privativas de liberdade, sem prejuízo das sanções administrativas a que estão sujeitas. Estamos, então, no âmbito do direito penal tributário, objeto deste Capítulo.

---

1. Art. 61 da Lei n. 9.430/96.
2. Art. 44 da Lei n. 9.430/96.
3. Art. 2º, II, do Decreto-Lei n. 1.597/77, cuja constitucionalidade está sendo analisada pelo STF no RE 550.769/RJ, rel. Min. JOAQUIM BARBOSA.
4. Arts. 104 e 105 do Decreto-Lei n. 37/66, 23 e 27 do Decreto-Lei n. 1.455/76 e 675 e s. do Decreto n. 6.759/2009.

Aos crimes tributários aplicam-se os princípios próprios do direito penal, assegurando-se o respeito às garantias individuais da legalidade (art. 5º, XXXIX), da irretroatividade (art. 5º, XL) e da pessoalidade (5º, XLV). Merecem especial atenção, ainda, o direito à ampla defesa e ao contraditório (art. 5º, LV) e a possibilidade da utilização do *habeas corpus* para o relaxamento de prisão irregular ou para o trancamento de ação penal sem justa causa (art. 5º, LXVIII).

Algumas condutas são previstas como crime no próprio Código Penal, outras em leis esparsas. São exemplos os arts. 168-A, 337-A e 334 do CP, que cuidam da apropriação indébita de contribuições previdenciárias, da sonegação de contribuições previdenciárias e do descaminho, e a Lei n. 8.137/90, que cuida dos crimes contra a ordem tributária em geral.

251. Crimes tributários praticados por particulares

Há crimes tributários praticados por particulares, normalmente por contribuintes, substitutos, responsáveis e obrigados a prestações formais.

Alguns dos crimes estão previstos **no próprio Código Tributário**, outros **na Lei n. 8.137/90**, que define crimes contra a ordem tributária praticados por particulares. Enquanto, via de regra, os tipos comuns estão no código e os tipos especiais estão em leis esparsas, em matéria tributária acaba ocorrendo o inverso. BALTAZAR JUNIOR observa que "os tipos especiais, que são os crimes de apropriação indébita previdenciária e sonegação de contribuição previdenciária (especial em relação ao crime de sonegação de tributos em geral), estão no CP, enquanto o tipo comum (crime de sonegação de tributos em geral) está na lei especial, que é a Lei n. 8.137/90"[5].

É comum que os crimes tributários sejam perpetrados mediante falsidade material ou ideológica. Nesses casos, **o crime de falso restará absorvido** pelo crime previdenciário ou contra a ordem tributária, nos termos do entendimento firmado pelo STJ na sua **Súmula 17** relativamente ao estelionato: "Quando o falso se exaure no estelionato, sem mais potencialidade lesiva, é por este absorvido". Veja-se, adiante, item específico sobre a consunção.

252. Princípio da insignificância nos crimes contra a ordem tributária

A lei penal tipifica determinadas condutas visando à proteção de bens jurídicos. No caso dos crimes contra a ordem tributária, os principais bens protegidos são a integridade do erário, a arrecadação e o cumprimento das leis tributárias.

---

5. BALTAZAR JUNIOR, José Paulo. Crimes tributários: Novo regime de extinção de punibilidade pelo pagamento – Lei n. 12.382/2011, art. 6º. *Estado de direito*, n. 31, 2011, p. 443.

A insignificância constitui critério para afastar a persecução penal, por ausência de justa causa, relativamente a condutas que, embora correspondentes à descrição do tipo penal, sejam de tal modo irrelevantes em função da diminuta ofensividade, que nem sequer afetem o bem protegido pela norma, não atraindo reprovabilidade que exija e justifique, minimamente, a resposta em nível penal. Trata-se do princípio da intervenção mínima do Estado, segundo o qual o direito penal só deve cuidar de situações graves e relevantes para a coletividade. Reconhece-se ao direito penal função subsidiária, deixando-se de penalizar as condutas típicas quando a lesão ao bem jurídico tutelado pela lei penal mostrar-se irrisória, porquanto, nessa situação, a sanção penal assumiria caráter desproporcional.

Para a incidência do princípio da **insignificância**, o Supremo Tribunal Federal entende que, além do valor material do objeto do crime, devem estar presentes, de forma concomitante, os seguintes requisitos: a) conduta minimamente ofensiva; b) ausência de periculosidade social da ação; c) reduzido grau de reprovabilidade do comportamento e d) lesão jurídica inexpressiva (HC 115319, Segunda Turma, 2013).

Quando a **lesão ao bem tutelado for diminuta**, não se justificará a persecução penal. Isso porque haveria **desproporção absoluta** entre o bem protegido e a restrição imposta ao agente. A liberdade é direito fundamental, só se justificando restrição ao seu exercício quando efetivamente necessária, embora se deva considerar que penalidades de até quatro anos podem ter a privação de liberdade substituída por penas restritivas de direito e que, portanto, nem toda condenação penal leva ao encarceramento.

Nas hipóteses em que o tributo iludido ou sonegado tem valor diminuto, assim considerado aquele relativamente ao qual a lei dispensa a própria cobrança judicial pelo Fisco, entende-se que não há justificativa para a persecução penal. Como afirma BALTAZAR JUNIOR, "[...] se a Fazenda não executa civilmente em razão do valor, tampouco se justificaria uma condenação criminal"[6]. Para HUGO DE BRITO MACHADO, "é indiscutível o acerto do princípio segundo o qual não se deve punir aquele que pratica fato sem conteúdo economicamente significativo"[7].

Em suma, não se justifica a punição do agente quando o legislador, em face da pequena dimensão da lesão, dispensa a própria reparação civil, no caso a cobrança do tributo que tenha deixado de ser pago e da multa de ofício imposta pela infração cometida.

É o que se costuma designar, em matéria penal, como "princípio da insignificância".

---

6. BALTAZAR JUNIOR, José Paulo. Crimes tributários: Novo regime de extinção de punibilidade pelo pagamento – Lei n. 12.382/2011, art. 6º. *Estado de Direito* n. 31, 2011, p. 461.
7. MACHADO, Hugo de Brito. *Crimes contra a ordem tributária*. 3. ed. São Paulo: Atlas, 2011, p. 83.

O STF já decidiu que "uma conduta administrativamente irrelevante não pode ter relevância criminal", forte nos **princípios "da subsidiariedade**, da fragmentariedade, da necessidade e da **intervenção mínima** que regem o direito penal"[8].

O art. 20 da Lei n. 10.522, com a redação da Lei n. 11.033/2004, dispunha no sentido de que seriam arquivados, sem baixa na distribuição, mediante requerimento do procurador da Fazenda nacional, os autos das execuções fiscais de débitos inscritos como Dívida Ativa da União pela Procuradoria-Geral da Fazenda Nacional ou por ela cobrados, de valor consolidado igual ou inferior a R$ 10.000,00 (dez mil reais). A Portaria n. 75/2012 ampliou esse patamar para R$ 20.000,00 (vinte mil reais). O STJ que, inicialmente, atinha-se ao limite legal, passou a acatar seu valor atualizado. Efetivamente, sua Terceira Seção, por ocasião do julgamento do REsp 1.709.029, julgado em 28/02/2018, "firmou a compreensão de ser aplicável o princípio da insignificância aos débitos tributários até o limite de R$ 20.000,00, conforme o disposto no art. 20, da Lei n. 10.522/2002, atualizada pelas Portarias ns. 75 e 130, ambas do Ministério da Fazenda"[9]. Na redação atual do art. 20 da Lei n. 10.522/2002, dada pela Lei n. 13.874/2019, deixa-se a definição do valor para que seja feita por ato do Procurador-Geral da Fazenda Nacional. O art. 20 da Portaria PGFN n. 396/2016, com a redação da Portaria PGFN n. 520/2019, cuida da matéria elevando o valor a um milhão de reais, desde que não constem dos autos informações sobre bens úteis à satisfação, ao menos parcial, do crédito executado. Tomar esse novo patamar como referência para a análise da insignificância, porém, apenas agravaria o equívoco. A Fazenda, nesses casos, não abre mão do crédito, apenas opta por outros instrumentos de cobrança como o do protesto extrajudicial.

---

8. "*HABEAS CORPUS*. DESCAMINHO. MONTANTE DOS IMPOSTOS NÃO PAGOS. DISPENSA LEGAL DE COBRANÇA EM AUTOS DE EXECUÇÃO FISCAL. LEI N. 10.522/2002, ART. 20. IRRELEVÂNCIA ADMINISTRATIVA DA CONDUTA. INOBSERVÂNCIA AOS PRINCÍPIOS QUE REGEM O DIREITO PENAL. AUSÊNCIA DE JUSTA CAUSA. ORDEM CONCEDIDA. 1. De acordo com o art. 20 da Lei n. 10.522/2002, na redação dada pela Lei n. 11.033/2004, os autos das execuções fiscais de débitos inferiores a dez mil reais serão arquivados, sem baixa na distribuição, mediante requerimento do Procurador da Fazenda Nacional, em ato administrativo vinculado, regido pelo princípio da legalidade. 2. O montante de impostos supostamente devido pelo paciente é inferior ao mínimo legalmente estabelecido para a execução fiscal, não constando da denúncia a referência a outros débitos em seu desfavor, em possível continuidade delitiva. 3. Ausência, na hipótese, de justa causa para a ação penal, pois uma conduta administrativamente irrelevante não pode ter relevância criminal. Princípios da subsidiariedade, da fragmentariedade, da necessidade e da intervenção mínima que regem o direito penal. Inexistência de lesão ao bem jurídico penalmente tutelado. 4. O afastamento, pelo órgão fracionário do Tribunal Regional Federal da 4ª Região, da incidência de norma prevista em lei federal aplicável à hipótese concreta, com base no art. 37 da Constituição da República, viola a cláusula de reserva de plenário. **Súmula Vinculante** 10 do Supremo Tribunal Federal. 5. Ordem concedida, para determinar o trancamento da ação penal" (STF, Segunda Turma, HC 92.438, 2008).

9. STJ, Sexta Turma, AgInt no REsp 1.617.899/SP, 2018.

A insignificância pode ser invocada tanto nas ações relativas a crimes de descaminho como naquelas relativas à apropriação indébita previdenciária ou mesmo a quaisquer outros crimes contra a ordem tributária.

Todavia, há casos em que, não obstante o pequeno valor do tributo iludido, sonegado ou apropriado, há outros elementos que apontam para a periculosidade e alta reprovabilidade da conduta. Quando o descaminho é praticado em contexto de reiteração delitiva, por exemplo, a resposta penal se impõe como instrumento para fazer cessar a violação à ordem. Entende, o STF, que a reiteração delitiva afasta a insignificância da conduta "em razão do alto grau de reprovabilidade" do comportamento[10]. Em casos tais, destacou: "Embora seja reduzida a expressividade financeira do tributo omitido ou sonegado pelo paciente, não é possível acatar a tese de irrelevância material da conduta por ele praticada, tendo em vista ser ela uma prática habitual na sua vida pregressa, o que demonstra ser ele um infrator contumaz e com personalidade voltada à prática delitiva, ainda que, formalmente, não se possa reconhecer, na espécie, a existência da reincidência"[11]. Aliás, já afirmara havia mais tempo: "o reconhecimento da **insignificância** material da conduta increpada ao paciente serviria muito mais como um deletério incentivo ao cometimento de novos delitos do que propriamente uma injustificada mobilização do Poder Judiciário"[12]. O STJ segue a mesma linha, tendo decidido que, se a "contumácia delitiva é patente", não há como "deixar de reconhecer, em razão dela, o elevado grau de reprovabilidade do comportamento do agravante, bem como a efetiva periculosidade ao bem jurídico que se almeja proteger, de modo a impedir a aplicação do princípio da insignificância"[13]. Ainda: "Inaplicável o princípio da insignificância quando configurada a habitualidade na conduta criminosa"[14]. O entendimento predominante na 4ª Seção do TRF4, porém, nega relevância à habitualidade[15].

---

10. STF, Segunda Turma, HC 115.514, 2013.
11. STF, Primeira Turma, HC 115.869, 2013.
12. STF, Primeira Turma, HC 96.202, 2010.
13. STJ, Quinta Turma, AgRg no REsp 1.300.640/RS, 2012.
14. STJ, Quinta Turma, AgRg no AREsp 323.486/RS, 2013.
15. "PENAL. ART. 334 DO CP. DESCAMINHO [...] PRINCÍPIO DA INSIGNIFICÂNCIA. CRITÉRIOS. HABITUALIDADE DELITIVA. IRRELEVÂNCIA [...] 2. Para a consideração da insignificância penal, deve ser considerado cada fato ilícito praticado isoladamente, sendo irrelevante a existência de outros registros administrativos envolvendo, em tese, a mesma conduta, em desfavor do mesmo agente. 3. A habitualidade não pode obstaculizar o reconhecimento da insignificância penal, visto que o fato, originalmente atípico, não pode ser considerado típico por uma circunstância pessoal do autor. 4. Embargos infringentes e de nulidade providos" (TRF4, Quarta Seção, ENUL 5002778-39.2011.404.7010, 2014).

253. O falso como crime-meio e consunção

Há crimes perpetrados como simples meios para o cometimento de outros, sem potencial lesivo autônomo. Nesses casos, o chamado crime-meio é considerado absorvido pelo crime-fim e, por isso, não resta punido de modo autônomo.

Em matéria tributária, isso é muito comum, figurando como crime-meio, via de regra, a falsificação de documento ou a falsidade ideológica.

Por vezes, isso ocorre em sede de descaminho, conforme se verifica do seguinte julgado: "1. Hipótese na qual o recorrido supostamente utilizou notas fiscais falsas com a finalidade única de facilitar o transporte, em território nacional, de produtos estrangeiros que sabia terem sido irregularmente importados, e os documentos contrafeitos não detinham potencialidade lesiva autônoma, razões pelas quais é cabível a incidência do princípio da consunção, de forma a considerar absorvido o falso pelo delito de descaminho"[16]. Também ocorre, por exemplo, em casos de sonegação de contribuições previdenciárias: "O crime de falso (artigo 297, §§ 3º e 4º, do Código Penal), cometido com o fim de omitir o recolhimento de contribuições sociais previdenciárias, constitui crime-meio, sendo absorvido pelo crime-fim (art. 337-A, do Código Penal), quando nele esgota sua potencialidade lesiva"[17]. Mas é preciso ter em conta que "Os crimes de falso somente são absorvidos pelo crime de sonegação fiscal quando constitui meio/caminho necessário para a sua consumação"[18].

Aplica-se simplesmente a penalidade pela infração maior, desconsiderando-se a infração que lhe serviu de instrumento. Com a absorção do crime-meio, não resta justa causa para que o agente seja denunciado pelo crime-meio[19]. Deverá ser processado e julgado apenas pelo crime-fim.

Conforme ensina FERNANDO DE ALMEIDA PEDROSO: "Na consunção (*lex consumens derogat legi consumptae*) ocorre uma continência de tipos. Alguns tipos são absorvidos e consumidos por outro, denominado consuntivo, dentro de uma linha evolutiva ou de fusão que os condensa numa relação de continente a conteúdo. O tipo consuntivo, que atrai os demais para o seu campo de força, prevalece e predomina a final como uma unidade, pois desintegra e dilui os outros em seu contexto. O tipo consuntivo pode exercer sua força atrativa sobre fatos típicos anteriores (efeito *ex tunc*), tornando-os *ante factum* impuníveis, ou absorver fatos ulteriores (efeito *ex nunc*), fazendo-os *post factum* impuníveis"[20].

---

16. TRF4, Oitava Turma, D.E. 5006973-57.2012.404.7002, 2013.
17. TRF4, Quarta Seção, ENUL 5000930-14.2011.404.7205, 2013.
18. STJ, Quinta Turma, AgRg no REsp 1.246.165/MG, 2012.
19. STJ, Quinta Turma, RHC 31.321/PR, 2013.
20. PEDROSO, Fernando de Almeida. *Direito penal*. v. 1. São Paulo: Método, 2008, p. 678.

A existência do crime-meio não é, todavia, desprezível. Poderá ser considerada para a avaliação da situação como um todo, afastando eventual insignificância do crime-fim e servindo de circunstância judicial desfavorável a ser levada em conta quando da fixação da pena base. Há entendimento, no entanto, no sentido de que o falso, como crime-meio, não interfere no reconhecimento da insignificância do crime-fim: "Se a conduta 'fim' é irrelevante para a intervenção penal, a conduta-meio (contrafação de nota fiscal) também o é, uma vez que a intenção da denunciada era deixar de pagar os tributos devidos. Portanto, o *falsum* (art. 299 do CP) deve ser absorvido pelo descaminho, aplicando-se o princípio da consunção"[21].

Quando o falso não exaurir seu potencial lesivo no crime-fim, deverá ser considerado de modo autônomo, verificando-se, então, concurso de crimes. Esse foi o entendimento do STJ relativamente à falsidade ideológica em contrato social, *in verbis*:

> PENAL. PRINCÍPIO DA CONSUNÇÃO. FALSIDADE IDEOLÓGICA VERIFICADA EM CONTRATO SOCIAL E POSTERIORES ALTERAÇÕES. EXAURIMENTO DA POTENCIALIDADE LESIVA. INEXISTÊNCIA. 1. O crime de falso, qualificado como crime-meio, é absorvido pela fraude, caracterizada como crime-fim, quando a potencialidade lesiva do primeiro é exaurida na prática do segundo. 2. A potencialidade lesiva da falsidade ideológica inserida em contrato social e em suas respectivas alterações não é exaurida na supressão de tributo, ainda que essa possa ter sido a única intenção inicial dos acusados. Assim já afirmou o Supremo Tribunal Federal, tendo em vista que 'o contrato visa a regular situações jurídicas específicas e importantes da vida da sociedade, e não se adstringindo a permitir ao Fisco, por meio da desconsideração da personalidade jurídica, executar-lhe os sócios. O contrato social disciplina direitos e obrigações dos sócios, cuida da administração da sociedade e, em caráter geral, governa as relações desta com terceiros, donde a especial importância que assume na vida comercial e dos negócios, reconhecida pela publicidade de que se deve revestir com o registro [...][22].

Cada situação, portanto, merece análise própria à luz do caso concreto.

254. Constituição definitiva do crédito tributário como condição de punibilidade dos crimes materiais contra a ordem tributária (Súmula Vinculante 24)

A configuração dos tipos penais de crimes materiais contra a ordem tributária praticados por particulares, descritos no art. 1º da Lei n. 8.137/90 – como a supressão ou redução de tributo mediante omissão de informação ou declaração falsa, falsificação

---

21. TRF4, Sétima Turma, ACR 5004593-61.2012.404.7002, 2013.
22. TRF4, Quarta Seção, ENUL 0012893-32.2005.404.7200, 2013.

ou alteração de nota fiscal ou ainda não fornecimento de nota fiscal quando da venda de mercadoria ou prestação de serviço – depende da constituição definitiva do crédito tributário que tenha deixado de ser pago em razão das referidas condutas.

O STF editou a **Súmula Vinculante 24** com o seguinte teor: "Não se tipifica crime material contra a ordem tributária, previsto no art. 1º, incisos I a IV, da Lei n. 8.137/90, antes do lançamento definitivo do tributo". Quando da aprovação dessa Súmula, disse o Ministro CELSO DE MELLO que a instauração da persecução penal antes do lançamento definitivo do tributo implicaria "instauração prematura, abusiva e destituída de justa causa". Anteriormente, o STF já decidira que: "Enquanto o crédito tributário não se constituir, definitivamente, em sede administrativa, não se terá por caracterizado, no plano da tipicidade penal, o crime contra a ordem tributária, tal como previsto no art. 1º da Lei n. 8.137/90". E esclarecera: "É que, até então, não havendo sido ainda reconhecida a exigibilidade do crédito tributário (*an debeatur*) e determinado o respectivo valor (*quantum debeatur*), estar-se-á diante de conduta absolutamente desvestida de tipicidade penal". Entendeu, então, que: "A instauração de persecução penal, desse modo, nos crimes contra a ordem tributária definidos no art. 1º da Lei n. 8.137/90 somente se legitimará, mesmo em sede de investigação policial, após a definitiva constituição do crédito tributário, pois, antes que tal ocorra, o comportamento do agente será penalmente irrelevante, porque manifestamente atípico"[23]. Ainda: "Embora não condicionada a denúncia à representação da autoridade fiscal (ADInMC 1.571), falta justa causa para a ação penal pela prática do crime tipificado no art. 1º da Lei n. 8.137/90 – que é material ou de resultado –, enquanto não haja decisão definitiva do processo administrativo de lançamento, quer se considere o lançamento definitivo uma condição objetiva de punibilidade ou um elemento normativo do tipo"[24].

Daí por que é condição objetiva de punibilidade dos crimes materiais contra a ordem tributária a constituição definitiva do crédito tributário na esfera administrativa, ou seja, que já tenha restado firme, após o julgamento da impugnação e dos recursos do contribuinte, que o tributo era mesmo devido e que não foi pago. Desse modo, a pendência de impugnação ou recurso administrativo no âmbito do processo administrativo-fiscal implica ausência de justa causa à ação penal[25]. De outro lado, "enquanto dure, por iniciativa do contribuinte, o processo administrativo suspende o curso da prescrição da ação penal por crime contra a ordem tributária que dependa do lançamento definitivo"[26,27].

---

23. STF, Tribunal Pleno, Pet 3.593 QO, 2007.
24. STF, Tribunal Pleno, HC 81.611, 2003.
25. STF, Segunda Turma, HC 91.725, 2009.
26. STF, Tribunal Pleno, HC 81.611, 2003.
27. *Vide*, ainda: MACHADO, Hugo de Brito. Início do prazo de prescrição no crime de supressão ou redução de tributo. *RDDT*, n. 211/80, abr. 2013.

A Súmula Vinculante 24 é considerada, pelo STJ, "mera consolidação de remansosa interpretação judicial", de modo que "tem aplicação aos fatos ocorridos anteriormente à sua edição"[28].

Conforme o STJ, ainda, "para o início da ação penal, basta a prova da constituição definitiva do crédito tributário (SV 24), não sendo necessária a juntada integral do PAF correspondente"[29].

Deve-se considerar, por relevante, que, quando a impugnação ou o recurso são parciais, considera-se definitivamente constituído o crédito relativamente à parte não impugnada ou não recorrida, conforme já destacamos ao cuidar do processo administrativo-fiscal. O art. 17 do Decreto n. 70.235/72 é inequívoco no sentido de que se considera não impugnada a matéria que não tenha sido expressamente contestada pelo impugnante. E o art. 21, § 1º, do Decreto n. 70.235/72[30] determina que, antes da remessa dos autos para julgamento, sejam formados autos apartados para imediata cobrança da parte não impugnada. Assim, quanto às rubricas não impugnadas, não há suspensão da exigibilidade do crédito, nada impedindo a sua cobrança, tampouco o curso do prazo prescricional tributário relativamente a tal valor. Caso o crédito já definitivamente constituído seja suficiente para caracterizar o tipo penal, também não será necessário aguardar o final de todo o processo administrativo-fiscal para o oferecimento da denúncia.

Tenha-se em conta, ainda, que o lançamento pela autoridade é dispensado quando o crédito tenha sido formalizado pelo próprio contribuinte através de declaração prestada ao Fisco ou por confissão de débito para fins de parcelamento. Dispõe a **Súmula 436**

---

28. STJ, Terceira Seção, EREsp 1.318.662, 2018.
29. STJ, Quinta Turma, RHC 94.288, 2018.
30. Art. 21. Não sendo cumprida nem impugnada a exigência, a autoridade preparadora declarará a revelia, permanecendo o processo no órgão preparador, pelo prazo de trinta dias, para cobrança amigável. § 1º No caso de impugnação parcial, não cumprida a exigência relativa à parte não litigiosa do crédito, o órgão preparador, antes da remessa dos autos a julgamento, providenciará a formação de autos apartados para a imediata cobrança da parte não contestada, consignando essa circunstância no processo original. § 2º A autoridade preparadora, após a declaração de revelia e findo o prazo previsto no *caput* deste artigo, procederá, em relação às mercadorias e outros bens perdidos em razão de exigência não impugnada, na forma do artigo 63. (Redação dada ao *caput*, §§ 1º e 2º pela Lei n. 8.748, de 09/12/1993.) § 3º Esgotado o prazo de cobrança amigável sem que tenha sido pago o crédito tributário, o órgão preparador declarará o sujeito passivo devedor remisso e encaminhará o processo à autoridade competente para promover a cobrança executiva. (O art. 5º do DL n. 1.715/79 extinguiu a declaração de devedor remisso.) § 4º O disposto no parágrafo anterior aplicar-se-á aos casos em que o sujeito passivo não cumprir as condições estabelecidas para a concessão de moratória. § 5º A autoridade preparadora, após a declaração de revelia e findo o prazo previsto no *caput* deste artigo, procederá, em relação às mercadorias ou outros bens perdidos em razão de exigência não impugnada, na forma do artigo 63.

STJ: "A entrega de declaração pelo contribuinte reconhecendo débito fiscal constitui o crédito tributário, dispensada qualquer outra providência por parte do Fisco". A formalização do crédito por essa via é suficiente para que se considere o crédito definitivamente constituído. Nesse caso, não há que se esperar por processo administrativo-fiscal. É certo, porém, que, tendo sido constituído o crédito tributário por declaração do próprio contribuinte, dificilmente estaremos em face de situação que possa configurar crime contra a ordem tributária, porquanto pressupõe a fraude.

O crédito tributário pode ser discutido em juízo nas Varas com competência para o julgamento de ações tributárias. Mas a "mera **propositura de ação cível para anular o lançamento tributário** não tem força suficiente para suspender, de forma compulsória, o curso do processo penal, haja vista a independência das instâncias cível e penal"[31]. Efetivamente, a jurisprudência uniforme no âmbito do STJ é no sentido de que "a pendência de discussão acerca da exigibilidade do crédito tributário perante o Poder Judiciário não obriga a suspensão da ação penal, dada a independência entre as esferas"[32]. Nem mesmo a obtenção de tutela provisória, pelo contribuinte, tem qualquer efeito automático sobre a ação penal. Entende, o STJ, que a suspensão do curso do processo é facultativa, a critério do juízo penal, nos termos do art. 93 do CPP[33].

Mas, **transitando em julgado sentença desconstituindo** o crédito tributário por razões materiais, já não mais se poderá falar em supressão ou redução de tributo, porquanto considerado indevido pelo Judiciário, o que, por certo, fulminará a respectiva ação penal.

O **depósito do montante do tributo em ação anulatória**, embora não corresponda ao pagamento, suspende a exigibilidade do crédito, nos termos do art. 151, II, do CTN, e fica indisponível, sujeito à decisão final que venha a transitar em julgado, de modo que, se devido for o crédito tributário, sua satisfação já estará garantida. O STJ, por isso, em face de depósito integral, entende que deva ser suspensa a ação penal respectiva, nos termos do art. 93 do CPP, até o julgamento definitivo na esfera cível[34].

255. Representação fiscal para fins penais

Quem primeiro toma conhecimento da ocorrência dos crimes tributários é, via de regra, a autoridade fiscal, por ocasião das fiscalizações tributárias. Verificada a

---

31. STJ, Sexta Turma, REsp 1.517.168, 2016.
32. STJ, Sexta Turma, HC 351.035, 2016.
33. STJ, Sexta Turma, RHC 61.764, 2016.
34. STJ, Quinta Turma, AgRg no AgRg no REsp 1.332.292, 2016.

ocorrência de condutas que a lei considera crime, tem a autoridade a obrigação de proceder à representação para fins penais, noticiando a situação ao seu chefe imediato, que adotará as providências necessárias para que a questão seja submetida ao Ministério Público[35].

O encaminhamento de representação ao Ministério Público, contudo, está condicionado ao prévio exaurimento do processo administrativo-fiscal. O art. 83 da Lei n. 9.430/96, com a redação das Leis n. 10.350/2010, dispõe que a representação fiscal para fins penais relativa aos crimes contra a ordem tributária e aos crimes contra a Previdência Social será encaminhada ao Ministério Público depois de proferida a decisão final, na esfera administrativa, sobre a exigência fiscal do crédito tributário correspondente[36]. Conforme o STF, na ADI 4980, em 2022, "A exigência do exaurimento do processo administrativo para efeito de encaminhamento da representação fiscal ao Ministério Público é disciplina que, em vez de afrontar, privilegia os princípios da ordem constitucional brasileira e se mostra alinhada com a finalidade do direito penal enquanto *ultima ratio*". Nesse precedente, aliás, considerou constitucional o art. 83 da Lei n. 9.430/1996, com a redação da Lei n. 12.350/10. Lembre-se que o Direito Penal Tributário é direito de sobreposição que pressupõe matéria regulada pelo Direito Tributário e que estarmos frente a um crédito firme na esfera administrativa é requisito de segurança jurídica, até porque, nos crimes materiais ou de resultado contra a ordem tributária, o não pagamento de tributo devido constitui elemento essencial do tipo.

Importa ter em conta, ainda, que o parcelamento do débito tributário suspende a punibilidade. Desse modo, se o contribuinte aderir a parcelamento, seja comum ou especial[37], também restará suspenso o encaminhamento da representação fiscal para

....

35. O Decreto n. 70.235/72, que ainda hoje disciplina o Processo Administrativo-fiscal, dispõe: "Art. 12. O servidor que verificar a ocorrência de infração à legislação tributária federal e não for competente para formalizar a exigência, comunicará o fato, em representação circunstanciada, a seu chefe imediato, que adotará as providências necessárias".
36. Lei n. 9.430/96, com a redação das Leis n. 10.350/2010 e 11.382/2011: "Art. 83. A representação fiscal para fins penais relativa aos crimes contra a ordem tributária previstos nos arts. 1º e 2º da Lei n. 8.137, de 27 de dezembro de 1990, e aos crimes contra a Previdência Social, previstos nos arts. 168-A e 337-A do Decreto-Lei n. 2.848, de 7 de dezembro de 1940 (Código Penal), será encaminhada ao Ministério Público depois de proferida a decisão final, na esfera administrativa, sobre a exigência fiscal do crédito tributário correspondente. § 1º Na hipótese de concessão de parcelamento do crédito tributário, a representação fiscal para fins penais somente será encaminhada ao Ministério Público após a exclusão da pessoa física ou jurídica do parcelamento. [...]".
37. Comuns são os parcelamentos que estão disponíveis em caráter permanente, a qualquer contribuinte, como o previsto no art. 10 da Lei n. 10.522/2002. Especiais, são os parcelamentos concedidos por leis específicas, normalmente com a anistia de multas e dispensa ou redução de juros, mas com adesão temporária e, por vezes, sujeita ao oferecimento de garantias, como o Refis, o Paes, o Paex e o da Lei n. 11.941/2009.

fins penais ao Ministério Público. A representação só ocorrerá, de fato, na hipótese de o contribuinte ser excluído do parcelamento, nos termos do art. 83, § 1º, da Lei n. 9.430/96, incluído pela Lei n. 12.382/2011: "§ 1º Na hipótese de concessão de parcelamento do crédito tributário, a representação fiscal para fins penais somente será encaminhada ao Ministério Público após a exclusão da pessoa física ou jurídica do parcelamento". A exclusão ocorre quando o contribuinte deixa de pagar as parcelas ou quando o Fisco verifica que não cumpria os requisitos legais para aderir ao parcelamento.

No Tema 990 de repercussão geral (RE 1.055.941), cujo acórdão foi publicado em 2021, o STF fixou duas teses: 1. É constitucional o compartilhamento dos relatórios de inteligência financeira da UIF e da íntegra do procedimento fiscalizatório da Receita Federal do Brasil – em que se define o lançamento do tributo – com os órgãos de persecução penal para fins criminais sem prévia autorização judicial, devendo ser resguardado o sigilo das informações em procedimentos formalmente instaurados e sujeitos a posterior controle jurisdicional; 2. O compartilhamento pela UIF e pela RFB referido no item anterior deve ser feito unicamente por meio de comunicações formais, com garantia de sigilo, certificação do destinatário e estabelecimento de instrumentos efetivos de apuração e correção de eventuais desvios.

256. Ação penal pública

Os crimes tributários são de ação penal pública incondicionada, o que significa que, embora normalmente cheguem ao conhecimento do Ministério Público através de representação fiscal para fins penais formulada por autoridade fiscal, a apresentação de denúncia independe de tal provocação. Ainda que o Ministério Público tenha conhecimento do crime por outras fontes, poderá oferecer denúncia.

O art. 15 da Lei n. 8.137/90, que define os crimes contra a ordem tributária, dispõe expressamente que os crimes nela previstos "são de ação penal pública, aplicando-se-lhes o disposto no art. 100 do Decreto-Lei n. 2.848, de 7 de dezembro de 1940 – Código Penal". Seu art. 16 ainda acrescenta: "Qualquer pessoa poderá provocar a iniciativa do Ministério Público nos crimes descritos nesta lei, fornecendo-lhe por escrito informações sobre o fato e a autoria, bem como indicando o tempo, o lugar e os elementos de convicção". O STF, a respeito dos crimes por sonegação fiscal, já editara a **Súmula 609**: "É pública incondicionada a ação penal por crime de sonegação fiscal".

O fato de a ação penal ser pública incondicionada, prescindindo de representação fiscal para fins penais, não dispensa, contudo, que o Ministério Público verifique se há crédito tributário definitivamente constituído, pois tal é elemento do tipo nos crimes materiais contra a ordem tributária. O STF entende que "A instauração de persecução penal [...] nos crimes contra a ordem tributária definidos no art. 1º da Lei n. 8.137/90 somente se legitimará, mesmo em sede de investigação policial, após a definitiva constituição do crédito tributário, pois, antes que tal ocorra, o comportamento do agente será penalmente irrelevante, porque manifestamente atípico"[38]. De qualquer modo, ressalva o fato de que a representação fiscal não é condição para o oferecimento da denúncia: "O Ministério Público pode, entretanto, oferecer denúncia independentemente da comunicação, dita 'representação tributária', se, por outros meios, tem conhecimento do lançamento definitivo"[39].

257. Suspensão da punibilidade pelo parcelamento

O **parcelamento** dos débitos tributários implica suspensão da pretensão punitiva relativa aos crimes materiais relacionados à tributação, ou seja, àqueles que pressupõem a existência do débito. Esse efeito suspensivo, contudo, só ocorre quando o parcelamento for "formalizado antes do recebimento da denúncia criminal", conforme dispõe o art. 83, § 2º, da Lei n. 9.430/96, com a redação da Lei n. 12.382/2011.

Como não se pode deixar o agente ao alvedrio da Administração quanto ao exercício do seu direito ao parcelamento, deve-se entender suficiente, para a obtenção do efeito suspensivo da exigibilidade do crédito tributário e também da punibilidade, que o agente tenha cumprido os requisitos para a obtenção do parcelamento e, no regime da Lei n. 10.522/2002, formulado o pedido e pago a primeira parcela. Até porque, nos termos do art. 12, § 1º, II, da mesma lei, o pedido de parcelamento é "considerado automaticamente deferido quando decorrido o prazo de 90 (noventa) dias, contado da data do pedido de parcelamento sem que a Fazenda Nacional tenha se pronunciado". Note-se que os débitos para com a Fazenda Nacional também podem ser reparcelados, hipóteses em que se exige o pagamento de uma parcela inicial de 10% do débito ou, no caso de histórico de reparcelamento anterior, parcela inicial de 20% do débito, conforme o art. 14-A da mesma lei.

É importante ter em conta que nem todo débito tributário pode ser parcelado, pois o parcelamento depende de lei específica autorizadora, nos termos do art. 155-A do CTN. Não é possível invocar lei federal para parcelar tributos estaduais e vice-versa. Ademais, deve-se observar que as leis de parcelamento impõem condições, não o admitindo em certos casos. Normalmente, o legislador veda o parcelamento de valores retidos e não repassados aos cofres públicos. Veja-se, no ponto, a Lei n. 10.666/2003: "Art. 7º Não poderão ser objeto de parcelamento as contribuições descontadas dos empregados, inclusive dos domésticos, dos trabalhadores avulsos, dos contribuintes individuais, as decorrentes da sub-rogação e as demais importâncias descontadas na forma da legislação previdenciária". O rol de vedações para os parcelamentos comuns de débitos perante a Fazenda Nacional consta do art. 14 da Lei n. 10.522/2002, com a redação da Lei n.

---

38. STF, Tribunal Pleno, Pet 3.593 QO, 2007.
39. STF, Tribunal Pleno, ADI 1.571, 2003.

11.941/2009: "Art. 14. É vedada a concessão de parcelamento de débitos relativos a: I – tributos passíveis de retenção na fonte, de desconto de terceiros ou de sub-rogação; II – Imposto sobre Operações de Crédito, Câmbio e Seguro e sobre Operações relativas a Títulos e Valores Mobiliários – IOF, retido e não recolhido ao Tesouro Nacional; III – valores recebidos pelos agentes arrecadadores não recolhidos aos cofres públicos; IV – tributos devidos no registro da Declaração de Importação; V – incentivos fiscais devidos ao Fundo de Investimento do Nordeste – Finor, Fundo de Investimento da Amazônia – Finam e Fundo de Recuperação do Estado do Espírito Santo – Funres; VI – pagamento mensal por estimativa do Imposto sobre a Renda da Pessoa Jurídica – IRPJ e da Contribuição Social sobre o Lucro Líquido – CSLL, na forma do art. 2º da Lei n. 9.430, de 27 de dezembro de 1996; VII – recolhimento mensal obrigatório da pessoa física relativo a rendimentos de que trata o art. 8º da Lei n. 7.713, de 22 de dezembro de 1988; VIII – tributo ou outra exação qualquer, enquanto não integralmente pago parcelamento anterior relativo ao mesmo tributo ou exação, salvo nas hipóteses previstas no art. 14-A desta Lei; IX – tributos devidos por pessoa jurídica com falência decretada ou por pessoa física com insolvência civil decretada; e X – créditos tributários devidos na forma do art. 4º da Lei n. 10.931, de 2 de agosto de 2004, pela incorporadora optante do Regime Especial Tributário do Patrimônio de Afetação". As vedações devem ser verificadas em cada lei autorizadora de parcelamento. Os parcelamentos especiais contêm suas próprias regras, inclusive quanto às vedações.

Pois bem, concluído o processo administrativo-fiscal e mesmo oferecida a denúncia, o réu ainda tem a oportunidade de suspender a punibilidade pelo parcelamento quando a lei tributária o admita. Mas tem de fazê-lo logo, antes do seu recebimento pelo magistrado, nos termos do art. 6º da Lei n. 12.382/2011. Efetivamente, o "recebimento da denúncia a que se refere o dispositivo é aquele constante da decisão judicial que recebe a denúncia (CPP, art. 339), após a resposta do denunciado (CPP, arts. 396 e 396-A) e não a do oferecimento da denúncia mediante 'protocolização' na Vara Criminal ou distribuição", de modo que o "denunciado poderá [...] requerer o parcelamento no prazo para resposta"[40]. No regime do art. 9º da Lei n. 10.684/2003 e do art. 69 da Lei n. 11.941/2009, não havia o condicionamento temporal.

Conforme o § 3º do art. 83, com a redação da Lei n. 12.382/2011, se forem pagas todas as parcelas, satisfazendo integralmente o crédito tributário, inclusive acessórios, extingue-se a punibilidade. Cabe ao agente, assim, aproveitar a oportunidade do parcelamento e levá-la a sério, cumprindo-o até o final, com o que se verá livre da persecução penal. Isso porque implicará a extinção da pretensão punitiva, conforme art. 83, § 6º, da Lei n. 9.430/96, acrescido pela Lei n. 12.832/2011. No mesmo sentido, é o art. 69 da Lei

---

40. BALTAZAR JUNIOR, José Paulo. Crimes tributários: novo regime de extinção de punibilidade pelo pagamento – Lei n. 12.382/2011, art. 6º. *Estado de Direito*, n. 31, 2011, p. 9.

n. 11.941/2009, ao dizer da extinção da punibilidade por força do pagamento integral do pagamento que instituiu. Restará, com isso, impedido o oferecimento de denúncia pelo Ministério Público e o seu recebimento pelo Magistrado ou mesmo o prosseguimento da ação. A Lei n. 11.941/2009, que instituiu parcelamento especial de dívidas tributárias federais, estabelece que a pessoa física responsabilizada pelo não pagamento pode parcelar o débito nas mesmas condições permitidas à pessoa jurídica (art. 1º, § 15). Estabelece, ainda, que, concedidos os parcelamentos a que se refere, fica suspensa a exigibilidade "enquanto não forem rescindidos os parcelamentos" (art. 68), sendo certo que a rescisão ocorre com a comunicação ao sujeito passivo em face de três parcelas em aberto, consecutivas ou não, ou da única que tenha ficado em aberto ao final do parcelamento (art. 1º, § 9º). Lembre-se que a adesão a tal parcelamento especial, conhecido como parcelamento da crise, foi reaberta até 31 de dezembro de 2013 pela Lei n. 12.865/2013.

258. Extinção da punibilidade pelo pagamento

Ainda que o agente tenha deixado de parcelar o débito até o recebimento da denúncia ou que tenha deixado de cumpri-lo até o final, será possível obter a **extinção da punibilidade pelo pagamento do débito**. Isso porque a Lei n. 12.381/2011 só alterou a regra para o parcelamento, não para o pagamento puro e simples. Continua vigendo o art. 9º, § 2º, da Lei n. 10.684/2003, no sentido de que "Extingue-se a punibilidade [...] quando a pessoa jurídica relacionada com o agente efetuar o pagamento integral dos débitos oriundos de tributos e contribuições sociais, inclusive acessórios". Antes ou depois do recebimento da denúncia, antes ou após a condenação, antes ou após o trânsito em julgado, enfim, a qualquer tempo, o pagamento integral tem efeito extintivo da punibilidade.

Em 2013, aplicando o art. 69 da Lei n. 11.941/2009, temos a AP 516 ED, relator p/o acórdão o Ministro Luiz Fux, julgamento concluído em dezembro de 2013. No caso, foi extinta a punibilidade pelo pagamento do débito tributário "realizado após o julgamento, mas antes da publicação do acórdão condenatório"[41]. Em 2017, o STJ decidiu que "Com o advento da Lei n. 10.684/2003, no exercício da sua função constitucional e de acordo com a política criminal adotada, o legislador ordinário optou por retirar do ordenamento jurídico o marco temporal previsto para o adimplemento do débito tributário redundar na extinção da punibilidade do agente sonegador, nos termos do seu artigo 9º, § 2º, sendo vedado ao Poder Judiciário estabelecer tal limite". E concluiu: "Não há como se interpretar o referido dispositivo legal de outro modo, senão considerando que o pagamento do tributo, a qualquer tempo, até mesmo após

---

41. *Informativo* 731 do STF.

o advento do trânsito em julgado da sentença penal condenatória, é causa de extinção da punibilidade do acusado"[42].

A extinção da punibilidade pelo pagamento, forte no art. 9º, § 2º, da Lei n. 10.684/2003, aplica-se aos crimes previstos nos arts. 1º e 2º da Lei n. 8.137/90 e nos arts. 168-A e 337-A do CP. Não se aplica a outros crimes, seja ao descaminho e ao contrabando, como a outros crimes, como ao estelionato, conforme já destacado pelo STJ: "Por se tratar de norma especial, dirigida a determinadas infrações de natureza tributária, a causa especial de extinção de punibilidade prevista no § 2º do art. 9º da Lei n. 10.684/2003 (pagamento integral do crédito tributário) não se aplica ao delito de estelionato do *caput* do art. 171 do Código Penal. Precedentes"[43].

259. Continuidade delitiva nos crimes contra a ordem tributária

É muito comum que idêntico crime seja praticado diversas vezes pelo mesmo agente, o que se denomina de reiteração delitiva. Em certos casos, a reiteração se dá em face das mesmas condições de tempo, lugar e maneira de execução, configurando, então, o que se chama de continuidade delitiva.

O direito penal cuida das reiterações delitivas, determinando a aplicação de um critério que afasta a simples soma das penas, fazendo com que, em vez disso, seja aplicada a pena da infração mais grave aumentada de um sexto a dois terços, conforme determina o art. 71 do CP: "Quando o agente, mediante mais de uma ação ou omissão, pratica dois ou mais crimes da mesma espécie e, pelas condições de tempo, lugar, maneira de execução e outras semelhantes, devem os subsequentes ser havidos como continuação do primeiro, aplica-se-lhe a pena de um só dos crimes, se idênticas, ou a mais grave, se diversas, aumentada, em qualquer caso, de um sexto a dois terços". Mas, quanto às multas, determina sua aplicação distinta e integral, nos termos do art. 72 do CP.

O STF esclarece que: "A continuidade delitiva se configura pela sucessão de crimes autônomos de idêntica espécie – praticados nas mesmas condições de tempo, lugar e maneira de execução – e que se considera um só crime por *fictio iuris* (ficção de direito)"[44].

A continuidade delitiva é bastante comum em matéria tributária, porquanto as respectivas obrigações muitas vezes se repetem mês a mês, de modo que, se o contribuinte adotar prática que implique sonegação, acabará por fazê-lo repetidas vezes. Exemplo é caso do contribuinte que "praticou várias infrações contra a ordem tributária 'calçando' inúmeras notas fiscais nos exercícios de 1994 a 1996, o que ensejou o

---

42. STJ, Quinta Turma, HC 362.478/SP 2017.
43. STJ, RHC 126.917, Segunda Turma, 2015.
44. STF, Tribunal Pleno, AP 516, 2010.

reconhecimento da continuidade delitiva"[45]. Também já se decidiu: "Tratando-se de sonegação fiscal que se perpetrou por dois exercícios financeiros, é correta a aplicação da continuidade delitiva na fração de 1/6 (um sexto)"[46]. Ocorrerá continuidade inclusive em interstícios anuais, desde que configure a reiteração própria da figura tributária respectiva: "8. A circunstância de cada fato delituoso distar do outro em aproximadamente doze meses não impede o reconhecimento da continuidade delitiva, uma vez que, tratando-se de supressão do pagamento de tributo cujo ajuste ocorre anualmente, impossível que o período entre as condutas seja inferior a um ano"[47]. Veja-se, ainda: "3. Apesar de os créditos tributários serem constituídos na mesma data, sendo concernentes a anos-calendários diversos, há de incidir o percentual de continuidade delitiva"[48].

Na continuidade delitiva, toma-se apenas a pena do delito mais grave, aumentando-a de um sexto a dois terços. Conforme o STJ, "o aumento operado em face da continuidade delitiva deve levar em conta o número de infrações cometidas", tendo considerado, no caso analisado, que "os delitos foram praticados entre as competências de 01/94 a 07/97", entendendo adequado, por isso, "o acréscimo pela continuidade delitiva na fração máxima de 2/3"[49].

Por fim, vale anotar que o "acréscimo resultante do reconhecimento da continuidade delitiva não é computado para fins de verificação do lapso prescricional"[50]. Aliás, é o que resta consolidado na Súmula 497 do STF: "Quando se tratar de crime continuado, a prescrição regula-se pela pena imposta na sentença, não se computando o acréscimo decorrente da continuação".

260. Descaminho

O descaminho é definido como crime no art. 334 do Código Penal, com a redação da Lei n. 13.008/2014[51]. Consiste em **iludir**, no todo ou em parte, **o pagamento de**

---

45. STJ, Sexta Turma, AgRg no REsp 1.134.070/ES, 2013.
46. TRF4, Sétima Turma, , ACR 5001237-55.2012.404.7100, 2013.
47. TRF4, Oitava Turma, ACR 5003394-63.2010.404.7005, 2013.
48. TRF4, Sétima Turma, 5017655-43.2013.404.7000, 2013.
49. STJ, Quinta Turma, HC 183.636/PR, 2012.
50. TRF4, Oitava Turma, HC 0002593-96.2013.404.0000, 2013.
51. Código Penal: "Descaminho Art. 334. Iludir, no todo ou em parte, o pagamento de direito ou imposto devido pela entrada, pela saída ou pelo consumo de mercadoria: Pena – reclusão, de 1 (um) a 4 (quatro) anos. § 1º Incorre na mesma pena quem: a) pratica navegação de cabotagem, fora dos casos permitidos em lei; b) pratica fato assimilado, em lei especial, a descaminho; c) vende, expõe à venda, mantém em depósito ou, de qualquer forma, utiliza em proveito próprio ou alheio, no exercício de atividade comercial ou industrial, mercadoria de procedência estrangeira que introduziu clandestinamente no País ou importou fraudulentamente ou que

direito ou imposto devido pela entrada, pela saída ou pelo consumo de mercadoria. Também incorre nas mesmas penas, nos termos do § 1º de tal artigo, dentre outros, quem vende, expõe à venda, mantém em depósito ou, de qualquer forma, utiliza no exercício de atividade comercial ou industrial mercadoria de procedência estrangeira introduzida clandestinamente no País ou que sabe importada fraudulentamente, assim como quem adquire, recebe ou oculta, no exercício de atividade comercial ou industrial, mercadoria estrangeira desacompanhada de documentação legal ou acompanhada de documentação que sabe ser falsa. Equipara-se às atividades comerciais, para os efeitos desse artigo, qualquer forma de comércio irregular ou clandestino de mercadorias estrangeiras, inclusive o exercido em residências, conforme previsão do § 2º.

O descaminho não se confunde com o contrabando. Anteriormente, eram disciplinados no mesmo artigo. Com a Lei n. 13.008/2014, o descaminho prosseguiu previsto no art. 334 do CP e o contrabando passou a ser tipificado no novo art. 334-A: "Importar ou exportar mercadoria proibida". Ao contrabando é cominada pena superior: reclusão, de 2 a 5 anos.

A pena para o descaminho é de reclusão, de 1 a 4 anos, aplicando-se em dobro, contudo, se o crime é praticado em transporte aéreo, conforme o § 3º do mesmo artigo.

Só se revela insignificante a conduta que, a par de ter efeitos econômicos diminutos, não consubstancie, pelas suas características, periculosidade e reprovabilidade. Assim é que: "A aplicação do princípio da insignificância enseja o trancamento da ação penal quando o descaminho for diminuto e não estiver no contexto de reiteração delitiva"[52]. Conforme já destacado no item relativo à insignificância, só deixará de ser considerado crime o descaminho que implique ilusão de tributos em montante inferior a dez mil reais (STJ) ou a vinte mil reais (TRF4), sujeitando-se, nesse caso, apenas à sanção administrativa de perdimento.

A jurisprudência tem assentado que devem ser computados os montantes do Imposto de Importação e do Imposto sobre Produtos Industrializados incidente na importação. Não há razão, porém, para que não se considere, também, ICMS-Importação e, ainda, as contribuições de seguridade social que incidem sobre a importação, quais sejam, o PIS-Importação e a Cofins-Importação. O STJ tem afastado a consideração dos montantes

---

sabe ser produto de introdução clandestina no território nacional ou de importação fraudulenta por parte de outrem; d) adquire, recebe ou oculta, em proveito próprio ou alheio, no exercício de atividade comercial ou industrial, mercadoria de procedência estrangeira, desacompanhada de documentação legal ou acompanhada de documentos que sabe serem falsos. § 2º Equipara-se às atividades comerciais, para os efeitos deste artigo, qualquer forma de comércio irregular ou clandestino de mercadorias estrangeiras, inclusive o exercido em residências. § 3º A pena aplica-se em dobro se o crime de descaminho é praticado em transporte aéreo, marítimo ou fluvial" (redação do art. 334 conforme a Lei n. 13.008/2014).

52. TRF4, Oitava Turma, HC 5026502-82.2013.404.0000, 2013.

dessas contribuições sob o argumento de que não incidem em caso de perdimento, forte no art. 2º, III, da Lei n. 10.865/2004[53]. Fosse consistente o argumento, também não poderia ser considerado sequer o montante de Imposto de Importação, que também não incide sobre produtos sujeitos ao perdimento, nos termos do art. 1º, § 4º, III, do Decreto-Lei n. 37/66, com a redação da Lei n. 10.833/2003. Para a verificação dos valores descaminhados, o que se deve tomar em consideração é aquilo que seria devido em uma operação normal de tributação. Daí por que entendemos que se impõe considerar todos os tributos iludidos, que teriam sido pagos se a operação tivesse sido realizada de modo regular.

Para o início da persecução penal pela prática do crime de descaminho, no caso de introdução clandestina ou de falta de declaração de importação, não se mostra indispensável a conclusão de procedimento administrativo[54]. Inaplicável, assim, a Súmula Vinculante 24.

A apreensão da mercadoria em zona primária configura a modalidade tentada.

É muito comum que pessoas sejam contratadas para realizar a internalização dos produtos com ilusão do pagamento dos tributos, caso em que, por certo, estarão praticando o descaminho. Mas "A obtenção de lucro/vantagem já se encontra implícito no tipo penal (contrabando ou descaminho), de forma que a 'paga ou promessa de recompensa' não deve ser considerada na dosimetria para exasperar a pena (artigo 62, inciso IV, do CP)"[55].

261. Crime de apropriação indébita tributária em geral

Apropriação indébita é crime que conta com um tipo geral, cunhado no próprio Código Penal (art. 168 do CP), com um tipo específico para os tributos em geral (art. 2º, II, da Lei n. 8.137/90) e outro, ainda mais especial, para as contribuições previdenciárias (art. 168-A do CP).

O tipo do art. 2º, II, da Lei n. 8.137/90 traz o chamado crime de apropriação indébita tributária. É crime material[56], sujeito à SV n. 24 do STF[57].

A descrição da conduta criminosa inicia por "deixar de recolher", ou seja, não efetuar a entrega que se esperava fosse feita. Veja-se que o texto legal, ao final do dispositivo, explicita essa espera: "que deveria recolher aos cofres públicos".

E segue: "no prazo legal". *Es decir*, tempestivamente, na data do seu vencimento, conforme a legislação.

---

53. STJ, Sexta Turma, AgRg no REsp 1.417.984/SC, 2013.
54. TRF4, Oitava Turma, ACR 0007108-96.2008.404.7002, 2014.
55. TRF4, Oitava Turma, ACR 5009709-82.2011.404.7002, 2013.
56. STF, Pleno, Inq 2537 AgR, 2008.
57. STJ, AgRgREsp 1.850.249, 2021, e AgRgEREsp 1.734.799, 2019.

Continua especificando o seu objeto: "valor de tributo ou contribuição social". Aqui, a referência é ao gênero e à espécie. Explica-se porque a lei em questão é de 1990, momento em que ainda não se havia consolidado a compreensão do Sistema Tributário Nacional posto pela Constituição de 1988, que tornou inequívoca a natureza tributária das contribuições instituídas por lei, obrigatórias, que constituem receita pública. O art. 149 da CF, em razão da discussão que então se mantinha sobre a natureza tributária das contribuições, remeteu expressamente à observância das garantias fundamentais do contribuinte (art. 150 da CF) e à lei complementar de normas gerais de direito tributário (art. 146, III, da CF)[58]. Atualmente, a noção de tributo alcança os impostos, as taxas, as contribuições de melhoria, as contribuições (especiais) e os empréstimos compulsórios. Trata-se de obrigação *ex lege* que se consubstancia em prestar dinheiro aos cofres públicos. Daí a referência, na lei, ao "valor" do tributo, estabelecido no aspecto quantitativo da norma tributária impositiva.

Pois bem, constitui apropriação indébita tributária deixar de recolher, no prazo legal, valor de tributo "descontado ou cobrado, na qualidade de sujeito passivo de obrigação".

O art. 121 do CTN cuida do sujeito passivo da obrigação tributária principal, de pagar tributo, referindo que pode ser o contribuinte ou o responsável tributário. Resta saber como identificar o contribuinte que desconta ou cobra o tributo devido. O STJ explica: "A descrição típica do crime de apropriação indébita tributária contém a expressão 'descontado ou cobrado", o que, indiscutivelmente, restringe a abrangência do sujeito ativo do delito, porquanto nem todo sujeito passivo de obrigação tributária que deixa de recolher tributo ou contribuição social responde pelo crime do art. 2º, II, da Lei n. 8.137/90, mas somente aqueles que "descontam" ou "cobram" o tributo ou contribuição". E prossegue: "A interpretação consentânea com a dogmática penal do termo 'descontado' é a de que ele se refere aos tributos diretos quando há responsabilidade tributária por substituição, enquanto o termo 'cobrado' deve ser compreendido nas relações tributárias havidas com tributos indiretos (incidentes sobre o consumo), de maneira que não possui relevância o fato de o ICMS ser próprio ou por substituição, porquanto, em qualquer hipótese, não haverá ônus financeiro para o contribuinte de direito"[59].

Como veremos, conforme a interpretação atribuída ao dispositivo também pelo STF, teremos apropriação indébita tanto nos casos em que um terceiro, substituto tributário, por determinação legal, tomar o valor do tributo do contribuinte, mediante retenção ou cobrança, com a obrigação de o repassar ao Fisco, e não o fizer (é o caso do tributo que figura nos documentos fiscais como ST, de substituição tributária), como

---

58. CF: "Art. 149. Compete exclusivamente à União instituir contribuições sociais, de intervenção no domínio econômico e de interesse das categorias profissionais ou econômicas, como instrumento de sua atuação nas respectivas áreas, observado o disposto nos arts. 146, III, e 150, I e III, e sem prejuízo do previsto no art. 195, § 6º, relativamente às contribuições a que alude o dispositivo".
59. STJ, HC 399.109-SC, rel. Min. Rogerio Schietti Cruz, por maioria, ago./2018.

na hipótese de o próprio contribuinte de direito receber do consumidor pagamento por mercadoria ou serviço com tributo indireto embutido e deixar de efetuar o pagamento de tal tributo ao Fisco (tributo próprio).

A apropriação indébita tributária é tipo penal que não requer omissão quanto à prestação de declarações ou emissão de documentos, tampouco nenhuma fraude: basta o não recolhimento, no prazo, do tributo retido ou cobrado. Não pressupõe clandestinidade, mas a apropriação de valores de outrem, de coisa alheia, é elementar do tipo. Conforme já se decidiu, "para a configuração do delito de apropriação indébita tributária – tal qual se dá com a apropriação indébita em geral – o fato de o agente registrar, apurar e declarar em guia própria ou em livros fiscais o imposto devido não tem o condão de elidir ou exercer nenhuma influência na prática do delito, visto que este não pressupõe a clandestinidade"[60].

De outro lado, também não implica criminalização do simples inadimplemento, porque tem como objeto valores tomados pelo sujeito passivo para repasse ao Fisco, que é o seu titular. Temos restrições à aplicação do art. 2º, inciso II, da Lei n. 8.137/90 à hipótese dos impostos indiretos próprios embutidos no preço dos produtos e não repassados ao Fisco, mas a orientação que prevaleceu no STF admite, com veremos adiante.

Note-se que a norma é genérica, alcançando qualquer tributo, seja de que espécie for, ressalvada a especialidade do tipo relativo à apropriação indébita de contribuições previdenciárias, de que cuida o art. 168-A do CP, analisado no item adiante.

262. Apropriação indébita de imposto indireto (IPI/ICMS/ISS)

Em 18 de dezembro de 2019, o Pleno do STF, ao julgar o mérito do RHC 163.334, firmou o entendimento de que "o contribuinte que, de forma contumaz e com dolo de apropriação, deixa de recolher o ICMS cobrado do adquirente da mercadoria ou serviço incide no tipo penal do art. 2º, II, da Lei n. 8.137/90". Com isso, chancelou a posição adotada pela Terceira Seção do STJ no julgamento do HC 399.109, em agosto de 2018[61].

---

60. STJ, HC 399.109-SC, rel. Min. Rogerio Schietti Cruz, por maioria, ago./2018.
61. Entendemos que a orientação assumida pelos nossos tribunais superiores – STJ e STF – está equivocada. Manifestamos nossas razões, por honestidade intelectual, mas em nota de rodapé, já que superadas pelo entendimento do Pleno do STF. Vejamos. No HC 399.109, o STJ considerou que o não pagamento do ICMS próprio, embutido no preço de mercadoria comercializada, constituiria, potencialmente, crime de apropriação indébita, razão pela qual ensejou o prosseguimento de ação penal que imputara a um réu essa conduta. O Tribunal destacou, no tipo penal de apropriação indébita tributária (art. 2º, II, da Lei n. 8.137/90), referência a deixar de recolher valor de tributo "descontado ou cobrado", o que entendeu remeter aos tributos indiretos, inclusive ao ICMS embutido no preço das mercadorias, cobrado dos consumidores. Consta da ementa: "A interpretação consentânea com a dogmática penal do termo 'descontado' é a de que ele se refere aos tributos diretos quando há responsabilidade tributária por substituição, enquanto o termo 'cobrado' deve ser compreendido nas relações tributárias havidas

com tributos indiretos (incidentes sobre o consumo), de maneira que não possui relevância o fato de o ICMS ser próprio ou por substituição, porquanto, em qualquer hipótese, não haverá ônus financeiro para o contribuinte de direito". Nada mais equivocado. A referência a tributo cobrado remete, isso sim, ao caso da substituição tributária para a frente. Nessa modalidade de substituição, o substituto precede o contribuinte na cadeia econômica e tem de cobrar do contribuinte, além do preço dos seus produtos, também um valor adicional a título de substituição tributária, mediante valores presumidos que seguem critérios legais, relativo a tributo cujo fato gerador será realizado pelo contribuinte posteriormente, mas que, mediante a prévia cobrança e repasse aos cofres públicos, terá sido recolhido antecipadamente. É verdade que o crime de apropriação indébita não pressupõe clandestinidade, mas a apropriação de valores de outrem, de coisa alheia, é elementar do tipo. O ICMS, diferentemente, é tributo devido pelo próprio comerciante como contribuinte, incidindo por dentro do preço da mercadoria. O comerciante cobra pelas mercadorias vendidas e, com essa receita, paga o tributo incidente na operação, de que ele próprio é contribuinte, nos termos da LC n. 87/96. Não há a circulação, pelas mãos do comerciante contribuinte, de valores de terceiros. Inviável, assim, qualquer apropriação indevida. O que ocorre, quando do não pagamento do ICMS, é o inadimplemento de tributo, pura e simplesmente. Tenha-se em conta, ainda, que, ocorrida a saída da mercadoria do estabelecimento – fato gerador do ICMS –, o tributo terá de ser pago no seu prazo de vencimento, tenha ou não o adquirente adimplido o preço que, muitas vezes, é parcelado ou quitado em prazo superior ao do recolhimento do tributo. O contribuinte tem de efetuar o pagamento tempestivo do ICMS com os seus recursos, advindos daquela ou de outras operações, indistintamente. Não ocorre, exatamente, a triangulação imaginada no precedente. A tese de que o montante do ICMS pertenceria ao Estado decorre do precedente do STF que autorizou a dedução do ICMS da base de cálculo das contribuições PIS e COFINS. Mas se trata de posição equivocada, que seria mais compreensível sob a perspectiva – essa sim adequada – de que a o tributo que grava a operação não constitui, por si e nessa medida, revelação de capacidade contributiva, pois guarda correspondência direta no passivo do comerciante. Mas entender que o montante de ICMS que incide por dentro do preço seja da titularidade jurídica do Estado, desde quando emitido o documento, é equivocado, além do que modificou jurisprudência de décadas firmada pelo antigo TFR, pelos TRFs, pelo STJ e pelo próprio STF. Essa alteração acabou criando norma nova, sem que tenha ocorrido mudança legislativa. Até a mudança da posição do STF, não se podia sequer vislumbrar que o valor do ICMS não fosse faturamento da empresa e, portanto, da sua titularidade. Desse modo, se for mantida a orientação quanto à ocorrência de apropriação indébita pelo simples inadimplemento do ICMS, ao menos não se pode aplicá-la a fatos anteriores à alteração jurisprudencial relativa às contribuições PIS e COFINS, sob pena de se violar de modo intenso a segurança jurídica, fazendo aplicação retroativa da norma penal nova. E digo isso porque jamais se cogitara, anteriormente, que o inadimplemento de ICMS configurasse o crime de apropriação indébita. Trata-se de criação jurisprudencial, o que, por certo, não poderia ter se dado em matéria penal, até porque não se aplica leis penais por analogia. Caso não houvesse a necessária e fiel emissão de documento fiscal e a sua repercussão na apresentação mensal da Guia de Informação e Apuração do ICMS (GIA), teríamos o crime de sonegação do art. 1º da Lei n. 8.137/90. Mas, no caso de operações devidamente retratadas por documento fiscal idôneo e declaração, nenhuma omissão ou fraude terá ocorrido. As obrigações acessórias foram cumpridas normalmente. Houve a emissão do documento fiscal quando da venda do produto, com destaque do valor do ICMS, o que é relevante para fins de informação, fiscalização e eventual apropriação de créditos em face do regime não cumulativo. Houve, também, a declaração dos valores devidos em GIA. Não há qualquer manobra ardilosa ou fraudulenta. O que ocorre é o inadimplemento do tributo. Tanto que em eventual pagamento voluntário a destempo ou cobrança pelo Fisco incidirão apenas os juros e a multa moratória; não multa de ofício. O argumento de que o não pagamento de ICMS por algumas empresas violaria a concorrência é de outra ordem e desafia novas

Esse entendimento das Cortes superiores nos remete à classificação dos tributos, quanto ao seu ônus econômico, em tributos diretos e indiretos. Os tributos que implicam carga tributária a ser suportada pelo contribuinte de direito – assim entendido aquele que a lei coloca no polo passivo da relação tributária enquanto devedor – são denominados tributos diretos. Já os tributos que incidem por ocasião da venda de mercadorias e serviços e que compõem o valor total da operação, inclusive sendo destacados nos documentos fiscais respectivos, tendo o seu custo, desse modo, repassado ao adquirente ou consumidor – que, por isso, é considerado contribuinte de fato –, são denominados tributos indiretos.

Dentre os impostos sobre a produção e a circulação[62], encontramos o IPI, cujas normas gerais são ditadas pelos arts. 46 a 51 do CTN, o ICMS, disciplinado pela LC n. 87/96, e o ISS, objeto da LC n. 116/2003. A instituição desses impostos, por certo, faz-se por leis ordinárias, conforme a competência para a sua instituição: IPI-União, ICMS--Estados, ISS-Municípios[63].

Quanto ao IPI, a tipificação da apropriação indébita é bastante antiga. O DL n. 326/67, que dispunha sobre o recolhimento do imposto sobre produtos industrializados, em seu art. 2º, já estabelecia que "a utilização do produto da cobrança do imposto sobre produtos industrializados em fim diverso do recolhimento do tributo constitui crime de apropriação indébita definido no art. 168 do Código Penal, imputável aos responsáveis legais da firma[...]"[64]. Continuou em vigor por algum tempo mesmo após o advento do art. 2º, inciso II, da Lei n. 8.137/90 trazer a nova tipificação da apropriação indébita tributária, até que o art. 14 da LC n. 70/91 o revogasse expressamente. Com a revogação,

perspectivas. Trata-se de questão afeta à ordem econômica e que, portanto, teria ensejo no contexto do capítulo da Lei n. 8.137/90 que cuida dos crimes contra a ordem econômica. No entanto, embora a criminalização do inadimplemento deliberado e contumaz pudesse vir a proteger a higidez dos mercados, isso não foi objeto de tipificação pelo legislador e, portanto, só pode ser considerado *de lege ferenda*, ou seja, caso sobrevenha lei nesse sentido. Tenha-se em conta, ainda, o que há muito vem sendo afirmado e reafirmado: a inadimplência, ainda quando leve à situação de insolvência ou falência, por si só, não é nem pode ser crime. A inadimplência e suas consequências fazem parte de uma economia de mercado, em que é dado às pessoas empreenderem e arriscarem parte do seu capital. Na Lei de Falências (Lei n. 11.101/2005), os crimes arrolados nos arts. 168 a 178 são tipificados no sentido de combater a fraude a credores e o favorecimento a credores, bem como outras práticas que possam prejudicar a higidez e a eficácia do juízo universal. Mas não se criminaliza a condição de devedor.

62. "Impostos sobre a produção e a circulação" é expressão utilizada pelo CTN.
63. *Vide*: PAULSEN, Leandro; MELO, José Eduardo Soares. *Impostos federais, estaduais e municipais*. 11. ed. São Paulo: Saraiva, 2018. *Vide* também: PAULSEN, Leandro; Melo, Omar Augusto Leite. *ISS: Constituição e LC 116/2003 comentadas*. São Paulo: Saraiva. No prelo.
64. DIAS, Carlos Alberto da Costa. Apropriação indébita em matéria tributária. In: MARTINS, Ives Gandra da Silva; BRITO, Edvaldo (org.). *Direito tributário: direito penal tributário*. 2. ed. São Paulo: Editora Revista dos Tribunais, 2014, p. 971 (Coleção doutrinas essenciais; v. 8).

ausente norma especial relativa ao IPI, passou a sua apropriação a seguir a regra geral do art. 2º, inciso II, da Lei n. 8.137/90.

IPI é um tributo indireto[65]. Os industriais – e também os importadores[66] –, quando da saída do produto, emitem documento fiscal em que consta destacado o valor do IPI devido. A base de cálculo é "o valor da operação de que decorrer a saída da mercadoria", conforme o art. 47, II, *a*, do CTN. Suas alíquotas constam da chamada TIPI, a tabela do IPI. O período de apuração do IPI[67], para a maioria dos produtos, é mensal.[68] Desse modo, incide em cada operação, mas é pago acumuladamente, a cada mês. Nos termos do § 3º do art. 153 da CF, trata-se de imposto seletivo e não cumulativo. O IPI incidente sobre as operações internas é tributo abrangido pelo Simples Nacional, nos termos do art. 13, II, da LC n. 123/2006, de modo que, sendo optante, a empresa não recolherá separadamente o IPI. Quando o industrial promove a saída do produto com incidência do IPI, destacando-o na nota (ou seja, apontando o valor devido a título de IPI naquela operação fazendo com que componha o valor total da nota), cobra do adquirente, que é o contribuinte de fato, e deixa de repassar o valor do IPI ao Fisco, apropriando-se indevidamente de tal valor.

O ICMS onera as operações de circulação de mercadorias. É um imposto indireto[69]. A saída da mercadoria estará acompanhada de documento fiscal em que constará o destaque do ICMS por dentro do seu preço. Realizada a operação de circulação e efetuada a cobrança do adquirente, cabe ao comerciante, que é o contribuinte de direito, repassar o valor do ICMS, cobrado com o preço da mercadoria do adquirente contribuinte de fato, ao Fisco estadual. Caso não o faça, terá se apropriado do montante do ICMS.

O ISS também constitui um imposto que, quando incide em cada operação de prestação de serviço, apresenta-se como um tributo indireto que incide por dentro. Contribuinte de direito é o prestador de serviços. É destacado no documento fiscal, de

---

65. Salvo na operação de importação, quando o contribuinte de direito e de fato é o importador.
66. STJ, Corte Especial, EREsp 1.403.532-SC, rel. para o acórdão Min. Mauro Campbell Marques, out. 2015. Também: STJ, AgInt no REsp 1.405.431/SC, rel. Min. NAPOLEÃO NUNES MAIA FILHO, Primeira Turma, out./2017.
67. Entre 1º de janeiro e 30 de setembro de 2004, foi quinzenal. Anteriormente, era decendial. Veja-se o art. 1º da Lei n. 8.850/94 com a redação das Leis n. 10.833/2003 e 11.033/2004.
68. Lei n. 8.850/94 com a redação da Lei n. 11.774/2008: "Art. 1º O período de apuração do Imposto sobre Produtos Industrializados — IPI, incidente na saída dos produtos dos estabelecimentos industriais ou equiparados a industrial, passa a ser mensal. § 1º O disposto no *caput* deste artigo não se aplica aos produtos classificados no código 2402.20.00 da Tabela de Incidência do IPI — Tipi aprovada pelo Decreto n. 6.006, de 28 de dezembro de 2006, em relação aos quais o período de apuração é decendial. § 2º O disposto neste artigo não se aplica ao IPI incidente no desembaraço aduaneiro dos produtos importados".
69. Salvo nas operações de importação.

modo que se pode visualizar o montante devido na operação. É cobrado do tomador de serviços junto com o preço do serviço, de modo que o tomador suporta o ônus financeiro desse imposto. Assim, se o prestador de serviço cobra o respectivo montante do tomador e não o repassa ao fisco municipal, apropria-se indevidamente do imposto.

Há de se destacar, porém, que o STF, ao considerar crime a apropriação indébita de ICMS próprio, o que também se aplica ao IPI e ao ISS, fez constar da tese que se trata de deixar de recolher "de forma contumaz e com dolo de apropriação" o imposto cobrado do adquirente da mercadoria. Esse caráter contumaz da conduta não consta do tipo, mas se presta para diferenciar o mero inadimplemento da conduta criminosa de apropriação indébita tributária. Deixar de recolher o imposto, episodicamente, pode decorrer de problemas de caixa, simples indisponibilidade financeira, situação circunstancial e passageira. Mas o inadimplemento reiterado, contumaz, aponta para uma conduta dolosa voltada a lesar o Fisco e, diga-se, também a concorrência. Quando um contribuinte, sistematicamente, toma para si o imposto destacado nas notas, cujo ônus repassa aos adquirentes dos seus produtos, mercadorias ou serviços, viola a ordem tributária. Não se pode admitir que alguém se dedique às atividades econômicas e não cumpra as obrigações mínimas inerentes às operações que realiza, que cobre dos consumidores, já com o destaque dos impostos devidos, e não os repasse ao Fisco. Quem prossegue em situação como essa, age com o intuito de se apropriar dos impostos destacados nos documentos fiscais ou, pelo menos, aceita que tal ocorra sob sua gestão, praticando de modo consciente e livre tal conduta. O elemento subjetivo é o dolo, "consistente na consciência (ainda que potencial) de não recolher o valor do tributo devido"; "a motivação, no entanto, não possui importância no campo da tipicidade, ou seja, é prescindível a existência de elemento subjetivo especial"[70]. A apropriação contumaz dos impostos indiretos implica tomar para si o que deve ser repassado ao Fisco, causando prejuízos evidentes ao erário e comprometendo a ordem tributária.

263. Crime de apropriação indébita de contribuições previdenciárias

Dispositivo especial, com pena maior — de dois a cinco anos de reclusão —, é o que tipifica a apropriação indébita de contribuições previdenciárias. Trata-se do art. 168-A do Código Penal, incluído pela Lei n. 9.983/2000. Segundo tal dispositivo, incorre em apropriação indébita quem deixar de repassar à previdência social as contribuições recolhidas dos contribuintes, no prazo e forma legal. O repasse, atualmente, faz-se à União que, por força da Lei n. 11.457/2007, é o atual sujeito ativo das contribuições previdenciárias do Regime Geral de Previdência Social. A referência às contribuições "recolhidas dos" contribuintes equivale ao valor "descontado ou cobrado", ao montante retido ou exigido do contribuinte, guardando identidade de sentido com o quanto

---

70. STJ, HC 399.109-SC, rel. Min. Rogerio Schietti Cruz, por maioria, ago./2018.

previsto no tipo do art. 2º, II, da Lei n. 8.137/90, que cuida da apropriação indébita de tributos em geral no que diz respeito à sua aplicação aos substitutos tributários. Esses são terceiros a quem a lei impõe o dever de colaboração consistente em recolher o tributo do contribuinte a alcançá-lo ao Fisco, de modo que atua como um intermediário, interpondo-se entre o credor e o devedor da relação contributiva.

Houve muita controvérsia sobre tratar-se de crime formal ou material. Mas a questão encontrou pacificação: "O STJ pacificou entendimento de que o crime do art. 168-A do Código Penal é de natureza material que só se consuma com a constituição definitiva, na via administrativa, do débito tributário, consoante o disposto na Súmula Vinculante n. 24 do STF"[71]. Tratando-se de crime material[72], sujeita-se à SV n. 24 do STF[73].

A Lei n. 8.212/91 – Lei de Custeio da Seguridade Social – traz diversos casos de substituição tributária relativamente às contribuições previdenciárias. Ao cuidar da arrecadação e do recolhimento dessas contribuições, seu art. 30, determina que "I – a empresa é obrigada a: a) arrecadar as contribuições dos segurados empregados e trabalhadores avulsos a seu serviço, descontando-as da respectiva remuneração; b) recolher os valores arrecadados na forma da alínea *a* deste inciso... até o dia 20 (vinte) do mês subsequente ao da competência". Também estabelece que "V – o empregador doméstico é obrigado a arrecadar e a recolher a contribuição do segurado empregado a seu serviço, assim como a parcela a seu cargo, até o dia 7 do mês seguinte ao da competência".

Ressalto que "não há necessidade da comprovação do dolo de se apropriar dos valores destinados à previdência social"[74]. "O dolo do crime de apropriação indébita de contribuição previdenciária é a vontade de não repassar à previdência as contribuições recolhidas, dentro do prazo e das formas legais, não se exigindo o *animus rem sibi habendi*, sendo, portanto, descabida a exigência de se demonstrar o especial fim de agir ou o dolo específico de fraudar a Previdência Social, como elemento essencial do tipo penal"[75]. Aliás, o próprio STF já decidiu que, "quanto ao delito de apropriação indébita previdenciária, o elemento subjetivo animador da conduta típica do crime de sonegação de contribuição previdenciária é o dolo genérico"[76]. Entendeu também, que "longe fica de encerrar premissa a alcançar a responsabilidade objetiva denúncia em que, no tocante

---

71. STJ, AgRg no REsp n. 1.850.249, 2021.
72. STF, Pleno, Inq 2537 AgR, 2008.
73. STJ, AgRgREsp 1.850.249, 2021, e AgRgEREsp 1.734.799, 2019.
74. STJ, Sexta Turma, rel. Min. OG FERNANDES, AgRg no Ag 1.083.417/SP, jun. 2013.
75. STJ, Quinta Turma, rel. Min. LAURITA VAZ, AgRg no REsp 1.217.274/RS, mar. 2013.
76. STF, Tribunal Pleno, rel. Min. AYRES BRITTO, AP 516, set. 2010.

ao crime do art. 168-A do CP, se diz da responsabilidade do administrador da empresa quanto ao não recolhimento de contribuições descontadas de empregados"[77].

Mas há quem entenda que, embora o tipo do art. 168-A do Código Penal seja omissivo próprio, "não se esgota somente no 'deixar de recolher', isto significando que, além da existência do débito, haverá a acusação de demonstrar a intenção específica ou vontade deliberada de pretender algum benefício com a supressão ou redução, já que o agente 'podia e devia' realizar o recolhimento"[78]. Esse aspecto, por vezes, é considerado quando da análise da culpabilidade. Efetivamente, importa ter em conta o quanto afirmado pelo STF: "No âmbito dos crimes contra a ordem tributária, tem-se admitido, tanto em sede doutrinária quanto jurisprudencial, como causa supralegal de exclusão de culpabilidade a precária condição financeira da empresa, extrema ao ponto de não restar alternativa socialmente menos danosa que não a falta do não recolhimento do tributo devido. Configuração a ser aferida pelo julgador, conforme um critério valorativo de razoabilidade, de acordo com os fatos concretos revelados nos autos, cabendo a quem alega tal condição o ônus da prova, nos termos do art. 156 do Código de Processo Penal. Deve o julgador, também, sob outro aspecto, aferir o elemento subjetivo do comportamento, pois a boa-fé é requisito indispensável para que se confira conteúdo ético a tal comportamento"[79].

264. Crime material contra a ordem tributária: sonegação de tributos

Há de se distinguir o simples inadimplemento de tributo da sonegação. O inadimplemento constitui infração administrativa caracterizada pelo não pagamento do tributo no prazo, o que, por si só, não constitui crime, tendo por consequência a cobrança do tributo acrescida de multa e de juros, via execução fiscal. A sonegação, por sua vez, envolve evasão tributária, ou seja, o não pagamento do tributo mediante ocultação ou dissimulação do fato gerador, não apenas dando ensejo ao lançamento do tributo e de multa de ofício qualificada como implicando responsabilização penal.

A **omissão de declaração** ou o **uso de fraude** consistente em proceder a falsificação material ou ideológica ou em usar documento falso como instrumento para deixar de pagar tributo e impedir ao Fisco o conhecimento do surgimento da obrigação tributária e o próprio montante devido é prática reprimida administrativa e penalmente.

---

77. STF, Primeira Turma, HC 90.562, rel. Min. MARCO AURÉLIO, maio 2010.
78. STJ, Sexta Turma, rel. Min. MARIA THEREZA DE ASSIS MOURA, AgRg no Ag 1.388.275/SP, maio 2013.
79. STF, Tribunal Pleno, rel. Min. AYRES BRITTO, AP 516, set. 2010.

Administrativamente, aplica-se penalidade de ofício bastante pesada, que, na esfera federal, sói ficar entre 75% e 150%. Penalmente, pode resultar em pena de detenção de seis meses a dois anos e multa ou, tratando-se de sonegação de contribuição previdenciária, em pena de reclusão de dois a cinco anos, e multa.

Vale considerar, no ponto, o entendimento do STJ em acórdão conduzido pelo Ministro FELIX FISCHER: "Tendo em vista que as esferas administrativa e penal são, em regra, independentes, a aplicação por parte da autoridade fiscal de multa relativa a falta de recolhimento ou recolhimento a menor do tributo devido em percentual diverso daquele reservado para os casos de fraude, conluio e sonegação, não obsta que na esfera penal se conclua pela ocorrência de fraude"[80].

BALTAZAR JUNIOR destaca que: "Como traço comum em todas as hipóteses de sonegação está a ideia de fraude consistente em omissão de informação quando existente o dever de declarar, falsificação de documento, uso de documento falso, simulação, omissão de operação tributável etc."[81].

Agente do crime de sonegação não é a pessoa jurídica, mas a pessoa física, como o diretor, gerente ou representante de pessoa jurídica com poder de gestão, o contador que prepara os documentos fiscais etc.

Note-se que a simples condição de sócio não atrai sequer a responsabilidade tributária, ou seja, não implica sequer que tenha de suportar, com o seu patrimônio, os tributos devidos pela sociedade. Isso porque não se confundem a pessoa jurídica com a pessoa física dos sócios. Tanto a responsabilidade tributária do sócio, como a penal em casos de sonegação fiscal, dependem de que o sócio tenha poderes de gestão e que se lhe possa atribuir pessoalmente a infração.

O art. 1º da Lei n. 8.137/90 dispõe sobre a sonegação de tributos em geral.

O art. 1º define crimes materiais que, portanto, têm como condição objetiva de punibilidade o lançamento definitivo dos respectivos tributos (Súmula Vinculante 24). Constitui crime "suprimir ou reduzir tributo, ou contribuição social e qualquer acessório", mediante as condutas de "omitir informação ou prestar declaração falsa às autoridades fazendárias", "fraudar a fiscalização tributária, inserindo elementos inexatos, ou omitindo operação de qualquer natureza, em documento ou livro exigido pela lei fiscal", "falsificar ou alterar nota fiscal, fatura, duplicata, nota de venda, ou qualquer outro documento relativo à operação tributável", "elaborar, distribuir, fornecer, emitir ou utilizar documento que saiba ou deva saber falso ou inexato" ou "negar ou deixar de fornecer, quando obrigatório, nota fiscal ou documento equivalente, relativa a venda de mercadoria ou prestação de serviço, efetivamente realizada, ou

---

80. STJ, Quinta Turma, HC 49.470/PB, 2006.
81. BALTAZAR JUNIOR, José Paulo. Crimes tributários: Novo regime de extinção de punibilidade pelo pagamento – Lei n. 12.382/11, art. 6º. *Estado de Direito*, n. 31, 2011, p. 442.

fornecê-la em desacordo com a legislação"[82]. O dispositivo, como se vê, desdobra-se em diversas condutas.

A pena cominada é de reclusão de dois a cinco anos e multa.

Lembre-se que, tratando-se de crime material contra a ordem tributária, a sonegação de tributos está sujeita à observância da **Súmula Vinculante 24** do STF. A constituição definitiva do crédito tributário, portanto, é condição objetiva de punibilidade desse crime.

O STJ entende que, "para o início da ação penal, basta a prova da constituição definitiva do crédito tributário (SV 24), não sendo necessária a juntada integral do PAF correspondente", até porque "a validade do crédito fiscal deve ser examinada no Juízo cível, não cabendo à esfera penal qualquer tentativa de sua desconstituição". Destaca que, "caso a defesa entenda que a documentação apresentada pelo *Parquet* é insuficiente e queira esmiuçar a dívida, pode apresentar cópia do referido PAF ou dizer de eventuais obstáculos administrativos". E finaliza: "se houver qualquer obstáculo administrativo para o acesso ao procedimento administrativo fiscal respectivo, é evidente que a parte pode sugerir ao Juiz sua atuação até mesmo de ofício, desde que aponte qualquer prejuízo à defesa, que possa interferir na formação do livre convencimento do julgador"[83].

265. Crime de sonegação de contribuição previdenciária

Enquanto a sonegação de tributos em geral encontra tipificação no art. 1º da Lei n. 8.137/90, a sonegação de contribuições previdenciárias, especificamente, resta definida pelo art. 337-A do Código Penal, acrescido pela Lei n. 9.983/2000.

---

82. Lei n. 8.137/90: "CAPÍTULO I – Dos Crimes Contra a Ordem Tributária – Seção I – Dos crimes praticados por particulares – Art. 1º Constitui crime contra a ordem tributária suprimir ou reduzir tributo, ou contribuição social e qualquer acessório, mediante as seguintes condutas: (*Vide* Lei n. 9.964, de 10-4-2000) I – omitir informação, ou prestar declaração falsa às autoridades fazendárias; II – fraudar a fiscalização tributária, inserindo elementos inexatos, ou omitindo operação de qualquer natureza, em documento ou livro exigido pela lei fiscal; III – falsificar ou alterar nota fiscal, fatura, duplicata, nota de venda, ou qualquer outro documento relativo à operação tributável; IV – elaborar, distribuir, fornecer, emitir ou utilizar documento que saiba ou deva saber falso ou inexato; V – negar ou deixar de fornecer, quando obrigatório, nota fiscal ou documento equivalente, relativa a venda de mercadoria ou prestação de serviço, efetivamente realizada, ou fornecê-la em desacordo com a legislação. Pena – reclusão de 2 (dois) a 5 (cinco) anos, e multa. Parágrafo único. A falta de atendimento da exigência da autoridade, no prazo de 10 (dez) dias, que poderá ser convertido em horas em razão da maior ou menor complexidade da matéria ou da dificuldade quanto ao atendimento da exigência, caracteriza a infração prevista no inciso V".
83. STJ, Quinta Turma, RHC 94.288/RJ, 2018.

Trata-se de crime material que exige o resultado de supressão ou redução de contribuição previdenciária. Aplica-se ao caso a Súmula Vinculante 24 do STF, que diz da necessidade de constituição definitiva do crédito tributário para que se possa considerar ocorrido o crime. Tenha-se em consideração, portanto, o quanto se disse no item em que tratamos dessa condição objetiva de punibilidade, bem como, no que aplicável, as considerações feitas no item relativo à sonegação de tributos em geral.

Vejamos o tipo penal da sonegação previdenciária (art. 337-A do CP), que é especial relativamente ao da sonegação de tributos em geral prevista na Lei n. 8.137/90:

> Título XI – DOS CRIMES CONTRA A ADMINISTRAÇÃO PÚBLICA
> Capítulo II – DOS CRIMES PRATICADOS POR PARTICULAR CONTRA A ADMINISTRAÇÃO EM GERAL
> Sonegação de contribuição previdenciária
> Art. 337-A. Suprimir ou reduzir contribuição social previdenciária e qualquer acessório, mediante as seguintes condutas:
> I – omitir de folha de pagamento da empresa ou de documento de informações previsto pela legislação previdenciária segurados empregado, empresário, trabalhador avulso ou trabalhador autônomo ou a este equiparado que lhe prestem serviços;
> II – deixar de lançar mensalmente nos títulos próprios da contabilidade da empresa as quantias descontadas dos segurados ou as devidas pelo empregador ou pelo tomador de serviços;
> III – omitir, total ou parcialmente, receitas ou lucros auferidos, remunerações pagas ou creditadas e demais fatos geradores de contribuições sociais previdenciárias:
> Pena – reclusão, de 2 (dois) a 5 (cinco) anos, e multa.
> § 1º É extinta a punibilidade se o agente, espontaneamente, declara e confessa as contribuições, importâncias ou valores e presta as informações devidas à previdência social, na forma definida em lei ou regulamento, antes do início da ação fiscal.
> § 2º É facultado ao juiz deixar de aplicar a pena ou aplicar somente a de multa se o agente for primário e de bons antecedentes, desde que:
> I – (Vetado);
> II – o valor das contribuições devidas, inclusive acessórios, seja igual ou inferior àquele estabelecido pela previdência social, administrativamente, como sendo o mínimo para o ajuizamento de suas execuções fiscais.
> § 3º Se o empregador não é pessoa jurídica e sua folha de pagamento mensal não ultrapassa R$ 1.510,00 (um mil, quinhentos e dez reais), o juiz poderá reduzir a pena de um terço até a metade ou aplicar apenas a de multa.
> § 4º O valor a que se refere o parágrafo anterior será reajustado nas mesmas datas e nos mesmos índices do reajuste dos benefícios da previdência social.

Trata-se de um crime material que exige a supressão ou redução do tributo. Pressupõe a supressão ou redução de contribuição previdenciária ou qualquer acessório, referindo-se, no ponto, ao tributo e aos seus acréscimos de correção monetária e juros.

Vale destacar a previsão constante do § 1º, de extinção da punibilidade em face da declaração do débito pelo sujeito passivo tributário, que prescinde, inclusive, do pagamento e até mesmo do parcelamento. Basta a declaração, com efeito de confissão, mas deve ser realizada "antes do início da ação fiscal", ou seja, antes de o contribuinte estar sob fiscalização relativamente a tal tributo. Assim, não terá qualquer efeito extintivo da punibilidade eventual declaração ocorrida no curso de fiscalização já iniciada ou posteriormente.

Importantes, ainda, as possibilidades trazidas pelos §§ 2º e 3º para as hipóteses de agente primário e de bons antecedentes, cuja supressão ou redução seja inferior ao teto para cobrança executiva (a possibilidade de o juiz não aplicar a pena ou aplicar apenas a multa) e de agente pessoa física ou com folha de pagamento de valor diminuto (redução de 1/3 da pena ou aplicação exclusiva de multa).

266. Outros crimes contra a ordem tributária

A Lei n. 8.137/90, ao definir os Crimes Contra a Ordem Tributária, estabelece, em seu art. 2º, incisos I e III a V, delitos de caráter formal:

> Capítulo I – Dos Crimes Contra a Ordem Tributária
> Seção I – Dos crimes praticados por particulares
> Art. 2º Constitui crime da mesma natureza:
> I – fazer declaração falsa ou omitir declaração sobre rendas, bens ou fatos, ou empregar outra fraude, para eximir-se, total ou parcialmente, de pagamento de tributo; [...]
> III – exigir, pagar ou receber, para si ou para o contribuinte beneficiário, qualquer percentagem sobre a parcela dedutível ou deduzida de imposto ou de contribuição como incentivo fiscal;
> IV – deixar de aplicar, ou aplicar em desacordo com o estatuído, incentivo fiscal ou parcelas de imposto liberadas por órgão ou entidade de desenvolvimento;
> V – utilizar ou divulgar programa de processamento de dados que permita ao sujeito passivo da obrigação tributária possuir informação contábil diversa daquela que é, por lei, fornecida à Fazenda Pública.
> Pena – detenção, de 6 (seis) meses a 2 (dois) anos, e multa.

O art. 2º da Lei n. 8.137/90 define crimes sujeitos a pena de detenção de seis meses a dois anos e multa, inferiores, portanto, àquelas dos crimes materiais.

Constitui crime "fazer declaração falsa ou omitir declaração sobre rendas, bens ou fatos, ou empregar outra fraude, para eximir-se, total ou parcialmente, de pagamento de tributo", "deixar de recolher, no prazo legal, valor de tributo ou de contribuição social, descontado ou cobrado, na qualidade de sujeito passivo de obrigação e que deveria recolher aos cofres públicos", "exigir, pagar ou receber, para si ou para o contribuinte beneficiário, qualquer percentagem sobre a parcela dedutível ou deduzida de imposto ou de contribuição como incentivo fiscal", "deixar de aplicar, ou aplicar em desacordo com o estatuído, incentivo fiscal ou parcelas de imposto liberadas por órgão ou entidade de desenvolvimento" e "utilizar ou divulgar programa de processamento de dados que permita ao sujeito passivo da obrigação tributária possuir informação contábil diversa daquela que é, por lei, fornecida à Fazenda Pública".

Tratando-se de crimes formais, prescindem de prévia constituição de crédito tributário[84].

267. Crime de falsificação de papéis públicos tributários

Na criminalização de condutas de alto potencial ofensivo relacionadas à tributação, encontramos falsificações que constituem instrumento para a ilusão de tributos, como "prestar declaração falsa às autoridades fazendárias", "falsificar ou alterar nota fiscal, fatura, duplicata, nota de venda, ou qualquer outro documento relativo à operação tributável" e, ainda, "elaborar, distribuir, fornecer, emitir ou utilizar documento que saiba ou deva saber falso ou inexato". Tais falsidades estão definidas nos arts. 1º e 2º, da Lei n. 8.137/90 e foram tratadas em item anterior "crime de sonegação fiscal".

O art. 293, I, do Código Penal, contudo, traz duas formas específicas de crime contra a fé pública, que dizem respeito à tributação, em que a falsificação implica crimes por si mesma, caracterizando crimes formais: "Art. 293. Falsificar, fabricando-os ou alterando-os: I – selo destinado a controle tributário, papel selado ou qualquer papel de emissão legal destinado à arrecadação de tributo; [...] V – talão, recibo, guia, alvará ou qualquer outro documento relativo à arrecadação de rendas públicas ou a depósito ou caução por que o poder público seja responsável;"[85]. Sujeita tais condutas delitivas à pena de reclusão de dois a oito anos, e multa.

....

84. STF, Primeira Turma, HC 96.200, 2010.
85. Código Penal, art. 293, com a redação da Lei n. 11.035/2004: "CAPÍTULO II – DA FALSIDADE DE TÍTULOS E OUTROS PAPÉIS PÚBLICOS – Falsificação de papéis públicos Art. 293. Falsificar, fabricando-os ou alterando-os: I – selo destinado a controle tributário, papel selado ou papel de emissão legal destinado à arrecadação de tributo; [...] V – talão, recibo, guia, alvará ou qualquer outro documento relativo a arrecadação de rendas públicas ou a depósito ou caução por que o poder público seja responsável; [...] Pena

268. Crimes tributários praticados por funcionários públicos

Tanto o Código Penal como leis esparsas definem crimes relacionados à tributação que têm como agente funcionário público.

Note-se, desde já, que o **conceito de funcionário público** para fins penais não equivale ao conceito administrativo. Para fins penais, funcionário público é qualquer pessoa que esteja desempenhando alguma função pública, ainda que em caráter precário, temporário, sem vínculo, como estagiário, mesário etc.

Conforme o art. 327 do Código Penal, com a redação das Leis n. 6.799/80 e n. 9.983/2000: "Considera-se funcionário público, para os efeitos penais, quem, embora transitoriamente ou sem remuneração, exerce cargo, emprego ou função pública". O Código estabelece, ainda, equiparações: "§ 1º Equipara-se a funcionário público quem exerce cargo, emprego ou função em entidade paraestatal, e quem trabalha para empresa prestadora de serviço contratada ou conveniada para a execução de atividade típica da Administração Pública".

Há **agravante** para os funcionários ocupantes de cargos em comissão ou função de direção ou assessoramento: "§ 2º A pena será aumentada da terça parte quando os autores dos crimes previstos neste Capítulo forem ocupantes de cargos em comissão ou de função de direção ou assessoramento de órgão da administração direta, sociedade de economia mista, empresa pública ou fundação instituída pelo poder público".

Na definição dos crimes, o Código Penal cuida do excesso de exação e da facilitação do descaminho. A Lei n. 8.137/90, ao definir os crimes contra a ordem tributária, considera crimes funcionais contra a ordem tributária três condutas de funcionários públicos distintas: o extravio, sonegação ou inutilização de livro, processo ou documento fiscal, a corrupção passiva fiscal e a advocacia administrativa fiscal.

....

· – reclusão, de dois a oito anos, e multa. § 1º Incorre na mesma pena quem: I – usa, guarda, possui ou detém qualquer dos papéis falsificados a que se refere este artigo; II – importa, exporta, adquire, vende, troca, cede, empresta, guarda, fornece ou restitui à circulação selo falsificado destinado a controle tributário; III – importa, exporta, adquire, vende, expõe à venda, mantém em depósito, guarda, troca, cede, empresta, fornece, porta ou, de qualquer forma, utiliza em proveito próprio ou alheio, no exercício de atividade comercial ou industrial, produto ou mercadoria: a) em que tenha sido aplicado selo que se destine a controle tributário, falsificado; b) sem selo oficial, nos casos em que a legislação tributária determina a obrigatoriedade de sua aplicação. § 2º Suprimir, em qualquer desses papéis, quando legítimos, com o fim de torná-los novamente utilizáveis, carimbo ou sinal indicativo de sua inutilização: Pena – reclusão, de um a quatro anos, e multa. § 3º Incorre na mesma pena quem usa, depois de alterado, qualquer dos papéis a que se refere o parágrafo anterior. § 4º Quem usa ou restitui à circulação, embora recibo de boa-fé, qualquer dos papéis falsificados ou alterados, a que se referem este artigo e o seu § 2º, depois de conhecer a falsidade ou alteração, incorre na pena de detenção, de 6 (seis) meses a 2 (dois) anos, ou multa. § 5º Equipara-se a atividade comercial, para os fins do inciso III do § 1º, qualquer forma de comércio irregular ou clandestino, inclusive o exercido em vias, praças ou outros logradouros públicos e em residências".

269. Crime de excesso de exação

A conduta do funcionário público que **exige tributo "que sabe ou deveria saber indevido"** ou que, ao exigir o pagamento de tributo devido, **"emprega meio vexatório ou gravoso"** que a lei não autoriza configura crime de excesso de exação, com pena de reclusão de três a oito anos e multa, conforme definido pelo art. 316, § 1º, do Código Penal.

Também incorre em excesso de exação o funcionário que **"desvia, em proveito próprio ou de outrem, o que recebeu indevidamente para recolher aos cofres públicos"**, com pena de dois a doze anos e multa, conforme o § 2º do mesmo dispositivo legal.

Trata-se de uma variação do crime de concussão, definido no *caput* do art. 316: "Exigir, para si ou para outrem, direta ou indiretamente, ainda que fora da função ou antes de assumi-la, mas em razão dela, vantagem indevida".

270. Crime de facilitação ao descaminho

Outra conduta de funcionário público que configura crime relacionado à tributação, definida no art. 318 do Código Penal[86], é facilitar a prática de descaminho, ou seja, facilitar o ingresso de produtos no país, ou a saída, iludindo o pagamento dos tributos incidentes na importação ou na exportação.

O descaminho ocorre, por exemplo, quando alguém tenta desviar produtos da fiscalização alfandegária a fim de introduzi-los no país sem o devido despacho aduaneiro e sem o pagamento dos tributos respectivos, normalmente utilizando-se de subterfúgios como a utilização de rotas alternativas e ocultando mercadorias para que não sejam vistas.

A facilitação do descaminho pode ocorrer quando o funcionário avisa aos agentes os horários em que não haverá fiscalização, quando permite que passem ao largo da fiscalização ou sem se sujeitarem aos procedimentos normais, de modo que não sejam flagrados com o produto trazido.

A pena para o funcionário é de três a oito anos e multa.

271. Crime de extravio, sonegação ou inutilização de livro, processo ou documento fiscal

A Lei n. 8.137/90, ao definir os crimes contra a ordem tributária, considera crimes funcionais contra a ordem tributária três condutas de funcionários públicos.

---

86. Código Penal: "Facilitação de contrabando ou descaminho Art. 318. Facilitar, com infração de dever funcional, a prática de contrabando ou descaminho (art. 334): Pena – reclusão, de 3 (três) a 8 (oito) anos, e multa" (Redação da Lei n. 8.137/90).

DIREITO PENAL TRIBUTÁRIO

A primeira das condutas previstas no art. 3º da Lei n. 8.137/90 como crime contra a ordem tributária praticada por funcionário público consiste em **extraviar, sonegar ou inutilizar documentos de que tenha a guarda em razão da função, acarretando pagamento indevido ou inexato de tributo**. Diz a lei no inciso I do art. 3º: "extraviar livro oficial, processo fiscal ou qualquer documento, de que tenha a guarda em razão da função; sonegá-lo, ou inutilizá-lo, total ou parcialmente, acarretando pagamento indevido ou inexato de tributo ou contribuição social"[87].

Trata-se de uma versão, relacionada à tributação, do crime de extravio, sonegação ou inutilização de livro ou documento[88]. A conduta do funcionário, nesse caso, visa prejudicar o obrigado tributário, porquanto tais documentos poderiam demonstrar o descabimento ou o excesso da exigência. Podemos denominá-lo, assim, de crime **extravio, sonegação ou inutilização de livro, processo ou documento fiscal**.

272. Crime de corrupção passiva fiscal

A Lei n. 8.137/90, no inciso II do seu art. 3º, também define como crime praticado por funcionário público contra a ordem tributária **exigir, solicitar ou receber vantagem indevida ou promessa de vantagem para deixar de lançar ou cobrar tributo**. Eis a definição legal, *ipsis litteris*: "exigir, solicitar ou receber, para si ou para outrem, direta ou indiretamente, ainda que fora da função ou antes de iniciar seu exercício, mas em razão dela, vantagem indevida; ou aceitar promessa de tal vantagem, para deixar de lançar ou cobrar tributo ou contribuição social, ou cobrá-los parcialmente"[89].

---

87. Lei n. 8.137/90: "Seção II Dos crimes praticados por funcionários públicos Art. 3º Constitui crime funcional contra a ordem tributária, além dos previstos no Decreto-Lei n. 2.848, de 7 de dezembro de 1940 – Código Penal (Título XI, Capítulo I): I – extraviar livro oficial, processo fiscal ou qualquer documento, de que tenha a guarda em razão da função; sonegá-lo, ou inutilizá-lo, total ou parcialmente, acarretando pagamento indevido ou inexato de tributo ou contribuição social;".
88. Código Penal: "Extravio, sonegação ou inutilização de livro ou documento Art. 314. Extraviar livro oficial ou qualquer documento, de que tem a guarda em razão do cargo; sonegá-lo ou inutilizá-lo, total ou parcialmente: Pena – reclusão, de um a quatro anos, se o fato não constitui crime mais grave".
89. Lei n. 8.137/90: "Seção II Dos crimes praticados por funcionários públicos Art. 3º Constitui crime funcional contra a ordem tributária, além dos previstos no Decreto-Lei n. 2.848, de 7 de dezembro de 1940 – Código Penal (Título XI, Capítulo I): [...] II – exigir, solicitar ou receber, para si ou para outrem, direta ou indiretamente, ainda que fora da função ou antes de iniciar seu exercício, mas em razão dela, vantagem indevida; ou aceitar promessa de tal vantagem, para deixar de lançar ou cobrar tributo ou contribuição social, ou cobrá-los parcialmente. Pena – reclusão, de 3 (três) a 8 (oito) anos, e multa".

Trata-se de uma variação da corrupção passiva[90] relacionada à fiscalização tributária. Podemos denominá-lo, assim, de **corrupção passiva fiscal**.

É o recebimento de propina para não constituir crédito tributário cuja existência o fiscal tenha verificado ou poderia verificar no exercício das suas funções.

273. Crime de advocacia administrativa fiscal

A terceira conduta definida como crime no art. 3º da Lei n. 8.137/90, em seu inciso III, consiste em patrocinar interesse privado perante a administração fazendária valendo-se da sua função. Os termos utilizados pelo legislador são: "patrocinar, direta ou indiretamente, interesse privado perante a administração fazendária, valendo-se da qualidade de funcionário público". É uma variação do crime de advocacia administrativa[91] quando relacionada à tributação[92]. Podemos denominá-lo, assim, de **advocacia administrativa fiscal**.

---

90. Código Penal: "Corrupção passiva Art. 317 – Solicitar ou receber, para si ou para outrem, direta ou indiretamente, ainda que fora da função ou antes de assumi-la, mas em razão dela, vantagem indevida, ou aceitar promessa de tal vantagem: Pena – reclusão, de 2 (dois) a 12 (doze) anos, e multa. (Redação da Lei n. 10.763/2003.) § 1º A pena é aumentada de um terço, se, em consequência da vantagem ou promessa, o funcionário retarda ou deixa de praticar qualquer ato de ofício ou o pratica infringindo dever funcional. § 2º Se o funcionário pratica, deixa de praticar ou retarda ato de ofício, com infração de dever funcional, cedendo a pedido ou influência de outrem: Pena – detenção, de três meses a um ano, ou multa".
91. Código Penal: "Advocacia administrativa Art. 321. Patrocinar, direta ou indiretamente, interesse privado perante a administração pública, valendo-se da qualidade de funcionário: Pena – detenção, de um a três meses, ou multa. Parágrafo único – Se o interesse é ilegítimo: Pena – detenção, de três meses a um ano, além da multa".
92. Lei n. 8.137/90: "Seção II Dos crimes praticados por funcionários públicos Art. 3º Constitui crime funcional contra a ordem tributária, além dos previstos no Decreto-Lei n. 2.848, de 7 de dezembro de 1940 – Código Penal (Título XI, Capítulo I): [...] III – patrocinar, direta ou indiretamente, interesse privado perante a administração fazendária, valendo-se da qualidade de funcionário público. Pena – reclusão, de 1 (um) a 4 (quatro) anos, e multa".